J. von Staudingers
Kommentar zum Bürgerlichen Gesetzbuch
mit Einführungsgesetz und Nebengesetzen
Buch 2 · Recht der Schuldverhältnisse
§§ 244–248; PrKG
(Geldrecht)

Kommentatorinnen und Kommentatoren

Dr. Karl-Dieter Albrecht
Vorsitzender Richter am Bayerischen Verwaltungsgerichtshof a. D., München

Dr. Christoph Althammer
Professor an der Universität Regensburg

Dr. Georg Annuß, LL.M.
Rechtsanwalt in München, Außerplanmäßiger Professor an der Universität Regensburg

Dr. Christian Armbrüster
Professor an der Freien Universität Berlin, Richter am Kammergericht a. D.

Dr. Arnd Arnold
Professor an der Universität Trier, Dipl.-Volksw.

Dr. Markus Artz
Professor an der Universität Bielefeld

Dr. Marietta Auer, S.J.D.
Direktorin am Max-Planck-Institut für Europäische Rechtsgeschichte in Frankfurt a. M., Professorin an der Universität Gießen

Dr. Martin Avenarius
Professor an der Universität zu Köln

Dr. Ivo Bach
Professor an der Universität Göttingen

Dr. Christian Baldus
Professor an der Universität Heidelberg

Dr. Wolfgang Baumann
Rechtsanwalt und Notar a.D. in Wuppertal, Professor an der Bergischen Universität Wuppertal

Dr. Winfried Bausback
Professor a. D. an der Bergischen Universität Wuppertal, bayerischer Staatsminister der Justiz a. D., Mitglied des Bayerischen Landtags

Dr. Roland Michael Beckmann
Professor an der Universität des Saarlandes, Saarbrücken

Dr. Dr. h. c. Detlev W. Belling, M.C.L.
Professor an der Universität Potsdam

Dr. Andreas Bergmann
Professor an der Fernuniversität in Hagen

Dr. Falk Bernau
Richter am Bundesgerichtshof, Karlsruhe

Dr. Marcus Bieder
Professor an der Universität Osnabrück

Dr. Werner Bienwald
Professor an der Evangelischen Fachhochschule Hannover, Rechtsanwalt in Oldenburg

Dr. Tom Billing
Rechtsanwalt in Berlin

Dr. Eike Bleckwenn
Rechtsanwalt in Hannover

Dr. Reinhard Bork
Professor an der Universität Hamburg

Dr. Wolfgang Breyer
Rechtsanwalt in Stuttgart

Dr. Jan Busche
Professor an der Universität Düsseldorf

Dr. Georg Caspers
Professor an der Universität Erlangen-Nürnberg

Dr. Dr. h. c. Tiziana Chiusi
Professorin an der Universität des Saarlandes, Saarbrücken

Dr. Michael Coester, LL.M.
Professor an der Universität München

Dr. Dr. h. c. Dagmar Coester-Waltjen, LL.M.
Professorin an der Universität Göttingen

Dr. Thomas Diehn, LL.M.
Notar in Hamburg, Lehrbeauftragter an der Universität Hamburg

Dr. Katrin Dobler
Richterin am Oberlandesgericht Stuttgart

Dr. Heinrich Dörner
Professor an der Universität Münster

Dr. Werner Dürbeck
Richter am Oberlandesgericht Frankfurt a. M.

Dr. Anatol Dutta, M.Jur.
Professor an der Universität München

Dr. Christina Eberl-Borges
Professorin an der Universität Mainz

Dr. Dres. h. c. Werner F. Ebke, LL.M.
Professor an der Universität Heidelberg

Dr. Jan Eickelberg, LL.M.
Professor an der Hochschule für Wirtschaft und Recht, Berlin

Jost Emmerich
Richter am Oberlandesgericht München

Dr. Volker Emmerich
Professor an der Universität Bayreuth, Richter am Oberlandesgericht Nürnberg a. D.

Dipl.-Kfm. Dr. Norbert Engel
Ministerialdirigent a. D., Rechtsanwalt in Erfurt

Dr. Cornelia Feldmann
Rechtsanwältin in Freiburg i. Br.

Dr. Matthias Fervers
Akad. Rat a. Z. an der Universität München

Dr. Timo Fest, LL.M.
Professor an der Universität zu Kiel

Dr. Karl-Heinz Fezer
Professor an der Universität Konstanz, Honorarprofessor an der Universität Leipzig, Richter am Oberlandesgericht Stuttgart a. D.

Dr. Philipp S. Fischinger, LL.M.
Professor an der Universität Mannheim

Dr. Holger Fleischer
Direktor am Max-Planck-Institut für ausländisches und internationales Privatrecht in Hamburg, Professor an der Bucerius Law School, Hamburg

Dr. Robert Freitag, Maître en droit
Professor an der Universität Erlangen-Nürnberg

Dr. Jörg Fritzsche
Professor an der Universität Regensburg

Dr. Tobias Fröschle
Professor an der Universität Siegen

Dr. Susanne Lilian Gössl, LL.M.
Professorin an der Universität zu Kiel

Dr. Beate Gsell, Maître en droit
Professorin an der Universität München, Richterin am Oberlandesgericht München

Dr. Karl-Heinz Gursky
Professor an der Universität Osnabrück

Dr. Thomas Gutmann, M. A.
Professor an der Universität Münster

Dr. Martin Gutzeit
Professor an der Universität Gießen

Dr. Martin Häublein
Professor an der Universität Innsbruck

Dr. Johannes Hager
Professor an der Universität München

Dr. Felix Hartmann, LL.M.
Professor an der Freien Universität Berlin

Dr. Wolfgang Hau
Professor an der Universität München, Richter am Oberlandesgericht München

Dr. Rainer Hausmann
Professor an der Universität Konstanz

Dr. Stefan Heilmann
Vorsitzender Richter am Oberlandesgericht Frankfurt, Honorarprofessor an der Frankfurt University of Applied Sciences

Dr. Jan von Hein
Professor an der Universität Freiburg i. Br.

Dr. Christian Heinze
Professor an der Universität Heidelberg

Dr. Stefan Heinze
Notar in Köln

Dr. Tobias Helms
Professor an der Universität Marburg

Silas Hengstberger, LL.M.
Wiss. Mitarbeiter an der Universität Mannheim

Dr. Dr. h. c. mult. Dieter Henrich
Professor an der Universität Regensburg

Dr. Carsten Herresthal, LL.M.
Professor an der Universität Regensburg

Christian Hertel, LL.M.
Notar in Weilheim i. OB.

Dr. Stephanie Herzog
Rechtsanwältin in Würselen

Joseph Hönle
Notar in München

Dr. Ulrich Hönle
Notar in Waldmünchen

Dr. Clemens Höpfner
Professor an der Universität Münster

Dr. Bernd von Hoffmann †
Professor an der Universität Trier

Dr. Dr. h. c. Heinrich Honsell
Professor an der Universität Zürich, Honorarprofessor an der Universität Salzburg

J. von Staudingers
Kommentar zum Bürgerlichen Gesetzbuch
mit Einführungsgesetz und Nebengesetzen

Buch 2
Recht der Schuldverhältnisse
§§ 244–248; PrKG
(Geldrecht)

Neubearbeitung 2021
von
Sebastian Omlor

Redaktor
Volker Rieble

ottoschmidt – De Gruyter · Berlin

Die Kommentatorinnen und Kommentatoren

Neubearbeitung 2021
SEBASTIAN OMLOR

Neubearbeitung 2016
SEBASTIAN OMLOR

Dreizehnte Bearbeitung 1997
Vorbemerkungen zu §§ 244 ff; §§ 244, 245, 248:
KARSTEN SCHMIDT
§ 246: ANDREAS BLASCHCZOK (Neukommentierung unter teilweiser Verwendung der Vorauflage)
§ 247: MICHAEL MARTINEK (Hinweise des Redaktors)

12. Auflage
Vorbemerkungen zu §§ 244 ff; §§ 244–248:
KARSTEN SCHMIDT (1982)

Sachregister

Dr. ANDREAS PICHLMEIER, Regensburg

Zitierweise

STAUDINGER/OMLOR (2021) Vorbem A1 zu §§ 244 ff
STAUDINGER/OMLOR (2021) § 244 Rn 1
STAUDINGER/OMLOR (2021) § 1 PrKG Rn 1

Zitiert wird nach Paragraph bzw Artikel und Randnummer.

Hinweise

Das Abkürzungsverzeichnis befindet sich auf www.staudinger-bgb.de.

Der **Stand der Bearbeitung** ist April 2021.

Am Ende eines jeden Bandes befindet sich eine Übersicht über den aktuellen Stand des „Gesamtwerk STAUDINGER".

Die Deutsche Nationalbibliothek verzeichnet diese Publikation in der Deutschen Nationalbibliografie; detaillierte bibliografische Daten sind im Internet über http://dnb.dnb.de abrufbar.

ISBN 978-3-8059-1330-0

© Copyright 2021 by Otto Schmidt Verlagskontor / Walter de Gruyter Verlag OHG, Berlin. – Printed in Germany.

Dieses Werk einschließlich aller seiner Teile ist urheberrechtlich geschützt. Jede Verwertung außerhalb der engen Grenzen des Urheberrechtsgesetzes ist ohne Zustimmung des Verlages unzulässig und strafbar. Das gilt insbesondere für Vervielfältigungen, Übersetzungen, Mikroverfilmungen und die Einspeicherung und Verarbeitung in elektronischen Systemen.

Satz: jürgen ullrich typosatz, Nördlingen.

Druck und Bindearbeiten: Hubert & Co., Göttingen.

Umschlaggestaltung: Bib Wies, München.

♾ Gedruckt auf säurefreiem Papier, das die DIN ISO 9706 über Haltbarkeit erfüllt.

Dr. Rainer Hüttemann
Professor an der Universität Bonn

Dr. Martin Illmer, M.Jur.
Richter am Landgericht Hamburg,
Privatdozent an der Bucerius Law School

Dr. Florian Jacoby
Professor an der Universität Bielefeld

Dr. Joachim Jickeli
Professor an der Universität zu Kiel

Dr. Dagmar Kaiser
Professorin an der Universität Mainz

Dr. Bernd Kannowski
Professor an der Universität Bayreuth

Dr. Rainer Kanzleiter
Notar a. D. in Ulm, Honorarprofessor
an der Universität Augsburg

Dr. Christoph A. Kern, LL.M.
Professor an der Universität Heidelberg

Dr. Steffen Kurth, LL.M.
Rechtsanwalt in Bielefeld

Dr. Sibylle Kessal-Wulf
Richterin des Bundesverfassungsgerichts,
Karlsruhe

Dr. Christian Kesseler
Notar in Düren, Honorarprofessor
an der Universität Trier

Dr. Fabian Klinck
Professor an der Universität Bochum

Dr. Frank Klinkhammer
Richter am Bundesgerichtshof, Karlsruhe,
Honorarprofessor an der Universität
Marburg

Dr. Steffen Klumpp
Professor an der Universität Erlangen-Nürnberg

Dr. Jürgen Kohler
Professor an der Universität Greifswald

Dr. Sebastian Kolbe
Professor an der Universität Bremen

Dr. Stefan Koos
Professor an der Universität
der Bundeswehr München

Dr. Rüdiger Krause
Professor an der Universität Göttingen

Dr. Heinrich Kreuzer
Notar in München

Dr. Lena Kunz, LL.M.
Akad. Mitarbeiterin an der Universität Heidelberg

Dr. Clemens Latzel
Privatdozent an der Universität München

Dr. Arnold Lehmann-Richter
Professor an der Hochschule für Wirtschaft
und Recht Berlin

Dr. Saskia Lettmaier,
B.A., LL.M.
Professorin an der Universität zu Kiel,
Richterin am Schleswig-Holsteinischen
Oberlandesgericht in Schleswig

Stefan Leupertz
Richter a. D. am Bundesgerichtshof,
Honorarprofessor an der TU Dortmund

Dr. Johannes Liebrecht
Professor an der Universität Zürich

Dr. Martin Löhnig
Professor an der Universität Regensburg

Dr. Dirk Looschelders
Professor an der Universität Düsseldorf

Dr. Stephan Lorenz
Professor an der Universität München

Dr. Sigrid Lorz
Professorin an der Universität Greifswald

Dr. Katharina Lugani
Professorin an der Universität Düsseldorf

Dr. Robert Magnus
Professor an der Universität Bayreuth

Dr. Ulrich Magnus
Professor an der Universität Hamburg,
Affiliate des MPI für ausländisches und
internationales Privatrecht, Hamburg,
Richter am Hanseatischen Oberlandesgericht zu Hamburg a. D.

Dr. Peter Mankowski
Professor an der Universität Hamburg

Dr. Heinz-Peter Mansel
Professor an der Universität zu Köln

Dr. Peter Marburger †
Professor an der Universität Trier

Dr. Wolfgang Marotzke
Professor an der Universität Tübingen

Dr. Sebastian A. E. Martens
Professor an der Universität Passau

Dr. Dr. Dr. h. c. mult. Michael
Martinek, M.C.J.
Professor an der Universität
des Saarlandes, Saarbrücken, Honorarprofessor an der Universität Johannesburg,
Südafrika

Dr. Annemarie Matusche-Beckmann
Professorin an der Universität
des Saarlandes, Saarbrücken

Dr. Gerald Mäsch
Professor an der Universität Münster

Dr. Felix Maultzsch, LL.M.
Professor an der Universität Frankfurt a. M.

Dr. Jörg Mayer †
Honorarprofessor an der Universität
Erlangen-Nürnberg, Notar in Simbach
am Inn

Dr. Dr. Detlef Merten
Professor an der Deutschen Universität
für Verwaltungswissenschaften Speyer

Dr. Tanja Mešina
Staatsanwältin, Stuttgart

Dr. Rudolf Meyer-Pritzl
Professor an der Universität zu Kiel,
Richter am Schleswig-Holsteinischen
Oberlandesgericht in Schleswig

Dr. Morten Mittelstädt
Notar in Hamburg

Dr. Peter O. Mülbert
Professor an der Universität Mainz

Dr. Hans-Heinrich Nöll
Rechtsanwalt in Hamburg

Dr. Jürgen Oechsler
Professor an der Universität Mainz

Dr. Hartmut Oetker
Professor an der Universität zu Kiel,
Richter am Thüringer Oberlandesgericht
in Jena

Wolfgang Olshausen
Notar a. D. in Rain am Lech

Dr. Dirk Olzen
Professor an der Universität Düsseldorf

Dr. Sebastian Omlor, LL.M.,
LL.M.
Professor an der Universität Marburg

Dr. Gerhard Otte
Professor an der Universität Bielefeld

Dr. Frank Peters
Professor an der Universität Hamburg,
Richter am Hanseatischen Oberlandesgericht zu Hamburg a. D.

Dr. Christian Picker
Professor an der Universität Konstanz

Dr. Andreas Piekenbrock
Professor an der Universität Heidelberg

Dr. Jörg Pirrung †
Richter am Gericht erster Instanz
der Europäischen Gemeinschaften i. R.,
Honorarprofessor an der Universität Trier

Dr. Dr. h. c. Ulrich Preis
Professor an der Universität zu Köln

Dr. Maximilian Freiherr
von Proff zu Irnich
Notar in Köln

Dr. Thomas Raff
Notar in Ludwigshafen

Dr. Manfred Rapp
Notar a. D., Landsberg am Lech

Dr. Dr. h.c. Thomas Rauscher
Professor an der Universität Leipzig,
Professor h.c. an der Eötvös Loránd
Universität Budapest, Dipl.Math.

Dr. Peter Rawert, LL.M.
Notar in Hamburg, Honorarprofessor
an der Universität Kiel

Eckhard Rehme
Vorsitzender Richter am Oberlandesgericht Oldenburg i. R.

Dr. Wolfgang Reimann
Notar a. D., Honorarprofessor
an der Universität Regensburg

Dr. Tilman Repgen
Professor an der Universität Hamburg

Dr. Christoph Reymann,
LL.M. Eur.
Notar in Neustadt b. Coburg, Professor
an der Privaten Universität Liechtenstein

Dr. Reinhard Richardi
Professor an der Universität Regensburg,
Präsident a. D. des Kirchlichen Arbeitsgerichtshofs der Deutschen Bischofskonferenz, Bonn

Dr. Volker Rieble
Professor an der Universität München,
Direktor des Zentrums für Arbeitsbeziehungen und Arbeitsrecht

Dr. Daniel Rodi
Akad. Rat a. Z. an der Universität
Heidelberg

Dr. Anne Röthel
Professorin an der Bucerius Law School, Hamburg

Dr. Christian Rolfs
Professor an der Universität zu Köln

Dr. Dr. h. c. Herbert Roth
Professor an der Universität Regensburg

Dr. Ludwig Salgo
Apl. Professor an der Universität Frankfurt a. M.

Dr. Anne Sanders
Professorin an der Universität Bielefeld

Dr. Renate Schaub, LL.M.
Professorin an der Universität Bochum

Dr. Martin Josef Schermaier
Professor an der Universität Bonn

Dr. Gottfried Schiemann
Professor an der Universität Tübingen

Dr. Eberhard Schilken
Professor an der Universität Bonn

Dr. Martin Schmidt-Kessel
Professor an der Universität Bayreuth

Dr. Daniel Johannes Schneider
Notarassessor in Neustadt a. d. Weinstraße

Dr. Günther Schotten
Notar a. D. in Köln, Honorarprofessor an der Universität Bielefeld

Dr. Robert Schumacher, LL.M.
Notar in Köln

Dr. Roland Schwarze
Professor an der Universität Hannover

Dr. Andreas Schwennicke
Rechtsanwalt und Notar in Berlin

Dr. Maximilian Seibl, LL.M.
Oberregierungsrat im Bayerischen Staatsministerium für Gesundheit und Pflege, München

Dr. Stephan Serr
Notar in Ochsenfurt

Dr. Reinhard Singer
Professor an der Humboldt-Universität Berlin, vorm. Richter am Oberlandesgericht Rostock

Dr. Dr. h. c. Ulrich Spellenberg
Professor an der Universität Bayreuth

Dr. Sebastian Spiegelberger
Notar a. D. in Rosenheim

Dr. Ansgar Staudinger
Professor an der Universität Bielefeld

Dr. Björn Steinrötter
Professor an der Universität Potsdam

Dr. Malte Stieper
Professor an der Universität Halle-Wittenberg

Dr. Markus Stoffels
Professor an der Universität Heidelberg

Dr. Michael Stürner, M.Jur.
Professor an der Universität Konstanz, Richter am Oberlandesgericht Karlsruhe

Dr. Felipe Temming, LL.M.
Professor an der Universität Hannover

Burkhard Thiele
Präsident des Oberlandesgerichts Rostock a. D., Präsident des Landesverfassungsgerichts Mecklenburg-Vorpommern a. D.

Dr. Christoph Thole
Professor an der Universität zu Köln

Dr. Karsten Thorn
Professor an der Bucerius Law School, Hamburg

Dr. Gregor Thüsing, LL.M.
Professor an der Universität Bonn

Dr. Madeleine Tolani, LL.M.
Professorin an der Hochschule Wismar

Dr. Judith Ulshöfer
Notarassessorin in Ludwigshafen am Rhein

Dr. Barbara Veit
Professorin an der Universität Göttingen

Dr. Bea Verschraegen, LL.M., M.E.M.
Professorin an der Universität Wien, adjunct professor an der Universität Macao

Dr. Klaus Vieweg
Professor an der Universität Erlangen-Nürnberg

Dr. A. Olrik Vogel
Rechtsanwalt in München

Dr. Markus Voltz
Notar in Offenburg

Dr. Reinhard Voppel
Rechtsanwalt in Köln

Dr. Rolf Wagner
Professor an der Universität Potsdam, Ministerialrat im Bundesjustizministerium

Lucas Wartenburger
Notar in Rosenheim

Dr. Christoph Andreas Weber
Privatdozent an der Universität München

Dr. Johannes Weber, LL.M.
Notarassessor, Geschäftsführer des Deutschen Notarinstituts, Würzburg

Gerd Weinreich
Vorsitzender Richter am Oberlandesgericht Oldenburg a. D., Rechtsanwalt in Oldenburg

Dr. Matthias Wendland, LL.M.
Professor an der Universität Graz

Dr. Domenik H. Wendt, LL.M.
Professor an der Frankfurt University of Applied Sciences

Dr. Olaf Werner
Professor an der Universität Jena, Richter am Thüringer Oberlandesgericht Jena a. D.

Dr. Daniel Wiegand, LL.M.
Rechtsanwalt in München

Dr. Wolfgang Wiegand
Professor an der Universität Bern

Dr. Peter Winkler von Mohrenfels
Professor an der Universität Rostock, Richter am Oberlandesgericht Rostock a. D.

Dr. Felix Wobst
Notarassessor

Dr. Hans Wolfsteiner
Notar a. D., Rechtsanwalt in München

Heinz Wöstmann
Richter am Bundesgerichtshof, Karlsruhe

Redaktorinnen und Redaktoren

Dr. Christian Baldus

Dr. Dr. h. c. mult. Christian von Bar, FBA

Dr. Michael Coester, LL.M.

Dr. Heinrich Dörner

Dr. Hans Christoph Grigoleit

Dr. Johannes Hager

Dr. Dr. h. c. mult. Dieter Henrich

Dr. Carsten Herresthal, LL.M.

Sebastian Herrler

Dr. Dagmar Kaiser

Dr. Dr. h. c. Manfred Löwisch

Dr. Ulrich Magnus

Dr. Peter Mankowski

Dr. Heinz-Peter Mansel

Dr. Peter O. Mülbert

Dr. Gerhard Otte

Dr. Lore Maria Peschel-Gutzeit

Dr. Manfred Rapp[*]

Dr. Peter Rawert, LL.M.

Dr. Volker Rieble

Dr. Christian Rolfs

Dr. Dr. h. c. Herbert Roth

Dr. Markus Stoffels

Dr. Wolfgang Wiegand

---

[*] Dr. Manfred Rapp ist seit dem Jahr 2006 ununterbrochen Redaktor der Bände zum Wohnungseigentumsgesetz. Aufgrund eines Fehlers des Verlags wurde Dr. Manfred Rapp von Januar 2018 bis Juni 2020 nicht im Redaktorenverzeichnis geführt. Der Verlag bittet Herrn Dr. Rapp dies zu entschuldigen.

Inhaltsübersicht

Seite*

Buch 2 · Recht der Schuldverhältnisse
Abschnitt 1 · Inhalt der Schuldverhältnisse

Titel 1 · Verpflichtung zur Leistung
§§ 244–248 _____ 1

Gesetz über das Verbot der Verwendung von Preisklauseln bei der Bestimmung von Geldschulden (Preisklauselgesetz – PrKG) _____ 442

Sachregister _____ 517

---

* Zitiert wird nicht nach Seiten, sondern
nach Paragraph bzw Artikel und Randnummer;
siehe dazu auch „Zitierweise".

Vorbemerkungen zu §§ 244–248

Systematische Übersicht

A.	**Allgemeiner Teil des Geldrechts**	A1
I.	**Die Entstehung des Geldes**	A3
1.	Gesellschaftliche, wirtschaftliche und rechtliche Existenzbedingungen des Geldes	A4
a)	Arbeitsteilung	A4
aa)	Naturalwirtschaft	A5
bb)	Geldwirtschaft	A7
b)	Privateigentum	A8
2.	Geldgeschichte als Prozess der Entmaterialisierung	A11
a)	Entwicklungsstufen	A12
aa)	Primitivgeld	A12
bb)	Münzen	A13
cc)	Papiergeld	A17
(1)	Frankreich im 18. Jahrhundert	A17
(2)	England und Preußen im 19. Jahrhundert	A18
(3)	Internationaler Goldstandard	A19
dd)	Buchgeld	A20
(1)	Vom depositum regulare zum depositum irregulare	A21
(2)	Städtisches Bankwesen ab dem 15. Jahrhundert	A21
(3)	Diversifizierung der Bankdienstleister	A22
b)	Bargeldloser Zahlungsverkehr in Deutschland	A24
aa)	Mittel bargeldloser Zahlungen	A24
bb)	Statistische Bestandaufnahme	A26
cc)	Internationaler Zahlungsverkehr	A27
c)	Europäischer Binnenmarkt für Zahlungsdienste	A28
aa)	Anfänge des Integrationsprozesses	A28
bb)	Der Einheitliche Euro-Zahlungsverkehrsraum	A29
d)	Blockchain-basierter Zahlungsverkehr	A31a
aa)	Bitcoin-Netzwerk	A31a
bb)	Zahlungs-Token post Bitcoin	A31b
cc)	Digitales Zentralbankgeld	A31c
II.	**Der Begriff des Geldes**	
1.	Abgrenzung zu den Geldfunktionen	A32
a)	Transdisziplinäre Meinungsvielfalt: ein- bis dreigliedriger Funktionenkatalog	A33
aa)	Funktionstrias	A33
bb)	Funktionsdualismus	A34
cc)	Funktionsmonismus	A36
b)	Dualismus von abstrakten und konkreten Funktionen	A37
aa)	Defizite von Funktionsmonismus und Funktionstrias	A37
bb)	Kategorisierung in abstrakte und konkrete Funktionen	A39
2.	Definitionskonzepte aus wirtschafts- und rechtswissenschaftlicher Sicht	A43
a)	Tauschmittelzentrierte Definitionen	A44
b)	Recheneinheitszentrierte Definitionen	A48
c)	Volkswirtschaftlich orientierte Definitionen	A51
d)	Funktionsdeterminierte Definitionen	A55
e)	Gegenstandsbasierte Definitionen	A58
f)	Relativer Geldbegriff	A61
3.	Der rechtliche Begriff des Geldes	A62
a)	Methodische Vorüberlegungen	A62
b)	Begriffliche Zweigliedrigkeit	A66
aa)	Abstrakter Geldbegriff	A66
bb)	Buchgeld als Geld im abstrakten Sinne	A69
(1)	Entwicklung vom Bar- zum Buchgeld	A69
(2)	Meinungsstand	A70
(3)	Stellungnahme	A73
cc)	Zahlungs-Token	A83a
(1)	Typenbildung	A83a
(2)	Abgrenzung zum Geld im konkreten Sinn	A83b
(3)	Tauschmittelfunktion	A83c
dd)	Konkreter Geldbegriff	A84

(1)	Definition	A84
(2)	Abgrenzung zum Geld im abstrakten Sinn	A87
(3)	Ausländische Geldzeichen	A88
(4)	Abgrenzung zu strafrechtlichen Geldbegriffen	A89
(5)	Sonderfälle	A90
4.	Systematisierung geldrechtlicher Normen	A91
a)	Anwendungsfälle des abstrakten Geldbegriffs	A92
aa)	Privatrecht	A93
(1)	Hinterlegungsrecht	A93
(2)	Schadensrecht	A95
(3)	Geldstrafen	A97
(4)	Darlehensrecht	A98
(5)	Auftrags- und Geschäftsbesorgungsrecht sowie GoA	A99
(6)	Zahlungsdiensterecht	A100
(7)	Immobiliarsachenrecht	A102
(8)	Kapitalgesellschaftsrecht	A103
(9)	Zwangsvollstreckungsrecht	A107
bb)	Strafrecht	A108
(1)	Geld- und Wertzeichenfälschung	A108
(2)	Zahlungskarten	A109
(3)	Strafrechtliches Sanktionensystem	A110
cc)	Öffentliches Recht	A111
(1)	EU-Primärrecht	A111
(2)	EU-Sekundärrecht	A113
(3)	Grundgesetz	A114
(4)	Verwaltungsrechtliche Entschädigungsansprüche	A115
b)	Anwendungsfälle des konkreten Geldbegriffs	A116
aa)	Privatrecht	A117
(1)	Verwahrung	A117
(2)	Mobiliarsachenrecht	A119
(3)	Zwangsvollstreckung	A120
bb)	Strafrecht	A121
III.	**Sondervorschriften für Geld im konkreten und abstrakten Sinne**	A123
1.	Geld im konkreten Sinne	A124
a)	Abgrenzung zum Begriff des Geldzeichens	A124
b)	Euro-Bargeld	A125
aa)	Euro-Münzen	A125
bb)	Euro-Banknoten	A128
c)	Entstehung und Untergang als gesetzliches Zahlungsmittel	A131
aa)	Monetisierung	A132
(1)	Rechtsnatur	A132
(2)	Befugnis zur Herstellung	A133
(3)	Inverkehrbringung	A134
bb)	Demonetisierung	A135
(1)	Rechtsnatur	A135
(2)	Währungswechsel	A136
(3)	Demonetisierung einzelner Geldsorten	A138
(4)	Demonetisierung einzelner Geldzeichen	A139
d)	Geldzeichen im Strafrecht	A143
aa)	Besondere geldzeichenbezogene Straftatbestände	A144
bb)	Allgemeine Vermögensdelikte	A147
2.	Geld im abstrakten Sinne	A149
a)	Begriff des Buchgeldes	A149
b)	Erlangung und Verlust der Buchgeldeigenschaft	A153
(1)	Privatrechtliche Buchgeldschöpfung	A153
(2)	Untergang von Buchgeld	A155
(3)	Transfer von Buchgeld	A157
c)	Methoden des Buchgeldtransfers	A158
aa)	Grundkonstruktion	A158
bb)	Einzelne Transferierungsformen	A159
d)	Buchgeld im Strafrecht	A163
aa)	Zahlungskarte, Scheck und Wechsel	A163
bb)	Computerbetrug	A164
cc)	Diebstahl	A165
e)	Zahlungs-Token	A165a
aa)	Entstehung	A165b
bb)	Untergang	A165d
cc)	Übertragung	A165e
dd)	Schutz	A165h
IV.	**Geldsachenrecht**	A166
1.	Entmaterialisierung des Geldsachenrechts?	A167
a)	Geldfunktionsorientierte Neukonzeptionierung des Mobiliarsachenrechts	A167
b)	Geldfunktionsblinde lex lata	A170
c)	Blockchain-basierte Zahlungsmittel	A170a

2.	Geldzeichen im begrifflichen und dogmatischen System des BGB-Sachenrechts	A171	(3)	Zentralbankunabhängigkeit und Demokratieprinzip	A217
			bb)	Preisstabilität	A220
3.	Eigentümerwechsel bei Sachgeld	A173	(1)	Systematische Stellung	A220
a)	Gesetzlicher Eigentumserwerb	A173	(2)	Sachliche Reichweite	A222
b)	Rechtsgeschäftlicher Eigentumserwerb	A177	(3)	Adressatenkreis	A223
			(4)	Inhalt	A224
aa)	Geltung des Spezialitätsgrundsatzes	A177	cc)	Verbot monetärer Haushaltsfinanzierung	A227
bb)	Rechtsgrundlagen	A179	(1)	Inhalt	A227
cc)	Einzelprobleme	A180	(2)	Zielsetzungen	A229
(1)	Einzahlung auf ein Zahlungskonto	A180	(3)	Adressatenkreis	A230
(2)	Auszahlung von einem Zahlungskonto	A181	dd)	Verbot des bevorrechtigten Zugangs zu Finanzinstituten	A232
(3)	Wechseln von Bargeld	A182	ee)	Haftungsausschluss	A234
4.	Schutz des Geldzeicheneigentümers	A186	ff)	Vermeidung übermäßiger Defizite	A237
			(1)	Zielsetzungen	A237
a)	Lehre von der Geldwertvindikation	A187	(2)	Inhalt	A238
b)	Gegenstand der Geldvindikation	A189	(3)	Flankierungen durch den Stabilitäts- und Wachstumspakt	A240
c)	Erfüllung des Vindikationsanspruchs	A190	d)	Akteure	A243
			aa)	Das Europäische System der Zentralbanken	A243
V.	**Geldrecht und Währungsverfassung**		(1)	Föderale Strukturelemente	A243
1.	Verhältnis von Geldprivat- und Währungsrecht	A192	(2)	Zentralistische Strukturelemente	A245
2.	Grundlagen und -begriffe	A193	(3)	Aufgabenkatalog	A247
a)	Währungsbegriff	A193	bb)	Die Europäische Zentralbank	A253
b)	Währungssysteme	A195	(1)	Rat der EZB	A254
(1)	Metallwährungen	A196	(2)	Direktorium	A256
(2)	Papierwährungen	A198	(3)	Erweiterter Rat der EZB	A259
c)	Währungsänderungen	A199	(4)	Aufgabenkatalog	A261
3.	Die europäische Währungsunion	A202	cc)	Die Deutsche Bundesbank	A264
a)	Vorgeschichte	A202	(1)	Organisationsverfassung	A264
aa)	Frühphase	A203	(2)	Unabhängigkeit	A266
bb)	Fortentwicklungsphase	A204	(3)	Einbindung in das ESZB	A269
cc)	Vorbereitungsphase	A205	(4)	Internationale Währungseinrichtungen	A273
dd)	Übergangs- und Vollendungsphase	A206	(5)	Förderung des Zahlungsverkehrs	A274
b)	Sekundärrechtliche Grundlagen	A207	e)	Rechtsschutz	A275
aa)	Trilogie der Verordnungen	A207	aa)	Rechtsschutz gegen die EZB	A276
bb)	Anordnung eines Währungswechsels	A208	(1)	Nichtigkeitsklage	A276
			(2)	Untätigkeitsklage	A279
cc)	Rekurrenter Anschluss	A210	bb)	Rechtsschutz zugunsten der EZB	A280
c)	Primärrechtliche Grundachsen der Währungsverfassung	A212	**B.**	**Allgemeiner Teil des Geldschuldrechts**	**B1**
aa)	Zentralbankunabhängigkeit	A212			
(1)	Kodifikatorische Verortung	A212			
(2)	Inhaltliche Elemente	A213	**I.**	**Der Inhalt der Geldschuld**	**B2**

Vorbem zu §§ 244–248

1.	Bedeutung des gesetzlichen Annahmezwangs	B3	3.	Unmöglichkeit	B57
2.	Abgrenzungen	B5	4.	Verzug	B60
a)	Sach- und Wahlschuld	B5	a)	Gläubigerverzug	B61
b)	Gattungsschulden	B7	aa)	Voraussetzungen	B61
c)	Valutakauf	B9	bb)	Rechtsfolgen	B62
d)	Herausgabeansprüche	B10	cc)	Einzelfälle	B64
aa)	Auftragsrecht	B11	(1)	Barzahlung	B64
(1)	Anspruchsinhalt und systematische Bedeutung	B11	(2)	Überweisung	B65
(2)	Aufrechnung	B14	(3)	Lastschrift	B66
(3)	Verzugszinsen	B15	(4)	Zahlungskarten	B67
bb)	Bereicherungsrecht	B16	b)	Schuldnerverzug	B69
(1)	Nichtleistungskondiktionen	B17	aa)	Individuelle versus überindividuelle Leistungshindernisse	B70
(2)	Leistungskondiktionen	B18	bb)	Verzug im Verbraucherdarlehensrecht	B71
(3)	Zwangsvollstreckung	B19	cc)	Besonderheiten bei Entgeltforderungen	B72
e)	Kryptowährungen	B19a	dd)	Umfang des Verzögerungsschadens	B73
II.	**Die Geldschuld im BGB**		ee)	Beendigung des Verzugs	B74
1.	Rechtzeitigkeit der Leistung	B20	(1)	Grundsatz	B74
a)	Traditionelle Einordnung als qualifizierte Schickschuld	B21	(2)	Einzelfälle	B76
			5.	Erfüllung	B80
b)	Geldschuld als modifizierte Bringschuld	B23	a)	Zahlung von Bargeld	B80
			aa)	Disponibilität des gesetzlichen Annahmezwangs	B81
c)	Vertragliche Sonderabreden	B28	bb)	Konsensualer Ausschluss der Barzahlung	B82
2.	Gefahr-, Risiko- und Kostentragung	B30	(1)	Differenzierung nach Art der Vertragsdurchführung	B82
a)	Leistungs- und Erfolgsort nach § 270	B30	(2)	Differenzierung nach Höhe der Geldschuld	B83
b)	Gefahrübergang	B34	(3)	Klauselkontrolle	B84
aa)	Zeitliche Vorverlagerung durch Aussonderung	B35	b)	Bargeldlose Zahlung	B85
bb)	Einzelfälle	B37	aa)	Erfüllungstauglichkeit von Buchgeld	B85
(1)	Barzahlung	B37	(1)	Leitmotiv der Entmaterialisierung	B86
(2)	Überweisung	B38	(2)	Anerkennung in der positiven Rechtsordnung	B87
(3)	Zahlungskarten	B39	(3)	Funktionale Äquivalenz	B88
(4)	Lastschrift	B43	(4)	Annahmezwang kraft Parteivereinbarung	B89
c)	Transportkosten	B44			
aa)	Barzahlung	B45	bb)	Zahlung mittels Überweisung und Lastschrift	B90
bb)	Buchgeldzahlung	B46	(1)	Erfüllungstatbestand	B90
cc)	Vertragliche Abreden	B48	(2)	Entbehrlichkeit eines Einverständnisses des Geldgläubigers	B91
d)	Insolvenzrisiko	B49			
aa)	Grundlagen	B49			
bb)	Barzahlung	B51	(3)	Überweisung als primäre bargeldlose Erfüllungsform	B92
cc)	Buchgeldzahlung	B52			
(1)	Überweisung	B52			
(2)	Zahlungskarte	B53			
(3)	Lastschrift	B54			
e)	Geldentwertungsrisiko	B55	(4)	Zeitpunkt	B95

cc)	Zahlung mittels Zahlungskarte	B97	c)	Erscheinungsformen der Inflation		C14
dd)	Zahlung mittels Scheck, Wechsel und Akkreditiv	B98	aa)	Schleichende und galoppierende Inflation		C15
ee)	Zahlung mit E-Geld	B99	bb)	Offene und zurückgestaute Inflation		C17
ff)	Zahlung mit Zahlungs-Token	B100b				
c)	Aufrechnung	B101	cc)	Relative und absolute Inflation		C18
aa)	Geldherausgabeansprüche	B102				
bb)	Herausgabe von Wertpapieren	B103	**II.**	**Nominalismus und Valorismus**		C19
cc)	Sachenrechtliche Ansprüche	B104	1.	Dreigliedriger Nominalismus		C20
dd)	Geldsummen- und Geldwertschulden	B105	a)	Geldtheoretischer Nominalismus		C22
			aa)	Terminologische Verortung		C22
ee)	Fremdwährungsverbindlichkeiten	B106	bb)	Positivrechtliche Verortung		C25
ff)	Weitere Einzelfälle	B107	(1)	Obergrenzen und Pauschalbeträge im Prozess- und Sozialrecht		C26
III.	**Geldschuld und rekurrenter Anschluss**	B109	(2)	Haftungsobergrenzen		C27
1.	Grundlagen	B110	(3)	Kapitalgesellschaftsrecht		C30
a)	Währungswechsel im Lichte der Staatlichen Theorie des Geldes	B110	b)	Geldschuldrechtlicher Nominalismus		C31
			aa)	Terminologische Verortung		C31
b)	Grundrechtliche Grenzen	B111	bb)	Grundlage in der Rechtsordnung		C35
aa)	Eigentumsschutz im Grundgesetz	B111	c)	Funktionaler Nominalismus		C41
bb)	Eigentumsschutz im Unionsrecht	B112	aa)	Geldrechtssystematische Rechtfertigung		C42
cc)	Eingriff und Rechtfertigung	B114				
2.	Die Einführung des Euro	B116	bb)	Stabilitätspolitische Rechtfertigung		C43
a)	Leitmotiv der Neutralität	B116				
b)	Vertragskontinuität	B120	cc)	Volkswirtschaftliche Rechtfertigung		C44
c)	Umstellung von Wertpapieren	B124				
aa)	Scheck und Wechsel	B124	dd)	Sozialstaatliche Rechtfertigung?		C45
bb)	Schuldverschreibungen	B125	2.	Geldwert- und Geldsummenschulden		C46
cc)	Briefmarken	B126				
d)	Prozess und Zwangsvollstreckung	B127	a)	Tauglichkeit einer Typenbildung		C46
			b)	Geldsummenschulden in der Privatrechtsordnung		C49
C.	**Besonderer Teil des Geldschuldrechts**	C1	aa)	Allgemeines Schuldrecht		C49
			bb)	Gegenleistungspflichten im Besonderen Schuldrecht		C52
I.	**Der Geldwert**					
1.	Wirtschaftswissenschaftliche Einflüsse	C2	cc)	Aufwendungsersatz		C57
2.	Negative Definitionsmerkmale	C4	dd)	Bereicherungsrecht		C58
a)	Subjektiver versus objektiver Geldwert	C4	ee)	Familienrecht		C62
			ff)	Erbrecht		C67
b)	Anti-Metallismus	C5	gg)	Gesellschaftsrecht		C74
c)	Nennwert	C6	hh)	Privatversicherungsrecht		C78
3.	Positive Definitionsmerkmale	C7	c)	Geldwertschulden in der Privatrechtsordnung		C79
a)	Objektiver Funktionswert	C7	aa)	Allgemeines Schuldrecht		C79
b)	Binnen- und Außenwert	C9	bb)	Enteignungsentschädigung und Aufopferungsansprüche		C88
4.	Geldwertänderungen	C10				
a)	Statistische Basisdaten	C11	cc)	Bereicherungsrecht		C91
b)	Terminologische Grundlagen	C13	dd)	Familienrecht		C92

ee)	Erbrecht	C95	(5)	Rücktritts- und Widerrufsfolgenrecht		C143
ff)	Privatversicherungsrecht	C96	(6)	Verträge mit Versorgungscharakter		C144
III.	**Aufwertung von Geldsummenschulden**		bb)	Schwerwiegende Veränderung		C145
			(1)	Hyperinflation		C146
1.	Mechanismen der Aufwertung	C97	(2)	Schleichende Inflation		C147
2.	Individuelle Aufwertung im Spiegel der rechtspolitischen, verfassungs- und währungsrechtlichen Kritik	C98	cc)	Risikoverteilung		C152
			(1)	Gesetzliche Risikoverteilung		C152
			(2)	Vertragliche Risikoverteilung		C153
a)	Vereinbarkeit mit deutschem Verfassungsrecht	C99	dd)	Unzumutbarkeit		C156
			e)	Rechtsfolgen		C160
aa)	Prinzip der Gewaltenteilung	C99	aa)	Aufwertung durch Vertragsanpassung		C160
bb)	Grundrechtsschutz der Vertragsfreiheit	C102	bb)	Durchführung der Vertragsanpassung		C164
b)	Einschränkung des geldschuldrechtlichen Nominalprinzips	C104	(1)	Dogmatische Einordnung		C164
3.	Aufwertung von CISG-Geldschulden	C107	(2)	Umfang der Aufwertung		C165
			(3)	Zeitliche Reichweite		C167
4.	Geschäftsgrundlagenlösung	C111	cc)	Folgen für bestehende Kreditsicherheiten		C171
a)	Abgrenzung und Alternativmodelle	C112	(1)	Nicht-akzessorische Sicherheiten		C172
aa)	Allgemeine Rechtsgeschäftslehre	C112	(2)	Akzessorische Sicherheiten		C174
bb)	Unmöglichkeitsrecht	C115	dd)	Ausnahmekonstellation einer Vertragsbeendigung		C177
cc)	Vorzüge der Geschäftsgrundlagenlösung	C117	f)	Einzelfälle		C182
b)	Leitlinien der Aufwertung	C119	aa)	Verträge mit Versorgungscharakter		C182
aa)	Äquivalenzprinzip	C120	bb)	Langfristige Abbauverträge		C185
bb)	Vertragliche Risikoverteilung	C122	cc)	Langfristige Lieferverträge		C187
cc)	Zeitspanne bis zur vollständigen Erfüllung der Geldschuld	C123	dd)	Dinglicher Erbbauzins		C189
			ee)	Miet- und Leasingverträge		C192
dd)	Professionalität des Geldgläubigers	C124	ff)	Gelddarlehensverträge		C193
c)	Anwendbarkeit	C125	**IV.**	**Wertsicherungsvereinbarungen**		C195
aa)	Positiver sachlicher Anwendungsbereich	C125	1.	Terminologie		C196
			a)	Geldschuld als Regelungsgegenstand		C197
bb)	Negativer sachlicher Anwendungsbereich	C127	b)	Wertmesser		C198
(1)	Subsidiarität zu gesetzlichen Spezialregelungen	C127	c)	Technik der Wertsicherung		C199
			d)	Bedeutung des Preisklauselgesetzes		C200
(2)	Subsidiarität zu vertraglichen Spezialregelungen	C131	2.	Auslegung von Wertsicherungsvereinbarungen		C201
cc)	Ausschluss der Aufwertung infolge Verwirkung und Verzichts	C136	a)	Grundlagen		C201
			b)	Ergänzende Vertragsauslegung		C203
d)	Tatbestandliche Voraussetzungen	C138	aa)	Verhältnis zum Wegfall der Geschäftsgrundlage		C203
aa)	Geschäftsgrundlage	C138				
(1)	Austauschverträge	C139	bb)	Fehlen der Bezugsgröße		C204
(2)	Gesellschaftsrecht	C140				
(3)	Erbrecht	C141	cc)	Untauglichkeit der Bezugsgröße		C205
(4)	Bereicherungsrecht	C142				

Titel 1
Verpflichtung zur Leistung

Vorbem zu §§ 244–248

Alphabetische Übersicht

Abstrakter Geldbegriff	A66 ff, A148 ff
Annahmezwang	A80, B3 f, B81, C39
Anti-Metallismus	A166, C5, C22
Aufrechnung	A190, B14, B101 ff
Auftragsrecht	A98, B11 ff
Aufwendungsersatz	C57
Aufwertung	C97 ff
– Ausschluss	C136 f
– CISG-Geldschulden	C107 ff
– Geldsummenschulden	C97 ff
– Leitlinien	C119 ff
– Mechanismen	C97
– Umfang	C165
Alimentationsprinzip	C130
Altersbezüge	C184
Äquivalenzprinzip	C120
Aufsichtsklage	A279
Auftragsrecht	A99
Ausländische Geldzeichen	A87
Außenwert	C9
Auszahlung	A180
Bargeldloser Zahlungsverkehr	A24 ff
Barzahlung	B37, B45, B51, B64
Bereicherungsrecht	B16 ff, C58, C142
Bestimmtheitsgrundsatz	A187
Binnenwert	C9
Briefmarken	A89, B126
Buchgeldbegriff	A148 f
Buchgeldschöpfung	A152
Buchgeldtransfer	A156 ff, B46 f
Buchgelduntergang	A154 f
Bürgschaft	C174
Computerbetrug	A163
Darlehensrecht	A97, C53, C193 f
Debitkarte	A25, A161, B41, B68
Deflation	C13
Demokratieprinzip	A216 ff
Demonetisierung	A134 ff
Deutsche Bundesbank	A263 ff
Diebstahl	A146, A164
Dinglicher Erbbauzins	C189
Direktorium der EZB	A255 ff
EC-Karte	A25
Eigentumserwerb	A172 ff
– Gesetzlich	A172 ff
– Rechtsgeschäftlich	A176 ff
Eigentumsschutz	B111 ff
Eingriffskondiktion	C60
Einzahlung	A179
Elektronisches Geld	A100, A151, B12
Enteignungsentschädigung	A114
Entgangener Gewinn	C81
Entmaterialisierung	A11 ff, A69, A166 ff, B86, C5
Entschädigungsanspruch	A114
Entstehung des Geldes	A3 ff
Erbengemeinschaft	C73
Erbrecht	C67 ff, C95, C141
Erfolgsort	B30 ff
Erfüllung	B80 ff
Ergänzende Vertragsauslegung	C203 ff
Erweiterter Rat der EZB	A258
ESM	A230, A235
ESZB	A211 ff, A242 ff
Euro-Bargeld	A124 ff
– Emissionsrecht	A269
Euro-Einführung	A201 ff, B116 ff
Euro-Einführungsverordnung	A207
Europäische Währungsunion	A201 ff
Europäisches Währungssystem	A28
EZB	A244, A252 ff
Fälschungsrisiko	A82
Familienrecht	C62 ff, C92 ff
Finanzierungsleasing	C188
Fremdwährungsverbindlichkeiten	B106
Funktionsdualismus	A34 f
Funktionsgerechtigkeit	C106
Funktionsmonismus	A36
Funktionstrias	A33
Geld- und Wertzeichenfälschung	A107
Gefahrübergang	B34 ff
Gegenleistungspflicht	C52 ff
Gegenstand	A58
Geldbegriff	A32 ff
– Abstrakter	A66, A91 ff, A122 ff, A148 ff
– Konkreter	A83 ff, A115 ff, A122 ff
– Ökonomischer	A56, A64
– Relativer	A61

Vorbem zu §§ 244–248

Geldentwertungsrisiko	B55 f
Geldfunktionen	A32 ff
Geldsachenrecht	A165 ff
Geldschuld	B2
– Gattungsschuld	B7 f
– Sach- und Wahlschuld	B5
Geldschuldrecht	B1 ff, C1 ff
Geldsortenschuld	B8
Geldstrafen	A96, A109
Geldstückschuld	B6, C50
Geldsummenvermächtnis	C67
Geldwertvermächtnis	C67
Geldvindikation	A185 ff
– Geldzeichenvindikation	A188
– Lehre von der Geldwertvindikation	A186 f
Geldwert	C2 ff
– Objektiver	C4
– Ökonomischer Wertbegriff	C3
– Subjektiver	C4
Geldwertänderungen	C10 ff
Geldwert- und Geldsummenschulden	C46 ff, C126, C197
Geldzeichen	A170 f
– Demonetisierung	A134 ff
– Herstellung	A132
– Inverkehrbringung	A133
– Monetisierung	A131 ff
– Währungswechsel	A135
Gerichtsstand	B24
Geschäftsbesorgungsrecht	A99
Geschäftsgrundlagenlösung	C111 ff
– Abgrenzung und Alternativen	C112 ff
– Rechtsfolgen	C160 ff
– Risikoverteilung	C152 ff
– Subsidiarität	C127 ff
– Unmöglichkeitsrecht	C115 f
– Vorzüge	C117 ff
Gesellschaftsrecht	C74 ff, C140
Gläubigerverzug	B61 f
GoA	A99
Gold	A89
Grundgesetz	A113, B111, C99 ff
Grundschuld	C173
Haftungsausschluss	A233
Hehlerei	A146 f
Herausgabeansprüche	B10 ff
Hinterlegungsrecht	A92 f
HVPI	C12
Hypothek	C175
Immobiliarsachenrecht	A101
Inflation	C13 ff
– Galoppierende	C15, C122
– Hyperinflation	C15, C126, C134, C146, C169
– Schleichende	C16, C122, C147
– Offene	C17
– Zurückgestaute	C17
– Relative	C18
– Absolute	C18
Indexlohn	C55
Insolvenzrisiko	B49 ff
Internationale Währungseinrichtungen	A272
Internationaler Goldstandard	A19
Kapitalgesellschaftsrecht	A102 ff
Konkreter Geldbegriff	A83, A115 ff
Kreditkarte	A161
Kreditsicherheit	C99 ff, C171 ff
Lastschriftabrede	B28, B43, B47, B54, B66, B90
– SEPA-Basislastschrift	A96
– SEPA-Firmenlastschrift	A96
Leistungskondiktion	B18, C58
Leistungsort	B30 ff
Metallwährungen	A195 f
Mindestkapital	C30
Mindestreserven	A247 ff
Mobiliarsachenrecht	A118
Modifizierte Bringschuld	B20, B23 ff
Monetäre Haushaltsfinanzierung	A226
Monetisierung	A131 ff
Münzen	A13
Münzhoheit	A125
Naturalwirtschaft	A5 f
Nennwert	C6
Nichtigkeitsklage	A275 ff, A279
Nichtleistungskondiktion	B17
Nominalismus	C19 f
– Dreigliedriger	C20 f
– Funktionaler	C41 ff
– Geldschuldrechtlicher	C31 ff
– Geldtheoretischer	C22 ff
– Strikter	C105

Titel 1
Verpflichtung zur Leistung

Vorbem zu §§ 244–248

Offenmarktgeschäfte	A247 f
Operating-Leasing	C192
Papiergeld	A17 ff
Papierwährungen	A197
Parteifähigkeit	A276
Pflichtteilsanspruch	C70 f
Preisklauselgesetz	C200 ff
Preisstabilität	A219 ff, 236, 277, C150
Primärrecht	A110
Primitivgeld	A12
Privatversicherungsrecht	C78, C96
Qualifizierte Schickschuld	B21
Rat der EZB	A253 f
Recheneinheit	A48 ff
Rechtsschutz	A274 ff
Römisches Münzwesen	A14
Sacheigenschaft	A170
Sachenrecht	A165 ff
Sachgeld	A9, A166
Sachschuld	B5
Sammlermünzen	A121, A189
Schadensrecht	A94 f
Scheck	A160, A162, B124
Scheidemünzen	A126
Schmerzensgeldanspruch	C83
Schuldnerverzug	B69 ff
Schuldverschreibungen	B125
Sekundärrecht	A112
SEPA	A29, B87
SEPA-Zahlungsinstrumente	A31
Skontoabrede	A29
Spargutshaben	A150
Spezialitätsgrundsatz	A176
SRM	A262
Staatliche Theorie des Geldes	A16, A49, B110
Stabilitäts- und Wachstumspakt	A239 ff
Ständige Fazilitäten	A247 f
Strafrecht	A107 ff, A120, A142 f, A162 f
Subjektive Unmöglichkeit	B58
Sukzessivlieferungsverträge	C187
Surrogationsprinzip	A177
SWIFT	A27
Tauschmittel	A44 ff, A150, C7
Teilzahlungsgeschäft	C13
Terminguthaben	A150
Testament	C67 ff
Transportkosten	B44 ff
Überweisung	A20, 159, B38, B52, B65, B90
Umstellung von Wertpapieren	B124
Unmöglichkeit	B57 ff
Untätigkeitsklage	A278 f
Unterhalt	C92 ff, C184
Urlaubsabgeltungsanspruch	B107
Valorismus	C19 ff
Valutakauf	B9
Vermögensdelikte	A146 f
Vertragskontinuität	B120
Verwahrung	A116 f
Verwaltungsrecht	A114
Verzug	B60 ff
Verzugszinsen	B15
Volkswirtschaft	A51, C3
Wahlschuld	B5
Währung	A192 f
Währungsreserven	A250, A271
Währungssysteme	A194 ff
Währungsunion	A202 ff
Währungsvereinbarungen	A193
Währungsverfassung	A212 ff
Währungswechsel	A199, B56, C24, C82
Wechseln von Bargeld	A182
Werklohnanspruch	C56
Wertmesser	C198
Wertsicherungsvereinbarungen	C195 ff
Wertvindikation	A169, A187 ff
Wertzeichen	A108
Wirtschaftsklauseln	C133
Zahlung	B80 ff
– Ausschluss der Barzahlung	B82 ff
– Bargeldlose Zahlung	B85 ff
– Scheck, Wechsel und Akkreditiv	B98
– Zahlungskarte	B97
– Zahlung von Bargeld	B80 f
Zahlungsdiensterecht	A100
Zahlungsdiensterichtlinie	A30, A76
Zahlungskarten	A109, B39 f
Zentralbankunabhängigkeit	A217
Zugewinnausgleich	C63 ff
Zwangsvollstreckung	A107, A120, B19, B127 f

A. Allgemeiner Teil des Geldrechts

Schrifttum (zu Teil A)

Alföldi, Antike Numismatik, Band 1 (1978)
Amann, Bitcoin als Zahlungsmittel im Internet, CR 2018, 379
Andreae, Geld und Geldschöpfung (1953)
Aschinger, Das Währungssystem des Westens (1971)
Ashauer/Born/Engels/Klein/Pohl/Treue/Zweig (Hrsg), Deutsche Bankengeschichte II (1982)
Auffenberg, E-Geld auf Blockchain-Basis, BKR 2019, 341
Bachmann/Goeck, Strafrechtliche Aspekte des „Skimmings", JR 2011, 425
Baur/Stürner, Sachenrecht (18. Aufl 2009)
Beck, Bitcoins als Geld im Rechtssinne, NJW 2015, 580
Beutel/Vedder, Europäischer Verfassungsvertrag (2007)
Beyer, Geldpolitik in der Römischen Kaiserzeit (1995)
Blumenwitz/Schöbener, Stabilität für Europa (1997)
Bock, Unter den Kannibalen auf Borneo (1882)
Bollenberger, Das stellvertretende Commodum (1999)
Bonin, Zentralbanken zwischen funktioneller Unabhängigkeit und politischer Autonomie (1979)
Bork, Die Einlagefähigkeit obligatorischer Nutzungsrechte, ZHR 154 (1990) 205
Brandes, Die Behandlung von Nutzungsüberlassungen im Rahmen einer Betriebsaufspaltung unter Gesichtspunkten des Kapitalersatzes und der Kapitalerhaltung, ZGR 1989, 244
Brandi/Gieseler, Vorschläge der EU-Kommission zur einheitlichen Bankaufsicht in der Eurozone, BB 2012, 2646
Brechtel, Die Tilgung von Geldforderungen bei Überweisungen, Lastschrift- und Kreditkartenzahlungen (2013)
Brosius-Gersdorf, Deutsche Bundesbank und Demokratieprinzip (1997)
Budge, Lehre vom Geld, Band I, Halbband 1 (1931)
Büsch (Hrsg), Handbuch der preußischen Geschichte, Band II (1992)
Calliess, Kohärenz und Konvergenz beim europäischen Individualrechtsschutz, NJW 2002, 3577
ders/Ruffert (Hrsg), EUV/AEUV, Das Verfassungsrecht der Europäischen Union mit Europäischer Grundrechtecharta (5. Aufl 2016)
Casper/Terlau, Zahlungsdiensteaufsichtsgesetz (2. Aufl 2020)
Ceyssens, Teufelskreis zwischen Banken und Staatsfinanzen – Der neue Europäische Bankaufsichtsmechanismus, NJW 2013, 3704
Chiusi, Strukturen des römischen Eigentums im Spiegel rhetorisch-philosophischer Texte Ciceros, in: Eckl/Ludwig (Hrsg), Was ist Eigentum? (2005) 59
Cirener/Radtke/Rissing-van Saan/Rönnau/Schluckebier (Hrsg), Leipziger Kommentar zum Strafgesetzbuch, Band 4 (13. Aufl 2019)
Crome, System des deutschen bürgerlichen Rechts, Teil 2 (1902)
Cukierman, Central bank strategy, credibility, and independence. Theory and evidence (1992)
Czada/Tolksdorf/Yenal, Internationale Währungsprobleme (1988)
Denzel, Das System des bargeldlosen Zahlungsverkehrs europäischer Prägung vom Mittelalter bis 1914 (2008)
Depenheuer (Hrsg), Eigentum. Ordnungsidee, Zustand, Entwicklungen (2005)
Dinov, Europäische Bankenaufsicht im Wandel, EuR 2013, 593
Dittrich, Das Dritte Euro-Einführungsgesetz, NJW 2000, 487
Duden, Der Gestaltwandel des Geldes und seine rechtlichen Folgen (1968)
Ebenroth/Bacher, Geldwertänderungen bei Vorempfängen, BB 1990, 2053
Eckstein, Geldschuld und Geldwert im materiellen und internationalen Privatrecht (1932)
Eckert, Steuerliche Betrachtung elektronischer Zahlungsmittel am Beispiel sog. Bitcoin-Geschäfte, DB 2013, 2108

EICHLER, Institutionen des Sachenrechts, Band I (1954)
EKKENGA, Zur Aktivierungs- und Einlagefähigkeit von Nutzungsrechten nach Handelsbilanz- und Gesellschaftsrecht, ZHR 161 (1997) 599
ELSTER, Die Seele des Geldes. Grundlagen und Ziele einer allgemeinen Geldtheorie (1920)
EMMERICH-FRITSCHE, Kritische Thesen zur Legaldefinition des Verwaltungsakts, NVwZ 2006, 762
ENDLER, Europäische Zentralbank und Preisstabilität. Eine juristische und ökonomische Untersuchung der institutionellen Vorkehrungen des Vertrages von Maastricht zur Gewährleistung der Preisstabilität (1998)
ENGELHARDT/KLEIN, Bitcoins – Geschäfte mit Geld, das keines ist – Technische Grundlagen und zivilrechtliche Betrachtung, MMR 2014, 355
ERTL, Inflation, Privatrecht und Wertsicherung (1980)
FALCK, Das Geld und seine Sonderstellung im Sachenrecht (1960)
FALCKE, Geld – Wert oder Sache? (1951)
FÖGEN, Geld- und Währungsrecht (1969)
FORSTMANN, Volkswirtschaftliche Theorie des Geldes. Allgemeine Geldtheorie (Band I) (1943)
ders, Geld und Kredit (1952)
FRAUENFELDER, Das Geld als allgemeiner Rechtsbegriff. Eine Untersuchung über das Verhältnis des rechtlichen zum wirtschaftlichen Begriff des Geldes (1938)
FÜLBIER, Zur Fremdwährung als bewegliche Sache und Ware und zur Geldschuld als Sachschuld, NJW 1990, 2797
GAETTENS, Geschichte der Inflationen. Vom Altertum bis zur Gegenwart (1982)
GAISER, Gerichtliche Kontrolle im Europäischen System der Zentralbanken, EuR 2002, 517
GAITANIDES, Das Recht der Europäischen Zentralbank. Unabhängigkeit und Kooperation in der Europäischen Währungsunion (2005)
GEERLINGS, Die neue Rolle der Bundesbank im Europäischen System der Zentralbanken, DÖV 2003, 322
GEHRLEIN, Eigentumsrechte nach einer Geldvermengung, NJW 2010, 3543
GEIGER, Das Währungsrecht im Binnenmarkt der Europäischen Union (1996)
GERBER, Geld und Staat (1926)
GERLOFF, Die Entstehung des Geldes und die Anfänge des Geldwesens (2. Aufl 1943)
GERNHUBER, Die Erfüllung und ihre Surrogate sowie das Erlöschen der Schuldverhältnisse aus anderen Gründen (2. Aufl 1994)
GIESECKE, Antikes Geldwesen (1938)
GOLDBERGER, Zur Lehre von der Vermengung des Geldes nach BGB, SeuffBl 72 (1907) 633
GRABITZ/HILF/NETTESHEIM (Hrsg), Das Recht der Europäischen Union (71. EL August 2020)
GRABOWSKY, Ueber die „djawet´s" oder heiligen Töpfe der Oloh ngadju (Dajaken) von Süd-Ost-Borneo, Zeitschrift für Ethnologie 17 (1885) 121
GRAMLICH, Die Begebung von Geldzeichen, ZfgK 1987, 548
ders, Die ECU – Fremdwährung in der Bundesrepublik? (1988)
de GREGORIO MERINO, Legal Developments in the Economic and Monetary Union during the Debt Crisis: The Mechanisms of Financial Assistance, CML Rev 49 (2012) 1613
GRÖPL, Schritte zur Europäisierung des Haushaltsrechts, Der Staat 52 (2013) 1
GROTHE, Fremdwährungsverbindlichkeiten (1999)
HACKER/THOMALE, Crypto-Securities Regulation, 15 ECFR (2018) 645
HADDING/HÄUSER, Rechtsfragen des Giroverhältnisses, ZHR 145 (1981) 138
HÄDE, Banknoten, Münzen und Briefmarken im Urheberrecht, ZUM 1991, 536
ders, Geldzeichen im Recht der Bundesrepublik Deutschland (1991)
ders, Geldzeichen in Zwangsvollstreckung und Konkurs, KTS 1991, 365
ders, Bankenaufsicht und Grundgesetz, JZ 2001, 105
ders, Unabhängigkeit für die ungarische Nationalbank? Zum Status der Zentralbanken von Mitgliedstaaten mit Ausnahmeregelung, EuZW 2005, 679
ders, Zur Abberufung von Vorstandsmitgliedern der Deutschen Bundesbank, WM 2005, 205
ders, Zur rechtlichen Stellung der Europäischen Zentralbank, WM 2006, 1605
ders, Der verfassungsrechtliche Schutz des Geldwertes, WM 2008, 1717
ders, Die Wirtschafts- und Währungsunion im Vertrag von Lissabon, EuR 2009, 200

ders, Haushaltsdisziplin und Solidarität im Zeichen der Finanzkrise, EuZW 2009, 399
ders, Neuere Rechtsprechung zum Umtausch von Banknoten, WM 2010, 97
HAGEMEISTER, Die neue Bundesanstalt für Finanzdienstleistungsaufsicht, WM 2002, 1773
HAHN, Der Stabilitätspakt für die Europäische Währungsunion, JZ 1997, 1133
ders, Europäische Währungsumstellung und Vertragskontinuität (1999)
ders/HÄDE, Währungsrecht (2. Aufl 2010)
HALLER, Geld – Währung – Europäische Union, in: Gesellschaft für Rechtspolitik Trier (Hrsg), Bitburger Gespräche, Jahrbuch 1992 (1993) 1
HAMMER, Die Hauptprinzipien des Geld- und Währungswesens (1891)
HÄNSCH, Gesamtwirtschaftliche Stabilität als Verfassungsprinzip. Die gesamtwirtschaftliche Stabilität der deutschen Wirtschaftsverfassung und die Europäische Währungsunion (2002)
HARLANDT, Die Evolution des Geldes (1989)
HARMANN, Neue Instrumente des Zahlungsverkehrs: PayPal & Co., BKR 2018, 457
HARTMANN, Über den rechtlichen Begriff des Geldes und den Inhalt von Geldschulden (1868)
ders, Internationale Geldschulden (1882)
HAYEK (Hrsg), Carl Menger. Gesammelte Werke I (2. Aufl 1968)
HECKELMANN, Zulässigkeit und Handhabung von Smart Contracts, NJW 2018, 504
HELFFERICH, Das Geld (6. Aufl 1923)
HELLMANN, Für Europa nur ein harter Ecu, in: FRANZ (Hrsg), Die Europäische Zentralbank (1990) 284
HENTSCHELMANN, Der Stabilitäts- und Wachstumspakt (2009)
ders, Finanzhilfen im Lichte der No Bailout-Klausel – Eigenverantwortung und Solidarität in der Währungsunion, EuR 2011, 282
HERDEGEN, in: BREUER (Hrsg), Arbeitsmarkt und staatliche Lenkung, VVDStRL 59 (2000) 166
ders, Europäische Bankenunion: Wege zu einer einheitlichen Bankenaufsicht, WM 2012, 1889
HEROLD, Die Ansprüche einer Bank beim Kauf ausländischer Banknoten, Bank-Archiv 24 (1924/1925) 338
HERRMANN, Griechische Tragödie – der währungsverfassungsrechtliche Rahmen für die Rettung, den Austritt oder den Ausschluss von überschuldeten Staaten aus der Eurozone, EuZW 2010, 413
ders, Währungshoheit, Währungsverfassung und subjektive Rechte (2010)
HEUN, Die Europäische Zentralbank in der Europäischen Währungsunion, JZ 1998, 866
ders/THIELE, Verfassungs- und europarechtliche Zulässigkeit von Eurobonds, JZ 2012, 973
HILDNER, Bitcoins auf dem Vormarsch: Schaffung eines regulatorischen Level Playing Fields?, BKR 2016, 485
HIRDINA, Verfassungsrechtliche Aspekte zur Funktion einer reformierten Bundesbank bei der Allfinanzaufsicht, BKR 2001, 135
HOFERT, Blockchain-Profiling, ZD 2017, 161
HOFMANN, Die ec-/maestro-Karte als Rektapapier, WM 2005, 1305
ders, Das neue Haftungsrecht im Zahlungsverkehr, BKR 2018, 62
HONSELL, Der Verzugsschaden bei der Geldschuld, in: FS Hermann Lange (1992) 509
HOPPE, Der Rechtsschutz gegen Akte der Währungspolitik (1994)
HORN, Die Reform der Europäischen Währungsunion und die Zukunft des Euro, NJW 2011, 1398
HULTMAN, Die Centralnotenbanken Europas (1912)
ISELE, Geldschuld und bargeldloser Zahlungsverkehr, AcP 129 (1928) 129
ISENSEE/KIRCHHOF (Hrsg), Handbuch des Staatsrechts der Bundesrepublik Deutschland (3. Aufl 2007/2014)
ISSING, Die Unabhängigkeit der Bundesbank, in: FS Fritz Voigt (1975) 365
JANZEN, Der neue Artikel 88 Satz 2 des Grundgesetzes, Verfassungsrechtliche Anforderungen an die Übertragung der Währungshoheit auf die Europäische Zentralbank (1996)
JUNG, Das privatrechtliche Wesen des Geldes (1926)
ders, Zur deutschen Volkskunde, Monatsschrift für das deutsche Volk 1937, 65
ders, Subjektives und objektives Recht, Die neue Rechtsquellenlehre (1939)
KÄMMERER, Bahn frei der Bankenunion? Die neuen Aufsichtsbefugnisse der EZB im Lichte der EU-Kompetenzordnung, NVwZ 2013, 830

KARPF/WAGNER, TARGET2: das Zahlungsverkehrssystem des Eurosystems, Bank-Archiv 57 (2009) 13

KASER, Das Geld im Sachenrecht, AcP 143 (1937) 1

KAULARTZ, Die Blockchain-Technologie, CR 2016, 474

KERBER/STÄDTER, Die EZB in der Krise: Unabhängigkeit und Rechtsbindung als Spannungsverhältnis, EuZW 2011, 536

KIRCHHOF, Das Geldeigentum, in: FS Walter Leisner (1985) 635

KLEIN, Die verfassungsrechtliche Problematik des ministerialfreien Raumes (1974)

KNAPP, Staatliche Theorie des Geldes (4. Aufl 1923)

KNIES, Geld und Credit (1873)

KNOBBE-KEUK, Obligatorische Nutzungsrechte als Sacheinlagen in Kapitalgesellschaften?, ZGR 1980, 214

KNOPP, Eurozone in der Dauerkrise – Deutschlands Weg in den Staatsbankrott?, NVwZ 2011, 1480

KOENIG, Institutionelle Überlegungen zum Aufgabenzuwachs beim Europäischen Gerichtshof in der Währungsunion, EuZW 1993, 661

KÖHLER, Die Wertstabilität des Geldes als Inhalt der Vertragstreue und der Eigentumsgarantie, JZ 2013, 957

KOLLENBERG, Besondere Probleme bei Geld als Angriffsobjekt im Rahmen von Eigentums- und Vermögensdelikten (1978)

KRÄGENAU/WETTER, Europäische Wirtschafts- und Währungsunion (1993)

KRATZMANN, Das Geld: Vertragsobjekt, Rechtskonstrukt und ökonomische Größe (2. Aufl 2019)

ders, Über die Staatlichkeit (Hoheitlichkeit) des Geldwesens, ZfgK 2013, 301

KRAUSKOPF, How euro banknotes acquire the properties of money, in: GARAVELLI (Hrsg), Legal aspects of the European system of central banking (2005) 243

ders/FREIMUTH, Vorzeitige Abberufung von Vorstandsmitgliedern der Deutschen Bundesbank, WM 2005, 1297

ders/STEVEN, The Institutional Framework of the European System of Central Banks: Legal Issues in the Practice of the First Ten Years of its Existence, CML Rev 46 (2009) 1143

KUBARY, Ethnographische Beiträge zur Kenntnis des Karolinen Archipels (1895)

KUBE, EU-Rechtswidrigkeit einer Refinanzierung des ESM bei der EZB, WM 2013, 57

ders/REIMER, Grenzen des Europäischen Stabilisierungsmechanismus, NJW 2010, 1911

KÜTÜK/SORGE, Bitcoin im deutschen Vollstreckungsrecht – Von der "Tulpenmanie" zur "Bitcoinmanie", MMR 2014, 643

KÜMPEL, Rechtliche Aspekte der neuen Geld-Karte als elektronische Geldbörse, WM 1997, 1037

LAMPE, Die Unabhängigkeit der Deutschen Bundesbank (2. Aufl 1971)

LANGEN, Internationale Zahlungsabkommen (1958)

LANGENBUCHER, Digitales Finanzwesen, AcP 218 (2018) 385

LARENZ, Lehrbuch des Schuldrechts I, Allgemeiner Teil (14. Aufl 1987)

LAROSIÈRE, Europäische Währung und Europäische Zentralbank aus französischer Sicht, in: FRANZ (Hrsg), Die Europäische Zentralbank (1990) 51

LAUFHÜTTE/RISSING-VAN SAAN/TIEDEMANN (Hrsg), Leipziger Kommentar zum Strafgesetzbuch, Band 6 (12. Aufl 2009)

LEPSIUS, Geld als Schutzgut der Eigentumsgarantie, JZ 2002, 313

LIEFMANN, Geld und Gold, Ökonomische Theorie des Geldes (1916)

LIESECKE, Das Bankguthaben in Gesetzgebung und Rechtsprechung, WM 1975, 214

LINARDATOS, Von Anscheinsbeweis im Zahlungsdiensterecht und fehlgeleiteten Gesetzgebern, NJW 2017, 2145

LOUIS, A Legal and Constitutional Approach for Building a Monetary Union, CML Rev 35 (1998) 33

LUKAS, Aufgaben des Geldes (1937)

LÜTGE, Einführung in die Lehre vom Gelde (1948)

MACHLUP, Die Goldkernwährung (1925)

MAIER, Das Geld und sein Gebrauch (1913)

MANGER-NESTLER, Die Rolle der Bundesbank im Gefüge des ESZB, EuR 2008, 577

ders, Par(s) inter pares?, Die Bundesbank als nationale Zentralbank im europäischen System der Zentralbanken (2008)

MANN, Das Recht des Geldes (1960)
ders, Geld und Scheingeld der Bundesbank, WM 1970, 212
MARTENS, Grundfälle zu Geld und Geldschulden, JuS 2014, 105
MARTINEK/OMLOR, Übererlös durch Versicherungsleistung für einen Leasinggegenstand, JZ 2008, 413
MAYER/HEIDFELD, Eurobonds, Schuldentilgungsfonds und Projektbonds – Eine dunkle Bedrohung?, ZRP 2012, 129
MEDER, Die Erfüllung einer Geldschuld im Einzugsermächtigungsverfahren, JZ 2005, 1089
ders/GRABE, PayPal – Die Internet-Währung der Zukunft?, BKR 2005, 467
MEDICUS, Ansprüche auf Geld, JuS 1983, 897
MEYER, Geldwertbewußtsein und Münzpolitik (1957)
MOMMSEN, Geschichte des römischen Münzwesens (1860)
MÖSCHEL, An der Schwelle zur Europäischen Währungsunion, JZ 1998, 217
MÖSLEIN/OMLOR (Hrsg), FinTech-Handbuch (2. Aufl 2021)
MÜLBERT, Die Auswirkungen der Schuldrechtsmodernisierung im Recht des bürgerlichen Darlehensvertrags, WM 2002, 465
MÜLLER-GRAFF, Die rechtliche Neujustierung der Wirtschafts- und Währungsunion, ZHR 176 (2012) 2
ders, Das EuGH-Urteil zum Europäischen Stabilitätsmechanismus, RIW 2013, 111
MÜNCH, Das Giralgeld in der Rechtsordnung der Bundesrepublik Deutschland (1990)
NASSE, Das Geld- und Münzwesen, in: SCHÖNBERG (Hrsg), Handbuch der politischen Ökonomie, Band 1 (1890)
NAU, Epochen der Geldgeschichte (1972)
NESTLER, Stellung der Bundesbank in der europäischen Integration, WM 2001, 2425
NICOLAYSEN, Rechtsfragen der Währungsunion (1993)
NORTH, Kleine Geschichte des Geldes, vom Mittelalter bis heute (2009)
NUSSBAUM, Das Geld in Theorie und Praxis des deutschen und ausländischen Rechts (1925)
OBERMÜLLER/KUDER, SEPA-Lastschriften in der Insolvenz nach dem neuen Recht der Zahlungsdienste, ZIP 2010, 349

OHLER, Die fiskalische Integration in der Europäischen Gemeinschaft (1997)
ders, Die hoheitlichen Grundlagen der Geldordnung, JZ 2008, 317
OMLOR, Die neue Einzugsermächtigungslastschrift – Von der Genehmigungs- zur Einwilligungstheorie, NJW 2012, 2150
ders, Geldprivatrecht. Entmaterialisierung, Europäisierung, Entwertung (2014)
ders, E-Geld im reformierten Zahlungsdiensterecht, ZIP 2017, 1836
ders, Geld und Währung als Digitalisate, JZ 2017, 754
ders, Online-Banking unter Geltung der Zweiten Zahlungsdiensterichtlinie (PSD II), BKR 2019, 105
ders, Kryptowährungen im Geldrecht, ZHR 183 (2019) 294
ders, Kundenbindung per Zahlungsdienst? Grund und Grenzen der E-Geld-Regulierung bei Treuepunkteprogrammen, WM 2020, 951 und 1003
ders, Digitales Eigentum an Blockchain-Token – rechtsvergleichende Entwicklungslinien, ZVglRWiss 119 (2020) 41
ders/BIRNE, Digitales Zentralbankgeld im Euroraum, RDi 2020, 1
ders/LINK (Hrsg), Handbuch Kryptowährungen und Token (2021)
OPPE, Fälschung von Sammlermünzen, MDR 1973, 183
OPPERMANN/CLASSEN, Die EG vor der Europäischen Union, NJW 1993, 5
PALM, Der Bruch des Stabilitäts- und Wachstumspakts, EuZW 2004, 71
PAPIER, Eigentumsgarantie und Geldentwertung, AöR 98 (1973) 528
PAULUS/MATZKE, Smart Contracts und das BGB – Viel Lärm um nichts?, ZfPW 2018, 431
PEITMANN, Die privatrechtlichen Grundlagen des Geldes (1941)
PENTZLIN, Das Geld (1982)
PEUKER, Die Anwendung nationaler Rechtsvorschriften durch Unionsorgane – ein Konstruktionsfehler der europäischen Bankenaufsicht, JZ 2014, 764
PEUKERT, Güterzuordnung als Rechtsprinzip (2008)
PFENNIG, Die Notenausgabe der Deutschen Bundesbank (1971)

PIKART, Die sachenrechtliche Behandlung von Geld und Wertpapieren in der neueren Rechtsprechung, WM 1980, 510
POHL (Hrsg), Europäische Bankengeschichte (1993)
POTACS, Nationale Zentralbanken in der Wirtschafts- und Währungsunion, EuR 1993, 23
PROST, Geld und Scheingeld der Bundesbank, WM 1969, 786
ders, Wandlungen im deutschen Notenbankwesen, Stationen auf dem Wege zu einer europäischen Währungsunion (1972)
PULVERMÜLLER, Rechtsnatur und Behandlung des privatrechtlichen Geldanspruchs (1974)
REICHERT-FACILIDES, Geldwertschwankungen und Privatrecht, JZ 1969, 617
REIF, Die Entwicklung des Chartalismus bei den Nachfolgern G. F. Knapps (1922)
REINHARDT, Vom Wesen des Geldes und seiner Einfügung in die Güterordnung des Privatrechts, in: FS Gustav Boehmer (1954) 60
REINHUBER, Grundbegriffe und internationaler Anwendungsbereich von Währungsrecht (1995)
REUMANN, Die Europäische Zentralbank, Zwischen Selbstbestimmung und vertragsmäßiger Zusammenarbeit mit der Gemeinschaft (2001)
RITTMANN, Deutsche Geldgeschichte 1484–1914 (1975)
ROBERTSON, Das Geld (2. Aufl 1935)
ROTTE/DERICHS, Krise und Ende des europäischen Stabilitäts- und Wachstumspaktes (2005)
ROXIN, Geld als Objekt von Eigentums- und Vermögensdelikten, in: FS Hellmuth Mayer (1966) 467
SACARCELIK, Europäische Bankenunion: Rechtliche Rahmenbedingungen und Herausforderungen der einheitlichen europäischen Bankenaufsicht, BKR 2013, 353
SAVIGNY, Das Obligationenrecht als Theil des heutigen Römischen Rechts, Band I (1851)
SCHILCHER, Geldfunktionen und Buchgeldschöpfung. Ein Beitrag zur Geldtheorie (1958)
SCHIMANSKY/BUNTE/LWOWSKI (Hrsg), Bankrechts-Handbuch (5. Aufl 2017)
SCHLOCHAUER, Rechtsformen der Europäischen Ordnung, GRUR 1955, 213
ders/KRÜGER/MOSLER/SCHEUNER (Hrsg), Wörterbuch des Völkerrechts, Band 1 (1960)
SCHMIDT, Plädoyer für eine Währungsunion mit einem unabhängigen Zentralbanksystem in Europa, in: FRANZ (Hrsg), Die Europäische Zentralbank (1990) 101
K SCHMIDT, Geld und Geldschuld im Privatrecht, JuS 1984, 737
ders, Die „Staatliche Theorie des Geldes": Jahrhundertwerk oder Makulatur?, in: FS Hugo J Hahn (1997) 81
SCHOLZ (Hrsg), Kommentar zum GmbH-Gesetz, Band 1 (12. Aufl 2018)
SCHÖNKE/SCHRÖDER/ESER (Hrsg), Strafgesetzbuch (30. Aufl 2019)
SCHREMMER (Hrsg), Geld und Währung vom 16. Jahrhundert bis zur Gegenwart (1993)
SCHRÖDER, Die Einführung des Euro und die Geldfälschung, NJW 1998, 3179
SCHRÖTTER, Das preußische Münzwesen im 18. Jahrhundert, Band 3: Münzgeschichtlicher Teil (1910)
SCHUMPETER, Das Sozialprodukt und die Rechenpfennige, Archiv für Sozialwissenschaft und Sozialpolitik 44 (1917/18) 641
SCHUPPERT, Die Erfüllung öffentlicher Aufgaben durch verselbständigte Verwaltungseinheiten. Eine verwaltungswissenschaftliche Untersuchung (1981)
SCHURTZ, Grundriss einer Entstehungsgeschichte des Geldes (1898)
SCHUSTER, Die Einführung des Euro und seine zukünftige Rolle im Weltwährungsgefüge (2001)
SCHÜTZ, Die Legitimation der Europäischen Zentralbank zur Rechtsetzung, EuR 2001, 291
SEIDEL, Der Ankauf nicht markt- und börsengängiger Staatsanleihen, namentlich Griechenlands, durch die Europäische Zentralbank und durch nationale Zentralbanken – rechtlich nur fragwürdig oder Rechtsverstoß?, EuZW 2010, 521
SEILER, Das Europäische System der Zentralbanken (ESZB) als Verantwortungsverbund: Systemgebundene Aufgabenerfüllung durch eigenständige Kompetenzträger, EuR 2004, 52
SELMAYR, Das Recht der Wirtschafts- und Währungsunion, Band 1 (2002)
SESTER, Plädoyer für die Rechtmäßigkeit der EZB-Rettungspolitik, RIW 2013, 451
SIEMENS, Das Zettelbankwesen und der Bankgesetz-Entwurf (1874)

SIMITIS, Bemerkungen zur rechtlichen Sonderstellung des Geldes, AcP 159 (1960) 406
ders, Inflationsbekämpfung im Zivil- und Arbeitsrecht, in: KÖTZ/REICHERT-FACILIDES (Hrsg), Inflationsbewältigung im Zivil- und Arbeitsrecht, Verhandlungen der Fachgruppe für Zivilrechtsvergleichung anlässlich der deutsch-österreichischen Tagung für Rechtsvergleichung 1975 in München (1976) 49
SMITS, The European Central Bank (1997)
SODAN, Die funktionelle Unabhängigkeit der Zentralbanken, NJW 1999, 1521
SPIEGEL, Blockchain-basiertes virtuelles Geld (2020)
SPIES, Unternehmergesellschaft (haftungsbeschränkt). Verfassung, Gläubigerschutz, Alternativen (2010)
SPINDLER/BILLE, Rechtsprobleme von Bitcoins als virtueller Währung, WM 2014, 1357
SPRENGER, Das Geld der Deutschen. Geldgeschichte Deutschlands von den Anfängen bis zur Gegenwart (3. Aufl 2002)
STADLER, Die rechtliche Handlungsspielraum des Europäischen Systems der Zentralbanken (1996)
STARKE, Das Gesetz über die Deutsche Bundesbank und seine wichtigsten öffentlich-rechtlichen Probleme, DÖV 1957, 606
STEBUT, Geld als Zahlungsmittel und Rechtsbegriff, JURA 1982, 561
STEINBACH, Die Rechtmäßigkeit der Anleihekäufe der Europäischen Zentralbank, NVwZ 2013, 918
STREINZ/OHLER/HERRMANN, Totgesagte leben länger – oder doch nicht?, NJW 2004, 1553
TEGEBAUER, Die Geldkarte (2002)
THIELE, Die EZB als fiskal- und wirtschaftspolitischer Akteur?, EuZW 2014, 694
THYM, Euro-Rettungsschirm: zwischenstaatliche Rechtskonstruktion und verfassungsgerichtliche Kontrolle, EuZW 2011, 167
THYWISSEN, Sind Bankguthaben Geld im Rechtssinne?, BB 1971, 1347
TIETMEYER, Staatsschulden und Geldwertstabilität im grenzüberschreitenden Vergleich, in: HAHN (Hrsg), Geldwertstabilität und Staatsschulden (1993) 69
UHLENBRUCK, Die verfassungsmäßige Unabhängigkeit der Deutschen Bundesbank und ihre Grenzen (1968)
ULMER (Hrsg), Gesetz betreffend die Gesellschaften mit beschränkter Haftung (GmbHG), Band 1 (8. Aufl 1992)
VEIL, Token-Emissionen im europäischen Kapitalmarktrecht, ZHR 183 (2019) 346
VEIT, Reale Theorie des Geldes (1966)
VILAR, Gold und Geld in der Geschichte (1984)
WABNITZ, Der zwischenstaatliche Zahlungsverkehr auf der Grundlage internationaler Zahlungsabkommen (1955)
WAGEMANN, Allgemeine Geldlehre, Band I (1923)
WAHLIG, Die Unabhängigkeit der nationalen Zentralbanken als institutionelles Kriterium für den Eintritt in die dritte Stufe der europäischen Währungsunion, in: FS Hugo J Hahn (1997) 265
WALKER, Political Economy (3. Aufl 1892)
WALKER, Das Geld in der Geschichte (1959)
A WEBER, Die Reform der Wirtschafts- und Währungsunion in der Finanzkrise, EuZW 2011, 935
M WEBER, Die Kompetenzverteilung im Europäischen System der Zentralbanken bei der Festlegung und Durchführung der Geldpolitik (1995)
ders, Das Europäische System der Zentralbanken, WM 1998, 1465
R WEBER, Das Geld in einem sich wandelnden Vermögensrecht, ZSR 100 (1981) 165
WEIKART, Geldwert und Eigentumsgarantie (1993)
WEINBÖRNER, Die Stellung der Europäischen Zentralbank (EZB) und der nationalen Zentralbanken in der Wirtschafts- und Währungsunion nach dem Vertrag von Maastricht (1998)
WESTERMANN, Sachenrecht (5. Aufl 1966)
WIEACKER, Sachbegriff, Sacheinheit und Sachzuordnung, AcP 148 (1943) 57
WIESER, Theorie des Geldes, in: ELSTER/WEBER/WIESER (Hrsg), Handwörterbuch der Staatswissenschaft, Band 4 (4. Aufl 1927) 681
WITTRECK, Geld als Instrument der Gerechtigkeit, Die Geldrechtslehre des Hl. Thomas von Aquin in ihrem interkulturellen Kontext (2002)
WOJCIK/CEYSSENS, Der einheitliche EU-Bankenabwicklungsmechanismus: Vollendung der Bankenunion, Schutz des Steuerzahlers, EuZW 2014, 893

Titel 1
Verpflichtung zur Leistung

Vorbem zu §§ 244–248

Wolf, Lehrbuch des Schuldrechts. Allgemeiner Teil (1978)
Wolfers/Voland, Europäische Zentralbank und Bankenaufsicht – Rechtsgrundlage und demokratische Kontrolle des Single Supervisory Mechanism, BKR 2014, 177
Wolff, Das Geld, in: Ehrenberg (Hrsg), Handbuch des gesamten Handelsrechts, Band 4/1 (1917) 563
Zahrte, Neuerungen im Zahlungsdiensterecht, NJW 2018, 337
Zech, Information als Schutzgegenstand (2012)
Zeitler, Die Europäische Währungsunion als Stabilitätsgemeinschaft, WM 1995, 1609
Zerres, Die Wechselplätze. Eine Untersuchung der Organisation und Technik des interregionalen und internationalen Zahlungsverkehrs Deutschlands in der ersten Hälfte des 19. Jahrhunderts (1977)
Zickgraf, Initial Coin Offerings – Ein Fall für das Kapitalmarktrecht?, AG 2018, 293
Zimmermann, Die nationalen Zentralbanken als Bestandteile des Europäischen Systems der Zentralbanken (2000).

Geld ist ubiquitär; es durchdringt das gesamte Wirtschaftsgeschehen, die Rechtsordnung und die gesellschaftliche Realität. Kaum ein Lebensbereich kommt ohne Geld aus. Dabei handelt es sich nicht um eine moderne Neuentwicklung. Geld existiert bereits seit der Vor- und Frühzeit; lediglich seine Erscheinungsformen unterlagen einem stetigen Wandel. Trotz dieser sachlichen wie zeitlichen Omnipräsenz des Geldes lässt es sich nicht leichtgängig mit der gesamten Wucht seiner Wesensdimensionen erfassen. Die Herausforderung an die Geldrechtsdogmatik resultiert aus der außerordentlichen **Interdisziplinarität des Geldes**. Berührungspunkte bestehen vor allem zur Geschichtswissenschaft, Soziologie, Psychologie sowie zu den Wirtschafts- und Rechtswissenschaften. In dieser interdisziplinären Gemengelage darf die juristische Befassung mit dem Phänomen Geld zum einen nicht an den gedanklichen Grenzen der eigenen Disziplin stehen bleiben, sie muss zum anderen aber die spezifisch intradisziplinären Probleme auch mit intradisziplinären Methoden lösen. Relevanz erlangt diese Janusperspektive nicht nur bei dem Sonderbereich der Inflationstheorie und den Auswirkungen von Geldwertänderungen auf den Inhalt einer Geldschuld (dazu s u Rn C2 ff). Vor allem die vorgelagerten Grundfragen zu Funktionen, Begriff und Wesen des Geldes sowie seiner rechtlichen Erfassung können nur sachgerecht beantwortet werden, wenn interdisziplinäre Erkenntnisse zwar einbezogen werden, dabei aber der **methodische Rahmen der Rechtswissenschaft** gewahrt bleibt. **A1**

Diese Grundfragen lassen sich einem „vor die Klammer" gezogenen Allgemeinen Teil des Geldrechts („Geldrecht AT") zuordnen. Ihm steht das Geldschuldrecht gegenüber, das sich in einen Allgemeinen (s u Rn B1 ff) und einen Besonderen Teil (s u Rn C1 ff) untergliedert. Zum Allgemeinen Teil des Geldrechts zählen die Entwicklungsgeschichte des Geldes (s u Rn A3 ff), sein Begriff und seine Funktionen (s u Rn A32 ff), die Sonderregelungen für die verschiedenen Erscheinungsformen des Geldes (s u Rn A123 ff) sowie die Bezüge des Geldprivatrechts zum Währungsrecht (s u Rn A192 ff). **A2**

I. Die Entstehung des Geldes

Das Wesen des Geldes und der Geldschuld erschließen sich erst unter Einbeziehung der geldgeschichtlichen Entwicklungsstränge. Gerade die tradierte Fokussierung auf das Bargeld als vermeintlich einzige Erscheinungsform des Geldes im Rechtssinne **A3** (zur rechtlichen Gleichwertigkeit des Buchgeldes s u Rn A73 ff) lässt sich nicht zuletzt unter Verweis auf die Geldgeschichte als fehlsam herausstellen. Auch für die Bestimmung der rechtlich relevanten Funktionen des Geldes (im Einzelnen s u Rn A62 ff) ist dessen Entwicklungsgeschichte von Bedeutung. Die Einbeziehung der Geldgeschichte verdeutlicht damit nicht nur die ausgeprägte Interdisziplinarität des Geldes, sondern nimmt auch Einfluss auf kernjuristische Problemkreise.

1. Gesellschaftliche, wirtschaftliche und rechtliche Existenzbedingungen des Geldes

a) Arbeitsteilung

A4 Arbeitsteilung ist ohne die Existenz von Geld denkbar, Geld allerdings sinnhaft nicht ohne Arbeitsteilung. Arbeitsteilung und die Existenz von Geld teilen sich über weite Strecken eine **gemeinsame Entwicklungsgeschichte**. Diese innere und zugleich empirische Verbundenheit hat in der geldrechtlichen Literatur verbreitete Anerkennung gefunden (stellvertretend BUDGE, Lehre vom Geld [1931] 1; LÜTGE, Einführung in die Lehre vom Gelde [1948] 23 ff; SCHILCHER, Geldfunktionen und Buchgeldschöpfung [1958] 52 f; MENGER, in: HAYEK [Hrsg], Carl Menger. Gesammelte Werke I [2. Aufl 1968] 251; SPRENGER, Das Geld der Deutschen [3. Aufl 2002] 19; KRATZMANN ZfgK 2013, 301, 302; OMLOR, Geldprivatrecht [2014] 44 ff; wohl auch WIESER, in: ELSTER/WEBER/WIESER [Hrsg], Handwörterbuch der Staatswissenschaft, Band 4 [4. Aufl 1927] 681). Versorgen sich die Einzelnen in einer Gesellschaft als Generalisten jeweils selbst, ohne dass es eines Erwerbs von Gütern anderer bedürfte, so kann auf den Einsatz von Geld verzichtet werden. Geld bedarf es ausweislich seiner Tauschmittelfunktion (s u Rn A33 ff u A44 ff) erst dann, wenn **Tauschgeschäfte** vorgenommen werden; solche sind charakteristisch und funktionsnotwendig für eine arbeitsteilige Gesellschaft.

aa) Naturalwirtschaft

A5 Weder Arbeitsteilung noch Geld gelangten in ihrer heutigen Gestalt infolge eines punktuellen Akts zur Entstehung, sondern legten verschiedene, nicht stets trennscharf abzugrenzende und sich überlappende Entwicklungsschritte zurück. In Anlehnung an den Geldtheoretiker FRIEDRICH LÜTGE (Einführung in die Lehre vom Gelde [1948] 23 ff) lassen sich bei der gebotenen typisierenden Betrachtung **zwei Phasen** einander gegenüberstellen, die jeweils mit zwei Unterphasen versehen sind. Gänzlich ohne Geld kommt die erste Entwicklungsstufe aus, die daher als Naturalwirtschaft firmiert. Zunächst fehlt es an jeglicher Arbeitsteilung und damit auch an einem Tauschhandel sowohl innerhalb eines Stammes als auch zwischen verschiedenen Stämmen; es liegt die erste Unterstufe der **Natural-Eigenwirtschaft** vor. Arbeitsteilung und Tauschhandel beginnen sich in der zweiten Unterstufe der **Natural-Tauschwirtschaft** herauszubilden. Dabei stehen sich im Tauschprozess noch die konkreten Wirtschaftsgüter selbst gegenüber, sodass beispielsweise Holz gegen Fleisch getauscht wird. Ein neutraler Mittler in Gestalt eines „Zwischentauschguts", wie es Geld darstellt, kommt nicht zum Einsatz.

A6 Die Natural-Tauschwirtschaft weist **systemimmanente Praktikabilitätsdefizite** auf. Solche Abwicklungshürden treten bereits im bipolaren Austausch zu Tage, wenn es an der wirtschaftlichen Gleichwertigkeit der Tauschobjekte fehlt. Möchte beispielsweise A einen nicht teilbaren Gegenstand gegen einen anderen nicht teilbaren Gegenstand des B einwechseln, müssen **Hilfskonstruktionen** herangezogen werden, sofern A und

Titel 1
Verpflichtung zur Leistung **Vorbem zu §§ 244–248**

B die jeweiligen Objekte vertraglich nicht als gleichwertig einstufen (wollen). Auch setzt ein solcher Naturaltausch voraus, dass A in B einen Tauschpartner findet, der über den Wunschgegenstand des A verfügt und Interesse an einem Tauschgegenstand des A besitzt (vgl WIESER, in: ELSTER/WEBER/WIESER [Hrsg], Handwörterbuch der Staatswissenschaft, Band 4 [4. Aufl 1927] 681). Lässt sich kein geeigneter Tauschpartner ausfindig machen, führt an der **Einbeziehung einer dritten Person** kaum ein Weg vorbei. Damit wird eine noch höhere Komplexitätsstufe erklommen, was sich beispielhaft an folgender Grundkonstellation aufzeigen lässt: A verfügt über Holz, B über Fisch und C über Fleisch. A hat Bedarf an Fisch, jedoch benötigt B kein Holz, sondern Fleisch. C, der dieses liefern könnte, hat hingegen kein Interesse am Fisch des B, sondern ausschließlich am Holz des A.

bb) Geldwirtschaft

Zur Erleichterung solcher Tauschtransaktionen in bi- und multipolaren Konstellationen dient ein „**Zwischentauschgut**", das in der Geldwirtschaft als zweiter Phase zum Einsatz kommt. In der ersten Unterstufe, der **Waren-Geldwirtschaft**, setzen die Tauschpartner lediglich Primitivgeld ein. Im Beispielsfall könnten also A, B und C Muscheln, Tabak oder sakrale Gegenstände als neutrale Intermediäre ihres Handels verwenden; diesen Gegenständen fiele damit „neben ihrem Gutcharakter auch Geldcharakter" (LÜTGE, Einführung in die Lehre vom Gelde [1948] 24) zu. Zweckmäßigkeitserwägungen ebnen sodann den finalen Schritt in die zweite Unterstufe der **reinen Geldwirtschaft** (OMLOR, Geldprivatrecht [2014] 46): Das Material des Geldes sollte idealerweise einfach in kleine Teile zerlegbar sein, um beliebige Stückelungen herstellen zu können. Ein Transport muss möglichst ohne Substanz- und Nutzbarkeitsverlust und zudem – anders als beim mikronesischen Steingeld aus Aragonit („*Pálan*") (vgl dazu KUBARY, Ethnographische Beiträge zur Kenntnis des Karolinen Archipels [1895] 3 f) – ohne unangemessene volumen- und gewichtsbedingte Erschwernisse erfolgen können. Einen signifikanten Fortschritt stellte daher der Übergang von Primitivgeld hin zu Münzgeld dar, das aus Edelmetallen hergestellt wurde.

b) Privateigentum

Ohne Privateigentum kann Geld nicht zur Existenz gelangen (HELFFERICH, Das Geld **A8** [6. Aufl 1923] 317; BUDGE, Lehre vom Geld [1931] 1; OMLOR, Geldprivatrecht [2014] 43). Die exklusive Zuordnung einzelner Güter und Gegenstände zu bestimmten Bezugspersonen in einem sozialen Verband, wie sie für das Sacheigentum pointert von § 903 S 1 BGB formuliert wird, fungiert als **Entstehungsvoraussetzung** für das Phänomen Geld. Damit handelt es sich keinesfalls um eine ausschließlich rechtliche Vorbedingung, sondern zugleich um eine gesellschaftliche. Weist die jeweilige Sozialordnung Wirtschaftsgüter der Gemeinschaft als solcher (oder einem Teil davon) und nicht einem Individuum zu, kommt es nicht zum Tausch von Waren: Der von den Beteiligten gewünschte Zustand – Zugriffs- und Nutzungsbefugnisse an einem Gut – bestünde unabhängig von einem Tausch. Somit bedarf es für die Entstehung von Geld als neutralem Tauschmittel des **Privateigentums an den Tauschgegenständen**.

Die Anerkennung von Privateigentum ist geldgeschichtlich aber auch in einer zwei- **A9** ten Dimension bedeutsam. Nicht nur die Tauschgegenstände verlangen naturgemäß nach einer exklusiven Zuweisung an einzelne Mitglieder einer Gesellschaft, sondern auch das Geld als Mittel zum Tausch. Im klassischen sachenrechtlichen Sinn vermag Eigentum nur an körperlichen Gegenständen (vgl §§ 90, 903 S 1 BGB) erlangt zu werden. Damit wäre nur das **Sachgeld** erfasst (zum Begriff s u Rn A167). Zur Bestimmung der originären Entstehungsbedingungen von Geld wäre es hinreichend, materiefreies Buchgeld unberücksichtigt zu lassen; Buchgeld entstand erst etwa im 12. Jahrhundert (OMLOR, Geldprivatrecht [2014] 32 f), während sich erste Formen des gegenständlichen Urgeldes bis in die Vor- und Frühzeit zurückverfolgen lassen (OMLOR, Geldprivatrecht [2014] 10 ff mwNw). Dabei darf die Bedeutung des Privateigentums nicht auf einen solchen singulären Schöpfungsakt reduziert werden. Vielmehr stellt seine Anerkennung eine kontinuierliche Bedingung für den Fortbestand des Geldes dar. Vor allem aber erstreckt sich der Begriff des Privateigentums im vorliegenden geldrechtlichen Kontext auch auf die Inhaberschaft an schuldrechtlichen Forderungen, womit auch **Buchgeld** (zum Begriff s u Rn A149) erfasst ist. Auch Buchgeld wird exklusiv bestimmten Individuen mit *inter omnes*-Wirkung zugewiesen.

A10 Soweit Privateigentum als schlichte Existenzvoraussetzung des Geldes betroffen ist, bedarf es keines hochentwickelten Systems zu seinem rechtlichen Schutz. Insofern darf die juristische Perspektive nicht überbetont werden. So wurde die Kaurimuschel in Ostafrika, auf den Philippinen und im heutigen Iran als Sachgeld eingesetzt (dazu GERLOFF, Die Entstehung des Geldes und die Anfänge des Geldwesens [2. Aufl 1943] 93 f), **ohne dass ein rechtsdogmatisch austarierter Eigentumsschutz** von Nöten war. Namentlich die öffentlich-rechtlichen Garantien des Eigentums im Grundgesetz, in der EMRK und im Unionsrecht (vgl den Überblick bei KÖNIG, in: DEPENHEUER [Hrsg], Eigentum [2005] 113 ff) sowie rudimentär im Völkerrecht (zusammenfassend KÄMMERER, in: DEPENHEUER [Hrsg], Eigentum [2005] 131 ff) reichen deutlich über das erforderliche Niveau hinaus. Anders formuliert geht es im Kern um das „ob" des Privateigentums, erst nachrangig um das „wie". Der unabdingbare **privatrechtliche Mindestschutz** ist insbesondere in der Anerkennung des Eigentums als absolutes Recht (zum römischen Recht vgl CHIUSI, in: ECKL/LUDWIG [Hrsg], Was ist Eigentum? [2005] 59, 68) sowie im Bestehen eines Herausgabeanspruchs des Eigentümers gegen den nicht berechtigten Besitzer zu sehen.

2. Geldgeschichte als Prozess der Entmaterialisierung

A11 Die **Geschichte des Geldes ist** zugleich **Technikgeschichte** (OMLOR, Geldprivatrecht [2014] 46). Material, Form und Bearbeitung der Geldstücke korrelieren mit den handwerklichen und technischen Möglichkeiten der jeweiligen Zeit. Auf einer grobmaschigen Zeitachse nimmt die Geldgeschichte ihren Ursprung bei den primitiven Geldformen der Vor- und Frühzeit, schreitet fort im Aufkommen der Münze als Zahlungsmittel, wird spätestens im Frankreich des 18. Jahrhunderts erweitert durch nahezu substanzwertloses Papiergeld und findet seinen (vorläufigen) Höhepunkt im materiefreien Buchgeld. Diese Entwicklungsstufen sind untereinander keinesfalls abgeschlossen und in einer präzisen Sukzession angeordnet; vielmehr überlappen sie sich gegenseitig, sodass sie aus darstellerischen Gründen auf einer vereinfachenden Typisierung beruhen (ausführlich hierzu OMLOR, Geldprivatrecht [2014] 10 ff mwNw).

a) Entwicklungsstufen
aa) Primitivgeld

A12 Die Geldgeschichte nimmt ihren Anfang in der Vor- und Frühzeit, als Primitivgeld in unterschiedlichen Erscheinungsformen Verwendung fand. Auf zahlreichen pazifischen Inseln kam **Muschelgeld** zum Einsatz (Einzelheiten bei SCHURTZ, Grundriss einer Entstehungsgeschichte des Geldes [1898] 86 ff; GERLOFF, Die Entstehung des Geldes und die Anfänge des Geldwesens [2. Aufl 1943] 91 ff). Besondere Prominenz hat die Kaurimuschel erlangt, die unter anderem in Ostafrika, auf den Philippinen und im heutigen Iran zirkulierte (dazu GERLOFF, Die Entstehung des Geldes und die Anfänge des Geldwesens [2. Aufl 1943] 93 f). Nicht für den Handel bestimmt – und damit sogenanntes „Binnengeld" in Abgrenzung zu „Außengeld" (Terminologie nach SCHURTZ, Grundriss einer Entstehungsgeschichte des Geldes [1898] 75) – war das **Steingeld** aus Aragonit („*Pálan*") der mikronesischen Karolineninseln (vgl dazu KUBARY, Ethnographische Beiträge zur Kenntnis des Karolinen Archipels [1895] 3 f) oder auch die chinesischen **Porzellangefäße** der indigenen Bevölkerung Borneos (SCHURTZ, Grundriss einer Entstehungsgeschichte des Geldes [1898] 23 unter Verweis auf BOCK, Unter den Kannibalen auf Borneo [1882] 225; GRABOWSKY Zeitschrift für Ethnologie 17 [1885] 121). Erst die Entwicklung hin zum Außenhandel und zur Arbeitsteilung ließ das „Außengeld" entstehen. Die Wahl seiner Substanz war in Abkehr vom „Binnengeld" vermehrt auf Fungibilität und Praktikabilität ausgerichtet; dies zeigt sich an der anfänglichen Verwendung von speziellen Alltagsgütern wie Metallen oder Salz in Mitteleuropa (dazu SPRENGER, Das Geld der Deutschen [3. Aufl 2002] 11).

bb) Münzen
Einen ersten Höhepunkt erreicht die Entwicklungsgeschichte des Geldes mit dem Aufkommen der Münze. Die Prägung von Edelmetallen zu Münzen wies gegenüber dem Primitiv- oder Urgeld zahllose Vorzüge auf: eine leichtere Stückelung in Untereinheiten, eine höhere physische Beständigkeit gegen Abnutzungen, eine hinreichende Seltenheit des Materials sowie eine verbesserte Transportabilität. Im Kleinasien des ausgehenden **siebten vorchristlichen Jahrhunderts** (HELFFERICH, Das Geld [6. Aufl 1923] 24; NAU, Epochen der Geldgeschichte [1972] 6; ALFÖLDI, Antike Numismatik [1978] 71 ff; beiläufig auch OPPE MDR 1973, 183; eine frühere Entstehung in China hingegen annehmend GERLOFF, Die Entstehung des Geldes und die Anfänge des Geldwesens [2. Aufl 1943] 69 ff; für eine Verortung in Griechenland und dem mittleren Osten HARLANDT, Die Evolution des Geldes [1989] 21; PENTZLIN, Das Geld [1982] 35 [Nordsyrien] bzw in Indien MAIER, Das Geld und sein Gebrauch [1913] 5) liegen die Anfänge der Münzprägung. Einige Jahrhunderte später wurde die Münzprägung in Mitteleuropa und damit auch im Römischen Reich aufgenommen. **A13**

An den Höhen und Tiefen des **römischen Münzwesens** lässt sich *pars pro toto* anschaulich darlegen, welche Wege das Münzwesen in Europa über rund zwei Jahrtausende bis zur Abkehr vom Metallismus nahm (Überblick bei OMLOR, Geldprivatrecht [2014] 13 f mwNw). Nachdem Kaiser Augustus das ausschließliche Recht zur Prägung von Gold- und Silbermünzen dem Kaiser gesichert hatte (BEYER, Geldpolitik in der Römischen Kaiserzeit [1995] 38), begann schon **Kaiser Nero** mit **Eingriffen in den Münzfuß** zugunsten der Staatskasse. Im Laufe der Zeit wurden schließlich Silbermünzen nahezu ohne Silber geprägt (MOMMSEN, Geschichte des römischen Münzwesens [1860] 798 f). In den Amtszeiten der Kaiser Valerian und Gallienus setzte in der Folge eine erhebliche Inflation mit einem **Zusammenbruch des römischen Währungssystems** ein (GIESECKE, Antikes Geldwesen [1938] 171; BEYER, Geldpolitik in der Römischen Kaiserzeit [1995] 125). Ähnliche Szenarien wiederholten sich später insbesondere in Kriegs- und Krisenzeiten, beispielsweise während des Dreißigjährigen Kriegs (PENTZLIN, Das Geld [1982] 71; weiterführend ROTH, in: SCHREMMER [Hrsg], Geld und Währung vom 16. Jahrhundert bis zur Gegenwart [1993] 69 ff) und im Laufe des Siebenjährigen Kriegs (SCHRÖTTER, Das preußische Münzwesen im 18. Jahrhundert [1910] 45 ff; RITTMANN, Deutsche Geldgeschichte 1484–1914 [1975] 386 ff). **A14**

A15 Dieser entscheidende **Nachteil des Münzwesens** war untrennbar mit der metallistischen Konnexität zwischen Geldwert und Substanzwert verbunden (zum modernen Geldwertbegriff s u Rn C5). Die Ableitung des Geldwerts aus dem Substanzwert bewirkt, dass Substanzverschlechterungen durch den emittierenden Staat zugleich Geldwerteinbußen nach sich ziehen. Eingriffe in den Edelmetallgehalt der Münzen, den sogenannten Münzfuß, eröffneten kurzfristig erhebliche Einnahmequellen für die Staatskasse. Sind zugleich Münzen mit höherem und geringerem Edelmetallgehalt („gutes" und „schlechtes" Geld) im Umlauf, greift das sogenannte **„Greshamsche Gesetz"** ein, das als Namensgeber einem Finanzberater der englischen Königin Elisabeth I. zugeschrieben wird: Vereinfacht formuliert wird „gutes Geld durch schlechtes Geld verdrängt" (vgl im Einzelnen MEYER, Geldwertbewußtsein und Münzpolitik [1957] insbesondere 61 ff). Die Wirtschaftsteilnehmer ziehen die Münzen mit höherem Edelmetallgehalt aus dem Geldverkehr, um das Edelmetall als Wirtschaftsgut zu verwenden; übrig bleibt damit das „schlechte" Geld.

A16 Seit der **Abkehr vom Metallismus**, die prägend mit den Arbeiten von GEORG FRIEDRICH KNAPP und seiner Staatlichen Theorie des Geldes verbunden ist, zeitigen Eingriffe in den Münzfuß keine Auswirkungen auf den Geldwert mehr; dieser konstruktive Nachteil ist aufgehoben. Allerdings vollzog sich dieser Prozess erst um die Wende vom 19. zum 20. Jahrhundert und damit zeitlich nachgelagert zum Aufkommen von Papiergeld. Dessen Vordringen katalysierte auch der Umstand, dass Münzen im Vergleich zu ihrem (Nenn-)Wert **hohe Herstellungskosten** mit sich bringen. Auch war die physische Haltbarkeit nicht umfänglich sicherzustellen, als Substanz – und damit in metallistischen Zeiten auch ihr Wert – und die Lesbarkeit des Aufgeprägten verloren gehen können.

cc) Papiergeld
(1) Frankreich im 18. Jahrhundert

A17 Es waren die Nachteile des Münzwesens, aber auch fiskalische Nöte des Staates, die das Zeitalter des staatlich emittierten Papiergeldes einläuteten. Um den Staatsbankrott nach dem Tod von „le Roi Soleil" Ludwig XIV. im Jahr 1715 abzuwenden, wurde eine Idee des Schotten **John Law** in Frankreich umgesetzt (vgl im Einzelnen HELFFERICH, Das Geld [6. Aufl 1923] 66 f; WAGEMANN, Allgemeine Geldlehre [1923] 262; WALKER, Das Geld in der Geschichte [1959] 121 ff; NORTH, Kleine Geschichte des Geldes [2009] 132 f; zum theoretischen Hintergrund VILAR, Gold und Geld in der Geschichte [1984] 227 ff). Der französische Grund und Boden sollte beweglich und damit für den Staat nutzbar gemacht werden, indem er als Deckung für Papierscheine diente. Diese Lawschen Zettel wurden 1718 zum gesetzlichen Zahlungsmittel bestimmt. Eine ausufernde Geldproduktion und der spätere Verzicht auf die Grunddeckung riefen eine massive Inflation hervor, die zur Beendigung des Lawschen Papiergeldexperiments führte. In ähnlicher Weise versuchte die französische Nationalversammlung nach der französischen Revolution mit den **Assignaten** eine Zuweisung (frz *assignation*) von Grundeigentum zu Papiergeld vorzunehmen (PENTZLIN, Das Geld [1982] 45; VILAR, Gold und Geld in der Geschichte [1984] 277). Das Papiergeld stellte eine *„hypothèque sur les domaines nationaux"* (GAETTENS, Geschichte der Inflationen [1982] 180) dar. Der französische Staat erlag der Versuchung, eine Geldvermehrung durch unbegrenztes Nachdrucken zu erreichen. Auch die Assignaten scheiterten, ebenso wie kurze Zeit danach die ähnlich konstruierten **„Mandaten"**, an einer nahezu vollständigen Entwertung durch Inflation (OMLOR, Geldprivatrecht [2014] 20 mwNw).

(2) England und Preußen im 19. Jahrhundert

Danach breitete sich Papiergeld vor allem in der ersten Hälfte des 19. Jahrhunderts in weiten Teilen Europas aus (Überblick bei OMLOR, Geldprivatrecht [2014] 20 ff mwNw). Die **Bank of England** startete 1797 einen Testlauf, der nach anfänglichen Turbulenzen im Kontext der Napoleonischen Kriege im Ergebnis inflationsarm blieb und damit für das Papiergeld vertrauensbildend wirkte (vgl dazu WAGEMANN, Allgemeine Geldlehre [1923] 264 f; VILAR, Gold und Geld in der Geschichte [1984] 283 ff). In der Folge konnten die Banknoten der *Bank of England* 1833 zu gesetzlichen Zahlungsmitteln erhoben werden (NORTH, Kleine Geschichte des Geldes [2009] 155 f). Preußen gab 1806 erstmals **Tresorscheine** aus, die kurze Zeit danach mit einem Annahmezwang versehen wurden (MIECK, in: BÜSCH [Hrsg], Handbuch der preußischen Geschichte [1992] 123). Turbulente Jahrzehnte schlossen sich für das Papiergeld in den deutschen Staaten an. Erst mit der Gründung des Deutschen Reiches 1871 erfolgte eine Vereinheitlichung durch das Gesetz betreffend die Ausgabe von **Reichskassenscheinen** vom 30. 4. 1874 (RGBl S 40), welche durch eine Reform des Notenbankwesens auf Grundlage des Bankgesetzes (RGBl 1875, 177; vgl dazu RITTMANN, Deutsche Geldgeschichte 1484–1914 [1975] 801 ff und SIEMENS, Das Zettelbankwesen und der Bankgesetz-Entwurf [1874]) begleitet wurde.

A18

(3) Internationaler Goldstandard

Nicht nur von währungsrechtlicher, sondern auch von geldgeschichtlicher Relevanz ist die Epoche des internationalen Goldstandards. Auch dort lässt sich die Geldgeschichte als eine Geschichte der Entmaterialisierung nachzeichnen. Vor Einführung des Papiergelds verband sich mit einer Goldwährung der Umlauf von physischem Gold im Geldverkehr, sodass eine Gold*umlauf*währung vorlag (BORN, in: POHL [Hrsg], Europäische Bankengeschichte [1993] 181 f). Die Übertragung des Gedankens einer währungsrechtlichen Goldanbindung auf das Zeitalter des Papiergelds ließ sich dadurch bewältigen, dass für das umlaufende Papiergeld eine bestimmte Menge physischen Goldes bei der Zentralbank vorgehalten wurde. Die Zentralbank traf eine entsprechende Einlösepflicht (vgl beispielhaft den – inzwischen überkommenen – Aufdruck auf den englischen Pfundscheinen: *„I promise to pay the bearer on demand the sum of …"*.). Da das Papiergeld als Stellvertreter des Goldes fungiert, wird von einer Gold*kern*währung gesprochen (vgl im Einzelnen MACHLUP, Die Goldkernwährung [1925] 6 ff). In Deutschland fanden die Einlösepflicht der Zentralbank und damit eine reine Goldwährung ihr Ende mit Ausbruch des Ersten Weltkriegs (OMLOR, Geldprivatrecht [2014] 24 f). Das Papiergeld jedoch hatte sich in Europa durchgesetzt und befand sich insofern in einer Blütezeit, als ihm im Wirtschaftsleben ein Geldwert ohne jegliche metallische Grundlage zuerkannt wurde.

A19

dd) Buchgeld

Schon einige Jahrhunderte vor dem Siegeszug des Papiergeldes nahm der chronologisch letzte Entwicklungsstrang der Geldgeschichte seinen Anfang. Dabei handelt es sich wiederum um eine Phase, die sich gleichzeitig zu den bestehenden fortentwickelt und wie eine zusätzliche Schicht auf den Geldverkehr legt. Den (vorläufigen) Höhepunkt in der Technisierung und Entmaterialisierung des Geldes bildet das substanzbefreite Buchgeld (zum Begriff s u Rn A149), das als Nukleus des bargeldlosen Zahlungsverkehrs fungiert.

A20

(1) Vom depositum regulare zum depositum irregulare

Als historischen Ursprung des Buchgelds lässt sich das **Wechselsystem** im Oberitalien der Jahre 1310 bis 1340 einordnen (Denzel, Das System des bargeldlosen Zahlungsverkehrs europäischer Prägung vom Mittelalter bis 1914 [2008] 95; vgl zur Vorgeschichte Zerres, Die Wechselplätze [1977] 28 mwNw). Kurze Zeit später bereits wurde die Wechselzahlung durch die Einführung der **Überweisung** ergänzt. Ihre banktechnische wie bankrechtliche Basis bildete die Entstehung des Girogeschäfts mit dem Übergang vom *depositum regulare* zum *depositum irregulare,* aus dem der Bankier während der Verwahrdauer Nutzungen ziehen konnte (Omlor, Geldprivatrecht [2014] 32). Nach und nach näherte sich die Überweisung ihrer heutigen Form an: Zur institutsinternen Überweisung gesellte sich die institutsexterne, das persönliche Erscheinen des Überweisenden konnte etwa ein Jahrhundert nach dem Aufkommen der Überweisung durch eine schriftliche Anweisung ersetzt werden (im Einzelnen Omlor, Geldprivatrecht [2014] 33 mwNw).

(2) Städtisches Bankwesen ab dem 15. Jahrhundert

A21 Die Ausbreitung des bargeldlosen Zahlungsverkehrs in Mitteleuropa wurde maßgeblich durch das sich seit Beginn des 15. Jahrhunderts etablierende städtische Bankwesen gefördert. Neben der Amsterdamer Wechselbank („*Amsterdamsche Wisselbank*") trat auf Bankenseite als Protagonistin des Überweisungsverkehrs vor allem die **Hamburgische Bank** auf. Ihre Gründung im Jahre 1619 durch die Stadt Hamburg trug der damaligen Rolle Hamburgs als einem der führenden Finanzplätze in Europa Rechnung. Die Hamburgische Bank errichtete ein internes Überweisungssystem auf Basis von Ein- und Auszahlungen von physischem Gold oder Silber (Einzelheiten bei Omlor, Geldprivatrecht [2014] 35 mwNw). Als Rechnungseinheit eingesetzt wurde die **Mark Banco**, die als Namensvorbild für die Reichsmark und danach die Deutsche Mark diente. Immerhin bis in das Jahr 1875 hinein wickelte die Hamburgische Bank auf diese Weise bargeldlose Zahlungen ab.

(3) Diversifizierung der Bankdienstleister

A22 Nachdem die Hamburgische Bank im Zuge der Reform des Währungssystems 1875 nach der Reichsgründung in die **Reichsbank** integriert worden war, übernahm die Reichsbank selbst eine aktive Rolle im Überweisungsverkehr. Auf Grundlage des neuen § 13 Nr 5 des **Bankgesetzes von 1875** (RGBl S 177) wickelte sie bargeldlose Zahlungen ihrer Kunden untereinander ab (vgl dazu Hultman, Die Centralnotenbanken Europas [1912] 54 f). Erhebliche Mindestguthaben hinderten allerdings eine Nutzung des Giroverkehrs der Reichsbank durch breite Teile der Bevölkerung. Eine Änderung trat diesbezüglich erst durch einen Markteintritt der **Post** und später der Postbank ein: **1848** in Preußen gestartet mit dem **„Brief mit Bareinzahlung"**, konnte ab 1908 jede Privatperson am Post-Überweisungsverkehr teilnehmen (vgl im Einzelnen Omlor, Geldprivatrecht [2014] 37 f mwNw).

A23 Ab 1848 diversifizierte sich zudem die deutsche Bankenlandschaft. **Aktienbanken** wurden ebenso neu gegründet wie **Genossenschaftsbanken** (vgl dazu stellvertretend M Pohl, in: Ashauer/Born/Engels/Klein et al [Hrsg], Deutsche Bankengeschichte II [1982] 264 ff). Schon 1778 erfolgte in Hamburg die Gründung der „Allgemeinen Versorgungsanstalt" als erster **Sparkasse** (H Pohl, in: ders [Hrsg], Europäische Bankengeschichte [1993] 211). Der bargeldlose Zahlungsverkehr stand damit institutionell auf einer breiteren Basis.

Titel 1
Verpflichtung zur Leistung   Vorbem zu §§ 244–248

b) Bargeldloser Zahlungsverkehr in Deutschland
aa) Mittel bargeldloser Zahlungen
Der gegenwärtige Stand der Entmaterialisierung lässt sich nicht mehr nur an der **A24**
Technik und den Rahmenbedingungen für Überweisungen festmachen, die nach
dem Wechsel zum zweiten Gründungsinstrument des bargeldlosen Zahlungsverkehrs
aufstiegen. Hinzugetreten sind seit der zweiten Hälfte des 20. Jahrhunderts verschiedenste Formen von **Zahlungskarten** (zum Begriff Staudinger/Omlor [2020] § 675c Rn 16),
die lediglich als „Schlüssel" zum Geld fungieren, selbst jedoch nicht im begrifflichen
Sinn Geld – auch nicht „Plastikgeld" – sind. Als erste Zahlungskarte in Deutschland
wurde die sogenannte **Scheckkarte** (später: Eurocheque-Karte) im Jahre 1969 von
den Banken ausgegeben, die ihre eigenständige Bedeutung durch ihre Garantiefunktion beim gleichzeitigen Scheckeinsatz erhielt. Schon 1977 wurde ihr eine Kreditkarte – die **Eurocard** – zur Seite gestellt, die inzwischen vollständig im Mastercard-Kreditkartensystem aufgegangen ist. Das Eurocheque-System wurde zum 31. 12. 2001
eingestellt (Staudinger/Omlor [2020] § 675f Rn 131).

Die Eurocheque-Karte entwickelte sich im Zusammenhang mit der Zurückdrän- **A25**
gung der Scheckzahlung zur *electronic cash*-Karte (**ec-Karte**) fort, die mittlerweile in
terminologischer Gegenüberstellung zur Kreditkarte als **Debitkarte** bezeichnet wird.
Mit ihr sind Zahlungen im *Point-of-Sale*-System (POS-System) als auch im elektronischen SEPA-Lastschriftverfahren (SEPA-ELV) möglich (Einzelheiten bei Staudinger/Omlor [2020] § 675f Rn 52 ff). In Deutschland im Vergleich zur Debitkarte immer
noch weniger verbreitet ist die **Universalkreditkarte**. Ihr kommt nicht nur eine Funktion als Zahlungskarte, sondern je nach Kartenmodell auch als Kreditbeschaffungsmittel zu. Rechtlich basiert sie auf einem komplexen und vielgliedrigen System, an
dem – bei typisierender und vereinfachender Betrachtungsweise – mindestens drei
Parteien beteiligt sind: das Kreditkartenunternehmen als Zahlungsdienstleister, das
Vertragsunternehmen als Erbringer der charakteristischen Leistung im Valutaverhältnis und der Karteninhaber als Zahler (Einzelheiten bei Staudinger/Omlor [2020]
§ 675f Rn 73 ff).

bb) Statistische Bestandaufnahme
Die **Umsätze** im bargeldlosen Zahlungsverkehr übertreffen quantitativ den Bargeld- **A26**
einsatz in Deutschland um ein Vielfaches. Nach Angaben der Bundesbank (vgl www.
bundesbank.de) wurden im Jahr 2019 von Nicht-Banken mit Überweisungen Transaktionen im Wert von rund 56 Billionen Euro, mit Lastschriften von 3 Billionen
Euro und mit Zahlungskarten (Kredit- und Debitkarten) von rund 350 Milliarden
Euro getätigt. Dabei ist die Zahl der Kreditkartentransaktionen zwischen 2015 und
2019 sprunghaft um über 62 % angestiegen. Im gleichen Zeitraum ging die Zahl der
Scheckzahlungen von rund 21 Millionen auf rund 8 Millionen zurück. Die Entmaterialisierung des Geldes breitet sich dabei auch auf der Mikroebene aus: Von den fast
6,6 Milliarden Überweisungen im Jahr 2019 wurden über 6,2 Milliarden beleglos in
Auftrag gegeben und abgewickelt. Die Zahl der Einzelüberweisungen betrug über
3,3 Milliarden, davon wurden 158 Millionen Transaktionen über Onlinebanking abgewickelt.

cc) Internationaler Zahlungsverkehr
Die dominierende Nutzung von bargeldlosen Zahlungsmethoden braucht im natio- **A27**
nalen, noch dringlicher aber im internationalen Kontext einen institutionellen Rah-

men. Zahlungsströme lassen sich ohne einheitliche Standards nicht effizient und automatisiert über den Globus lenken. Vor diesem Hintergrund wurde im Jahr 1973 die *Society for Worldwide Interbank Telecommunication* – kurz: **SWIFT** – gegründet. Bei der Organisation handelt es sich um eine Genossenschaft nach belgischem Recht, die eine Kommunikations- und Abwicklungsplattform für Banken und Zahlungsdienstleister unterhält. Im Einzelnen übermittelt SWIFT streng standardisierte Zahlungsdaten mit eigenen Kürzeln und Kontrollverfahren (Haug, in: Schimansky/Bunte/Lwowski [Hrsg], Bankrechts-Handbuch [5. Aufl 2017] § 51a Rn 19 f). Hierzu zählt auch die Registrierung der Identifizierungscodes für Konten (IBAN) und Banken (BIC) (zu den technischen Einzelheiten vgl Staudinger/Omlor [2020] § 675r Rn 3). Auch wenn die SWIFT ihren Aktionsradius von Europa und Nordamerika auf die gesamte Welt erweitert hat, lässt sich weiterhin eine Konzentration des abgewickelten Zahlungsverkehrs auf die „EMEA"-Staaten (Europe, Middle East & Africa) konstatieren. Die drei Kernregionen der SWIFT sind neben EMEA der amerikanische Kontinent sowie die Region Asien-Pazifik (vgl http://www.swift.com).

c) Europäischer Binnenmarkt für Zahlungsdienste
aa) Anfänge des Integrationsprozesses

A28 Einen geographischen wie rechtlichen Sonderbereich des internationalen Zahlungsverkehrs bildet das Gebiet der Europäischen Union. Schon 1947 schlossen sich Belgien, Luxemburg, Frankreich, Italien und die Niederlande als Erstunterzeichner in einem multilateralen Verrechnungsabkommen zusammen; es schloss sich schon 1950 die Gründung der **Europäischen Zahlungsunion** im institutionellen Rahmen der OEEC (*Organisation for European Economic Cooperation*) an (Omlor, Geldprivatrecht [2014] 164 f mwNw). Die Zahlungsunion wurde von 1959 bis 1972 durch das **Europäische Währungsabkommen** (Gesetz über das Europäische Währungsabkommen vom 26. 3. 1959 [BGBl II 293]) ersetzt, das ebenfalls von der OEEC – nunmehr in Zusammenarbeit mit der Bank für Internationalen Zahlungsausgleich – durchgeführt wurde. Sein Schwerpunkt lag aber in der Gewährung von Krediten zur Überwindung vorübergehender Zahlungsbilanzdefizite (Coing, in: Schlochauer/Krüger/Mosler/Scheuner [Hrsg], Wörterbuch des Völkerrechts [1960] 493). Das 1979 von Valéry Giscard d'Estaing und Helmut Schmidt ins Leben gerufene **Europäische Währungssystem** (dazu Geiger, Das Währungsrecht im Binnenmarkt der Europäischen Union [1996] 29 ff; Schuster, Die Einführung des Euro und seine zukünftige Rolle im Weltwährungsgefüge [2001] 27 ff; Selmayr, Das Recht der Wirtschafts- und Währungsunion [2002] 157 ff; Manger-Nestler, Par(s) inter pares? [2008] 94 ff; Omlor, Geldprivatrecht [2014] 165 f mwNw) fungiert bereits als bedeutende Wegmarke in Richtung der europäischen Währungsunion.

bb) Der Einheitliche Euro-Zahlungsverkehrsraum

A29 Die verschiedenen zahlungstechnischen und währungsrechtlichen Abkommen und Integrationsstufen ebneten den Weg für das chronologisch bislang letzte Projekt zum bargeldlosen Zahlungsverkehr auf europäischer Ebene: den Einheitlichen Euro-Zahlungsverkehrsraum (*Single Euro Payments Area,* **SEPA**). Dabei handelt es sich jedoch keinesfalls um ein rein hoheitliches Unterfangen. Das SEPA-Projekt wurde im Rahmen der sog Lissabon-Agenda von politischer Seite angestoßen, aber von der europäischen Kreditwirtschaft umgesetzt. Lediglich der rechtliche Rahmen wird von den 36 Teilnehmerländern, darunter alle Mitgliedstaaten der Europäischen Union, zur Verfügung gestellt.

Die Erkenntnis, dass ein europäischer Binnenmarkt für Waren und Dienstleistungen **A30** nicht ohne ein einheitliches Zahlungsverkehrskonzept zur Vollendung gelangen konnte, trug erst vergleichsweise spät legislative Früchte. Rund vier Jahrzehnte nach dem Abschluss der Römischen Verträge traten die **Überweisungsrichtlinie** (Richtlinie 97/5/EG über grenzüberschreitende Überweisungen v 27. 1. 1997 [ABl EG Nr L 43, 25 v 14. 2. 1997]; dazu im Überblick STAUDINGER/OMLOR [2020] Vorbem 2 ff zu §§ 675c–676c) und die **Zahlungssicherungsrichtlinie** (Richtlinie 98/26/EG über die Wirksamkeit von Abrechnungen in Zahlungs- sowie Wertpapierliefer- und -abrechnungssystemen v 19. 5. 1998 [ABl EG Nr L 166, 45 v 11. 6. 1998]) in Kraft. Erst mit der Ersten **Zahlungsdiensterichtlinie** (Richtlinie 2007/64/EG über Zahlungsdienste im Binnenmarkt v 13. 11. 2007 [ABl EU Nr L 319, 1 v 5. 12. 2007] – PSD I) schaffte die Union einen echten „Binnenmarkt für Zahlungsdienste" (Erwägungsgrund 1 S 2 der Richtlinie 2007/64/EG), der vollharmonisierend und entwicklungsoffen ausgestaltet ist. Auf diese Weise wird die Attraktivität bargeldloser Zahlungsmethoden für Unternehmer wie Verbraucher weiter gesteigert, da mit IBAN und BIC Zahlungen innerhalb von 36 Ländern schnell, effizient und kostengünstig durchgeführt werden können. Dieser Binnenmarkt ist durch die Zweite Zahlungsdiensterichtlinie (Richtlinie [EU] 2015/2366 über Zahlungsdienste im Binnenmarkt v 25. 11. 2015 [ABl EU Nr L 337, 35 v 23. 12. 2015] – PSD II) fortentwickelt worden.

Abgestimmt mit den sekundärrechtlichen Vorgaben der Zahlungsdiensterichtlinie **A31** hat die europäische Kreditwirtschaft bislang drei **SEPA-Zahlungsinstrumente** entwickelt (dazu STAUDINGER/OMLOR [2020] Vorbem 44 zu §§ 675c–676c sowie ausführlich HAUG, in: SCHIMANSKY/BUNTE/LWOWSKI [Hrsg], Bankrechts-Handbuch [5. Aufl 2017] § 51 Rn 31 ff): die SEPA-Überweisung (*SEPA Credit Transfer*), die SEPA-Lastschrift (*SEPA Direct Debit*) und SEPA-Kartenzahlungen (*SEPA for cards*). Sie bilden die Grundlage für die Entwicklung neuartiger Mehrwertdienste, die unter dem Oberbegriff „e-SEPA" zusammengefasst werden. Die Koordinierungsaufgabe auf Seiten der europäischen Kreditwirtschaft hat hierfür das **European Payments Council** (EPC) übernommen; es handelt sich um eine Gesellschaft belgischen Rechts, zu deren Mitgliedern zahlreiche europäische Banken und Bankenverbände gehören.

d) Blockchain-basierter Zahlungsverkehr
aa) Bitcoin-Netzwerk

Mit der Veröffentlichung des neunseitigen sog **Whitepaper** „Bitcoin: A Peer-to-Peer **A31a** Electronic Cash System" unter dem Pseudonym „Satoshi Nakamoto" gegen Ende des Jahres **2009** ist der Beginn einer nächsten Stufe, möglicherweise sogar einer neuen Epoche des Zahlungsverkehrs verbunden. Die Generierung des ersten Blocks von 50 **Bitcoins** („*Genesis Block*") nahm das Bitcoin-Netzwerk seine Arbeit auf. Konstruiert war es als elektronisches Zahlungssystem, das **ohne Intermediäre** wie Banken oder Zahlungsdienstleister auskommt und stattdessen auf die dezentrale **Blockchain-Technologie** zurückgreift. An die Stelle von interpersonalem Vertrauen soll ein abstraktes Systemvertrauen treten, das auf den kryptographischen Sicherheitsverfahren innerhalb des Netzwerks basiert (im Einzelnen zur Blockchain-Technologie SIEGEL, in: OMLOR/LINK [Hrsg], Handbuch Kryptowährungen und Token [2021] Kap 3; KAULARTZ, in: MÖSLEIN/OMLOR [Hrsg], FinTech-Handbuch [2. Aufl 2021] § 5). Damit wendet sich das Bitcoin-Zahlungssystem in grundlegenden Charakteristika vom bargeldlosen Zahlungsverkehr klassischer Ausprägung ab, der sich auf Geschäftsbesorgungsverhältnissen mit Intermediären gründet.

bb) Zahlungs-Token post Bitcoin

A31b Zwischenzeitlich hat sich das Bitcoin-System sichtbar mit spekulativen Elementen aufgeladen, wie sich vor allem am Kursverlauf gegenüber den traditionellen Fiat-Währungen ablesen lässt. Bitcoins (BTC) wurden somit *in praxi* immer mehr zu einem **Spekulationsobjekt** und verloren in Teilen ihre Hauptfunktion als Zahlungsmittel. In diese Lücke sind andere Zahlungsmittel auf Basis der Blockchain-Technologie gestoßen, die wie Bitcoins – untechnisch (vgl Rn A193a) – als **Kryptowährungen** bezeichnet werden. Hervorzuheben ist dabei das **Ethereum**-System mit der Kryptowährung Ether (ETH), das aber auch als technologische Grundlage für diverse Anwendungen außerhalb des Zahlungsverkehrs dient. Eine Sonderrolle nimmt insofern das private **Diem**-Projekt (ursprünglich: Libra-Projekt) ein, das von der Diem Association mit Sitz in Genf getragen wird. Anders als klassische Blockchain-Zahlungssysteme bedient sich dieses von Facebook initiierte Projekt eines zentralen Akteurs, der die Generierung, Ausgabe und Rücknahme der einzelnen Zahlungstoken verwaltet. Mangels hoheitlichen Charakters handelt es sich jedoch ebenso wie bei sonstigen „Krytowährungen" nicht um Währungen im rechtstechnischen Sinn (s u Rn 193a).

cc) Digitales Zentralbankgeld

A31c Der epochalen Wandel in der Geldgeschichte durch Zahlungsmittel auf Blockchain-Basis wäre endgültig eingeläutet, sofern entsprechende Token auch durch Zentralbanken emittiert würden. Das digitale Zentralbankgeld (*Central Bank Digital Currency*, CBDC) befindet sich derzeit (2021) noch in der **Vorbereitungsphase**. Die Zentralbanken sind mit ihrer Entscheidungsfindung und Pilotierung unterschiedlich weit vorangeschritten. Im Euroraum mehren sich jedoch die Zeichen zugunsten einer Einführung (vgl die Redebeiträge von Lagarde, Villeroy de Galhau und Weidmann auf der Herbstkonferenz der Deutschen Bundesbank 2020, abrufbar unter https://www.bundesbank.de/de/bundesbank/forschung/konferenzen/banking-and-payments-in-the-digital-world-835458). Zur Einführung eines digitalen Euros existieren **verschiedene Modelle**, die sich gegenwärtig noch in der Diskussion befinden und zu abweichenden rechtlichen Einordnungen führen (Omlor/Birne RDi 2020, 1 Rn 6 ff).

II. Der Begriff des Geldes

1. Abgrenzung zu den Geldfunktionen

A32 Begriff und Funktionen des Geldes sind eng miteinander verknüpft, aber – anders als vor allem im wirtschaftswissenschaftlichen Schrifttum angenommen – nicht identisch. Die Gleichung *„money is what money does"* erlaubt nur scheinbar einen einfachen und klaren Blick auf das definitorische Wesen des Geldes. Die Suche nach den Aufgaben des Geldes ist dennoch nicht nutzlos für die Konturierung eines begrifflichen Kerns des rechtlichen Geldbegriffs. Die Geldfunktionen weiten den juristisch-dogmatisch Blick durch interdisziplinäre Einsichten. Der Sinn zahlreicher Gesetzesnormen mit Geldbezug (zB § 935 Abs 2 BGB) basierten auf einzelnen Geldfunktionen. Für die Zwecke des Geldprivatrechts lässt sich neben der rechtswissenschaftlichen auch die wirtschaftswissenschaftliche Perspektive fruchtbar machen (ausführlich Omlor, Geldprivatrecht [2014] 50 ff).

a) Transdisziplinäre Meinungsvielfalt: ein- bis dreigliedriger Funktionenkatalog
aa) Funktionstrias

Klassischerweise werden Geld drei nebeneinanderstehende und gleichwertige Funktionen zuerkannt: Geld sei **Zahlungsmittel** (Tauschmittel), **Rechnungseinheit** (Wertmesser) und **Wertaufbewahrungsmittel**. Diese auf Aristoteles (vgl Wittreck, Geld als Instrument der Gerechtigkeit [2002] 218 ff) und Thomas von Aquin (vgl Wittreck, Geld als Instrument der Gerechtigkeit [2002] 369 ff) zurückreichende These von der Funktionstrias des Geldes hat im Schrifttum breite Gefolgschaft gefunden (Reichert-Facilides JZ 1969, 617, 619; Pulvermüller, Rechtsnatur und Behandlung des privatrechtlichen Geldanspruchs [1974] 19 [unklar aber 20 ff]; Kirchhof, in: FS Walter Leisner [1985] 640; Czada, in: Czada/Tolksdorf/Yenal, Internationale Währungsprobleme [1988] 7; Ebenroth/Bacher BB 1990, 2053, 2056; R Schmidt, in: Isensee/Kirchhof [Hrsg], Handbuch des Staatsrechts der Bundesrepublik Deutschland [3. Aufl 2007] § 117 Rn 6; Schefold, in: Schimansky/Bunte/Lwowski [Hrsg], Bankrechts-Handbuch [5. Aufl 2017] § 115 Rn 9; ähnlich schon Knies, Geld und Credit [1873] 15; Nasse, in: Schönberg [Hrsg], Handbuch der politischen Ökonomie [1890] 315 ff; erweiternd um eine vierte Funktion MünchKomm/Grundmann[8] § 245 Rn 1 ff). Auf dieser Annahme beruht auch die Formulierung von Art 10 Abs 1 S 1 des Staatsvertrags zwischen der Bundesrepublik Deutschland und der DDR zur Schaffung einer Wirtschafts- und Währungsunion (BGBl II 1990, 537), in dem es wörtlich heißt: „Durch die Errichtung einer Währungsunion zwischen den Vertragsparteien ist die Deutsche Mark Zahlungsmittel, Rechnungseinheit und Wertaufbewahrungsmittel im gesamten Währungsgebiet."

bb) Funktionsdualismus

Demgegenüber will eine Gegenauffassung den Aufgabenkatalog auf zwei Hauptkategorien beschränken und alle anderen Funktionen diesen unterordnen bzw zuweisen. Die dualistische These wird aus ökonomischer Sicht namentlich von den Geldtheoretikern Friedrich Lütge (Einführung in die Lehre vom Gelde [1948] 31 ff; ähnlich der Sache nach Budge, Lehre vom Geld [1931] 1 ff, 9; Peitmann, Die privatrechtlichen Grundlagen des Geldes [1941] 24; Ertl, Inflation, Privatrecht und Wertsicherung [1980] 10 f) und Rudolf Schilcher (Geldfunktionen und Buchgeldschöpfung [1958] 49 ff, 80) sowie von juristischer Seite von Friedrich Karl vSavigny (Das Obligationenrecht als Theil des heutigen Römischen Rechts I [1851] 405 f) vertreten. Als erste Hauptfunktion stuft die dualistische Meinungsgruppe die **Tauschmittelfunktion** ein. vSavigny spricht insofern von der Funktion, selbständiger Träger von abstrakter Vermögensmacht zu sein (vSavigny, Das Obligationenrecht als Theil des heutigen Römischen Rechts I [1851] 406). Leicht abweichend positioniert sich Schilcher, der die Tauschmittelfunktion von seiner weiter verstandenen Zahlungsmittelfunktion umfasst ansieht (Schilcher, Geldfunktionen und Buchgeldschöpfung [1958] 58). Aus der Tauschmittelfunktion folgten als untergeordnete **Nebenfunktionen** die Einsetzbarkeit des Geldes zur Schuldtilgung sowie zur Wertaufbewahrung bzw Thesaurierung (Lütge, Einführung in die Lehre vom Gelde [1948] 38 f).

Hinzutreten soll als zweite Hauptaufgabe die Funktion als **Recheneinheit**. In den Worten vSavignys ist Geld ein „Werkzeug zur Messung des Werthes der einzelnen Vermögensbestandteile" (vSavigny, Das Obligationenrecht als Theil des heutigen Römischen Rechts I [1851] 405). Darin liege die historisch ursprüngliche Aufgabe des Geldes (Lütge, Einführung in die Lehre vom Gelde [1948] 32 mwNw; ähnlich Forstmann, Geld und Kredit [1952] 51), die auch als **„innere Aufgabe"** bezeichnet wird (Forstmann, Volkswirtschaftliche Theorie des Geldes [1943] 120 ff). So sei im Ägypten um 2000 vor Christus Kupfer zwar als Recheneinheit, nicht aber als Tauschmittel zum Einsatz gekommen. Kupfer diente damit als „**Binnengeld**"; erst durch die Tauschmittelfunktion werde Geld auch zu „**Außengeld**". Diese „äußere Aufgabe" komme Geld erst zu, wenn ein konkretes Gut zum generellen Gut geworden sei, indem es bei jedem Güteraustausch als Zwischentauschmittel eingesetzt werde (Lütge, Einführung in die Lehre vom Gelde [1948] 36 ff). Von der Funktion als Recheneinheit sieht Lütge die akzessorischen **Nebenfunktionen** als Preisausdrucksmittel bzw Wertmesser als konsumiert an.

cc) Funktionsmonismus

A36 Noch eine höhere Stufe der Funktionskonzentration erreicht die funktionsmonistische Auffassung, welche sich regelmäßig **auf die Tauschmittelfunktion beschränkt** (namentlich Wieser, in: Elster/Weber/Wieser [Hrsg], Handwörterbuch der Staatswissenschaft, Band 4 [4. Aufl 1927] 681, 684 ff; Wolff, in: Ehrenberg [Hrsg], Handbuch des gesamten Handelsrechts, Band 4/1 [1917] 563, 564 ff) oder diese zumindest deutlich in den Vordergrund rückt (so Liefmann, Geld und Gold [1916] 35: „wesentlichste Funktion"). Nicht nur die Wertaufbewahrungsfunktion sei in der Tauschmittelfunktion enthalten, insofern sie aus der Nutzbarkeit des Geldes als Tauschmittel zu einem nachgelagerten Zeitpunkt folge; insofern besteht kein Widerspruch zur dualistischen Gegenthese. Dieser zeigt sich erst daran, dass auch die Funktion als Recheneinheit in der Tauschmittelfunktion enthalten (Wieser, in: Elster/Weber/Wieser [Hrsg], Handwörterbuch der Staatswissenschaft, Band 4 [4. Aufl 1927] 681, 687) oder auf sie zurückführbar (Wolff, in: Ehrenberg [Hrsg], Handbuch des gesamten Handelsrechts, Band 4/1 [1917] 563, 569 ff) sein soll.

b) Dualismus von abstrakten und konkreten Funktionen
aa) Defizite von Funktionsmonismus und Funktionstrias

A37 Weder die klassische Lehre von der Funktionentrias noch die monistische These vermögen zu überzeugen. Dem Funktionsmonismus liegt eine **Überdehnung der Tauschmittelfunktion des Geldes** zugrunde. Dies zeigt sich anschaulich an der Tatsache, dass – wie Lütge (Einführung in die Lehre vom Gelde [1948] 32 mwNw) nachgewiesen hat – die vermeintlich untergeordnete Funktion als Recheneinheit eigenständig existieren kann, ohne dass dem Bezugsobjekt auch die Tauschmitteleigenschaft zukommt. Auch wenn der monistischen Lehre zuzugeben ist, dass es sich hierbei um Ausnahmekonstellationen handelt und im modernen Wirtschaftsleben eine singuläre Existenz der Recheneinheitsfunktion kaum vorstellbar sein dürfte, handelt es sich dennoch um zwei inhaltlich abzugrenzende Funktionsgehalte. Die Berechtigung einer eigenständigen Funktion als Recheneinheit folgt unmittelbar aus der Entstehungsgeschichte des Geldes (Omlor, Geldprivatrecht [2014] 56). Die Werte unterschiedlicher Güter lassen sich mit Geld als neutralem Maßstab miteinander vergleichen, sodass eine „Rückbeziehung aller Austauschrelationen auf diesen Generalnenner" (Lütge, Einführung in die Lehre vom Gelde [1948] 32) erfolgt. Mit Blick auf den Produktionsprozess kann erläuternd von Geld als Kostenvergleichsmittel (für die Erzeugerseite) und als Preisvergleichsmittel (für die Abnehmerseite) gesprochen werden.

A38 Die Erweiterung um eine dritte eigenständige Funktion des Geldes als Wertaufbewahrungs- oder Werttransportmittel zu einer Funktionstrias berücksichtigt nicht hinreichend, dass diese stets mit der (Haupt-)Funktion als Tauschmittel einhergeht (Omlor, Geldprivatrecht [2014] 55). Geld ermöglicht einen **zeitlich „gestreckten Tausch"** und nimmt auch insofern eine Verknüpfungsaufgabe wahr (Forstmann, Geld und Kredit [1952] 41). Die Wertaufbewahrungsfunktion folgt bereits daraus, dass Geld seine Eigenschaft als Tauschmittel im Laufe der Zeit – mit Ausnahme eines vollständigen

Funktionsverlusts infolge Inflation – nicht verliert. Die abstrakte Tauschoption in der Zukunft, die einen bestimmten Wert aufbewahrt bzw transportiert, bedarf daher keiner gesonderten Betonung neben der umfassenderen Tauschmittelfunktion.

bb) Kategorisierung in abstrakte und konkrete Funktionen

Vor dem Hintergrund der Entstehungsgeschichte des Geldes, aber auch aus Gründen A39 der terminologischen wie systematischen Klarheit nimmt Geld **zwei konstituierende Aufgaben** wahr: Es dient als Recheneinheit und als Tauschmittel (OMLOR, Geldprivatrecht [2014] 55 ff). In Anlehnung an den Ökonomen ALBRECHT FORSTMANN (Geld und Kredit [1952] 53 ff; zuvor schon der Sache nach LUKAS, Aufgaben des Geldes [1937] 7 ff) ist zwischen abstrakten und konkreten Funktion zu unterscheiden (dem folgend VEIT, Reale Theorie des Geldes [1966] 51 ff; DUDEN, Der Gestaltwandel des Geldes und seine rechtlichen Folgen [1968] 6; STAUDINGER/K SCHMIDT [1997] Vorbem A11 zu §§ 244 ff; inhaltlich ebenso CROME, System des deutschen bürgerlichen Rechts [1902] 53; vgl auch BGH 8. 12. 1983 – 1StR 274-275/83, BGHSt 32, 198 = NJW 1984, 1311, 1312). Jegliche weitere Funktionen des Geldes werden durch die beiden Kernfunktionen konsumiert; ihnen kommt keine eigenständige Bedeutung zu.

Die Funktion als **Recheneinheit** bildet die **abstrakte** Funktion des Geldes. Eine be- A40 griffliche Parallele besteht zum Einsatz als Mittel des Kosten-, Wert- und Preisvergleichs- bzw -ausdrucks sowie als Wertmaß oder Wertmesser. Als Begründung für den Einsatz des Gegensatzpaars abstrakt-konkret taugt allerdings nicht das konturenarme Kriterium, „ob die einzelnen Funktionen mehr abstrakter Natur sind und daher nicht besonders greifbar in Erscheinung treten, oder ob sie sich greifbar konkretisieren" (FORSTMANN, Geld und Kredit [1952] 53). Eine Abstraktion im Sinne eines Überführens auf eine allgemeine, vom jeweiligen Sachverhalt losgelöste (lat *abstractus*) Betrachtungsweise findet insofern statt, als die Wertmessung unabhängig vom Transaktionsobjekt und dem metallischen Substanzwert des verwendeten Geldzeichens erfolgt (OMLOR, Geldprivatrecht [2014] 57). Die Neutralität des Geldes als Rechengröße findet darin ihren Ausdruck.

Die abstrakte Recheneinheitsfunktion allein genügt allerdings nicht, um ein Objekt A41 als Geld charakterisieren zu können. Die Entstehungsbedingungen des Geldes – Anerkennung von Privateigentum und Praktizierung von Arbeitsteilung (s o Rn A4 ff u Rn A8 ff) – bedingen die **konkrete** Funktion des Geldes als **Tauschmittel**. Eine arbeitsteilige Gesellschaftsordnung bedarf eines neutralen Zwischentauschguts. In der Tauschmittelfunktion gehen die akzessorischen Nebenfunktionen als Wertaufbewahrungs- oder Wertspeichermittel auf; fungierte Geld nicht als Tauschmittel, so wäre es automatisch auch kein Wertaufbewahrungsmittel. Die Einordnung als konkrete Geldfunktion rechtfertigt sich daraus, dass sich die Tauschmittelfunktion in ihrer festen (lat *concretus*) Anbindung an ein zu veräußerndes bzw zu tauschendes Gut zeigt (OMLOR, Geldprivatrecht [2014] 57). Mit jedem Vollzugsakt, dh mit jedem Tausch, aktualisiert sich diese Aufgabe.

Auf der konkreten Funktion des Geldes beruht auch seine Eigenschaft als **subsidiäres** A42 **Exekutionsmittel** (STAUDINGER/K SCHMIDT [1997] Vorbem A11 zu §§ 244 ff). Auch das vollstreckungsrechtliche Zwangsgeld der §§ 888 Abs 1, 890 Abs 1 ZPO lässt sich seiner *ratio legis* nach auf die konkrete Geldfunktion zurückführen. Die Tauschmittelfunktion des Geldes deckt sich hingegen nicht mit seiner Eigenschaft als **gesetzlichem Zah-**

Vorbem zu §§ 244–248

lungsmittel (OMLOR, Geldprivatrecht [2014] 56). Die Geldfunktionen unterliegen nicht einer Prärogative des Währungsrechts. Ein staatlich verordneter Annahmezwang erleichtert allenfalls den praktischen Einsatz als Tauschmittel im Einzelfall, konstituiert aber nicht die Geldeigenschaft.

2. Definitionskonzepte aus wirtschafts- und rechtswissenschaftlicher Sicht

A43 Die im Laufe der Jahrhunderte aufgestellten Begriffsbestimmungen des Geldes weisen eine schillernde Vielfalt auf. Es stehen sich unter anderem Traditionalisten und Modernisten, Rechts- und Wirtschaftswissenschaftler, Metallisten und Anti-Metallisten gegenüber. Auch aus der intradisziplinären Sicht der Rechtswissenschaft streiten das bürgerliche Recht und das öffentliche Recht um die Deutungshoheit und das Letztbestimmungsrecht über das Wesen des Geldes. Jedoch darf die Aufgabe des Geldrechts und insbesondere des Geldprivatrechts nicht aus dem Fokus rücken: Gesucht wird eine **Nominaldefinition des Geldes**, die sich als **zweckmäßig für eine Systematisierung und Anwendung geldrechtlicher Normen** erweist. Hierzu dürfen die wesentlichen Argumentationslinien der rechts- und wirtschaftswissenschaftlichen Konzepte nicht ausgeblendet werden (ausführlich OMLOR, Geldprivatrecht [2014] 59 ff mwNw). Die nachfolgende Einordnung dient der Typisierung und verkennt nicht, dass mancher Geldbegriff im Grenzbereich zu benachbarten Definitionsgruppen zu verorten ist.

a) Tauschmittelzentrierte Definitionen

A44 Der Gruppe der tauschmittelzentrierten Definitionen sind solche Begriffskonzepte zuzuordnen, die zwar Funktion und Begriff nicht gleichsetzen, aber sich dennoch inhaltlich von einer der Geldfunktionen – *in concreto* der konkreten als Tauschmittel – leiten lassen. Namentlich Juristen haben nach diesem Muster Gelddefinitionen postuliert.

A45 Als auf diese Weise tauschmittelzentriert ist zunächst die Studie von ERICH JUNG (zu seiner Rolle im Dritten Reich vgl seine damaligen Werke JUNG, Monatsschrift für das deutsche Volk 21 [1937] 65; ders, Subjektives und objektives Recht [1939]) zum „privatrechtliche[n] Wesen des Geldes" einzuordnen. In ihr rückt er einen **privatrechtlich begründeten Annahmezwang** in das inhaltliche Zentrum seines Geldbegriffs (JUNG, Das privatrechtliche Wesen des Geldes [1926] 6). Das Wesen des Geldes leite sich aus seiner **Verkehrsgeltung** ab (JUNG, Das privatrechtliche Wesen des Geldes [1926] 15). Geld werde empirisch gesehen häufig als Leistungsgegenstand von Gattungsschulden vereinbart. Die Funktion als Wertmesser stuft JUNG als rechtlich irrelevant ein (JUNG, Das privatrechtliche Wesen des Geldes [1926] 6). JUNG betont damit die Bedeutung der Privatautonomie in prägnanter Weise, bezieht allerdings die währungsrechtlichen Regelungen nicht hinreichend ein (zur Kritik im Einzelnen OMLOR, Geldprivatrecht [2014] 65).

A46 Als öffentlich-rechtlicher Gegenentwurf zum Privatrechtsdogmatiker JUNG gedacht, aber dennoch ebenfalls tauschmittelzentriert stellt sich der Geldbegriff von HANS GERBER dar. Geld ist für GERBER in erster Linie ein **rechtlich bestimmtes Zahlungsmittel** (GERBER, Geld und Staat [1926] 29 ff, 52 ff; ebenso HARTMANN, Über den rechtlichen Begriff des Geldes und den Inhalt von Geldschulden [1868] 12; PIKART WM 1980, 510, 511), das synonym als gesetzliches Zahlungsmittel bezeichnet werden könne (GERBER, Geld und Staat [1926] 90). Der konkreten Geldfunktion als Recheneinheit wird lediglich nachrangige Bedeutung zuerkannt. Danach sei Geld zu definieren als „eine als Zahlungsmittel geeignete und zum Zwecke derartiger wirtschaftlicher Diensthaftigkeit nach zahlenmäßig gestaffelten Werteinheiten benannte Wirtschaftsleistung" (GERBER, Geld und Staat [1926] 90). Insgesamt lässt sich der Geldbegriff von GERBER zugleich der gegenstandsbasierten Definitionsgruppe (s u Rn A58) zuordnen.

Ihre teleologische Grundlage in der Tauschmittelfunktion findet auch die terminologische Beschränkung des Geldes auf seine Rolle als **subsidiäres allgemeines Exekutionsmittel**. Diese These stammt namentlich von GUSTAV HARTMANN (Über den rechtlichen Begriff des Geldes und den Inhalt von Geldschulden [1868] 46 ff; ders, Internationale Geldschulden [1882] 19 ff) und MAX FRAUENFELDER (Das Geld als allgemeiner Rechtsbegriff [1938] 120 ff). Aus juristischer Sicht handele es sich bei Geld um das „vollkommenste Mittel der positiven Erzwingung des Privatrechts" (FRAUENFELDER, Das Geld als allgemeiner Rechtsbegriff [1938] 123). Geld werde benötigt, um in modernen Rechtsordnungen einen **Ausgleich für den Verzicht auf die Personalexekution** zu gewähren (FRAUENFELDER, Das Geld als allgemeiner Rechtsbegriff [1938] 140 f). Um den umfassenden Zugriff auf das Schuldnervermögen zu gewährleisten, müsse auf Geld als subsidiäres allgemeines Exekutionsmittel zurückgegriffen werden. Damit ließe sich Schadensersatz präzise und rechtssicher seiner Höhe nach bestimmen. HARTMANN und FRAUENFELDER stützen sich im materiellen Kern ihrer Gelddefinition auf die Tauschmitteleigenschaft des Geldes: Als Exekutionsmittel eignet sich Geld nur deshalb, weil es vom Gläubiger nach seiner Zuweisung an ihn zu Tauschzwecken wirtschaftlich verwertet werden kann. Nicht zu leugnen ist die Einbeziehung der abstrakten Geldfunktion als Recheneinheit, die allerdings für die Definitionszwecke in den Hintergrund gedrängt wird. **A47**

b) Recheneinheitszentrierte Definitionen
In Abgrenzung zu den tauschmittelzentrierten Ansätzen zeichnen sich die recheneinheitszentrierten dadurch aus, dass sie sich inhaltlich ausschließlich oder zumindest dominierend aus der abstrakten Geldfunktion als Recheneinheit speisen. Ihnen ist eine **anti-metallistische Grundausrichtung** zu eigen, die bei GEORG FRIEDRICH KNAPP soweit reicht, dass er letztlich einen eigenständigen Geldwert leugnet. **A48**

In seiner „**Staatlichen Theorie des Geldes**" baut der Ökonom KNAPP seine Geldkonzeption auf der einleitenden Grundannahme auf, Geld sei ein „Geschöpf der Rechtsordnung" (KNAPP, Staatliche Theorie des Geldes [4. Aufl 1923] 1). KNAPP stuft Geld als Sonderfall des Zahlungsmittels ein, das er definiert als „bewegliche Sache, welche von der Rechtsordnung aufgefasst wird als Trägerin von Werteinheiten" (KNAPP, Staatliche Theorie des Geldes [4. Aufl 1923] 6). Der Tauschmittelaspekt kommt im KNAPPSCHEN Geldbegriff nicht vor. Geld ist für ihn ein Zahlungsmittel, dessen Wert nicht durch seinen Stoffwert bestimmt wird: „Die Definition des Geldes ist: chartales Zahlungsmittel" (KNAPP, Staatliche Theorie des Geldes [4. Aufl 1923] 31). KNAPP ist berechtigterweise wegen seiner Beschränkung auf das Sachgeld kritisiert worden (K SCHMIDT, in: FS Hugo J Hahn [1997] 81, 86 f). **A49**

Auf der gedanklichen Linie des KNAPPSCHEN Chartalismus ist auch die Gelddefinition von ARTHUR NUSSBAUM angesiedelt. Der Geldbegriff sei „primär ein rechtlicher" (NUSSBAUM, Das Geld in Theorie und Praxis des deutschen und ausländischen Rechts [1925] 13). Eine Unterscheidung zwischen einem rechtlichen und einem wirtschaftlichen Begriff des Geldes sei nicht geboten. NUSSBAUM fokussiert das Charakteristikum des Geldes, **A50** eine **ideelle Einheit** zu sein: Geld seien „diejenigen Sachen …, die im Verkehr nicht als das gegeben oder genommen werden, was sie physisch darstellen, sondern lediglich als Bruchteil, Einfaches oder Vielfaches (x-faches) einer ideellen Einheit" (Nussbaum, Das Geld in Theorie und Praxis des deutschen und ausländischen Rechts [1925] 6). Die ideelle Einheit im Nussbaumschen Sinne entspricht inhaltlich der abstrakten Geldfunktion als Recheneinheit.

c) Volkswirtschaftlich orientierte Definitionen

A51 Juristisch geprägte Geldbegriffe müssen nicht notwendig auf Juristen zurückgehen, wie das Beispiel des Ökonomen Knapp zeigt. Umgekehrt stammen die (nachfolgend aufgeführten) volkswirtschaftlich orientierten Geldbegriffe sämtlichst von Wirtschaftswissenschaftlern. Ihnen ist gemeinsam, dass sie die Geldeinheiten in **Bezug zu einem** – im Einzelnen divergierenden – **Leistungsvolumen einer Volkswirtschaft** setzt.

A52 Besonders pointiert hat ein Anhänger Knapps unter Rückgriff auf die geldtheoretischen Schriften von Joseph A Schumpeter (Schumpeter Archiv für Sozialwissenschaft und Sozialpolitik 44 [1917/18] 641) eine derartige volkswirtschaftlich durchdrungene Gelddefinition formuliert. Für Karl Elster stellt Geld eine **Beteiligung am Sozialprodukt** einer Volkswirtschaft dar (Elster, Die Seele des Geldes [1920] 59; ähnlich Köhler JZ 2013, 957, 960 f; zur Kritik vgl Reif, Die Entwicklung des Chartalismus bei den Nachfolgern G F Knapps [1922] 113 ff). Der Empfänger von Geld erhalte eine Beteiligungsmöglichkeit am Sozialprodukt (Elster, Die Seele des Geldes [1920] 67). Zur Bestimmung des Umfangs dieser Beteiligungsmöglichkeit macht Elster die abstrakte Geldfunktion fruchtbar (vgl die dreigliedrige Gelddefinition bei Elster, Die Seele des Geldes [1920] 88).

A53 Im Ansatz vergleichbar sieht Albrecht Forstmann in Geld eine **anonyme Forderungslegitimation**. Dabei bezieht er die beiden Geldfunktionen in seine Definition mit ein. Geld sei damit „eine in einer Zahlungsgemeinschaft allgemein anerkannte und jederzeit aktivierbare anonyme Forderungslegitimation an das nationale Güter- und Leistungsvolumen, dessen Erzeugung und Verteilung es quantitativ und qualitativ als Recheneinheit und Tauschmittler garantiert" (Forstmann, Geld und Kredit [1952] 72). Forstmann sieht in Geld ebenso wie Elster einen Stellvertreter, der die Leistungsfähigkeit der jeweiligen Volkswirtschaft verkleinert abbildet (Omlor, Geldprivatrecht [2014] 63). Geld in diesem Sinn kann notwendigerweise seinen Wert nicht von seinem Substanzwert ableiten.

A54 Als **abstrakte und unkörperliche Vermögensmacht** definiert Spiros Simitis das Geld (Simitis AcP 159 [1960] 406, 431). Seine Terminologie nimmt damit Anleihen bei vSavigny und Martin Wolff. Ähnlich wie Elster und Forstmann will Simitis die durch das Geld repräsentierte Vermögensmacht auf die Leistungsfähigkeit der jeweiligen Volkswirtschaft beziehen. Damit verbindet sich notwendigerweise auch eine anti-metallistische Grundausrichtung. Zwar betont Simitis die Bedeutung der Geldfunktionen für das Wesen des Geldes, jedoch folgt daraus nicht auch seine Zuordnung zu den Funktionalisten, den Geldbegriff ausschließlich über die Geldfunktionen ausfüllen wollen (Omlor, Geldprivatrecht [2014] 67). Hervorzuheben ist vielmehr der zweifache Abstraktionsgedanke: Die dem Geld inhärente Vermögensmacht sei weder an eine bestimmte Person noch an einen bestimmten Gegenstand gekoppelt, sondern gewähre ihrem Inhaber eine absolute Verfügungsfreiheit (Simitis AcP 159 [1960] 406, 429 f).

d) Funktionsdeterminierte Definitionen

Die wirtschaftswissenschaftliche Geldtheorie setzt Funktionen und Begriff des Geldes nicht selten gleich (so Helfferich, Das Geld [6. Aufl 1923] 260; Budge, Lehre vom Geld [1931] 10; Schilcher, Geldfunktionen und Buchgeldschöpfung [1958] 35; tendenziell auch Lütge, Einführung in die Lehre vom Gelde [1948] 20): *„money is what money does"*. Diese Kurzformel fasste Rudolf Schilcher sprachlich neu und definierte: „Geld ist jenes Gut, welches die Geldfunktionen ausübt" (Schilcher, Geldfunktionen und Buchgeldschöpfung [1958] 35). Das englische Vorbild soll auf den US-amerikanischen Ökonomen und Juristen Francis Amasa Walker zurückführbar sein, der schon Ende des 19. Jahrhunderts formulierte: *„That which the money-work is the money-thing"* (Walker, Political Economy [3. Aufl 1892] 123, zitiert nach Budge, Lehre vom Geld [1931] 10). **A55**

Mit der Annahme einer funktionsabgeleiteten Begrifflichkeit des Geldes geht die Ablehnung der Knappschen These von der ausschließlich rechtlichen Natur des Geldes einher (ausdrücklich Helfferich, Das Geld [6. Aufl 1923] 320). Stattdessen wird anerkannt, dass sich **aus ökonomischer und aus juristischer Perspektive unterschiedliche Geldbegriffe** ergeben können (Lütge, Einführung in die Lehre vom Gelde [1948] 15 f). Im Rechtssinne seien Geld diejenigen „Gegenstände, die von der Rechtsordnung in der ordentlichen Bestimmung, die Uebertragung von Vermögenswerten von Person zu Person zu vermitteln, anerkannt sind" (Helfferich, Das Geld [6. Aufl 1923] 324). Der ökonomische Geldbegriff wird demgegenüber gänzlich aus der Tauschmittelfunktion abgeleitet (Helfferich, Das Geld [6. Aufl 1923] 263). **A56**

Die vollständige und unmittelbare Ableitung des Geldbegriffs aus den Geldfunktionen ist aus juristischer Sicht Bedenken ausgesetzt. Der rechtliche Begriff des Geldes unterliegt als **Nominaldefinition** einer Zweckmäßigkeitskontrolle: Dient er der Systematisierung und dogmatischen Erfassung der geldrechtlichen Normen? Das rechtswissenschaftliche Anforderungsprofil divergiert somit vom wirtschaftswissenschaftlichen. Die **Geldfunktionen** dürfen zwar auch für die rechtswissenschaftlichen Zwecke nicht ausgeblendet werden, aber zugleich auch nicht die Begriffsbildung ersetzen. Die Orientierung allein an den Funktionen des Geldes wäre **zu normfern**, um dogmatischen Nutzen für das Geldprivatrecht generieren zu können. **A57**

e) Gegenstandsbasierte Definitionen

Klassisch-juristische Gelddefinitionen basierten häufig auf einem verkörperten **Bezugsgegenstand im Sinne des § 90 BGB**. Als Geld könnten nur körperliche Geldzeichen gelten, das als gesetzliches Zahlungsmittel staatlich legitimiert sei. Ein solches Erfordernis stellt auch Hans Gerber auf, dessen Geldbegriff jedoch zugleich der tauschmittelzentrierten Definitionsgruppe zugewiesen werden kann (s o Rn A46). Zumindest für das BGB sei Geld ausnahmslos eine Sache (Honsell, in: FS Hermann Lange [1992] 509). Buchgeld unterfällt einer gegenstandsbasierten Gelddefinition prinzipiell nicht. **A58**

F A Mann hat seinen rechtlichen Geldbegriff von einem ökonomisch-funktionalen abgegrenzt; der Begriff des Geldes müsse über die Geldfunktionen hinausgehen (Mann, Das Recht des Geldes [1960] 4 f). Zwar lässt er die beiden Aufgaben des Geldes, als Recheneinheit und Tauschmittel zu fungieren, keinesfalls unberücksichtigt. Allerdings fokussiert er die bewegliche Sache als definitorischen Nukleus. Im Hinblick auf den Erfahrungshorizont der Wirtschaftsteilnehmer und die Entstehungsgeschichte **A59** des Geldes könne unkörperliches Geld nicht existieren (MANN, Das Recht des Geldes [1960] 5). Im Einklang mit der KNAPPSCHEN Geldtheorie betont F A MANN das Erfordernis eines **staatlichen Verleihungsakts** der Geldeigenschaft (MANN, Das Recht des Geldes [1960] 5, 10 f).

A60 Anknüpfend an dem Begriff der **vertretbaren Sache** in § 91 BGB stellte ERNST WOLF seine Gelddefinition auf. Geld sei „eine vertretbare Sache, mit der innerhalb eines Gebiets eine bestimmte Menge an allgemeinem Tauschwert aufgrund einer Währung verbunden ist" (WOLF, Lehrbuch des Schuldrechts [1978] § 4 D II a). Aus seinem Geldbegriff scheidet er das Buchgeld aus, das ein schlichtes Forderungsrecht und damit kein körperlicher Gegenstand sei. Zum Definitionskern erhebt ERNST WOLF den Tauschakt, der sich in Vertragsform (vgl § 480 BGB) vollziehe; daher sei sein Geldbegriff ein rechtlicher und kein ökonomischer.

f) Relativer Geldbegriff

A61 Der **dreigliedrige Geldbegriff** von KARSTEN SCHMIDT reflektiert die je nach betroffener Rechtsnorm unterschiedliche Begrifflichkeit des Geldes; insofern geht er von einer Relativität des Rechtsbegriffs „Geld" aus (STAUDINGER/K SCHMIDT [1997] Vorbem A12 zu §§ 244 ff). Trotz der Ausrichtung auf den rechtlichen Begriff des Geldes ignoriert KARSTEN SCHMIDT keinesfalls die wirtschaftlichen Funktionen des Geldes, sondern lässt sie – wenn auch in unterschiedlicher Intensität – in seine Begriffsbestimmungen einfließen. Zugleich integriert er in sein Begriffskonzept eine Vielzahl von Aspekten aus der bisherigen wirtschafts- wie rechtswissenschaftlichen Diskussion (OMLOR, Geldprivatrecht [2014] 68). Vom **konkret-funktionellen Geldbegriff** sind Sach- und Buchgeld umfasst, da sie für Erfüllung von Geldfunktionen konkret verwendet werden (STAUDINGER/K SCHMIDT [1997] Vorbem A17 zu §§ 244 ff). **Geld im institutionellen Sinne** erweise sich hingegen von einem solchen Einsatz zur Wertbewegung als abstrahiert und sei daher „die in Geldzeichen zu verkörpernde oder als Buchgeld (Giralgeld) darstellbare Werteinheit" (STAUDINGER/K SCHMIDT [1997] Vorbem A18 zu §§ 244 ff). Eine gegenstandsbasierte Definition stellt KARSTEN SCHMIDT mit seinem **gegenständlichen Geldbegriff** auf: Darunter sollen lediglich die körperlichen Geldzeichen fallen, sofern sie Geldfunktionen wahrnehmen (STAUDINGER/K SCHMIDT [1997] Vorbem A19 zu §§ 244 ff).

3. Der rechtliche Begriff des Geldes

a) Methodische Vorüberlegungen

A62 Eine rechtliche Nominaldefinition des Geldes muss die **Zwitterstellung** des Phänomens Geld **zwischen den Rechts- und Wirtschaftswissenschaften** einbeziehen (OMLOR, Geldprivatrecht [2014] 97 mwNw). Drehten sich die Debatten früherer Jahrzehnte noch um die Frage, welcher Disziplin das Erstzugriffsrecht auf das Geld und damit die maßgebliche Definitionsmacht zukommt, werden diese Gräben in neuerer Zeit mehr und mehr eingeebnet. Ein erster Ansatz hierzu lässt sich schon in dem Umstand erkennen, dass eine der berühmtesten juristischen Gelddefinitionen des 20. Jahrhunderts von einem Ökonomen stammt: GEORG FRIEDRICH KNAPP. Der Staatsrechtler HANS GERBER sah wenig später in Geld „Recht und Wirtschaft notwendig verbunden" (GERBER, Geld und Staat [1926] 58). Schließlich spiegeln sich die wirtschaftlichen Geldfunktionen auch im dreigliedrigen Geldbegriff von KARSTEN SCHMIDT wider.

In der Tat kann auch eine rechtliche Gelddefinition nicht ohne Berücksichtigung der Geldfunktionen gelingen. Lediglich ihre Wurzeln liegen im ökonomischen Bereich. Sie haben aber rechtliche Anerkennung in zahllosen geldrechtlichen Vorschriften gefunden, die nicht selten eine normspezifische Ausgestaltung nach sich gezogen hat. Die Geldfunktionen liegen insofern in einer normativierten Fassung vor. In diesem Sinne ist **Geld auch rechtlich als funktionaler Begriff** aufzufassen (vgl MANN, Das Recht des Geldes [1960] 5, 19 ff; SIMITIS AcP 159 [1960] 406, 416 f; STAUDINGER/K SCHMIDT [1997] Vorbem A13 zu §§ 244 ff; OMLOR, Geldprivatrecht [2014] 97). Infolge dieser **Normativierung** kann eine juristische Definition sich auch nicht mit der Kurzformel vom *„money is what money does"* begnügen.   A63

In der Folge wird zutreffenderweise zwischen einem **rechtlichen und** einem **ökonomischen Geldbegriff** unterschieden (so LIEFMANN, Geld und Gold [1916] 95 f; HELFFERICH, Das Geld [6. Aufl 1923] 263 und 324). Allerdings folgt aus der Normgeprägtheit des rechtlichen Geldbegriffs, dass dieser keinesfalls statisch und einheitlich für alle geldbezogenen Rechtsvorschriften gefasst zu werden vermag (NUSSBAUM, Das Geld in Theorie und Praxis des deutschen und ausländischen Rechts [1925] 3; FÖGEN, Geld- und Währungsrecht [1969] 8; GROTHE, Fremdwährungsverbindlichkeiten [1999] 41, jeweils mwNw); jede Rechtsnorm bedarf einer individuellen Auslegung nach ihrer konkreten Teleologie (OMLOR, Geldprivatrecht [2014] 96 mit Beispielen).   A64

Den Erfordernissen an die Auslegung und Anwendung geldrechtlicher Normen wird vor diesem Hintergrund am ehesten ein **mehrgliedriger Geldbegriff** gerecht. Damit gelingt ein zweckmäßiger Mittelweg zwischen normspezifischer Passgenauigkeit und effizienter Typisierung. Entsprechende Konzepte haben namentlich ROBERT LIEFMANN mit seinem zweigliedrigen und KARSTEN SCHMIDT mit seinem dreigliedrigen Geldbegriff (noch für eine Zweigliedrigkeit K SCHMIDT JuS 1984, 737, 739 f) vorgelegt. Vorzugswürdig erscheint demgegenüber eine Aufteilung in Geld im konkreten und im abstrakten Sinn und damit eine begriffliche Zweigliedrigkeit (ausführlich OMLOR, Geldprivatrecht [2014] 98 ff).   A65

b) Begriffliche Zweigliedrigkeit
aa) Abstrakter Geldbegriff
Der abstrakte Begriff des Geldes ist ein in besonderem Maße funktionsgeprägter. Damit handelt es sich der Sache nach um einen **abstrakt-funktionalen Geldbegriff** (OMLOR, Geldprivatrecht [2014] 99). Geld kommt im SAVIGNYSCHEN Sinne als messbare Vermögensmacht, dh als Universaltauschmittel mit Wertmaßcharakter, zum Einsatz. Der abstrakte Geldbegriff denkt die Entwicklungsgeschichte des Geldes als Prozess der Entmaterialisierung zu Ende. Einer Verkörperung bedarf das Geld im abstrakten Sinne daher nicht; in seinem Gehalt ist es **materiebefreit**. Um Geld im abstrakten Sinn handelt es sich immer dann, wenn Geld unabhängig von einem gesetzlichen Annahmezwang und einer Verkörperung zum Einsatz gelangt (OMLOR, Geldprivatrecht [2014] 98).   A66

Keinesfalls kann der abstrakte Geldbegriff hingegen als rein funktionsdeterminierte Gelddefinition eingeordnet werden, die den Begriff mit den Funktionen des Geldes gleichsetzt. Zwar ist der abstrakte Geldbegriff in prägender Weise von den beiden Aufgaben des Geldes charakterisiert. Andererseits handelt es sich weiterhin um einen rechtlichen Geldbegriff in Gestalt einer Normativdefinition. Um Geld im abstrakten   A67

Sinne zu erhalten, bedarf es einer – wenn auch nur mittelbaren und rudimentären – **normativen Anerkennung**. Damit wird nicht ein System der legislativen Präventivkontrolle in währungsrechtlichem Gewand umschrieben. Vielmehr geht es lediglich um eine Offenheit der Rechtsordnung für die betroffene Geldform. Paradigmatisch zeigt sich eine solche in Bezug auf Buchgeld im BGB-Zahlungsdiensterecht der §§ 675c ff BGB.

A68 Verwandte Ansätze, die ebenfalls den Abstraktionsgedanken fruchtbar machen, finden sich auch **bei verschiedenen anderen Autoren** (Überblick bei OMLOR, Geldprivatrecht [2014] 98 f): Nicht nur vSAVIGNY hat mit seiner These vom Geld als „abstrakte Vermögensmacht" (vSAVIGNY, Das Obligationenrecht als Theil des heutigen Römischen Rechts I [1851] 406; ähnlich SIMITIS AcP 159 [1960] 406, 431) einen abstrakt-funktionalen Geldbegriff vertreten. Ihm folgte MARTIN WOLFF, auch wenn er leicht abgewandelt von „unkörperliche[r] Vermögensmacht" (WOLFF, in: EHRENBERG [Hrsg], Handbuch des gesamten Handelsrechts, Band 4/1 [1917] 563, 577 f) sprach. Wenige Jahre danach ordnete HELLMUT ISELE Sachgeld, Schecks, Wechsel und Buchgeld als „Repräsentationsformen abstrakter Vermögensmacht" (ISELE AcP 129 [1928] 129, 168) und damit als Geld ein. Auch das Geld im institutionellen Sinne, wie es KARSTEN SCHMIDT konturierte (STAUDINGER/K SCHMIDT [1997] Vorbem A15 zu §§ 244 ff), unterfällt dem abstrakten Geldbegriff.

bb) Buchgeld als Geld im abstrakten Sinne
(1) Entwicklung vom Bar- zum Buchgeld

A69 Ein Leitmotiv der Entwicklungsgeschichte des Geldes ist seine **Entmaterialisierung**. Beginnend mit dem Urgeld der Vor- und Frühzeit, über die Anfänge des Münzwesens Ende des siebten vorchristlichen Jahrhunderts und des Papiergeldes in Europa des 18. Jahrhunderts schritt der Prozess der Befreiung des Geldes von seiner Körperlichkeit voran (s o Rn A11 ff). Schon mit Beginn des 13. Jahrhunderts kam parallel dazu der Überweisungsverkehr in Oberitalien auf und breitete sich in der Folge – katalysiert durch die Diversifizierung der Bankenlandschaft in Mitteleuropa – immer weiter aus. Inzwischen überwiegen die bargeldlosen bewegten Geldwerte jene von Bargeldzahlungen um ein Vielfaches (s o Rn A26).

(2) Meinungsstand

A70 Trotz dieser seit Jahrhunderten zu beobachtenden Entwicklung ging die **geldrechtliche Literatur noch bis weit in die zweite Hälfte des 20. Jahrhunderts** hinein davon aus, das im bargeldlosen Zahlungsverkehr transferierte Buchgeld stelle **kein Geld im Rechtssinne** dar (so HAMMER, Die Hauptprinzipien des Geld- und Währungswesens [1891] 13; KNAPP, Staatliche Theorie des Geldes [4. Aufl 1923] 142; PEITMANN, Die privatrechtlichen Grundlagen des Geldes [1941] 21; MANN, Das Recht des Geldes [1960] 5; LIESECKE WM 1975, 214, 215; WOLF, Lehrbuch des Schuldrechts [1978] § 4 D II c).

A71 Ein Meinungsumschwung deutete sich jedoch spätestens in den 50er und 60er Jahren des 20. Jahrhunderts an (Einzelheiten bei OMLOR, Geldprivatrecht [2014] 105 ff mwNw). Schon 1928 unterstellte HELLMUT ISELE das Buchgeld seinem abstrakten Geldbegriff (ISELE AcP 129 [1928] 129, 168). Wegmarken setzten in der Folge die Arbeiten von SPIROS SIMITIS (AcP 159 [1960] 406 ff) und KONRAD DUDEN (Der Gestaltwandel des Geldes und seine rechtlichen Folgen [1968]). Die **neuere Gegenauffassung** (FALCKE, Geld – Wert oder Sache? [1951] 21; ANDREAE, Geld und Geldschöpfung [1953] 38; REINHARDT, in: FS Gustav Boehmer [1954], 60, 71; SIMITIS AcP 159 [1960] 406, 431 ff; DUDEN, Der Gestaltwandel des Geldes und seine rechtlichen Folgen [1968] 6 ff; Larenz, Lehrbuch des Schuldrechts I [14. Aufl 1987] § 13 I; Fögen, Geld- und Währungsrecht [1969] 15; Thywissen BB 1971, 1347, 1349 f; Pulvermüller, Rechtsnatur und Behandlung des privatrechtlichen Geldanspruchs [1974] 55; Stebut JURA 1982, 561, 568 ff; Münch, Das Giralgeld in der Rechtsordnung der Bundesrepublik Deutschland [1990] 131 ff; Staudinger/K Schmidt [1997] Vorbem A17 zu §§ 244 ff; Brechtel, Die Tilgung von Geldforderungen bei Überweisungen, Lastschrift- und Kreditkartenzahlungen [2013] 29; Haug, in: Schimansky/Bunte/Lwowski [Hrsg], Bankrechts-Handbuch [5. Aufl 2017] § 123 Rn 47; Schefold, in: Schimansky/Bunte/Lwowski [Hrsg], Bankrechts-Handbuch [5. Aufl 2017] § 115 Rn 37 f; ebenso aus schweizerischer Perspektive Weber ZSR 100 [1981] 165, 171; offen schon Wolff, in: Ehrenberg [Hrsg], Handbuch des gesamten Handelsrechts, Band 4/1 [1917] 563, 578) erkennt die Geldeigenschaft des Buch- bzw Giralgeldes daher an.

Die Entscheidung, ob Buchgeld als vollwertiges Geld im Rechtssinne einzuordnen ist, reicht in ihrer Tragweite deutlich über eine schlichte begriffliche Abgrenzung hinaus. Mit ihr verbunden ist die sich anschließende Grundsatzfrage, ob Sach- und **Buchgeld im Allgemeinen Geldschuldrecht** (zum Begriff vgl Omlor, Geldprivatrecht [2014] 255) eine Gleichbehandlung erfahren können. Klassischerweise kommt es namentlich im **Erfüllungsrecht** der §§ 362 ff BGB zum Schwur: Handelt es sich bei Buchgeld um die „geschuldete Leistung" iSv § 362 Abs 1 BGB aus einer Geldschuld? Die höchstrichterliche Judikatur verfolgt hierzu das Dogma, dass „[e]ine Geldschuld ... an sich in bar, dh durch Übereignung einer entsprechenden Anzahl von gesetzlichen Zahlungsmitteln, zu erfüllen" (BGH 25. 3. 1983 – V ZR 168/81, BGHZ 87, 156, 162 f = NJW 1983, 1605, 1606) sei. A72

(3) Stellungnahme
Im Ergebnis ist **Buchgeld als vollwertiges Geld im Rechtssinne** anzuerkennen und eine Zuordnung zum abstrakten Geldbegriff vorzunehmen. Hierfür streiten im Wesentlichen fünf Kernargumente (ausführlich Omlor, Geldprivatrecht [2014] 108 ff mwNw): A73

Erstens kommt Buchgeld empirisch als ein **vom Wirtschaftsverkehr allgemein anerkanntes Tauschmittel** zum Einsatz. Im Jahr 2019 waren nach Daten der Deutschen Bundesbank (Zahlungsverkehrs- und Wertpapierabwicklungsstatistiken in Deutschland 2015 bis 2019, vgl www.bundesbank.de) bei 83 Millionen Einwohnern fast 159 Millionen Karten mit Zahlungsfunktion im Umlauf. Sie konnten an rund 1,3 Millionen Akzeptanzstellen des Handels – Tendenz weiter steigend – zu Zahlungszwecken eingesetzt werden. Mit Überweisungen und Lastschriften wurden insgesamt über 59 Billionen Euro transferiert. Die Erfolgsgeschichte des Buchgeldes basiert dabei auf den Bemühungen zu einer verstärkten Technisierung und Automatisierung des Geldverkehrs, die mit Bargeld nur sehr eingeschränkt vorangetrieben werden kann. Das Voranschreiten des Distanzhandels über das Internet hat das Bargeld weiter zurückgedrängt. Zudem werden höhere Geldbeträge aus Gründen der Praktikabilität ganz überwiegend nur bargeldlos akzeptiert. Mit der Geldkarte (zum Rechtsrahmen vgl Staudinger/Omlor [2020] § 675i Rn 22 ff) existierte bislang zudem eine praktikable bargeldlose Alternative für Kleinstbeträge. Diesen Einsatzbereich sollen zukünftig verstärkt Zahlungsdienste im Bereich der *„mobile payments"* abdecken. A74

Zweitens erfüllt Buchgeld die beiden **Geldfunktionen** als Tauschmittel und Recheneinheit **in optimaler Weise**. Dies zeigt sich zunächst an der abstrakten Funktion als Recheneinheit, welche das Buchgeld uneingeschränkt ausfüllt. Anders als es bei der A75

Mark Banco als interner Zähleinheit für den Giroverkehr der Hamburgischen Bank der Fall war, kommt der Buchgeldeinheit eine bankenübergreifende und zumindest den gesamten Währungsraum abdeckende Geltung zu (OMLOR, Geldprivatrecht [2014] 109). Noch deutlicher zeigt sich die „Perfektionierung des Geldverkehrs" (PULVERMÜLLER, Rechtsnatur und Behandlung des privatrechtlichen Geldanspruchs [1974] 14) durch das Buchgeld an seiner konkreten Funktion als Universaltauschmittel. Zahlungen im Distanzhandel lassen sich in vertretbarer Zeitspanne und mit akzeptablem Kostenaufwand kaum bargeldhaft abwickeln. Der gesamte Waren- und Dienstleistungsvertrieb über das Internet baut auf dem bargeldlosen Zahlungsverkehr auf. Bei internationalen Geldtransfers kann der Gläubiger – bei Fehlen einer entsprechenden Abrede – redlicherweise kaum erwarten, dass ihm sein Schuldner Bargeld zukommen lässt. Auch bei höheren Summen – als grobe **Faustregel** dient die **Grenze von 10 000 Euro** aus Art 3 Abs 1 Verordnung (EG) Nr 1889/2005 (Verordnung über die Überwachung von Barmitteln, die in die Gemeinschaft oder aus der Gemeinschaft verbracht werden vom 26. 10. 2005 [ABl EU Nr L 309, 9 v 25. 11. 2005]) – kann der Geldschuldner regelmäßig nicht als verpflichtet angesehen werden, die Erfüllung mit Bargeld vorzunehmen.

A76 Die Vorzüge einer Buchgeldzahlung und damit die herausgehobene Eignung des Buchgeldes als Tauschmittel beruhen vor allem auf harmonisierenden Vorgaben des unionalen Sekundärrechts. In erster Linie zu nennen sind die beiden **Zahlungsdiensterichtlinien** (Richtlinie 2007/64/EG über Zahlungsdienste im Binnenmarkt v 13. 11. 2007 [ABl EU Nr L 319, 1 v 5. 12. 2007] – PSD I; Richtlinie [EU] 2015/2366 über Zahlungsdienste im Binnenmarkt v 25. 11. 2015 [ABl EU Nr L 337, 35 v 23. 12. 2015] – PSD II), die legislativ das Projekt einer über die Union hinausreichenden *Single Euro Payments Area* (SEPA) flankiert. Für bargeldlose Zahlungen innerhalb der Europäischen Union wurde damit erstmals ein vollharmonisierter Rechtsrahmen geschaffen, der die grenzüberschreitende Zahlungsabwicklung erheblich erleichtert. Mit IBAN und BIC stehen europaweit einheitliche Kundenkennungen zur Verfügung, die eine Automatisierung und Effizienzsteigerung des Zahlungsverkehrs erlauben (vgl STAUDINGER/OMLOR [2020] § 675r Rn 1 und 4). In der Folge gelten **kurze Ausführungsfristen** von (typisiert) einem Geschäftstag für Zahlungen in Euro innerhalb der Union (Art 83 Abs 1 S 1 Richtlinie [EU] 2015/2366, § 675s Abs 1 S 1 BGB). Der Zahlbetrag muss ungekürzt durch die zwischengeschalteten Stellen im Interbankverhältnis an den Zahlungsdienstleister des Empfängers weitergeleitet werden (Art 81 Abs 1 Richtlinie [EU] 2015/2366, § 675q Abs 1 BGB). In zweiter Linie erleichtert Art 3 Abs 1 Verordnung (EG) Nr 924/2009 (Verordnung über grenzüberschreitende Zahlungen in der Gemeinschaft v 16. 9. 2009 [ABl EU Nr L 266, 11 v 9. 10. 2009], zuletzt geändert durch Verordnung [EU] 2019/518 in Bezug auf Entgelte für grenzüberschreitende Zahlungen in der Union und Entgelte für Währungsumrechnungen v 19. 3. 2019 [ABl EU Nr L 91, 36 v 29. 3. 2019]) den grenzüberschreitenden Zahlungsverkehr, da solche Zahlungen gleichartigen Inlandszahlungen hinsichtlich der **Entgelte** gleichgestellt werden müssen.

A77 Buchgeld hat **drittens** die erforderliche **Anerkennung in den Gesetzen** gefunden (im Einzelnen MÜNCH, Das Giralgeld in der Rechtsordnung der Bundesrepublik Deutschland [1990] 131 ff); es tritt nicht als Geldersatz, sondern als Bargeldersatz in Erscheinung. Der Aufstieg des Buchgeldes zu vollwertigem Geld im Rechtssinne wurde normativ durch eine Vielzahl von gesetzlichen Vorschriften orchestriert. Zu nennen sind stellvertretend das Hinterlegungsrecht (§§ 232 ff BGB iVm Art 9 Abs 1 BayHintG), das Zahlungsdiensterecht (§§ 675c–676c BGB, §§ 1 ff ZAG), das Strafrecht (§§ 152a, 152b StGB im Abschnitt „Geld- und Wertzeichenfälschung"), das Steuerrecht (§ 224 Abs 3 S 1 AO), das Sozialrecht (§ 47 SGB I), die Ausbildungsförderung (§ 51 Abs 1 S 1 BAföG) und das Gebührenrecht für Rechtsanwälte (Nr 1009 Abs 2 S 1 der Anlage 1 zu § 2 Abs 2 RVG). Währungsrechtlich zeigt sich eine Anerkennung des Buchgeldes als vollwertiges Geld in dem Umstand, dass in der Übergangsphase der Euro-Einführung von 1999 bis 2001 zwar der Euro alleinige Währung der teilnehmenden Mitgliedstaaten war, aber noch kein Euro-Bargeld existierte (im Einzelnen s u Rn A202 ff).

Hinzu tritt die **bargeldanaloge Ausgestaltung von Buchgeldzahlungen**, die ursprünglich auf vertraglichen Vereinbarungen und dem allgemeinen Geschäftsbesorgungsrecht beruhte, inzwischen aber im harmonisierten Zahlungsdiensterecht eine gesetzliche Grundlage gefunden hat. Das Paradigma des Bargeldersatzes entstammt zwar originär dem Recht der Universalkreditkarte; Geltung vermag es jedoch für sämtliche bargeldlosen Zahlungen zu beanspruchen (im Einzelnen OMLOR, Geldprivatrecht [2014] 110 ff mwNw). Inhaltlich folgt aus der Bargeldersatzfunktion, dass Zahler und Empfänger wirtschaftlich so gestellt werden sollen, wie sie bei einer Bargeldzahlung stünden. Dieser Gleichlauf zeigt sich zunächst in der Autorisierungsphase. Sowohl für die Erteilung des Zahlungsauftrags (§ 675f Abs 4 S 2 BGB) als auch die Übereignung von Geldzeichen bedarf es einer **wirksamen Willenserklärung des Zahlers** (zur Rechtsnatur des Zahlungsauftrags vgl STAUDINGER/OMLOR [2020] § 675f Rn 147 f). Damit gelten in beiden Fällen die Wirksamkeitsvoraussetzungen der §§ 104 ff, 116 ff, 164 ff BGB. Bei den beiden SEPA-Lastschriftverfahren erfolgt die Autorisierung vor dem Zahlungsvorgang (zur vorab autorisierten EE-Lastschrift vgl OMLOR NJW 2012, 2150 ff). **A78**

Nach dem Zugang einer wirksamen Autorisierung (§ 675n BGB) besteht grundsätzlich **keine Widerrufsbefugnis des Zahlers** mehr; auch das Eigentum an einem wirksam übereigneten Geldzeichen kann im Grundsatz sachenrechtlich vom Veräußerer nicht mehr zurückverlangt werden. Bei Zahlungen mit Kreditkarte oder Debitkarte im POS-Verfahren folgt der Ausschluss des Widerrufsrechts aus § 675p Abs 2 BGB, bei Überweisungen aus § 675p Abs 1 BGB. Ein echter Einwendungsdurchgriff beim Emissionsvertrag von Kreditkarten ist damit *de lege lata* ausgeschlossen (MARTINEK/OMLOR, in: SCHIMANSKY/BUNTE/LWOWSKI [Hrsg], Bankrechts-Handbuch [5. Aufl 2017] § 67 Rn 33 f mwNw). Im Sonderfall der Lastschrift als vom Empfänger angestoßener „*Pull*-Zahlung" greift die Einschränkung, dass dem Zahler bei der SEPA-Basislastschrift innerhalb von vier Wochen ein Rückforderungsrecht aus § 675x Abs 2 BGB zusteht. Ein solches Reuerecht räumen die §§ 929 ff BGB dem Übereigner von Bargeld nicht ein. Allerdings beseitigt dieser technische Unterschied die **Bargeldersatzfunktion** der Lastschriftzahlung letztlich nicht (OMLOR, Geldprivatrecht [2014] 112). Grund hierfür ist, dass nach der Lastschriftabrede zwischen Zahler und Empfänger im beide verbindenden Valutaverhältnis Erfüllung nur auflösend bedingt (§ 158 Abs 2 BGB) durch eine Rückbuchung eintritt (zu den Erfüllungsmodalitäten vgl BGH 20. 7. 2010 – XI ZR 236/07 Rn 25, BGHZ 186, 269 = NJW 2010, 3510, 3513; OBERMÜLLER/KUDER ZIP 2010, 349, 351 f). Bis zum endgültigen Erfüllungszeitpunkt leistet der Schuldner lediglich „an" und der Gläubiger trägt damit kein erfüllungsspezifisches Risiko. Der uneingeschränkte Bargeldersatz tritt bei der SEPA-Basislastschrift lediglich verzögert nach Ablauf der Rückbuchungsfrist ein. Im Fall der SEPA-Firmenlastschrift hingegen sind Erstattungsansprü- **A79** che formularvertraglich wirksam ausgeschlossen (§ 675e Abs 4 HS 1 BGB), sodass der Bargeldersatz *ab initio* uneingeschränkt eingreift.

A80 Schließlich zeigt sich die Bargeldersatzfunktion bargeldloser Zahlungen auch an deren **Neutralität gegenüber dem Valutaverhältnis**. Dabei handelt es sich ausschnittsweise um ein Funktionsäquivalent zum sachenrechtlichen Trennungs- und Abstraktionsprinzip. Letzteres führt bei der Bargeldzahlung dazu, dass die Übereignung der Geldzeichen nicht von Mängeln im Valutaverhältnis infiziert wird. Zum Ausgleich solcher Defekte ist das Bereicherungsrecht berufen. Nicht rechtstechnisch, aber funktionell kennt das Zahlungsdiensterecht ein vergleichbares Prinzip: die **formale Auftragsstrenge**. Die an der Ausführung einer Überweisung beteiligten Zahlungsdienstleister und zwischengeschalteten Stellen dürfen dem Valutaverhältnis zwischen Zahler und Empfänger keine Beachtung schenken (BGH 5. 5. 1991 – XI Z61/90, WM 1991, 799; BGH 30. 6. 1992 – XI ZR 145/91, WM 1992, 1392; OLG Düsseldorf 16. 1. 2004 – 16 U 24/03, NJOZ 2004, 2937, 2938). Für die Zwecke der bargeldlosen Zahlung existieren nicht Schuldner und Gläubiger, sondern lediglich Zahler und Empfänger. Angesichts von § 675r Abs 1 Satz 2 BGB lässt sich pointieren: Zahlungsdiensterechtliche Relevanz kommt allein den Kundenkennungen von Zahler und Empfänger zu. Darin findet sich wiederum eine Parallele zum Fall der Barzahlung, als der Übereignungsvorgang nach § 929 S 1 BGB sich rechtlich unabhängig von der Identität der Beteiligten vollzieht.

A81 Viertens bedarf Buchgeld als Geld im abstrakten Sinne **keines gesetzlichen Annahmezwangs**. Das Geldprivatrecht steht mit dem Währungsrecht in einer Wechselbeziehung (Staudinger/K Schmidt [1997] Vorbem A48 zu §§ 244 ff), ist ihm jedoch nicht untergeordnet. Es ist eine originär privatrechtliche Aufgabe, den Inhalt von Geldschulden und damit auch die Erfüllungstauglichkeit von Buchgeld zu bestimmen (Omlor, Geldprivatrecht [2014] 112). In letzter Instanz kommt die Bestimmung des Geldbegriffes, der einer Vertragsbeziehung zugrunde liegt, den Parteien kraft ihrer Privatautonomie zu (Simitis AcP 159 [1960] 406, 436). Insofern kann als hinreichend eingestuft werden, dass Buchgeld als solches eine gesetzliche Anerkennung gefunden hat (Stebut JURA 1982, 561, 570); ein gesetzliches Zahlungsmittel wird es damit nicht (**aA** wohl BGH 7. 5. 1984 – IVa ZR 135/82, WM 1984, 944: „gelegentlich auch als … gesetzliches Zahlungsmittel angesehen").

A82 Schließlich sind **fünftens** bei der gebotenen typisierenden Betrachtung mit einer Buchgeldzahlung **keine höheren Risiken für den Gläubiger** als bei einer Barzahlung verbunden (Simitis AcP 159 [1960] 406, 434; Larenz, Lehrbuch des Schuldrechts I [14. Aufl 1987] § 13 I; Brechtel, Die Tilgung von Geldforderungen bei Überweisungen, Lastschrift- und Kreditkartenzahlungen [2013] 29 ff; Omlor, Geldprivatrecht [2014] 113 f). Als relatives Forderungsrecht gegen einen Zahlungsdienstleister beinhaltet Buchgeld zwar konstruktiv das Insolvenzrisiko des Schuldners. Trotz aller bankenaufsichtsrechtlichen Vorsichtsmaßnahmen kann eine Bankeninsolvenz nicht gänzlich ausgeschlossen werden. Allerdings folgt aus den verschiedenen Sicherungsmechanismen für Bankeinlagen ein effektiver und weitreichender Schutz des Inhabers von Buchgeld. Die **Einlagensicherungsrichtlinie** garantiert für Bankguthaben bis zu 100 000 Euro einen unionsweiten Schutz (vgl Art 6 Abs 1 der Richtlinie 2014/49/EU über Einlagensicherungssysteme v 16. 4. 2014, ABl EU Nr L 173 S 149 v 12. 6. 2014). Ergänzt wird die gesetzliche Einlagensicherung durch freiwillige Sicherungssysteme der Banken (vgl dazu Fischer, in: Schimansky/Bunte/Lwowski [Hrsg], Bankrechts-Handbuch [5. Aufl 2017] § 133 Rn 72 ff).

Das Äquivalent für das fehlende Insolvenzrisiko bei Bargeld liegt in dessen **Fäl-** **A83** **schungsrisiko** (Isele AcP 129 [1928] 129, 168; Simitis AcP 159 [1960] 406, 434). Buchgeld weist hingegen kein Fälschungs-, sondern nur ein Missbrauchsrisiko auf. Werden Zahlungskarten nach §§ 152a, 152b StGB gefälscht, so ist nicht das Buchgeld selbst, sondern nur der „Schlüssel" dazu betroffen (Omlor, Geldprivatrecht [2014] 113). Zahlungsempfänger können sich durch ein *online* abgewickeltes Clearingverfahren vor Kartenfälschungen schützen. Bei Beachtung der vertraglichen Pflichten des Empfängers gegenüber dem Kartenemittenten gelangt ein abstraktes Schuldversprechen zur Entstehung, das den Empfänger von jeglichen Missbrauchsgefahren entlastet (vgl dazu Martinek/Omlor, in: Schimansky/Bunte/Lwowski [Hrsg], Bankrechts-Handbuch [5. Aufl 2017] § 67 Rn 64 ff mwNw). Den Zahler schützt § 675u S 1 BGB vor Missbrauchsrisiken: Ohne Autorisierung trifft ihn keine Pflicht zur Zahlung von Aufwendungsersatz.

cc) Zahlungs-Token
(1) Typenbildung
Token (zum Begriff Matzke, in: Möslein/Omlor [Hrsg], FinTech-Handbuch [2. Aufl 2021] § 10 **A83a** Rn 1 ff) lassen sich ihrer Funktion nach typisierend in Anlage-Token (*asset/security tokens*), Nutzungs-Token (*utility tokens*) und Zahlungs-Token (*currency tokens*) unterteilen (Hacker/Thomale 15 ECFR [2018] 645, 652 f; Zickgraf AG 2018, 293, 295 f; Veil ZHR 183 [2019] 346, 348 f). Auch wenn für zivilrechtliche Zwecke diese **funktionale Betrachtung** defizitär ist und durch eine **Typenbildung nach Inhalt** zumindest ergänzt werden sollte (dazu Omlor, in: Omlor/Link [Hrsg], Handbuch Kryptowährungen und Token [2021] Kap 6 Rn 21 ff), kann sie für eine geldrechtliche Betrachtung als Ausgangspunkt dienen. Prägend für Zahlungs-Token ist ihre Verwendung als **Zahlungsmittel**. Dabei kommt es im Schwerpunkt auf ihre **tatsächliche Nutzung** und nur nachrangig auf ihre ursprüngliche Konzeptionierung an. Zahlungs-Token verfügen nicht notwendigerweise über einen Bezug zu Vermögenswerten außerhalb der jeweiligen Blockchain und damit über einen extrinsischen Wert; es handelt sich typischerweise um autonome Token (zum Begriff Omlor, in: Omlor/Link [Hrsg], Handbuch Kryptowährungen und Token [2021] Kap 6 Rn 23).

(2) Abgrenzung zum Geld im konkreten Sinn
Geldrechtlich handelt es sich bei Zahlungs-Token **nicht um Geld im konkreten Sinn**, **A83b** da es an der erforderlichen **Verkörperung fehlt** (Omlor, in: Omlor/Link [Hrsg], Handbuch Kryptowährungen und Token [2021] Kap 6 Rn 26). Auch eine Speicherung des privaten Schlüssels auf einem gegenständlichen Datenträger ändert daran nichts. Ähnlich wie bei Zahlungskarten oder auch einem physischen Schlüssel zu einem Bankschließfach handelt es sich nicht um den Wertträger selbst, sondern nur um ein Zugangsmedium. Allenfalls eine Sachfiktion, wie sie für elektronische Wertpapiere in § 2 Abs 3 eWpG vorgesehen ist, könnte an dieser Einordnung etwas ändern.

(3) Tauschmittelfunktion
Vielmehr steht Zahlungs-Token lediglich die Kategorie des **Geldes im abstrakten Sinn** **A83c** offen. Diesem Begriff können Zahlungs-Token unterfallen, sie müssen es aber nicht. Problematisch ist vor allem die Eigenschaft als **neutrales Universaltauschmittel**. Hierzu bedarf es empirisch einer hinreichenden Verbreitung und Verwendung. **Bitcoins** erfüllen diese Anforderung zumindest gegenwärtig nicht (Omlor JZ 2017, 754, 760; offen Spiegel, Blockchain-basiertes virtuelles Geld [2020] 27 ff). Es existieren zu wenige Akzeptanzstellen für eine deutlich zu geringe Bandbreite an Wirtschaftsgütern. Zudem

wirkt die Obergrenze von 21 Millionen Einheiten trotz derer weitgehenden Unterteilbarkeit einschränkend für eine tiefgehende Marktdurchdringung. Demgegenüber würden **Diem**-Einheiten wahrscheinlich *ab initio* wegen der Verbreitungsmöglichkeit über die Facebook-Dienste wie WhatsApp und Messenger als Geld im abstrakten Sinn einzustufen sein.

dd) Konkreter Geldbegriff
(1) Definition

A84 Geld im konkreten Sinn ist das nach Recheneinheiten untergliederte **Sachgeld** bzw **Bargeld**, soweit es **gesetzliches Zahlungsmittel** mit einer allgemeinen Anerkennung als Universaltauschmittel ist; ihm kommt eine nominale Geltung zu (OMLOR, Geldprivatrecht [2014] 100 ff).

A85 Dem Prozess der Entmaterialisierung als geldgeschichtlichem Leitmotiv und der prägnanten Funktionsbezogenheit des Geldes auch im Rechtssinne trägt bereits der abstrakte Begriff des Geldes Rechnung. Durch seine Unabhängigkeit von einer Verkörperung und einer währungsrechtlichen Anerkennung als gesetzliches Zahlungsmittel ist er zugleich offen für zukünftige Entwicklungen in den einzelnen Erscheinungsformen des Geldes. Andererseits basiert unsere Privatrechtsordnung weiterhin vielerorts auf dem **tradierten** (und in Teilen überkommenen) **gegenständlichen Geldverständnis**. Als plakativer Anknüpfungspunkt taugt insofern die verkehrsschützende Regelung des § 935 Abs 2 BGB, darüber hinaus aber auch das gesamte **Geldsachenrecht** (dazu s u Rn A166 ff). Als Nominaldefinition hat der zweigliedrige Geldbegriff auch diese Regelungsbereiche einzubeziehen.

A86 Der Sache nach lässt sich der konkrete Geldbegriff – zumeist allerdings exklusiv und damit unter Aussparung von Geld im (ausschließlich) abstrakten Sinne – in zahlreichen geldrechtlichen Schriften nachweisen. Nicht nur KNAPP stufte ausschließlich bewegliche Sachen mit staatlicher Anerkennung als Geld ein (KNAPP, Staatliche Theorie des Geldes [4. Aufl 1923] 6), auch GERBER (Geld und Staat [1926] 29 ff, 52 ff) und F A MANN (Das Recht des Geldes [1960] 5 ff) gingen von einem entsprechend begrenzten Geldbegriff aus. In der dreigliedrigen Begrifflichkeit von KARSTEN SCHMIDT entspricht der konkrete Geldbegriff weitgehend seinem gegenständlichen (zu letzterem STAUDINGER/K SCHMIDT [1997] Vorbem A19 zu §§ 244 ff).

(2) Abgrenzung zum Geld im abstrakten Sinn

A87 Geld im konkreten Sinne zeichnet sich gegenüber dem Geld im abstrakten Sinne durch seinen **wesensnotwendigen Bezug zu einem körperlichen Gegenstand** aus. Insofern handelt es sich um den definitorisch engeren Begriff. Buchgeld scheidet damit ebenso aus wie in **Wertpapieren** verbriefte Forderungen oder Wertzeichen iSv § 807 BGB; sie stellen Geld im abstrakten Sinne dar (OMLOR, Geldprivatrecht [2014] 101 und 103). Anders als der abstrakte Geldbegriff erfordert der konkrete konstitutiv eine Anerkennung als **gesetzliches Zahlungsmittel** (vgl ebenso GERBER, Geld und Staat [1926] 52 ff; MANN, Das Recht des Geldes [1960] 14). Die Kritik an dieser Einschränkung (WOLFF, in: EHRENBERG [Hrsg], Handbuch des gesamten Handelsrechts, Band 4/1 [1917] 563, 573 ff) bezieht den abstrakten Geldbegriff nicht ein und belegt insofern die rechtliche Notwendigkeit einer zweigliedrigen Nominaldefinition. Im Euro-Währungsraum folgt die Eigenschaft als gesetzliches Zahlungsmittel abschließend aus Art 10 S 2 und Art 11 S 2 der Euro-Einführungsverordnung (Verordnung [EG] Nr 974/98 über die Einführung des Euro v 3. 5. 1998 [ABl EG Nr L 139, 1 v 11. 5. 1998]); eine deklaratorische Wiederholung für auf Euro lautende Banknoten findet sich in § 14 Abs 1 S 2 BBankG.

(3) Ausländische Geldzeichen

Der fehlende Annahmezwang **im Inland** führt nicht dazu, dass ausländische Geldzeichen durch die deutsche Zivilrechtsordnung nicht **als Geld anerkannt** werden könnten (STAUDINGER/K SCHMIDT [1997] Vorbem A19 zu §§ 244 ff). Allein der Grenzübertritt des Geldzeichens berührt insofern seine zivilrechtliche Einordnung nicht. Lediglich der währungsrechtliche Annahmezwang greift nicht ein. Ob allerdings auch ausländische Geldzeichen dem Geldbegriff einer spezifischen Norm unterfallen, ist durch eine **teleologische Auslegung der betroffenen Vorschrift** zu klären (vgl OMLOR, Geldprivatrecht [2014] 102). Das **Darlehensrecht** (§§ 488, 607 Abs 2 BGB) lässt eine Vereinbarung mit ausländischer Währung zu. Im **Auftragsrecht** ordnet § 668 BGB eine Verzinsungspflicht auch für ausländische Geldzeichen an. Der Ausschluss des **gutgläubigen Erwerbs** bei Abhandenkommen greift nach § 935 Abs 2 BGB auch bei ausländischem Geld nicht ein. Materiell-rechtlich können schließlich **Hypothek, Grund- und Rentenschuld** (§§ 1113, 1191, 1199 BGB) in jeglicher Währung bestellt werden, sofern diese nur hinreichend bestimmt ist (zur Bestimmtheit des Haftungsumfangs vgl STAUDINGER/WOLFSTEINER [2019] Einl 61 ff zu §§ 1113 ff). Die grundbuchrechtliche Ordnungsvorschrift des § 28 S 2 HS 1 GBO führt aus Praktikabilitätserwägungen heraus zu einer Einschränkung auf bestimmte verkehrsübliche Auslandswährungen (OMLOR, Geldprivatrecht [2014] 81); nach § 1 GrPfREuroV (Verordnung über Grundpfandrechte in ausländischer Währung und in Euro vom 30. Oktober 1997 [BGBl I 2683]) sind im Grundbuch die nationalen Währungen von EU-Mitgliedstaaten, der Schweiz und der Vereinigten Staaten von Amerika eintragungsfähig.

A88

(4) Abgrenzung zu strafrechtlichen Geldbegriffen

Keine Übereinstimmung besteht mit dem **strafrechtlichen Geldbegriff der §§ 146 ff StGB**. Nach der höchstrichterlichen Judikatur soll die Einordnung als Geld in diesem normspezifischen Sinn „ohne Rücksicht auf einen allgemeinen Annahmezwang" (BGH 8. 12. 1983 – 1 StR 274-275/83, BGHSt 32, 198; grundsätzlich zustimmend BGH 14. 6. 2013 – V ZR 108/12 Rn 8, NJW 2013, 2888) erfolgen. Darin liegt ein markanter Unterschied zum zivilrechtlichen Geldbegriff im konkreten Sinne, der einen solchen – wenn auch nicht notwendig im Inland – voraussetzt (OMLOR, Geldprivatrecht [2014] 103). Diese Abweichung resultiert aus dem den gesamten Geldverkehr umfassenden Schutzgut der §§ 146 ff StGB (dazu BGH 17. 5. 1996 – 3 StR 631/95, BGHSt 42, 162, 169).

A89

(5) Sonderfälle

Briefmarken und **Gold** stellen kein Geld im konkreten Sinn dar (WOLFF, in: EHRENBERG [Hrsg], Handbuch des gesamten Handelsrechts, Band 4/1 [1917] 563, 565; OMLOR, Geldprivatrecht [2014] 102). Grund hierfür ist, dass sich Geld im konkreten Sinn durch seinen Einsatz als **allgemeines Tauschmittel** auszeichnet (dazu WOLFF, in: EHRENBERG [Hrsg], Handbuch des gesamten Handelsrechts, Band 4/1 [1917] 563, 564 f; HELFFERICH, Das Geld [6. Aufl 1923] 263; LÜTGE, Einführung in die Lehre vom Gelde [1948] 20). Diese Zweckbestimmung darf nicht nur eingeschränkt für einzelne Verkehrskreise oder Zeitphasen zum Tragen kommen, sondern muss in zeitlicher wie persönlicher Hinsicht mit einem universellen Anspruch versehen sein.

A90

4. Systematisierung geldrechtlicher Normen

A91 Die Tauglichkeit des zweigliedrigen Geldbegriffs als Nominaldefinition zeigt sich bei einer Systematisierung von geldrechtlichen Normen des Zivil- und Strafrechts sowie des Öffentlichen Rechts. Die **Normspezifik des Geldbegriffs** soll dabei erhalten bleiben, jedoch mit den Vorzügen einer **umfassenderen Gruppenbildung** verbunden werden. Darin zeigt sich erneut – in Abgrenzung zu den außerjuristischen Gelddefinitionen – das originär Rechtliche des dieser Kommentierung zugrundeliegenden Geldbegriffs.

a) Anwendungsfälle des abstrakten Geldbegriffs

A92 Sowohl im materiellen Zivilrecht als auch im korrespondierenden Verfahrensrecht lässt sich **normativ-kodifikatorisch** eine **Dominanz des abstrakten Geldbegriffs** feststellen. Namentlich das BGB ist durchzogen von geldrechtlichen Vorschriften, deren Geltungsbereich sich nicht auf gegenständliche Geldzeichen beschränkt, sondern das Geld in seiner Eigenschaft als abstrakt-neutraler Wertträger adressiert.

aa) Privatrecht
(1) Hinterlegungsrecht

A93 Das **BGB-Hinterlegungsrecht** der §§ 232 ff BGB weist eine **Offenheit für den abstrakten Geldbegriff** auf. Nach § 232 Abs 1 Var 1 BGB lassen sich nicht nur gesetzliche Zahlungsmittel hinterlegen (aA MünchKomm/GROTHE[8] § 232 Rn 3; STAUDINGER/REPGEN [2019] § 232 Rn 2). Die Vorschrift gibt nicht vor, dass die Hinterlegung von Geld ausschließlich durch die Verschaffung von unmittelbarem Besitz zu vollziehen ist. Der Gesetzeswortlaut „Hinterlegung von Geld" ist nicht physisch-gegenständlich zu verstehen; Sinn und Zweck der Vorschrift streiten zudem für ein weites Begriffsverständnis. Auch Buchgeld kann daher hinterlegt werden. Letztlich kommt es praktisch auf die Reichweite des Geldbegriffs aus § 232 Abs 1 Var 1 BGB jedoch nicht an, da eine **privatautonome Abweichung** zulässig ist.

A94 Ob Buchgeld im Einzelfall tatsächlich hinterlegt werden kann, richtet sich nach dem **formellen Hinterlegungsrecht**, das sich in den Hinterlegungsgesetzen der Länder wiederfindet (Nw bei STAUDINGER/REPGEN [2019] § 232 Rn 3). Das Ende 2010 in Kraft getretene **bayerische Hinterlegungsgesetz** (BayHintG [GVBl S 738]) erlaubt auch die Hinterlegung von Buchgeld (OMLOR, Geldprivatrecht [2014] 72). Terminologisch erfasst wird das Buchgeld als Geldsumme in Gegenüberstellung zu Geldzeichen (Art 9 Abs 1 BayHintG). Konkret vollzieht sich die Hinterlegung einer Geldsumme durch Einzahlung auf ein Konto der Hinterlegungsstelle (Art 12 Nr 1 BayHintG). Die Herausgabe hinterlegten Buchgelds erfolgt entweder als *actus contrarius* durch Gutschrift auf einem Konto des Empfängers oder durch eine Barauszahlung (Art 23 Nr 1 BayHintG).

(2) Schadensrecht

A95 Das Schadensrecht der §§ 249 ff BGB beruht auf dem abstrakten, nicht auf dem konkreten Geldbegriff. Maßgeblich hierfür ist die Ausrichtung der Differenzhypothese aus § 249 Abs 1 BGB auf den Grundsatz der **Totalreparation** (OMLOR, Geldprivatrecht [2014] 71): Der Gläubiger ist so zu stellen, wie er ohne Eintritt des schädigenden Ereignisses stünde. Zur Durchführung dieser Wiederherstellung taugt jegliches Geld im abstrakt-funktionalen Sinn, sofern es als universelles Tauschmittel eingesetzt werden kann. Hierfür bedarf es keiner staatlichen Anerkennung als gesetzliches Zahlungsmittel. Sowohl Sach- als auch Buchgeld vermag den schadensrechtlichen Ausgleich zu bewirken. Dieser abstrakte Geldbegriff gilt sowohl für die Restitution als auch für die Kompensation.

Das abstrakte Begriffsverständnis liegt einem Urteil des III. Zivilsenats des Bundesgerichtshofs aus der unmittelbaren Nachkriegszeit zugrunde, auch wenn es sich vordergründig allein mit Währungsfragen zu befassen scheint. Der Sachverhalt zu BGH 14. 2. 1952 – IIII ZR 126/51, **BGHZ 5, 138** behandelte eine Eigentumsverletzung im russischen Sektor von Berlin im August 1945. Die Geschädigte zog nach der Währungsreform in die Bundesrepublik und machte dort Schadensersatz in Geld geltend. Der Bundesgerichtshof (BGH 14. 2. 1952 – III ZR 126/51, NJW 1952, 618, 619, nicht in BGHZ 5, 138 abgedruckt) stellte darauf ab, an welchen Ort die Geschädigte den betroffenen Gegenstand ohne die schädigende Handlung verbracht hätte; danach bestimme sich das zu leistende Geld (nach Sorte, Art und Betrag). Zutreffend stellt der Senat darauf ab, mit welcher **Währung am schadensrechtlich maßgeblichen Ort** eine Restitution vorgenommen werden kann. Darin zeigt sich die funktionale Prägung des abstrakten Geldbegriffs: Das vom Schädiger zu leistende Geld muss am maßgeblichen Ort als universelles Tauschmittel Verwendung finden. **A96**

(3) Geldstrafen

Geldstrafen iSv **§ 339 S 1 BGB** können auf jegliche Erscheinungsformen des Geldes im abstrakten Sinne bezogen sein (OMLOR, Geldprivatrecht [2014] 75). Bei Buchgeld handelt es sich nicht um eine „andere Leistung als die Zahlung einer Geldsumme" (§ 342 HS 1 BGB). Das in § 342 HS 2 BGB für Nicht-Geldstrafen zum Ausdruck kommende **Alternativverhältnis zwischen Strafanspruch und Schadensersatz** beruht darauf, dass dem Rechtsanwender eine aufwendige Bewertung von Nicht-Geldstrafen erspart werden soll (STAUDINGER/RIEBLE [2020] § 342 Rn 12). Eine herausgehobene Stellung erlangt damit für § 339 S 1 BGB die **Geldfunktion als Recheneinheit**, die nicht nur gesetzliche Zahlungsmittel aufweisen. Auch Wertzeichen und verbriefte Geldforderungen verfügen über die abstrakte Geldfunktion und können als Wertmesser herangezogen werden. **A97**

(4) Darlehensrecht

Das BGB-Darlehensrecht der §§ 488 ff BGB hat die zeitweise Überlassung von Geld zum Gegenstand. Als aufschlussreich erweist sich die aus **§ 607 Abs 2 BGB** folgende **Gegenüberstellung zum Sachdarlehensrecht**: Nicht ein bestimmter Gegenstand, sondern ein abstrakter Wertträger ist dem Darlehensnehmer zur Verfügung zu stellen. Der Geldbegriff der §§ 488 Abs 1, 607 Abs 2 BGB deckt insofern sowohl Sach- als auch Buchgeld ab (statt vieler OLG Brandenburg 4. 2. 2009 – 4 U 113/08; MÜLBERT WM 2002, 465, 468; BeckOGK/BINDER [1. 8. 2020] § 488 Rn 207) und entspricht dem abstrakten Geldverständnis (OMLOR, Geldprivatrecht [2014] 72 ff auch zu den Sonderfällen Pfandbriefdarlehen und Akzeptkredit). Damit erklärt sich der nicht auf eine sachenrechtliche Übereignung von Geldzeichen beschränkte Wortlaut des § 488 Abs 1 BGB, der **transaktionsneutral** von einer **Zurverfügungstellung** spricht. **A98**

(5) Auftrags- und Geschäftsbesorgungsrecht sowie GoA

Die auftragsrechtliche **Verzinsungspflicht** nach § 668 BGB, deren Anwendungsbereich durch §§ 675 Abs 1, 681 S 2, 687 Abs 2 S 1 BGB deutlich erweitert wird, findet bei Geld im abstrakten Sinne Anwendung; jedoch sind normspezifische Einschrän- **A99** kungen zu beachten. Erfasst ist sowohl Sach- als auch Buchgeld unabhängig von der betroffenen Währung (ausführlich OMLOR, Geldprivatrecht [2014] 75 f). Keine Verzinsungspflicht nach § 668 BGB besteht hingegen bei vertretbaren Sachen, die nicht gesetzliche Zahlungsmittel sind; hierzu zählen insbesondere Wertpapiere. Diese Restriktion ist Folge des Ausnahmecharakters der Vorschrift. Durch § 668 BGB soll vermieden werden, dass der Beauftragte einen Gewinn aus der Auftragsausführung zieht (STAUDINGER/MARTINEK/OMLOR [2017] § 668 Rn 1). In Verschärfung der Herausgabepflicht des § 667 Alt 2 BGB ordnet § 668 BGB einen **verschuldensunabhängigen Mindestausgleich** an, der unabhängig von einem tatsächlich erzielten Zinsgewinn ist (ähnlich BGH 5. 5. 2010 – III ZR 65/09 Rn 11, NJW-RR 2011, 3). Zwar können Zinsen definitionsgemäß auch auf vertretbare Sachen jeglicher Art gezahlt werden (vgl § 246 Rn 24). Jedoch darf die verschuldens*un*abhängige Haftung nach § 668 BGB nicht unangemessen weit gegenüber der verschuldensabhängigen Verzugshaftung nach §§ 667 Alt 2, 280, 286 BGB ausgedehnt werden. Auch durch einen Schadensersatzanspruch wegen Verletzung der auftragsrechtlichen Treuepflicht (dazu STAUDINGER/MARTINEK/OMLOR [2017] § 668 Rn 4) lässt sich ein hinreichender Schutz des Auftraggebers erzielen.

(6) Zahlungsdiensterecht

A100 Einen **paradigmatischen Anwendungsfall** des abstrakten Geldbegriffs bildet das BGB-Zahlungsdiensterecht. Die §§ 675c–676c BGB erfahren im Kern ihre Existenzberechtigung durch das Buchgeld, dem sowohl eine physische Verkörperung als auch ein gesetzlicher Annahmezwang fehlen. Regelungen zum Sachgeld enthält das Zahlungsdiensterecht insofern, als die **„Umwandlung" von Sach- in Buchgeld** (und umgekehrt) betroffen ist (vgl etwa § 675t Abs 2 BGB). Geld im abstrakten Sinne jenseits von Sach- und Buchgeld regelt das Zahlungsdiensterecht jedoch nicht, sondern streift es lediglich. So kann mit dem Zahlungsdiensterahmenvertrag nach § 675f Abs 2 S 2 BGB auch ein Scheckvertrag zusammenhängen, der selbst wiederum keinen Zahlungsdienstevertrag darstellt (STAUDINGER/OMLOR [2020] § 675f Rn 128). Sowohl das Scheck- als auch das Wechselinkasso zählen zwar zu den klassischen Bankdienstleistungen, unterliegen aber nicht dem Zahlungsdiensterecht (STAUDINGER/OMLOR [2020] § 675f Rn 127 mwNw).

A101 Eine **Sonderkategorie** des Geldes, genauer: des Buchgeldes, stellt das **E-Geld** (elektronisches Geld) dar. Es handelt sich vereinfachend um Buchgeld mit einer besonderen Speicherart (OMLOR, Geldprivatrecht [2014] 79; s u Rn A152). Seine Miterfassung durch das BGB-Zahlungsdiensterecht stellt § 675c Abs 2 BGB klar. Die **Legaldefinition in § 675c Abs 3 BGB iVm § 1 Abs 2 S 3 ZAG** lehnt sich eng an die beiden Geldfunktionen als universelles Tauschmittel und als Recheneinheit an; zugleich nimmt sie Elemente der Buchgelddefinition (s u Rn A149 ff) in sich auf. Praktische Anwendungsfälle für E-Geld sind das Guthaben auf einer Geldkarte und bei *PayPal* (BGH 22. 11. 2017 – VIII ZR 83/16 Rn 16, BGHZ 217, 33 [zu *PayPal*]; STAUDINGER/OMLOR [2020] § 675c Rn 7).

(7) Immobiliarsachenrecht

A102 Den **Inhalt** der Grundpfandrechte **Hypothek, Grund- und Rentenschuld** legen §§ 1113 Abs 1, 1191 Abs 1, 1199 Abs 1 BGB nach einer bestimmen „Geldsumme" fest; in ihr kommt der abstrakte Geldbegriff zum Tragen. Geboten ist eine funktionsorientierte Begriffsbestimmung, die sich durch eine Autonomie zum Währungsrecht auszeichnet und daher nicht mit der Kategorie der gesetzlichen Zahlungsmittel vermischt werden darf (OMLOR, Geldprivatrecht [2014] 80 f; **aA** STAUDINGER/WOLFSTEINER [2019] Einl 46 zu

§§ 1113 ff). Im Lichte des sachenrechtlichen Bestimmtheitsgrundsatzes sticht die **Geldfunktion als Recheneinheit** besonders hervor: Die maximale Haftungshöhe muss eindeutig aus dem Grundbuch hervorgehen; daran ändert auch die begrenzte Zulassung von Fremdwährungs-Grundpfandrechten durch § 28 S 2 GBO und § 1 GrPfREuroV nichts. Die aus dem Grundstück zu leistende Geldsumme kann daher in Sach- oder Buchgeld erbracht werden; eine Beschränkung auf gesetzliche Zahlungsmittel besteht nicht.

(8) Kapitalgesellschaftsrecht
Die Regelungen zum **Mindestkapital** und zur **Kapitalerhaltung bei Kapitalgesellschaften** bauen auf einem abstrakten Geldverständnis auf. Diese Einordnung lässt sich allerdings nicht unmittelbar den einschlägigen gesetzlichen Grundlagen entnehmen, die sich zumindest in ihrem Wortlaut offen und zurückhaltend gegenüber einer geldrechtlichen Festlegung verhalten. Aus § 5 Abs 1 GmbHG folgt zunächst lediglich, dass die Gesellschaft ein Stammkapital von mindestens 25 000 Euro aufweisen muss; gleiches gilt für die Bestimmung des Mindestgrundkapitals in § 7 AktG. *Expressis verbis* von Geld ist hingegen in § 19 Abs 1 GmbHG die Rede, demzufolge „Einzahlungen auf die Geschäftsanteile" nach dem Verhältnis der „Geldeinlagen" zu erbringen sind. Die Aktionäre trifft nach § 54 Abs 2 AktG die Hauptpflicht, „den Ausgabebetrag der Aktien einzuzahlen". Das Stammkapital der GmbH wird darauf aufbauend als „rechnerische Grenze" (Veil, in: Scholz [Hrsg], GmbHG [12. Aufl 2018] § 5 Rn 7), als „Vermögensbetrag" (MünchKommGmbHG/Schwandtner[3] § 5 Rn 27) oder als „Geldleistung" (Ulmer, in: ders [Hrsg], GmbHG [8. Aufl 1992] § 5 Rn 11; Veil, in: Scholz [Hrsg], GmbHG [12. Aufl 2018] § 5 Rn 20, 30, 37) bezeichnet. **A103**

Der Zugang zur kapitalgesellschaftlichen Geldkonzeption eröffnet sich erst durch einen **kontradiktorischen Abgleich mit dem Begriff der Sacheinlage** (dazu Omlor, Geldprivatrecht [2014] 83 f). Nach der aktienrechtlichen Legaldefinition der Sacheinlage besteht eine solche in Einlagen, „die nicht durch Einzahlung des Ausgabebetrags der Aktien zu leisten sind" (§ 27 Abs 1 S 1 AktG). Noch anschaulicher formulierte § 19 Abs 5 GmbHG aF: Bei Sacheinlagen handele es sich um eine Leistung, „welche nicht in Geld besteht". In beiden Fällen stellt das Gesetz die Sach- und Geldeinlage durch komplementäre Negativabgrenzungen einander gegenüber. Beide Formen der Kapitalaufbringung nehmen dabei die gleichen – vor allem gläubigerschützenden – Funktionen (dazu Spies, Unternehmergesellschaft [haftungsbeschränkt] [2010] 126 ff mwNw) wahr. Daher müssen Sacheinlagen funktionell äquivalent zu Geldeinlagen, dh „so gut wie Geld" (Knobbe-Keuk ZGR 1980, 214, 222 zur Aktiengesellschaft), sein. **A104**

Um diese Hürde zu nehmen, sind verschiedene Voraussetzungen zu erfüllen; aus ihnen lassen sich Rückschlüsse auf das Wesen der gleichwertigen Geldeinlage ziehen: Wie sich aus § 27 Abs 2 AktG und im Umkehrschluss aus § 9 Abs 1 S 1 GmbHG ergibt, muss der **wirtschaftliche Wert** der Sacheinlage **feststellbar** sein (BGH 16. 2. 1959 – II ZR 170/57, BGHZ 29, 300, 304; BGH 15. 5. 2000 – II ZR 359/98, BGHZ 144, 290, 293 f; BGH 14. 6. 2004 – II ZR 121/02, NZG 2004, 910, 911). Zudem bedarf es einer **Verkehrsfähigkeit** des Sacheinlagegegenstands, dem dabei ein gegenwärtiger Vermögenswert zukommt (Veil, in: Scholz [Hrsg], Kommentar zum GmbH-Gesetz [12. Aufl 2018] § 5 Rn 37). Schließlich wird teilweise eine **Übertragbarkeit** des Vermögensgegenstands durch die Kapitalgesellschaft **an Dritte** gefordert (Ekkenga ZHR 161 [1997] 599, 620; **aA** Brandes ZGR 1989, 244, 247; Bork ZHR 154 [1990] 205, 227 ff). **A105**

A106 Aus den Anforderungen an die Geldähnlichkeit der Sacheinlage leitet sich eine besondere **Funktionsorientiertheit** des kapitalgesellschaftlichen Geldverständnisses ab (Omlor, Geldprivatrecht [2014] 84). Die abstrakte Geldfunktion als Recheneinheit erlaubt eine präzise Bestimmung des Nominalbetrags, der vom Gesellschafter zu erbringen ist. Ein Inflationsschutz für die Gesellschaft ist damit nicht verbunden; dies ist die natürliche Konsequenz aus der gesetzgeberischen Konzeption, starre Kapitalziffern zu statuieren, die eine Gesetzesänderung für eine Anpassung an die Geldentwertung notwendig machen. Die konkrete Geldfunktion als universelles Tauschmittel stellt sicher, dass der Gesellschaft ein **effektiv nutzbarer Vermögenswert** zufließt. Aus dieser kapitalgesellschaftsrechtlichen Teleologie heraus erklärt sich, dass die Geldeinlage sowohl mit Sach- als auch mit Buchgeld geleistet werden kann (im Ergebnis BGH 18. 2. 1991 – II ZR 104/90, NJW 1991, 1754, 1755; BGH 17. 9. 2001 – II ZR 275/99, NJW 2001, 3781, 3782; BGH 8. 11. 2004 – II ZR 362/02, NJW-RR 2005, 338, 339 zu § 19 GmbHG aF; OLG Celle 29. 3. 1999 – 2 W 26/99, NJW-RR 2000, 125, 127 f zur Scheckzahlung).

(9) Zwangsvollstreckungsrecht

A107 Ein **Mischsystem** von konkretem und abstraktem Geldbegriff lässt sich in **§ 815 ZPO** ausfindig machen. Seiner systematischen Stellung im Untertitel „Zwangsvollstreckung in körperliche Sachen" entspricht im Ausgangspunkt § 815 Abs 1 ZPO, der als abzulieferndes Geld vor allem inländische Geldzeichen ansieht (Flockenhaus, in: Musielak/Voit [Hrsg], ZPO [17. Aufl 2020] § 815 Rn 2). Über dieses Geld im konkreten Sinne reicht § 815 Abs 1 ZPO allerdings hinaus, indem auch inländische Wertzeichen (zB Briefmarken) erfasst sein sollen; Grund ist ihre Umtauschbarkeit durch den Gerichtsvollzieher in Bargeld ohne eine besondere gerichtliche Anordnung (MünchKommZPO/Gruber⁶ § 815 Rn 3). Damit handelt es sich um einen **funktional erweiterten konkreten Geldbegriff in § 815 Abs 1 ZPO**. Demgegenüber bezieht die **Gefahrtragungsregel des § 815 Abs 3 ZPO** auch bargeldlose Zahlungen mit ein (BGH 29. 1. 2009 – III ZR 115/08 Rn 10 ff, BGHZ 179, 298). Insofern liegt ihr ein **abstraktes Geldverständnis** zugrunde, da die Tauschmittelfunktion des Geldes im Vordergrund steht. Ein Umtausch in andere Wertträger bedarf es wegen dieser Neutralität und Universalität des Geldes nicht. Aus Praktikabilitätserwägungen heraus wird der abstrakte Geldbegriff jedoch in § 815 Abs 3 ZPO nur eingeschränkt verwendet; ausländische Geldzeichen sollen wie Wertpapiere nach § 821 ZPO verwertet werden (Häde KTS 1991, 365, 367).

bb) Strafrecht
(1) Geld- und Wertzeichenfälschung

A108 Geld im abstrakten Sinn gehört **nicht** zu den **unmittelbaren Schutzgegenständen** im materiellen Strafrecht. Einen strafrechtlichen Schutz erfährt Geld in erster Linie durch den Achten Abschnitt des Strafgesetzbuchs (§§ 146 ff StGB). Die einzelnen Tatbestände der „Geld- und Wertzeichenfälschung" werden systematisch als Spezialfälle der Urkundenfälschung verortet (BGH 17. 3. 1970 – 1 StR 491/69, BGHSt 23, 229, 231; BGH 27. 9. 1977 – 1 StR 374/77, BGHSt 27, 255, 258; Russ, in: Laufhütte/Rissing-van Saan/Tiedemann [Hrsg], Leipziger Kommentar zum Strafgesetzbuch [12. Aufl 2009] Vorbem 7 zu den §§ 146 ff). Dem **Geldbegriff der §§ 146 ff StGB** unterfällt nach der Konzeption der höchstrichterlichen Judikatur (BGH 8. 12. 1983 – 1 StR 274-275/83, BGHSt 32, 198) lediglich das **Geld im konkreten Sinne**. Wertzeichen iSd §§ 148 f StGB unterfallen weder dem konkreten noch abstrakten Geldbegriff und stellen daher kein Geld im Rechtssinne dar. Sowohl Geld iSd §§ 146 ff StGB als auch Wertzeichen iSd §§ 148 f StGB haben zwar ihren amtlichen Charakter gemeinsam; der Staat tritt als ihr Aussteller in Erscheinung (BGH 17. 3. 1970 – 1 StR 491/69, BGHSt 23, 229, 231 f; BGH 27. 9. 1977 – 1 StR 374/77, BGHSt 27, 255, 258 zu Münzen; BGH 24. 8. 1983 – 3 StR 136/83, BGHSt 32, 68, 75 f zu Wertzeichen). Als Wertzeichen werden danach namentlich Gebührenmarken für Gerichts- und Verwaltungsgebühren und Beitragsmarken für die Sozialversicherung eingestuft (Russ, in: Laufhütte/Rissing-van Saan/Tiedemann [Hrsg], Leipziger Kommentar zum Strafgesetzbuch [12. Aufl 2009] § 148 Rn 2 mwNw). Damit ist ihnen eine Wertmaßfunktion zu eigen, aber keine Bestimmung und allgemeine Anerkennung als universelles Tauschmittel.

(2) Zahlungskarten
Lediglich einen mittelbaren Schutz erfährt Buchgeld als Geld im abstrakten Sinne durch §§ 152a, 152b StGB. Im Zuge der Entmaterialisierung des Geldes zielen diese Vorschriften auf die Schließung von Strafbarkeitslücken, welche durch die §§ 146–152 StGB in ihrem Körperlichkeitsbezug offenbleiben (BGH 3. 5. 2000 – 2 StR 69/00, BGHSt 46, 48, 50). Als Schutzobjekte fungieren **Zahlungskarten** mit (§ 152b Abs 1 und Abs 4 StGB) und ohne Garantiefunktion (§ 152a Abs 1 Nr 1, Abs 4 StGB). Die rechtlich fehlsame Bezeichnung als „Plastikgeld" darf nicht darüber hinwegtäuschen, dass es sich bei Zahlungskarten lediglich um „geldähnliche Zahlungsmittel" (BT-Drucks 13/8587, 29) und nicht um Geld im Rechtssinne handelt (vgl zur bankrechtlichen Definition Staudinger/Omlor [2020] § 675c Rn 16). Weiterhin weisen Vermögensdelikte wie **Computerbetrug** (§ 263a StGB) oder der **Missbrauch von Scheck- und Kreditkarten** (§ 266b StGB) einen zu entfernten Geldbezug auf, um einem – in sich zudem nicht geschlossenen – „Geldstrafrecht" zugeordnet zu werden (Omlor, Geldprivatrecht [2014] 87).

A109

(3) Strafrechtliches Sanktionensystem
Ein abstraktes Geldverständnis findet sich hingegen im Bereich des strafrechtlichen Sanktionensystems. Die **Geldstrafe** kann durch Sach- und Buchgeld in inländischer Währung beglichen werden (dazu Omlor, Geldprivatrecht [2014] 88). Erste Anhaltspunkte hierfür lassen sich bereits § 40 StGB entnehmen, der in seinem Abs 2 vom Nettoeinkommensprinzip ausgeht (Einzelheiten bei Grube, in: Cirener/Radtke Rissing-van Saan/Rönnau/Schluckebier [Hrsg], Leipziger Kommentar zum Strafgesetzbuch [13. Aufl 2019] § 40 Rn 25 ff mwNw). Verhängt werden darf die Geldstrafe nur in Euro (§ 40 Abs 2 S 3 StGB). Hervorgehoben wird durch § 40 Abs 2 StGB damit die abstrakte Geldfunktion als Recheneinheit. Die finale Entscheidung über den Inhalt dieser öffentlichen Kriminalstrafe (zur Abgrenzung zur privatrechtlichen Geldschuld vgl RGSt 2, 33, 41) treffen hingegen die Regelungen zu ihrer **Vollstreckung**. Nach § 459 StPO findet insofern unter anderem die Einforderungs- und Beitreibungsanordnung (EBAO) Anwendung. Nach § 5 Abs 1 und 4 EBAO ist eine Zahlung der Geldstrafe durch Überweisung zulässig.

A110

cc) Öffentliches Recht
(1) EU-Primärrecht
Die supranationalen Regelungen mit Geldbezug zeichnen sich überwiegend durch ein abstraktes Geldverständnis aus. Diese Offenheit für entmaterialisierte Erscheinungsformen des Geldes erklärt sich teilweise durch die speziellen Regelungsmaterien, teilweise aber auch durch die Modernität der unionalen Rechtsordnung. Im Primärrecht findet sich ein abstrakter Geldbegriff zunächst in der Ermächtigungsgrundlage für die Union, eine **Mindestharmonisierung für den strafrechtlichen Schutz**

A111

vor Geldwäsche und der Fälschung von Zahlungsmitteln durchzuführen. Als Zahlungsmittel erfasst Art 83 Abs 1 UAbs 2 AEUV nicht nur Sachgeld, sondern auch Buchgeld und Zahlungskarten (Vogel, in: Grabitz/Hilf/Nettesheim [Hrsg], Das Recht der Europäischen Union [71. EL August 2020] Art 83 AEUV Rn 61) sowie Schecks und Wechsel (Omlor, Geldprivatrecht [2014] 90 unter Verweis auf die Entstehungsgeschichte). Hierin liegt eine Abweichung im Vergleich zu den §§ 146 ff StGB, die lediglich vermittelt durch die Zahlungskarte das Buchgeld zum Schutzgegenstand erheben.

A112 Den besonderen Zielsetzungen der Regelungsmaterie ist es geschuldet, dass die primärrechtlichen Kompetenzgrundlagen zur **Terrorismusbekämpfung** den abstrakten Geldbegriff verwenden. Art 75 UAbs 1 und Art 215 AEUV (zur Abgrenzung vgl EuGH 19. 7. 2012 – Rs C-130/10 [*Parlament/Rat*] ECLI:EU:C:2012:472, Rn 50 ff) ermächtigen die Europäische Union, Gelder, finanzielle Vermögenswerte oder wirtschaftliche Erträge auf Grundlage einer Verordnung einzufrieren. Geld dient dabei nicht als Oberbegriff für sämtliche finanzielle Vermögenswerte und wirtschaftliche Erträge (**aA** Röben, in: Grabitz/Hilf/Nettesheim [Hrsg], Das Recht der Europäischen Union [71. EL August 2020] Art 75 AEUV Rn 23), sondern verfügt über einen eigenständigen Gehalt. Um eine Überladung einzelner Begriffe zu vermeiden und der detailreichen Aufzählung einen Sinn zu geben, unterfallen nur Sach- und Buchgeld sowie Schecks und Wechsel dem Geldbegriff des Art 75 UAbs 1 AEUV (enger noch Omlor, Geldprivatrecht [2014] 89). Dabei ist es nach Sinn und Zweck der Vorschrift unerheblich, welche Währung verwendet wird.

(2) EU-Sekundärrecht

A113 Im unionalen Sekundärrecht lässt sich naturgemäß eine besondere Fokussierung auf den abstrakten Geldbegriff in der **Geldtransferverordnung** (Verordnung [EU] 2015/847 über die Übermittlung von Angaben bei Geldtransfers v 20. 5. 2015 [ABl EU Nr L 141, 1 v 5. 6. 2015], zuletzt geändert durch Verordnung [EU] 2019/2175 v 18. 12. 2019 [ABl EU Nr L 334, 1 v 27. 12. 2019]), in den **Zahlungsdiensterichtlinien** (Richtlinie 2007/64/EG über Zahlungsdienste im Binnenmarkt v 13. 11. 2007 [ABl EU Nr L 319, 1 v 5. 12. 2007]; Richtlinie [EU] 2015/2366 über Zahlungsdienste im Binnenmarkt v 25. 11. 2015 [ABl EU Nr L 337, 35 v 23. 12. 2015]) und in der **E-Geld-Richtlinie** (Richtlinie 2009/110/EG über die Aufnahme, Ausübung und Beaufsichtigung der Tätigkeit von E-Geld-Instituten v 16. 9. 2009 [ABl EU Nr L 267, 7 v 10. 10. 2009]) feststellen. Anders als den Zahlungsdiensterichtlinien, welche in Randbereichen auch den Einsatz von Geld im konkreten Sinne miterfassen, beschränken sich die Geldtransferverordnung und die E-Geld-Richtlinie vollständig auf Regelungen für Buchgeld. Die Geldtransferverordnung beinhaltet zwar keine normspezifische Legaldefinition des Geldes. Allerdings leitet sich aus dem Begriff des Geldtransfers in Art 3 Nr 9 der Geldtransferverordnung ab, dass ein elektronischer Transfer des Geldes möglich sein muss. Daher unterfällt Geld im konkreten Sinn sachnotwendig nicht dem Anwendungsbereich der Geldtransferverordnung (Omlor, Geldprivatrecht [2014] 90 f). Gleiches gilt ausweislich der Legaldefinition des E-Geldes (Art 2 Nr 2 Richtlinie 2009/110/EG) für die E-Geld-Richtlinie.

(3) Grundgesetz

A114 Die deutsche Verfassungsordnung greift im Bereich der **Gesetzgebungskompetenzen** (Art 73 Abs 1 Nr 4 GG), der **Finanzverfassung** (Art 104a Abs 3 und 4 GG) sowie im sachlichen Schutzbereich der **Eigentumsgarantie** (Art 14 Abs 1 GG) auf den abstrakten Geldbegriff zurück. Aus verfassungsrechtlicher Perspektive liegt die dogmatische Brisanz des Geldrechts vor allem im grundrechtlichen Bereich, genauer bei der Frage nach dem **Grundrechtsschutz für den Geldwert** (vgl dazu statt vieler BVerfG 31. 3. 1998 – 2 BvR 1877/97, BVerfGE 97, 350, 370 f; Papier AöR 98 [1973] 528 ff; Wolf, Lehrbuch des Schuldrechts [1978] § 4 D II k; Kirchhof, in: FS Walter Leisner [1985] 635, 653; Weikart, Geldwert und Eigentumsgarantie [1993] 205 ff; Lepsius JZ 2002, 313, 315 ff; Häde WM 2008, 1717, 1718 ff). Davon losgelöst zu klären ist, welche Geldformen als „Geldeigentum" (Kirchhof, in: FS Walter Leisner [1985] 635) von Art 14 Abs 1 GG erfasst werden. Zwar genießt das Vermögen als solches keinen Eigentumsschutz (statt aller Lepsius JZ 2002, 313, 315; Häde WM 2008, 1717, 1721). Aber Geld als „geprägte Freiheit" (BVerfG 31. 3. 1998 – 2 BvR 1877/97, BVerfGE 31. 3. 1998 – 2 BvR 1877/97, 2 BvR 50/98, BVerfGE 97, 350, 371 in Anlehnung an Dostojewski, Aufzeichnungen aus einem Totenhaus, Übersetzung von Pommerenke [1994] 25) besteht ebenso aus Geldzeichen wie aus Buchgeld (BVerfG 31. 3. 1998 – 2 BvR 50/98, BVerfGE 97, 350, 370; Kirchhof, in: FS Walter Leisner [1985] 635, 638 ff; Lepsius JZ 2002, 313, 315; Häde WM 2008, 1717, 1719; Omlor, Geldprivatrecht [2014] 93 f). Erst dieser weite Schutzbereich sichert den von der Verfassungsrechtsprechung postulierten „Freiheitsraum im vermögensrechtlichen Bereich" (BVerfG 9. 6. 1975 – 1 BvR 2261/73, BVerfGE 40, 65, 83; BVerfG 31. 10. 1984 – 1 BvR 35/82, BVerfGE 68, 193, 222; BVerfG 31. 3. 1998 – 2 BvR 1877/97, BVerfGE 97, 350, 371). Konstruktiv basiert die Erfassung des Buchgeldes auf dem Schutz der dinglichen Inhaberschaft an Forderungen (dazu BVerfG 8. 7. 1976 – 1 BvL 19/75, BVerfGE 42, 263, 294; BVerfG 8. 6. 1977 – 2 BvR 499/74, BVerfGE 45, 142, 179; BVerfG 17. 10. 1984 – 1 BvR 284/84, BVerfGE 68, 192, 222; Kirchhof, in: FS Walter Leisner [1985] 635, 637), die Erfassung des Sachgeldes auf dem Schutz des Privateigentums an Mobilien.

(4) Verwaltungsrechtliche Entschädigungsansprüche
Der abstrakte Geldbegriff kommt weiterhin bei Entschädigungszahlungen zum Einsatz, wie sie im **Baurecht** (§§ 40 Abs 3, 99 BauGB) und im **Tiergesundheitsgesetz** (§ 15 TierSG) zu finden sind. Beide Regelungen unterscheiden sich trotz der geldrechtlichen Parallelen hinsichtlich ihrer Rechtsnatur. Mit §§ 40 Abs 3, 99 BauGB liegen Junktimklauseln vor, die nach Art 14 Abs 3 S 2 GG für die **Enteignungsentschädigung** Art und Umfang festlegen (BGH 6. 5. 1999 – III ZR 174/98, BGHZ 141, 319, 323 ff; zweifelnd bei § 40 BauGB BVerwG 21. 2. 1991 – 4 NB 16/90, DÖV 1991, 510, 511). Demgegenüber handelt es sich bei § 15 TierSG um einen Sonderfall des **polizeirechtlichen Entschädigungsanspruchs**, der mit dem Ziel einer effektiven Seuchenbekämpfung verbunden ist (BVerfG 11. 10. 1966 – 2 BvL 15/64, BVerfGE 20, 251, 260; BVerwG 14. 10. 1958 – I C 58/57, BVerwGE 7, 257, 262 f; BVerwG 17. 12. 2004 – 4 B 85/04, NVwZ 2005, 446; BGH 3. 7. 1997 – III ZR 208/96, BGHZ 136, 172, 175 f). Das Geldverständnis in diesen Vorschriften steht stellvertretend für die jeweilige Gruppe von Entschädigungsansprüchen (infolge Enteignung bzw polizeirechtlichen Handelns). Durch die Enteignungsentschädigung soll der Grundrechtsträger in die Lage versetzt werden, sich auf dem Markt einen adäquaten Ersatz zu beschaffen. Dieses Ziel lässt sich sowohl mit Sach- als auch Buchgeld erreichen, solange es sich nur um ein allgemein anerkanntes Tauschmittel handelt (Omlor, Geldprivatrecht [2014] 95). Regelmäßig hat die Zahlung in inländischer Währung zu erfolgen, sofern auf dem Markt für die Ersatzbeschaffung nicht ausschließlich eine andere Währung Verwendung findet. Trotz aller dogmatischen Differenzen steht auch bei der polizeirechtlichen Entschädigung der Marktwert des betroffenen Gegenstands – bei § 15 TierSG des getöteten Tieres – im Blickfeld (vgl § 9 Abs 2 BewG). Erneut rückt die Tauschmittelfunktion des Geldes in den Vordergrund, sodass sowohl Sach- als auch Buchgeld geleistet werden kann (Omlor, Geldprivatrecht [2014] 96).

A115

Die maßgebliche Währung richtet sich nach den Usancen auf dem relevanten Markt für die Ersatzbeschaffung.

b) Anwendungsfälle des konkreten Geldbegriffs

A116 Dem abstrakten Geldbegriff kommt (nicht nur) im BGB eine **normativ-quantitative Dominanz** zu. Klassische Regelungsgebiete, die sich auf das Sachgeld beschränken, werden mehr und mehr vom abstrakten Geldverständnis durchtränkt. Beispielsweise hat sich das Hinterlegungsrecht der §§ 232 ff BGB über die ausfüllenden landesrechtlichen Bestimmungen (zB Art 9 Abs 1 BayHintG) für Buchgeld geöffnet (s o Rn A93). Als Anwendungsfälle des Geldes im konkreten Sinne verbleiben lediglich solche Vorschriften, denen ausschließlich ein solch enges Geldverständnis zugrunde liegt.

aa) Privatrecht
(1) Verwahrung

A117 Als Hort des klassisch-gegenständlichen Geldbegriffs tritt das Recht der Verwahrung in Erscheinung. Als *depositum regulare* verwahrungsfähig sind lediglich bewegliche Sachen (OMLOR, Geldprivatrecht [2014] 77). Geld im Sinne des **§ 698 BGB** ist demzufolge ausschließlich Sach-, nicht aber Buchgeld (STAUDINGER/BIEDER [2020] § 698 Rn 1). Auf die Währung kommt es für die Verzinsungspflicht des Verwahrers nicht an, jedoch muss es sich im In- oder Ausland um ein gesetzliches Zahlungsmittel handeln. Eine Erweiterung auf sonstige Wertträger (zB Wertpapiere, Wertzeichen, Edelmetalle) erscheint nicht geboten, da der Hinterleger nicht gänzlich schutzlos bleibt: Der Verwahrer hat nach §§ 687 Abs 2, 681 S 2, 667 Alt 2 oder § 812 Abs 1 S 1 Alt 2 BGB unbefugt erlangte Zinsen herauszugeben (STAUDINGER/BIEDER [2020] § 695 Rn 6 mwNw zur Gegensicht, die den Anspruch auf § 695 stützt).

A118 Das *depositum irregulare* nahm in der Entwicklungsgeschichte des Geldes zwar eine bedeutsame Rolle für das Aufkommen des Girogeschäfts und damit des bargeldlosen Zahlungsverkehrs ein (OMLOR, Geldprivatrecht [2014] 32 mwNw). Dennoch beschränkt der Wortlaut des § 700 Abs 1 BGB die Hinterlegungsfähigkeit auf **vertretbare Sachen**, dh auf körperliche Gegenstände (§ 90 BGB). Nur bei Mobilien kann das Eigentum, wie von § 700 Abs 1 S 1 BGB gefordert, auf den Verwahrer übergehen.

(2) Mobiliarsachenrecht

A119 Der konkrete Geldbegriff wird weiterhin in zwei mobiliarsachenrechtlichen Sondervorschriften für Geld eingesetzt. Hinsichtlich des Geldbegriffs handelt es sich bei **§ 935 Abs 2 BGB und § 1006 Abs 1 S 2 BGB** um **parallele Tatbestände**. § 935 Abs 2 BGB steigert die Verkehrsfähigkeit von Geld durch eine Ausnahme vom Ausschlusstatbestand in § 935 Abs 1 BGB. Schon aus der systematischen Stellung im Titel 3 („Erwerb und Verlust des Eigentums an beweglichen Sachen") ergibt sich der auf körperliche Gegenstände beschränkte Anwendungsbereich; Buchgeld scheidet sachnotwendig aus (STAUDINGER/WIEGAND [2017] § 935 Rn 24; STAUDINGER/C HEINZE [2020] § 935 Rn 24). Die *ratio legis* liegt in der Gewährleistung der **Umlauffähigkeit von Zahlungsmitteln** (BGH 14. 6. 2013 – V ZR 108/12 Rn 9, NJW 2013, 2888; OMLOR, Geldprivatrecht [2014] 79). Daraus folgt für den Geldbegriff des § 935 Abs 2 BGB, dass Geld in seiner konkreten Funktion als Zahlungsmittel betroffen sein muss; **Sammler- und Anlagemünzen** stellen insofern eine Ware und kein Geld dar (OLG Naumburg 5. 4. 2012 – 10 U 23/11; LG Karlsruhe 11. 10. 1976 – V KLs 23/75, NJW 1977, 1301, 1303; PIKART WM 1980, 510, 514). Die durch § 935 Abs 2 BGB privilegierte Verfügung muss also auf gesetzliche Zahlungsmittel ausgerichtet sein, die um ihrer Zahlungsfunktion willen erworben werden (MünchKomm/Oechsler[8] § 935 Rn 15). Auch wenn auf DM lautende Geldzeichen ihre Eigenschaft als gesetzliche Zahlungsmittel im Zuge der Euro-Einführung verloren haben, genießen sie wegen der zeitlich wie betragsmäßig unbegrenzten Umtauschpflicht der Deutschen Bundesbank (§ 1 S 2 DMBeEndG) weiterhin die Stellung als Geld iSd § 935 Abs 2 BGB (Omlor, Geldprivatrecht [2014] 79 f).

(3) Zwangsvollstreckung
In § 808 Abs 2 S 1 ZPO findet sich der konkrete Geldbegriff wieder. **Geld** wird dort **Kostbarkeiten und Wertpapieren gegenübergestellt**. Als Wertpapiere in diesem Sinne gelten insbesondere Inhaber-, Order- und Rektapapiere (MünchKommZPO/Gruber[6] § 808 Rn 31). Damit steht im Einklang, dass Wertpapiere auch allgemein nicht dem Begriff des Geldes im konkreten Sinne unterfallen (aA Herold Bank-Archiv 24 [1924/1925] 338, 339; s o Rn A107). Demgegenüber werden als Geld – der ZPO-Systematik entsprechend – nur bewegliche Sachen erfasst, die im In- oder Ausland als gesetzliche Zahlungsmittel anerkannt sind und verwendet werden (ähnlich MünchKommZPO/Gruber[6] § 808 Rn 31). Als Geld iSv § 808 Abs 2 S 1 ZPO werden demnach beispielsweise **Bargeld in Geldspielautomaten** (OVG Münster 15. 7. 1958 – III B 293/58, NJW 1958, 1460; LG Aurich 13. 2. 1990 – 3 T 302/89, NJW-RR 1991, 192) oder – Gewahrsam des Zwangsvollstreckungsschuldners vorausgesetzt – in bar entrichtetes **Trinkgeld** (LG Kaiserslautern 30. 12. 2008 – 1 T 179/08) gepfändet. **Briefmarken** (BGH 9. 4. 1953 – III ZR 45/52, NJW 1953, 902 f) und **Sammlermünzen** (Flockenhaus, in: Musielak/Voit [Hrsg], ZPO [17. Aufl 2020] § 808 Rn 14a) stellen hingegen Kostbarkeiten dar. Geld, Kostbarkeiten und Wertpapiere haben nach der gesetzlichen Konzeption gemeinsam, dass sie eine hohe Verkehrs- und leichte Transportfähigkeit aufweisen (vgl Omlor, Geldprivatrecht [2014] 82). Daher hat der Gerichtsvollzieher an diesen Objekten der Zwangsvollstreckung Besitz zu ergreifen und sie wegzuschaffen (vgl auch § 72 GVGA). § 808 Abs 2 S 1 ZPO fingiert eine prinzipielle Gefährdung der Gläubigerbefriedigung, sollte Geld im Gewahrsam des Zwangsvollstreckungsschuldners verbleiben.

A120

bb) Strafrecht
Der kodifikatorische Kern des strafrechtlichen Geldrechts liegt im Recht der „Geld- und Wertzeichenfälschung" des Achten Abschnitts des Strafgesetzbuchs. Die §§ 146–152 StGB gehen vom konkreten Geldbegriff aus. Nach der höchstrichterlichen Judikatur ist Geld in diesem Sinne „jedes vom Staat oder einer durch ihn dazu ermächtigten Stelle als Wertträger beglaubigte, zum Umlauf im öffentlichen Verkehr bestimmte Zahlungsmittel ohne Rücksicht auf einen allgemeinen Annahmezwang" (BGHSt 32, 198; vgl zuvor RGSt 58, 255, 256). Auch ausländisches Geld unterfällt nach § 152 StGB diesem strafrechtlichen Schutz. Die Beschränkung auf bewegliche Sachen erklärt sich dogmatisch daraus, dass es sich bei den §§ 146–152 StGB um **Spezialfälle der Urkundenfälschung** handelt (s o Rn A108). Urkunde iSd § 267 Abs 1 StGB kann nämlich nur eine **verkörperte menschliche Gedankenerklärung** sein (BGH 3. 7. 1952 – 5 StR 151/52, BGHSt 3, 84, 85; BGH 11. 5. 1971 – 1 StR 387/70, BGHSt 24, 140, 141; BGH 23. 3. 2010 – 5 StR 7/10, NStZ 2011, 91; BGH 5. 7. 2012 – 5 StR 380/11, NStZ 2013, 105). In Gestalt welchen Materials (Metall, Papier etc) allerdings die Verkörperung erfolgt, soll strafrechtlich irrelevant sein (MünchKommStGB/Erb[3] § 146 Rn 1; Sternberg-Lieben, in: Schönke/Schröder/Eser [Hrsg], StGB [30. Aufl 2019] § 146 Rn 2). Der Verzicht auf einen konstitutiven Annahmezwang erklärt sich aus dem weit gefassten Schutzgut der Geld- und Wertzeichenfälschung, das die Sicherheit und Funktionsfähigkeit des Geldverkehrs

A121

und das Vertrauen in diesen umfasst (vgl RGSt 67, 294, 297; BGH 17. 5. 1996 – 3 StR 631/95, BGHSt 42, 162, 169). Darin liegt eine Abweichung zum konkreten Geldbegriff, die sich allerdings in ihrer praktischen Bedeutung wegen der notwendigen staatlichen Legitimation auf Randbereiche beschränkt.

A122 Bei südafrikanischen **Krügerrand-Münzen** handelt es sich nicht um Geld iSd §§ 146 ff StGB, da sie nicht zum Einsatz im öffentlichen Zahlungsverkehr bestimmt und geeignet sind (BGHSt 32, 198, 200; ebenso aus zivil- und währungsrechtlicher Sicht BGH 14. 6. 2013 – V ZR 108/12 Rn 10, NJW 2013, 2888). Vielmehr dienen sie als Handels- und Anlageobjekte für physisches Gold. Demgegenüber sind **Sammlermünzen**, die vom Staat als Zahlungsmittel in Verkehr gebracht worden sind, als Geld iSd §§ 146 ff StGB einzustufen, auch wenn sie tatsächlich wegen ihres Sammlerwerts kaum im Umlauf sind (BGHSt 27, 255, 259; MünchKommStGB/Erb³ § 146 Rn 5; vgl aber gegenteilig BGH 14. 6. 2013 – V ZR 108/12 Rn 11 f, NJW 2013, 2888 zum Währungsrecht). Die strafrechtliche Geldeigenschaft entfällt, wenn der ausgebende Staat durch *actus contrarius* die Eigenschaft und Bestimmung als Zahlungsmittel aufhebt (zur Demonetisierung von Geldzeichen s u Rn A135 ff). Wegen der betragsmäßig und zeitlich unbegrenzten Umtauschpflicht der Deutschen Bundesbank für DM-Geldzeichen (§ 1 S 2 DMBeEndG) liegt insofern weiterhin fälschbares Geld vor (Schröder NJW 1998, 3179, 3180 mwNw).

III. Sondervorschriften für Geld im konkreten und abstrakten Sinne

A123 Bar- und Buchgeld weisen zwar geldrechtlich eine Gleichwertigkeit auf (s o Rn A73 ff). Dennoch unterliegen beide Erscheinungsformen des Geldes nicht in jeglicher Hinsicht denselben Rechtsregeln. Bargeld als Geld im konkreten Sinn wird hoheitlich erschaffen und weist eine Verkörperung in Geldzeichen auf. Demgegenüber ist Buchgeld als Protagonist des Geldes im abstrakten Sinne originär materiefrei und im Entstehungsakt privatrechtlich organisiert. Daraus folgt die Existenz eines Katalogs von Sondervorschriften für Geld im konkreten und im abstrakten Sinne.

1. Geld im konkreten Sinne

a) Abgrenzung zum Begriff des Geldzeichens

A124 Geldzeichen sind solche **beweglichen Sachen, die über einen Nominalwert verfügen und Geldfunktionen aufgrund staatlichen Hoheitsakts ausüben**; umstritten ist, ob ein gesetzlicher Annahmezwang wesensnotwendig ist (Omlor, Geldprivatrecht [2014] 116 f mwNw). Dem Begriff des Geldzeichens kommt in erster Linie eine **theoretisch-systematische Bedeutung** zu, um eine komplexe Querschnittsmaterie zu erfassen. Ein kodifiziertes „Recht der Geldzeichen" (so die Überschrift bei Staudinger/K Schmidt [1997] Vorbem B1 ff zu §§ 244 ff) existiert ebenso wenig wie eine normübergreifende Legaldefinition. Einzig der **währungsrechtliche Fälschungsschutz** wird durch § 35 Abs 1 Nr 1 BBankG speziell auf Geldzeichen zugeschnitten. Jedoch knüpfen sowohl das supranationale als auch das deutsche Währungsrecht ansonsten am Begriff der Münze (Art 128 Abs 2 AEUV, Art 11 VO [EG] Nr 974/98, Art 1 f VO [EU] Nr 729/2014, § 1 MünzG) bzw der Banknote (Art 128 Abs 1 AEUV, Art 10 VO [EG] Nr 974/98, § 14 BBankG) an. Letztlich liegt die Bedeutung des Begriffs vor allem in einem seit dem Inkrafttreten der Preußischen Bankordnung von 1846 sich entwickelnden Sprachgebrauch, der im Geldzeichen den schlichten Gegensatz zum Buchgeld erblickte (Pikart WM 1980, 510, 511; Häde, Geldzeichen im Recht der Bundesrepublik Deutschland [1991] 28; Omlor, Geldprivatrecht [2014] 116; vgl schon HAMMER, Die Hauptprinzipien des Geld- und Währungswesens [1891] 13; ECKSTEIN, Geldschuld und Geldwert im materiellen und internationalen Privatrecht [1932] 5).

b) Euro-Bargeld
aa) Euro-Münzen
Klassische Protagonistin des Geldes im konkreten Sinne ist die Münze, sofern sie **A125** über einen gesetzlichen Annahmezwang verfügt. Geld im konkreten Sinne sind Münzen **auch außerhalb des Währungsraums**, in dem sie als gesetzliche Zahlungsmittel emittiert wurden (s o Rn A87). Infolge der Euro-Einführung wurde ihr Regelungsgewand in entscheidenden Teilen harmonisiert und auf die supranationale Ebene gehoben. Durch Art 11 S 2 der zweiten Euro-Einführungsverordnung (Verordnung [EG] Nr 974/98 über die Einführung des Euro v 3. 5. 1998 [ABl EG Nr L 139, 1 v 11. 5. 1998]) erlangten die Euro-Münzen den Rang eines **gesetzlichen Zahlungsmittels im Euroraum**. Der ihnen zukommende gesetzliche Annahmezwang ist allerdings grundsätzlich durch Art 11 S 3 der zweiten Euro-Einführungsverordnung auf 50 Münzen je Zahlungsvorgang beschränkt. Eine Ausnahme von dieser Einschränkung greift namentlich gegenüber den ausgebenden staatlichen Stellen (zur Deutschen Bundesbank vgl § 3 Abs 2 MünzG).

Die Regelungen zur Gestaltung, Ausgabe und Einziehung der Euro-Münzen vertei- **A126** len sich vom europäischen Primär- und Sekundärrecht über das deutsche Verfassungs- hin zum (einfachen) Bundesrecht. Art 128 Abs 2 S 1 AEUV spricht die **Münzhoheit** für die Euro-Münzen grundsätzlich den **Mitgliedstaaten** zu. Sowohl Ausgabe als auch Einziehung von Euro-Münzen erfolgt durch mitgliedstaatliche Stellen. In Deutschland ist zur Ausgabe von Euro-Münzen nach Art 88 S 1 GG und § 7 Abs 1 MünzG die **Deutsche Bundesbank** berufen. An der Bundeskompetenz zum Erlass des MünzG aus Art 73 Abs 1 Nr 4 GG („Münzwesen") hat die europäische Währungsverfassung nichts geändert, da sie wesensgemäß gegenüber solchen föderalen Binnenregelungen blind ist. Der Umfang der Münzausgabe durch die Mitgliedstaaten unterliegt allerdings einem **Genehmigungserfordernis**; die Europäische Zentralbank vermag durch dieses Instrument stabilitätsgefährdende Münzprägungen durch die Mitgliedstaaten zu unterbinden (GRILLER, in: GRABITZ/HILF/NETTESHEIM [Hrsg], Das Recht der Europäischen Union [71. EL August 2020] Art 128 AEUV Rn 10).

Euro-Münzen sind **Scheidemünzen** (OMLOR, Geldprivatrecht [2014] 118). Anders als bei **A127** Kurantmünzen fußt ihr nominaler Wert nicht auf ihrem Substanzwert. Zwar existiert keine ausdrückliche Anordnung eines gesetzlichen Annahmezwangs zum substanzindifferenten Nominalwert. Allerdings geht die zweite Euro-Einführungsverordnung Nr 974/98 vor allem in ihren Art 10 und 11 von einer nominalen Äquivalenz von Metall-Münzen und Papier-Banknoten aus. Auch weist Art 1 iVm Anhang I VO (EU) Nr 729/2014 der Zusammenstellung von 8,5g Kupfer, Nickel und Messing für die Herstellung einer 2 Euro-Münze keine Relevanz für den Geldwert, sondern lediglich für die Einheitlichkeit der Gestaltung und den Fälschungsschutz zu.

bb) Euro-Banknoten
Die Gestaltung und Ausgabe von Euro-Banknoten erfolgen wie bei den Euro-Mün- **A128** zen innerhalb eines unionsrechtlichen Rahmens. An zentraler Stelle regelt dabei Art 128 Abs 1 S 2 AEUV einen praktisch sichtbaren Anwendungsfall des **Kooperationsverhältnisses** von Europäischer Zentralbank und den nationalen Notenbanken in-

nerhalb des **Europäischen Systems der Zentralbanken** (ESZB). Danach steht die Zuständigkeit zur Ausgabe von Euro-Banknoten sowohl der Europäischen Zentralbank als auch den nationalen Notenbanken des Euroraums zu; diese geteilte Zuständigkeit wird sekundärrechtlich nochmals in Art 10 S 1 VO (EG) Nr 974/98 (Verordnung [EG] Nr 974/98 über die Einführung des Euro v 3. 5. 1998 [ABl EG Nr L 139, 1 v 11. 5. 1998]) wiederholt und bestätigt. **Praktisch** erfolgt die Notenausgabe jedoch **ausschließlich durch die nationalen Notenbanken**, auch wenn 8 % der emittierten Euro-Banknoten der Europäischen Zentralbank zugerechnet werden (vgl Beschluss EZB/2010/29 v 13. 12. 2010 [ABl EU Nr L 35, 26 v 9. 2. 2011]).

A129 Innerstaatlich übernimmt die **Deutsche Bundesbank** die Ausgabe der Euro-Banknoten (§ 14 Abs 1 S 1 BBankG). Anders als bei Euro-Münzen (vgl § 1, § 6 Abs 1 S 2 MünzG) obliegt die Herstellung der Euro-Banknoten nicht dem Bundesministerium der Finanzen. Die währungsrechtlichen wie technischen Details der Euro-Banknoten beruhen auf einem Beschluss der Europäischen Zentralbank (Beschluss EZB/2013/10 über die Stückelung, Merkmale und Reproduktion sowie den Umtausch und Einzug von Banknoten v 19. 4. 2013 [ABl EU Nr L 118, 37 v 30. 4. 2013]).

A130 Neben den Euro-Münzen sind die Euro-Banknoten das einzige gesetzliche Zahlungsmittel im Euroraum. Im Gegensatz zu den Euro-Münzen existiert **keine gesetzliche Begrenzung der Annahmepflicht** auf eine bestimmte Anzahl von Banknoten. Art 10 S 2 VO (EG) Nr 974/98 und – deklaratorisch (Dittrich NJW 2000, 487, 488) – § 14 Abs 1 S 2 BBankG enthalten keine entsprechende Einschränkung, wie sie Art 10 S 3 VO (EG) Nr 974/98 für Euro-Münzen anordnet. Ebenso wie Euro-Münzen verlieren Euro-Banknoten ihren Charakter als Geld im konkreten Sinne nicht bei einem Überschreiten der Außengrenzen des Euroraums. Gleiches gilt umgekehrt bei einer Verbringung von Nicht-Euro-Banknoten in den Euroraum.

c) Entstehung und Untergang als gesetzliches Zahlungsmittel

A131 Sowohl die Begründung (Monetisierung) als auch die Aufhebung (Demonetisierung) der Eigenschaft als Geldzeichen und damit als gesetzliches Zahlungsmittel sind durch den hoheitlichen Charakter des Geldes im konkreten Sinn geprägt.

aa) Monetisierung
(1) Rechtsnatur

A132 Der Lebenszyklus des Geldes im konkreten Sinne beginnt mit der Erlangung des Status als gesetzliches Zahlungsmittel. Darin liegt ein **konstitutiver währungsrechtlicher und damit öffentlich-rechtlicher Hoheitsakt** (BGH 14. 6. 2013 – V ZR 108/12 Rn 10, NJW 2013, 2888 zu Münzen; Hartmann, Über den rechtlichen Begriff des Geldes und den Inhalt von Geldschulden [1868] 79; Pfennig, Die Notenausgabe der Deutschen Bundesbank [1971] 18 ff, 37 ff; Omlor, Geldprivatrecht [2014] 119). Papier wird begeltet und monetisiert (Nussbaum, Das Geld in Theorie und Praxis des deutschen und ausländischen Rechts [1925] 35). Ihrer Rechtsnatur nach handelt es sich bei der Monetisierung um einen **Verwaltungsakt in Gestalt einer Allgemeinverfügung** iSv § 35 S 2 Var 2 VwVfG (Pfennig, Die Notenausgabe der Deutschen Bundesbank [1971] 38; Gramlich ZfgK 1987, 548, 552; Häde, Geldzeichen im Recht der Bundesrepublik Deutschland [1991] 84 ff; Häde WM 2010, 97, 101). Durch die Widmung wird das Geldzeichen allerdings nicht zu einer öffentlichen Sache, die dem öffentlichen Sachenrecht unterläge (Häde, Geldzeichen im Recht der Bundesrepublik Deutschland [1991] 189 f; Staudinger/K Schmidt [1997] Vorbem A21, B2 zu §§ 244 ff; Omlor, Geldprivatrecht [2014]

Titel 1
Verpflichtung zur Leistung   Vorbem zu §§ 244–248

120; aA Pfennig, Die Notenausgabe der Deutschen Bundesbank [1971] 31 ff). Lediglich die Institution Geld, nicht aber das konkrete Geldzeichen dient nämlich öffentlichen Zwecken (Staudinger/K Schmidt [1997] Vorbem A21 zu §§ 244 ff). Gibt die Deutsche Bundesbank Euro-Banknoten aus, so erlässt sie die sachbezogene Allgemeinverfügung, welche die Widmung als Regelung beinhaltet. Von Deutschland ausgegebene Euro-Münzen werden durch die Bundesregierung monetisiert.

(2) Befugnis zur Herstellung

Die Herstellung der Geldzeichen muss durch eine hierzu **währungsrechtlich befugte Stelle** erfolgen (BGH 27. 9. 1977 – 1 StR 374/77, BGHSt 27, 255, 258; Häde ZUM 1991, 536, 82 f). Für die Herstellung von Euro-Münzen legen die Mitgliedstaaten die zuständigen Stellen fest; in Deutschland liegt die innerstaatliche Befugnis ausschließlich beim Bund (vgl § 1 MünzG), der nach § 6 Abs 1 S 1 MünzG den jeweiligen Münzstätten den Auftrag zur Münzprägung erteilt. Für die Herstellung der Euro-Banknoten liegt demgegenüber die Zuständigkeit bei der Europäischen Zentralbank und den nationalen Notenbanken im Euroraum. Banknoten oder Münzen, die von einer unbefugten Stelle hergestellt wurden, stellen **Falschgeld** dar. Ein Verkehrsschutz findet nicht statt, da vorrangige Interessen der Allgemeinheit zum Schutz der Münzhoheit und des Notenausgabemonopols des Staates überwiegen (Omlor, Geldprivatrecht [2014] 121).   A133

(3) Inverkehrbringung

Die Monetisierung **verlangt nicht**, dass das Geldzeichen **durch die zuständige Stelle in Verkehr gebracht** wurde (Wolff, in: Ehrenberg [Hrsg], Handbuch des gesamten Handelsrechts, Band 4/1 [1917] 563, 631 f; Nussbaum, Das Geld in Theorie und Praxis des deutschen und ausländischen Rechts [1925] 35; Mann WM 1970, 212; Häde, Geldzeichen im Recht der Bundesrepublik Deutschland [1991] 80 f; Häde WM 2010, 97, 102; Omlor, Geldprivatrecht [2014] 120 f; aA VGH Kassel 16. 10. 2007 – 6 UZ 855/07, ESVGH 58, 102; Prost WM 1969, 786, 787 f; Krauskopf, in: Garavelli [Hrsg], Legal aspects of the European system of central banking [2005] 243, 253 f). Der hoheitliche Widmungsakt umfasst jegliche befugt hergestellte Geldzeichen, antizipiert auch die nachfolgend noch herzustellenden (Staudinger/K Schmidt [1997] Vorbem B2 zu §§ 244 ff; aA Häde, Geldzeichen im Recht der Bundesrepublik Deutschland [1991] 67). Im Zeitpunkt der tatsächlichen Herstellung **aktualisiert sich die vorweggenommene Widmung**. Die in der sachbezogenen Allgemeinverfügung liegende generell-konkrete Regelung eignet sich für eine derartige Miterfassung noch herzustellender Stücke. Einer abstrakt-generellen Regelung bedarf es nicht (vgl zur problematischen Abgrenzung von Allgemeinverfügung und Rechtsnorm stellvertretend VGH Kassel 6. 4. 1966 – OS II 128/63, NJW 1966, 2078; VGH Mannheim 12. 8. 2004 – 6 S 1126/04, NVwZ-RR 2005, 243; Emmerich-Fritsche NVwZ 2006, 762, 763 f).   A134

bb) Demonetisierung
(1) Rechtsnatur

Ebenso wie die Monetisierung stellt auch die Demonetisierung einen staatlichen Hoheitsakt dar (Nussbaum, Das Geld in Theorie und Praxis des deutschen und ausländischen Rechts [1925] 36; Mann, Das Recht des Geldes [1960] 16; Gramlich ZfgK 1987, 548, 552 f). Im Gegensatz zur ursprünglichen Monetisierung steht bei der Demonetisierung als Handlungsform nicht nur die **konkret-generelle Allgemeinverfügung** iSv § 35 S 2 Var 2 VwVfG, sondern auch die **abstrakt-generelle Rechtsnorm** zur Verfügung. Eine Demonetisierung kann im Zuge eines Währungswechsels, in Bezug auf einzelne Geldsorten oder auch nur einzelne Geldzeichen erfolgen.   A135

(2) Währungswechsel

A136 Die **Einführung einer neuen Währung** geht typischerweise mit einer gesetzlichen Demonetisierung der bisherigen Geldzeichen einher (vgl Häde, Geldzeichen im Recht der Bundesrepublik Deutschland [1991] 91). Als Handlungsform dient hierzu eine abstrakt-generelle Rechtsnorm. Sowohl der Wechsel **von der Reichsmark zur Deutschen Mark 1948** als auch von der Deutschen Mark zum Euro 2002 basierte auf einer derartigen Rechtsgrundlage. Die Militärregierungen der drei westlichen Besatzungszonen setzten 1948 das Währungsgesetz (Erstes Gesetz zur Neuordnung des Geldwesens [Währungsgesetz, WährG] v 20. 6. 1948) in Kraft. Durch § 1 Abs 1 S 1, Abs 2 WährG aF löste die Deutsche Mark die Reichsmark als alleiniges gesetzliches Zahlungsmittel ab. Einher ging damit die Demonetisierung der früheren Rentenmarkscheine und Reichsbanknoten, welche abgeliefert und angemeldet werden mussten (vgl §§ 9 ff WährG aF).

A137 Anders als im Rahmen des Währungswechsels von 1948 wurde die Deutsche Mark nicht übergangslos durch den Euro abgelöst. Erstens beinhaltete die dritte Stufe der **Wirtschafts- und Währungsunion** eine **dreijährige Überleitungsphase**, in der noch keine Demonetisierung von DM-Geldzeichen stattfand (vgl Art 5 und 9 VO [EG] Nr 974/98). Vom 1. 1. 1999 bis 31. 12. 2001 existierte nämlich noch kein Euro-Bargeld als gesetzliches Zahlungsmittel. Allerdings trat neben das DM-Bargeld der Euro als Buchgeld. Vom 1. 1. 2002 bis zum 30. 6. 2002 schloss sich zweitens eine optionale Übergangsphase mit parallelem Bargeldumlauf in zwei Währungen an, welche beide gleichzeitig als gesetzliche Zahlungsmittel eingestuft waren (Art 15 VO [EG] Nr 974/98). Den Mitgliedstaaten stand es frei, diesen sechsmonatigen Zeitraum teilweise oder vollständig entfallen zu lassen. Nach § 1 S 1 DMBeEndG verloren sämtliche DM-Geldzeichen mit Ablauf des 31. 12. 2001 ihre Eigenschaft als gesetzliche Zahlungsmittel. Seit dem 1. 1. 2002 gilt daher in Deutschland uneingeschränkt die Anordnung aus Art 10 und 11 VO (EG) Nr 974/98, wonach ausschließlich das Euro-Bargeld gesetzliches Zahlungsmittel im Euroraum ist.

(3) Demonetisierung einzelner Geldsorten

A138 Auch einzelne Geldsorten können zur Demonetisierung anstehen. Als Handlungsform steht in Deutschland *de lege lata* ausschließlich der Verwaltungsakt zur Verfügung (Fögen, Geld- und Währungsrecht [1969] 23; Pfennig, Die Notenausgabe der Deutschen Bundesbank [1971] 55; **aA** Starke DÖV 1957, 606, 610), der wie bei der Monetisierung in Form einer **sachbezogenen Allgemeinverfügung** iSv § 35 S 2 Var 2 VwVfG erlassen wird (Häde, Geldzeichen im Recht der Bundesrepublik Deutschland [1991] 96; Omlor, Geldprivatrecht [2014] 123 f). Anders als im Geldzeichenstrafrecht der §§ 146 ff StGB (dazu BGH 8. 12. 1983 – 1 StR 274-275/83, BGHSt 32, 198) scheidet geld- und währungsrechtlich eine Demonetisierung durch **Gewohnheitsrecht** aus (Staudinger/K Schmidt [1997] Vorbem B3 zu §§ 244 ff); insofern setzen § 14 Abs 2 BBankG (Euro-Banknoten) und § 9 MünzG (Euro-Münzen) gesetzliche Grenzen. Die **Zuständigkeit** zum Erlass des Demonetisierungsakts kommt der staatlichen Stelle zu, die ursprünglich die Monetisierung verfügt hatte (Omlor, Geldprivatrecht [2014] 124). Bei Euro-Banknoten handelt es sich nach Art 10 S 1 VO (EG) Nr 974/98 und Art 88 S 1 GG um die Deutsche Bundesbank, bei Euro-Münzen gemäß Art 11 S 1 VO (EG) Nr 974/98 und § 9 Abs 1 MünzG hingegen um die Bundesregierung.

(4) Demonetisierung einzelner Geldzeichen

Die Demonetisierung einzelner Geldzeichen vollzieht sich entweder durch rechtliche oder tatsächliche Vorgänge. Im ersteren Fall gründet die Demonetisierung auf einer **sachbezogenen Allgemeinverfügung** iSv § 35 S 2 Var 2 VwVfG (HÄDE, Geldzeichen im Recht der Bundesrepublik Deutschland [1991] 102). Im letzteren Fall erfolgt sie *eo ipso* infolge einer erheblichen Beschädigung oder Vernichtung der betroffenen Stücke. Keine Demonetisierung liegt hingegen in dem **Rückerwerb** von Geldzeichen **durch die emittierende Zentralbank**; es kommt insbesondere nicht zu einem „Erlöschen" durch Konfusion, da Geldzeichen keine Geldforderungen gegen die Zentralbank beinhalten (HÄDE, Geldzeichen im Recht der Bundesrepublik Deutschland [1991] 106).

A139

Durch **rechtliche Vorgänge** tritt eine Demonetisierung einzelner Geldzeichen bei einem **Umtausch** oder einer **Einziehung** durch die zuständige Zentralbank ein. Für den Umtausch von Geldzeichen in den früheren nationalen Währungen des Euroraums sind die jeweiligen Zentralbanken der Mitgliedstaaten zuständig. Eine entsprechende Anordnung trifft Art 16 VO (EG) Nr 974/98. Ein **subjektiv-öffentliches Recht von Individuen auf Umtausch** enthält die Vorschrift allerdings nicht, da sie sich insofern den „Gesetzen und Gepflogenheiten" der Mitgliedstaaten unterwirft. Für den **DM-Umtausch in Euro** ordnet Art 1 § 1 S 2 des Dritten Euro-Einführungsgesetzes (Gesetz vom 16. 12. 1999 [BGBl I 2402]) einen gesetzlichen Individualanspruch gegen die Deutsche Bundesbank an. Ein Umtauschbegehren kann sich aber auch auf Geldzeichen in aktueller Währung, dh auf Euro-Bargeld, beziehen. Hierzu müssen verschmutzte, abgenutzte oder beschädigte Stücke vorliegen. Euro-Münzen tauscht die Deutsche Bundesbank nach Art 8 Abs 2 S 1 VO (EU) Nr 1210/2010 (Verordnung [EU] Nr 1210/2010 zur Echtheitsprüfung von Euro-Münzen und zur Behandlung von nicht für den Umlauf geeigneten Euro-Münzen v 15. 12. 2010 [ABl EU Nr L 339, 1 v 22. 12. 2010]) iVm § 7a MünzG um. Nicht dem Eigentümer der Münzen, sondern dem **Inhaber der tatsächlichen Sachherrschaft** steht ein korrespondierender Anspruch zu (OMLOR, Geldprivatrecht [2014] 126). Insofern ist eine Fortschreibung der früheren Rechtslage nach § 14 Abs 3 S 2 BBankG aF (dazu BVerwG 23. 11. 1993 – 1 C 21/92, BVerwGE 94, 294, 296 ff) geboten. Die Bundesbank entwertet den Vorgaben aus Art 8 Abs 3 VO (EU) Nr 1210/2010 entsprechend nach dem Umtausch die Münzen durch physisches und dauerhaftes Verwalzen. Allgemein wird die Entwertung erst im Zeitpunkt der hinreichenden Manifestierung des Demonetisierungswillens durch die Bundesbank wirksam (HÄDE, Geldzeichen im Recht der Bundesrepublik Deutschland [1991] 102).

A140

Aus Art 3 Abs 2 des **Beschlusses EZB/2010/29** (v 13. 12. 2010 [ABl EU Nr L 35, 26 v 9. 2. 2011]) folgt ein **Individualanspruch auf Umtausch von Euro-Banknoten** (HÄDE WM 2010, 97, 99; OMLOR, Geldprivatrecht [2014] 126; **aA** VG Frankfurt aM 8. 3. 2007 – 1 E 2589/06, BKR 2007, 383, 384 f; offen VGH Kassel 16. 10. 2007 – 6 UZ 855/07, ESVGH 58, 102). Erfasst sind sowohl umlauffähige als auch nicht mehr umlauffähige Banknoten; dies ergibt sich nicht nur aus dem uneingeschränkten Wortlaut von Art 3 Abs 2 des Beschlusses **EZB/2010/29**, sondern auch im Umkehrschluss aus Art 3 Abs 4 S 2 lit a des Beschlusses **EZB/2010/29**. Allerdings darf **nicht bereits eine Demonetisierung durch tatsächliche Vorgänge** erfolgt sein. Nur gültige Euro-Banknoten unterliegen der Umtauschpflicht, wie sich dem Wortlaut und der Systematik des Beschlusses entnehmen lässt (OMLOR, Geldprivatrecht [2014] 127). Eine deutsche Nachfolgeregelung zu § 14 Abs 3 S 2 BBankG aF, der mit der Euro-Bargeldeinführung aufgehoben wurde, existiert hingegen nicht.

A141

Der Beschluss der Europäischen Zentralbank **EZB/2010/29** stellt **nicht nur schlichtes Binnenrecht** dar, sodass lediglich der allgemeine Gleichbehandlungsgrundsatz eingreife (so VG Frankfurt aM 8. 3. 2007 – 1 E 2589/06, BKR 2007, 383, 384 f). Im Gegensatz zu Art 110 EG aF zählt seit Inkrafttreten des Vertrags von Lissabon Art 132 Abs 1 2. Spiegelstrich AEUV auch den Beschluss als Handlungsform der Europäischen Zentralbank auf. Art 288 Abs 4 S 1 AEUV weist Beschlüssen eine rechtliche Verbindlichkeit in allen ihren Teilen zu. Vor dem Inkrafttreten des neuen Art 132 AEUV ergangene Beschlüsse wurden durch die Neufassung aufgefangen (Ruffert, in: Calliess/Ruffert [Hrsg], EUV/AEUV [5. Aufl 2016] Art 288 AEUV Rn 87, 90). Als adressatenbezogener Beschluss kann der Beschluss **EZB/2010/29 unmittelbare Wirkungen** entfalten (vgl zur unmittelbaren Wirkung von Entscheidungen EuGH 6. 10. 1970 – Rs C-9/70 [*Grad/Finanzamt Traunstein*] ECLI:EU:C:1970:78, Rn 5 f; EuGH 10. 11. 1992 – Rs C-156/91 [*Hansa Fleisch Ernst Mundt*] ECLI:EU:C:1992:423, Rn 11 ff). Adressaten iSv Art 288 Abs 4 S 2 AEUV sind die Zentralbanken der Euro-Mitgliedstaaten. Voraussetzungen („sämtliche Euro-Banknoten auf Ersuchen des Inhabers") und Rechtsfolgen („Austausch in Euro-Banknoten") des Anspruchs legt Art 3 Abs 2 des Beschlusses **EZB/2010/29** vollständig fest. Nach dem Umtausch hat die Bundesbank die bei ihr eingereichten Euro-Banknoten zu entwerten. Euro-Banknoten gehen dabei ihrer Eigenschaft als gesetzliche Zahlungsmittel nicht erst bei einer vollständigen physischen Vernichtung verlustig, sondern bereits infolge einer Lochung (Häde, Geldzeichen im Recht der Bundesrepublik Deutschland [1991] 102).

A142 Eine Demonetisierung durch **tatsächliche Vorgänge**, dh durch Beschädigung oder Vernichtung von Geldzeichen, bedarf keines auch nur deklaratorischen Hoheitsakts. Die **Geldeigenschaft** wird **eo ipso aufgehoben**, sofern die Geldzeichen nicht mehr als Zahlungsmittel verwendet werden können und die Bundesbank in der Folge auch keine Umtauschpflicht mehr trifft (Staudinger/K Schmidt [1997] Vorbem B7 zu §§ 244 ff). Dabei besteht ein Gleichlauf zwischen der Umtauschpflicht der Bundesbank und dem Fortbestehen des Geldcharakters. Als Abgrenzungskriterium ist für Euro-Banknoten eine **Substanzerhaltungsquote von 50 %** heranzuziehen (vgl BVerwG 23. 11. 1993 – 1 C 21/92, BVerwGE 94, 294, 295 sowie Erwägungsgrund 10 und Art 3 Abs 1 des Beschlusses EZB/2013/10 über die Stückelung, Merkmale und Reproduktion sowie den Umtausch und Einzug von Banknoten v 19. 4. 2013 [ABl EU Nr L 118, 37 v 30. 4. 2013]). Dieser Maßstab leitet sich aus Art 1 § 2 S 2 Alt 1 des Dritten Euro-Einführungsgesetzes ab, der die Vorlage von mehr als der Hälfte der einzelnen Banknote für einen Umtausch voraussetzt. Euro-Münzen verlieren demgegenüber ihre Gültigkeit durch physische Einwirkungen, sofern sie „durchlöchert, verfälscht oder anders als durch den gewöhnlichen Umlauf verändert" (§ 3 Abs 3 MünzG) sind. Unerheblich sind lediglich nutzungsübliche Verschleißerscheinungen.

d) Geldzeichen im Strafrecht

A143 Anders als bei Buchgeld als Geld im abstrakten Sinne knüpfen die strafrechtlichen Schutzvorschriften für Geld im konkreten Sinne nicht lediglich mittelbar an den Zugangsinstrumenten zum Geld (s u Rn A163), sondern **unmittelbar am eigentlichen Wertträger** an. Dennoch ist dem deutschen Strafrecht eine förmliche Trennung zwischen einem „Geldzeichenstrafrecht" und einem „Buchgeldstrafrecht" fremd. Außer im Achten Abschnitt des StGB (§§ 146–152 StGB) und im Währungsrecht (zB § 35 Abs 1 BBankG, §§ 11 f MünzG) finden sich keine Straftatbestände, die speziell Geld im konkreten Sinne als Tatbestandsmerkmal aufweisen. Diebstahl (§ 242 StGB), Unterschlagung (§ 246 StGB) und Hehlerei (§ 259 StGB) stellen hingegen allgemeine, dh nicht geldspezifische, Tatbestände dar, die allerdings auch Geldzeichen als bewegliche Sachen schützen.

aa) Besondere geldzeichenbezogene Straftatbestände
Außerhalb des Strafgesetzbuches schützen verschiedene **währungsrechtliche Straftatbestände** die **hoheitlichen Emissionsmonopole** für Euro-Bargeld (FÖGEN, Geld- und Währungsrecht [1969] 31; HÄDE, Geldzeichen im Recht der Bundesrepublik Deutschland [1991] 191): des Bundes für Euro-Münzen (§§ 1 f MünzG) und der Deutschen Bundesbank für Euro-Banknoten (§ 14 Abs 1 S 1 BBankG). Flankiert und inspiriert werden die mitgliedstaatlichen Straftatbestände durch **Vorgaben des sekundärrechtlichen Währungsrechts**. Nach Art 2 und 6 VO (EG) Nr 2182/2004 (Verordnung [EG] Nr 2182/2004 über Medaillen und Münzstücke mit ähnlichen Merkmalen wie Euro-Münzen v 6. 12. 2004 [ABl EG Nr L 373, 1 v 21. 12. 2004]) dürfen Medaillen und Münzstücke, die eine hinreichende Ähnlichkeit mit Euro-Münzen aufweisen, weder hergestellt noch verbreitet werden; Verstöße dagegen müssen von den Mitgliedstaaten wirksam geahndet werden. Insbesondere in den Bargeldverkehr involvierte Kreditinstitute trifft die Pflicht aus Art 3 Abs 1 und 2 VO (EG) Nr 1210/2010 (Verordnung [EG] Nr 1210/2010 zur Echtheitsprüfung von Euro-Münzen und zur Behandlung von nicht für den Umlauf bestimmten Münzen v 15. 12. 2010 [ABl EU Nr L 339, 1 v 22. 12. 2010]) zur Echtheitsprüfung von Euro-Münzen; deren Verletzung haben die Mitgliedstaaten nach Art 13 VO (EG) Nr 1210/2010 effektiv zu sanktionieren.

A144

Die unmittelbare Sanktionsgrundlage für Verstöße gegen den im Sekundärrecht und in § 11 MünzG aufgestellten Münzschutz ist im **Ordnungswidrigkeitenkatalog des § 12 MünzG** enthalten. Die **unbefugte Ausgabe und Verwendung von Geldzeichen** stellt nach **§ 35 Abs 1 BBankG** hingegen eine Straftat dar. Schutzgegenstände sind dabei nicht nur auf Euro lautende Geldzeichen, sondern Geldzeichen in jeglicher Währung (vgl § 35 Abs 1 Nr 1 BBankG aE). Diese Ausdehnung des Strafrechtsschutzes über den eigenen Währungsraum hinaus lässt sich auf das **Internationale Abkommen zur Bekämpfung der Falschmünzerei** v 20. 4. 1929 (RGBl II 1933, 913; BGBl II 1955, 8) zurückführen. Darin verpflichten sich die Vertragsparteien, zu denen auch Deutschland gehört, strafrechtlich gegen die Fälschung von Bargeld vorzugehen. Als Geld werden sowohl Münzen als auch Banknoten eingestuft, sofern sie sich auf gesetzlicher Grundlage im Umlauf befinden (Art 2 des Abkommens). Zudem darf nicht zwischen „inländischem und ausländischem Geld" (Art 5 des Abkommens) differenziert werden, sodass die nationalen Strafrechtsbestimmungen währungsneutral gestaltet sein müssen. Auch eine Tatbegehung im Ausland kann vor deutschen Strafgerichten geahndet werden, da über § 6 Nr 9 StGB iVm Art 9 des Abkommens das **Weltrechtsprinzip** gilt.

A145

Ebenso wie § 35 BBankG schützen auch die **§§ 146–152 StGB** das staatliche Monopol zur Emission von Münzen und Banknoten (zur Münzhoheit BGH 17. 5. 1996 – 3 StR 631/95, BGHSt 42, 162, 169). Hinzu tritt als Schutzgut die **Sicherheit und Funktionsfähigkeit des Geldverkehrs** (RGSt 67, 294, 297; BGH 17. 12. 1953 – 4 StR 496/53, NJW 1954, 564). Im Geldbegriff der §§ 146–152 StGB, wie ihn die höchstrichterliche Rechtsprechung konturiert, spiegelt sich das Geld im konkreten Sinne wider (im Einzelnen s o Rn A121). An das Vorliegen von Falschgeld sind aus Gründen eines effektiven Schutzes des Zahlungsverkehrs „keine allzu hohen Anforderungen" (BGH 28. 1. 2003 – 3 StR 472/02, NStZ

A146

2003, 368, 369) zu stellen. Das Vorfeld der Geldfälschung decken § 149 StGB bei Vorsatz und §§ 127–129 OWiG unter Einschluss der Fahrlässigkeit ab. Eine Parallele zu § 35 BBankG besteht hinsichtlich des internationalen Anwendungsbereichs, die auf die völkervertragsrechtlichen Pflichten Deutschlands aus dem Internationalen Abkommen zur Bekämpfung der Falschmünzerei v 20. 4. 1929 zurückzuführen ist. Nach § 152 StGB taugt als Tatobjekt der §§ 146–151 StGB auch ausländisches Geld aus fremden Währungsräumen. Das Weltrechtsprinzip für eine Tatbegehung im Ausland ordnet § 6 Nr 7 StGB an.

bb) Allgemeine Vermögensdelikte

A147 Geld im konkreten Sinne kann – im Gegensatz zu unverkörpertem Buchgeld (OLG München 26. 7. 1976 – 2 Ws 194/76, JZ 1977, 408, 409) – gestohlen werden. Die besondere Funktionsbezogenheit des Geldes als neutralem Wertträger begründet auch im Strafrecht, namentlich bei der Strafbarkeit wegen **Diebstahls und Hehlerei**, eine besondere Komplexität bezüglich der rechtlichen Bewertung von **Geldwechselvorgängen** (zur zivilrechtlichen Seite s u Rn A173 ff). Tauscht jemand eigenmächtig einen 50 Euro-Schein gegen fünf 10 Euro-Scheine aus, stellt sich die – überwiegend verneinte – Frage nach einer Strafbarkeit wegen Diebstahls am 50 Euro-Schein. Teilweise wird der Schutzbereich von § 242 StGB als nicht betroffen angesehen (Bosch, in: Schönke/Schröder/Eser [Hrsg], StGB [30. Aufl 2019] § 242 Rn 6; ähnlich Kollenberg, Besondere Probleme bei Geld als Angriffsobjekt im Rahmen von Eigentums- und Vermögensdelikten [1978] 69 ff, 112 ff). Andere lassen die Rechtswidrigkeit der angestrebten Zueignung an einer mutmaßlichen Einwilligung scheitern (MünchKommStGB/Schmitz³ § 242 Rn 168). Die Vertreter der sog **Wertsummentheorie** verneinen bereits die Zueignungsabsicht (stellvertretend Roxin, in: FS Hellmuth Mayer [1966] 467, 476; dem folgend OLG Celle 25. 6. 1974 – 1 Ss 125/74, NJW 1974, 1833). In der Tat begründet das heimliche Geldwechseln regelmäßig keine Strafbarkeit wegen Diebstahls, da zumeist von einer mutmaßlichen Einwilligung auszugehen ist (Omlor, Geldprivatrecht [2014] 128 f). Eine solche liegt jedoch nicht vor, wenn der Geldeigentümer für den Täter erkennbar ein besonderes Interesse gerade an den ausgetauschten Stücken hat. Nur auf diese Weise wird das Eigentum als Rechtsgut des § 242 StGB (BGH 26. 7. 1957 – 4 StR 257/57, BGHSt 10, 400) effektiv geschützt.

A148 Die Wertsummenlehre von Claus Roxin (Roxin, in: FS Hellmuth Mayer [1966] 467, 469 ff) zielt auch auf den Tatbestand der **Hehlerei** (§ 259 StGB). Auch dort ruft die Neutralität des Geldes als abstrakter Vermögensmacht dogmatische Spannungen hervor, wenn der Täter aus einer Vortat erlangtes Bargeld gegen andere Stücke wechselt und ein neu derart beschafftes Geldzeichen an einen wissenden Dritten weitergibt. Nach überwiegender Ansicht (Kollenberg, Besondere Probleme bei Geld als Angriffsobjekt im Rahmen von Eigentums- und Vermögensdelikten [1978] 192; MünchKommStGB/Maier³ § 259 Rn 55; Stree/Hecker, in: Schönke/Schröder/Eser [Hrsg], StGB [30. Aufl 2019] § 259 Rn 13 mwNw) fehlt es in dieser Konstellation an der Identität von gehehlter und durch die Vortat erlangter Sache. Die sog **Ersatzhehlerei** mit einer Sache, die lediglich wirtschaftlich an die Stelle der aus der Vortat erlangten Sache getreten ist, erfülle nicht den Tatbestand des § 259 Abs 1 StGB und bleibe **straflos**. Die Wertsummenlehre hingegen macht die zivilrechtliche Lehre von der vermögensrechtlichen Neutralität des Geldwechselns fruchtbar und will nach § 259 StGB auch bei einem Sichtverschaffen der durch die Vortat erlangten Wertsumme bestrafen.

2. Geld im abstrakten Sinne

a) Begriff des Buchgeldes

Buchgeld ist die paradigmatische Erscheinungsform von Geld im abstrakten Sinne. **A149** In der rechtlichen **Gestalt einer Geldforderung** besteht es aus einem **Guthaben, das jederzeit zu Zahlungszwecken eingesetzt werden kann** (MÜNCH, Das Giralgeld in der Rechtsordnung der Bundesrepublik Deutschland [1990] 26, 190 ff; OMLOR, Geldprivatrecht [2014] 131 mwNw). Die gegen eine Bank bzw einen Zahlungsdienstleister gerichtete Geldforderung ist durch die Auszahlung und Übereignung von Geld im konkreten Sinne zu erfüllen. Die **Schaffung von „reine[m] Buchgeld"** (REINHARDT, in: FS Gustav Boehmer [1954] 60, 71), das gänzlich ohne Bezug zu Bargeld auskommt, lässt sich mit der gegenwärtigen Ausgestaltung des Geldverkehrs nicht in Einklang bringen (OMLOR, Geldprivatrecht [2014] 132). Erst eine völlige faktische Marginalisierung des Bargeldes eröffnete eine solchen Gestaltungs- und Entwicklungsspielraum. Auch müsste die Umtauschpflicht für elektronisches (Buch-)Geld, die § 33 Abs 1 S 2 ZAG aufsichtsrechtlich vorschreibt und zivilrechtlich auf §§ 675c Abs 1, 667 Alt 1 BGB basiert, aufgehoben werden.

Buchgeld unterfällt **auch im „Ruhezustand"** dem abstrakten Geldbegriff (ROBERTSON, **A150** Das Geld [2. Aufl 1935] 51: „brachliegendes Bankgeld"; LUKAS, Aufgaben des Geldes [1937] 266: „ruhendes Giralgeld"; OMLOR, Geldprivatrecht [2014] 131 f; **aA** STAUDINGER/K SCHMIDT [1997] Vorbem A32 zu §§ 244 ff). Die Geldeigenschaft setzt nicht voraus, dass sich Buchgeld auf dem Transaktionsweg befindet. Die Funktion des Buchgeldes als Tauschmittel beinhaltet auch die Eignung zur Wertaufbewahrung (s o Rn A38). Eine solche zeigt sich naturgemäß in der passiven „Lagerung" von Buchgeld auf einem entsprechenden Konto. Das Buchgeld wäre einer gewichtigen Säule seiner bargeldäquivalenten Funktionalität beraubt, verlöre es seinen Geldcharakter in den Phasen zwischen den einzelnen Zahlungsvorgängen.

Das Erfordernis der jederzeitigen Einsetzbarkeit zu Zahlungszwecken gründet in **A151** der konkreten **Geldfunktion als Universaltauschmittel**. Guthaben, auf das ihr Inhaber nicht an jedem Geschäftstag iSd § 675n Abs 1 S 4 BGB zugreifen kann, stellt daher kein Geld dar (MÜNCH, Das Giralgeld in der Rechtsordnung der Bundesrepublik Deutschland [1990] 36 f; iE ebenso LUKAS, Aufgaben des Geldes [1937] 261 f, 266; **aA** R SCHMIDT, in: ISENSEE/ KIRCHHOF [Hrsg], Handbuch des Staatsrechts der Bundesrepublik Deutschland [3. Aufl 2007] § 117 Rn 2). Damit scheiden **Spar- und Terminguthaben** aus dem Buchgeldbegriff aus. Um Buchgeld zu werden, muss die zeitliche Zugriffsbeschränkung entfallen; erst in diesem Zeitpunkt lebt die Buchgeldeigenschaft wieder auf.

Als Unterform dem Buchgeld zuzuordnen ist das **E-Geld** (elektronisches Geld). Die **A152** über den Verweis in § 675c Abs 3 BGB auch für das Zahlungsdiensterecht maßgebliche Legaldefinition im Aufsichtsrecht enthält § 1 Abs 2 S 3 ZAG, der Art 2 Nr 2 Richtlinie 2009/110/EG (Richtlinie 2009/110/EG über die Aufnahme, Ausübung und Beaufsichtigung der Tätigkeit von E-Geld-Instituten v 16. 9. 2009 [ABl EU Nr L 267, 7 v 10. 10. 2009]) umsetzt. Danach ist E-Geld „jeder elektronisch, darunter auch magnetisch, gespeicherte monetäre Wert in Form einer Forderung gegenüber dem Emittenten, der gegen Zahlung eines Geldbetrages ausgestellt wird, um damit Zahlungsvorgänge im Sinne des § 675f Abs 4 Satz 1 BGB durchzuführen, und der auch von anderen natürlichen oder juristischen Personen als dem Emittenten angenommen wird". Diese Begriffsbestimmung lässt sich auch mit der vereinfachenden **Kurzformel „E-Geld = Buchgeld mit elektronischer Speicherung"** erfassen. Es handelt sich um eine Sonderform des Buchgeldes (BeckOGK/Freitag [1. 4. 2020] § 244 Rn 17). Auch E-Geld liegt eine Buchgeldforderung zugrunde (Omlor ZIP 2017, 1836, 1837; MünchKomm HGB/Herresthal[4] Zahlungsverkehr A. Giroverhältnis Rn 71; aA BeckOGK/Köndgen [1. 10. 2020] § 675c Rn 117). Das daraus resultierende Guthaben, der „monetäre Wert", ist zu Zahlungszwecken, dh für Zahlungsvorgänge iSd Zahlungsdiensterechts, einsetzbar. Es handelt sich nach der gesetzlichen Konzeption um ein **elektronisches Bargeldsurrogat** (Erwägungsgrund 13 Richtlinie 2009/110/EG). Praktisch befindet sich E-Geld gespeichert auf Geldkarten (Soergel/Werner [13. Aufl 2012] § 675i Rn 3) und wird bei verschiedenen internetbasierten Zahlungsdiensten (zB *PayPal* und *Amazon Pay*, vgl zu den Rechtsbeziehungen Staudinger/Omlor [2020] § 675i Rn 30 ff, 40 ff) eingesetzt (BGH 22. 11. 2017 – VIII ZR 83/16 Rn 16, BGHZ 217, 33 [zu *PayPal*]; Staudinger/Omlor [2020] § 675c Rn 7; offen noch nach früherer Rechtslage Meder/Grabe BKR 2005, 467, 470 f). Kein E-Geld stellen hingegen Blockchain-basierte Zahlungsmittel wie **Bitcoins**, Ether und Lumen dar (Terlau, in: Casper/Terlau [Hrsg], ZAG [2. Aufl 2020] § 1 Rn 224; ders, in: Schimansky/Bunte/Lwowski (Hrsg.), Bankrechts-Handbuch [5. Aufl 2017] § 55a Rn 25; ders, in: Möslein/Omlor, Fin-Tech-Handbuch [2. Aufl 2021] § 34 Rn 36 ff; BeckOK BGB/Dennhardt [1. 11. 2020] § 362 Rn 42a; Omlor JZ 2017, 754, 758; Hildner BKR 2016, 485, 489; Beck NJW 2015, 580, 581 f; Martens JuS 2014, 105, 106; Spindler/Bille WM 2014, 1357, 1361; Eckert DB 2013, 2108, 2109; Harmann BKR 2018, 457, 461; MünchKomm HGB/Herresthal[4] Zahlungsverkehr A. Giroverhältnis Rn 88). Gleiches gilt im Ergebnis bei **Treuepunkten**, wie[4] sie in Kundenbindungsprogrammen (zB Miles & More) gutgeschrieben werden (Omlor WM 2020, 951 ff und 1003 ff).

A152a Sofern **Zahlungs-Token** als Geld im abstrakten Sinn verstanden werden können, folgt daraus nicht automatisch auch deren Buchgeldeigenschaft. Im Ausgangspunkt ist danach zu differenzieren, ob ihre **Ausgabe durch eine zentrale Stelle** erfolgt oder nicht (Omlor, in: Omlor/Link [Hrsg], Handbuch Kryptowährungen und Token [2021] Kap 6 Rn 29). Ohne einen solchen Emittenten fehlt es an einem tauglichen Schuldner (§ 241 Abs 1 Satz 1 BGB) einer Buchgeldforderung (Langenbucher AcP 218 [2018] 385, 406; Spindler/Bille WM 2014, 1357, 1360; Schäfer/Eckhold, in: Assmann/Schütze/Buck-Heeb [Hrsg], Handbuch des Kapitalanlagerechts, § 16a Rn 32). Die Netzwerkteilnehmer handeln bei einer Transaktionsvalidierung regelmäßig ohne Rechtsbindungswillen (Spindler/Bille WM 2014, 1357, 1360), sodass eine gesellschaftsvertragliche Einordnung des jeweiligen Blockchain-Netzwerks ausscheidet (Hofert ZD 2017, 161, 165); zumindest bei der **Bitcoin**-Blockchain liegt ein solcher Regelfall vor. Demgegenüber kann eine Einordnung als Buchgeld erfolgen, sofern ein zentraler Emittent eingeschaltet ist. Ein solcher Fall liegt im Diem-Netzwerk vor, da die Erzeugung und Vernichtung von **Diem**-Einheiten zentral durch die Diem Association erfolgt. Ob eine für den Buchgeldcharakter erforderliche Buchgeldforderung vorliegt, hängt jedoch letztlich von der Ausgestaltung der einzelnen Rechtsbeziehungen und dem Rechtsbindungswillen der Diem Association ab. Da auch E-Geld als Unterfall des Buchgeldes eine solche „Forderung an den Emittenten" (§ 1 Abs 2 S 3 ZAG) voraussetzt, unterliegt die E-Geld-Qualifikation derselben Eingangshürde (weiterführend Auffenberg BKR 2019, 341, 345). Ein zentraler Emittent wird schließlich bei **digitalem Zentralbankgeld** einbezogen, wobei es im Detail darauf ankommt, welches Umsetzungsmodell vorliegt (Omlor/Birne RDi 2020, 1 Rn 32 ff).

b) Erlangung und Verlust der Buchgeldeigenschaft
(1) Privatrechtliche Buchgeldschöpfung

Schon die auf einer privatrechtlichen Geldforderung beruhende Buchgelddefinition **A153** legt nahe, dass die Entstehung von Buchgeld **keinen hoheitlichen Schöpfungsakt** erfordert. Darin liegt der wesentliche Unterschied zur Monetisierung von staatlichem Bargeld (OMLOR, Geldprivatrecht [2014] 134). Die Emissionsregelungen für Euro-Bargeld in Art 128 AEUV, Art 10, 11 VO (EG) Nr 974/98 (Verordnung [EG] Nr 974/98 über die Einführung des Euro v 3. 5. 1998 [ABl EG Nr L 139, 1 v 11. 5. 1998]), § 14 Abs 1 BBankG und § 1 MünzG finden auf Buchgeld keine Anwendung. Buchgeld entsteht durch einen **rein privatrechtlichen Akt einer Bank** bzw eines Zahlungsdienstleisters. Verschafft eine Bank bzw ein Zahlungsdienstleister einem Kunden eine täglich fällige Forderung auf Bargeld gegen sich selbst (Sichtguthaben), so liegt darin **Buchgeldschöpfung** (HARLANDT, Die Evolution des Geldes [1989] 123; KRATZMANN, Das Geld: Vertragsobjekt, Rechtskonstrukt und ökonomische Größe [2. Aufl 2019] 78, 80 f; grundlegend SCHILCHER, Geldfunktionen und Buchgeldschöpfung [1958] 108 ff). Praktischer Hauptanwendungsfall ist die **Kreditgewährung** (REINHARDT, in: FS Gustav Boehmer [1954] 60, 71 f; FÖGEN, Geld- und Währungsrecht [1969] 19; HARLANDT, Die Evolution des Geldes [1989] 124; KRATZMANN ZfgK 2013, 301, 304).

Der Buchgeldschöpfung ist durch das geltende Privatrecht, insbesondere das Darle- **A154** hens- und Zahlungsdiensterecht, sowie durch die aufsichtsrechtlichen Vorgaben zu Mindestreserven und zur Eigenkapitalausstattung von Kreditinstituten **gesetzlichen Grenzen** unterworfen. Daraus folgt zugleich die normative Anerkennung, die für die Einstufung als Geld im abstrakten (Rechts-)Sinne notwendig ist (s o Rn A66 ff), aber keine Legitimation im Sinne des Demokratieprinzips (aA KRATZMANN ZfgK 2013, 301, 305). Innerhalb dieses rechtlichen Gestaltungsrahmens unterliegt der Umfang der Buchgeldschöpfung der Geschäftspolitik der Kreditinstitute. Der **Mindestreservesatz** für Sichteinlagen beläuft sich derzeit (2021) auf 1,0 %. Die Höhe der Mindestreserve legt die Europäische Zentralbank auf der Ermächtigungsgrundlage des Art 132 Abs 1 1. Spiegelstrich AEUV durch Verordnung (Art 3 und 4 Verordnung [EG] Nr 1745/2003 über die Auferlegung einer Mindestreservepflicht v 12. 9. 2003 [ABl EU Nr L 250, 10 v 2. 10. 2003], zuletzt geändert durch die Verordnung [EU] Nr 2016/1705 v 9. 9. 2016 [ABl EU Nr L 257, 10 v 23. 9. 2016]) fest. Die **Eigenkapitalvorgaben** haben mit der Einführung des Einheitlichen Aufsichtsmechanismus (*Single Supervisory Mechanism* – SSM) für systemrelevante Banken (vgl Verordnung [EU] Nr 1024/2013 zur Übertragung besonderer Aufgaben im Zusammenhang mit der Aufsicht über Kreditinstitute auf die Europäische Zentralbank v 15. 11. 2013 [ABl EU Nr L 287, 63 v 29. 10. 2013]) eine neue Kodifizierung im Sekundärrecht gefunden: in der sog **Kapitaladäquanzrichtlinie** (Richtlinie 2013/36/EU über den Zugang zur Tätigkeit von Kreditinstituten und die Beaufsichtigung von Kreditinstituten und Wertpapierfirmen v 26. 6. 2013 [ABl EU Nr L 176, 338 v 27. 6. 2013]) und der sog **Kapitaladäquanzverordnung** (Verordnung [EU] Nr 575/2013 über Aufsichtsanforderungen an Kreditinstitute und Wertpapierfirmen v 26. 6. 2013, [ABl EU Nr L 176, 1 v 27. 6. 2013]). Ausdrücklich bezweckt die Kapitaladäquanzrichtlinie 2013/36/EU den „Schutz der Sparer" (Erwägungsgrund 12 der Richtlinie 2013/36/EU). Beispielhaft knüpft Art 79 lit a und b der Richtlinie die Vergabe von Krediten an die Befolgung von „soliden, klar definierten Kriterien" und an das Vorhandensein von internen Methoden, um das Kreditrisiko im Einzelfall wie für das gesamte Kreditportfolio bewerten zu können. Auch die Kapitaladäquanzverordnung zielt auf einen „hohen Grad an Anleger- und Einlegerschutz" (Erwägungsgrund 7 der Verordnung [EU] Nr 575/2013), indem sie die Einzelheiten für die erforderlichen Eigenmittel der Institute beinhaltet.

(2) Untergang von Buchgeld

A155 Ebenso wie die Entstehung von Buchgeld setzt sein Untergang keinen Hoheitsakt voraus. Sowohl Anfang und Ende der Buchgeldexistenz werden **durch die Ausübung von Privatautonomie** hervorgerufen. Buchgeld wird durch das Entfallen eines der konstitutiven Buchgeldkriterien „demonetisiert" (OMLOR, Geldprivatrecht [2014] 135). Erstens kann die Zahlungsmitteleigenschaft aufgehoben werden, die auf einer banktäglichen Verfügbarkeit des Tauschmittels basiert. Ein solcher – typischerweise lediglich temporärer – Vorgang ist unter anderem in der **Umwandlung einer Sichteinlage in Spar- oder Terminguthaben** zu sehen. Erst der zeitliche Ablauf der Zugriffssperre für den Inhaber des Spar- oder Terminguthabens lässt wieder Buchgeld entstehen.

A156 Zweitens findet ein Untergang von Buchgeld bei seinem **„Eintausch" gegen Bargeld** statt. In dieser Konstellation macht der Geldinhaber den im Buchgeld liegenden Anspruch gegen den Emittenten geltend, der auf Bargeldauszahlung gerichtet ist (s o Rn A156). Namentlich bei einer **Bargeldabhebung** von einem Girokonto findet ein solcher Vorgang statt. Wurde unmittelbar Bargeld verwendet, um E-Geld (zur Definition s o Rn A101, zur Rechtsnatur Rn A152) zu erzeugen, steht dem Inhaber ein **Anspruch aus §§ 675c Abs 1, 667 Alt 1 BGB** auf Rücktausch zu (zur Geldkarte KÜMPEL WM 1997, 1037, 1038; TEGEBAUER, Die Geldkarte [2002] 42; STAUDINGER/OMLOR [2020] § 675i Rn 28). Dieser geschäftsbesorgungsrechtliche Anspruch ist allerdings nur auf die Rückgewähr von Buchgeld gerichtet, wenn – wie im praktischen Regelfall – solches in elektronisches Geld umgetauscht wurde. Weiter greift insofern der Wortlaut von § 33 Abs 1 S 2 ZAG, der stets einen Anspruch auf Auszahlung in gesetzlichen Zahlungsmitteln vorsieht. **Richtlinienkonform** ist nach den Vorgaben aus Art 11 der E-Geld-Richtlinie (Richtlinie 2009/110/EG über die Aufnahme, Ausübung und Beaufsichtigung der Tätigkeit von E-Geld-Instituten v 16. 9. 2009 [ABl EU Nr L 267, 7 v 10. 10. 2009]) jedoch ein Umtausch stets in der Geldform vorzunehmen, in welcher ursprünglich die Einzahlung für E-Geld erfolgte (OMLOR ZIP 2017, 1836, 1837; iE ähnlich BORGES/SESING, in: LANGENBUCHER/BLIESENER/SPINDLER [Hrsg], Bankrechts-Kommentar [3. Aufl 2020] Kap 8 § 675c Rn 7.). Keinesfalls ist aufsichtsrechtlich stets eine Rückgewähr von gesetzlichen Zahlungsmitteln geschuldet (SCHWENNICKE, in: SCHWENNICKE/AUERBACH [Hrsg], KWG [4. Aufl 2021] § 1 ZAG Rn 108; **aA** BT-Drucks 17/3023, 40; TERLAU, in: SCHIMANSKY/BUNTE/LWOWSKI [Hrsg], Bankrechts-Handbuch [5. Aufl 2017] § 55a Rn 24).

(3) Transfer von Buchgeld

A157 Einen Sonderfall bildet der Transfer von Buchgeld. Wird Buchgeld beispielsweise durch eine institutsexterne **Überweisung an einen Dritten** übertragen, ändert sich seine **rechtskonstruktive Identität**: Die bisherige Forderung des Buchgeldinhabers gegen den Buchgeldausgeber besteht nicht mehr bzw nicht in gleicher Höhe fort. Zwischen einem neuen Schuldner und einem neuen Gläubiger gelangt eine neue Forderung zur Entstehung. Diese technische Betrachtungsweise bleibt geldrechtlich allerdings ohne Relevanz: Infolge der **Neutralität des Buchgeldes** als abstraktem Wertträger kommt es nicht zum Untergang auf Seiten des Zahlers und zur Neuentstehung auf Seiten des Empfängers; das Buchgeld wird lediglich einem anderen Inhaber zugewiesen (*„money has no earmark"*).

c) Methoden des Buchgeldtransfers
aa) Grundkonstruktion

Die Eigenständigkeit des Buchgelds gegenüber den gesetzlichen Zahlungsmitteln zeigt sich auch in den verschiedenen Übertragungsmodalitäten. Ihnen ist gemeinsam, dass sie ohne den Einsatz von Bargeld auskommen. Die **Legaldefinition des Zahlungsvorgangs** in § 675f Abs 4 S 1 HS 1 BGB taugt als positivrechtliche Kurzformel für eine Buchgeldübertragung (Omlor, Geldprivatrecht [2014] 133), auch wenn sie inhaltlich weiter gefasst ist. Ein solcher Zahlungsvorgang kann auch in der Aus- oder Einzahlung von Bargeld bestehen, bei der Buchgeld entweder originär entsteht oder in seiner Existenz beendet wird. Grund für diese begriffliche Breite ist der Umstand, dass das Zahlungsdiensterecht am Rande auch Transaktionen unter Verwendung von Bargeld mitregelt (zB § 675t Abs 1 S 3, Abs 2 BGB). Rechtskonstruktiv erlischt die Forderung des Zahlers gegen den Buchgeldausgeber im Umfang des Zahlungsbetrags (vgl § 675q Abs 1 BGB), der zum empfangenden Zahlungsdienstleister transferiert wird, wobei Entgelte des sendenden Zahlungsdienstleisters noch hinzutreten können (vgl § 675q Abs 3 BGB). Vorbehaltlich einer abweichenden vertraglichen Entgeltregelung im Inkassoverhältnis (vgl § 675q Abs 2 BGB) gelangt sodann eine **neue Forderung des Empfängers** in Höhe des Zahlungsbetrags zur Entstehung. **A158**

bb) Einzelne Transferierungsformen

Die Formen der Buchgeldübertragung unterliegen nicht nur dem Wandel des jeweiligen Rechtsrahmens, sondern auch der technischen Möglichkeiten. Geldgeschichte ist zugleich **Technikgeschichte** (s o Rn A11 ff). War bei den Anfängen der Überweisung im Oberitalien des 13./14. Jahrhunderts noch ein persönliches Erscheinen des Zahlers bei seiner Bank erforderlich (s o Rn A20), so verzichtet das Online-Banking sogar auf einen papiergebundenen Überweisungsauftrag. Insofern zeichnen sich die Übertragungswege durch eine Entwicklungsoffenheit aus. **A159**

Sowohl entwicklungsgeschichtlich als auch rechtsdogmatisch bildet die **Überweisung** die **Ur- und Grundform der Buchgeldübertragung**. Bei ihr weist der Zahler seinen Zahlungsdienstleister mittels eines Zahlungsauftrags an, einen bestimmten Geldbetrag auf das Konto des Empfängers zu transportieren (vgl zu den verschiedenen Gestaltungen Staudinger/Omlor [2020] § 675f Rn 24 ff). Der Verantwortungsbereich des sendenden Zahlungsdienstleisters endet dabei mit der Gutschrift auf dem Konto des empfangenden Zahlungsdienstleisters (vgl §§ 675s Abs 1 S HS 1, 675t Abs 1 S 1 BGB). Da der Zahler selbst den unmittelbaren Anstoß für die Durchführung des Zahlungsvorgangs gibt, handelt es sich bei der Überweisung um eine sog *„Push*-Zahlung". Ihr steht als rückläufige Überweisung die **Lastschrift** gegenüber (zur Rechtsnatur statt aller BGH 28. 2. 1977 – II ZR 52/75, BGHZ 69, 82, 84; Hadding/Häuser ZHR 145 [1981] 138, 156; Meder JZ 2005, 1089), bei welcher der Empfänger den Zahlungsvorgang auslöst (*„Pull*-Zahlung"). **A160**

Für eine Buchgeldübertragung können auch gegenständliche Hilfsmittel eingesetzt werden. Als solche **„Schlüssel" zum Buchgeld** fungieren nicht nur die verkehrsüblichen Zahlungskarten wie Debit- und Kreditkarte, sondern auch – wenn auch wegen seiner besonderen Transport- und Garantiefunktion modifiziert – der **Scheck**. Der Scheck unterfällt zwar dem abstrakten Geldbegriff (s o Rn A66 ff), stellt aber dennoch **kein Buchgeld** dar. Seiner Rechtsnatur nach ist der Scheck eine Sonderform der Anweisung iSd § 783 BGB (Staudinger/Omlor [2020] § 675f Rn 129), die abstrakt und unbe- **A161** dingt erteilt sowie durch das ScheckG formalisiert wird (Nobbe, in: Schimansky/Bunte/Lwowski [Hrsg], Bankrechts-Handbuch [5. Aufl 2017] § 60 Rn 10 mwNw). Zwar verbrieft er als Wertpapier eine Forderung, aber nicht gegen die bezogene Bank, sondern unter den Rückgriffsvoraussetzungen des Art 40 ScheckG gegen die Indossanten, den Aussteller und sonstigen Scheckschuldner (Nobbe, in: Schimansky/Bunte/Lwowski [Hrsg], Bankrechts-Handbuch [5. Aufl 2017] § 60 Rn 13). Durch eine Scheckzahlung wird **aber Buchgeld übertragen**: Beim Scheckinkasso beauftragt der Einreicher seine (Inkasso-)Bank auf Grundlage eines Geschäftsbesorgungsvertrags dienstvertraglicher Natur (BGH 6. 12. 1956 – II ZR 345/55, BGHZ 22, 304, 305; BGH 24. 10. 1957 – II ZR 114/56, BGHZ 26, 1, 3; BGH 4. 7. 1977 – II ZR 133/75, WM 1977, 1119), nach Vorlage des Schecks bei der bezogenen Bank den Scheckbetrag einzuziehen und seinem Konto bei der Inkassobank gutzuschreiben. Buchgeld wird damit in Höhe der Schecksumme vom Scheckaussteller an den Schecknehmer transferiert.

A162 Ebenso wie der Scheck verbriefen auch **Debit- und Kreditkarten** keine Geldforderung, die ein Buchgeldguthaben begründen könnte. Beiden Zahlungskarten fehlt im Gegensatz zum Scheck zudem der Wertpapiercharakter (zur Debitkarte: Staudinger/Omlor [2020] § 675f Rn 117; wohl auch BGH 14. 2. 2003 – IXa ZB 53/03, NJW 2003, 1256; aA Hofmann WM 2005, 1305 ff: untypisches Rektapapier). Zahlungskarten eröffnen allerdings ebenso wie der Scheck einen Zugriff auf Buchgeld, indem sie eine – wenn auch nicht wertpapierrechtliche – **Legitimation des Verwenders** bewirken können (vgl § 675w S 2 und 3 BGB; zum Anscheinsbeweis BGH 5. 10. 2004 – XI ZR 210/03, BGHZ 160, 308, 313 ff; BGH 14. 11. 2006 – XI ZR 294/05, BGHZ 170, 18, 30; BGH 6. 7. 2010 – XI ZR 224/09, WM 2011, 924, 925; Staudinger/Omlor [2020] § 675w Rn 9; zur Fortgeltung unter der Ersten Zahlungsdiensterichtlinie BGH 26. 1. 2016 – XI ZR 91/14 Rn 23 ff, BGHZ 208, 331; OLG Düsseldorf 6. 7. 2012 – I-17 U 79/11, NJW 2012, 3381, 3382; OLG 6. 2. 2014 – 8 U 1218/13, Dresden ZIP 2014, 766; zur Zweiten Zahlungsdiensterichtlinie Linardatos NJW 2017, 2145, 1250; Hofmann BKR 2018, 62, 68 f; Zahrte NJW 2018, 337, 340; Omlor BKR 2019, 105, 110). Mittels der Zahlungskarte erteilt der Zahler die zahlungsdiensterechtliche Weisung an seinen Zahlungsdienstleister, den Zahlungsbetrag dem Empfängerkonto zukommen zu lassen (vgl § 675j Abs 1 S 4 BGB).

d) Buchgeld im Strafrecht
aa) Zahlungskarte, Scheck und Wechsel

A163 Der strafrechtliche Schutz des Buchgeldes setzt in erster Linie bei den Zugangsinstrumenten an. Die in den §§ 152a, 152b StGB sanktionierte Fälschung von Zahlungskarten, Schecks und Wechseln weist als Schutzgut die Sicherheit und **Funktionsfähigkeit des bargeldlosen Zahlungsverkehrs** auf (BT-Drucks 10/5058, 26). Während die Begriffe des Schecks und des Wechsels zivilrechtsakzessorisch auszulegen sind und sich bei inländischen Papieren nach dem ScheckG bzw WG richten (MünchKommStGB/Erb[3] § 152a Rn 7), unterscheidet sich der **normspezifische Begriff der Zahlungskarte** vom zivilrechtlichen (Omlor, Geldprivatrecht [2014] 137). Die Anforderungen aus § 152a Abs 4 StGB an eine Zahlungskarte erfüllen sowohl die Debit- als auch die Kreditkarte. Die darüber hinausreichende Garantiefunktion, die § 152b Abs 4 Nr 1 StGB erfordert, kann nur in einem Drei-Parteien-System auftreten. Solche Zahlungskarten sind insbesondere die Universalkreditkarte und die Debitkarte (BGH 13. 10. 2011 – 3 StR 239/11, NStZ 2012, 318), aber auch die Geldkarte (MünchKommStGB/Erb[3] § 152b Rn 6).

bb) Computerbetrug

Ein mittelbarer Schutz von Buchgeld wird durch den Tatbestand des Computer- **A164** betrugs bewirkt. Verschiedene missbräuchliche Verhaltensweisen im elektronischen Zahlungsverkehr erfasst § 263 Abs 1 Var 3 StGB. **Schutzgut** ist dabei das **Individualvermögen** (BGH 10. 11. 1994 – 1 StR 157/94, BGHSt 40, 331, 334; BGH 30. 1. 2001 – 1 StR 512/00, NJW 2001, 1508), nur reflexartig die Funktionsfähigkeit des bargeldlosen Zahlungsverkehrs. Als **unbefugte Verwendung von Daten** gilt danach die **Bargeldabhebung an Geldautomaten**, sofern hierfür eine gefälschte, manipulierte oder durch verbotene Eigenmacht erlangte Zahlungskarte verwendet wird (BGH 10. 11. 1994 – 1 StR 157/94, BGHSt 38, 120, 121; BGH 21. 11. 2001 – 2 StR 260/01, BGHSt 47, 160, 161 mwNw). Hierzu zählt auch der Einsatz von Zahlungskarten, die mit Hilfe der sog *Skimming*-Methode hergestellt wurden (BGH 20. 12. 2012 – 4 StR 458/12, NStZ-RR 2013, 109; vgl auch den Überblick bei BACHMANN/GOECK JR 2011, 425 ff mwNw). Nicht nur geschäftsbesorgungsrechtlich, sondern auch im Hinblick auf § 263a Abs 1 Var 3 StGB dem Bargeldbezug am Geldautomaten gleichgestellt ist die Bezahlung mit einer **Universalkreditkarte** oder einer **Debitkarte im POS-Verfahren** sowie das Aufladen einer Geldkarte (stellvertretend MünchKommStGB/MÜHLBAUER³ § 263a Rn 75, 78). Die unbefugte Durchführung von Transaktionen für einen Dritten über das **Online-Banking** kann ebenfalls einen Computerbetrug iSv § 263a Abs 1 Var 3 StGB darstellen, etwa, wenn fremde Legitimationsdaten (zB PIN/TAN) zum Einsatz kommen (zum sog *Phishing* OLG Zweibrücken 28. 1. 2010 – 4 U 133/08, MMR 2010, 346). Gleiches gilt für die unberechtigte Verwendung einer Kreditkarte im Mailorderverfahren. Nicht als Computerbetrug strafbar ist hingegen der Einsatz einer Zahlungskarte durch deren berechtigten Inhaber, sofern er lediglich unbefugt im Innenverhältnis zur Bank handelt (BGHSt 47, 160, 162 f).

cc) Diebstahl

Lediglich **reflexartig und rudimentär** schützt der Diebstahlstatbestand des § 242 StGB **A165** das Buchgeld. Buchgeld fehlt die für § 242 StGB erforderliche Körperlichkeit, die auch nicht unter Rückgriff auf die gegenständlichen Zugangsinstrumente (wie Debitoder Kreditkarte) surrogiert wird. Zwar kann ein Zugangsinstrument durchaus das Tatobjekt eines Diebstahls sein. Allerdings fehlt es an der notwendigen Zueignungsabsicht, sofern der Täter von Anfang an plant, die Zahlungskarte nach deren Einsatz wieder zurückzugeben; die Möglichkeit zur bargeldlosen Bezahlung oder zum Bargeldbezug stellen **keinen funktionsspezifischen Sachwert** der Zahlungskarte dar (BGH 16. 12. 1987 – 3 StR 209/87, BGHSt 35, 152, 156 ff). Eine Zueignungsabsicht liegt ebenfalls nicht vor, wenn die auf der Zahlungskarte gespeicherten Daten kopiert und die Karte selbst sodann wieder zurückgebracht werden soll.

e) Zahlungs-Token

Einen Anwendungsfall des Geldes im abstrakten Sinne können neben Buchgeld **A165a** auch Zahlungs-Token bzw Kryptowährungen (zum Begriff vgl Vorbem A83a ff zu §§ 244–248) darstellen.

aa) Entstehung

Ähnlich wie bei klassischem Bargeld (vgl Vorbem A132 ff zu §§ 244–248) stellt sich auch **A165b** bei Zahlungs-Token die Frage nach dem Zeitpunkt der Entstehung als Geld. Dabei ist zwischen der **technischen und der rechtlichen Entstehung zu unterscheiden**. Die technische Generierung im betreffenden Blockchain-Netzwerk ist notwendige, aber nicht hinreichende Bedingung für eine Entstehung als Geld. Zu welchem Zeitpunkt die rechtliche Qualifikation hinzutritt, ist von der Ausgestaltung des jeweiligen Zahlungsnetzwerks abhängig. Typischerweise ist danach zu differenzieren, ob eine zentrale Stelle existiert oder nicht. Im **Bitcoin**-Netzwerk fehlt eine solche; Bitcoins erlangen ihre (potentielle, vgl zur derzeit fehlenden Geldeigenschaft Vorbem A83c zu §§ 244-248) Einordnung als Geld unmittelbar mit ihrer technischen Generierung. Demgegenüber ist im **Diem**-Netzwerk eine Zwischenphase vorgeschaltet. Die Ausgabe durch die zuständige Stelle ist der Generierung der einzelnen Diem-Token chronologisch nachgelagert. Zwar fehlt es bei Diem an einem hoheitlichen Monetisierungsakt in Gestalt eines Verwaltungsakts, aber eine Monetisierung kann bei privat geschöpftem Geld auch privatrechtlich erfolgen (vgl zum Buchgeld Vorbem A153 zu §§ 244-248).

A165c Demgegenüber bedarf es bei **digitalem Zentralbankgeld** einer währungsrechtlichen Monetisierung. Dabei handelt es sich um einen Verwaltungsakt in Form einer sachbezogenen **Allgemeinverfügung** iSd § 35 S 2 Var 2 VwVfG. Zwar fehlt es an einem körperlichen Gegenstand, aber der Sachbegriff des § 35 S 2 Var 2 VwVfG kann durch das Fachrecht auf nicht-körperliche Gegenstände erweitert werden (STELKENS, in: STELKENS/BONK/SACHS [Hrsg], VwVfG [9. Aufl 2018] § 35 Rn 310a). Eine solche Erweiterung läge in der Öffnung des unionalen Währungsrechts für digitales Zentralbankgeld. Zur technischen Generierung von digitalem Zentralbankgeld sind nur die hierzu währungsrechtlich berufenen Stellen befugt. Bei einer Herstellung durch unbefugte Dritte entsteht **digitales Falschgeld**.

bb) Untergang

A165d Die Demonetisierung als rechtlicher Vorgang ist von dem technischen Untergang inhaltlich zu trennen. Der Verlust der Geld- bzw Währungseigenschaft richtet sich **als actus contrarius nach dem ursprünglichen Monetisierungsakt**. Bedurfte es hierfür eines hoheitlichen Widmungsakts in Gestalt eines Verwaltungsakts, setzt auch die Demonetisierung einen solchen voraus. Dabei kann je nach Reichweite der Demonetisierung eine konkret-generelle Allgemeinverfügung oder eine abstrakt-generelle Rechtsnorm verwendet werden. Eine Rückgabe von digitalem Zentralbankgeld an die Zentralbank führt jedoch, ebenso wie bei Bargeld (vgl Vorbem A139 zu §§ 244-248), nicht zu einem Erlöschen der Geld- und Währungseigenschaft. Bei **privaten Zahlungs-Token** hingegen kommt es wie bei der Monetisierung auf die Struktur des jeweiligen Zahlungsnetzwerks an. Bei dezentralen Systemen wie Bitcoins fallen der technische und rechtliche Untergang zeitlich zusammen. In zentralisierten Systemen wie bei Diem hingegen kann ein Verlust der Geldeigenschaft schon zuvor eintreten.

cc) Übertragung

A165e Sollen bereits entstandene Zahlungs-Token übertragen werden, ist der anwendbare Rechtsrahmen in **zwei Schritten** zu ermitteln: Zunächst ist zwischen einer Übertragung durch Rechtsgeschäft oder Realakt abzugrenzen, danach steht ggf die Bestimmung der rechtsgeschäftlichen Übertragungsform an (eingehend dazu OMLOR, in: OMLOR/LINK [Hrsg], Handbuch Kryptowährungen und Token [2021] Kap 6 Rn 71 ff). Das BGB schließt eine Übertragung von Vermögenswerten durch Realakt nicht aus. Stellen Vermögenswerte kein subjektives Recht dar (zum Begriff STAUDINGER/BUSCHE [2017] § 413 Rn 3), eröffnet § 413 BGB nicht den Zugang zum Abtretungsrecht. Da derzeit im BGB ein Rechtsrahmen für Zahlungs-Token fehlt, scheidet zumindest eine unmittelbare Anwendung von § 413 BGB aus.

Titel 1
Verpflichtung zur Leistung   **Vorbem zu §§ 244–248**

Ob eine Übertragung mittels **Realakts oder Rechtsgeschäfts** vorliegt, richtet sich nach   **A165f**
den Regelungen des jeweiligen Zahlungsnetzwerks. Eine zentrale Rolle kommt dabei dem sog **Whitepaper** zu, auf das sich die Teilnehmer einigen bzw welches sie als gemeinsame Grundlage anerkennen. Aus dem Bitcoin-Whitepapier (abrufbar unter https://bitcoin.org/bitcoin.pdf) ergibt sich, dass ein Rechtsbindungswille fehlt und daher eine **Bitcoin**-Übertragung mittels Realakts erfolgt (ENGELHARDT/KLEIN MMR 2014, 355, 357; MÖLLENKAMP/SHMATENKO, in: HOEREN/SIEBER/HOLZNAGEL [Hrsg], Multimedia-Recht, Teil 13.6 Rn 70; PAULUS/MATZKE ZfPW 2018, 431, 451; HECKELMANN NJW 2018, 504, 508; OMLOR ZHR 183 [2019] 294, 328; noch weitergehender AMMAN CR 2018, 379, 382). Das interpersonale Vertrauen des auf Geschäftsbesorgungsrecht basierenden Zahlungsverkehrs klassischer Ausprägung soll durch ein personenunabhängiges Systemvertrauen ersetzt werden. Wäre ein rechtsgeschäftlicher Charakter beabsichtigt, ließe sich die angestrebte Finalität des Buchungsvorgangs (SATOSHI NAKAMOTO, Bitcoin: A Peer-to-Peer Electronic Cash System, S 1: "(c)ompletely non-reversible transactions") nicht gewährleisten.

Erfolgt die Übertragung rechtsgeschäftlich, richtet sie sich bei Zahlungs-Token nach   **A165g**
§§ 413, 398 ff BGB analog (generell befürwortend SCHÄFER/ECKHOLD, in: ASSMANN/SCHÜTZE/ BUCK-HEEB [Hrsg], KapAnR-HdB, § 16a Rn 44; **aA** für Bitcoins SPIEGEL, Blockchain-basiertes virtuelles Geld [2020] 104 ff: §§ 929 ff analog). Dabei handelt es sich de lege lata um den Grundfall der rechtsgeschäftlichen Tokenübertragung (OMLOR, in: OMLOR/LINK [Hrsg], Handbuch Kryptowährungen und Token [2021] Kap 6 Rn 80). Die Parteien können eine bestimmte Form für den Abtretungsvertrag vereinbaren (BeckOGK/LIEDER [1. 1. 2021] § 398 Rn 93). Dabei kann die Willenserklärung des Veräußerers in der Autorisierung mittels privaten Schlüssels liegen. Die passive Entgegennahme führt insofern zur annehmenden Willenserklärung, als sich jeder durch Teilnahme am Blockchain-Netzwerk mit einem Empfang von Zahlungs-Token bereit erklärt; der Zugang dieser Willenserklärung ist nach § 151 BGB entbehrlich.

dd) Schutz
Der absolute Schutz von Token im Allgemeinen wie Zahlungs-Token im Besonderen   **A165h**
durch das deutsche Privatrecht ist kaum ausgeprägt. Die zentrale Weichenstellung liegt im Fehlen eines tauglichen Rechtsgewands für unkörperliche, nicht immaterialgüterrechtlich geschützte Datensätze. Die **Sacheigenschaft** iSd § 90 BGB scheitert an der **fehlenden Körperlichkeit**, die auch nicht mittelbar unter Rückgriff auf ein körperliches Speichermedium konstruiert werden kann; dort können mit den privaten Schlüsseln lediglich die Zugriffsrechte, nicht aber die Token selbst abgelegt werden (OMLOR, in: OMLOR/LINK [Hrsg], Handbuch Kryptowährungen und Token [2021] Kap 6 Rn 30). Ein **deliktsrechtlicher Schutz** von Zahlungs-Token kann nicht auf § 823 Abs 1 BGB gestützt werden, weil für ein „**sonstiges Recht**" die notwendige Eigentumsähnlichkeit (dazu PEUKERT, Güterzuordnung als Rechtsprinzip [2008] 249; ZECH, Information als Schutzgegenstand [2012] 86; STAUDINGER, in: Handkommentar BGB, § 823 Rn 28) fehlt (SPINDLER/BILLE WM 2014, 1357, 1359 ff; KAULARTZ CR 2016, 474, 478; im Einzelnen OMLOR, in: OMLOR/LINK [Hrsg], Handbuch Kryptowährungen und Token [2021] Kap 6 Rn 34 ff; **aA** SHMATENKO/MÖLLENKAMP MMR 2018, 495, 498; PAULUS/MATZKE ZfPW 2018, 431, 453). Die Ausnahme infolge der Sachfiktion nach § 2 Abs 3 eWpG greift für Zahlungs-Token nicht ein. Schließlich verfügen Zahlungs-Token, die unmittelbar durch ihren Inhaber ohne eine Verwahrung bei einem Intermediär gehalten werden, auch über keinen hinreichenden **Zuweisungsgehalt**, um einen Schutz über die allgemeine **Nichtleistungskondiktion** des § 812 Abs 1 S 1 Alt 2 BGB begründen zu können (OMLOR ZVglRWiss 119 [2020] 41, 52 ff). Le-

diglich bei einer Verwahrung durch einen Intermediär, gegen den ein Herausgebeanspruch begründet wird, ist ein Zuweisungsgehalt zu bejahen (Omlor, in: Omlor/Link [Hrsg], Handbuch Kryptowährungen und Token [2021] Kap 6 Rn 39).

IV. Geldsachenrecht

A166 Die **Gesamtheit aller auf Geld im Rechtssinne anwendbaren sachenrechtlichen Vorschriften** bildet das Geldsachenrecht (Omlor, Geldprivatrecht [2014] 139). Mit dieser Kategorienbildung wird nicht verkannt, dass es ein regelungssystematisch in sich geschlossenes „Sachenrecht des Geldes" im BGB nicht gibt. Wenige Sondervorschriften (zB § 935 Abs 2 BGB) stehen einer Vielzahl allgemeiner Regelungen gegenüber, die auf sämtliche Mobilien Anwendung finden. Allerdings führen die herausgehobene Funktionalität des Geldes und die Loslösung des Geldwerts vom Geldstoff zu spezifisch sachenrechtlichen Fragestellungen, die teilweise zu einem geldrechtlichen Sonderweg, überwiegend aber im Lichte des Spezialitätsgrundsatzes zu einer **geldfunktionsblinden Auslegung der *lex lata*** führen.

1. Entmaterialisierung des Geldsachenrechts?

a) Geldfunktionsorientierte Neukonzeptionierung des Mobiliarsachenrechts

A167 Die Entwicklungsgeschichte des Geldes ist eine Geschichte seiner Entmaterialisierung. Stein- und Muschelgeld wurde ab dem siebten vorchristlichen Jahrhundert durch handlichere Münzen abgelöst, etwa mit Beginn der Neuzeit trat in Europa das Papiergeld dazu, bevor sich im 19. und 20. Jahrhundert der bargeldlose Zahlungsverkehr durchzusetzen begann (Einzelheiten s o Rn A24 f). Zugleich brach sich der **Anti-Metallismus** seine Bahn, der eine Loslösung des Geldwerts vom Substanzwert der Geldzeichen mit sich brachte. Das Geldzeichen wurde zum schlichten Repräsentanten eines Funktionswerts, der sich nach dem Grad der Einsetzbarkeit als allgemeines Tauschmittel bemisst. Damit baute sich ein **Spannungsverhältnis zwischen** dieser **charakteristischen Funktionalität des Geldes** – und damit auch des Sachgeldes – und den sachenrechtlichen Regelungen des BGB auf. Das **Sachenrecht als dingliches Zuordnungsrecht der körperlichen Gegenstände** bildet zwar eine zentrale normative Säule der rechtlichen Erfassung des Bargeldes. Dennoch zeichnet es sich in Entstehung und Zuschnitt durch eine Ausblendung von nicht vergegenständlichten Merkmalen einer beweglichen Sache aus. Die allgemeine Anerkennung war während der Beratungen der BGB-Entwürfe und auch im Zeitpunkt seines Inkrafttretens noch nicht abgeschlossen. Die Erstauflage der Knappschen Staatlichen Theorie des Geldes erschien erst 1905.

A168 Bestrebungen, eine erhöhte Kohärenz zwischen Geld- und Sachenrecht zu erreichen, ließen sich im Laufe des 20. Jahrhunderts in der Literatur verschiedentlich beobachten. Radikale Neuerungen postulierte Max Kaser schon vor dem Zweiten Weltkrieg, wobei er diese jedoch *de lege ferenda* verstanden wissen wollte (Kaser AcP 143 [1937] 1, 5 f). Geld dürfe nicht mehr als Geldstück, sondern müsse als Geldwert erfasst werden (Kaser AcP 143 [1937] 1, 10). Dieses **Wesen des Geldes** werde **ignoriert, wenn der Vindikationsanspruch an das Eigentum anknüpfe** (Kaser AcP 143 [1937] 1, 5). Auch zur **Übertragung** sollten nicht die Übereignungstatbestände der §§ 929 ff BGB, sondern die **Besitzvorschriften** herangezogen werden (Kaser AcP 143 [1937] 1, 12 ff). In der Folge bedürfe es nicht der rechtsgeschäftlichen Verfügungsvoraussetzungen, sondern beispielsweise statt der Geschäftsfähigkeit schlicht der natürlichen Willensfähigkeit. Die Konzeption von Kaser besticht zweifelsohne durch ihr Bemühen, die geforderte Neukonzeption des Geldsachenrechts trotz aller Umwälzungen in das bestehende System des deutschen Sachenrechts einzubetten. Die zarten Ansätze zur Steigerung der Verkehrsfähigkeit des Geldes, wie sie namentlich in §§ 935 Abs 2, 1006 Abs 1 S 2, 1007 Abs 2 S 2 BGB zu finden sind, baut Kaser in Bezug auf Geldsachen von der Ausnahme zur Regel um. Doch das neue Übertragungssystem soll auf das bereits vorhandene Rechtsgewand des Besitzes gestützt werden. Auch zeichnet sich der Vorschlag von Kaser durch seine Methodenehrlichkeit aus, die Neuausrichtung des Geldsachenrechts nicht als Auslegung der *lex lata* firmieren zu lassen, sondern sie in die Zuständigkeit des BGB-Gesetzgebers zu verweisen. Auch nach mehr als einem Jahrhundert, in dem sich das Geldsachenrecht des BGB in Kraft befindet, ist ein solcher Eingriff des Gesetzgebers ausgeblieben.

A169 Insgesamt weniger weitreichend als die Thesen von Kaser, dafür aber mit dem Anspruch zur Auslegung der *lex lata* sind die „Bemerkungen zur rechtlichen Sonderstellung des Geldes" von Spiros Simitis formuliert. Geld tauge nicht als Objekt einer Eigentumsordnung, die sich wie die gegenwärtige auf körperliche Gegenstände (§ 90 BGB) beschränkt (Simitis AcP 159 [1960] 406, 456). Ansprüche aus dem Geldsachenrecht erlangten ihren Inhalt nicht durch das Geldstück, sondern durch den Geldbetrag. Darauf baut die Annahme einer **Betrags- oder Wertvindikation** auf, die Simitis überdies noch durch ein weitreichendes Surrogationsprinzip abrunden will (Simitis AcP 159 [1960] 406, 460 f; dem folgend Pulvermüller, Rechtsnatur und Behandlung des privatrechtlichen Geldanspruchs [1974] 133 ff). Der sachenrechtlich durch den Inhaber zurückforderbare Wert bleibe unabhängig von der Form seiner physischen Darstellung erhalten (vgl etwa zur Aufhebung einer Geldvermengung Simitis AcP 159 [1960] 406, 462).

b) Geldfunktionsblinde lex lata

A170 Den vorstehend nur exemplarisch dargestellten Bestrebungen zu einer „Entmaterialisierung des Geldsachenrechts" ist **zu Recht überwiegend die Zustimmung versagt** geblieben (ablehnend Reinhardt, in: FS Gustav Boehmer [1954] 60, 77 ff, 94 f; Falck, Das Geld und seine Sonderstellung im Sachenrecht [1960] insbesondere 204 f; Häde, Geldzeichen im Recht der Bundesrepublik Deutschland [1991] 111 ff; Staudinger/K Schmidt [1997] Vorbem B8 zu §§ 244 ff; Staudinger/Thole [2019] § 985 Rn 153; MünchKomm/Baldus[8] § 985 Rn 74; Omlor, Geldprivatrecht [2014] 140 ff). Die **normativen wie tatsächlichen Reibungsflächen** zwischen gegenstandsbezogenem Sachenrecht und funktionsorientiertem Geldrecht lassen sich **durch eine teleologische Normauslegung verkleinern, aber *de lege lata* nicht beseitigen**. Zu den dogmatischen Grundprinzipien des Sachenrechts gehört der **Bestimmtheits- bzw Spezialitätsgrundsatz**, wonach sich dingliche Rechte stets auf bestimmte einzelne Sachen beziehen müssen (Baur/Stürner, Sachenrecht [18. Aufl 2009] § 4 Rn 17; Staudinger/ C Heinze [2018] Einl 135 f zum SachenR). Normativ verankert ist er in der gesetzlichen Systematik des geltenden Sachenrechts, etwa wenn die Vindikation des § 985 BGB auf „Sachen" beschränkt wird, die wiederum in § 90 BGB als „körperliche Gegenstände" legaldefiniert werden. Auch folgt die Rechtsmacht des Inhabers einer Geldsache nicht aus seiner Position als Besitzer, sondern als Eigentümer. Besitzverschaffung an Geldzeichen allein führt nicht zur Erfüllung einer Geldschuld, vielmehr muss der Geldgläubiger auf Veranlassung des Geldschuldners Eigentum und Besitz an Geldzeichen erlangen, die ihrem Nennbetrag nach der Schuldhöhe im Erfüllungszeitpunkt entsprechen. Daran ändert auch der Umstand nichts, dass durch § 935

Abs 2 BGB die Hürden für einen gutgläubigen Erwerb von Geldsachen deutlich abgesenkt wurden. Da Geldzeichen jenseits ihrer geldprivatrechtlich irrelevanten Seriennummer über keine Individualität verfügen („*money has no earmark*"), hindert auch die Bösgläubigkeit des Erwerbers praktisch nur selten einen Erwerb vom Nichtberechtigten. Allerdings dürfen normativ Ausnahme und Regel nicht vertauscht werden. Das BGB bringt in den Sondervorschriften der §§ 935 Abs 2, 1006 Abs 1 S 2, 1007 Abs 2 S 2 BGB (zutreffend KASER AcP 143 [1937] 1, 6) sowie der §§ 978 Abs 3 S 1, 981 Abs 2 S 2 BGB zum Ausdruck, dass über deren Anwendungsbereiche hinaus das Geld wie jeder andere körperliche Gegenstand auch den allgemeinen sachenrechtlichen Vorschriften unterfallen soll. Die Existenz dieser punktuellen Ausnahmeregelungen ließe sich nicht erklären, wenn das BGB Geld generell als eine Sache *sui generis* mit schon im Grundsätzlichen abweichendem Regelungsregime ansähe. Schließlich gewichtet die Gegenauffassung die **Vorteile einer klassischen sachenrechtlichen Einordnung der Geldzeichen** nicht hinreichend. Durch die §§ 932 ff BGB wird ein weitreichender und effektiver **Verkehrsschutz** begründet, für den bei Geld als entmaterialisiertem Wertträger keine taugliche Grundlage existierte.

c) Blockchain-basierte Zahlungsmittel

A170a Auf Basis der Blockchain-Technologie (dazu eingehend KAULARTZ, in: MÖSLEIN/OMLOR [Hrsg], FinTech-Handbuch [2. Aufl 2021] § 5) können Werteinheiten generiert und verwaltet werden, welche Zahlungszwecken dienen. Historisch traten **Bitcoins** als erste Protagonisten auf. Jedoch hat sich der Markt dieser untechnisch sog Kryptowährungen oder virtuellen Währungen im Folgejahrzehnt 2009-2019 lebhaft entwickelt, sodass zahlreiche weitere Akteure wie Ether oder Lumen hinzugetreten sind. Diese bislang bekannten Blockchain-basierten Zahlungsmittel, die nicht-hoheitlichen Ursprungs sind, stellen derzeit kein Geld im Rechtssinne dar (s o Rn A62 ff). Insofern können sich (noch) nicht als Argument für eine Entmaterialisierung des Geldsachenrechts angeführt werden. Dennoch ist die Frage nach einem sachenrechtlichen Schutz von in sog **currency tokens** enthaltenen Einheiten Blockchain-basierter Zahlungsmittel aufgeworfen.

A170b Das BGB in seiner geltenden Fassung gewährt Token **keinen sachenrechtlichen Schutz**. Ein Dateneigentum hat der deutsche Gesetzgeber nicht eingeführt (zur Diskussion vgl MünchKomm/WAGNER[8] § 823 Rn 335 mwNw; MünchKomm/STRESEMANN[8] § 90 Rn 25 mwNw; SPRITTMATTER, in: AUER-REINSDORFF/CONRAD, Handbuch IT- und Datenschutzrecht [3. Aufl 2019] § 22 Rn 153 ff; SPINDLER, in: HORNUNG/SCHALLBRUCH, IT-Sicherheitsrecht [1. Aufl 2021] § 11 Rn 17 ff; HOEREN MMR 2013, 486; ders MMR 2019, 6). § 90 BGB beschränkt den Anwendungsbereich des Sachenrechts auf körperliche Gegenstände, wozu materiefreie Token nicht gehören. Ein *token* stellt lediglich einen Datensatz innerhalb der Blockchain dar. Unerheblich ist dabei, ob der private Zugangsschlüssel auf einem körperlichen Datenträger gespeichert ist. In allen Fällen ist der *token* selbst unkörperlich. Das deutsche Sachenrecht kennt keinen flexiblen und entwicklungsoffenen Eigentumsbegriff, womit es sich tendenziell vom anglo-amerikanischen Rechtskreis abgrenzt. Zum englischen Eigentumsbegriff stellte Lord WILBERFORCE in *National Provincial Bank v Ainsworth* ([1965] 2 All ER 472, 494; ähnlich zum kalifornischen Recht US Court of Appeals, G S Rasmussen, 958 F.2d 896, 903 [9th Cir 1992]) einen abstrakten Voraussetzungskatalog auf: „Before a right or an interest can be admitted into the category of property ... it must be definable, identifiable by third parties, capable in its nature of assumption by third parties, and have some degree of permanence or stability."

Hierunter lassen sich auch Bitcoins subsumieren (aus US-Perspektive Fairfield 88 S Cal L Rev 805 [2015]; Bayern 71 Wash & Lee L Rev Online 22 [2014]). Auch weil das BGB jenseits des lückenhaften § 823 Abs 2 BGB iVm §§ 202a, 263a, 303a StGB keinen Schutz von Tokeninhabern kennt, fehlt es an der erforderlichen Eigentumsähnlichkeit, um Token als **sonstige Rechte** iSd § 823 Abs 1 BGB einzuordnen (Omlor ZHR 183 [2019] 294, 310 mwNw). Auch die Übertragung von *currency tokens* richtet sich nicht nach Sachenrecht (§ 929 S 1 BGB analog), sondern stellt grundsätzlich einen Realakt dar (Engelhardt/Klein MMR 2014, 355, 357; Kütük/Sorge MMR 2014, 643, 644 f [in zwangsvollstreckungsrechtlichem Kontext]; Heckelmann NJW 2018, 504, 508; Paulus/Matzke ZfPW 2018, 431, 451 ff; Omlor ZHR 183 [2019] 294, 327 f; **aA** BeckOGK/Mössner [1. 4. 2020] § 90 Rn 104.4), sofern die zugrundeliegende Blockchain sich nicht positiv für eine Rechtsgeschäftlichkeit (§§ 413, 398 BGB analog) entscheidet.

2. Geldzeichen im begrifflichen und dogmatischen System des BGB-Sachenrechts

Geldzeichen (zum Begriff s o Rn A84) stellen **bewegliche Sachen** dar (BGH 29. 3. 1990 – **A171** IX ZR 134/89, NJW 1990, 1913; OLG Saarbrücken 16. 10. 1975 – Ss 55/75, NJW 1976, 65; OLG Düsseldorf 14. 1. 1988 – 5 Ss 446/87 – 1/88 I, NJW 1988, 1335, 1336; Fülbier NJW 1990, 2797; Häde, Geldzeichen im Recht der Bundesrepublik Deutschland [1991] 111; Häde KTS 1991, 365; MünchKomm/Stresemann[8] § 90 Rn 21), die sowohl **vertretbar** iSd § 91 BGB (Wieacker AcP 148 [1943] 57, 71 f; Wolf, Lehrbuch des Schuldrechts [1978] § 4 D II a; Häde, Geldzeichen im Recht der Bundesrepublik Deutschland [1991] 111; Häde KTS 1991, 365 mwNw) als auch **verbrauchbar** iSd § 92 Abs 1 Alt 2 BGB (Mot III, 35; Wolff, in: Ehrenberg [Hrsg], Handbuch des gesamten Handelsrechts, Band 4/1 [1917] 563, 628; Staudinger/Stieper [2017] § 92 Rn 2) sind. In der gegenwärtigen Fassung von § 607 Abs 2 BGB lässt sich kein Anhaltspunkt mehr für die Einordnung von (Bar-)Geld als vertretbare Sache ausmachen (anders noch Fülbier NJW 1990, 2797 und Häde, Geldzeichen im Recht der Bundesrepublik Deutschland [1991] 111 zu § 607 Abs 1 aF, welcher „Geld oder andere bewegliche Sachen" miteinander verband). Die Formulierung aus § 607 Abs 2 BGB aF findet sich hingegen weiterhin in § 783 HS 1 BGB, der nunmehr systematisch für eine Miterfassung von Bargeld durch § 91 BGB streitet. Ohne Auswirkungen auf die Erfüllung der Tatbestandsmerkmale aus § 91 BGB ist der Umstand, dass Geldeinheiten regelmäßig (dh mit Ausnahme der kleinsten) einer weiteren Unterteilung zugänglich sind (Omlor, Geldprivatrecht [2014] 142; **aA** Pulvermüller, Rechtsnatur und Behandlung des privatrechtlichen Geldanspruchs [1974] 86 ff). Für die Vertretbarkeit kommt es definitionsgemäß lediglich auf das Fehlen von Individualisierungsmerkmalen und in der Folge die Austauschbarkeit untereinander an (BGH 24.4. 1985 – VIII ZR 88/84, NJW 1985, 2403 mwNw). Die besondere Funktionalität des Geldes als abstraktem Wertträger von nominaler Geltung lässt die unterschiedliche Stückelung der Geldzeichen als rechtlich wie faktisch unerheblich erscheinen. Auch die Seriennummer von Banknoten dient lediglich der Kontrolle der Bargeldausgabe durch die Notenbanken, der Nachverfolgung bei Straftaten und eingeschränkt der Falschgeldbekämpfung. Eine Individualisierung einzelner Stücke erfolgt auf diese Weise nicht; es bleibt dabei: *„money has no earmark"*.

Die Stellung als Eigentümer der Geldsache und als Inhaber der mit der Geldsache **A172** verbundenen abstrakten Vermögensmacht ist untrennbar miteinander verbunden (Omlor, Geldprivatrecht [2014] 142). Geldeigentum kann nicht ohne die Verfügungsbefugnis über den korrelierenden Tauschwert bestehen. Da auch an hoheitlichen Geldzeichen umfassendes Privateigentum iSd § 903 BGB begründet werden kann (Häde,

Geldzeichen im Recht der Bundesrepublik Deutschland [1991] 112), steht es dem jeweiligen Eigentümer zu, im Rahmen und mit den Mitteln der Privatrechtsordnung über sein Eigentum und damit „akzessorisch" zugleich über den Tauschwert dieses Geldzeichens zu verfügen. Namentlich vermag er das Geldeigentum zu übertragen (§§ 929 ff BGB), zu belasten (zB §§ 1204 ff BGB) oder aufzuheben. Auch steht es dem Eigentümer offen, die Sachsubstanz zu beschädigen oder zu vernichten. Die Verschmelzung der Positionen als Inhaber von Eigentum und Tauschwert führt schließlich in der Zwangsvollstreckung dazu, dass Geldzeichen nach §§ 808 f, 815 ZPO wie bewegliche Sachen gepfändet werden.

3. Eigentümerwechsel bei Sachgeld

a) Gesetzlicher Eigentumserwerb

A173 Mit Ausnahme weniger Besonderheiten richtet sich ein gesetzlicher Eigentumserwerb an Geldzeichen nach den allgemeinen Vorschriften. Eigentum an Bargeld kann durch **Aneignung herrenloser Stücke** nach § 958 Abs 1 BGB, infolge eines **Geldfundes** nach § 973 Abs 1 BGB, bei Geldzeichen als **Schatz** iSd § 984 BGB sowie auf Grund der erbrechtlichen **Universalsukzession** nach § 1922 BGB begründet werden (HÄDE, Geldzeichen im Recht der Bundesrepublik Deutschland [1991] 113). Ein gesetzlicher Eigentumserwerb findet auch bei einer **Vermengung** von Geldzeichen nach §§ 948 Abs 1, 947 Abs 1 BGB statt (BGH 23. 9. 2010 – IX ZR 212/09 Rn 13, NJW 2010, 3578; OLG Celle 25. 6. 1974 – 1 Ss 125/74, NJW 1974, 1833; LG Köln 14. 2. 1991 – 34 S 201/90, NJW-RR 1991, 868; STAUDINGER/WIEGAND [2017] § 948 Rn 9 mwNw; STAUDINGER/C HEINZE [2020] § 948 Rn 9). Voraussetzung hierfür ist, dass eine Trennung objektiv unmöglich ist (STAUDINGER/WIEGAND [2017] § 948 Rn 4; STAUDINGER/C HEINZE [2020] § 948 Rn 4). Eine solche Untrennbarkeit liegt insbesondere vor, wenn gleichartige Geldzeichen (dh mit demselben Nennbetrag) vermengt werden (OMLOR, Geldprivatrecht [2014] 145). Aber auch bei ungleichartigen Geldzeichen kann eine untrennbare Vermengung eintreten, sofern der Barbestand einer Kasse einer ständigen Fluktuation unterliegt und damit ein Nachvollziehen der Eigentumsverhältnisse an den einzelnen Scheinen faktisch ausgeschlossen ist. Die Seriennummern von Geldscheinen bleiben dabei unberücksichtigt, da sie keine rechtlich relevante Individualität der einzelnen Stücke begründen; überdies scheiterte in aller Regel die praktische Nachweisbarkeit der ursprünglichen Eigentumsverhältnisse auf Basis der Seriennummern.

A174 Bei einer **Einzahlung von Geldzeichen** in eine zur Verwaltung von Bareinnahmen bestimmte **Kasse** entsteht regelmäßig Miteigentum der bisherigen Geldzeicheneigentümer nach §§ 948 Abs 1, 947 Abs 1 BGB (BGH 23. 9. 2010 – IX 212/09 Rn 13, NJW 2010, 3578), sofern nicht zuvor eine rechtsgeschäftliche Übereignung an den Inhaber der Barkasse erfolgt ist. Auch bei einem für den Bestand der Barkasse wertmäßig neutralen Geldwechselvorgang bleibt es bei einer Anwendung der §§ 948 Abs 1, 947 Abs 1 BGB hinsichtlich des Bargeldbestands in der Kasse sowie der §§ 929 ff BGB für vor- oder nachgeschaltete Übereignungen bei Ein- und Auszahlungen. Ein gesetzlicher Eigentumserwerb infolge Vermengung tritt dabei nur ein, wenn die in der Barkasse befindlichen Geldzeichen nicht bereits auf Grund von rechtsgeschäftlichen Übereignungsvorgängen im Alleineigentum einer Person stehen. Angesichts der durch § 935 Abs 2 BGB erhöhten Verkehrsfähigkeit verbleibt daher praktisch nur ein eingeschränkter Anwendungsbereich für §§ 948 Abs 1, 947 Abs 1 BGB.

In keinem Fall kommt es im Kontext von Ein- und Auszahlungen aus einer Barkasse **A175** zu einer **dinglichen Surrogation** (Omlor, Geldprivatrecht [2014] 147; **aA** Gehrlein NJW 2010, 3543, 3544). Die Eigentumsverhältnisse an den in Bruchteilsgemeinschaft (§§ 741 ff, 1008 ff BGB) den Miteigentümern zustehenden Geldzeichen ändern sich nur insofern, als eine Verfügung über einzelne Geldzeichen – unter Überwindung des § 747 Satz 2 BGB – durch gutgläubigen Erwerb (§§ 932 ff BGB) wirksam ist. In der Folge beschränkt sich das Miteigentum auf die in der Barkasse verbleibenden Stücke. Ein Ausgleich für den Miteigentumsverlust erfolgt über den schuldrechtlichen Bereicherungsanspruch aus § 816 Abs 1 BGB, nicht im Wege einer dinglichen Surrogation (**aA** Goldberger SeuffBl 72 [1907] 633, 635; Medicus JuS 1983, 897, 899 f). Werden in den Barbestand zusätzliche Geldzeichen beigefügt, so sind die Voraussetzungen der §§ 948 Abs 1, 947 Abs 1 BGB und dabei insbesondere die Untrennbarkeit erneut für diesen konkreten Gegenstand zu prüfen. Befinden sich in einer Barkasse ausschließlich untrennbar vermengte Stücke (zB Geldzeichen identischen Nennwerts), wird sodann ein Geldzeichen entnommen und ein neues trennbar (zB mit abweichendem Nennwert) hinzugefügt, so richtet sich die dingliche Rechtslage nach den allgemeinen Regeln der §§ 929 ff, 932 ff BGB und der §§ 948 Abs 1, 947 Abs 1 BGB: Das Miteigentum an den untrennbar vermengten Stücken beschränkt sich auf die verbliebenen, das eingezahlte Geldzeichen steht bei einer wirksamen Übereignung dem Inhaber der Barkasse in Alleineigentum zu. Die Miteigentümergemeinschaft kann jederzeit nach § 749 Abs 1 BGB aufgehoben werden. Bei einer unstreitigen Höhe der jeweiligen Anteile bietet sich für jeden Miteigentümer die Alternative an, einseitig ein **Teilungsrecht** geltend zu machen; als Grundlage hierfür dient entweder der Rechtsgedanke aus § 469 Abs 3 HGB (Gehrlein NJW 2010, 3543 mwNw; für eine Analogie Staudinger/Thole [2019] § 985 Rn 164) oder der Grundsatz von Treu und Glauben (Falck, Das Geld und seine Sonderstellung im Sachenrecht [1960] 39 f).

Im Zusammenhang mit einer Vermengung von Geldzeichen kann **kein Alleineigen-** **A176** **tum nach § 947 Abs 2 BGB** entstehen (BGH 23. 9. 2010 – IX ZR 212/09 Rn 13, NJW 2010, 3578; Falcke, Geld – Wert oder Sache? [1951] 44 f; Falck, Das Geld und seine Sonderstellung im Sachenrecht [1960] 46 ff; Gehrlein NJW 2010, 3543; Omlor, Geldprivatrecht [2014] 145; **aA** OLG Frankfurt 2. 12. 1986 – 8 U 95/86, NJW-RR 1987, 310, 311; LG Köln 14. 2. 1991 – 34 S 201/90, NJW-RR 1991, 868; Goldberger SeuffBl 72 [1907] 633, 635 f; Medicus JuS 1983, 897, 899 f; Häde, Geldzeichen im Recht der Bundesrepublik Deutschland [1991] 116). Eine Hauptsache iSv § 947 Abs 2 BGB liegt nur dann vor, wenn die übrigen Bestandteile fehlen können, ohne dass das Wesen der Gesamtsache beeinträchtigt wird (BGH 3. 3. 1956 – IV ZR 334/55, BGHZ 20, 159, 163; Staudinger/Wiegand [2017] § 947 Rn 7 mwNw; Staudinger/C Heinze [2020] § 947 Rn 7). Wegen der fehlenden Individualität der Geldzeichen als neutralen Wertträgern fehlt es stets an diesen Voraussetzungen einer Hauptsache. Mit dieser Charakteristik des Geldes hängen praktische Anwendungsprobleme zusammen, insofern sich ein genereller Schwellenwert für die Annahme einer Hauptsache nicht aufstellen ließe (Gehrlein NJW 2010, 3543). Auf das Wertverhältnis von Haupt- und Restsache soll es für die Abgrenzung gerade nicht ankommen (OGHBrZ 11. 11. 1949 – IIb ZS 31/49, OGHZ 2, 389, 393 = NJW 1950, 64; OGHBrZ 31. 3. 1950 – IIb ZS 132/49, OGHZ 3, 348, 353 = NJW 1950, 542, 543; BGH 3. 3. 1956 – IV ZR 334/55, BGHZ 20, 159, 163). Eine Verkehrsauffassung, die ab einem bestimmten Anteil am Bargeldbestand von einer Hauptsache ausginge, existiert nicht. Schließlich führte die Anwendung von § 947 Abs 2 BGB auf Bargeld zu einer unangemessenen Bevorzugung des Alleineigentümers, da ein Aussonderungsanspruch dem vorherigen Eigentümer der anderen vermengten Geldzeichen nicht zustünde (BGH 23. 9. 2010 – IX ZR 212/09 Rn 13, NJW 2010, 3578).

b) Rechtsgeschäftlicher Eigentumserwerb
aa) Geltung des Spezialitätsgrundsatzes

A177 Ungeachtet der charakteristischen Funktionalität des Geldes unterliegt die rechtsgeschäftliche Singularsukzession in Geldzeichen uneingeschränkt dem allgemeinen sachenrechtlichen Bestimmtheits- bzw Spezialitätsgrundsatz (STAUDINGER/K SCHMIDT [1997] Vorbem B10, B19 zu §§ 244 ff; OMLOR, Geldprivatrecht [2014] 143 f; aA SIMITIS AcP 159 [1960] 406, 461; FALCK, Das Geld und seine Sonderstellung im Sachenrecht [1960] 164 ff; GEHRLEIN NJW 2010, 3543, 3544; ebenso wohl WOLFF, in: EHRENBERG [Hrsg], Handbuch des gesamten Handelsrechts, Band 4/1 [1917] 563, 626 f). *De lege lata* ist die weitgehende **Blindheit des Gesetzes gegenüber den Geldfunktionen** hinzunehmen. Sonderregeln des Geldsachenrechts existieren lediglich punktuell und erhöhen – wie beispielsweise § 935 Abs 2 BGB – auf Grundlage des Spezialitätsgrundsatzes die Verkehrsfähigkeit von Geldzeichen.

A178 Ein allgemeines **Surrogationsprinzip**, das mit einer Umsetzung der **Lehre von den „vermögensrechtlich neutral[en]"** (GEHRLEIN NJW 2010, 3543, 3544) **Geldzeichen** verbunden wäre, kennt **weder das geltende Schuld- noch Sachenrecht** (BGH 15. 12. 1956 – IV ZR 238/56, BGHZ 22, 357, 359; BGH 7. 7. 1960 – V BLw 33/59, BGHZ 33, 66, 71 f zum Erbrecht; BOLLENBERGER, Das stellvertretende Commodum [1999] 92 ff zu § 285; MARTINEK/OMLOR JZ 2008, 413, 414). Systematisch belegen lässt sich diese Ablehnung gerade durch die Existenz spezieller Ausnahmeregelungen, wie sie beispielsweise § 1247 Satz 2 BGB für das Mobiliarpfandrecht und § 2019 Abs 1 BGB für den Erbschaftsanspruch darstellen. Daher steht das Eigentum an mit Bargeld erworbenen Sachen nicht automatisch dem Eigentümer der verwendeten Geldzeichen zu (STAUDINGER/K SCHMIDT [1997] Vorbem B10 zu §§ 244 ff; OMLOR, Geldprivatrecht [2014] 143 f; aA SIMITIS AcP 159 [1960] 406, 461). Die zur Erfüllung einer Verbindlichkeit verwendeten Mittel beeinflussen nicht die sachenrechtliche Zuordnung der erbrachten Gegenleistung. Das Synallagma besteht nur auf der schuldrechtlichen Ebene. Eine **„dingliche Gegenseitigkeit"**, die einer Surrogation zugrunde läge, **besteht nicht**. Eigentümer der auf der schuldrechtlichen Grundlage eines Veräußerungsvertrags übertragenen Sache kann allein derjenige werden, der sich nach §§ 929 ff BGB mit dem Veräußerer dinglich einigt. Eine Abhängigkeit dieses Eigentumserwerbs von den Modalitäten der Erfüllung auf schuldrechtlicher Ebene führte zu erheblichen Einbußen bei der Rechtssicherheit und dem Verkehrsschutz. Das wertbezogene Bestandsinteresse des Geldzeicheneigentümers erhielte einen weitreichenden Vorrang gegenüber dem Verkehrsinteresse. Das Gesetz ordnet in § 935 Abs 2 BGB jedoch genau das Gegenteil an: Dem Eigentümer von Geld wird gerade wegen dessen Eigenschaft als neutraler Wertträger und Universaltauschmittel ein gegenüber den allgemeinen Regeln des Gutglaubensschutzes gesteigertes Verlustrisiko auferlegt. Weiterhin scheiterte die Erfüllung der Verkäuferhauptpflicht zur Eigentumsverschaffung an der verkauften Sache, denn das Eigentum daran stünde *ipso iure* dem ursprünglichen Geldzeicheneigentümer zu. Ein solches Risiko für die Abwicklung von Veräußerungsgeschäften infolge des Einsatzes von Bargeld als Tauschmittel verminderte dessen Attraktivität und Akzeptanz im Wirtschaftsverkehr erheblich.

bb) Rechtsgrundlagen

A179 Die Übertragung des Eigentums an Geldzeichen durch Rechtsgeschäft unterliegt nicht nur den generellen Erfordernissen des sachenrechtlichen Bestimmtheitsgrundsatzes, sondern grundsätzlich auch im Übrigen dem Regelungsregime für die Eigentumsübertragung an Mobilien. So gelten für die rechtsgeschäftliche Singularsukzession in Geldzeichen die allgemeinen sachenrechtlichen Vorschriften der **§§ 929 ff BGB** (BGH 29. 3. 1990 – IX ZR 134/89, NJW 1990, 1913; BGH 23. 9. 2010 – IX 212/09 Rn 12, NJW 2010, 3578; Pikart WM 1980, 510, 513; Häde, Geldzeichen im Recht der Bundesrepublik Deutschland [1991] 113; Omlor, Geldprivatrecht [2014] 144). Auch an einem Warenautomaten, der mit Bargeld bedient wird, findet eine Übereignung nach § 929 S 1 BGB statt: In der Eingabe von Geldzeichen durch den Käufer liegt dessen Übereignungsangebot, das allerdings durch die ordnungsgemäße Erbringung der Gegenleistung aufschiebend bedingt ist (§ 158 Abs 1 BGB); die Annahme erfolgte antizipiert durch die Aufstellung des Automaten (OLG Düsseldorf 14. 1. 1988 – 5 Ss 446/87 – 1/88 I, NJW 1988, 1335, 1336). Ein Erwerb vom Nichtberechtigten richtet sich nach **§§ 932 ff, 935 Abs 2 BGB** (Falck, Das Geld und seine Sonderstellung im Sachenrecht [1960] 29 f). Das fehlende Eigentum des Verfügenden kann auch durch eine Genehmigung des Eigentümers nach § 185 Abs 1 BGB ersetzt werden (BGH 23. 9. 2010 – IX ZR 212/09 Rn 14, NJW 2010, 3578). Nicht anwendbar sind hingegen die zessionsrechtlichen Vorschriften der §§ 413, 398 ff BGB, da kein vom Eigentum am physischen Geldzeichen lösbares „(Wert-)Recht" übertragen wird (Omlor, Geldprivatrecht [2014] 144). Darunter litte nicht zuletzt der Verkehrsschutz, der allein durch §§ 413, 405 BGB sichergestellt werden könnte. Seit der Abkehr vom Goldstandard und den Goldkernwährungen kann die Banknote nicht mehr als Urkunde iSd § 405 BGB eingestuft werden, welche eine Forderung oder auch nur ein sonstiges subjektives Recht beweisen soll.

cc) Einzelprobleme
(1) Einzahlung auf ein Zahlungskonto

Die „Umwandlung" von **Sach- in Buchgeld** (und umgekehrt) basiert rechtstechnisch auf verschiedenen **Einzelschritten** (Omlor, Geldprivatrecht [2014] 148). Einen einheitlichen Übertragungstatbestand gibt es nicht. Wird Sachgeld in Buchgeld überführt, so findet eine Einzahlung auf ein Zahlungskonto bei einem Zahlungsdienstleister statt. Hierzu übereignet der Einzahler, der nicht notwendig mit dem Kontoinhaber identisch sein muss, die betroffenen Geldzeichen an den kontoführenden oder einen anderen Zahlungsdienstleister. **Sachenrechtlich** vollzieht sich die Einzahlung nach §§ 929 ff, 932 ff BGB (BGH 8. 3. 1972 – VIII ZR 40/71, BGHZ 58, 257, 258). **Zahlungsdiensterechtlich** greift bei einer Bargeldeinzahlung in der Währung des Zielkontos die Sonderregelung des § 675t Abs 2 BGB ein, welche bei Verbrauchern eine unverzügliche Zurverfügungstellung und Wertstellung vorschreibt. Das Guthaben steht dem Inhaber des Empfängerkontos und nicht dem vorherigen Eigentümer des eingezahlten Bargelds zu (BGH 25. 6. 1956 – II ZR 270/54, BGHZ 21, 148, 150; Liesecke WM 1975, 214, 217; Omlor, Geldprivatrecht [2014] 148). Eine Surrogation des auf den Zahlungsdienstleister übertragenen Geldzeicheneigentums durch die dadurch begründete Buchgeldforderung findet nicht statt. Ein solcher wertbezogener Bestandsschutz zugunsten des Geldzeicheneigentümers ist den maßgeblichen Vertragsbeziehungen zwischen Zahler und Zahlungsdienstleister fremd. Die Beteiligten des bargeldlosen Zahlungsvorgangs haben vielmehr ein legitimes Interesse an einer **eindeutigen Zuordnung des Buchgeldes an einen Inhaber** (ähnlich Falck, Das Geld und seine Sonderstellung im Sachenrecht [1960] 190 ff). Ein Ausgleich zugunsten des früheren Geldzeicheneigentümers, der sein Eigentum infolge gutgläubigen Erwerbs an den Zahlungsdienstleister verloren hat, kann allenfalls über einen **Bereicherungsanspruch** gegen den verfügenden Einzahler aus § 816 Abs 1 S 1 BGB erfolgen (Liesecke WM 1975, 214, 217).

A180

(2) Auszahlung von einem Zahlungskonto

A181 Die Umwandlung von Buch- in Sachgeld durch Auszahlung von Bargeld von einem Zahlungskonto stellt – gewissermaßen als *actus contrarius* zum Einzahlungsvorgang – ebenfalls **keinen rechtlich einheitlichen Vorgang** dar. Zu differenzieren ist zwischen den **sachenrechtlich**-technischen Einzelkomponenten und der **zahlungsdiensterechtlichen** Ebene. Sowohl bei der **Bargeldauszahlung** am Bankschalter als auch an einem **Geldautomaten** erteilt der Zahlungsdienstnutzer seinem Zahlungsdienstleister einen Zahlungsauftrag iSd § 675f Abs 4 S 2 BGB (Staudinger/Omlor [2020] § 675f Rn 146 ff). Dabei ist unerheblich, ob es sich um einen Geldautomaten des kontoführenden oder eines anderen Zahlungsdienstleisters handelt. In beiden Fällen folgt aus der Erteilung eines wirksamen Zahlungsauftrags und der Auszahlung von Geldzeichen mit entsprechendem Nennbetrag ein Aufwendungsersatzanspruch des kontoführenden Zahlungsdienstleisters (§§ 675c Abs 1, 670 BGB), den er durch eine Kontobelastung geltend machen kann. Sachenrechtlich vollzieht sich der Eigentumsübergang an den ausgezahlten Geldzeichen nach §§ 929 ff BGB, wobei ein Erwerb vom Nichtberechtigten praktisch kaum relevant werden dürfte. **Eigentum** verschafft der auszahlende Zahlungsdienstleister allerdings **nur einem berechtigten Nutzer der Zahlungskarte** (am Geldautomaten) bzw einer zur Geldabhebung befugten Person (am Bankschalter). Diese Einschränkung basiert auf einer Auslegung des Übereignungsangebots der auszahlenden Stelle nach §§ 133, 157 BGB, bei welcher die Interessenlage des kontoführenden Zahlungsdienstleisters und des Zahlers berücksichtigt werden müssen (BGH 16. 12. 1987 – 3 StR 209/87, NJW 1988, 979, 980 f; Omlor, Geldprivatrecht [2014] 144 f). Der kontoführende Zahlungsdienstleister ist bestrebt, seine Verlustrisiken im Falle einer Haftung nach § 675u BGB zu minimieren; gleiches gilt aus Sicht des Zahlungsdienstnutzers für seine potenzielle Haftung bei Missbrauch eines Zahlungsauthentifizierungsinstruments aus § 675v BGB. Auf diese Weise wird allerdings nur ein begrenzter Schutz von Zahler und kontoführendem Zahlungsdienstleister erreicht, da bei einer Geltendmachung der Eigentumsposition gegenüber Dritten sowohl faktisch als auch rechtlich (vgl § 935 Abs 2 BGB) erhebliche Hürden zu überwinden sind.

(3) Wechseln von Bargeld

A182 Das Wechseln von Bargeld vollzieht sich nach §§ 929 ff, 932 ff BGB (Pulvermüller, Rechtsnatur und Behandlung des privatrechtlichen Geldanspruchs [1974] 206 f; Häde, Geldzeichen im Recht der Bundesrepublik Deutschland [1991] 116; Omlor, Geldprivatrecht [2014] 146; **aA** Wolff, in: Ehrenberg [Hrsg], Handbuch des gesamten Handelsrechts, Band 4/1 [1917] 563, 626 f; Simitis AcP 159 [1960] 406, 461). Auch die regelmäßig fehlende Individualität einzelner Stücke als neutrale Wertträger führt nicht dazu, dass der Wechselvorgang einer rechtsgeschäftlichen und sachenrechtlichen Einbettung entzogen wäre. Daher liegt im Wechseln von Bargeld **kein schlichter Realakt** (Pulvermüller, Rechtsnatur und Behandlung des privatrechtlichen Geldanspruchs [1974] 205; Gehrlein NJW 2010, 3543, 3544). Sachenrechtlich finden **mindestens zwei Übereignungsvorgänge** statt, denen schuldrechtlich ein **Tauschvertrag** nach § 480 BGB zugrunde liegt (Falck, Das Geld und seine Sonderstellung im Sachenrecht [1960] 60). Die Übereignung der Geldzeichen der einen Seite ist dabei typischerweise aufschiebend bedingt (§ 158 Abs 1 BGB) durch den Erfolg der Übereignung gültiger Geldzeichen der anderen Seite (OLG Saarbrücken 16. 10. 1975 – Ss 55/75, NJW 1976, 65, 66; Staudinger/K Schmidt [1997] Vorbem B15 zu §§ 244 ff). Dieser konkludent vereinbarten **Bedingungskonstruktion** liegt die regelmäßige Interessenlage der Parteien zugrunde, das Eigentum an ihren Geldzeichen nur dann aufgeben zu wollen, sofern sie unmittelbar einen nominal gleichwertigen Ersatz erlangen. Eine Beschränkung auf schuldrechtliche Ansprüche (zB aus §§ 480, 437 Nr 3, 280, 281 BGB) trüge diesem legitimen Schutzbedürfnis nicht hinreichend Rechnung.

Auch bei einer Einbeziehung eines **nicht uneingeschränkt Geschäftsfähigen** bleibt es bei der Anwendung der §§ 929 ff BGB, ohne dass eine dingliche Surrogation systemwidrig anzunehmen wäre (aA Wolff, in: Ehrenberg [Hrsg], Handbuch des gesamten Handelsrechts, Band 4/1 [1917] 563, 626 f). Die Praktikabilität des Minderjährigenrechts lässt sich methodisch im Rahmen der Normanwendung sicherstellen. Zwar läge an sich ein rechtlicher Nachteil iSd **§ 107 BGB** im Verlust des Eigentums an einem durch den Minderjährigen eingetauschten Geldzeichen. Wegen der konkludent vereinbarten Verknüpfung der beiden Übereignungsvorgänge durch aufschiebende Bedingungen besteht jedoch für den Minderjährigen kein Risiko eines nominalen Geldverlusts. Angesichts der Funktion des Geldes als neutraler Wertträger erscheint daher eine **teleologische Reduktion** geboten (iE ebenso Pulvermüller, Rechtsnatur und Behandlung des privatrechtlichen Geldanspruchs [1974] 207), sofern nicht ein sachlich gerechtfertigtes Interesse an den konkreten Stücken besteht (zB Sammlermünzen). Minderjährige können daher wirksam ohne Einbeziehung ihrer gesetzlichen Vertreter einen Bargeldtausch vornehmen, sofern die Summe der Nennbeträge bei den Tauschpartnern identisch ist und kein objektives Sachinteresse an den eingetauschten Stücken des Minderjährigen besteht. **A183**

Im Wege der teleologischen Reduktion kann Anwendungsproblemen in Bezug auf Bargeldverfügungen auch andernorts begegnet werden (Omlor, Geldprivatrecht [2014] 147). Wegen der fehlenden Individualität der Geldzeichen greifen die Beschränkungen aus **§ 181 BGB** bei einer Stellvertretung nicht ein, da ein Interessenkonflikt prinzipiell ausgeschlossen ist (vgl allgemein BGH 19. 4. 1971 – II ZR 98/68, BGHZ 56, 97, 102 f). Eine Ausnahme besteht lediglich, sofern Stücke mit Individualität oder einem über den Nennwert hinausreichendem wirtschaftlichem Wert (zB Sammlermünzen) eingetauscht werden sollen. Insofern in Parallele zu § 181 BGB (vgl dazu Staudinger/Veit [2020] § 1795 Rn 18) besteht auch bei der Einschränkung der Vertretungsmacht des Vormunds aus **§ 1795 Abs 1 Nr 1 BGB** eine Ausnahme für das Wechseln von Bargeld. Für den Mündel existiert regelmäßig kein Risiko wegen der wertmäßigen Neutralität des Vorgangs, sodass eine teleologische Reduktion der Vorschrift eingreift. **A184**

Besonderheiten gilt es bei einem Wechsel von Bargeld zu beachten, sofern **verschiedene Währungen** betroffen sind. Wegen der Notwendigkeit einer Umrechnung nach dem Außenwert des Geldes (zum Begriff s u Rn C2 ff) liegt einem solchen Geschäft regelmäßig kein Tausch-, sondern ein **Kaufvertrag** zugrunde (Pulvermüller, Rechtsnatur und Behandlung des privatrechtlichen Geldanspruchs [1974] 207 f). Typischer-, aber nicht notwendigerweise werden Geldzeichen in einer bestimmten Währung erworben, wofür Geld in einer anderen Währung im Umfang des jeweiligen Außenwerts geleistet wird. Im Regelfall bildet dabei die Verschaffung der – aus Sicht des Käufers zumeist ausländischen – Währung die charakteristische Hauptleistung, während den Käufer eine reguläre Geldschuld trifft. Liefert der Verkäufer Falschgeld, so resultieren aus dieser sachmangelhaften Leistung die **Gewährleistungsansprüche des § 437 BGB**. Vorrangig trifft den Verkäufer die verschuldensunabhängige Pflicht zur Nachlieferung (§§ 437 Nr 1, 439 Abs 1 Alt 2 BGB). Der Parteiwille kann aber ausnahmsweise auch auf einen Tausch iSd § 480 BGB gerichtet sein. Hierfür muss sich die Einigung auf **A185**

4. Schutz des Geldzeicheneigentümers

A186 Geldzeichen werden in gleicher Weise vindiziert wie sonstige bewegliche Sachen. Eine Geldwertvindikation ist *de lege lata* nicht anzuerkennen. Geldspezifische Besonderheiten bestehen lediglich in Bezug auf die aufrechnungsrechtliche Gleichartigkeit (§ 387 BGB) von Vindikations- und Geldzahlungsansprüchen.

a) Lehre von der Geldwertvindikation

A187 Zurückgehend auf HARRY WESTERMANN hat sich im Schrifttum eine Meinungsgruppe (FALCKE, Geld – Wert oder Sache? [1951] 15 f, 51 ff; EICHLER, Institutionen des Sachenrechts [1954] 85; SIMITIS AcP 159 [1960] 406, 459 ff; WESTERMANN, Sachenrecht [5. Aufl 1966] § 30 V; PULVERMÜLLER, Rechtsnatur und Behandlung des privatrechtlichen Geldanspruchs [1974] 133 ff; ebenso *de lege ferenda* KASER AcP 143 [1937] 1, 15 ff) herausgebildet, welche von einer Loslösung des auf Bargeld gerichteten Vindikationsanspruchs von der körperlichen Hülle ausgeht und stattdessen eine reine Wertorientierung annimmt. Der Schutz des Geldeigentümers solle nicht von den „Zufälligkeiten des Formwandels" (SIMITIS AcP 159 [1960] 406, 461) abhängen. Der Besitzwechsel am Geldzeichen allein lasse die Vindikation nicht ins Leere laufen. Vielmehr dürfe auch der entsprechende Geldwert nicht mehr im Vermögen des (früheren) Besitzers der Geldzeichen vorhanden sein. Gegenstand des Vindikationsanspruchs sei infolge der Geldfunktionen und der **Eigenschaft des Geldes als „Wertrecht"** nicht der körperliche Gegenstand iSv § 90 BGB, sondern der durch diesen dargestellte Geldwert. Auf ihn habe der Geldeigentümer Zugriff, auch wenn der Besitzer die betroffenen Geldzeichen bereits gegen andere Geldzeichen oder Wirtschaftsgüter eingetauscht habe.

A188 Die Lehre von der Geldwertvindikation ist zumindest auf Grundlage der *lex lata* **abzulehnen** (OMLOR, Geldprivatrecht [2014] 150 f mwNw). Zuzugeben ist, dass sich das geltende Sachenrecht durch eine weitgehende Blindheit gegenüber den Geldfunktionen auszeichnet. Ob und inwieweit daran Kritik angebracht ist, stellt sich jedoch als rein rechtspolitische Frage dar. Eine Umgestaltung des BGB-Sachenrechts von einem dinglichen **Zuordnungsrecht der körperlichen Gegenstände** zu einem Zuordnungsrecht von „Werten" setzte grundlegende und deutliche Eingriffe des Gesetzgebers voraus. Die Schwächung des dinglichen Schutzes des Geldzeicheneigentümers durch Transaktionen des Geldzeichenbesitzers hat der BGB-Gesetzgeber in Kauf genommen. Durch die Erleichterung des Erwerbs vom Nichtberechtigten in § 935 Abs 2 BGB beschränkt das Gesetz selbst den Anwendungsbereich der Geldzeichenvindikation. Diese verkehrsschützende Regelung lässt sich nicht fruchtbar machen, um die Rechtsposition des Geldzeicheneigentümers im Vergleich zu Eigentümern anderer Sachen auszubauen (iE ähnlich MEDICUS JuS 1983, 897, 899). Eine solche Privilegierung des Geldzeicheneigentümers träte auch in **Zwangsvollstreckung und Insolvenz** ein. Während sich der Inhaber von Schadensersatz- oder Bereicherungsansprüchen an die Insolvenzmasse (§ 35 InsO) halten muss, käme dem Vindikationsgläubiger ein Aussonderungsrecht (§§ 47 f InsO) zu. In der Zwangsvollstreckung könnte er Drittwiderspruchsklage (§ 771 ZPO) erheben. Für eine solche Bevorzugung des Geldzeicheneigentümers fehlt es auch im Insolvenz- und Zwangsvollstreckungsrecht an einer gesetzlichen Legitimation (MünchKomm/BALDUS[8] § 985 Rn 75). Weiterhin knüpft der unzweideutige **Wortlaut des § 985 BGB** an der Herausgabe einer Sache an, welche systematisch in § 90 BGB als körperlicher Gegenstand legaldefiniert wird. Geldzahlungsansprüche des Eigentümers kennt das Eigentümer-Besitzer-Verhältnis der §§ 985–1007 BGB lediglich im Fall von Schadensersatzforderungen, wie sie die §§ 989–992 BGB vorsehen, sowie – je nach Einzelfall – bei Ansprüchen auf Herausgabe von Früchten und Nutzungen (§§ 987 f, § 993 Abs 1 HS 1 iVm § 818 Abs 2 BGB). Erst wenn die zusätzlichen Voraussetzungen der §§ 987 ff BGB vorliegen, wandelt sich die gegenstandsbezogene Herausgabepflicht in eine Geldschuld um. Weiterhin setzt sich die Annahme einer Geldwertvindikation über den sachenrechtlichen **Bestimmtheitsgrundsatz** hinweg (Medicus JuS 1983, 897, 899) und riefe damit erhebliche Rechtsunsicherheiten auf der dinglichen Ebene hervor. Schließlich resultierte aus einer Zulassung der Geldwertvindikation eine sachlich nicht gerechtfertigte **Benachteiligung von bargeldlosen Zahlungsmethoden** gegenüber der Barzahlung (Häde, Geldzeichen im Recht der Bundesrepublik Deutschland [1991] 119 mwNw). Die Zahlung mit einer Debitkarte im POS-Verfahren, mit einer Universalkredit- oder einer Geldkarte weist im Hinblick auf die Risikoverteilung zwischen den Beteiligten eine Bargeldersatzfunktion auf (Staudinger/Omlor [2020] § 675f Rn 75, 166; § 675i Rn 26 mwNw). Eine Geldwertvindikation zugunsten des Inhabers von Buchgeld ist aber *a priori* ausgeschlossen, da es an jeglichem gegenständlichen Anknüpfungspunkt fehlt. Damit wäre der Buchgeld- gegenüber dem Bargeldverwender erheblich benachteiligt, da sich Ersterer lediglich auf schuldrechtliche Ansprüche berufen könnte.

b) Gegenstand der Geldvindikation

Eine Vindikation von Geld ist nach § 985 BGB stets auf konkrete Geldzeichen gerichtet; statt einer Geldwert- erfolgt lediglich eine **Geldzeichenvindikation** (stellvertretend Falck, Das Geld und seine Sonderstellung im Sachenrecht [1960] 12 ff; Pikart WM 1980, 510, 514 f; Medicus JuS 1983, 897, 900; K Schmidt JuS 1984, 737, 741; Häde, Geldzeichen im Recht der Bundesrepublik Deutschland [1991] 119; Häde KTS 1991, 365, 371 ff; MünchKomm/Baldus[8] § 985 Rn 74; Omlor, Geldprivatrecht [2014] 149 f). Steht das vom Eigentümer begehrte Geldzeichen nicht mehr im Besitz des nach § 985 BGB auf Herausgabe in Anspruch Genommenen, so fehlt es an einer Vindikationslage und damit an einem Vindikationsanspruch. Eine Weiterleitung des Herausgabeanspruchs auf im Austausch für das Geldzeichen erlangte andere Geldzeichen oder Wirtschaftsgut erfolgt nicht. Dabei ist es unerheblich, ob sich das ursprünglich vom bisherigen Besitzer vindizierbare Geldzeichen seinem Wert nach noch in dessen Vermögen befindet. Auch findet **keine dingliche Surrogation** statt (zur „schuldrechtlichen Surrogation" nach § 285 vgl Staudinger/Thole [2019] § 985 Rn 200 ff mwNw). Die Risikoverteilung zwischen Eigentümer und unberechtigtem Besitzer für den Fall einer Nichtherausgabe infolge des Untergangs der Sache akzentuieren die Regelungen in §§ 989 f BGB. Wird vindizierbares Bargeld gegen ein Wirtschaftsgut, genauer: gegen Nicht-Geld, getauscht, so endet der durch § 985 BGB gewährte Zugriff auf das Vermögen des bisherigen Besitzers ebenso wie bei einem Tausch von Sache gegen Sache, von Wirtschaftsgut gegen Wirtschaftsgut. In beiden Konstellationen führt eine Verfügung des nichtberechtigten Besitzers über die Sache lediglich zu einem **Bereicherungsausgleich** nach § 816 Abs 1 BGB und – je nach Einzelfall – zu weiteren gesetzlichen Ausgleichsansprüchen (zB §§ 687 Abs 2, 681 S 2, 667 Alt 2 BGB).

A189

c) Erfüllung des Vindikationsanspruchs

A190 Zur Erfüllung des auf Geldzeichen gerichteten Herausgabeanspruchs aus § 985 hat der Vindikationsschuldner das Maß an **Sachbesitz an den Eigentümer „auszukehren"**, das er gegenwärtig innehat (MünchKomm/Baldus[8] § 985 Rn 78, 87; Staudinger/Thole [2019] § 985 Rn 158). Es handelt sich nicht um eine Geldschuld, die abstrakt auf die Verschaffung einer bestimmten Menge an neutraler Vermögensmacht gerichtet ist. Demnach kann der Vindikationsanspruch an sich nicht mit nominal gleichwertigen Geldzeichen derselben Währung erfüllt werden, sondern nur mit den konkreten Stücken, auf die sich das Eigentum des Vindikationsgläubigers bezieht. Sofern das Interesse des Eigentümers allerdings nicht auf die Verschaffung der konkreten Stücke, sondern des entsprechenden Geldwerts gerichtet ist, kommt regelmäßig eine Erfüllung auch durch Übergabe und Übereignung gleichwertiger Geldzeichen oder durch **Zahlung von Buchgeld** in entsprechender Höhe in Betracht. Dabei handelt es sich um eine Leistung an Erfüllungs statt nach § **364 Abs 1 BGB** (Omlor, Geldprivatrecht [2014] 149; aA Falck, Das Geld und seine Sonderstellung im Sachenrecht [1960] 182 f), die grundsätzlich eine Erfüllungsvereinbarung von Schuldner und Gläubiger voraussetzt. Auf dieses Erfordernis vermag sich der Vindikationsgläubiger allerdings nach Treu und Glauben nicht zu berufen, sofern er kein Interesse an der Herausgabe der spezifischen Geldzeichen aufweist (Omlor, Geldprivatrecht [2014] 149 f). Ein solches **Sonderinteresse** kann namentlich bei **Sammlermünzen**, die einen höheren wirtschaftlichen Wert als ihren Nominalwert aufweisen, oder bei auch nur immateriell für den Eigentümer bedeutsamen Stücken bestehen. Ansonsten greift über § 242 BGB die konkrete Funktion des Geldes als universelles Tauschmittel durch, welche es als treuwidrig erscheinen lässt, gleichwertige Erscheinungsformen des Geldes als Erfüllung des Vindikationsanspruchs zurückzuweisen (vgl zur unzulässigen Rechtsausübung bei fehlendem Eigeninteresse MünchKomm/Schubert[8] § 242 Rn 449 ff mwNw). Das Eigentum an den originär herauszugebenden Geldzeichen hat der Vindikationsgläubiger Zug-um-Zug gegen die an Erfüllungs statt erbrachte Leistung *brevi manu* (§ 929 S 2 BGB) zu übereignen. Durch diese punktuelle Einbeziehung der herausgehobenen Funktionalität des Geldes wird keinesfalls einer Geldwertvindikation Tür und Tor geöffnet. Die Rechtsnatur des § 985 BGB als sachenrechtlicher Herausgabeanspruch bleibt unangetastet. Lediglich auf der Ebene der Erfüllung wird eine Differenzierung eröffnet, die von der *lex lata* ausweislich von § 364 Abs 1 BGB zugelassen wird. Zugleich werden Rechtsunsicherheiten vermieden, die aus einem vermeintlich dinglichen Zugriff auf das „Wertrecht" Geld resultierten.

A191 Ein geldrechtliches Spezifikum besteht auch bei dem Erfüllungssurrogat der **Aufrechnung** gegen einen Herausgabeanspruch aus § 985 BGB. Eine solche Aufrechnung mit einem Geldzahlungsanspruch ist **regelmäßig zulässig** (Wolff, in: Ehrenberg [Hrsg], Handbuch des gesamten Handelsrechts, Band 4/1 [1917] 563, 627; Simitis AcP 159 [1960] 406, 460; Pikart WM 1980, 510, 515; Medicus JuS 1983, 897, 902 f; Häde, Geldzeichen im Recht der Bundesrepublik Deutschland [1991] 120; Staudinger/K Schmidt [1997] Vorbem B12 zu §§ 244 ff; MünchKomm/Baldus[8] § 985 Rn 204; Omlor, Geldprivatrecht [2014] 151 f; **aA** OLG Dresden 27. 4. 1916 – 5 O 26/16, SeuffArch 72, 36, 38; offen RG 27. 3. 1939 – IV 275/38, RGZ 160, 52, 60). Eine **Ausnahme** ist lediglich anzuerkennen, wenn der Vindikationsgläubiger ein **spezifisches Interesse an der Erlangung der konkreten Stücke** aufweist, wie dies beispielsweise bei Sammlermünzen der Fall sein kann (Häde, Geldzeichen im Recht der Bundesrepublik Deutschland [1991] 120). Eine Aufrechnung scheitert ansonsten insbesondere nicht an einer fehlenden Gleichartigkeit der Forderungen iSd § 387 BGB. Insofern darf nicht auf der formalen Ebene eines Rechtsnaturvergleichs (Herausgabeanspruch versus Geldschuld) verharrt werden (Mot II 105; RG 15. 10. 1902 – I 230/02, RGZ 52, 303, 306; BGH 11. 1. 1955 – I ZR 106/53, BGHZ 16, 124, 127); vielmehr bestimmt sich die **Gleichartigkeit wertend nach der Verkehrsanschauung** (Staudinger/Gursky [2016] § 387 Rn 67). Ihr zufolge fehlt es regelmäßig an einem durchgreifenden Unterschied zwischen einem auf Geldzeichen gerichteten Herausgabeanspruch und einer regulären Geldschuld (Gernhuber, Die Erfüllung und ihre Surrogate sowie das Erlöschen der Schuldverhältnisse aus anderen Gründen [2. Aufl 1994] § 12 III 3). Angesichts der fehlenden Individualität von Geldzeichen (*„money has no earmark"*) werden typischerweise auch keine schutzwürdigen Belange des Geldzeicheneigentümers verletzt. Die Aufrechnung kommt in ihrer Urfunktion als effektives Mittel zur Schuldtilgung zum Tragen, durch welches ein kostenträchtiges Hin- und Herschieben von Leistungen vermieden wird.

V. Geldrecht und Währungsverfassung

1. Verhältnis von Geldprivat- und Währungsrecht

Geldprivatrecht und Währungsrecht stehen in einer **funktionalen Wechselbeziehung** A192 zueinander (Staudinger/K Schmidt [1997] Vorbem A48 zu §§ 244 ff; Kratzmann ZfgK 2013, 301, 305; Omlor, Geldprivatrecht [2014] 155). Das Geldrecht hat inzwischen den überkommenen Wettstreit zwischen Privatrecht und Öffentlichem Recht um ein Erstzugriffsrecht auf das Phänomen „Geld" (vgl dazu beispielhaft Gerber, Geld und Staat [1926]; Jung, Das privatrechtliche Wesen des Geldes [1926]; Peitmann, Die privatrechtlichen Grundlagen des Geldes [1941]) überwunden. Geboten sind vielmehr eine Rückbesinnung auf die eigentlichen Aufgaben des jeweiligen Rechtsgebiets und darauf aufbauend eine Analyse der Berührungspunkte und ihrer rechtlichen Behandlung. Seinem **Regelungsgegenstand** nach befasst sich das Währungsrecht mit der rechtlichen **Beschaffenheit der hoheitlichen Geldverfassung**; es setzt sich aus Organisationsnormen (zB Art 282 AEUV, Art 73 Nr 4, Art 88 GG), funktionellen Normen (zB Art 127 ff AEUV, §§ 3, 14 ff BBankG) und Schutznormen zusammen (im Einzelnen Reinhuber, Grundbegriffe und internationaler Anwendungsbereich von Währungsrecht [1995] 25 ff mwNw). Aus der Sicht des Geldprivatrechts weisen insbesondere zwei Bereiche des Währungsrechts eine herausgehobene Relevanz auf: erstens der sog gesetzliche Annahmezwang und seine Auswirkungen auf den Inhalt der Geldschuld (im Einzelnen s u Rn B3 ff), zweitens die Teile der Währungsverfassung (vgl zum Begriff Herrmann, Währungshoheit, Währungsverfassung und subjektive Rechte [2010] 147), die sich mit der Sicherung der Preisstabilität und damit den Einflüssen auf den geldschuldrechtlich maßgeblichen Geldwert befassen (im Einzelnen s u Rn C1 ff). Unter diesem Blickwinkel kann auch eine privatrechtliche Abhandlung zum Geldrecht nicht ohne dessen währungsrechtliche Bezüge auskommen.

2. Grundlagen und -begriffe

a) Währungsbegriff

Der moderne Begriff der Währung ist **zweigeteilt** in eine konkrete und eine abstrakte A193 Komponente (Omlor, Geldprivatrecht [2014] 158). Der Währungsbegriff bezieht sich zum einen abstrakt auf die **ideelle Einheit eines Geldsystems** (Hammer, Die Hauptprinzipien des Geld- und Währungswesens [1891] 16; Andreae, Geld und Geldschöpfung [1953] 39; Fögen, Geld- und Währungsrecht [1969] 35; Reinhuber, Grundbegriffe und internationaler Anwendungsbereich von Währungsrecht [1995] 6; vgl auch MANN, Das Recht des Geldes [1960] 25 ff). Im Verständnis der Währung als Währungseinheit spiegelt sich die abstrakte Funktion des Geldes als Recheneinheit wider. Darauf zielt – wenn auch unvollkommen – die mancherorts anzutreffende (NUSSBAUM, Das Geld in Theorie und Praxis des deutschen und ausländischen Rechts [1925] 22) Bezeichnung der gesetzlichen Zahlungsmittel eines Staates als dessen Währung ab. Im konkreten Sinn steht der Begriff der Währung für die **Geldverfassung eines oder mehrerer Staaten**, die einen gemeinsamen Währungsraum bilden (ähnlich ELSTER, Die Seele des Geldes [1920] 212; HELFFERICH, Das Geld [6. Aufl 1923] 412; NUSSBAUM, Das Geld in Theorie und Praxis des deutschen und ausländischen Rechts [1925] 44; FÖGEN, Geld- und Währungsrecht [1969] 35; REINHUBER, Grundbegriffe und internationaler Anwendungsbereich von Währungsrecht [1995] 6; STAUDINGER/K SCHMIDT [1997] Vorbem A41 zu §§ 244 ff; tendenziell auch LÜTGE, Einführung in die Lehre vom Gelde [1948] 110). Bezogen ist dieser Aspekt des Währungsbegriffs auf das staatliche bzw hoheitliche Fundament eines Währungssystems. Daraus leitet sich der öffentlich-rechtliche Charakter des Währungsrechts ab (vgl REINHUBER, Grundbegriffe und internationaler Anwendungsbereich von Währungsrecht [1995] 26 mwNw). Eine Währung muss dabei nicht notwendigerweise von einem Staat allein getragen werden. Ein einheitlicher Währungsraum kann geographisch auch eine Vielzahl von Staaten umfassen, wie es namentlich im Euroraum der Fall ist. Unerheblich bleibt daher, ob die Europäische Union selbst Staatlichkeit zu erlangen vermag. Schließlich besteht nicht das Erfordernis einer Deckungsgleichheit der geographischen Reichweite des Währungsraums und den Landesgrenzen der die Währung tragenden Staaten. Auch andere Völkerrechtssubjekte vermögen kraft ihrer Souveränität einen partiellen Beitritt zum Währungsraum zu ersuchen, mit dem lediglich eine passive Übernahme verbunden ist. Der **Drittstaat** adaptiert die Währung eines oder mehrerer anderer Staaten. Entsprechende **Währungsvereinbarungen** hat die Europäische Union mit dem Staat Vatikanstadt (Mitteilung 2010/C 28/05 [ABl EU Nr C 28, 13 v 4. 2. 2010]), mit der Republik San Marino (Mitteilung 2012/C 121/02 [ABl EU Nr C 121, 5 v 26. 4. 2012]) sowie den Fürstentümern Andorra (Mitteilung 2011/C 369/01 [ABl EU Nr C 369, 1 v 17. 12. 2011]) und Monaco (Mitteilung 2012/C 310/01 [ABl EU Nr C 310, 1 v 13. 10. 2012]) abgeschlossen.

A193a Keine Währung im rechtstechnischen Sinn stellen **private Zahlungs-Token** dar (OMLOR ZHR 183 [2019] 294, 307). Die verbreitete Bezeichnung als Kryptowährungen ist untechnisch zu verstehen und dient bestenfalls der Veranschaulichung. Ebenso wie *smart contracts* keine Verträge sind und nicht notwendigerweise über ein herausgehobenes Maß an Klugheit oder Intelligenz verfügen müssen, hat sich auch der Begriff der Kryptowährung innerhalb wie außerhalb des rechtswissenschaftlichen Diskurses etabliert, ohne rechtsdogmatisch hinreichend reflektiert worden zu sein. Privaten Zahlungs-Token **fehlt der hoheitliche Charakter**. Auch fehlt ein korrespondierendes Währungsrecht in Gestalt von gesetzlichen Regelungen, dessen sachlicher Anwendungsbereich durch den Begriff eines Zahlungs-Token festgelegt werden könnte. Der technische Begriff der Währung hingegen bildet zugleich das Eingangstor für das staatliche Währungsrecht. Auch die Einführung des Begriffs der **„virtuellen Währungen"** durch das unionale **Geldwäscherecht** (Art 3 Nr 18 Richtlinie [EU] 2018/843 zur Änderung der Richtlinie [EU] 2015/849 zur Verhinderung der Nutzung des Finanzsystems zum Zwecke der Geldwäsche und der Terrorismusfinanzierung vom 30. 5. 2018, ABl EU Nr L 156 S 43 v 19. 6. 2018) ändert an dieser Abgrenzung nichts. Es handelt sich lediglich um eine sektorspezifische Terminologie, die zudem keine Übernahme durch den deutschen Umsetzungsgesetzgeber gefunden hat (vgl § 1

Abs 11 S 1 Nr 10 KWG: Kryptowerte). Vor allem aber grenzt die Legaldefinition bereits selbst ab: virtuelle Währungen in diesem Sinn weisen *nicht* „den gesetzlichen Status einer Währung" auf. Anders hingegen gestaltet sich die Rechtslage bei **digitalem Zentralbankgeld**, das von einer Zentralbank ausgegeben wird. Insofern unterscheidet es sich nicht von Bargeld.

Zu seiner modernen Bedeutung vermag die **Etymologie** des Währungsbegriffs nur begrenzt als Hilfestellung zu dienen. Teilweise finden sich Anknüpfungen an die frühere Gewähr des Staates für den Feingehalt der Münzen (Nussbaum, Das Geld in Theorie und Praxis des deutschen und ausländischen Rechts [1925] 43; weitere Nachweise bei Reinhuber, Grundbegriffe und internationaler Anwendungsbereich von Währungsrecht [1995] 5). Übertragen ließe sich dieser Ansatz auch auf die Sicherung des Einlösungsrechts der Noteninhaber bei einer Goldkernwährung. Seit der Loslösung des Geldwerts von jeglicher metallischen oder sonst substanzgebundenen Grundlage hat diese Begriffswurzel ihren Wahrheitsgehalt verloren (Omlor, Geldprivatrecht [2014] 157). Ein normspezifischer Begriff der Währung ist im Katalog der ausschließlichen Gesetzgebungskompetenzen des Bundes zu verorten. Wenn **Art 73 Abs 1 Nr 4 GG** gesammelt vom „Währungs-, Geld- und Münzwesen" spricht, so sieht das staatsrechtliche Schrifttum (Nachweise bei Herrmann, Währungshoheit, Währungsverfassung und subjektive Rechte [2010] 73) überwiegend den Begriff des Währungswesens als Oberbegriff zum Geldwesen an. In der – diesbezüglich nur spärlich vorhandenen – verfassungsrechtlichen Judikatur (BVerfG 21. 10. 1954 – 1 BvL 52/52, BVerfGE 4, 60, 73) klingt eine definitorische Verschmelzung des Währungs- mit dem Geldwesen an. **A194**

Keine Währung im rechtstechnischen Sinn liegt bei sog **Kryptowährungen** oder virtuellen Währungen vor. Namentlich **Bitcoins** unterfallen nicht dem Begriff der Währung (BeckOK BGB/Grothe [1. 2. 2020] § 244 Rn 2; Beck NJW 2015, 580, 582; Omlor JZ 2017, 754, 758; ders, ZHR 183 [2019] 294, 307 f). Erforderlich wäre ein hoheitlicher Ursprung, der bei den privaten und betont staatsfernen Kryptowährungen wie Bitcoin und Ether fehlt. Der Währungsbegriff dient als Eingangstor für das hoheitliche Währungsrecht und legt dessen sachlichen Anwendungsbereich fest. Ausschließlich private Zahlungsmittel können daher *a priori* nicht erfasst sein. Auch die Einführung einer **Legaldefinition von „virtuellen Währungen"** durch die **5. Geldwäsche-Richtlinie** (Richtlinie [EU] 2015/849 zur Verhinderung der Nutzung des Finanzsystems zum Zwecke der Geldwäsche und Terrorismusfinanzierung in der Fassung der Richtlinie [EU] 2018/843 vom 30. 5. 2018 [ABl EU Nr L 156, 43 v 19. 6. 2018]) hat daran nichts geändert. Zum einen ist der Wirkungsanspruch der Legaldefinition auf den konkreten Sekundärrechtsakt begrenzt (Art 3 der Richtlinie: „Im Sinne dieser Richtlinie ..."). Zum anderen setzt Art 3 Nr 18 Geldwäsche-Richtlinie ausdrücklich voraus, dass die virtuelle Währung „nicht den gesetzlichen Status einer Währung" aufweist. Insofern greift das europäische Geldwäscherecht lediglich aus Gründen der Illustration auf den Währungsbegriff zurück. **A194a**

b) Währungssysteme

Geldgeschichtlich bietet sich eine Kategorisierung der verschiedenen Währungsräume und ihrer Wesensprinzipien nach dem Merkmal an, ob und auf welche Weise sie das Geld als substanzgebunden und in der Folge den Wert des Geldes als substanzakzessorisch einstufen. Dabei geht es um die Einstellung des Währungssystems zum **A195** währungsrechtlichen Metallismus, die sich im Gegensatzpaar von Metall- und Papierwährungen markanten Ausdruck verleiht.

(1) Metallwährungen

A196 Bei den Metallwährungen handelt es sich um die chronologisch ältere Gruppe von Währungssystemen. Ihnen ist eine unmittelbare oder mittelbare Verbindung der Geldzeichen mit einem Metall, regelmäßig einem Edelmetall (zum Goldstandard s o Rn A19), gemeinsam. Die unmittelbare Verbindung bestand bei den **Metallumlaufwährungen**, bei denen das Edelmetall selbst in Gestalt von Münzen in den Verkehr – und damit im Wortsinn „in Umlauf" – gelangt. Als Beispiel aus der jüngeren Geldgeschichte lässt sich die 1871 geschaffene Reichswährung anführen (OMLOR, Geldprivatrecht [2014] 159). Aus einem Pfund feinen Goldes wurden nach § 1 des Reichsmünzgesetzes von 1871 (Reichsgesetz betreffend die Ausprägung von Reichsgoldmünzen vom 4. 12. 1871 [RGBl S 404]) $139^{1}/_{2}$ Reichsgoldmünzen geprägt. Als eine Mark fungierte der zehnte Teil einer Reichsgoldmünze (§ 2 Reichsmünzgesetz 1871). Eine lediglich mittelbare Anbindung an ein (Edel-)Metall weisen die **Metallkernwährungen** auf. Die metallistische Grundlage des Währungssystems bilden dabei Edelmetallreserven bei der Notenbank, auf die als „Deckung" der umlaufenden Geldzeichen zurückgegriffen wird (differenzierende Terminologie bei LUKAS, Aufgaben des Geldes [1937] 183). Anders als bei den Metallumlaufwährungen gelangt das physische Edelmetall nicht in den Geldverkehr. Das Reichsgericht ordnete 1913 auf US-Dollar lautendes Papiergeld demzufolge in Deutschland als Wertpapier, genauer als Inhaberpapier ein (RG 28. 5. 1924 – I 432/23, RGZ 108, 279, 280). Koppelt sich eine Währung an eine Metallkernwährung an und bezieht sie darüber ihre metallistische Deckung, so handelt es sich um den Unterfall einer Metalldevisenwährung (STAUDINGER/K SCHMIDT [1997] Vorbem A49 zu §§ 244 ff).

A197 Metallkern- und Metalldevisenwährungen wurden durch das **Weltwährungssystem von Bretton Woods** geschaffen. Schon in den Vorentwürfen von Harry Dexter White, dem damaligen Leiter der monetären Forschungsabteilung im US-Finanzministerium, und von John Maynard Keynes war ein System fester Wechselkurse vorgesehen (ASCHINGER, Das Währungssystem des Westens [1971] 23). Gold sollte als Stabilisator des Währungssystems dienen. Die Beratungen der 44 beteiligten Staaten im Juli 1944 über das Weltwährungssystem der Nachkriegszeit führten im Einklang mit den Vorentwürfen dazu, dass der US-Dollar zur Weltleitwährung erhoben wurde. Die übrigen Währungen standen in einem bestimmten Tauschverhältnis zum US-Dollar. Über den US-Dollar wurde zudem die metallistische Anbindung abgesichert, da eine Feinunze Gold (ca 31,1 Gramm) mit 35 US-Dollar bewertet wurde (PENTZLIN, Das Geld [1982] 146). Die Konvertibilität des US-Dollar in physisches Gold stellten die Vereinigten Staaten sicher (ASCHINGER, Das Währungssystem des Westens [1971] 108). Der **US-Dollar** stellte nach den Vereinbarungen von Bretton Woods eine **Goldkernwährung** dar, während es sich bei den fest an den US-Dollar gekoppelten **übrigen Währungen** um **Golddevisenwährungen** handelte. Infolge des Anstiegs des US-Zahlungsbilanzdefizits scheiterte die Golddeckung des US-Dollars zunächst faktisch (vgl zur Höhe der Goldreserven statistisch ASCHINGER, Das Währungssystem des Westens [1971] 112), später auch offiziell nach ihrer Aufkündigung durch den damaligen US-Präsidenten Richard Nixon („**Nixon-Schock**") am 15. 8. 1973.

(2) Papierwährungen

Papierwährungen kennen **keine Anbindung an ein (Edel-)Metall**. Ihre „Deckung" erlangen sie nicht über etwaige Goldreserven der Notenbank, auf deren Herausgabe der Inhaber einzelner Geldzeichen keinen Anspruch hat. Als Ersatz hierfür fungiert vielmehr eine **Währungsverfassung, welche die unabhängige Notenbank auf das Ziel der Preisstabilität verpflichtet**. Auf Grund der fehlenden Bindungen an ein Edelmetall erweitert sich naturgemäß der geldpolitische Aktionsspielraum der Notenbank. Der Gefahr einer künstlich infolge einer quantitativ expansiven Geldpolitik geschaffenen Inflation lässt sich durch eine Bindung der Notenbank an ein stabilitätsorientiertes Währungsrecht begegnen. Insofern kann von einer „gelenkten" oder „gesteuerten" Währung gesprochen werden (so Fögen, Geld- und Währungsrecht [1969] 39). Der Begriff der Papierwährung schließt nicht jeglichen Einsatz von Metall bei der Herstellung von Geldzeichen aus. Essentiell ist, dass sich bei Münzen der Geldwert nicht aus dem Substanzwert ableitet, es sich also um Scheidemünzen handelt. **A198**

c) Währungsänderungen

Der **hoheitliche Eingriff in die Währungsverfassung** bildet den Definitionskern einer Währungsänderung im engeren Sinn (Fögen, Geld- und Währungsrecht [1969] 46; Staudinger/K Schmidt [1997] Vorbem A50 zu §§ 244 ff; Omlor, Geldprivatrecht [2014] 161). Ein solcher liegt bei der Einführung einer neuen Währung in Ersetzung der bisherigen sowie bei einem Wechsel von einem Währungssystem zu einem anderen vor (Fögen, Geld- und Währungsrecht [1969] 46 f; **aA** für Änderungen im Währungssystem Reinhuber, Grundbegriffe und internationaler Anwendungsbereich von Währungsrecht [1995] 41 f). Ein **Währungswechsel** kann sich sowohl offen als auch verdeckt vollziehen. Ein offener Währungswechsel ist mit einer Namensänderung verbunden, ein verdeckter hingegen nicht. Die Euro-Einführung stellte danach einen offenen Währungswechsel dar (vgl auch Hahn, Europäische Währungsumstellung und Vertragskontinuität [1999] 29 ff). Demgegenüber führte die schlichte Kürzung der Geldmenge um einen bestimmten Prozentsatz, etwa die Streichung von „zwei Nullen" (Fögen, Geld- und Währungsrecht [1969] 46; Reinhuber, Grundbegriffe und internationaler Anwendungsbereich von Währungsrecht [1995] 35), zu einem verdeckten Währungswechsel. Daran zeigt sich, dass das Vorliegen einer **Namensänderung nicht konstitutiv** für einen Währungswechsel ist. Noch weitergehend gilt, dass insofern eine Namensänderung weder einen positiven noch negativen Aussagegehalt aufweist. Die Wiedereinführung der Währungsbezeichnung „Franc" als Ersatz für „Nouveau Franc" im Frankreich des Jahres 1963 ließ die Währungsverfassung unberührt und stellte daher keine Währungsänderung dar (Fögen, Geld- und Währungsrecht [1969] 41; Reinhuber, Grundbegriffe und internationaler Anwendungsbereich von Währungsrecht [1995] 42). Als maßgebliches Kennzeichen eines Währungswechsels dient die **fehlende Äquivalenz zwischen den ideellen Einheiten der bisherigen und der neuen Geldmenge** (Fögen, Geld- und Währungsrecht [1969] 46; Reinhuber, Grundbegriffe und internationaler Anwendungsbereich von Währungsrecht [1995] 34; Omlor, Geldprivatrecht [2014] 162). **A199**

Eine Währungseinheit erlangt ihre Identität historisch durch eine Anknüpfung an die ideellen Einheiten der Vorgängerwährung (Knapp, Staatliche Theorie des Geldes [4. Aufl 1923] 20). Das **rekurrente Anschlussverhältnis** bestimmt den Umstellungskurs zwischen alten und neuen Währungseinheiten. Nicht notwendigerweise deckungsgleich damit ist die Umstellungsmodalität für einzelne Geldschulden (Reinhuber, Grundbegriffe und internationaler Anwendungsbereich von Währungsrecht [1995] 39). Ein Gleichlauf lag hingegen bei der Euro-Einführung vor; ein Euro entspricht 1,95583 **A200**

Deutsche Mark (vgl Art 1 der Verordnung [EG] Nr 2866/98 über die Umrechnungskurse zwischen Euro und den Währungen der Mitgliedstaaten, die den Euro einführen v 31. 12. 1998 [ABl EG Nr L 359, 1 v 31. 12. 1998]). Sonderregelungen für Geldschulden bestanden ausweislich von Art 14 S 1 der Euro-Einführungsverordnung (Verordnung [EG] Nr 974/98 über die Einführung des Euro vom 3. 5. 1998 [ABl EG Nr L 139, 1 v 11. 5. 1998]) nicht.

A201 Keine Währungsänderung, auch nicht eine solche „innerer Art" (so MANN, Das Recht des Geldes [1960] 43), folgt aus einer **inflationsbedingten Geldentwertung** (FÖGEN, Geld- und Währungsrecht [1969] 41 ff; REINHUBER, Grundbegriffe und internationaler Anwendungsbereich von Währungsrecht [1995] 42 f; OMLOR, Geldprivatrecht [2014] 160 f; aA RG 10. 10. 1933 – II 148/33, RGZ 142, 23, 31; MANN, Das Recht des Geldes [1960] 46). In erster Linie folgt diese **negative Begriffsabgrenzung** daraus, dass Änderungen des Geldwerts durch Inflation oder Deflation unabhängig von ihrem Ausmaß keinen hoheitlichen Eingriff in die Geldverfassung darstellen. Geldwertänderungen werden nicht hoheitlich verordnet, sondern allenfalls durch hoheitliches Handeln mitverursacht. Erst in zweiter Linie ist darauf zu verweisen, dass es an einem tauglichen Abgrenzungskriterium fehlt, um das erforderliche Maß der Geldwertänderung abstrakt festzulegen. Das Reichsgericht stellte darauf ab, ob „die Verhältnisse ... die im Gesetz geschaffene Grundlage völlig beseitigen" und in der Folge eine „völlige Zerstörung der Währung" eingetreten sei (RG 10. 10. 1933 – II 148/33, RGZ 142, 23, 31). Zumindest die Ausmaße der „großen" deutschen Inflation der 1920er Jahre solle genügen. In der Tat mögen diese historischen Inflationsraten einen „Schreckensruf" provozieren (MANN, Das Recht des Geldes [1960] 46 unter Verweis auf SEYMOUR V DELANCY [1824] 3 Cowen [NY] 445), ein generalisierbares Kriterium folgt daraus nicht. Letztlich bedarf es auch der Behauptung eines Währungswechsels nicht, um eine individuelle Aufwertung von Geldschulden zu legitimieren (zutreffend REINHUBER, Grundbegriffe und internationaler Anwendungsbereich von Währungsrecht [1995] 43).

3. Die europäische Währungsunion

a) Vorgeschichte

A202 Der Entwicklungsprozess auf dem Weg zur europäischen Währungsunion untergliedert sich in fünf Phasen (im Einzelnen OMLOR, Geldprivatrecht [2014] 164 ff): eine Frühphase von 1947 bis 1968, eine Fortentwicklungsphase von 1969 bis 1986, eine Vorbereitungsphase von 1987 bis 1998, eine Übergangsphase von 1999 bis 2001 sowie eine Vollendungsphase seit 2002.

aa) Frühphase

A203 In die Frühphase fällt nicht nur die Gründung der Europäischen Wirtschaftsgemeinschaft in den Römischen Verträgen von 1957, sondern auch erste Abkommen zum Zahlungs- und Währungsabkommen wurden in dieser Zeitspanne geschlossen. Die europäische Nachkriegsgeschichte auf dem Gebiet des Zahlungsverkehrs nahm mit **dem ersten multilateralen Verrechnungsabkommen vom 18. 11. 1947** seinen Anfang (COING, in: SCHLOCHAUER/KRÜGER/MOSLER/SCHEUNER [Hrsg], Wörterbuch des Völkerrechts [1960] 484 f; HERRMANN, Währungshoheit, Währungsverfassung und subjektive Rechte [2010] 196; ausführlich WABNITZ, Der zwischenstaatliche Zahlungsverkehr auf der Grundlage internationaler Zahlungsabkommen [1955]; LANGEN, Internationale Zahlungsabkommen [1958]). Ihm folgte auf der institutionellen Grundlage der Organisation für Europäische Wirtschaftliche Zusammenarbeit (*Organisation for European Economic Cooperation* – OEEC) am 19. 9. 1950 die Gründung der **Europäischen Zahlungsunion** (*European Payment Union* – EPU), an der auch Deutschland teilnahm (BGBl II 1951, 31; vgl zu Aufgaben und Zielen Schlochauer GRUR 1955, 213, 221; Coing, in: Schlochauer/Krüger/Mosler/Scheuner [Hrsg], Wörterbuch des Völkerrechts [1960] 485). Abgelöst wurde die Zahlungsunion zum 15. 1. 1959 durch das **Europäische Währungsabkommen** (Gesetz über das Europäische Währungsabkommen vom 26. 3. 1959 [BGBl II 293]), das nicht nur die Bewältigung von Zahlungsbilanzdefiziten als Ziel aufwies, sondern auch mit einer Festlegung der Wechselkurse zwischen den teilnehmenden Staaten verbunden war (Coing, in: Schlochauer/Krüger/Mosler/Scheuner [Hrsg], Wörterbuch des Völkerrechts [1960] 493; Herrmann, Währungshoheit, Währungsverfassung und subjektive Rechte [2010] 197).

bb) Fortentwicklungsphase
Die Fortentwicklungsphase verlagerte den **institutionellen Schwerpunkt von der völkerrechtlichen auf die supranationale Ebene**. Zwar war schon 1964 der „Ausschuß der Präsidenten der Zentralbanken der Mitgliedstaaten der Europäischen Wirtschaftsgemeinschaft" geschaffen worden (Beschluss 64/300/EWG v 8. 5. 1964 [ABl EG Nr 77, 1206 v 21. 5. 1964]). Den eigentlichen Auftakt für die Europäische Währungsunion bildete jedoch der 1970 vorgestellte **„Werner-Plan"** (Bericht vom 8. 10. 1970 [ABl EG Nr C 136, 1 v 11. 11. 1970]; dazu Selmayr, Das Recht der Wirtschafts- und Währungsunion [2002] 130 ff), der nach dem Vorsitzenden der ihn erarbeitenden Expertengruppe benannt wurde. Vorgeschlagen wurden zentrale Elemente einer zukünftigen Währungsunion, wozu unter anderem eine gemeinschaftliche Währungspolitik und final auch eine Gemeinschaftswährung gehörten. Politisch einigte sich der Rat 1971 auf eine teilweise Umsetzung und eine Währungsunion innerhalb des folgenden Jahrzehnts (vgl im Einzelnen Krägenau/Wetter, Europäische Wirtschafts- und Währungsunion [1993] 98 ff). Entgegen dieser zeitlichen Zielvorgabe wurde 1979 auf deutsch-französische Initiative hin lediglich das **Europäische Währungssystem** erschaffen (dazu Geiger, Das Währungsrecht im Binnenmarkt der Europäischen Union [1996] 29 ff; Nestler WM 2001, 2425, 2427 ff; Schuster, Die Einführung des Euro und seine zukünftige Rolle im Weltwährungsgefüge [2001] 27 ff; Selmayr, Das Recht der Wirtschafts- und Währungsunion [2002] 157 ff; Manger-Nestler, Par(s) inter pares? [2008] 94 ff). In seinem Zentrum stand die **European Currency Unit** (ECU), eine „Korbwährung" (Geiger, Das Währungsrecht im Binnenmarkt der Europäischen Union [1996] 35; Selmayr, Das Recht der Wirtschafts- und Währungsunion [2002] 157; Manger-Nestler, Par(s) inter pares? [2008] 96) mit der Deutschen Mark als maßgeblicher Ankerwährung (Gramlich, Die ECU – Fremdwährung in der Bundesrepublik? [1988] 9). Die ECU stellte mangels zugehöriger Währungsverfassung jedoch keine Währung, sondern lediglich eine Recheneinheit dar (Pentzlin, Das Geld [1982] 221 ff). **A204**

cc) Vorbereitungsphase
Die Vorbereitungsphase, die zeitlich bis zur Einführung des Euro reichte, wurde durch die **Einheitliche Europäische Akte** von 1987 (ABl EG Nr L 169, 1 v 29. 6. 1987) eingeläutet. Mit ihr trat die Währungsunion erneut auf die politische Bühne (vgl Selmayr, Das Recht der Wirtschafts- und Währungsunion [2002] 172 ff mwNw). Den präzisen Fahrplan für die Währungsunion enthielt hingegen erst der **„Delors-Bericht"**, der im April 1989 von einem Ausschuss unter Vorsitz des damaligen Kommissionspräsidenten Jacques Delors ausgearbeitet wurde. Für den Zeitraum von 1990 bis 1999 enthielt der Bericht einen Drei-Stufen-Plan bis zur Schaffung der Gemeinschaftswährung: die Aufhebung von Beschränkungen des freien Kapitalverkehrs und eine intensivier- **A205**

te Zusammenarbeit der nationalen Zentralbanken bis zum 1. 7. 1990, die primärrechtlich basierte Steigerung der wirtschaftlichen und währungsrechtlichen Konvergenz zwischen den Mitgliedstaaten zum 1. 1. 1994 sowie schließlich die finale Einführung des Euro als Gemeinschaftswährung zum 1. 1. 1999. Die Voraussetzungen für eine Mitgliedschaft in der Währungsunion aus Art 140 Abs 1 S 3 AEUV (damals: Art 109j Abs 1 S 3 EGV aF) wurden vom Europäischen Rat am 3. 5. 1998 bei Belgien, Deutschland, Finnland, Frankreich, Irland, Italien, Luxemburg, den Niederlande, Österreich, Portugal und Spanien als erfüllt angesehen (Entscheidung 98/317/EG gemäß Art 109j Abs 4 des Vertrags v 3. 5. 1998 [ABl EG Nr L 139, 30 v 11. 5. 1998]); später kam noch Griechenland hinzu. Die politische Diskussion über die Auswahl der Teilnehmerstaaten brachte typisiert zwei Lager hervor: die sog „**Ökonomisten**" und die sog „**Monetaristen**" (vgl Oppermann/Classen NJW 1993, 5, 9; Weber, Die Kompetenzverteilung im Europäischen System der Zentralbanken bei der Festlegung und Durchführung der Geldpolitik [1995] 38 f). Die „Monetaristen" erhofften sich die Herstellung der notwendigen Konvergenz *durch* einen früheren Beitritt zur Währungsunion, während die „Ökonomisten" die primärrechtlich geforderte Konvergenz als notwendige Bedingung *vor* einem Beitritt ansahen.

dd) Übergangs- und Vollendungsphase

A206 Die dritte Stufe im Sinne des Delors-Berichts begann zum **1. 1. 1999**, indem der **Euro als Gemeinschaftswährung entstand** und während der Übergangsphase **als Buchgeld parallel zu den bisherigen mitgliedstaatlichen Währungen** existierte. Der Bargeldverkehr wurde weiterhin ausschließlich nationalstaatlich abgewickelt. Erst mit Ablauf des 31. 12. 2001 verloren die von der Deutschen Bundesbank ausgegebenen DM-Banknoten und die von der Bundesrepublik emittierten DM-Münzen ihre Eigenschaft als gesetzliche Zahlungsmittel (Art 1 § 1 S 1 DM-Beendigungsgesetz [BGBl I 1999, 2402]). Währungsrechtlich kam es zum „juristischen Big Bang" (BT-Drucks 14/1673, 8). Die **Einführung des Euro-Bargeldes** erfolgte zum **1. 1. 2002** mit Beginn der – weiterhin fortdauernden – Vollendungsphase. Von der Befugnis, bis zum 30. 6. 2002 einen parallelen Umlauf von Bargeld in Euro und nationaler Währung zuzulassen (Art 15 Verordnung [EG] Nr 974/98 über die Einführung des Euro v 3. 5. 1998 [ABl EG Nr L 139, 1 v 11. 5. 1998]), machte Deutschland keinen Gebrauch (Dittrich NJW 2000, 487). Stattdessen galt auf Grund einer privaten Vereinbarung des Handels, der Automatenbetreiber und der deutschen Kreditwirtschaft eine „modifizierte Stichtagsregelung" bis zum 28. 2. 2002; ein privatrechtlicher Annahmezwang wurde dadurch aber nicht begründet (Dittrich NJW 2000, 487; Omlor, Geldprivatrecht [2014] 177).

b) Sekundärrechtliche Grundlagen
aa) Trilogie der Verordnungen

A207 Im Wesentlichen gründet sich die Währungsunion auf **drei Sekundärrechtsakten**: die Vorbereitungen in der Verordnung (EG) Nr 1103/97 (Verordnung über bestimmte Vorschriften im Zusammenhang mit der Einführung des Euro v 17. 6. 1997 [ABl EG Nr L 162, 1 v 19. 6. 1997]), die den Währungswechsel herbeiführende „Euro-Einführungsverordnung" Nr 974/98 (Verordnung über die Einführung des Euro v 3. 5. 1998 [ABl EG Nr L 139, 1 v 11. 5. 1998]) sowie die mit den Umrechnungskurse versehene Verordnung (EG) Nr 2866/98 (Verordnung über die Umrechnungskurse zwischen dem Euro und den Währungen der Mitgliedstaaten, die den Euro einführen v 31. 12. 1998 [ABl EG Nr L 359, 1 v 31. 12. 1998]). Gegenstände der Verordnung (EG) Nr 1103/97 sind vor allem die Umstellungsmodalitäten für jegliche Rechtsverhältnisse und Rechtsakte, die einen Bezug zu den bisherigen mitgliedstaatlichen Währungen aufweisen. Ziel der Vorgaben sind eine möglichst umfassende **Neutralität des Währungswechsels** und eine Sicherstellung der Vertragskontinuität. Bei der Umrechnung sollen Ungenauigkeiten durch eine Rundung auf zwei Nachkommastellen verringert werden. Auch bei der Summierung von kleinen Einzelbeträgen müssen Rundungsgewinne des Geldgläubigers durch eine Umrechnung der Teilbeträge statt des Gesamtbetrags vermieden werden (EuGH 14. 9. 2004 – Rs C-19/03 [*Verbraucherzentrale Hamburg/O2*] ECLI: EU:C:2004:524, Rn 31 ff; BGH 3. 3. 2005 – III ZR 363/04, NZM 2005, 720).

bb) Anordnung eines Währungswechsels

Die **Euro-Einführungsverordnung** Nr 974/98 legte nicht nur den Namen der Gemeinschaftswährung fest und degradierte die ECU zur bloßen Gattungsbezeichnung, sondern enthielt auch den normativen Vollzugsbefehl für den Währungswechsel zum Euro. In der deutschen und europäischen Währungsgeschichte wurde durch folgende Bestimmungen der Verordnung zum 1. 1. 1999 ein neues Kapitel aufgeschlagen: **A208**

> „ERSETZUNG DER WÄHRUNGEN DER TEILNEHMENDEN MITGLIEDSTAATEN DURCH DEN EURO
>
> **Artikel 2**
> Ab 1. Januar 1999 ist die Währung der teilnehmenden Mitgliedstaaten der Euro. Die Währungseinheit ist ein Euro. Ein Euro ist in 100 Cent unterteilt.
>
> **Artikel 3**
> Der Euro tritt zum Umrechnungskurs an die Stelle der Währungen der teilnehmenden Mitgliedstaaten.
>
> **Artikel 4**
> Der Euro ist die Rechnungseinheit der Europäischen Zentralbank (EZB) und der Zentralbanken der teilnehmenden Mitgliedstaaten."

Einen Währungswechsel (und damit eine Währungsänderung ieS) ordnet Art 3 der Euro-Einführungsverordnung an (OMLOR, Geldprivatrecht [2014] 174). Mit der Ersetzung der nationalen Währungen der Teilnahmestaaten durch den Euro fand ein hoheitlicher Eingriff in die Geldverfassung statt. Nicht nur der Name der Währung änderte sich, sondern die gesamte Geldverfassung erfuhr eine Anpassung bzw einen Austausch. Dabei trat der Währungswechsel bereits **zum 1. 1. 1999** ein, wie sich vor allem aus Art 2 S 1 der Euro-Einführungsverordnung ergibt. Ab diesem Zeitpunkt stellten die **nationalen Währungen** der teilnehmenden Mitgliedstaaten innerhalb der Übergangsphase nur noch **nichtdezimale Untereinheiten des Euro** dar (Art 6 Abs 1 S 1 Euro-EinführungsVO). Während der Übergangsphase existierte noch kein Euro-Bargeld, sondern lediglich Euro-Buchgeld. An dem Umstand, dass der Euro zeitweise als Währung ohne Bargeld auskommen konnte, zeigt sich auch die Geldeigenschaft des Buchgeldes (s o Rn A77). Überdies musste im Bargeldverkehr weiterhin auf die mitgliedstaatlichen Währungen als alleinige gesetzliche Zahlungsmittel zurückgegriffen werden (Art 9 Euro-EinführungsVO). Im bargeldlosen Zahlungsverkehr konnten Geldschulden, die entweder auf Euro oder die Währung eines bestimmten Teilnahmestaats lauteten, nach Wahl des Schuldners entweder in Euro oder der betroffenen nationalen Währung erfüllt werden (Art 8 Abs 3 S 1 Euro-Einführungs- **A209**

VO). Eine privatautonome Abweichung hiervon war unzulässig (Omlor, Geldprivatrecht [2014] 174). Auch stand das Erfordernis der Gleichartigkeit (§ 387 BGB) einer **Aufrechnung** zwischen Geldschulden in Euro und in Währung von teilnehmenden Mitgliedstaaten nicht entgegen (Art 8 Abs 6 Euro-EinführungsVO). Allgemein galt in der Übergangsphase jedoch der – vertraglich abdingbare – Grundsatz, dass **Rechtsinstrumente** (insbesondere Rechtsvorschriften, Verwaltungsakte, gerichtliche Entscheidungen, Verträge, einseitige Rechtsgeschäfte und bargeldlose Zahlungsmittel) **in der Währung auszuführen waren, auf die sie lauteten** (Art 8 Abs 1 und 2 Euro-EinführungsVO).

cc) Rekurrenter Anschluss

A210 Den rekurrenten Anschluss des Euro an die in ihm aufgehenden mitgliedstaatlichen Währungen drückt Art 3 der Euro-Einführungsverordnung in Verbindung mit den Umrechnungskursen aus der Verordnung (EG) Nr 2866/98 aus. Der **Euro definiert sich historisch als supranationaler Nachfolger der nationalen Währungen** der teilnehmenden Mitgliedstaaten. Dementsprechend legte Art 1 der Verordnung (EG) Nr 2866/98 das Anschlussverhältnis ausschließlich im jeweiligen Verhältnis zum Euro fest, nicht aber bilateral zwischen den einzelnen nationalen Währungen. Diese Umrechnungskurse fixieren sowohl das rekurrente Anschlussverhältnis für den Euro als auch die Umrechnungsmodalitäten für Geldschulden. Im Einzelnen gelten folgende **Umrechnungskurse**:

```
1 Euro =    40,3399 Belgische Franken
       =     1,95583 Deutsche Mark
       =   166,386  Spanische Peseten
       =     6,55957 Französische Franken
       =     0,787564 Irische Pfund
       = 1936,27   Italienische Lire
       =    40,3399 Luxemburgische Franken
       =     2,20371 Niederländische Gulden
       =    13,7603 Österreichische Schilling
       =   200,482  Portugiesische Escudos
       =     5,94573 Finnmark.
```

A211 Nach dem 1. 1. 1999 traten noch Griechenland (2001), Slowenien (2007), Zypern und Malta (2008), die Slowakei (2009), Estland (2011), Lettland (2014) und Litauen (2015) dem Euroraum bei. Die Verordnung Nr 2866/98 wurde jeweils um den Umrechnungskurs für die betroffene mitgliedstaatliche Währung ergänzt. Die weiteren Umrechnungskurse lauten:

```
1 Euro = 340,750 Griechische Drachmen
       = 239,640 Slowenische Tolar
       =   0,585274 Zypern-Pfund
       =   0,429300 Maltesische Lira
       =  30,1260 Slowakische Kronen
       =  15,6466 Estnische Kronen
       =   0,702804 Lettische Lats
       =   3,45280 Litauische Litas.
```

c) Primärrechtliche Grundachsen der Währungsverfassung
aa) Zentralbankunabhängigkeit
(1) Kodifikatorische Verortung

Als **Zentralfigur** in der supranationalen Währungsverfassung der Europäischen Union tritt das **Europäische System der Zentralbanken** (ESZB) in Erscheinung. Das Primärrecht ordnet in Art 130 S 1 AEUV die Unabhängigkeit der Europäischen Zentralbank (parallel zudem Art 282 Abs 3 S 3 und 4 AEUV), der nationalen Zentralbanken (vgl zur ungarischen Notenbank HÄDE EuZW 2005, 679 ff) und der Mitglieder ihrer jeweiligen Beschlussorgane an. Verpflichtet zur Gewährung dieser Unabhängigkeit sind sowohl die Europäischen Union als auch die Mitgliedstaaten (Art 130 S 2 AEUV). Für die Deutsche Bundesbank als nationale Zentralbank im ESZB und die deutschen Mitglieder im Rat der Europäischen Zentralbank findet sich eine entsprechende Garantie in Art 88 S 2 GG (HERDEGEN, in: MAUNZ/DÜRIG, Grundgesetz [2020] Art 88 Rn 82). Die Zentralbankunabhängigkeit hat damit im Zuge der Euro-Einführung gegenüber § 12 S 2 BBankG aF eine **kodifikatorische und normhierarchische Aufwertung in Deutschland** erfahren (zum Vergleich der rechtlichen Grundlagen SODAN NJW 1999, 1521). Für viele andere Mitgliedstaaten, die dem Euroraum angehören, stellte die Unabhängigkeit der Zentralbank hingegen eine gänzliche Neuerung dar (HALLER, in: Gesellschaft für Rechtspolitik Trier [Hrsg], Bitburger Gespräche [1993] 1, 6).

A212

(2) Inhaltliche Elemente

Die primärrechtliche Gewährleistung der Zentralbankunabhängigkeit weist vier Einzelaspekte auf (WAHLIG, in: FS Hugo J Hahn [1997] 265, 268 ff; REUMANN, Die Europäische Zentralbank [2001] 19 ff; SELMAYR, Das Recht der Wirtschafts- und Währungsunion [2002] 294 ff; MANGER-NESTLER, Par(s) inter pares? [2008] 162 ff; OMLOR, Geldprivatrecht [2014] 195 f; abweichende Unterteilung bei JANZEN, Der neue Artikel 88 Satz 2 des Grundgesetzes [1996] 95 ff; ENDLER, Europäische Zentralbank und Preisstabilität [1998] 405 ff; WEBER WM 1998, 1465, 1467 ff; GAITANIDES, Das Recht der Europäischen Zentralbank [2005] 45 ff), die teleologisch miteinander verbunden, inhaltlich aber voneinander abzugrenzen sind. Die **Freiheit von Weisungen** (vgl zum Begriff REUMANN, Die Europäische Zentralbank [2001] 38 ff) bei der Ausübung ihrer Aufgaben unterfällt der **materiellen** (funktionellen, sachlichen) **Unabhängigkeit** der Zentralbank (stellvertretend EuGH, Urt v 26. 2. 2019 – C-20218 und C-238/18 [*Rimšēvičs/Lettland*], ECLI:EU:C:2019:139, Rn 47; REUMANN, Die Europäische Zentralbank [2001] 20; JANZEN, Der neue Artikel 88 Satz 2 des Grundgesetzes [1996] 119; ENDLER, Europäische Zentralbank und Preisstabilität [1998] 406; WEBER WM 1998, 1465, 1467 f; SODAN NJW 1999, 1521, 1522 f; REUMANN, Die Europäische Zentralbank [2001] 19; GAITANIDES, Das Recht der Europäischen Zentralbank [2005] 66 f; STEINBACH NVwZ 2013, 918, 920; OMLOR, Geldprivatrecht [2014] 196). Ohne hinter dem Schutzniveau des Art 130 S 1 AEUV zurückzubleiben oder dessen Reichweite einzuschränken (HÄDE EuR 2009, 200, 214), findet die materielle Unabhängigkeit eine teilweise Wiederholung und Bestärkung im Hinblick auf die Europäische Zentralbank in Art 282 Abs 3 S 3 AEUV. Überdeutlich wird durch diese Kodifikationstechnik, dass die materielle Unabhängigkeit der Europäischen Zentralbank nicht durch ihre Einordnung als Organ der Europäischen Union tangiert wird (HÄDE EuR 2009, 200, 213 ff). Der Organstellung kommt im Kern eine organisationsrechtliche Aufgabe zu, die keinesfalls dazu führt, dass sich die Europäische Zentralbank zu einem Akteur der europäischen Wirtschaftspolitik transformierte (zur Abgrenzung von Geld- und Wirtschaftspolitik THIELE EuZW 2014, 694 ff).

A213

A214 Die **institutionelle Unabhängigkeit** weist auf die **organisationsrechtlich eigenständige Positionierung** der Europäischen Zentralbank und der sonstigen Akteure im ESZB hin. Die institutionelle Unabhängigkeit zeigt sich danach vor allem in einer eigenständigen Rechtspersönlichkeit der Zentralbank, wie sie der Europäischen Zentralbank nach Art 282 Abs 3 S 1 AEUV zukommt (REUMANN, Die Europäische Zentralbank [2001] 19). Überdies erkennt Art 13 Abs 1 EUV der Europäischen Zentralbank sogar die **Organqualität** zu. Die Satzung der Europäischen Zentralbank gilt schließlich als Teil des Primärrechts (vgl Art 129 Abs 2 AEUV), woraus sich ebenfalls ihre herausgehobene Position im institutionellen Gefüge der Union ableitet (vgl GRILLER, in: GRABITZ/HILF/NETTESHEIM [Hrsg], Das Recht der Europäischen Union [71. EL August 2020] Art 130 AEUV Rn 16). Auch ist die Europäische Zentralbank befugt, eigene Sekundärrechtsakte zu erlassen (vgl Art 132 Abs 1 AEUV). Die institutionelle und die materielle Unabhängigkeit stehen in einer engen Wechselbeziehung zueinander, sind allerdings nicht deckungsgleich.

A215 Auf die **Mitglieder der Beschlussorgane** im ESZB zielt der Schutzbereich der **persönlichen Unabhängigkeit** (OMLOR, Geldprivatrecht [2014] 195). Die währungsverfassungsrechtlichen Regelungen des AEUV gehen davon aus, dass die institutionelle und materielle Unabhängigkeit der Zentralbank nur getragen durch die für sie handelnden Funktionsträger verwirklicht werden kann. Die Unabhängigkeit der Institution basiert auf der Unabhängigkeit der für sie handelnden natürlichen Personen. Ohne die persönliche Unabhängigkeit der Funktionsträger geriete die institutionelle und materielle Unabhängigkeit zu einem „stumpfen Schwert". Sämtliche Mitglieder der Beschlussgremien im ESZB genießen eine **Freiheit von Weisungen** (Art 130 S 1 AEUV). Hinzu tritt der Schutz gegen eine politisch motivierte Amtsenthebung, indem eine Abberufung an enge Sachkriterien – unter anderem Nichterfüllung der Amtserfordernisse oder schwere Verfehlung (Art 11.4 und 14.2 ESZB-Satzung [ABl EU Nr C 83, 230 v 30. 3. 2010]) – geknüpft ist (EuGH 26. 2. 2019 – C-20218 und C-238/18 [*Rimšēvičs/Lettland*], ECLI:EU:C:2019:139, Rn 46 ff; JANZEN, Der neue Artikel 88 Satz 2 des Grundgesetzes [1996] 115 f; GEIGER, Das Währungsrecht im Binnenmarkt der Europäischen Union [1996] 144; WEINBÖRNER, Die Stellung der Europäischen Zentralbank [EZB] und der nationalen Zentralbanken in der Wirtschafts- und Währungsunion nach dem Vertrag von Maastricht [1998] 450; REUMANN, Die Europäische Zentralbank [2001] 21). Flankiert wird diese positiv-bewahrende Seite der persönlichen Unabhängigkeit durch eine negativ-begrenzende: Die Mitglieder des Direktoriums der Europäischen Zentralbank sollen sich nicht durch eine Aussicht auf eine weitere Amtszeit in ihren Entscheidungen beeinflussen lassen (vgl WEBER, Die Kompetenzverteilung im Europäischen System der Zentralbanken bei der Festlegung und Durchführung der Geldpolitik [1995] 67; ENDLER, Europäische Zentralbank und Preisstabilität [1998] 432; WEBER WM 1998, 1465, 1468 f; SELMAYR, Das Recht der Wirtschafts- und Währungsunion [2002] 302; zweifelnd MÖSCHEL JZ 1998, 217, 221; GAITANIDES, Das Recht der Europäischen Zentralbank [2005] 66 f). Daher schließen Art 283 Abs 2 UAbs 3 HS 2 AEUV und Art 11.2 UAbs 2 HS 2 ESZB-Satzung eine **Wiederernennung** nach Ablauf der Amtszeit aus.

A216 Ihre **finanzielle** (vermögensrechtliche) **Unabhängigkeit** sichert die Zentralbanken im ESZB gegen Einflussnahmen und Druckausübung ab, die mittelbar ihre Entscheidungen beeinflussen könnten (HEUN JZ 1998, 866, 874; WEINBÖRNER, Die Stellung der Europäischen Zentralbank [EZB] und der nationalen Zentralbanken in der Wirtschafts- und Währungsunion nach dem Vertrag von Maastricht [1998] 450; REUMANN, Die Europäische Zentralbank [2001] 21). Die **nationalen Notenbanken** zeichnen das Kapital der Europäischen Zentralbank und sind deren **einzige Anteilseigner** (Art 28.2 ESZB-Satzung). Ihnen fließen auch mindestens 80 % des Nettogewinns der Europäischen Zentralbank nach dem Maß ihrer eingezahlten Anteile zu (Art 33.1 ESZB-Satzung).

(3) Zentralbankunabhängigkeit und Demokratieprinzip

Abgesehen von den Personalentscheidungen über die Besetzung der Entscheidungsgremien im ESZB bleiben demokratisch gewählte und kontrollierte Mandats- und Hoheitsträger von der Aufgabenerfüllung der Zentralbanken abgeschnitten. Die Geld- und Währungspolitik unterliegt keiner exekutiven oder legislativen, sondern allenfalls einer judikativen Kontrolle. Die Unabhängigkeit der Zentralbanken ruft daher ein natürliches **Spannungsverhältnis** zum Demokratieprinzip hervor. In der deutschen Verfassungsordnung nimmt das Demokratieprinzip (Art 20 Abs 1, 28 Abs 1 S 1 GG) an der Ewigkeitsgarantie des Art 79 Abs 3 GG teil, auf europäischer Ebene bildet es einen Grundwert der Union (Art 2 S 1, Art 10 ff EUV) und unterfällt dem Schutz der EMRK (Art 3 EMRK 1. ZP). Ungeachtet der demokratietheoretischen Besonderheiten im Unionsrecht (vgl zur zweifachen Legitimation über das Europäische Parlament und die nationalen Parlamente statt vieler Nettesheim, in: Grabitz/Hilf/Nettesheim [Hrsg], Das Recht der Europäischen Union [71. EL August 2020] Art 10 EUV Rn 65 ff mwNw) wäre eine ununterbrochene Legitimationskette vom Volk (iSv Art 20 Abs 2 GG) bzw den Unionsbürgern (iSv Art 9 S 2 EUV) bis zum Handeln der Zentralbank erforderlich (vgl BVerfG 12. 10. 1993 – 2 BvR 2134/92, BVerfGE 89, 155, 207 ff; ebenso BVerfG 14. 1. 2014 – 2 BvR 2728/13 Rn 59, NJW 2014, 907). Die Anforderungen an die demokratische Legitimation exekutiven Handelns werden allerdings durch die Unabhängigkeit der Zentralbank – vor allem in ihrer materiellen und persönlichen Ausprägung – „durchbrochen" (BVerfG 14. 1. 2014 – 2 BvR 2728/13 Rn 59, NJW 2014, 907). Die **Geld- und Währungspolitik** wird **der unmittelbaren parlamentarischen Verantwortlichkeit entzogen** (BVerfG 12. 10. 1993 – 2 BvR 2134/92, 2 BvR 2159/92, BVerfGE 89, 155, 207).

A217

Die Einschränkung des Demokratieprinzips **rechtfertigt sich formal durch Art 130 AEUV** (Ohler JZ 2008, 317, 322) bzw subsidiär durch Art 88 S 2 GG (Omlor, Geldprivatrecht [2014] 198; im Ergebnis ebenso bereits Brosius-Gersdorf, Deutsche Bundesbank und Demokratieprinzip [1997] 377 ff, 389 ff; aA Hänsch, Gesamtwirtschaftliche Stabilität als Verfassungsprinzip [2002] 280). **Materiell** folgt die Rechtfertigung in erster Linie aus der rechtlichen **Bindung an eine Währungsverfassung, die auf die Sicherung der Preisstabilität ausgerichtet ist** (BVerfG 12. 10. 1993 – 2 BvR 2134/92, BVerfGE 89, 155, 208 f; BVerfG 14. 1. 2014 – 2 BvR 2728 Rn 59, BVerfG NJW 2014, 907; im Ergebnis ebenso Schuppert, Die Erfüllung öffentlicher Aufgaben durch verselbständigte Verwaltungseinheiten [1981] 354 ff; Brosius-Gersdorf, Deutsche Bundesbank und Demokratieprinzip [1997] 389 ff; Endler, Europäische Zentralbank und Preisstabilität [1998] 566 f; Heun JZ 1998, 866, 874; Sodan NJW 1999, 1521 f; Reumann, Die Europäische Zentralbank [2001] 26; R Schmidt, in: Isensee/Kirchhof [Hrsg], Handbuch des Staatsrechts der Bundesrepublik Deutschland [3. Aufl 2007] § 117 Rn 40; Herdegen, in: Maunz/Dürig, Grundgesetz-Kommentar [2020] Art 88 Rn 62; Kratzmann ZfgK 2013, 301, 301 ff, jeweils mwNw; Omlor, Geldprivatrecht [2014] 198; aA Klein, Die verfassungsrechtliche Problematik des ministerialfreien Raumes [1974] 127 ff, 215; kritisch auch Hänsch, Gesamtwirtschaftliche Stabilität als Verfassungsprinzip [2002] 279 f). In der Tat trägt die Unabhängigkeit der Zentralbank „der erprobten und wissenschaftlich belegten Besonderheit der Währungspolitik Rechnung …, dass eine unabhängige Zentralbank den Geldwert und damit die allgemeine ökonomische Grundlage für die staatliche Haushaltspolitik eher sichert als Hoheitsorgane, die in ihrem Handeln von Geldmenge und Geldwert abhängen und

A218

auf die kurzfristige Zustimmung politischer Kräfte angewiesen sind" (BVerfG 14. 1. 2014 – 2 BvR 2728/13 Rn 59, BVerfG NJW 2014, 907). Die ökonomisch fundierte Absicherung der Preisstabilität durch die Zentralbankunabhängigkeit bildet auch den teleologischen Hintergrund der unionalen Gewährleistungen in Art 130 und Art 282 Abs 3 S 3 AEUV (Schlussantrag des Generalanwalts Jääskinen v 24. 5. 2012 – Rs C-62/11 Hessen/Feyerbacher Rn 39; Gaiser EuR 2002, 517, 519; vgl auch Larosière, in: Franz [Hrsg], Die Europäische Zentralbank [1990] 51, 55 f; Schmidt, in: Franz [Hrsg], Die Europäische Zentralbank [1990] 101, 106; Hellmann, in: Franz [Hrsg], Die Europäische Zentralbank [1990] 284, 286). Verschiedene empirische Studien belegen einen **Zusammenhang zwischen der Unabhängigkeit der Zentralbank und der im betroffenen Währungsraum erreichten Preisstabilität** (vgl ausführlich Endler, Europäische Zentralbank und Preisstabilität [1998] 214 ff auf Grundlage von Cukierman, Central bank strategy, credibility, and independence [1992] 369 ff; ebenso Tietmeyer, in: Hahn [Hrsg], Geldwertstabilität und Staatsschulden [1993] 69, 85; Janzen, Der neue Artikel 88 Satz 2 des Grundgesetzes [1996] 92 f; Reumann, Die Europäische Zentralbank [2001] 23 ff; Hänsch, Gesamtwirtschaftliche Stabilität als Verfassungsprinzip [2002] 270 mwNw). Nach den Daten von Alex Cukierman (Central bank strategy, credibility, and independence [1992] 381) wiesen europäische Staaten mit einer markanten Zentralbankunabhängigkeit (wie Deutschland, Österreich und die Schweiz) in den Jahren 1980 bis 1989 eine deutlich geringere Inflationsrate als europäische Staaten mit einer eher geringen Zentralbankunabhängigkeit (wie Spanien, Italien und Schweden) auf. Nicht in dieses Raster passen hingegen beispielsweise Belgien und Japan, die niedrige bis negative Inflationsraten bei einer politisch abhängigen Notenbank aufwiesen (eingehend dazu Endler, Europäische Zentralbank und Preisstabilität [1998] 218 ff). Für den Befund von Cukierman spricht auch ein Vergleich der Inflationsraten im Euroraum und in der gesamten Europäischen Union für den Zeitraum 2004 bis 2013: Auf Basis der von Eurostat ermittelten Jahreswerte war die Inflationsrate im Euroraum stets geringer als in der gesamten Union. Die mitgliedstaatlichen Notenbanken außerhalb des Euroraums unterliegen der Unabhängigkeitsgarantie des Art 130 AEUV nur insoweit, als sie Aufgaben und Pflichten im ESZB wahrnehmen, nicht jedoch für ihre nationale Geldpolitik.

A219 Überdies hebt die Unabhängigkeit der Zentralbank die Geltung des Demokratieprinzips hinsichtlich der Geld- und Währungspolitik nicht vollständig auf, sondern modifiziert sie lediglich (BVerfG 12. 10. 1993 – 2 BvR 2134/92, BVerfGE 89, 155, 208). Die **Mitglieder** in den Beschlussorganen der Europäischen Zentralbank und der Deutschen Bundesbank werden **von demokratisch legitimierten Organen bestimmt** (Omlor, Geldprivatrecht [2014] 198). Über die Zusammensetzung des Direktoriums der Europäischen Zentralbank entscheidet der Europäische Rat auf Empfehlung des Rats sowie nach Anhörung des Europäischen Parlaments und des Rats der Europäischen Zentralbank (Art 283 Abs 2 UAbs 2 AEUV). Die Deutsche Bundesbank wird im EZB-Rat durch ihren Präsidenten vertreten, den die Bundesregierung bestimmt (§ 7 Abs 3 S 2 BBankG). Weiterhin unterliegt die Europäische Zentralbank in ihrem Handeln einer Kontrolle durch die supranationale Gerichtsbarkeit. Durch ein **effektives Rechtsschutzsystem** sollte abgesichert werden, dass sich die Europäische Zentralbank im Rahmen ihres primärrechtlich vorgegebenen Mandats hält (im Einzelnen s u Rn A276 ff).

bb) Preisstabilität
(1) Systematische Stellung

Die supranationale Währungsverfassung gestaltet die Währungsunion als „**Stabili-** **A220** **tätsgemeinschaft**" (BVerfG 19. 6. 2012 – 2 BvE 4/11, BVerfGE 131, 195, 243; BVerfG 14. 1. 2014 – 2 BvR 2728/13 Rn 43, BVerfGE 134, 366; vgl auch ZEITLER WM 1995, 1609; HÄNSCH, Gesamtwirtschaftliche Stabilität als Verfassungsprinzip [2002] 205) aus. Die Preisstabilität fungiert als **normatives Leitmotiv** der gesamten Währungsverfassung (OMLOR, Geldprivatrecht [2014] 181). Das „Primat der Preisstabilität" (PALM, in: GRABITZ/HILF/NETTESHEIM [Hrsg], Das Recht der Europäischen Union [71. EL August 2020] Art 282 AEUV Rn 9 f) zeigt sich bereits daran, dass sie im Zielekatalog des Art 3 Abs 3 UAbs 1 S 2 EUV als Grundpfeiler des Binnenmarkts ausgewiesen wird. Präzisiert wird diese allgemeine Vorgabe in verschiedenen AEUV-Vorschriften. Nach Art 119 Abs 2 AEUV hat sich die Geld- und Wechselkurspolitik der Union **vorrangig auf das Ziel der Preisstabilität auszurichten**. Korrespondierend ordnet Art 119 Abs 3 AEUV „stabile Preise" als richtungsweisenden Grundsatz der Wirtschafts- und Währungspolitik von Mitgliedstaaten und Union ein. In der Zielehierarchie sprechen Art 127 Abs 1 S 1 und Art 282 Abs 2 S 2 AEUV der Preisstabilität noch deutlicher einen generellen Vorrang zu: Zum einen führt Art 127 Abs 1 S 1 AEUV systematisch das Kapitel zur Währungspolitik an und bildet somit dessen Eingangs- oder „Grundnorm" (HERRMANN, Währungshoheit, Währungsverfassung und subjektive Rechte [2010] 226 mwNw; KRATZMANN ZfgK 2013, 301, 305). Zum anderen hebt der Wortlaut die Bestimmung zur Preisstabilität markant gegenüber den sonstigen Regelungen im selben Kapitel hervor, indem sie „vorrangig" zu gewährleisten ist (konzeptionell kritisch SIMITIS, in: KÖTZ/REICHERT-FACILIDES [Hrsg], Inflationsbewältigung im Zivil- und Arbeitsrecht [1976] 49, 62 ff; an der praktischen Effektivität zweifelnd HEUN JZ 1998, 866, 869). Auch die Währungsaußenpolitik der Union unterliegt uneingeschränkt dem Vorrang der Preisstabilität (Art 219 Abs 1 UAbs 1 S 1 AEUV).

Eine Relativierung des Primats der Preisstabilität durch die sonstigen Ziele der Wäh- **A221** rungspolitik ist mit Art 127 Abs 1 S 1 AEUV unvereinbar. Vor allem eine **Unterstützung der allgemeinen Wirtschaftspolitik** der Union kommt nach dem eindeutigen Wortlaut nur in Betracht, „[s]oweit dies ohne Beeinträchtigung des Zieles der Preisstabilität möglich ist". Die Kernaufgabe zur Sicherung der Preisstabilität darf nicht durch wirtschaftspolitische oder sonstige allgemeinpolitische Präferenzen ausgehebelt oder auch nur eingeschränkt werden (ähnlich rechtspolitisch SCHMIDT, in: FRANZ [Hrsg], Die Europäische Zentralbank [1990] 101, 107 f). Entsprechend formulierte schon 1990 JACQUES DE LAROSIÈRE, der damalige Präsident der *Banque de France:* „Die Erfahrung hat gezeigt, daß es zwischen Wachstum und Inflation keine positive Beziehung gibt und daß stabiles Wirtschaftswachstum nur mit Geldwertstabilität zu erreichen ist" (LAROSIÈRE, in: FRANZ [Hrsg], Die Europäische Zentralbank [1990] 51, 55; inhaltlich ebenso HÄNSCH, Gesamtwirtschaftliche Stabilität als Verfassungsprinzip [2002] 269 mwNw). Vor diesem Hintergrund liegt Art 127 Abs 1 S 1 AEUV insofern ein **abstrakter Stabilitätsbegriff** zugrunde, als der materielle Gehalt der Preisstabilität losgelöst von den übrigen Zielsetzungen des Binnenmarkts zu bestimmen ist (ENDLER, Europäische Zentralbank und Preisstabilität [1998] 391 ff; SCHÜTZ EuR 2001, 291, 298 f; GAITANIDES, Das Recht der Europäischen Zentralbank [2005] 17 ff; HERDEGEN, in: MAUNZ/DÜRIG, Grundgesetz [2020] Art 88 Rn 31, jeweils mwNw; OMLOR, Geldprivatrecht [2014] 183). Die Befürworter eines relativen Stabilitätsverständnisses, in das die weiteren Ziele aus Art 3 Abs 3 UAbs 1 EUV einflössen (JANZEN, Der neue Artikel 88 Satz 2 des Grundgesetzes [1996] unter Verweis auf NICOLAYSEN, Rechtsfragen der Währungsunion [1993] 39 f), setzen sich über den eindeutigen Wortlaut und die systematische Verankerung von Art 127 Abs 1 S 1 AEUV hinweg. Eine Unterstützung der Wirtschaftspolitik setzt – aus der *ex ante*-Perspektive – voraus, dass die Preisstabilität in keiner Weise negativ beeinflusst wird.

(2) Sachliche Reichweite

A222 Das prioritäre Ziel der Preisstabilität erfasst in seinem sachlichen Anwendungsbereich nicht nur die **Währungspolitik der Union**, sondern **eingeschränkt auch die Tätigkeitsfelder nach Art 3 Abs 3 und 4 EUV** und damit namentlich die Wirtschaftspolitik (Herdegen, in: Breuer [Hrsg], Arbeitsmarkt und staatliche Lenkung, VVDStRL 59 [2000] 166; Omlor, Geldprivatrecht [2014] 182 f; **aA** Beutel/Vedder, Europäischer Verfassungsvertrag [2007] Art III-177 Rn 14; Hahn/Häde, Währungsrecht [2. Aufl 2010] § 15 Rn 14; Herrmann, Währungshoheit, Währungsverfassung und subjektive Rechte [2010] 227). Zwar zählt Art 3 Abs 3 UAbs 1 S 2 EUV die Preisstabilität nur als ein Ziel unter mehreren auf. Die herausgehobene Stellung der Preisstabilität gegenüber den übrigen Zielen des Binnenmarkts leitet sich systematisch aus Art 119 Abs 1 und 3 AEUV ab, der gegenüber Art 3 EUV rechtlich gleichrangig ist (Art 1 UAbs 3 S 2 EUV). Aus der normativen Verortung folgt zugleich die nur eingeschränkte Geltung jenseits der Währungspolitik. Der Preisstabilität kommt außerhalb des sachlichen Anwendungsbereichs von Art 119 Abs 2, 127 Abs 1 S 1, 282 Abs 2 S 2 AEUV keine formal vorrangige, sondern lediglich eine herausgehobene Stellung zu. In diesem Sinne erhebt Art 119 Abs 3 AEUV die stabilen Preise zu einem „richtungsweisenden Grundsatz".

(3) Adressatenkreis

A223 Nicht nur die Union selbst, sondern auch die **Mitgliedstaaten** zählen zu den Adressaten von Art 119 Abs 3 AEUV (Omlor, Geldprivatrecht [2014] 183; **aA** wohl Herrmann, Währungshoheit, Währungsverfassung und subjektive Rechte [2010] 227). Diese Erweiterung des persönlichen Anwendungsbereichs fußt erstens auf dem föderalen Aufbau des ESZB. Einflüsse auf die Währungspolitik können trotz der Zentralbankunabhängigkeit über die nationalen Zentralbanken (zB im Wege der Personalauswahl) von den Mitgliedstaaten wahrgenommen werden. Auch die nationalen Zentralbanken unterfallen als Organe der Mitgliedstaaten den Vorgaben aus Art 119 Abs 3 AEUV (Bandilla, in: Grabitz/Hilf/Nettesheim [Hrsg], Das Recht der Europäischen Union [71. EL August 2020] Art 119 AEUV Rn 36). Bedeutsamer erscheint zweitens der Umstand, dass die Wirtschaftspolitik weiterhin im Kern in den Zuständigkeitsbereich der Mitgliedstaaten fällt. Die Union nimmt im gemeinsamen Binnenmarkt lediglich eine „Koordinierung der Wirtschaftspolitik der Mitgliedstaaten" (Art 119 Abs 1 AEUV) vor.

(4) Inhalt

A224 Das dogmatische wie rechtspraktische Hauptproblemfeld der primärrechtlichen Vorgabe von Preisstabilität stellt die **konkrete Bestimmung eines Stabilitätsmaßstabs** dar. Weder im Primär- noch im Sekundärrecht findet sich eine bindende Größe (vgl dazu im Überblick *de lege ferenda* Janzen, Der neue Artikel 88 Satz 2 des Grundgesetzes [1996] 156 ff mwNw). Über den Wortbestandteil „Preise" wird zwar in einer Marktwirtschaft nicht auf sämtliche Einzelpreise Bezug genommen (Endler, Europäische Zentralbank und Preisstabilität [1998] 63), aber auf die in der Inflationsrate ausgedrückten allgemeine Preisentwicklung. Auch wenn die Wortbedeutung von „Stabilität" – ebenso in der englischen („*stability*") und der französischen („*stabilité*") Sprachfassung – auf ein Einfrieren des Preisniveaus hinzudeuten scheint, wäre eine solche **Inflationsrate von 0 %** in einer Marktwirtschaft **kaum erzielbar** (Omlor, Geldprivatrecht [2014] 184; ähnlich

HERDEGEN, in: MAUNZ/DÜRIG, Grundgesetz [2020] Art 88 Rn 33). Eine völlige und dauerhafte Konstanz des Preisniveaus liegt im Bereich des Unmöglichen und kann daher nicht von den Verträgen, die sich einer „offenen Marktwirtschaft mit freiem Wettbewerb" (Art 119 Abs 1 AEUV) verschrieben haben, vorgegeben sein.

Der **Europäische Zentralbank** steht **nicht die Kompetenz** zu, **bindend über die Ausle-** **A225** **gung des Stabilitätsziels zu entscheiden** (OMLOR, Geldprivatrecht [2014] 184). Die vom Europäischen Parlament (EuZW 1998, 454) geäußerte Gegenansicht verkennt, dass die Europäische Zentralbank als Unionsorgan an das Primärrecht gebunden ist und es nicht selbst ausgestaltet. **Allein der Europäische Gerichtshof** vermag nach dem unionalen Kompetenzgefüge letztverbindlich über die Auslegung des Unionsrechts zu entscheiden. Das Primärrecht räumt der Europäischen Zentralbank auch kein Ermessen ein, das sie zur Konkretisierung des Stabilitätsbegriffs einsetzen dürfte, um in der Folge eine für die anderen Unionsorgane bindende Ausgestaltung festzulegen. Vielmehr eröffnet der Wortlaut einen gewissen Spielraum (REUMANN, Die Europäische Zentralbank [2001] 65). Innerhalb dieses Korridors kann sich die Europäische Zentralbank eigene Ziele setzen, die sie mit ihrer Geld- und Währungspolitik anstrebt. Einschränkend zu berücksichtigen ist, dass Inflation nach Existenz, Art und Ausmaß einen multikausalen Ursprung aufweist und daher nicht allein durch das Handeln der Zentralbanken bestimmt wird (vgl im Überblick HERRMANN, Währungshoheit, Währungsverfassung und subjektive Rechte [2010] 333 f mwNw).

Die Europäische Zentralbank vermag durch den Beschluss von konkreten Stabili- **A226** tätswerten lediglich eine **Selbstbindung** zu erzeugen und damit zugleich ein geldpolitisches Signal zu setzen. In diesem Sinne ist die Annahme der Europäischen Zentralbank zu verstehen, Preisstabilität liege bei einer **Inflationsrate von unter, aber nahe 2 % pa** vor (so EZB, Jahresbericht 2013, 13, 284; vgl auch EZB, Monatsbericht Januar 1999, 50). Damit knüpft die Europäische Zentralbank nahtlos an die frühere Haltung der Deutschen Bundesbank (vgl Deutsche Bundesbank, Monatsbericht Mai 1998, 60 mwNw) an. Das Ausmaß der Inflation wird dabei anhand des Harmonisierten Verbraucherpreisindexes (HVPI) berechnet (EZB, Jahresbericht 2011, 8, 17 ff; zur Berechnung des HVPI vgl Verordnung [EG] Nr 2494/95 über harmonisierte Verbraucherpreisindizes v 23. 10. 1995 [ABl EG Nr L 251, 1 v 27. 10. 1995] und dazu ENDLER, Europäische Zentralbank und Preisstabilität [1998] 68 ff). Diese Zielvorgaben der Europäischen Zentralbank bewegen sich noch innerhalb des primärrechtlich gesetzten Rahmens (EuGH 11. 12. 2018 – C-493/17 [*Heinrich Weiss ua*], ECLI:EU:C:2018:1000, Rn 56; ENDLER, Europäische Zentralbank und Preisstabilität [1998] 71, 396; REUMANN, Die Europäische Zentralbank [2001] 65 f; GAITANIDES, Das Recht der Europäischen Zentralbank [2005] 40; OHLER JZ 2008, 317, 323; HERRMANN, Währungshoheit, Währungsverfassung und subjektive Rechte [2010] 352; HERDEGEN, in: MAUNZ/DÜRIG, Grundgesetz [2020] Art 88 Rn 31; offen noch OMLOR, Geldprivatrecht [2014] 185).

cc) Verbot monetärer Haushaltsfinanzierung
(1) Inhalt
Nach dem Verbot der monetären Haushaltsfinanzierung in Art 123 Abs 1 AEUV ist **A227** es der Europäischen Zentralbank und den nationalen Zentralbanken zum einen untersagt, bestimmten öffentlichen Stellen der Union und den Mitgliedstaaten **Überziehungs- oder andere Kreditfazilitäten zu gewähren**. Zum anderen dürfen weder die Europäische Zentralbank noch die nationalen Zentralbanken unmittelbar Schuldtitel dieser Stellen erwerben (**Verbot von Primärmarktkäufen**). Einen Katalog mit Legalde-

finitionen der von Art 123 Abs 1 HS 1 AEUV (= Art 104 EGV aF) erfassten Kreditfazilitäten enthält Art 1 Abs 1 der Verordnung (EG) Nr 3603/93 (Verordnung [EG] Nr 3603/93 zur Festlegung der Begriffsbestimmungen für die Anwendung der in Artikel 104 und Artikel 104b Absatz 1 des Vertrages vorgesehenen Verbote [ABl EG Nr L 332, 1 v 31. 12. 1993]), der auf die Ermächtigungsgrundlage des Art 125 Abs 2 AEUV gestützt ist:

> „Im Sinne von Artikel 104 des Vertrages gilt als
>
> a) „Überziehungsfazilität" jede Bereitstellung von Mitteln zugunsten des öffentlichen Sektors, deren Verbuchung einen Negativsaldo ergibt oder ergeben könnte;
>
> b) „andere Kreditfazilität":
>
> i) jede am 1. Januar 1994 bestehende Forderung an den öffentlichen Sektor mit Ausnahme der vor diesem Zeitpunkt erworbenen Forderungen mit fester Laufzeit,
>
> ii) jede Finanzierung von Verbindlichkeiten des öffentlichen Sektors gegenüber Dritten, und,
>
> iii) unbeschadet der Bestimmung in Artikel 104 Absatz 2 des Vertrages, jede Transaktion mit dem öffentlichen Sektor, die zu einer Forderung an diesen führt oder führen könnte."

A228 Vom Tatbestand des Art 123 Abs 1 AEUV nicht erfasst sind Kredite, die innerhalb eines Tages gewährt und zurückgeführt werden, ohne dass eine Verlängerung möglich wäre (Art 4 Verordnung [EG] Nr 3603/93). Ihnen wird durch Erwägungsgrund 10 der Verordnung (EG) Nr 3603/93 eine positive Wirkung für das Funktionieren der Zahlungssysteme zugesprochen.

(2) Zielsetzungen

A229 Das Verbot monetärer Haushaltsfinanzierung zielt darauf ab, dass sich die Mitgliedstaaten **den Gesetzen des Marktes stellen** müssen (Erwägungsgrund 8 der Verordnung [EG] Nr 3603/93; Gröpl Der Staat 52 [2013] 1, 5; Steinbach NVwZ 2013, 918, 919; Omlor, Geldprivatrecht [2014] 185). Da die Märkte über die Finanzierungskonditionen **Anreize für eine solide Haushaltsführung** setzen, besteht somit mittelbar ein Zwang, „gesunde öffentliche Finanzen" iSd Art 119 Abs 3 AEUV herzustellen (EuGH 11. 12. 2018 – C-493/17 [*Heinrich Weiss ua*], ECLI:EU:C:2018:1000, Rn 107). Zugleich soll es den Mitgliedstaaten erschwert werden, durch Inflation infolge einer massiven Geldmengenerhöhung eine „Staatsentschuldung" auf Kosten der Geldgläubiger und Inhaber von Geldvermögen durchzuführen (Selmayr, Das Recht der Wirtschafts- und Währungsunion [2002] 228). Aus dieser *ratio legis* folgt, dass nicht nur Primärmarktkäufe unter Art 123 Abs 1 AEUV fallen, sondern auch **funktional äquivalente Umgehungsversuche** (BVerfG 14. 1. 2014 – 2 BvR 2728/13 Rn 85 f, BVerfG NJW 2014, 907). Ein Erwerb von Staatsanleihen der Mitgliedstaaten auf dem **Sekundärmarkt**, der die teilweise oder vollständige Abkopplung der mitgliedstaatlichen Haushaltsfinanzierung von den Marktmechanismen bezweckt, verstößt gegen das Verbot aus Art 123 Abs 1 AEUV (BVerfG 19. 6. 2012 – 2 BvE 4/11, BVerfGE 131, 195, 268; Kerber/Städter EuZW 2011, 536, 537; Müller-Graff ZHR 176 [2012] 2, 4 und 6; Kratzmann ZfgK 2013, 301, 306; Omlor, Geldprivatrecht [2014] 185 f; iE auch Seidel EuZW 2010, 521 mit Erwiderung von Herrmann EuZW 2010, 413; zu formalistisch hingegen Sester RIW 2013, 451, 454). Dabei kommt es nicht darauf an, ob die Erleichterung der Haushaltsfinanzierung das prägende Motiv war. Vielmehr reicht es aus, wenn das Bewusstsein solcher Folgen mitursächlich für die Entscheidung geworden ist. Für einen solchen weiten sachlichen Anwendungsbereich des Art 123 Abs 1 AEUV streitet auch Erwägungsgrund 7 der Verordnung (EG) Nr 3603/93:

> „Die Mitgliedstaaten müssen geeignete Maßnahmen ergreifen, damit die nach Artikel 104 des Vertrages vorgesehenen Verbote wirksam und uneingeschränkt angewendet werden und damit insbesondere das mit diesem Artikel verfolgte Ziel nicht durch den Erwerb auf dem Sekundärmarkt umgangen wird."

(3) Adressatenkreis
Als Adressaten bindet das Verbot der monetären Haushaltsfinanzierung lediglich die **Europäische Zentralbank und die mitgliedstaatlichen Zentralbanken, nicht aber die Mitgliedstaaten selbst** (EuGH 27. 11. 2012 – Rs C-370/12, [*Pringle/Irland*] ECLI:EU:C:2012:756, Rn 125; Müller-Graff RIW 2013, 111, 114 f; Omlor, Geldprivatrecht [2014] 187; **aA** Kube/Reimer NJW 2010, 1911, 1912). Der Wortlaut des Art 123 Abs 1 AEUV ist ausdifferenziert gefasst und legt insofern eine klare Grenze fest. Der Umkehrschluss zur Ausnahmebestimmung des Art 123 Abs 2 AEUV verfängt systematisch nicht. Auch die auf Grundlage des Art 125 Abs 2 AEUV erlassene Verordnung (EG) Nr 3603/93 geht ausschließlich von den Zentralbanken als Verpflichteten aus. Das Verhältnis der Mitgliedstaaten untereinander wird durch den Haftungsausschluss in Art 125 Abs 1 AEUV geregelt. **A230**

Zu den **Begünstigten der Kreditfazilitäten** zählen nach Art 3 der Verordnung (EG) Nr 3603/93 „die Organe oder Einrichtungen der Gemeinschaft sowie die Zentralregierungen, regionalen oder lokalen Gebietskörperschaften, die anderen öffentlich-rechtlichen Körperschaften und die sonstigen Einrichtungen des öffentlichen Rechts oder öffentlichen Unternehmen der Mitgliedstaaten". Der **Europäische Stabilitätsmechanismus** (ESM) stellt eine solche Einrichtung der Mitgliedstaaten dar (BVerfG 19. 6. 2012 – 2 BvE 4/11, BVerfGE 131, 195, 267; Omlor, Geldprivatrecht [2014] 187). Der ESM beruht auf einer vertraglichen Übereinkunft der Mitgliedstaaten des Euroraums, die auf europäischer Ebene eine internationale Finanzinstitution gegründet haben. Nach Art 3 des ESM-Vertrags zielt der ESM darauf ab, Finanzierungsprobleme seiner Mitgliedstaaten durch Stabilitätshilfen aufzufangen. Die entsprechenden Mittel darf der ESM aufnehmen, „indem er Finanzinstrumente begibt oder mit ESM-Mitgliedern, Finanzinstituten oder sonstigen Dritten finanzielle oder sonstige Vereinbarungen oder Übereinkünfte schließt" (Art 3 S 2 ESM-Vertrag). Damit unterfiele die Tätigkeit des ESM dem Verbot aus Art 123 Abs 1 AEUV. Zu seinen Gunsten greift nämlich die Privilegierung in Art 123 Abs 2 AEUV zugunsten öffentlicher Kreditinstitute nicht ein, da eine Umgehung des Verbots aus Art 123 Abs 1 AEUV droht; die Finanzmittel des ESM kommen unmittelbar den ESM-Mitgliedstaaten zugute (BVerfG 19. 6. 2012 – 2 BvE 4/11, BVerfGE 131, 195, 267). Die **primärrechtliche Freistellung der Transaktionen des ESM** vom Verbot der monetären Haushaltsfinanzierung erfolgt durch den im Jahr 2012 neu eingefügten Art 136 Abs 3 AEUV (Gregorio Merino CML Rev 49 [2012] 1613, 1629; Kube WM 2013, 57, 60; rechtspolitisch kritisch Müller-Graff ZHR 176 [2012] 2, 6; zu den Anforderungen des deutschen Staatsrechts vgl Gröpl Der Staat 52 [2013] 1, 9 ff). **A231**

dd) Verbot des bevorrechtigten Zugangs zu Finanzinstituten

A232 Teleologisch eng mit dem Verbot der monetären Haushaltsfinanzierung (Art 123 Abs 1 AEUV) und dem Haftungsausschluss (Art 125 Abs 1 AEUV) verbunden ist das – auch systematisch zwischen beide Regelungen eingefügte – Verbot des bevorrechtigten Zugangs zu Finanzinstituten (Art 124 AEUV). Die Mitgliedstaaten sollen hinsichtlich der Finanzierung ihrer Haushalte den **Gesetzen des Marktes unterliegen**, um damit zu einer soliden Haushaltsführung angehalten zu werden (Erwägungsgrund 1 der Verordnung [EG] Nr 3604/93). Wie bei Art 123 Abs 1 und Art 125 Abs 1 AEUV finden sich auch bei Art 124 AEUV konkretisierende Bestimmungen in einer auf der Grundlage von Art 125 Abs 2 AEUV erlassenen Verordnung. Zwar vermögen sekundärrechtliche Regelungen nicht den Inhalt des ranghöheren Primärrechts zu bestimmen. Allerdings halten sich die Definitionen in der Verordnung (EG) Nr 3604/93 (Verordnung [EG] Nr 3604/93 zur Festlegung der Begriffsbestimmungen für die Anwendung des Verbots des bevorrechtigten Zugangs gemäß Artikel 104a des Vertrages v 13. 12. 1993 [ABl EG Nr L 332, 4 v 31. 12. 1993]) im von Art 125 Abs 2 AEUV gesetzten Rahmen (ähnlich Selmayr, Das Recht der Wirtschafts- und Währungsunion [2002] 230 f).

A233 Als nach Art 124 AEUV **unzulässige Maßnahmen** legt Art 1 Abs 1 der Verordnung (EG) Nr 3604/93 solche Hoheitsakte aus, durch welche Finanzinstitute entweder unmittelbar gezwungen oder mittelbar durch Steueranreize dazu angehalten werden, Forderungen gegenüber dem öffentlichen Sektor zu erwerben oder zu halten. Ausgenommen von diesem Verbot werden schon durch den Wortlaut des Art 124 AEUV Maßnahmen mit aufsichtsrechtlichen Gründen. Als solche erkennt Art 2 der Verordnung (EG) Nr 3604/93 die Förderung der Solidität der Finanzinstitute und der Stabilität des Finanzsystems sowie den Schutz der Kunden an. Über den Wortlaut des Art 124 AEUV hinaus unterfallen nach Sinn und Zweck auch freiwillig im Rahmen von Vertragsbeziehungen eingegangene Verpflichtungen nicht dem Verbot (Erwägungsgrund 6 der Verordnung [EG] Nr 3604/93).

ee) Haftungsausschluss

A234 Jeder Mitgliedstaat zeichnet sich für seine Haushaltsführung selbst verantwortlich (BVerfG 14. 1. 2014 – 2 BvR 2728/13 Rn 41, BVerfGE 134, 366, 393 = NJW 2014, 907; Geiger, Das Währungsrecht im Binnenmarkt der Europäischen Union [1996] 122; Gregorio Merino CML Rev 49 [2012] 1613, 1626; Müller-Graff RIW 2013, 111, 113; Bandilla, in: Grabitz/Hilf/Nettesheim [Hrsg], Das Recht der Europäischen Union [71. EL August 2020] Art 125 AEUV Rn 8; Omlor, Geldprivatrecht [2014] 189). Dieser **Eigenverantwortlichkeit** darf er sich nicht durch eine Haftungserweiterung oder -verlagerung auf andere Mitgliedstaaten oder die Union entziehen („*no bail out*"). Eine solche Haftung der Union für einen Mitgliedstaat oder der Mitgliedstaaten untereinander schließt Art 125 Abs 1 AEUV aus. Der Haftungsausschluss ist **unmittelbar anwendbar** (Selmayr, Das Recht der Wirtschafts- und Währungsunion [2002] 231), wie deklaratorisch auch aus Erwägungsgrund 1 S 1 der Verordnung (EG) Nr 3603/93 hervorgeht. Wie bei Art 123 f AEUV sollen die Mitgliedstaaten den **Marktmechanismen unterworfen** werden und somit einen **Anreiz zu Haushaltsdisziplin** erhalten (EuGH 27. 11. 2012 – Rs C-370/12, [*Pringle/Irland*] ECLI:EU:C:2012:756, Rn 135; Häde EuZW 2009, 399, 402; Hentschelmann EuR 2011, 282, 284 f; Gregorio Merino CML Rev 49 [2012] 1613, 1625; Heun/Thiele JZ 2012, 973, 978; Mayer/Heidfeld ZRP 2012, 129, 129 f; Gröpl Der Staat 52 [2013] 1, 5):

Die Zielsetzung des Verbots in Art 125 Abs 1 AEUV wird durch die eng begrenzte **A235** **Ausnahme in Art 122 Abs 2 AEUV** nicht beschnitten, sondern nochmals herausgestellt (Omlor, Geldprivatrecht [2014] 189). Der Haftungsausschluss kann nur dann außer Kraft gesetzt werden, wenn ein Mitgliedstaat von außergewöhnlichen Ereignissen betroffen ist, die jenseits seiner Kontrolle liegen (für ein extensives Verständnis der Ausnahmebestimmung hingegen Heun/Thiele JZ 2012, 973, 979). Nicht bereits bei einer „ernsthafte[n] Verschlechterung der internationalen Wirtschafts- und Finanzlage" (Erwägungsgrund 2 der Verordnung [EU] Nr 407/2010 zur Einführung eines europäischen Stabilitätsmechanismus v 11. 5. 2010 [ABl EU Nr L 118, 1 v 12. 5. 2010]) kann eine solche Notlage angenommen werden (Hentschelmann EuR 2011, 282, 297 und 303; aA Herrmann EuZW 2010, 413, 414). Unklar wäre bereits, wann eine solche Situation konkret gegeben wäre. Zudem weist Art 125 Abs 1 AEUV die **allgemeinen Risiken der Haushaltsplanung** gerade den Mitgliedstaaten zu; zu diesen Risiken zählen auch unerwartete Turbulenzen der Finanzmärkte und der Weltwirtschaft. Die Kontrolle über die eigene Haushaltspolitik ist den Mitgliedstaaten nicht iSv Art 122 Abs 2 AEUV entzogen (Kube/Reimer NJW 2010, 1911, 1914; Müller-Graff ZHR 176 [2012] 2, 3).

Die Beteiligung am **Europäischen Stabilitätsmechanismus** (ESM) ist vom Haftungsaus- **A236** schluss des Art 125 Abs 1 AEUV durch die Sonderregelung in Art 136 Abs 3 AEUV **ausgenommen** (einschränkend Kube WM 2013, 57, 61 f). Entgegen der Auffassung des EuGH (EuGH 27. 11. 2012 – Rs C-370/12 [*Pringle/Irland*] ECLI:EU:C:2012:756, Rn 129 ff; ebenso Herrmann EuZW 2010, 413, 414 f; Thym EuZW 2011, 167, 171; Heun/Thiele JZ 2012, 973, 979; Bandilla, in: Grabitz/Hilf/Nettesheim [Hrsg], Das Recht der Europäischen Union [71. EL August 2020] Art 125 AEUV Rn 24 ff) bestünden ansonsten erhebliche Zweifel an der Vereinbarkeit mit Art 125 Abs 1 AEUV (Kube/Reimer NJW 2010, 1911, 1913 f; Horn NJW 2011, 1398, 1400; Knopp NVwZ 2011, 1480, 1482 f; Weber EuZW 2011, 935, 937 f; Mayer/Heidfeld ZRP 2012, 129, 130 zu Eurobonds; Omlor, Geldprivatrecht [2014] 190). Bei den übrigen Bestandteilen des sog „Euro-Rettungsschirms" bleibt es bei der Geltung des Verbots eines *„bail out"* notleidender Mitgliedstaaten.

ff)   Vermeidung übermäßiger Defizite
(1)   Zielsetzungen
Art 119 Abs 3 AEUV erklärt „gesunde öffentliche Finanzen" zu einem richtungswei- **A237** senden Grundsatz der Wirtschafts- und Währungspolitik. Im systematischen Zusammenspiel mit Art 126 Abs 1 AEUV, der die Mitgliedstaaten einer Haushaltsdisziplin unterwirft, soll einem **Konstruktionsfehler der Wirtschafts- und Währungsunion** in ihrer derzeitigen Ausgestaltung begegnet werden: Während die Währungspolitik nahezu vollständig der supranationalen Ebene zugeordnet wurde, verblieb die Wirtschaftspolitik weitgehend in der Zuständigkeit der Mitgliedstaaten (statt vieler Häde EuR 2009, 200, 202; zu Entwicklungsperspektiven *de lege ferenda* Müller-Graff ZHR 176 [2012] 2, 12 ff). Die Verpflichtung zur Haushaltsdisziplin in Art 126 Abs 1 AEUV und die Verbote aus Art 123 bis 125 AEUV verbindet eine **gemeinsame Teleologie**: die Förderung des omnipräsenten Ziels der **Preisstabilität** aus Art 127 Abs 1 AEUV (Omlor, Geldprivatrecht [2014] 190). Mitgliedstaaten mit gesunden öffentlichen Finanzen verspüren typischerweise kein Bedürfnis für eine Staatsentschuldung durch Inflation (zur Inflationsneigung von Staaten vgl Endler, Europäische Zentralbank und Preisstabilität [1998] 184 ff). Durch die Vermeidung übermäßiger Defizite werden sowohl Inflationsdruck als auch damit zusammenhänge **Gefahren für die Unabhängigkeit der Zentralbank schon im Vorfeld zurückgedrängt** (Ohler, Die fiskalische Integration in der Europäischen Gemein-

schaft [1997] 256; vgl auch T‍IETMEYER, in: H‍AHN [Hrsg], Geldwertstabilität und Staatsschulden [1993] 69, 74 ff). Der mittelbar bewirkte Schutz der Zentralbankunabhängigkeit zielt darauf ab, schon den Anschein einer Beeinflussbarkeit zu vermeiden.

(2) Inhalt

A238 Sowohl Art 119 Abs 3 als auch Art 126 Abs 1 AEUV gründen sich auf **interpretationsoffenen Tatbestandsmerkmalen**. Ein klarer Maßstab zur Bestimmung „gesunder" Staatsfinanzen oder „übermäßiger" Defizite lässt sich beiden Regelungen nicht entnehmen. Einzig Art 126 Abs 2 UAbs 1 S 2 AEUV benennt zwei Kriterien, anhand derer die Kommission über die Einhaltung der Haushaltsdisziplin in den Mitgliedstaaten wacht. Zum einen zählt hierzu das Verhältnis des Haushaltsdefizits zum Bruttoinlandsprodukt, zum anderen die Relation zwischen dem Gesamtschuldenstand und dem Bruttoinlandsprodukt des Mitgliedstaats. Die Einzelheiten zu den Referenzwerten sind nach Art 126 Abs 2 UAbs 2 AEUV in einem **Protokoll zu den Verträgen** festgelegt, das einen Teil des Primärrechts bildet (vgl Art 51 EUV). In Art 1 des Protokolls Nr 12 über das Verfahren bei einem übermäßigen Defizit (ABl EU Nr C 115, 279 v 9. 5. 2008) findet sich folgende **Konkretisierung**:

> „Die in Artikel 126 Absatz 2 des Vertrags über die Arbeitsweise der Europäischen Union genannten Referenzwerte sind:
>
> – 3 % für das Verhältnis zwischen dem geplanten oder tatsächlichen öffentlichen Defizit und dem Bruttoinlandsprodukt zu Marktpreisen,
>
> – 60 % für das Verhältnis zwischen dem öffentlichen Schuldenstand und dem Bruttoinlandsprodukt zu Marktpreisen."

A239 Das aus Perspektive der Union relevante Defizit berechnet sich aus der Außensicht auf die Mitgliedstaaten ohne Berücksichtigung ihrer föderalen Strukturen oder anderer Gliederungen mit staatsrechtlicher Eigenständigkeit. Als öffentlich definiert Art 2 1. Spiegelstrich des Protokolls Nr 12 alle zum Staat gehörigen Defizite, wozu nicht nur der Zentralstaat, sondern auch die regionalen und lokalen Gebietskörperschaften zählen. Den mitgliedstaatlichen (Zentral-)Regierungen wird im Außenverhältnis die Gesamtverantwortung zugewiesen, um eine wirksame Haushaltskontrolle zu eröffnen. Entscheidend kommt es auf das **staatliche Gesamtdefizit** an.

(3) Flankierungen durch den Stabilitäts- und Wachstumspakt

A240 Die Ausrichtung auf eine solide Haushaltspolitik ist in ihrer praktischen Wirksamkeit in hohem Maße **vom politischen Willen der Mitgliedstaaten abhängig**. Diese Politisierung basiert auf der Ausgestaltung des Defizitverfahrens. Art 126 Abs 6 AEUV weist die finale Entscheidungszuständigkeit, ob ein übermäßiges Defizit besteht, dem Rat zu. Ihm kommt dabei zwar ein Ermessen zu, das allerdings gerichtlich überprüfbar ist (EuGH 13. 7. 2004 – Rs C-27/04 [*Kommission/Rat*] ECLI:EU:C:2004:436, Rn 81 ff). Begleitet wird dieser zentrale Schritt durch ein mehrstufiges Berichts-, Stellungnahme-, Feststellungs- und Sanktionsverfahren. Rechtsgrundlage hierfür ist nicht nur Art 126 Abs 3 bis 13 AEUV. Diese primärrechtlichen Regelungen werden durch den sog Stabilitäts- und Wachstumspakt (SWP) **„präzisiert und verstärkt"** (EuGH 13. 7. 2004 – Rs C-27/04 [*Kommission/Rat*] ECLI:EU:C:2004:436, Rn 71; vgl umfassend zum Stabilitäts- und Wachstumspakt H‍AHN JZ 1997, 1133; B‍LUMENWITZ/S‍CHÖBENER, Stabilität für Europa [1997];

Titel 1
Verpflichtung zur Leistung **Vorbem zu §§ 244–248**

HÄNSCH, Gesamtwirtschaftliche Stabilität als Verfassungsprinzip [2002]; HENTSCHELMANN, Der Stabilitäts- und Wachstumspakt [2009]). In seiner **ursprünglichen Fassung** aus dem Jahr **1997** bestand er aus der Entschließung des Europäischen Rates von Madrid (Entschließung 97/C 236/01 v 17. 6. 1997 [ABl EG Nr C 236, 1 v 2. 8. 1997]) sowie zwei Verordnungen, die sich einerseits der präventiven Defizitvermeidung (Verordnung [EG] Nr 1466/97 über den Ausbau der haushaltspolitischen Überwachung und der Überwachung und Koordinierung der Wirtschaftspolitiken v 7. 7. 1997 [ABl EG Nr L 209, 1 v 2. 8. 1997]) und andererseits der reaktiven Defizitahndung (Verordnung [EG] Nr 1467/97 über die Beschleunigung und Klärung des Verfahrens bei einem übermäßigen Defizit v 7. 7. 1997 [ABl EG Nr L 209, 6 v 2. 8. 1997]) zuwenden.

Nachdem der Rat primärrechtswidrig (EuGH 13. 7. 2004 – Rs C-27/04 [*Kommission/Rat*] **A241** ECLI:EU:C:2004:436, Rn 89, 96) das damalige Defizitverfahren gegen Deutschland und Frankreich mit Beschluss v 25. 11. 2003 ruhen gelassen hatte (vgl dazu STREINZ/OHLER/HERRMANN NJW 2004, 1553, 1554 ff; PALM EuZW 2004, 71, 72 ff), wurde der Pakt reformiert. Die Änderung der Verordnung (EG) Nr 1467/97 führte **2005** jedoch zu einer **Entschärfung des Defizitverfahrens** (zu den Einzelheiten vgl Verordnung [EG] Nr 1056/2005 v 27. 6. 2005 [ABl EU Nr L 174, 5 v 7. 7. 2005]; zur Kritik ROTTE/DERICHS, Krise und Ende des europäischen Stabilitäts- und Wachstumspaktes [2005] 23 ff, 26 ff). In der Schlussakte der Regierungskonferenz, bei welcher der Vertrag von Lissabon angenommen wurde, findet sich ebenfalls nur ein verwässertes Bekenntnis zum Stabilitäts- und Wachstumspakt: Als „fundamentale Ziele" werden gleichberechtigt die Steigerung des Wachstumspotentials und die Gewährleistung solider Haushalte genannt (Erklärung Nr 30 zu Art 126 AEUV [ABl EU Nr C 83, 335 v 30. 3. 2010]).

Im Kontext der Finanz- und Wirtschaftskrise erfuhr der Stabilitäts- und Wachstums- **A242** pakt Ende **2011** eine grundlegende Umgestaltung und **Aufwertung**. Hierzu wurde ein Paket von fünf Verordnungen und einer Richtlinie („*Six Pack*") in Kraft gesetzt. Der **präventive Teil** dieser Sekundärrechtsakte setzt sich aus vier Verordnungen zusammen. Durch die Verordnungen (EU) Nr 1175/2011 (Verordnung über den Ausbau der haushaltspolitischen Überwachung und der Überwachung und Koordinierung der Wirtschaftspolitiken v 16. 11. 2011 [ABl EU Nr L 306, 12 v 23. 11. 2011]) und Nr 1173/2011 (Verordnung über die wirksame Durchsetzung der haushaltspolitischen Überwachung im Euro-Währungsgebiet v 16. 11. 2011 [ABl EU Nr L 306, 1 v 23. 11. 2011]) sollen die Mitgliedstaaten schon im Vorfeld zu einer dauerhaft soliden Haushaltspolitik angehalten werden. Ausdrücklich nehmen die Erwägungsgründe Bezug auf „Erfahrungen und Fehler" im ersten Jahrzehnt der Wirtschafts- und Währungsunion (vgl Erwägungsgrund 3 der Verordnung [EU] Nr 1173/2011, Erwägungsgrund 4 der Verordnung [EU] Nr 1174/2011), wozu auch der Bruch des Stabilitätspakts im Jahr 2005 zu rechnen ist. Über die haushaltspolitische Überwachung der Mitgliedstaaten hinaus werden weiterhin Korrekturen von makroökonomischen Ungleichgewichten angestrebt. Hierzu enthielt das Gesetzespaket die Verordnungen (EU) Nr 1174/2011 (Verordnung über Durchsetzungsmaßnahmen zur Korrektur übermäßiger makroökonomischer Ungleichgewichte im Euro-Währungsgebiet v 16. 11. 2011 [ABl EU Nr L 306, 8 v 23. 11. 2008]) und Nr 1176/2011 (Verordnung über die Vermeidung und Korrektur makroökonomischer Ungleichgewichte v 16. 11. 2011 [ABl EU Nr L 306, 25 v 23. 11. 2011]). Als Sanktionen bei Verstößen gegen vom Rat empfohlene Korrekturmaßnahmen sind Geldbußen vorgesehen (vgl Art 3 der Verordnung [EU] Nr 1174/2011). Auf der **reaktiven Seite** steht die Verordnung (EU) Nr 1177/2011 (Verordnung über die Beschleunigung und Klärung des Verfahrens bei einem übermäßigen Defizit v 8. 11. 2011 [ABl EU Nr L 306, 33 v 23. 11. 2011]), die zahlreiche Änderungen an der ursprünglichen „Defizitverfahrensverordnung" Nr 1467/97 enthält. Die Richtlinie 2011/85/EU (Richtlinie über die Anforderungen an die haushaltspolitischen Rahmen der Mitgliedstaaten v 8. 11. 2011 [ABl EU Nr L 306, 41 v 23. 11. 2011]) flankiert die fünf Verordnungen, indem sie zu einer Harmonisierung des Haushaltsrecht der Mitgliedstaaten führt.

d) Akteure
aa) Das Europäische System der Zentralbanken
(1) Föderale Strukturelemente

A243 Die Europäisierung der Währungsverfassung infolge der Einführung des Euro ging nicht mit einer Monopolisierung ihrer organisatorischen Strukturen auf Unionsebene einher. Vielmehr nimmt die supranationale Währungsverfassung Anleihen am historischen **Vorbild der Bank deutscher Länder**, die sich durch ein föderales System unter Einbeziehung der Landeszentralbanken auszeichnete (im Einzelnen s u Rn A246). Das übernommene Wesensmerkmal im Europäischen System der Zentralbanken (ESZB) ist im dezentralen Aufbau des Zentralbankwesens zu sehen (Louis CML Rev 35 [1998] 33, 50 ff; Zimmermann, Die nationalen Zentralbanken als Bestandteile des Europäischen Systems der Zentralbanken [2000] 41 ff; Geerlings DÖV 2003, 322, 326; Seiler EuR 2004, 52, 64 f; Krauskopf/Steven CML Rev 46 [2009] 1143, 1159 ff). Geschaffen wurde ein **„kooperatives System"** (Omlor, Geldprivatrecht [2014] 223), ein „Verantwortungsverbund" (Seiler EuR 2004, 52) oder auch organisatorisches „Dach" (Häde WM 2006, 1605), das aus der Europäischen Zentralbank und den nationalen Notenbanken der EU-Staaten besteht (Art 282 Abs 1 S 1 AEUV). In diesem System sind lediglich die Entscheidungskompetenzen bei der Europäischen Zentralbank zentralisiert, während die Durchführungskompetenzen dem Subsidiaritätsgedanken entsprechend der mitgliedstaatlichen Ebene zugewiesen sind (Weber WM 1998, 1465, 1472; Manger-Nestler EuR 2008, 577, 581 f).

A244 Diese Föderalität des ESZB zeigt sich kodifikatorisch an prägnanter Stelle in Art 282 Abs 1 S 2 AEUV; die Zuständigkeit zum Betreiben der Währungspolitik wird der Europäischen Zentralbank und den nationalen Notenbanken im Euroraum gemeinsam zuerkannt. An den währungspolitischen Entscheidungen wirken die nationalen Notenbanken allerdings nur im institutionellen Rahmen der Europäischen Zentralbank mit, indem ihre Präsidenten geborene Mitglieder im EZB-Rat sind (Art 283 Abs 1 AEUV). Bei Abstimmungen im EZB-Rat gilt der Grundsatz „*one member – one vote*" (Weber, Die Kompetenzverteilung im Europäischen System der Zentralbanken bei der Festlegung und Durchführung der Geldpolitik [1995] 79; Omlor, Geldprivatrecht [2014] 227; ungenau hingegen Potacs EuR 1993, 23, 32; Heun JZ 1998, 866, 868), worin ebenfalls die föderale Grundausrichtung zum Ausdruck kommt. Auch bei der Emission von Euro-Banknoten verbleibt der Europäischen Zentralbank lediglich eine Koordinierungs- und Genehmigungsfunktion (Seiler EuR 2004, 52, 67 f); diese bezieht sich unter anderem auf das einheitliche äußere Erscheinungsbild der Banknoten, deren Sicherheitsmerkmale und die einheitliche Stückelung. Die Herstellung und die physische Ausgabe der Banknoten nehmen demgegenüber die nationalen Notenbanken des Euroraums wahr (vgl Art 128 Abs 1 AEUV). Das Recht zur Ausgabe von Euro-Münzen liegt hingegen nicht im ESZB, sondern wird von Art 128 Abs 2 S 1 AEUV den Mitgliedstaaten zugewiesen.

(2) Zentralistische Strukturelemente
Die föderalen Aspekte des ESZB dürfen nicht darüber hinwegtäuschen, dass die **A245** **Europäische Zentralbank als** zentralistischer Akteur das **„Herzstück"** (EuGH 10. 7. 2003 – Rs C-11/00 [*Kommission/EZB*] ECLI:EU:C:2003:395, Rn 92) **des ESZB** bildet (OMLOR, Geldprivatrecht [2014] 224 f). Nur der Europäischen Zentralbank wurden die **Rechtsfähigkeit** und die Stellung eines Unionsorgans zugebilligt. Dem ESZB hingegen fehlt die Rechtsfähigkeit (KOENIG EuZW 1993, 661, 663; WEBER, Die Kompetenzverteilung im Europäischen System der Zentralbanken bei der Festlegung und Durchführung der Geldpolitik [1995] 50; GEIGER, Das Währungsrecht im Binnenmarkt der Europäischen Union [1996] 139; HEUN JZ 1998, 866, 867; WEBER WM 1998, 1465; HÄDE WM 2006, 1605; MANGER-NESTLER EuR 2008, 577, 578; KRAUSKOPF/STEVEN CML Rev 46 [2009] 1143, 1144). Dem zentralistisch von der unionalen Ebene bestimmten Direktorium der Europäischen Zentralbank kommt die Aufgabe des **Exekutivorgans** zu, dem der EZB-Rat noch weitere Befugnisse übertragen kann (Art 12.1 UAbs 2 S 3 ESZB-Satzung). Das Direktorium nimmt die Anhörungsrechte der Europäischen Zentralbank in den Ausschüssen des Europäischen Parlaments wahr (Art 284 Abs 3 UAbs 2 AEUV). Auch die sonstigen **Anhörungs- und Beteiligungsrechte** gewähren die Verträge (Art 48 Abs 3 UAbs 1 S 2, Abs 6 UAbs 2 S 2 EUV, Art 66, 127 Abs 4, 282 Abs 5 AEUV) allein der Europäischen Zentralbank, nicht aber dem gesamten ESZB. Der **Präsident** der Europäischen Zentralbank verfügt zudem über eine **Sonderstellung**, insofern er den Vorsitz in den Beschlussorganen führt (Art 13.1 und 45.1 ESZB-Satzung) und dort seine Stimme bei Stimmengleichheit den Ausschlag gibt (Art 10.2 UAbs 4 S 2, Art 11.5 S 3 ESZB-Satzung). Die nationalen Notenbanken sind nicht nur im Bereich der internationalen Zusammenarbeit von den Vorgaben der Europäischen Zentralbank abhängig (vgl Art 6 ESZB-Satzung). Zudem unterliegen die nationalen Notenbanken den **Weisungen** der Europäischen Zentralbank (Art 14.3 ESZB-Satzung), deren Befolgung notfalls mittels einer Aufsichtsklage nach Art 271 lit d AEUV erzwungen werden kann.

Das Zusammenwirken der nationalen Zentralbanken und der Europäischen Zentral- **A246** bank lässt sich in verschiedener Hinsicht mit dem Zentralbanksystem unter der früheren **Bank deutscher Länder** vergleichen (WEBER, Die Kompetenzverteilung im Europäischen System der Zentralbanken bei der Festlegung und Durchführung der Geldpolitik [1995] 172; MANGER-NESTLER, Par(s) inter pares? [2008] 32 ff; MANGER-NESTLER EuR 2008, 577, 578; OMLOR, Geldprivatrecht [2014] 244 f). Die Europäische Zentralbank kann im Lichte dieses historischen Vorbilds als **„Bank der nationalen Euro-Zentralbanken"** bezeichnet werden; wegen der Unabhängigkeit auch der nationalen Zentralbanken nach Art 130 AEUV wäre die Bezeichnung als „Bank der Euro-Staaten" ungenau. Trotz teilweiser Differenzen im Detail offenbaren sich zahlreiche Parallelen: Die Anteilseigner der Bank deutscher Länder waren die Landeszentralbanken (PROST, Wandlungen im deutschen Notenbankwesen [1972] 53), bei der Europäischen Zentralbank sind es die nationalen Zentralbanken des Euroraums (Art 1 UAbs 1, 28.2 ESZB-Satzung). Nur die Landeszentralbanken/nationalen Zentralbanken und die Bank deutscher Länder/Europäische Zentralbank sind mit Rechtsfähigkeit ausgestattet, nicht aber das jeweilige Verbundsystem. Der Zentralbankrat/EZB-Rat bildet das organisatorische Bindeglied für die einheitliche Willensbildung. In ihm sind die Landeszentralbanken/nationalen Zentralbanken mit einem signifikanten Stimmenübergewicht vertreten.

(3) Aufgabenkatalog

A247 Dem ESZB weist Art 127 Abs 2 AEUV enumerativ vier Kernaufgaben zu. Das ESZB legt die **Geldpolitik der Union** fest und führt sie aus (Art 127 Abs 2 1. Spiegelstrich AEUV). Die Geldpolitik in diesem Sinne betrifft das Währungsgebiet in seinem inneren Bereich, nicht aber die äußere Währungspolitik gegenüber fremden Währungen (Omlor, Geldprivatrecht [2014] 234 f mwNw). Während die Festlegung durch den EZB-Rat erfolgt, übernehmen die nationalen Zentralbanken in Übereinstimmung mit der generellen Zuständigkeitsverteilung im ESZB die Ausführung der Geldpolitik. Von der Geldpolitik strikt zu trennen ist die allgemeine Wirtschaftspolitik, welche durch das ESZB unterstützt (Art 127 Abs 1 S 2 AEUV), nicht aber betrieben werden darf (BVerfG 14. 1. 2014 – 2 BvR 2728/13 Rn 39 und 68, NJW 2014, 9078). Das geldpolitische Instrumentarium des ESZB hat die Europäische Zentralbank in einer **Leitlinie** niedergelegt, die in der aktuellen Fassung seit dem 1. 1. 2021 von den nationalen Zentralbanken zu erfüllen ist (Leitlinie [EU] 2015/510 über die Umsetzung des geldpolitischen Handlungsrahmens des Eurosystems v 19. 12. 2014 [ABl EU Nr L 91, 3 v 2. 4. 2015], zuletzt geändert durch Leitlinie [EU] 2020/1690 v 25. 9. 2020 [ABl EU Nr L 379, 77 v 13. 11. 2020]).

A248 Auszug aus der Leitlinie (EU) 2015/510:

„Artikel 3
Rahmen für die Umsetzung der Geldpolitik des Eurosystems

1. Die bei der Umsetzung der Geldpolitik vom Eurosystem eingesetzten geldpolitischen Instrumente bestehen aus:
   a) Offenmarktgeschäften;
   b) ständigen Fazilitäten;
   c) Mindestreserven.
2. Die Bestimmungen zu Mindestreserven ergeben sich aus der Verordnung (EG) Nr. 2531/98 und Verordnung (EG) Nr. 1745/2003 (EZB/2003/9). Bestimmte Merkmale des Mindestreservesystems werden in Anhang I zu Informationszwecken dargestellt. (...)

Artikel 5
Übersicht über Gruppen und Instrumente in Bezug auf Offenmarktgeschäfte

1. Das Eurosystem kann Offenmarktgeschäfte durchführen, um die Zinssätze und die Liquidität am Finanzmarkt zu steuern und Signale bezüglich des geldpolitischen Kurses zu setzen.
2. Abhängig von ihrem besonderen Zweck können Offenmarktgeschäfte in folgenden Gruppen zusammengefasst werden:
   a) Hauptrefinanzierungsgeschäfte;
   b) längerfristige Refinanzierungsgeschäfte;
   c) Feinsteuerungsoperationen;
   d) strukturelle Operationen.
3. Offenmarktgeschäfte werden mittels folgender Instrumente durchgeführt:
   a) befristete Transaktionen;
   b) Devisenswaps für geldpolitische Zwecke;
   c) die Hereinnahme von Termineinlagen;

d) die Emission von EZB-Schuldverschreibungen;
e) endgültige Käufe bzw. Verkäufe.
4. In Bezug auf die in Absatz 2 festgelegten spezifischen Gruppen von Offenmarktgeschäften gelten die in Absatz 3 genannten folgenden Instrumente:
   a) Hauptrefinanzierungsgeschäfte und längerfristige Refinanzierungsgeschäfte werden ausschließlich über befristete Transaktionen durchgeführt;
   b) Feinsteuerungsoperationen können durchgeführt werden über:
      i) befristete Transaktionen;
      ii) Devisenswaps für geldpolitische Zwecke;
      iii) die Hereinnahme von Termineinlagen;
   c) strukturelle Operationen können durchgeführt werden über:
      i) befristete Transaktionen;
      ii) die Emission von EZB-Schuldverschreibungen;
      iii) endgültige Käufe bzw. Verkäufe.
5. Bei Offenmarktgeschäften geht die Initiative von der EZB aus, die auch über die Bedingungen für die Durchführung der Geschäfte und über das einzusetzende Instrument entscheidet. (...)

Artikel 17
Ständige Fazilitäten

1. Die NZBen gewähren auf Initiative ihrer Geschäftspartner Zugang zu den ständigen Fazilitäten des Eurosystems.
2. Es gibt folgende Arten von ständigen Fazilitäten:
   a) Spitzenrefinanzierungsfazilität;
   b) Einlagefazilität.
3. Die Bedingungen der ständigen Fazilitäten sind in allen Mitgliedstaaten, deren Währung der Euro ist, gleich.
4. Die NZBen gewähren Zugang zu den ständigen Fazilitäten nur gemäß den Zielen und allgemeinen geldpolitischen Erwägungen der EZB.
5. Die EZB kann die Bedingungen für die ständigen Fazilitäten jederzeit ändern oder sie aussetzen.
6. Der EZB-Rat beschließt regelmäßig über die Zinssätze für die ständigen Fazilitäten. Die neuen Zinssätze treten zu Beginn der neuen Mindestreserve-Erfüllungsperiode gemäß Artikel 7 der Verordnung (EG) Nr. 1745/2003 (EZB/2003/9) in Kraft. Die EZB veröffentlicht spätestens drei Monate vor Beginn jedes Kalenderjahres einen Kalender der Mindestreserve-Erfüllungsperioden.
7. Unbeschadet des Absatzes 6 kann der EZB-Rat den Zinssatz für die ständigen Fazilitäten jederzeit ändern. Ein solcher Beschluss wird frühestens am folgenden Eurosystem-Geschäftstag wirksam. (...)

Artikel 21
Merkmale der Einlagefazilität

1. Geschäftspartner können die Einlagefazilität in Anspruch nehmen, um Übernachtliquidität beim Eurosystem über die Heimat-NZB anzulegen, für die ein im Voraus festgelegter Zinssatz gilt.
2. Der Zinssatz für die Einlagefazilität kann: a) positiv, b) auf null Prozent festgesetzt werden, c) negativ sein.

3. Die NZBen stellen im Gegenzug für die Einlagen keine Sicherheiten zur Verfügung.
4. Für den Betrag, den ein Geschäftspartner im Rahmen der Einlagefazilität anlegen kann, gibt es keine Obergrenze."

A249 Von den drei geldpolitischen Instrumenten – Offenmarktgeschäfte, Anbieten von ständigen Fazilitäten und Mindestreserven für Kreditinstitute – ragen in ihrer Bedeutung die **Offenmarktgeschäfte** deutlich heraus. Insofern steht das ESZB in der Tradition der *Federal Reserve* und der Deutschen Bundesbank (Heun JZ 1998, 866, 871). Durch die Offenmarktpolitik können Signale hinsichtlich des geldpolitischen Kurses gesetzt, die Geldmenge gesteuert sowie die Liquidität und die Zinssätze am Markt beeinflusst werden (vgl Art 5 Abs 1 Leitlinie [EU] 2015/510). Zu den Offenmarktgeschäften zählen im Einzelnen **fünf verschiedene Transaktionstypen** (vgl Art 5 Abs 3 Leitlinie [EU] 2015/510): die befristeten Transaktionen, daneben die endgültigen Käufe/Verkäufe, die Emission von EZB-Schuldverschreibungen, die Devisenswapgeschäfte sowie die Hereinnahme von Termineinlagen. Bei den befristeten Transaktionen kauft bzw verkauft das Eurosystem notenbankfähige Sicherheiten im Rahmen von Rückkaufsvereinbarungen oder führt Kreditgeschäfte unter Verwendung solcher Sicherheiten durch (zu Einzelheiten vgl Art 10 Leitlinie [EU] 2015/510). Die auf der Grundlage von Art 18.1 ESZB-Satzung angebotenen **ständigen Fazilitäten** zielen darauf ab, Übernachtliquidität dem Markt zur Verfügung zu stellen oder zu entziehen. In dieser auf Liquiditätsspitzen beschränkten Fokussierung unterscheiden sie sich sichtbar von den früheren Diskont- und Lombardkrediten der Deutschen Bundesbank (Heun JZ 1998, 866, 872). Die Mindestreservepolitik (vgl zu den Anforderungen die jeweils gültige Fassung der Verordnung [EG] Nr 1745/2003 über die Auferlegung einer Mindestreservepflicht v 12. 9. 2003 [ABl EU Nr L 250, 10 v 2. 10. 2003], zuletzt geändert durch Verordnung [EU] 2016/1705 v 9. 9. 2016 [ABl EU Nr L 257, 10 v 23. 9. 2016]) soll schließlich eine strukturelle Liquiditätsknappheit und eine Stabilisierung der Geldmarktzinsen bewirken.

A250 Dem ESZB kommt weiterhin die Aufgabe zu, **Devisengeschäfte** durchzuführen (Art 127 Abs 2 2. Spiegelstrich AEUV). Im Gegensatz zur Geldpolitik ist diese Wechselkurspolitik aus Sicht des Euroraums nicht nach innen, sondern nach außen gerichtet. Die Exekutive in Gestalt des Rats kann gegenüber Währungen von Drittstaaten ein Wechselkurssystem einrichten, indem sie nach Art 219 Abs 1 AEUV entsprechende „förmliche Vereinbarungen" trifft. Alternativ vermag der Rat „allgemeine Orientierungen" für die Wechselkurspolitik gegenüber bestimmten Drittwährungen aufzustellen (Art 219 Abs 2 AEUV). Bislang hat der Rat von beiden Gestaltungsoptionen keinen Gebrauch gemacht (Papathanassiou, in: Schimansky/Bunte/Lwowski [Hrsg], Bankrechts-Handbuch [5. Aufl 2017] § 134 Rn 17).

A251 Das ESZB hält und verwaltet zudem die offiziellen **Währungsreserven** der Mitgliedstaaten (Art 127 Abs 2 3. Spiegelstrich AEUV). Die Verwaltung fällt ausschließlich in die Zuständigkeit der nationalen Notenbanken, denen somit sowohl ihre eigenen (Art 31 ESZB-Satzung) als auch – im Wege der offenen Stellvertretung (Papathanassiou, in: Schimansky/Bunte/Lwowski [Hrsg], Bankrechts-Handbuch [5. Aufl 2017] § 134 Rn 23) – die Währungsreserven der Europäischen Zentralbank anvertraut sind (Omlor, Geldprivatrecht [2014] 237). Die nationalen Notenbanken haben sich bei der Durchführung der Verwaltung und ihrer Dokumentation an konkrete Vorgaben der Europäischen Zentralbank zu halten (vgl Leitlinie 2008/596/EG über die Verwaltung von Währungsreserven der Europäischen Zentralbank durch die nationalen Zentralbanken sowie über die Rechtsdokumentation bei Geschäften mit den Währungsreserven der Europäischen Zentralbank v 20. 6. 2008 [ABl EG Nr L 192, 63 v 19. 7. 2008], zuletzt geändert durch Leitlinie [EU] 2020/1514 v 8. 10. 2020 [ABl EU Nr L 344, 32 v 19. 10. 2020]). **Mindeststandards** bei der Verwaltung der Währungsreserven, die unter anderem die Bekämpfung von Interessenkonflikten und von Korruption bezwecken, binden sowohl die Europäische Zentralbank als auch die nationalen Notenbanken (vgl Leitlinie 2002/777/EG über die für die EZB und die nationalen Zentralbanken bei der Durchführung von geldpolitischen Geschäften und Devisengeschäften mit den Währungsreserven der EZB sowie der Verwaltung der Währungsreserven der EZB geltenden Mindeststandards v 26. 9. 2002 [ABl EG Nr L 270, 14 v 8. 10. 2002]).

Die Aufgabe zur **Förderung des intra- und transunionalen Zahlungsverkehrs** ist ebenfalls dem ESZB zugewiesen (Art 127 Abs 2 4. Spiegelstrich AEUV). Das föderale Zusammenwirken von Europäischer Zentralbank und den nationalen Notenbanken bildet sich auch in der Struktur des Clearingsystems **TARGET2** (**T**rans**E**uropean **A**utomated **R**eal-time **G**ross settlement **E**xpress **T**ransfer system) ab (vgl allgemein KARPF/WAGNER Bank-Archiv 57 [2009] 13 ff). Die organisatorischen wie technischen Einzelheiten sind in einer mehrfach geänderten Leitlinie der Europäischen Zentralbank festgeschrieben (Leitlinie 2013/47/EU über ein transeuropäisches automatisiertes Echtzeit-Brutto-Express-Zahlungsverkehrssystem v 5. 12. 2012 [ABl EU Nr L 30, 1 v 30. 1. 2013], zuletzt geändert durch Leitlinie [EU] 2019/1849 v 4. 10. 2019 [ABl EU Nr L 283, 64 v 5. 11. 2019]). Über TARGET2 werden Echtzeit-Brutto-Abwicklungen (*Real-time Gross settlements* – RTGS) von Euro-Zentralbankgeld durchgeführt. TARGET2 weist eine einheitliche Plattform (*Single Shared Platform* – SSP) auf, die für das gesamte ESZB von der Deutschen Bundesbank, der *Banque de France* und der *Banca d'Italia* angeboten und betrieben werden. Allerdings erhält TARGET2 **sowohl rechtlich als auch technisch eine föderale Struktur**: Jede Zentralbank im Euroraum betreibt ihr eigenes TARGET2-Komponenten-System, das den eigentlichen Unterbau von TARGET2 bildet. Eine Erweiterung um Zentralbanken außerhalb des Euroraums setzt eine entsprechende Vereinbarung mit den im ESZB zusammengeschlossenen nationalen Zentralbanken voraus. Das TARGET2-Komponenten-System der Europäischen Zentralbank firmiert als „TARGET2-EZB", dasjenige der Deutschen Bundesbank als „TARGET2-Bundesbank". Die Leitungsstruktur von TARGET2 ist dreistufig aufgebaut. Auf der Ebene 1 fällt dem EZB-Rat die Leitung, Steuerung und Kontrolle von TARGET2 zu, während auf der Ebene 2 die nationalen Zentralbanken im Rahmen des Ausschusses für Zahlungsverkehrs- und Verrechnungssysteme mitwirken. Die Ebene 3 bilden die drei nationalen Zentralbanken, welche die einheitliche Plattform (SSP) anbieten und betreiben. A252

bb) Die Europäische Zentralbank

Die Rolle des zentralistischen Akteurs im ESZB kommt der Europäischen Zentralbank zu. Die Willensbildung innerhalb der Europäischen Zentralbank vollzieht sich in **drei Leitungs- und Beschlussorganen**. Auf Dauer konzipiert sind der EZB-Rat und das Direktorium (Art 129 Abs 1 AEUV). Zwischen beiden besteht – zumindest normativ – ein institutionelles Gleichgewicht (WEBER WM 1998, 1465, 1466). Dem Erweiterten Rat der Europäischen Zentralbank ist hingegen nur eine Übergangsrolle zugedacht, da er die Mitgliedstaaten in das ESZB integriert, die den Euro noch nicht eingeführt haben. A253

(1) Rat der EZB

A254 Wegen seiner exklusiven Zuständigkeit für die Geldpolitik im ESZB (Weber, Die Kompetenzverteilung im Europäischen System der Zentralbanken bei der Festlegung und Durchführung der Geldpolitik [1995] 82; Weinbörner, Die Stellung der Europäischen Zentralbank [EZB] und der nationalen Zentralbanken in der Wirtschafts- und Währungsunion nach dem Vertrag von Maastricht [1998] 380; Seiler EuR 2004, 52, 56; Krauskopf/Steven CML Rev 46 [2009] 1143, 1153) handelt es sich beim Rat der Europäischen Zentralbank um deren **machtvollstes Beschlussorgan** (Geiger, Das Währungsrecht im Binnenmarkt der Europäischen Union [1996] 140; Zimmermann, Die nationalen Zentralbanken als Bestandteile des Europäischen Systems der Zentralbanken [2000] 58 f; Omlor, Geldprivatrecht [2014] 226). Nach Art 12.1 ESZB-Satzung legt der EZB-Rat die Geldpolitik der Union fest, während das Direktorium sie nach den Leitlinien und Entscheidungen des EZB-Rates ausführt. Damit fungiert das Direktorium als Exekutivorgan (Weber, Die Kompetenzverteilung im Europäischen System der Zentralbanken bei der Festlegung und Durchführung der Geldpolitik [1995] 83; Heun JZ 1998, 866, 868; Weinbörner, Die Stellung der Europäischen Zentralbank [EZB] und der nationalen Zentralbanken in der Wirtschafts- und Währungsunion nach dem Vertrag von Maastricht [1998] 376 f; Zimmermann, Die nationalen Zentralbanken als Bestandteile des Europäischen Systems der Zentralbanken [2000] 59), das zudem die Sitzungen des EZB-Rates lediglich vorbereitet. Aus Art 12.1 UAbs 1 S 1 ESZB-Satzung lässt sich ableiten, dass dem EZB-Rat intern eine **Auffangkompetenz** für alle nicht gesondert zugewiesenen Aufgaben der Europäischen Zentralbank zukommt (im Ergebnis ebenso Weber WM 1998, 1465, 1467; Krauskopf/Steven CML Rev 46 [2009] 1143, 1154).

A255 Der EZB-Rat bildet das Beschlussgremium der Europäischen Zentralbank, das dem föderalen Aufbau des ESZB Rechnung trägt. Die **Mehrheit seiner Mitglieder** bilden die **Präsidenten der nationalen Notenbanken des Euroraums**, während der zentralen Ebene nur die sechs Direktoren entstammen. Bei den mit einfacher Stimmenmehrheit getroffenen Beschlüssen zählt jede Stimme gleich (*„one member – one vote"*, so zutreffend Weber, Die Kompetenzverteilung im Europäischen System der Zentralbanken bei der Festlegung und Durchführung der Geldpolitik [1995] 79; ungenau angesichts der Unabhängigkeit der nationalen Notenbanken hingegen Potacs EuR 1993, 23, 32 und Heun JZ 1998, 866, 868: *„one country – one vote"*). Lediglich bei Stimmengleichheit gibt die Stimme des EZB-Präsidenten, der den Vorsitz in den Beschlussorganen der Europäischen Zentralbank führt, den Ausschlag (Art 10.2 UAbs 4 ESZB-Satzung). Mit dem Beitritt von Litauen zum Euroraum als 19. Teilnahmestaat am **1. 1. 2015** wurde dieser formale Gleichbehandlungsgrundsatz allerdings durchbrochen. Nach Art 10.2 UAbs 1 S 2 und 3 ESZB-Satzung trat ein **Rotationssystem** in Kraft, das zu einem Einfrieren des Stimmgewichts der Präsidenten der nationalen Notenbanken führte (zu den Hintergründen vgl Empfehlung 2003/C 29/07 gemäß Artikel 10.6 der Satzung des Europäischen Systems der Zentralbanken und der Europäischen Zentralbank für einen Beschluss des Rates über eine Änderung des Artikels 10.2 der Satzung des Europäischen Systems der Zentralbanken und der Europäischen Zentralbank v 3. 2. 2003 [ABl EG Nr C 29, 6 v 7. 2. 2003]). Die Arbeitsfähigkeit des EZB-Rates soll auf diese Weise auch bei einem sich vergrößernden Euroraum gewahrt bleiben. Zugleich bevorzugt das System die Zentralbankpräsidenten der fünf wirtschaftlich bedeutendsten Mitgliedstaaten (Einzelheiten bei Krauskopf/Steven CML Rev 46 [2009] 1143, 1164 ff).

(2) Direktorium

Das Direktorium der Europäischen Zentralbank setzt sich aus **sechs Mitgliedern** zusammen. Neben dem Präsidenten und dem Vizepräsidenten gehören dem Direktorium vier weitere Personen an (Art 283 Abs 2 UAbs 1 AEUV). Die **Auswahl** der Direktoren führt nach einem Vorschlag des Rates der **Europäische Rat** mit qualifizierter Mehrheit durch (Art 283 Abs 2 UAbs 2 AEUV), nachdem er das Europäische Parlament und den EZB-Rat angehört hat. Der Entscheidungsspielraum des Europäischen Rates ist dabei nicht unerheblich, da das primärrechtliche Anforderungsprofil aus Art 283 Abs 2 AEUV kaum nennenswerte Hürden aufstellt. Lediglich gröbste Missbräuche lassen sich mit diesen Vorgaben ausschließen (ähnlich STADLER, Die rechtliche Handlungsspielraum des Europäischen Systems der Zentralbanken [1996] 140; aA WEBER, Die Kompetenzverteilung im Europäischen System der Zentralbanken bei der Festlegung und Durchführung der Geldpolitik [1995] 67). Eine gerichtliche Kontrolle wird dennoch nicht *per se* ausgeschlossen (OMLOR, Geldprivatrecht [2014] 228). Die Direktoren scheiden regulär mit Ablauf der **Amtszeit von acht Jahren** aus dem Amt; eine Verlängerungsoption besteht zum Schutz der Unabhängigkeit nicht. Daneben kommen als irreguläre Beendigungsgründe der freiwillige Rücktritt als *actus contrarius* zum Einverständnis in die ursprüngliche Ernennung, der Tod und die Amtsenthebung eines Direktors nach Art 11.4 ESZB-Satzung in Betracht (Einzelheiten bei OMLOR, Geldprivatrecht [2014] 229 f mwNw). **A256**

Der **Präsident** der Europäischen Zentralbank nimmt eine **Sonderstellung** nicht nur innerhalb des Direktoriums, dessen geborenes Mitglied er ist, sondern auch innerhalb der gesamten Europäischen Zentralbank ein (im Einzelnen OMLOR, Geldprivatrecht [2014] 231 f). Ihm erkennen die Verträge nicht nur Repräsentationsfunktionen zu (Art 284 Abs 2, Abs 3 UAbs 1 S 2 AEUV); der Präsident übernimmt auch im technischen Sinne die **Vertretung** der Europäischen Zentralbank **nach außen** (Art 13.2 ESZB-Satzung). In den Beschlussgremien der Europäischen Zentralbank führt er den **Vorsitz** (Art 13.1, 45.1 ESZB-Satzung). Zudem entscheidet seine Stimme bei **Stimmengleichheit** (Art 10.2 UAbs 4 S 2, Art 11.5 S 3 ESZB-Satzung). Von seinen Sonderrechten abgesehen hat auch der Präsident ein reguläres Direktorenamt inne, sodass er insofern mit den gleichen Rechten und Pflichten wie die anderen Direktoren ausgestattet ist. **A257**

In Abgrenzung zum EZB-Rat übernimmt das Direktorium im Wesentlichen **exekutive Funktionen** innerhalb der Europäischen Zentralbank (vgl dazu OMLOR, Geldprivatrecht [2014] 230 f). Explizit in der ESZB-Satzung aufgezählt werden die Führung der laufenden Geschäfte der Europäischen Zentralbank (Art 11.6 ESZB-Satzung), die Durchführung der Geldpolitik nach den Vorgaben des EZB-Rates (Art 12.1 UAbs 2 ESZB-Satzung) und die Vorbereitung der Sitzungen des EZB-Rates (Art 12.2 ESZB-Satzung). Darüber hinaus steht es dem EZB-Rat offen, eigene Befugnisse auf das Direktorium zu transferieren (Art 12.1 UAbs 2 S 3 ESZB-Satzung). Dem EZB-Rat muss jedoch der wesensgebende Kern seiner Aufgaben verbleiben (KRAUSKOPF/STEVEN CML Rev 46 [2009] 1143, 1158; OMLOR, Geldprivatrecht [2014] 231). **A258**

(3) Erweiterter Rat der EZB

Der Erweiterte Rat der Europäischen Zentralbank nimmt eine Koordinierungsaufgabe wahr. Über dieses Gremium wird ein **Informationsaustausch** zwischen den Notenbanken des Euroraums und den Notenbanken der übrigen EU-Mitgliedstaaten **A259** sichergestellt (Omlor, Geldprivatrecht [2014] 232). Auf diese Weise soll mittel- bis langfristig das unter anderem in Art 119 Abs 1 und 2 AEUV angelegte Ziel erreicht werden, dass sich die Teilnahmestaaten im Euroraum und die EU-Mitgliedstaaten vollständig decken. Insofern handelt es beim Erweiterten Rat um ein **transitorisches Organ** der Europäischen Zentralbank (vgl Art 141 Abs 1 AEUV). Am Inhalt des abschließenden Kompetenzkatalogs aus Art 46 ESZB-Satzung zeigt sich die Stellung als Nachfolgeeinrichtung des früheren Rats des Europäischen Währungsinstituts (Omlor, Geldprivatrecht [2014] 233; im Ergebnis ebenso Weinbörner, Die Stellung der Europäischen Zentralbank [EZB] und der nationalen Zentralbanken in der Wirtschafts- und Währungsunion nach dem Vertrag von Maastricht [1998] 409; Krauskopf/Steven CML Rev 46 [2009] 1143, 1155). Der Erweiterte Rat ist zudem mit der **Durchführung des Wechselkursmechanismus II** betraut (vgl Art 16 des Abkommens v 16. 3. 2006 zwischen der Europäischen Zentralbank und den nationalen Zentralbanken der nicht dem Euro-Währungsgebiet angehörenden Mitgliedstaaten über die Funktionsweise eines Wechselkursmechanismus in der dritten Stufe der Wirtschafts- und Währungsunion [ABl EU Nr C 73, 21 v 25. 3. 2006]), der bei einem Beitritt zum Euroraum Auskunft über das Konvergenzkriterium der Wechselkursstabilität nach Art 140 Abs 1 AEUV gibt.

(4) Aufgabenkatalog

A260 Bei der Wahrnehmung der Aufgaben, die Art 127 Abs 2 AEUV dem ESZB insgesamt zuweist, wirkt die Europäische Zentralbank vielfach an entscheidender Stelle mit. Diese zentrale Position folgt nicht zuletzt aus dem Umstand, dass dem ESZB als solchem keine Rechtsfähigkeit zukommt und das Unionsorgan Europäische Zentralbank als sein supranationaler Akteur ausgestaltet ist. Die durch die Blankettzuweisung an das ESZB bezweckte Föderalität wird organisatorisch im EZB-Rat als maßgeblichem Entscheidungsgremium gebündelt. Eine originär und spezifisch der Europäischen Zentralbank zugewiesene Kompetenz liegt hingegen bei der **Europäischen Bankenaufsicht** vor. Im November 2013 wurde durch die Verordnung (EU) Nr 1024/2013 („SSM-Verordnung", Verordnung zur Übertragung besonderer Aufgaben im Zusammenhang mit der Aufsicht über Kreditinstitute auf die Europäische Zentralbank v 15. 11. 2013 [ABl EU Nr L 287, 63 v 29. 10. 2013]) ein **Einheitlicher Aufsichtsmechanismus** (*Single Supervisory Mechanism* – SSM) geschaffen. Organisatorischen sowie abwicklungs- und durchführungstechnischen Details wendet sich konkretisierend die **SSM-Rahmenverordnung** (Verordnung [EU] Nr 468/2014 zur Einrichtung eines Rahmenwerks für die Zusammenarbeit zwischen der Europäischen Zentralbank und den nationalen zuständigen Behörden und den nationalen benannten Behörden innerhalb des einheitlichen Aufsichtsmechanismus v 16. 4. 2014 [ABl EU Nr L 141, 1 v 14. 5. 2014]) zu. Sowohl die Europäische Zentralbank als auch die nationalen Bankenaufsichtsbehörden bilden gemeinsam den Einheitlichen Aufsichtsmechanismus. Die Europäischen Zentralbank trägt jedoch dafür Sorge, dass der Aufsichtsmechanismus „wirksam und einheitlich funktioniert" (Art 6 Abs 1 S 2 Verordnung [EU] Nr 1024/2013). Hierzu wendet sie nach Art 4 Abs 3 UAbs 1 SSM-Verordnung nicht nur unionales Bankenaufsichtsrecht, sondern auch mitgliedstaatliches an, sofern es auf Sekundärrecht beruht (ablehnend Peuker JZ 2014, 764, 767 ff). Zudem übernimmt die Europäische Zentralbank die Aufsicht über Kreditinstitute, Finanzholdinggesellschaften und gemischte Finanzholdinggesellschaften, die „nicht weniger bedeutend" iSv Art 6 Abs 4 UAbs 2 Verordnung (EU) Nr 1024/2013 sind; dies ist insbesondere der Fall, wenn eines der folgenden Kriterien erfüllt ist:

„i) der Gesamtwert der Aktiva übersteigt 30 Mrd. EUR,

ii) das Verhältnis der gesamten Aktiva zum BIP des teilnehmenden Mitgliedstaats der Niederlassung übersteigt 20 %, es sei denn, der Gesamtwert der Aktiva liegt unter 5 Mrd. EUR,

iii) nach der Anzeige der nationalen zuständigen Behörde, dass sie ein solches Institut als bedeutend für die betreffende Volkswirtschaft betrachtet, fasst die EZB nach einer umfassenden Bewertung, einschließlich einer Bilanzbewertung, des betreffenden Kreditinstituts ihrerseits einen Beschluss, der diese Bedeutung bestätigt."

Die SSM-Verordnung beruht auf der **Ermächtigungsgrundlage des Art 127 Abs 6 AEUV**, die sich nochmals wiederholend in Art 25.2 ESZB-Satzung findet. Entgegen teilweise geäußerter Bedenken (KÄMMERER NVwZ 2013, 830, 834 f; SACARCELIK BKR 2013, 353, 356 f; zurückhaltend auch BRANDI/GIESELER BB 2012, 2646, 2650; offen WOLFERS/VOLAND BKR 2014, 177, 180 f) bestehen **keine kompetenziellen Bedenken** gegen die Europäische Bankenaufsicht in der durch die SSM-Verordnung gefundenen Gestalt (CEYSSENS NJW 2013, 3704, 3706; OMLOR, Geldprivatrecht [2014] 240 und 253). In der Tat trüge Art 127 Abs 6 AEUV keine vollständige Übertragung der Bankenaufsicht auf die europäische Ebene (SMITS, The European Central Bank [1997] 356; GEERLINGS DÖV 2003, 322, 328; BRANDI/GIESELER BB 2012, 2646, 2650; HERDEGEN WM 2012, 1889, 1892; DINOV EuR 2013, 593, 603 f; KÄMMERER NVwZ 2013, 830, 832 ff). Allerdings dürfen die „besonderen Aufgaben" im Sinne dieser Vorschrift entgegen deren Teleologie auch nicht zu eng interpretiert werden. Namentlich lässt sich der Bestimmung nicht entnehmen, der – wie auch immer geartete – „Schwerpunkt" der Aufsicht müsse bei den mitgliedstaatlichen Behörden verbleiben (CEYSSENS NJW 2013, 3704, 3706; aA KÄMMERER NVwZ 2013, 830, 834). Der nationalen Ebene werden durch diese Formulierung des Primärrechts terminologisch die „allgemeinen Aufgaben" der Bankenaufsicht vorbehalten. Damit steht die Konzeption der SSM-Verordnung im Einklang, der Europäischen Zentralbank auch im Lichte des **Subsidiaritätsprinzips** die ausschließliche Zuständigkeit für Banken „mit EU-Relevanz" (OMLOR, Geldprivatrecht [2014] 240) zuzuerkennen und die übrigen Institute in der Kompetenz der Mitgliedstaaten zu belassen. A261

Die **Unabhängigkeit** der Europäischen Zentralbank umfasst **auch** ihre Mitwirkung an der **Bankenaufsicht** (DINOV EuR 2013, 593, 606). Primärrechtlich zeigt sich deren Einbeziehung an der offenen Fassung von Art 282 Abs 3 S 3 AEUV („in der Ausübung ihrer Befugnisse ... unabhängig") als auch in der systematischen Verbindung der Kompetenzgrundlage aus Art 127 Abs 6 AEUV und der Unabhängigkeitsgarantie in Art 130 AEUV. Sekundärrechtlich bestätigt Art 19 Abs 1 und 2 SSM-Verordnung diesen primärrechtlichen Befund, indem sowohl der Europäischen Zentralbank bei der Wahrnehmung ihrer Befugnisse aus der SSM-Verordnung als auch den am Einheitlichen Aufsichtsmechanismus beteiligten nationalen Behörden die Unabhängigkeit von anderen Stellen der Union und der Mitgliedstaaten zugesprochen wird. Unter Verweis auf das Erfordernis einer **demokratischen Legitimation und Kontrolle** (vgl Art 2 S 1, 10 Abs 1 EUV) ist die Zulässigkeit einer solchen Abkopplung der Bankenaufsicht von Exekutive und Parlament bezweifelt worden (DINOV EuR 2013, 593, 606; WOLFERS/VOLAND BKR 2014, 177, 181 ff). In der Tat lässt sich die erforderliche Legitimationskette von den Unionsbürgern zu den Entscheidungsträgern der Bankenaufsicht lediglich abgeschwächt über den einmaligen Akt der Personalauswahl bilden (WOL- A262

FERS/VOLAND BKR 2014, 177, 183). Auch fehlt es an der materiellen Rechtfertigung für die Unabhängigkeit, wie sie im Bereich der Geldpolitik aus dem Ziel der Sicherung der Preisstabilität folgt (WOLFERS/VOLAND BKR 2014, 177, 184 f). Jedoch folgt aus Art 130, 282 Abs 3 S 3 AEUV eine **formale Rechtfertigung** der Unabhängigkeit auch im Bereich der Bankenaufsicht. Der Wortlaut des Art 130 S 1 AEUV, der von einer Aufgabenübertragung „durch die Verträge" spricht, darf nicht in der Gestalt verengt werden, dass Fälle einer konstitutiven Zwischenschaltung eines Sekundärrechtsakts wie in Art 127 Abs 6 AEUV nicht mehr erfasst wären (**aA** HÄDE, in: CALLIESS/RUFFERT [Hrsg], EUV/AEUV [5. Aufl 2016] Art 127 Rn 61). Die Verträge selbst benennen in Art 127 Abs 6 AEUV die Bankenaufsicht als „besondere Aufgabe" der Europäischen Zentralbank. Eine Verknüpfung der Unabhängigkeit allein mit der Geldpolitik, wie es in Art 88 S 2 GG erfolgt, besteht nicht. Zudem kommt Art 282 Abs 3 S 3 AEUV gänzlich ohne Einschränkungen zur sachlichen Reichweite der Zentralbankunabhängigkeit aus. Inwieweit die deutsche Verfassung eine solche Durchbrechung des Demokratieprinzips zulässt, ist für die Auslegung von Art 130, 282 Abs 3 S 3 AEUV unerheblich. Die Ebene des deutschen Verfassungsrechts bedarf daher einer argumentativen Trennung von der Ebene des Unionsrechts (zu ungenau daher WOLFERS/VOLAND BKR 2014, 177, 182 ff). **Nicht berührt** wird **Art 88 S 2 GG**, da sich dessen Legitimationsfunktion nur auf die Übertragung solcher Aufgaben der Deutschen Bundesbank bezieht, die sie als „Währungs- und Notenbank" (Art 88 S 1 GG) wahrnimmt; darunter fällt nicht die bankenaufsichtsrechtliche Tätigkeit. Als **Prüfungsmaßstab** erscheint vielmehr **Art 23 Abs 1 S 1 GG**, wonach die Bundesrepublik nur an einer demokratischen Union mitwirken darf. Zumindest nach der bisherigen Rechtsprechung des Bundesverfassungsgerichts erscheint es fraglich, ob die Zentralbankunabhängigkeit aus der Perspektive des Grundgesetzes auch die Bankenaufsicht umfassen darf (BVerfG 14. 1. 2014 – 2 BvR 2728/13 Rn 59, BVerfGE 134, 366, 399 = NJW 2014, 907: „... verfassungsrechtliche Billigung der Unabhängigkeit einer EZB ist jedoch auf den Bereich einer vorrangig stabilitätsorientierten Geldpolitik beschränkt und lässt sich auf andere Politikbereiche nicht übertragen ...").

A263 Nicht in den Aufgabenkatalog der Europäischen Zentralbank fällt mit dem **Einheitlichen Bankenabwicklungsmechanismus** (*Single Resolution Mechanism* – SRM) eine zentrale Säule der Bankenunion. Der SRM stützt sich auf zwei Sekundärrechtsakte: die Richtlinie 2014/59/EU (Richtlinie zur Festlegung eines Rahmens für die Sanierung und Abwicklung von Kreditinstituten und Wertpapierfirmen v 15. 5. 2014 [ABl EU Nr L 173, 190 v 12. 6. 2014], zuletzt geändert durch Richtlinie [EU] 2019/2162 v 27. 11. 2019 [ABl EU Nr L 328, 29 v 18. 12. 2019]) und die darauf aufbauende SRM-Verordnung (EU) Nr 806/2014 (Verordnung zur Festlegung einheitlicher Vorschriften und eines einheitlichen Verfahrens für die Abwicklung von Kreditinstituten und bestimmten Wertpapierfirmen im Rahmen eines einheitlichen Abwicklungsmechanismus und eines einheitlichen Abwicklungsfonds v 15. 7. 2014 [ABl EU Nr L 225, 1 v 30. 7. 2014]). Die Gestaltungsmacht für die Umsetzung des Bankenabwicklungsmechanismus nimmt der **rechtsfähige Ausschuss mit Sitz in Brüssel** wahr, der sich personell – ähnlich wie der EZB-Rat – aus einigen unionalen und einer Mehrheit von mitgliedstaatlichen Vertretern zusammensetzt (Einzelheiten bei WOJCIK/CEYSSENS EuZW 2014, 893, 894 f). Die Europäische Zentralbank wirkt lediglich **beratend** an den Sitzungen des Ausschusses mit (Art 43 Abs 3 Verordnung [EU] Nr 806/2014). Über das Jahresarbeitsprogramm des Ausschusses wird sie in Kenntnis gesetzt (Art 50 Abs 1 lit a Verordnung [EU] Nr 806/2014). Im Übrigen stehen der Europäischen Zentralbank vor allem **Anhörungsrechte** zu (zB Art 8 Abs 2, Art 10 Abs 1 und 7, Art 12 Abs 1 Verordnung [EU] Nr 806/2014).

cc) Die Deutsche Bundesbank
(1) Organisationsverfassung
In partieller Abkehr vom Zentralbanksystem der Bank deutscher Länder errichtete die Bundesrepublik zum 1. 8. 1957 auf Grundlage von Art 88 GG aF mit der Deutschen Bundesbank eine **Bank des Bundes**. Zwar blieben die Landeszentralbanken als rechtsfähige und selbständige Einheiten bestehen, die über den Zentralbankrat an der Geldpolitik mitwirkten. Jedoch ist der Bund der alleinige Anteilseigner der Bundesbank (§ 2 S 2 BBankG), worin auch ein bedeutender **Strukturunterschied zur Europäischen Zentralbank** liegt, an deren Kapital die Europäische Union nicht beteiligt ist. Die Deutsche Bundesbank hat die Stellung einer obersten Bundesbehörde (§ 29 Abs 1 S 1 BBankG). Sie ist eine **bundesunmittelbare juristische Person** (§ 2 S 1 BBankG) und eine atypische Anstalt des öffentlichen Rechts (FÖGEN, Geld- und Währungsrecht [1969] 103). A264

Die Deutsche Bundesbank verfügt seit ihrer Organisationsreform im Zuge der Euro-Einführung nur noch über ihren **Vorstand als einziges Organ** (§ 7 Abs 1 S 1 BBankG). Als **oberstes Leitungsgremium** entscheidet er über die Geschäftspolitik der Bundesbank und vertritt sie nach außen (§ 11 Abs 1 S 1 BBankG). Über einen Zentralbankrat verfügt die Bundesbank nicht mehr, da die Kompetenz zur Ausübung der Geldpolitik mittlerweile dem ESZB zukommt. Daran wirkt sie über ihren **Präsidenten im EZB-Rat** mit. Die sechs Mitglieder des Vorstands werden hälftig von der Bundesregierung (Präsident, Vizepräsident und ein weiteres Mitglied) und dem Bundesrat bestimmt (§ 7 Abs 3 BBankG). Vage Vorgaben zur Qualifikation, die lediglich zum Ausschluss von Evidenzfällen taugen, stellt § 7 Abs 2 S 2 BBankG auf (OMLOR, Geldprivatrecht [2014] 246). A265

(2) Unabhängigkeit
Die Bundesbank genießt eine Unabhängigkeit gegenüber äußeren Einflussnahmen (zur Rechtslage vor der Euro-Einführung grundlegend UHLENBRUCK, Die verfassungsmäßige Unabhängigkeit der Deutschen Bundesbank und ihre Grenzen [1968]; LAMPE, Die Unabhängigkeit der Deutschen Bundesbank [2. Aufl 1971]; ISSING, in: FS Fritz Voigt [1975] 365; BONIN, Zentralbanken zwischen funktioneller Unabhängigkeit und politischer Autonomie [1979]), die eine mehrschichtige Kodifizierung erfahren hat. Soweit sie Aufgaben wahrnimmt, die ihr vom unionalen Primärrecht (AEUV und ESZB-Satzung) übertragen werden, basiert ihr Schutz unmittelbar auf **Art 130 AEUV und Art 7 ESZB-Satzung**. Unabhängigkeitsgewährleistungen in den Rechtsordnungen der Mitgliedstaaten werden hiervon im Sinne eines Anwendungsvorrangs im Kollisionsfall überlagert. Außerhalb des Regelungsbereichs von Art 130 AEUV gründet die Unabhängigkeit der Deutschen Bundesbank in **Art 88 GG**, während es sich bei § 12 S 1 BBankG lediglich um eine teilweise klarstellende Wiederholung handelt (UHLENBRUCK, Die verfassungsmäßige Unabhängigkeit der Deutschen Bundesbank und ihre Grenzen [1968] 24 ff; HERDEGEN, in: MAUNZ/DÜRIG, Grundgesetz [2020] Art 88 Rn 62 f; OMLOR, Geldprivatrecht [2014] 247 f; wohl auch BVerfG 3. 11. 1982 – 1 BvR 210/79, BVerfGE 62, 169, 183; **aA** BVerwG 29. 1. 1973 – I C 38/68, BVerwGE 41, 334, 354 ff; SODAN NJW 1999, 1521; GEERLINGS DÖV 2003, 322, 323; MANGER-NESTLER, Par(s) inter pares? [2008] 39 f; für eine vorkonstitutionelle Verfassungsgarantie BT-Drucks II/2781, 24 f). Der Verfassungsrang der Unabhängigkeitsgewährleistung korrespondiert normhierarchisch mit dem durch die A266

unabhängige Notenbank zu sichernden Verfassungsgut Geldwertstabilität (HERDEGEN, in: MAUNZ/DÜRIG, Grundgesetz [2020] Art 88 Rn 63). Der deutsche Gesetzgeber vermag daher in die innerstaatliche Garantie der Zentralbankunabhängigkeit nur unter Beachtung von Art 79 Abs 1 und 2 GG einzugreifen.

A267 Ähnlich wie die Unabhängigkeit des ESZB (s o Rn A213 ff) lässt sich die Unabhängigkeit der Deutschen Bundesbank nach vier Aspekten aufteilen. Die **institutionelle Unabhängigkeit** zeigt sich in der Erhebung der Unabhängigkeitsgarantie in Verfassungsrang sowie in der Zuerkennung einer eigenen Rechtspersönlichkeit (§ 2 S 1 BBankG) und eines eigenen Aufgabenkatalogs (Mitwirkung im ESZB, §§ 14 ff BBankG). Die Stellung der Mitglieder im Vorstand der Bundesbank reflektiert die **persönliche Unabhängigkeit**. Diese erfährt Schutz durch die Freiheit von Weisungen, die lange Amtszeit von typischerweise acht Jahren (§ 7 Abs 3 S 5 BBankG) sowie die regelmäßige Unabrufbarkeit der Vorstandsmitglieder (vgl BT-Drucks II/3603, 5; zu Grund und Grenze der Unabrufbarkeit vgl HÄDE WM 2005, 205 ff mit kritischer Erwiderung von KRAUSKOPF/FREIMUTH WM 2005, 1297 ff). Den primärrechtlichen Rahmen für die persönliche Unabhängigkeit innerhalb der Bundesbank legt Art 14.2 ESZB-Satzung fest. Die fehlende Bindung der Bundesbank an Weisungen ist Ausdruck ihrer **materiellen (funktionellen) Unabhängigkeit**. Damit unterliegt sie auch keiner Rechts- oder Fachaufsicht (HERDEGEN, in: MAUNZ/DÜRIG, Grundgesetz [2020] Art 88 Rn 65). Durch die finanzielle (vermögensrechtliche) Unabhängigkeit soll ausgeschlossen werden, dass die materielle Unabhängigkeit durch Finanzierungsvorbehalte ausgehöhlt wird. Die Bundesbank finanziert sich namentlich durch die Einbehaltung eines Teils ihrer Gewinne in einer Rücklage nach § 27 Nr 1 BBankG.

A268 Hinsichtlich ihres Anwendungsbereichs zeichnet die Unabhängigkeit der Deutschen Bundesbank eine funktions- und aufgabenakzessorische **Begrenzung auf die Ausübung ihrer geld- und währungspolitischen Befugnisse** aus (OMLOR, Geldprivatrecht [2014] 248). Einfach-gesetzlich spiegelt sich diese sachliche Reichweite in § 12 S 1 BBankG wider, wonach die Unabhängigkeit der Bundesbank nur bei „Ausübung der Befugnisse, die ihr nach diesem Gesetz zustehen", gewährt wird. Die **Unterstützung der Wirtschaftspolitik** der Bundesregierung stellt § 12 S 2 BBankG ausdrücklich unter den Vorbehalt der Europarechtskonformität, womit der in Art 119 Abs 2, 127 Abs 1 AEUV angeordnete Vorrang der Preisstabilität in Bezug genommen ist.

(3) Einbindung in das ESZB

A269 Im Hinblick auf die **Geld- und Währungspolitik** stehen der Bundesbank lediglich **Durchführungs- und Mitwirkungskompetenzen** innerhalb des ESZB zu (MANGER-NESTLER EuR 2008, 577, 585 f; OMLOR, Geldprivatrecht [2014] 249 f). Gestaltungsmacht vermag sie lediglich vermittelt über ihren Präsidenten als geborenes Mitglied des EZB-Rates auszuüben. Dem föderalen Ansatz dieses Beschlussgremiums folgend, kommt dessen Stimme jedoch das gleiche Gewicht wie den Stimmen aller anderen nationalen Notenbankpräsidenten zu. Im Rahmen des seit dem 1. 1. 2015 eingeführten Rotationsverfahrens nach Art 10.2 ESZB-Satzung entfällt jedoch selbst dieses Mitwirkungsrecht zeitweise. Demgegenüber führt die Bundesbank als nationale Zentralbank im ESZB dessen Geldpolitik gemäß den Leitlinien und Weisungen der Europäischen Zentralbank (Art 14.3 S 1 ESZB-Satzung) aus. Deren Einhaltung kann durch die Europäische Zentralbank notfalls auch gerichtlich vor dem Gerichtshof erzwungen werden (Art 35.6 ESZB-Satzung).

Titel 1
Verpflichtung zur Leistung   Vorbem zu §§ 244–248

Der Bundesbank kommt die Zuständigkeit zur **Ausgabe der Euro-Banknoten** zu (OM-   **A270** LOR, Geldprivatrecht [2014] 253 f). Entgegen der missverständlichen Formulierung in Art 128 Abs 1 S 2 AEUV findet praktisch keine zentralisierte Emission durch die Europäische Zentralbank, sondern eine dezentrale durch die nationalen Notenbanken im Euroraum statt (HEUN JZ 1998, 866, 869; SEILER EuR 2004, 52, 68). Deklaratorisch stellt § 14 Abs 1 S 1 BBankG die Zuständigkeit der Bundesbank für die Notenausgabe in Deutschland klar. Demgegenüber verfügen die Mitgliedstaaten über das **Emissionsrecht in Bezug auf Euro-Münzen** (Art 128 Abs 2 S 1 AEUV), wofür innerstaatlich die Zuständigkeit der Bundesregierung zugewiesen ist (§ 1 MünzG). Die Bundesbank führt lediglich die Echtheitskontrolle von Münzen durch (§ 7a MünzG iVm Art 6 Verordnung [EU] Nr 1210/2010; für Rechnung des Bundes bringt sie die Münzen in Verkehr (§ 7 Abs 1 MünzG) und zieht nicht mehr umlauffähige Münzen wieder ein (§ 8 MünzG).

Trotz der Verlagerung weitreichender Kompetenzen zur Bankenaufsicht auf die Uni-   **A271** onsebene wirkt die Bundesbank weiterhin nach § 7 KWG an der deutschen **Bankenaufsicht** mit (zu Einzelheiten vgl HÄDE JZ 2001, 105 ff; HAGEMEISTER WM 2002, 1773, 1779 f; GEERLINGS DÖV 2003, 322, 326 ff). Diese Einbeziehung der Notenbank prägt die Geschichte der deutschen Bankenaufsicht und des Notenbankwesens in einer solchen Weise, dass sie Teil des „vorverfassungsmäßige[n] Bild[es] der deutschen Währungs- und Notenbank" (BVerfG 24. 7. 1962 – 2 BvF 4/61, BVerfGE 14, 197, 216) geworden ist. In der Folge legitimiert Art 88 S 1 GG als *lex specialis* diese Zuständigkeitsverteilung, ohne dass ein Verstoß gegen Art 87 Abs 3 GG vorliegt (BVerfG 24. 7. 1962 – 2 BvF 4/61, BVerfGE 14, 197, 215 ff; HIRDINA BKR 2001, 135, 137 f). Ohne Relevanz für die Mitwirkung der Bundesbank an der deutschen Bankenaufsicht – einer „andere[n] … Aufgabe" der nationalen Zentralbanken iSv Art 14.4 ESZB-Satzung – ist hingegen Art 127 Abs 6 AEUV (OMLOR, Geldprivatrecht [2014] 253; **aA** HIRDINA BKR 2001, 135, 138 f).

Die Bundesbank verwaltet innerhalb des ESZB nicht nur einen Teil der **Währungs-**   **A272** **reserven** der Europäischen Zentralbank (vgl Erwägungsgrund 2 der Leitlinie 2008/596/EG über die Verwaltung von Währungsreserven der Europäischen Zentralbank durch die nationalen Zentralbanken sowie über die Rechtsdokumentation bei Geschäften mit diesen Währungsreserven v 20. 6. 2008 [ABl EU Nr L 192, 63 v 19. 7. 2008], zuletzt geändert durch Richtlinie [EU] 2019/2162 v 27. 11. 2019 [ABl EU Nr L 328, 29 v 18. 12. 2019]), sondern auch diejenigen der Bundesrepublik Deutschland (§ 3 S 2 BBankG). Den nationalen Zentralbanken im Euroraum hat die Europäische Zentralbank nach Art 9.2 und 12.1 ESZB-Satzung die Verwaltung ihrer Währungsreserven übertragen. Jedoch lässt es Art 31.2 ESZB-Satzung zu, dass die nationalen Zentralbanken eigene Währungsreserven halten, soweit dadurch nicht ein Konflikt mit der supranationalen Wechselkurs- und Währungspolitik begründet wird.

(4) Internationale Währungseinrichtungen
Die Beteiligung der Deutschen Bundesbank an internationalen Währungseinrichtun-   **A273** gen unterliegt zwei Schranken. Erstens bedarf es unionsrechtlich der **Zustimmung der Europäischen Zentralbank** nach Art 6.2 ESZB-Satzung; zweitens muss innerstaatlich noch eine **Zustimmung der Bundesregierung** nach § 4 BBankG hinzutreten, soweit nicht die Bank für Internationalen Zahlungsausgleich (BIZ) mit Sitz in Basel betroffen ist. Die Bundesbank ist unter anderem Mitglied im **Finanzstabilitätsrat** (*Financial Stability Board* – FSB), der auf Beschluss der G20-Staaten eingerichtet wurde.

(5) Förderung des Zahlungsverkehrs

A274 Den nationalen und transnationalen Zahlungsverkehr fördert die Deutsche Bundesbank, indem sie als nationale Zentralbank des Euroraums der **zweiten Strukturebene von TARGET2** angehört. Damit übt sie eine entsprechende Zuständigkeit des ESZB aus Art 127 Abs 2 4. Spiegelstrich AEUV aus, die für die Deutsche Bundesbank deklaratorisch nochmals in § 3 S 2 BBankG aufgeführt ist. Die Bundesbank stellt den deutschen Ableger **„TARGET2-Bundesbank"** zur Verfügung, um Euro-Individualzahlungen in Echtzeit abwickeln zu können. Zudem stellt die Bundesbank mit ihrem Elektronischen Massenzahlungsverkehr (EMZ) eine komplementäre Clearingeinrichtung den Banken zur Verfügung, um nicht eilbedürftige Zahlungen kostengünstig abzuwickeln. Schließlich ist die Deutsche Bundesbank neben der *Banque de France*, der *Banca d'Italia* und der *Banco de España* eine der nationalen Zentralbanken des Euroraums, die für die Entwicklung und den Betrieb (seit Juni 2015) einer einheitlichen Abwicklungsplattform für Wertpapiere in Zentralbankgeld (**TARGET2-Securities** – T2 S) zuständig sind. Als Grundlage dient die einheitliche Plattform (SSP) von TARGET2.

e) Rechtsschutz

A275 Die Beachtung der primärrechtlichen Grundpfeiler der unionalen Währungsverfassung – vor allem das normative Leitmotiv der Preisstabilität – durch die Akteure im ESZB lassen sich vor der supranationalen Gerichtsbarkeit nur sehr eingeschränkt durchsetzen. **Individualklagen** scheitern regelmäßig bereits auf der Zulässigkeitsebene, während der Begründetheit von **Klagen der privilegiert Klageberechtigten** in vielen Konstellationen das weite Ermessen der Europäischen Zentralbank im Bereich der Geldpolitik entgegensteht. Grundsätzlich kann jedoch **gegen die Europäische Zentralbank** als rechtsfähigem Organ der Union (Art 13 Abs 1 UAbs 2 EUV, Art 282 Abs 3 S 1 AEUV) gerichtlicher Rechtsschutz gesucht werden. Zu differenzieren hinsichtlich der Erfolgsaussichten je nach Klagegegenstand und -art (ausführlich OMLOR, Geldprivatrecht [2014] 200 ff mwNw).

aa) Rechtsschutz gegen die EZB
(1) Nichtigkeitsklage

A276 Mit der Nichtigkeitsklage können Verordnungen und Beschlüsse (Art 132 Abs 1 1. und 2. Spiegelstrich AEUV) einschließlich korrespondierender Umsetzungshandlungen (hierzu KERBER/STÄDTER EuZW 2011, 536, 538 f), grundsätzlich aber keine Empfehlungen und Stellungnahmen (Art 132 Abs 1 3. Spiegelstrich AEUV) der Europäischen Zentralbank angegriffen werden (OMLOR, Geldprivatrecht [2014] 201 f mwNw). Als Handlungsform für geldpolitische Maßnahmen gelangt nur in Ausnahmefälle die **Verordnung** (zB in den Fällen von Art 19.1 S 2 und Art 22 ESZB-Satzung), zumeist aber der **Beschluss** zum Einsatz. Der EZB-Rat legt nicht nur die Leitzinsen des ESZB in Beschlussform fest (Art 12.1 ESZB-Satzung), sondern trifft auf diese Weise auch sonstige Grundentscheidungen der Geldpolitik. Im Kontext der Finanz- und Wirtschaftskrise sind folgende Beschlüsse stellvertretend hervorzuheben:

– Beschluss 2011/744/EU über die Umsetzung des zweiten Programms zum Ankauf gedeckter Schuldverschreibungen v 3. 11. 2011 (ABl EU Nr L 297, 70 v 16. 11. 2011),

– Beschluss 2013/169/EU über die Regelungen bezüglich der Verwendung von ungedeckten staatlich garantierten Bankschuldverschreibungen zur Eigennutzung als Sicherheit für geldpolitischer Operationen des Eurosystems v 20. 3. 2013 (ABl EU Nr L 95, 22 v 5. 4. 2013),

– Beschluss 2013/645/EU über zusätzliche Maßnahmen hinsichtlich der Refinanzierungsgeschäfte des Eurosystems und der Notenbankfähigkeit von Sicherheiten v 26. 9. 2013 (ABl EU Nr L 301, 6 v 12. 11. 2013),

– Beschluss 2014/541/EU über Maßnahmen im Zusammenhang mit gezielten längerfristigen Refinanzierungsgeschäften v 29. 7. 2014 (ABl EU Nr L 258, 11 v 29. 8. 2014),

– Beschluss (EU) 2016/810 über eine zweite Reihe gezielter längerfristiger Refinanzierungsgeschäfte v 28. 4. 2016 (ABl EU Nr L 132, 107 v 21. 5. 2016).

Die **aktive Parteifähigkeit** steht im Ergebnis ausschließlich den privilegiert Klageberechtigten iSv Art 263 Abs 2 AEUV zu (OMLOR, Geldprivatrecht [2014] 202 ff mwNw). Auch wenn von einem zutreffend weiten Verständnis der individuellen Betroffen nach Art 263 Abs 4 AEUV ausgegangen wird (EuG 3. 5. 2002 – Rs T-177/01 [*Jégo-Quéré/ Kommission*] ECLI:EU:T:2002:112, Rn 51; Schlussantrag des Generalanwalts Jacobs v 21. 3. 2002 – Rs C-50/00 *Unión de Pequeños Agricultores/Rat*, Slg 2002 S 6677 Rn 60; CALLIESS NJW 2002, 3577, 3581; OMLOR, Geldprivatrecht [2014] 203 f; **aA** EuGH 15. 7. 1963 – Rs C-25/62 [*Plaumann & Co/ Kommission*] ECLI:EU:C:1963:17, S 213; EuGH 25. 7. 2002 – Rs C-50/00 [*Unión de Pequeños Agricultores/Rat*] ECLI:EU:C:2002:462, Rn 36; EuGH 5. 11. 2019 – C-663/17 P, C-665/17 P und C-669/17 P [*EZB/Trasta Komercbanka AS ua*], ECLI:EU:C:2019:923, Rn 103; EuGH 3. 12. 2019 – C-414/18 [*Iccrea Banca SpA/Banca d'Italia*], ECLI:EU:C:2019:1036, Rn 66; EuG 4. 6. 2012 – T-381/11 [*Eurofer/Kommission*] ECLI:EU:T:2012:273, Rn 30), lässt sich kaum belegen, dass gerade der angegriffene Beschluss ursächlich für eine inflationäre Entwicklung war (ebenso ENDLER, Europäische Zentralbank und Preisstabilität [1998] 515; ähnlich EuG 10. 12. 2013 – Rs T-492/12 [*Sven A von Storch ua/EZB*] ECLI:EU:T:2013:702, Rn 41). **A277**

Die auf eine **objektive Rechtmäßigkeitskontrolle** ausgerichtete **Begründetheitsprüfung** bei der Nichtigkeitsklage führt zu einem Klageerfolg, soweit die angegriffene Maßnahme der Europäischen Zentralbank gegen Bestimmungen des Primärrechts (insbesondere AEUV, Charta der Grundrechte) verstößt. Hinsichtlich des vorrangigen Ziels der **Preisstabilität** bedarf es einer **hinreichenden Evidenz des Verstoßes** (HOPPE, Der Rechtsschutz gegen Akte der Währungspolitik [1994] 212; OMLOR, Geldprivatrecht [2014] 206 f; ähnlich SESTER RIW 2013, 451, 455: „ernsthaft drohende Gefahr"), da der Europäischen Zentralbank ein – gerichtlicher Kontrolle zugänglicher – **geldpolitischer Ermessensspielraum** zukommt. Hinzu tritt die Prognoseunsicherheit hinsichtlich zukünftiger Inflationsszenarien, die als Folge der angegriffenen Geldpolitik eintreten sollen (vgl dazu ENDLER, Europäische Zentralbank und Preisstabilität [1998] 515; zustimmend SCHÜTZ EuR 2001, 291, 303). Ohne Einbeziehung eines Ermessensspielraums und von besonderen Kausalitätshürden lassen sich Verstöße gegen das **Verbot monetärer Haushaltsfinanzierung** und die **Unabhängigkeit** der Europäischen Zentralbank, die nicht zu ihrer eigenen Disposition steht, rügen. Ob sich in der **Rechtsfolge die erga omnes wirkende Nichtigkeitsanordnung** auch auf die Vergangenheit erstreckt (*ex tunc*) oder nach Art 264 Abs 2 AEUV auf die Zukunft beschränkt (*ex nunc*), ist im Lichte der EuGH-Judikatur (EuGH 30. 9. 2003 – Rs C-239/01 [*Bundesrepublik Deutschland/Kommission*] ECLI:EU: C:2003:514, Rn 78; EuGH 22. 12. 2008 – Rs C-333/07 [*Régie Networks*] ECLI:EU:C:2008:764, **A278**

(2) Untätigkeitsklage

A279 Wegen der vielfältigen Ursachen von Inflation und ihrer häufig unmöglichen Zurückführbarkeit auf eine konkrete Maßnahme der Europäischen Zentralbank bietet sich für die prozessuale Geltendmachung der Pflicht zur vorrangigen Gewährleistung von Preisstabilität (Art 127 Abs 1 S 1 AEUV) die Untätigkeitsklage an. Eine Subsidiarität zur Nichtigkeitsklage liegt – anders als bei der Rüge einer Verletzung des Verbots zur monetären Haushaltsfinanzierung und der Pflicht zur Unabhängigkeit – nicht vor, da es an effektiv angreifbaren Handlungen fehlt und der Schwerpunkt im Unterlassen zu verorten ist (ENDLER, Europäische Zentralbank und Preisstabilität [1998] 516). Ein aus Art 127 Abs 1 S 1 AEUV folgender tauglicher Klagegegenstand (zB Unterlassen von Maßnahmen zur Sicherung der Preisstabilität, vgl SCHÜTZ EuR 2001, 291, 303) kann allerdings **nur von den privilegiert Klageberechtigten**, nicht hingegen von Individuen vorgebracht werden (OMLOR, Geldprivatrecht [2014] 210 f). Die **Begründetheit** einer solchen Untätigkeitsklage setzt ein **vertragswidriges Unterlassen** der Europäischen Zentralbank voraus; dieses kann aus einem Verstoß gegen die aus Art 127 Abs 1 S 1 iVm Abs 2 1. Spiegelstrich AEUV resultierende Handlungspflicht folgen. Bei deren Ausübung steht der Europäischen Zentralbank ein **geldpolitisches Ermessen** zu. Hinsichtlich des Maßes der Preisstabilität hat die Europäische Zentralbank ihr Ermessen bereits ausgeübt und als eine Inflationsrate nach dem HVPI von unter, aber nahe 2 % konkretisiert (EZB, Jahresbericht 2013, 13, 284; vgl auch EZB, Monatsbericht Januar 1999, 50). Die gerichtliche Überprüfung der Ermessensausübung im Übrigen beschränkt sich nicht auf eine bloße Willkürkontrolle, sondern setzt bereits bei einem **hinreichend evidenten Verstoß** an (OMLOR, Geldprivatrecht [2014] 213; ähnlich SESTER RIW 2013, 451, 455; zu eng demgegenüber HOPPE, Der Rechtsschutz gegen Akte der Währungspolitik [1994] 223).

bb) Rechtsschutz zugunsten der EZB

A280 Auch der Europäischen Zentralbank steht in bestimmten Fällen der Rechtsweg zur supranationalen Gerichtsbarkeit offen. Auf eine **Nichtigkeitsklage** vermag sie als teilprivilegierte Klägerin nur zurückgreifen, sofern sie die Verletzung eigener Rechte geltend macht (OMLOR, Geldprivatrecht [2014] 215 f; vgl zum Maßstab EuGH 2. 3. 1994 – Rs C-316/91 [*Parlament/Rat*] ECLI:EU:C:1994:76, Rn 12 mwNw). Eine **Untätigkeitsklage** hingegen kann sie als privilegierte Klägerin auch dann erheben, wenn ihr Zuständigkeits- und Kompetenzbereich nicht betroffen ist (vgl zur Rechtslage vor dem Vertrag von Lissabon GAISER EuR 2002, 517, 520). Als „Hüterin der Europäischen Währungsverfassung" (WEBER WM 1998, 1465, 1466) tritt die Europäische Zentralbank auf, wenn sie nach Art 271 lit d AEUV iVm Art 35.6 ESZB-Satzung eine **Aufsichtsklage** gegen eine nationale Notenbank erhebt. Dabei nimmt sie die Rolle der Kommission als „Wächterin der Verträge" hinsichtlich der Wahrung der supranationalen Währungsverfassung wahr. Das spezifische Klageverfahren nach Art 271 lit d AEUV sperrt in seinem Anwendungsbereich das allgemeinere Vertragsverletzungsverfahren nach Art 258 AEUV (GAISER EuR 2002, 517, 523; OMLOR, Geldprivatrecht [2014] 218 f). Mit der Aufsichtsklage verwandt ist die Klage wegen der **Entlassung eines nationalen Notenbankpräsidenten** gemäß Art 14.2 S 3 ESZB-Satzung. Auf diesem Wege soll deren persönliche Unabhängigkeit abgesichert werden.

B. Allgemeiner Teil des Geldschuldrechts

Schrifttum (zu Teil B)

Andrae, Die privatrechtliche Natur der Briefmarke (1933)
Barnert, Kreditkartengeschäft und AGB-Kontrolle, WM 2003, 1153
Bauer/Diller, Der EURO – auch ein arbeitsrechtliches Problem!, NZA 1997, 737
Beck, Bitcoins als Geld im Rechtssinne, NJW 2015, 580
Blaurock, Das Stornorecht der Kreditinstitute, NJW 1984, 1
Boehm/Pesch, Bitcoins: Rechtliche Herausforderungen einer virtuellen Währung, MMR 2014, 75
Börner, Rechnungsstellung und Erfüllung nach der Einführung des Euro, DStR 1998, 1606
Borries/Repplinger-Hach, Auf dem Weg zur „Euro-Verordnung", NJW 1996, 3111
Brechtel, Die Tilgung von Geldforderungen bei Überweisungen, Lastschrift- und Kreditkartenzahlungen (2013)
Brockmeier, Das POS-System des deutschen Kreditgewerbes (1990)
Buchmüller/Burke, Zahlungsmittelentgelte im E-Commerce – Neuerungen durch die Umsetzung der Zweiten Zahlungsdiensterichtlinie ab Januar 2018, MMR 2017, 728
vCaemmerer, Bereicherung und unerlaubte Handlung, in: FS Ernst Rabel (1954) 333
Canaris, Sondertagung Schuldrechtsmodernisierung, JZ 2001, 499
Canaris/Habersack/Schäfer (Hrsg), Handelsgesetzbuch (5. Aufl 2015)
Clausius, Vertragskontinuität und Anpassungsbedarf, NJW 1998, 3148
Coing, Zum Geldherausgabeanspruch gegenüber dem Treuhänder, JZ 1970, 245
Crome, System des deutschen bürgerlichen Rechts, Teil 2 (1902)
Dittrich, Der Entwurf des Gesetzes zur Einführung des Euro, NJW 1998, 1269
Dücker, Erfüllung einer Geldschuld durch Banküberweisung, WM 1999
Duden, Der Gestaltwandel des Geldes und seine rechtlichen Folgen (1968)
Einsele, Bank- und Kapitalmarktrecht, Nationale und internationale Bankgeschäfte (4. Aufl 2018)
Ernst, Die Konkretisierung in der Lehre vom Gattungskauf, in: Flume/Schön (Hrsg), Gedächtnisschrift für Brigitte Knobbe-Keuk (1997) 49
Falcke, Geld – Wert oder Sache? (1951)
Feldmann, Die Aufrechnung im BGB und im Steuerrecht, DStR 1991, 222
Fischer/Klanten, Langfristige Bankverträge und die Euro-Währung, ZBB 1996, 1
Fögen, Geld- und Währungsrecht (1969)
Freitag, Die Geldschuld im europäischen Privatrecht, AcP 213 (2013) 128
Freitag/Omlor (Hrsg), The Euro as Legal Tender (2020)
Fülbier, Zur Fremdwährung als bewegliche Sache und Ware und zur Geldschuld als Sachschuld, NJW 1990, 2797
Gerhardt, Der Befreiungsanspruch (1966)
Gernhuber, Die Erfüllung und ihre Surrogate sowie das Erlöschen der Schuldverhältnisse aus anderen Gründen (2. Aufl 1994)
Gössmann/van Look, Die Banküberweisung nach dem Überweisungsgesetz, WM 2000, Sonderbeilage Nr 1, S 3
Gotthardt, Zur Bemessung des nach dem gewöhnlichen Lauf der Dinge zu erwartenden Schadens einer Bank bei Verzug eines Kreditschuldners, WM 1987, 1381
Gramlich, Bundesbankgesetz, Währungsgesetz, Münzgesetz (1988)
Grothe, Fremdwährungsverbindlichkeiten (1999)
Gruber, Geldwertschwankungen und handelsrechtliche Verträge in Deutschland und Frankreich. Bestandsaufnahme und Aussichten für das europäische Währungs- und Privatrecht (2002)
Grundmann, Grundsatz- und Praxisprobleme des neuen deutschen Überweisungsrechts, WM 2000, 2269
Grunsky, Die Rückwirkung der Aufrechnung, JuS 1963, 102

GRUSON, Die Einführung des Euro und DM-Auslandsanleihen, WM 1998, 1474

GSELL, Rechtzeitigkeit der Zahlung per Banküberweisung und Verzugsrichtlinie, GPR 2008, 165

HADDING, Das Lastschriftverfahren in der Rechtsprechung, WM 1978, 1366

ders, Zahlung mittels Universalkreditkarte, in: FS Klemens Pleyer (1986) 17

ders, Zahlungsverkehr in europaweiter Entwicklung, in: Gesellschaft für Rechtspolitik Trier (Hrsg), Bitburger Gespräche, Jahrbuch 1992 (1993) 41

ders, Herkömmliche Einzugsermächtigungslastschrift – Fortbestand nach Umsetzung der EU-Zahlungsdiensterichtlinie oder Wegfall nach europäischem Interbankabkommen (SEPA-Rulebook)?, in: FS Uwe Hüffer (2010) 273

HADDING/HÄUSER, Rechtsfragen des Giroverhältnisses, ZHR 145 (1981) 138

HÄDE, Banknoten, Münzen und Briefmarken im Urheberrecht, ZUM 1991, 536

ders, Die Zahlung mit Kredit- und Scheckkarten, ZBB 1994, 33

HAHN, Europäische Währungsumstellung und Vertragskontinuität (1999)

HARBEKE, Die POS-Systeme der deutschen Kreditwirtschaft, WM 1994, Sonderbeilage Nr 1, S 3

HARTENFELS, Euro – Bankrechtliche Aspekte am Morgen der Währungsunion, WM 1999, Sonderbeilage Nr 1, S 3

HEERMANN, Geld und Geldgeschäfte (2003)

HELBIG, Die Giroüberweisung, deren Widerruf und Anfechtung nach deutschem und schweizerischem Recht (1970)

HERRESTHAL, Das Ende der Geldschuld als sog qualifizierte Schickschuld, ZGS 2008, 259

ders, Fälligkeit der Miete unter dem neuen Recht des Zahlungsverkehrs, NZM 2011, 833

HEYERS, Rechtsnatur der Geldschuld und Überweisung – welche Konsequenzen sind aus der Rechtsprechung des EuGH für das nationale Recht zu ziehen?, JZ 2012, 398

HONSELL, Der Verzugsschaden bei der Geldschuld, in: FS Hermann Lange (1992) 509

ISELE, Geldschuld und bargeldloser Zahlungsverkehr, AcP 129 (1928) 129

JARASS, Der grundrechtliche Eigentumsschutz im EU-Recht, NVwZ 2006, 1089

JOST, Duldung der Zwangsvollstreckung?, JURA 2001, 153

KÄHLER, Zur Entmythisierung der Geldschuld, AcP 206 (2006) 805

KNAPP, Staatliche Theorie des Geldes (4. Aufl 1923)

KOHLER, Die Briefmarke im Recht, ArchBR 6 (1892) 316

KRAEMER, Aufwertung inländischer Forderungen in ausländischer Währung?, JW 1933, 2558

KRAFKA, Vertragliche Bestimmungen der Leistungszeit – Fälligkeit, Vorleistung, Verzug und Erfüllbarkeit –, MittBayNot 2011, 459

KRATZMANN, Über Anmassung und Ohnmacht des Staates im Geldwesen, Der Staat 35 (1996) 221

ders, Das Geld: Vertragsobjekt, Rechtskonstrukt und ökonomische Größe (2004)

KUHLMANN, Bitcoins, CR 2014, 691

KÜMPEL, Rechtliche Aspekte der neuen Geld-Karte als elektronische Geldbörse, WM 1997, 1037

KÜTÜK/SORGE, Bitcoin im deutschen Vollstreckungsrecht, MMR 2014, 643

LANGENBUCHER, Die Risikozuordnung im bargeldlosen Zahlungsverkehr (2001)

LARENZ, Zur Bedeutung des „Wertersatzes" im Bereicherungsrecht, in: FS Ernst von Caemmerer (1978) 209

ders, Lehrbuch des Schuldrechts I, Allgemeiner Teil (14. Aufl 1987)

LOHMANN, Die grenzüberschreitende Lastschrift, Rechtsfragen auf dem Weg zu einem europäischen Lastschriftverfahren (2008)

MAIER-REIMER, Fremdwährungsverbindlichkeiten, NJW 1985, 2049

MARTENS, Grundfälle zu Geld und Geldschuld, JuS 2014, 105

MARTINEK, Vom Forderungskauf zum abstrakten Schuldversprechen – Die Bekehrung der BGH-Rechtsprechung zu Walther Haddings Kreditkartentheorie, in: FS Walther Hadding (2004) 967

MARTINEK/SELLIER (Hrsg), Staudinger-Symposion (1998)

vMAYDELL, Geldschuld und Geldwert (1974)

MEDER, Die Erfüllung einer Geldschuld im Einzugsermächtigungsverfahren, JZ 2005, 1089

MEDICUS, Die konkretisierte Gattungsschuld, JuS 1966, 297
ders, Ansprüche auf Geld, JuS 1983, 897
ders, „Geld muß man haben", AcP 1988, 489
MÜNCH, Das Giralgeld in der Rechtsordnung der Bundesrepublik Deutschland (1990)
NATZEL, Einführung des EURO – Ein arbeitsrechtliches Problem?, DB 1998, 366
NOBBE, Bereicherungsausgleich bei Zahlungen mittels Universalkreditkarte, in: FS Walther Hadding (2004) 1007
NUSSBAUM, Das Geld in Theorie und Praxis des deutschen und ausländischen Rechts (1925)
OBERMÜLLER/KUDER, SEPA-Lastschriften in der Insolvenz nach dem neuen Recht der Zahlungsdienste, ZIP 2010, 349
OELSNER, Auswirkungen des Umsetzungsverzugs bei der Zahlungsverzugsrichtlinie, NJW 2013, 2469
OMLOR, Die neue Einzugsermächtigungslastschrift – Von der Genehmigungs- zur Einwilligungstheorie, NJW 2012, 2150
ders, Geldprivatrecht. Entmaterialisierung, Europäisierung, Entwertung (2014)
ders, Zahlungsentgelte unter dem Einfluss von Verbraucherrechte- und Zahlungsdienste-Richtlinie, NJW 2014, 1703
ders, Geld und Währung als Digitalisate, JZ 2017, 754
ders, Entgelte im Zahlungsverkehr nach Umsetzung der Zweiten Zahlungsdiensterichtlinie, WM 2018, 937
ders, Kryptowährungen im Geldrecht, ZHR 183 (2019) 294
ders/LINK (Hrsg), Handbuch Kryptowährungen und Token (2021)
PAULY, Allgemeine Rechtsgrundsätze statt Handelsbrauch, NZBau 2013, 198
PFEIFFER, Die Geldkarte – Ein Problemaufriß, NJW 1997, 1036
PULVERMÜLLER, Rechtsnatur und Behandlung des privatrechtlichen Geldanspruchs (1974)
REIFNER, Alternatives Wirtschaftsrecht am Beispiel der Verbraucherverschuldung, Realitätsverleugnung oder soziale Auslegung im Zivilrecht (1979)
REINICKE/REINICKE, Zur Aufrechnung mit und gegen Schadensersatzforderungen, NJW 1959, 361
REISER, Die Rechtsgrundlagen für das POS-System des deutschen Kreditgewerbes („electronic cash"), WM 1989, Sonderbeilage Nr 3, S 1
RENGER, Die Umstellung von Schuldverschreibungen, WM 1997, 1873
REUTER/MARTINEK, Ungerechtfertigte Bereicherung, Teilband 2 (2. Aufl 2016)
RIEBLE, Ansprüche des Darlehensgebers bei Verzug des Darlehensnehmers, ZIP 1988, 1027
RITTER, Prozeßrechtliche Fragen in der Übergangszeit der Europäischen Währungsunion, NJW 1999, 1213
vSAVIGNY, Das Obligationenrecht als Theil des heutigen Römischen Rechts, Band I (1851)
SCHÄFER, Der Zins im Bereicherungsrecht (2002)
SCHAPP, Zum Wesen des Grundpfandrechts, in: KÖBLER (Hrsg), in: Freundesgabe Alfred Söllner (1990) 477
SCHEFOLD, Die Europäischen Verordnungen über die Einführung des Euro, WM 1996, Sonderbeilage Nr 4, S 2
ders, Der Einfluß von EG-Währungsrecht auf nationale Zivilrechte, ZEuP 1999, 271
SCHERMAIER, „Der Schuldner einer Entgeltforderung" und andere neue Rechtsbegriffe, NJW 2004, 2501
SCHIMANSKY/BUNTE/LWOWSKI (Hrsg), Bankrechts-Handbuch (5. Aufl 2017)
SCHMIDT, Verstößt die Ausgabe hoheitlicher „Postwertzeichen" gegen Art 87 f GG?, NJW 1998, 200
K SCHMIDT, Geld und Geldschuld im Privatrecht, JuS 1984, 737
ders, Gleichartigkeit und Rückwirkung bei der Aufrechnung von Geldschulden, in: FS Walter Odersky (1996) 685
ders, Das Geld im BGB und im Staudinger, in: MARTINEK/SELLIER (Hrsg), Staudinger-Symposion (1998) 76
SCHMIDT-RÄNTSCH, Vertragsrechtsfragen der Euro-Einführung, ZIP 1998, 2041
SCHNEIDER, Die Vereinbarung und die Erfüllung von Geldschulden in Euro, DB 1996, 2477
SCHÖN, Prinzipien des bargeldlosen Zahlungsverkehrs, AcP 198 (1998) 401
SCHÜTZ, Widerruf bei Zahlungen und Überweisungen, AcP 160 (1961) 17

Schwab, Geldschulden als Bringschulden?, NJW 2011, 2833
Simitis, Bemerkungen zur rechtlichen Sonderstellung des Geldes, AcP 159 (1960) 406
Stoffels, Gesetzlich nicht geregelte Schuldverträge (2001)
Tegebauer, Die Geldkarte (2002)
Thywissen, Sind Bankguthaben Geld im Rechtssinne?, BB 1971, 1347
Trinkl, Befreiungsanspruch und Aufrechnung, NJW 1968, 1077
Uhl, Die Einführung des Euro unter den Gesichtspunkten vertraglicher und geldrechtlicher Kontinuität, Eine Untersuchung des englischen und des deutschen Rechts vor und nach der Schuldrechtsreform 2001/2002 (2003)
van Gelder, Die Rechtsprechung des Bundesgerichtshofs zum Lastschriftverkehr, WM 2001, Sonderbeilage Nr 7, S 2
Veit, Grundriss der Währungspolitik (3. Aufl 1969)
Wax, Prozessuale Auswirkungen der Währungsumstellung auf den Euro, NJW 2000, 488
Weber, Recht des Zahlungsverkehrs, Überweisung, Lastschrift, Scheck, ec- und Kreditkarte, Internet, Insolvenz (4. Aufl 2004)
Weber, Das Geld in einem sich wandelnden Vermögensrecht, ZSR 100 (1981) 165
Weipert, Die Rechtsnatur der Briefmarke (1996)
Weller/Harms, Die Kultur der Zahlungstreue im BGB, WM 2012, 2305
Weller, Das Kreditkartenverfahren (1985)
Wendehorst, Das neue Gesetz zur Umsetzung der Verbraucherrechterichtlinie, NJW 2014, 577
Westermann, Zivilrechtliche Folgen der Einführung des Euro, in: Hadding/Hopt/Schimansky (Hrsg), Einführung des Euro in der Bank- und Unternehmenspraxis, Bankdienstleistungen im Internet, Bankrechtstag 1997 (1998) 3
Westermann/Gursky/Eickmann (Hrsg), Sachenrecht (8. Aufl 2011)
vWestphalen, Verspätete Überweisung – Einige Bemerkungen zur neuen Rechtslage, BB 2000, 157
Wiese, Gefährliche Hausbriefkästen, NJW 2006, 1569
Wilburg, Zusammenspiel der Kräfte im Aufbau des Schuldrechts, AcP 163 (1964) 346
Wilhelm, Kenntniszurechnung kraft Kontovollmacht?, AcP 183 (1983) 1
Wisskirchen, Die Einführung des Euro und ihre Auswirkungen auf privatrechtliche internationale und völkerrechtliche Verträge, DB 1998, 809
Kümpel/Mülbert/Früh/Seyfried (Hrsg), Bank- und Kapitalmarktrecht (5. Aufl 2019)
Wolf, Lehrbuch des Schuldrechts, Allgemeiner Teil (1978)
ders, Lehrbuch des Sachenrechts (2. Aufl 1979)
Wolff, Das Geld, in: Ehrenberg (Hrsg), Handbuch des gesamten Handelsrechts, Band 4/1 (1917) 563
Wüstenberg, Taxitarifordnungen und Zweite Zahlungsdiensterichtlinie, LKV 2018, 60
Zahrnt, Die Kreditkarte unter privatrechtlichen Gesichtspunkten, NJW 1972, 1077.

B 1 Zum Allgemeinen Teil des Geldschuldrechts („Geldschuldrecht AT") zählen diejenigen **Rechtsregeln, die in Abgrenzung zu sonstigen Schuldtypen Wesen und Inhalt der Geldschuld charakterisieren** (Omlor, Geldprivatrecht [2014] 255). Der Besondere Teil des Geldschuldrechts („Geldschuldrecht BT", s u Rn C1 ff) wendet sich demgegenüber den Auswirkungen von Geldwertänderungen auf den Inhalt der Geldschuld zu. Diese Frage hat nicht für sämtliche Geldschulden die gleiche Relevanz und ist daher nicht dem Allgemeinen Teil zuzuordnen. Zudem handelt es sich dabei um ein Sonderthema des Geldschuldrechts und auch in diesem Sinne um „Besonderes" Geldschuldrecht, das die Geldschuld aus dem Kreis der übrigen Schuldverhältnisse heraushebt.

I. Der Inhalt der Geldschuld

Gegenstand der Geldschuld ist die **Verschaffung von abstrakter und unkörperlicher Vermögensmacht** (RG 24. 1. 1921 – II 13/20, RGZ 101, 312, 313; BAG 7. 3. 2001 – GS 1/00, BAGE 97, 150, 152; Wolff, in: Ehrenberg [Hrsg], Handbuch des gesamten Handelsrechts [1917] 563, 637; Simitis AcP 159 [1960] 406, 443; Larenz, Lehrbuch des Schuldrechts I [14. Aufl 1987] § 13 III; K Schmidt JuS 1984, 737, 740; Grothe, Fremdwährungsverbindlichkeiten [1999] 46 f; Omlor, Geldprivatrecht [2014] 257 f). Wegen der Anbindung an den abstrakten Geldbegriff handelt es sich um eine **Wertverschaffungsschuld** (BVerwG 27. 1. 2006 – 6 P 5/05, NVwZ 2006, 835, 837; OLG Frankfurt 21. 3. 1991 – 6 W 17/91, NJW-RR 1992, 493; OLG Frankfurt 8. 7. 2005 – 10 U 11/05; KG 4. 4. 2011 – 24 U 81/10; OLG Jena 12. 2. 2015 – 1 U 541/14; VGH Kassel 13. 2. 2018 – 10 A 2929/16; LG Bonn 25. 2. 2004 – 1 O 552/02, IStR 2004, 423; K Schmidt JuS 1984, 737, 741; Omlor, Geldprivatrecht [2014] 257; BeckOGK/Freitag [1. 4. 2020] § 244 Rn 67; ähnlich Crome, System des deutschen bürgerlichen Rechts [1902] 53). Ebenso wie schon Geld als solchem („*money has no earmark*") fehlt es auch der Geldschuld ihrem Inhalt nach an jeglicher Individualität infolge einer Konkretisierung auf bestimmte Rechtsobjekte. Zu leisten sind nicht notwendig Eigentum und Besitz an spezifischen Geldstücken; darauf hat der Geldschuldgläubiger keinen Anspruch (Crome, System des deutschen bürgerlichen Rechts [1902] 53; Wolff, in: Ehrenberg [Hrsg], Handbuch des gesamten Handelsrechts [1917] 563, 636). Die einzelnen Stücke einer Geldart voneinander abzugrenzen ist „juristisch sowohl unmöglich, als gleichgültig" (vSavigny, Das Obligationenrecht als Theil des heutigen Römischen Rechts I [1851] 440 f).

1. Bedeutung des gesetzlichen Annahmezwangs

Für die Dogmatik der Geldschuld haben insofern die währungsrechtlichen Vorgaben zum Annahmezwang für gesetzliche Zahlungsmittel keine Bedeutung. Zwar bezieht sich dieser nach Art 10 S 2, 11 S 2 der Euro-Einführungsverordnung (Verordnung [EG] Nr 974/98 über die Einführung des Euro v 3. 5. 1998 [ABl EG Nr L 139, 1 v 11. 5. 1998]) nur auf das Euro-Bargeld, nicht jedoch auf Buchgeld oder sonstige Währungen. Den Privatrechtssubjekten wird damit aber nicht die Freiheit genommen, selbst über den Inhalt von zwischen ihnen begründeten Verbindlichkeiten zu bestimmen; dazu zählt auch die Vereinbarung einer Geldschuld. Mit anderen Worten kommt den währungsrechtlichen Regelungen **lediglich eine positive Funktion** zu, aber keine negative, durch welche die Privatautonomie beschränkt würde. Der Annahmezwang basiert dabei auf dem öffentlichen Währungsrecht, ohne dass der Parteiwille auf dessen Implementierung in die privatrechtliche Abrede gerichtet sein müsste.

Dabei stellt der Annahmezwang bei gesetzlichen Zahlungsmitteln lediglich einen **normativen Sollensanspruch** auf. Naturgemäß ist er hingegen nicht in der Lage, zudem die empirische Nutzungsrealität zu determinieren. Entgegen der Ansicht des EuGH (EuGH 26. 1. 2021 – C-422/19 und C-423/19 [*Dietrich und Häring/Hessischer Rundfunk*], ECLI:EU:C:2021:63, Rn 78) würde den währungsrechtlichen Anforderungen auch noch genügt, wenn theoretisch die Parteien bei sämtlichen Euro-Geldschulden die Barzahlung ausschließen oder eine entsprechende Möglichkeit nicht nutzen würden; dennoch handelte es sich bei Euro-Bargeld weiterhin um gesetzliche Zahlungsmittel. Die vom EuGH postulierte „normative Dimension, die darauf abzielt, den Euro als einheitliche Währung zu gewährleisten" (EuGH 26. 1. 2021 – C-422/19 und C-423/19 [*Dietrich und Häring/Hessischer Rundfunk*], ECLI:EU:C:2021:63, Rn 38), darf nicht konturenlos zur normfernen Kompetenzerweiterung eingesetzt werden. Sie ist lediglich insofern anzuerkennen, als eine enge Rückkopplung zu den Tatbeständen aus dem Titel VIII des AEUV und der ESZB/EZB-Satzung vorgenommen werden kann.

B4 Der währungsrechtliche **Annahmezwang** steht – wenn auch nicht in unbegrenztem Umfang – zur **Disposition der Parteien**. Beschränkungen der Annahmepflicht folgen bereits **normimmanent** aus dem Tatbestand des gesetzlichen Zahlungsmittels im unionalen Währungsrecht. Entgegen der Ansicht des BVerwG (BVerwG 27. 3. 2019 – 6 C 6.18, BVerwGE 165, 99 Rn 26) bedürfen sie auch bei hoheitlich begründeten Geldschulden keiner gesonderten Kodifizierung in einem (Bundes-)Parlamentsgesetz. Aus Gründen der fehlenden Verbandskompetenz enthält § 14 Abs 1 Satz 2 BBankG lediglich eine deklaratorische Spiegelung der unionsrechtlichen Vorgaben zu Euro-Banknoten als gesetzliches Zahlungsmittel. Im Zuge des Prozesses der Entmaterialisierung des Geldes und der Digitalisierung des Wirtschaftslebens hat ein inhaltlicher Wandel stattgefunden. Bargeld hat schon seit Jahrzehnten seine Position als alleiniger oder auch nur primärer Wahrer der staatlichen Währungshoheit verloren. Der moderne Wirtschaftsverkehr bedient sich ganz überwiegend des Buchgeldes als Tauschmittel. Die Einflüsse des staatlichen Währungsrechts zeigen sich bei Buchgeldtransfers unter Einsatz einer bestimmten Währung in der akzessorischen Übernahme der jeweiligen Währungsverfassung. Das Privatrechtssubjekt, das sich für eine Zahlung in Euro-Buchgeld entscheidet, wählt damit zugleich das Gesamtpaket an Vor- und Nachteilen, das die europäisch-supranationale Währungsverfassung bietet: unter anderem eine unabhängige Zentralbank (dazu s o Rn A212 ff), die vorrangige Verpflichtung der Geldpolitik auf die Sicherung von Preisstabilität (dazu s o Rn A212 ff) und der fehlende Individualrechtsschutz bei Mandatsüberschreitungen der Zentralbank (dazu s o Rn A275). Der Sinn und Zweck des währungsrechtlichen Annahmezwangs besteht hingegen nicht darin, solche Geschäfte praktisch unmöglich zu machen, die sachnotwendig ohne Bargeld auskommen. Hierzu gehören insbesondere reine Distanzgeschäfte, wie sie namentlich im Internethandel abgeschlossen werden (im Ergebnis ebenso BGH 20. 5. 2010 – Xa ZR 68/09 Rn 29, BGHZ 185, 359). Aus der Natur der Sache leitet sich ab, dass der Geldschuldner bei einem Fehlen jeglicher physischer Präsenz nicht über die Berechtigung verfügt, seine Schuld mit Bargeld zu tilgen. Aber auch im Präsenzhandel greift der Annahmezwang für Euro-Bargeld nicht einschränkungslos. Verallgemeinert gilt, dass die Parteien eine Abweichung vom währungsrechtlichen Annahmezwang für Bargeld vereinbaren können. Eine solche Abrede kann sich aus der Eigenart der Transaktion (zB Distanzgeschäft), aber auch aus besonderen Erfordernissen des Geschäftsmodells des Geldgläubigers (zB fehlende Praktikabilität infolge der Ineffizienz einer Bargeldannahme) ergeben (im Einzelnen s u Rn B80 ff).

B4a In gewissem Umfang bestehen konstruktive wie ergebniswirksame **Besonderheiten** bei **hoheitlich begründeten Geldschulden**, wie sie beispielsweise bei Rundfunkbeiträgen entstehen. Der **EuGH** geht davon aus, dass Einschränkungen der aus der Einordnung als gesetzliches Zahlungsmittel resultierenden Annahmepflicht einer **Verhältnismäßigkeitskontrolle** unterliegen (EuGH 26. 1. 2021 – C-422/19 und C-423/19 [*Dietrich und Häring/Hessischer Rundfunk*], ECLI:EU:C:2021:63, Rn 68 ff). Ein hinreichendes öffentliches Interesse zur Beschränkung der Bargeldakzeptanz könne namentlich in der Steigerung der **Kosteneffizienz** bei Massenzahlungen liegen (EuGH 26. 1. 2021 – C-422/19 und C-423/19 [*Dietrich und Häring/Hessischer Rundfunk*], ECLI:EU:C:2021:63, Rn 72). Aber auch ansonsten eröffnet die zunehmende Digitalisierung der Verwaltung weitere Spielräume für einen Ausschluss der Bargeldannahme durch Hoheitsträger. Hervorzuheben ist dabei die Einführung des **Single Digital Gateway** (SDG) auf europäischer Ebene, für dessen Nutzung grenzüberschreitende Online-Zahlungsmethoden angeboten werden müssen (Art 13 Abs 2 lit e, Art 16 lit c Verordnung [EU] 2018/1724 vom 2. 10. 2018 über die Einrichtung eines einheitlichen digitalen Zugangstors zu Informationen, Verfahren, Hilfs- und Problemlösungsdiensten, ABl EU Nr L 295 S 1 vom 21. 11. 2018). Aber auch darüber hinaus können die Höhe und Anzahl der zu leistenden Zahlungen ebenso wie die räumliche Distanz zwischen Behörden- und Wohnsitz für eine verhältnismäßige Beschränkung der Bargeldannahme sprechen. Zumutbare Zahlungswege bilden dabei stets die – für den Zahler kostenfreie (§ 270a BGB) – SEPA-Überweisung und die SEPA-Lastschrift, zunehmend aber auch E-Geld-Zahlungen via PayPal oder Amazon Pay.

2. Abgrenzungen

a) Sach- und Wahlschuld

Die Geldschuld stellt **keine Sachschuld** dar (Nussbaum, Das Geld in Theorie und Praxis des **B5** deutschen und ausländischen Rechts [1925] 88; Simitis AcP 159 [1960] 406, 443; vMaydell, Geldschuld und Geldwert [1974] 8 ff; Larenz, Lehrbuch des Schuldrechts I [14. Aufl 1987] § 13 III; Gruber, Geldwertschwankungen und handelsrechtliche Verträge in Deutschland und Frankreich [2002] 75; Heermann, Geld und Geldgeschäfte [2003] § 3 Rn 2; Omlor, Geldprivatrecht [2014] 258; ebenso der Sache nach BGH 21. 12. 2005 – III ZR 9/05 Rn 10, BGHZ 165, 298; BGH 25. 4. 2006 – XI ZR 271/05 Rn 14, BGHZ 167, 268; OLG Naumburg 26. 6. 2006 – 10 U 23/06, NJOZ 2007, 4157, 4160; **aA** Kraemer JW 1933, 2558, 2562). Sachschulden weisen einen gegenständlich auf spezifische Stücke bezogenen Inhalt auf; der durch die Stücke repräsentierte Wert zählt nicht unmittelbar zum Schuldgegenstand (**aA** Fülbier NJW 1990, 2797 f). Der Geldschuldner hat von vornherein nur abstrakte Vermögensmacht zu leisten. Daher handelt es sich auch um **keine Wahlschuld**, bei welcher der Schuldner mit Geldzeichen seiner Wahl erfüllen könnte (Omlor, Geldprivatrecht [2014] 257). Es stehen nicht zunächst mehrere Leistungen iSd § 262 BGB zur Auswahl. Der finale Schuldinhalt unterliegt auch nicht in Teilen der Disposition des Geldschuldners. Die Differenzierung zwischen Geld- und Sachschulden zeigt sich auch im Zwangsvollstreckungsrecht. Die Vollstreckung von Geldschulden vollzieht sich nach §§ 803 ff ZPO. Nicht anwendbar sind §§ 883 ff ZPO, die sich demgegenüber der Herausgabe von Sachen zuwenden. Unter einer Geldforderung iSd §§ 803 ff ZPO (vgl 8. Buch 2. Abschnitt der ZPO: „Zwangsvollstreckung wegen Geldforderungen") versteht dementsprechend § 67 Abs 1 S 1 GVGA „jede Forderung, die auf Leistung einer bestimmten Wertgröße in Geld gerichtet ist".

Nicht um Geld-, sondern um Sachschulden handelt es sich bei **Geldstückschulden** (Falcke, Geld – Wert oder Sache? [1951] 13 f; Fögen, Geld- und Währungsrecht [1969] 112; Pulvermüller, Rechtsnatur und Behandlung des privatrechtlichen Geldanspruchs [1974] 68 f; Larenz, Lehrbuch des Schuldrechts I [14. Aufl 1987] § 13 III; Schäfer, Der Zins im Bereicherungsrecht [2002] 125). Eine Geldstückschuld verpflichtet zur Verschaffung eines bestimmten Geldzeichens. Verzugszinsen nach § 288 Abs 1 BGB werden im Verzug mangels Geldschuld nicht geschuldet (Staudinger/Feldmann [2019] § 288 Rn 11). Als vertragliche Grundlage kommt vor allem ein Kauf- oder Tauschvertrag in Betracht (§§ 480, 433 Abs 1 BGB). Dabei zielen die Parteien in erster Linie nicht auf die Verschaffung von abstrakter **B6**

Vermögensmacht, die durch das betroffene Geldzeichen vermittelt wird. Dessen konkrete Funktion als Tauschmittel ist nach dem Parteiwillen nachrangig. Primär besteht ein Interesse des Gläubigers an der Erlangung von Eigentum und Besitz gerade an den gekennzeichneten Stücken in ihrer Individualität. Geldstückschulden liegen regelmäßig bei einem **Erwerb von Sondermünzen oder Sammlermünzen** (zB Krügerrand) zu numismatischen Zwecken vor, sofern diese nicht nur der Gattung nach bestimmt sind. In letzterem Fall wäre eine echte Geldsortenschuld anzunehmen.

b) Gattungsschulden

B7 Geldschulden sind **keine Gattungsschulden** (CROME, System des deutschen bürgerlichen Rechts [1902] 53; ISELE AcP 129 [1928] 129, 172; SIMITIS AcP 159 [1960] 406, 445; PULVERMÜLLER, Rechtsnatur und Behandlung des privatrechtlichen Geldanspruchs [1974] 97 ff, 100 f; vMAYDELL, Geldschuld und Geldwert [1974] 11; MEDICUS JuS 1983, 897, 902; LARENZ, Lehrbuch des Schuldrechts I [14. Aufl 1987] § 13 III; HEERMANN, Geld und Geldgeschäfte [2003] § 3 Rn 3; MARTENS JuS 2014, 105, 108; OMLOR, Geldprivatrecht [2014] 259 f; aA WOLF, Lehrbuch des Schuldrechts [1978] § 4 D I; unklar BGH 25. 3. 1982 – VII ZR 60/81, BGHZ 83, 293, 300). **§ 243 BGB** findet auf Geldschulden **keine Anwendung** (LARENZ, Lehrbuch des Schuldrechts I [14. Aufl 1987] § 13 III; HEERMANN, Geld und Geldgeschäfte [2003] § 3 Rn 4; STAUDINGER/SCHIEMANN [2019] § 243 Rn 17). Geldschulden weisen einen abstrakten Schuldinhalt auf. Die Gattung „Geld" existiert nicht. Es gibt kein Geld „von mittlerer Art und Güte" iSd § 243 Abs 1 BGB. Eine besondere Funktionalität und Abstraktion prägt das Wesen des Geldes, sodass sich keine greifbaren Gattungsmerkmale aufstellen lassen. Wiederum kommen die Neutralität und fehlende Individualität der einzelnen Geldzeichen zum Tragen. Die Einstufung der Geldschuld als Gattungsschuld versagte weiterhin noch deutlicher als bei Bargeld bei der Einordnung von Buchgeld als Geldschuldinhalt. Auch wenn es sich bei Geldschulden um keine Gattungsschulden handelt, so hindert dies nicht in Ausnahmefällen eine Erstreckung des **§ 300 Abs 2 BGB** *per analogiam* auf Geldschulden (s u Rn B36).

B8 Eine Gattungsschuld gelangt hingegen zur Entstehung, wenn die Verschaffung von Geldzeichen einer bestimmten Gattung geschuldet ist. Bei einer solchen **echten Geldsortenschuld** handelt es sich um keine Geldschuld (OMLOR, Geldprivatrecht [2014] 260 mwNw), sondern um eine Sachschuld (MAIER-REIMER NJW 1985, 2049 f; GERNHUBER, Die Erfüllung und ihre Surrogate sowie das Erlöschen der Schuldverhältnisse aus anderen Gründen [2. Aufl 1994] § 11 I 1). Mit der Geldstückschuld hat die echte Geldsortenschuld gemeinsam, dass sie nach dem Willen der Parteien nicht auf eine Wert-, sondern auf eine Gegenstandsverschaffung gerichtet ist. Anders als die Geldstückschuld richtet sie sich jedoch nicht auf von Anfang an konkretisierte Stücke, sondern lediglich auf eine bestimmte Gattung von Geldzeichen. Auf die echte Geldsortenschuld findet daher § 243 BGB vollständig Anwendung. Die Vollstreckung von echten Geldsortenschulden erfolgt nach §§ 883 ff ZPO (RG 16. 12. 1922 – V 3/22, RGZ 106, 74, 77; OLG Düsseldorf 26. 2. 1988 – 19 W 17/87, NJW 1988, 2185; LG Frankfurt aM 3. 5. 1955 – 9 T 1069/54, NJW 1956, 65, 66; MAIER-REIMER NJW 1985, 2049, 2053). Die **unechte Geldsortenschuld** iSd § 245 BGB stellt hingegen eine Geldschuld dar (WOLFF, in: EHRENBERG [Hrsg], Handbuch des gesamten Handelsrechts [1917] 563, 645; LARENZ, Lehrbuch des Schuldrechts I [14. Aufl 1987] § 13 III; PULVERMÜLLER, Rechtsnatur und Behandlung des privatrechtlichen Geldanspruchs [1974] 70; GERNHUBER, Die Erfüllung und ihre Surrogate sowie das Erlöschen der Schuldverhältnisse aus anderen Gründen [2. Aufl 1994] § 11 I 1), die auf die Leistung einer bestimmten Geldsorte bezogen ist (OMLOR, Geldprivatrecht [2014] 261).

c) Valutakauf

Werden im Währungsinland **ausländische Geldsorten im Austausch gegen inländisches Geld** erworben, so handelt es sich um einen Valutakauf. Bei der Pflicht zur Übergabe und Übereignung der ausländischen Geldsorten handelt es sich nicht um eine Geldschuld (Maier-Reimer NJW 1985, 2049, 2050), sondern um die kaufvertragliche Hauptleistungspflicht des Verkäufers iSv § 433 Abs 1 BGB (vgl RG 28. 5. 1924 – I 432/23, RGZ 108, 279, 280; BGH 19. 12. 2001 – 2 StR 358/01, NJW 2002, 1357, 1358). Der **Verkäufer haftet** für Verletzungen dieser Hauptleistungspflicht nach Maßgabe von **§ 437 BGB** (vgl RG 28. 5. 1924 – I 432/23, RGZ 108, 279, 280). Den ausländischen Geldzeichen kommt nach dem Willen der Parteien eines Valutakaufs **unmittelbar keine Zahlungsmittelfunktion** zu. Die gekauften Geldzeichen dienen als Ware (Nussbaum, Das Geld in Theorie und Praxis des deutschen und ausländischen Rechts [1925] 201). Um einen Tauschvertrag handelt es sich nicht, da die Gegenleistung des Käufers in Geld besteht; das inländische Geld fungiert dabei als reguläres Zahlungsmittel. Die Funktion der Geldzeichen des fremden Währungsraums als Zahlungsmittel ist lediglich mittelbar von Bedeutung, wenn in einem dem Valutakauf nachgelagerten Schritt die erworbenen Stücke im Wirtschaftsverkehr verwendet werden. Ausländische Geldzeichen, denen diese Eigenschaft fehlt, weisen einen Mangel iSd § 433 Abs 1 S 2 BGB auf.

d) Herausgabeansprüche

Ob „auf Geld" gerichtete Herausgabeansprüche Geld- oder Sachschulden darstellen, hängt davon ab, ob sie ihrem Leistungsinhalt nach **gegenstands- oder wertbezogen** sind (Staudinger/K Schmidt [1997] Vorbem C3 zu §§ 244 ff). Vertraglich begründete Herausgabeansprüche sind dementsprechend einer Auslegung im Einzelfall nach §§ 133, 157 BGB zu unterziehen (Omlor, Geldprivatrecht [2014] 261). Dabei kommt es maßgeblich auf die intendierte Risikoverteilung an, ob der Schuldner etwa bei Untergang konkreter Stücke noch zur Naturalleistung verpflichtet sein soll. Sowohl vertragliche als auch gesetzliche Herausgabeansprüche können als Mischfälle einzuordnen sein, deren Charakter sich infolge des Eintritts bestimmter Ereignisse wandelt.

aa) Auftragsrecht
(1) Anspruchsinhalt und systematische Bedeutung

Der Herausgabeanspruch des Auftraggebers gegen den Auftragnehmer aus **§ 667 BGB** ist **gegenstands-, nicht aber wertbezogen** (Staudinger/Martinek/Omlor [2017] § 667 Rn 10). Für diese gegenstandsorientierte Einordnung kommt es nicht darauf an, ob Geld oder andere Bezugsgegenstände herauszugeben sind (BGH 4. 2. 2000 – V ZR 260/98, BGHZ 143, 373, 379; BGH 21. 12. 2005 – III ZR 9/05 Rn 10, BGHZ 165, 298; Staudinger/Martinek/Omlor [2017] § 667 Rn 22). Die **objektiv-gegenständliche** Ausrichtung des § 667 BGB besteht auch in den Fällen, in denen im Geschäftsbesorgungsrecht und im Recht der Geschäftsführung ohne Auftrag auf den auftragsrechtlichen Herausgabeanspruch verwiesen wird oder dieser eine konkretisierende Regelung erfahren hat. Stets zielt der Anspruch darauf ab, dass die Ausführung des Auftrags bzw der Geschäftsbesorgung für das Vermögen des Ausführenden letztlich neutral ist (Staudinger/Martinek/Omlor [2017] § 667 Rn 2). Vorteile wirtschaftlicher Art aus der Durchführung des Auftrags bzw der Geschäftsbesorgung dürfen nicht beim Ausführenden verbleiben, sondern sind dem Auftraggeber bzw Geschäftsherrn zugewiesen (BGH 9. 3. 2000 – 26 W 162/99, NJW-RR 2001, 560, 561). Konkret trifft den **Vereinsvorstand und -liquidator** nach §§ 27 Abs 3, 48 Abs 2 BGB, den **Geschäftsbesorger** nach § 675 Abs 1 BGB, den Geschäftsführer bei einer berechtigten oder genehmigten **Geschäftsfüh-**

B9

B10

B11

rung ohne Auftrag** nach § 681 S 2 BGB, den geschäftsführenden **Gesellschafter** nach § 713 BGB und den **Testamentsvollstrecker** nach § 2218 BGB eine solche Herausgabepflicht. Um eine zahlungsdiensterechtliche Konkretisierung des § 667 Alt 1 BGB handelt es sich bei dem Erstattungs- und Rückbuchungsanspruch des **Zahlungsdienstnutzers** aus § 675u S 2-5 BGB (Staudinger/Omlor [2020] § 675u Rn 24 f). Sofern eine Analogie zu § 667 BGB für das Rechtsverhältnis zwischen Betreuer und Betreutem angenommen wird (OLG Saarbrücken 12. 6. 2013 – 1 U 157/12, NJW-RR 2013, 1476, 1477 mwNw), unterliegt dieser Herausgabeanspruch der gleichen dogmatischen Struktur.

B12 Der **Neutralitätsgedanke in Bezug auf das Vermögen des Auftragnehmers** (Geschäftsbesorgers, Geschäftsführers ohne Auftrag, Zahlungsdienstleisters), der § 667 BGB zugrunde liegt, determiniert den Inhalt des Herausgabeanspruchs (Omlor, Geldprivatrecht [2014] 262). Der Auftragnehmer fungiert lediglich als Durchgangsstelle für eine Geldzahlung, die faktisch ihn erreichte, aber auf Rechnung des Auftraggebers erfolgte (BGH 21. 12. 2005 – III ZR 9/05, BGHZ 165, 298 Rn 10). Die Pflicht des Herausgabeschuldners **spiegelt** in ihrem Inhalt **sowohl den Gegenstand als auch den Umfang des** durch ihn **Erlangten**. Mit anderen Worten ist „in Natur" (BGH 10. 10. 1996 – III ZR 205/95, NJW 1997, 47, 48) zurückzugewähren. Daraus folgt bei einem „auf Geld" gerichteten Herausgabeanspruch die Notwendigkeit einer Differenzierung nach seinen verschiedenen Erscheinungsformen. Eigentum und Besitz an Geldzeichen ist nach §§ 854 ff, 929 ff BGB herauszugeben. Bei **Bargeld** trifft den Herausgabeschuldner nicht die weitergehende Pflicht, die gleiche Anzahl an Geldeinheiten zu verschaffen (Staudinger/Omlor [2020] § 675u Rn 24; **aA** Staudinger/K Schmidt [1997] Vorbem C3 zu §§ 244 ff). Wurde **Buchgeld** erlangt, ist auch Buchgeld zurückzugewähren (zum Zahlungsdiensterecht Staudinger/Omlor [2020] § 675u Rn 24). Vollzog sich die Erlangung von Geld mittels einer Gutschrift auf einem Zahlungskonto, wäre an sich die Abtretung des korrespondierenden Anspruchs gegen den Zahlungsdienstleister geschuldet (BGH 15. 9. 2005 – III ZR 28/05, NJW 2005, 3709, 3710). Ungeachtet der Einschränkungen, die aus der Kontoführung im Kontokorrent folgen, ist eine Herausgabe durch Rücküberweisung rechtlich gleichwertig. Darin liegt die durch das BGB-Zahlungsdiensterecht ausgestaltete Form für die Herausgabe von Buchgeld, das sich auf einem Zahlungskonto befindet. Erlangte der Herausgabepflichtige **E-Geld** (zB Guthaben auf einer Geldkarte), richtet sich auch darauf der Anspruch aus § 667 BGB. Jedoch besteht der Herausgabeanspruch nur innerhalb des durch das BGB-Zahlungsdiensterecht und durch die auf dessen Grundlage geschlossenen Zahlungsdiensteverträge gesetzten Rahmens. Eine Abtretung von Guthaben auf einer Geldkarte an Dritte sehen die einschlägigen Vertragswerke nicht vor. Die Herausgabe erfolgt daher in zwei Schritten: Der Karteninhaber macht zunächst gegenüber dem Kartenemittenten seinen Auszahlungsanspruch aus §§ 675c Abs 1, 667 Alt 1 BGB geltend (dazu Kümpel WM 1997, 1037, 1038; Tegebauer, Die Geldkarte [2002] 42; vgl aufsichtsrechtlich die Vorgabe aus § 33 Abs 1 S 2 ZAG), um danach das auf diese Weise erlangte Bar- oder Buchgeld seinem Herausgabegläubiger zukommen zu lassen.

B13 Nach dem Inhalt des Herausgabeanspruchs aus § 667 BGB lässt sich dieser **nicht als Geldschuld** einordnen (**aA** Staudinger/Bittner/Kolbe [2019] § 270 Rn 8). Angesichts seiner Gegenstandsorientierung und der damit verbundenen Risikozuweisungen an den Auftraggeber ist er nicht auf eine abstrakte Wertverschaffung gerichtet. Dieser Rechtsnatur trägt der Bundesgerichtshof terminologisch nur unzureichend Rechnung, wenn er die Herausgabepflicht lediglich als nicht „gewöhnliche Geldschuld"

(BGH 14. 7. 1958 – VII ZR 99/57, BGHZ 28, 123, 128; BGH 4. 2. 2000 – V ZR 260/98, BGHZ 143, 373, 378; BGH 6. 12. 2005 – VI ZR 265/04, BGHZ 165, 209 Rn 10) einordnet. Die Spiegelbildlichkeit des Herausgabeanspruchs korrespondiert mit dessen **Verschuldensunabhängigkeit**. Weitergehende Ansprüche gegen den Auftragnehmer setzen entweder eine ausdrückliche gesetzliche Anordnung (zB § 668 BGB) oder ein Verschulden voraus. Schadensersatz wegen Nichtherausgabe oder deren Unmöglichkeit ist nur unter den Voraussetzungen der §§ 280, 281, 283 BGB zu leisten (STAUDINGER/MARTINEK/OMLOR [2017] § 667 Rn 1, 21 mwNw).

(2) Aufrechnung
Ausnahmsweise im Ergebnis wie eine Geldschuld ist die auf Rückgewähr von Bar- oder Buchgeld gerichtete Herausgabepflicht aus § 667 BGB zu behandeln, sofern eine Aufrechnung betroffen ist. Nach **§ 387 BGB** können nur solche Forderungen gegeneinander aufgerechnet werden, die ihrem Gegenstand nach gleichartig sind. Eine solche **Gleichartigkeit** besteht bei Geldschulden untereinander, grundsätzlich nicht aber im Verhältnis von Geldschulden zu sonstigen Schuldinhalten. Stets gleichartig sind lediglich **Geldschulden und wertbezogene Herausgabeansprüche** (OMLOR, Geldprivatrecht [2014] 359). Angesichts der Einordnung der Gleichartigkeit als normatives Tatbestandsmerkmal ist die *ratio legis* der Aufrechnung, ein ineffektives Hin- und Herzahlen zu vermeiden, einzubeziehen. Zudem rechtfertigt der Schutz des verschuldensunabhängig haftenden Auftragnehmers keinen Ausschluss der Aufrechnung. Daher besteht zwischen Geldschulden und Herausgabeansprüchen aus § 667 BGB die für eine Aufrechnung erforderliche Gleichartigkeit (BGH 1. 6. 1978 – III ZR 44/77, BGHZ 71, 380, 382; BGH 4. 3. 1993 – IX 151/92, NJW 1993, 2041, 2042; BGH 15. 9. 2005 – III ZR 28/05, NJW 2005, 3709; BGH 23. 6. 2005 – IX 139/04, NZI 2005, 681 f [implizit]; BGH 17. 1. 2008 – III ZR 320/06 Rn 16, NJW-RR 2008, 556; BGH 12. 10. 2017 – IX ZR 267/16 Rn 16, NJW 2018, 1006; STAUDINGER/MARTINEK/OMLOR [2017] § 667 Rn 20; STAUDINGER/GURSKY [2016] § 387 Rn 84 mwNw; OMLOR, Geldprivatrecht [2014] 359; offen noch BGH 29. 9. 1954 – II ZR 292/53, BGHZ 14, 342, 346). Lediglich aus dem Inhalt des konkreten Auftrags- oder Geschäftsbesorgungsverhältnisses sowie aus dem allgemeinen Grundsatz von Treu und Glauben können sich **Ausnahmen** von der Aufrechenbarkeit ergeben (RG 27. 3. 1939 – IV 275/38, RGZ 160, 52, 60; BGH 29. 9. 1954 – II ZR 292/53, BGHZ 14, 342, 346 f; BGH 1. 6. 1978 – III ZR 44/77, BGHZ 71, 380, 383; GERNHUBER, Die Erfüllung und ihre Surrogate sowie das Erlöschen der Schuldverhältnisse aus anderen Gründen [2. Aufl 1994] § 12 VI 9 c; STAUDINGER/MARTINEK/OMLOR [2017] § 667 Rn 20; OMLOR, Geldprivatrecht [2014] 359).

(3) Verzugszinsen
Eine Gleichstellung des Herausgabeanspruchs aus § 667 BGB mit einer Geldschuld findet auch im Hinblick auf Verzugszinsen statt (zu § 667 Alt 2 BGB im Ergebnis ebenso BGH 15. 9. 2005 – III ZR 28/05, NJW 2005, 3709, 3710; STAUDINGER/FELDMANN [2019] § 288 Rn 11). Die Verzinsungspflicht besteht sowohl im unmittelbaren Anwendungsbereich des § 667 BGB als auch bei einem gesetzlichen Verweis auf das Auftragsrecht (vgl §§ 27 Abs 3, 48 Abs 2, § 675 Abs 1 BGB, § 681 S 2 BGB, § 713 BGB, § 2218 BGB). Der **Begriff der Geldschuld in § 288 Abs 1 BGB** unterliegt einer **teleologischen Extension** und umfasst daher nicht nur Geldschulden im technischen Sinne (ähnlich BGH 12. 10. 2017 – IX ZR 267/16 Rn 15, NJW 2018, 1006). Sinn und Zweck der Regelung ist es, dem Gläubiger die Schadensberechnung zu erleichtern, den er verzugsbedingt erleidet (BGH 15. 9. 2005 – III ZR 28/05, NJW 2005, 3709, 3710). Diese partielle Pauschalisierung erscheint auch im Falle des gegenstandsbezogenen Herausgabeanspruchs aus

B14

B15

§ 667 BGB als interessengerecht. Der Herausgabeschuldner verfügt über Geldmittel, die ihm von der Rechtsordnung wirtschaftlich nicht zugewiesen sind. Eine solche Verzinsungspflicht bezüglich fiduziarischer Geldmittel ist dem Auftragsrecht ausweislich von § 668 BGB keineswegs fremd. Die allgemeine Pflicht zur Zahlung von Verzugszinsen ist demgegenüber dadurch abgemildert, dass § 668 BGB tatbestandlich ohne ein Verschulden des Auftragnehmers auskommt. Die gesetzliche Verzinsungspflicht ist weiterhin auch im Lichte der **Zahlungsverzugsrichtlinie** (Richtlinie 2011/7/EU zur Bekämpfung von Zahlungsverzug im Geschäftsverkehr v 16. 2. 2011 [ABl EU Nr L 48, 1 v 23. 2. 2011]) auszulegen, zumindest soweit deren Anwendungsbereich reicht. Der autonom zu bestimmende Begriff der Geldforderung iSd Zahlungsverzugsrichtlinie (vgl Erwägungsgrund 35 und Art 10 der Richtlinie 2011/7/EU) ist teleologisch durchtränkt und nicht im technischen Sinne der einzelnen Privatrechtsordnungen der Mitgliedstaaten zu interpretieren. Die Gefahren für die Liquidität von Unternehmen und das Bedürfnis nach Fremdfinanzierung (vgl Erwägungsgrund 3 der Richtlinie 2011/7/EU) bestehen gleichermaßen bei Geldschulden im technischen Sinne als auch bei gegenstandsorientierten Herausgabeansprüchen aus § 667 BGB.

bb) Bereicherungsrecht

B16 Ob ein Kondiktionsanspruch nach §§ 812 ff BGB eine Geldschuld entstehen lässt, richtet sich **nach dem jeweiligen Gegenstand der Kondiktion**. Letzterer hängt vom betroffenen Kondiktionstyp ab (im Einzelnen REUTER/MARTINEK, Ungerechtfertigte Bereicherung, Teilband 2 [2. Aufl 2016] 204 ff).

(1) Nichtleistungskondiktionen

B17 Eine Geldschuld begründet die **allgemeine Eingriffskondiktion** aus § 812 Abs 1 S 1 Alt 2 BGB, sofern sie auf Zahlung von Geld und nicht lediglich auf die Eigentumsübertragung an bestimmten Geldzeichen gerichtet ist (OMLOR, Geldprivatrecht [2014] 265). Gleiches gilt für die **Nichtleistungskondiktionen aus §§ 816 Abs 1 S 1, Abs 2 BGB** (STAUDINGER/K SCHMIDT [1997] Vorbem C3 zu §§ 244 ff), die eine Wertverschaffung als Ersatz für den erlittenen Eigentumsverlust, nicht aber die gegenständliche Herausgabe bestimmter Stücke vorsehen (zum Surrogationsgedanken vgl RG 28. 6. 1916 – V 180/16, RGZ 88, 351, 359; BGH 8. 1. 1959 – VII ZR 26/58, BGHZ 29, 157, 159 ff; BGH 11. 10. 1979 – VII ZR 285/78, BGHZ 75, 203, 206; WILBURG AcP 163 [1964] 346, 349; REUTER/MARTINEK, Ungerechtfertigte Bereicherung, Teilband 2 [2. Aufl 2016] 240; ablehnend hingegen vCAEMMERER, in: FS Ernst Rabel [1954] 333, 356 ff; LARENZ, in: FS Ernst von Caemmerer [1978] 209, 228 ff). Auch der **Rechtsfortwirkungsanspruch aus §§ 951 Abs 1 S 1, 812 Abs 1 S 1 Alt 2 BGB** stellt eine Geldschuld dar. Durch Verschaffung eines bestimmten Wertes in Geld soll ein Ausgleich für den nach §§ 946–950 BGB erfolgten Eigentumsverlust gewährt werden. Die fehlende Gegenständlichkeit dieses Anspruchs verdeutlicht auch der Ausschluss in § 951 Abs 1 S 2 BGB.

(2) Leistungskondiktionen

B18 Bei den Leistungskondiktionen richtet sich der Anspruch **primär auf die Herausgabe des Erlangten**. Eine Geldschuld liegt nicht vor (OMLOR, Geldprivatrecht [2014] 264). Auch die Einbeziehung der gezogenen Nutzungen und der Surrogate durch § 818 Abs 1 BGB ändert an dieser Gegenstandsbezogenheit nichts. Erst der **Übergang nach § 818 Abs 2 BGB zu einem Wertersatzanspruch** führt zur Entstehung einer Geldschuld. Hat der Bereicherungsschuldner durch Leistung des Bereicherungsgläubigers Eigentum

Titel 1
Verpflichtung zur Leistung   **Vorbem zu §§ 244–248**

und Besitz an bestimmten Geldzeichen erlangt, so ist er aus der entsprechenden Leistungskondiktion zur Rückübereignung und Rückgabe verpflichtet (allgemein Wilhelm AcP 183 [1983] 1, 10 f; Staudinger/S Lorenz [2007] § 818 Rn 25; **aA** Staudinger/K Schmidt [1997] Vorbem C3 zu §§ 244 ff). Andere Geldzeichen sind nicht Gegenstand der primären Herausgabepflicht. Erst wenn und soweit etwa durch Vermengung der erlangten Geldzeichen deren Herausgabe unmöglich ist, gestaltet sich der Herausgabe- in einen Wertverschaffungsanspruch nach § 818 Abs 2 BGB um. Die Herausgabe von Buchgeld ist demgegenüber wegen der typischen Kontokorrentbindung regelmäßig unmöglich und lässt daher unmittelbar den Wertersatzanspruch nach § 818 Abs 2 BGB entstehen (Wilhelm AcP 183 [1983] 1, 10 f; vgl zur Lastschrift auch Staudinger/Omlor [2020] § 675z Rn 36). Der Anspruch aus der Gutschrift (§§ 780, 781 BGB) ist einer eigenständigen Abtretung entzogen.

(3) Zwangsvollstreckung
Die Differenzierung zwischen den beiden Stadien eines Anspruchs aus Leistungskondiktion – vor und nach Eingreifen des § 818 Abs 2 BGB – zeitigt auch Auswirkungen auf dessen zwangsvollstreckungsrechtliche Durchsetzung (Omlor, Geldprivatrecht [2014] 264). Der **Wertersatzanspruch nach § 818 Abs 2 BGB** unterliegt als Geldschuld einer Vollstreckung **nach §§ 803 ff ZPO**. Gleiches gilt für Geldschulden auf der Grundlage einer Nichtleistungskondiktion. Demgegenüber erfolgt die Vollstreckung des primären Inhalts einer **Leistungskondiktion nach §§ 883 ff ZPO**, sofern er gegenstandsorientiert auf die Verschaffung konkreter Geldzeichen gerichtet ist. Dabei erlangt der Bereicherungs- und Vollstreckungsgläubiger den Besitz über eine Herausgabevollstreckung nach §§ 883, 886 ZPO, das Eigentum unter Rückgriff auf die Fiktionen der §§ 894, 897 Abs 1 ZPO. Ein gutgläubiger Erwerb der betroffenen Geldzeichen vollzieht sich nach § 898 ZPO iVm §§ 932 ff, 935 Abs 2 BGB. Offenbart sich erst nach Erlangung des Titels die Unmöglichkeit der Herausgabe iSv § 818 Abs 2 BGB, so ist der Vollstreckungsgläubiger gehalten, sich einen nunmehr auf Geldzahlung gerichteten Titel zu verschaffen.

e) Kryptowährungen
Verbindlichkeiten auf Leistung von Zahlungs-Token bzw Krytowährungen (zum Begriff vgl Rn A193a) stellen nur dann eine Geldschuld dar, wenn die zu leistende Einheit als **Geld im Rechtssinne** (vgl Vorbem A83a ff zu §§ 244-248) einzuordnen ist. Handelt es sich bei den geschuldeten Zahlungs-Token nicht um Geld im Rechtssinn, ist das Geldschuldrecht nicht anwendbar (Omlor JZ 2017, 754, 761; **aA** Kuhlmann CR 2014, 691, 695; Beck NJW 2015, 580, 585; BeckOGK/Freitag [1. 4. 2020] § 244 Rn 28). Dabei handelt es sich nicht um eine schlichte Förmelei um gesetzlich nicht definierte Begriffe, sondern um eine **Auslegung des Geldschuldrechts nach Sinn und Zweck**. Den Besonderheiten des Geldschuldrechts gegenüber dem Schuldrecht von Nicht-Geldschulden wollen sich die Parteien typischerweise nur unterwerfen, wenn der Leistungsgegenstand die Geldfunktionen erfüllt. Handelt es sich nicht um ein neutrales Universaltauschmittel, bedarf es zusätzlicher Anhaltspunkte, um beispielsweise die geldschuldrechtliche Risikoverteilung beim Geldtransport zu rechtfertigen. Die Parteien können vertraglich zugunsten einer Anwendbarkeit des Geldschuldrechts über seinen eigentlichen Anwendungsbereich hinaus optieren. Eine solche Willensäußerung darf jedoch nicht pauschal unterstellt werden, vielmehr bedarf es konkreter Anhaltspunkte. Fehlt es an der Geldeigenschaft des Leistungsgegenstands, kann das Geldschuldrecht aber dennoch **analog** auf Verbindlichkeiten in Zahlungs-Token anwendbar sein. Es bedarf

II. Die Geldschuld im BGB

1. Rechtzeitigkeit der Leistung

B20 Die Geldschuld ist als durch § 270 Abs 4 BGB **modifizierte Bringschuld** einzuordnen (LG Saarbrücken 17. 5. 2010 – 5 T 142/10, NJOZ 2010, 2529, 2530; LG Lüneburg 9. 4. 2014 – 6 S 10/14; LG Freiburg 28. 4. 2015 – 9 S 109/14, NJOZ 2015, 960; AG Kassel 4. 1. 2010 – 453 C 4954/09, NZM 2011, 856; Herresthal ZGS 2008, 259, 260 f; Herresthal NZM 2011, 833, 837 ff; Gsell GPR 2008, 165, 169 ff; Staudinger/Omlor [2020] § 675f Rn 37; Freitag AcP 213 [2013] 128, 166; Oelsner NJW 2013, 2469, 2471; Staudinger/Bittner/Kolbe [2019] § 270 Rn 3 f; Einsele, Bank- und Kapitalmarktrecht [4. Aufl 2018] § 6 Rn 129; Omlor, Geldprivatrecht [2014] 322 ff; Schmieder, in: Schimansky/Bunte/Lwowski [Hrsg], Bankrechts-Handbuch [5. Aufl 2017] § 49 Rn 196; wohl auch OLG Jena 11. 5. 2011 – 2 U 1000/10, NJOZ 2012, 481, 482 f; Staudinger/Feldmann [2019] § 286 Rn 117; schon vor Inkrafttreten der Zahlungsverzugsrichtlinie Schön AcP 198 [1998] 401, 442 ff; K Schmidt, in: Martinek/Sellier [Hrsg], Staudinger-Symposion [1998] 76, 83 ff; Langenbucher, Die Risikozuordnung im bargeldlosen Zahlungsverkehr [2001] 43 ff; offen OLG Köln 12. 3. 2009 – 18 U 101/08; OLG Karlsruhe 9. 4. 2014 – 7 U 177/13, WM 2014, 1422, 1423; **aA** BGH 5. 10. 2016 – VIII ZR 222/15 Rn 28 ff, BGHZ 212, 140 [zur Mietzahlung von Verbrauchern]; OLG Hamm 23. 9. 2014 – 32 SA 59/14, MDR 2014, 1247 f; Krafka MittBayNot 2011, 459, 461; Schwab NJW 2011, 2833, 2334 ff; Nobbe, in: Schimansky/Bunte/Lwowski [Hrsg], Bankrechts-Handbuch [5. Aufl 2017] § 60 Rn 295; Weller/Harms WM 2012, 2305, 2307; tendenziell auch Heyers JZ 2012, 398, 403). Gleiches gilt für auf Leistung von **Zahlungs-Token**, die nicht Geld im Rechtssinne darstellen (vgl Vorbem A83c zu §§ 244-248), gerichtete Verbindlichkeiten (Omlor ZHR 183 [2019] 294, 321).

a) Traditionelle Einordnung als qualifizierte Schickschuld

B21 Nach der traditionellen Gegenansicht (stellvertretend RG 26. 5. 1909 – VII 333/08, Das Recht 1909 Nr 2231; RG 11. 1. 1912 – VI 480/10, RGZ 78, 137, 139 f; BGH 15. 4. 1959 – V ZR 21/58, NJW 1959, 1176; BGH 5. 12. 1963 – II ZR 219/62, NJW 1964, 499; BGH 7. 10. 1965 – II ZR 120/63, BGHZ 44, 178, 179 f; BGH 11. 2. 1998 – VIII ZR 287-97, NJW 1998, 1302; Simitis AcP 159 [1960] 406, 454; Helbig, Die Giroüberweisung, deren Widerruf und Anfechtung nach deutschem und schweizerischem Recht [1970] 92 f; Heermann, Geld und Geldgeschäfte [2003] § 3 Rn 58), die der VIII. Zivilsenat des BGH für die Mietzahlung von Verbrauchern weiterhin vertritt (BGH 5. 10. 2016 – VIII ZR 222/15, BGHZ 212, 140 Rn 28 ff), handelt es sich bei der Geldschuld um eine **qualifizierte Schickschuld**. Leistungsort sei der Wohn-/Geschäftssitz des Schuldners. Dort habe er die je nach Zahlungsmethode gebotene Leistungshandlung rechtzeitig vorzunehmen. Der Schickschuldcharakter zeige sich an der charakteristischen Aufspaltung zwischen Leistungs- und Erfolgsort (vgl §§ 270 Abs 4, 269 BGB). Der Erfolgsort liege am Wohn-/Geschäftssitz des Gläubigers. Die Kosten- und Gefahrtragung zulasten des Geldgläubigers nach § 270 Abs 1 BGB qualifiziere die Geldschuld als eigenen Schuldtyp. Für die Rechtzeitigkeit der Leistung komme es zudem allein auf die Vornahme der gebotenen Leistungshandlung, nicht aber auf den Eintritt des Erfolgs an.

B22 Die Einstufung der Geldschuld als qualifizierte Schickschuld hat zur Folge, dass das **Verzögerungsrisiko durch den Geldgläubiger zu tragen** ist. Benötigt der vom Geldschuldner eingesetzte Dienstleister für den Transport des Geldes zum Geldgläubiger eine besonders lange Zeitspanne, so entsteht dem Geldschuldner dadurch kein Nachteil. Für den Geldgläubiger hingegen treten Unsicherheiten auf, da er nicht fest mit dem Geldeingang zu einem bestimmten Zeitpunkt planen kann. Eine erhebliche praktische Relevanz kommt dieser Privilegierung des Geldschuldners namentlich bei der Versendung von Bargeld oder Schecks per Post zu; die fristgemäße Absendung solle in diesen Fällen genügen, wobei der Scheck später eingelöst werden müsse (BGH 7. 10. 1965 – II ZR 120/63, BGHZ 44, 178, 180). **Bei bargeldlosen Zahlungen** mittels eines Zahlungsdienstes iSd § 675c Abs 1 BGB (zum Begriff vgl STAUDINGER/OMLOR [2020] § 675c Rn 11 ff) **entschärft** sich die Problematik für den Geldgläubiger **durch die kurzen Ausführungsfristen** aus § 675s Abs 1 BGB. Allerdings stellt die Vorschrift lediglich Pflichten im zahlungsdiensteverträglichen Deckungsverhältnis zwischen Geldschuldner und seinem Zahlungsdienstleister auf. Folgeansprüche bei Verletzung der Fristen aus § 675s Abs 1 BGB stehen lediglich dem Geldschuldner aus § 675y BGB und §§ 280 Abs 1 und 2, 286 BGB zu (im Einzelnen STAUDINGER/OMLOR [2020] § 675s Rn 17 f). Konkret genüge bei einer Überweisung die **Übermittlung des Zahlungsauftrags innerhalb der Zahlungsfrist an den sendenden Zahlungsdienstleister**, sofern das zu belastende Zahlungskonto eine hinreichende Deckung aufwiese (GRUNDMANN WM 2000, 2269, 2283; vWESTPHALEN BB 2000, 157; WEBER, Recht des Zahlungsverkehrs [4. Aufl 2004] 29 ff).

b) Geldschuld als modifizierte Bringschuld

Unter Berücksichtigung der Vorgaben der **Zahlungsverzugsrichtlinie** (Richtlinie 2011/7/EU zur Bekämpfung von Zahlungsverzug im Geschäftsverkehr v 16. 2. 2011 [ABl EU Nr L 48, 1 v 23. 2. 2011]) lässt sich die traditionelle Ansicht zur qualifizierten Schickschuld nicht mehr aufrechterhalten. Dem seinerseits leistungstreuen Geldgläubiger sollen nach Art 3 Abs 1 lit b der Zahlungsverzugsrichtlinie bereits dann Verzugszinsen zustehen, wenn er den geschuldeten Betrag nicht rechtzeitig erhalten hat. In diesem Sinne äußert sich auch Erwägungsgrund 17 der Zahlungsverzugsrichtlinie, wonach der **Geldgläubiger innerhalb der Frist über den Geldbetrag verfügen** muss. Entsprechend hat der Europäische Gerichtshof (EuGH 3. 4. 2008 – Rs C-306/06 [*01051 Telecom*] ECLI:EU:C:2008:187, Rn 21 ff) zur Vorgängerregelung entschieden, dass im geschäftlichen Verkehr zwischen Unternehmern auf den Erhalt des Geldbetrags durch den Geldgläubiger abzustellen ist (insoweit zustimmend auch SCHWAB NJW 2011, 2833, 2838). Das Sekundärrecht zwingt allerdings nur innerhalb ihres auf den Geschäftsverkehr iSd Art 2 Nr 1 der Zahlungsverzugsrichtlinie begrenzten Anwendungsbereichs zu einer Neuausrichtung des deutschen Geldschuldrechts. **B23**

Allerdings erscheint eine **vollständige Abkehr** von der Figur der qualifizierten Schickschuld über den durch die Zahlungsverzugsrichtlinie harmonisierten Bereich hinaus geboten (OMLOR, Geldprivatrecht [2014] 322 f mwNw). Eine **Aufspaltung des nationalen Geldschuldrechts**, je nach Beteiligung eines Verbrauchers, gefährdete dessen systematische Stimmigkeit. Dem BGB ist eine solche Differenzierung fremd (STAUDINGER/OMLOR [2020] § 675f Rn 37). Die Regeln zur Rechtzeitigkeit einer Geldleistung sollten unabhängig davon eingreifen, ob nur Unternehmer oder auch Verbraucher am betroffenen Geschäft beteiligt sind (SCHWAB NJW 2011, 2833, 2334). Hierfür spricht auch die **Gesetzgebungsgeschichte zu § 270 BGB**. Der historische Gesetzgeber wollte durch § 270 Abs 4 BGB lediglich verhindern, dass über § 29 ZPO ein Gerichtsstand am Wohn-/Geschäftssitz des Geldgläubigers begründet wird (LANGENBUCHER, Die Risikozuordnung im bargeldlosen Zahlungsverkehr [2001] 44). Die Verlust- und Verzögerungs- **B24** gefahr sollte hingegen nicht auf den Geldgläubiger verlagert werden (Prot II 306; ausführlich zur Entstehungsgeschichte GROTHE, Fremdwährungsverbindlichkeiten [1999] 471 ff). Keinesfalls führt die Annahme einer modifizierten Bringschuld in Widerspruch zu §§ 12, 13 ZPO zu einem allgemeinen Klägergerichtsstand am Wohn-/Geschäftssitz des Geldgläubigers (**aA** OLG Hamm 23. 9. 2014 – 32 SA 59/14, MDR 2014, 1247, 1248). Die Modifikation zu den allgemeinen Regeln der Bringschuld führt auf der Grundlage von § 270 Abs 4 BGB bei Geldschulden dazu, dass § 29 ZPO weiterhin unangewendet und der entsprechende **Gerichtsstand am Wohn-/Geschäftssitz des Schuldners** bleibt (STAUDINGER/BITTNER/KOLBE [2019] § 270 Rn 2).

B25 Die Charakterisierung der Geldschuld als durch § 270 Abs 4 BGB modifizierte Bringschuld fügt die Vorgaben der Zahlungsverzugsrichtlinie und der §§ 269, 270 BGB zu einem konsistenten Regelungsgefüge zusammen. Dogmatische Zwitterwesen wie die qualifizierte Schickschuld, die zwischen Schick- und Bringschuld zu verorten war (GROTHE, Fremdwährungsverbindlichkeiten [1999] 470 f), werden vermieden. Zudem befindet sich das BGB-Geldschuldrecht nunmehr im **Einklang mit zahlreichen ausländischen Privatrechtsordnungen**, welche die Geldschuld ebenfalls im Zweifel als Bringschuld einordnen (HEYERS JZ 2012, 398, 400). Auch Art 6.1.6(1)(a) **Unidroit Principles 2016** sieht den Geldschuldner in Ermangelung abweichender Vereinbarungen als verpflichtet an, den Geldbetrag zum Geschäftssitz des Geldgläubigers zu verbringen. Noch weitergehend ordnet Art 57 Abs 1 lit a **CISG** die Geldschuld nicht nur als Bringschuld ein, sondern kann über § 29 ZPO auch zu einer Verlagerung des Gerichtsstands zum Geschäftssitz des Geldgläubigers führen (STAUDINGER/MAGNUS [2018] Art 57 CISG Rn 20). Allerdings führt Art 7 Nr 1 EuGVVO (Verordnung [EU] Nr 1215/2012 über die gerichtliche Zuständigkeit und die Anerkennung und Vollstreckung von Entscheidungen in Zivil- und Handelssachen v 12. 12. 2012 [ABl EU Nr L 351, 1 v 20. 12. 2012]) in seinem Anwendungsbereich letztlich auch für CISG-Geldschulden zu einer Einstufung als modifizierte Bringschulden, da die internationale Zuständigkeit für den CISG-Kaufpreisanspruch am Erfüllungsort der Lieferverpflichtung liegt (vgl EuGH 25. 2. 2010 – Rs C-381/08 [*Car Trim GmbH/KeySafety Systems Srl*] ECLI:EU:C:2010:90, Rn 50; BGH 23. 6. 2010 – VIII ZR 135/08 Rn 19, BGHZ 186, 81).

B26 Weiterhin bewirkt die Einordnung als modifizierte Bringschuld eine **angemessene Risikoverteilung zwischen Geldschuldner und -gläubiger** (OMLOR, Geldprivatrecht [2014] 323 f). Namentlich gilt es zu berücksichtigen, dass der Geldschuldner ohne Mitwirkung des Geldgläubigers die Hilfspersonen auszuwählen vermag, die für ihn den Transport des Geldes übernehmen. Der Einflussbereich des Geldgläubigers beginnt erst dann, wenn der Geldbetrag bei ihm selbst oder einer von ihm ausgewählten Stelle eingegangen ist. Bei bargeldlosen Zahlungsvorgängen ist diese zeitliche Schwelle überschritten, wenn und soweit der Geldbetrag auf dem Konto des empfangenden Zahlungsdienstleisters eingeht (vgl §§ 675s Abs 1 S 1, 675t Abs 1 S 1 BGB). Hinsichtlich von zuvor auf dem Übermittlungsweg eingetretenen Störungen oder Verzögerungen ist der **Geldschuldner in der besseren Position zur Risikokontrolle und -beherrschung**. Mit dem sendenden Zahlungsdienstleister verbindet ihn ein Zahlungsdienstevertrag, der dem Schuldner als Geschäftsherrn ein geschäftsbesorgungsrechtliches Weisungsrecht (§§ 675c Abs 1, 665 BGB) einräumt. Verletzt der sendende Zahlungsdienstleister seine Nebenpflicht zur fristgemäßen Ausführung des Zahlungsauftrags, so trifft ihn im Deckungsverhältnis eine Schadensersatzpflicht nach §§ 280 Abs 1 und 2, 286 BGB; der Anspruch wird durch § 675z S 2 bis 6 BGB modifiziert.

Infolge der Relativität der Schuldverhältnisse stehen dem Geldgläubiger keine vertraglichen Ansprüche unmittelbar gegen den sendenden Zahlungsdienstleister oder etwaig eingeschaltete Zwischenstellen im Interbankenverhältnis zu. Stattdessen kann der Geldgläubiger im **Valutaverhältnis** vom Geldschuldner Ersatz des **Verzögerungsschadens** verlangen (§§ 280 Abs 1 und 2, 286 BGB). Der Geldschuldner hat sich dabei das Verschulden seines Zahlungsdienstleisters nach § 278 BGB zurechnen zu lassen, soweit dieser noch in Erfüllung der Übermittlungspflichten tätig wird, dh bis zum Eingang auf dem Konto des empfangenden Zahlungsdienstleisters. Das Verschulden von zwischengeschalteten Stellen aus dem Interbankenverhältnis rechnet § 675z S 3 BGB grundsätzlich dem sendenden Zahlungsdienstleister zu; ansonsten steht dem Geldschuldner ein direkter Schadensersatzanspruch gegen die Zwischenstelle zu (§ 675z S 4 BGB iVm §§ 280 Abs 1 und 2, 286 BGB). Die Pflicht zum Ersatz des Verzögerungsschadens im Valutaverhältnis besteht hingegen nicht, wenn dem Geldschuldner kein Verschulden in Bezug auf die Verzögerung zur Last fällt (§ 286 Abs 4 BGB; unberücksichtigt von BGH 5. 10. 2016 – VIII ZR 222/15 Rn 36, BGHZ 212, 140). Hat er den Geldbetrag unter Rückgriff auf einen zuverlässigen Zahlungsdienstleister so rechtzeitig auf den Weg gebracht, dass erfahrungsgemäß mit einem fristgemäßen Zahlungseingang beim Geldgläubiger gerechnet werden durfte, trifft den Geldschuldner bezüglich einer dennoch eingetreten Verzögerung kein Verschulden. Daran hat die Zahlungsverzugsrichtlinie 2011/7/EU ausweislich der Ausnahmeregelung in ihrem Art 3 Abs 1 lit b („es sei denn, dass der Schuldner für den Zahlungsverzug nicht verantwortlich ist") nichts geändert (EuGH 3. 4. 2008 – C-306/06 [*01051 Telecom*] ECLI:EU:C:2008:187, Rn 30). Im wirtschaftlichen Ergebnis lässt sich der auf Seiten des Geldgläubigers entstandene Schaden an den tatsächlichen Verursacher weiterreichen, sofern keine Exkulpation eingreift. **B27**

c) Vertragliche Sonderabreden

Die durch §§ 269, 270 BGB im Lichte von Art 3 Abs 1 lit d der Zahlungsverzugsrichtlinie 2011/7/EU erfolgte Ausgestaltung der Geldschuld als modifizierte Bringschuld unterliegt der Disposition der Parteien im Valutaverhältnis. Eine abweichende Vereinbarung beinhaltet namentlich eine **Lastschriftabrede**. Bei ihr handelt es sich um eine Nebenabrede zu den Erfüllungsmodalitäten, welche die Lastschrift als Zahlungsmethode zulässt (Weber, Recht des Zahlungsverkehrs [4. Aufl 2004] 162 ff). Durch die Lastschriftabrede wird die Geldschuld zu einer **Holschuld** umgestaltet (BGH 7. 12. 1983 – VIII ZR 257/82, NJW 1984, 871, 872; BGH 10. 6. 2008 – XI ZR 283/07 Rn 24, BGHZ 177, 69; BGH 20. 7. 2010 – XI ZR 236/07 Rn 26, BGHZ 186, 269; BGH 29. 1. 2016 – V ZR 97/15 Rn 11, NJW-RR 2016, 714; BGH 29. 1. 2016 – V ZR 97/15 Rn 11, NJW-RR 2016, 714; BVerwG 24. 6. 1999 – 5 C 22/98, NVwZ 2000, 79, 80; OLG Koblenz 12. 11. 1993 – 2 U 366/92, NJW-RR 1994, 689, 691; Hadding WM 1978, 1366, 1379; Staudinger/Omlor [2020] § 675f Rn 64 f; Omlor, Geldprivatrecht [2014] 325; Staudinger/Beckmann [2014] § 433 Rn 179; Ellenberger, in: Schimansky/Bunte/Lwowski [Hrsg], Bankrechts-Handbuch [5. Aufl 2017] § 58 Rn 182; **aA** Schön AcP 198 [1998] 401, 446 f). Bei der Lastschrift als rückläufiger Überweisung (BGH 28. 2. 1977 – II ZR 52/75, BGHZ 69, 82, 84; Hadding/Häuser ZHR 145 [1981] 138, 156; Rottnauer WM 1995, 272; van Gelder WM 2001, Sonderbeilage Nr 7, S 2 ff; Langenbucher, Die Risikozuordnung im bargeldlosen Zahlungsverkehr [2001] 183 ff; Meder JZ 2005, 1089) bzw „*Pull-Zahlung*" fällt dem Geldgläubiger die Initiativlast zu. Auch wenn die Autorisierung iSd § 675j Abs 1 BGB (notwendigerweise) durch den Geldschuldner erfolgt, so „stößt" die tatsächliche Durchführung des Zahlungsvorgangs der Geldgläubiger „an". Der **Geldschuldner** hat das seinerseits Erforderliche getan, wenn er die vorherige (vgl zur Ersetzung der Genehmigungs- durch die Ein- **B28** willigungstheorie im Einzugsermächtigungsverfahren Omlor NJW 2012, 2150, 2151) **Autorisierung** erteilt **und** für eine **hinreichende Kontodeckung** im Belastungszeitpunkt sorgt (Omlor, Geldprivatrecht [2014] 325).

B29 Abweichungen zur gesetzlichen Ausgestaltung der Geldschuld als modifizierte Bringschuld können sich auch aus einer **Skontoabrede** ergeben. In einer solchen ist ein aufschiebend bedingter Teilerlass (§§ 397 Abs 1, 158 Abs 1 BGB) der Geldschuld enthalten, sofern bestimmte Zahlungsfristen eingehalten werden (vgl BGH 11. 2. 1998 – VIII ZR 287 – 97, NJW 1998, 1302; OLG Karlsruhe 19. 2. 2013 – 4 U 96/12, NJW-RR 2013, 855; Pauly NZBau 2013, 198 mwNw). Anders als bei einer Lastschriftabrede lässt sich aus der Existenz einer Skontoabrede allerdings nicht folgern, dass nach dem Parteiwillen vom Grundfall der modifizierten Bringschuld abgewichen werden soll (**aA** OLG Stuttgart 6. 3. 2012 – 10 U 102/11, NJW 2012, 2360, 2363 f). Vielmehr bedarf es einer Auslegung der vertraglichen Vereinbarung unter Berücksichtigung aller Umstände des Einzelfalls (Omlor, Geldprivatrecht [2014] 324). Lässt sich ein Abweichungswille der Parteien nicht hinreichend sicher feststellen, so bleibt es **im Regelfall** bei der gesetzlichen Regel einer **modifizierten Bringschuld** (ebenso OLG Saarbrücken 20. 8. 1997 – 1 U 14/97/17, NJW-RR 1998, 1664, 1665 zur qualifizierten Schickschuld). Der Grund hierfür liegt im **typischen Parteiwillen**, auf dem eine Skontoabrede beruht. Deren Parteien zielen auf einen raschen und reibungslosen Liquiditätszufluss an den Geldgläubiger ab (BGH 11. 2. 1998 – VIII ZR 287 – 97, NJW 1998, 1302). Dieser Zielsetzung wird der Bringschuldcharakter der Geldschuld in besonderer Weise gerecht, da er den Geldgläubiger, der bei einer Skontoabrede als Gegenleistung auf einen Teil seiner Forderung verzichtet, einen planbaren und sicheren Zugriff auf die Geldmittel erlaubt (ähnlich Pauly NZBau 2013, 198, 200). Es bedarf also **greifbarer Anhaltspunkte**, um ausnahmsweise eine schuldnerfreundliche Schickschuld annehmen zu können. Allein aus der interpretationsoffenen Klausel, Skonto werde bei einer „Schlusszahlung innerhalb von zwölf Werktagen nach Rechnungseingang" gewährt, lässt sich nicht ableiten, dass als Zahlung in diesem Sinne bereits die Leistungshandlung des Geldschuldners zu verstehen sei (**aA** OLG Stuttgart 6. 3. 2012 – 10 U 102/11, NJW 2012, 2360, 2362 f). Unter einer Zahlung kann sprachlich sowohl die Leistungshandlung als auch der -erfolg verstanden werden.

2. Gefahr-, Risiko- und Kostentragung

a) Leistungs- und Erfolgsort nach § 270

B30 Der Charakter der Geldschuld als modifizierte Bringschuld weist die Kosten und Gefahr der Geldübermittlung grundsätzlich dem Schuldner zu. Die gesetzliche Grundlage hierfür bildet § 270 Abs 1 bis 3 BGB. Geld „reist" (BGH 15. 4. 1959 – V ZR 21/58, NJW 1959, 1176) insofern auf Kosten und Gefahr des Geldschuldners. Der Zahlungsort iSd § 270 BGB, dh der **Erfolgsort**, liegt bei Geldschulden als modifizierten Bringschulden grundsätzlich am **Wohn-/Geschäftssitz des Gläubigers** (LG Saarbrücken 17. 5. 2010 – 5 T 142/10, NJOZ 2010, 2529, 2530). Der sachliche Anwendungsbereich von § 270 BGB richtet sich nicht danach, welche Erscheinungsform des Geldes – Bar- oder Buchgeld – zum Einsatz kommt (statt aller BAG 1. 12. 1992 – 1 AZR 260/92, NZA 1993, 711, 713; Schön AcP 198 [1998] 401, 445; Heermann, Geld und Geldgeschäfte [2003] § 3 Rn 53; Staudinger/Bittner/Kolbe [2019] § 270 Rn 15 ff). § 270 gilt zudem sowohl für Geldwert- als auch Geldsummenschulden (Omlor, Geldprivatrecht [2014] 333). Auch Zahlungs-Token sind unabhängig von ihrer Geldeigenschaft wie Geld am identischen Leistungs- und Erfolgsort zu transferieren (Omlor ZHR 183 [2019] 294, 323). Unerheblich ist weiterhin, ob Gläubiger und Schuldner ihren Wohn-/Geschäftssitz innerhalb derselben politischen Gemeinde haben (RG 11. 1. 1912 – VI 480/10, RGZ 78, 137, 140 f; BGH 15. 4. 1959 – V ZR 21/58, NJW 1959, 1176). Die Anwendbarkeit des § 270 BGB sowohl auf das **Platz- als auch** das **Distanzgeschäft** gründet bereits darauf, dass im Falle einer Bringschuld sowohl Leistungs- als auch Erfolgsort am Wohn-/Geschäftssitz des Gläubigers liegen und derjenige des Schuldners ohne Relevanz bleibt.

Keine Anwendung findet § 270 BGB grundsätzlich auf Geldschulden, die aus einem **Kondiktionsanspruch** resultieren (Sieveking MDR 1947, 291, 292; Omlor, Geldprivatrecht [2014] 334). Die speziellere Regelung findet sich insofern im Entreicherungseinwand des § 818 Abs 3 (im Ergebnis ebenso K Schmidt, in: Martinek/Sellier [Hrsg], Staudinger-Symposion [1998] 76, 94). Tritt auf dem Transportweg ein teilweiser oder vollständiger Verlust des Geldes ein, so realisiert sich das grundsätzlich dem Bereicherungsgläubiger zugewiesene Entreicherungsrisiko. Gleiches gilt für die Kosten des Transports. Die gegenteilige gläubigerfreundliche Wertung des § 270 BGB hat insofern unberücksichtigt zu bleiben. Umgekehrt verhält sich die Risikoverteilung hingegen bei einer **verschärften Haftung** des Bereicherungsschuldners nach §§ 818 Abs 4, 819 BGB (Staudinger/Bittner/Kolbe [2019] § 270 Rn 9 mwNw). Auch § 270 BGB gehört zu den allgemeinen Vorschriften iSd § 818 Abs 4 BGB. In der Folge trägt der Bereicherungs- und Geldschuldner die Kosten und die Gefahr der Geldübermittlung an den Gläubiger.

B31

Herausgabeansprüche, die mittelbar (§§ 675 Abs 1, 675u S 2-5, 681 S 2, § 384 Abs 2 HS 2 HGB) oder unmittelbar auf **§ 667 BGB** beruhen, begründen wegen ihrer Gegenstandsbezogenheit keine Geldschulden (s o Rn B11). Daher findet **§ 270 BGB** auf den Herausgabeanspruch aus **§ 667 BGB keine Anwendung** (RG 13. 10. 1880 – I 330/80, RGZ 2, 116, 118; RG 12. 12. 1888 – I 278/88, RGZ 23, 96, 103; BGH 14. 7. 1958 – VII ZR 99/57, BGHZ 28, 123, 128; BGH 4. 2. 2000 – V ZR 260/98, BGHZ 143, 373, 378; BGH 15. 9. 2005 – III ZR 28/05, NJW 2005, 3709, 3710; AG Frankfurt aM 3. 12. 1947 – 3/1 C 763/47, NJW 1949, 111, 112; Coing JZ 1970, 245, 246; differenzierend hingegen noch Omlor, Geldprivatrecht [2014] 334). Allerdings ergeben sich Ausnahmen aus der „Natur des Geschäfts" (RG 13. 10. 1880 – I 330/80, RGZ 2, 116, 118; RG 12. 12. 1888 – I 278/88, RGZ 23, 96, 103), dh aus der gesetzlichen oder vertraglichen **Risikoverteilung** (Omlor, Geldprivatrecht [2014] 334). Diese rechtfertigt die höchstrichterliche Rechtsprechung, wenn sie aus § 667 BGB zumindest „keine gewöhnliche Geldschuld" (BGH 14. 7. 1958 – VII ZR 99/57, BGHZ 28, 123, 128; BGHZ 143, 373, 378; BGH 21. 12. 2005 – III ZR 9/05 Rn 19, BGHZ 165, 298) ableiten will. Durch den auftrags- und geschäftsbesorgungsrechtlichen Herausgabeanspruch soll das Vermögen des Schuldners unangetastet bleiben (BGH 14. 7. 1958 – VIII ZR 99/57, BGHZ 28, 123, 128; BGH 4. 2. 2000 – V ZR 260/98, BGHZ 143, 373, 378). Bei einem unverschuldeten Untergang in der Herrschaftssphäre des Herausgabeschuldners tritt Unmöglichkeit (§ 275 Abs 1 BGB) ein (BGH 20. 11. 1981 – V ZR 155/80, BGHZ 82, 292, 296), ohne dass eine Schadensersatzhaftung entstünde (Staudinger/Martinek/Omlor [2017] § 667 Rn 17a). Eine gleichartige Risikoverwirklichung außerhalb seines Herrschaftsbereichs kann nicht zu anderen Rechtsfolgen führen. Daher trägt der Herausgabegläubiger in Abweichung von § 269 BGB (zur Einordnung als Holschuld vgl Staudinger/Martinek/Omlor [2017] § 667 Rn 17a) das Risiko eines zufälligen Untergangs auf dem Transportweg (im Ergebnis zu Art 325 ADHGB ebenso RG 13. 10. 1880 – I 330/80, RGZ 2, 116, 118; RG 12. 12. 1888 – I 278/88, RGZ 23, 96, 103). Die Transportgefahr trägt demgegenüber bei einer Herausga-

B32

be bestimmungswidrig eingesetzter Geldmittel der Herausgabeschuldner (Omlor, Geldprivatrecht [2014] 334).

B33 Da die Einordnung als modifizierte Bringschuld der **Disposition der Parteien** unterliegt, können diese von den gesetzlichen Regelungen in §§ 269, 270 BGB abweichen. Bei Lastschriftzahlungen formt die Lastschriftabrede die Geldschuld im Valutaverhältnis zu einer Holschuld um (s o Rn A28). Auf Grund einer Scheckzahlungsabrede liegt ab dem Moment der Entgegennahme des Schecks durch den Gläubiger eine Holschuld vor (Nobbe, in: Schimansky/Bunte/Lwowski [Hrsg], Bankrechts-Handbuch [5. Aufl 2017] § 60 Rn 266 mwNw). Entsprechendes gilt wegen Art 38 WG auch für die Hingabe eines Wechsels (BGH 30. 10. 1985 – VIII 251/84, BGHZ 96, 182, 193). Auch in Allgemeinen Geschäftsbedingungen kann wirksam die gesetzliche Einordnung als modifizierte Bringschuld abbedungen werden (BGH 2. 10. 2002 – VIII ZR 163/01, NJW-RR 2003, 192, 193 f). Jedoch unterliegen solche Klauseln einer Wirksamkeitskontrolle nach §§ 305c, 307 Abs 1, Abs 2 Nr 1 BGB. Eine **gesetzliche Sonderregel** bezüglich des Zahlungsorts stellt § 1194 BGB für die Zahlung des Kapitals, der Zinsen und andere Nebenleistungen einer **Grundschuld** auf. Mangels abweichender vertraglicher Regelung befindet sich der Zahlungsort nicht am Wohn-/Geschäftssitz des Gläubigers, sondern am Sitz des Grundbuchamts. Im Lichte der Zahlungsverzugsrichtlinie 2011/7/EU (dazu s o Rn B23) erscheint es geboten, auch insofern für die Rechtzeitigkeit der Leistung auf Eintritt des Zahlungserfolgs abzustellen (Staudinger/Wolfsteiner [2019] § 1194 Rn 2 mwNw). Damit geht einher, dass der Leistungs- und der Erfolgsort nach § 1194 BGB im Zweifel am Sitz des Grundbuchamts liegen. Schließlich stuft § 224 Abs 2 Nr 1 und 2 AO **Steuerschulden**, die mit Euro-Bargeld, auf inländische Banken gezogene Schecks in Euro, Überweisung oder Einzahlung auf ein Zahlungskonto der Finanzbehörde getilgt werden, als Bringschulden ein. Lastschriftzahlungen im Einzugsermächtigungsverfahren behandelt § 224 Abs 2 Nr 3 AO hingegen als Holschulden.

b) Gefahrübergang

B34 Die Gefahr eines zufälligen Untergangs des Geldes geht grundsätzlich erst im **Zeitpunkt der Erfüllung auf den Geldgläubiger** über (Wiese NJW 2006, 1569, 1570 f; Omlor, Geldprivatrecht [2014] 336). Ein früherer Erfüllungszeitpunkt kann aus einer Analogie zu § 300 Abs 2 BGB (s u Rn B36) oder den Besonderheiten des eingesetzten bargeldlosen Zahlungsverfahrens (s u Rn B95 f), nicht aber aus der nicht auf Geldschulden anwendbaren Vorschrift des § 243 Abs 2 BGB (s u Rn B35) folgen.

aa) Zeitliche Vorverlagerung durch Aussonderung

B35 Keine Anwendung auf Geldschulden findet § 243 Abs 2 BGB (OLG Hamburg MDR 1948, 346; Isele AcP 129 [1928] 129, 175; Falcke, Geld – Wert oder Sache? [1951] 32; K Schmidt JuS 1984, 737, 742; Martens JuS 2014, 105, 108; Omlor, Geldprivatrecht [2014] 341; **aA** LG Lüneburg 18. 9. 1950 – IV 37/50, NJW 1950, 764, 765 f; Rötelmann NJW 1950, 782). Bei Geldschulden handelt es sich nicht um Gattungsschulden (s o Rn B7). Aber auch der Rechtsgedanke des § 243 Abs 2 BGB lässt sich nicht auf Geldschulden übertragen (**aA** Simitis AcP 159 [1960] 406, 446 f; ähnlich LG Lüneburg 18. 9. 1950 – IV 37/50, NJW 1950, 764, 765 f). Eine Konkretisierung iSd § 243 Abs 2 BGB (analog) tritt nicht ein, wenn der Schuldner eine abgrenzbare Menge von Geldzeichen bereitstellt. Systematisch wird § 243 Abs 2 BGB **durch den spezielleren § 270 BGB verdrängt** (OLG Hamburg MDR 1948, 346; Medicus JuS 1966, 297, 305), ohne dass ein Bedürfnis für Ausnahmen bestünde (Staudinger/ K Schmidt [1997] Vorbem C10 zu §§ 244 ff; **aA** Medicus JuS 1966, 297, 305). Eine angemessene

Gefahrtragung im Fall einer verzögerten Mitwirkung bei der Entgegennahme des Geldes bewirkt bereits die Analogie zum sachnäheren § 300 Abs 2 BGB. Eine Spezialität von § 270 BGB besteht insofern nicht, da § 300 BGB eine Sondervorschrift aus dem Recht des Annahmeverzugs (Titel 2: „Verzug des Gläubigers") darstellt, während sowohl § 243 BGB als auch § 270 BGB im Titel 1 („Verpflichtung zur Leistung") positioniert sind. Überdies bewirkte eine analoge Anwendung von § 243 Abs 2 BGB im praktischen Ergebnis eine sachlich nicht gerechtfertigte Ungleichbehandlung von Bar- und Buchgeldzahlungen (OMLOR, Geldprivatrecht [2014] 341 f). Eine Konkretisierung von Buchgeld iSv § 243 Abs 2 BGB wäre zwar keinesfalls ausgeschlossen (zu Sonderkonten für die konkrete Geldschuld vgl LG Lüneburg 18. 9. 1950 – IV 37/50, NJW 1950, 764, 766), aber im Vergleich zu Bargeld eher unüblich.

Ein Gefahrübergang vor Erfüllung kann bei Geldschulden auf **§ 300 Abs 2 BGB analog** beruhen (OGHBrZ 23. 11. 1949 – IIa ZS 109/49, NJW 1950, 144, 145; RÖTELMANN NJW 1950, 782, 783; FALCKE, Geld – Wert oder Sache? [1951] 33; ERNST, in: FLUME/SCHÖN [Hrsg], Gedächtnisschrift Brigitte Knobbe-Keuk [1997] 49, 85; HEERMANN, Geld und Geldgeschäfte [2003] § 3 Rn 71; STAUDINGER/FELDMANN [2019] § 300 Rn 19; MARTENS JuS 2014, 105, 108; OMLOR, Geldprivatrecht [2014] 342; **aA** ISELE AcP 129 [1928] 129, 176 f). Zwar scheitert bei § 300 Abs 2 BGB ebenso wie bei § 243 Abs 2 BGB eine unmittelbare Anwendbarkeit an dem Umstand, dass es sich bei Geldschulden nicht um Gattungsschulden handelt (s o Rn B7). Eine daher erforderliche analoge Heranziehung scheitert nicht an einer durch § 270 BGB ausgefüllten Regelungslücke. Bei § 300 Abs 2 BGB handelt es sich um eine Sonderregelung zur Tragung der Leistungsgefahr im Fall des Gläubigerverzugs. Diese Rechtsfolge des Annahmeverzugs lässt sich sachgemäß auch für die Geldschuld fruchtbar machen. Ein Annahmeverzug infolge eines wörtlichen Angebots (§ 295 S 1 Alt 1 BGB) tritt ein, sofern der Geldschuldner die Übermittlung des geschuldeten Geldbetrags anbietet, der Geldgläubiger die Entgegennahme jedoch verweigert. Aber auch das Unterlassen einer erforderlichen Mitwirkungshandlung (zB Mitteilung des genauen Wohn-/Geschäftssitzes bei der Bargeldzahlung bzw der Bankverbindung bei der Buchgeldzahlung) versetzt den Geldgläubiger nach § 295 S 1 Alt 2 BGB in Verzug. Der Übergang der Leistungsgefahr analog § 300 Abs 2 BGB setzt jedoch darüber hinaus voraus, dass **bestimmte Geldstücke oder ein abgrenzbares Buchgeldguthaben identifizierbar ausgesondert** wurden (STAUDINGER/K SCHMIDT [1997] Vorbem C36 zu §§ 244 ff mwNw). Bei Bargeld müssen hierzu Geldzeichen mit einem entsprechenden Nennwert räumlich trennbar aufbewahrt werden. Eine eindeutige Absonderung von Buchgeld liegt bei einer Übertragung auf ein gesondertes Konto vor (LG Lüneburg 18. 9. 1950 – IV 37/50, NJW 1950, 764, 766). Auch die Erteilung eines Zahlungsauftrags genügt, um eine abgrenzbare Menge von Buchgeld zu erschaffen; denn der kontoführende Zahlungsdienstleister vermag durch eine Verfügungssperre über den Zahlbetrag unmittelbar seinen Vorschussanspruch gegen den Zahler (§§ 675c Abs 1, 669 BGB) geltend zu machen. In der **Rechtsfolge** bewirkt § 300 Abs 2 BGB analog lediglich den Übergang der Leistungsgefahr auf den Geldgläubiger. Hierzu zählt bei Buchgeld auch die Insolvenz des kontoführenden Zahlungsdienstleisters des Zahlers. Teilweise wird auch das **Risiko einer Währungsumstellung** einbezogen (OLG Hamm 24. 5. 1949 – 6 U 94/49, DRZ 1949, 470 zum unmittelbaren Anwendungsbereich von § 300 Abs 2 BGB; RÖTELMANN NJW 1950, 782, 783). **Nicht erfasst** ist hingegen das **Geldentwertungsrisiko** (STAUDINGER/FELDMANN [2019] § 300 Rn 19). Kommt dem übermittelten Geld im maßgeblichen Zeitpunkt der Erfüllung nicht mehr der erforderliche Wert zu, so tritt keine vollständige Erfüllung ein (s u Rn B55). Die Reichweite der Risikotragung bestimmt sich insofern ausschließlich danach, wo der Erfolgsort der betroffenen Geldschuld liegt.

bb) Einzelfälle
(1) Barzahlung

B37 Abgesehen von der Sonderregelung in § 300 Abs 2 BGB analog tritt der Gefahrübergang grundsätzlich erst mit der Erfüllung der Geldschuld ein. Generell kommt es zur Erfüllung einer Geldschuld, wenn und soweit der Geldgläubiger den geschuldeten Betrag endgültig zu seiner freien Verfügung erhält (BGH 23. 1. 1996 – XI ZR 75/95, NJW 1996, 1207; BGH 20. 7. 2010 – XI ZR 236/07 Rn 22, BGHZ 186, 279; BGH 22. 11. 2017 – VIII ZR 83/16 Rn 19, BGHZ 217, 33). Bei einer Barzahlung tritt dieser Zustand ein, sobald **Geldzeichen mit einem entsprechenden Nennwert und in der geschuldeten Währung übergeben und übereignet** worden sind. Die Eigentumsverschaffung allein genügt hingegen nicht, da die Verfügungsmöglichkeiten des Geldgläubigers ansonsten erheblich eingeschränkt wären. Gleiches gilt auch für die Übertragung von Besitz ohne Eigentum, auch wenn § 935 Abs 2 BGB die Verkehrsfähigkeit von Geldstücken über den Regelfall hinaus erhöht. Kommt es vor Übergabe und Übereignung an den Geldgläubiger zu einem Untergang der Geldzeichen, so muss der Geldschuldner erneut leisten (RG 11. 1. 1912 – VI 480/10, RGZ 78, 137, 140). Bei Fehlen einer gesonderten Vereinbarung führt daher das Einwerfen von Bargeld in den **Hausbriefkasten** des Geldgläubigers nicht zur Erfüllung; der Geldschuldner handelt insofern auf eigene Gefahr (AG Köln 29. 6. 2005 – 137 C 146/05, NJW 2006, 1600).

(2) Überweisung

B38 Anders als bei der Barzahlung fallen Erfüllung und Gefahrübergang bei einer Überweisung als Grundfall der bargeldlosen Zahlung auseinander. Der Gefahrübergang ist im Fall einer Überweisung **der Erfüllung zeitlich vorgelagert**. Erfüllung tritt bei der Überweisung erst mit der erfolgten Gutschrift auf dem Konto des Geldgläubigers, nicht hingegen bereits mit dem Zahlungseingang auf dem Konto des empfangenden Zahlungsdienstleisters ein (s u Rn B95). Erst in diesem Zeitpunkt begründet der Geldgläubiger die tatsächliche Verfügungsgewalt über den Geldbetrag. Allein das Bestehen eines Anspruchs gegen seinen Zahlungsdienstleister auf Zurverfügungstellung (§ 675t Abs 1 S 1 BGB) führt nicht dazu, dass die Geldschuld zum Erlöschen gelangt. Von dieser auf die Zugriffsmöglichkeiten des Empfängers zugeschnittenen Erfüllungsperspektive zu trennen ist die Verteilung der Verlust- und Untergangsrisiken. Insofern kommt es allein auf die Pflichtenkreise der Zahlungsdienstleister des Zahlers und des Empfängers an. Beide werden den mit ihnen verbundenen Zahlungsdienstnutzern, die am Beginn und Ende des Zahlungsvorgangs stehen, hinsichtlich der Risikotragung zugerechnet. Die maßgebliche Wasserscheide zwischen der Risikosphäre des Zahlers und des Empfängers bildet der Moment des **Eingangs des Zahlungsbetrags auf dem Konto des empfangenden Zahlungsdienstleisters** (OMLOR, Geldprivatrecht [2014] 337). Aus §§ 675s Abs 1 S 1, 675t Abs 1 S 1, 675z S 3 HS 1 BGB leitet sich ab, dass die Transportzuständigkeit und -verantwortung des sendenden Zahlungsdienstleisters mit dem Eingang auf dem Konto des empfangenden Zahlungsdienstleisters endet und in dieser juristischen Sekunde auf den empfangenden Zahlungsdienstleister übergeht. Exakt danach teilt sich auch die Gefahrtragung zwischen den Parteien im Valutaverhältnis auf. Dem Zahler stehen bis zum Eingang beim empfangenden Zahlungsdienstleister über seinen Zahlungsdienstleister im Deckungsverhältnis Zugriffs- und Lenkungsbefugnisse zu (vgl auch § 675z S 3 HS 2

BGB). Der Zahler konnte die Abwicklung des Zahlungsvorgangs innerhalb des Interbankenverhältnisses durch die Auswahl des sendenden Zahlungsdienstleisters und unter Umständen die Auswahl der zwischengeschalteten Stellen beeinflussen. Der Zahlungsempfänger vermag erst ab der Entstehung des Anspruchs auf Zurverfügungstellung Einfluss auf die Zahlungsabwicklung zu nehmen. Lediglich den mit ihm vertraglich verbundenen Zahlungsdienstleister vermochte er auszuwählen, zu überwachen und zu prüfen. Auch der Umstand, dass sich der Zahler schon mit Zugang des Überweisungsauftrags beim sendenden Zahlungsdienstleister endgültig des Geldbetrags entäußert hat (vgl § 675p Abs 1 BGB), ändert an dieser Risikoverteilung nichts (OMLOR, Geldprivatrecht [2014] 337 f). Die Finalität der Vermögensverfügung ist insofern irrelevant für die Gefahrtragung. Der Zahler steht damit Transportrisiken im Interbankenverhältnis „näher" als der Zahlungsempfänger. Eine Parallele zur früheren Rechtslage vor Umsetzung der Ersten Zahlungsdiensterichtlinie 2007/64/EG, nach der die Unwiderruflichkeit erst mit Erteilung der Gutschrift auf dem Konto des Empfängers eintrat (BGH 25. 1. 1988 – II ZR 320/87, BGHZ 103, 143, 145 f mwNw), kann nicht mehr gezogen werden (vgl zur alten Rechtslage HEERMANN, Geld und Geldgeschäfte [2003] § 3 Rn 57). Die **Risikotragung und die Absicherung durch Sekundäransprüche** laufen im Ergebnis **parallel**. Der Zahler kann sich bei seinem Zahlungsdienstleister für eigenes Verschulden und dasjenige von zwischengeschalteten Stellen, welche der sendende Zahlungsdienstleister ausgesucht hat (§ 675z S 3 HS 1 BGB), schadlos halten. Im Inkassoverhältnis bestehen Schadensersatzansprüche des Zahlungsempfängers, sofern der eingegangene Zahlungsbetrag nicht, nicht vollständig oder nicht rechtzeitig seinem Zahlungskonto gutgeschrieben wird.

(3) Zahlungskarten

B39 Ebenso wie die Zahlung per Überweisung stellen sämtliche Zahlungen mittels einer Zahlungskarte sog *„Push*-Zahlungen" dar. Die Initiative für ihre Durchführung geht vom Zahler aus; durch ihn werden sie angestoßen. Als Leitmotiv der zahlungsdiensterechtlichen Ausgestaltung der Kartenzahlung fungiert ihre **Bargeldersatzfunktion** (vgl LANGENBUCHER, Die Risikozuordnung im bargeldlosen Zahlungsverkehr [2001] 267 ff; BARNERT WM 2003, 1153, 1154). Die Risikotragung von Zahler und Zahlungsempfänger ist an den hypothetischen Vergleichsfall einer Barzahlung angeglichen. Die Buchgeldzahlung unter Einsatz einer Zahlungskarte stellt daher ein Bargeldsurrogat (STAUDINGER/OMLOR [2020] § 675f Rn 75), wegen der Gleichwertigkeit von Bar- und Buchgeld nicht aber ein Geldsurrogat dar.

B40 Durch die Vereinbarung über eine Kreditkartenzahlung gelangt im Valutaverhältnis eine **modifizierte Bringschuld** (OMLOR, Geldprivatrecht [2014] 339 f; offen BGH 20. 5. 2010 – Xa ZR 68/09 Rn 52, BGHZ 185, 359), nicht aber eine Holschuld zur Entstehung (aA LANGENBUCHER, Die Risikozuordnung im bargeldlosen Zahlungsverkehr [2001] 283; STAUDINGER/BITTNER/KOLBE [2019] § 270 Rn 20; MünchKomm BGB/KRÜGER[8] § 270 Rn 11, jeweils mwNw). Für die Gefahrtragung im Verhältnis von Zahler und Zahlungsempfänger kommt es maßgeblich auf den Zeitpunkt der **Akzeptanz der Kreditkarte für den konkreten Zahlungsvorgang durch den Zahlungsempfänger** an. Zwar ist es zutreffend, dass der Zahlungsempfänger gehalten ist, in eigener Verantwortung den Leistungsbeleg an das Kreditkartenunternehmen zu übermitteln. Auf diesen Prozess kann der Karteninhaber in der Tat keinen Einfluss nehmen. Jedoch überhöht die Gegenauffassung die rechtliche Bedeutung des Leistungsbelegs. Ihm kommt lediglich eine abwicklungstechnische Bedeutung zu. Je nach Ausgestaltung des Akquisitionsverhältnisses stellt seine ordnungsgemäße Ausstellung die aufschiebende Bedingung für die Gewährung eines abstrakten Schuldversprechens zugunsten des Vertragsunternehmens dar (BGH 16. 4. 2002 – XI ZR 375/00, BGHZ 150, 286, 294 f). Dennoch verkörpert der Leistungsbeleg nicht die Forderung des Vertragsunternehmens im Akquisitionsverhältnis, wie es bei einem Wertpapier anzunehmen wäre. Hinzu kommt, dass infolge der fortschreitenden Digitalisierung ein gegenständlicher Leistungsbeleg immer häufiger nicht mehr erstellt wird. Auch in Deutschland basiert die Authentifizierung des Karteninhabers zunehmend auf einer PIN-Eingabe und nur noch in Ausnahmefällen auf einem unterschriebenen „Slip". Die elektronische Kontrolle der PIN und das vorgeschaltete Online-Clearing unterstreichen plastisch die **Fokussierung des Zahlungsvorgangs auf den Zeitpunkt des finalen Karteneinsatzes.** Im Präsenzhandel erfolgt dieser nach der Akzeptanz der Kreditkarte durch das Vertragsunternehmen, dh nach Leistung der Unterschrift auf dem Leistungsbeleg oder Billigung von eingegebener PIN und vorgelegter Karte. Im Internethandel liegt diese Akzeptanz durch den Zahlungsempfänger in derjenigen Stufe des Bestellprozesses vor, in welcher die Kreditkartendaten eingegeben werden und das Online-Clearing abgeschlossen wird. In beiden Fällen steht es dem Zahler nicht offen, seine Leistungshandlung – wie bei der Holschuld – an seinem Wohn-/Geschäftssitz vorzunehmen. Im Präsenzhandel muss der Zahler die Karte im Ladenlokal des Vertragsunternehmens vorlegen, im Distanzhandel hat er die erforderlichen Daten diesem zu übermitteln. An diesem Ort und zu diesem Zeitpunkt wird zugleich die Autorisierung durch den Zahler erteilt. Die Notwendigkeit einer nachgelagerten Zahlungsabwicklung hindert zwar analog § 364 Abs 2 BGB den sofortigen Eintritt der Erfüllung (vgl STAUDINGER/OMLOR [2020] § 675f Rn 35, 124; MARTINEK/OMLOR, in: SCHIMANSKY/BUNTE/LWOWSKI [Hrsg], Bankrechts-Handbuch [5. Aufl 2017] § 71 Rn 71; BeckOGK/LOOSCHELDERS [1. 12. 2020] § 362 Rn 192 ff). Aber sowohl Leistungs- als auch Erfolgsort bleiben am Wohn-/Geschäftssitz des Vertragsunternehmens. Eine Einordnung als Holschuld trüge der Bargeldersatzfunktion nicht hinreichend Rechnung (OMLOR, Geldprivatrecht [2014] 340).

B 41 Im Gleichlauf mit der Kreditkartenzahlung gestaltet sich die Gefahrtragung bei Vereinbarung einer **Debitkartenzahlung im POS-Verfahren.** Auch hier wird im Valutaverhältnis keine Hol- (**aA** LANGENBUCHER, Die Risikozuordnung im bargeldlosen Zahlungsverkehr [2001] 296 f), sondern eine modifizierte Bringschuld begründet (OMLOR, Geldprivatrecht [2014] 340). Die zahlungsdiensterechtliche Konstruktion spiegelt die Kreditkartenzahlung wider (STAUDINGER/OMLOR [2020] § 675f Rn 124). Daher vollzieht sich die Erfüllung ebenfalls analog § 364 Abs 2 BGB nicht bereits mit der Akzeptanz der Debitkarte durch den Vertragshändler. Der Gefahrübergang ist insofern der Erfüllung vorgelagert. Der Karteninhaber hat seine Debitkarte sowie die korrespondierende PIN am Leistungsort einzusetzen. Anders als bei einer Holschuld vermag er die geschuldete Leistungshandlung gerade nicht an seinem Wohn-/Geschäftssitz vorzunehmen. Erst mit **Eingabe der PIN und der Akzeptanz der Debitkarte durch das Vertragsunternehmen für den konkreten Zahlungsvorgang** verlässt der Zahlungsvorgang den Macht- und Einflussbereich des Zahlers. In diesem Zeitpunkt erfolgt zugleich der Gefahrübergang. Ohne eine Autorisierung durch den Zahler kann die Gefahr noch nicht auf den Zahlungsempfänger übergehen. Darin zeigt sich wie bei der Kreditkarte die Bargeldersatzfunktion der Debitkarte im POS-Verfahren. Der Unterschied zum hypothetischen Barzahlungsfall liegt lediglich in den divergierenden Erfüllungszeitpunkten.

Ebenso wie bei der Zahlung mit Kreditkarte und Debitkarte im POS-Verfahren **B42** führt die Vereinbarung einer Zahlung mit Geldkarte nicht zu einer Holschuld im Valutaverhältnis, sondern es bleibt bei dem gesetzlichen Regelfall einer modifizierten Bringschuld (OMLOR, Geldprivatrecht [2014] 340). Der Gefahrübergang findet statt, sobald der Zahler die **hinreichend aufgeladene Geldkarte am Terminal des Empfängers einsetzt und die Zahlung vom Empfänger akzeptiert** wird. Der Zahler nimmt seine Leistungshandlung nicht an seinem Wohn-/Geschäftssitz, sondern an der Verkaufsstelle des Zahlungsempfängers vor. Daran ändert der Umstand nichts, dass die Autorisierung bereits in Gestalt einer antizipierten und generell-abstrakten Gesamtweisung beim Aufladen der Geldkarte erfolgt (vgl LANGENBUCHER, Die Risikozuordnung im bargeldlosen Zahlungsverkehr [2001] 309 ff; STAUDINGER/OMLOR [2020] § 675i Rn 27). Hinzutreten muss noch der tatsächliche Einsatz im konkreten Einzelfall, um den Zahlungsvorgang in die Zuständigkeits- und Einflusssphäre des Empfängers zu transferieren. Zudem kommt die Bargeldersatzfunktion der Geldkarte zum Tragen, die gegenüber der Kredit- und der Debitkarte noch weiter gesteigert ist. Den Parteien eröffnet § 675i Abs 2 Nr 2 und 3, Abs 3 BGB im Deckungsverhältnis die Befugnis zu einer vertraglichen Risikoverteilung, welche sich noch stärker als bei den anderen Zahlungskarten am hypothetischen Barzahlungsfall orientiert. Dass die Erfüllung der Geldschuld analog § 364 Abs 2 BGB erst nachgelagert eintritt (s u Rn B97), ist für den Gefahrübergang ebenso wie bei der Kredit- und Debitkartenzahlung unerheblich.

(4) Lastschrift
Die Gefahrtragung weicht bei der Lastschriftzahlung signifikant zulasten des Zah- **B43** lungsempfängers von einer Zahlung per Überweisung ab. Grundlage hierfür ist der Holschuldcharakter einer Geldschuld (s o Rn A28), deren Erfüllung nach der Vereinbarung der Parteien im Valutaverhältnis durch eine Lastschrift erfolgen soll. Der Gefahrübergang aus Sicht des Valutaverhältnisses erfolgt in dem Zeitpunkt, in welchem der **sendende Zahlungsdienstleister die Lastschrift eingelöst** und den Zahlungsbetrag dem Konto des Zahlers belastet hat (ELLENBERGER, in: SCHIMANSKY/BUNTE/LWOWSKI [Hrsg], Bankrechts-Handbuch [5. Aufl 2017] § 58 Rn 184 mwNw; OMLOR, Geldprivatrecht [2014] 338). Danach beherrscht der Zahlungsempfänger den Transportvorgang, nicht mehr der Zahler. Der Zahlungsempfänger vermag nicht nur über die Auswahl des mit ihm zahlungsdienstevertraglich verbundenen Zahlungsdienstleisters Einfluss auf die Transportrisiken zu nehmen, sondern auch den Zeitpunkt der Ausführung des Zahlungsauftrags zu bestimmen. Die Rechtsnatur der **Lastschrift als „rückläufige Überweisung"** (BGH 28. 2. 1977 – II ZR 52/75, BGHZ 69, 82, 84; HADDING/HÄUSER ZHR 145 [1981] 138, 156; ROTTNAUER WM 1995, 272; LANGENBUCHER, Die Risikozuordnung im bargeldlosen Zahlungsverkehr [2001] 183 ff; VAN GELDER WM 2001, Sonderbeilage Nr 7, S 2 ff; MEDER JZ 2005, 1089) zeigt sich an dieser Aufteilung der Einfluss- und Risikosphären plastisch.

c) Transportkosten
Geld „reist" nicht nur auf Gefahr, sondern auch auf **Kosten des Schuldners**. Grund **B44** hierfür ist die Einordnung der Geld- als Bringschuld, welche den Erfolgsort an den Wohn-/Geschäftssitz des Gläubigers verlagert.

aa) Barzahlung
Bei einer Barzahlung hat der Schuldner demnach für die Übermittlungskosten auf- **B45** zukommen, die für einen **Transportdienstleister** (zB Post, Kurierdienst, Sicherheitsunternehmen) zu entrichten sind (OMLOR, Geldprivatrecht [2014] 335). Die allgemeinen

Vorhaltekosten für etwaige Empfangseinrichtungen (zB Briefkasten, Sicherheitsbereich in einem Gebäude) fallen hingegen dem Geldschuldner zur Last.

bb) Buchgeldzahlung

B46 Parallel zur Bargeldzahlung gestaltet sich die Kostentragung bei bargeldlosen Zahlungsvorgängen. Der **Erfolgsort** ist allerdings weniger ein physisch greifbarer (wie im Barzahlungsfall), sondern **ein virtueller**. Der Erfüllungserfolg einer Buchgeldzahlung tritt auf dem **Konto des empfangenden Zahlungsdienstleisters** ein (s u Rn B95 ff). Die **Transportkosten auf dem Weg bis zur Gutschrift** auf diesem Konto trägt der Geldschuldner. Mangels vertraglicher Beziehungen zu den zwischengeschalteten Stellen im Interbankenverhältnis erfolgt die Kostenabrechnung regelmäßig im Deckungsverhältnis von Zahler und sendendem Zahlungsdienstleister. Der Geldschuldner trägt gegenüber dem von ihm eingeschalteten Zahlungsdienstleister dessen Entgelte (§ 675f Abs 5 S 1 BGB) für den konkreten Zahlungsvorgang. Hierzu zählen insbesondere etwaige Überweisungsentgelte und umsatzabhängige Entgelte bei Zahlungskarten (vgl STAUDINGER/OMLOR [2020] § 675f Rn 41, 73). Dem Geldgläubiger zugewiesen sind hingegen die allgemeinen Empfangskosten, die namentlich durch die Führung eines Zahlungskontos entstehen (BAG 15. 12. 1976 – 4 AZR 531/75, AP BAT § 36 Nr 1; BAG 8. 3. 1977 – 1 ABR 33/75, AP, BetrVG 1972 § 87 Auszahlung Nr 1; wohl auch BGH 20. 5. 2010 – Xa ZR 68/09 Rn 52, BGHZ 185, 359). Aber auch die Kosten für die Vorhaltung eines Kartenterminals, um das Clearing und die Abrechnung bei der Verwendung von Zahlungskarten im Präsenzhandel abzuwickeln, hat der Geldgläubiger zu tragen.

B47 Von diesem gesetzlichen Grundfall der Kostenverteilung können die Parteien **vertraglich abweichen**. Durch die Beifügung einer **Lastschriftabrede** im Valutaverhältnis gestaltet sich die Geldschuld zu einer Holschuld um. In der Folge liegen Leistungs- und Erfolgsort am Wohn-/Geschäftssitz des Geldschuldners. Die Kostentragung des Schuldners endet daher in dem Zeitpunkt, in welchem das Buchgeld sein Zahlungskonto verlässt. Eine Holschuld wird ebenfalls begründet, wenn die Debitkarte als Datenträger im **elektronischen Lastschriftverfahren** (ELV) zum Einsatz kommt, da hierbei ein SEPA-Lastschriftmandat erteilt wird (STAUDINGER/OMLOR [2020] § 675f Rn 116 ff).

cc) Vertragliche Abreden

B48 Eine vertragliche Abweichung kann im Valutaverhältnis auch explizit kostenbezogen vorgesehen sein. Die Entgelterhebung im Valutaverhältnis unterliegt jedoch **gesetzlichen Grenzen**. Diese folgen nicht aus dem Zahlungsdiensterecht, da § 675f Abs 6 BGB unmittelbar nur auf das Inkassoverhältnis des Empfängers mit seinem Zahlungsdienstleister Anwendung findet (OMLOR NJW 2014, 1703, 1705). Stattdessen begründet die Klauselkontrolle nach §§ 305 ff BGB eine erste allgemeine Wirksamkeitshürde. Im Kern der AGB-Kontrolle steht dabei **§ 307 Abs 2 Nr 1 BGB**. Eine Klausel, wonach im Fernabsatz für alle verkehrsüblichen bargeldlosen Zahlungsmittel ein nicht auf die tatsächlichen Kosten des Empfängers beschränktes Entgelt erhoben wird, ist wegen Verstoßes gegen § 307 Abs 1, Abs 2 Nr 1 BGB unwirksam (zur Rechtslage vor Inkrafttreten von § 312a Abs 4 vgl BGH 20. 5. 2010 – Xa ZR 68/09 Rn 38 ff, BGHZ 185, 359). Das Rationalisierungs- und Vereinfachungsinteresse des Empfängers bargeldloser Zahlungen trägt eine Entgeltregelung nicht, welche versteckt zu einer Erhöhung der Hauptleistungspflichten des Zahlers im Valutaverhältnis führt. Den zweiten Kontrollmaßstab stellt entgeltspezifisch **§ 312a Abs 4 BGB** auf. Die Vorschrift dient teilweise der Umsetzung von Art 19 der Verbraucherrechterichtlinie (Richtlinie 2011/83/EU über die Rechte der Verbraucher v 25. 10. 2011 [ABl EU Nr L 304, 64 v 22. 11. 2011]), den der deutsche Gesetzgeber „überschießend" umgesetzt hat (OLG Karlsruhe 26. 6. 2018 – 17 U 147/17, BKR 2019, 201, 202). Bei § 312a Abs 4 Nr 1 BGB handelt es sich materiell um AGB-Recht (dazu OMLOR NJW 2014, 1703, 1706 f; dem folgend BGH 18. 7. 2017 – KZR 39/16 Rn 19, NJW 2017, 3289; tendenziell auch OLG Karlsruhe 26. 6. 2018 – 17 U 147/17 Rn 13, BKR 2019, 201). Die Vorschrift kodifiziert die frühere BGH-Judikatur aus BGH 20. 5. 2010 – Xa ZR 68/09, BGHZ 185, 359 (BGH 18. 7. 2017 – KZR 39/16 Rn 18, NJW 2017, 3289). Demgegenüber basiert § 312a Abs 4 Nr 2 BGB vollständig auf den sekundärrechtlichen Vorgaben. Erfasst werden nur Verträge, bei denen ein Unternehmer (§ 14 BGB) einem Verbraucher (§ 13 BGB) eine entgeltliche Leistung erbringt und die Gegenleistung des Verbrauchers in einer Geldschuld besteht. Unerheblich ist, welcher bargeldhafte oder bargeldlose Zahlungsweg gewählt wird (OMLOR NJW 2014, 1703, 1706; nicht abschließende Aufzählung von Beispielen in BT-Drucks 17/12637, 38). § 312a Abs 4 Nr 2 BGB wird nicht durch das Zahlungsdiensterecht verdrängt (BGH 18. 6. 2019 – XI ZR 768/17 Rn 58 ff, BGHZ 222, 240). Der Unternehmer darf dem Verbraucher kein Zahlungsentgelt auferlegen, das über seinen tatsächlichen **transaktionsbezogenen Kosten** liegt (BGH 18. 6. 2019 – XI ZR 768/17 Rn 77, BGHZ 222, 240; OLG Karlsruhe 26. 6. 2018 – 17 U 147/17, BKR 2019, 201, 203, jeweils mwN). Nicht zu berücksichtigen sind transaktionsunabhängige Kosten, die durch die Vorhaltung von Empfangseinrichtungen entstehen (zB Kontoführungsentgelte, Miete für Zahlungsterminal). Ein Verstoß gegen § 312a Abs 4 BGB hat die **vollständige Unwirksamkeit der betroffenen Abrede** zur Folge; eine geltungserhaltende Reduktion scheidet aus teleologischen Gründen aus (OMLOR NJW 2014, 1703, 1707; zustimmend OLG Karlsruhe 26. 6. 2018 – 17 U 147/17, BKR 2019, 201, 204). Stattdessen greift die subsidiäre gesetzliche Regelung ein, wonach der Geldgläubiger sowohl bei Bring- als auch Holschulden die Kosten der Geldentgegennahme zu tragen hat.

Durch die Umsetzung der Zweiten Zahlungsdiensterichtlinie (Richtlinie [EU] 2015/2366 über Zahlungsdienste im Binnenmarkt v 25. 11. 2015 [ABl EU Nr L 337, 35 v 23. 12. 2015] – PSD II) ist mit **§ 270a BGB** eine weitere Entgeltgrenze hinzugetreten. Die sekundärrechtliche Grundlage dieses **gesetzlichen Verbots** bildet Art 62 Abs 4 PSD II. Danach greift im Valutaverhältnis ein **vollständiges Entgeltverbot** ein, sofern die Zahlung mittels SEPA-Überweisung, SEPA-Lastschrift oder der Zahlungskarte eines Verbrauchers, deren Interbankenentgelte durch die sog MIF-Verordnung (Verordnung [EU] 2015/751 über Interbankenentgelte für kartengebundene Zahlungsvorgänge v 29. 4. 2015 [ABl EU Nr L 123, 1 v 19. 5. 2015]) reguliert sind, getätigt wird. Vom sachlichen Anwendungsbereich sind sowohl die SEPA-Basislastschrift als auch die SEPA-Firmenlastschrift erfasst. Ziel ist die Schaffung einheitlicher Wettbewerbsbedingungen im europäischen Binnenmarkt (Erwägungsgrund 66 PSD II). Ebenfalls anwendbar ist § 270a S 1 BGB auf das **Elektronische Lastschriftverfahren** (ELV), bei welchem eine reguläre SEPA-Lastschrift ausgelöst wird (OMLOR WM 2018, 937, 941). Zu den Zahlungskarten gehören sowohl **Debit- als auch Kreditkarten**; ausgenommen sind jedoch Firmenkreditkarten und regelmäßig Kreditkarten in Drei-Parteien-Systemen (zB American Express, Diners). Drei-Parteien-Kreditkartensysteme unterliegen keiner Regulierung durch die MIF-Verordnung, sodass ein Surcharging-Verbot dazu führen würde, dass die Zusatzkosten für die Zahlungsmethode Einzelner auf alle Kunden des Händlers abgewälzt werden müssten. Eine Rückausnahme gilt jedoch, wenn die Voraussetzungen aus Erwägungsgrund 28 MIF-Verordnung erfüllt sind und

B48a

Zahlungsdienstleister als Acquirer oder Emittent agieren (aA wohl BUCHMÜLLER/BURKE MMR 2017, 728, 729). Bei SEPA-Überweisungen ist es unerheblich, ob sie unter Zuhilfenahme eines **Zahlungsauslösedienstleisters** erteilt werden; daher ist auch eine **SOFORT-Überweisung** im Valutaverhältnis stets entgeltfrei (OMLOR WM 2018, 937, 941). Nicht reguliert ist hingegen eine **PayPal**-Zahlung (BeckOGK/FOERSTER [1. 12. 2020] § 270a Rn 35; PALANDT/GRÜNEBERG[80] § 270a Rn 2; WÜSTENBERG LKV 2018, 60, 62; STAUDINGER/OMLOR [2020] § 675i Rn 34; **aA** LG München I 13. 12. 2018 – 17 HK O 7439/18, BKR 2019, 204 mit Anm OMLOR JuS 2019, 384; BUCHMÜLLER/BURKE MMR 2017, 728, 729 f; MünchKomm/KRÜGER[8] § 270a Rn 5 f). Zu differenzieren ist zwischen der Aufladung des PayPal-Kontos und der nachfolgenden E-Geld-Zahlung. Lediglich der vorgeschaltete Aufladungsvorgang unterfällt § 270a BGB, sofern eine dort genannte Zahlungsmethode verwendet wird. E-Geld-Zahlungen, wie sie bei einem Geldtransfer von einem PayPal-Konto zu einem anderen vorliegen, unterfallen hingegen § 270a BGB nicht. Der deutsche Gesetzgeber wollte die Richtlinienvorgaben „1:1" (BT-Drucks 18/11495, 146 f) umsetzen, um europaweit ein „level playing field" zu erhalten.

d) Insolvenzrisiko
aa) Grundlagen

B 49 Insolvenzrisiken können sich bei Geldzahlungen auf verschiedene Weise verwirklichen. Sind von einer Insolvenz lediglich Zahler oder Zahlungsempfänger erfasst (vgl dazu MünchKommInsO/OTT/VUIA[4] § 82 Rn 17 ff mwNw), so handelt es sich nicht um ein Risiko, das spezifisch mit der Erfüllung einer Geldschuld verbunden ist. Daran ändern auch die Sonderregeln für Geschäftsbesorgungsverträge und zahlungsdiensterechtliche Weisungen in § 116 InsO nichts: Danach erlöschen vom Zahler bzw Zahlungsempfänger im Deckungs- bzw Inkassoverhältnis geschlossene Zahlungsdiensterahmenverträge grundsätzlich nach §§ 116 S 1, 115 Abs 1 InsO, sobald das Insolvenzverfahren über ihr Vermögen eröffnet ist. Zahlungsaufträge, die vor Eröffnung des Insolvenzverfahrens wirksam erteilt wurden, bestehen hingegen mit Wirkung gegen die Masse fort (§ 116 S 3 InsO). Ein **spezifisch zahlungsbezogenes Insolvenzrisiko** ist lediglich dann gegeben, wenn ein **in die Zahlungsabwicklung eingeschalteter Dritter** in Insolvenz fällt. Als solche Dritte kommen bei bargeldlosen Zahlungen namentlich die Zahlungsdienstleister von Zahler und Empfänger sowie die zwischengeschalteten Stellen im Interbankenverhältnis in Betracht.

B 50 Das zahlungsbezogene Insolvenzrisiko wird **nicht von § 270 BGB geregelt** (STAUDINGER/ K SCHMIDT [1997] Vorbem C27 zu §§ 244 ff; OMLOR, Geldprivatrecht [2014] 344; aA BRECHTEL, Die Tilgung von Geldforderungen bei Überweisungen, Lastschrift- und Kreditkartenzahlungen [2013] 55). Die Vorschrift behandelt nur solche Risiken und Gefahren, die typischerweise mit einem Zahlungsvorgang einhergehen. Nicht zuletzt aus der Existenz eines Zahlungsdiensteaufsichtsrechts (vgl insb §§ 15 ff ZAG) folgt die praktische Seltenheit von Insolvenzfällen der an einem Zahlungsvorgang beteiligten Akteure. Die Zuweisung des zahlungsbezogenen Insolvenzrisikos zwischen den Parteien des Valutaverhältnisses richtet sich nicht nach dem Erfüllungszeitpunkt, sondern nach den jeweiligen **Einflusssphären im Lichte der rechtlichen Ausgestaltung des konkret eingesetzten Zahlungsmittels** (ähnlich STAUDINGER/K SCHMIDT [1997] Vorbem C27 zu §§ 244 ff). Dennoch endet die Risikotragung des Zahlers in allen Fällen spätestens im Zeitpunkt der vollständigen Erfüllung.

bb) Barzahlung

Zahlungsbezogene Insolvenzrisiken **bestehen** nach unserer derzeitigen Währungsverfassung **bei Euro-Zahlungen in Bargeld nicht**. Dabei kommt es nicht darauf an, ob der Fall eines Staatsbankrotts eintritt oder nicht. Bei Euro-Bargeld handelt es sich nicht um Wertpapiere, die Forderungen gegen den Staat, die Europäische Union oder die Europäische Zentralbank verkörperten. Der Binnenwert des Euro-Bargelds hängt nicht von der Solvenz eines hoheitlichen Schuldners ab. Der Euro stellt auch keine Metallkernwährung dar (zur Goldkernwährung s o Rn A19). **B51**

cc) Buchgeldzahlung
(1) Überweisung

Nicht nur der Gefahrübergang (s o Rn B34 ff), sondern auch die Aufteilung des zahlungsbezogenen Insolvenzrisikos richtet sich bei Überweisungen nach den Pflichtenkreisen der Zahlungsdienstleister von Zahler und Zahlungsempfänger (OMLOR, Geldprivatrecht [2014] 344 f). Im Deckungsverhältnis ist der sendende Zahlungsdienstleister aus dem Zahlungsdiensteverträg verpflichtet, eine **Gutschrift des Zahlungsbetrags auf dem Konto des empfangenden Zahlungsdienstleisters** zu bewirken. Bis zu diesem Zeitpunkt führen die nicht erfolgte oder fehlerhafte Ausführung einer Überweisung zu einer verschuldensunabhängigen Haftung des sendenden Zahlungsdienstleisters aus § 675y BGB. Mit dem Geldeingang beim empfangenden Zahlungsdienstleister entsteht der Anspruch des Empfängers auf Zurverfügungstellung aus § 675t Abs 1 S 1 BGB. Für eine verzögerte oder nicht erfolgte Gutschrift haftet der empfangende Zahlungsdienstleister im Inkassoverhältnis auf Grundlage des Zahlungsdienstevertrags mit dem Empfänger. Kann also der **Zahler** den mit ihm vertraglichen verbundenen **Zahlungsdienstleister auswählen** und bei Bedarf **Einfluss auf die im Inkassoverhältnis zwischengeschalteten Stellen** nehmen (vgl § 675z S 3 HS 2 BGB), muss er in der Folge auch das Insolvenzrisiko dieser Dritten übernehmen (GRUNDMANN, in: CANARIS/HABERSACK/SCHÄFER [HRSG], Handelsgesetzbuch [5. Aufl 2015] Zahlungsgeschäft Rn 99). Der Zahlungsempfänger hat durch die Angabe seiner Kontodaten zugleich über die Einschaltung des kontoführenden Zahlungsdienstleisters mitentschieden; daher fällt ihm das Insolvenzrisiko des empfangenden Zahlungsdienstleisters zu (HEYERS JZ 2012, 398, 402). Bei sämtlichen **institutsinternen Überweisungen**, dh sowohl Haus- als auch Filialüberweisungen, kommt es ebenfalls wie bei institutsexternen Überweisungen auf das Entstehen des Anspruchs auf Zurverfügungstellung aus § 675t Abs 1 S 1 BGB an. Nicht nur bei **Hausüberweisungen** innerhalb derselben Filiale eines Zahlungsdienstleisters, sondern auch bei **Filialüberweisungen** erfolgt kein Übergang von Vermögenswerten zwischen verschiedenen Zahlungsdienstleistern oder rechtlich selbständigen Einheiten eines Zahlungsdienstleisters (vgl BGH 6. 10. 1953 – I ZR 185/52, BGHZ 10, 319, 322). Beide Konstellationen sind daher hinsichtlich des zahlungsbezogenen Insolvenzrisikos gleich zu behandeln. **B52**

(2) Zahlungskarte

Bei Zahlungen mittels einer Zahlungskarte, die sich durch eine **Bargeldersatzfunktion** auszeichnet (Kreditkarte, Debitkarte im POS-Verfahren, Geldkarte), basiert die Verteilung des zahlungsbezogenen Insolvenzrisikos auf dem Bringschuldcharakter der im Valutaverhältnis bestehenden Geldschuld. Die allgemeine Gefahrtragung und die Verteilung des zahlungsbezogenen Insolvenzrisikos laufen daher nicht notwendig parallel. Der **Zahlungsempfänger** trägt lediglich die **Folgen der Insolvenz des mit ihm im Akquisitionsverhältnis verbundenen Vertragspartners** (OMLOR, Geldprivatrecht [2014] 345). **B53**

Entsprechend trägt der **Zahler** das **Risiko der Insolvenz seines Vertragspartners des Emissionsvertrags**. Dem Zahler steht überdies regelmäßig die Wahl sowohl zwischen verschiedenen Zahlungskartensystemen als auch zwischen sonstigen bargeldlosen Zahlungsmethoden offen. Mit seiner Entscheidung zugunsten eines Zahlungskartensystems ist auch die Übernahme der mit diesem System verbundenen Insolvenzrisiken verbunden. Dem kann regelmäßig nicht entgegengehalten werden, durch den Abschluss des Akquisitionsvertrags habe der Zahlungsempfänger zumindest einen gleichrangigen Einfluss auf die Zahlungswege genommen. Lediglich in dem Ausnahmefall, dass der Zahlungsempfänger ausschließlich eine bestimmte Zahlungskarte akzeptiert, kann der Zahler vom Insolvenzrisiko der zwischengeschalteten Stellen entlastet werden.

(3) Lastschrift

B54 Bei Lastschriftzahlungen hat der **Zahler ausschließlich das Insolvenzrisiko seines Zahlungsdienstleisters** zu tragen. Insofern kommt ihm der Holschuldcharakter seiner Geldschuld zugute. Sein Einflussbereich endet mit der Einlösung der Lastschrift durch den sendenden Zahlungsdienstleister. Das Insolvenzrisiko der **im Interbankenverhältnis zwischengeschalteten Stellen** sowie des **empfangenden Zahlungsdienstleisters** trifft den **Zahlungsempfänger**. Die Lastschrift zeigt sich damit erneut als „rückläufige Überweisung" (s o Rn B43).

e) Geldentwertungsrisiko

B55 Ebenfalls **nicht von § 270 BGB erfasst** ist das zahlungsbezogene Geldentwertungsrisiko (wohl auch STAUDINGER/BITTNER/KOLBE [2019] § 270 Rn 26; **aA** MünchKomm/KRÜGER[8] § 270 Rn 14). Ein solches bezieht sich lediglich auf den **Zeitraum zwischen dem Absenden des Geldes und dem Erlöschen der Geldschuld durch Erfüllung**. Die maßgebliche Prüfung erfolgt im Zeitpunkt der Erfüllung. Taugt der transferierte Geldbetrag in diesem Zeitpunkt infolge einer zwischenzeitlichen Geldentwertung nicht mehr zur (vollständigen) Erfüllung der Geldschuld, so ist dieses Risiko dem Geldschuldner zugewiesen (LG Mannheim 7. 12. 1959 – 1 T 107/59, NJW 1960, 823; K SCHMIDT, in: MARTINEK/SELLIER [Hrsg], Staudinger-Symposion [1998] 86 unter Aufgabe von STAUDINGER/K SCHMIDT [1997] Vorbem C28 zu §§ 244 ff; OMLOR, Geldprivatrecht [2014] 343). Die Geldentwertung stellt einen **teilweisen Verlust auf dem Transportweg** dar (MünchKomm/KRÜGER[8] § 270 Rn 14; **aA** HEERMANN, Geld und Geldgeschäfte [2003] § 3 Rn 62). Bei einer Geldschuld als modifizierter Bringschuld hat der Erfolg am Wohn-/Geschäftssitz des Geldgläubigers einzutreten. Eine solche unzureichende Erfüllungstauglichkeit kann lediglich bei Geldschulden mit valoristischer Prägung auftreten (im Einzelnen s u Rn C79 ff). Nominale Geldschulden, die nicht mit einer Wertsicherungsklausel versehen sind und keiner Aufwertung unterliegen, weisen das Geldentwertungsrisiko generell – und damit auch auf dem Transportweg – dem Geldgläubiger zu.

B56 Eine Geldentwertung kann aber nicht nur auf einen Verlust des Binnenwerts innerhalb desselben Währungsraums, sondern bei **Fremdwährungsverbindlichkeit** auch auf einen **Rückgang des Außenwerts** der vom Zahler eingesetzten Währung zurückzuführen sein. Der nach § 244 Abs 2 BGB maßgebliche Kurswert bestimmt sich nach dem Zeitpunkt der Erfüllung. Auch hinsichtlich des Außenwerts des Geldes trägt der Schuldner das Entwertungsrisiko bis zur vollständigen Erfüllung (LG Mannheim 7. 12. 1959 – 1 T 107/59, NJW 1960, 823). Gleiches gilt für einen **Währungswechsel** nach der Absendung des Geldbetrags (OLG Stuttgart 8. 6. 1949 – 1 Rs 82/49, NJW 1950, 189 f mit Anm von

BANER; HEERMANN, Geld und Geldgeschäfte [2003] § 3 Rn 63; **aA** OLG Düsseldorf 7. 7. 1949 – 6 U 9/49, NJW 1949, 951 mit Anm von FAHRTMANN, jeweils mwNw). Folge einer Geldentwertung auf dem Transportweg ist, dass die betroffene Geldschuld nur noch teilweise erfüllt werden kann. Die praktische Bedeutung der Geldentwertung auf dem Transportweg hat bei bargeldlosen Zahlungen innerhalb von SEPA wegen der kurzen Ausführungsfristen (vgl § 675s BGB) deutlich abgenommen. Werden diese Ausführungsfristen allerdings pflichtwidrig nicht eingehalten, sind grenzüberschreitende Zahlungen jenseits von SEPA zu bewirken, werden körperliche Wertträger (Bargeld, Schecks) versandt oder liegen hohe Inflationsraten vor, so ist die Geldentwertung auch auf dem vergleichsweise kurzen Übermittlungsweg von Relevanz.

3. Unmöglichkeit

Die Erfüllung einer **Geldschuld kann nicht unmöglich werden** (RG 1. 6. 1915 – II 118/15, WarnR 1915 Nr 278; RG 8. 2. 1911 – V 690/09, RGZ 75, 335, 337; RG 9. 1. 1923 – VII 403/22, RGZ 106, 177, 181; BGH 14. 7. 1958 – VII ZR 99/57, BGHZ 28, 123, 128; BGH 30. 10. 1974 – VIII 69/73, BGHZ 63, 132, 139; BGH 25. 3. 1982 – VII ZR 60/81, BGHZ 83, 293, 300; BGH 28. 2. 1989 – IX ZR 130/88, BGHZ 107, 92, 102; OLG Karlsruhe 2. 6. 2010 – 7 U 159/09; K SCHMIDT JuS 1984, 737, 742; MEDICUS AcP 188 [1988] 489, 490 f; HONSELL, in: FS Hermann Lange [1992] 509, 510; CANARIS JZ 2001, 499, 519; HEERMANN, Geld und Geldgeschäfte [2003] § 3 Rn 66 ff; KÄHLER AcP 206 [2006] 805, 821 ff; WELLER/HARMS WM 2012, 2305, 2306; STAUDINGER/CASPERS [2019] § 275 Rn 74; ungenau BT-Drucks 14/7052, 184; **aA** REIFNER, Alternatives Wirtschaftsrecht am Beispiel der Verbraucherverschuldung [1979] 311 ff). Dem Wesen der Geldschuld nach kann § 275 BGB prinzipiell auf sie keine Anwendung finden (OMLOR, Geldprivatrecht [2014] 319 ff). Die Geldschuld ist als Wertverschaffungsschuld nicht auf die Übertragung eines Anteils an einer endlichen Menge von bestimmten Gegenständen gerichtet. **Geld als abstrakter Wertträger ist als solcher stets verfügbar.** Geldschulden sind weder Sach- noch Gattungsschulden (s o Rn B5 u Rn B7). Selbst in Kriegs- oder Krisenzeiten kann es lediglich zu einem vorübergehenden Ausfall der Versorgung mit hoheitlichem Bargeld in einem begrenzten Gebiet kommen. In diesem Fall muss der Geldschuldner als verpflichtet angesehen werden, in einer ausländischen Währung (Rechtsgedanke der Gleichwertigkeit von Heim- und Fremdwährungen aus § 244 Abs 1 BGB), mit Buchgeld in inländischer Währung oder subsidiär mit einem anderen Universaltauschmittel zu erfüllen. Auch die **Nichtverfügbarkeit ausländischer Devisen** im Währungsinland vermag keine Unmöglichkeit zu begründen (STAUDINGER/CASPERS [2019] § 275 Rn 77; **aA** RG 25. 6. 1934 – VI 120/34, RGZ 145, 40, 43). Die zeitweise oder dauerhafte Nichtverfügbarkeit von Geldmitteln in der Schuldwährung ist über eine Anwendung der Grundsätze über die **Störung bzw den Wegfall der Geschäftsgrundlage** zu lösen (vgl § 244 Rn 93 ff). **B57**

Auch eine **subjektive Unmöglichkeit** (Unvermögen) ist bei Geldschulden von vornherein ausgeschlossen. Der Umstand, dass der Geldschuldner zu einem bestimmten Zeitpunkt über keine finanziellen Ressourcen verfügt, bleibt ohne Relevanz. Grund hierfür ist allerdings nicht ein verschärfter Verschuldensmaßstab aus § 276 Abs 1 S 1 BGB (**aA** BT-Drucks 14/7052, 132, 184; OLG Düsseldorf 20. 10. 2011 – I-13 U 38/11). Vor der Schuldrechtsreform wurde die Parömie **„Geld hat man zu haben"** verbreitet auf die Regelung des **§ 279 aF BGB** gestützt (RG 9. 1. 1923 – VII 403/22, RGZ 106, 177, 181; BGH 24. 10. 1952 – V ZR 119/51, BGHZ 7, 346, 354; BGH 9. 12. 1970 – VIII ZR 9/69, WM 1971, 243; BGH 25. 3. 1982 – VII ZR 60/81, BGHZ 83, 293, 300; BGH 28. 2. 1989 – IX ZR 130/88, BGHZ 107, **B58**

92, 102; Isele AcP 129 [1928] 129, 177; zurückhaltend Honsell, in: FS Hermann Lange [1992] 509, 509 f; **aA** K Schmidt JuS 1984, 737, 742; Medicus AcP 188 [1988] 489, 492; Heermann, Geld und Geldgeschäfte [2003] § 3 Rn 67). Dort hieß es: „Ist der geschuldete Gegenstand nur der Gattung nach bestimmt, so hat der Schuldner, solange die Leistung aus der Gattung möglich ist, sein Unvermögen zur Leistung auch dann zu vertreten, wenn ihm ein Verschulden nicht zur Last fällt." Der Verweis auf § 279 aF BGB war schon deshalb verfehlt, weil es sich bei **Geldschulden nicht um Gattungsschulden** handelt (s o Rn B7). Aber auch die Anknüpfung an ein fehlendes Verschulden vermochte weder vor noch vermag es nach der Schuldrechtsreform zu überzeugen. Aus der „Natur der Schuld" folge ein strengerer Haftungsmaßstab (BT-Drucks 14/7052, 132; zweifelnd hingegen Canaris JZ 2001, 499, 519). Der Geldschuldner übernehme generell ein **Beschaffungsrisiko iSd § 276 Abs 1 S 1 BGB** (BT-Drucks 14/7052, 184). Auf eine ausdrückliche Erwähnung der Geldschuld als Sonderfall im Wortlaut des § 276 BGB wurde entgegen dem Vorschlag des Regierungsentwurfs (BT-Drucks 14/6857, 12) verzichtet.

B59 Die „Unmöglichkeit der Unmöglichkeit" hat jedoch schon auf einer früheren Prüfungsebene anzusetzen. Auf ein Verschulden kommt es nicht mehr an. Zunächst ließe sich ein Unvermögen des Geldschuldners tatbestandlich allenfalls dann konstruieren, wenn dieser keinerlei Vermögenswerte mehr aktivieren kann, um die Geldschuld zu erfüllen. Als Wertverschaffungsschuld knüpft ihr Inhalt naturgemäß nicht an bestimmten Vermögensgegenständen des Geldschuldners an. Allenfalls das Fehlen jeglicher Aktivposten könnte als Fall der subjektiven Unmöglichkeit eingestuft werden. Selbst in einer solchen Konstellation findet § 275 BGB jedoch keine Anwendung auf die Geldschuld. Die Unmöglichkeitsanordnung des § 275 BGB wird **durch zwangsvollstreckungs- und insolvenzrechtliche Spezialregelungen verdrängt**. Die Zwangsvollstreckung wegen Geldforderungen nach §§ 802a ff ZPO erfolgt im Ausgangspunkt unabhängig davon, ob und in welchem Umfang Geld oder sonstige Vermögensgüter beim Zwangsvollstreckungsschuldner vorhanden sind. Die Rechtsordnung geht davon aus, dass Geldschulden grundsätzlich unabhängig vom Vermögensstatus des Schuldners vollstreckbar sind. Die titulierte Geldschuld verliert ihre Vollstreckbarkeit nicht durch das Fehlen von Zugriffsobjekten beim Zwangsvollstreckungsschuldner. Beschränkungen ergeben sich erst aus dem Verbot der Kahlpfändung, das sich in §§ 811, 850 ff ZPO niedergeschlagen hat (vgl BGH 16. 7. 2004 – IXa ZB 287/03, BGHZ 160, 112, 118; BGH 21. 12. 2004 – IXa ZB 228/03, BGHZ 161, 371, 375). Vollstreckungsschutz gewährt im Einzelfall auch § 765a ZPO. Zur Bewältigung von finanziellen Notlagen des Schuldners hält die Rechtsordnung stattdessen den Ausweg eines geordneten und die Interessen sämtlicher Gläubiger einbeziehenden Insolvenzverfahrens bereit. Die Eröffnungsgründe der Zahlungsunfähigkeit (§ 17 InsO), der drohenden Zahlungsunfähigkeit (§ 18 InsO) und der Überschuldung (§ 19 InsO) legen abschließend die Hürden fest, die der Geldschuldner überwinden muss, um vor Zwangsvollstreckungsmaßnahmen nach § 89 InsO geschützt zu sein. Die rechts- und sozialpolitisch einzuordnende **Kritik** von Reifner (Alternatives Wirtschaftsrecht am Beispiel der Verbraucherverschuldung [1979] 311 ff; dagegen ausführlich Medicus AcP 188 [1988] 489, 494 ff; K Schmidt, in: Martinek/Sellier [Hrsg], Staudinger-Symposion [1998] 76, 80 f [„naive Weltverbesserung"]) muss schon angesichts der Restschuldbefreiung (§§ 286 ff InsO) und der Privilegierungen in der Verbraucherinsolvenz (§§ 304 ff InsO) ins Leere laufen. Jenseits der genannten vollstreckungs- und insolvenzrechtlichen Mechanismen des Schuldnerschutzes bleibt es bei dem auf der Selbstverantwortung des Individuums basierenden System der deutschen Privatrechtsordnung:

Der Ausschluss des Unmöglichkeitsrechts für die Geldschuld zeigt sich als die „notwendige Kehrseite der Vertragsfreiheit" (BGH 28. 2. 1989 – IX ZR 130/88, BGHZ 107, 92, 102).

Die unmöglichkeitsrechtlichen Spezifika von Geldschulden können für auf die Leistung von **Zahlungs-Token**, die kein Geld im Rechtssinne darstellen (vgl zur Abgrenzung Vorbem A83a ff zu §§ 244-248), gerichtete Verbindlichkeiten nicht ohne Modifikationen fruchtbar gemacht werden. Erfüllen Zahlungs-Token die rechtlichen Anforderungen an Geld, unterliegen sie den allgemeinen Regeln für Geldschulden (s o Rn B57 ff). Ansonsten können Abweichungen aus der technischen Konstruktion des betroffenen Blockchain-Netzwerks resultieren. Bei einer Begrenzung auf eine **Maximalzahl** von verfügbaren Zahlungs-Token eines Systems erscheint eine subjektive Unmöglichkeit (**aA** noch OMLOR ZHR 183 [2019] 294, 324: objektive Unmöglichkeit) vorstellbar. Eine solche Konstellation kann im **Bitcoin**-Netzwerk wegen der Begrenzung auf 21 Millionen Einheiten eintreten. Eine Verdrängung der subjektiven Unmöglichkeit durch zwangsvollstreckungsrechtliche Spezialregelungen scheidet aus, da es sich um keine Geldforderung iSd §§ 802a ff ZPO handelt (BOEHM/PESCH MMR 2014, 75, 78; KÜTÜK/SORGE MMR 2014, 643, 644). Eine Spezialregelung liegt hingegen durchaus in der Restschuldbefreiung und der Verbraucherinsolvenz (OMLOR JZ 2017, 754, 762). Jedoch vermögen diese insolvenzrechtlichen Regeln allein nicht die subjektive Unmöglichkeit vollständig zu verdrängen. Daher gilt nur eine **eingeschränkte Unmöglichkeit der Unmöglichkeit**: Zahlungs-Token, die nicht Geld sind, „hat man *nicht immer* zu haben". **B59a**

4. Verzug

Sowohl die Regelungen zu Gläubiger- als auch zu Schuldnerverzug weisen bei der Geldschuld einige Besonderheiten gegenüber sonstigen Schuldverhältnissen auf. Sie resultieren vor allem aus unionsrechtlichen Einflüssen und den Erfordernissen der unterschiedlichen Transfermodi für die einzelnen Erscheinungsformen des Geldes. **B60**

a) Gläubigerverzug
aa) Voraussetzungen

Der Geldgläubiger kommt nach §§ 293 f BGB grundsätzlich in Verzug der Annahme, wenn er die ihm – „so, wie sie zu bewirken ist" (§ 294 BGB) – angebotene Zahlung nicht annimmt. Ein verzugsauslösendes „Anleisten" des Gläubigers liegt vereinfacht formuliert lediglich dann vor, wenn der Geldgläubiger „nur noch zuzugreifen braucht" (BGH 22. 3. 1984 – VII ZR 286/82, BGHZ 90, 354, 359; ebenso RG 13. 12. 1924 – I 17/24, RGZ 109, 324, 328). Welche Handlungen des Schuldners hierfür erforderlich sind, hängt maßgeblich vom Inhalt der Schuld ab. Die geschuldete Leistung muss **am richtigen Ort und zur richtigen Zeit** angeboten werden. Geldschulden können im Zweifel nach § 271 Abs 1 BGB sofort erfüllt werden. Hinsichtlich des Leistungsorts ist zu differenzieren: Bei einer **Holschuld** liegen Leistungs- und Erfolgsort am Wohn-/Geschäftssitz des Schuldners. Den Geldschuldner trifft also nicht nur die Initiativlast, sondern auch die Obliegenheit, den geschuldeten Geldbetrag selbst oder mittels Hilfspersonen beim Geldgläubiger abzuholen (vgl § 295 S 1 HS 2 BGB). **Schickschulden**, die zu einer Aufspaltung von Leistungs- und Erfolgsort führen, können im Geldschuldrecht nur bei einer entsprechenden Vereinbarung begründet werden. Im gesetzlichen Regelfall handelt es sich hingegen bei der Geldschuld um eine **Bringschuld** (s o Rn B20), sodass sich Leistungs- und Erfolgsort am **B61**

Wohn-/Geschäftssitz des Geldgläubigers befinden. Der Geldschuldner hat damit grundsätzlich den geschuldeten Betrag am Wohn-/Geschäftssitz des Geldgläubigers tatsächlich anzubieten. Ein tatsächliches Angebot ist unter den Voraussetzungen der §§ 295 f BGB ausnahmsweise entbehrlich. Ein **Ausschluss** des Gläubigerverzugs **nach § 297 BGB** infolge eines zeitweiligen Unvermögens des Schuldners kommt bei Geldschulden **prinzipiell nicht in Betracht**; Geldschulden können nicht unmöglich iSd § 275 Abs 1 bis 3 BGB werden (s o Rn B57). Demgegenüber steht dem Geldgläubiger der Verweis auf eine **vorübergehende Annahmeverhinderung nach § 299 BGB** uneingeschränkt offen.

bb) Rechtsfolgen

B62 Als Rechtsfolge des Annahmeverzugs tritt nach § 300 Abs 1 BGB eine **Herabsetzung des allgemeinen Verschuldensmaßstabs** für den Geldschuldner auf Vorsatz und grobe Fahrlässigkeit ein. Die leichte oder „einfache" Fahrlässigkeit hat er während des Gläubigerverzugs nicht mehr zu vertreten. Nach ihrem Sinn und Zweck greift diese Privilegierung nur ein, sofern der Untergang oder die Verschlechterung des Leistungsgegenstands betroffen ist (STAUDINGER/FELDMANN [2019] § 300 Rn 4 mwNw). Als Wertverschaffungsschulden können Geldschulden nicht unmöglich werden. Der Untergang einzelner Stücke des Geldschuldners oder die Wertlosigkeit von bestimmten Buchgeldpositionen (zB infolge Insolvenz des kontoführenden Zahlungsdienstleisters) bleiben für den Fortbestand einer Geldschuld ohne Bedeutung. Bei Geldschulden ist weiterhin eine Konkretisierung nach § 243 Abs 2 BGB ausgeschlossen, da es sich weder um Sach- noch um Gattungsschulden handelt (s o Rn B5 u Rn B7). Analog § 300 Abs 2 BGB geht jedoch mit Eintritt des Gläubigerverzugs die **Leistungsgefahr** auf den Geldgläubiger über, sofern der geschuldete Geldbetrag abgesondert und individualisierbar war (s o Rn B36).

B63 Geldschulden sind im Gläubigerverzug **nicht zu verzinsen** (§ 301 BGB). Ausgeschlossen wird sowohl eine gesetzliche als auch eine vertragliche Verzinsungspflicht (STAUDINGER/FELDMANN [2019] § 301 Rn 3). Ein Konflikt mit der Zinszahlungspflicht im Schuldnerverzug (§ 288 BGB) entsteht nicht, da der Gläubigerverzug einen Schuldnerverzug in Bezug auf dieselbe Geldleistung ausschließt. § 301 BGB ordnet inhaltlich lediglich die Beendigung einer zuvor bestehenden Verzinsung an, enthält aber keinen eigenständigen Begründungstatbestand für eine Zahlung von Schuldzinsen (BGH 28. 4. 1988 – III ZR 57/87, BGHZ 104, 337, 341 mwNw; RIEBLE ZIP 1988, 1027, 1027; GOTTHARDT WM 1987, 1381, 1384). Ebenfalls lediglich eine begrenzende Wirkung entfaltet § 302 BGB. Betroffen sind Konstellationen, in denen der Geldschuldner auch solche Nutzungen (dh **Zinsen**) des geschuldeten Geldbetrags herausgeben muss, die er tatsächlich **nicht gezogen** hat. Anwendungsfälle liegen für Geldschulden im Rücktrittsfolgenrecht (§ 347 Abs 1 BGB) und im Bereicherungsrecht (§§ 818 Abs 4, 819 Abs 1, 292 Abs 2, 987 Abs 2 BGB). Die Nutzungsherausgabe im Eigentümer-Besitzer-Verhältnis nach § 987 Abs 2 BGB ist hingegen für Geldschulden ohne Relevanz, da die Geldzeichenvindikation keine Geldschuld begründet. Mit Eintritt des Annahmeverzugs endet eine zuvor bestehende Pflicht des Geldschuldners, nicht gezogene Zinsen zu zahlen. Lediglich die tatsächlich erlangten Zinsen (§ 346 Abs 1, § 818 Abs 1 BGB) sind während des Gläubigerverzugs herauszugeben.

cc) Einzelfälle
(1) Barzahlung
Bei einer Barzahlung, deren Erfüllung durch Übergabe und Übereignung von Geldzeichen in der nominellen Höhe des Schuldbetrags erfolgt, hat der Geldschuldner die Vornahme einer solchen Erfüllungshandlung grundsätzlich anzubieten. Im gesetzlichen Regelfall der Bringschuld ist der Geldschuldner verpflichtet, eine **erfüllungstaugliche Menge von Geldzeichen am Wohn-/Geschäftssitz des Geldgläubigers zur Übergabe und Übereignung anzubieten**. Trägt der Geldschuldner die Barmittel lediglich bei sich, genügt dieses Verhalten grundsätzlich nicht, um einen Annahmeverzug zu begründen (RG 3. 11. 1914 – III 266/14, RGZ 85, 415, 416). Jenseits des § 295 BGB genügt auch die Erklärung der Leistungsbereitschaft nicht, sofern sie nicht von einem tatsächlichen Übereignungsangebot begleitet wird (BGH 8. 7. 1983 – V ZR 53/82, BGHZ 88, 91, 94). **B64**

(2) Überweisung
Ein tatsächliches Angebot iSd § 294 liegt bei einer Überweisung erst dann vor, wenn dem Geldgläubiger eine **rechtlich abgesicherte Zugriffsmöglichkeit** auf den geschuldeten Geldbetrag zusteht (Omlor, Geldprivatrecht [2014] 331). Diese Rechtsposition kommt dem Zahlungsempfänger erst zu, sobald der Anspruch gegen seinen Zahlungsdienstleister auf Zurverfügungstellung aus § 675 Abs 1 BGB besteht. Konkret ist dies der Fall, sobald der **Geldbetrag auf dem Konto des empfangenden Zahlungsdienstleisters** eingegangen ist (Heyers JZ 2012, 398, 402; Staudinger/Feldmann [2019] § 294 Rn 17). Zwar begründet dieser Anspruch *auf* die Gutschrift noch keine tatsächliche Verfügungsbefugnis über den Geldbetrag, sondern erst seine Erfüllung durch die Gewährung eines Anspruchs *aus* der Gutschrift. Darauf kommt es für das tatsächliche Angebot jedoch nicht an. In der Geltendmachung des Anspruchs auf Zurverfügungstellung liegt die funktionale Parallele zum physischen Zugreifen bei der Bargeldzahlung. **Nicht ausreichend** für § 294 BGB ist daher die **schlichte Bereitstellung eines potenziell erfüllungstauglichen Geldbetrags auf dem Konto des Schuldners** (RG 30. 4. 1924 – I 540/23, RGZ 108, 158, 159 f). Unerheblich ist für ein tatsächliches Angebot insofern, ob der Geldschuldner den Geldgläubiger über diese Vorbereitungshandlung in Kenntnis gesetzt hat. Auch die Erteilung eines Überweisungsauftrags und die Information des Empfängers durch den sendenden Zahlungsdienstleister darüber stellen kein verzugsauslösendes „Anleisten" dar (RG 13. 12. 1924 – I 17/24, RGZ 109, 324, 328). **B65**

(3) Lastschrift
Anders als bei der Überweisung liegt bei einer Lastschriftzahlung eine **Holschuld** vor (so Rn B28). Auf ein tatsächliches Angebot des Geldschuldners iSd § 294 BGB kommt es daher zur Begründung des Annahmeverzugs nicht an. Der Schuldner einer Holschuld vermag sich auf ein **wörtliches Angebot iSd § 295 BGB** zu beschränken, wie sich ausdrücklich aus dem Gesetzestext ergibt („insbesondere wenn der Gläubiger die geschuldete Sache abzuholen hat"). Der auf Sachschulden ausgerichtete Wortlaut von § 295 S 1 BGB aE steht einer Anwendung auf Geldschulden nicht entgegen, da es sich lediglich um eine beispielhafte Nennung handelt. Die erforderliche Mitwirkungshandlung nach § 295 S 1 Alt 2 BGB liegt bei einer Lastschriftzahlung darin, **auf dem Schuldnerkonto eine hinreichende Deckung zur Verfügung zu stellen und die Autorisierung für den Zahlungsvorgang zu erteilen** (Omlor, Geldprivatrecht [2014] 332). Die Kontodeckung lässt sich entweder durch ein entsprechendes Guthaben oder durch einen adäquaten Kreditrahmen sicherstellen. Die Autorisierung der SEPA-Last- **B66**

schrift hat vorab zu erfolgen (STAUDINGER/OMLOR [2020] § 675j Rn 4) und kann nicht im Anschluss an die Durchführung des Zahlungsvorgangs nachgeholt werden.

(4) Zahlungskarten

B67 Bei der Verwendung von Zahlungskarten, die über eine **Bargeldersatzfunktion** verfügen, orientieren sich auch die Anforderungen an ein tatsächliches Angebot iSd § 294 BGB an einem **hypothetischen Barzahlungsfall** (OMLOR, Geldprivatrecht [2014] 331). Ebenso wie bei der Barzahlung und der Überweisung liegt bei der Kartenzahlung eine modifizierte Bringschuld des Geldschuldners vor. Seine Leistungshandlung hat er damit am Wohn-/Geschäftssitz des Geldgläubigers zu erbringen. Der Karteninhaber hat seine Karte in einer solchen Weise einzusetzen, dass dem Geldgläubiger eine rechtlich abgesicherte Zugriffsmöglichkeit auf das Buchgeld eröffnet wird. Der Unterschied zwischen Bar- und Buchgeldzahlung liegt lediglich darin, dass Buchgeld seiner Natur nach nicht physisch ergriffen werden kann, sondern stattdessen mittels der Geltendmachung einer Forderung erlangt wird. Hierzu ist der Karteninhaber gehalten, den **Zahlungsvorgang** auf die im Zahlungsdienstevertrag vereinbarte Weise (vgl § 675j Abs 1 S 3 und 4 BGB) **zu autorisieren**.

B68 Gelangt eine **Debitkarte** im POS-Verfahren zum Einsatz, so hat der Karteninhaber seine Karte vorzulegen, ihre Nutzung im Zahlungsterminal des Geldgläubigers zu gestatten und seine PIN einzugeben. Eine Autorisierung setzt im POS-Verfahren notwendig die PIN-Eingabe voraus (SOERGEL/WERNER [13. Aufl 2012] § 675 f Rn 72). Bei einer **Kreditkartenzahlung** im Präsenzgeschäft setzt ein tatsächliches Angebot ebenfalls die physische Vorlage der Karte und ihre Eingabe im Lesegerät des Händlers voraus. Hinsichtlich der Autorisierung bedarf es je nach Einzelfall entweder einer PIN-Eingabe in das Zahlungsterminal oder einer Unterschrift auf dem Kreditkartenbeleg („Slip"). Wird die Kreditkarte bei Distanzgeschäften im Mailorder-Verfahren eingesetzt, bedarf es naturgemäß keiner Vorlage der gegenständlichen Karte. Ausreichend ist vielmehr, wenn sämtliche Kartendaten mitgeteilt werden, die für eine Durchführung der Transaktion erforderlich sind. Üblicherweise handelt es sich um den Namen des Karteninhabers, die Kartennummer, ihr Ablaufdatum und die rückseitigen Prüfziffern. Hinzutreten können bei Internettransaktionen auch zusätzlich Passwörter (zB *MasterCard SecureCode, Verified by Visa*). Welche Angaben konkret erforderlich sind, richtet sich nach der Vereinbarung im Akquisitionsvertrag. Sind dessen Voraussetzungen erfüllt, vermag der Geldgläubiger unmittelbar auf das abstrakte Schuldversprechen des Kreditkartenunternehmens zuzugreifen, das den Bargeldersatz darstellt (zur Rechtsnatur stellvertretend BGH 16. 4. 2002 – XI ZR 375/00, BGHZ 150, 286; BGH 13. 1. 2004 – XI ZR 479/02, BGHZ 157, 256; MARTINEK, in: FS Walther Hadding [2004] 967, 967 ff mwNw). Im Vergleich zur Kredit- und Debitkarte sind die Anforderungen an ein tatsächliches Angebot bei einer **Geldkartenzahlung** geringer. Grund hierfür ist die Ausgestaltung der Autorisierung; sie erfolgt antizipiert in Gestalt einer generell-abstrakten Generalweisung des Zahlers (LANGENBUCHER, Die Risikozuordnung im bargeldlosen Zahlungsverkehr [2001] 309 ff; STAUDINGER/OMLOR [2020] § 675i Rn 27). Der finale Zahlungsvorgang selbst kommt ohne eine (weitere) Autorisierungshandlung aus. Ein tatsächliches Angebot liegt bereits vor, wenn der Geldschuldner eine mit hinreichendem Guthaben ausgestattete Geldkarte vorlegt und eine Abbuchung zuzulassen bereit ist.

b) Schuldnerverzug
aa) Individuelle versus überindividuelle Leistungshindernisse

B69

Ein Verzug des Geldschuldners kann nicht eintreten, sofern er das Leistungshindernis nicht zu vertreten hat (§ 286 Abs 4 BGB). Aus der Natur des Geldes und der Geldschuld folgt nicht nur die „Unmöglichkeit der Unmöglichkeit" (s o Rn B57), sondern darüber hinaus auch, dass sich der Geldschuldner **nicht wegen des individuellen Nichtverfügens über Geld exkulpieren** kann (Omlor, Geldprivatrecht [2014] 327; weitergehender Staudinger/Feldmann [2019] § 286 Rn 149). Die Geldschuld ist ihrem Leistungsgegenstand nach weder eine Sach- noch eine Gattungsschuld. Ihr Leistungssubstrat – das Geld im abstrakten Sinn – ist als solches definitionsgemäß stets verfügbar. Eine ausnahmsweise Exkulpation lässt sich lediglich bei **überindividuellen Hinderungsgründen** annehmen. Hierzu zählen beispielsweise unvorhersehbare staatliche Devisenbeschränkungen in Krisenzeiten. Eines Rückgriffs auf § 242 BGB bedarf es hierbei nicht (**aA** Staudinger/K Schmidt [1997] Vorbem C33 zu §§ 244 ff), da die Nichtleistung auf einer örtlich oder zeitlich begrenzten Nichtverfügbarkeit von Geld auch im abstrakten Sinn beruht. Ein Nichtvertretenmüssen folgt hingegen nicht aus dem Diebstahl von Geldzeichen oder dem unerlaubten Zugriff auf Buchgeld des Geldschuldners. Auch wenn dieses Abhandenkommen kurz vor dem Fälligkeitstermin erfolgt, so ändert dieses Ereignis nichts daran, dass Geld im abstrakten Sinn für den Geldschuldner potenziell erlangbar ist. Deliktische Angriffe auf das Geldvermögen des Geldschuldners stellen lediglich individuelle Hinderungsgründe dar, die nicht den Tatbestand des § 286 Abs 4 BGB erfüllen.

B70

Demgegenüber lässt sich die eingeschränkte Reichweite des § 286 Abs 4 BGB bei der Geldschuld **nicht auf § 276 Abs 1 S 1 BGB stützen**. Während vor der Schuldrechtsform eine Analogie zu § 279 aF BGB bemüht wurde (Mugdan II 537; Staudinger/K Schmidt [1997] Vorbem C32 zu §§ 244 ff), gingen die Gesetzesverfasser nunmehr bei Geldschulden von der **Übernahme eines Beschaffungsrisikos** iSv § 276 Abs 1 S 1 BGB aus (BT-Drucks 14/7052, 184). In der Konsequenz dieser Auffassung liegt es, zwischen dem Geldschuldner zugewiesenen typischen Risiken und solchen Umständen, welche die Parteien nicht vorhergesehen haben, zu differenzieren (allgemein Staudinger/Feldmann [2019] § 286 Rn 150 mwNw; ähnlich MünchKomm/Ernst[8] § 286 Rn 112). Damit wären aber auch überindividuelle Leistungshindernisse erfasst, wie sie unter anderem bei einem Diebstahl von Geldzeichen vorliegen. Zudem basiert die Konstruktion der vertraglichen Übernahme eines Beschaffungsrisikos auf der fehlerhaften Einordnung der Geldschuld als Gattungsschuld. Sofern den Parteien unterstellt wird, in der Vereinbarung einer Geldschuld liege stets eine **Garantie** des Geldschuldners iSd § 276 Abs 1 S 1 BGB (Staudinger/Caspers [2019] § 276 Rn 164), müsste folgerichtig ein ausnahmsloser Ausschluss der Exkulpation nach § 286 Abs 4 BGB angenommen werden. Eine Beschränkung der Reichweite der Garantie wiederum aus einer konkludenten Parteivereinbarung abzuleiten (Staudinger/Caspers [2019] § 276 Rn 165), wirkt reichlich **überkonstruiert**.

bb) Verzug im Verbraucherdarlehensrecht

B71

Auch bei Verbraucherdarlehensverträgen **bleibt es bei den allgemeinen Regeln**, sodass individuelle Leistungshindernisse den Verzug des Geldschuldners nicht nach § 286 Abs 4 BGB ausschließen (MünchKomm/Ernst[8] § 286 Rn 112; Omlor, Geldprivatrecht [2014] 327; **aA** Dubischar, in: AK-BGB [1980] § 279 aF Rn 6). Der Schutz des Verbrauchers wird über die Sonderregeln in §§ 491–505 BGB sichergestellt. Konkret finden **§§ 497 f**

BGB auf den Zahlungsverzug des Darlehensnehmers Anwendung. Soweit es darüber hinaus an Schutzvorschriften für den Fall einer verzögerten Zahlung durch den Darlehensnehmer fehlt, unterliegt der Rückzahlungsanspruch aus § 488 Abs 1 S 2 BGB den allgemeinen geldschuldrechtlichen Regeln.

cc) Besonderheiten bei Entgeltforderungen

B72 Der erleichterte Verzugseintritt nach **§ 286 Abs 3 BGB** zulasten des Schuldners einer **Entgeltforderung** ist in seinem sachlichen Anwendungsbereich auf **Geldschulden** beschränkt (OMLOR, Geldprivatrecht [2014] 327 f). Ein Entgelt iSd § 286 Abs 3 S 1 BGB kann ausschließlich in der Zahlung von Geld bestehen (BGH 21. 4. 2010 – XII ZR 10/08 Rn 22 f, NJW 2010, 1871). Die Vorschrift beruht auf den sekundärrechtlichen Vorgaben aus Art 3 Abs 3 lit b der **Zahlungsverzugsrichtlinie** (Richtlinie 2011/7/EU zur Bekämpfung von Zahlungsverzug im Geschäftsverkehr v 16. 2. 2011 [ABl EG Nr L 248, 1 v 23. 2. 2011]). Der Entgeltbegriff aus Art 1 Abs 2 der Zahlungsverzugsrichtlinie geht von der „Zahlung" einer Entgeltforderung aus; gleiches gilt für ihre einschlägigen Erwägungsgründe 8, 9, 12, 13 und 17. „,Zahlen' tut man mit Geld" (SCHERMAIER NJW 2004, 2501). Die wechselhafte Gesetzgebungsgeschichte der deutschen Umsetzungsvorschrift hat somit keinen Niederschlag im Auslegungsergebnis gefunden. Die Begründung des Gesetzesentwurfs ging noch von einem weiteren Anwendungsbereich von § 286 Abs 3 BGB aus; die Regelung sei „nicht mehr nur auf Geldforderungen beschränkt, sondern auf alle Forderungen ausgedehnt" (BT-Drucks 14/6040, 147). Die Bundesregierung wollte reagierend auf Kritik sodann eine Einschränkung auf „Entgeltforderungen aus Verträgen" (BT-Drucks 14/6857, 51) vornehmen. Diese Ergänzung des Wortlauts um ein rechtsgeschäftsbezogenes Tatbestandsmerkmal wurde letztlich jedoch nur bei § 288 Abs 2 BGB vorgenommen, nicht aber bei § 286 Abs 3 BGB.

dd) Umfang des Verzögerungsschadens

B73 Allgemein zieht der Verzug eine Schadensersatzpflicht des Schuldners nach §§ 280 Abs 1 und 2, 286 BGB nach sich. Auch bei Geldschulden kann ein solcher Verzögerungsschaden entstehen. Unterbleibt infolge der verspäteten Zahlung die geplante Anlage des geschuldeten Kapitals (BGH 30. 11. 1979 – V ZR 23/78, VersR 1980, 194; zur abstrakten Schadensberechnung vgl BGH 30. 1. 1974 – VIII ZR 4/73, BGHZ 62, 102, 104 ff; BGH 28. 4. 1988 – III ZR 57/87, BGHZ 104, 337, 338 ff), kann ein Kredit nicht zurückgeführt oder muss ein solcher aufgenommen werden (BGH 14. 7. 1952 – III ZR 95/51, NJW 1953, 337; BGH 8. 11. 1973 – III ZR 161/71, WM 1974, 128), so hat der im Verzug befindliche Schuldner diesen Schaden auszugleichen. Auch eine im Zeitraum des Verzugs eingetretene Geldentwertung lässt sich als Verzögerungsschaden erfassen (OMLOR, Geldprivatrecht [2014] 328). Hierbei ist jedoch die Geldforderung **nicht pauschal durch Indexierung** an die Inflation zu koppeln; vielmehr ist einzelfallbezogen ein **konkreter Schadensnachweis** zu führen. Praktische Hürden stellt in allen Fällen somit die Darlegungs- und Beweislast auf, welche dem Geldgläubiger zufällt (BGH 27. 2. 1991 – XII ZR 39/90, NJW-RR 1991, 1406). Aus Ausgleich hierzu sieht **§ 288 Abs 1 BGB** eine Verzinsungspflicht in Höhe von fünf Prozentpunkten *pro anno* über dem jeweiligen Basiszinssatz (§ 247 BGB) vor, der regelmäßig von der Deutschen Bundesbank bekannt gegeben wird. Der Rechtsnatur nach handelt es sich um einen **Mindestbetrag**, den der Geldgläubiger unabhängig von einem konkreten Schaden pauschaliert verlangen kann (vgl auch § 288 Abs 4 BGB).

ee) Beendigung des Verzugs
(1) Grundsatz
Der Verzug des Geldschuldners endet erst mit dem **Eintritt des Leistungserfolgs**, nicht **B74** bereits mit der Vornahme der Leistungshandlung (OLG Köln 21. 4. 2009 – 18 U 78/05; OLG Jena 11. 5. 2011 – 2 U 1000/10, NJOZ 2012, 481, 482; K Schmidt, in: Martinek/Sellier [Hrsg], Staudinger-Symposion [1998] 76, 82 ff; Schwab NJW 2011, 2833 f; Omlor, Geldprivatrecht [2014] 329; **aA** BGH 7. 10. 1965 – II ZR 120/63, BGHZ 44, 178, 179; BGH 11. 2. 1998 – VIII ZR 287-97, NJW 1998, 1302; BGH 5. 10. 2016 – VIII ZR 222/15 Rn 17 ff, BGHZ 212, 140 [zu Mietzahlungen]). Diese Annahme harmoniert mit der Einordnung der Geldschuld als Bringschuld im gesetzlichen Regelfall. Vor allem aber wird sie für den geschäftlichen Verkehr zwischen Unternehmern durch die supranationalen Vorgaben der **Zahlungsverzugsrichtlinie** (Richtlinie 2011/7/EU zur Bekämpfung von Zahlungsverzug im Geschäftsverkehr v 16. 2. 2011 [ABl EG Nr L 248, 1 v 23. 2. 2011]) erzwungen. Nach Art 3 Abs 1 lit b der Zahlungsverzugsrichtlinie 2011/7/EU fallen Verzugszinsen an, sobald der Geldgläubiger den geschuldeten Geldbetrag „nicht rechtzeitig erhalten" hat. Diese Regelung spezifiziert Erwägungsgrund 17 der Zahlungsverzugsrichtlinie 2011/7/EU dahingehend, dass der Zahlungsempfänger im Fälligkeitszeitpunkt über den geschuldeten Geldbetrag tatsächlich verfügen können muss. Auf die rechtzeitige Absendung kommt es insofern nicht an. Maßgeblich ist allein der **Eingang beim Geldgläubiger** (EuGH 3. 4. 2008 – Rs C-306/06 [*01051 Telecom*] ECLI:EU:C:2008:187, Rn 30). Nach der allgemeinen Dogmatik zur Bringschuld genügt es hierbei bei einer Barzahlung, wenn der geschuldete Geldbetrag dem Geldgläubiger am Leistungs- und Erfolgsort, dh seinem Wohn-/Geschäftssitz, angeboten wird (Staudinger/Feldmann [2019] § 286 Rn 117). Aus Gründen der systematischen Stimmigkeit des deutschen Geldschuldrechts ist es geboten, Geldschulden mit Verbraucherbeteiligung nach den gleichen Regeln zu behandeln, wie sie die Zahlungsverzugsrichtlinie für den geschäftlichen Verkehr vorgibt.

Das Korrektiv zur strikten Anknüpfung an den Erfolgseintritt stellt die **Exkulpations-** **B75** **möglichkeit** nach § 286 Abs 4 BGB dar. Hat der Geldschuldner seine Leistungshandlung so rechtzeitig vorgenommen, dass mit einem fristgemäßen Eingang beim Geldgläubiger gerechnet werden durfte, so trifft ihn an einer dennoch eingetretenen Verzögerung kein Verschulden. Dabei ist ihm jedoch ein Verschulden eines zum Geldtransport eingeschalteten Erfüllungsgehilfen (§ 278 BGB) zuzurechnen. Der Verzug endet dann in dem Zeitpunkt, zu dem redlicherweise ein Erfolgseintritt zu erwarten war. Das Berufen auf ein fehlendes Verschulden lässt auch die Zahlungsverzugsrichtlinie (Richtlinie 2011/7/EU zur Bekämpfung von Zahlungsverzug im Geschäftsverkehr v 16. 2. 2011 [ABl EG Nr L 248, 1 v 23. 2. 2011]) zu. In ihrem Art 3 Abs 1 lit b HS 2 wird der Verzugseintritt ausgeschlossen, wenn „der Schuldner für den Zahlungsverzug nicht verantwortlich ist". Im praktisch seltenen **Barzahlungsfall**, der mit einer Versendung von Bargeld per Post durch den Geldschuldner verbunden ist, scheidet ein Verschulden aus, wenn unter Einrechnung der üblichen Postlaufzeiten ein rechtzeitiger Eingang am Wohn-/Geschäftssitz des Geldgläubigers zu erwarten war.

(2) Einzelfälle
Bei einer **Überweisung** endet der Verzug erst mit dem **Eingang auf dem Konto des** **B76** **Geldgläubigers** (Omlor, Geldprivatrecht [2014] 329; iE ebenso OLG Jena 11. 5. 2011 – 2 U 1000/10, NJOZ 2012, 481, 482; Gsell GPR 2008, 165, 170 f). Auf den Zeitpunkt der Abgabe

des Überweisungsauftrags, seines Zugangs beim sendenden Zahlungsdienstleister (§ 675n BGB) oder des Eingangs des Zahlungsbetrags auf dem Verrechnungskonto des empfangenden Zahlungsdienstleisters kommt es nicht an. Insofern besteht keine Parallele hinsichtlich des Anknüpfungspunktes zwischen dem Annahme- und dem Schuldnerverzug, da ein tatsächliches Angebot des Geldschuldners iSd § 294 BGB bereits ab dem Eingang beim empfangenden Zahlungsdienstleister und dem gleichzeitigen Entstehen des Anspruchs auf Zurverfügungstellung (§ 675t Abs 1 S 1 BGB) vorliegt (s o Rn B65). Eine Exkulpation des Geldschuldners nach § 286 Abs 4 BGB greift ein, sofern unter Zugrundelegung der gesetzlichen Ausführungsfristen aus § 675s BGB ein fristgemäßer Zahlungseingang zu erwarten war (EuGH 3. 4. 2008 – Rs C-306/06 [*01051 Telecom*] ECLI:EU:C:2008:187, Rn 30). Der Verzug endet in diesem Fall in dem Zeitpunkt, zu dem üblicherweise mit einem Zahlungseingang auf dem Empfängerkonto gerechnet werden konnte. Einschränkend wirkt jedoch, dass sich der Geldschuldner das Verschulden seines Zahlungsdienstleisters und der im Interbankenverhältnis zwischengeschalteten Stellen als Erfüllungsgehilfen nach § 278 BGB zurechnen lassen muss.

B77 Anders als bei der Barzahlung und der Überweisung liegt bei einer vereinbarten **Lastschriftzahlung** keine Bring-, sondern eine Holschuld vor (s o Rn B28). Die erforderliche Leistungshandlung des Geldschuldners liegt lediglich darin, eine Autorisierung zu erteilen, für eine hinreichende Deckung auf seinem Konto zu sorgen und regelmäßig auch seinen Gläubiger darüber zu informieren. Ab diesem Moment liegt die Verantwortung für die Durchführung dieser „*Pull*"-Zahlung auf Seiten des Geldgläubigers. Unter Berücksichtigung der Zahlungsverzugsrichtlinie (Richtlinie 2011/7/EU zur Bekämpfung von Zahlungsverzug im Geschäftsverkehr v 16. 2. 2011 [ABl EG Nr L 248, 1 v 23. 2. 2011]), deren Art 3 Abs 1 lit b im Wortlaut nicht zwischen Bring- und Holschulden differenziert und stets auf das Erhalten des Geldbetrags abstellt, lässt sich das Verzugsende dogmatisch folgendermaßen erfassen: Die für § 286 BGB maßgebliche **Leistung des Schuldners** liegt in der **Sicherstellung aller Voraussetzungen für einen Lastschrifteinzug** durch den Gläubiger. Die Lastschriftabrede stellt eine privatautonome Abweichung vom gesetzlichen Regelfall dar, wie ihn Art 3 Abs 1 lit b der Zahlungsverzugsrichtlinie 2011/7/EU festlegt. Davon darf allerdings vertraglich abgewichen werden, wie Art 7 Abs 1 der Zahlungsverzugsrichtlinie 2011/7 EU klarstellt. Ein Missbrauch der Vertragsfreiheit (vgl Erwägungsgrund 28 der Zahlungsverzugsrichtlinie 2011/7/EU) liegt darin nicht, sondern vielmehr ist die Lastschriftabrede ein Ausdruck „der guten Handelspraxis" (Art 7 Abs 1 UAbs 2 lit a der Zahlungsverzugsrichtlinie 2011/7/EU). Überdies bewirkt die Lastschriftabrede im Valutaverhältnis, dass es auch an der Verantwortlichkeit iSv Art 3 Abs 1 lit b HS 2 der Zahlungsverzugsrichtlinie 2011/7/EU bzw dem **Verschulden iSv § 286 Abs 4 BGB fehlt**, sobald alle Voraussetzungen für einen Lastschrifteinzug durch den Geldgläubiger vorliegen. In diesem Zeitpunkt endet daher ein vorheriger Verzug des Geldschuldners.

B78 Bei einer **Scheckzahlung** endet der Verzug grundsätzlich erst mit der erfolgreichen **Einlösung des Schecks** durch den Geldgläubiger und der **Gutschrifterteilung** zu dessen Gunsten (OLG Jena 11. 5. 2011 – 2 U 1000/10, NJOZ 2012, 481, 482; **aA** noch BGH 29. 1. 1969 – IV ZR 545/68, NJW 1969, 875, 876 auf Grundlage der Schickschuldtheorie). Die Absendung des Schecks oder auch dessen persönliche Übergabe an den Geldgläubiger reichen allein nicht aus, um den Verzug zu beenden. Auch die Einreichung des Schecks durch den

Schecknehmer bei seiner Bank zum Zweck des Scheckinkassos stellt noch nicht die für § 286 BGB erforderliche Leistung des Schuldners dar. Reicht jedoch der Geldgläubiger den Scheck nicht mit der erforderlichen Schnelligkeit ein, ist der Schuldner insoweit von einem Verschulden nach § 286 Abs 4 BGB befreit und der Verzug endet.

Bei Verwendung einer **Zahlungskarte mit Bargeldersatzfunktion (Kreditkarte, Debit-** **B79** **karte im POS-Verfahren, Geldkarte)** kann je nach Ausgestaltung des Akquisitionsverhältnisses zwischen empfangendem Zahlungsdienstleister und Zahlungsempfänger die tatsächliche Erlangung des Zahlungsbetrags durch den Zahlungsempfänger dem Karteneinsatz zeitlich nachgelagert sein. Sowohl bei Zahlungen mit einer Kreditkarte (stellvertretend BGH 16. 4. 2002 – XI ZR 375/00, BGHZ 150, 286; BGH 13. 1. 2004 – XI ZR 479/02, BGHZ 157, 256; Martinek, in: FS Walther Hadding [2004] 967 ff mwNw), einer Debitkarte im POS-Verfahren (Reiser WM 1989, Sonderbeilage Nr 3, S 1, 7 f; Brockmeier, Das POS-System des deutschen Kreditgewerbes [1990] 71 f; Harbeke WM 1994, Sonderbeilage Nr 1, S 3, 9; Häde ZBB 1994, 33, 41; Soergel/Werner [13. Aufl 2012] § 675f Rn 74) als auch einer Geldkarte (Staudinger/Omlor [2020] § 675i Rn 24) erlangt der Händler ein **abstraktes Schuldversprechen nach § 780 BGB bereits im Zuge des Zahlungsvorgangs** mit der Zahlungskarte. Die eigentliche Abrechnung im Akquisitionsverhältnis erfolgt jedoch bei Kreditkarten zumeist nur monatlich (Martinek/Omlor, in: Schimansky/Bunte/Lwowski [Hrsg], Bankrechts-Handbuch [5. Aufl 2017] § 67 Rn 4), bei der Debit- und der Geldkarte regelmäßig in deutlich kürzeren Abständen. Die zeitliche Differenz zwischen dem Karteneinsatz mit der Entstehung des abstrakten Schuldversprechens und der tatsächlichen Abrechnung im Akquisitionsverhältnis kann verzugsrechtlich nicht zulasten des Geldschuldners gehen. Die Parteien vereinbaren insofern konkludent, dass es für die Verzugsbeendigung auf den **Zeitpunkt** ankommt, **in welchem das abstrakte Schuldversprechen zugunsten des Händlers wirksam begründet** wird (Omlor, Geldprivatrecht [2014] 329 f). Nur eine solche Risikoverteilung trägt zudem hinreichend der Bargeldersatzfunktion dieser Zahlungskarten Rechnung. Die Vorgaben der **Zahlungsverzugsrichtlinie** (Richtlinie 2011/7/EU zur Bekämpfung von Zahlungsverzug im Geschäftsverkehr v 16. 2. 2011 [ABl EG Nr L 248, 1 v 23. 2. 2011]) stehen einer solchen Auslegung des § 286 BGB nicht entgegen. Zwar schreibt Art 3 Abs 1 lit b der Zahlungsverzugsrichtlinie 2011/7/EU vor, dass der Verzug erst mit dem Erhalt des Zahlungsbetrags durch den Geldgläubiger endet. Allerdings vermögen die Parteien durch eine entsprechende **Vereinbarung im Valutaverhältnis** von dieser gesetzlichen Regel abzuweichen. In der – typischerweise konkludent getroffenen – Abrede zur Nutzung einer bestimmten Zahlungskarte liegt zugleich die vertragliche Regelung, dass als Leistung iSd § 286 BGB ein solcher Karteneinsatz anzusehen ist, der zur Entstehung eines abstrakten Schuldversprechens im Akquisitionsverhältnis führt. Eine solche Abweichung steht im Einklang mit der Zahlungsverzugsrichtlinie 2011/7/EU, da deren Erwägungsgrund 28 im Zusammenspiel mit ihrem Art 7 Abs 1 von einer privatautonomen Gestaltungsfreiheit ausgeht. Wie auch die Lastschriftabrede stellt auch die Kartenzahlungsabrede mit ihren Verzugsregelungen ein Bestandteil der „guten Handelspraxis" (Art 7 Abs 1 UAbs 2 lit a der Zahlungsverzugsrichtlinie 2011/7/EU) dar.

5. Erfüllung

a) Zahlung von Bargeld

B80 Geldschulden sind grundsätzlich durch die Zahlung von Bargeld erfüllbar. Entgegen der traditionellen Ansicht (stellvertretend BGH 5. 5. 1986 – II ZR 150/85, BGHZ 98, 24, 29; BGH 20. 5. 2010 – Xa ZR 68/09 Rn 29, BGHZ 185, 359; OLG Köln 5. 4. 1990 – 6 U 205/89, NJW-RR 1991, 50) handelt es sich bei der Barzahlung jedoch **nicht um die primäre bzw originäre Erfüllungsmethode für Geldschulden**. Geldschuldrechtlich stehen sich Bar- und Buchgeld funktionell gleichwertig gegenüber (s o Rn A73 ff u B85 ff). Um eine Geldschuld durch Barzahlung zu erfüllen, hat der Geldschuldner dem Geldgläubiger dauerhaft (OLG Brandenburg 19. 2. 2010 – 4 U 149/08) sowohl **Eigentum** als auch **Besitz an gültigen Geldzeichen** zu verschaffen (BGH 25. 3. 1983 – V ZR 168/81, BGHZ 87, 156, 162 f; Wiese NJW 2006, 1569, 1570). Hierzu reicht es nicht aus, wenn der Schuldner die Geldzeichen lediglich eigenmächtig in den Briefkasten des Gläubigers legt (AG Köln 29. 6. 2005 – 137 C 146/05, NJW 2006, 1600). Der **Nennwert** der übertragenen Geldzeichen muss für eine vollständige Tilgung der Schuldhöhe entsprechen (BGH 30. 11. 1993 – XI ZR 80/93, BGHZ 124, 254, 259; OLG Köln 5. 4. 1990 – 6 U 205/89, NJW-RR 1991, 50; Gernhuber, Die Erfüllung und ihre Surrogate sowie das Erlöschen der Schuldverhältnisse aus anderen Gründen [2. Aufl 1994] § 11 I 2). **Teilleistungen** sind bei Geldschulden jedoch in Abweichung von § 266 BGB zulässig (Staudinger/Bittner/Kolbe [2019] § 266 Rn 4), sofern sie die Parteien nicht ausgeschlossen haben. In der Folge einer wirksamen Barzahlung tritt Erfüllung durch Leistung nach § 362 Abs 1 BGB ein. Ein Fehlschlagen der Eigentumsverschaffung hindert dabei den Eintritt der Erfüllung. Ohne eine vollwertige Eigentümerposition vermag der Geldgläubiger nicht über die mit dem Geldzeichen verbundene abstrakte Vermögensmacht rechtssicher zu verfügen. Dabei genügt es jedoch, wenn der Geldgläubiger das Eigentum infolge eines **gutgläubigen Erwerbs** (§§ 932, 935 Abs 2 BGB) erwirbt. Auch der gutgläubige Erwerb vom Nichtberechtigten führt zum Erwerb des uneingeschränkten Vollrechts ohne einen rechtlich relevanten Makel (Staudinger/Wiegand [2017] § 932 Rn 110 ff mwNw).

aa) Disponibilität des gesetzlichen Annahmezwangs

B81 Lautet die Geldschuld auf Zahlung in Euro, so greift der gesetzliche Annahmezwang aus **Art 10 S 2, 11 S 2 der Euro-Einführungsverordnung** (Verordnung [EG] Nr 974/98 über die Einführung des Euro v 3. 5. 1998 [ABl EG Nr L 139, 1 v 11. 5. 1998]), der sich partiell nochmals in § 14 Abs 1 S 2 BBankG wiederfindet. Danach darf der Gläubiger einer Euro-Geldschuld die Entgegennahme von Euro-Papiergeld nicht verweigern, ohne in Annahmeverzug zu geraten. Die währungsrechtlichen Regelungen zum Annahmezwang unterliegen jedoch der **Disposition der Parteien** (Omlor, Geldprivatrecht [2014] 352). Zwischen Währungsrecht und Geldprivatrecht besteht kein Subordinationsverhältnis, das einen „natürlichen" Vorrang des öffentlichen Rechts abbildete. Vielmehr beeinflussen sich Währungsrecht und Geldprivatrecht durch zahlreiche Wechselbeziehungen gegenseitig (s o Rn A192). Daran ändert auch der normhierarchische Befund nichts, dass die Euro-Einführungsverordnung als unionaler Sekundärrechtsakt jeglichen Bestimmungen des deutschen Privatrechts vorgeht. Die Dispositionsbefugnis der Parteien über das taugliche Erfüllungsmittel für Geldschulden basiert nicht allein auf der deutschen Rechtsordnung, sondern zugleich auf den Grundrechtsverbürgungen des Primärrechts der Europäischen Union. Die Privatautonomie von Geldschuldner und -gläubiger wird insbesondere von Art 6 und 17 Abs 1 der Charta der Grundrechte geschützt, welcher über Art 6 Abs 1 UAbs 1

EUV der gleiche Rang wie den Verträgen zukommt. Im Lichte dieser primärrechtlichen Grundrechtspositionen sind Art 10 S 2, 11 S 2 der Euro-Einführungsverordnung auszulegen. Auch die **Europäische Kommission** geht von einer vollständigen Disponibilität des gesetzlichen Annahmezwangs aus. In Nr 1 lit a ihrer Empfehlung 2010/191/EU (Empfehlung über den Geltungsbereich und die Auswirkungen des Status der Euro-Banknoten und -Münzen als gesetzliches Zahlungsmittel vom 22. 3. 2010, ABl EU Nr L 83 S 70 v 30. 3. 2010) wird eine verpflichtende Annahme nur dann angenommen, „(s)ofern sich die Parteien nicht auf andere Zahlungsmittel geeinigt haben". Im Übrigen ist jedoch der unionsrechtliche Begriff des gesetzlichen Zahlungsmittels trotz der rechtlich nicht bindenden Empfehlung weitgehend unklar (vgl die Beiträge in FREITAG/OMLOR [Hrsg], The Euro as Legal Tender [2019]).

bb) Konsensualer Ausschluss der Barzahlung
(1) Differenzierung nach Art der Vertragsdurchführung

Handelt es sich bei den Vorschriften zum gesetzlichen Annahmezwang nicht um zwingendes Recht, so bedarf es einer **Auslegung der Parteiabreden** (§§ 133, 157 BGB) im konkreten Einzelfall, um die Erfüllungstauglichkeit von Bargeld bestimmen zu können. Dabei spielen die Verkehrssitte (§ 157 BGB) und ein etwaiger Handelsbrauch (§ 346 HGB) eine maßgebliche Rolle (STAUDINGER/K SCHMIDT [1997] Vorbem C37 zu §§ 244 ff). Die **Barzahlung** lässt sich sowohl **ausdrücklich** als auch **konkludent ausschließen**. Ob eine konkludente Vereinbarung vorliegt, richtet sich nach allen Umständen des Einzelfalls. Vor allem leitet sich die typische Interessenlage der Parteien aus der **Art und Weise der Vertragsdurchführung** und der Höhe des geschuldeten Geldbetrags ab. Werden Distanzgeschäfte – beispielsweise im **Fernabsatz** (§ 312c BGB) – abgeschlossen, bei denen der Leistungsaustausch ohne einen persönlichen Kontakt zwischen den Parteien erfolgt, so liegt regelmäßig ein konkludenter Ausschluss der Barzahlung nahe. Eine Barzahlung muss der Geldgläubiger nicht entgegennehmen. Gerade bei Fernabsatzverträgen, die über ein auf den Fernabsatz spezialisiertes Vertriebs- oder Dienstleistungssystem zustande kommen (vgl § 312c Abs 1 BGB aE), beruht auch die Kostenkalkulation des Geldgläubigers üblicherweise auf einer rein bargeldlosen Zahlungsabwicklung. Einem reinen Internethändler wäre nicht zuzumuten, an seinem Versandlager oder an seinem Geschäftssitz zusätzliches Personal für die Entgegennahme von Barzahlungen vorzuhalten. Aber auch ein Anbieter, der ein **Hybridmodell zwischen Online- und Offline-Handel** mit eigenen Filialen betreibt, legt den Bestellungen im *Online*-Vertrieb eine andere Kalkulation für die Zahlungskosten als im *Offline*-Vertrieb zugrunde. Dem Anbieter und Geldgläubiger im Fernabsatz wäre es zudem zumindest gegenüber Verbrauchern verwehrt, die ihm entstehenden Zusatzkosten für die Annahme von Bargeld auf den Geldschuldner abzuwälzen. Nach § 312a Abs 4 Nr 2 BGB darf der unternehmerische (§ 14 BGB) Geldgläubiger seinem Geldschuldner mit Verbrauchereigenschaft (§ 13 BGB) nur solche Zahlungsentgelte auferlegen, die ihm „durch die Nutzung des Zahlungsmittels entstehen". Als solche Entgelte können lediglich die transaktionsbezogenen Kosten des Unternehmers dargestellt werden, nicht aber die transaktionsunabhängigen Vorhaltekosten (OLG Karlsruhe 26. 6. 2018 – 17 U 147/17, BKR 2019, 201, 203; OMLOR NJW 2014, 1703, 1706; WENDEHORST NJW 2014, 577, 579). Zu den Vorhaltekosten zählen auch die allgemeinen Personalkosten für das Kassenpersonal.

B82

(2) Differenzierung nach Höhe der Geldschuld
Eine stillschweigende Abbedingung des gesetzlichen Annahmezwangs kann überdies

B83

aus der **Höhe der zu erfüllenden Geldschuld** folgen. Angesichts der Vielfalt der Geldzahlungskonstellationen existiert keine allgemeingültige und einzelfalllosgelöste Grenze, bei deren Überschreitung stets von einer Vereinbarung einer bargeldlosen Zahlung auszugehen wäre. Aus Gründen der Rechtssicherheit und der vereinfachenden Typisierung taugt jedoch die **Schwelle von 10 000 Euro** aus Art 3 Abs 1 der Verordnung (EG) Nr 1889/2005 (Verordnung über die Überwachung von Barmitteln, die in die Gemeinschaft oder aus der Gemeinschaft verbracht werden v 26. 10. 2005 [ABl EU Nr L 309, 9 v 25. 11. 2005]) als **Orientierungswert**. Auch wenn das Ziel der Verordnung – die Bekämpfung der Geldwäsche (vgl Erwägungsgründe 2 bis 4 der Verordnung [EG] Nr 1889/2005) – kein geldschuldrechtliches ist und die Festlegung eines anmeldefreien Betrags auch der Reduzierung von Verwaltungsaufwand dient, so signalisiert der Grenzwert dennoch zugleich einen verkehrs- und sozialüblichen Betrag von Bargeld, der für die Teilnahme am Wirtschaftsverkehr als erforderlich gehalten wird. Als grobe Auslegungshilfe für eine vertragliche Vereinbarung genügt dieser Rechtsgedanke. Umgekehrt kann auch eine geringe Höhe der Geldschuld für einen konkludenten Ausschluss von bargeldlosen Zahlungsmethoden sprechen. Jedoch ist hierbei der jeweilige Stand der Verbreitung von auf Kleinbeträge ausgerichteten bargeldlosen Zahlungsmethoden – insbesondere solche nach § 675i BGB (zB Geldkarte) – einzubeziehen. Auch besteht regelmäßig ein Annahmezwang für Zahlungskarten zulasten von Händlern, die sich über einen Akquisitionsvertrag einem bestimmten Debit- oder Kreditkartensystem angeschlossen haben (vgl zur Kreditkarte MARTINEK/OMLOR, in: SCHIMANSKY/BUNTE/LWOWSKI [Hrsg], Bankrechts-Handbuch [5. Aufl 2017] § 67 Rn 70).

(3) Klauselkontrolle

B84 Auch ein formularvertraglicher Ausschluss der Barzahlung sieht sich **keinen prinzipiellen Wirksamkeitsbedenken** ausgesetzt (OMLOR, Geldprivatrecht [2014] 352). Die Regelungen zum gesetzlichen Annahmezwang bilden **nicht** bereits ein **gesetzliches Leitbild iSd § 307 Abs 2 Nr 1 BGB**, von welchem nur zulasten des Vertragspartners des Klauselverwenders abgewichen werden könnte. Die Beschränkung auf eine bargeldlose Zahlung liegt typischerweise im beiderseitigen Interesse von Geldschuldner und -gläubiger. Dafür streitet auch die funktionelle Gleichwertigkeit von Bar- und Buchgeld (dazu s o Rn A73 ff). Den Regelungen zum Annahmezwang wohnt kein gesetzliches Gerechtigkeitsmodell (vgl STAUDINGER/WENDLAND [2019] § 307 Rn 247) inne, das über § 307 Abs 1 BGB hinaus eines besonderen Aushöhlungsschutzes bedürfte. Im Rahmen der allgemeinen Angemessenheitsprüfung nach § 307 Abs 1 S 1 BGB ist bereits zweifelhaft, ob überhaupt eine Benachteiligung des Geldschuldners von nicht unerheblichem Gewicht vorliegt (allgemein STAUDINGER/WENDLAND [2019] § 307 Rn 91 mwNw). Zumindest der umfassenden Abwägung der beiderseitigen Interessen hält ein Ausschluss der Barzahlung bei **Distanzgeschäften** regelmäßig stand; es besteht ein legitimes und schützenswertes Interesse des Geldgläubigers, kein Bargeld entgegennehmen zu müssen (vgl BGH 20. 5. 2010 - Xa ZR 68/09 Rn 31 ff, BGHZ 185, 359). Im **Präsenzhandel** hingegen ist derzeit noch ein besonderes Rationalisierungsinteresse des Geldgläubigers zu fordern. Mit dem fortschreitenden Entmaterialisierungsprozess des Geldes sinken jedoch die Anforderungen an die Angemessenheitskontrolle. Von dem Ausschluss der Barzahlung zu trennen ist die Beschränkung auf bestimmte Formen der bargeldlosen Zahlung bei Distanzgeschäften. Bezüglich der zulässigen Entgelte ist insofern gegenüber Verbrauchern § 312a Abs 4 Nr 1 BGB innerhalb der AGB-Kontrolle zu berücksichtigen (zur dogmatischen Einordnung OMLOR NJW 2014, 1703,

1707; dem folgend BGH 18. 7. 2017 – KZR 39/16 Rn 19, NJW 2017, 3289; OLG Karlsruhe 26. 6. 2018 – 17 U 147/17, BKR 2019, 201, 202).

b) Bargeldlose Zahlung
aa) Erfüllungstauglichkeit von Buchgeld
Buchgeld und Bargeld sind **zur Erfüllung von Geldschulden funktionell in gleichem Maße geeignet** (LARENZ, Lehrbuch des Schuldrechts I [14. Aufl 1987] § 13 I; OMLOR, Geldprivatrecht [2014] 347 f). Die Gegenthese, dass „[e]ine Geldschuld ... an sich in bar, dh durch Übereignung einer entsprechenden Anzahl von gesetzlichen Zahlungsmitteln, zu erfüllen" (BGH 25. 3. 1983 – V ZR 168/81, BGHZ 87, 156, 162 f) sei, gründet sich auf einem antiquierten Geldbegriff und einem daraus folgenden fehlsamen Verständnis des Wesens der Geldschuld. Auszugehen ist von dem **zweigliedrigen Geldbegriff**, der in seiner abstrakten Spielart sowohl Bar- als auch Buchgeld erfasst (zu den Einzelheiten s o Rn A66 ff). Der abstrakte Geldbegriff determiniert den regelmäßigen Inhalt der Geldschuld als Wertverschaffungsschuld (s o Rn B2). Das Geldschuldrecht ist insofern auch nicht dem öffentlich-rechtlichen Währungsrecht einschließlich der Bestimmungen zum gesetzlichen Annahmezwang unterworfen. Vielmehr bestehen beide Regelungsbereichen in Autonomie zueinander (s o Rn A192). Die Nichterfassung von Buchgeld in Art 10 S 2, 11 S 2 der Verordnung (EG) Nr 974/98 (Verordnung [EG] Nr 974/98 über die Einführung des Euro v 3. 5. 1998 [ABl EG Nr L 139, 1 v 11. 5. 1998]) und im korrespondierenden § 14 Abs 1 S 2 BBankG beruht auf der privatrechtlichen Natur des Buchgeldes. Einer „Materialisierung der Währungseinheit(en)" (GRAMLICH, Bundesbankgesetz, Währungsgesetz, Münzgesetz [1988] § 1 WährG Rn 5), wie sie noch vor wenigen Jahrzehnten als Erfüllungsvoraussetzung gefordert wurde, bedarf es nicht. B85

(1) Leitmotiv der Entmaterialisierung
Die erfüllungsrechtliche Gleichbehandlung von Bar- und Buchgeld stellt eine konsequente **Fortentwicklung der einzelnen Entmaterialisierungsstufen der Geldgeschichte** dar (zu Einzelheiten s o Rn A11 ff). Ausgehend vom Primitivgeld der Vor- und Frühzeit formte sich das Geld in Metall- und schließlich Papiergeld um, bis der Prozess der Entmaterialisierung seinen vorläufigen Höhepunkt im materiefreien Buchgeld nahm. Buchgeld stellt im 21. Jahrhundert kein „Zahlungsmittel neuer Art" (KNAPP, Staatliche Theorie des Geldes [4. Aufl 1923] 133) mehr dar. Das Buchgeld dominiert seit vielen Jahren den Zahlungsverkehr; das Volumen der Buchgeldzahlungen wächst kontinuierlich (vgl Deutsche Bundesbank, Zahlungsverkehrs- und Wertpapierabwicklungsstatistiken in Deutschland 2014–2018, 7 ff, abrufbar unter http://www.bundesbank.de). B86

(2) Anerkennung in der positiven Rechtsordnung
Diese rechtstatsächlichen Prozesse haben einen sichtbaren **kodifikatorischen Niederschlag** gefunden. Der grenzüberschreitende Geldverkehr in Europa wurde durch die Einführung des einheitlichen Euro-Zahlungsverkehrsraums (*Single Euro Payments Area* – **SEPA**) erheblich erleichtert (zur Vorgeschichte HADDING, in: Gesellschaft für Rechtspolitik Trier [Hrsg], Bitburger Gespräche [1993] 41 ff; zu Einzelheiten HAUG, in: SCHIMANSKY/BUNTE/LWOWSKI [Hrsg], Bankrechts-Handbuch [5. Aufl 2017] § 51 Rn 31 ff). Die **Zahlungsdiensterichtlinien** (Richtlinie 2007/64/EG über Zahlungsdienste im Binnenmarkt v 13. 11. 2007 [ABl EU Nr L 319, 1 v 5. 12. 2007]; Richtlinie [EU] 2015/2366 über Zahlungsdienste im Binnenmarkt v 25. 11. 2015 [ABl EU Nr L 337, 35 v 23. 12. 2015]) begleiteten diese – politisch lediglich angestoßene – Initiative der europäischen Kreditwirtschaft. Ihre Harmonisierungsmaßnahmen ebneten den Weg für einen europäischen Binnen- B87

markt der Zahlungsdienste. So lassen sich im Staatsgebiet der über 30 SEPA-Teilnehmerländer Überweisungen innerhalb nur eines Geschäftstages abwickeln. Die Kosten für Auslandszahlungen in Euro sind durch Art 3 Abs 1 der Verordnung (EG) Nr 924/2009 (Verordnung [EG] Nr 924/2009 über grenzüberschreitende Zahlungen in der Gemeinschaft v 16. 9. 2009 [ABl EU Nr L 266, 11 v 9. 10. 2009], zuletzt geändert durch Verordnung [EU] 2019/518 in Bezug auf Entgelte für grenzüberschreitende Zahlungen in der Union und Entgelte für Währungsumrechnungen v 19. 3. 2019 [ABl EU Nr L 91, 36 v 29. 3. 2019]) an die Kosten für Inlandszahlungen angeglichen.

(3) Funktionale Äquivalenz

B88 **Zwischen Bar- und Buchgeldzahlungen** besteht aus der typisierten Sicht von Geldschuldner und -gläubiger **kein durchgreifender funktionaler Unterschied**. Die rechtliche Konstruktion zum einen als relative Forderungsbefugnis bei Buchgeld und zum anderen als abstrakte sachenrechtliche Zuordnung bei Bargeld begründet kein geldschuldrechtlich relevantes Hindernis (ähnlich DUDEN, Der Gestaltwandel des Geldes und seine rechtlichen Folgen [1968] 7; **aA** STAUDINGER/OLZEN [2016] Vorbem 21 ff zu § 362 ff). Die Rechtsstellung des Geldgläubigers und Buchgeldinhabers sichert zunächst seinen jederzeit fälligen Anspruch auf Auskehrung des Kontoguthabens ab. Der übertragbare – gegenwärtige oder zukünftige – Anspruch auf Auszahlung dieses Giroguthabens unterliegt der Pfändung (BGH 30. 6. 1982 – VIII ZR 129/81, BGHZ 84, 325, 327 ff; BGH 8. 7. 1982 – I ZR 148/80, BGHZ 84, 371, 373; BGH 20. 3. 1997 – IX ZR 71/96, BGHZ 135, 140, 142; BGH 19. 1. 2006 – IX ZR 154/03, BKR 2006, 375, 377). Durch die Novation nach dem periodischen Rechnungsabschluss (BGH 28. 11. 1957 – VII ZR 42/57, BGHZ 26, 142, 150; BGH 28. 6. 1968 – I ZR 156/66, BGHZ 50, 277, 279; BGH 28. 4. 1975 – II ZR 113/74, WM 1975, 556, 557; STAUDINGER/OMLOR [2020] § 675f Rn 20) gehen die vorherigen Einzelforderungen – vorbehaltlich einer bereicherungsrechtlichen Rückforderung des abstrakten Schuldanerkenntnisses (§ 812 Abs 2 BGB) – unter. Dem Buchgeldinhaber steht stattdessen ein Anspruch aus einem abstrakten Schuldanerkenntnis gegen seinen Zahlungsdienstleister zu. Das damit verbundene **Insolvenzrisiko** des Zahlungsdienstleisters steht ebenfalls der Erfüllungstauglichkeit von Buchgeld nicht entgegen (KRATZMANN Der Staat 35 [1996] 221, 240: „bargeldähnliche Sicherheit"; BRECHTEL, Die Tilgung von Geldforderungen bei Überweisungen, Lastschrift- und Kreditkartenzahlungen [2013] 31). Erstens schützen den Buchgeldinhaber verschiedene freiwillige wie gesetzliche **Einlagensicherungsmechanismen** in nennenswertem Umfang vor insolvenzbedingten Ausfällen (VEIT, Grundriss der Währungspolitik [3. Aufl 1969] 208 ff; vgl auch Richtlinie 2014/49/EU über Einlagensicherungssysteme v 16. 4. 2014, ABl EU Nr L 173 S 149 v 12. 6. 2014, umgesetzt durch das Anlegerentschädigungsgesetz [AnlEntG] und das Einlagensicherungsgesetz [EinSiG]). Auch Bargeld ist mit wesenstypischen Ausfallrisiken versehen, die zwar nicht in der Zahlungsfähigkeit eines Schuldners bestehen, aber für die Zwecke des Geldschuldrechts gleichwertig sind: Der Empfänger von Bargeld trägt ein **Diebstahls- und Fälschungsrisiko** (SCHÜTZ AcP 160 [1961] 17, 25).

(4) Annahmezwang kraft Parteivereinbarung

B89 Mangels einer positivrechtlichen Regelung hinsichtlich eines Annahmezwangs für Buchgeld kann ein solcher gegenwärtig seine Grundlage nur in der Privatautonomie der Parteien finden. Bei fehlender ausdrücklicher Vereinbarung zur Erfüllungsmethode **folgt regelmäßig aus einer konkludenten Parteiabrede im Lichte der Verkehrssitte (§ 157 BGB) ein konsensualer Annahmezwang für Buchgeld** (OMLOR, Geldprivatrecht [2014] 350 f; wohl auch DUDEN, Der Gestaltwandel des Geldes und seine rechtlichen Folgen [1968] 8;

mit Einschränkungen ebenso MÜNCH, Das Giralgeld in der Rechtsordnung der Bundesrepublik Deutschland [1990] 184 ff). Die Reichweite einer solchen Verkehrssitte hängt von dem jeweiligen Stand der Technik ab, die für die Weiterentwicklung der verkehrsüblichen Zahlungsmethoden verantwortlich ist. Bei Geschäften des täglichen Lebens, die mit Kleinbeträgen von maximal 5 Euro getätigt werden, kann derzeit noch nicht von einer Üblichkeit bargeldloser Zahlungen ausgegangen werden. Die seit 2015 greifende Begrenzung der Interbankenentgelte für Kartenzahlungen durch die sog **MIF-Verordnung** (Art 3-5 Verordnung [EU] 2015/751 über Interbankenentgelte für kartengebundene Zahlungsvorgänge v 29. 4. 2015 [ABl EU Nr L 123, 1 v 19. 5. 2015]) dürfte perspektivisch nicht nur bargeldlose Zahlungen allgemein, sondern insbesondere auch Kleingeldzahlungen attraktiver machen.

bb) Zahlung mittels Überweisung und Lastschrift
(1) Erfüllungstatbestand
Die Erfüllung von Geldschulden durch Überweisung oder Lastschrift vollzieht sich **B90** nach **§ 362 Abs 1 BGB** (BGH 23. 1. 1996 – XI ZR 75/95, NJW 1996, 1207; BGH 22. 3. 2005 – XI ZR 286/04, BGHZ 162, 349, 352; BGH 29. 5. 2008 – IX ZR 42/07 Rn 13, WM 2008, 1327; BGH 12. 5. 2011 – IX ZR 133/10 Rn 12, NJW-RR 2011, 1349; BSG 14. 8. 2003 – B 13 RJ 11/03 R, NZS 2004, 374, 375; OLG Karlsruhe 19. 12. 1996 – 9 U 140/96, NJW 1997, 1587; OLG Frankfurt 26. 9. 1997 – 8 U 130/ 97, NJW 1998, 387; OLG Düsseldorf 18. 10. 2005 – 3 Wx 214/05, NJW-RR 2006, 660, 661; OLG Nürnberg 23. 5. 2007 – 4 U 2528/06, OLGR 2008, 536 f; LG Frankfurt aM 2. 9. 1993 – 2/1 S 78/93, NJW-RR 1994, 305; LG Karlsruhe 24. 1. 2002 – 5 S 133/01, NJW-RR 2002, 1572; SIMITIS AcP 159 [1960] 406, 450; SCHÜTZ AcP 160 [1961] 17, 25; THYWISSEN BB 1971, 1347, 1350; K SCHMIDT JuS 1984, 737, 743; SCHÖN AcP 198 [1998] 401, 453; DÜCKER WM 1999, 1257, 1263; GÖSSMANN/VAN LOOK WM 2000, Sonderbeilage Nr 1, S 3, 21; STAUDINGER/OMLOR [2020] § 675f Rn 35; OMLOR, Geldprivatrecht [2014] 352; STAUDINGER/FREITAG [2015] § 488 Rn 15, 153 zum Darlehensrecht; wohl auch FALCKE, Geld – Wert oder Sache? [1951] 21; KRATZMANN Der Staat 35 [1996] 221, 239 f; offen BGH 25. 3. 1983 – V ZR 168/81, BGHZ 87, 156, 163; BGH 28. 10. 1998 – VIII ZR 157-97, NJW 1999, 210; BAG 23. 2. 1999 – 9 AZR 188/98, NZA 1999, 977, 988; OLG Hamm 18. 7. 1986 – 11 U 326/85, NJW 1987, 70; OLG München 12. 9. 2005 – 34 Wx 4/05, NZM 2006, 785; FG Hamburg 21. 8. 2000 – I 382/99, DStRE 2001, 47, 48; zum schweizerischen Obligationenrecht WEBER ZSR 100 [1981] 165, 172). Aus der funktionellen und **erfüllungsrechtlichen Gleichwertigkeit von Bar- und Buchgeld** folgt, dass der Geldgläubiger durch Überweisung und Lastschrift exakt die geschuldete Leistung iSd § 362 Abs 1 BGB erhält, nicht aber eine andere Leistung iSd § 364 Abs 1 BGB (aA RG 14. 10. 1931 – IX 241/31, RGZ 134, 73, 74; BGH 13. 3. 1953 – V ZR 92/51, NJW 1953, 897; BGH 25. 3. 1983 – V ZR 168/81, BGHZ 87, 156, 162; BGH 20. 7. 2010 – XI ZR 236/07 Rn 25, BGHZ 186, 269 Rn 25; OGHBrZ 27. 7. 1950 – I ZS 98/49, NJW 1950, 907, 908; BayObLG 24. 4. 1959 – UmstBeschwReg. 4/58, BayObLGZ 1959, 163, 166; OLG Hamm 13. 11. 1987 – 10 UF 266/87, NJW 1988, 2115 f; OLG Köln 5. 4. 1990 – 6 U 205/89, NJW-RR 1991, 50; OLG Köln 30. 5. 1995 – 9 U 346/94, r+s 1995, 359, 360; differenzierend zur Lastschrift BRECHTEL, Die Tilgung von Geldforderungen bei Überweisungen, Lastschrift- und Kreditkartenzahlungen [2013] 158 ff). Die Grundform der bargeldlosen Zahlung bildet dabei die Überweisung, die in der Lastschrift als „rückläufige Überweisung" (BGH 28. 2. 1977 – II ZR 52/75, BGHZ 69, 82, 84; HADDING/HÄUSER ZHR 145 [1981] 138, 156; LANGENBUCHER, Die Risikozuordnung im bargeldlosen Zahlungsverkehr [2001] 183 ff) lediglich eine auslösungstechnische Modifizierung erfahren hat.

(2) Entbehrlichkeit eines Einverständnisses des Geldgläubigers
Entgegen der traditionellen Ansicht (BGH 5. 5. 1986 – II ZR 150/85, BGHZ 98, 24, 30; BGH **B91** 20. 5. 2010 – Xa ZR 68/09 Rn 29, BGHZ 185, 359; OLG Hamm NJW 1998, 2115 f; BRECHTEL, Die

Tilgung von Geldforderungen bei Überweisungen, Lastschrift- und Kreditkartenzahlungen [2013] 60 f) vermag der Geldschuldner nicht nur dann bargeldlos durch Überweisung zu erfüllen, wenn der Gläubiger sein **Einverständnis** damit zumindest konkludent kundgetan hat. Auch wenn die Anforderungen an die Erklärung des Einverständnisses gering sind und bereits mit Angabe der Kontodaten im Schriftverkehr (zB auf Briefen, Rechnungen, Internetseiten, E-Mails des Geldgläubigers) als erfüllt angesehen werden (BGH 13. 3. 1953 – V ZR 92/51, NJW 1953, 897; BGH 17. 3. 2004 – VIII ZR 161/03, NJW-RR 2004, 1281; BGH 20. 5. 2010 – Xa ZR 68/09 Rn 59, BGHZ 185, 359; OGHBrZ 4. 5. 1950 – I ZS 72/49, NJW 1950, 641; BayObLG 24. 4. 1959 – UmstBeschwReg. 4/58, BayObLGZ 1959, 163, 165), so verkennt die Gegenauffassung den Inhalt der Geldschuld: das Geld im abstrakten Sinn (s o Rn A66 ff). Im deutschen Geldprivatrecht existiert **kein Grundsatz, wonach Geldschulden originär mit Bargeld erfüllt werden müssten**. Da Bar- und Buchgeld gleichermaßen erfüllungsgeeignet sind, bedarf eine Einschränkung auf eine bestimmte Erscheinungsform des Geldes einer vertraglichen Vereinbarung der Parteien. Das von der traditionellen Ansicht angenommene **Regel-Ausnahme-Verhältnis zugunsten der Barzahlung ist** damit **umzukehren** (STAUDINGER/K SCHMIDT [1997] Vorbem C45 zu §§ 244 ff; HEERMANN, Geld und Geldgeschäfte [2003] § 3 Rn 70): Grundsätzlich steht es dem Geldgläubiger frei, nach seiner Wahl mit Bar- oder Buchgeld im Wege der Überweisung zu erfüllen. Eine Ausnahme davon erfordert eine – ausdrückliche oder konkludente – Vereinbarung der Parteien. Spätestens bei Vertragsschluss muss der Geldgläubiger zu erkennen geben, dass er nicht zur Entgegennahme von bargeldlosen Zahlungen bereit ist (OMLOR, Geldprivatrecht [2014] 354).

(3) Überweisung als primäre bargeldlose Erfüllungsform

B92 Innerhalb der unterschiedlichen Formen bargeldloser Zahlung kommt der **Überweisung** eine **herausgehobene Stellung** zu. Nicht nur dogmatisch, auch hinsichtlich ihrer praktischen Akzeptanz und Verbreitung bildet sie den Grundfall jeglicher bargeldlosen Zahlung. Daraus speist sich eine entsprechende Verkehrssitte, der zufolge der **Geldschuldner grundsätzlich bei den bargeldlosen Zahlungsmethoden auf die Überweisung beschränkt** ist. Um dem Geldschuldner den Einsatz sonstiger bargeldloser Zahlungswege zu eröffnen, müssen weitere Umstände hinzutreten. Als Voraussetzung einer Lastschriftzahlung ist das Vorliegen einer **Lastschriftabrede** im Valutaverhältnis zu nennen. Auch für eine mittels Kartenzahlung zu bewirkende Leistung erfüllungshalber analog § 364 Abs 2 BGB (s u Rn B97) bedarf es einer entsprechenden Vereinbarung im Valutaverhältnis zwischen Gläubiger und Schuldner. Im Ergebnis bleibt daher festzustellen, dass der Geldschuldner in Ermangelung besonderer Abreden nach seiner Wahl entweder mit Bargeld oder mit Buchgeld im Wege der Überweisung zu erfüllen vermag.

B93 Die Überweisung führt jedoch nur dann zur Erfüllung nach § 362 Abs 1 BGB, sofern die Gutschrift auf einem **erfüllungsgeeigneten Zahlungskonto des Geldgläubigers** erfolgt. Überweist der Schuldner den Geldbetrag auf das **Konto eines Dritten**, so erlischt seine Geldschuld nur unter der Voraussetzung, dass der Gläubiger seine Zustimmung erteilt (§§ 362 Abs 2, 185 BGB). Unter mehreren Zahlungskonten des Gläubigers vermag der Schuldner grundsätzlich frei zu wählen (SCHMIEDER, in: SCHIMANSKY/BUNTE/LWOWSKI [Hrsg], Bankrechts-Handbuch [5. Aufl 2017] § 49 Rn 184); begrenzend wirkt nur das Verbot treuwidrigen Verhaltens (OMLOR, Geldprivatrecht [2014] 354). Regelmäßig schränkt der Schuldner die Auswahl jedoch ein, indem er auf seiner Rechnung oder im sonstigen Schriftverkehr **nur bestimmte Zahlungskonten** angibt.

Titel 1
Verpflichtung zur Leistung   **Vorbem zu §§ 244–248**

Überweist der Schuldner nunmehr auf ein anderes als das vom Gläubiger angegebene Konto, so tritt keine Erfüllung ein (BGH 5. 5. 1986 – II ZR 150/85, BGHZ 98, 24, 30; BGH 18. 4. 1985 – VII ZR 309/84, WM 1985, 826; BGH 28. 10. 1998 – VIII ZR 157-97, NJW 1999, 210; BGH 17. 3. 2004 – VIII ZR 161/03, NJW-RR 2004, 1281; BGH 14. 7. 2008 – II ZR 132/07, NJW-RR 2008, 1512, 1513; OLG Karlsruhe 2. 11. 1995 – 4 U 49/95, NJW-RR 1996, 752). In einer solchen Überweisung liegt eine *aliud*-Leistung (im Ergebnis ebenso OLG Karlsruhe 2. 11. 1995 – 4 U 49/95, NJW-RR 1996, 752), über die sich Schuldner und Gläubiger nach § 364 Abs 1 BGB auch nachträglich noch einigen können. Ein solches Einverständnis des Gläubigers kann auch in der bloßen Hinnahme der Gutschrift liegen (OLG Karlsruhe 2. 11. 1995 – 4 U 49/95, NJW-RR 1996, 752). Um seinem Schweigen jedoch einen Erklärungswert zumessen zu können, ist ihm eine angemessene Prüfungsfrist zuzuerkennen (Omlor, Geldprivatrecht [2014] 356: zwei Wochen bei Unternehmern, vier Wochen bei Verbrauchern).

Besteht zwischen Gläubiger und Schuldner eine Geschäftsverbindung und **ändert** **B94** **sich das bisherige Konto des Gläubigers**, so ist dieser auf neuen Rechnungen zu einem Hinweis in herausgehobener Form verpflichtet (OLG Frankfurt 26. 9. 1997 – 8 U 130/97, NJW 1998, 387; Staudinger/Omlor [2020] § 675f Rn 35). Unterbleibt ein solcher Hinweis, so tritt eine Schadensersatzpflicht des Gläubiger nach §§ 280 Abs 1, 241 Abs 2 BGB ein. Vorbehaltlich einer abweichenden Vereinbarung führt auch eine Gutschrift auf einem Sparkonto des Gläubigers nicht zur Erfüllung (im Ergebnis ebenso OLG Hamm 18. 7. 1986 – 11 U 326/85, NJW 1987, 70). Spar- und Terminguthaben stellen wegen ihrer eingeschränkten Verfügbarkeit kein Buchgeld dar (s o Rn A151), mit dem Geldschulden erfüllt werden könnten.

(4) Zeitpunkt
Bei einer Überweisung tritt Erfüllung im Valutaverhältnis erst im Zeitpunkt der **Gut-** **B95** **schrift auf dem Zahlungskonto des Empfängers** ein (BGH 22. 11. 2017 – VIII ZR 83/16, Rn 19, BGHZ 217, 33; Simitis AcP 159 [1960] 406, 452; Schmieder, in: Schimansky/Bunte/Lwowski [Hrsg], Bankrechts-Handbuch [5. Aufl 2017] § 49 Rn 195 f; Heyers JZ 2012, 398, 401; Staudinger/Omlor [2020] § 675f Rn 35). Erst in diesem Zeitpunkt verfügt der Gläubiger mit der erforderlichen Endgültigkeit über das ihm schuldrechtlich zustehende Maß an abstrakter Vermögensmacht (vgl BGH 28. 10. 1998 – VIII ZR 157-97, NJW 1999, 210; BGH 27. 6. 2008 – V ZR 83/07 Rn 26, BKR 2008, 514, jeweils mwNw). In den vorgelagerten Phasen des Überweisungsvorgangs fehlt es an der rechtlich gesicherten und gegenwärtigen Zugriffsmöglichkeit des Gläubigers. Daher kann Erfüllung nicht bereits mit dem **Ausschluss der Widerruflichkeit** des Überweisungsauftrags eintreten (aA Heermann, Geld und Geldgeschäfte [2003] § 3 Rn 57 zur früheren Rechtslage). Die Widerruflichkeit endet im Regelfall nach § 675p Abs 1 BGB bereits mit dem Zugang des Überweisungsauftrags beim sendenden Zahlungsdienstleister. Damit verliert der Schuldner zwar seine Zugriffsmöglichkeiten auf den Zahlungsbetrag, jedoch erwächst dem Gläubiger daraus nicht bereits eine eigene Rechtsposition am Zahlungsbetrag. Auch mit dem **Eingang** des Zahlungsbetrags **auf dem Konto des empfangenden Zahlungsdienstleisters** kommt es im Valutaverhältnis noch nicht zur Erfüllung (BGH 15. 5. 1952 – IV ZR 157/51, BGHZ 6, 121, 122 f; Gernhuber, Die Erfüllung und ihre Surrogate sowie das Erlöschen der Schuldverhältnisse aus anderen Gründen [2. Aufl 1994] § 11 I 4; Staudinger/Olzen [2016] Vorbem 27 zu §§ 362 ff mwNw; Heyers JZ 2012, 398, 401; Omlor, Geldprivatrecht [2014] 355; Schmieder, in: Schimansky/Bunte/Lwowski [Hrsg], Bankrechts-Handbuch [5. Aufl 2017] § 49 Rn 188 ff; **aA** Werner, in: Kümpel/Mülbert/Früh/Seyfried [Hrsg], Bank- und Kapitalmarktrecht [5. Aufl 2019]

Rn 4.307 ff; Brechtel, Die Tilgung von Geldforderungen bei Überweisungen, Lastschrift- und Kreditkartenzahlungen [2013] 47 ff). Dieser Zeitpunkt ist lediglich für die Pflichterfüllung im Deckungsverhältnis von Bedeutung. Der Verantwortungsbereich des sendenden Zahlungsdienstleisters endet nach §§ 675s Abs 1 S 1, 675t Abs 1 BGB, sobald der Zahlungsbetrag auf dem Konto des empfangenden Zahlungsdienstleisters gutgeschrieben ist. In diesem Moment gelangt zugleich der Anspruch des Empfängers auf Zurverfügungstellung (§ 675t Abs 1 BGB) zur Entstehung. Diese Rechtsposition befugt den Empfänger noch nicht nur freien und endgültigen Verfügung über den Zahlungsbetrag. Auch bei einer Zahlung mit Bargeld genügt es zur Erfüllung nicht, wenn der Schuldner dem Gläubiger einen Geldzeichenherausgabeanspruch gegen einen Dritten verschafft; hierfür spricht auch der Rechtsgedanke aus § 364 Abs 2 BGB. Das funktionelle Äquivalent von Eigentum und Besitz an Geldzeichen steht dem Zahlungsempfänger erst zu, wenn der ursprüngliche Anspruch *auf* Gutschrift sich in einen Anspruch *aus* der Gutschrift fortentwickelt hat.

B96 Zahlt der Schuldner mittels **Lastschrift**, so tritt Erfüllung – insofern parallel zur Überweisung – im Zeitpunkt der **Gutschrift auf dem Empfängerkonto** ein (BGH 22. 11. 2017 – VIII ZR 83/16 Rn 19, BGHZ 217, 33; Omlor, Geldprivatrecht [2014] 355 f). Die Erfüllungswirkung der Gutschrift ist bei solchen Lastschriftverfahren von Dauer, bei denen ein Erstattungsanspruch des Schuldners aus § 675x Abs 2 BGB kraft vertraglicher Abbedingung (§ 675e Abs 4 HS 1 BGB) nicht besteht. Bei der **SEPA-Firmenlastschrift** tritt daher endgültig Erfüllung mit der Gutschrift auf dem Konto des Gläubigers nach Ablauf einer zweitägigen Nachdispositionsfrist ein (Omlor NJW 2012, 2150, 2151 f; **aA** Freitag AcP 213 [2013] 128, 153 ff mwNw). Anders stellt sich die Rechtslage hingegen bei der **SEPA-Basislastschrift** dar. Nach § 675x Abs 2 BGB kann der Zahler bei einer SEPA-Basislastschrift innerhalb von acht Wochen nach der Kontobelastung (§ 675x Abs 4 BGB) die vollständige Erstattung des Zahlungsbetrags ohne Angabe von Gründen verlangen. Während dieses Schwebezeitraums steht dem Empfänger keine endgültig gesicherte Verfügungsmacht über den gutgeschriebenen Geldbetrag zu. Stattdessen trägt er das Risiko einer Rückbuchung durch seinen Zahlungsdienstleister auf Grundlage der Lastschriftbedingungen. Sucht man eine Bargeldanalogie, so wäre eine solche in einer auflösend bedingten Übereignung der Geldzeichen zu erblicken. Nach überwiegender und zutreffender Ansicht (BGH 20. 7. 2010 – XI ZR 236/07 Rn 23 f, BGHZ 186, 269; Obermüller/Kuder ZIP 2010, 349, 351 f; Herresthal NZM 2011, 833, 837 [zur SEPA-Basislastschrift]; Omlor NJW 2012, 2150, 2152 [zur Einzugsermächtigungslastschrift]; zweifelnd Hadding, in: FS Uwe Hüffer [2010] 273, 291; Ellenberger, in: Schimansky/Bunte/Lwowski [Hrsg], Bankrechts-Handbuch [5. Aufl 2017] § 57 Rn 49; **aA** Einsele, Bank- und Kapitalmarktrecht [4. Aufl 2018] § 6 Rn 300; wohl auch Lohmann, Die grenzüberschreitende Lastschrift [2008] 221 f) erfolgt die Erfüllung bereits im Zeitpunkt der Gutschrift und endet *ex nunc* infolge einer Rückbuchung nach § 675x Abs 2 BGB. Nach einer Rückbuchung vermag der Gläubiger den ursprünglichen Anspruch wieder gegen den Schuldner geltend zu machen. Diese Erfüllungskonstruktion lässt sich mit BGH 20. 7. 2010 – XI ZR 236/07, BGHZ 186, 269 auf §§ 158 Abs 2, 159 BGB stützen, sodass die Erfüllung zunächst nur **auflösend bedingt durch die Rückbuchung** innerhalb der acht Wochen erfolgt und danach die frühere Forderung nach § 159 BGB wieder auflebt. Zwar stellt die Erfüllung nach § 362 Abs 1 BGB kein Rechtsgeschäft im technischen Sinn dar (zu den Erfüllungstheorien im Überblick Staudinger/Olzen [2016] Vorbem 7 ff zu §§ 362 ff); ein solches liegt lediglich bei der Tilgungs- und Zweckbestimmung des Schuldners vor. Jedoch lassen sich §§ 158 Abs 2, 159 BGB zumindest in analoger Anwendung fruchtbar machen. Die Unsicherheiten infolge eines möglichen späteren Entfallens der Erfüllungswirkung treffen die Parteien im Valutaverhältnis nicht unbillig, da sie sich kraft der Lastschriftabrede bewusst für diese Zahlungsmethode entschieden haben.

cc) Zahlung mittels Zahlungskarte

Ungeachtet der Bargeldersatzfunktion einer Zahlung mit Universalkreditkarte, Debitkarte im POS-Verfahren oder Geldkarte tritt im Valutaverhältnis die Erfüllung nach § 362 Abs 1 BGB erst ein, sobald das **Vertragsunternehmen** als Geldgläubiger die **Gutschrift** des Zahlungsbetrags (abzüglich eines Disagios) **auf seinem Zahlungskonto** erlangt hat (OMLOR, Geldprivatrecht [2014] 358). Der in dem Einsatz der Zahlungskarte liegende Zahlungsakt enthält zahlungsdiensterechtlich mit Blick auf das Deckungsverhältnis die Autorisierung mittels eines Zahlungsauthentifizierungsinstruments (§ 675j Abs 1 S 4 BGB) und die Auslösung des Zahlungsvorgangs durch den Zahler. Im Akquisitionsverhältnis gewährt der Zahlungsdienstleister dem Empfänger ein abstraktes Zahlungsversprechen nach § 780 BGB (STAUDINGER/OMLOR [2020] § 675f Rn 98 ff, 125 und § 675i Rn 24 mwNw). Die Verschaffung dieser Verbindlichkeit eines Dritten gegenüber dem Gläubiger rechtfertigt nach dem Rechtsgedanken des § 364 Abs 2 BGB noch keine Erfüllung (vgl MARTINEK/OMLOR, in: SCHIMANSKY/BUNTE/LWOWSKI [Hrsg], Bankrechts-Handbuch [5. Aufl 2017] § 71 Rn 71). Unmittelbar anwendbar ist die Vorschrift nicht, da der Zahler keine neue Verbindlichkeit gegen sich selbst begründet. Statt dessen erfolgt in **Analogie zu § 364 Abs 2 BGB** die Entgegennahme einer **Kreditkartenzahlung** (LG Düsseldorf 24. 10. 1990 – 23 S 885/89, NJW-RR 1991, 310; ZAHRNT NJW 1972, 1077; WELLER, Das Kreditkartenverfahren [1985] 109 f; HADDING, in: FS Klemens Pleyer [1986] 17, 24; NOBBE, in: FS Walther Hadding [2004] 1007, 1010; MARTINEK/OMLOR, in: SCHIMANSKY/BUNTE/LWOWSKI [Hrsg], Bankrechts-Handbuch [5. Aufl 2017] § 71 Rn 71; **aA** BRECHTEL, Die Tilgung von Geldforderungen bei Überweisungen, Lastschrift- und Kreditkartenzahlungen [2013] 178 ff), einer Zahlung mittels **Debitkarte** im POS-Verfahren (**aA** STAUDINGER/K SCHMIDT [1997] Vorbem C54, C57 zu §§ 244 ff) sowie einer Zahlung mit **Geldkarte** (PFEIFFER NJW 1997, 1036, 1037; **aA** KOCH, in: SCHIMANSKY/BUNTE/LWOWSKI [Hrsg], Bankrechts-Handbuch [5. Aufl 2017] § 68 Rn 62; wohl auch FREITAG AcP 213 [2013] 128, 160) **zunächst nur erfüllungshalber**.

B97

dd) Zahlung mittels Scheck, Wechsel und Akkreditiv

Ähnlich wie bei einer Kartenzahlung (s o Rn B97) führt die Hingabe eines Schecks, Wechsels oder Akkreditivs nicht bereits zu einer Erfüllung der Geldschuld. Erst in der **Gutschrift auf dem Zahlungskonto des Scheckberechtigten** infolge der Einlösung des Schecks liegt die Erfüllung iSd § 362 Abs 1 BGB (BGH 7. 10. 1965 – II ZR 120/63, BGHZ 44, 178, 179 f; BGH 1. 10. 1991 – VI ZR 374/90, NJW 1992, 177, 178; BGH 11. 10. 1995 – VIII ZR 325/94, BGHZ 131, 66, 74; BGH 29. 3. 2007 – III ZR 68/06 Rn 6, NJW-RR 2007, 1118; OLG Hamm 13. 4. 1994 – 12 U 157/93, NJW-RR 1995, 363). Übergibt der Schuldner dem Gläubiger einen Scheck, einen Wechsel oder ein Akkreditiv, so liegt darin eine **Leistung erfüllungshalber nach § 364 Abs 2 BGB** (RG 11. 1. 1912 – VI 480/10, RGZ 78, 137, 142; BGH 7. 10. 1965 – II ZR 120/63, BGHZ 44, 178, 179; BGH 16. 4. 1996 – XI ZR 222/95, NJW 1996, 1961; BGH 12. 7. 2000 – XIII ZR 99/99, NJW 2000, 3344, 3345; BGH 7. 3. 2002 – XI ZR 293/00, NJW 2002, 1788; BGH 29. 3. 2007 – III ZR 68/06 Rn 7, NJW-RR 2007, 1118; NOBBE, in: SCHIMANSKY/BUNTE/LWOWSKI [Hrsg], Bankrechts-Handbuch [5. Aufl 2017] § 60 Rn 271). Sucht der Gläubiger nach Erhalt eines Schecks, Wechsels oder Akkreditivs nicht die Befriedigung seiner Forderung, so droht ihm eine Schadensersatzpflicht nach § 280 Abs 1 BGB (NOBBE, in: SCHIMANSKY/BUNTE/LWOWSKI [Hrsg], Bankrechts-Handbuch [5. Aufl 2017] § 60 Rn 264).

B98

ee) Zahlung mit E-Geld

B99 E-Geld (zum Begriff s o Rn A152) kann als Sonderform des Buchgelds ebenfalls zur Erfüllung einer Geldschuld eingesetzt werden. Auf welche Weise sich die Erfüllung vollzieht, richtet sich nach den Besonderheiten der jeweiligen Erscheinungsform des elektronischen Geldes. Stets ist nach den jeweiligen Nutzungsmodalitäten zu prüfen, wann der Zahlungsempfänger eine endgültige und uneingeschränkte Verfügungsmacht über den Geldbetrag hat. In Deutschland haben insbesondere die Geldkarte sowie die Bezahlsystem *PayPal* und *Amazon Pay* eine nennenswerte Praxisrelevanz erlangt. Für die Geldkartenzahlung gelten die gleichen Regeln wie für Kartenzahlungen (s o Rn B97).

B100 Bei **PayPal** und **Amazon Pay** hingegen wird die Geldschuld nach **§ 362 Abs 1 BGB** erfüllt (offen BGH 22. 11. 2017 – VIII ZR 83/16 Rn 18, BGHZ 217, 33), sobald der **Zahlungsbetrag auf dem PayPal-Konto des Empfängers gutgeschrieben** ist (BGH 22. 11. 2017 – VIII ZR 83/16 Rn 19, BGHZ 217, 33; BGH 1. 4. 2020 – VIII ZR 18/19 Rn 11, WM 2020, 2193). Der Geldgläubiger erlangt damit die volle Verfügungsbefugnis über das Guthaben, das er fortan zu Zahlungszwecken einzusetzen vermag. Unerheblich ist, ob und wann der Empfänger von seinem Rücktauschanspruch gemäß § 33 Abs 1 S 2 ZAG Gebrauch macht (BGH 22. 11. 2017 – VIII ZR 83/16 Rn 20, BGHZ 217, 33). Diese Entscheidung obliegt allein dem Empfänger. Anders als bei der Überweisung und dem vorgelagerten Anspruch auf Zurverfügungstellung (§ 675t Abs 1 BGB) besteht eine zahlungsverkehrstechnische Zugriffsmöglichkeit des Empfängers auch unabhängig von einer Erfüllung des Rücktauschanspruchs. Es handelt sich nicht lediglich um eine Leistung erfüllungshalber in unmittelbarer oder analoger Anwendung von § 364 Abs 2 BGB, denn der Gläubiger hat mit der Gutschrift auf dem *PayPal*-Konto bereits das geschuldete (elektronische Buch-)Geld erlangt. Anders als das Guthaben auf dem Börsenverrechnungskonto bei der Geldkarte ist das *PayPal*-Guthaben des Empfängers unmittelbar zu Zahlungszwecken einsetzbar. Allerdings trägt der Empfänger in einer Schwebephase das Risiko, dass *PayPal* eine **Rückbuchung** vornimmt. Nach Nr 4.4 der *PayPal*-Nutzungsbedingungen erfolgen sämtliche *PayPal*-Zahlungen eines anderen *PayPal*-Nutzers unter dem Vorbehalt, dass *PayPal* für den Zahlungsvorgang eine Deckung durch den Zahler tatsächlich erlangt. Ein solcher Fall liegt namentlich vor, wenn die Aufladung des *PayPal*-Kontos des Zahlers mit dem für den Zahlungsvorgang erforderlichen Guthaben scheitert, beispielsweise bei Geltendmachung eines Erstattungsanspruchs bei einer Lastschrift (§ 675x Abs 2 BGB). *PayPal* behält sich in der Folge das Recht vor, eine Rückbuchung vorzunehmen. Diese Konstellation **gleicht erfüllungsrechtlich der SEPA-Basislastschrift**, da das Rückbuchungsrecht über das allgemeine Stornorecht der Banken inhaltlich wie zeitlich deutlich hinausreicht (zu Grund und Grenzen des Stornorechts vgl BLAUROCK NJW 1984, 1, 4 ff). Danach erfolgt die Erfüllung zunächst **auflösend bedingt** durch eine Rückbuchung nach Nr 4.4 der *PayPal*-Nutzungsbedingungen. Im Fall einer Rückbuchung lebt die ursprüngliche Forderung mit *ex nunc*-Wirkung wieder auf und kann vom Geldgläubiger wieder erhoben werden.

B100a Anders gestaltet sich die Rechtslage hingegen, wenn die Rückbuchung auf einem erfolgreichen **Käuferschutzverfahren** beruht, das PayPal und Amazon Pay anbieten. Die Erfüllungswirkung der Gutschrift auf dem E-Geld-Konto des Empfängers wird dadurch nicht berührt (BGH 22. 11. 2017 – VIII ZR 83/16 Rn 22 ff, BGHZ 217, 33 [PayPal]; BGH 1. 4. 2020 – VIII ZR 18/19 Rn 11 f, WM 2020, 2193 [Amazon Pay]; BeckOGK/LOOSCHELDERS [1. 4.

2017] § 362 Rn 176). **Entgegen** der Ansicht des **BGH** (BGH 22. 11. 2017 – VIII ZR 83/16 Rn 28 ff, BGHZ 217, 33 [PayPal]; bestätigt in BGH 1. 4. 2020 – VIII ZR 18/19 Rn 13 ff, WM 2020, 2193 [Amazon Pay]) lebt jedoch der Kaufpreiszahlungsanspruch auch nicht auf Grund einer konkludenten Parteivereinbarung wieder auf (STAUDINGER/OMLOR [2020] § 675i Rn 35; zweifelnd auch FRIES VuR 2018, 123, 126). Die Annahme einer solchen Vereinbarung ist schlichte **Fiktion**. In den Fällen eines Käuferschutzverfahrens liegt der Grund für die Rückbuchung nicht im Verantwortungsbereich des Zahlers, sondern basiert auf einer vom Valutaverhältnis unabhängigen Abrede zwischen PayPal/Amazon Pay und Zahler. Das Käuferschutzverlangen kann sich nach den PayPal-/Amazon Pay-Nutzungsbedingungen darauf stützen, dass der erworbene Artikel nicht versandt wurde oder wesentlich von der Beschreibung des Verkäufers abweicht. Es handelt sich daher um Fälle der Nicht- oder Schlechtleistung, die erst über die Geltendmachung von Sekundärrechten zu einer Rückzahlung des Kaufpreises im Valutaverhältnis führen können. Auch eine solche ließe die Erfüllungswirkung der ursprünglichen Kaufpreiszahlung unberührt. Der BGH hätte sich stattdessen stärker auf eine **Inhaltskontrolle der PayPal-/Amazon Pay-Nutzungsbedingungen** ausrichten müssen (OMLOR JuS 2018, 379, 380). Der Verkäufer zahlt ein in die Transaktionsentgelte eingepreistes Entgelt für den Käuferschutz, welches zumindest über die Gesamtkalkulation teilweise auch an den Käufer weitergereicht wird. Insofern kann es PayPal nicht gestattet werden, sich hinsichtlich der Gewährung und Durchführung des Käuferschutzes auf eine Freiwilligkeit und Unverbindlichkeit zurückzuziehen. Mit dem Anbieten des Käuferschutzes hat PayPal/Amazon Pay die neutrale Rolle als reiner Zahlungsdienstleister (vgl § 675f Abs 4 S 1 BGB: „unabhängig von der zugrunde liegenden Rechtsbeziehung zwischen Zahler und Zahlungsempfänger") verlassen. Daher ist der Verkäufer sodann an PayPal/Amazon Pay und nicht mehr an den Käufer zu verweisen.

ff) Zahlung mit Zahlungs-Token
Haben die Parteien ursprünglich eine auf Leistung von Zahlungs-Token gerichtete Verbindlichkeit begründet, tritt bei einer späteren Leistung solcher Zahlungs-Token eine **Erfüllung nach § 362 Abs 1 BGB** ein (OMLOR ZHR 183 [2019] 294, 324). Besteht jedoch eine Geldschuld, so fehlt Zahlungs-Token, die nicht zugleich Geld im Rechtssinne sind (vgl Vorbem A83c zu §§ 244-248), die Erfüllungstauglichkeit; es handelt sich nicht um das Geschuldete iSd § 362 Abs 1 BGB. Stattdessen bedarf es eines Einverständnisses des Tokengläubigers, um eine **Leistung an Erfüllungs statt** (§ 364 Abs 1 BGB) zu begründen. Problematisch ist weiterhin der **Erfüllungszeitpunkt**. Technisch wie rechtlich klärungsbedürftig ist, zu welchem Zeitpunkt der Gläubiger die erforderliche freie Verfügung über den Leistungsgegenstand erlangt hat. Dem dezentralen Netzwerk einer Blockchain ist immanent, dass sie über keine zentrale Stelle verfügt, die eine **Transaktionsverifikation** autonom durchführen könnte. Die Bestätigung einer Blockchain-Transaktion erfolgt stattdessen durch das Netzwerk selbst (zu den technischen Einzelheiten SIEGEL, in: OMLOR/LINK [Hrsg], Handbuch Kryptowährungen und Token [2021] Kap 3 Rn 24 ff, 39). Wie viele Teilnehmer für eine finale Validierung erforderlich sind, unterliegt den Regeln des jeweiligen Netzwerks und den darauf beruhenden Marktüblichkeiten. Im Bitcoin-Netzwerk werden bei Beträgen ab 1.000 € mindestens sechs Bestätigungen empfohlen (https://bitcoin.org/de/glossar#bestaetigung).

B100b

c) Aufrechnung
Geldforderungen können auch durch Aufrechnung zum Erlöschen gebracht werden. Die Leistungsgegenstände von Geldgläubiger und Geldschuldner sind gleichartig iSd

B101

§ 387 BGB (jurisPK-BGB/Rüssmann [9. Aufl 2020] § 387 Rn 32). Ob eine solche Gleichartigkeit vorliegt, bestimmt sich allgemein nach der Verkehrsanschauung und dem Zweck der Aufrechnung, als Ersatz für den Verlust einer eigenen Rechtsposition die Befreiung von einer Verbindlichkeit zu erlangen (Staudinger/Gursky [2016] § 387 Rn 66 f mwNw). Dabei ist es unerheblich, ob beide Geldforderungen auf demselben Rechtsgrund beruhen (BGH 11. 1. 1955 – I ZR 106/53, BGHZ 16, 124, 127; BGH 13. 7. 1970 – VII ZR 176/68, BGHZ 54, 244, 246). Der Leistungsgegenstand einer Geldschuld besteht in **Geld im abstrakten Sinn** (s o Rn B2), das wesensgemäß leicht zählbar und damit aufrechenbar ist.

aa) Geldherausgabeansprüche

B102 Die Aufrechenbarkeit von Geldforderungen mit Ansprüchen auf Herausgabe von Geld im konkreten Sinn (s o Rn A84) hängt davon ab, ob letztere **wert- oder gegenstandsbezogen** sind (s o Rn B10). Regelmäßig scheidet bei gegenstandsbezogenen Herausgabeansprüchen (zB aus § 985 BGB, s u Rn B104) eine Aufrechnung aus, da es nicht um Geldschulden handelt. Der Leistungsgegenstand besteht nicht in neutraler Vermögensmacht im Sinne des abstrakten Geldbegriffs, sondern ist auf bestimmte Stücke unter Ausblendung ihrer Geldfunktionen gerichtet. Eine Ausnahme bildet der gegenstandsbezogene **Herausgabeanspruch des Auftraggebers** gegen den Auftragnehmer (§ 667 BGB), der auch im Allgemeinen (§ 675 Abs 1 BGB) und besonderen (§ 675c Abs 1 BGB) Geschäftsbesorgungsrecht Anwendung findet (Omlor, Geldprivatrecht [2014] 359). Ist er auf Geld gerichtet, so liegt eine Gleichartigkeit mit einer Geldforderung vor (BGH 1. 6. 1978 – III ZR 44/77, BGHZ 71, 380, 382; BGH 4. 3. 1993 – IX ZR 151/92, NJW 1993, 2041, 2042; BGH 15. 9. 2005 – III ZR 28/05, NJW 2005, 3709; BGH 23. 6. 2005 – IX 139/04, NZI 2005, 681 f [implizit]; Staudinger/Martinek/Omlor [2017] § 667 Rn 22; offen noch BGH 29. 9. 1954 – II ZR 292/53, BGHZ 14, 342, 346). Diese Regel gilt jedoch nicht uneingeschränkt, da sich aus Treu und Glauben sowie dem besonderen Charakter des Auftrags- oder Geschäftsbesorgungsvertrags Abweichungen ergeben können (RG 27. 3. 1939 – IV 275/38, RGZ 160, 52, 60; BGH 29. 9. 1954 – II ZR 292/53, BGHZ 14, 342, 346 f; BGH 1. 6. 1978 – III ZR 44/77, BGHZ 71, 380, 383; Gernhuber, Die Erfüllung und ihre Surrogate sowie das Erlöschen der Schuldverhältnisse aus anderen Gründen [2. Aufl 1994] § 12 VI 9 c; Staudinger/Martinek/Omlor [2017] § 667 Rn 20).

bb) Herausgabe von Wertpapieren

B103 Vielfach wird die Gleichartigkeit bei auf Wertpapiere gerichteten Herausgabeansprüchen bzw Ansprüchen auf Einwilligung in deren Herausgabe abgelehnt (Gernhuber, Die Erfüllung und ihre Surrogate sowie das Erlöschen der Schuldverhältnisse aus anderen Gründen [2. Aufl 1994] § 12 III 6; Staudinger/Gursky [2016] § 387 Rn 92; MünchKomm/Schlüter[8] § 387 Rn 34; jurisPK-BGB/Rüssmann [9. Aufl 2020] § 387 Rn 36; **aA** RG 27. 3. 1939 – IV 275/38, RGZ 160, 52, 60). Der Verweis auf die Unterschiedlichkeit der einzelnen Wertpapiere hinsichtlich ihrer steuerlichen Behandlung und ihrer Dividenden übersieht jedoch, **dass vergleichbare Wertschwankungen auch bei Geldwertschulden** bestehen. Vor allem aber handelt es sich bei Wertpapieren ebenfalls um Geld im abstrakten Sinn (s o Rn A87). Zumindest wenn der Herausgabeanspruch **börsengehandelte** Wertpapiere umfasst, ist eine Wertberechnung für den Zeitpunkt des Eintritts der Aufrechnungslage (§ 389 BGB) ohne erhebliche Hindernisse durchführbar. Im Ergebnis können daher Geldschulden mit Ansprüchen auf Herausgabe von börsengehandelten Wertpapieren wirksam aufgerechnet werden.

cc) Sachenrechtliche Ansprüche

Der dingliche Anspruch auf Herausgabe von Geldzeichen nach § 985 BGB kann mit **B104** einer Geldforderung aufgerechnet werden (s o Rn A191), obwohl es sich bei der **Geldzeichenvindikation** nicht um eine Geldschuld handelt. Dabei liegt jedoch ein Ausnahmetatbestand vor, der sich aus dem Sinn und Zweck der Aufrechnung erklärt, ein ineffektives Hin und Her der Leistungen zu vermeiden. Keine Gleichartigkeit besteht hingegen bei dem Recht des Grundpfandgläubigers aus **§ 1147 BGB**, Befriedigung aus dem Grundstück zu verlangen (BGH 9. 2. 1965 – V ZR 49/63, WM 1965, 476, 479; STAUDINGER/GURSKY [2016] § 387 Rn 68 mwNw auch zur Gegenauffassung), zumindest sofern man diesen nicht als Zahlungs- (WOLF, Lehrbuch des Sachenrechts [2. Aufl 1979] § 11 A; JOST JURA 2001, 153; EICKMANN, in: WESTERMANN/GURSKY/EICKMANN [Hrsg], Sachenrecht [8. Aufl 2011] § 92), sondern als Duldungsanspruch (RG 5. 7. 1918 – VII 136/18, RGZ 93, 236; BGH 14. 7. 1952 – IV ZR 28/52, BGHZ 7, 123, 126; BGH 30. 11. 1993 – XI ZR 8/93, BGHZ 124, 264, 165; SCHAPP, in: KÖBLER [Hrsg], Freundesgabe Alfred Söllner [1990] 477, 484 ff mwNw) einordnet. Nicht davon berührt bleibt die Aufrechnungslage zwischen einer Geldforderung des Eigentümers, der zugleich persönlicher Schuldner ist, und der durch das Grundpfandrecht gesicherten schuldrechtlichen Forderung des Sicherungsnehmers.

dd) Geldsummen- und Geldwertschulden

Geldsummen- und Geldwertschulden sind jeweils reguläre Geldschulden und damit **B105** gegeneinander aufrechenbar (RG 26. 4. 1932 – VII 3/32, RGZ 136, 152, 161; BGH 17. 4. 1958 – II ZR 335/56, BGHZ 27, 123 ff; GRUNSKY JuS 1963, 102, 104; GERNHUBER, Die Erfüllung und ihre Surrogate sowie das Erlöschen der Schuldverhältnisse aus anderen Gründen [2. Aufl 1994] § 12 III 4; OMLOR, Geldprivatrecht [2014] 358 f). An der Gleichartigkeit bestehen keine Zweifel (K SCHMIDT, in: FS Walter Odersky [1996] 685, 698 f; aA REINICKE/REINICKE NJW 1959, 361, 365 f). Der Bundesgerichtshof geht allerdings davon aus, dass die **Rückwirkungsanordnung aus § 389 BGB** nicht zulasten des Gläubigers der Geldwertschuld eingreifen könne (BGH 17. 4. 1958 – II ZR 335/56, BGHZ 27, 123, 126). Sei nämlich die Höhe der Geldwertschuld zwischen Eintritt der Aufrechnungslage und der Erklärung der Aufrechnung gestiegen, so würde der Geldwertgläubiger mittelbar zu einer Klage gezwungen, um nicht einen Teil seiner gegenwärtigen Forderung durch § 389 BGB zu verlieren. Diese Folgerung wird allerdings der Dogmatik sowohl der Aufrechnung als auch der Geldwertschulden nicht gerecht. Die Vorteilhaftigkeit der Aufrechnung als Mittel zur Schuldtilgung und zur privaten Forderungsvollstreckung (zur Kombinationstheorie STAUDINGER/GURSKY [2016] Vorbem 6 ff zu §§ 387 ff) beruht zu wesentlichen Teilen auf ihrer Rückwirkung. Geldwertschulden unterscheiden sich zudem von Geldsummenschulden lediglich durch ihre fehlende nominelle Fixierung. Daher erlöschen Geldwertschulden nach § 389 BGB **in der nominalen Höhe, wie sie der Geldsummenschuld bei Eintritt der Aufrechnungslage gegenüberstand** (K SCHMIDT, in: FS Walter Odersky [1996] 685, 699). Die notwendige Folge dieser Privilegierung des Aufrechnenden ist, dass etwaige nachfolgende Steigerungen der Schuldhöhe unberücksichtigt bleiben. Umgekehrt vermag sich der Geldwertgläubiger seiner Forderung nicht mehr in der ursprünglichen Höhe zu bedienen, sofern nach Eintritt der Aufrechnungslage eine nominelle Verringerung eingetreten ist; insofern kommt es allein auf den nominellen Wert im Zeitpunkt der Aufrechnungserklärung an (GERNHUBER, Die Erfüllung und ihre Surrogate sowie das Erlöschen der Schuldverhältnisse aus anderen Gründen [2. Aufl 1994] § 12 III 4).

ee) Fremdwährungsverbindlichkeiten

B106 Die Unterschiedlichkeit der Schuldwährungen bildet kein Hindernis für eine Aufrechnung mit einer **unechten Fremdwährungsverbindlichkeit** (RG 20. 12. 1922 – I 18/22, RGZ 106, 99, 100; RG 16. 5. 1941 – VII 1/41, RGZ 167, 60, 62; BGH 29. 6. 1988 – 24 U 6446/87, NJW 1988, 2181; STAUDINGER/GURSKY [2016] § 387 Rn 80 mwNw; vgl § 244 Rn 121). Demgegenüber fehlt es bei **echten Fremdwährungsverbindlichkeiten** an der Gleichartigkeit (BGH 29. 6. 1988 – 24 U 6446/87, NJW 1988, 2181; OLG Frankfurt 27. 10. 1996 – 11 U 42/66, OLGZ 1967, 17; OLG Hamm 9. 10. 1998 – 33 U 7/98, NJW-RR 1999, 1736; KG 6. 3. 2003 – 2 U 198/01, BKR 2003, 997, 998; **aA** MAIER-REIMER NJW 1985, 2049, 2051; vgl § 244 Rn 124). Besonderheiten sind jedoch zu beachten, soweit sich **Geldschulden in Euro und in einer früheren nationalen Währung eines Mitgliedstaates aus dem Euroraum** gegenüberstehen. Solche Verbindlichkeiten sind stets uneingeschränkt gegeneinander aufrechenbar (SCHMIDT-RÄNTSCH ZIP 1998, 2041, 2043; OMLOR, Geldprivatrecht [2014] 368). Inzwischen folgt die Gleichartigkeit aus dem allgemeinen Art 2 der Verordnung (EG) Nr 974/98, während sie für die Übergangszeit vom 1. 1. 1999 bis 31. 12. 2001 explizit in Art 8 Abs 6 der Verordnung (EG) Nr 974/98 angeordnet war (SCHNEIDER DB 1996, 2477, 2482).

ff) Weitere Einzelfälle

B107 Die Gleichartigkeit besteht unter anderem zwischen einem Werklohnanspruch und einem Vorschussanspruch für die Beseitigung von Mängeln (BGH 13. 7. 1970 – VII ZR 176/68, BGHZ 54, 244, 246 ff). Der Umstand, dass der **Urlaubsabgeltungsanspruch** eine höchstpersönliche Natur hat, steht seiner Einordnung als Geldsummenschuld und damit als mit anderen Geldschulden aufrechenbar nicht entgegen (BAG 28. 8. 1964 – 1 AZR 414/63, BAGE 16, 228 = NJW 1965, 70, 71). Umstritten ist weiterhin, ob eine Geldforderung mit einem Anspruch auf **Einwilligung in die Herausgabe hinterlegten Geldes** gleichartig ist (bejahend RG 18. 3. 1912 – VI 403/11, JW 1912, 635 f; RG 10. 10. 1938 – IV 150/24, JW 1938, 3112 f; BGH 19. 10. 1988 – IV b ZR 70/87, NJW-RR 1989, 173, 174; BGH 14. 7. 1989 – IV b 17/89, NJW-RR 1989, 1343; OLG Karlsruhe 28. 2. 2002 – 16 UF 177/01, NJW-RR 2002, 1225, 1226; BGH 17. 1. 2008 – III ZR 320/06, NJW-RR 2008, 556, 558; ablehnend STAUDINGER/GURSKY [2016] § 387 Rn 93 mwNw). Für den Anspruch des Mieters auf Freigabe der **Mietkaution** soll es an einer Gleichartigkeit fehlen (KG 9. 5. 2011 – 8 U 172/10, ZMR 2011, 858). Keine Gleichartigkeit besteht weiterhin zwischen Ansprüchen auf Einheiten Blockchain-basierter Zahlungsmittel wie **Bitcoins** und Geldforderungen, soweit es sich nicht um Geld im Rechtssinne handelt.

B108 Eine Aufrechnung scheitert an einer fehlenden Gleichartigkeit bei einem Geldzahlungsanspruch und einem Anspruch auf **Befreiung von einer Verbindlichkeit** (BGH 22. 1. 1954 – I ZR 34/53, BGHZ 12, 136, 144; BGH 22. 2. 1967 – IV ZR 331/65, BGHZ 47, 157, 166; BGH 9. 10. 1991 – XII ZR 2/90, WM 1992, 201, 203; BGH 20. 11. 1995 – II ZR 209/94, WM 1996, 201, 203; BGH 2. 12. 2004 – IX ZR 200/03, BGHZ 161, 241, 253; GERHARDT, Der Befreiungsanspruch [1966] 72 ff; FELDMANN DStR 1991, 222 f; GROTHE, Fremdwährungsverbindlichkeiten [1999] 582 f; **aA** TRINKL NJW 1968, 1077 f). Erst wenn sich der Befreiungsanspruch infolge einer Übertragung an einen außenstehenden Gläubiger in einen Zahlungsanspruch umgewandelt hat, ist eine Aufrechnung möglich (BGH 22. 1. 1954 – I ZR 34/53, BGHZ 12, 136, 144; BGH 27. 6. 1961 – VI ZR 205/60, BGHZ 35, 317, 325); dem steht es hinsichtlich des Befreiungsanspruchs des Bürgen (§ 775 Abs 1 BGB) nicht gleich, wenn die Zahlungsunfähigkeit des Hauptschuldners eintritt (BGH 14.1999 – IX ZR 208/97, BGHZ 140, 270, 273 ff; **aA** RG 2. 12. 1911 – V 266/11, RGZ 78, 26, 34; RG 12. 1. 1934 – II 190/33, RGZ 143, 192, 194). Nach der ständigen Rechtsprechung des Bundesarbeitsgerichts (BAG 7. 3. 2001 –

GS 1/00, BAGE 97, 150, 159 = NJW 2005, 3570 mwNw; LAG Köln 17. 12. 2012 – 5 Sa 697/12) soll auch die Aufrechnung einer Bruttolohn- mit einer Nettolohnforderung mangels Gleichartigkeit ausscheiden. Auch kann eine Geldforderung nicht mit einem Anspruch auf **Stellung einer Bankbürgschaft** aufgerechnet werden (OLG Düsseldorf 24. 11. 1997 – 24 W 89/96, ZMR 1998, 159). An der Gleichartigkeit der Leistungsgegenstände fehlt es auch zwischen einer Geldforderung und dem **Anspruch auf Zurverfügungstellung** des Zahlungsempfängers aus § 675t Abs 1 BGB (BGH 28. 11. 1977 – II ZR 110/76, NJW 1978, 699). Erst dessen Erfüllung in Gestalt des Anspruchs *aus* der Gutschrift lässt Geld im Rechtssinne entstehen.

III. Geldschuld und rekurrenter Anschluss

Die geldgeschichtlichen Erfahrungen zwingen zur Klärung eines zentralen Aspekts des Zusammenspiels von Geldprivat- und Währungsrecht, nämlich der Auswirkungen eines Währungswechsels auf den Bestand und den Inhalt einer Geldschuld. Am Beispiel der dritten Stufe der europäischen Wirtschafts- und Währungsunion (zur Chronologie s o Rn A202 ff) lassen sich zudem der hervorgerufene Regelungsbedarf und eine konkrete Ausgestaltung eines Währungswechsels nachzeichnen (s u Rn B116). **B109**

1. Grundlagen

a) Währungswechsel im Lichte der Staatlichen Theorie des Geldes

Nach dem Geldverständnis der KNAPPSCHEN Staatlichen Theorie lässt sich **Geld** ausschließlich **als historisch-derivatives Phänomen** erfassen (KNAPP, Staatliche Theorie des Geldes [4. Aufl 1923] 1, 9 ff). In Abkehr vom Metallismus will KNAPP die einzelne Werteinheit über ihre Rückankoppelung an ihre währungsrechtlichen Vorgänger bestimmen: **B110**

> „Das neue Zahlungsmittel hat also stets einen rekurrenten Anschluß an das alte: nur durch diesen Anschluß wird das neue Zahlungsmittel brauchbar für den Verkehr, weil im Augenblick der Änderung stets Vorsorge zu treffen ist, daß die alten Schulden nicht untergehen, sondern getilgt werden können" (KNAPP, Staatliche Theorie des Geldes [4. Aufl 1923] 12).

Der Sache nach beschreibt KNAPP, wenn auch in einseitiger Betonung einer Lossagung vom überkommenen Metallismus, einen **bedeutsamen Berührungspunkt von Geldprivatrecht und Währungsrecht**. Beide Rechtsgebiete stehen in einem Funktionszusammenhang (STAUDINGER/K SCHMIDT [1997] Vorbem A48 zu §§ 244 ff; SCHEFOLD WM 1996, Sonderbeilage Nr 4, S 2, 5) und einer notwendigen Wechselbeziehung (vMAYDELL, Geldschuld und Geldwert [1974] 57) zueinander. Die Aufgabe des Währungsrechts bei einem Währungswechsel liegt aus privatrechtlicher Sicht darin, **Überleitungsregelungen für Geldschulden** festzulegen (NUSSBAUM, Das Geld in Theorie und Praxis des deutschen und ausländischen Rechts [1925] 155).

b) Grundrechtliche Grenzen
aa) Eigentumsschutz im Grundgesetz

Bei der Festlegung der Details eines rekurrenten Anschlusses ist der Gesetzgeber jedoch nicht völlig frei. Die Geldforderungen, die in die neue Währung zu überführen sind, unterliegen dem sachlichen Schutzbereich der **Eigentumsgarantie aus Art 14 Abs 1 GG**. Es ist in der Verfassungsrechtsprechung anerkannt, dass auch schuldrechtliche Ansprüche Privater gegen Private einen grundrechtlichen Schutz gegen Eingrif- **B111** fe der öffentlichen Hand erfahren (BVerfG 8. 7. 1976 – 1 BvL 19/75, 1 BvL 20/75, 1 BvR 148/75, BVerfGE 42, 263, 293; BVerfG 9. 1. 1991 – 1 BvR 929/89, BVerfGE 83, 201, 208). Entschieden wurde unter anderem am Beispiel des Kaufpreiszahlungsanspruchs des Käufers (BVerfG 8. 6. 1977 – 2 BvR 499/74, 2 BvR 1042/75, BVerfGE 45, 142, 179), von delikts- und bereicherungsrechtlichen Ansprüchen (BVerfG 7. 12. 2004 – 1 BvR 1804/03, BVerfGE 112, 93, 107 f) sowie des Anspruchs auf Zahlung einer Versicherungssumme (BVerfG 26. 7. 2005 – 1 BvR 782/94, 1 BvR 957/96, BVerfGE 114, 1, 37). Dabei wird an dieser Stelle nicht die Frage relevant, ob und in welchem Maße der Geldwert durch Art 14 Abs 1 GG geschützt wird (hierzu vgl BVerfG 7. 9. 2011 – 2 BvR 987/10, 2 BvR 1485/10, 2 BvR 1099/10, BVerfGE 129, 124, 173 f; Omlor, Geldprivatrecht [2014] 405 mwNw). Bei einem Währungswechsel greift der Staat unmittelbar in den formalen Inhalt einer Geldschuld ein, indem er durch Hoheitsakt ihren Bezugspunkt ändert. Es findet nicht lediglich eine mittelbare Aushöhlung einer Geldschuld durch inflationsbedingten Wertverlust derselben Währungseinheit statt.

bb) Eigentumsschutz im Unionsrecht

B112 Auch auf der supranationalen Ebene besteht ein primärrechtlicher Schutz bezüglich der Ausgestaltung des rekurrenten Anschlusses bei einem Währungswechsel. Angesichts der europäischen Währungsunion und der damit verbundenen Kompetenzverlagerungen zugunsten der Europäischen Union basiert aus Sicht des Euroraums der Grundrechtsschutz **vorrangig** auf den **supranationalen Eigentumsgewährleistungen** – zumindest solange das Bundesverfassungsgericht seine Judikatur auf „hinreichend qualifizierte" *Ultra-vires*-Akte beschränkt (vgl BVerfG 6. 7. 2010 – 2 BvL 13/09, BVerfGE 126, 286, 302 ff). Das Eigentum wird seit dem Inkrafttreten des Vertrags von Lissabon sowohl durch die Charta der Grundrechte der Europäischen Union (GRC) als auch über die Europäische Menschenrechtskonvention (EMRK) geschützt. Die Grundrechte der EMRK zählen nach Art 6 Abs 3 EUV zu den allgemeinen Grundsätzen des Unionsrechts. Zu den EMRK-Grundrechten gehört seit 1954 nach Art 1 Abs 1 EMRK 1. Zusatzprotokoll auch das Eigentum. Der EGMR legt den Eigentumsbegriff in ständiger Rechtsprechung autonom und weit aus:

> „… the concept of ‚possessions' in Article 1 of Protocol No. 1 has an autonomous meaning which is certainly not limited to ownership of physical goods: certain other rights and interests constituting assets can also be regarded as ‚property rights', and thus as ‚possessions' for the purposes of this provision" (EGMR 25. 3. 1999 – 31107/96 *Iatridis/Griechenland* § 54).

Zum sachlichen Schutzbereich gehören damit auch privatrechtliche Forderungen, soweit sie eine hinreichende Grundlage im nationalen Recht finden (EGMR 6. 10. 2005 – 1513/03 *Draon/Frankreich* § 65); dazu können beispielsweise der Übereignungsanspruch des Käufers (EGMR 5. 1. 2000 – 33202/96 *Beyeler/Italien* §§ 105 f = NJW 2003, 654, 656) und der privatautonom vereinbarte Anspruch auf Zahlung von Vorruhestandsgeld (EGMR 27. 9. 2001 – 40862/98 *Lenz/Deutschland* = NJW 2003, 2441) zählen.

B113 Flankiert wird der Eigentumsschutz nach Art 1 Abs 1 EMRK 1. Zusatzprotokoll durch die Eigentumsgewährleistung im kodifizierten Primärrecht der Union. Schon vor der Rechtsverbindlichkeit der GRC hatte der EuGH das Eigentumsgrundrecht anerkannt (EuGH 13. 12. 1979 – Rs C-44/79 [*Hauer*] ECLI:EU:C:1979:290, Rn 17 ff). Der grundrechtliche Eigentumsschutz hat in **Art 17 GRC** eine Kodifizierung erfahren. Die GRC steht ausweislich von Art 6 Abs 1 S 1 HS 2 EUV im gleichen Rang wie die

Verträge. Der Schutzumfang von Art 17 GRC orientiert sich an seinem Vorbild in Art 1 Abs 1 EMRK 1. Zusatzprotokoll (EuGH 3. 9. 2008 – C-402/05 und Rs C-415/05 [*Kadi*] ECLI:EU:C:2008:461, Rn 356). In **Parallele zur EMRK** erfasst der sachliche Schutzbereich von Art 17 Abs 1 GRC damit nicht nur das Sacheigentum, sondern sämtliche rechtmäßig erworbenen Rechte und Rechtspositionen (STREINZ, in: ders [Hrsg], EUV/AEUV [3. Aufl 2018] Art 17 GRC Rn 6). Hierzu zählen auch privatrechtliche Forderungen (EuGH 30. 7. 1996 – C-84/95 [*Bosphorus Airways*] ECLI:EU:C:1996:312, Rn 19 ff zu Ansprüchen aus einem Leasingvertrag; zustimmend JARASS NVwZ 2006, 1089, 1091).

cc) Eingriff und Rechtfertigung

In die Eigentumsposition des Geldgläubigers greift der Gesetzgeber ein, sofern er im Kontext eines Währungswechsels den Bezugspunkt der Geldforderung austauscht. Im Ergebnis grundrechtlich unerheblich wäre eine gleichmäßige Umrechnung aller Geldschulden ohne Änderungen der korrespondierenden Währungsverfassung. Von Relevanz wird der Eigentumsschutz erst dann, wenn eine **Differenzierung des rekurrenten Anschlusses je nach Art der Geldschuld** vorgenommen wird. Solche Eingriffe in das Eigentum führen nur dann zu einer Grundrechtsverletzung, wenn sie nicht gerechtfertigt werden können. Die unionalen Eigentumsverbürgungen sind nicht schrankenlos gewährleistet, sondern müssen „im Hinblick auf ihre gesellschaftliche Funktion gesehen werden" (EuGH 30. 6. 2005 – C-295/03 P [*Alessandrini*] ECLI:EU:C:2005:413, Rn 86). Beschränkungen des Eigentumsgrundrechts sind zulässig, soweit sie dem Gemeinwohl dienenden Zielen der Union dienen und im Hinblick auf diesen Zweck nicht einen **unverhältnismäßigen Eingriff** darstellen, der zu einer Verletzung des Wesensgehalts führte (EuGH 13. 7. 1989 – 5/88 [*Wachauf*] ECLI:EU:C:1989:179, Rn 18). **B114**

Trotz dieser Grundrechtsbindung besteht ein vergleichsweise **weiter Aktionsradius** der Grundrechtsverpflichteten bei der Ausgestaltung eines Währungswechsels. Die Grundrechtsträger haben **keinen Anspruch auf eine zeitlich unbegrenzte und inhaltlich unveränderte Perpetuierung der jeweiligen Währungsverfassung**. So stellte die Entscheidung der Mitgliedstaaten des Euroraums, sich eine gemeinsame Währung unter dem supranationalen Dach der Europäischen Union zu geben, zweifelsohne einen legitimen Zweck für den damit verbundenen Eigentumseingriff dar (vgl Art 3 Abs 4 EUV: „Die Union errichtet eine Wirtschafts- und Währungsunion, deren Währung der Euro ist"). Das in den einzelnen Sekundärrechtsakten (s u Rn B116) verwirklichte Leitmotiv einer weitgehenden „Neutralität der Übergangs zum Euro" (EuGH 14. 9. 2004 – Rs C-19/03 [*Verbraucherzentrale Hamburg/O2*] ECLI:EU:C:2004:524, Rn 32) rechtfertigte den Eingriff in den Bestand der Geldschulden, die zuvor auf eine mitgliedstaatliche Währung der Teilnehmerstaaten im Euroraum lautete. Eine solche Neutralität perfektioniert zwar den Grundrechtsschutz, ist aber grundrechtlich nicht zwingend. Der Gesetzgeber vermag durchaus Differenzierungen vorzusehen, sofern diese verhältnismäßig sind. **B115**

2. Die Einführung des Euro

a) Leitmotiv der Neutralität

Die Einführung des Euro als Gemeinschaftswährung im Zuge des Übergangs zur dritten Stufe der Wirtschafts- und Währungsunion war von einem umfassenden Neutralitätsgebot geprägt, das nicht nur für sämtliche Geldschulden, sondern für auch jegliche Verträge und sonstige Rechtsinstrumente in den bisherigen nationalen Wäh- **B116** rungen der teilnehmenden Staaten galt. Als Rechtsgrundlagen dienten im Sekundärrecht die **drei Verordnungen** (EG) Nr 1103/97 (Verordnung [EG] Nr 1103/97 über bestimmte Vorschriften im Zusammenhang mit der Einführung des Euro v 17. 6. 1997 [ABl EG Nr L 162, 1 v 19. 6. 1997]), Nr 974/98 (Verordnung [EG] Nr 974/98 über die Einführung des Euro v 3. 5. 1998 [ABl EG Nr L 139, 1 v 11. 5. 1998]) und Nr 2866/98 (Verordnung [EG] Nr 2866/98 über die Umrechnungskurse zwischen dem Euro und den Währungen der Mitgliedstaaten, die den Euro einführen v 31. 12. 1998 [ABl EG Nr L 359, 1 v 31. 12. 1998]). Die Anpassung der nationalen Rechtsvorschriften in Deutschland erfolgte durch **drei Einführungsgesetze** (Gesetz zur Einführung des Euro [Euro-Einführungsgesetz] v 9. 6. 1998 [BGBl I 1242]; Gesetz zur Öffnung der Sozial- und Steuerverwaltung für den Euro [Zweites Euro-Einführungsgesetz] v 24. 3. 1999 [BGBl I 385]; Gesetz über die Änderung währungsrechtlicher Vorschriften infolge der Einführung des Euro-Bargeldes [Drittes Euro-Einführungsgesetz] v 21. 12. 1999 [BGBl I 2402]).

B117 Umgesetzt werden sollte der „allgemein anerkannte Rechtsgrundsatz, daß die Einführung einer neuen Währung die Kontinuität von Verträgen und anderen Rechtsinstrumenten nicht berührt" (Erwägungsgrund 7 S 1 der Verordnung [EG] Nr 1103/97). Entsprechende rechtspolitische Forderungen war bereits im Vorfeld der Euro-Einführung erhoben worden (FISCHER/KLANTEN ZBB 1996, 1, 3 f; skeptisch SCHEFOLD WM 1996, Sonderbeilage Nr 4, S 2, 14). Bestehende Rechtsvorschriften, Verträge und Geldschulden sollten möglichst behutsam in das neue Währungsgefüge überführt werden. Als **Grundnorm dieses Umstellungsprozesses** erscheint Art 3 der Verordnung (EG) Nr 1103/97; dort wird festgelegt:

> „Die Einführung des Euro bewirkt weder eine Veränderung von Bestimmungen in Rechtsinstrumenten oder eine Schuldbefreiung noch rechtfertigt sie die Nichterfüllung rechtlicher Verpflichtungen, noch gibt sie einer Partei das Recht, ein Rechtsinstrument einseitig zu ändern oder zu beenden."

B118 Der Anwendungsbereich dieser Vorschrift reicht deutlich über Geldschulden und Verträge hinaus. Als Rechtsinstrumente werden in Art 1 1. Spiegelstrich der Verordnung (EG) Nr 1103/97 auch Rechtsvorschriften, Verwaltungsakte und gerichtliche Entscheidungen verstanden. Dieser weite Anwendungsbereich geht mit einer überaus **zielgerichteten Rechtsfolgenapparatur** einher: Eine Neutralität und Kontinuität von Verträgen und Geldschulden wird nur insofern vorgesehen, als die Ersetzung der nationalen Währungen durch den Euro betroffen ist (BORRIES/REPPLINGER-HACH NJW 1996, 3111, 3113; SCHNEIDER DB 1996, 2477, 2480; SCHMIDT-RÄNTSCH ZIP 1998, 2041, 2042; wohl auch CLAUSIUS NJW 1998, 3148, 3150 f; zuvor schon FISCHER/KLANTEN ZBB 1996, 1, 5). Nur wegen dieser fokussierten Rechtswirkungen verfügte die Gemeinschaft über eine diesbezügliche **Gesetzeskompetenz aus Art 308 EG aF** (= Art 352 AEUV; OMLOR, Geldprivatrecht [2014] 363 f). In der Folge verfügt Art 3 der Verordnung (EG) Nr 1103/97 über eine uneingeschränkte **Rechtsverbindlichkeit** und stellt nicht lediglich einen deklaratorischen Programmsatz dar (SCHMIDT-RÄNTSCH ZIP 1998, 2041, 2042; OMLOR, Geldprivatrecht [2014] 363 f; **aA** WISSKIRCHEN DB 1998, 809, 810; CLAUSIUS NJW 1998, 3148, 3150; SCHEFOLD ZEuP 1999, 271, 286; UHL, Die Einführung des Euro unter den Gesichtspunkten vertraglicher und geldrechtlicher Kontinuität [2003] 121 f; iE wohl auch WESTERMANN, in: HADDING/HOPT/SCHIMANSKY [Hrsg], Einführung des Euro in der Bank- und Unternehmenspraxis, Bankdienstleistungen im Internet [1998] 3, 22 ff). Die teleologische Verknüpfung der Verordnungsbestimmung mit ihrem Erwägungsgrund 7 deutet nicht auf eine rechtliche Unverbindlichkeit hin (aA Uhl, Die Einführung des Euro unter den Gesichtspunkten vertraglicher und geldrechtlicher Kontinuität [2003] 121); der dortige Verweis auf einen „allgemein anerkannte[n] Rechtsgrundsatz" dient lediglich der Legitimation und Erläuterung, nimmt dem Verordnungstext aber nicht seine Rechtswirkungen.

Der Neutralitätsgedanke schlägt sich auch in den sekundärrechtlichen Vorgaben zur **B119** Umrechnung in Euro nieder. Die Verordnung (EG) Nr 1103/97 legt in ihren Art 4 und 5 das Umrechnungsverfahren im Einzelnen fest. Die Regelungen unterstehen der Zielvorgabe aus Erwägungsgrund 12, einen „hohen Grad an Genauigkeit bei Umrechnungen" zu erzielen. Hinsichtlich der **Rundung von Beträgen**, insbesondere von Zwischenbeträgen, stellt die Verordnung jedoch nur **Mindestvorgaben** auf (EuGH 14. 9. 2004 – Rs C-19/03 [*Verbraucherzentrale Hamburg/O2*] ECLI:EU:C:2004:524, Rn 34; Hartenfels WM 1999, Sonderbeilage Nr 1, S 3, 23). Bei deren Ausgestaltung durch die nationalen Rechtsordnungen muss jedoch das Leitmotiv der Neutralität berücksichtigt werden (vgl Erwägungsgrund 11 S 3 und Art 4 Abs 4 S 3 der Verordnung [EG] Nr 1103/97). Durch den Umrechnungsvorgang dürfen die effektiv zu zahlenden Preise nur insoweit verändert werden, als es aus rechentechnischen Gründen unabdingbar ist (EuGH 14. 9. 2004 – Rs C-19/03 [*Verbraucherzentrale Hamburg/O2*] ECLI:EU:C:2004:524, 14. 9. 2004 – Rs C-19/03 *Verbraucherzentrale Hamburg/O2,* Slg 2004 S I-8183 Rn 53). Namentlich eine zu frühzeitige (Auf-)Rundung von **Zwischenbeträgen** ist danach unzulässig. Die Rechtsprechung judizierte entsprechend zu Minutenentgelten im Mobilfunk (so der EuGH in der Rechtssache *Verbraucherzentrale Hamburg/O2*) und zur Kleingartenpacht nach Quadratmeterpreisen (BGH 3. 3. 2005 – III ZR 363/04, NZM 2005, 720).

b) Vertragskontinuität

Das Leitmotiv der Neutralität für den Währungswechsel zum Euro, das auf der **B120** Grundnorm aus Art 3 S 1 der Verordnung (EG) Nr 1103/97 basiert, schlägt sich auch im Prinzip der Kontinuität von Verträgen nieder. Der Bestand und der Inhalt von Verträgen sollen durch den Währungswechsel mit Ausnahme des Umrechnungsvorgangs unangetastet bleiben. Für das Geldprivatrecht folgt daraus, dass nach Ablauf des Übergangszeitraums – spätestens also seit dem 1. 3. 2002 – sämtliche auf eine durch den Euro abgelöste nationale Währung lautende Geldschulden **durch Zahlung in Euro** nach § 362 Abs 1 BGB **erfüllt** werden können (vgl zu den Besonderheiten während des Übergangszeitraums Börner DStR 1998, 1606 ff). Der Wegfall der bisherigen Schuldwährung führt **nicht zur Unmöglichkeit** (Hahn, Europäische Währungsumstellung und Vertragskontinuität [1999] 39; Uhl, Die Einführung des Euro unter den Gesichtspunkten vertraglicher und geldrechtlicher Kontinuität [2003] 262 f). Der Grund hierfür liegt zum einen in der allgemeinen Rechtsnatur des Geldes (Omlor, Geldprivatrecht [2014] 367), zum anderen in der Anordnung eines rekurrenten Anschlusses im unionalen Sekundärrecht.

Art 3 S 1 der Verordnung (EG) Nr 1103/97 sperrt weiterhin die Anwendbarkeit zivil- **B121** rechtlicher Rechtsinstitute, soweit sie die Auflösung von Schuldverhältnissen spezifisch an den Übergang zum Euro knüpfen (Omlor, Geldprivatrecht [2014] 364). Ein **Wegfall der Geschäftsgrundlage** ließe sich auch unabhängig davon regelmäßig nicht isoliert mit dem Währungswechsel begründen (Westermann, in: Hadding/Hopt/Schimansky [Hrsg], Einführung des Euro in der Bank- und Unternehmenspraxis, Bankdienstleistungen im Internet [1998] 3, 24; Wisskirchen DB 1998, 809, 810). Durch die in der Verordnung vorgesehene Vertragskontinuität wird eine Anwendung von § 313 BGB auch in den etwaig verbleibenden Fällen ausgeschlossen (Borries/Repplinger-Hach NJW 1996, 3111,

3113; Schmidt-Räntsch ZIP 1998, 2041, 2042; iE ebenso Westermann, in: Hadding/Hopt/Schimansky [Hrsg], Einführung des Euro in der Bank- und Unternehmenspraxis, Bankdienstleistungen im Internet [1998] 3, 24; Hahn, Europäische Währungsumstellung und Vertragskontinuität [1999] 43 ff). Auch **Kündigung** (§ 314 BGB) oder **Rücktritt** (§§ 323 ff, 346 ff BGB) können nicht allein auf den Währungswechsel gestützt werden.

B122 Der Grundsatz der Vertragskontinuität steht zur **Disposition der Parteien**; diesen privatautonomen Gestaltungsspielraum gewährt Art 3 S 2 der Verordnung (EG) Nr 1103/97. Durch Auslegung (§§ 133, 157 BGB) der vertraglichen Vereinbarungen ist zu klären, ob die Parteien vom gesetzlichen Regelfall abweichen wollten. Aus einer solchen Abrede kann sich beispielsweise ein Kündigungs- oder Rücktrittsrecht für eine oder beide Parteien ergeben. Auch wenn die Abbedingung der sekundärrechtlichen Regelungen auch **konkludent** geschehen kann (Schmidt-Räntsch ZIP 1998, 2041, 2044; Westermann, in: Hadding/Hopt/Schimansky [Hrsg], Einführung des Euro in der Bank- und Unternehmenspraxis, Bankdienstleistungen im Internet [1998] 3, 25), sind daran **erhöhte Anforderungen** zu stellen (Omlor, Geldprivatrecht [2014] 367 f). Der Umstand, dass es sich um einen Vertrag mit langer Laufzeit und DM-Verbindlichkeiten handelt, genügt allein nicht, um eine schlüssige Abweichungsvereinbarung annehmen zu können (**aA** Westermann, in: Hadding/Hopt/Schimansky [Hrsg], Einführung des Euro in der Bank- und Unternehmenspraxis, Bankdienstleistungen im Internet [1998] 3, 25). Stattdessen bedarf es hinreichend deutlicher Anhaltspunkte, die auf einen entsprechenden Willen der Parteien schließen lassen.

B123 Eine Abweichung vom Grundsatz der Vertragskontinuität lässt sich regelmäßig **nicht** auf eine **ergänzende Vertragsauslegung** stützen (Omlor, Geldprivatrecht [2014] 368; **aA** Westermann, in: Hadding/Hopt/Schimansky [Hrsg], Einführung des Euro in der Bank- und Unternehmenspraxis, Bankdienstleistungen im Internet [1998] 3, 25 ff). Mit Art 3 S 1 der Verordnung (EG) Nr 1103/97 existiert dispositives Gesetzesrecht, das nach der überwiegenden Ansicht (vgl stellvertretend BGH 10. 7. 1963 – VIII ZR 204/61, BGHZ 40, 91, 103; BGH 1. 2. 1984 – VIII ZR 54/83, BGHZ 90, 69, 75; BGH 22. 12. 2000 – VII ZR 310/99, BGHZ 146, 250, 261; Staudinger/Roth [2020] § 157 Rn 23 mwNw) eine ergänzende Vertragsauslegung wegen seiner Ordnungsfunktion (dazu Stoffels, Gesetzlich nicht geregelte Schuldverträge [2001] 91 ff) nicht zulässt. Nur wenn die Interessenlage des betroffenen Vertrages ansonsten offenkundig verfehlt würde, ist ausnahmsweise trotz der Existenz von dispositivem Gesetzesrecht eine ergänzende Auslegung statthaft (BGH 14. 3. 1990 – VIII ZR 18/89, NJW-RR 1990, 817, 818 f). Im Regelfall muss der von der Verordnung aufgestellte normative Vorrang der Vertragskontinuität gewahrt werden.

c) Umstellung von Wertpapieren
aa) Scheck und Wechsel

B124 Durch den Währungswechsel zum Euro haben sich **keine Wirksamkeitsprobleme** für Schecks und Wechsel ergeben (Omlor, Geldprivatrecht [2014] 370 f). Unwirksam wäre lediglich ein Scheck, der **ohne jegliche Währungsangabe** ausgestellt wurde (OLG Köln 22. 12. 1983 – 1 U 59/83, MDR 1984, 944; OLG München 22. 9. 1999 – 7 U 3422/99, RIW 2000, 228, 229). Zulässig ist hingegen eine Ausstellung sowohl eines Schecks (OLG München 22. 9. 1999 – 7 U 3422/99, RIW 2000, 228, 229; Nobbe, in: Schimansky/Bunte/Lwowski [Hrsg], Bankrechts-Handbuch [5. Aufl 2017] § 60 Rn 64) als auch eines Wechsels (Peters, in: Schimansky/Bunte/Lwowski [Hrsg], Bankrechts-Handbuch [5. Aufl 2017] § 64 Rn 6) in **ausländischer Währung**. Bis zum Ende der Übergangsphase – regelmäßig am 31. 12. 2001 – konnten

Schecks und Wechsel auch in den nationalen Währungen ausgestellt werden, die durch den Euro abgelöst wurden (Art 6 der Verordnung [EG] Nr 974/98). Seit Abschluss der Euro-Umstellung werden solche Schecks und Wechsel als **ipso iure umgerechnete Euro-Schecks und Euro-Wechsel** behandelt (Art 14 der Verordnung [EG] Nr 974/98). Wird ein Scheck oder Wechsel nach Abschluss der Übergangsphase in einer durch den Euro abgelösten Währung ausgestellt, so bedarf es einer Auslegung der im Scheck (vgl Art 1 Nr 2 ScheckG) und im Wechsel (vgl Art 1 Nr 2, 75 Nr 2 WG) enthaltenen Zahlungsanweisung; auszuzahlen ist danach der umgerechnete Euro-Betrag.

bb) Schuldverschreibungen

Um die Marktposition und Handelbarkeit deutscher Schuldtitel (**Bundesanleihen,** **B125** Bundesobligationen und Bundesschatzbriefe) abzusichern (DITTRICH NJW 1998, 1269, 1272), hatte der Bund seine auf DM lautenden Altschulden schon **zum 1. 1. 1999** – dem Beginn der Übergangsphase – in das Euro-Zeitalter überführt. Sekundärrechtlich hatte dem Bund ein Wahlrecht aus Art 8 Abs 4 1. Spiegelstrich der Verordnung (EG) Nr 974/98 zugestanden (dazu RENGER WM 1997, 1873, 1876 f); davon hatte der Bund in Art 6 § 1 Euro-Einführungsgesetz zugunsten einer frühzeitigen Umstellung Gebrauch gemacht. Für die **Schuldverschreibungen anderer Emittenten** in einer Euro-Vorgängerwährung konnte in der Übergangszeit ein Wahlrecht durch den Gläubiger im Wege einer Gestaltungserklärung (RENGER WM 1997, 1873, 1878; aA GRUSON WM 1998, 1474: „währungsrechtliches Wahlrecht") ausgeübt werden (Art 6 §§ 2–4, § 6 Euro-Einführungsgesetz).

cc) Briefmarken

Ausschließlich auf DM lautende Briefmarken haben ihre **Gültigkeit am 1. 7. 2002 ver-** **B126** **loren**. Bis zum 30. 6. 2007 konnten DM-Briefmarken bei der Deutschen Post AG in Euro-Briefmarken nach dem offiziellen Umrechnungskurs umgetauscht werden. Diese vom Bundesfinanzministerium auf Grundlage von § 43 Abs 1 S 1 PostG getroffene Regelung hat die Billigung des Bundesgerichtshofs (BGH 11. 10. 2005 – XI ZR 395/04, BGHZ 164, 286) gefunden. Aus einer ergänzenden Auslegung des in der Briefmarke enthaltenen Leistungsversprechens leitete der Bundesgerichtshof ab, dass verständige Parteien redlicherweise einen **gebührenfreien Umtausch innerhalb einer einjährigen Ausschlussfrist** vorgesehen hätten (BGH 11. 10. 2005 – XI ZR 395/04 Rn 26 ff, BGHZ 164, 268). Diese Auslegung verdient Zustimmung (OMLOR, Geldprivatrecht [2014] 370). Dabei kommt es nicht darauf an, ob eine Briefmarke als „Analogon des Geldes" (so KOHLER ArchBR 6 [1892] 316, 324 vor der Privatisierung der Bundespost; ähnlich WEIPERT, Die Rechtsnatur der Briefmarke [1996] 37, 40; HÄDE ZUM 1991, 536 f) oder schlicht als kleines Inhaberpapier iSd § 807 BGB (BGH 11. 10. 2005 – XI ZR 395/04 Rn 19 ff, BGHZ 164, 286; ANDRAE, Die privatrechtliche Natur der Briefmarke [1933] 21; SCHMIDT NJW 1998, 200, 202 f) angesehen wird. Erstens gibt es keinen gesetzlichen Umtauschzwang für Briefmarken. Ein solcher folgt weder aus Art 16 der Verordnung (EG) Nr 974/98 noch aus § 1 S 2 DM-Beendigungsgesetz (Gesetz v 16. 12. 1999 [BGBl I 2402]); beide Vorschriften sind in ihrem Anwendungsbereich auf Bargeld beschränkt. Zudem stand es den Mitgliedstaaten europarechtlich offen, ob sie ein Umtauschrecht für Bargeld auch nach dem 31. 12. 2001 vorsehen. Zweitens erscheint es in der Tat sach- und interessengerecht, aus Praktikabilitätserwägungen nach entsprechender öffentlicher Ankündigung einen festen Stichtag für die Gültigkeit von DM-Briefmarken und einen anschließenden Umtauschzeitraum von einem Jahr festzulegen.

d) Prozess und Zwangsvollstreckung

B127 Die Erfolgsaussichten einer auf DM-Zahlung gerichteten **Klage** hingen im **Übergangszeitraum** vom 1. 1. 1999 bis 31. 12. 2001 davon ab, ob die eingeklagte Verbindlichkeit in DM oder Euro zu erfüllen war (vgl Art 8 Abs 1 und 2 der Verordnung [EG] Nr 974/98). Vorbehaltlich abweichender Vereinbarungen musste die Geldschuld in der Währung erfüllt werden, in der sie vereinbart worden war: DM-Verbindlichkeiten waren in DM, Euro-Verbindlichkeiten in Euro zu begleichen. Ein Wahlrecht des Gläubigers bestand – auch im Arbeitsrecht (Omlor, Geldprivatrecht [2014] 379; **aA** Bauer/Diller NZA 1997, 737, 739; Natzel DB 1998, 366, 367 in Bezug auf regelmäßig unbare Entgeltzahlungen) – nicht (Wisskirchen DB 1998, 809; Ritter NJW 1999, 1213, 1214; Wax NJW 2000, 488, 489). Lediglich dem Schuldner stand für unbare Zahlungen ein solches Wahlrecht zu (Art 8 Abs 3 der Verordnung [EG] Nr 974/98). Wurde aus einer DM-Verbindlichkeit im Übergangszeitraum auf Zahlung von Euro geklagt, musste die Klage als „derzeit unbegründet" abgewiesen werden (Wax NJW 2000, 488, 489). Auch **vollstreckungsrechtlich** griff Art 8 Abs 1 der Verordnung (EG) Nr 974/98 ein, sodass sich die Vollstreckung danach richtete, welche Währung im Titel angegeben war: Aus DM-Titeln konnte keine Euro-Zahlung, aus Euro-Titeln keine DM-Zahlung vollstreckt werden (Wax NJW 2000, 488, 489). Ebenso wie im materiellen Recht stand dem Vollstreckungsgläubiger kein Wahlrecht zu (Ritter NJW 1999, 1213, 1216; Schefold WM 1996, Sonderbeilage Nr 4, S 2, 12).

B128 Die maßgebliche Zäsur sowohl in prozessualer als auch vollstreckungsrechtlicher Hinsicht bildete die Ersetzung der mitgliedstaatlichen Währungen durch den Euro am **1. 1. 2002** (Omlor, Geldprivatrecht [2014] 379 f). **Auf DM-Zahlung lautende Titel** wurden zu diesem Zeitpunkt nach Art 3 der Verordnung (EG) Nr 974/98 **automatisch auf Euro umgestellt** (Wax NJW 2000, 488, 489). Eine Zahlung von DM kann seither nicht mehr vollstreckt werden. Auf einen Zivilprozess, der vor dem 1. 1. 2002 mit einem auf DM-Zahlung gerichteten Klageantrag begonnen wurde, hatte der Währungswechsel keine einschneidenden Auswirkungen. Als Prozesshandlung ist ein Klageantrag der Auslegung zugänglich (BGH 10. 2. 1998 – XI ZR 72/97, NJW-RR 1998, 1005, 1006 mwNw). Im Lichte der Bestimmungen des supranationalen Währungsrechts, namentlich von Art 3 der Verordnung (EG) Nr 974/98 und dem Leitmotiv der Neutralität des Währungswechsels, sind seit dem 1. 1. 2002 auf DM gerichtete **Klageanträge** so **auszulegen**, dass sie auf Zahlung von „Euro zum Umrechnungskurs" lauten (iE Wax NJW 2000, 488, 489). Daher bedurfte es keiner Klageänderung (Schefold WM 1996, Sonderbeilage Nr 4, S 2, 12; Omlor, Geldprivatrecht [2014] 380; **aA** Ritter NJW 1999, 1213, 1215), die jedoch regelmäßig als sachdienlich wegen der Verwertbarkeit des bisherigen Prozessstoffs nach § 263 Alt 2 ZPO (zur prozessökonomischen Betrachtungsweise vgl BGH 30. 11. 1999 – VI ZR 219/98, BGHZ 143, 189, 197 f mwNw) zulässig gewesen wäre.

Titel 1
Verpflichtung zur Leistung   Vorbem zu §§ 244–248

C. Besonderer Teil des Geldschuldrechts

Schrifttum (zu Teil C)

ANDREAE, Geld und Geldschöpfung (1953)
ANNUSS, Die Folgen des Rücktritts (§§ 346 ff BGB), JA 2006, 184
ARMBRÜSTER, Zur Verantwortung für die Festlegung des bedarfsgerechten Versicherungswertes in der Gebäudeversicherung, VersR 1997, 931
ARNDT, Theoretische Grundlagen der Lohnpolitik (1957)
BAUR, Vertragliche Anpassungsregeln (1983)
BEISSE, Kaufkraftschwund und Nominalprinzip, WM 1969, Sonderbeilage Nr 1
BELLING, Die außerordentliche Anpassung von Tarifverträgen an veränderte Umstände, NZA 1996, 906
BENDER, Der Wegfall der Geschäftsgrundlage bei arbeitsrechtlichen Kollektivverträgen am Beispiel des Tarifvertrages und des Sozialplans (2005)
BERGER, Neuverhandlungs-, Revisions- und Sprechklausel im internationalen Wirtschaftsvertragsrecht, RIW 2000, 1
BERNDT, Die Wertsicherung in der Unternehmung unter besonderer Berücksichtigung der Währungsgesetzgebung (1960)
BETTERMANN, Die Geldentwertung als Rechtsproblem, ZRP 1974, 13
ders, Über Inhalt, Grund und Grenzen des Nominalismus, RdA 1975, 2
BIANCA/BONELL (Hrsg), Commentary on the International Sales Law (1987)
BOHNDORF, Wertsicherungsklauseln, Theorie und Rechtsvergleichung (1966)
BORCHERT, Geld und Kredit, Einführung in die Geldtheorie und Geldpolitik (8. Aufl 2003)
BRAUN, Vertragliche Geldwertsicherung im grenzüberschreitenden Wirtschaftsverkehr (1982)
BRÄUTIGAM, Die währungsrechtliche Zulässigkeit von Wertsicherungsklauseln (1984)
BROCKMEYER, Das Rechtsinstitut der Geschäftsgrundlage aus Sicht der ökonomischen Analyse des Rechts (1993)
BROX, Die Einschränkung der Irrtumsanfechtung (1960)

BUDGE, Lehre vom Geld, Band I, Halbband 1 (1931)
vCAEMMERER, Bereicherung und unerlaubte Handlung, in: FS Ernst Rabel (1954) 333
CASTELBERG, Der Geldwert als Rechtsproblem insbesondere bei Verkehrsgeschäften (1953)
CHIOTELLIS, Rechtsfolgenbestimmung bei Geschäftsgrundlagenstörungen in Schuldverträgen (1981)
DAWWAS, Alteration of the Contractual Equilibrium Under the UNIDROIT Principles, Pace Int'l L Rev Online Companion 2 (2010) 1
EBENROTH/BACHER, Geldwertänderungen bei Vorempfängen, BB 1990, 2053
ECKSTEIN, Geldschuld und Geldwert im materiellen und internationalen Privatrecht (1932)
EHLKE, Zum bereicherungsrechtlichen Wertersatz (§ 818 II BGB), WM 1979, 1022
ELSTER, Die Seele des Geldes. Grundlagen und Ziele einer allgemeinen Geldtheorie (1920)
ERTL, Inflation, Privatrecht und Wertsicherung (1980)
FEISSEL/GORN, Finanzkrise vs. Pacta sunt servanda – Vertragsanpassung in Krisenzeiten, BB 2009, 1138
FERRARI, Das Verhältnis zwischen den Unidroit-Grundsätzen und den allgemeinen Grundsätzen internationaler Einheitsprivatrechtskonventionen, JZ 1998, 9
ders/FLECHTNER/BRAND (Ed), The Draft UNCITRAL Digest and Beyond (2004)
ders/KIENINGER/MANKOWSKI/OTTE/SAENGER/SCHULZE/STAUDINGER (Hrsg), Internationales Vertragsrecht (3. Aufl 2018)
FIKENTSCHER, Die Geschäftsgrundlage als Frage des Vertragsrisikos (1971)
FISCHER/KLANTEN, Langfristige Bankverträge und die Euro-Währung, ZBB 1996, 1
FLEISCHER/GOETTE (Hrsg), Münchener Kommentar zum GmbHG (3. Aufl 2019)
FLUME, Die Saldotheorie und die Rechtsfigur der ungerechtfertigten Bereicherung, AcP 194 (1994) 427
ders, Die ungerechtfertigte Bereicherung eine

Rechtsfigur der Bereicherung, in: Canaris/Heldrich/Hopt/Roxin, et al (Hrsg), 50 Jahre Bundesgerichtshof (2000) 525
ders, Geld- und Währungsrecht (1969)
Forstmann, Geld und Kredit (1951)
Fricke, Geldentwertung bei konstantem Preisniveau und realem Einkommenswachstum. Das Problem der relativen Inflation, in: FS Günter Schmölders (1968) 47
Geiler, Geldentwertung und Privatrecht, in: Abraham (Hrsg), Die Geldentwertung in der Praxis des deutschen Rechtslebens (1923) 31
Gerber, Geld und Staat (1926)
Gerke, Gleitklauseln im Geld- und Kapitalverkehr (1980)
Gernhuber, Geld und Güter beim Zugewinnausgleich, FamRZ 1984, 1053
ders, Probleme der Zugewinngemeinschaft, NJW 1991, 2238
Gramlich, Bundesbankgesetz, Währungsgesetz, Münzgesetz (1988)
Grau, Rechtsprechung oder Gesetzgebung zur Anpassung des Privatrechts an die veränderten Verhältnisse?, AcP 122 (1924) 318
Grothe, Fremdwährungsverbindlichkeiten (1999)
Gruber, Geldwertschwankungen und handelsrechtliche Verträge in Deutschland und Frankreich. Bestandsaufnahme und Aussichten für das europäische Währungs- und Privatrecht (2002)
Gutdeutsch, Durchlaufender Verbraucherpreisindex in den neuen Bundesländern, FamRZ 2003, 1902
Gutzwiller, Vertragliche Abreden zur Sicherung des Geldwerts, insbesondere Gleitklauseln (1972)
Haarmann, Wegfall der Geschäftsgrundlage bei Dauerrechtsverhältnissen (1979)
Häde, Das Wertsicherungsverbot nach dem Preisklauselgesetz, DVBl 2008, 1465
ders, Der verfassungsrechtliche Schutz des Geldwertes, WM 2008, 1717
Hammer, Die Hauptprinzipien des Geld- und Währungswesens (1891)
G Hartmann, Über den rechtlichen Begriff des Geldes und den Inhalt von Geldschulden (1868)
ders, Internationale Geldschulden (1882)
Heck, Das Urteil des Reichsgerichts vom 28. November 1923 über die Aufwertung von Hypotheken und die Grenzen der Richtermacht, AcP 122 (1924) 203
Heermann, Geld und Geldgeschäfte (2003)
Helfferich, Das Geld (6. Aufl 1923)
Henckel, Die ergänzende Vertragsauslegung, AcP 159 (1960–1961) 106
Hey, Wegfall der Geschäftsgrundlage bei Tarifverträgen, ZfA 2002, 275
Höfling, Vertragsfreiheit (1991)
Holtfrerich, Die deutsche Inflation 1914–1923 (1980)
Honsell, Der Verzugsschaden bei der Geldschuld, in: FS Hermann Lange (1992) 509
Horn, Geldwertveränderungen, Privatrecht und Wirtschaftsordnung (1975)
Möglichkeit rechtlicher und wirtschaftlicher Risikokontrollen, in: Horn (Hrsg), Monetäre Probleme im internationalen Handel und Kapitalverkehr (1976) 13
ders, Neuverhandlungspflicht, AcP 181 (1981) 255
ders, Vertragsbindung unter veränderten Umständen, NJW 1985, 1118
Husserl, Recht und Zeit (1955)
Immenga/Schwintowski, Wertsicherung durch Geldwertschulden, NJW 1983, 2841
Inzitari, Geldschulden im Inflationszeitalter, RabelsZ 45 (1981) 705
Irmler, Wann spricht man von Inflation?, in: Schlemmer (Hrsg), Enteignung durch Inflation? (1972) 23
Issing, Einführung in die Geldtheorie (15. Aufl 2011)
Kamanabrou, Vertragliche Anpassungsklauseln (2004)
Keim, Grenzen der Anrechenbarkeit lebzeitiger Zuwendungen auf den Pflichtteil, MittBayNot 2008, 8
Kesseler, Die Eintragungsfähigkeit variabler Grundschuldzinsen, MittBayNot 2006, 468
Keynes, Vom Gelde (1932)
Kirchhof, Das Geldeigentum, in: FS Walter Leisner (1985) 635
ders, Richterliche Rechtsfindung, gebunden an „Gesetz und Recht", NJW 1986, 2275
Kirchhoff, Wertsicherungsklauseln für Euro-Verbindlichkeiten (2006)
Klüpfel, Die Gold- und Silberproduktion und ihr Einfluss auf den Geldwert (1895)

KNAPP, Staatliche Theorie des Geldes (4. Aufl 1923)
KNOTHE, Das Erbbaurecht (1987)
KOHLER, Das Geld als Wertmaßstab beim Erb- und Zugewinnausgleich, NJW 1963, 225
KÖHLER, Die Wertstabilität des Geldes als Inhalt der Vertragstreue und der Eigentumsgarantie, JZ 2013, 957
KOLLHOSSER, Wertsicherungsklauseln im Spannungsfeld zwischen Vertragsfreiheit, Sozialpolitik und Währungspolitik (1985)
KOPPENSTEINER, Probleme des bereicherungsrechtlichen Wertersatzes, NJW 1971, 588
KRAEMER, Aufwertung inländischer Forderungen in ausländischer Währung?, JW 1933, 2558
KRONENBERGER, Die Geschäftsgrundlage (1963)
KRONKE, Zur Funktion und Dogmatik der Leistungsbestimmung nach § 315 BGB, AcP 183 (1983) 113
KRUG, Die Kaufkraftproblematik bei ausgleichungspflichtigen Vorempfängen in der Erbteilung, ZEV 2000, 41
KULKE, Der Zusammenhang zwischen der Höhe des Volkseinkommens und der Geldmenge (1975)
LANGE, Ausgangspunkte, Wege und Mittel zur Berücksichtigung der Geschäftsgrundlage, in: FS Paul Gieseke (1958) 21
LARENZ, Geschäftsgrundlage und Vertragserfüllung (3. Aufl 1963)
ders, Zur Bedeutung des „Wertersatzes" im Bereicherungsrecht, in: FS Ernst von Caemmerer (1978) 209
ders, Lehrbuch des Schuldrechts I, Allgemeiner Teil (14. Aufl 1987)
LARENZ/CANARIS, Lehrbuch des Schuldrechts (13. Aufl 1994)
LIEFMANN, Geld und Gold, Ökonomische Theorie des Geldes (1916)
LOYAL, Vertragsaufhebung wegen Störung der Geschäftsgrundlage, NJW 2013, 417
LUKAS, Aufgaben des Geldes (1937)
LÜTGE, Einführung in die Lehre vom Gelde (1948)
MAIER, Das Geld und sein Gebrauch (1913)
MAIER-REIMER, Fremdwährungsverbindlichkeiten, NJW 1985, 2049
MANN, Das Recht des Geldes (1960)
ders, Geldentwertung und Recht, NJW 1974, 1297
MARTENS, Grundfälle zu Geld und Geldschuld, JuS 2014, 105
MARTINEK, Die Lehre von den Neuverhandlungspflichten – Bestandsaufnahme, Kritik – und Ablehnung, AcP 198 (1998) 329
ders/STOFFELS/WIMMER-LEONHARDT (Hrsg), Handbuch des Leasingrechts (2. Aufl 2008)
MAUNZ/DÜRIG/HERZOG/SCHOLZ/HERDEGEN/KLEIN (Hrsg), Grundgesetz (2020)
vMAYDELL, Geldschuld und Geldwert (1974)
MEDICUS, Privatrechtliche Fragen der Geldentwertung, DB 1974, 759
ders, Vertragsauslegung und Geschäftsgrundlage, in: FS Werner Flume (1978) 629
MEINCKE, Zum Verfahren der Miterbenausgleichung, AcP 178 (1978) 45
MISES, Theorie des Geldes und der Umlaufmittel (2. Aufl 1924)
MITTELBACH, Wertsicherungsklauseln in Zivil- und Steuerrecht (4. Aufl 1980)
MÜGEL, Das gesamte Aufwertungsrecht (5. Aufl 1927)
MUSCHELER, Wertänderungen des privilegierten Erwerbs in der Zugewinngemeinschaft, FamRZ 1998, 265
Preisklauselgesetz, IMR 2011, 270
NIES, Zur Frage der Anpassung von Ruhegeldern an die Kaufkraft durch Richterspruch, BB 1966, 455
ders, Indexklauseln in Tarifverträgen, RdA 1970, 169
NOTTHOFF, Voraussetzungen der Schmerzensgeldzahlung in Form einer Geldrente, VersR 2003, 966
NUSSBAUM, Das Geld in Theorie und Praxis des deutschen und ausländischen Rechts (1925)
ders, Die Bilanz der Aufwertungstheorie (1929)
vOEFELE, Änderung der Erbbaurechtsverordnung durch das Sachenrechtsänderungsgesetz, DNotZ 1995, 643
ders/WINKLER/SCHLÖGEL, Handbuch des Erbbaurechts (6. Aufl 2016)
OERTMANN, Die Geschäftsgrundlage (1921)
OETKER, Das Dauerschuldverhältnis und seine Beendigung (1994)
OLSHAUSEN, Geldwertänderung und Zugewinnausgleich, FamRZ 1983, 765

OMLOR, Inflationsbewältigung im UN-Kaufrecht, JZ 2013, 967

ders, Geldprivatrecht. Entmaterialisierung, Europäisierung, Entwertung (2014)

ders, Die Anpassung von Fremdwährungsverbindlichkeiten an geänderte devisenrechtliche Rahmenbedingungen nach BGB und CISG, ZfPW 2017, 154

ders/LINK (Hrsg), Handbuch Kryptowährungen und Token (2021)

OSSENBÜHL/CORNILS, Staatshaftungsrecht (6. Aufl 2013)

PAPIER, Rechtsprobleme der Inflation, JuS 1974, 477

PEITMANN, Die privatrechtlichen Grundlagen des Geldes (1941)

PENTZ, Pflichtteilsergänzung bei „gemischten" Schenkungen, FamRZ 1997, 724

PICKER, Die Naturalrestitution durch den Geschädigten (2003)

PINGER, Wertersatz im Bereicherungsrecht, MDR 1972, 187

PRÖLSS/MARTIN (Hrsg), Versicherungsvertragsgesetz (31. Aufl 2021)

RABEL, Die Darmstädter Entscheidungen, Das Recht 27 (1923) 137

RACHLITZ/RINGSHANDL, Der bürgerlich-rechtliche Aufopferungsanspruch, JuS 2011, 970

RASCH, Wertsicherungsklausel und Preisindex für Lebenshaltung, DNotZ 1991, 646

RAU, Unterhaltsvereinbarungen für die Zeit nach Beendigung der Ehe, MittRhNotK 1988, 187

REICHERT-FACILIDES, Geldwertschwankungen und Privatrecht, JZ 1969, 617

ders, Geldentwertung und Recht, JZ 1974, 483

REINHUBER, Grundbegriffe und internationaler Anwendungsbereich von Währungsrecht (1995)

REINICKE, Zum neuen ehelichen Güterrecht, NJW 1957, 889

G REINICKE/D REINICKE, Wertsicherungsklauseln, MDR 1953, 387

REUL, Aufhebung der Genehmigungspflicht bei Wertsicherungsklauseln – Das neue Preisklauselgesetz (PreisklauselG), MittBayNot 2007, 445

REUTER, Nominalprinzip und Geldentwertung. Volkswirtschaftliche, sozialpolitische und rechtliche Aspekte einer (teilweisen) Aufgabe des Nominalprinzips, ZHR 137 (1973) 482

ders, Geldschuld und Geldwert, ZHR 140 (1976) 73

REUTER/MARTINEK, Ungerechtfertigte Bereicherung (1983)

dies, Ungerechtfertigte Bereicherung, Teilband 2 (2. Aufl 2016)

ROBERTSON, Das Geld (2. Aufl 1935)

RUFFERT, Vorrang der Verfassung und Eigenständigkeit des Privatrechts (2001)

SALJE, Nationale und internationale Vertragspraxis bei Anpassungsklauseln, NZG 1998, 161

SCHÄFER, Der Zins im Bereicherungsrecht (2002)

SCHIMANSKY/BUNTE/LWOWSKI (Hrsg), Bankrechts-Handbuch (5. Aufl 2017)

SCHLITT, Das Universalvermächtnis, ZErb 2006, 226

SCHMALZ, Die Stabilität des Geldwertes als Problem des Privatrechts (1986)

K SCHMIDT, Grundfragen der vertraglichen Wertsicherung, ZIP 1983, 639

ders, Geld und Geldschuld im Privatrecht, JuS 1984, 737

SCHNEIDER, Ursachen der Inflation, in: SCHLEMMER (Hrsg), Enteignung durch Inflation? (1972) 37

SCHOLZ (Hrsg), Kommentar zum GmbH-Gesetz, Band 2 (12. Aufl 2020)

SCHWAB, Neue Rechtsprechung zum Zugewinnausgleich, FamRZ 1984, 429

SCHWANDER, Die Lehren vom Inhalt der Geldschuld (1937)

SCHWENZER, Force Majeure and Hardship in International Sales Contracts, VUWRL 39 (2008) 709

dies, Die clausula und das CISG, in: FS Eugen Bucher (2009) 723

SHEEHY, Review of the Convention on Contracts for the International Sale of Goods (2007)

SIEBER, Lösung des Inflationsproblems durch Indexierung?, Wirtschaft und Recht 1966, 137

SIEBERT, Die Struktur des Geschwisterausgleichs für erhaltene Zuwendungen im Erbfall, NJOZ 2009, 3099

SIMITIS, Inflationsbekämpfung im Zivil- und Arbeitsrecht, in: KÖTZ/REICHERT-FACILIDES (Hrsg), Inflationsbewältigung im Zivil- und Arbeitsrecht, Verhandlungen der Fachgruppe für Zivilrechtsvergleichung anlässlich der deutsch-

österreichischen Tagung für Rechtsvergleichung 1975 in München (1976) 49
SIMON, Die Rechtsfolgen der gestörten Vertragsgrundlage (1969)
SPIES, Unternehmergesellschaft (haftungsbeschränkt). Verfassung, Gläubigerschutz, Alternativen (2010)
STÜTZEL, Das Mark-gleich-Mark-Prinzip und unsere Wirtschaftsordnung. Über den sogenannten Nominalismus, insbesondere im Schuld- und Steuerrecht (1979)
TEICHERT, Lückenfüllung im CISG mittels UNIDROIT-Prinzipien (2007)
THUBAUVILLE, Die Anrechnung lebzeitiger Leistungen auf Erb- und Pflichtteilsrechte, MittRhNotK 1992, 289
VAN ADEL, Geldentwertung und monetäre Stabilitätspolitik (1973)
VEIT, Der Wert unseres Geldes (1958)
ders, Grundriss der Währungspolitik (3. Aufl 1969)
WALTHER, Geldwert in der Geschichte (1912)
WANDEL, Banken und Versicherungen im 19. und 20. Jahrhundert (2010)
WEBER, Das Geld in einem sich wandelnden Vermögensrecht, ZSR 100 (1981) 165
WEIKART, Geldwert und Eigentumsgarantie (1993)
WENDT, Die Lehre vom Geldwert (1948)
WERNER, Werterhöhungen als ausgleichspflichtiger Zugewinn und erbrechtlicher Vorempfang, DNotZ 1978, 66
WIEACKER, Sachbegriff, Sacheinheit und Sachzuordnung, AcP 148 (1943) 57
ders, Gemeinschaftlicher Irrtum der Vertragspartner und Clausula rebus sic stantibus, in: FS Walter Wilburg (1965) 229
WIEDEMANN, Richterliche Rechtsfortbildung, NJW 2014, 2407
WIESER, Theorie des Geldes, in: ELSTER/WEBER/WIESER (Hrsg), Handwörterbuch der Staatswissenschaft, Band 4 (4. Aufl 1927) 681
WILBURG, Zusammenspiel der Kräfte im Aufbau des Schuldrechts, AcP 163 (1964) 346
ZIEHM, Die Wertsicherungsklausel im deutschen Recht (1966).

Der Besondere Teil des Geldschuldrechts grenzt sich vom Allgemeinen Teil (so Rn B1 ff) dadurch ab, dass es sich bei der Aufwertungsproblematik und den korrespondierenden Rechtsregeln um einen **in tatsächlicher, rechtsdogmatischer und kodifikatorischer Hinsicht eigenständigen Bereich** handelt. Das Verhältnis von Geldschuld und Geldwert zeichnet sich auch deshalb als geldschuldrechtliches Sondergebiet aus, weil es einen beschränkten Anwendungsbereich gegenüber dem allgemeinen geldschuldrechtlichen Regelungsregime aufweist: Die Aufwertungsregeln erfassen entweder – wie das Preisklauselgesetz – ein privatautonomes Sonderrecht in Form von geldschuldrechtlichen Parteiabreden oder sie knüpfen mit § 313 BGB an nicht geldschuldspezifischen Tatbeständen an, deren tatbestandliches Eingreifen Ausnahmecharakter aufweist (OMLOR, Geldprivatrecht [2014] 383). **C1**

I. Der Geldwert

1. Wirtschaftswissenschaftliche Einflüsse

Die rechtswissenschaftliche Befassung mit dem Wert des Geldes zeichnet sich durch eine interdisziplinäre Grundlegung aus. Der Wertbegriff stellt als Nukleus des Geldwerts eine originär ökonomische Kategorie dar (grundlegend VMAYDELL, Geldschuld und Geldwert [1974] 16 ff; ebenso zuvor schon ECKSTEIN, Geldschuld und Geldwert im materiellen und internationalen Privatrecht [1932] 3; aA LIEFMANN, Geld und Gold [1916] 129 ff). Nicht nur der Geldwert (STAUDINGER/K SCHMIDT [1997] Vorbem D1 zu §§ 244 ff; aA HAMMER, Die Hauptprinzipien des Geld- und Währungswesens [1891] 12, 14 unter Überdehnung des Nominalprinzips und **C2**

Leugnung eines eigenständigen Geldwerts; ähnlich zum Geldbegriff schon GERBER, Geld und Staat [1926] 59), sondern bereits der Wert als solcher ist eine **ökonomische Tatsache im Recht** (OMLOR, Geldprivatrecht [2014] 385 f). Diese Übernahme außerjuristischer Terminologie rechtfertigt sich durch den Umstand, dass der Gesetzgeber insofern einen Regelungsbereich adressierte, der zuvor bereits volkswirtschaftlich erfasst worden war (vMAYDELL, Geldschuld und Geldwert [1974] 18). Aus wirtschaftswissenschaftlicher Perspektive bestimmt sich der Wert eines Gutes danach, **in welchem Maß es für die Durchführung der Bedarfsdeckung genutzt** werden kann (BUDGE, Lehre vom Geld [1931] 54). Zu dieser Bedarfsdeckung zählt auch die Verwendung des Gutes als Tauschmittel, seine Eignung dazu korrespondiert mit seinem Tauschwert. Namentlich dieser Aspekt des ökonomischen Wertbegriffs ist einer Implementierung in die juristische Dogmatik zugänglich (BUDGE, Lehre vom Geld [1931] 105 ff, 119).

C3 Der ökonomische Wertbegriff lässt sich jedoch nicht einschränkungslos für das Geldprivatrecht fruchtbar machen. Grenzen ergeben sich aus der divergierenden Zielsetzung und Methodik von Rechts- und Wirtschaftswissenschaften. Die **ökonomischen Inflationstheorien** bleiben ohne Nutzen für das Geldprivatrecht und seine Antworten auf Inflationsszenarien (OMLOR, Geldprivatrecht [2014] 389; vgl zu den Inflationstheorien VEIT, Grundriss der Währungspolitik [3. Aufl 1969] 53 ff; SCHNEIDER, in: SCHLEMMER [Hrsg], Enteignung durch Inflation? [1972] 37 ff; VAN ADEL, Geldentwertung und monetäre Stabilitätspolitik [1973] 14 ff; WEIKART, Geldwert und Eigentumsgarantie [1993] 77 ff; ISSING, Einführung in die Geldtheorie [15. Aufl 2011] 210 ff). Auch die **volkswirtschaftlichen Kaufkrafttheorien** taugen nicht als Grundlage für die Bestimmung des rechtlich relevanten Geldwerts (STAUDINGER/K SCHMIDT [1997] Vorbem D3 zu §§ 244 ff; OMLOR, Geldprivatrecht [2014] 388 f; Überblick zu den Kaufkrafttheorien bei FORSTMANN, Geld und Kredit [1951] 127 f, 156 ff). Die unter anderem von ADAM SMITH und DAVID RICARDO postulierte **Produktionskostentheorie** berechnet den Geldwert – ebenso wie bei anderen Gütern – nach den Produktionskosten eines fiktiven, gerade noch zur Bedarfsdeckung notwendigen Grenzbetriebs (dazu im Überblick BUDGE, Lehre vom Geld [1931] 123 ff; FORSTMANN, Geld und Kredit [1951] 158 ff; ANDREAE, Geld und Geldschöpfung [1953] 85 ff; BOHNDORF, Wertsicherungsklauseln [1966] 8 f). Ein entmaterialisiertes Geld lässt sich jedoch nicht friktionslos über seine Produktionskosten erfassen (OMLOR, Geldprivatrecht [2014] 389; vgl zur weiteren Kritik LÜTGE, Einführung in die Lehre vom Gelde [1948] 46 f). Auch die **Quantitätstheorie**, die für den Geldwert Rückschlüsse aus der Menge des umlaufenden Geldes zieht (dazu im Überblick BUDGE, Lehre vom Geld [1931] 131 ff; LÜTGE, Einführung in die Lehre vom Gelde [1948] 49 ff; WENDT, Die Lehre vom Geldwert [1948] 51 ff; FORSTMANN, Geld und Kredit [1951] 163 ff; ANDREAE, Geld und Geldschöpfung [1953] 90 ff; BOHNDORF, Wertsicherungsklauseln [1966] 9 f; ISSING, Einführung in die Geldtheorie [15. Aufl 2011] 142 ff), vermag zum juristischen Spannungsfeld von Geldschuld und Geldwert nichts beizutragen (aA CASTELBERG, Der Geldwert als Rechtsproblem insbesondere bei Verkehrsgeschäften [1953] 47 ff Fn 10). In Abgrenzung bzw Ergänzung (KULKE, Der Zusammenhang zwischen der Höhe des Volkseinkommens und der Geldmenge [1975] 78 f) zur Quantitätstheorie bezieht die **Einkommenstheorie** (ZWIEDINECK-SÜDENHORST, WICKSELL, WIESER) den Einkommenskreislauf in den Geldwert mit ein (dazu im Überblick ELSTER, Die Seele des Geldes [1920] 164 ff; LÜTGE, Einführung in die Lehre vom Gelde [1948] 55 ff; FORSTMANN, Geld und Kredit [1951] 176 ff; ANDREAE, Geld und Geldschöpfung [1953] 102 ff). Die **Kreditmarkttheorie** (BRUNNER, MELTZER) sieht eine Konnexität zwischen der Kreditverfügbarkeit in einer Volkswirtschaft und dem dortigen Preisniveau (dazu im Überblick BORCHERT, Geld und Kredit [8. Aufl 2003] 96 ff; ISSING, Einführung in die Geldtheorie [15. Aufl 2011] 155 ff).

2. Negative Definitionsmerkmale

a) Subjektiver versus objektiver Geldwert

Der geldprivatrechtliche maßgebliche Geldwert ist nicht subjektiv, sondern **objektiv** zu bestimmen. Auf die **individuell-persönliche Wertschätzung** kommt es nicht an (Lütge, Einführung in die Lehre vom Gelde [1948] 42; Omlor, Geldprivatrecht [2014] 388; aA Liefmann, Geld und Gold [1916] 130). Darin zeigt sich eine weitere Abgrenzung zum ökonomischen Wertbegriff, der sowohl anhand der individuellen Wertschätzung (dh subjektiv) als auch anhand der generalisierten Eignung für abstrahierte Zwecke (dh objektiv) dargestellt werden kann (vgl Budge, Lehre vom Geld [1931] 57 ff; vMaydell, Geldschuld und Geldwert [1974] 17, 19). Zweifelsohne misst jede Person Geld einen unterschiedlichen Wert zu: Die gleiche Menge Geld hat „für den Millionär einen anderen individuellen Wert […] als für einen Bettler" (Lütge, Einführung in die Lehre vom Gelde [1948] 42). Das Geldprivatrecht ist jedoch mit einer funktionsnotwendigen Blindheit gegenüber einer solchen einzelwirtschaftlichen Betrachtungsweise (zum Begriff vgl Wieser, in: Elster/Weber/Wieser [Hrsg], Handwörterbuch der Staatswissenschaft, Band 4 [4. Aufl 1927] 681, 695) versehen. Der Inhalt von Geldschulden muss schon aus Gründen der **Rechtssicherheit** objektiv-abstrakt zu bestimmen sein. Die subjektive Wertschätzung kann lediglich auf der vorgelagerten Ebene zum Tragen kommen, wenn die Privatrechtssubjekte in Ausübung ihrer Privatautonomie eine Geldschuld vereinbaren und ausgestalten. Diese – keineswegs geldrechtsspezifische – Bedeutung der Privatautonomie bleibt jedoch notwendig ohne Einfluss auf eine bereits bestehende Geldschuld.

b) Anti-Metallismus

Der Substanz- oder Materialwert seiner gegenständlichen Erscheinungsformen determiniert nicht den Wert des Geldes (Walther, Geldwert in der Geschichte [1912] 4 ff; Helfferich, Das Geld [6. Aufl 1923] 555; Peitmann, Die privatrechtlichen Grundlagen des Geldes [1941] 42; Lütge, Einführung in die Lehre vom Gelde [1948] 41; Wendt, Die Lehre vom Geldwert [1948] 30 f; vMaydell, Geldschuld und Geldwert [1974] 25 f; Schmalz, Die Stabilität des Geldwertes als Problem des Privatrechts [1986] 41 ff; Weikart, Geldwert und Eigentumsgarantie [1993] 64 f; Schäfer, Der Zins im Bereicherungsrecht [2002] 52; Omlor, Geldprivatrecht [2014] 386 f; **aA** auf metallistischer Grundlage noch Hartmann, Internationale Geldschulden [1882] 27 f; Klüpfel, Die Gold- und Silberproduktion und ihr Einfluss auf den Geldwert [1895] [passim]). Schon die **Entmaterialisierung des Geldes** (s o Rn A11 ff) stellte eine Substanzwertableitung des Geldwerts vor unüberwindliche Hürden. Der Wert von Buch- und Sachgeld wäre trotz ihrer funktionellen und geldtheoretischen Gleichwertigkeit auf unterschiedliche Weise zu bestimmen. Auch innerhalb der Erscheinungsformen des Geldes im konkreten Sinn (s o Rn A116 ff) wären Friktionen unvermeidbar. Vor allem seit der **Abkehr vom Metallismus**, die in den Prozess der Entmaterialisierung eingebettet ist, ist die Loslösung des Geldwerts von jeglichem Substanzwert zwingend. Nach Aristoteles entstammt das Geld dem Gesetz, nicht der Natur (dazu Liefmann, Geld und Gold [1916] 111 f; vgl auch Helfferich, Das Geld [6. Aufl 1923] 562). Zu weit geht jedoch die Staatliche Theorie Knapps (Knapp, Staatliche Theorie des Geldes [4. Aufl 1923] 20 ff), welche die Existenz eines Geldwerts als solchen konzeptionell verneint. Abzugrenzen ist der geldrechtliche relevante Geldwert von einem **Sammlerwert** bestimmter Geldstücke (Omlor, Geldprivatrecht [2014] 386 f). Bei den Sammlermünzen steht nicht ihr Geldcharakter im Vordergrund, sondern ein materielles oder auch immaterielles Interesse an ihnen als eigenständigem Wirtschaftsgut. Ihre Einsetzbarkeit zu Zah-

c) Nennwert

C6 Der Nennwert des Geldes spiegelt die abstrakte Geldfunktion wider, als Recheneinheit zu dienen (s o Rn A40). Dabei handelt es sich nicht um einen Wert im wirtschaftlichen Sinn; mit dem geldprivatrechtlich relevanten Geldwert ist er nicht deckungsgleich (MAIER, Das Geld und sein Gebrauch [1913] 8 f; WENDT, Die Lehre vom Geldwert [1948] 37; vMAYDELL, Geldschuld und Geldwert [1974] 20; SCHMALZ, Die Stabilität des Geldwertes als Problem des Privatrechts [1986] 40 f; WEIKART, Geldwert und Eigentumsgarantie [1993] 64; OMLOR, Geldprivatrecht [2014] 387; in diese Richtung auch WIEACKER AcP 148 [1943] 57, 72). Der Nennwert des Geldes bildet vielmehr eine **statistische Größe**, welche eine **Bemessung des Geldes in Zähleinheiten** erlaubt; NUSSBAUM spricht demgemäß von einer „Numeralität" (NUSSBAUM, Das Geld in Theorie und Praxis des deutschen und ausländischen Rechts [1925] 9) des Geldes. Mit Hilfe des Nennwerts können Geldwertänderungen auf einer Zeitachse dargestellt werden. Hierzu wird der Wert einer bestimmten Menge Geld, dh mit identischem Nennwert, zu verschiedenen Zeitpunkten bestimmt und miteinander verglichen. Der geldtheoretische wie geldschuldschuldrechtliche Nominalismus baut auf der Existenz eines Nennwerts auf. Für die Erfüllung von nominalen Geldschulden kommt es allein auf den Nennwert an; der Substanzwert bleibt ebenso wie der Tauschwert des Geldes unberücksichtigt (BVerwG 3. 10. 1972 – I C 36/68 BVerwGE 41, 1, 5). Bei Bargeld entspricht der Nennwert dem aufgedruckten bzw aufgeprägten Betrag. Im Fall von Buchgeld bestimmt sich der Nennwert nach der Forderungshöhe.

3. Positive Definitionsmerkmale

a) Objektiver Funktionswert

C7 Der Geldwert im Sinne des Geldprivatrechts ist als objektiver Funktionswert zu charakterisieren (HELFFERICH, Das Geld [6. Aufl 1923] 555 ff; STAUDINGER/K SCHMIDT [1997] Vorbem D9 zu §§ 244 ff; OMLOR, Geldprivatrecht [2014] 391; aus wirtschaftswissenschaftlicher Sicht vgl grundlegend MISES, Theorie des Geldes und der Umlaufmittel [2. Aufl 1924] 87 f; WIESER, in: ELSTER/WEBER/WIESER [Hrsg], Handwörterbuch der Staatswissenschaft, Band 4 [4. Aufl 1927] 681, 701 ff). Der Geldwert ist objektiv, da er frei ist von subjektiv-individuellen Einschlägen (s o Rn C4). Zudem handelt es sich um einen Funktionswert, weil sich seine **Berechnung nach dem Grad der Eignung des Geldes zum Einsatz als Universaltauschmittel** richtet; die Nutzbarkeit zum Tausch bildet die konkrete Geldfunktion (s o Rn A41). Damit orientiert sich der Geldwert am jeweiligen Austauschverhältnis zwischen Geld als neutralem Wertträger und den übrigen Gütern (MISES, Theorie des Geldes und der Umlaufmittel [2. Aufl 1924] 87, 99). Es zeigt sich somit die Anknüpfung an den ökonomischen Wertbegriff (s o Rn C2 f).

C8 Eng verwandt, aber nicht identisch mit dem Geldwert ist die **Kaufkraft** des Geldes (FORSTMANN, Geld und Kredit [1951] 130 ff; vMAYDELL, Geldschuld und Geldwert [1974] 31; HORN, Geldwertveränderungen, Privatrecht und Wirtschaftsordnung [1975] 8; SCHMALZ, Die Stabilität des Geldwertes als Problem des Privatrechts [1986] 47, 55; OMLOR, Geldprivatrecht [2014] 390 f; wohl auch EBENROTH/BACHER BB 1990, 2053, 2060; KÖHLER JZ 2013, 957, 960 [„Indikator"]; **aA** HELFFERICH, Das Geld [6. Aufl 1923] 563; MISES, Theorie des Geldes und der Umlaufmittel [2. Aufl 1924] 85; LÜTGE, Einführung in die Lehre vom Gelde [1948] 41, 43; WENDT, Die Lehre vom Geldwert

[1948] 8; Andreae, Geld und Geldschöpfung [1953] 84; Nies BB 1966, 455, 457; Gramlich, Bundesbankgesetz, Währungsgesetz, Münzgesetz [1988] § 1 WährG Rn 8; Kirchhoff, Wertsicherungsklauseln für Euro-Verbindlichkeiten [2006] 91; in diese Richtung auch Ertl, Inflation, Privatrecht und Wertsicherung [1980] 18; beiläufig ebenso Maier, Das Geld und sein Gebrauch [1913] 7). Die Funktionsdeterminiertheit des Geldwerts und seine Anlehnung an die konkrete Geldfunktion als Tauschmittel führen lediglich zu einer deutlichen inhaltlichen Nähe zur Kaufkraft. Die Kaufkraft misst die Fähigkeit des Geldes, gegen einzelne Wirtschaftsgüter eintauschbar zu sein (Keynes, Vom Gelde [1932] 43; Veit, Der Wert unseres Geldes [1958] 178; Issing, Einführung in die Geldtheorie [15. Aufl 2011] 192; ähnlich Liefmann, Geld und Gold [1916] 130; Ebenroth/Bacher BB 1990, 2053, 2060; enger Forstmann, Geld und Kredit [1951] 134). Daher können sich Änderungen der Kaufkraft auch dann ergeben, wenn ausschließlich Güter und Leistungen fortentwickelt werden; damit ist nicht notwendig ein Geldwertverlust verbunden.

b) Binnen- und Außenwert

Die terminologische Aufspaltung des Geldwerts in einen Binnen- und Außenwert **C9** bildet die Folge des Umstands, dass weltweit nicht nur eine einzige Währung vorhanden ist. Sobald mehr als ein Währungsraum existiert, kann der Wert des Geldes auch aus zwei Perspektiven beleuchtet werden: der Innensicht innerhalb des eigenen Währungsraums und der Außensicht aus einem (bestimmten) anderen Währungsraum. Binnen- und Außenwert des Geldes stellen insofern lediglich **„zwei Seiten derselben Medaille"** dar (Omlor, Geldprivatrecht [2014] 389; ähnlich Wendt, Die Lehre vom Geldwert [1948] 6; vMaydell, Geldschuld und Geldwert [1974] 28, 30; Weikart, Geldwert und Eigentumsgarantie [1993] 63). Das Geldprivatrecht mit Ausnahme der Fremdwährungsverbindlichkeiten greift ausschließlich auf den Binnen-, nicht aber den Außenwert des Geldes zurück (vMaydell, Geldschuld und Geldwert [1974] 34; Medicus DB 1974, 759; Omlor, Geldprivatrecht [2014] 390). Der **Außenwert** misst das **Wertverhältnis zwischen der Inlands- und einer Auslandswährung** (BVerfG 31. 3. 1998 – 2 BvR 1877/97, 2 BvR 50/98, BVerfGE 97, 350, 371; Nussbaum, Das Geld in Theorie und Praxis des deutschen und ausländischen Rechts [1925] 60; Wendt, Die Lehre vom Geldwert [1948] 6; Fögen, Geld- und Währungsrecht [1969] 44; Reichert-Facilides JZ 1969, 617, 618; Gramlich, Bundesbankgesetz, Währungsgesetz, Münzgesetz [1988] § 1 WährG Rn 8; Grothe, Fremdwährungsverbindlichkeiten [1999] 79; Kirchhoff, Wertsicherungsklauseln für Euro-Verbindlichkeiten [2006] 90; implizit auch OLG München 9. 12. 1987 – 7 U 3274/87, NJW-RR 1988, 1019, 1020; OLG Frankfurt 5. 1. 1989 – 15 U 43/85, NJW-RR 1990, 636). Sofern die freie Konvertierbarkeit einer Währung eingeschränkt ist, besteht kein notwendiger Gleichlauf zwischen dem Außenwert und dem Kurswert (Reichert-Facilides JZ 1969, 617, 618; vMaydell, Geldschuld und Geldwert [1974] 30; **aA** Beisse WM 1969, Sonderbeilage Nr 1, S 4; Maier-Reimer NJW 1985, 2049, 2051; Veit, Grundriss der Währungspolitik [3. Aufl 1969] 35; Kirchhof, in: FS Walter Leisner [1985] 635, 645; ungenau BGH 27. 2. 1963 – VIII ZR 181/61, WM 1963, 568, 569; vgl auch OLG Dresden 5. 10. 1994 – 5 U 98/93, DtZ 1995, 27 f zum Verhältnis von DM und DDR-Mark). Der **Binnenwert** des Geldes bemisst hingegen die **Stabilität des Geldes** im Lauf der Zeit (Veit, Grundriss der Währungspolitik [3. Aufl 1969] 35); angelegt wird der Blickwinkel des Währungsinlands, dh des eigenen Währungsraums (Nussbaum, Das Geld in Theorie und Praxis des deutschen und ausländischen Rechts [1925] 59; Andreae, Geld und Geldschöpfung [1953] 81; vMaydell, Geldschuld und Geldwert [1974] 28; Grothe, Fremdwährungsverbindlichkeiten [1999] 79).

4. Geldwertänderungen

C10 Das Geldprivatrecht reagiert nicht auf einen konstanten Geldwert, sondern ausschließlich auf dessen Änderungen. Der eigentliche Grund für die rechtswissenschaftliche Befassung mit dem Geldwert liegt in diesem Änderungsmoment. So richtet sich das Eingreifen einer individuellen Aufwertung von Geldschulden entscheidend nach dem Maß des zwischenzeitlich eingetretenen Geldwertverlusts (vgl Rn C145 ff). Nicht nur wirtschaftswissenschaftlich, auch privatrechtlich besteht dabei die Herausforderung, eine Geldwertänderung als solche zu erfassen und präzise bemessen zu können. Das Geldprivatrecht darf hierzu auf Erkenntnisse der Wirtschaftswissenschaften zurückgreifen; dabei sind allerdings die abweichenden Ziele und methodischen Grundlagen zu berücksichtigen.

a) Statistische Basisdaten

C11 Der geldprivatrechtlich allein maßgebliche Binnenwert des Geldes (s o Rn C9) ist einer statistischen Erfassung nicht ohne Hindernisse zugänglich (zum Folgenden Omlor, Geldprivatrecht [2014] 392 f). In Ermangelung anderer Indikatoren kann – trotz einer nicht vollständigen inhaltlichen Identität mit dem Geldwert (s o Rn C8) – auf die Kaufkraft im Währungsinland zurückgegriffen werden (vMaydell, Geldschuld und Geldwert [1974] 34; Schmalz, Die Stabilität des Geldwertes als Problem des Privatrechts [1986] 55 ff; Staudinger/K Schmidt [1997] Vorbem D9 zu §§ 244 ff; wohl auch Medicus DB 1974, 759). Dabei folgt die Kaufkraftentwicklung dem jeweiligen **Preisniveau** in einer Marktwirtschaft (Schmalz, Die Stabilität des Geldwertes als Problem des Privatrechts [1986] 55). Damit verlagert sich die Bemessung der Geldwertänderungen auf die statistische Erfassung des Preisniveaus. Ungeachtet der auch damit verbundenen Komplexität und Ungenauigkeit (vgl Budge, Lehre vom Geld [1931] 265 f; Keynes, Vom Gelde [1932] 77 ff; Robertson, Das Geld [2. Aufl 1935] 19 ff; Sieber Wirtschaft und Recht 1966, 137, 138 f; Fögen, Geld- und Währungsrecht [1969] 43 f; Irmler, in: Schlemmer [Hrsg], Enteignung durch Inflation? [1972] 23, 30 ff; Issing, Einführung in die Geldtheorie [15. Aufl 2011] 194 ff) lässt sich das Preisniveau über auf die Entwicklung der **allgemeinen Lebenshaltungskosten** ausgerichtete Indizes abbilden (BGH 18. 5. 1979 – V ZR 237/77, BGHZ 75, 279, 286; BGH 18. 11. 2011 – V ZR 31/11 Rn 16, BGHZ 191, 336; Helfferich, Das Geld [6. Aufl 1923] 567 ff; Veit, Der Wert unseres Geldes [1958] 180; Irmler, in: Schlemmer [Hrsg], Enteignung durch Inflation? [1972] 23, 30; vMaydell, Geldschuld und Geldwert [1974] 34 ff; Bettermann ZRP 1974, 13, 16; Schmalz, Die Stabilität des Geldwertes als Problem des Privatrechts [1986] 56 ff; Ebenroth/Bacher BB 1990, 2053, 2060 f; Rasch DNotZ 1991, 646, 655; Weikart, Geldwert und Eigentumsgarantie [1993] 69 ff; Issing, Einführung in die Geldtheorie [15. Aufl 2011] 193 f; Omlor, Geldprivatrecht [2014] 392 f).

C12 Auf nationaler Ebene berechnet das Statistische Bundesamt seit 1948 monatlich den Verbraucherpreisindex sowie seit 1997 auch den **Harmonisierten Verbraucherpreisindex** (HVPI). Die Europäische Statistikbehörde Eurostat ermittelt zudem auf dieser Grundlage einen HVPI für die Europäische Union. Konzeptionell bilden die Statistiker einen sog Warenkorb, der mit einer gewichteten Zusammenstellung von als repräsentativ eingestuften Gütern gefüllt ist (im Einzelnen BGH 7. 11. 2012 – XII ZR 41/11 Rn 19 ff, NZM 2013, 148; Rasch DNotZ 1991, 646, 648 ff). Einbezogen werden die Endverbraucherpreise. In regelmäßigen Abständen von etwa fünf Jahren wird der Warenkorb an die jeweiligen Konsumgewohnheiten der Verbraucher angepasst.

b) Terminologische Grundlagen

Geldwertänderungen können definitionsgemäß in einer Steigerung oder Verringerung des Geldwerts liegen. Die **Erhöhung des Geldwerts** korrespondiert stets mit einer **Deflation**, sein **Absinken** mit einer **Inflation**. Für die Annahme einer Inflation bedarf es zumindest aus Sicht des Geldprivatrechts über den Geldwertverlust hinaus keiner zusätzlichen Qualifikation als „pathologisch" (vMAYDELL, Geldschuld und Geldwert [1974] 36 f; STAUDINGER/K SCHMIDT [1997] Vorbem D16 zu §§ 244 ff; OMLOR, Geldprivatrecht [2014] 393; **aA** KRAEMER JW 1933, 2558, 2559; LÜTGE, Einführung in die Lehre vom Gelde [1948] 59 f; ebenso aus wirtschaftswissenschaftlicher Perspektive LUKAS, Aufgaben des Geldes [1937] 150). In der jüngeren Vergangenheit seit der Weltwirtschaftskrise ist es in Deutschland zu keinen ausgeprägten deflationären Prozessen gekommen. Lediglich in einzelnen Monaten waren negative Inflationsraten zu beobachten. Daher erscheint es weiterhin gerechtfertigt, die Dogmatik des deutschen Geldprivatrechts ausschließlich auf Inflationsszenarien auszurichten (ebenso bislang vMAYDELL, Geldschuld und Geldwert [1974] 37; STAUDINGER/K SCHMIDT [1997] Vorbem D16 zu §§ 244 ff; wohl auch REICHERT-FACILIDES JZ 1969, 617, 618).   C13

c) Erscheinungsformen der Inflation

Die Geldgeschichte ist zugleich eine Inflationsgeschichte. Schon unter den römischen Kaisern VALERIAN und GALLIENUS brach das römische Währungssystem mit der Folge einer turbulenten Inflation zusammen (s o Rn A14). Massive Einbrüche des Geldwerts sind zudem vom LAWSCHEN Papiergeldexperiment aus dem Frankreich des 18. Jahrhunderts überliefert (s o Rn A17). Zugleich zeigen sich die Inflationserfahrungen in Deutschland seit der Gründung der Bundesrepublik als von einem anderen Typus: geringere, aber beständige Inflationsraten über einen längeren Zeitraum ohne einen massiven Einmaleffekt. Diese kurzen und stellvertretenden Einblicke in die Geldgeschichte illustrieren, dass sich verschiedene Typen der Inflation konturieren lassen. Im Anschluss an BERND vMAYDELL (Geldschuld und Geldwert [1974] 37 ff; teilweise deckungsgleich IRMLER, in: SCHLEMMER [Hrsg], Enteignung durch Inflation? [1972] 23 ff) hat es sich als hilfreich erwiesen, idealisiert und typisiert drei begriffliche Gegensatzpaare zu bilden (Überblick auch bei OMLOR, Geldprivatrecht [2014] 394 ff).   C14

aa) Schleichende und galoppierende Inflation

Die Einordnung der Inflation **nach ihrer Geschwindigkeit unter Einbeziehung ihres quantitativen Ausmaßes** führt zu den beiden Typen der schleichenden und der galoppierenden Inflation. Bildlich gesprochen handelt es sich um verschiedene „Gangarten", die auch noch durch die Zwischenkategorie einer trabenden Inflation ergänzt werden können. Das Phänomen der galoppierenden Inflation weist eine enge Verwandtschaft zur **Hyperinflation** auf, ohne jedoch damit begrifflich deckungsgleich zu sein. Die Hyperinflation beinhaltet in einer zustandsbezogenen Terminologie stets den vollständigen Zusammenbruch der Währung, während die galoppierende Inflation einen (Bewegungs-)Prozess fokussiert, der typischerweise in einer Hyperinflation endet (OMLOR, Geldprivatrecht [2014] 394; ähnlich HÄDE WM 2008, 1717, 1720). Eine solche Finalität lässt sich regelmäßig erst bei monatlichen Inflationsraten von mindestens 50 % konstatieren (HOLTFRERICH, Die deutsche Inflation 1914–1923 [1980] 10; WEIKART, Geldwert und Eigentumsgarantie [1993] 74; HÄDE WM 2008, 1717, 1720; ISSING, Einführung in die Geldtheorie [15. Aufl 2011] 202; **aA** VAN ADEL, Geldentwertung und monetäre Stabilitätspolitik [1973] 13 f [ab 5–6 % Inflation pro Jahr]). Bei galoppierender Inflation tritt ein vollständiger Funktionsverlust der Währung ein, sodass auf Ersatzvehikel zurückgegriffen werden   C15 muss (zur „Zigarettenwährung" gegen Ende des Zweiten Weltkriegs vgl WANDEL, Banken und Versicherungen im 19. und 20. Jahrhundert [2010] 36). Historische Beispiele einer galoppierenden Inflation bilden die Folgen der Einführung des LAWSCHEN Papiergelds in Frankreich und die „große Inflation" im Deutschland der 1920er Jahre. In beiden Fällen konzentrierte sich die Kernphase auf einen vergleichsweise kurzen Zeitraum. In der globalen Gegenwart tritt häufiger die trabende Inflation auf. Im Jahr 2014 verzeichnete beispielsweise Weißrussland jährliche Inflationsraten jenseits der 50 % (vgl http://unstats.un.org).

C16 Den tatsächlichen **Regelfall** außerhalb von wirtschaftlichen Krisenzeiten bildet die **schleichende Inflation**; sie bestimmt auch die jüngere Inflationsgeschichte der Bundesrepublik. Ihr charakteristisches Merkmal ist das beständige Ansteigen des Preisniveaus innerhalb einer überschaubaren Bandbreite, das sich über mehrere Jahre oder Jahrzehnte erstreckt. Eine präzise Abgrenzung zur trabenden und zur galoppierenden Inflation ist nicht möglich. Unter Einbeziehung der Inflationsraten der 1970er Jahre in Deutschland wird verbreitet auch noch eine jährliche Preissteigerung von über 5 % als schleichende Inflation eingeordnet (HOLTFRERICH, Die deutsche Inflation 1914–1923 [1980] 10; WEIKART, Geldwert und Eigentumsgarantie [1993] 74 f; ISSING, Einführung in die Geldtheorie [15. Aufl 2011] 202). Jedoch ab einer **Inflationsrate von 10 % pro Jahr** erscheint es angebracht, von einer trabenden Inflation zu sprechen. Die numerische Untergrenze der schleichenden Inflation liegt bei einem Überschreiten der 0 %-Grenze. Insofern bleibt unberücksichtigt, dass die Europäische Zentralbank primärrechtskonform eine Preisstabilität bei einer Inflationsrate von unter, aber nahe 2 % pa annimmt (s o Rn A226). Innerhalb dieser Spanne handelt es sich lediglich um eine schleichende Inflation, welche die supranationale Währungsverfassung hinnimmt und die regelmäßig keine individuelle Aufwertung rechtfertigt (s u Rn C147).

bb) Offene und zurückgestaute Inflation

C17 Die Differenzierung zwischen einer offenen und einer zurückgestauten (oder gestoppten) Inflation beruht auf der Erfahrungstatsache, dass sich namentlich in Krisenzeiten der Kaufkraftschwund nicht immer auf das allgemeine Preisniveau niederzuschlagen vermag (IRMLER, in: SCHLEMMER [Hrsg], Enteignung durch Inflation? [1972] 23, 24; ISSING, Einführung in die Geldtheorie [15. Aufl 2011] 204). Der Staat kann sich bei einer Versorgungsknappheit mit Wirtschaftsgütern angehalten sehen, in die freie Preisbildung am Markt einzugreifen, indem er etwa **gesetzliche Preisobergrenzen** einführt. Der fortbestehende Nachfrageüberhang bricht sich unter solchen Vorzeichen typischerweise in ausgeprägten – nunmehr illegalen – Parallelmärkten (**„Schwarzmarkt"**) Bahn (HOLTFRERICH, Die deutsche Inflation 1914–1923 [1980] 12). Dort übernehmen alternative Tauschmittel zumindest in Teilen die Aufgaben des (inner-)staatlichen Geldes, das sich damit einem zumindest partiellen Funktionsverlust ausgesetzt sieht. In einem geldgeschichtlichen Rückschritt treten der Naturaltausch und primitivgeldähnliche Parallelwährungen verstärkt zu Tage. Soweit der Staat in einer solchen Situation noch steuernd einzugreifen vermag, können ergänzende hoheitliche Legitimationsmittel – beispielsweise in Gestalt von Berechtigungsscheinen – an die Seite des staatlichen Geldes treten. Der geldprivatrechtliche Fokus liegt auf der offenen Inflation, bei der sich der Kaufkraftschwund und das allgemeine Preisniveau im Gleichlauf entwickeln. Die zivilrechtlichen Herausforderungen einer zurückgestauten Inflation sind im Schwerpunkt nicht solche des Geldschuldrechts, sondern vielmehr im allgemeinen Schuldrecht (insbesondere §§ 275 Abs 1 und 2, 280 ff, 313 BGB) zu verorten.

Titel 1
Verpflichtung zur Leistung   **Vorbem zu §§ 244–248**

cc) Relative und absolute Inflation

Der Geldwert unterliegt nicht nur den Einflüssen aus der Veränderung des allgemei- C18
nen Preisniveaus, sondern daneben auch aus der Fortentwicklung des allgemeinen
Lebensstandards. Auf dieser Ausgangsthese beruht die Unterscheidung von DIETER
FRICKE (in: FS Günter Schmölders [1968] 47 ff) zwischen der relativen und der absoluten
Inflation. Die absolute Inflation beruht ausschließlich auf Änderungen des allgemeinen Preisniveaus (WEIKART, Geldwert und Eigentumsgarantie [1993] 75), während die relative Inflation auch bei konstantem Preisniveau und steigendem allgemeinen Lebensstandard eintritt. Für das Geldprivatrecht ist allein die absolute Inflation von Relevanz (STAUDINGER/K SCHMIDT [1997] Vorbem D17 zu §§ 244 ff; OMLOR, Geldprivatrecht [2014] 396). Die relative Inflation schlägt sich vor allem bei bestehenden Kapitalvermögen nieder, nicht aber bei noch unerfüllten Geldverbindlichkeiten.

II. Nominalismus und Valorismus

Im Zusammenspiel von Geldwert und Geldschuld lässt sich eine der zentralsten C19
Grundfragen des gesamten Geldschuldrechts erblicken. Das Kriterium, ob und welchen Einfluss Änderungen des Geldwerts auf den originären Inhalt einer Geldschuld
nehmen, entscheidet über ihren Charakter als Geldwert- oder Geldsummenschuld
(dazu s u Rn C46). Mit den übergeordneten geldrechtlichen Konzepten von Nominalismus und Valorismus verbindet sich jedoch nicht nur geldschuldrechtliche Dogmatik.
Auch geldtheoretische wie rechtspolitische Aspekte wohnen dem Gegensatzpaar
von Nominalismus und Valorismus inne.

1. Dreigliedriger Nominalismus

Die deutsche Privatrechts- und die europäische Währungsordnung basieren im C20
Grundsatz auf dem Nominalprinzip. Dem Valorismus verbleibt *de lege lata* hingegen
lediglich ein eingeschränkter Wirkungsbereich im Geldschuldrecht, soweit auf Grund
Gesetzes oder einer vertraglichen Einigung Geldwertschulden zur Entstehung gelangen. Dieses Ergebnis, das es nachfolgend zu erläutern und zu begründen gilt, rechtfertigt eine vom Nominalismus ausgehende Betrachtungs- und Darstellungsweise.

Nicht zuletzt mit Ziel einer terminologischen Vereinheitlichung, aber zugleich auch C21
dogmatischer und methodischer Klarheit verfolgt diese Kommentierung den Ansatz
einer Dreiteilung des Nominalprinzips in seine geldtheoretische, geldschuldrechtliche und funktionale Ausprägung (ebenso schon OMLOR, Geldprivatrecht [2014] 266 ff).
Diese Untergliederung nimmt Anleihen an den geldrechtlichen Studien von BERND
VMAYDELL und von KARSTEN SCHMIDT. In seiner 1974 erschienenen Habilitationsschrift grenzte BERND VMAYDELL den geldtheoretischen vom geldschuldrechtlichen
Nominalismus ab (VMAYDELL, Geldschuld und Geldwert [1974] 59 ff, 68 ff; ebenso ERTL, Inflation, Privatrecht und Wertsicherung [1980] 24 ff; WEBER ZSR 100 [1981] 165, 175; GROTHE, Fremdwährungsverbindlichkeiten [1999] 71 ff; KIRCHHOFF, Wertsicherungsklauseln für Euro-Verbindlichkeiten [2006] 96 ff; vgl auch ECKSTEIN, Geldschuld und Geldwert im materiellen und internationalen
Privatrecht [1932] 2 f). Darauf in Teilen aufbauend untergliederte KARSTEN SCHMIDT in
einen technischen, einen schuldrechtlichen und einen währungspolitischen Nominalismus (STAUDINGER/K SCHMIDT [1997] Vorbem D23 ff, D28 ff und D38 ff zu §§ 244 ff; ebenso
HEERMANN, Geld und Geldgeschäfte [2003] § 3 Rn 77 ff).

a) Geldtheoretischer Nominalismus
aa) Terminologische Verortung

C22 Im geldtheoretischen Nominalismus zeigt sich die **abstrakte Funktion des Geldes als Recheneinheit**, als deren „Spiegelbild" er auftritt (Staudinger/K Schmidt [1997] Vorbem D24 zu §§ 244 ff). Als Folge des geldtheoretischen Nominalismus erlangt das Geld eine Quantifizierbarkeit in festen Einheiten, weshalb bei Nussbaum (Das Geld in Theorie und Praxis des deutschen und ausländischen Rechts [1925] 9) gleichbedeutend von einer „Numeralität" des Geldes die Rede ist. Diese Recheneinheit besteht losgelöst von ihrem realwirtschaftlichen Tauschwert. Die einzelne (Währungs-)Einheit ist in ihrer Identität von der mit ihr einhergehenden Kaufkraft unabhängig (Ertl, Inflation, Privatrecht und Wertsicherung [1980] 25; Grothe, Fremdwährungsverbindlichkeiten [1999] 72). Ihre Bedeutung beschränkt sich darauf, als schlichte „Bezeichnung" oder „Nomen" (vMaydell, Geldschuld und Geldwert [1974] 60) des Geldes zu dienen. Hierin erschöpft sich die Aussagekraft der Formel **„Mark gleich Mark"** (vMaydell, Geldschuld und Geldwert [1974] 61; ebenso Staudinger/K Schmidt [1997] Vorbem D24 zu §§ 244 ff; vgl zudem BGH 28. 5. 1973 – II ZR 58/71, BGHZ 61, 31, 38; Stützel, Das Mark-gleich-Mark-Prinzip und unsere Wirtschaftsordnung [1979] 21) oder „Euro gleich Euro". Damit positioniert sich der geldtheoretische Nominalismus zugleich als Protagonist eines **Anti-Metallismus**, indem er den Geldwert vom Substanzwert entkoppelt (Fögen, Geld- und Währungsrecht [1969] 137; K Schmidt ZIP 1983, 639, 640; Grothe, Fremdwährungsverbindlichkeiten [1999] 71). Stattdessen wird der **Nominalwert** (s o Rn C6) zum Vergleichs- und Zählmodell erhoben (Reinhuber, Grundbegriffe und internationaler Anwendungsbereich von Währungsrecht [1995] 8). Jedes nominell gleichwertige Geldzeichen verfügt über den gleichen Wert (Kirchhoff, Wertsicherungsklauseln für Euro-Verbindlichkeiten [2006] 96; Häde DVBl 2008, 1465).

C23 Den Gegenstand des geldtheoretischen Nominalismus bildet das **Wesen des Geldes, nicht** jedoch das Wesen bzw der Inhalt **der Geldschuld** (Omlor, Geldprivatrecht [2014] 266). Mit dem geldschuldrechtlichen Nominalismus, der den Leistungsgegenstand der Geldschuld adressiert, ist der geldtheoretische verwandt (Horn, Geldwertveränderungen, Privatrecht und Wirtschaftsordnung [1975] 25; Reinhuber, Grundbegriffe und internationaler Anwendungsbereich von Währungsrecht [1995] 8), aber keinesfalls deckungsgleich (Grothe, Fremdwährungsverbindlichkeiten [1999] 71; Kirchhoff, Wertsicherungsklauseln für Euro-Verbindlichkeiten [2006] 101). Dem geldtheoretischen Nominalismus ist eine konstruktive, dem Geldschuldrecht insofern vorgelagerte Perspektive inhärent.

C24 Bei einem **Währungswechsel** (s o Rn A199) gelangt der geldtheoretische Nominalismus in Gestalt des **rekurrenten Anschlussverhältnisses** zur Anwendung (Gruber, Geldwertschwankungen und handelsrechtliche Verträge in Deutschland und Frankreich [2002] 95). Die bisherigen Währungseinheiten werden in die neuen nach Maßgabe eines abstrakten Umrechnungsverhältnisses überführt. Dabei bleiben externe Güterwerte und die mit einer Währungseinheit verbundene Kaufkraft unberücksichtigt. An die alte Währungseinheit wird ausschließlich anhand des Nominalwerts angeknüpft. Historische Beispiele in der deutschen Geldgeschichte finden sich zum einen in § 2 des Währungsgesetzes von 1948 (Erstes Gesetz zur Neuordnung des Geldwesens [Währungsgesetz], Gesetz Nr 61 = Verordnung Nr 158 v 20. 6. 1948); danach ersetzte die Rechnungseinheit Deutsche Mark die frühere Rechnungseinheit **Reichsmark**. Zum anderen basierte auch der Währungswechsel zum **Euro** innerhalb des gesamten Euroraums auf dem geldtheoretischen Nominalismus: Die sekundärrechtlich festgelegten Umrechnungskurse (vgl Verordnung [EG] Nr 2866/98 über die Umrechnungskurse zwischen dem Euro und den Währungen der Mitgliedstaaten, die den Euro einführen v 31. 12. 1998 [ABl EG Nr L 359, 1 v 31. 12. 1998]) verbinden formalisierend allein die Nominalwerte der jeweiligen Währungseinheiten.

bb) Positivrechtliche Verortung

Der geldtheoretische Nominalismus hat in zahlreichen gesetzlichen Regelungen seinen Niederschlag gefunden. Anders als das Sächsische BGB von 1865 in § 666 Satz 1 verfügt die geltende deutsche Privatrechtsordnung über **keine ausdrückliche Normierung**. Neben den währungsrechtlichen Bestimmungen zum rekurrenten Anschluss existieren jedoch Ausprägungen des geldtheoretischen Nominalismus in verschiedenen privatrechtlichen Bestimmungen (zum Folgenden bereits REUTER ZHR 137 [1973] 482, 493 ff; STAUDINGER/K SCHMIDT [1997] Vorbem D26 zu §§ 244 ff; OMLOR, Geldprivatrecht [2014] 274 ff); diese lassen sich in drei Gruppen unterteilen. C25

(1) Obergrenzen und Pauschalbeträge im Prozess- und Sozialrecht

Das Zivilverfahrens- ebenso wie das Zwangsvollstreckungsrecht ist mit nominalistischen Grenzwerten ausgestattet, welche keiner automatischen Anpassung an Veränderungen des Geldwerts unterliegen. Diese insofern starren und gegenüber valoristischen Einflüssen autonomen Nominalwerte dienen der Rechtsklarheit und -sicherheit (REUTER ZHR 137 [1973] 482, 494). Der Gesetzgeber behält sich unter Rückgriff auf den geldtheoretischen Nominalismus die Befugnis vor, über die Vornahme und den Umfang einer Geldwertorientierung zu befinden. So entscheidet die **Streitwertgrenze** von nominal 5000 Euro über die erstinstanzliche Zuständigkeit von Amts- oder Landgericht in Zivilsachen (§§ 23 Nr 1, 71 Abs 1 GVG). Der Wert des Beschwerdegegenstands für eine Berufung in Zivilsachen muss sich auf mindestens 600 Euro belaufen (§ 511 Abs 2 Nr 1, Abs 4 S 1 Nr 2 ZPO). Der gesetzgeberische Vorbehalt zeigt sich auch bei den **Pfändungsfreigrenzen** (REUTER ZHR 137 [1973] 482, 494). Die nominalen Beträge aus § 850c ZPO gelten ungeachtet von Kaufkraftverlusten solange unverändert fort, bis der Gesetzgeber nach Ablauf von zwei Jahren eine Anpassung an den Grundfreibetrag aus § 32a Abs 1 EStG vollzogen hat (vgl § 850c Abs 2a ZPO). Auch im **Sozialrecht** macht sich der Gesetzgeber zur Vereinfachung von Verwaltungsverfahren das Nominalprinzip zunutze. Der **Regelbedarf** nach § 20 SGB II wird unter Berücksichtigung der verfassungsrechtlichen Vorgaben (vgl BVerfG 9. 2. 2010 – 1 BvL 1/09, 1 BvL 3/09, 1 BvL 4/09, BVerfGE 125, 175) entsprechend § 28, 28a, 40 SGB XII bestimmt. Kaufkraftschwankungen innerhalb des Jahresverlaufs haben daher auf die Höhe der monatlichen Leistungen keinen Einfluss. C26

(2) Haftungsobergrenzen

Nominale Grenzziehungen enthalten auch die völkervertraglichen und gesetzlichen Vorschriften zu Haftungshöchstgrenzen. Eine nominale Haftungsbegrenzung mit integrierter Flexibilisierungsklausel enthält das Übereinkommen über den Beförderungsvertrag im internationalen Straßengüterverkehr (**CMR** [BGBl 1961 II 1120]). Der Frachtführer haftet maximal mit **8,33 Sonderziehungsrechten (SZR) des Internationalen Währungsfonds je Kilogramm Rohgewicht** (Art 23 Abs 3 und 7 CMR). Die Nominalität zeigt sich an dem Umstand, dass diese Haftungssumme ohne Ansehung des Werts des konkreten Frachtguts zu berechnen ist. Zugleich sollte eine für alle Vertragsstaaten einheitliche Regelung getroffen werden. Eine Flexibilisierung erfolgt lediglich im Hinblick auf Wechselkursschwankungen und damit den Außenwert des Geldes, indem auf die SZR mit ihrem charakteristischen Währungskorb und nicht C27 auf eine einzelne nationale Währung (zB die Vertragswährung) abgestellt wird (Otte, in: Ferrari/Kieninger/Mankowski/Otte et al [Hrsg], Internationales Vertragsrecht [3. Aufl 2018] Art 23 CMR Rn 26). Die Nominalität der Haftungsbegrenzung greift auch in den CMR-Vertragsstaaten, in denen statt der 8,33 SZR noch die früheren **25 Goldfranken** als Haftungsgrenze gelten, da sie das Genfer Protokoll zur CMR vom 5. 7. 1978 nicht ratifiziert haben (vgl dazu Otte, in: Ferrari/Kieninger/Mankowski/Otte et al [Hrsg], Internationales Vertragsrecht [3. Aufl 2018] Art 23 CMR Rn 26). Durch die metallistische Anbindung des Goldfranken an eine bestimmte Goldmenge mit einem festgelegten Feingehalt (zur Umrechnung vgl BGH 2. 6. 1981 – VI ZR 148/79, VersR 1981, 1030) existiert ebenfalls eine international anerkannte und von Geldwertänderungen abstrakte Größe.

C28 Nicht nur im internationalen Handelsrecht, sondern auch in der deutschen Rechtsordnung lassen sich Anwendungsfälle des geldtheoretischen Nominalismus verorten. Nach **§ 675z S 2 HS 1 BGB** darf der Zahlungsdienstleister seine verschuldensabhängige Haftung für einen bestimmten Kreis von Pflichtverletzungen maximal auf 12 500 Euro beschränken. Eine ähnliche Vorgängerregelung enthielt § 675c Abs 1 S 5 BGB aF (dazu Staudinger/Martinek [2006] § 675c Rn 11 ff). Die **Gefährdungshaftung nach dem StVG** beschränkt sich grundsätzlich bei Personenschäden auf fünf Millionen Euro, bei Sachschäden auf eine Million Euro (§ 12 Abs 1 S 1 StVG). Auch im **Luftverkehr** haften die Luftfahrtunternehmen überwiegend durch nominale Höchstbeträge begrenzt. Nach § 44 Nr 5 LuftVG iVm dem Anhang zur Verordnung (EG) Nr 2027/97 (Verordnung [EG] Nr 2027/97 über die Haftung von Luftfahrtunternehmen bei der Beförderung von Fluggästen und deren Gepäck im Luftverkehr v 9. 10. 1997 [ABl EG Nr L 285, 1 v 17. 10. 1997], geändert durch Verordnung [EG] Nr 889/2002 v 13. 5. 2002 [ABl EG Nr L 140, 2 v 30. 5. 2002]) beläuft sich die Einstandspflicht von Luftfahrtunternehmen im Anwendungsbereich der Verordnung für die Zerstörung, den Verlust oder die Beschädigung von Reisegepäck auf höchstens 1000 SZR. Auch die verschuldensunabhängige Haftung bei Tod oder Körperverletzung von Fluggästen begrenzt die Verordnung nominal auf 100 000 SZR. Vergleichbare Regelungen finden sich verstreut im Luftverkehrsgesetz; auch hier wird das Sonderziehungsrecht des Internationalen Währungsfonds eingesetzt und in Anlehnung an die abstrakte Geldfunktion klarstellend als „Rechnungseinheit" (vgl § 49b LuftVG) bezeichnet.

C29 Weitere Tatbestände einer **Gefährdungshaftung** weisen eine nominelle Haftungsobergrenze auf. Der **Betreiber einer gentechnischen Anlage** hat verschuldensunabhängig (BT-Drucks 11/5622, 33) für Schäden durch einen Organismus, der auf gentechnischen Arbeiten beruht (§ 32 Abs 1 GenTG), einzustehen, jedoch nicht über einen Betrag von 85 Millionen Euro hinaus (§ 33 S 1 GenTG). Pharmazeutische Unternehmer unterliegen ebenfalls einer Gefährdungshaftung, die nominell einen „Kapitalbetrag von 120 Millionen Euro" bzw einen „Rentenbetrag von jährlich 7,2 Millionen Euro" (§ 88 S 1 Nr 2 AMG) nicht übersteigt. Gleiches gilt für die **Anlagenhaftung bei Umwelteinwirkungen** nach § 15 UmweltHG.

(3) Kapitalgesellschaftsrecht

C30 Die Berechnung des **Mindestkapitals** der GmbH einschließlich der Unternehmergesellschaft (haftungsbeschränkt), der deutschen wie europäischen Aktiengesellschaft (AG und SE) sowie der Kommanditgesellschaft auf Aktien (KGaA) unterliegt dem geldtheoretischen Nominalismus (Rabel Das Recht 27 [1923] 137, 139; Reuter ZHR 137 [1973] 482, 494; Omlor, Geldprivatrecht [2014] 275 f). Die deutsche Gesellschaftsrechtsord-

Titel 1
Verpflichtung zur Leistung **Vorbem zu §§ 244–248**

nung kennt gegenwärtig **keine Haftung für materielle Unterkapitalisierung** (vgl dazu BGH 28. 4. 2008 – II ZR 264/06 Rn 17 ff, BGHZ 176, 204 mwNw) und beschränkt sich im Wesentlichen auf die Absicherung der Kapitalaufbringung und -erhaltung. Zwar sieht sich das Mindestkapitalerfordernis nicht erst seit der Konturierung eines europäischen Gesellschaftsrechts grundlegender Kritik ausgesetzt (ausführlich zur Diskussion Spies, Unternehmergesellschaft [haftungsbeschränkt] [2010] 126 ff mwNw). Dennoch hält der deutsche Gesetzgeber – wenn auch für die Unternehmergesellschaft (haftungsbeschränkt) in der modifizierten Fassung des Thesaurierungsgebots (§ 5a Abs 3 GmbHG) – am starren Mindestkapital fest. Seine Höhe ist unabhängig vom spezifischen Kapitalbedarf des konkreten Unternehmens, dessen Träger die Gesellschaft ist. Eine *ipso iure* greifende Anpassung an Geldwertveränderungen und damit ein automatischer Schutz vor einer Aushöhlung durch Inflation besteht nicht. Vielmehr liegt es in der Hand des Gesetzgebers, durch Einschreiten oder legislative Untätigkeit die Gründungshürden zu erhöhen, fortzuschreiben und abzusenken. Der teleologische Hintergrund der nominal fixierten Summe liegt in ihrer **rechtssicheren und eindeutigen Handhabbarkeit**. Dementsprechend heißt es in den Materialien zum GmbHG vom 20. 4. 1892, geboten sei ein „bestimmte[s], jedermann kenntliche[s] Gesellschaftskapital" (Entwurfsbegründung GmbHG 1892, in: Stenographische Berichte über die Verhandlungen des Reichstags, 8. Legislaturperiode, I. Session 1890/92, Fünfter Anlagenband, 3729 f).

b) Geldschuldrechtlicher Nominalismus
aa) Terminologische Verortung
In Abgrenzung zum geldtheoretischen Nominalismus behandelt seine geldschuldrechtliche Facette den **Inhalt von Geldschulden** (zum Folgenden Omlor, Geldprivatrecht [2014] 268 f). Eine in diesem Sinne nominale Geldschuld ist in ihrem Bestand und ihrem **Umfang von Geldwertänderungen unabhängig** (Mann, Das Recht des Geldes [1960] 63 ff; Reichert-Facilides JZ 1969, 617, 618; Bettermann RdA 1975, 2; Ebenroth/Bacher BB 1990, 2053, 2057; Häde DVBl 2008, 1465); begrifflich handelt es sich um Geldsummenschulden als Gegensatz zu (valoristischen) Geldwertschulden. Insofern tritt die Geldsummenschuld als „Spiegelbild" (Staudinger/K Schmidt [1997] Vorbem D29 zu §§ 244 ff; ähnlich Reinhuber, Grundbegriffe und internationaler Anwendungsbereich von Währungsrecht [1995] 8; Heermann, Geld und Geldgeschäfte [2003] § 3 Rn 81; Kirchhoff, Wertsicherungsklauseln für Euro-Verbindlichkeiten [2006] 98) des geldtheoretischen Nominalismus im Geldschuldrecht auf. Der sog innere Wert des Geldes wird für den Leistungsgegenstand der Geldschuld jeglicher Bedeutung beraubt (Mann, Das Recht des Geldes [1960] 63; Fögen, Geld- und Währungsrecht [1969] 138 f; Larenz, Lehrbuch des Schuldrechts I [14. Aufl 1987] § 13 III). Änderungen des Geldwerts vermögen lediglich von außen auf Bestand und Umfang der nominalen Geldschuld einzuwirken. Eine individuelle Aufwertung – etwa auf Grundlage von § 313 BGB – als gesetzlicher Reaktionsmechanismus auf Störungen des vertraglichen Äquivalenzverhältnisses (dazu im Einzelnen s u Rn C97 ff) stellt als von außen eingreifendes Rechtsinstitut die originäre und inhärente Nominalität einer Geldschuld nicht in Frage. C31

Das geldschuldrechtliche Nominalprinzip hat eine vielfache Darstellung und Behandlung in der **höchstrichterlichen Rechtsprechung** gefunden. Als paradigmatisch erweist sich das Diktum des Bundesverwaltungsgerichts, nach dem geldschuldrechtlichen Nominalismus bleibe „die Höhe betragsmäßig festgelegter Geldschulden … von der Veränderung des Geldwerts grundsätzlich unberührt. Der Schuldner befreit C32 sich durch Zahlung des Nennwertes der Schuld" (BVerwG 3. 10. 1972 – I C 36/68, BVerwGE 41, 1, 5; ebenso BFH 27. 7. 1967 – IV 300/64, BFHE 89, 422, 434; BGH 28. 5. 1973 – II ZR 58/71, BGHZ 61, 31, 38). Es handele sich um ein „grundlegendes, unverzichtbares Prinzip unserer Rechts- und Wirtschaftsordnung" (BVerwG 3. 10. 1972 – I C 36/68, BVerwGE 41, 1, 5). Im geldschuldrechtlichen Valorismus sieht der Bundesfinanzhof den Gegenentwurf, „der auf den Kurswert oder Verkehrswert, insbesondere den Kaufkraftwert des Geldes abstellt" (BFH 27. 7. 1967 – IV 300/64, BFHE 89, 422, 434).

C33 Die deutsche Geldrechtsordnung zeichnet sich durch einen **geldschuldrechtlichen „Nominalismus mit Verstärkungen"** (Omlor, Geldprivatrecht [2014] 270 f) aus. Über dessen grundsätzliche Anerkennung hinaus enthält das deutsche Währungsrecht seit Gründung der Bundesrepublik Vorschriften zu seinem Schutz. Eine privatautonome Umgestaltung von (nominalen) Geldsummenschulden in (valoristische) Geldwertschulden durch Vereinbarung von Wertsicherungsklauseln ist nicht schrankenlos zulässig. Der im Zuge der Euro-Einführung aufgehobene § 3 WährG aF hat im **Preisklauselgesetz** (PrKG) eine detailreiche Nachfolgeregelung gefunden (ausführlich dazu s u Rn C195 ff und die Kommentierung zu §§ 1 ff PrKG). Im Grundsatz gilt ein Verbot von Wertsicherungsklauseln (§ 1 Abs 1 PrKG), dem jedoch ein umfangreicher Ausnahmenkatalog gegenübersteht (§ 1 Abs 2 und 3, §§ 3–7 PrKG). Solche durch die grundrechtliche Freiheit zur Wertsicherung (vgl Einl 10 zum PrKG) gedeckten Vertragsklauseln hebeln nicht die Geltung des geldschuldrechtlichen Nominalprinzips aus, sondern schränken sie lediglich ein.

C34 Mit der konditionierten Zulassung von Wertsicherungsklauseln hat sich die deutsche Geldrechtsordnung jedoch gegen eine Orientierung am sog **strikten** (oder „verstärkten", so Ertl, Inflation, Privatrecht und Wertsicherung [1980] 34, 41 ff) **Nominalismus** entschieden (terminologisch offener Kirchhoff, Wertsicherungsklauseln für Euro-Verbindlichkeiten [2006] 106). Danach sind nicht nur inhärente, sondern jegliche Modifikationen einer Geldschuld im Hinblick auf Geldwertänderungen unstatthaft (Omlor, Geldprivatrecht [2014] 270). Auch eine individuelle Aufwertung nach § 313 BGB widerspricht der strikten Ausprägung des geldschuldrechtlichen Nominalprinzips (Grothe, Fremdwährungsverbindlichkeiten [1999] 71). Vor Gründung der Bundesrepublik nach dem Zweiten Weltkrieg hatte der strikte Nominalismus in Art II Nr 4 des sog **Mark-gleich-Mark-Gesetzes** (Gesetz Nr 51 der Militärregierung in der Fassung des Ersten Änderungsgesetzes zum Gesetz Nr 51 v 1. 7. 1947 [Bay GVBl S 161]) gefunden.

bb) Grundlage in der Rechtsordnung

C35 Ebenso wie für den geldtheoretischen Nominalismus, so fehlt auch für den geldschuldrechtlichen eine explizite Normierung in der deutschen Rechtsordnung. Die Motive zum BGB sahen insofern kein privatrechtliches Regelungsbedürfnis (Mugdan II S 7). Demgegenüber ordnen **Art 1895 Code Civil** (vgl dazu Gruber, Geldwertschwankungen und handelsrechtliche Verträge in Deutschland und Frankreich [2002] 83 ff) und **Art 6:111 Burgerlijk Wetboek** an, dass Geldschulden nach ihrem Nominalwert zu erfüllen sind. In der Folge ist in der deutschen geldrechtlichen Literatur umstritten, ob und an welchem Regelungsort eine zumindest mittelbare gesetzliche Anordnung des geldschuldrechtlichen Nominalprinzips vorhanden ist (dazu eingehend Omlor, Geldprivatrecht [2014] 276 ff mwNw). Nach vorzugswürdiger Auffassung besteht in Deutschland eine gewohnheitsrechtliche Anerkennung (s u Rn C40).

Als untaugliche Stütze des geldschuldrechtlichen Nominalprinzips erweisen sich die **Gegenleistungspflichten** im Besonderen Teil des **Schuldrechts** (aA STAUDINGER/K SCHMIDT [1997] Vorbem D31 zu §§ 244 ff). Zweifelsohne haben der Käufer den „vereinbarten Kaufpreis" (§ 433 Abs 2 BGB), der Mieter die „vereinbarte Miete" (§ 535 Abs 2), der Besteller die „vereinbarte Vergütung" (§ 631 Abs 1 HS 2 BGB), der Reisende den „vereinbarten Reisepreis" (§ 651a Abs 1 S 2 BGB) und der Zahlungsdienstnutzer das „vereinbarte Entgelt" (§ 675f Abs 5 S 1 BGB) zu zahlen. Gesetzlich ist danach positiv keine automatische Ankopplung an den Wert der charakteristischen Gegenleistung oder allgemeine Geldwertänderungen vorgesehen. Eine negative Aussage, die Parteivereinbarung dürfe keine valoristischen Züge aufweisen, treffen die dispositiven Vorschriften des Besonderen Schuldrechts nicht. Die Vertragsautonomie unterstellt es vielmehr den Parteien, in den allgemeinen Grenzen der §§ 134, 138 BGB selbst über den Umfang ihrer Leistungspflichten zu entscheiden. Wie sich den § 1 Abs 2 und 3, §§ 3–7 PrKG entnehmen lässt, kann eine solche Parteivereinbarung aber auch valoristische Elemente enthalten. **C36**

Weitgehend unstrittig ist hingegen die Feststellung, dass das BGB-Geldrecht der §§ **244, 245 BGB** nicht als gesetzliche Grundlage des geldschuldrechtlichen Nominalismus taugt (vMAYDELL, Geldschuld und Geldwert [1974] 94 f; SCHMALZ, Die Stabilität des Geldwertes als Problem des Privatrechts [1986] 167; GRUBER, Geldwertschwankungen und handelsrechtliche Verträge in Deutschland und Frankreich [2002] 75 f; GROTHE, Fremdwährungsverbindlichkeiten [1999] 75). Die Umrechnung von Fremdwährungsverbindlichkeiten nach § 244 Abs 2 BGB weist eine lediglich abwicklungstechnische Zielsetzung auf (OMLOR, Geldprivatrecht [2014] 277); zudem bezieht sich diese Umrechnung auf den Außenwert des Geldes (vgl § 244 Rn 119), der für den nominalen oder valoristischen Charakter von Geldschulden ohne Bedeutung ist. Auch § 245 BGB, der den Anwendungsbereich des Unmöglichkeitsrechts für unechte Geldsortenschulden zurücknimmt (vgl § 245 Rn 18), fehlt eine geldwertbezogene Regelungsintention. **C37**

Seit der Neufassung des Geld- und Sachdarlehensrechts in §§ 488 ff, 607 ff BGB wurde der Annahme (ECKSTEIN, Geldschuld und Geldwert im materiellen und internationalen Privatrecht [1932] 32; BETTERMANN RdA 1975, 2, 6; **aA** SCHWANDER, Die Lehren vom Inhalt der Geldschuld [1937] 88 ff; vMAYDELL, Geldschuld und Geldwert [1974] 96; SIMITIS, in: KÖTZ/REICHERT-FACILIDES [Hrsg], Inflationsbewältigung im Zivil- und Arbeitsrecht [1976] 49, 52 f; SCHMALZ, Die Stabilität des Geldwertes als Problem des Privatrechts [1986] 168 f; offen GRUBER, Geldwertschwankungen und handelsrechtliche Verträge in Deutschland und Frankreich [2002] 77 f; vgl zu Art 312 OR CASTELBERG, Der Geldwert als Rechtsproblem insbesondere bei Verkehrsgeschäften [1953] 84 ff) die Grundlage entzogen, aus der **Formulierung von § 607 Abs 1 BGB aF** (Sachen „gleicher Art, Güte und Menge") lasse sich ableiten, bei Geld komme es nur auf die Übereinstimmung des Nennwerts der ausgezahlten und zurückgezahlten Summe an. Zweifel begründet schon das Erfordernis gleicher Güte, womit die identische Kaufkraft gemeint und damit der geldschuldrechtliche Valorismus impliziert sein könnte (vgl RG 28. 11. 1923 – V 31/23, RGZ 107, 78, 91; vMAYDELL, Geldschuld und Geldwert [1974] 96). Entscheidend ist jedoch, dass der auf das Gelddarlehen nach § 607 Abs 2 BGB exklusiv anwendbare § 488 Abs 1 S 2 Alt 2 BGB mit neugefasstem Gesetzeswortlaut versehen ist. Die Rückzahlungspflicht des Darlehensnehmers bezieht sich schlicht auf das „zur Verfügung gestellte Darlehen". **C38**

C39 Auch das Währungsrecht zwingt das Geldschuldrecht nicht zu einer nominalistischen Ausrichtung (**aA** Heck AcP 122 [1924] 203, 214 f; Nies BB 1966, 455; Reuter ZHR 140 [1976] 73, 81; in diese Richtung auch Reinhuber, Grundbegriffe und internationaler Anwendungsbereich von Währungsrecht [1995] 13). Zwar beruht das gesamte **Preisklauselgesetz** (PrKG) auf der Anerkennung des geldschuldrechtlichen Nominalismus (Nies BB 1966, 455; Bettermann RdA 1975, 2, 5; ähnlich BVerwG 3. 10. 1972 – I C 36/68, BVerwGE 41, 1, 5; Fischer/Klanten ZBB 1996, 1, 5 [jeweils zu § 3 WährG aF]; Kirchhoff, Wertsicherungsklauseln für Euro-Verbindlichkeiten [2006] 102 f). Dennoch sagt das grundsätzliche Verbot von bestimmten Wertsicherungsvereinbarungen in § 1 Abs 1 PrKG bzw zuvor in § 3 WährG aF nichts über den Inhalt solcher Geldschulden aus, die nicht mit einer solchen Zusatzvereinbarung versehen sind (Beisse WM 1969, Sonderbeilage Nr 1, S 8 f; vMaydell, Geldschuld und Geldwert [1974] 68; Schmalz, Die Stabilität des Geldwertes als Problem des Privatrechts [1986] 171; Omlor, Geldprivatrecht [2014] 279 f). Auch der **gesetzliche Annahmezwang** für Euro-Bargeld äußert sich nicht zum Umfang einer Euro-Geldschuld (**aA** tendenziell wohl Larenz, Lehrbuch des Schuldrechts I [14. Aufl 1987] § 12 III). Aus Art 10 S 2, 11 S 2 der Euro-Einführungsverordnung (Verordnung [EG] Nr 974/98 über die Einführung des Euro vom 3. 5. 1998 [ABl EG Nr L 139, 1 v 11. 5. 1998]) leitet sich nur ab, dass Euro-Bargeld als Erfüllungsmittel angenommen werden muss, aber nicht wie viele Einheiten dieses Zahlungsmittels (vMaydell, Geldschuld und Geldwert [1974] 66; Bettermann RdA 1975, 2, 4; Schmalz, Die Stabilität des Geldwertes als Problem des Privatrechts [1986] 173; Omlor, Geldprivatrecht [2014] 279; iE ebenso Castelberg, Der Geldwert als Rechtsproblem insbesondere bei Verkehrsgeschäften [1953] 53 ff [zum schweizerischen Währungsrecht]; Inzitari RabelsZ 45 [1981] 705, 707).

C40 Der geldschuldrechtliche Nominalismus hat in Deutschland eine **gewohnheitsrechtliche Anerkennung** erfahren (Honsell, in: FS Hermann Lange [1992] 509, 513; Staudinger/K Schmidt [1997] Vorbem D31 zu §§ 244 ff; Gruber, Geldwertschwankungen und handelsrechtliche Verträge in Deutschland und Frankreich [2002] 81 ff; Omlor, Geldprivatrecht [2014] 280 f; der Sache nach auch Horn, Geldwertveränderungen, Privatrecht und Wirtschaftsordnung [1975] 23 f; **aA** Heck AcP 122 [1924] 203, 205 und 208; vMaydell, Geldschuld und Geldwert [1974] 97 ff [zum strikten Nominalismus]; Weber ZSR 100 [1981] 165, 176; Schmalz, Die Stabilität des Geldwertes als Problem des Privatrechts [1986] 181 f; offen Simitis, in: Kötz/Reichert-Facilides [Hrsg], Inflationsbewältigung im Zivil- und Arbeitsrecht [1976] 49, 53; Grothe, Fremdwährungsverbindlichkeiten [1999] 76; Kirchhoff, Wertsicherungsklauseln für Euro-Verbindlichkeiten [2006] 104). Schon in der zweiten Hälfte des 19. Jahrhunderts begann sich der Nominalismus in Deutschland durchzusetzen, was sich unter anderem an der Geldtheorie von Gustav Hartmann (Über den rechtlichen Begriff des Geldes und den Inhalt von Geldschulden [1868]) zeigt. Auch den Beratungen zur Schaffung des BGB lag die Überzeugung von der Geltung des geldschuldrechtlichen Nominalprinzips zugrunde: „Für im Inland zahlbare Geldschulden folgt ... schon aus dem eingeführten Währungssysteme, daß der Werth einer in Reichswährung ausgedrückten Schuld der Nennwerth ist ..." (Mugdan II S 7). Die Rechtsprechung erkennt dem geldschuldrechtlichen Nominalismus eine geradezu sakrosankte Stellung zu: Er dürfe „rechtlich nicht in Frage gestellt" (BFH 27. 7. 1967 – IV 300/64, BFHE 89, 422, 436) werden und bilde ein „tragendes Ordnungsprinzip der geltenden Währungsordnung" (BVerfG 19. 12. 1978 – 1 BvR 335/76, 1 BvR 427/76, 1 BvR 811/76, BVerfGE 50, 57, 92) bzw ein „grundlegendes, unverzichtbares Prinzip unserer Rechts- und Wirtschaftsordnung" (BVerwG 3. 10. 1972 – I C 36/68, BVerwGE 41, 1, 5). Mit der Schaffung des Preisklauselgesetzes reagierte der deutsche Gesetzgeber auf diese gewohnheitsrechtliche Geltung des geldschuldrechtlichen Nominalprinzips.

c) Funktionaler Nominalismus

Der funktionale (vMAYDELL, Geldschuld und Geldwert [1974] 87) oder währungspoliti- **C41** sche (STAUDINGER/K SCHMIDT [1997] Vorbem D38 ff zu §§ 244 ff) Nominalismus reiht sich nicht als weitere dogmatische Facette neben den geldtheoretischen und den geldschuldrechtlichen Nominalismus ein. Dieser Oberbegriff erfasst die **rechtspolitische Rechtfertigung des Nominalprinzips** und stellt keine dritte Begriffsebene dar (OMLOR, Geldprivatrecht [2014] 271). Zugunsten des Nominalprinzips lassen sich vor allem geldrechtssystematische, stabilitätspolitische und volkswirtschaftliche, kaum aber verbraucherpolitische Gründe vorbringen.

aa) Geldrechtssystematische Rechtfertigung

Das Nominalprinzip **sichert die abstrakte Geldfunktion** als neutrale Recheneinheit **C42** und Wertvergleichsmittel ab (OMLOR, Geldprivatrecht [2014] 272 f). Zugleich ist es eine **Existenzbedingung für ein anti-metallistisches Geld- und Währungssystem**, wie es in Deutschland spätestens seit der Wende zum 20. Jahrhundert besteht. Darin liegt die geldrechtssystematische Bedeutung des Nominalismus. Eng verbunden damit ist die Förderung der **Rechtssicherheit und -klarheit** (vgl REICHERT-FACILIDES JZ 1969, 617, 620). Der Inhalt von Geldschulden bestimmt sich allein nach einer festen Zahl an Währungseinheiten, sodass Streitigkeiten über den Umfang einer etwaigen Geldentwertung und deren Berücksichtigung bei der Berechnung der Schuldhöhe vermieden werden (REUTER ZHR 137 [1973] 482, 493). Das geldschuldrechtliche Nominalprinzip fördert damit den Rechtsfrieden und senkt Transaktionskosten.

bb) Stabilitätspolitische Rechtfertigung

Dem Nominalismus mit seinen Verstärkungen durch das Preisklauselgesetz kommt **C43** weiterhin eine stabilitätsfördernde Wirkung zu (BVerwG 3. 10. 1972 – I C 36/68, BVerwGE 41, 1, 5; PAPIER JuS 1974, 477, 480; vgl auch FÖGEN, Geld- und Währungsrecht [1969] 140 f). Eine ungehinderte Zulassung von Wertsicherungsvereinbarungen und damit eines vertraglichen Ausbruchs in den geldschuldrechtlichen Valorismus begründet die **Gefahr einer Inflationsspirale** (FÖGEN, Geld- und Währungsrecht [1969] 140 f). Dabei kommt es zu einem „Verteilungskampf der sozialen Gruppen" (REUTER ZHR 137 [1973] 482, 486): Einzelne Wirtschaftsteilnehmer werden in einem solchen Szenario durch die Annahme einer beginnenden oder die Erwartung einer zukünftigen Geldentwertung motiviert, sich davor mit einer Inflationsindexierung ihrer Geldansprüche zu schützen. Steigerungen der Lohnkosten durch wertgesicherte Arbeitsentgelte schlagen sich in Preissteigerungen für Güter und Dienstleistungen nieder. Die jeweiligen Tendenzen verstärken sich dabei gegenseitig. Diese Risiken führt nicht nur die Gesetzesbegründung zum Preisklauselgesetz an (BT-Drucks 16/4391, 27), sondern auch die Europäische Zentralbank mit Blick auf ein französisches Gesetzesprojekt zu Indexklauseln (Nr 5 der Stellungnahme CON/2004/20 v 3. 6. 2004):

> „In particular, widespread indexation in wage and price setting may generate excessive rigidity in the relative price system and would risk fuelling inflation spirals. Although the demand for indexation clauses, in the current environment of low inflation, appears relatively limited, it cannot be fully excluded that households when faced with an increased debt-service burden, as a result of inflation rising faster than wages, would request that their wages be more closely indexed to prices. Similarly, certain firms might be tempted to pass any nominal increase in their debtburdens on to the prices they charge to consumers. If the economy were hit by a per-

sistent inflationary shock, in case of widespread indexation, it would be very difficult to reduce the use of indexation clauses once inflation rates have passed a certain threshold."

cc) Volkswirtschaftliche Rechtfertigung

C44 Mit dem Nominalismus verbindet sich auch eine **wachstumsfördernde Komponente** (im Einzelnen REUTER ZHR 137 [1973] 482, 488 ff mwNw). In einer Rechts- und Wirtschaftsordnung, die auf dem geldschuldrechtlichen Valorismus aufbaut, trägt ein Unternehmer das Risiko, dass seine Darlehensverbindlichkeiten in einem anderen Maße als seine Einnahmen an die Geldentwertung angepasst werden. Hat er sich – wie zumeist – auf eine spezielle Gruppe von Wirtschaftsgütern oder Teile der Wertschöpfungskette ausgerichtet, unterliegen seine Einnahmen nicht den identischen Schwankungen wie die anhand der allgemeinen Lebenshaltungskosten berechnete Kaufkraft des Geldes (s o Rn C8). Diese **Risikoverlagerung zulasten des Unternehmers** schränkt seine Initiativkraft ein und ist somit volkswirtschaftlich nachteilig. Weiterhin können weder Valorismus noch Nominalismus gewährleisten, dass es nicht zu einer Ungleichbehandlung zwischen einzelnen Gruppen von Unternehmen kommt (REUTER ZHR 137 [1973] 482, 490 f). Mit langfristigen Krediten arbeitende Unternehmen weisen in beiden Fällen eine andere Risikostruktur als Unternehmen mit hohen Rohstoffkosten. Der Grund liegt wiederum in dem Umstand, dass eine valoristische Darlehensverbindlichkeit der Kaufkraftentwicklung als generalisiert-abstraktem Maßstab folgte, während die für das betroffene Unternehmen konkret relevanten Rohstoffkosten ein Eigenleben führten.

dd) Sozialstaatliche Rechtfertigung?

C45 Als Instrument zur Förderung von „sozialer Gerechtigkeit" oder des Verbraucherschutzes lässt sich der Nominalismus nicht einsetzen (OMLOR, Geldprivatrecht [2014] 273). Eine pauschale Zuordnung von Geldschuldnern und Geldgläubigern zu bestimmten sozialen Gruppen ist nicht möglich (SIMITIS, in: KÖTZ/REICHERT-FACILIDES [Hrsg], Inflationsbewältigung im Zivil- und Arbeitsrecht [1976] 49, 72; **aA** REUTER ZHR 137 [1973] 482, 492). Auch trifft die Einschätzung der Verfasser des Preisklauselgesetzes nicht zu, gerade aus Gründen des Verbraucherschutzes sei der Einsatz von Wertsicherungsklauseln zu beschränken (BT-Drucks 16/4391, 27). Auch **Verbraucher und Unternehmer** lassen sich **nicht generalisierend als typische Geldschuldner oder -gläubiger** erfassen. Sowohl Verbraucher als auch Unternehmer profitieren als Wirtschaftsteilnehmer lediglich reflexartig von den wachstums- und stabilitätsfordernden Aspekten des Nominalprinzips.

2. Geldwert- und Geldsummenschulden

a) Tauglichkeit einer Typenbildung

C46 Geldschulden lassen sich nach ihrem nominalistischen oder valoristischen Gehalt typisiert als Geldsummen- und Geldwertschulden kategorisieren. Den **normativ-systematischen Regelfall** bildet dabei die **Geldsummenschuld** (ähnlich OLG Köln 1. 7. 1959 – 8 U 43/59, NJW 1960, 388; NUSSBAUM, Das Geld in Theorie und Praxis des deutschen und ausländischen Rechts [1925] 80; MANN, Das Recht des Geldes [1960] 56; LARENZ, Lehrbuch des Schuldrechts I [14. Aufl 1987] § 13 III [„normale Geldschuld"]), die auf dem gewohnheitsrechtlich anerkannten (s o Rn C40) **geldschuldrechtlichen Nominalprinzip** beruht. Der Inhalt einer Geldsummenschuld besteht in einem nominal fixierten Geldbetrag, der keinen Einflüssen durch Geldwertänderungen unterliegt (MANN, Das Recht des Geldes [1960] 56). Die Schuldhöhe berechnet sich nach dem Vielfachen einer Währungseinheit (OLG

Hamm 5. 2. 1991 – 10 W 107/90, NJW-RR 1991, 966, 967). Es liegt in der Konsequenz ihrer Autarkie von Geldwertänderung, dass bis zum Erfüllungszeitpunkt dem Geldschuldner das Risiko von Geldwertsteigerungen und dem Geldgläubiger dasjenige von Geldwertverlusten zugewiesen ist.

Aus dem Zweck einer Geldschuld kann sich ergeben, dass sie in Abweichung vom Regelfall ein valoristisches Gepräge aufweist und daher als **Geldwertschuld** einzuordnen ist. Die Geldwertschuld spiegelt als Schuldtypus den **geldschuldrechtlichen Valorismus** wider. Ihr Leistungsinhalt ist an den **Geldwert im Erfüllungszeitpunkt** gebunden (RÖTELMANN NJW 1951, 710; MITTELBACH, Wertsicherungsklauseln in Zivil- und Steuerrecht [4. Aufl 1980] 40; KIRCHHOFF, Wertsicherungsklauseln für Euro-Verbindlichkeiten [2006] 93). Eine autarke Berechnung des Umfangs einer Geldwertschuld aus sich selbst heraus ist ausgeschlossen; stets bedarf es einer Einbeziehung des Geldwerts anderer Güter (OLG Düsseldorf 10. 1. 1951 – 8 Wlw 120/50, NJW 1951, 362; OLG Hamm 5. 2. 1991 – 10 W 107/90, NJW-RR 1991, 966, 967; SZAGUNN NJW 1957, 342; MITTELBACH, Wertsicherungsklauseln in Zivil- und Steuerrecht [4. Aufl 1980] 40). Während Geldsummenschulden bei einem Währungswechsel von den Konditionen des rekurrenten Anschlusses abhängen (s o Rn A200), besteht ein solcher Konnex bei Geldwertschulden nicht (BGH 22. 6. 1993 – VI ZR 302/92, BGHZ 123, 65, 75); die zu leistende Anzahl von Währungseinheiten errechnet sich erst im Erfüllungszeitpunkt. Die Risikoverteilung in Bezug auf Geldwertänderungen kehrt diejenige von Geldsummenschulden in ihr Gegenteil um, sodass Geldwertschulden konzeptionell als gläubigerfreundlich einzustufen sind. **C47**

Gegen die Unterteilung in Geldsummen- und Geldwertschulden hat namentlich vMAYDELL (im Einzelnen vMAYDELL, Geldschuld und Geldwert [1974] 106 f) **Kritik** vorgebracht; das Untersuchungsergebnis werde auf diese Weise vorweggenommen. Dieser Einwand greift jedoch nicht durch. Es erscheint sowohl als methodisch zulässig als auch der dogmatischen Klarheit dienlich, eine Kategorienbildung der Geldschulden bewusst vereinfachend ausschließlich auf das formale „ob" einer Geldwertabhängigkeit zu beschränken. Die schuldspezifischen Einzelheiten werden damit nicht ausgeblendet, sondern nur auf eine nachgelagerte Ebene verschoben. Daher ist an dem begrifflichen Antagonismus von Geldwert- und Geldsummenschulden, der auf die „große Inflation" im Deutschland der 1920er Jahre zurückreicht (MANN NJW 1960, 825), **festzuhalten** (zur ganz überwiegenden Ansicht vgl BGH 12. 2. 1953 – IV ZR 109/52, BGHZ 9, 56, 60; BGH 9. 7. 1956 – II ZR 279/54, NJW 1957, 342, 343; BFH 13. 1. 1959 – I 44/57, BFHE 68, 515, 517; OLG Düsseldorf 10. 1. 1951 – 8 Wlw 120/50, NJW 1951, 362; OLG Stuttgart 1. 10. 1958 – 1 U 74/58, NJW 1959, 50, 51; OLG Köln 1. 7. 1959 – 8 U 43/59, NJW 1960, 388 ff; OLG Neustadt/Weinstraße 11. 5. 1960 – 1 U 38/60, NJW 1960, 2058; OLG München 9. 12. 1987 – 7 U 3274/87, NJW-RR 1988, 1019, 1020; OLG Hamm 5. 2. 1991 – 10 W 107/90, NJW-RR 1991, 966, 967; OLG Frankfurt 4. 10. 2011 – 10 U 264/07, NJW 2012, 1153, 1155; RÖTELMANN NJW 1951, 710; REINICKE/REINICKE MDR 1953, 387; SZAGUNN NJW 1957, 343; MANN, Das Recht des Geldes [1960] 56, 61; BOHNDORF, Wertsicherungsklauseln [1966] 11 f; GERKE, Gleitklauseln im Geld- und Kapitalverkehr [1980] 29 ff; MITTELBACH, Wertsicherungsklauseln in Zivil- und Steuerrecht [4. Aufl 1980] 40; IMMENGA/SCHWINTOWSKI NJW 1983, 2841 ff; BRÄUTIGAM, Die währungsrechtliche Zulässigkeit von Wertsicherungsklauseln [1984] 96 ff; K SCHMIDT JuS 1984, 737, 744; LARENZ, Lehrbuch des Schuldrechts I [14. Aufl 1987] § 13 III; GROTHE, Fremdwährungsverbindlichkeiten [1999] 76 ff; HEERMANN, Geld und Geldgeschäfte [2003] § 3 Rn 16 ff; KIRCHHOFF, Wertsicherungsklauseln für Euro-Verbindlichkeiten [2006] 93 f; MARTENS JuS 2014, 105, 107; OMLOR, Geldprivatrecht [2014] 281 ff). **C48**

b) Geldsummenschulden in der Privatrechtsordnung
aa) Allgemeines Schuldrecht

C49 Das Schadensrecht der §§ 249 ff BGB bildet eine Domäne der Geldwertschulden (im Einzelnen s u Rn C79 ff). Mittelbar nominalistische Einflüsse weist jedoch in Teilen der Anspruch auf **Naturalrestitution** (§ 249 Abs 1 BGB) auf. Zwar richtet sich der Restitutionsanspruch nur in Ausnahmefällen auf Geld und bildet selbst dann keine Geldschuld. Aber die zurückzugewährende Geldsumme unterliegt keinen Einflüssen durch Veränderungen des Geldwerts zwischen dem Zeitpunkt der Anspruchsentstehung und seiner Erfüllung (OMLOR, Geldprivatrecht [2014] 285). Der Grund hierfür liegt darin, dass es sich um einen Geldherausgabeanspruch handelt, der nicht auf Wertersatz gerichtet ist. Anwendungsfälle treten bei einem Diebstahl von Sachgeld (vMAYDELL, Geldschuld und Geldwert [1974] 322) oder einer unbefugten Entwendung von Buchgeld (zB durch internetbasierte Angriffe wie *Phishing, Pharming, Keylogging, Man-in-the-Middle*-Angriff, *Man-in-the-Mobile*-Angriff, vgl dazu STAUDINGER/OMLOR [2020] § 675l Rn 11) auf. Im letzteren Fall ist der Täter grundsätzlich lediglich verpflichtet, die entwendete nominale Summe Buchgeld zu zahlen. Ein Ausgleich für zwischenzeitliche Geldwertverluste im Fall eines Geldentwertungsschadens hat der Schädiger nur dann gewähren, wenn der Geschädigte eine hypothetische inflationsschützende Geldanlage nachzuweisen vermag (vMAYDELL, Geldschuld und Geldwert [1974] 322).

C50 Ist der **Rückgewähranspruch aus § 346** Abs 1 und 2 BGB oder **§ 357** Abs 1 BGB auf Geldzahlung gerichtet, so handelt es sich um eine Geldsummenschuld (OMLOR, Geldprivatrecht [2014] 291 f). Nach § 346 Abs 1 BGB und § 357 Abs 1 BGB hat der Rückgewährschuldner primär die erlangte Leistung in Natur zurückzugewähren. Bei Bargeldzahlungen müsste daraus an sich folgen, dass Eigentum und Besitz an den konkret erlangten Geldzeichen zu verschaffen sind. Allerdings liegt kein Geldherausgabeanspruch, sondern eine Geldschuld vor. Der Begriff der Leistung iSd § 346 Abs 1 BGB und § 357 Abs 1 BGB knüpft nämlich an die Rechtsnatur des Austauschverhältnisses an, dessen Rückabwicklung zu besorgen ist. Handelte es sich dabei um eine Geldschuld, so begründen auch § 346 Abs 1 BGB und § 357 Abs 1 BGB eine solche. Geleistet wurde also Geld, nicht Eigentum und Besitz an Geldzeichen. In diesem Sinn ist es zutreffend, dass sich die Rückgewährpflicht auf den „Geldwert" (BGH 5. 10. 2005 – VIII ZR 382/04 Rn 25, NJW 2006, 211) bzw auf eine „Wertverschaffung" (STAUDINGER/KAISER [2012] § 346 Rn 75) richtet. Um eine Geldwertschuld handelt es sich damit jedoch nicht. Besonderheiten gelten, wenn eine erfüllte **Geldstückschuld** (s o Rn B6) nach § 346 BGB oder § 357 BGB rückabgewickelt wird. Da es sich nicht um eine Geldschuld handelt, kann der Anspruch nach § 346 Abs 1 BGB bzw § 357 Abs 1 BGB ausschließlich auf die Verschaffung von Eigentum und/oder Besitz gerichtet sein.

C51 In den Fällen von § 346 Abs 2 BGB und vorbehaltlich von § 346 Abs 3 S 1 BGB tritt an die Stelle des Rückgewähranspruchs in Natur ein **Wertersatzanspruch**. Da eine nach § 346 Abs 1 BGB geschuldete Geldzahlung nach den allgemeinen Regeln zur Geldschuld (s o Rn C50) nicht unmöglich werden kann, erfasst § 346 Abs 2 S 1 Nr 1 BGB keine Geldschulden. Auch im Übrigen bleibt der Anwendungsbereich von § 346 Abs 2 BGB verschlossen, sofern es um die **Rückabwicklung einer erfüllten Geldschuld** geht. Als Wertverschaffungsschuld ist ein an ihre Stelle tretender „Wertersatz" denklogisch ausgeschlossen. Greift § 346 Abs 2 BGB jedoch tatbestandlich ein, so beinhaltet die Rechtsfolgenseite das Entstehen einer Geldschuld. Im Gleichlauf mit der **Risikoverteilung im Bereicherungsrecht** bei einer nachträglichen Unmöglichkeit der Herausgabe (vgl dazu BGH 5. 7. 2006 – VIII ZR 172/05 Rn 36 ff, BGHZ 168, 220; Reuter/Martinek, Ungerechtfertigte Bereicherung, Teilband 2 [2. Aufl 2016] 331 ff; Martinek/ Omlor JZ 2008, 413, 415) wird im Fall von § 346 Abs 2 S 1 Nr 2 und 3 BGB der Anspruchsumfang im Zeitpunkt der Entstehung der Wertersatzpflicht „eingefroren" (Staudinger/Kaiser [2012] § 346 Rn 168 mwNw auch zur Gegenansicht; **aA** etwa Annuss JA 2006, 184, 187). Bei § 346 Abs 2 S 1 Nr 1 BGB kommt es entscheidend auf den Zeitpunkt des ursprünglichen Leistungsaustausches an (Annuss JA 2006, 184, 187). Spätere Wertänderungen bleiben unberücksichtigt; es liegen damit Geldsummenschulden vor.

bb) Gegenleistungspflichten im Besonderen Schuldrecht

Der **Kaufpreiszahlungsanspruch** (§ 433 Abs 2 BGB) des Verkäufers stellt eine Geldsummenschuld des Käufers dar. Schuldet der Erwerber nicht Geld, sondern eine andere Gegenleistung, dann gelangt § 480 BGB zur Anwendung. In den Grenzen der §§ 134, 138 BGB sind die Parteien unter Nutzung ihrer Privatautonomie frei, einen Kaufpreis in beliebiger Höhe zu vereinbaren. Die Höhe des Kaufpreises wird danach von der Parteivereinbarung, nicht aber dem objektiven Wert der Gegenleistung bestimmt. Entsprechend ist grundsätzlich (zur individuellen Aufwertung s u Rn C97 ff) irrelevant, welche Entwicklung der Geldwert zwischen dem Zeitpunkt des Vertragsschlusses und der Erfüllung des Kaufpreisanspruchs nimmt. Wollen die Parteien davon abweichen, so steht ihnen in den durch das Preisklauselgesetz gesetzten Grenzen offen, eine Wertsicherungsvereinbarung zu schließen und somit die originäre Geldsummen- in eine Geldwertschuld umzuwandeln.

C52

Sowohl der **Zins-** (§ 488 Abs 1 S 2 Alt 1 BGB) als auch der **Darlehensrückzahlungsanspruch** (§ 488 Abs 1 S 2 Alt 2 BGB) weisen einen nominalen Charakter auf. Die Pflicht zur Rückzahlung des Darlehens bei Fälligkeit stellt sich inhaltlich als Spiegelung der Darlehensgewährung durch den Darlehensgeber dar, auch wenn es an einer synallagmatischen Verknüpfung fehlt. Davon gehen auch die Gesetzesmaterialien aus, wonach der Rückzahlungsanspruch mit einem „Geldbetrag in derselben Höhe" (BT-Drucks 14/6040, 253) zu erfüllen ist. Damit liegt eine Anbindung an den Nennbetrag des darlehenshalber zur Verfügung gestellten Geldes vor; die Darlehensrückzahlung unterliegt keiner Anpassung bei Geldwertänderungen im Vertragszeitraum (vMaydell, Geldschuld und Geldwert [1974] 211; Omlor, Geldprivatrecht [2014] 293 f; Staudinger/Freitag [2015] § 488 Rn 167). Mit der Unanwendbarkeit von § 607 Abs 1 S 2 BGB, der auf eine Rückgewähr „von Sachen gleicher Art, Güte und Menge" abstellt, auf das Gelddarlehen (vgl § 607 Abs 2 BGB) infolge der Schuldrechtsreform hat sich die frühere Diskussion zu einer valoristischen Wortlautauslegung (s o Rn C38) erledigt. Diese Verlagerung des Geldentwertungsrisikos auf den Darlehensgeber wird bei entgeltlichen Darlehen durch dessen Anspruch auf Zinszahlung ausgeglichen (ähnlich Reichert-Facilides JZ 1969, 617, 621). Wirtschaftlich betrachtet gewährt die Zinszahlung einen Ausgleich für die Nutzbarkeit der Darlehenssumme durch den Darlehensnehmer sowie die Risiken einer Nichtzurückzahlung und einer Geldentwertung. Auch die Zinszahlungspflicht des Darlehensnehmers ist allein von den Parteivereinbarungen – mit etwaigen Modifikationen durch das Verbraucherdarlehensrecht (zB § 494 Abs 2 S 2 BGB) – abhängig, ohne einer automatischen Anpassung an die jeweiligen Inflationsraten zu unterliegen.

C53

Der in einer Geldzahlung bestehende **Entgeltanspruch des Dienstleistenden** (§ 611 Abs 1 HS 2 BGB) weist einen nominalen Charakter auf; es liegt eine Geldsummen-

C54

schuld vor (vMaydell, Geldschuld und Geldwert [1974] 167; Omlor, Geldprivatrecht [2014] 294 f). Das Risiko einer Geldentwertung ist dem Dienstleistenden und Geldgläubiger zugewiesen. Die Höhe seines Entgelts richtet sich grundsätzlich nach der privatautonomen Vereinbarung der Parteien. Besonderheiten können sich aus verschiedenen arbeitsvertraglichen Sonderregelungen (dazu im Einzelnen Staudinger/Richardi/Fischinger [2020] § 612 Rn 15 ff) ergeben. Zudem gilt bei Arbeitsverträgen zwischen beiderseits Tarifgebundenen das tarifvertraglich vereinbarte Entgelt (vgl §§ 3 bis 5 TVG). Wegen des Vorbehalts des Gesetzes (zB in § 2 Abs 1 BBesG) unterliegt die Beamtenbesoldung eigenen Regelungen, selbst wenn diese im Lichte des Alimentationsprinzips aus Art 33 Abs 5 GG zu erhöhen ist (vgl zu den gerichtlichen Kontrollmöglichkeiten BVerfG 14. 2. 2012 – 2 BvL 4/10, NVwZ 2012, 357, 359).

C55 Anpassungen an Geldwertänderungen, dh typischerweise an eine Geldentwertung durch Inflation, lassen sich auf verschiedene Weise durchführen. Die Parteien können Entgeltvereinbarungen konsensual abändern und an die veränderten Umstände anpassen. Gleiches gilt für Arbeitsentgelte, die in einem Tarifvertrag festgelegt sind. Die Tarifvertragsparteien können hierzu entweder *ad hoc* zusammentreten oder sich vorausschauend zu Neuverhandlungen bei Erreichen eines bestimmten Grades der Geldentwertung verpflichten. Demgegenüber stünde § 1 Abs 1 PrKG der Vereinbarung eines **Indexlohns** in einem Tarifvertrag entgegen (Omlor, Geldprivatrecht [2014] 295; **aA** zu § 3 WährG aF Nies RdA 1970, 169, 170 f; zur Gefahr einer Lohn-Preis-Spirale vgl Arndt, Theoretische Grundlagen der Lohnpolitik [1957] 266 ff). Teilweise ist erwogen worden, dem Dienstleistenden ein außerordentliches Kündigungsrecht zu gewähren, sofern sich der Dienstberechtigte einer Vertragsanpassung verschließt (vMaydell, Geldschuld und Geldwert [1974] 170 f). Näher dürfte es jedoch liegen, stattdessen vorrangig auf eine **Vertragsanpassung** nach § 313 Abs 1 und 2 BGB zu setzen (vgl zur Geschäftsgrundlagenlösung allgemein Rn C111 ff).

C56 Bei auf die Zahlung von Geld gerichteten **Werklohnansprüchen** handelt es sich um Geldsummenschulden des Bestellers. In den allgemeinen Grenzen der §§ 134, 138 BGB sind die Vertragsparteien frei, eine beliebige Höhe der Vergütung festzusetzen. Damit nehmen sie eine von der Rechtsordnung grundsätzlich zu tolerierende Bewertung von Leistung und Gegenleistung vor. Je nach Berechnungsverfahren finden dabei **valoristische Elemente** Einzug in das Werkvertragsrecht. Das ist der Fall, wenn sich der Werklohn nicht nach einer Pauschale oder festen Stundensätzen bemisst, sondern auch die tatsächlichen Kosten des Werkunternehmers einbezieht. Solche Kostenelementeklauseln stellt § 1 Abs 2 Nr 3 PrKG vom grundsätzlichen Preisklauselverbot frei (dazu allgemein § 1 PrKG Rn 33 ff). Vor allem bei komplexen Bauwerken oder technischen Anlagen sind entsprechende Selbstkostenklauseln verbreitet (Reul MittBayNot 2007, 445, 447).

cc) Aufwendungsersatz

C57 Die Höhe von Aufwendungsersatzansprüchen (zB §§ 284, 445a Abs 1, 508 S 3, 536a Abs 2, 637, 669, 670, 675u S 1, 970, 1648, 1835, 1978 Abs 3, 2022, 2185, 2381 BGB) unterliegt keiner inhärenten Anpassung an die Geldentwertung (Staudinger/K Schmidt [1997] Vorbem D63 zu §§ 244 ff; Grothe, Fremdwährungsverbindlichkeiten [1999] 309 [zu vertraglichen Aufwendungsersatzansprüchen]; Omlor, Geldprivatrecht [2014] 296 und 300 f; vgl LG Tübingen 28. 6. 1949 – HO 2/49, NJW 1950, 147). Bestanden die Aufwendungen nicht in einer Geldzahlung, sondern in anderen Leistungen, deren Wert in Geld umgerechnet werden muss, so ist hierfür allein der **Zeitpunkt des erstmaligen Anfalls der Aufwendungen** entscheidend (BGH 27. 2. 1952 – II ZR 191/51, BGHZ 5, 197, 199). Keinesfalls darf auf den Zeitpunkt der Geltendmachung des Aufwendungsersatzanspruchs abgestellt (**aA** RG 27. 1. 1928 – II 331/27, RGZ 120, 76, 80; RG 12. 11. 1929 – II 76/29, RGZ 126, 186, 190) und auf diese Weise das Geldentwertungsrisiko für die Zwischenzeit auf den Geldschuldner verlagert werden. Mit der Tätigung der Aufwendungen ist der Anspruch entstanden und seiner Höhe nach festgelegt. Auch die Fremdnützigkeit einer echten Geschäftsführung ohne Auftrag ändert daran nichts. Lediglich in engen Ausnahmefällen erscheint eine **Korrektur über § 242 BGB** geboten (OLG Braunschweig 14. 10. 1947 – 1 U 43/47, MDR 1948, 112, 114; vgl auch RG 27. 1. 1928 – II 331/27, RGZ 120, 76, 80 f). Der Geldgläubiger vermag sich dadurch vor Geldwertverlusten zu schützen, dass er den Geldschuldner in **Verzug** setzt und über §§ 280 Abs 1 und 2, 286 BGB seinen Geldentwertungsschaden liquidiert.

dd) Bereicherungsrecht

Der Gegenstand eines Bereicherungsanspruchs hängt von dem zugrundeliegenden Konditionstypus ab (Reuter/Martinek, Ungerechtfertigte Bereicherung, Teilband 2 [2. Aufl 2016] 204 ff; **aA** Flume, in: Canaris/Heldrich/Hopt/Roxin et al [Hrsg], 50 Jahre Bundesgerichtshof [2000] 525, 528 ff; Larenz/Canaris, Lehrbuch des Schuldrechts [13. Aufl 1994] § 67 IV 2). Die **Leistungskondiktionen** weisen dabei eine Gegenstandsorientierung auf; in erster Linie hat der Bereicherungsschuldner den geleisteten Gegenstand herauszugeben (BGH 7. 10. 1994 – V ZR 4/94, NJW 1995, 53, 55; BGH 25. 1. 2000 – VI ZR 64/99, NJW 2000, 1338, 1341; Reuter/Martinek, Ungerechtfertigte Bereicherung, Teilband 2 [2. Aufl 2016] 221). Eine Verschaffung von Eigentum und Besitz an Geldzeichen ist daher sachenrechtlich (vgl §§ 854 ff, 929 ff BGB) rückabzuwickeln (OLG Zweibrücken 7. 3. 2005 – 7 U 54/04, WM 2006, 1102, 1103). Daher handelt es sich, soweit infolge von Unmöglichkeit nicht § 818 Abs 2 BGB eingreift, nicht um eine Geldschuld, sondern um eine Geldherausgabeschuld. Buchgeld hingegen lässt sich wegen der Bindungen im Kontokorrent regelmäßig nicht durch Abtretung herausgeben, sodass nach § 818 Abs 2 BGB ein Wertersatz zu leisten ist. **C58**

Die über **§ 818 Abs 2 BGB** zur Entstehung gelangenden Wertsatzansprüche stellen Geldsummenschulden dar (Heermann, Geld und Geldgeschäfte [2003] § 3 Rn 23; Omlor, Geldprivatrecht [2014] 302; **aA** Rabel Das Recht 27 [1923] 137, 139). Die Wertberechnung findet bei Eintritt der Unmöglichkeit statt (BGH 5. 7. 2006 – VIII ZR 172/05 Rn 36 ff, BGHZ 168, 220; BGH 17. 4. 2018 – X ZR 65/17 Rn 19, NJW 2018, 3775; Pinger MDR 1972, 187, 188). In der Folge trägt der Bereicherungsschuldner das Geldentwertungsrisiko bis zu diesem Zeitpunkt, in welchem es auf den Bereicherungsgläubiger übergeht. Eine Ausnahme besteht lediglich im Fall einer **verschärften Haftung** des Bereicherungsschuldners, die dessen Pflicht zum Ersatz des Geldentwertungsschadens nach §§ 818 Abs 4, 819 BGB iVm §§ 291, 286 BGB beinhalten kann (Staudinger/K Schmidt [1997] Vorbem D50 zu §§ 244 ff). **C59**

Auf Geldzahlung gerichtete Ansprüche aus einer **Eingriffskondiktion** verfügen mit Ausnahme des Sonderfalls nach §§ 951 Abs 1, 812 Abs 1 S 1 Alt 2 BGB (dazu s u Rn C91) über einen nominalen Leistungsinhalt. Dies gilt sowohl für die allgemeine Eingriffskondiktion aus § 812 Abs 1 S 1 Alt 2 BGB als auch für die besonderen aus § 816 Abs 1 S 1, Abs 2 BGB. Ihre Rechtsnatur als Rechtsfortwirkungsanspruch (dazu Reuter/Martinek, Ungerechtfertigte Bereicherung, Teilband 2 [2. Aufl 2016] 245) führt nicht **C60** dazu, dass sich der jeweilige Wert der im Bereicherungsanspruch fortwirkenden Rechtsposition bis zur Erfüllung in der Anspruchshöhe niederschlägt. Ungeachtet der Deliktsähnlichkeit der Eingriffskondiktion sind die dogmatischen Unterschiede zwischen (grundsätzlich verschuldensabhängigem) Schadensersatz und (verschuldensunabhängigem) Bereicherungsausgleich zu berücksichtigen. Damit darf die Geldwertentwicklung nach der Entstehung des eine Geldzahlung beinhaltenden Bereicherungsanspruchs nicht mehr einbezogen werden, sofern nicht die Voraussetzungen einer **verschärften Haftung** (§§ 818 Abs 4, 819 iVm §§ 291, 286 BGB) vorliegen.

C61 Die besonderen Eingriffskondiktionen aus § 816 Abs 1 S 1, Abs 2 BGB gründen sich auf dem **Surrogationsgedanken**, wonach der Bereicherungsschuldner die vollständige Gegenleistung als das „durch die Verfügung Erlangte" herauszugeben hat (RG 28. 6. 1916 – V 180/16, RGZ 88, 351, 359; BGH 8. 1. 1959 – VII ZR 26/58, BGHZ 29, 157, 159 ff; BGH 11. 10. 1979 – VII ZR 285/78, BGHZ 75, 203, 206; Wilburg AcP 163 [1964] 346, 349; Reuter/Martinek, Ungerechtfertigte Bereicherung, Teilband 2 [2. Aufl 2016] 240; **aA** vCaemmerer, in: FS Ernst Rabel [1954] 333, 356; Larenz, in: FS Ernst von Caemmerer [1978] 209, 228 ff). Der Schuldbetrag wird danach in seiner nominalen Höhe endgültig fixiert, sobald der Verfügungs- und Erwerbsvorgang abgeschlossen ist. Spätere Geldwertänderungen haben keine Auswirkungen auf den Umfang des Erlangten. Gleiches gilt für die **Durchgriffsansprüche** aus §§ 816 Abs 1 S 2, 822 BGB, die ebenfalls keine Geldwertschulden darstellen.

ee) Familienrecht

C62 Aus der besonderen Zwecksetzung von gesetzlichen Unterhaltszahlungen und ihrer naturgemäßen Verbindung mit den Lebenshaltungskosten resultiert eine valoristische Rechtsnatur (s u Rn C92). Eine Ausnahme bildet jedoch der **Mindestunterhalt von Minderjährigen nach § 1612a BGB**. Seit der Neufassung der Vorschrift zum 1. 1. 2008 (zur Vorgeschichte vgl BVerfG 9. 4. 2003 – 1 BvL 1/01, 1 BvR 1749/01, BVerfGE 108, 52, 74 ff; BT-Drucks 16/1830, 14) erfolgt eine Anpassung auf Grundlage des gesetzlichen Verweises in § 1612a Abs 1 S 2 und 3 BGB auf den Kinderfreibetrag aus § 32 Abs 6 S 1 EStG. Abänderungsklagen nach § 323 ZPO müssen seither nicht mehr erhoben werden. Geldwertänderungen werden ausschließlich infolge einer Anpassung des Kinderfreibetrags berücksichtigt. Der einzelne Anspruch auf Zahlung von Unterhalt unterliegt hingegen keinem schuldinhärenten Erhöhungsautomatismus.

C63 Bei dem Anspruch auf Zahlung von **Zugewinnausgleich** handelt es sich um eine Geldsummenschuld. Nach Beendigung des Güterstands als dem für die Berechnung des Endvermögens maßgeblichen Zeitpunkt (§§ 1375 Abs 1 S 1, 1376 Abs 2 BGB) bleibt der Zugewinnausgleich in seiner Höhe unverändert und passt sich nicht *eo ipso* an die fortschreitende Geldentwertung an. Als problembehaftet hat sich vielmehr die vorgelagerte Frage nach der Berechnung der Höhe des Zugewinns erwiesen. Den Hintergrund bildet der inflationsbedingten Scheinzuwachs des Endvermögens des ausgleichspflichtigen Ehegatten. Der Zugewinn berechnet sich definitionsgemäß nach der Differenz, um welche das Endvermögen des Ehegatten das Anfangsvermögen übersteigt (vgl § 1373 BGB). Für die Vermögensberechnung zählen sämtliche rechtlich geschützten Positionen mit wirtschaftlichem Wert (BGH 29. 10. 1981 – IX ZR 86/80, BGHZ 82, 149, 150; BGH 5. 20. 2001 – XII ZR 60/99, NJW 2002, 346, 347; BGH 15. 11. 2000 – XII ZR 197/98, BGHZ 146, 64, 68 f). In der Folge könnte ein **scheinbarer Zugewinn** dadurch entstehen, dass Geldwertverluste zu einem lediglich nominellen, nicht aber realen Zuwachs führen. Allein der Umstand, dass ein solcher Anstieg nicht auf die Arbeitsleistung eines Ehegatten zurückzuführen ist, schiede ihn nicht aus der Berechnung des Zugewinns aus (BGH 28. 1. 2004 – XII ZR 221/01, BGHZ 157, 379, 387; OLG Düsseldorf 19. 1. 1998 – 4 WF 168/97, NJW 1999, 501, 502). Dennoch unterfällt ein solcher scheinbarer bzw unechter Zugewinn **nicht dem gesetzlichen Zugewinnausgleich** (BGH 14. 11. 1973 – IV ZR 147/72, BGHZ 61, 385, 388 ff; BGH 30. 10. 1974 – IV ZR 41/73, WM 1975, 28; BGH 3. 11. 1983 – IX ZR 104/82, FamRZ 1984, 31, 32; OLG Köln 20. 6. 1978 – 21 UF 412/77, FamRZ 1979, 511 [Leitsatz 2]; OLG Hamm 25.3.83 – UF 326/81, FamRZ 1984, 275; vMaydell, Geldschuld und Geldwert [1974] 309; Reichert-Facilides JZ 1974, 483, 486; Olshausen FamRZ 1983, 765 ff; Schwab FamRZ 1984, 429, 435 f; Gernhuber FamRZ 1984, 1053, 1059 ff; Muscheler FamRZ 1998, 265, 266 f; Omlor, Geldprivatrecht [2014] 309 ff). Nur ein „real vorhandener Vermögenszuwachs" (BGH 14. 11. 1973 – IV ZR 147/72, BGHZ 61, 385, 388) taugt als Grundlage eines Zugewinns. Anfangs- und Endvermögen müssen mit demselben Wertmesser tariert werden. Hat das Geld an Wert in der Zwischenzeit verloren, so ist ein inflationsbereinigender Faktor in die Berechnung einzustellen. Ein Rückgriff auf das der Zugewinnberechnung nachgelagerte und der Einzelfallgerechtigkeit dienende Leistungsverweigerungsrecht des § 1381 BGB ist hingegen ausgeschlossen (BGH 14. 11. 1973 – IV ZR 147/72, BGHZ 61, 385, 390 f; **aA** zuvor noch OLG München 10. 1. 1968 – 12 U 1867/67, NJW 1968, 798; KG 1.12.70 – 7 Ds 264/69, MDR 1971, 780; Reinicke NJW 1957, 889, 891).

C64 Zum Zwecke der **Inflationsbereinigung** hat sich in Rechtsprechung (BGH 14. 11. 1973 – IV ZR 147/72, BGHZ 61, 385, 393 f; BGH 20. 5. 1987 – IVb ZR 62/86, BGHZ 101, 65, 67; zuvor bereits Kohler NJW 1963, 225, 229 f) und Praxis eine **indexbasierte Berechnungsmethode** durchgesetzt; diese gilt entsprechend bei der Anrechnung des privilegierten Zuerwerbs nach § 1374 Abs 2 BGB (BGH 3. 5. 1995 – XII ZR 71/94, BGHZ 129, 311, 321) und bei der Auseinandersetzung einer Gütergemeinschaft nach § 1478 BGB (BGH 18. 10. 1989 – IVb ZR 82/88, BGHZ 109, 89, 95). Die allein inflationsbedingten und damit scheinbare Zuwächse des End- gegenüber dem Anfangsvermögen werden unter Rückgriff auf Indizes zur Messung der Kaufkraftentwicklung herausgerechnet. Konkret wird der Verbraucherpreisindex des Statistischen Bundesamtes (s o Rn C12) herangezogen. Bis 2002 galten für die neuen Bundesländer noch abweichende statistische Grundlagen (vgl Gutdeutsch FamRZ 2003, 1902). Rechnerisch wird das Anfangsvermögen nicht auf den Stand gebracht, den es in seiner konkreten Zusammensetzung im Zeitpunkt der Beendigung des Güterstands hätte. Vielmehr wird das Anfangsvermögen generalisierend nach dem allgemeinen Kaufkraftverlust auf den Zeitpunkt hochgerechnet, der für die Berechnung des Endvermögens ausschlaggebend ist. Damit werden beide Vergleichswerte von inflationsbedingten Verzerrungen befreit und auf dieselbe Geldwertbasis gestellt. Technisch folgt daraus folgende Formel:

$$\text{Zugewinn} = \text{Endvermögen} - \frac{\text{Anfangsvermögen} \times \text{Indexwert Endzeitpunkt}}{\text{Indexwert Anfangszeitpunkt}}$$

C65 In der Inflationsbereinigung des Zugewinnausgleichs liegt **kein Verstoß gegen das Nominalprinzip** (vMaydell, Geldschuld und Geldwert [1974] 309; Omlor, Geldprivatrecht [2014] 310; **aA** Mann NJW 1974, 1297, 1300). Erstens kennt die deutsche Privatrechtsordnung bereits keinen strikten Nominalismus, der ohne jegliche Einschränkungen existierte (s o Rn C34). Aus dem besonderen Zweck einer Geldschuld kann sich deren valoristische Prägung ergeben. Zweitens vollzieht sich die Einbeziehung der Geldentwertung technisch auf den vorgelagerten Berechnungsvorgang. Ist die Geldschuld mit der Beendigung des Güterstands entstanden, haben Geldwertänderungen keine Auswirkungen auf diese Geldsummenschuld mehr.

C66 Mit der Anbindung an die allgemeine Kaufkraftentwicklung akzeptiert die indexbasierte Berechnungsmethode bewusst verschiedene **Ungenauigkeiten**, sodass zutreffend von „grobe[m] Recht" (GERNHUBER NJW 1991, 2238, 2239) gesprochen werden kann. Die allgemeinen Lebenshaltungskosten entwickeln sich nicht notwendig im Gleichlauf mit den Preisen für die im Vermögen der Ehegatten konkret befindlichen Gegenstände. Auch bezieht der Verbraucherpreisindex nicht ein, worin die Ursachen der Preissteigerungen (zB nachhaltige Angebotsverknappung) liegen. Dennoch gelingt es mit der BGH-Methode, eine sowohl einzelfallunabhängige und praktikable als auch möglichst präzise Inflationsbereinigung durchzuführen. Pauschalisierende Betrachtungen kennt der Zugewinnausgleich zudem auch an anderer Stelle (STAUDINGER/THIELE [2017] § 1373 Rn 15).

ff) Erbrecht

C67 Ob ein auf Geldzahlung gerichteter Vermächtnisanspruch nominalistisch als Geldsummenschuld oder valoristisch als Geldwertschuld ausgestaltet ist, richtet sich nach dem vom Erblasser bestimmten Gegenstand des Vermächtnisses. Den **Grundsatz** bildet das **Geldsummenvermächtnis**, während es für die Annahme eines Geldwertvermächtnisses konkreter Anhaltspunkte bedarf, die auf einen solchen Willen des Erblassers schließen lassen (OMLOR, Geldprivatrecht [2014] 312). Der Grund liegt in der Rechtsstellung des Vermächtnisnehmers, der anders als der Erbe nicht unmittelbar am Nachlass beteiligt ist und daher auch an den Chancen und Risiken seiner Wertentwicklung nicht teilhat. Bei einem Geldsummenvermächtnis können Geldwertänderungen nach der Abfassung der Verfügung von Todes wegen lediglich im Einzelfall über eine **ergänzende Testamentsauslegung** einbezogen werden (RG 12. 11. 1929 – II 76/29, RGZ 108, 83, 85 f; BGH 16. 6. 1961 – V ZB 3/61, NJW 1961, 1915, 1916). Eine individuelle Aufwertung nach dem Vorbild der sog Geschäftsgrundlagenlösung ist hingegen ausgeschlossen (BGH 20. 6. 1962 – V ZR 219/60, BGHZ 37, 233, 241; BGH 25. 11. 1992 – IV ZR 147/91, NJW 1993, 850).

C68 Ein **Pflichtteilsvermächtnis** verpflichtet zur Zahlung eines nominellen Geldbetrags an den Vermächtnisnehmer (vgl auch § 2304 BGB). Sein Charakter als Geldsummenvermächtnis folgt aus der Ableitung aus der Höhe des hypothetischen Pflichtteilsanspruchs. Dieser entsteht zwar erst im Zeitpunkt des Erbfalls (§ 2311 Abs 1 S 1 BGB), jedoch ändert er sich danach nicht mehr nach Maßgabe der Entwicklungen des Geldwerts. Eine **ergänzende Testamentsauslegung** erscheint lediglich in solchen Konstellationen geboten, in denen der Erblasser in seiner letztwilligen Verfügung einen nominalen Betrag festgesetzt hat, der im Zeitpunkt des Erbfalls infolge von Geldwertänderungen nicht mehr die Höhe des Pflichtteilsanspruchs erreicht. Im Zweifel dürfte dann der hypothetische Wille des Erblassers dahingehen, den Vermächtnisanspruch proportional in dem Maße zu erhöhen, dass der Vermächtnisnehmer denselben Wertanteil am Gesamtnachlass wie hypothetisch im Testierzeitpunkt erhält.

C69 Keine geldwertbezogenen Fragen stellen sich regelmäßig bei einem Stück- oder einem Universalvermächtnis. Das **Stückvermächtnis** beinhaltet die Verschaffung eines konkreten Gegenstands, der damit etwaige Wertänderungen bereits in sich trägt.

Eine Geldschuld wird nicht begründet. Ist das Stückvermächtnis im Einzelfall auf bestimmte Geldzeichen gerichtet, so liegt eine Geldherausgabeschuld vor. Demgegenüber wendet der Erblasser bei einem **Universalvermächtnis** den gesamten oder fast den gesamten Nachlass einem Vermächtnisnehmer zu, der jedoch in Abweichung von § 2087 BGB nicht Erbe wird (vgl zu den Einsatzmöglichkeiten SCHLITT ZErb 2006, 226 ff). Eine Geldschuld entsteht nur in dem praktisch seltenen Fall, dass der Nachlass ausschließlich aus (Bar- und/oder Buch-)Geld besteht; diese ist wegen der natürlichen Begrenztheit des Nachlasses eine Geldsummenschuld.

Der **Pflichtteilsanspruch** beinhaltet die Zahlung einer festen Geldsumme (RG 20. 3. **C70** 1922 – IV 630/21, RGZ 104, 195, 196; RG 17. 1. 1927 – IV 332/26, RGZ 116, 5, 7; RG 21. 2. 1927 – 526/26 IV, SeuffArch 81, 214; BGH 24. 1. 1952 – III ZR 192/50, BGHZ 5, 12, 17 f; BGH 14. 7. 1952 – IV ZR 74/52, BGHZ 7, 134, 138; OMLOR, Geldprivatrecht [2014] 314; **aA** ECKSTEIN, Geldschuld und Geldwert im materiellen und internationalen Privatrecht [1932] 46). Diese nominalistische Ausgestaltung basiert auf zwei miteinander verwobenen Charakteristika des deutschen Pflichtteilsrechts: Ebenso wie dem Vermächtnisnehmer kommt auch dem Pflichtteilsberechtigten keine dingliche Berechtigung am Nachlass zu. Von den Chancen und Risiken der Entwicklung der Nachlassgesamtheit ist er seiner Rechtsstellung nach abgekoppelt (BGH 14. 7. 1952 – IV ZR 74/52, BGHZ 7, 134, 138). Der Pflichtteilsberechtigte gelangt nicht in den Genuss einer wirtschaftlichen Teilhabe am Nachlass (RG 17. 1. 1927 – IV 332/26, RGZ 116, 5, 6). Für die Berechnung des Pflichtteilsanspruchs stellt § 2311 Abs 1 S 1 BGB zudem auf den Wert des Nachlasses im Zeitpunkt des Erbfalls ab. Spätere Änderungen des Nachlasswerts fließen nicht in die Anspruchsberechnung mit ein.

In Parallele zur Inflationsbereinigung um einen scheinbaren Zugewinn bei § 1373 **C71** BGB (s o Rn C63) bedarf es eines entsprechenden Rechenschrittes auch bei der Bewertung einer **lebzeitigen Zuwendung** nach **§ 2315 Abs 2 BGB**, die auf den Pflichtteilsanspruch nach § 2315 Abs 1 BGB anzurechnen ist (BGH 4. 7. 1975 – IV ZR 3/74, BGHZ 65, 75, 77; OLG Nürnberg 5. 10. 2004 – 2 U 2279/04, ZEV 2006, 361, 362). Scheinbare Wertänderungen, die ausschließlich auf einer Änderung des Geldwerts beruhen, müssen im Bewertungsvorgang neutralisiert werden (BGH 4. 7. 1975 – IV ZR 3/74, BGHZ 65, 75, 77 f; BGH 22. 3. 1983 – VI ZR 108/81, WM 1983, 823, 824; OLG Nürnberg 5. 10. 2004 – 2 U 2279/04, ZEV 2006, 361, 362; EBENROTH/BACHER BB 1990, 2053, 2054 ff; THUBAUVILLE MittRhNotK 1992, 289, 303; KEIM MittBayNot 2008, 8, 10; **aA** WERNER DNotZ 1978, 66, 80 ff). Zu einer Benachteiligung des Geld- gegenüber dem Sachempfänger kommt es auf diese Weise nicht. Auch der Empfänger einer Geldzuwendung vermag sich regelmäßig vor Nachteilen durch die Bereinigung um die Inflationseffekte zu schützen, indem er den erlangten Geldbetrag inflationsschützend anlegt (STAUDINGER/OTTE [2015] § 2315 Rn 46).

Der **Pflichtteilsergänzungsanspruch** stellt einen Geldsummenanspruch dar (OMLOR, **C72** Geldprivatrecht [2014] 315 f). Für seine Berechnung nach § 2325 Abs 2 S 2 BGB ist die indexbasierte Inflationsbereinigung, die bereits für den scheinbaren Zugewinn Anerkennung gefunden hat (s o Rn C63), ebenfalls fruchtbar zu machen (BGH 10. 11. 1982 – IVa ZR 29/81, BGHZ 85, 274, 282; BGH 29. 4. 1992 – IV ZR 252/91, NJW 1992, 2888; BGH 27. 4. 1994 – IV ZR 132/93, BGHZ 125, 395, 397; OLG Schleswig 25. 11. 2008 – 3 U 11/08, ZEV 2009, 81, 82; STAUDINGER/OLSHAUSEN [2015] § 2325 Rn 107; **aA** vMAYDELL, Geldschuld und Geldwert [1974] 312, 314 f; PENTZ FamRZ 1997, 724, 725). Darin liegt keine unzulässige Durchbrechung des Nominalprinzips, da noch die Phase der erstmaligen Bestimmung des Leistungsinhalts der Geldschuld betroffen ist. Um nämlich das Niederstwertprinzip inhaltlich anwenden zu können, bedarf es eines um seine eigenen Wertveränderungen neutralisierten Wertmessers. Hierzu taugt das Geld nur unter der Bedingung, dass es **von seinem inflationsbedingten Wertverlust rechnerisch befreit** wird. Technisch lässt sich dieser Vorgang in einer Formel ausdrücken:

$$\text{Wert bei Erbfall} = \frac{\text{Wert bei Zuwendung} \times \text{Indexwert Erbfall}}{\text{Indexwert Zuwendung}}$$

C73 Die zum Zugewinnausgleich entwickelte Methode zur indexbasierten Inflationsbereinigung (s o Rn C64) ist auch für die Berechnung des **Ausgleichsanspruchs bei Vorempfängen von Miterben** (§§ 2055 ff BGB) heranzuziehen (BGH 4. 7. 1975 – IV ZR 3/74, BGHZ 65, 75, 77 f; BGH 1. 10. 1975 – IV ZR 161/73, WM 1975, 1179, 1181; BGH 30. 10. 1985 – IVa ZR 26/84, BGHZ 96, 174, 180; OLG Frankfurt 25. 3. 2009 – 19 U 126/08; KOHLER NJW 1963, 225, 227 ff; EBENROTH/BACHER BB 1990, 2053, 2054 ff, 2061; **aA** WERNER DNotZ 1978, 66, 80 ff; KRUG ZEV 2000, 41, 43). Schon in den Zeiten der „großen Inflation" hatte das Reichsgericht (RG 1. 7. 1924 – II 790/23, RGZ 108, 337, 340) die Geldentwertung in die Berechnung einbezogen. Nach § 2055 Abs 2 BGB bestimmt sich der maßgebliche Wert nach dem Zeitpunkt des Erhalts der Zuwendung. Jedoch ist dieser Wert um den nachfolgenden Kaufkraftverlust zu bereinigen und auf den Zeitpunkt der Erbauseinandersetzung hochzurechnen (Beispielrechnung bei SIEBERT NJOZ 2009, 3099, 3103 f). Eine Auslegung des Wertbegriffs in § 2055 Abs 2 BGB als gleichbedeutend mit dem „tatsächlichen Zustand" des Zuwendungsgegenstands (so WERNER DNotZ 1978, 66, 82) umginge zwar die Geldentwertungsproblematik; jedoch wäre sie weder normintern mit der Wortbedeutung von „Wert" noch normextern mit der Wortlautparallele zu §§ 1376 Abs 1, 2315 Abs 2, 2325 Abs 2 BGB vereinbar (OMLOR, Geldprivatrecht [2014] 317). Den zeitlichen Bezugspunkt der Umrechnung bildet nicht der Eintritt des Erbfalls (s o BGH 30. 10. 1985 – IVa ZR 26/84, BGHZ 96, 174, 181; zuvor bereits MEINCKE AcP 178 [1978] 45, 59 ff, 68), sondern die **Auseinandersetzung der Erbengemeinschaft** (MünchKomm/ANN[8] § 2055 Rn 12; OMLOR, Geldprivatrecht [2014] 316). Nur auf diese Weise kann die Zielsetzung des Ausgleichsanspruchs (dazu BGH 4. 7. 1975 – IV ZR 3/74, BGHZ 65, 75, 77; NUSSBAUM, Das Geld in Theorie und Praxis des deutschen und ausländischen Rechts [1925] 147) erreicht werden, eine wirtschaftliche Gleichbehandlung der Abkömmlinge im Zuge der Erbauseinandersetzung zu gewährleisten. Die Abkömmlinge sollen wirtschaftlich so gestellt werden, als wären ihnen die Vorempfänger im Zeitpunkt der Erbauseinandersetzung zugeflossen. Die Neutralisierung der Geldentwertung vollzieht sich technisch nach folgender Formel:

$$\text{Ausgleichspflichtiger Wert} = \frac{\text{Wert bei Zuwendung} \times \text{Indexwert bei Erbauseinandersetzung}}{\text{Indexwert bei Zuwendung}}$$

gg) Gesellschaftsrecht

C74 In einer Geldzahlung bestehende **Einlagepflichten** von Gesellschaftern gegenüber Kapitalgesellschaften sind nominal ausgestaltet (OMLOR, Geldprivatrecht [2014] 297). Die Grundlage des mitgliedschaftlichen Anspruchs der **GmbH** bildet bei einer Kapitalerhöhung der Übernahmevertrag zwischen der Gesellschaft und dem Übernehmer (BGH 11. 1. 1999 – II ZR 170/98, BGHZ 140, 258, 260), bei einer Gesellschaftsgründung der

Gesellschaftsvertrag oder unmittelbar die Anordnung in § 14 S 1 GmbHG (Münch-KommGmbHG/Reichert/Weller³ § 14 Rn 4). Der Umfang der Einlagepflicht korrespondiert nicht mit dem wirtschaftlichen Wert der Gesellschaftsbeteiligung, sondern mit dem Nennwert der Geschäftsanteile bzw dem Ausgabebetrag der gezeichneten Aktien (vgl zur Unterscheidung BGH 22. 6. 1993 – VI ZR 302/92, BGHZ 116, 359, 368 ff). Explizit ordnen diese Nennwertorientierung § 14 S 2 GmbHG für die GmbH-Gründung und § 14 S 3 GmbHG für die Kapitalerhöhung an; bestätigend tritt § 55 Abs 2 S 2 GmbHG hinzu, der ebenfalls auf den Nennbetrag des Geschäftsanteils abstellt. Insofern besteht eine Parallele zu den ebenfalls nominal ausgestalteten Mindestkapitalbeträgen (s o Rn C30), die bei einem Währungsverfall auf ein gesetzgeberisches Tätigwerden angewiesen sind (RG 22. 11. 1927 – II 178/27, RGZ 119, 170, 171 f). Sinkt der Geldwert im Zeitraum zwischen dem Abschluss des Gesellschaftsvertrags bzw der Beschlussfassung über die Kapitalerhöhung und der Erbringung der Einlageleistung, so trägt dieses Risiko die Gesellschaft. Ausnahmen sind allenfalls bei einer galoppierenden Inflation (s o Rn C15 f) denkbar, sodass der Gesellschafter aus seiner **Treuepflicht** heraus zu einer Anpassung verpflichtet wäre.

Für die Einlagepflichten der **Aktionäre** sieht § 54 Abs 1 AktG eine Begrenzung auf den Ausgabebetrag der gezeichneten Aktien vor. Grundsätzlich trifft die Aktionäre die Pflicht zur Zahlung des Ausgabebetrags (§ 54 Abs 2 AktG). Der Ausgabebetrag berechnet sich bei Nennbetragsaktien aus der Summe von Nennbetrag (vgl § 8 Abs 2 AktG) und – soweit vereinbart – Aufgeld (Agio, vgl § 9 Abs 2 AktG). Bei Stückaktien hingegen setzt sich der Ausgabebetrag aus dem Anteil am Grundkapital (vgl § 8 Abs 3 S 2 AktG) und – soweit vereinbart – einem Aufgeld (Agio) zusammen. Entsprechendes gilt für die Kommanditgesellschaft auf Aktien (§§ 278 Abs 3, 280 Abs 1 S 2 AktG). In allen Fällen handelt es sich um eine Geldsumme, die nach ihrer Festlegung autark gegenüber Geldwertänderungen ist. **C75**

Etwaige **Abfindungsansprüche** von ausscheidenden Gesellschaftern (§ 738 Abs 1 S 2, § 140 HGB) weisen eine nominale Prägung als Geldsummenschulden der Gesellschaft auf (RG 18. 9. 1928 – II 64/28, RGZ 122, 28, 31 f zur Genossenschaft; Staudinger/K Schmidt [1997] Vorbem D70 zu §§ 244 ff; Omlor, Geldprivatrecht [2014] 298; wohl auch vMaydell, Geldschuld und Geldwert [1974] 305). Gleiches gilt für den Rückzahlungsanspruch des **stillen Gesellschafters** gemäß § 235 Abs 1 HGB (RG 20. 12. 1929 – II 66/29, RGZ 126, 386, 393 ff). Zwar ist der „wirkliche Wert" (BGH 1. 4. 1953 – II ZR 235/52, BGHZ 9, 157, 168), dh der Verkehrswert (RG 17. 5. 1929 – II 541/28, RGZ 125, 118, 122; BGH 1. 4. 1953 – II ZR 235/52, BGHZ 9, 157, 170; BGH 17. 2. 1955 – II ZR 316/53, BGHZ 16, 317, 322; BGH 25. 1. 1960 – II ZR 22/59, BGHZ 32, 17, 23; BGH, 16. 12. 1991 – II ZR 58/91, BGHZ 116, 359, 365; BGH 17. 12. 2001 – II ZR 348/99, NZG 2002, 176), der Mitgliedschaft für die Höhe des Anspruchs entscheidend. Davon ist jedoch ausschließlich die vorgelagerte Ebene der Anspruchsberechnung betroffen. Nachdem der Abfindungsanspruch entstanden ist, haben die Entwicklung des Geldwerts und des Werts der Beteiligung keinen Einfluss mehr auf seine Höhe. **C76**

Der Anspruch der bisherigen Gesellschafter auf **Auszahlung des Auseinandersetzungsguthabens** nach Auflösung der Gesellschaft unterliegt keinen valoristischen Einflüssen, sobald er als Geldschuld entstanden ist (Omlor, Geldprivatrecht [2014] 298). Grundsätzlich richten sich solche Ansprüche auf die Zahlung von Geld (vgl zur Naturalteilung in der GmbH BayObLG 18. 11. 1982 – BReg 3 Z 32/82, BB 1983, 82 f; K Schmidt/Scheller, in: **C77**

SCHOLZ [Hrsg], GmbHG [12. Aufl 2020] § 72 Rn 7; zur Aktiengesellschaft RG 15. 11. 1905 – I 198/05, RGZ 62, 56, 58). Hierzu müssen die einzelnen Vermögensgegenstände der Gesellschaft in Geld umgesetzt (vgl § 70 S 1 HS 1 GmbHG, § 268 Abs 1 S 1 AktG) und die Gesellschaftsverbindlichkeiten bedient werden. Danach wird das verbleibende Vermögen an die Gesellschafter verteilt. Ihre Anteile bestimmen sich ihren Anteilen am Gewinn (§ 734 BGB) oder am Grundkapital (§ 271 Abs 2 AktG) bzw nach dem Verhältnis der Kapital- (§ 155 HGB) oder Geschäftsanteile (§ 72 S 1 GmbHG).

hh) Privatversicherungsrecht

C78 Ob es sich bei Leistungsansprüchen von Versicherten gegen ihre Versicherer aus privaten Versicherungsverträgen um Geldwert- oder Geldsummenschulden handelt, richtet sich im Grundsatz nach dem Gegenstand der Versicherung. Während Versicherungen zur Deckung eines abstrakten Bedarfs (**Summenversicherung**) zu nominalen Geldschulden führen, weisen Leistungsansprüche aus Versicherungen zur Deckung eines konkreten Bedarfs (**Schadensversicherung**, s u Rn C96) ein valoristisches Gepräge auf (vMAYDELL, Geldschuld und Geldwert [1974] 255 ff, 262 ff). Summenversicherungen zeichnen sich durch ihre Unabhängigkeit von Eintritt und Umfang eines Schadens aus (vgl am Beispiel der Krankenhaustagegeldversicherung BGH 4. 7. 2001 – IV ZR 307/00, NJW-RR 2001, 1467, 1468 f). Beispielhaft genannt seien die Berufsunfähigkeitsversicherung, die Todesfallzahlung in der Lebens- oder Unfallversicherung, das Pflegetagegeld in der privaten Pflegeversicherung sowie die Krankenhaustagegeldversicherung (vgl zu letzterer OLG Saarbrücken 20. 3. 2002 – 5 U 816/01 – 62, ZfS 2002, 445). Am Charakter der Leistungsansprüche als Geldsummenschulden ändert sich nichts durch den Umstand, dass bei Summenversicherungen häufig eine automatische Erhöhung um feste Prozentsätze nach bestimmten Zeitintervallen (Dynamisierung) vertraglich vereinbart wird. Damit erhöht sich nur der abstrakte Versicherungsumfang, bereits entstandene Leistungsansprüche bleiben jedoch in ihrem nominalen Gehalt unberührt.

c) Geldwertschulden in der Privatrechtsordnung
aa) Allgemeines Schuldrecht

C79 Das Schadensrecht unterliegt in herausgehobener Weise dem geldschuldrechtlichen Valorismus. Abzielend auf eine korrigierende Gerechtigkeit (STAUDINGER/SCHIEMANN [2017] Vorbem 3 zu §§ 249 ff mwNw), will es den Zustand hypothetischer Schadensfreiheit herstellen. Grundsätzlich schuldet der Schädiger Restitution, subsidiär dazu (vgl § 251 Abs 1 HS 1 BGB) Kompensation. Nach der **Differenzhypothese**, die auf einen Gesamtvermögensvergleich abstellt, wird die Vermögenslage infolge des schädigenden Ereignisses mit der hypothetisch ohne dessen Eintritt bestehenden verglichen (stellvertretend BGH 9. 7. 1986 – GSZ 1/86, BGHZ 98, 212, 217; BGH 14. 6. 2012 – IX ZR 145/11 Rn 42, NJW 2012, 3165; BGH 5. 2. 2015 – IX ZR 167/13 Rn 7, NJW 2015, 1373). Dabei gilt der Grundsatz der **Totalreparation**, wonach der Geschädigte einen möglichst vollständigen Ausgleich erlangen soll (BGH 7. 5. 1996 – VI ZR 138/95, BGHZ 132, 373, 376). Bereits aus diesen Grundkoordinaten des Schadensrechts folgt, dass in Geld bestehende Schadensersatzpflichten (zur Naturalherstellung nach § 249 Abs 1 s o Rn C49) sich **grundsätzlich bis zur finalen Befriedigung des Geschädigten nach Maßgabe der Entwicklung des Geldwerts verändern** und damit Geldwertschulden darstellen. Besonderheiten ergeben sich aus der Art des Schadensersatzes und gesetzlichen Haftungshöchstgrenzen.

Der besondere Restitutionsanspruch nach § 249 Abs 2 BGB auf Ersatz der Herstellungskosten bildet **bis zum Vollzug der Restitution eine Geldwertschuld** (BGH 22. 6. 1993 – VI ZR 302/92, BGHZ 123, 65, 75; Horn, Geldwertveränderungen, Privatrecht und Wirtschaftsordnung [1975] 12; Weber ZSR 100 [1981] 165, 177 [zum schweizerischen Privatrecht]; Larenz, Lehrbuch des Schuldrechts I [14. Aufl 1987] § 13 VI; Grothe, Fremdwährungsverbindlichkeiten [1999] 78; Martens JuS 2014, 105, 107), ab diesem Zeitpunkt jedoch einen Geldsummenschuld (Staudinger/K Schmidt [1997] Vorbem D54 f zu §§ 244 ff; Omlor, Geldprivatrecht [2014] 286). Diese Aufteilung des Geldentwertungsrisikos nach Zeitabschnitten folgt bereits aus dem in § 249 BGB verwendeten Schadensbegriff (Nussbaum, Das Geld in Theorie und Praxis des deutschen und ausländischen Rechts [1925] 146; vMaydell, Geldschuld und Geldwert [1974] 323). Nur wenn für die Berechnung der nominalen Höhe des Schadensersatzanspruchs auf das Geldwertniveau bei Vornahme der Restitution durch den Geschädigten abgestellt wird, kann sichergestellt werden, dass ein vollständiger Ausgleich der erlittenen Nachteile stattfindet. Der praktische Anwendungsbereich des § 249 Abs 2 BGB hat infolge der Zulassung einer fiktiven Schadensberechnung durch die höchstrichterliche Rechtsprechung (grundlegend BGH 23. 3. 1976 – VI ZR 41/74, BGHZ 66, 239, 241 ff) eine erhebliche Ausweitung erfahren (dazu Picker, Die Naturalrestitution durch den Geschädigten [2003] 9 ff mwNw). In der Folge wurde unter anderem die Bedeutung von § 250 BGB zurückgedrängt, der ebenfalls eine Geldwertschuld begründet (Omlor, Geldprivatrecht [2014] 286 mwNw).

C80

Dogmatisch eng mit § 249 BGB verzahnt ist die Vorschrift des **§ 252 BGB zur Ersatzfähigkeit des entgangenen Gewinns**. Während § 252 S 1 BGB gegenüber § 249 Abs 1 BGB lediglich eine deklaratorische Bedeutung zukommt (BGH, 23. 3. 1976 – VI ZR 41/74, BGHZ 98, 212, 219), beinhaltet § 252 S 2 BGB eine Beweiserleichterung für den Geschädigten in Gestalt einer widerlegbaren Vermutung (BGH 16. 3. 1959 – III ZR 20/58, BGHZ 29, 393, 397 f; BAG 16. 11. 1978 – 3 AZR 258/77, VersR 1979, 779; BGH 24. 4. 1979 – VI ZR 204/76, BGHZ 74, 221, 224; BGH 5. 2. 1987 – IX ZR 161/85, BGHZ 100, 36, 49; BGH 26. 7. 2005 – X ZR 134/04, NJW 2005, 3348; jurisPK-BGB/Rüssmann [9. Aufl 2020] § 252 Rn 19). Ob und in welchem Umfang ein Gewinn hätte erzielt werden können, richtet sich nach der *ex ante*-Perspektive (BGH 17. 12. 1963 – V ZR 186/61, NJW 1964, 661, 662 mwNw). Ähnlich wie bei § 249 Abs 2 BGB ist hinsichtlich der Geldwertabhängigkeit zeitlich zu differenzieren: Eine Geldwertschuld liegt solange vor, bis objektiv kein Gewinn mehr zu erwarten ist (vgl OLG Köln 22. 1. 2008 – 3 U 77/06, TransportR 2009, 34, 35 f); nach dem Ende dieses Zeitraums wandelt sich die Geldwert- in eine Geldsummenschuld um (Omlor, Geldprivatrecht [2014] 288).

C81

Der **Kompensationsanspruch** nach § 251 BGB berechnet sich nicht zum Stichtag des schädigenden Ereignisses. Für den anzustellenden Wertvergleich kommt es auf den **Zeitpunkt der Entschädigungsleistung** an (vMaydell, Geldschuld und Geldwert [1974] 325); prozessual ist der Schluss der mündlichen Verhandlung vor dem Tatsachengericht maßgeblich (BGH 14. 2. 1952 – III ZR 126/51, BGHZ 5, 138, 142; OLG Saarbrücken 26. 9. 2006 – 4 U 525/05, NJW-RR 2006, 1528, 1530; **aA** noch RG 12. 3. 1921 – I 264/20, RGZ 101, 418, 420 [Zeitpunkt der Urteilsverkündung]). Diese Zeitpunkte bestimmen auch, in welcher Währung der Schadensersatz zu gewähren ist, sofern nach Eintritt des schädigenden Ereignisses ein **Währungswechsel** erfolgt (BGH 27. 9. 1951 – IV ZR 155/50, BGHZ 3, 162, 178; BGH 22. 6. 1993 – VI ZR 302/92, BGHZ 123, 65, 75). Die im maßgeblichen Zeitpunkt bereits zu erwartende Schadensentwicklung fließt in die Berechnung mit ein (BGH 29. 4. 1958 – VI ZR 82/57, BGHZ 27, 181, 188). Daraus folgt ein valoristischer Charakter des Kompen-

C82

sationsanspruchs als Geldwertschuld (RG 12. 3. 1921 – I 264/20, RGZ 101, 418, 420; RG 29. 11. 1927 – VI 357/27, RGZ 119, 152, 155; vMaydell, Geldschuld und Geldwert [1974] 325). Eine zeitliche Zäsur, wie sie der Vollzug der Restitution bei § 249 Abs 2 BGB bildet, existiert bei der Kompensation nicht; sie ist von Anfang an und exklusiv auf eine Geldentschädigung gerichtet.

C83 Seiner Zwecksetzung nach unterliegt der Umfang eines **Schmerzensgeldanspruchs** nach § 253 Abs 2 BGB bis zu seiner Erfüllung einer inhärenten Anpassung an die Geldwertveränderungen (OLG Karlsruhe/Freiburg 2. 11. 1972 – 4 U 149/71, NJW 1973, 851, 852; KG 1. 10. 2001 – 12 U 2139/00, NZV 2002, 230, 232; KG 2. 9. 2002 – 12 U 1969/00, NZV 2003, 416, 420; OLG Frankfurt 19. 8. 2009 – 7 U 23/08, NJW-RR 2009, 1684, 1685; OLG München 24. 9. 2010 – 10 U 2671/10; OLG Brandenburg 4. 11. 2010 – 12 U 87/10, NJW-RR 2011, 243, 244; OLG Bremen 11. 7. 2011 – 3 U 69/10, NJW-RR 2012, 92, 93; OLG Hamm 7. 11. 2012 – 30 U 80/11 [insofern nicht in NJW-RR 2013, 349, 352 abgedruckt]; OLG Naumburg 12. 12. 2013 – 2 U 25/13; vMaydell, Geldschuld und Geldwert [1974] 326; Omlor, Geldprivatrecht [2014] 288). Die Einordnung als Geldwertschuld (OLG Neustadt/Weinstraße 11. 5. 1960 – 1 U 38/60, NJW 1960, 2058; Rabel Das Recht 27 [1923] 137, 139; Weber ZSR 100 [1981] 165, 177 [zum schweizerischen Privatrecht]) basiert auf den Zielsetzungen des Entschädigungsanspruchs, dem Geschädigten sowohl Genugtuung als auch Ausgleich für die erlittenen immateriellen Nachteile zu gewähren (zu dieser Bifunktionalität vgl grundlegend BGH 6. 7. 1955 – GSZ 1/55, BGHZ 18, 149, 154 ff; bestätigt in BGH 15. 11. 1994 – VI ZR 56/94, BGHZ 128, 1, 15; BGH 29. 11. 1994 – VI ZR 93/94, BGHZ 128, 117, 120).

C84 **Schadensersatzrenten** weisen eine **inhärente Dynamisierung** auf, die zu ihrer Einordnung als Geldwertschulden führt (Staudinger/K Schmidt [1997] Vorbem D58 zu §§ 244 ff). Durch eine Geldrente nach § 843 Abs 1 BGB soll der Geschädigte monatlich einen Betrag erhalten, den er ohne das schädigende Ereignis verdient hätte. Hierzu muss die Geldrente an das jeweilige Lohn- und Gehaltsniveau angepasst werden (BGH 8. 1. 1981 – VI ZR 128/79, BGHZ 79, 187, 190). Prozessual erfolgt hierzu im Zeitpunkt der letzten mündlichen Verhandlung keine Prognose einer ungewissen zukünftigen Entwicklung. Stattdessen steht dem Geschädigten der Weg über eine **Anpassung nach § 323 ZPO** offen (BGH 8. 1. 1981 – VI ZR 128/79, BGHZ 79, 187, 190).

C85 Als Sonderfall der Schadensersatzrenten stellen auch **Schmerzensgeldrenten** Geldwertschulden dar (Omlor, Geldprivatrecht [2014] 289). Auch sie unterliegen einer Anpassung nach § 323 ZPO (BGH 6. 7. 1955 – GSZ 1/55, BGHZ 18, 149, 167; BGH 8. 6. 1976 – VI 216/74, VersR 1976, 967, 969; BGH 15. 5. 2007 – VI ZR 150/06 Rn 6, NJW 2007, 2475; Notthoff VersR 2003, 966, 970). Eine tenorierte Dynamisierung durch Aufnahme einer Wertsicherungsklausel in das Ersturteil kann der Geschädigte hingegen nicht verlangen (BGH 3. 7. 1973 – VI ZR 60/72, NJW 1973, 1653). Über die Anpassung nach § 323 ZPO soll gewährleistet werden, dass der Geschädigte kontinuierlich einen werthaltigen Ausgleich für seine immateriellen Beeinträchtigungen erhält, die ansonsten durch eine Geldentwertung gefährdet wäre (BGH 15. 5. 2007 – VI ZR 150/06 Rn 8, NJW 2007, 2475). Für eine solche Anpassung setzt die höchstrichterliche Rechtsprechung eine hohe Hürde, um eine wesentliche Veränderung iSd § 323 ZPO annehmen zu können: Gefordert wird eine **Steigerung des Lebenshaltungskostenindexes um mindestens 25 %** (BGH 15. 5. 2007 – VI ZR 150/06 Rn 11, NJW 2007, 2475). Diese Grenze ist als zu hoch abzulehnen (Teichmann NJW 2007, 2476, 2477; Omlor, Geldprivatrecht [2014] 290). Ungeachtet eines tatrichterlichen Ermessensspielraums (dazu BGH 3. 7. 1973 – VI ZR 60/72, NJW 1973,

1653) bedarf es einer Wertungsgerechtigkeit gegenüber der Anpassung von Unterhaltszahlungen und Versorgungsausgleich, die der Bundesgerichtshof (BGH 23. 11. 1994 – XII ZR 168/93, NJW 1995, 534, 536) schon ab einer 10 %-Schwelle zulässt.

Gesetzliche oder vertragliche **Haftungshöchstgrenzen** können die valoristische Natur der Schadensersatzansprüche modifizieren. Den Charakter als Geldwertschulden unberührt lassen solche Grenzwerte, die selbst wiederum valoristisch berechnet werden. Nach § 136 Abs 1 VVG gilt als **Versicherungswert der Transportversicherung** der „gemeine Handelswert", dh der objektive Wert aus Sicht der Handelsstufe des Ersatzberechtigten (BGH 28. 6. 1993 – II ZR 99/92, VersR 1994, 91 = NJW-RR 1993, 1371). Ein valoristisch-nominalistischer Mischtatbestand enthält **§ 23.4 ADSp 2017**, wonach zwar in erster Linie eine Haftungsbegrenzung auf das „Dreifache des Betrages, der bei Verlust des Gutes [...] zu zahlen wäre", erfolgt; jedoch greift in zweiter Linie eine nominale Höchstgrenze von 125 000 € je Schadenfall ein. Die valoristischen Obergrenzen in § 430 Abs 1 und 2 HGB aF (aufgehoben durch Art 1 Transportrechtsreformgesetz v 25. 6. 1998 [BGBl I 1588]), § 19 Abs 5 OLSchVO aF (aufgehoben durch Art 7 Transportrechtsreformgesetz v 25. 6. 1998 [BGBl I 1588]) und § 85 EVO aF (aufgehoben durch Art 3 Transportrechtsreformgesetz v 25. 6. 1998 [BGBl I 1588]) existieren seit dem 1. 7. 1998 nicht mehr. **C86**

Die valoristische Prägung der Schadensersatzansprüche wird hingegen durch **nominalistisch ausgestaltete Haftungshöchstgrenzen** (s o Rn C27 ff) durchbrochen. Bis zur Erreichung dieses Maximalbetrags bleibt die Einordnung als Geldwertschuld erhalten (vMAYDELL, Geldschuld und Geldwert [1974] 327 f). Erreicht der tatsächliche Schaden jedoch die Höhe der gesetzlichen Grenze oder überschreitet er diese, so handelt es sich um eine Geldsummenschuld. Da die Schadenshöhe Schwankungen unterliegen kann, ist ein Übergang zwischen Geldwert- und Geldsummenschuld möglich. Insofern verfügt die Geldwertschuld über eine „Rückfahrkarte", sobald sie die nominalistische Grenzlinie überschreitet. **C87**

bb) Enteignungsentschädigung und Aufopferungsansprüche

Im Gegensatz zu Handlungen, die eine Schadensersatzpflicht auslösen, ist eine Enteignung iSv Art 14 Abs 3 GG rechtmäßig. Dennoch lässt Art 14 Abs 3 S 2 GG eine Enteignung nur zu, sofern eine Entschädigung gesetzlich vorgesehen ist, deren Höhe „unter gerechter Abwägung der Interessen der Allgemeinheit und der Beteiligten" festgelegt wird. Damit gilt die schadensrechtliche Differenzhypothese nicht (BGH 20. 12. 1971 – III ZR 79/69, BGHZ 57, 359, 368). Vielmehr dient der Verkehrswert des entzogenen Eigentums als Anhaltspunkt, um dem Betroffenen eine **adäquate Ersatzbeschaffung** zu ermöglichen (BGH 16. 11. 1953 – GSZ 5/53, BGHZ 11, 156, 162; BGH 24. 2. 1958 – III ZR 181/56, BGHZ 26, 373, 374; BGH 22. 1. 1959 – III ZR 186/57, BGHZ 29, 217, 221). Bezweckt wird ein „wirklicher Wertausgleich" (BGH 8. 11. 1962 – III ZR 86/61, BGHZ 39, 198, 200; BGH 27. 6. 1963 – III ZR 166/61, BGHZ 40, 87, 88; BGH 21. 6. 1965 – III ZR 8/64, BGHZ 44, 52, 54). **C88**

Die valoristische Einordnung des Entschädigungsanspruchs infolge einer Enteignung resultiert aus dem Umstand, dass für die Berechnung des Verkehrswerts ein **Zeitpunkt** zu wählen ist, welcher der **Auszahlung** und damit zugleich der Ersatzbeschaffung **so nah wie möglich** kommt (BGH 23. 9. 1957 – III ZR 224/56, BGHZ 25, 225, 230; BGH 21. 6. 1965 – III ZR 8/64, BGHZ 44, 52, 54). Bei einer Festsetzung der Entschädigung durch **C89**

Verwaltungsentscheidung ist der Zeitpunkt der Zustellung des entsprechenden Beschlusses maßgeblich (BGH 23. 9. 1957 – III ZR 224/56, BGHZ 25, 225, 230; BGH 27. 6. 1963 – III ZR 166/61, BGHZ 40, 87, 88). Wird in der Folge jedoch die Entschädigung nur mit wesentlicher Verzögerung ausgezahlt und tritt zwischenzeitlich eine Geldentwertung ein, verschiebt sich der Bewertungszeitpunkt, um eine unbillige Bevorzugung des enteignenden Staates zu vermeiden (BGH 27. 6. 1963 – III ZR 166/61, BGHZ 40, 87, 89). Gleiches gilt, wenn die Verwaltung die Beschreitung des Rechtswegs durch den Betroffenen insofern herausfordert, als sie die Entschädigung erheblich zu niedrig festsetzt (BGH 23. 9. 1957 – III ZR 224/56, BGHZ 25, 225, 230 f).

C90 Ebenfalls nach den Regeln zur Enteignungsentschädigung bemessen sich die **bürgerlich-rechtlichen Aufopferungsansprüche** (BGH 23. 2. 2001 – V ZR 389/99, BGHZ 147, 45, 53 mwNw). Damit sind sie – in Parallele zu den Ansprüchen aus öffentlich-rechtlicher Aufopferung (STAUDINGER/K SCHMIDT [1997] Vorbem D60 zu §§ 244 ff; vgl allgemein OSSENBÜHL/CORNILS, Staatshaftungsrecht [6. Aufl 2013] 124 ff) – gleichfalls als Geldwertansprüche einzuordnen (OMLOR, Geldprivatrecht [2014] 305). Zu diesen bürgerlich-rechtlichen Aufopferungsansprüchen (zur Terminologie vgl STAUDINGER/ROTH [2020] § 906 Rn 66, § 907 Rn 51, § 909 Rn 64, § 910 Rn 31; RACHLITZ/RINGSHANDL JuS 2011, 970 ff) zählen der Anspruch aus § 906 Abs 2 S 2 BGB (analog) sowie solche zum Ausgleich einer fehlenden Abwehrbefugnis im Rahmen von § 907, § 909 BGB (vgl BGH 26. 10. 1978 – III ZR 26/77, BGHZ 72, 289, 292; BGH 10. 7. 1987 – V ZR 285/85, BGHZ 101, 290, 294; BGH 23. 2. 2001 – V ZR 389/99, BGHZ 147, 45, 50) und § 910 (vgl BGH 14. 11. 2003 – V ZR 102/03, BGHZ 157, 33, 47). Für die Berechnung der genauen Höhe der Geldschuld ist auf den Zeitpunkt der Erfüllung abzustellen.

cc) Bereicherungsrecht

C91 Einen Sonderfall im ansonsten weitgehend nominalistisch geprägten Bereicherungsrecht bildet die **Kondiktion nach §§ 951 Abs 1, 812 Abs 1 S 1 Alt 2 BGB**. Hierbei handelt es sich um eine Geldwertschuld (LARENZ, Lehrbuch des Schuldrechts I [14. Aufl 1987] § 13 VI; OMLOR, Geldprivatrecht [2014] 303). Der Grund für diese Einordnung wurzelt in der besonderen Teleologie des Anspruchs. In ihm wirkt das nach §§ 946 ff BGB verlorene Eigentum des Bereicherungsgläubigers fort (LARENZ/CANARIS, Lehrbuch des Schuldrechts [13. Aufl 1994] § 69 I 1 b). Dem früheren Eigentümer wird ein Ausgleich für seinen Rechtsverlust zugesprochen (REUTER/MARTINEK, Ungerechtfertigte Bereicherung [1983] 263). Dieses privatrechtsdogmatische Ergebnis erfährt eine verfassungsrechtliche Verstärkung und Aufladung durch die Eigentumsgarantie des Art 14 Abs 1 GG. Die Inhalts- und Schrankenbestimmung aus §§ 946 ff BGB muss verhältnismäßig und damit möglichst schonend in Bezug auf die Eigentumsposition ausgestaltet sein (vgl BVerfG 14. 1. 2004 – 2 BvR 564/95, BVerfGE 110, 1, 28; BVerfG 27. 2. 2007 – 1 BvL 10/00, BVerfGE 117, 272, 294). Daher hat sich die Bewertung des ausgleichspflichtigen Eigentums im Zeitpunkt der Geltendmachung des Bereicherungsanspruchs (KOPPENSTEINER NJW 1971, 588, 591 f; PINGER MDR 1972, 187, 189; EHLKE WM 1979, 1022, 1030 f; REUTER/MARTINEK, Ungerechtfertigte Bereicherung, Teilband 2 [2. Aufl 2016] 333 ff), nicht bereits bei Eintritt des Eigentumsverlusts (RG 13. 10. 1930 – IV 688/29, RGZ 130, 310, 313; BGH 27. 2. 1952 – II ZR 191/51, BGHZ 5, 197, 201; BGH 10. 7. 1953 – V ZR 22/52, BGHZ 10, 171, 180; BGH NJW 1961, 452; WILBURG AcP 163 [1964] 346, 352) zu erfolgen. Wertänderungen zwischen der Entstehung des Anspruchs und seiner Erfüllung wirken sich daher unmittelbar auf die Schuldhöhe aus.

dd) Familienrecht

Gesetzliche Unterhaltspflichten knüpfen an die jeweiligen Lebensverhältnisse an und C92 zählen daher zu den Geldwertschulden (OLG Frankfurt 16. 6. 1986 – 3 WF 125/86, FamRZ 1987, 623; OLG Hamm 13. 3. 1989 – 10 WF 76/86, FamRZ 1989, 1331, 1332; LG Düsseldorf 12. 9. 1974 – 22 T 56/74; Nussbaum, Das Geld in Theorie und Praxis des deutschen und ausländischen Rechts [1925] 148; Fögen, Geld- und Währungsrecht [1969] 142; vMaydell, Geldschuld und Geldwert [1974] 286; Rau MittRhNotK 1988, 187, 200; Omlor, Geldprivatrecht [2014] 305 f). Unterhalt schulden sich insbesondere Ehegatten (Familienunterhalt, § 1360 BGB; Trennungsunterhalt, § 1361 BGB), geschiedene Ehegatten (§ 1569 S 2 BGB) und Verwandte in gerader Linie (§ 1601 BGB). Die Unterhaltshöhe bestimmt das Gesetz nicht durch eine Festsetzung nominaler Beträge, sondern durch eine Bezugnahme auf die individuellen Bedürfnisse und Lebensverhältnisse: beim **Familienunterhalt** auf die konkreten „Verhältnisse der Ehegatten", die Kosten des Haushalts und die persönlichen Bedürfnisse der Ehegatten sowie der Lebensbedarf der gemeinsamen unterhaltsberechtigten Kinder (§ 1360a Abs 1 BGB); beim **nachehelichen Unterhalt** ebenfalls auf die ehelichen Lebensverhältnisse (§ 1578 Abs 1 S 1 BGB); beim **Verwandtenunterhalt** auf den gesamten Lebensbedarf des Bedürftigen (§ 1610 Abs 2 BGB). Einkommensänderungen nach dem erstmaligen Entstehen der Unterhaltspflicht sind sowohl beim Trennungsunterhalt (Staudinger/Voppel [2018] § 1361 Rn 26 für den Zeitraum zwischen Trennung und Scheidung) als auch beim nachehelichen Unterhalt (BGH 6. 2. 2008 – XII ZR 14/06 Rn 46, BGHZ 175, 182 zu allgemeinen Lohnsteigerungen) einzubeziehen. Verfahrensrechtlich steht der Weg zur Änderung eines Unterhaltstitels über **§§ 238 f FamFG** offen. Als einzelfalloffenen Richtwert für die Wesentlichkeit der tatsächlichen Verhältnisse iSd § 238 Abs 4 FamFG verwendet die Praxis eine prozentuale **Grenze von 10 %** (BGH 29. 1. 1992 – XII ZR 239/90, NJW 1992, 1621, 1622; BGH 17. 11. 1994 – VII ZB 12/94, NJW 1995, 534, 536). Entscheidet sich der Unterhaltsberechtigte hingegen für eine Einmalzahlung nach § 1585 Abs 2 BGB, so übernimmt er das Risiko einer zukünftigen Geldentwertung (BGH 8. 1. 1981 – VI ZR 128/79, BGHZ 79, 187, 193); ihm ist eine Anpassung versperrt (BGH 28. 6. 1951 – IV ZR 93/5, BGHZ 2, 379, 385).

Ob **vertraglich geregelte Unterhaltsansprüche** einer inhärenten Anpassung an nachfol- C93 gende Geldwertveränderung unterliegen, richtet sich nach dem Inhalt der Parteivereinbarung. Haben die Parteien – wovon grundsätzlich auszugehen ist (BGH 21. 9. 2011 – XII ZR 173/09 Rn 19, NJW 2012, 1356) – ihrer Vereinbarung eine lediglich **ausgestaltende Rolle** im Verhältnis zu den gesetzlichen Unterhaltspflichten zugedacht, so bleibt die valoristische Natur des Anspruchs erhalten. Die Parteien vermögen bei einem Prozessvergleich nach § 239 Abs 2 FamFG iVm § 313 BGB (BGH 25. 11. 2009 – XII ZR 8/08, NJW 2010, 440 Rn 14), bei gerichtlichen Entscheidungen nach § 238 FamFG eine Änderung des bisherigen Unterhaltstitels zu erwirken. Davon unabhängig steht es den Parteien offen, unter Beachtung von § 1 Abs 1, § 3 Abs 1 und 2 PrKG (dazu im Einzelnen Rn C195 ff und die Kommentierung der §§ 1 ff PrKG) eine abschließende Wertsicherungsklausel in ihre Unterhaltsvereinbarung aufzunehmen (kritisch zum Nutzen Rau MittRhNotK 1988, 187, 200 mwNw).

Zielen die Parteien auf eine **eigenständige vertragliche Unterhaltsregelung** ab und las- C94 sen sich die hierfür erforderlichen besonderen Anhaltspunkte (RG 14. 5. 1941 – IV 40/41, RGZ 166, 378, 381; BGH 28. 6. 1984 – IX ZR 143/83, NJW 1984, 2350, 2351; BGH 21. 9. 2011 – XII ZR 173/09 Rn 19, NJW 2012, 1356 mwNw) feststellen, so ist deren Inhalt durch Auslegung nach §§ 133, 157 BGB zu bestimmen. Eine Geldsummenschuld wird nur dann begründet, wenn die Parteien eine „restlose und endgültige Regelung" (BGH 28. 6. 1951 – IV ZR 93/5, BGHZ 2, 379, 385; BGH 25. 11. 2009 – XII ZR 8/08 Rn 15, NJW 2010, 440) vorgenommen haben. Hierfür bedarf es nicht notwendig einer einmaligen Zahlung eines Geldbetrags; auch einer Ratenzahlung kann eine abschließende Funktion zukommen (BGH 10. 8. 2005 – XII ZR 73/05, NJW 2005, 3282, 3283). Eine Geldwertschuld ist hingegen anzunehmen, sofern die vereinbarte Einmalzahlung lediglich als Vorauszahlung (Kapitalisierung) auf zukünftige Unterhaltsansprüche dient. Dabei können diese zukünftigen Ansprüche sowohl auf gesetzlicher (BGH 10. 8. 2005 – XII ZR 73/05, NJW 2005, 3282, 3283) als auch vertraglicher Basis beruhen.

ee) Erbrecht

C95 Über die valoristische oder nominalistische Natur von Geldvermächtnissen entscheidet der vom Erblasser vorgesehene Inhalt des Vermächtnisses. Die Zahlung eines bestimmten Geldbetrags enthaltende Vermächtnisse begründen regelmäßig Geldsummenschulden (s o Rn C67), da der Begünstigte keine rechtliche oder wirtschaftliche Beteiligung in Bezug zum gesamten Nachlass erhalten soll. Von diesem sich auch in der Auslegungsregel des § 2087 Abs 1 Alt 2 BGB widerspiegelnden Grundsatz weicht der Erblasser ab, wenn er auf der rechtskonstruktiven Grundlage eines Vermächtnisses dem Begünstigten den wirtschaftlichen Wert einer Erbeinsetzung in bestimmter Höhe zukommen lassen will. Bei einem solchen **Quotenvermächtnis** wird anders als bei der Pflichtteilsberechnung (§ 2311 Abs 1 S 1 BGB) der Wert des Nachlasses im Zeitpunkt der Erfüllung zugrunde gelegt (RG 9. 10. 1924 – IV 150/24, JW 1925, 359, 360; BGH 25. 5. 1960 – V ZR 57/59, NJW 1960, 1759). Den Erben steht es offen, sich vor Einbußen durch eine zwischenzeitliche Geldentwertung zu schützen, indem sie den Vermächtnisanspruch möglichst zeitnah erfüllen (BGH 25. 5. 1960 – V ZR 57/59, NJW 1960, 1759). Zudem geht ein nominal höherer Vermächtnisanspruch zugleich mit einem im gleichen Maße gestiegenen Wert des Nachlasses einher.

ff) Privatversicherungsrecht

C96 Leistungsansprüche von Versicherten aus einer Privatversicherung begründen Geldwertschulden, sofern die Deckung eines konkreten Bedarfs (**Schadensversicherung**) bezweckt ist (OMLOR, Geldprivatrecht [2014] 299). Soll ein abstrakter Bedarf gedeckt werden (Summenversicherung), steht dem Versicherten ein Geldsummenanspruch zu (s o Rn C78). Im Fall der Schadensversicherung orientiert sich die Anspruchshöhe im Grundsatz an den realen Kosten und Nachteilen, die dem Versicherten entstehen. Abhängig von der Ausgestaltung des Versicherungsvertrags zählen zu diesen valoristisch ausgerichteten Versicherungstypen die Gebäudefeuerversicherung (vgl § 88 VVG), die Haftpflichtversicherung (vgl § 100 VVG), die Rechtsschutzversicherung (vgl § 125 VVG), die Transportversicherung (vgl § 136 VVG) sowie je nach Versicherungsleistung (zu pauschal vMAYDELL, Geldschuld und Geldwert [1974] 255 ff, 262 ff) die Unfall- (vgl § 178 Abs 1 VVG) und die Krankenversicherung (vgl § 192 Abs 1 VVG). Diese Geldwertschulden sind abhängig von der Art der Versicherung mit einer **nominalen Höchstgrenze** versehen, ab deren Erreichen eine Geldsummenschuld vorliegt. Häufig weisen die Haftpflicht-, die Rechtsschutz- und die Unfallversicherung eine Leistungsbegrenzung auf einen festen Geldbetrag auf. Flexiblere Grenzen können sich bei Sachversicherungen je nach vereinbartem **Versicherungswert** (§ 88 VVG) ergeben. Bezieht sich die Gebäudeversicherung auf einen gleitenden Neuwert, so handelt es sich zwar um eine nicht an die allgemeine Geldwertentwicklung angebundene Obergrenze für die Leistungspflicht des Versicherers. Allerdings richtet sich der Leistungsumfang nach dem Wiederbeschaffungswert am Tag des Schadens (OLG Saarbrücken 7. 7. 1999 – 5 U 139/99 – 14, VersR 2000, 358) und damit nach der spezifisch auf den Versicherungsgegenstand bezogenen Preisentwicklung.

III. Aufwertung von Geldsummenschulden

1. Mechanismen der Aufwertung

Die Wertsicherung von Geldsummenschulden unterteilt sich in präventive und reaktive Aspekte. Die Parteien können vorausschauend eine Wertsicherungsvereinbarung treffen und damit selbst entscheiden, auf welche Weise das subjektive Äquivalenzverhältnis in die Zukunft bei sich wandelndem Geldwert fortgeschrieben wird. Mit Ausnahme eines von den Parteien nicht vorhergesehenen Fehlschlagens einer solchen Wertsicherungsabrede (s o Rn C201 ff) sperrt der Einsatz einer solchen vorsorgenden Regelung die Anwendung von subsidiären gesetzlichen Reaktionsmechanismen wie der Störung der Geschäftsgrundlage. Unterlassen die Parteien jedoch eine vertragliche Vereinbarung zur Wertsicherung, eröffnet sich das Feld für ein reaktives Eingreifen von Wertsicherungsmechanismen auf gesetzlicher Grundlage. Eine solche Aufwertung von Geldsummenschulden kann sich zum einen generalisierend unter Ausblendung von Besonderheiten der konkreten Geldschuld bzw des zugrundeliegenden Rechtsverhältnisses vollziehen (**generelle oder gesetzliche Aufwertung**). Eine derartige generelle Aufwertung durch (Währungs-)Gesetz ist in Deutschland wegen der ihr zugeschriebenen inflationsfördernden Wirkung bislang nur zurückhaltend eingesetzt worden und war der Bewältigung währungspolitischer Krisen- und Umbruchzeiten vorbehalten. Zu nennen sind als historische Beispiele die Aufwertungsgesetze von 1925 bis 1930 zur Bewältigung der „großen Inflation" sowie die Umstellungsregelungen von Reichsmark auf DM im Zuge der Währungsreform nach dem Zweiten Weltkrieg (vgl dazu OMLOR, Geldprivatrecht [2014] 458 ff mwNw). Zum anderen vermag der Gesetzgeber abstrakte privatrechtliche Regelungen zu erlassen, auf deren Grundlage in richterlicher Einzelfallanwendung und in Ansehung der konkreten Geldschuld bzw des ihr zugrundeliegenden Rechtsverhältnisses eine Anpassung an die Geldentwertung erfolgt (**individuelle oder freie Aufwertung**). Sowohl aus Sicht der deutschen Rechtsordnung als auch unter rechtsvergleichender Einbeziehung namentlich des anglo-amerikanischen Rechtskreises erweist sich diese letztere Form der Aufwertung als in herausgehobener Weise umstritten: hinsichtlich des richterlichen Eingriffs in das Vertragsgefüge (s u Rn C99), des Eingriffs in die Vertragsfreiheit (s u Rn C102 f), der Vereinbarkeit mit dem Nominalismusprinzip (s u Rn C104 ff) und nicht zuletzt der positivrechtlichen Grundlage und ihrer Dogmatik (s u Rn C111 ff). **C97**

2. Individuelle Aufwertung im Spiegel der rechtspolitischen, verfassungs- und währungsrechtlichen Kritik

Die individuelle Aufwertung von Geldschulden stellt einen nachträglichen Eingriff in ein bestehendes Schuldverhältnis dar, der nach der Geschäftsgrundlagenlösung (s u Rn C111 ff) durch richterlichen Akt basierend auf dem wertungsoffenen § 313 BGB vollzogen wird. Daraus resultiert ein Spannungsfeld im Verhältnis zum Prinzip der Gewaltenteilung (s u Rn C100 f), zur Privatautonomie (s u Rn C102 f) und zum geldschuldrechtlichen Nominalprinzip (s u Rn C104 ff). **C98**

a) Vereinbarkeit mit deutschem Verfassungsrecht
aa) Prinzip der Gewaltenteilung

C99 Die individuelle Aufwertung, die sich lediglich auf der Grundlage eines abstrakten und nicht geldrechtsspezifischen Gesetzes in seiner Anwendung durch ein Gericht vollzieht, führt zu einer herausgehobenen Rolle der Judikative. Zurückverfolgen lässt sich dieses „Grundproblem der Aufwertung" (NUSSBAUM, Die Bilanz der Aufwertungstheorie [1929] 40) bis zur **Judikatur des Reichsgerichts** zur Bewältigung der Hyperinflation in der Weimarer Republik (dazu NUSSBAUM, Die Bilanz der Aufwertungstheorie [1929] 9 ff, 40 ff mwNw; WIEACKER, in: FS Walter Wilburg [1965] 229, 232 ff; BEISSE WM 1969, Sonderbeilage Nr 1, 13 f; MANN NJW 1974, 1297, 1298). Angesichts des damaligen Versagens des Gesetzgebers (vgl NUSSBAUM, Das Geld in Theorie und Praxis des deutschen und ausländischen Rechts [1925] 126 ff) schloss das Reichsgericht das entstandene Regelungsvakuum und schuf – nunmehr verfassungsrechtlich legitimiert durch die Rechtsfortbildungskompetenz aus Art 20 Abs 3 GG (vgl allgemein WIEDEMANN NJW 2014, 2407, 2408) – selbst Recht. Dem Reichsgericht wurden in der Folge nicht nur dogmatische Unzulänglichkeiten, sondern vor allem eine Überschreitung seiner Kompetenzen vorgeworfen: Die Judikative sei nicht zur Rechtsschöpfung durch prätorischen Akt berufen (GRAU AcP 122 [1924] 318, 329 ff, 347). Verstärkt wurde die Kritik durch den Umstand, dass bis zum 1. 1. 2002 das Institut der Störung bzw des Wegfalls der Geschäftsgrundlage keine gesonderte Normierung erfahren hatte, sondern in **richterlicher Rechtsfortbildung** auf den allgemeinen § 242 BGB gestützt wurde (dazu grundlegend RG 3. 2. 1922 – II 640/21, RGZ 103, 328, 332; BGH 23. 10. 1957 – V ZR 219/55, BGHZ 25, 390, 392). Die von der Rechtsprechung nach einigen Schwankungen (vgl etwa RG 28. 11. 1923 – V 31/23, RGZ 107, 78, 92) favorisierte Geschäftsgrundlagenlösung entbehrte somit einer spezifischen legislativen Willensäußerung.

C100 Nicht trotz, sondern gerade wegen der gesetzgeberischen Untätigkeit war bis zum Inkrafttreten des § 313 BGB am 1. 1. 2002 die Aufwertungsrechtsprechung auf Grundlage der Geschäftsgrundlagenlösung als Akt der richterlichen Rechtsfortbildung verfassungsrechtlich legitimiert (OMLOR, Geldprivatrecht [2014] 472 f). Die **Vereinbarkeit** der Rechtsfortbildung **mit dem Prinzip der Gewaltenteilung** hat inzwischen eine allgemeine Anerkennung erfahren (stellvertretend BVerfG 11. 10. 1978 – 1 BvR 84/74, BVerfGE 49, 304, 318; BVerfG 19. 10. 1983 – 2 BvR 485/80, 2 BvR 486/80, BVerfGE 65, 182, 190 f; BVerfG 12. 11. 1997 – 1 BvR 479/92, 1 BvR 307/94, BVerfGE 96, 375, 394; BVerfG 15. 1. 2009 – 2 BvR 2044/07, BVerfGE 122, 248, 267; BVerfG 25. 1. 2011 – 1 BvR 918/10, BVerfGE 128, 193, 210; KIRCHHOF NJW 1986, 2275 f; GRZESZICK, in: MAUNZ/DÜRIG, Grundgesetz [2020] Art 20 Rn 88 f). Da der Privatrechtsgesetzgeber nicht nur zu Zeiten der Weimarer Hyperinflation von 1918 bis 1923, sondern auch danach bis zur Schuldrechtsreform 2002 untätig geblieben war, hatte die Rechtsprechung auch nicht die allgemeinen Grenzen der Rechtsfortbildung (vgl dazu BVerfG 25. 1. 2011 – 1 BvR 918/10, BVerfGE 128, 193, 210) überschritten.

C101 Unter dem Blickwinkel der Gewaltenteilung erfuhr die Aufwertungsrechtsprechung eine einschneidende Zäsur mit der **Schuldrechtsreform** des Jahres **2002**. Der idealtypische Grundgedanke, wonach die Legislative von der Zukunft, die Judikative hingegen von der Vergangenheit handele (HUSSERL, Recht und Zeit [1955] 52 ff), trat durch die Kodifizierung des Instituts der Störung bzw des Wegfalls der Geschäftsgrundlage in § 313 BGB wieder in den Vordergrund. Nach der gesetzgeberischen Intention (BT-Drucks 14/6040, 174) erfasst § 313 BGB auch die Geldentwertung als Anwendungsfall der Äquivalenzstörung. Einer Sondervorschrift, die sich tatbestandlich auf die

Aufwertung von Geldsummenschulden beschränkt, bedurfte es aus Gründen der Gewaltenteilung nicht. Der Gesetzgeber hatte eine detailreiche und über die Jahrzehnte austarierte Judikatur zum Institut des Wegfalls der Geschäftsgrundlage vorgefunden, von der er durch die Kodifizierung nicht abweichen wollte; die Neufassung solle „das ohnehin schon Anerkannte wiedergeben" (BT-Drucks 14/6040, 175). Damit nimmt § 313 BGB nach den gesetzgeberischen Vorstellungen auch die vorherige **Aufwertungsrechtsprechung** in sich auf und verleiht der abstrakten Norm auf diese Weise **bereichsspezifische Konturen**. Überdies wäre eine über die geltende Fassung von § 313 BGB hinausgehende Präzisierung der tatbestandlichen Voraussetzungen und Rechtsfolgen kaum möglich gewesen. Die individuelle Aufwertung stellt in letzter Instanz eine **Wertungsentscheidung** dar (vgl allgemein MARTINEK AcP 198 [1998] 329, 366 f), die sich nicht ausschließlich durch mathematisch-technische Grenzwerte automatisieren lässt. Vielmehr genügt es angesichts der Vielgestaltigkeit der Geldschulden und der potenziellen Inflationsszenarien, wenn die abstrakten Wertungskriterien subsumtionsoffen vom demokratisch legitimierten Gesetzgeber festgelegt werden. Einzig im empirisch seltenen Fall einer Hyperinflation ist der Gesetzgeber aus Gründen der Gleichbehandlung und der Rechtssicherheit aufgerufen, zeitnah eine auf den jeweiligen Krisenfall zugeschnittene gesetzliche Regelung zu schaffen (STAUDINGER/K SCHMIDT [1997] Vorbem D95 zu §§ 244 ff).

bb) Grundrechtsschutz der Vertragsfreiheit

Die individuelle Aufwertung auf der Grundlage von § 313 BGB begründet einen rechtfertigungsbedürftigen Eingriff in die insbesondere (vgl zu den spezielleren Grundrechtsverbürgungen HÖFLING, Vertragsfreiheit [1991] 11 ff; RUFFERT, Vorrang der Verfassung und Eigenständigkeit des Privatrechts [2001] 288 ff mwNw) durch Art 2 Abs 1 GG geschützte Vertragsfreiheit (OMLOR, Geldprivatrecht [2014] 474 f). Entgegen der früheren höchstrichterlichen Rechtsprechung stellt die Einzelfallanwendung der Regeln zur Störung bzw zum Wegfall der Geschäftsgrundlage nicht nur eine „Frage ... der Rechtsfindung" dar, sodass das Gericht nur ausspräche, „welche Umgestaltung die bestehenden Rechtsbeziehungen durch die Veränderung der Umstände nach Treu und Glauben erlitten haben" (BGH 14. 7. 1953 – V ZR 72/52, NJW 1953, 1585, 1586; ebenso BGH 14. 10. 1959 – V ZR 9/58, NJW 1959, 2203, 2205; MÜGEL, Das gesamte Aufwertungsrecht [5. Aufl 1927] 180; für eine restriktive Rechtsprechungspraxis nach dieser Regel LARENZ, Geschäftsgrundlage und Vertragserfüllung [3. Aufl 1963] 132). In der gerichtlichen Anwendung von § 313 BGB liegt ein konstitutiver **vertragsgestaltender Akt der Judikative** (LANGE, in: FS Paul Gieseke [1958] 21, 53 f; BROX, Die Einschränkung der Irrtumsanfechtung [1960] 128 f; GRUBER, Geldwertschwankungen und handelsrechtliche Verträge in Deutschland und Frankreich [2002] 417), was sich an der Offenheit der Vorschrift im Hinblick auf Tatbestand und Rechtsfolgen zeigt. **C102**

Der **Eingriff** in die allgemeine Handlungsfreiheit in Gestalt der Vertragsfreiheit wird **durch § 313 BGB gerechtfertigt** (OMLOR, Geldprivatrecht [2014] 475; GRUBER, Geldwertschwankungen und handelsrechtliche Verträge in Deutschland und Frankreich [2002] 417 ff, 422; **aA** WIEACKER, in: FS Walter Wilburg [1965] 229, 234), der Teil der verfassungsmäßigen Ordnung iSv Art 2 Abs 1 GG ist (allgemein zur Eingriffsrechtfertigung BVerfG 16. 1. 1957 – 1 BvR 253/56, BVerfGE 6, 32, 36 ff; BVerfG 6. 6. 1989 – 1 BvR 921/85, BVerfGE 80, 137, 152 ff mwNw). Insbesondere handelt es sich um einen verhältnismäßigen Eingriff durch eine auch formell verfassungsmäßige Norm. Nur in eng begrenzten Ausnahmefällen wird in das Vertragsgefüge korrigierend eingegriffen. Ziel der individuellen Aufwertung nach § 313 **C103**

BGB ist die **Fortschreibung des subjektiven Äquivalenzverhältnisses**, nicht das Überstülpen einer objektiv als vernünftig eingeschätzten Vertragsgerechtigkeit. Maßgebend bleibt die Orientierung an der vertraglichen Risikoverteilung. Zudem genießt die bestandswahrende Anpassung des Vertrags einen Vorrang vor dessen Aufhebung (vgl § 313 Abs 3 S 1 BGB).

b) Einschränkung des geldschuldrechtlichen Nominalprinzips

C104 Die individuelle Aufwertung von Geldschulden beschränkt den Wirkungsbereich des geldschuldrechtlichen Nominalprinzips. Nach dessen strikter Spielart tritt bei Geldsummenschulden die Erfüllung ausnahmslos dann ein, wenn der Schuldner den Nennwert der Schuld an den Gläubiger leistet (s o Rn C46 f). Die Anpassung einer Geldschuld an die Geldwertentwicklung hebt dieses Dogma jedoch in Teilen auf. Geldschuldrechtlich wird der **Grundsatz „Mark = Mark" bzw „Euro = Euro" durchbrochen**. Das Reichsgericht verwies in den Anfangsjahren seiner Aufwertungsjudikatur auf fragmentarische gesetzgeberische Akte, die als Reaktion auf die Hyperinflation ergangen waren; habe der Gesetzgeber selbst das Nominalprinzip durchbrochen, könne es folglich keine absolute Geltung beanspruchen (RG 28. 11. 1923 – V 31/23, RGZ 107, 78, 88 ff).

C105 In der Tat ist der deutschen Rechtsordnung ein **strikter geldschuldrechtlicher Nominalismus fremd**, der einer individuellen Aufwertung von Geldsummenschulden entgegenstünde. Einschränkungen des geldschuldrechtlichen Nominalprinzips sind zulässig (BGH 28. 5. 1973 – II ZR 58/71, BGHZ 61, 31, 38; Ziehm, Die Wertsicherungsklausel im deutschen Recht [1966] 23 f; Fögen, Geld- und Währungsrecht [1969] 141; Reuter ZHR 137 [1973] 482, 495; vMaydell, Geldschuld und Geldwert [1974] 119; Horn, Geldwertveränderungen, Privatrecht und Wirtschaftsordnung [1975] 33 ff; Ertl, Inflation, Privatrecht und Wertsicherung [1980] 233 ff; Gruber, Geldwertschwankungen und handelsrechtliche Verträge in Deutschland und Frankreich [2002] 423 mwNw; Omlor, Geldprivatrecht [2014] 270 f, 461 f; einschränkend Mann NJW 1974, 1297, 1298 f; **aA** Heck AcP 122 [1924] 203, 215). Seit der Kodifizierung des § 313 BGB mit der gesetzgeberischen Intention, darin zugleich die individuelle Aufwertung von Geldsummenschulden zu verorten (s o Rn C101), kann nicht mehr mit dem Fehlen eines gesetzlichen Aufwertungsverbots argumentiert werden (so noch vor der Schuldrechtsreform vMaydell, Geldschuld und Geldwert [1974] 68; dem folgend Gruber, Geldwertschwankungen und handelsrechtliche Verträge in Deutschland und Frankreich [2002] 423); inzwischen existiert mit **§ 313 BGB** vielmehr sogar eine **positive gesetzgeberische Wertentscheidung zugunsten der individuellen Aufwertung**. Auch lässt sich **§ 1 Abs 2 und 3, §§ 3 bis 7 PrKG** die gesetzliche Wertung entnehmen, dass der geldschuldrechtliche Nominalismus nicht einschränkungslos Anerkennung genießt. Vielmehr können bestimmte gegenläufige Interessen eine Zulässigkeit von Wertsicherungsklauseln, die eine Geldsummenschuld mit valoristischen Elementen versehen, begründen.

C106 Grund und Grenzen der Geltung des geldschuldrechtlichen Nominalprinzips sind im Gewohnheitsrecht zu verorten (s o Rn C40). Seine Geltungskraft basiert auf der Vorrangigkeit der von ihm verfolgten Ziele. Trotz des außerordentlich hohen Stellenwerts der auf diese Weise geschützten Ziele und Interessen sind diese einem Ausgleich mit im Einzelfall konfligierenden Belangen nicht von vornherein entzogen (Omlor, Geldprivatrecht [2014] 461). Das Nominalprinzip dient insbesondere der Rechtssicherheit und -klarheit sowie der Stabilitätsförderung und Inflationshemmung (s o

Rn C42 f). Das überindividuelle Interesse an einer Geldwertstabilität erfährt dabei einen primärrechtlichen Schutz im Unionsrecht (vgl Art 3 Abs 3 UAbs 1 S 2 EUV, Art 119 Abs 2 und 3, 127 Abs 1 S 1, 282 Abs 2 S 2 AEUV). Gegenläufig zu berücksichtigen ist jedoch der Gedanke der **Funktionsgerechtigkeit** (REUTER ZHR 137 [1973] 482, 493 f). Damit rücken die Äquivalenz von Leistung und Gegenleistung ebenso wie geldschuldspezifische Zielsetzungen (zB Versorgung/Bedarfsdeckung) in den Fokus. Einen Anhaltspunkt für eine solche **praktische Konkordanz** von gegenläufigen Zielen und Interessen bieten die Bereichsausnahmen des Preisklauselgesetzes. Auch sie lassen Ausnahmen vom nominalistischen Verbotsgrundsatz des § 1 Abs 1 PrKG zu, sofern ein überwiegendes Wertsicherungsinteresse anerkennenswert erscheint. Dabei beruhen die zentralen **Bereichsausnahmen aus §§ 3 f PrKG** im Wesentlichen auf dem gesetzlichen Anliegen, das subjektive **Äquivalenzverhältnis** und den **Versorgungszweck** von Geldschuldverhältnissen abzusichern. Diese Wertungen lassen sich in den offenen Tatbestand des § 313 BGB integrieren.

3. Aufwertung von CISG-Geldschulden

C107 Die individuelle Aufwertung von Geldschulden erweist sich nicht nur als Herausforderung an die deutsche Privatrechtsdogmatik, die sich seit den 1920er Jahren entwickeln und spezifizieren konnte. Bei Geldschulden im internationalen Wirtschaftsverkehr zeigt sich die Geldentwertungsproblematik in noch verschärfter Form. Zum einen **scheidet** regelmäßig mangels eines staatenübergreifenden Gesetzgebers eine **generelle Aufwertung** durch ein anlassbezogenes Spezialgesetz **aus**. Zum anderen unterscheidet sich die Inflationsneigung von Volkswirtschaft zu Volkswirtschaft und von Währungsraum zu Währungsraum. Damit entsteht eine Risikolage, die für die betroffenen Akteure nur mit nicht unerheblichem Aufwand kalkulierbar ist. Mit der Zunahme der **Zahl der Transaktionswährungen** steigen zugleich die Kosten für eine inflationsbezogene Risikovorsorge. Gerade bei kleineren und mittleren Unternehmen fehlen nicht selten die Expertise oder die Ressourcen, um sich durch geeignete Wertsicherungsklauseln vor einem teilweisen inflationsbedingten Verlust von Geldforderungen zu schützen.

C108 Transnationale Geldschulden entstehen namentlich bei Abschluss eines Kaufvertrags, der dem UN-Kaufrecht unterliegt. Eine ausdrückliche Vorschrift zur individuellen Aufwertung des Kaufpreiszahlungsanspruchs des Verkäufers enthält die Konvention nicht. Die Suche nach einer tauglichen Grundlage für eine Vertragsanpassung infolge von Geldentwertung bildet damit die entscheidende Hürde auf der Ebene des Einheitsrechts. Eine Heranziehung von § 313 BGB oder von funktional vergleichbaren nationalen Rechtsinstituten scheidet dabei aus. Die **Konvention** enthält eine **abschließende Regelung** zu den Auswirkungen von veränderten Umständen auf die vertraglichen Pflichten der Parteien (OLG Brandenburg 18. 11. 2008 – 6 U 53/07, IHR 2009, 105, 114; STAUDINGER/MAGNUS [2018] Art 4 CISG Rn 59 mwNw). Hierzu zählen neben dem Befreiungstatbestand des Art 79 CISG vor allem der allgemeine Grundsatz von Treu und Glauben (Art 7 Abs 1 CISG) und die Verbindlichkeit internationaler Handelsbräuche (Art 9 Abs 2 CISG).

C109 Eine individuelle Aufwertung von CISG-Geldschulden steht hingegen auf der Grundlage des Gebots von **Treu und Glauben** aus **Art 7 Abs 1 CISG** offen (im Einzelnen OMLOR JZ 2013, 967, 973 ff). Als grundlegendes Prinzip der Konvention (Appellate Court

New South Wales 12. 3. 1992 *Renard Constructions v Minister for Public Works* = [1992] 26 NSWLR 234; Handelsgericht Zürich 30. 11. 1998 – HG 930634/O = http://www.cisg-online.ch/content/api/cisg/urteile/415.pdf; vgl zur Entstehungsgeschichte Bonell, in: Bianca/Bonell [Hrsg], Commentary on the International Sales Law [1987] Art 7 Bem 1.2 ff; Ferrari, in: Ferrari/Flechtner/Brand [Ed], The Draft UNCITRAL Digest and Beyond [2004] 138, 151 ff; Sheehy, Review of the Convention on Contracts for the International Sale of Goods [2007] 153 ff) gilt es nicht nur für die Auslegung der Konvention, sondern grundsätzlich auch der Parteivereinbarungen und den Inhalt der Vertragspflichten (Cour d'appel de Grenoble 22. 2. 1995 – 93/3275 *S.a.r.l. BRI Production „Bonaventure" v Pan African Export* http://www.cisg-online.ch/content/api/cisg/display.cfm?test=151). In die Auslegung des offenen Tatbestands aus Art 7 Abs 1 CISG lassen sich zudem Wertungen aus den *Unidroit Principles of International Commercial Contracts* (*Unidroit Principles* 2016) einbeziehen. Sie fungieren dabei als „Rechtsgewinnungsquelle" (Teichert, Lückenfüllung im CISG mittels UNIDROIT-Prinzipien [2007] 112 ff, 129) bzw als „persuasive authority" (Ferrari JZ 1998, 9, 16). Nach **Art 6.2.3(4b) der Unidroit Principles 2016**, der auf dem Grundsatz von Treu und Glauben beruht (Dawwas Pace Int'l L Rev Online Companion 2 [2010] 1, 14), kann ein von einer Partei angerufenes Gericht eine Vertragsanpassung im Fall einer erheblichen Äquivalenzstörung anordnen. Diese Eingriffsbefugnis wird spezifisch unter anderem mit dem Beispiel einer Geldentwertung begründet (Comment 1 zu Art 6.2.3 Unidroit Principles 2016). Nicht zuletzt im Licht von Art 6.2.3(4b) *Unidroit Principles* 2016 begründet Art 7 Abs 1 CISG daher die Pflicht der Parteien zur Vertragsanpassung, sofern erhebliche Änderungen der äußeren Umstände eintreten (OLG Brandenburg 18. 11. 2008 – 6 U 53/07, IHR 2009, 105, 114; Brunner CISG-AC Opinion No 7, Comment 40; Staudinger/Magnus [2018] Art 79 CISG Rn 24; ähnlich Federal District Court New York *Hilaturas Miel, SL v Republic of Iraq* IHR 2009, 206, 208 f; **aA** wohl Schwenzer VUWRL 39 [2008] 709, 724 f; dies, in: FS Eugen Bucher [2009] 723, 738 ff, jedoch unter Rückgriff auf Schadensminderungsobliegenheiten der Parteien mit in Teilen ähnlichen Ergebnissen). Alternativ zur Ableitung einer individuellen Aufwertung auf der Grundlage von Art 7 Abs 1 CISG lässt sich eine solche auch als **internationaler Handelsbrauch** über Art 9 Abs 2 CISG darstellen (Omlor JZ 2013, 967, 973). Neben Art 6.2.3 (4b) der *Unidroit Principles* 2016 sprechen dafür auch die Vertragsanpassungsoptionen aus Art 6:111(3b) der *Principles of European Contract Law* (PECL) und Art III – 1:110(2a) des *Draft Common Frame of Reference* (DCFR).

C110 Ob im Einzelfall eine hinreichende Äquivalenzstörung vorliegt, die eine gerichtliche Vertragsanpassung zu rechtfertigen vermag, bestimmt sich in autonomer Auslegung nach Art 7 Abs 1 CISG (im Einzelnen Omlor JZ 2013, 967, 974 f). Den Ausgangspunkt bildet das **subjektive Äquivalenzverhältnis** von Leistung und Gegenleistung, das auch als Maßstab für das Minderungsrecht aus Art 50 CISG dient. Damit wird verhindert, dass eine objektivierte Vernünftigkeits- oder Angemessenheitskontrolle der Parteivereinbarungen vorgenommen wird. Die individuelle Aufwertung orientiert sich zudem auch insofern eng am konsentierten Vertragsinhalt, als eine Vertragsanpassung nur dann in Betracht kommt, wenn sie nicht im Widerspruch zur **vertraglichen Risikoverteilung** steht. Hierzu zählt unter anderem der geldschuldrechtliche Nominalismus, dessen Geltung auf Grundlage des UN-Kaufrechts typischerweise von den Parteien zumindest konkludent vereinbart wird (Omlor JZ 2013, 967, 970) und der dem Geldgläubiger grundsätzlich das Geldentwertungsrisiko zuweist. Auch spielen Aspekte der Rechtssicherheit und -klarheit auf der transnationalen Ebene eine besondere Rolle. Schließlich steht das **Zeitmoment** zur Berücksichtigung an, als es für eine Vertragsanpassung darauf ankommt, welche Zeitspanne zwischen Vertragsschluss und

Erfüllung der Geldschuld liegt bzw welche Restlaufzeit der Vertrag noch hat. Eine relevante Äquivalenzstörung lässt sich danach regelmäßig bei einer galoppierenden Inflation bejahen, wohingegen bei einer schleichenden oder trabenden Inflation eine Einzelfallprüfung erforderlich ist (zu den Formen der Inflation s o Rn C14 ff). Regelmäßig scheidet eine Vertragsanpassung hingegen aus, wenn sich die Geldentwertung innerhalb des Zielkorridors bewegt, den die Zentralbank des betroffenen Währungsraums vorgegeben hat (zB unter, aber nahe 2,0 % pa im Euroraum). Letztlich ist in einer wertenden Gesamtbetrachtung auch der Umfang der Vertragsanpassung festzulegen, der nicht notwendig in einem vollen Inflationsausgleich bestehen muss.

4. Geschäftsgrundlagenlösung

Die heute ganz herrschende und an gewohnheitsrechtliche Anerkennung grenzende **C111** Geschäftsgrundlagenlösung für die individuelle Aufwertung von Geldschulden war namentlich zu Beginn des 20. Jahrhunderts nicht unumstritten und setzte sich erst in der Folgezeit gegen Alternativkonzepte durch (s u Rn C112 ff). Im Einklang mit der Kodifizierung des Instituts der Störung der Geschäftsgrundlage in § 313 BGB lässt sich ein Quartett von Leitlinien der individuellen Aufwertung erstellen (s u Rn C119 ff), das in die einzelnen tatbestandlichen Voraussetzungen (s u Rn C138 ff) und Rechtsfolgen (s u Rn C160 ff) hineinwirkt.

a) Abgrenzung und Alternativmodelle
aa) Allgemeine Rechtsgeschäftslehre

Aus einer Geldwertänderung nach Abgabe einer auf Abschluss eines Vertrages gerichteten Willenserklärung folgt kein Anfechtungsgrund nach § 119 Abs 1 Alt 1 **C112** BGB (STAUDINGER/K SCHMIDT [1997] Vorbem D340 zu §§ 244 ff) oder § 119 Abs 2 BGB (RG 11. 7. 1925 – V 130/25, RGZ 111, 257, 259 f; RG 10. 2. 1926 – V 567/24, RGZ 112, 329, 332; BGH 20. 5. 2011 – V ZR 76/10 Rn 7, 24, NJW-RR 2011, 1582; OMLOR, Geldprivatrecht [2014] 466). Zweifel an einem **Inhaltsirrtum** ergeben sich bereits daraus, dass sowohl der individuelle Erklärungswille als auch die objektiv-normative Erklärungsbedeutung auf dem gewohnheitsrechtlich anerkannten Nominalismus basieren und aus ihm heraus zu bestimmen sind. Zumindest aber ist die Äquivalenz von Leistung und Gegenleistung lediglich auf der **Motivebene** angesiedelt, nicht aber Inhalt der Willenserklärungen der Vertragspartner (RG 11. 7. 1925 – V 130/25, RGZ 111, 257, 260). Einer Anfechtung nach § 119 Abs 2 BGB steht entgegen, dass es sich bei der Kaufkraft nicht um eine verkehrswesentliche Eigenschaft des Geldes handelt (RG 11. 7. 1925 – V 130/25, RGZ 111, 257, 260; vMAYDELL, Geldschuld und Geldwert [1974] 114). Zudem müsste der Erklärende einen Irrtum über die Kaufkraft nach Abgabe der Willenserklärung geltend machen, wohingegen nur vergangene oder gegenwärtige Umstände als Eigenschaften iSd § 119 Abs 2 BGB taugen (vgl BGH 20. 5. 2011 – V ZR 76/10 Rn 7, 24, NJW-RR 2011, 1582).

Eine inflationsbedingte Äquivalenzstörung führt nicht zu einer **Sittenwidrigkeit** des **C113** zugrundeliegenden Vertragsverhältnisses (GRUBER, Geldwertschwankungen und handelsrechtliche Verträge in Deutschland und Frankreich [2002] 443 f; OMLOR, Geldprivatrecht [2014] 466 f). Für die Beurteilung der Sittenwidrigkeit ist der **Zeitpunkt des Vertragsschlusses** entscheidend (BGH 15. 2. 1956 – IV ZR 294/55, BGHZ 20, 71, 73; BGH 22. 12. 1999 – VIII ZR 111/99, NJW 2000, 1254, 1255; BGH 9. 7. 2008 – XII ZR 6/07 Rn 5 ff, NJW 2008, 3426). Eine rückwirkende Nichtigkeit durch ein nachträglich eintretendes objektives Missverhältnis von Leistung und Gegenleistung ist unerheblich (BGH 9. 7. 1968 – V ZR 118/67, WM 1968, 1248). Gleiches gilt bei einem langfristigen **Wiederkaufsrecht**, da wegen des bereits aufschiebend bedingt abgeschlossenen Kaufvertrags (BGH 17. 12. 1958 – V ZR 51/57, BGHZ 29, 107, 110 ff; BGH 14. 1. 1972 – V ZR 173/69, BGHZ 58, 78, 80) nicht auf den Zeitpunkt des Bedingungseintritts, sondern der Vereinbarung des Wiederkaufrechts abzustellen ist (**aA** in *obiter dicta* BGH 29. 10. 2010 – V ZR 48/10 Rn 11, NJW 2011, 515; BGH 20. 5. 2011 – V ZR 76/10 Rn 15, NJW-RR 2011, 1582). Ebenso ist die Rechtslage, sofern ein **Ankaufsrecht** in Gestalt eines aufschiebend bedingten Kaufvertrags (vgl BGH 27. 6. 2001 – IV ZR 120/00, BGHZ 148, 187, 192) vereinbart wird. Bei einem **Vorkaufsrecht** liegt bereits kein Vorkaufsfall vor, sofern der mit einem Dritten abgeschlossene Kaufvertrag nichtig ist (BGH 18. 7. 2014 – V ZR 178/13 Rn 20, NJW 2014, 3774; Staudinger/Mader/Schermaier [2014] § 463 Rn 36; BeckOGK/Omlor [1. 3. 2021] § 1097 Rn 22).

C114 Das Institut der Störung bzw des Wegfalls der Geschäftsgrundlage wird hinsichtlich der individuellen Aufwertung von Geldsummenschulden nicht durch die – an sich vorrangige (BGH 3. 7. 1981 – V ZR 100/80, BGHZ 81, 135, 143; BGH 1. 2. 1984 – VIII ZR 54/83, BGHZ 90, 69, 74; BGH 11. 10. 2005 – XI ZR 395/04 Rn 24, BGHZ 164, 286; BGH 21. 12. 2005 – X ZR 108/03 Rn 7, NJW-RR 2006, 699; BGH 18. 11. 2011 – V ZR 31/11 Rn 12 ff, 19, BGHZ 191, 336) – ergänzende Vertragsauslegung verdrängt (Staudinger/K Schmidt [1997] Vorbem D97 zu §§ 244 ff; Gruber, Geldwertschwankungen und handelsrechtliche Verträge in Deutschland und Frankreich [2002] 436 mwNw; Omlor, Geldprivatrecht [2014] 463 ff; **aA** zum schweizerischen Privatrecht Castelberg, Der Geldwert als Rechtsproblem insbesondere bei Verkehrsgeschäften [1953] 98 ff). Für den empirischen Normalfall einer **schleichenden Inflation fehlt** es bereits an einer **planwidrigen Unvollständigkeit des Vertrages** (vgl dazu allgemein BGH 17. 4. 2002 – XIII ZR 297/01, NJW 2002, 2310). Verzichten die Parteien auf eine vertragliche Wertsicherung, so gehen sie für ein solches Szenario von einem Eingreifen des geldschuldrechtlichen Nominalismus aus und verneinen konkludent ein Regelungsbedürfnis (Gruber, Geldwertschwankungen und handelsrechtliche Verträge in Deutschland und Frankreich [2002] 435 mwNw). Zwar lässt sich eine **Hyperinflation** im Gegensatz dazu regelmäßig nicht als von den Parteien vorausgesehen und einbezogen unterstellen, jedoch scheitert eine ergänzende Vertragsauslegung dennoch: Nachträglich lässt sich nicht hinreichend sicher aufklären, wie die Parteien auf eine Hyperinflation reagiert hätten (RG 10. 10. 1933 – II 148/33, RGZ 142, 23, 33; zur Ausnahme bei Vereinbarung einer „Roggenklausel" vgl BGH 3. 7. 1981 – V ZR 100/80, BGHZ 81, 135, 139). Kann ein gesicherter **hypothetischer Parteiwille** nicht festgestellt werden und verbleiben daher Zweifel, ob und welche Art der Wertsicherung die Parteien vereinbart hätten, hat eine ergänzende Vertragsauslegung zu unterbleiben (vgl BGH 17. 4. 2002 – XIII ZR 297/01, NJW 2002, 2310, 2311).

bb) Unmöglichkeitsrecht

C115 Die durch eine Geldentwertung bewirkte Äquivalenzstörung kann nicht durch das Unmöglichkeitsrecht behoben werden (Omlor, Geldprivatrecht [2014] 467 f). Bei Geldschulden ist eine objektive oder subjektive **Unmöglichkeit** iSv § 275 Abs 1 BGB prinzipiell **ausgeschlossen** (s o Rn B57). Aber auch ein grobes Missverhältnis iSv § 275 Abs 2 BGB lässt sich nicht begründen, da Schuldneraufwand und Gläubigerinteresse sich regelmäßig parallel entwickeln (anders noch RG 21. 9. 1920 – III 143/20, RGZ 100, 129, 131 f; RG 7. 6. 1921 – III 508/20, RGZ 102, 272, 273 zur wirtschaftlichen Unmöglichkeit).

C116 Der Geldschuldner ist nicht ungerechtfertigt bereichert, wenn er eine vollwertige Gegenleistung erhält, selbst aber nur eine inflationsbedingt entwertete Leistung zu erbringen hat (**aA** RG 21. 11. 1924 – III 755/23, RGZ 109, 222, 225 [*obiter dictum*]). Der mit der Leistung des Geldgläubigers verfolgte Zweck, nämlich die Erfüllung einer Verbindlichkeit, wird in keiner Weise verfehlt. Da die Geldentwertung weder zu einer Nichtigkeit nach § 138 BGB, nach § 275 BGB noch nach § 142 Abs 1 BGB zu führen vermag, besteht eine **wirksame und erfüllbare Verbindlichkeit des Geldgläubigers**. Eine *actio de in rem verso* kennt das deutsche Bereicherungsrecht hingegen nicht (REUTER/ MARTINEK, Ungerechtfertigte Bereicherung [1983] 18 ff; vgl zur französischen Aufwertungsdiskussion GRUBER, Geldwertschwankungen und handelsrechtliche Verträge in Deutschland und Frankreich [2002] 449).

cc) Vorzüge der Geschäftsgrundlagenlösung

Gegenüber sämtlichen Alternativmodellen hat sich seit der Aufwertungsrechtsprechung des Reichsgerichts die sogenannte Geschäftsgrundlagenlösung durchgesetzt, deren allgemeine Anerkennung (stellvertretend RG 3. 2. 1922 – II 640/21, RGZ 103, 328, 332 ff; RG 6. 1. 1923 – V 246/22, RGZ 106, 7, 10; RG 10. 2. 1926 – V 567/24, RGZ 112, 329, 332; RG 20. 6. 1933 – II 41/33, RGZ 141, 212, 217; BGH 15. 6. 1951 – V ZR 86/50, NJW 1951, 836, 837; OMLOR, Geldprivatrecht [2014] 468 f) nahezu **gewohnheitsrechtliche Züge** trägt. War das Institut der Störung bzw des Wegfalls der Geschäftsgrundlage zur Zeit von RG 3. 2. 1922 – II 640/21, RGZ 103, 328 im Februar 1922 im Privatrecht noch nicht allgemein anerkannt (vgl zur Entwicklungsgeschichte LARENZ, Geschäftsgrundlage und Vertragserfüllung [3. Aufl 1963] 78 ff, 117 ff) und bedurfte eines untermauernden Verweises auf das im Vorjahr erschienene Grundlagenwerk von OERTMANN (OERTMANN, Die Geschäftsgrundlage [1921]), stellen sich seit seiner Kodifizierung im Rahmen der Schuldrechtsreform von 2002 *de lege lata* keine derartigen Existenzfragen mehr. Der BGB-Gesetzgeber des beginnenden 21. Jahrhunderts hat sich zudem eindeutig zugunsten der Geschäftsgrundlagenlösung positioniert. In den Materialien wird der Währungsverfall, bei welchem es zu einer inflationsbedingten Äquivalenzstörung kommt, ausdrücklich als ein Anwendungsfall von § 313 BGB benannt (BT-Drucks 14/6040, 174). § 313 BGB zeigt sich dabei als paradigmatisches „Mittel des Krisenmanagements" (BROCKMEYER, Das Rechtsinstitut der Geschäftsgrundlage aus Sicht der ökonomischen Analyse des Rechts [1993] 54).

C117

Die Vorzugswürdigkeit der Geschäftsgrundlagenlösung beruht im Kern auf vier Grundpfeilern (OMLOR, Geldprivatrecht [2014] 469). **Erstens** bietet der Rückgriff auf § 313 BGB ein hohes Maß an **Rechtssicherheit und -klarheit** für die betroffenen Wirtschaftsteilnehmer. Voraussetzungen und Rechtsfolgen einer individuellen Aufwertung finden sich gesammelt in § 313 BGB; ihre Wertungsoffenheit erfährt eine signifikante Präzisierung und Ausgestaltung durch mehrere Jahrzehnte von höchstrichterlicher Rechtsprechung auf der Grundlage des § 242 BGB. Auch im internationalen Wirtschaftsverkehr ist eine Vertragsanpassung bei einer erheblichen Geldentwertung anerkannt. Im Anwendungsbereich des UN-Kaufrechts stützt sie sich auf Art 7 Abs 1 CISG (s o Rn C109); darüber hinaus hat sie Niederschlag in Art 6.2.3(4b) der *Unidroit Principles* 2016 gefunden (Comments 1, 7 zu Art 6.2.3 Unidroit Principles 2010). **Zweitens** handelt es sich bei § 313 BGB um das **mildere Mittel** eines Eingriffs in die grundrechtlich geschützte Vertragsfreiheit im Vergleich zur Nichtigkeitssanktion aus §§ 138, 142 Abs 1, 275 BGB. Die Vertragsanpassung bei einer Störung der Geschäftsgrundlage hat den ursprünglichen Vertragsinhalt fortzudenken und sich damit am „Geist des Vertrages" (LARENZ, Geschäftsgrundlage und Vertragserfüllung [3. Aufl 1963] 162, 165) auszurichten. Damit ist **drittens** verbunden, dass § 313 auf **Rechtsfolgenseite** eine Anpassungsfähigkeit aufweist, die ein hohes Maß an **Einzelfallgerechtigkeit** ermöglicht.

C118

Kennt etwa § 138 BGB nur die Entscheidungsextreme von Nichtigkeit oder Wirksamkeit, stellt § 313 BGB nicht nur die Optionen der Vertragsanpassung und -aufhebung, sondern innerhalb der Vertragsanpassung auch eine erhebliche Gestaltungsbandbreite zur Verfügung. Zwar kommt es **viertens** stets zu einem richterlichen Eingriff in das Vertragsgefüge. Anders als bei einer ergänzenden Vertragsauslegung versteckt sich der Rückgriff auf § 313 BGB nicht hinter einem zweifelhaften hypothetischen Parteiwillen, den das Gericht zu erkennen glaubt. Die Geschäftsgrundlagenlösung legt hingegen den Eingriff des Gerichts offen und wird damit der Forderung nach **Methodenehrlichkeit** gerecht (STAUDINGER/K SCHMIDT [1997] Vorbem D91 zu §§ 244 ff).

b) Leitlinien der Aufwertung

C119 Ungeachtet des Bedürfnisses nach einer Anwendung der abstrakt-generellen und wertungsoffenen Tatbestandsmerkmale des § 313 BGB im konkreten Einzelfall lassen sich nicht nur in Analyse der Aufwertungsjudikatur, sondern vor allem aus der Dogmatik des § 313 BGB im Lichte der Besonderheiten der individuellen Aufwertung von Geldschulden allgemeine Leitlinien aufstellen.

aa) Äquivalenzprinzip

C120 Das **Gründungsmotiv** der Aufwertung nach der Geschäftsgrundlagenlösung stellt der Gedanke dar, dass auf eine unzumutbare Störung der **vertraglich festgelegten („subjektiven") Äquivalenz** von Leistung und Gegenleistung zu reagieren sei. Unerheblich ist dabei die objektive Gleichwertigkeit der Leistungen (LARENZ, Geschäftsgrundlage und Vertragserfüllung [3. Aufl 1963] 78 f; CHIOTELLIS, Rechtsfolgenbestimmung bei Geschäftsgrundlagenstörungen in Schuldverträgen [1981] 22). Wenn RG 3. 2. 1922 – II 640/21, RGZ 103, 177, 178 für die Anwendung der *clausula rebus sic stantibus* auf das „Wesen des Synallagmas" zurückgreift, dann liegt darin ein Anwendungsfall der Äquivalenzstörung. Eine Geldentwertung könne dazu führen, dass „der Schuldner für seine Leistung eine Gegenleistung erhalten würde, in der ein Äquivalent, das doch nach Absicht des Vertrages darin liegen soll, auch annähernd nicht mehr erblickt werden könnte" (RG 29. 11. 1921 – II 247/21, RGZ 103, 177, 179). Auch in RG 3. 2. 1922 – II 640/21, RGZ 103, 328, 332 wird maßgeblich auf die „Fortdauer der Äquivalenz von Leistung und Gegenleistung" und den Umstand abgestellt, dass „eine Geldentwertung, wie sie im Herbst 1919 eintrat, für die Geschäftswelt überraschend kam und nicht vorausgesehen werden konnte". Ob die Entwertung seiner Geldforderung zu einem wirtschaftlichen Zusammenbruch des Geldgläubigers führte und damit für ihn eine ruinöse Wirkung hätte, bleibt unberücksichtigt (RG 29. 11. 1921 – II 247/21, RGZ 103, 177, 178; SIMON, Die Rechtsfolgen der gestörten Vertragsgrundlage [1969] 61 f). Bei der Bestimmung von Leistung und Gegenleistung, die im Äquivalenzverhältnis zueinanderstehen, ist eine **wirtschaftlich-funktionale Betrachtungsweise** anzuwenden (CHIOTELLIS, Rechtsfolgenbestimmung bei Geschäftsgrundlagenstörungen in Schuldverträgen [1981] 21). Es besteht keine Deckungsgleichheit mit dem technischen Begriff des Synallagmas iSd §§ 320 ff BGB. Umfassend sind sämtliche vermögenswerten Vorteile einander gegenüber zu stellen (GRUBER, Geldwertschwankungen und handelsrechtliche Verträge in Deutschland und Frankreich [2002] 609 ff; zu Einzelfällen s u Rn C138 ff).

C121 Dem Äquivalenzprinzip kommt zwar eine herausstechende und prägende, aber keine exklusive Rolle als Auslöser einer individuellen Aufwertung nach § 313 BGB zu (vMAYDELL, Geldschuld und Geldwert [1974] 149, 168 f). Nicht immer lassen sich auch bei einem wirtschaftlich-funktionellen und damit weiten Verständnis von Äquivalenz taugliche Leistungen und Gegenleistungen ausmachen, die nach den Vorstellungen der Parteien in einem Austauschverhältnis stehen. Namentlich bei **Verträgen mit Versorgungscharakter** tritt ein zweiter alternativer Begründungsstrang neben das Äquivalenzprinzip, der sich ebenfalls bis in die Ursprünge der reichsgerichtlichen Aufwertungsjudikatur (vgl RG 26. 1. 1923 – VII 754/22, RGZ 106, 233, 235) zurückverfolgen lässt: die **Zweckstörung** (s u Rn C138).

bb) **Vertragliche Risikoverteilung**

Zwar baut das Institut von der Störung bzw vom Wegfall der Geschäftsgrundlage im Gegensatz zur ergänzenden Vertragsauslegung nicht auf einem hypothetischen Parteiwillen auf, nach dem sich das Schließen der Vertragslücke richtet. Die Anwendung des § 313 BGB legt offen, dass es sich um einen externen Eingriff in das Vertragsgefüge handelt. Dennoch knüpft auch § 313 Abs 1 BGB tatbestandlich an den Vereinbarungen der Parteien insofern an, als die vertragliche Risikoverteilung über das „ob" der Vertragsanpassung bzw -aufhebung mitentscheidet (ebenso schon auf Grundlage von § 242 vor der Schuldrechtsreform BGH 20. 12. 1965 – VIII ZR 21/64, NJW 1966, 448, 449; BGH 17. 12. 1973 – II ZR 48/71, NJW 1974, 273, 274 f; BGH 25. 5. 1977 – VIII ZR 196/75, NJW 1977, 2262, 2263; BGH 19. 4. 1978 – VIII ZR 182/76, NJW 1978, 2390, 2391; Geiler, in: Abraham [Hrsg], Die Geldentwertung in der Praxis des deutschen Rechtslebens [1923] 31, 41; Wieacker, in: FS Walter Wilburg [1965] 229, 251; Fikentscher, Die Geschäftsgrundlage als Frage des Vertragsrisikos [1971] 31 ff; Haarmann, Wegfall der Geschäftsgrundlage bei Dauerrechtsverhältnissen [1979] 57 ff). Hat der Geldgläubiger das Geldentwertungsrisiko vertraglich übernommen, bleibt ihm eine Aufwertung seiner Geldforderung nach § 313 BGB verschlossen. Eher selten dürfte in einem Vertragswerk eine ausdrückliche Risikoübernahme enthalten sein. Eine konkludente Übereinkunft kann sich hingegen aus dem **spekulativen Charakter** eines Vertrages (RG 9. 1. 1923 – VII 403/22, RGZ 106, 177, 181 f; OGHBrZ 13. 7. 1950 – I ZS 90/49, NJW 1950, 867 f; Simon, Die Rechtsfolgen der gestörten Vertragsgrundlage [1969] 61; vgl auch Mügel, Das gesamte Aufwertungsrecht [5. Aufl 1927] 233 mwNw) oder dem **Verzicht auf eine Wertsicherungsklausel** ableiten (BGH 29. 3. 1974 – V ZR 128/72, NJW 1974, 1186; BGH 23. 5. 1980 – V ZR 20/78, BGHZ 77, 194, 197 f). Jedoch lässt das Fehlen einer vertraglichen Wertsicherung **widersprüchliche Schlussfolgerungen** zu: Die Parteien können schlicht die Bedeutung von Geldwertänderungen für ihren Vertrag unterschätzt oder gänzlich übersehen haben. Ebenso erscheint möglich, dass sich der Geldgläubiger in den Vertragsverhandlungen mit seiner Forderung nach einem Inflationsschutz nicht durchzusetzen vermochte. Im letzteren Fall scheidet § 313 Abs 1 BGB regelmäßig schon tatbestandlich aus. Liegt eine vertragliche Risikoübernahme vor, bedarf es anhand des konkreten Inflationsszenarios einer Überprüfung, ob auch dieses miterfasst ist. Während davon bei einer **galoppierenden Inflation** regelmäßig nicht ausgegangen werden kann, bedarf es bei einer **schleichenden Inflation** als empirischem Normalfall einer Einzelfallprüfung (Omlor, Geldprivatrecht [2014] 480; generell bei einer schleichenden Inflation ablehnend Wieacker, in: FS Walter Wilburg [1965] 229, 250).

C122

cc) **Zeitspanne bis zur vollständigen Erfüllung der Geldschuld**

Je länger der Zeitraum zwischen dem Vertragsschluss bzw dem Beurteilungszeitpunkt für eine Aufwertung und der vollständigen Erfüllung der Geldschuld ist, desto eher liegen bei einer typisierten Betrachtung die Voraussetzungen des § 313 BGB vor. Das Zeitmoment bildet zwar **kein eigenständiges Tatbestandsmerkmal** für eine Störung bzw den Wegfall der Geschäftsgrundlage; dennoch lässt es sich als ein **über-**

C123

greifendes Kriterium** der Aufwertung nach § 313 BGB einordnen. Bedeutung erlangt es im Rahmen von drei Tatbestandserfordernissen des § 313 Abs 1 BGB (Omlor, Geldprivatrecht [2014] 481 f): erstens dem Vorliegen einer Äquivalenzstörung, zweitens der vertraglichen Risikoverteilung und drittens der Unzumutbarkeit einer unveränderten Vertragsfortführung. Die **Wahrscheinlichkeit einer Äquivalenzstörung** steigt typischerweise mit der Länge der Vertragsdauer, genauer des Zeitraums bis für endgültigen Erfüllung der Geldschuld. Je länger dieser Zeitraum, desto höher ist zugleich das Risiko einer *ex post* fehlerhaften Zukunftsprognose der Parteien (Weber ZSR 100 [1981] 165, 195; Oetker, Das Dauerschuldverhältnis und seine Beendigung [1994] 32 mwNw). Aus der Länge der Zeitspanne bis zur finalen Erfüllung lassen sich daher auch Rückschlüsse für die Reichweite einer vertraglichen Risikoübernahme ziehen. Nur ein voraussehbares Szenario wird von den Parteien zumindest konkludent in ihre Vereinbarungen einbezogen (vgl BGH 8. 6. 1973 – V ZR 72/72, WM 1973, 389; BGH 23. 4. 1976 – V ZR 167/74, WM 1976, 1034; Gruber, Geldwertschwankungen und handelsrechtliche Verträge in Deutschland und Frankreich [2002] 642). Einzubeziehen sind daher insbesondere der Erfahrungshorizont der Parteien im Zeitpunkt des Vertragsschlusses (dh die Geldwertentwicklung in den vorherigen Jahren), die bislang verstrichene Zeitspanne (dh die **Vorhersehbarkeit** des konkreten Inflationsszenarios) und die Geschwindigkeit der Geldentwertung. Weiterhin nimmt die Restlaufzeit eines Vertrages einen entscheidenden Einfluss auf die **Zumutbarkeit einer unveränderten Fortsetzung** des Vertragsverhältnisses (BGH 27. 10. 2004 – XII ZR 175/02, NZM 2005, 63, 64; Simon, Die Rechtsfolgen der gestörten Vertragsgrundlage [1969] 61). Bei einem langfristigen Vertragsverhältnis beschränkt sich die Äquivalenzstörung nicht auf einen einmaligen Austauschakt, sondern aktualisiert sich mit jeder Leistungserbringung von Neuem (Larenz, Geschäftsgrundlage und Vertragserfüllung [3. Aufl 1963] 90). Eine solche additive Wirkung (Chiotellis, Rechtsfolgenbestimmung bei Geschäftsgrundlagenstörungen in Schuldverträgen [1981] 146) kann dazu führen, dass ein isoliert betrachtet für eine Aufwertung unzureichendes Maß der Geldentwertung angesichts der verbleibenden Vertragslaufzeit eine Anpassungsnotwendigkeit begründet.

dd) Professionalität des Geldgläubigers

C124 Ebenso wie das Zeitmoment bildet auch die Professionalität des Geldgläubigers kein eigenständiges Tatbestandsmerkmal des § 313 BGB. Vielmehr handelt es sich um ein übergreifendes tatsächliches Kriterium, das bei der Anwendung der einzelnen Tatbestandserfordernisse Berücksichtigung finden muss (Omlor, Geldprivatrecht [2014] 483). Herausgebildet hat es sich in der Aufwertungsrechtsprechung seit der „großen Inflation" der 1920er Jahre (grundlegend Gruber, Geldwertschwankungen und handelsrechtliche Verträge in Deutschland und Frankreich [2002] 575 ff mwNw). **Kaufleute und sonstige professionelle Wirtschaftsteilnehmer** sind aufgrund ihrer Erfahrung und Sachkunde eher als andere in der Lage, eine **Geldentwertung vorherzusehen** und in ihre vertragliche Vereinbarung einzubeziehen. Zumindest eine schleichende Inflation genügt daher regelmäßig nicht, um eine Aufwertung zu rechtfertigen. Überdies sind die typisiert geringere Schutzbedürftigkeit und das erhöhte Bedürfnis nach Rechtssicherheit in die **Zumutbarkeitsprüfung** des § 313 Abs 1 BGB einzubeziehen. Zu den zu berücksichtigenden Umständen des Einzelfalls (vgl BGH 25. 2. 1993 – VII ZR 24/92, BGHZ 121, 378, 393) gehört, dass professionelle Wirtschaftsteilnehmer von einer Geldentwertung typischerweise weniger gravierend betroffen sind, da sie in einer Vielzahl von Rechtsbeziehungen als Schuldner und Gläubiger stehen und somit automatisch an einem **Risiko-/Chancenausgleich** teilhaben (Berndt, Die Wertsicherung in der Unternehmung unter besonderer Berücksichtigung der Währungsgesetzgebung [1960] 95 ff; Gruber, Geldwertschwankungen und handelsrechtliche Verträge in Deutschland und Frankreich [2002] 587). Über eine Wertsicherungsvereinbarung im betroffenen Geldschuldverhältnis hinaus können sie sich durch **Wertsicherungsgeschäfte** (*„hedging"*) vorsorgend selbst schützen (Gruber, Geldwertschwankungen und handelsrechtliche Verträge in Deutschland und Frankreich [2002] 594). Schließlich ist der Handelsverkehr in besonderem Maße auf eine rechtssichere Planbarkeit angewiesen. Daraus folgt nicht, dass eine Aufwertung von vornherein ausscheiden müsste (so aber RG 7. 12. 1926 – II 169/26, RGZ 115, 198, 200 für Handelsgeschäfte bis August 1922; zu Recht kritisch Nussbaum, Die Bilanz der Aufwertungstheorie [1929] 25 f). Da aber die Rechtssicherheit im Interesse aller kaufmännischen Vertragspartner einschließlich der Geldgläubiger liegt, erhöht sich damit die Unzumutbarkeitsschwelle für eine Vertragsanpassung.

c) Anwendbarkeit
aa) Positiver sachlicher Anwendungsbereich
Die Geschäftsgrundlagenlösung beschränkt sich angesichts ihrer normativen Verankerung in § 313 BGB auf **Geldschulden, die unmittelbar oder mittelbar auf einem Vertragsverhältnis basieren** (Omlor, Geldprivatrecht [2014] 484 ff). Insbesondere gesetzliche Geldschulden unterliegen daher keiner Aufwertung nach § 313 BGB, sondern allenfalls nach § 242 BGB. Zu den mittelbar-vertraglichen Geldschulden zählen vor allem gesetzliche Folgeansprüche aus fehlerhaften oder gestörten Vertragsverhältnissen, wie sie bei im Rücktrittsfolgenrecht (ebenso zur Wandlung RG 28. 5. 1924 – I 432/23, RGZ 108, 279, 281) und im Bereicherungsrecht im Fall einer *condictio indebiti* (RG 12. 3. 1924 – I 294/23, RGZ 108, 120 ff) vorliegen. Demgegenüber steht im Fall einer Nichtleistungskondiktion lediglich eine Aufwertung auf der allgemeinen Grundlage des § 242 BGB offen. Die Erweiterung des sachlichen Anwendungsbereichs des § 313 BGB auf nur mittelbar-vertragliche Geldschulden steht nur vordergründig im Widerspruch zum Wortlaut der Vorschrift und seiner systematischen Stellung im Untertitel 3 („Anpassung und Beendigung von Verträgen"). Durch § 313 BGB sollte lediglich das vor der Schuldrechtsreform bereits anerkannte und konturierte Institut der Störung bzw des Wegfalls der Geschäftsgrundlage kodifiziert werden, das auf den hinsichtlich des vertraglichen oder gesetzlichen Hintergrunds der Geldschuld indifferenten § 242 BGB gestützt wurde. Daran sollte sich ausweislich der Materialien auch infolge der systematischen Stellung des § 313 BGB nichts ändern; nur „in der Regel" (BT-Drucks 14/6040, 175), nicht aber ausschließlich sei die Regelung für Verträge von Bedeutung.

C125

Auch auf die Leistung von **Zahlungs-Token** bzw Kryptowährungen (zum Begriff vgl Vorbem A83a ff zu §§ 244–248) gerichtete Verbindlichkeiten können nach der Geschäftsgrundlagenlösung einer Anpassung unterliegen (Omlor, in: Omlor/Link [Hrsg], Handbuch Kryptowährungen und Token [2021] Kap 6 Rn 57 ff). Auch wenn Zahlungs-Token zwar stets Zahlungsmittel, aber nicht notwendiger auch Geld im Rechtssinne und damit einen tauglichen Gegenstand einer Geldschuld bilden (vgl Vorbem B20 zu §§ 244–248), hindert diese Differenzierung nicht die Anwendbarkeit von § 313 BGB. Auch Schulden in Zahlungs-Token unterliegen dem **geldschuldrechtlichen Nominalismus** in aus teleologischen Gründen erweiternder Anwendung (vgl zum funktionalen Nominalismus Vorbem C41 ff zu §§ 244–248). In der Folge sind grundsätzlich dem (Token-)Gläubiger das Entwertungsrisiko und dem (Token-)Schuldner das Wertsteigerungsrisiko zugewiesen. Einschränkend kann jedoch wirken, dass bestimmte Zahlungs-Token einen spe-

C125a

kulativen Charakter aufweisen; einen solchen hat namentlich das Bitcoin-Netzwerk herausgebildet. In solchen Fällen scheidet eine Vertragsanpassung regelmäßig aus, weil die Störung für die Parteien vorhersehbar war und zudem das verwirklichte Risiko eine Partei zu tragen hatte (Omlor, in: Omlor/Link [Hrsg], Handbuch Kryptowährungen und Token [2021] Kap 6 Rn 60).

C126 Geldschulden, die sich aus einem **gesetzlichen Schuldverhältnis** ergeben und auch nicht über eine mittelbare Anbindung an ein vertragliches Schuldverhältnis verfügen, sind nur in eingeschränktem Maß einer individuellen Aufwertung zugänglich. Hierzu zählen insbesondere die Ansprüche aus **Nichtleistungskondiktion, Delikt und Geschäftsführung ohne Auftrag**. Die Aufwertungsfrage stellt sich von vornherein nur bei Geldsummenschulden. Namentlich deliktische Schadensersatzansprüche erweisen sich wegen ihres Charakters als Geldwertschulden (s o Rn C79) als nicht aufwertungsfähig. Der Grund für die im Vergleich zu vertraglichen Geldsummenschulden restriktive Aufwertungsoption liegt in der regelmäßigen gesetzlichen Risikoverteilung, wonach der Geldgläubiger die Auswirkungen einer Geldentwertung zu tragen hat. Im Fall einer schleichenden Inflation folgt daraus, dass eine Aufwertung von gesetzlichen Geldschulden nicht zulässig ist (Staudinger/K Schmidt [1997] Vorbem D143 zu §§ 244 ff). Anders gestaltet sich die Rechtslage hingegen bei einer Hyperinflation, in der über § 242 BGB eine individuelle Aufwertung möglich ist. Jedoch bedarf es im Einzelfall einer Prüfung, ob nicht der Gesetzeszweck oder die gesetzliche Zuweisung des Geldentwertungsrisikos entgegenstehen. Der schuldrechtliche Anspruch einer Kapitalgesellschaft gegen ihren Gesellschafter auf Leistung der am **gesetzlichen Mindestkapital** ausgerichteten Bareinlage darf nicht unter Hinweis auf eine Geldentwertung nach der Festsetzung des Mindestkapitalbetrags durch den Gesetzgeber aufgewertet werden (RG 22. 11. 1927 – II 178/27, RGZ 119, 170, 171 f). Bei derartigen Nominalbeträgen, wie sie insbesondere im GmbH-Recht (§ 14 S 2 und 3 GmbHG) und im Aktienrecht (§§ 54 Abs 1, 23 Abs 2 Nr 2 AktG) anzutreffen sind, ist es ausschließlich am Gesetzgeber, eine Anpassung an die geänderten Verhältnisse vorzunehmen.

bb) Negativer sachlicher Anwendungsbereich
(1) Subsidiarität zu gesetzlichen Spezialregelungen

C127 Die Anwendbarkeit von § 313 BGB zum Zweck der individuellen Aufwertung von Geldschulden ist gesperrt, sofern eine abschließende anderweitige gesetzliche Regelung besteht. Als solche *leges speciales* fungieren verschiedene sozial- und arbeitsrechtliche Vorschriften. Eine **Sonderregelung für Betriebsrenten** enthält § 16 BetrAVG. Die Anwendbarkeit des § 313 BGB wird dadurch insofern gesperrt, als eine Aufwertung zugunsten des Rentenempfängers betroffen ist. Demgegenüber besteht mangels Erfassung durch § 16 BetrAVG keine Ausschlusswirkung gegenüber § 313 BGB bei einer planwidrigen Überversorgung des Rentenempfängers (BAG 13. 11. 2007 – 3 AZR 455/06, BAGE 125, 11 = NZA-RR 2008, 520 Rn 23 ff). Den Arbeitgeber trifft nach § 16 Abs 1 BetrAVG grundsätzlich alle drei Jahre eine Prüfpflicht, ob eine Anpassung der laufenden Leistungen der betrieblichen Altersversorgung geboten ist. Damit hat der Gesetzgeber die frühere auf § 242 BGB gestützte **Rechtsprechung des Bundesarbeitsgerichts kodifiziert** und konkretisiert, wonach bei einem Preisanstieg von 33 % (BAG 4. 11. 1976 – II ZR 148/75, AP BGB § 242 Ruhegehalt – Geldentwertung Nr 7) bzw 40 % (BAG 1. 7. 1976 – 3 AZR 791/75, BAGE 28, 134) eine Verhandlungspflicht über eine Anpassung der Betriebsrenten bestand. Die Prüfung nimmt der Arbeitgeber im

Rahmen seines **pflichtgemäßen Ermessens (§ 315 BGB analog)** vor (BAG 23. 4. 1985 – 3 AZR 156/83, BAGE 48, 272, 276; BAG 13. 12. 2005 – 3 AZR 217/05, BAGE 116, 285 Rn 12). Um einen einheitlichen Prüfungstermin im Unternehmen zu ermöglichen, zwingt der gesetzliche Drei-Jahres-Rhythmus nicht zu individuellen Prüfungstermin, sondern lässt eine Abweichung von bis zu sechs Monaten zu (BAG 11. 10. 2011 – 3 AZR 527/09, BAGE 139, 252 = NZA 2012, 454 Rn 18; BAG 11. 11. 2014 – 3 AZR 117/13 Rn 13, BB 2015, 251).

Die Prüfungs- und Entscheidungspflicht aus § 16 Abs 1 BetrAVG ist grundsätzlich **C128** darauf ausgerichtet, dem Versorgungsempfänger den realen Wert der Betriebsrente zu erhalten (BAG 23. 10. 1996 – 3 AZR 514/95, BAGE 84, 246, 250; BAG 11. 10. 2011 – 3 AZR 527/09, BAGE 139, 252 = NZA 2012, 454 Rn 20). Daher hat der Arbeitgeber stets seine Pflichten aus § 16 Abs 1 und 2 BetrAVG erfüllt, sofern er die Betriebsrenten um den zwischenzeitlichen Kaufkraftverlust bereinigt (BAG 11. 11. 2014 – 3 AZR 116/13, BAGE 149, 379, 384 = ZIP 2015, 748 Rn 25). Allerdings vermag der Arbeitgeber die Betriebsrenten von der tatsächlichen Entwicklung der Geldentwertung abzukoppeln, indem er sich zu einer jährlichen Erhöhung von mindestens einem Prozent verpflichtet (§ 16 Abs 3 Nr 1 BetrAVG). In die Ermessensentscheidung des Arbeitgebers ist auch dessen **wirtschaftliche Lage** einzustellen (§ 16 Abs 1 HS 2 BetrAVG). Erlaubt die wirtschaftliche Lage des Unternehmens eine Erhöhung nicht, so kann sie gänzlich unterbleiben. Anzustellen ist eine Prognoseentscheidung über die Wettbewerbsfähigkeit des Unternehmens. Eine Beeinträchtigung der Wettbewerbsfähigkeit des Unternehmens nimmt die arbeitsgerichtliche Rechtsprechung an, sofern keine angemessene Eigenkapitalverzinsung erwirtschaftet wird oder nicht mehr genügend Eigenkapital vorhanden ist (BAG 11. 11. 2014 – 3 AZR 116/13, BAGE 149, 379, 386 = ZIP 2015, 748 Rn 30). Als angemessen wird eine Eigenkapitalverzinsung in Höhe der Umlaufrendite öffentlicher Anleihen (Basiszins) zuzüglich eines Risikozuschlags von zwei Prozentpunkten angesehen (BAG 11. 11. 2014 – 3 AZR 116/13, BAGE 149, 379, 386 = ZIP 2015, 748 Rn 31 ff mwNw).

Sozialrechtliche Sondervorschriften gelten unter anderem für die Geldleistungen der **C129 gesetzlichen Rentenversicherungen**. Jährlich zum 1. 7. wird ein neuer Rentenwert festgelegt (§ 65 SGB VI), der sich an den Veränderungen der Bruttolöhne und -gehälter und des Beitragssatzes der allgemeinen Rentenversicherung sowie einem Nachhaltigkeitsfaktor orientiert (§ 68 Abs 1 SGB VI). Der Nachhaltigkeitsfaktor soll dem sog demographischen Wandel Rechnung tragen und das Verhältnis von Beitragszahlern zu Rentnern einbeziehen (vgl § 68 Abs 4 SGB VI). Angesichts der Zielsetzung, die Finanzierbarkeit des Rentensystems dauerhaft zu erhalten, hält er einer Prüfung an Art 14 Abs 1 GG stand (BVerfG 3. 6. 2014 – 1 BvR 79/09 Rn 67 ff, NJW 2014, 3634, 3635). An die Anpassung der Leistungen der gesetzlichen Rentenversicherungen sind zudem die Geldleistungen aus der **gesetzlichen Unfallversicherung** angebunden (§ 95 SGB VII). Eine öffentlich-rechtliche Anpassungspflicht für die Höhe der **Grundsicherung für Arbeitsuchende** hat das Bundesverfassungsgericht aus Art 1 Abs 1 iVm Art 20 Abs 1 GG abgeleitet (BVerfG 9. 2. 2010 – 1 BvL 1/09, 1 BvL 3/09, 1 BvL 4/09, BVerfGE 125, 175, 224 f). Als Konsequenz daraus findet nach § 20 Abs 1a S 1 SGB II iVm § 28a Abs 2 S 1 SGB XII eine automatische Anpassung nach Maßgabe der „bundesdurchschnittlichen Entwicklung der Preise für regelbedarfsrelevante Güter und Dienstleistungen sowie der bundesdurchschnittlichen Entwicklung der Nettolöhne und -gehälter je beschäftigten Arbeitnehmer nach der Volkswirtschaftlichen Gesamtrechnung (Mischindex)" statt.

C130 Die **Bezüge von Beamten** unterliegen keiner individuellen Aufwertung auf privatrechtlicher Grundlage (STAUDINGER/K SCHMIDT [1997] Vorbem D115 zu §§ 244 ff). Insofern bestehen abschließende öffentlich-rechtliche Regelungen sowohl auf einfach-gesetzlicher (§§ 48, 50 BRRG, §§ 2 f BBesG, § 3 BeamtVG sowie die korrespondierenden Landesgesetze, zB §§ 3 f LBesGBW, §§ 2 ff HBesG) als auch auf verfassungsrechtlicher Ebene (Art 33 Abs 5 GG). Eine Erhöhung der Beamtenbezüge unterliegt dem **Gesetzesvorbehalt** (BVerwG 7. 6. 1962 – II C 15/60, BVerwGE 14, 222, 227), wobei es sich um einen hergebrachten Grundsatz des Berufsbeamtentums iSd Art 33 Abs 5 GG handelt (BVerfG 11. 6. 1958 – 1 BvL 149/52, BVerfGE 8, 28, 35; BVerfG 22. 3. 1990 – 2 BvL 1/86, BVerfGE 81, 363, 386). Zwar gilt der Grundsatz von Treu und Glauben auch im öffentlichen Recht, aber der allgemeine § 242 wird den Anforderungen des Gesetzes- und Wesentlichkeitsvorbehalts nicht gerecht. Auch im Fall einer Hyperinflation ändert sich daran nichts (**aA** BVerwG 7. 6. 1962 – II C 15/60, BVerwGE 14, 222, 228). Stets bedarf es eines gesetzgeberischen Handelns. Eine entsprechende Pflicht zur Anpassung kann sich aus dem beamtenrechtlichen **Alimentationsprinzip** des Art 33 Abs 5 GG ergeben. Für die betroffenen Beamten ergibt sich daraus ein grundrechtsgleiches Recht auf eine amtsangemessene Alimentierung (BVerfG 12. 2. 2003 – 2 BvL 3/00, BVerfGE 107, 218, 236 f; BVerfG 6. 3. 2007 – 2 BvR 556/04, BVerfGE 117, 330, 344; BVerfG 14. 2. 2012 – 2 BvL 4/10, BVerfGE 130, 263, 292). Aus dem Alimentationsprinzip folgt die Pflicht des Dienstherrn, den Beamten nach dem mit seinem Amt verbundenen Verantwortung und nach der Bedeutung des Berufsbeamtentums für die Allgemeinheit einen angemessenen Lebensunterhalt zu gewähren, welcher der Entwicklung des allgemeinen Lebensstandards sowie der allgemeinen wirtschaftlichen und finanziellen Verhältnisse entspricht (BVerfG 11. 6. 1958 – 1 BvR 1/52, 1 BvR 46/52, BVerfGE 8, 1, 14; BVerfG 19. 9. 2007 – 2 BvF 3/02, BVerfGE 119, 247, 269; BVerfG 14. 2. 2012 – 2 BvL 4/10, BVerfGE 130, 263, 292). In der praktischen Umsetzung kommt dem Gesetzgeber jedoch ein weiter Gestaltungsspielraum zu (BVerfG 11. 6. 1958 – 1 BvR 1/52, 1 BvR 46/52, BVerfGE 8, 1, 22 f; BVerfG 18. 6. 2008 – 2 BvL 6/07, BVerfGE 121, 241, 261; BVerfG 14. 2. 2012 – 2 BvL 4/10, BVerfGE 130, 263, 294). Verstöße hat das Bundesverfassungsgericht unter anderem bei der W2-Besoldung in Hessen (BVerfG 14. 2. 2012 – 2 BvL 4/10, BVerfGE 130, 263, 288 f), bei der Besoldung von Richtern und Staatsanwälten in Sachsen-Anhalt (BVerfG 5. 5. 2015 – 2 BvL 17/09, NvWZ 2015, 1047, 1054) und der Absenkung der Eingangsbesoldung (BVerfG 16. 10. 2018 – 2 BvL 2/17, NVwZ 2019, 152, 153 ff) festgestellt.

(2) Subsidiarität zu vertraglichen Spezialregelungen

C131 § 313 BGB unterliegt insofern der **Disposition der Parteien**, als dass von ihnen getroffene vertragliche Regelungen einer Störung bzw einem Wegfall der Geschäftsgrundlage vorgehen (BGH 23. 1. 2013 – VIII ZR 47/12 Rn 16, NJW 2013, 2746; BGH 26. 9. 2018 – VIII ZR 187/17 Rn 45, NJW 2019, 145; HAARMANN, Wegfall der Geschäftsgrundlage bei Dauerrechtsverhältnissen [1979] 77). In gleichem Maße kann auch das Eingreifen einer individuellen Aufwertung ausgeschlossen sein, die auf der Geschäftsgrundlagenlösung beruht. Insofern gelten im Ausgangspunkt für eine Subsidiarität der individuellen Aufwertung gegenüber vertraglichen Spezialregelungen die allgemeinen Regeln zum Anwendungsbereich von § 313 BGB (OMLOR, Geldprivatrecht [2014] 486). Durch eine abschließende vertragliche Regelung wird das Risiko der Geldentwertung von den Parteien privatautonom verteilt, sodass ein externer Eingriff in das Vertragsgefüge unzulässig ist. Dieser Vorrang der **vertraglichen Risikoverteilung** zählt nicht nur zu den Leitmotiven der individuellen Aufwertung (s o Rn C122), sondern war bereits bei der rechtsfortbildenden Entwicklung des Rechtsinstituts angenommen (OERTMANN, Die Geschäftsgrundlage [1921] 174) und später in § 313 Abs 1 BGB („unter Berücksichtigung ... der vertraglichen ... Risikoverteilung") übernommen worden.

Eine Subsidiarität von § 313 BGB setzt eine **rechtswirksame, funktionstaugliche und** **C132** **abschließende vertragliche Vereinbarung** voraus (vgl auch BGH 26. 9. 2018 – VIII ZR 187/17 Rn 45, NJW 2019, 145). Die Rechtsunwirksamkeit kann sich zum einen aus den allgemeinen Unwirksamkeitsgründen der §§ 104 ff, 134, 138, 307 ff BGB, zum anderen aber auch aus § 1 Abs 1 PrKG (vgl § 1 PrKG Rn 1 ff) ergeben. Die Lückenschließung erfolgt dann durch eine **ergänzende Vertragsauslegung** (s u Rn C203). Weiterhin muss die getroffene Vereinbarung tatsächlich die ihr von den Parteien zugedachte Funktion erfüllen. Stellt sich nachträglich ihre Untauglichkeit zur Wertsicherung nach Maßgabe des konsentierten Parteiwillens heraus, bedarf es ebenfalls einer ergänzenden Vertragsauslegung (BGH 3. 7. 1981 – V ZR 100/80, BGHZ 81, 135, 141; BGH 18. 2. 2011 – V ZR 137/10 Rn 12, 29, NJW-RR 2011, 515; zu gescheiterten Wertsicherungsklauseln s u Rn C206). Nur wenn eine ergänzende Vertragsauslegung mangels feststellbarem hypothetischem Parteiwillen nicht gelingt, steht mit Wirkung *ex nunc* ein Rückgriff auf § 313 BGB offen (BGH 18. 11. 2011 – V ZR 31/11 Rn 19, BGHZ 191, 336). Schließlich ist durch Auslegung der Vereinbarung (§§ 133, 157 BGB) zu ermitteln, in welchem Umfang das Geldentwertungsrisiko geregelt werden sollte. Möglich sind sowohl ein vollständiger Ausschluss des § 313 BGB als auch lediglich dessen Beeinflussung auf Tatbestandsebene (BGH 23. 1. 2013 – VIII ZR 47/12 Rn 16, 23, NJW 2013, 2746). Auslegungsbedürftig sind beispielsweise Festpreisabreden, die mit einer formularvertraglichen Wirtschaftsklausel einhergehen. Grundsätzlich enthalten **Festpreisklauseln** eine vertragliche Risikoübernahme des Lieferanten bzw Dienstleisters in Bezug auf zukünftige Preisänderungen (vgl BGH 6. 4. 1995 – IX ZR 61/94, BGHZ 129, 236, 253; BGH 23. 1. 2013 – VIII ZR 47/12 Rn 32, NJW 2013, 2745). Jedoch beansprucht eine individualvertraglich getroffene Festpreisabrede nach § 305b BGB einen Vorrang vor einer formularvertraglichen Wirtschaftsklausel (BGH 23. 1. 2013 – VIII ZR 47/12 Rn 22, NJW 2013, 2745). Eine abschließende Regelung kann weiterhin auch dann vorliegen, wenn das Geldentwertungsrisiko einer Partei nur teilweise auferlegt wird, solange nach dem Parteiwillen darin die Geldentwertungsfrage umfassend behandelt wird.

Praktisch bedeutsame Anwendungsfälle von vorrangigen Parteivereinbarungen stellen Wertsicherungsklauseln (s u Rn C195 ff) sowie allgemein Anpassungs- oder **Wirt-** **C133** **schaftsklauseln** in langfristigen Verträgen (vgl dazu allgemein HORN AcP 181 [1981] 255 ff; BAUR, Vertragliche Anpassungsregeln [1983] [passim]; BERGER RIW 2000, 1 ff) dar. Die kautelarische Gestaltungsvielfalt von Wirtschaftsklauseln reicht von Neuverhandlungspflichten (KAMANABROU, Vertragliche Anpassungsklauseln [2004] 31 ff) über automatisch wirkende Vertragsanpassungen (HORN NJW 1985, 1118, 1119; SALJE NZG 1998, 161, 163 f) bis zur Einbeziehung Dritter in die Neubestimmung der Leistungspflichten (HORN NJW 1985, 1118, 1119; vgl zu § 315 in diesem Kontext KRONKE AcP 183 [1983] 113 ff). Wirtschaftsklauseln richten sich allerdings typischerweise nicht spezifisch auf einen Ausgleich der Geldentwertung, sondern sollen die Auswirkungen der rechtlichen, wirtschaftlichen oder technischen Verhältnisse auf den Vertrag und seine Durchführung ausgleichen. Insofern bedarf es einer **Auslegung im Einzelfall**, ob durch die jeweilige Klausel auch eine individuelle Aufwertung nach § 313 BGB ausgeschlossen sein soll.

Die Anpassung von **Arbeitsentgelten** an die fortschreitende Geldentwertung unter- **C134** liegt zumindest dann nicht den Regeln zur individuellen Aufwertung, wenn eine tarifvertragliche Vergütungsregelung eingreift. Ein solcher Fall liegt vor, wenn eine Tarifbindung (§ 3, § 4 Abs 1 S 1 TVG), eine Einbeziehungsabrede in einem Einzelarbeitsvertrag (vgl Staudinger/Richardi/Fischinger [2020] § 611a Rn 776 ff mwNw) oder eine Allgemeinverbindlichkeit des Tarifvertrags (§ 5 TVG) besteht. Bei einer Tarifbindung und einer Allgemeinverbindlichkeit des Tarifvertrags sperrt der Konsens der Tarifvertragsparteien, basierend auf der unmittelbaren und zwingenden Wirkung nach § 4 Abs 1 S 1 TVG, ein individuelles Aufwertungsverlangen des Arbeitnehmers. Nur im individuellen Konsens lässt sich ansonsten eine Vertragsanpassung zugunsten des Arbeitnehmers vorsehen (§ 4 Abs 3 Alt 2 TVG). Sind die Vergütungsbedingungen eines Tarifvertrags über eine Vertragsabrede in einem Einzelarbeitsvertrag einbezogen worden, lässt sich ebenfalls keine Aufwertung nach § 313 BGB durchführen. Der Grund hierfür ist jedoch kein kollektivarbeitsrechtlicher, sondern der allgemeine Vorrang der vertraglichen Risikoverteilung (s o Rn C131). § 313 BGB findet überdies auch Anwendung auf den **Tarifvertrag** selbst (Belling NZA 1996, 906, 907 f; Hey ZfA 2002, 275, 279 ff; Bender, Der Wegfall der Geschäftsgrundlage bei arbeitsrechtlichen Kollektivverträgen am Beispiel des Tarifvertrages und des Sozialplans [2005] 269 ff; unklar BAG 24. 1. 2001 – 4 AZR 655/99, NZA 2001, 788, 791; einschränkend LAG Hessen 16. 5. 2014 – 14 Sa 937/13). Das Bundesarbeitsgericht lehnt jedoch eine Anpassung von Tarifverträgen wegen Störung der Geschäftsgrundlage ab und lässt lediglich ein Kündigungsrecht zu (BAG 15. 12. 1976 – 4 AZR 531/75, BAGE 28, 260, 267; BAG 12. 9. 1984 – 4 AZR 336/82, NZA 1985, 160, 162); der Tarifvertrag dürfe insbesondere im Hinblick auf Art 9 Abs 3 GG nicht um einen Anspruch ergänzt werden, den dieser nicht bereits enthalte (BAG 16. 1. 2013 – 5 AZR 266/12, AP TVG § 1 Tarifverträge: Metallindustrie Nr 225 Rn 28). Selbst bei der Zulässigkeit einer Tarifvertragsanpassung (bejahend Bender, Der Wegfall der Geschäftsgrundlage bei arbeitsrechtlichen Kollektivverträgen am Beispiel des Tarifvertrages und des Sozialplans [2005] 380) läge die tatbestandliche Hürde außerordentlich hoch: Aufgrund der regelmäßig kurzen Vertragslaufzeit und des Zwecks von Tarifverträgen, für diesen Zeitraum eine abschließende Regelung zu treffen und Rechtsfrieden herzustellen, können allenfalls wirtschaftliche Krisenzeiten mit **Hyperinflation** eine Aufwertung von tarifvertraglichen Arbeitsentgelten rechtfertigen.

C135 **Privatrechtliche Versicherungsleistungen** in Geld unterliegen in besonderer Weise dem Risiko einer Geldentwertung. Häufig werden privatversicherungsrechtliche Verträge mit langer Laufzeit abgeschlossen oder sie dienen der Sicherung der Versorgung einer bestimmten Person. Auch kann ein Anpassungsbedarf bei einer Summenversicherung bestehen, die gegen den Untergang eines Gegenstands absichern soll. Damit geht das Rationalisierungsinteresse der Versicherungswirtschaft einher, möglichst nicht mit fortlaufenden Werthaltigkeitsprüfungen in einer Vielzahl von Einzelfällen belastet zu werden. In der Folge enthalten zahlreiche Typen von Versicherungsverträgen spezifische Wertsicherungsmechanismen (vgl ausführlich vMaydell, Geldschuld und Geldwert [1974] 252 ff, 267 ff). Die Beiträge zu einer **Haftpflichtversicherung** unterliegen der Anpassungsoption nach § 15 der Allgemeinen Versicherungsbedingungen für die Haftpflichtversicherung (AHB), die sich nach der Entwicklung der Schadenszahlungen durch den Versicherer – und damit mittelbar auch der Geldentwertung (vMaydell, Geldschuld und Geldwert [1974] 260) – richtet. Der Versicherungsumfang passt sich hingegen bei der **Gebäudeversicherung** durch den fiktiven Versicherungswert 1914 automatisch an die Entwicklung der Baupreise an. Die „Sonderbedingungen für die Gleitende Neuwertversicherung von Wohn-, Geschäfts- und landwirtschaftlichen Gebäuden (SGlN)" greifen hierfür auf den Baupreisindex des Statistischen Bundesamtes für Wohngebäude zurück (Einzelheiten zur Berechnung bei ARMBRÜSTER VersR 1997, 931 ff). Die **kapitalbildende Lebensversicherung** erfährt durch die Überschussbeteiligung nach § 153 VVG keine Dynamisierung; auf diese Weise werden lediglich vorsichtshalber durch die Versicherer eingeplante Sicherheitszuschläge an die Versicherten zurückgewährt (REIFF, in: PRÖLSS/MARTIN [Hrsg], Versicherungsvertragsgesetz [31. Aufl 2021] § 153 Rn 2).

cc) Ausschluss der Aufwertung infolge Verwirkung und Verzichts

Die Störung bzw der Wegfall der Geschäftsgrundlage steht unter dem allgemeinen **C136** Vorbehalt, dass der zur Aufwertung berechtigte Vertragsteil nicht diese Befugnis verwirkt oder auf sie verzichtet hat. Für eine Verwirkung nach § 242 BGB bedarf es neben dem Ablauf einer längeren Zeitspanne (sog **Zeitmoment**) auch zusätzlicher vertrauensfördernder Umstände (sog **Umstandsmoment**), sodass ein Vertrauen des Geldschuldners auf eine Nichtgeltendmachung des Aufwertungsrechts schützenswert ist (vgl BGH 19. 10. 2005 – XII ZR 224/03 Rn 23, NJW 2006, 219; BGH 12. 7. 2016 – XI ZR 564/15 Rn 37, BGHZ 211, 123; BGH 16. 10. 2018 – XI ZR 69/18, NJW 2019, 66 Rn 12). Auch wenn zwischen beiden Elementen eine ausgleichende Wechselwirkung besteht (BGH 19. 12. 2000 – X ZR 150/98, BGHZ 146, 217, 224 f; BGH 19. 10. 2005 – XII ZR 224/03, NJW 2006, 219 Rn 23; BGH 16. 10. 2018 – XI ZR 69/18 Rn 12, NJW 2019, 66), scheitert eine Verwirkung häufig an dem unzureichenden Umstandsmoment. Aufwertungskonstellationen zeichnen sich typischerweise durch einen nicht unerheblichen Zeitablauf aus, in denen es zunächst zu nominalen Erfüllungshandlungen kommt. Bei einer schleichenden oder auch galoppierenden Inflation können Zweifel an einem hinreichenden Vertrauenstatbestand daraus resultieren, dass für beide Parteien das Bestehen eines Aufwertungsrechts (subjektiv) unklar ist. Einer Verwirkung kann entgegenstehen, dass der Berechtigte keine Kenntnis von seinem Recht hat, wobei verstärkend wirkt, wenn er diese Unkenntnis nicht zu vertreten hat (STAUDINGER/OLZEN/LOOSCHELDERS [2019] § 242 Rn 309 mwNw). Da auch öffentliche Interessen in die erforderliche Interessenabwägung einzustellen sind (STAUDINGER/OLZEN/LOOSCHELDERS [2019] § 242 Rn 310), wirkt das **geldschuldrechtliche Nominalprinzip verwirkungsfördernd** und damit aufwertungshindernd; jedoch ist diese Wirkung begrenzt, da die deutsche Rechtsordnung auch angesichts von §§ 1 ff PrKG keinen strikten und damit für die Parteien indisponiblen Nominalismus kennt.

Auch an die Deutlichkeit der Vereinbarung eines Verzichts auf eine Geltendmachung von § 313 BGB sind hohe Anforderungen zu stellen (BGH 11. 2. 2015 – XII ZB **C137** 66/14 Rn 24, NJW 2015, 1242 zur Abänderung eines Unterhaltsvergleichs; BGH 21. 3. 2018 – VIII ZR 17/17 Rn 46, NJW 2018, 2254 mwN). Erforderlich sind vor allem der **Verzichtswille des Geldgläubigers** (vgl dazu RG 2. 2. 1926 – II 161/25, JW 1926, 1432; BGH 15. 1. 2002 – X ZR 91/00, NJW 2002, 1044, 1046 mwNw) und die **Erkennbarkeit seines Aufwertungsrechts** (vgl dazu BGH 19. 12. 2000 – X ZR 150/98, BGHZ 146, 217, 222). Dabei bedarf es hinsichtlich eines konkludenten Verzichts einer **Unterscheidung nach der Geschwindigkeit der Inflation** (OMLOR, Geldprivatrecht [2014] 511). Bei einer schleichenden (aA STAUDINGER/K SCHMIDT [1997] Vorbem D120 zu §§ 244 ff) als auch regelmäßig bei einer galoppierenden Inflation (RG JW 2. 2. 1926 – II 161/25, 1926, 1432) liegt in der vorbehaltslosen Entgegennahme des nominalen Geldschuldbetrags keine schlüssige Verzichtserklärung. Dennoch scheidet eine Aufwertung nach § 313 BGB in der Folge aus, da der Erfüllung eine Zäsurwirkung zukommt (s u Rn C167 f). Im praktischen Ergebnis bestehen insofern keine Unterschiede zwischen einem Verzicht und der in der Erfüllung liegenden Risikoübernahme durch den Geldgläubiger. Dem entspricht es, wenn in einem Verzicht eine vertragliche Risikoabrede gesehen wird, durch welche § 313 Abs 1 BGB bereits tatbestandlich ausscheidet (BGH 11. 2. 2015 – XII ZB 66/14 Rn 24, NJW 2015, 1242). Erst bei einer **Hyperinflation** kann **grundsätzlich** von einem **konkludenten Verzicht** des den nominalen Geldbetrag widerspruchslos akzeptierenden Geldgläubigers ausgegangen werden.

d) Tatbestandliche Voraussetzungen
aa) Geschäftsgrundlage

C138 Die Geldwertstabilität fungiert mittelbar als Geschäftsgrundlage eines Vertrages, der zur Zahlung einer bestimmten Geldsumme verpflichtet (OMLOR, Geldprivatrecht [2014] 491). Zwei alternative Anknüpfungspunkte kommen in Betracht: die Äquivalenzstörung und die Zweckstörung. Bei gegenseitigen Verträgen gehen die Parteien regelmäßig von einem Gleichgewicht von Leistung und Gegenleistung aus, worin eine Geschäftsgrundlage des Vertrages liegt (BGH 18. 11. 2011 – V ZR 31/11 Rn 12, BGHZ 191, 336; BGH 23. 5. 2014 – V ZR 208/12 Rn 18, NJW 2014, 3439 mwNw; FEISSEL/GORN BB 2009, 1138, 1139). Betroffen von einer Geldentwertung ist dabei stets die **objektive Geschäftsgrundlage** iSd § 313 Abs 1 BGB (BT-Drucks 14/6040, 174; OLG Nürnberg 16. 1. 1976 – 1 U 81/75, OLGZ 1977, 75, 77). Es kommt nicht auf eine objektive Gleichwertigkeit an, sondern auf das sich nach dem Parteiwillen richtende Gleichgewicht von Leistung und Gegenleistung, dh die **subjektive Äquivalenz** (s o Rn C120). Die Parteien gehen davon aus, dass dieses privatautonom austarierte Gleichgewicht auch noch im Erfüllungszeitpunkt fortbesteht. Worin das auf Äquivalenz ausgerichtete Austauschverhältnis liegt, richtet sich nach der vertraglichen Vereinbarung der Parteien und unterliegt einer wirtschaftlich-funktionalen Betrachtung (s o Rn C120).

(1) Austauschverträge

C139 Vergleichsweise leicht zu fassen sind typischerweise Leistung und Gegenleistung von Käufer und **Verkäufer**, von Mieter und **Vermieter** sowie von Besteller und **Unternehmer**. Die reichsgerichtliche Aufwertungsrechtsprechung war zunächst vor allem bei Kaufverträgen zur Anwendung gelangt (RG 29. 11. 1921 – II 247/21, RGZ 103, 177; RG 6. 8. 1923 – II 215/23, RGZ 106, 422; RG 2. 10. 1923 – II 165/23, RGZ 107, 19). Der Zahlung des **Erbbauzinses** steht die Gebrauchsüberlassung als Gegenleistung gegenüber (BGH 29. 3. 1974 – V ZR 128/72, NJW 1974, 1186; BGH 18. 11. 2011 – V ZR 31/11 Rn 12, BGHZ 191, 336). Bei einem **Leibrentenkauf** (dazu STAUDINGER/LIEBRECHT [2021] Vorbem 54 zu §§ 759–671) erfolgt die Zahlung der Rente im Austausch mit der Veräußerung oder Belastung eines Gegenstands (GRUBER, Geldwertschwankungen und handelsrechtliche Verträge in Deutschland und Frankreich [2002] 614). Bei einem Kaufvertrag zwischen einer Gesellschaft und ihrem Gesellschafter lässt sich eine relevante Gegenleistung auch in einem Verzicht des Gesellschafters auf Gewinnausschüttungen oder sonstige **Leistungen causa societatis** erblicken (vgl RG 4. 1. 1921 – III 207/20, RGZ 101, 167, 169).

(2) Gesellschaftsrecht

C140 Angesichts der wirtschaftlich-funktionalen Definition des Äquivalenzverhältnisses lassen sich in ein solches auch die **Abfindungsansprüche eines ausscheidenden Gesellschafters** und dessen den übrigen Gesellschaftern überlassenen Gesellschaftsanteil einordnen (RG 20. 4. 1940 – II 156/39, RGZ 163, 324, 334 f; OMLOR, Geldprivatrecht [2014] 478 f; vgl im Einzelnen RG 26. 5. 1925 – II 355/24, RGZ 111, 77, 81 ff zur GbR; RG 14. 11. 1924 – VI 147/24, WarnR 1925 Nr 84 zur oHG; RG 14. 6. 1927 – II 394/26, RGZ 117, 238, 241 ff zur stillen Gesellschaft). Daran ändert der Umstand nichts, dass es an einem Synallagma iSd §§ 320 ff BGB fehlt. Entscheidend ist vielmehr, dass eine Anwachsung des Gesellschaftsanteils des ausscheidenden Gesellschafters (§ 738 Abs 1 S 1 iVm §§ 105 Abs 3, 161 Abs 2 HGB) tatbestandlich mit dessen Abfindungsanspruch gegen die übrigen Gesellschafter (§§ 738 Abs 1 S 2, 733 f HGB) verknüpft ist. Da sich die Höhe des Abfindungsanspruchs nach dem wahren Wert der Beteiligung richtet, liegt darin zugleich der Maßstab für die relevante Äquivalenzstörung.

(3) Erbrecht

Namentlich bei erbrechtlichen Rechtsbeziehungen zeigen sich zugleich die Grenzen **C141** des Äquivalenzgedankens, selbst wenn er wirtschaftlich-funktional und damit weit verstanden wird. Bei Zuwendungen in einer **Verfügung von Todes wegen** fehlt es regelmäßig an in einem Austauschverhältnis befindlichen Leistungen, sodass eine Aufwertung nach § 313 BGB ausscheidet. Vielmehr steht eine **ergänzende Testamentsauslegung** offen (STAUDINGER/OTTE [2019] Vorbem 92 zu §§ 2064–2086), die sich am hypothetischen Willen des Erblassers orientiert. Die Hürden für eine ergänzenden Vertragsauslegung als Mittel der Aufwertung (s o Rn C114) stellen sich bei der ergänzenden Testamentsauslegung wegen der Einseitigkeit der Erklärung nicht in gleichem Maße. Dennoch bleibt zu berücksichtigen, dass es für eine Anpassung bei einer schleichenden Inflation konkreter Anhaltspunkte für einen entsprechenden Willen des Erblassers im relevanten Zeitpunkt der Testamentserrichtung (RG 14. 6. 1927 – II 394/26, RGZ 134, 277, 280; STAUDINGER/OTTE [2019] Vorbem 87 zu §§ 2064–2086) bedarf; ansonsten kann davon ausgegangen werden, dass der Erblasser diese Entwicklung als empirischen Normalfall bereits einbezogen hat. Entgegen der reichsgerichtlichen Aufwertungsjudikatur (RG 14. 6. 1927 – II 394/26, RGZ 108, 83, 85 f) kann auch bei einem testamentarischen Übernahmerecht kein Rückgriff auf den Äquivalenzgedanken erfolgen. Wegen der Einseitigkeit der Anordnung, ein Erbe können einen bestimmten Gegenstand aus der Erbmasse gegen Zahlung einer Geldsumme erhalten, fehlt das erforderliche Austauschelement.

(4) Bereicherungsrecht

Auch eine individuelle Aufwertung von Bereicherungsansprüchen findet im Äquiva- **C142** lenzprinzip keine Stütze (OMLOR, Geldprivatrecht [2014] 479; **aA** RG 12. 3. 1924 – I 294/23, RGZ 108, 120, 121 f). Als Maßstab für die individuelle Aufwertung taugt daher allein der allgemeine Grundsatz von **Treu und Glauben (§ 242 BGB)**. Ein Austauschverhältnis, dem eine Gleichwertigkeit von Leistung und Gegenleistung von den Parteien zugrunde gelegt wurde, besteht im Bereicherungsrecht nicht. Grundaufgabe der §§ 812 ff BGB ist es, einen Ausgleich für Vermögensverschiebungen zu schaffen, die nach der restlichen Rechtsordnung unberechtigt erscheinen (vgl zu den einzelnen Konditionstypen REUTER/MARTINEK, Ungerechtfertigte Bereicherung [1983] 39 ff, 75 ff, 232 ff). Auch bei der Rückabwicklung gescheiterter Vertragsbeziehungen über die *condictio indebiti* und die Figur des **faktischen Synallagmas** (vgl dazu REUTER/MARTINEK, Ungerechtfertigte Bereicherung, Teilband 2 [2. Aufl 2016] 372 ff, 381; FLUME AcP 194 [1994] 427 ff) bleibt es dabei, dass der Bereicherungsanspruch seiner Natur nach die **subjektive Äquivalenz aus dem Vertragsverhältnis allenfalls partiell nachzuzeichnen** vermag. Die Saldotheorie lässt das ursprüngliche Synallagma nur insofern fortleben, als es um eine Gesamtabrechnung im Zuge des Bereicherungsausgleichs geht, die eine unbillige Risikoverlagerung zugunsten des nach § 818 Abs 3 BGB Entreicherten vermeidet.

(5) Rücktritts- und Widerrufsfolgenrecht

C143 Eine Äquivalenz von Leistung und Gegenleistung kennt neben dem Bereicherungs- auch das Rücktritts- und Widerrufsfolgenrecht nicht (**aA** zur Wandlung RG 28. 5. 1924 – I 432/23, RGZ 108, 279, 281). Zweifelsohne liegt §§ 346 Abs 1, 357 Abs 1 BGB ein Austauschelement zugrunde, da die „empfangenen Leistungen zurückzugewähren" sind, wobei zwischen Leistung und Gegenleistung die Zug-um-Zug-Einrede aus §§ 348, 320 BGB verbindend wirkt. Aber die **§§ 346 ff, 357 ff BGB spiegeln** dennoch **nicht das ursprüngliche Vertragsverhältnis ohne inhaltliche Modifikationen** und mit einem schlichten Wechsel der Parteirollen wider. Insofern kommt es nicht darauf an, ob die §§ 346 ff, 357 ff BGB lediglich die primären Leistungspflichten oder das gesamte Vertragsverhältnis entfallen lassen (zum Streitstand vgl STAUDINGER/KAISER [2012] § 346 Rn 69 mwNw). Augenscheinlich zeigt sich die gesetzliche Hinnahme von Abweichungen gegenüber dem vertraglich konturierten Äquivalenzverhältnis in § 346 Abs 2 Nr 2 und 3 BGB, die für die Wertberechnung den Zeitpunkt des Entstehens der Wertersatzpflicht heranziehen (STAUDINGER/KAISER [2012] § 346 Rn 168). Eine individuelle Aufwertung von Rücktritts- und Widerrufsfolgenansprüchen unterliegt daher nicht der Fallgruppe der Äquivalenzstörungen, sondern basiert unmittelbar auf dem allgemeinen Grundsatz von **Treu und Glauben (§ 242 BGB)**.

(6) Verträge mit Versorgungscharakter

C144 Namentlich bei Verträgen mit Versorgungscharakter fehlt es jedoch häufig an einem Austauschverhältnis, das als objektive Geschäftsgrundlage in Betracht käme (vgl BAG 30. 11. 1955 – 1 AZR 230/54, BAGE 2, 239, 243). Der vertraglichen Vereinbarung liegt ein **gemeinsamer Zweck** zugrunde, der nicht zugleich Vertragsinhalt geworden ist: Die wirtschaftliche Existenzgrundlage einer Partei bzw einer bestimmten Person soll gesichert werden (RG 26. 1. 1923 – VII 754/22, RGZ 106, 233, 235). Einschlägig ist damit die Fallgruppe der **Zweckstörung bzw -verfehlung**. Zwar genügt für einen gemeinsamen Zweck iSd § 313 BGB allgemein nicht, dass eine Partei einen bestimmten Zweck geäußert und die andere Partei nicht widersprochen hat (vgl BGH 14. 1. 1981 – VIII ZR 337/79, WM 1981, 14, 15). Bei Verträgen mit Versorgungscharakter (zB Unterhaltszahlungen) besteht jedoch eine widerlegliche Vermutung zugunsten eines solchen gemeinsamen Zwecks (vgl BGH 4. 10. 1988 – VI ZR 46/88, BGHZ 105, 243, 246 zu Entschädigungszahlungen für entgangenen Unterhalt). Ergänzend zum Versorgungszweck ist in der BGH-Judikatur die Erwägung herangezogen worden, bei auf einem Dienst- oder Arbeitsverhältnis basierenden Versorgungsleistungen handele es sich zudem um ein – zeitlich gestrecktes – Entgelt für geleistete Dienste (BGH AP BGB § 242 Ruhegehalt – Geldentwertung Nr 9).

bb) Schwerwiegende Veränderung

C145 § 313 Abs 1 BGB erfordert eine derart schwerwiegende Veränderung der relevanten Umstände, dass hypothetisch der Vertrag von beiden Parteien nicht oder zu anderen Konditionen geschlossen worden wäre. Auch die Konturierung und Anwendung dieses Tatbestandsmerkmals bedarf einer **wertenden Entscheidung**. Das Gesetz gibt keine klare Grenze vor, ab deren Erreichen von einer hinreichenden Störung der Geschäftsgrundlage ausgegangen werden kann. Auch in der Anwendung des § 313 Abs 1 BGB im Rahmen der individuellen Aufwertung von Geldschulden lässt sich **keine starre Prozentgrenze** bilden (RG 2. 4. 1935 – III 228/34, RGZ 147, 286, 290 f; WEBER ZSR 100 [1981] 165, 183; STAUDINGER/K SCHMIDT [1997] Vorbem D108 zu §§ 244 ff; OMLOR, Geldprivatrecht [2014] 493; ähnlich HORN, Geldwertveränderungen, Privatrecht und Wirtschaftsordnung

[1975] 16). Angesichts der Vielfalt der Vertragstypen und -gestaltungen lassen sich **lediglich Orientierungswerte** sowie am ehesten noch **Untergrenzen** für bestimmte Fallgruppen bilden. Zu unterscheiden ist zum einen zwischen Verträgen mit Versorgungscharakter und sonstigen Verträgen sowie zum anderen zwischen einer schleichenden Inflation und einer Hyperinflation. Das Zeitmoment ist folglich zu berücksichtigen.

(1) Hyperinflation
Bei einer Hyperinflation tritt ein vollständiger Funktionsverlust des Geldes ein. Damit kommt es regelmäßig zu einer schwerwiegenden Veränderung iSd § 313 Abs 1 BGB (WIEACKER, in: FS Walter Wilburg [1965] 229, 250; HORN, Geldwertveränderungen, Privatrecht und Wirtschaftsordnung [1975] 17). Mit anderen Worten besteht eine **widerlegliche Vermutung zugunsten einer Störung der Geschäftsgrundlage**. Ausnahmen können sich unter anderem bei Verträgen mit spekulativem Charakter ergeben, da daraus eine konkludente Risikoübernahme durch eine Partei folgen kann. Zudem kann bei solchen Verträgen die unveränderte Vertragsfortführung im Einzelfall auch zumutbar sein, sofern die verbleibende Vertragslaufzeit sehr gering ist. Zwischen den Fällen einer Äquivalenzstörung und einer Zweckstörung muss bei einer Hyperinflation hingegen nicht differenziert werden; in beiden Fallgruppen greift die widerlegliche Vermutung ein. **C146**

(2) Schleichende Inflation
Liegt lediglich der empirische Normalfall einer schleichenden Inflation vor, gestaltet sich die **Abgrenzung komplex und einzelfallbezogen**. Auf der Tatbestandsebene des § 313 Abs 1 BGB gilt es dabei zu beachten, dass die in der Rechtsprechung auftauchenden Grenzwerte häufig bereits durch die weiteren tatbestandlichen Voraussetzungen wie Risikoverteilung und Zumutbarkeit aufgeladen sind. Unter anderem auf diese Weise erklärt sich, warum teilweise schon bei einem „mäßigen Wertrückgang" (RG 2. 4. 1935 – III 228/34, RGZ 147, 286, 291) oder einer Preissteigerung um 40 % (BGH 28. 5. 1973 – II ZR 58/71, BGHZ 61, 31, 39) eine schwerwiegende Veränderung angenommen, bei einem Preisanstieg um 52 % (BGH 23. 1. 1976 – V ZR 76/74, NJW 1976, 846, 847), 60 % (BGH 18. 11. 2011 – V ZR 31/11 Rn 19, BGHZ 191, 336), zwei Drittel (BGH 29. 3. 1974 – V ZR 128/72, NJW 1974, 1186; BGH 1. 10. 1975 – VIII ZR 108/74, NJW 1976, 142) oder sogar 75 % (BGH 23. 4. 1976 – V ZR 167/74, WM 1976, 1034) hingegen abgelehnt wurde. Trotz dieser teilweisen Vermischung der Tatbestandsmerkmale lässt sich eine **Differenzierung zwischen den Fällen einer Äquivalenzstörung und einer Zweckstörung** herauslesen. Die Hürde zur Zweckstörung bei einem Vertrag mit Versorgungscharakter liegt deutlich niedriger als zu einer Äquivalenzstörung bei sonstigen Verträgen (BAG 30. 3. 1973 – 3 AZR 34/72, AP BGB § 242 Ruhegehalt – Geldentwertung Nr 5 zur betrieblichen Altersversorgung). **C147**

Bei **Verträgen mit Versorgungscharakter** lässt sich als **Orientierungswert** ein **Preisanstieg im Bereich von 33 % bis 50 %** konstatieren. Dabei erfolgt eine Anlehnung an die frühere Rechtsprechung des Bundesarbeitsgerichts vor der Schaffung von § 16 BetrAVG. Für Betriebsrenten waren Nachverhandlungspflichten ab einem Preisanstieg von 33 % (BAG 4. 11. 1976 – II ZR 148/75, AP BGB § 242 Ruhegehalt – Geldentwertung Nr 7), 40 % (BAG 30. 3. 1973 – 3 AZR 26/72, BAGE 25, 146, 158) bzw 50 % (BAG 30. 3. 1973 – 3 AZR 34/72, AP BGB § 242 Ruhegehalt – Geldentwertung Nr 5) angenommen worden. Dabei findet kein Abschlag in Höhe der üblichen oder erwartbaren Inflationsrate ab. Die an- **C148** gestrebte Versorgung des Empfängers erfordert vielmehr einen Ausgleich auch solcher Kaufkraftverluste.

C149 Fehlt es an einem Versorgungszweck und steht daher eine Äquivalenzstörung zur Prüfung an, lässt sich lediglich eine **Untergrenze** abstrakt formulieren. Mit der Wahl einer bestimmten Währung entscheiden sich die Vertragsparteien auch für die damit verbundene Währungsverfassung. Deren Ausgestaltung insbesondere in Bezug auf die Bedeutung der Preisstabilität und die Stellung der Notenbank nehmen die Parteien bewusst in Kauf. Daher fehlt es regelmäßig an einer schwerwiegenden Veränderung, solange sich die Inflationsrate noch innerhalb der Schranken des **Stabilitätsverständnis im betroffenen Währungsraum** hält (Omlor JZ 2013, 967, 974 [zu CISG-Geldschulden]; ders, Geldprivatrecht [2014] 493 f). Maßgeblich ist dabei der Stand der Währungsverfassung **bei Abschluss des Vertrages**. Ändert sich im Nachhinein die Währungsverfassung mit der Folge, dass nunmehr ein geändertes Stabilitätsverständnis Geltung erlangt, so kann sich auch daraus eine Störung der Geschäftsgrundlage ergeben.

C150 Im **Euroraum** nimmt die Preisstabilität eine herausgehobene Rolle als Leitmotiv der gesamten Währungsverfassung ein, wie sich vor allem aus Art 127 Abs 1 S 1, 282 Abs 2 S 2 AEUV ergibt (s o Rn A220). In zulässiger Norminterpretation nimmt die Europäische Zentralbank Preisstabilität bei einer Inflationsrate von unter, aber nahe 2 % pa an (s o Rn A226). Auch die Deutsche Bundesbank ging vor dem Eintritt in die Währungsunion von einem solchen Grenzwert aus (Deutsche Bundesbank, Monatsbericht Mai 1998, 60 mwNw). Damit lässt sich **für nach 1945 begründete Geldschulden die Regel** formulieren, dass **bei einer durchschnittlichen Inflation von bis zu 2 % pa keine relevante Geldentwertung vorliegt** (OLG Hamm 5. 2. 1991 – 10 W 107/90, NJW-RR 1991, 966, 968; Schmalz, Die Stabilität des Geldwertes als Problem des Privatrechts [1986] 152). Ergänzend lässt sich dieses Ergebnis auch durch die vertragliche Risikoverteilung rechtfertigen: Eine Inflationsrate, die von der einschlägigen Währungsverfassung als normativ akzeptabel eingestuft wird, ist voraussehbar und wird damit zumindest konkludent der Risikosphäre des Geldgläubigers zugewiesen (vgl BGH 23. 1. 1976 – V ZR 76/74, NJW 1976, 846, 847).

C151 Überschreitet die Geldentwertung das durch die Währungsverfassung angestrebte Stabilitätsniveau, bedarf es einer **Einbeziehung qualitativer Kriterien**, die über eine rein quantitative prozentuale Schwelle hinausreichen. Zu formalisiert erscheint es, wenn in der Literatur eine Äquivalenzstörung ab einer Geldentwertung um 50 % (Wieacker, in: FS Walter Wilburg [1965] 229, 250) oder zwei Drittel (vMaydell, Geldschuld und Geldwert [1974] 157 f) stets bejaht wird. Auch für eine Zweifelsregelung, die eine Preissteigerung von 50 % nur in Ermangelung jeglicher Anhaltspunkte im Vertrag als ausreichend ansieht (Chiotellis, Rechtsfolgenbestimmung bei Geschäftsgrundlagenstörungen in Schuldverträgen [1981] 145), fehlt es an einer Grundlage. Vielmehr ist das **Zeitmoment** in jedem Vertragsverhältnis als Wertungskriterium vorhanden. In aller Regel lassen sich dem Vertrag auch Anhaltspunkte für die mit ihm verbundene **Zwecksetzung der Parteien** entnehmen (vgl vMaydell, Geldschuld und Geldwert [1974] 103, 107 ff; ähnlich Oertmann, Die Geschäftsgrundlage [1921] 154; Horn, Geldwertveränderungen, Privatrecht und Wirtschaftsordnung [1975] 16 f).

cc) Risikoverteilung
(1) Gesetzliche Risikoverteilung

Nach § 313 Abs 1 BGB setzt der Anspruch auf Vertragsanpassung voraus, dass einer **C152** Vertragspartei die unveränderte Durchführung des Vertrags unter Berücksichtigung aller Umstände des Einzelfalls nicht zugemutet werden kann. Zu diesen Umständen zählt der Gesetzeswortlaut vor allem die vertragliche und gesetzliche Risikoverteilung. Beiden Aspekten kommt eine entscheidende Rolle bei der individuellen Aufwertung von Geldschulden zu. Teil der **gesetzlichen Risikoverteilung** ist der **geldschuldrechtliche Nominalismus** (OMLOR, Geldprivatrecht [2014] 495), der in Deutschland gewohnheitsrechtliche Anerkennung gefunden hat (s o Rn C40) und sich zudem in § 1 Abs 1 PrKG widerspiegelt. Danach weist die Rechtsordnung das Geldentwertungsrisiko **ohne Ansehung der konkreten Geldschuld** grundsätzlich dem Geldgläubiger zu (CHIOTELLIS, Rechtsfolgenbestimmung bei Geschäftsgrundlagenstörungen in Schuldverträgen [1981] 142). Der gesetzlichen Risikoverteilung sind nicht nur Regelungen in formellen Parlamentsgesetzen zugewiesen, sondern zu den Gesetzen iSd § 313 Abs 1 BGB zählt auch das Gewohnheitsrecht. Heranzuziehen ist insofern die normative Risikoverteilung durch die gesamte Rechtsordnung (noch weitergehend MünchKomm/FINKENAUER[8] § 313 Rn 68, der hierzu auch die geschäftstypische Risikoverteilung zählt). Auf den verfassungsrechtlichen Status von Gewohnheitsrecht im Lichte von Art 20 Abs 3 GG (vgl dazu GRZESZICK, in: MAUNZ/DÜRIG, Grundgesetz [2020] Art 20 Rn 63 ff mwNw) kommt es diesbezüglich nicht an.

(2) Vertragliche Risikoverteilung

Von den **Besonderheiten der jeweiligen Geldschuld** und des sie begründenden Rechts- **C153** verhältnisses ist die vertragliche Risikoverteilung abhängig. Aus ihr kann sich eine Ausnahme zur gesetzlichen Risikoverteilung ebenso ergeben wie deren Verschärfung zulasten des Geldgläubigers. Zunächst führt eine **abschließende, rechtswirksame und funktionstaugliche vertragliche Regelung** der Folgen einer Geldentwertung zu einem Ausschluss des § 313 BGB als Mittel der individuellen Aufwertung (s o Rn C131). Demgegenüber folgt aus dem **Verzicht auf eine Wertsicherungsvereinbarung** nicht zwangsläufig, dass die Parteien das Geldentwertungsrisiko vollständig auf den Geldgläubiger verlagern wollten. Vielmehr begründet ein solches Unterlassen der Wertsicherung zunächst nur eine restriktive Handhabung des § 313 BGB, nicht aber automatisch dessen Ausschluss. Eine vertragliche Risikozuweisung setzt voraus, dass die Parteien mit einem entsprechenden Bewusstsein handelten. Eine solche Konstellation liegt insbesondere dann vor, wenn zwar über eine Wertsicherungsklausel verhandelt wurde, aber sich eine Partei nicht durchzusetzen vermochte und daher deren Einbeziehung unterblieb. Dem Vertragsschluss kann aber auch die Überzeugung der Parteien zugrunde gelegen haben, dass eine Wertsicherungsvereinbarung angesichts der seit Jahrzehnten ständigen höchstrichterlichen (Aufwertungs-)Rechtsprechung überflüssig sei; in diesem Fall fehlt es an einer Risikoübernahme durch den Geldgläubiger, die eine individuelle Aufwertung ausschlösse (BGH 29. 10. 2010 – V ZR 48/10 Rn 12, NJW 2011, 515). Stets bedarf es einer Klärung aller Umstände des Vertragsschlusses, um den maßgeblichen und konsentierten Parteiwillen in Erfahrung zu bringen.

Eine konkludente vertragliche Risikoübernahme kann sich aus dem **spekulativen** **C154** **Charakter** eines Vertrages ergeben (RG 9. 1. 1923 – VII 403/22, RGZ 106, 177, 181 f; vMAYDELL, Geldschuld und Geldwert [1974] 121 f). Das spekulative Element muss sich dabei gerade (auch) auf die Geldentwertung beziehen. Dies ist namentlich bei **langfristigen Lieferverträgen** der Fall (RG 21. 3. 1916 – II 473/15, RGZ 88, 172, 175 ff), sofern der Kaufpreis für die gesamte Vertragslaufzeit bereits bei Vertragsschluss festgelegt wird. Auch **Projektverträge** weisen häufig einen spekulativen Einschlag auf (vgl RG 9. 1. 1923 – VII 403/22, RGZ 106, 177, 182), da sie aufgrund der Komplexität der damit verbundenen Aufgabe naturgemäß über erhöhte Kalkulationsrisiken verfügen.

C155 Aus der **Vorhersehbarkeit** der nach Vertragsschluss eingetretenen Geldentwertung kann sich ebenfalls eine konkludente vertragliche Risikozuweisung ergeben (Geiler, in: Abraham [Hrsg], Die Geldentwertung in der Praxis des deutschen Rechtslebens [1923] 31, 41; Omlor, Geldprivatrecht [2014] 496; vgl allgemein BGH 27. 3. 1981 – V ZR 19/80, NJW 1981, 1668; BGH 23. 5. 2014 – V ZR 208/12 Rn 25, NJW 2014, 3439). Das Kriterium der Vorhersehbarkeit ist **normativ geprägt** und richtet sich auf diejenigen Umstände, die ein **verständiger objektiver Dritter** in der Person des Geldgläubigers erwartet hätte (vgl BGH 17. 6. 2015 – VIII ZR 182/76, NJW 1978, 2390, 2391). Ob der konkrete Geldgläubiger tatsächlich die später eingetretene Geldentwertung vorhergesehen hat oder nicht, bleibt außer Betracht. Die vertragliche Vereinbarung über ein solches objektiv voraussehbares Risiko kommt dadurch zustande, dass die Parteien nach § 157 BGB redlicherweise bei Vertragsschluss miterklären, solche Grundlagenrisiken jeweils zu übernehmen. In die normative Perspektive der Vertragsparteien ist zuvörderst die **jüngere Inflationsgeschichte im betroffenen Währungsraum** einzustellen (Omlor, Geldprivatrecht [2014] 496 f). Dabei verbieten sich jedoch pauschalisierende Vereinfachungen, wonach eine schleichende Inflation stets und eine galoppierende niemals vorhergesehen werden könne (**aA** MünchKomm/Finkenauer[8] § 313 Rn 74; ähnlich Reichert-Facilides JZ 1969, 617, 621). Vielmehr lässt sich insofern für den Euroraum lediglich ein **Regel-Ausnahme-Verhältnis** statuieren, wonach eine schleichende Inflation regelmäßig, eine galoppierende nur ausnahmsweise vorhergesehen werden kann. Diese These basiert empirisch auf der deutschen Inflationsgeschichte des 20. und beginnenden 21. Jahrhunderts; sie ist insofern entwicklungsoffen an die fortschreitende Inflationsentwicklung anzupassen. Eine Hyperinflation wie zu Beginn der 1920er Jahre hat sich als Ausnahmefall in wirtschaftlichen Krisenzeiten gezeigt, eine schleichende Inflation hingegen prägt die volkswirtschaftliche Realität seit Gründung der Bundesrepublik in mehr (zB in den 1970er Jahren) oder weniger (zB von 1998 bis 2006) starkem Maße. Neben diesem empirisch-historischen Element beinhaltet die normativierte Vorhersehbarkeit vor allem die **Inflationsneigung der betroffenen Währungsverfassung**. Dieses Kriterium hat bereits beim Tatbestandserfordernis einer schwerwiegenden Veränderung iSd § 313 Abs 1 BGB Berücksichtigung gefunden (s o Rn C145 ff). Die Preisstabilität stellt das Leitmotiv der europäisch-supranationalen Währungsverfassung dar (s o Rn A220). Wird bei deutschem Schuldstatut, wodurch § 313 BGB anwendbar ist, der Euro als Vertragswährung gewählt, ist eine Inflation im Rahmen des von der Europäischen Zentralbank ermessensgemäß festgelegten (s o Rn A226) Zielkorridors „unter, aber nahe 2 % pa" als vorhersehbar zu behandeln. Maßgeblich ist jeweils das Inflationsziel im Zeitpunkt des Vertragsschlusses. Eine Hyperinflation wäre hingegen derzeit im Euroraum nicht vorhersehbar.

dd) Unzumutbarkeit

C156 Die Wertungsoffenheit des Tatbestandes von § 313 Abs 1 BGB gipfelt in der finalen Voraussetzung einer Vertragsanpassung: der Unzumutbarkeit einer unveränderten Fortführung des Vertrages für eine Vertragspartei. Vor Kodifizierung des Instituts der Störung bzw des Wegfalls der Geschäftsgrundlage war in der Rechtsprechung die Formel verbreitet, das Festhalten am bestehenden Vertrag müsse „zu einem untragbaren, mit Recht und Gerechtigkeit schlechthin nicht mehr zu vereinbarenden Ergebnis führen" (BGH 25. 2. 1993 – VII ZR 24/92, BGHZ 121, 369, 393; BGH 9. 3. 2010 – VI ZR 52/09 Rn 24, NJW 2010, 1874; ähnlich BGH 3. 12. 2014 – XII ZB 181/13 Rn 19, NJW 2015, 1014; zurückgehend auf OGHBrZ 15. 7. 1948 – ZS 52/58, OGHZ 1, 62). Die Unzumutbarkeit als **normatives Tatbestandsmerkmal** bedarf einer präzisierenden Auslegung unter Berücksichtigung des jeweiligen Auslösers der Geschäftsgrundlagenstörung, dh in der Aufwertungssituation der **Äquivalenz- oder Zweckstörung**. Insofern beeinflussen sich die Tatbestandsmerkmale des § 313 Abs 1 BGB **wechselseitig** (ähnlich GROTHE, Fremdwährungsverbindlichkeiten [1999] 367). Aus der Ausfüllungsbedürftigkeit des Unzumutbarkeitskriteriums darf jedoch nicht gefolgert werden, ihm fehle ein eigenständiger Gehalt und sei daher kein eigenständiges Tatbestandserfordernis (so aber BeckOGK/MARTENS [1. 1. 2021] § 313 Rn 120). Nicht nur wäre damit der Wortlaut des Gesetzes übergangen, auch die historische Genese der Vorschrift als Produkt einer Rechtsfortbildung auf der Grundlage von § 242 BGB bliebe damit nur unzureichend gewürdigt.

Einzubeziehen sind sowohl **Individual- als auch Allgemeininteressen** (HAARMANN, Wegfall der Geschäftsgrundlage bei Dauerrechtsverhältnissen [1979] 72 ff mwNw; **aA** MünchKomm/FINKENAUER[8] § 313 Rn 79; BeckOGK/MARTENS [1. 1. 2021] § 313 Rn 119 f). Die Berücksichtigung von Allgemeininteressen ist Folge der Zurückführung von § 313 BGB auf den Grundsatz von Treu und Glauben. Die Materialien (BT-Drucks 14/6040, 175) verorten § 313 BGB exakt auf der Grundlage der früheren höchstrichterlichen Rechtsprechung, die sich rechtsfortbildend auf § 242 BGB stützte. Auch wenn es sich bei § 313 BGB um ein Instrument zur immanenten Fortbildung des Vertrages handelt, das der Privatautonomie der Parteien dient (BeckOGK/MARTENS [1. 1. 2021] § 313 Rn 9 ff), unterliegt diese Ausübung der Privatautonomie dennoch der allgemeinen Grenze aus §§ 157, 242 BGB. Allerdings ändert auch die **Zurückführung auf § 242 BGB** nichts daran, dass es sich bei § 313 BGB um ein Mittel zur Schließung von Vertragslücken handelt und dabei **vorrangig** die **Individualinteressen** der Beteiligten zu berücksichtigen sind. Das auf Treu und Glauben gestützte öffentliche Interesse setzt lediglich äußerste Grenzen.

C157

Zu den öffentlichen Interessen gehört auch das **geldschuldrechtliche Nominalprinzip** (OMLOR, Geldprivatrecht [2014] 498; zurückhaltend hingegen MünchKomm/FINKENAUER[8] § 313 Rn 79). Seine gewohnheitsrechtliche Anerkennung (s o Rn C40) führt dazu, dass es einen Teil der objektiven Rechtsordnung und damit ein im Rahmen der Zumutbarkeitsprüfung relevantes öffentliches Interesse darstellt. Da der geldschuldrechtliche Nominalismus bereits als gesetzliche Risikozuweisung auf der Tatbestandsebene des § 313 Abs 1 BGB Berücksichtigung findet (s o Rn C152), kommt seiner Prüfung als Zumutbarkeitskriterium lediglich eine **ergänzende Funktion** zu. Überdies wird die Geltungskraft des Nominalprinzips als Zumutbarkeitsgesichtspunkt durch die **Wertungen des Preisklauselgesetzes** eingeschränkt (MünchKomm/FINKENAUER[8] § 313 Rn 79; OMLOR, Geldprivatrecht [2014] 498). Die deutsche Rechtsordnung kennt keinen strikten Nominalismus (s o Rn C105), sondern lässt ausweislich von § 1, §§ 3 bis 8 PrKG privatautonome Durchbrechungen zu: Nur automatisch wirkende Gleitklauseln unterliegen dem grundsätzlichen Preisklauselverbot (§ 1 Abs 1 PrKG); verschiedene Gestaltungsformen von Preisklauseln sind zudem von vornherein vom Verbot ausge-

C158

nommen (§ 1 Abs 2 und 3 PrKG); für zahlreiche Anwendungsbereiche existieren Bereichsausnahmen (§§ 2 ff PrKG); schließlich wird auch die Nichtigkeitsfolge gegenüber § 134 BGB deutlich eingeschränkt (§ 8 PrKG). Namentlich aus dem Katalog der Negativtatbestände des § 1 Abs 2 PrKG und der Bereichsausnahmen nach §§ 3 bis 7 PrKG lassen sich Rückschlüsse für die Zumutbarkeit einer valoristischen Anpassung des Vertragsverhältnisses ziehen. Das öffentliche Interesse an der Aufrechterhaltung des Nominalprinzips steht danach im Rahmen der Zumutbarkeitsprüfung des § 313 Abs 1 BGB einer Vertragsanpassung regelmäßig in folgenden (nicht abschließenden) **Fallgruppen** nicht entgegen: 1. Geschäftsgrundlagenstörung beruht ausschließlich auf einer Änderung der Selbstkosten des Geldgläubigers (vgl § 1 Abs 2 Nr 3 PrKG); 2. Deflation führt zu einem Vertragsanpassungsverlangen des Geldschuldners (vgl § 1 Abs 2 Nr 4 PrKG); 3. Äquivalenzstörung in einem langfristigen Vertrag iSd § 3 Abs 1 Nr 1 PrKG; 4. Zweckstörung bei einem langfristigen Vertrag iSd § 3 Abs 2 PrKG; 5. Äquivalenzstörung in einem Erbbaurechtsvertrag mit einer Laufzeit von mindestens 30 Jahren (vgl § 4 PrKG); 6. Äquivalenz- oder Zweckstörungen im Geld- und Kapitalverkehr (vgl § 5 PrKG), bei Verträgen zwischen gebietsansässigen Unternehmern mit Gebietsfremden (vgl § 6 PrKG) sowie bei Verträgen zur Deckung des Bedarfs der Streitkräfte (vgl § 7 PrKG).

C159 Bei den berücksichtigungsfähigen Individualinteressen gilt es, insbesondere den **Vertragszweck**, die **Dauer der vertraglichen Zusammenarbeit** und die **Professionalität der Parteien** zu bewerten. Bei Verträgen mit Versorgungscharakter ist dem Geldschuldner eher eine Anpassung an die Geldentwertung zuzumuten als bei sonstigen Verträgen, die eine Äquivalenzstörung aufweisen. Auch hat der Geldschuldner eine Aufwertung im Lichte von Treu und Glauben eher hinzunehmen, wenn die betroffene Geldschuld auf einer langfristigen Zusammenarbeit der Parteien beruht und damit die Anpassung nach § 313 Abs 1 BGB als vertragsbewahrendes Instrument zum Tragen kommt. Vor allem aber ist es einem kaufmännischen oder sonst professionellen Marktteilnehmer zuzumuten, sich durch eigene Risikovorsorge vor einer Geldentwertung zu schützen (s o Rn C124).

e) **Rechtsfolgen**
aa) **Aufwertung durch Vertragsanpassung**

C160 Das Rechtsfolgenregime des § 313 BGB sieht für die Grundlagenstörung infolge einer Geldentwertung **vorrangig eine Vertragsanpassung** vor (OMLOR, Geldprivatrecht [2014] 499 ff). Diese Subsidiarität der Vertragsbeendigung ordnet nicht nur § 313 Abs 3 S 1 HS 1 BGB in Übereinstimmung mit den Gesetzesmaterialien (BT-Drucks 14/6040, 176) ausdrücklich an (BGH 30. 9. 2011 – V ZR 17/11 Rn 25, BGHZ 191, 139), sondern sie folgt zugleich aus dem **Verhältnismäßigkeitsprinzip** (RG 10. 11. 1923 – III 261/23, RGZ 107, 151, 153; HAARMANN, Wegfall der Geschäftsgrundlage bei Dauerrechtsverhältnissen [1979] 83, 88); bei einer **typisierten Betrachtung** belastet eine Anpassung die Vertragsfreiheit weniger als eine einseitige Vertragsbeendigung (BGH 30. 9. 2011 – V ZR 17/11 Rn 27, BGHZ 191, 139; OLG Hamburg 30. 5. 1990 – 4 U 196/89, OGHZ 1990, 65, 69; **aA** LANGE, in: FS Paul Gieseke [1958] 21, 48 f). Daher war der Vorrang der Anpassung schon vor seiner Kodifizierung in § 313 Abs 3 S 1 HS 1 BGB weitgehend anerkannt (stellvertretend RG 3. 2. 1922 – II 640/21, RGZ 103, 328, 333 f; BGH 23. 3. 1966 – VIII ZR 51/64, WM 1966, 475, 476; BGH 31. 1. 1967 – V ZR 125/65, BGHZ 47, 48, 51 f; BGH 21. 11. 1968 – VII ZR 89/66, NJW 1969, 233, 234; BGH 22. 1. 1993 – V ZR 165/91, NJW 1993, 1641, 1642; MÜGEL, Das gesamte Aufwertungsrecht [5. Aufl 1927] 259 f; KRONENBERGER, Die Geschäftsgrundlage [1963] 57; LANGE, in: FS Paul Gieseke [1958] 21,

50 f; Larenz, Geschäftsgrundlage und Vertragserfüllung [3. Aufl 1963] 172 ff; Haarmann, Wegfall der Geschäftsgrundlage bei Dauerrechtsverhältnissen [1979] 83; Chiotellis, Rechtsfolgenbestimmung bei Geschäftsgrundlagenstörungen in Schuldverträgen [1981] 29 ff, 91 f; **aA** Oertmann, Die Geschäftsgrundlage [1921] 161 ff [unter Berufung auf eine fehlende gesetzliche Regelung]; Geiler, in: Abraham [Hrsg], Die Geldentwertung in der Praxis des deutschen Rechtslebens [1923] 31, 45).

Eine Aufwertung in Gestalt einer Vertragsanpassung nach § 313 Abs 1 BGB kann von vornherein nicht an der Unmöglichkeit ihrer tatsächlichen Durchführung scheitern. **Geld** ist **seiner Natur nach beliebig teilbar** und ein abstrakter Wertträger. Einer in technischer Hinsicht reibungslosen Anpassung stehen daher keine Hindernisse entgegen. Den teilweise vor der Schuldrechtsreform von 2002 geäußerten Bedenken (vMaydell, Geldschuld und Geldwert [1974] 127) ist durch § 313 Abs 3 S 1 BGB, der die Ausschlussgründe einer Vertragsanpassung abschließend benennt, die Grundlage entzogen. Die Schwierigkeit einer Vertragsanpassung zum Zwecke der Aufwertung von Geldschulden liegt insgesamt nicht in ihrer mathematisch-technischen Umsetzung, sondern in der dogmatisch fundierten Bemessung ihres Umfangs. **C161**

Eine Vertragsanpassung ist im Fall der Äquivalenzstörung nicht zwangsläufig ausgeschlossen, wenn mit der Erfüllung der beiderseitigen Hauptleistungspflichten noch nicht begonnen wurde (Omlor, Geldprivatrecht [2014] 500 f; **aA** Larenz, Geschäftsgrundlage und Vertragserfüllung [3. Aufl 1963] 175 f). Erst eine **vollständige Erfüllung sämtlicher Hauptleistungspflichten** durch beide Parteien versperrt regelmäßig sowohl eine Vertragsanpassung als auch -beendigung (BGH 12. 12. 1942 – V ZR 109/61, WM 1962, 625 f; BGH 2. 5. 1972 – VI ZR 47/71, BGHZ 58, 355, 363; BGH 1. 6. 1979 – V ZR 80/77, BGHZ 74, 370, 373; BGH 24. 11. 1995 – V ZR 164/94, BGHZ 131, 209, 216; MünchKomm BGB/Finkenauer[8] § 313 Rn 48). Die Option zur individuellen Aufwertung durch Vertragsanpassung steht bei einer inflationsbedingten Störung der Geschäftsgrundlage *de lege lata* lediglich unter dem Vorbehalt der Unzumutbarkeit. Zu den **Umständen des Einzelfalls**, die bei der Prüfung der Unzumutbarkeit zu berücksichtigen sind, zählen insbesondere der Vertragstyp (Chiotellis, Rechtsfolgenbestimmung bei Geschäftsgrundlagenstörungen in Schuldverträgen [1981] 93 ff), die Gesichtspunkte der Vertragstreue und des Vertrauensschutzes sowie der objektivierte Parteiwille (ähnlich Larenz, Geschäftsgrundlage und Vertragserfüllung [3. Aufl 1963] 170) einschließlich des konsentierten Vertragszwecks. **C162**

Aus diesen Kriterien ergibt sich für die Geldentwertungskonstellationen eine **Differenzierung zwischen den Verträgen mit Versorgungscharakter**, bei denen typischerweise eine Zweckstörung vorliegt, **und den sonstigen Verträgen**, die sich auf eine Äquivalenzstörung stützen. Aus ihrer auf die Sicherung einer Existenzgrundlage gerichteten Zwecksetzung folgt, dass bei Verträgen mit Versorgungscharakter **regelmäßig keine Vertragsbeendigung** in Betracht kommt (ähnlich Larenz, Geschäftsgrundlage und Vertragserfüllung [3. Aufl 1963] 173 f). Redliche Parteien gefährden nicht den Vertragszweck, indem sie eine Vertragsbeendigung statt einer -anpassung verlangen. Auch bei einer Äquivalenzstörung in einem nicht auf die Versorgung einer bestimmten Person gerichteten Vertrag kann im **Grundsatz** nur eine **Vertragsanpassung** begehrt werden. Ausnahmen können sich jedoch unter anderem bei einer ernsthaften und endgültigen Weigerung einer Vertragspartei (bei einer Geldentwertung regelmäßig des Geldschuldners), eine Vertragsanpassung vorzunehmen, ergeben (s u Rn C177 ff). Keine generelle Ausnahme vom grundsätzlichen Vorrang der Vertragsanpassung erscheint weiterhin bei **Dauerschuldverhältnissen** geboten, auch wenn sie auf unbestimmte Zeit **C163** geschlossen sind und sich die inflationsbedingte Äquivalenzstörung dadurch kontinuierlich weiter vertieft. Die Grundzielsetzung von § 313 BGB, die in der Subsidiaritätsanordnung aus seinem dritten Absatz wurzelt, ist auf eine Erhaltung und modifizierte Fortschreibung des Vertragsgefüges ausgerichtet. Gerade bei Dauerschuldverhältnissen können damit komplizierte und kostenträchtige Neuverhandlungen vermieden werden.

bb) Durchführung der Vertragsanpassung
(1) Dogmatische Einordnung

C164 Die rechtsdogmatische Herausforderung der inflationsbedingten Vertragsanpassung liegt weniger in der Konturierung des Vorrangverhältnisses zur Vertragsbeendigung als in der konkreten Ausgestaltung der Aufwertung. Ein detailreiches und subsumtionsfähiges Kriterienprogramm enthält § 313 Abs 1 BGB nicht. Stattdessen bedarf es eines Rückgriffs auf die Rechtsnatur des § 313 BGB, der mit LARENZ (Geschäftsgrundlage und Vertragserfüllung [3. Aufl 1963] 162, 165 f) als Anwendungsfall einer **korrigierenden Vertragsauslegung** einzuordnen ist. Der Geist des Vertrages ist im Lichte der ihm immanenten Vertragsgerechtigkeit zu Ende zu denken. Dabei ist den berechtigten Interessen beider Parteien Rechnung zu tragen (BGH 31. 1. 1967 – V ZR 125/65, BGHZ 47, 48, 52). Aber auch nach der Gegenauffassung, die § 313 BGB als Anwendungsfall der ergänzenden Vertragsauslegung einordnet (HENCKEL AcP 159 [1960–1961] 106, 123; MEDICUS, in: FS Werner Flume [1978] 629, 635; MünchKomm/FINKENAUER[8] § 313 Rn 41 ff; **aA** LOYAL NJW 2013, 417, 419), werden regelmäßig ähnliche Aufwertungsergebnisse erzielt. Eines rechtsgedanklichen Rückgriffs auf die ebenfalls interpretationsbedürftigen §§ 315 Abs 3, 319 BGB (so STAUDINGER/K SCHMIDT [1997] Vorbem D127 zu §§ 244 ff) bedarf es seit der Kodifizierung des Instituts der Störung der Geschäftsgrundlage nicht mehr.

(2) Umfang der Aufwertung

C165 Der Umfang der Aufwertung auf der Rechtsfolgenseite des § 313 Abs 1 BGB entzieht sich ebenso einer Festlegung durch einen starren Prozentsatz wie das erforderliche Maß an Geldentwertung auf Tatbestandsebene (s o Rn C145). Bei der Durchführung der individuellen Aufwertung im Einzelfall ist **zweistufig** vorzugehen. Den **äußersten Rahmen** der Aufwertung legt die **tatsächlich eingetretene Geldentwertung** fest (RG 7. 11. 1924 – VI 198/24, RGZ 109, 146, 148). Das Äquivalenzprinzip bzw der Versorgungszweck stellen Grund und Grenze der Vertragsanpassung dar. Insofern strahlen die Tatbestandserfordernisse von § 313 Abs 1 BGB auch auf die Rechtsfolgenseite aus (OMLOR, Geldprivatrecht [2014] 505). Weder das Äquivalenzprinzip noch der Versorgungszweck eines Vertrages erfordern aber eine überproportionale Aufwertung von Geldschulden. Sodann bedarf es eines **Ausgleichs der widerstreitenden Interessen**: Auch wenn die gesetzliche Risikoverteilung in Gestalt des **geldschuldrechtlichen Nominalismus** einer Aufwertung zwar nicht prinzipiell entgegen steht (anders nur der in Deutschland nicht umgesetzte strikte Nominalismus, s o Rn C105), so weist sie dennoch grundsätzlich dem Geldgläubiger das Geldentwertungsrisiko zu und zielt daher auf eine äußerst restriktive Aufwertungspraxis. Eine Beschränkung des Anpassungsumfangs kann zudem aus der Professionalität des Geldgläubigers folgen, dem es offen gestanden hatte, sich durch Sicherungsgeschäfte mit Dritten vor Verlusten zu schützen (s o Rn C124). Demgegenüber streiten das **Äquivalenzprinzip** bzw ein etwaiger **Versorgungszweck** für eine möglichst umfassende Anpassung der Schuldhöhe an die Geldwertentwicklung.

Aus dem Abwägungserfordernis folgt, dass **regelmäßig** eine **Risikoaufteilung auf** C166
Rechtsfolgenseite geboten ist. Nur in seltenen Ausnahmefällen lässt sich eine vollständige Anpassung an die Geldentwertung rechtfertigen. Zumeist kommt es zu einer nur teilweisen Abbildung des eingetretenen Kaufkraftverlusts. Bei der Präzisierung im Einzelfall sind die Leitmotive der Aufwertung (s o Rn C119 ff) auch auf Rechtsfolgenseite einzubeziehen. Angesichts dieser Abhängigkeit von den Spezifika des jeweiligen Vertrages verbietet sich eine pauschalisierende Aufwertung um scheinbar salomonische 50 % (BAG 30. 3. 1973 – 3 AZR 26/72, BAGE 25, 146, 166). Eine einzelfallblinde hälftige Risikoaufteilung lässt sich § 313 Abs 1 BGB nicht entnehmen.

(3) Zeitliche Reichweite
Die Reichweite der Aufwertung in zeitlicher Hinsicht richtet sich nach **Zumutbar-** C167
keitsgesichtspunkten sowie der **Risikoverteilung** im konkreten Einzelfall (ebenso allgemein BGH 21. 4. 1983 – I ZR 201/80, NJW 1983, 2143, 2144). Dafür streitet der Wortlaut von § 313 Abs 1 BGB, der die Rechtsfolgen einer Vertragsanpassung ebenfalls den Vorgaben des letzten Halbsatzes unterwirft; demnach ist eine Anpassung vorzunehmen, „soweit einem Teil unter Berücksichtigung aller Umstände des Einzelfalls, insbesondere der vertraglichen oder gesetzlichen Risikoverteilung, das Festhalten am unveränderten Vertrag nicht zugemutet werden kann". Erneut bedarf es einer umfassenden Interessenabwägung, in welche vor allem die vertragliche wie gesetzliche Risikoverteilung sowie Art und Umfang der Grundlagenstörung einzustellen sind. Aus dem geldschuldrechtlichen Nominalprinzip, das eine gesetzliche Risikoverteilung zulasten des Geldgläubigers beinhaltet, sowie dem Gedanken der Vertragstreue und dem Erfordernis nach Rechtssicherheit folgt, dass **grundsätzlich** eine Aufwertung **nur für die Zukunft** vorgenommen werden darf.

Insbesondere scheidet in der Regel eine Aufwertung bereits nach §§ 362 ff BGB er- C168
füllter Geldschulden aus (RG 4. 5. 1923 – VII 102/22, RGZ 107, 140, 142; Mügel, Das gesamte Aufwertungsrecht [5. Aufl 1927] 263). Mit der Erfüllung und dem Erlöschen der Geldforderung trägt das Risiko einer nachträglichen Geldentwertung grundsätzlich vollständig der Geldgläubiger (vMaydell, Geldschuld und Geldwert [1974] 132 f). Hat er zeitlich nachgelagert noch eigene Vertragspflichten zu erfüllen, vermag er sich nicht darauf zu berufen, inzwischen sei der erlangte Geldbetrag im Wert gesunken. Durch eine wertsichernde Anlage oder Investition hätte er sich vor Verlusten schützen können. Dem Geldschuldner fehlen insofern jegliche Einflussmöglichkeiten. Diese **Zäsurwirkung der Erfüllung** hat vor allem für Austauschverträge mit beiderseitig erfüllten Vertragspflichten Anerkennung gefunden (BGH 24. 11. 1995 – V ZR 164/94, BGHZ 131, 209, 216; BGH 15. 11. 2000 – VIII ZR 349/99, NJW 2001, 1204, 1206; BAG 9. 7. 1986 – 5 AZR 44/85, NZA 1987, 16). Aber auch bei Dauerschuldverhältnissen richtet sich der Aufwertungsanspruch regelmäßig nur auf zukünftige Geldleistungen, wofür auch der in § 313 Abs 3 S 2 BGB enthaltene Rechtsgedanke spricht.

Eine **Ausnahme** zur *ex nunc*-Wirkung der Aufwertung besteht vor allem im Fall der **Hy-** C169
perinflation (RG 13. 4. 1927 – I 371/26, RGZ 117, 34, 40 f; Staudinger/K Schmidt [1997] Vorbem D129 zu §§ 244 ff). Der vollständige Zusammenbruch der Währung rechtfertigt es, ausnahmsweise ein Vertrauen des Geldschuldners in die Finalität seiner Erfüllungsleistungen als nicht schutzwürdig einzustufen. Angesichts der krisenartigen Entwicklungen bereits im Zeitpunkt der Geldzahlung durfte er redlicherweise nicht davon ausgehen, dass ihn diese nominale Leistung auf Dauer befreit. Die ausnahmsweise **ex**

tunc-Wirkung der Vertragsanpassung bei einer Hyperinflation steht im Wertungseinklang mit § 313 Abs 3 S 1 BGB, der unter der besonderen Voraussetzung einer Unzumutbarkeit der Vertragsanpassung einen Rücktritt zulässt. Auch bei einem Rücktritt wird nach § 346 Abs 1 BGB in die durch Erfüllung bereits abgeschlossene Vertragsvergangenheit eingegriffen. Der auch für die Vertragsanpassung relevante Rechtsgedanke aus § 313 Abs 3 S 1 BGB lautet, dass eine solche Rückwirkung einer besonderen Rechtfertigung im objektiv-normativen Lichte der beiderseitigen Interessen bedarf.

C170 Auch das Moment der Erfüllung steht einer rückwirkenden Aufwertung in einem hyperinflationären Szenario nicht entgegen. Die Sperrwirkung der Erfüllung besteht nur insoweit, wie es tatsächlich zu einer Erfüllung der Geldschuld nach §§ 362 ff BGB gekommen ist. Bestand bereits im Erfüllungszeitpunkt eine Hyperinflation, kann die **Leistung des Nominalbetrags** der Geldschuld eine umfassende **Erfüllungswirkung verfehlen** (vMaydell, Geldschuld und Geldwert [1974] 133; Staudinger/K Schmidt [1997] Vorbem D129 zu §§ 244 ff; Omlor, Geldprivatrecht [2014] 510). Auf die vorbehaltslose Annahme der nominalen und damit uU unzureichenden Geldleistung kommt es nicht an. Der Umfang der Erfüllungswirkung zu Zeiten der Hyperinflation richtet sich dabei nicht nach der subjektiven Geldwerteinschätzung des Geldgläubigers, sondern nach der objektiven Lage (RG 20. 11. 1926 – V 565/25, RGZ 114, 399, 403). Die reichsgerichtliche Rechtsprechung ließ insofern einzelne Aspekte der allgemeinen Leitlinien der Aufwertung (so Rn C119 ff) wie die Professionalität des Geldgläubigers (zu kaufmännischen Umsatzgeschäften RG 2. 7. 1926 – VI 155/26, WarnR 1926 Nr 127; RG 19. 4. 1929 – VII 448/28, RGZ 124, 75, 80 mwNw aus der Rechtsprechung) oder den Vertragszweck (zu lebenswichtigen Geschäften RG 19. 4. 1929 – VII 448/28, RGZ 124, 75, 80) einfließen.

cc) Folgen für bestehende Kreditsicherheiten

C171 Ob die individuelle Aufwertung durch eine Vertragsanpassung nach § 313 Abs 1 BGB Auswirkungen auf Sicherungsrechte hat, welche die Rückzahlung der betroffenen Geldschuld absichern sollen, richtet sich vor allem nach ihrem akzessorischen oder nicht-akzessorischen Charakter.

(1) Nicht-akzessorische Sicherheiten

C172 Die Anpassungsfähigkeit von nicht-akzessorischen Kreditsicherheiten (Schuldbeitritt, Garantie und Grundschuld) an eine aufgewertete Geldschuld bestimmt sich nach den Vereinbarungen zwischen Sicherungsgeber und -nehmer in der schuldrechtlichen **Sicherungsabrede** (Omlor, Geldprivatrecht [2014] 508 f). Die aus der fehlenden Akzessorietät folgende rechtstechnische Unabhängigkeit der Kreditsicherheit von der Geldschuld führt dazu, dass auch eine Aufwertung durch Vertragsanpassung den Umfang des Sicherungsrechts **grundsätzlich unberührt** lässt. Bei den Personalsicherheiten Schuldbetritt und Garantie kann eine Ausnahme jedoch aus der Sicherungsabrede folgen. Hierfür bedarf es aber **konkreter Anhaltspunkte**, da der Ausnahmefall einer individuellen Aufwertung von den Parteien typischerweise nicht erwogen wird (aA Staudinger/K Schmidt [1997] Vorbem D131 zu §§ 244 ff, der eine „Quasi-Akzessorietät" annimmt). Zu prüfen ist im Einzelfall, ob der Sicherungsnehmer eine umfassende Sicherung erlangen sollte, oder ob die Haftung des Sicherungsgebers durch eine absolute Grenze in Gestalt eines festen Nominalbetrags beschränkt ist.

C173 Eine nominale und der Aufwertung nicht zugängliche Grenze bildet hingegen der in das Grundbuch eingetragene (§§ 1192 Abs 1, 1115 Abs 1 BGB) **Nennbetrag der**

Grundschuld (vMaydell, Geldschuld und Geldwert [1974] 221). Die Grundpfandrechte Grundschuld und Hypothek unterliegen dem **Bestimmtheitsgrundsatz**, der nicht nur der Unterrichtung von nachrangigen Gläubigern (BGH 7. 4. 1961 – V ZB 2/61, BGHZ 35, 22, 24; BGH 26. 1. 2006 – V ZB 143/05 Rn 12, NJW 2006, 1341), sondern auch dem Schutz des Sicherungsgebers durch Haftungsklarheit dient. Eine unmittelbare und automatische Aufwertung mit dinglicher Wirkung kollidierte mit diesen Bestimmtheitsanforderungen. Daran hat sich auch durch die Zulassung von Grundschulden in bestimmten ausländischen Währungen durch § 1 GrPfREuroV (Verordnung über Grundpfandrechte in ausländischer Währung und in Euro v 30. 10. 1997 [BGBl I 2683]) nichts geändert. Die Einbeziehung von Wechselkursschwankungen in die unverändert nominale Haftsumme stellt eine eng begrenzte Ausnahme dar (vgl zu variablen Grundschuldzinsen BGH 26. 1. 2006 – V ZB 143/05 Rn 16, NJW 2006, 1341; Kesseler MittBayNot 2006, 468, 470), die nicht auf einen Inflationsschutz im Währungsinland abzielt. Eine Durchbrechung des Bestimmtheitsgrundsatzes ist auch bei einer **Hyperinflation** nicht gerechtfertigt. Auch wenn damit für eine individuelle Aufwertung kein Raum verbleibt, kann der Gesetzgeber eine generelle Aufwertung vornehmen (vgl zu § 31 AufwertungsG Mügel, Das gesamte Aufwertungsrecht [5. Aufl 1927] 832 ff). Schließlich steht es den Parteien im Sicherungsverhältnis offen, sich einvernehmlich auf eine Erhöhung des Nennbetrags zu verständigen (§§ 873 Abs 1, 1191 Abs 1 BGB). Zu einer solchen Anpassung kann sich der Sicherungsgeber ebenso wie bei den übrigen nicht-akzessorischen Kreditsicherheiten schuldrechtlich, etwa in der Sicherungsabrede, verpflichten (vgl allgemein zu deren Inhalt Staudinger/Wolfsteiner [2019] Vorbem 35 ff zu §§ 1191 ff).

(2) Akzessorische Sicherheiten

Bei der **Bürgschaft** als akzessorischer Personalsicherheit führt die individuelle Aufwertung der gesicherten Hauptforderung **automatisch** zu einer entsprechenden **Anpassung des Haftungsumfangs** des Bürgen (Mügel, Das gesamte Aufwertungsrecht [5. Aufl 1927] 216; vMaydell, Geldschuld und Geldwert [1974] 218 f; Omlor, Geldprivatrecht [2014] 506). Insofern besteht eine Parallele zur gesetzlichen Aufwertung (dazu Staudinger/Stürner [2020] Vorbem 142 ff zu §§ 765–778 mwNw). Die Tatbestandsvoraussetzungen von § 313 BGB sind dabei nur in Bezug auf die Hauptforderung und das ihr zugrunde liegende Schuldverhältnis, nicht aber auf den Bürgschaftsvertrag zu prüfen (Mügel, Das gesamte Aufwertungsrecht [5. Aufl 1927] 217; aA Staudinger/Stürner [2020] Vorbem 147 zu §§ 765–778). Eine nominale Haftungsbegrenzung zugunsten des Bürgen besteht hingegen bei einer **Höchstbetragsbürgschaft**. Darin liegt zugleich eine vertragliche Zuweisung des Geldentwertungs- bzw Aufwertungsrisikos zulasten des Sicherungsnehmers. Das Haftungsrisiko des Bürgen soll rechtssicher und eindeutig begrenzt werden (BGH 18. 7. 2002 – IX ZR 294/00, BGHZ 151, 374, 381). **C174**

Trotz ihrer Akzessorietät wirkt sich die Aufwertung einer durch **Hypothek** gesicherten Geldforderung nicht *ipso iure* auf den Haftungsumfang der dinglichen Sicherheit aus (vMaydell, Geldschuld und Geldwert [1974] 220). Ähnlich wie bei der Grundschuld (s o Rn C172) besteht eine **nominale Haftungshöchstgrenze**, die sich aus dem Grundbuch ergibt. Der Umfang des Zugriffsrechts des Sicherungsnehmers richtet sich nach der Geldsumme iSd § 1113 Abs 1 BGB bzw dem Geldbetrag der Forderung iSd § 1115 Abs 1 BGB. Die Nominalität dieser Summe folgt aus dem sachenrechtlichen Bestimmtheitsgrundsatz (Kesseler MittBayNot 2006, 468, 470). Anders als im Fall eines Mobiliarpfandrechts gibt der Sicherungsgeber nicht sein gesamtes Grundstück dem Zugriff des Sicherungsnehmers preis. Ausnahmen vom Bestimmtheitsgrundsatz **C175** galten bis zum 31. 12. 1968 auf der Grundlage des Gesetzes über wertbeständige Hypotheken vom 23. 6. 1923 (RGBl I 407) und der Verordnung über wertbeständige Rechte vom 16. 11. 1940 (RGBl I 1521). Demgegenüber bleibt es nunmehr auch angesichts der Öffnung für Grundpfandrechte in bestimmten ausländischen Währungen bei der Unabhängigkeit der Haftsumme gegenüber einer Geldentwertung (so Rn C172).

C176 Rechtlich bindet § 1210 Abs 1 S 1 BGB die **dingliche Haftung des Pfandes akzessorisch** an die jeweilige Höhe der gesicherten Hauptverbindlichkeit (MÜGEL, Das gesamte Aufwertungsrecht [5. Aufl 1927] 216; vMAYDELL, Geldschuld und Geldwert [1974] 219). Eine individuelle Aufwertung der Geldschuld nach § 313 Abs 1 gewährt dem Sicherungsnehmer automatisch ein erhöhtes Befriedigungsrecht in Bezug auf das Mobiliarpfand. Eine nominelle Haftungshöchstgrenze existiert nicht. Auch bei einer fehlenden Personengleichheit von Sicherungsgeber und persönlichem Schuldner begrenzt § 1210 Abs 1 S 2 BGB den akzessorischen Gleichlauf nicht. Bei der Vertragsanpassung nach § 313 Abs 1 BGB handelt der persönliche Schuldner in Erfüllung einer gesetzlichen Pflicht, in der sich das Gebot von Treu und Glauben widerspiegelt, nicht aber aus freiem Willensentschluss. Wirtschaftlich gesehen besteht eine **natürliche Haftungsbegrenzung durch den Wert des Pfandes**, der jedoch – außer bei der Verpfändung von Bargeld (dazu STAUDINGER/WIEGAND [2019] § 1204 Rn 52 ff) – keiner Entwertung durch Inflation unterliegt.

dd) Ausnahmekonstellation einer Vertragsbeendigung

C177 Eine Vertragsbeendigung steht nach § 313 Abs 3 S 1 BGB nur unter den alternativen Voraussetzungen einer Unzumutbarkeit oder Unmöglichkeit der Vertragsanpassung offen. Weitere Ausnahmetatbestände zur grundsätzlichen Subsidiarität der Vertragsanpassung existieren *de lege lata* nicht. Insbesondere führt allein eine **ernsthafte und endgültige Weigerung** (iSv § 323 Abs 2 Nr 1 BGB) des anderen Vertragsteils, seiner Pflicht zur Mitwirkung an der Vertragsanpassung nachzukommen, **nicht automatisch** zu einer **Unzumutbarkeit der Vertragsanpassung** (BGH 30. 9. 2011 – V ZR 17/11 Rn 25, BGHZ 191, 139 = NJW 2012, 373; OMLOR, Geldprivatrecht [2014] 503; **aA** RG 3. 2. 1922 – II 640/21, RGZ 103, 328, 333 f; BGH 21. 11. 1968 – VII ZR 89/66, NJW 1969, 233, 234; STAUDINGER/K SCHMIDT [1997] Vorbem D126 zu §§ 244 ff). Die Systematik der Rücktrittsvoraussetzungen aus § 323 Abs 1 und 2 BGB, die einen Übergang von der Primärleistung zum Rücktritt über eine erfolglose Fristsetzung ermöglicht, kann nicht auf § 313 Abs 3 BGB übertragen werden. Vielmehr ist die eine Vertragsanpassung begehrende Vertragspartei gehalten, entweder zunächst gerichtlich die Mitwirkung des anderen Teils an der Vertragsanpassung zu erzwingen oder unmittelbar auf Zahlung der aufgewerteten Geldschuld zu klagen (BGH 30. 9. 2011 – V ZR 17/11 Rn 33 f, BGHZ 191, 139 = NJW 2012, 373). Kommt der Geldschuldner seiner Pflicht zur Mitwirkung an der Aufwertung trotz Mahnung nicht nach, kann er in Schuldnerverzug geraten. Der zu ersetzende **Verzögerungsschaden** (§§ 280 Abs 1 und 2, 286 BGB) umfasst nicht notwendig den gesamten Geldentwertungsschaden. Regelmäßig bleibt das Bedürfnis für eine Aufwertung daneben bestehen. Kausal durch die verzögerte Mitwirkung ist nämlich nur ein solcher Schaden eingetreten, der auf einer Geldentwertung im Verzugszeitraum basiert.

C178 Die Parteien können in Ausübung ihrer Privatautonomie jederzeit einvernehmlich den gesetzlich grundsätzlich angeordneten Vorrang einer Vertragsanpassung aufheben und sogleich zu einer Vertragsbeendigung übergehen. Ob ein **Einverständnis des Geldschuldners** mit einem entsprechenden Beendigungsverlangen des Geldgläubigers vorliegt, ist durch Auslegung zu bestimmen. Schweigen fehlt grundsätzlich jeglicher Erklärungsgehalt (vgl zu den Ausnahmen Staudinger/Singer [2017] Vorbem 60 ff zu §§ 116 ff). Begehrt jedoch eine Partei auf dem Klageweg eine Beendigung des Vertrages (zB durch Geltendmachung von Rücktrittsfolgenansprüchen aus §§ 346 ff BGB) und macht der Beklagte keinen Vorrang der Vertragsanpassung geltend, so leitet sich daraus nach dem objektiven Empfängerhorizont ein hinreichendes Einverständnis ab (BGH 30. 9. 2011 – V ZR 17/11 Rn 27, BGHZ 191, 139). Den Geldschuldner, der sich einem Beendigungsverlangen des Geldgläubigers ausgesetzt sieht, trifft daher eine **Obliegenheit, sich auf den Vorrang der Vertragsanpassung zu berufen** (Omlor, Geldprivatrecht [2014] 503 f).

Während in Bezug auf die zeitlichen Wirkungen einer Vertragsanpassung regelmäßig eine Differenzierung zwischen der Hyperinflation und den sonstigen Inflationsformen angebracht ist (s o Rn C169), scheint das Gesetz eine abweichende Abgrenzung in § 313 Abs 3 BGB formalisiert nach dem betroffenen Vertragstypus vorzunehmen: Bei Dauerschuldverhältnissen soll ausschließlich eine *ex nunc* wirkende Kündigung zur Verfügung stehen (§ 313 Abs 3 S 2 BGB), während bei allen anderen Vertragsverhältnissen ein Rücktritt mit den in §§ 346 ff BGB ausgestalteten Rückwirkungen ausgeübt werden könne (§ 313 Abs 3 S 1 BGB). Dauerschuldverhältnisse iSv § 313 Abs 3 S 2 BGB zeichnen sich durch die Abhängigkeit der vertraglichen Hauptleistung von der Vertragslaufzeit aus (vgl zur parallelen Auslegung von § 314 MünchKomm/Finkenauer[8] § 313 Rn 5). Bei Vertragsschluss steht der Umfang der zu erbringenden Hauptleistungen noch nicht fest (BGH 5. 11. 1980 – VIII ZR 232/79, NJW 1981, 679, 680), sondern diese Pflichten aktualisieren sich stets neu. Damit wären Sukzessiv- oder Ratenlieferungsverträge, die nicht als Dauerschuldverhältnisse einzuordnen sind, stets durch Rücktritt zu beenden, während bei Dauerschuldverhältnissen in allen Fällen eine solche Rückwirkung ausgeschlossen wäre.

C179

Eine solche rein vertragstyporientierte Differenzierung wird jedoch den Zielsetzungen des § 313 BGB (ausführlich dazu Loyal NJW 2013, 417, 420 ff) und speziell der aufwertungsrechtlichen Geschäftsgrundlagenlösung nicht gerecht. § 313 BGB stellt eine besondere Ausprägung des Grundsatzes von Treu und Glauben und einen Anwendungsfall der korrigierenden Vertragsauslegung dar (s o Rn C164). Damit hat sich auch die Rechtsfolgenseite an den berechtigten Interessen der Parteien zu orientieren. Maßgeblich sind hierbei die **Leitgedanken der Aufwertung** nach der Geschäftsgrundlagenlösung zu berücksichtigen: die Wahrung der subjektiven Äquivalenz, die vertragliche Risikoverteilung, das Zeitmoment sowie die Professionalität des Geldgläubigers (s o Rn C119 ff). Ebenso wie bei dem zeitlichen Umfang der Vertragsanpassung richtet sich die Entscheidung zwischen Rücktritt und Kündigung nach einer Zumutbarkeitsprüfung, nicht formalisierend nach dem Typus des betroffenen Vertrages. Hinsichtlich des zeitlichen Umfangs der Rechtswirkungen besteht damit ein weitgehender Gleichlauf zwischen Vertragsanpassung und -beendigung. Danach **scheidet grundsätzlich eine Rückabwicklung bereits erfüllter Geldleistungen nach §§ 313 Abs 3 S 1, 346 ff BGB aus**. Stattdessen kann nur eine Kündigung erklärt werden, deren Rechtswirkungen sich auf den Zeitraum nach dem Wirksamwerden der Gestaltungserklärung (§ 130 BGB) beschränken. Dabei kommt es nicht darauf an, ob es sich um ein Dauerschuldverhältnis handelt. Nur in Ausnahmefällen wie der Hyperinflation,

C180

in denen eine *ex nunc*-Wirkung der Vertragsbeendigung unzumutbar wäre, kann die inflationsbedingte Äquivalenzstörung einen Rücktritt mit den erfüllungsindifferenten Rechtsfolgen der §§ 346 ff BGB rechtfertigen.

C181 **Methodisch** gründet diese Abweichung vom Wortlaut auf einer Ausrichtung des § 313 Abs 3 BGB an seiner objektivierten Teleologie. Daraus folgt, dass **§ 313 Abs 3 S 1 BGB teleologisch zu reduzieren und § 313 Abs 2 S 2 BGB entsprechend teleologisch zu extendieren** ist (LOYAL NJW 2013, 417, 421 f). Die Gesetzesverfasser zielten darauf ab, mit ihrer vertragstypologischen Differenzierung in § 313 Abs 3 BGB die „bereits jetzt bestehende allgemeine Auffassung" (BT-Drucks 14/6040, 176) zu kodifizieren. Dabei haben sie jedoch übersehen, dass bei inflationsbedingten Äquivalenzstörungen eine Beschränkung der Vertragsbeendigung auf eine *ex nunc*-Wirkung anerkannt war (STAUDINGER/K SCHMIDT [1997] Vorbem D126 und D129 zu §§ 244 ff; LARENZ, Geschäftsgrundlage und Vertragserfüllung [3. Aufl 1963] 176). Auch die in den Gesetzesmaterialien zitierte Entscheidung in BGH 12. 6. 1987 – V ZR 91/86, BGHZ 101, 143, 150 geht zwar allgemein davon aus, dass der Wegfall der Geschäftsgrundlage eine rückwirkende (Rücktritt) oder auf die Zukunft beschränkte (Kündigung) Beseitigung des Schuldverhältnisses nach sich ziehen könne. Jedoch stellt der erkennende Senat – sowohl für den entschiedenen Fall als auch darüber hinaus – fest, dass eine Vertragsauflösung für Zeiträume mit vollzogenem Leistungsaustausch ausscheiden müsse; der „dinglich vollzogene Erbbaurechtsvertrag" habe dem Erbbauberechtigten die Nutzungsbefugnis für diesen Zeitraum bereits gewährt. Den Gesetzesmaterialien liegt daher ein **Rechtsirrtum über die frühere Rechtslage** zugrunde, die somit fehlerhaft in § 313 Abs 3 BGB abgebildet wurde. Daraus leitet sich die Abweichung des Gesetzeswortlauts vom tatsächlichen Willen des Gesetzgebers ab, die eine teleologische Reduktion (S 1) und Extension (S 2) rechtfertigt.

f) **Einzelfälle**
aa) **Verträge mit Versorgungscharakter**

C182 Eine geldprivatrechtliche Sonderrolle nehmen Verträge mit Versorgungszweck ein. Währungsrechtlich zeigt sich eine Privilegierung dieser Gruppe von Verträgen vor allem anhand der **Bereichsausnahmen** in § 3 Abs 1 Nr 1 bis c, Abs 2 PrKG. Für die praktisch bedeutsamen Fälle der Betriebsrenten existiert zudem eine **Spezialregelung** zur Aufwertung **in § 16 BetrAVG** (s o Rn C127). Auch in den Gesetzesmaterialien zu § 313 BGB (BT-Drucks 14/6040, 174 f) findet sich eine explizite Differenzierung zwischen den Fällen einer Äquivalenzstörung und einer Zweckstörung, wie sie bei Verträgen mit Versorgungszweck vorliegt. Auf einer Sonderregelung in § 313 BGB wurde nur deshalb verzichtet, da neben den bereits von § 16 BetrAVG erfassten Konstellationen nur noch ein geringer Regelungsbedarf gesehen wurde (BT-Drucks 14/6040, 175). Aus diesen Regelungskomplexen lässt sich ungeachtet der spezifischen Zielsetzungen der Einzelregelungen die gesetzgeberische Wertentscheidung ableiten, dass eine individuelle Aufwertung von Geldschulden aus Verträgen mit Versorgungszweck **unter erleichterten Voraussetzungen** möglich ist. Die preisrechtlichen Bereichsausnahmen belegen, dass dem Wertsicherungsinteresse des Versorgungsempfängers auch im Vergleich zum Allgemeininteresse an einer lückenlosen Aufrechterhaltung des Nominalprinzips ein hohes Gewicht beigemessen wird. Konkret in Bezug auf Ansprüche zur Anpassung der nominalen Schuldhöhe zeigt § 16 Abs 1 HS 2 Alt 1 BetrAVG, dass in die Abwägungsentscheidung namentlich die Belange des Versorgungsempfängers einzustellen sind. Hinzu tritt die Ausrichtung der individuellen Aufwertung nach

§ 313 BGB auf die Leitlinien des Äquivalenzprinzips bzw der Vertragszweckorientierung, der vertraglichen Risikoverteilung, des Zeitmoments und der Professionalität des Geldgläubigers (s o Rn C119 ff). Dabei richten sich die normativen Tatbestandsmerkmale auf die jeweils betroffene Grundlagenstörung – subjektive Äquivalenz oder Vertragszweck – aus. Der Versorgungszweck beeinflusst damit die vertragliche Risikoverteilung zugunsten des Geldgläubigers. Die typischerweise lange Vertrags(rest)laufzeit ist bei der Zumutbarkeit einer unveränderten Fortführung des Vertrages einzubeziehen. Zudem fehlt es dem privaten Versorgungsempfänger häufig an einer solchen Professionalität im Wirtschafts- und Kapitalverkehr, dass er sich zumutbar auf andere Weise gegen Wertverluste abzusichern vermochte.

Aus diesem Bündel an gesetzessystematischen wie in § 313 BGB selbst verwurzelten **C183** Erwägungen leitet sich auf Tatbestandsebene ab, dass die Anforderungen an eine hinreichende Grundlagenstörung bei Verträgen mit Versorgungszweck geringer sind als bei einer Äquivalenzstörung. Starre Prozentsätze lassen sich auch bei Verträgen mit Versorgungscharakter nicht festlegen, da die Individualität eines jeden Vertrages einzubeziehen ist. Lediglich **grobe Orientierungswerte** können für die einzelnen Gruppen von Verträgen mit Versorgungscharakter aufgestellt werden. Der Versorgungszweck gebietet es in Abweichung zu den Fällen der Äquivalenzstörung, nicht pauschal als absolute Untergrenze für eine Aufwertung den Inflationsmaßstab des jeweiligen Währungsraums (zB nahe, aber unter 2,0 % pa im Euroraum, s o Rn A226) anzunehmen. Auch darunter kann wegen des Summierungseffekts die zumutbare Opfergrenze für den Geldgläubiger überschritten sein.

Für **Altersruhebezüge** kann eine Aufwertung bereits ab einer Geldentwertung um **C184** **30 %** geboten sein (BGH 28. 5. 1973 – II ZR 58/71, BGHZ 61, 31, 39 f). In die Abwägung fließt dabei auch der Umstand ein, ob sich der Versorgungsempfänger durch seine vorherige berufliche Tätigkeit die Altersbezüge erarbeitet hat und damit zugleich eine Äquivalenzstörung vorliegt. Bei **vertraglichen Unterhaltspflichten** ist vorrangig zu prüfen, ob überhaupt eine aufwertungsfähige Geldsummenschuld vorliegt (s o Rn C93 f). Zu beachten bleibt auch eine Anpassung des Unterhaltstitels nach § 238 FamFG und § 239 Abs 2 FamFG iVm § 313 BGB. Folgt aus der Unterhaltsvereinbarung eine Geldsummenschuld, bedarf es einer sorgfältigen Untersuchung im Einzelfall, ob die Parteien nicht eine abschließende Regelung intendierten und damit vertraglich das Geldentwertungsrisiko dem Geldgläubiger zugewiesen haben. Ist dies nicht der Fall, kommt eine Anpassung bereits bei einer Geldentwertung um **10 %** in Betracht (vgl im Anwendungsbereich von § 238 Abs 4 FamFG BGH 29. 1. 1992 – XII ZR 239/90, NJW 1992, 1621, 1622; BGH 23. 11. 1994 – XII ZR 168/93, NJW 1995, 534, 536). Keiner individuellen Aufwertung nach § 313 BGB unterliegen schließlich **Schadensersatz- und Schmerzensgeldrenten**, da es sich um Geldwertschulden des Schädigers handelt, die einer inhärenten Anpassung unterliegen (s o Rn C84 f). Prozessual vollzieht sich die Änderung von entsprechenden Vollstreckungstiteln nach § 323 ZPO.

bb) Langfristige Abbauverträge

Um die Wende vom 19. zum 20. Jahrhundert – und damit viele Jahre vor der „großen **C185** Inflation" der 1920er Jahre in Deutschland – gestatteten zahlreiche Grundstückseigentümer verschiedenen Bergwerksunternehmen die Nutzung ihrer Grundstücke zur Gewinnung von Mineralien wie Kali. Als Gegenleistung war ein sog Wartegeld vereinbart worden. Trotz zweier gesetzlicher Aufwertungen nach den beiden Weltkriegen belief sich nach sechs Jahrzehnten die inflationsbedingte Entwertung der Geldzahlungen auf etwa zwei Drittel. Der Bundesgerichtshof (BGH 14. 10. 1959 – V ZR 9/58, NJW 1959, 2203, 2204; BGH 18. 1. 1961 – V ZR 83/59, MDR 1961, 307 f; BGH 2. 11. 1965 – V ZR 95/64, NJW 1966, 105, 106) verneinte einen Anspruch auf Vertragsanpassung und wies zur Begründung auf eine generell restriktive Handhabung der individuellen Aufwertung hin:

> „Im praktischen Ergebnis liefe das darauf hinaus, daß bei Dauerschuldverhältnissen unter dem Gesichtspunkt des Wegfalls der Geschäftsgrundlage ganz allgemein eine Art stillschweigende Währungsgleitklausel anzunehmen wäre. Eine solche Handhabung würde aber […] dem Grundgedanken der Währungsgesetzgebung zuwiderlaufen und wäre geeignet, das Vertrauen in die Festigkeit der Währung zu erschüttern. Den Gerichten steht es nicht frei, aus Billigkeitsgründen von der gesetzlichen Regelung abzuweichen; eine weitere Angleichung langfristiger Vertragsverhältnisse an die durch Kaufkraftminderung des Geldes geschaffene Lage könnte allein durch den Gesetzgeber erfolgen" (BGH 14. 10. 1959 – V ZR 9/58, NJW 1959, 2203, 2204).

C186 So zutreffend diese abstrakten Ausführungen sind, so wenig tragen sie die Ablehnung einer Vertragsanpassung im konkreten Fall. Zu Recht hat die zurückhaltende höchstrichterliche Judikatur weitgehend Kritik erfahren (REICHERT-FACILIDES JZ 1969, 617, 620; SIMON, Die Rechtsfolgen der gestörten Vertragsgrundlage [1969] 64 f; vMAYDELL, Geldschuld und Geldwert [1974] 158; ERTL, Inflation, Privatrecht und Wertsicherung [1980] 240 f). Einzubeziehen war die regelmäßig erhebliche Restlaufzeit von etwa vier Jahrzehnten, der eine additive Wirkung für die Geldgläubiger zukam. Auch wäre es keinesfalls zu einer breit angelegten Aufwertung jeglicher Geldschulden aus langfristigen Verträgen gekommen, die nur in Gestalt einer gesetzlichen Aufwertung vorgenommen werden dürfte. Zum einen bleibt es stets bei einer individuellen gerichtlichen Prüfung im Einzelfall. Zum anderen hätte die Rechtsfolge, wie auch KARL LARENZ als Privatgutachter der Geldgläubiger in BGH 14. 10. 1959 – V ZR 9/58, NJW 1959, 2203, 2204 vorbrachte, nicht in einem vollständigen, sondern nur teilweisen Inflationsausgleich bestanden. Alternativ wäre auch ein Kündigungsrecht in Betracht zu ziehen gewesen (vMAYDELL, Geldschuld und Geldwert [1974] 157), wodurch das Nominalprinzip unangetastet und den Geldgläubigern mehrere Jahrzehnte mit vollwertiger Leistungserbringung im Austausch gegen eine größtenteils entwertete Gegenleistung erspart geblieben wäre. Schließlich war bei Vertragsschluss um die Wende vom 19. zum 20. Jahrhundert eine Währungskrise, wie sie Anfang der 1920er Jahre in Deutschland auftrat, nicht vorhersehbar gewesen.

cc) Langfristige Lieferverträge

C187 Vor allem das **Zeitmoment** (s o Rn C123) prägt die Risikolage des Lieferanten und Geldgläubigers bei langfristigen Lieferverträgen. Der in der Zukunft liegende Fälligkeitszeitpunkt für die Erbringung der vertragscharakteristischen Leistung führt zugleich zu einer entsprechenden zeitlichen Verschiebung der synallagmatischen Geldzahlung. Bei Abschluss eines Dampflieferungsvertrags im Jahre 1912 war beispielsweise nicht vorhersehbar, dass es wenige Jahre später zu einer Hyperinflation kommen sollte (vgl RG 21. 9. 1920 – III 143/20, RGZ 100, 129, 132 f). Betroffen sind sowohl echte **Sukzessivlieferungsverträge**, bei denen eine bereits festgelegte Menge in Raten zu liefern ist, als auch unechte Sukzessivlieferungsverträge, bei denen eine Gesamtleistung nicht bereits mit Vertragsschluss benannt ist (zur Abgrenzung STAUDINGER/OLZEN

[2019] § 241 Rn 368 ff mwNw). Auf der einen Seite kann die Langfristigkeit der Vertragsbeziehung zu einer konkludenten Risikoübernahme durch den Geldgläubiger geführt haben (s o Rn C154). Einem langfristigen Liefervertrag, der auf eine Preisanpassungsklausel verzichtet, wohnt ein **spekulatives Element** inne. Auf der anderen Seite ist bei der Zumutbarkeit einer unveränderten Fortführung der Vertragsbeziehung die **additive Wirkung** der Äquivalenzstörung zu berücksichtigen. Eine erhebliche Restdauer führt dazu, dass mit jedem Leistungsaustausch die Äquivalenzstörung vertieft wird. Liegt eine Hyperinflation vor, so kann daher regelmäßig eine Störung bzw ein Wegfall der Geschäftsgrundlage angenommen werden (RG 3. 2. 1922 – II 640/21, RGZ 103, 328, 333). Bei unechten Sukzessivlieferungsverträgen streiten daher die Parteiinteressen auf Rechtsfolgenseite nicht selten für eine *ex nunc* wirkende Vertragsbeendigung nach § 313 Abs 3 S 2 BGB. Demgegenüber liegt die Hürde für eine Vertragsbeendigung bei echten Sukzessivlieferungsverträgen typischerweise höher, da die Parteien mit der Vereinbarung einer Gesamtliefermenge auch eine diesbezügliche Risikoverteilung vorgenommen haben und überdies die noch zu erbringenden Leistungen bereits absehbar sind.

Um keinen Liefervertrag, sondern um eine finanzierte Gebrauchsüberlassung eigener Art (vgl zu den Leasingtheorien Martinek, in: Martinek/Stoffels/Wimmer-Leonhardt [Hrsg], Handbuch des Leasingrechts [2. Aufl 2008] § 4) handelt es sich beim **Finanzierungsleasing** (zum Operating-Leasing s u Rn C192). Im Äquivalenzverhältnis stehen die vom Leasingnehmer zu zahlende Leasingrate sowie die Gebrauchsfinanzierung, -überlassung und -belassung des Leasinggegenstandes durch den Leasinggeber (zu diesen Hauptleistungspflichten vgl Martinek/Omlor, in: Schimansky/Bunte/Lwowski [Hrsg], Bankrechts-Handbuch [5. Aufl 2017] § 101 Rn 24). Einzubeziehen ist dabei vor allem, ob die Vertragsparteien eine **Voll- oder Teilamortisation** der Anschaffungs-, Herstellungs- und Finanzierungskosten einschließlich der Gewinnspanne des Leasinggebers durch die Leasingraten und etwaige Sonderzahlungen sicherstellen wollten (vgl zu den Leasingerlassen Martinek/Omlor, in: Schimansky/Bunte/Lwowski [Hrsg], Bankrechts-Handbuch [5. Aufl 2017] § 101 Rn 5 ff). Über eine Aufwertung der Leasingraten kann sichergestellt werden, dass die Voll- oder Teilamortisation und damit auch die steuerlichen Ziele der Parteien erreicht werden. Jedoch zwingt der Amortisationsgedanke nicht dazu, dass entgegen der allgemeinen Grundsätze (s o Rn C165 f) es zu einem vollständigen Ausgleich der Geldentwertung durch Vertragsanpassung kommen muss. Vielmehr verfügt der Leasinggeber regelmäßig über ein solches Maß an **Professionalität**, dass er sich entweder durch eine Wertsicherungsklausel im Leasingvertrag oder durch Absicherungsgeschäfte mit Dritten hinreichend effektiv zu schützen vermag. Daher bleibt es auch bei Finanzierungsleasingverträgen im Vollamortisationsmodell grundsätzlich dabei, dass in der Rechtsfolge zumeist lediglich eine teilweise Anpassung an die eingetretene Geldentwertung vorzunehmen ist. **C188**

dd) Dinglicher Erbbauzins
Seit dem 1. 10. 1994 unterliegt der dingliche Erbbauzins nicht mehr den strengen Bestimmtheitsanforderungen aus § 9 Abs 2 S 1 ErbbauVO aF, sondern es genügt die bloße **Bestimmbarkeit** (BayObLG 18. 7. 1996 – 2Z BR 73/96, NJW 1997, 468, 469 f; Oefele DNotZ 1995, 643, 649). Durch den Verzicht auf eine erbbaurechtliche Sonderregelung und in der Folge den Verweis auf die Reallast in § 9 Abs 1 S 1 ErbbauRG wurde sodann auf der Grundlage von Art 11a EuroEG (Gesetz zur Einführung des Euro v 9. 6. 1998 [BGBl I 1242]) eine **Indexierung des dinglichen Erbbauzinses möglich**. Ein **C189**

Zurückgreifen auf einen schuldrechtlichen Anpassungsanspruch (BGH 28. 11. 1956 – V ZR 40/56, BGHZ 22, 220, 222 f; OLG Zweibrücken 9. 12. 1999 – 3 W252/99, MittBayNot 2001, 77; vgl zur Konstruktion KNOTHE, Das Erbbaurecht [1987] 242 ff), der durch Vormerkung gesichert wurde, ist seither nicht mehr zwingend erforderlich. Durch diese Flexibilisierung des dinglichen Erbbauzinses hat sich der praktische Anwendungsbereich der individuellen Aufwertung verringert, ohne jedoch gänzlich entfallen zu sein. Der Verzicht auf eine Wertsicherungsvereinbarung kann nach allgemeinen Grundsätzen im Rahmen der vertraglichen Risikoverteilung einbezogen werden (s o Rn C155). Bei vor dem 1. 10. 1994 begründeten Erbbaurechten bestand ebenfalls die Möglichkeit einer vertraglichen Wertsicherung, auch wenn sie nicht in den dinglichen Erbbauzins unmittelbar integriert werden konnte.

C190 Als Anknüpfungspunkt einer individuellen Aufwertung nach § 313 BGB dient allein der **schuldrechtliche Bestellungsvertrag**, nicht jedoch die dingliche Rechtsbeziehung zwischen dem Grundstückseigentümer und dem Erbbauberechtigten (BGH 20. 12. 1985 – V ZR 96/84, BGHZ 96, 371, 375 f; BGH 4. 5. 1990 – V ZR 21/89, BGHZ 111, 214, 215; OEFELE/WINKLER/SCHLÖGEL, Handbuch des Erbbaurechts [6. Aufl 2016] § 6 Rn 238). Nur eine dingliche Wertsicherung nach § 9 Abs 1 S 1 ErbbauRG iVm § 1105 Abs 1 S 2 BGB wirkt automatisch gegenüber dem jeweiligen Grundstückseigentümer. Der Anpassungsanspruch aus § 313 Abs 1 BGB steht hingegen nicht notwendig dem jeweiligen Grundstückseigentümer, sondern grundsätzlich dem Besteller zu (OMLOR, Geldprivatrecht [2014] 514). Bei einem Eigentümerwechsel am Grundstück bedarf es entweder eines Eintritts des Erwerbers in den schuldrechtlichen Bestellungsvertrag oder der Abtretung der Anpassungsrechte an ihn (BGH 20. 12. 1985 – V ZR 96/84, BGHZ 96, 371, 377).

C191 Die Anpassung des Erbbauzinses an die Geldentwertung kann sowohl auf einer Äquivalenz- als auch einer Zweckstörung beruhen. Im letzteren Fall gelten die allgemeinen Grundsätze zur Anpassung von **Verträgen mit Versorgungscharakter** (s o Rn C182). Ansonsten richtet sich die Aufwertung des Erbbauzinses nach dem **Äquivalenzprinzip**. Der Erbbauzins stellt sich dabei als Entgelt für die Bestellung des Erbbaurechts und damit dem Recht zur baulichen Nutzung des belasteten Grundstücks dar (BGH 21. 2. 1986 – V ZR 195/84, BGHZ 97, 171, 175; BGH 23. 5. 2014 – V ZR 208/12 Rn 19 f, NJW 2014, 3439). In der höchstrichterlichen Rechtsprechung hat sich als Opfergrenze ein **Kaufkraftschwund von 60 %** etabliert (BGH 24. 2. 1984 – V ZR 222/82, BGHZ 90, 227, 229; BGH 30. 3. 1984 – V ZR 119/83, BGHZ 91, 32, 34 f; BGH 21. 2. 1986 – V ZR 195/84, BGHZ 97, 171, 175; BGH 4. 5. 1990 – V ZR 21/89, BGHZ 111, 214, 216). Für dessen Berechnung ist – *argumentum e* § 9a Abs 1 S 2 ErbbauRG – der gesamte Zeitraum ab der originären Bestellung des Erbbaurechts einzubeziehen (BGH 23. 5. 1980 – V ZR 20/78, BGHZ 77, 194, 200; BGH 20. 12. 1985 – V ZR 96/84, BGHZ 96, 371, 375; BGH 21. 2. 1986 – V ZR 195/84, BGHZ 97, 171, 177), nicht erst ab der letzten Erhöhungsvereinbarung oder seit einem bestimmten Eigentümerwechsel. Als Maßstab für den Kaufkraftschwund dient ein Durchschnittswert, der sich als Mittelwert aus der Entwicklung der Lebenshaltungskosten und der Bruttoeinkommen darstellt (BGH 23. 5. 1980 – V ZR 20/78, BGHZ 77, 194, 200 f; BGH 18. 9. 1992 – V ZR 116/91, BGHZ 119, 220, 222 f). Damit erfolgt eine Anlehnung an die wirtschaftlichen Verhältnisse iSd § 9a Abs 1 S 2 ErbbauRG (vgl dazu BGH 31. 10. 2008 – V ZR 71/08 Rn 12, NJW 2009, 679; BGH 11. 12. 2009 – V ZR 110/09 Rn 9, NZM 2010, 253).

ee) Miet- und Leasingverträge

Die individuelle Aufwertung der Mietzahlungspflicht des Mieters unterliegt regelmäßig den allgemeinen Anforderungen aus § 313 BGB für eine **Äquivalenzstörung**, sofern nicht ausnahmsweise ein Mietvertrag mit Versorgungscharakter (s o Rn C182 ff) vorliegt. Im Austauschverhältnis stehen sich die Geldzahlung (§ 535 Abs 2 BGB) und die Nutzungsüberlassung mit Erhaltungspflicht (§ 535 Abs 1 S 2 BGB) gegenüber. Damit sind aus Sicht des Vermieters sowohl die einmaligen Investitions- als auch die laufenden Instandhaltungskosten einzubeziehen (vMaydell, Geldschuld und Geldwert [1974] 151 f). Ob eine hinreichende Äquivalenzstörung vorliegt, kann nicht pauschalisiert unter Bezugnahme auf die **60 %-Grenze** beim dinglichen Erbbaurecht (s o Rn C191) geprüft werden. Nur wenn der Mietvertrag im Hinblick auf seine für § 313 BGB maßgeblichen Koordinaten eine hinreichende Ähnlichkeit mit einem Erbbaurechtsvertrag aufweist (zB lange Restlaufzeit, wirtschaftliche Sinnlosigkeit einer Kündigung nach § 544 BGB), lässt sich im Einzelfall auf die 60 %-Regel zurückgreifen (OLG Hamburg 15. 3. 1989 – 4 U 173/88, OLGZ 1990, 65, 66 f). Eine vertragliche Risikoverteilung zulasten des Vermieters, die einer Aufwertung entgegensteht, ergibt sich weiterhin grundsätzlich aus der Vereinbarung einer **Staffelmiete** (BGH 8. 5. 2002 – XII ZR 8/00, NZM 2002, 659; BGH 27. 10. 2004 – XII ZR 175/02, NZM 2005, 63, 64). Das Geldentwertungsrisiko und die allgemeine Marktentwicklung sollen damit zumeist abschließend geregelt werden. Jedoch bedarf es einer Prüfung im Einzelfall, ob die tatsächlich eingetretene Geldentwertung nicht den Rahmen der Risikoübernahme sprengt und damit auch eine Staffelmiete angepasst werden kann (Omlor, Geldprivatrecht [2014] 515). Schließlich fließt in die Zumutbarkeitskontrolle nach § 313 Abs 1 BGB bei langfristigen Mietverträgen auch das **außerordentliche Kündigungsrecht** beider Vertragsparteien nach Ablauf von 30 Jahren (§ 544 BGB) ein. Je länger die verbleibende vertragliche Bindung des Vermieters, desto weniger ist ihm ein Festhalten am unveränderten Mietvertrag zuzumuten (vgl zur Restlaufzeit BGH 8. 5. 2002 – XII ZR 8/00, NZM 2002, 659). Für das **Operating-Leasing**, das sich seiner Rechtsnatur nach als Miete iSd §§ 535 ff BGB darstellt (Martinek/Omlor, in: Schimansky/Bunte/Lwowski [Hrsg], Bankrechts-Handbuch [5. Aufl 2017] § 101 Rn 32 mwNw), gelten die Aufwertungsregeln des Mietvertrags entsprechend (Omlor, Geldprivatrecht [2014] 516; zum Finanzierungsleasing s o Rn C188).

C192

ff) Gelddarlehensverträge

Als synallagmatische Verträge unterliegen Darlehensverträge einer individuellen Aufwertung im Fall einer **Äquivalenzstörung** (Staudinger/K Schmidt [1997] Vorbem D141 zu §§ 244 ff; Omlor, Geldprivatrecht [2014] 518; aA vMaydell, Geldschuld und Geldwert [1974] 214). Im Austauschverhältnis stehen dabei die **Kapitalüberlassung auf Zeit** und die **Zinszahlung** (vgl BGH 21. 4. 2009 – XI ZR 78/08 Rn 32, 37, BGHZ 180, 257; Staudinger/Freitag [2015] § 488 Rn 180 ff), nicht jedoch der Anspruch auf Rückzahlung der Darlehensvaluta. Daher konnte zur Begründung einer Aufwertung der den Darlehensnehmer treffenden Geldschuld auch nicht auf den Wortlaut von § 607 Abs 1 BGB aF abgestellt werden, der – wie heute noch für das Sachdarlehen – die Rückgewähr von Sachen „gleicher Art, Güte und Menge" vorschreibt (aA RG 28. 11. 1923 – V 31/23, RGZ 107, 78, 91). Auf Gelddarlehensverträge finden zudem ausschließlich die §§ 488 ff BGB Anwendung (§ 607 Abs 2 BGB). Um einer Entwertung des Darlehensrückzahlungsanspruchs durch Hyperinflation wirksam begegnen zu können, bedarf es keiner Einbeziehung der Darlehensrückzahlung in das für § 313 maßgebliche Äquivalenzverhältnis (aA Staudinger/K Schmidt [1997] Vorbem D141 zu §§ 244 ff). Vielmehr deckt die Zinszahlungs-

C193

pflicht des Darlehensnehmers das Inflationsrisiko des Darlehensgebers wesensgemäß vollständig ab. Droht daher inflationsbedingt eine Entwertung der darlehensvertraglichen Ansprüche des Darlehensgebers, hat ein Ausgleich über eine isolierte Aufwertung der Verzinsungspflicht zu erfolgen (Omlor, Geldprivatrecht [2014] 518). Der Tilgungsanteil (§ 488 Abs 1 S 2 Alt 2 BGB) bleibt in seinem nominalen Charakter unangetastet.

C194 Eine individuelle Aufwertung des Zinszahlungsanspruchs des Darlehensgebers begegnet **auf Tatbestandsebene hohen Hürden**. Der Zinsabrede kommt grundsätzlich eine abschließende Wirkung in Bezug auf die Inflationsfolgen zu. Darin liegt regelmäßig für den Eintritt einer schleichenden Inflation eine **vertragliche Risikoverteilung** zulasten des Darlehensgebers. Der Darlehensgeber vermag sich durch Zinsanpassungsklauseln (restriktiv dazu BGH 21. 4. 2009 – XI ZR 78/08 Rn 29 ff, BGHZ 180, 257 mwNw zum Streitstand) oder als professioneller Marktteilnehmer durch Wertsicherungsgeschäfte mit Dritten vor den Inflationsrisiken zu schützen. Zudem zeichnen sich langfristige Darlehensverträge durch einen **spekulativen Einschlag** aus, denn sowohl die Zins- als auch die Inflationsentwicklung lassen sich naturgemäß nicht sicher vorhersehen. Eine **Zinsbindung** über längere Zeiträume hat der Darlehensnehmer daher typischerweise durch einen Zinsaufschlag zu vergüten. Dadurch erhöht sich die Opfergrenze zulasten des Darlehensgebers deutlich. Einer Einzelfallprüfung bedarf es in der Folge erst bei einer galoppierenden Inflation. Bei Fehlen einer Zinsbindungsabrede reduzieren sich zwar die Anforderungen an das Ausmaß der Äquivalenzstörung; dennoch folgt aus der vertraglichen Risikozuweisung, der zufolge die vereinbarte Zinszahlung zugleich das Inflationsrisiko abdecken soll, eine regelmäßigen Ausschluss der Aufwertung bei Inflationsraten unterhalb des im jeweiligen Währungsraum geltenden Stabilitätsziels (im Euroraum unter, aber nahe 2,0 % pa, s o Rn A226). Auch im verbleibenden Bereich der schleichenden Inflation erscheint eine restriktive Aufwertungspraxis geboten.

IV. Wertsicherungsvereinbarungen

C195 Die Parteien eines Geldschuldverhältnisses können vor dem historischen Hintergrund der Inflationserfahrungen durch **präventive Abreden** die aus einer Geldentwertung folgenden Risiken untereinander vorausschauend verteilen. Solche Absicherungsmechanismen, die in Verwirklichung der Privatautonomie geschlossen werden, genießen einen **Vorrang vor gesetzlichen Reaktionsmechanismen**, wie sie die individuelle Aufwertung in Gestalt der Geschäftsgrundlagenlösung (s o Rn C131) vorsieht. Die deutsche Rechtsordnung (rechtsvergleichend Inzitari RabelsZ 45 [1981] 705, 715 ff) hat sich für gesetzliche Begrenzungen der Freiheit zur Wertsicherung entschieden, die inzwischen im Gesetz über das Verbot der Verwendung von Preisklauseln bei der Bestimmung von Geldschulden (Preisklauselgesetz, PrKG [BGBl 2007 I 2246]) zu finden sind (vgl die Einzelkommentierung der §§ 1 ff PrKG).

1. Terminologie

C196 Wertsicherungsvereinbarungen sind **vertragliche Regelungen, die den Inhalt von Geldschulden unmittelbar oder mittelbar an die Entwicklung der allgemeinen Kaufkraft oder der Preise von bestimmten Gütern und Leistungen anbinden**.

a) Geldschuld als Regelungsgegenstand

Den Regelungsgegenstand von Wertsicherungsvereinbarungen bilden Geldschulden. **C197** Sonstige Forderungen oder das Gesamtvermögen einer Person (vgl zur Abgrenzung vMAYDELL, Geldschuld und Geldwert [1974] 369 ff) taugen nicht als Gegenstand einer solchen Abrede im geldprivatrechtlichen Sinn. **Unerheblich** ist es hingegen, ob es sich um eine **Geldwert- oder** eine **Geldsummenschuld** handelt (OMLOR, Geldprivatrecht [2014] 405). Wesensgemäß sind Geldwertschulden mit einem inhärenten Inflationsschutz ausgestattet. Das originäre Einsatzgebiet von Wertsicherungsklauseln liegt daher im Bereich der Geldsummenschulden. Wird ihnen eine Wertsicherungsklausel beigefügt, so wandeln sie sich in eine Geldwertschuld um (BGH 12. 2. 1953 – IV ZR 109/52, BGHZ 9, 56, 60). Dieser privatautonomen Vereinbarung des inflationsschützenden Mechanismus kommt damit eine **konstitutive** Wirkung für den Charakter als Geldwertschuld zu. Lediglich **deklaratorisch** wirkende Regelungen unterfallen ebenfalls dem Begriff der Wertsicherungsvereinbarung (vMAYDELL, Geldschuld und Geldwert [1974] 377), nicht jedoch dem sachlichen Anwendungsbereich des Preisklauselgesetzes (BT-Drucks 16/4391, 28). Im Fall einer Geldwertschuld vermag eine Wertsicherungsvereinbarung sowohl Art als auch Umfang der Anpassung an die Preisentwicklung zu modifizieren. Der Umfang der Orientierung am jeweiligen Kaufkraftniveau lässt sich privatautonom beeinflussen, indem die Schuldhöhe in geringerem oder stärkerem Maße verändert wird. Ebenso kann eine Wertsicherungsvereinbarung einen alternativen Wertmesser vorsehen, der eine sektorielle oder gütergruppenspezifische Preisentwicklung repräsentiert.

b) Wertmesser

Je nach verwendetem Wertmesser ist zwischen Wertsicherungsvereinbarungen **im en- C198 geren und im weiteren Sinne** zu unterscheiden (OMLOR, Geldprivatrecht [2014] 403 f). In der engeren Begriffsbedeutung bezweckt die Wertsicherungsvereinbarung ausschließlich einen **Ausgleich von allgemeinen Kaufkraftänderungen** (KOLLHOSSER, Wertsicherungsklauseln im Spannungsfeld zwischen Vertragsfreiheit, Sozialpolitik und Währungspolitik [1985] 9; abweichende Terminologie bei BOHNDORF, Wertsicherungsklauseln [1966] 19 f; GUTZWILLER, Vertragliche Abreden zur Sicherung des Geldwerts, insbesondere Gleitklauseln [1972] 16). Beispiele sind sämtliche Preisklauseln iSv § 3 Abs 1 PrKG. Bezieht sich die Klausel hingegen zumindest **auch** auf einen **anderen Wertmesser**, so handelt es sich um eine Wertsicherungsvereinbarung im weiteren Sinn (aA BOHNDORF, Wertsicherungsklauseln [1966] 24; wohl auch BRAUN, Vertragliche Geldwertsicherung im grenzüberschreitenden Wirtschaftsverkehr [1982] 89 ff; zu eng auch OLG Bamberg 13. 2. 2012 – 7 UF 151/11, FamRZ 2012, 1397, 1399). Hierzu zählen insbesondere Leistungsvorbehalts- (§ 1 Abs 2 Nr 1 PrKG), Spannungs- (§ 1 Abs 2 Nr 2 PrKG) und Kostenelementklauseln (§ 1 Abs 2 Nr 3 PrKG).

c) Technik der Wertsicherung

Sowohl eine unmittelbare als auch eine mittelbare Anbindung an die Entwicklung **C199** eines bestimmten Wertmessers kann als Inhalt einer Wertsicherungsvereinbarung vorgesehen werden. Im Hinblick auf die Regelungstechnik steht den Parteien ein Gestaltungsspielraum offen, den auch das Preisklauselgesetz nicht von vornherein wieder verschließt. Rechtsgestalterisch kann die Wertsicherungsklausel auf ihrer Rechtsfolgenseite eine **Vertragsbeendigung**, eine einseitige oder konsensuale **Neufestlegung oder eine automatische Anpassung des Schuldbetrags** vorsehen (vMAYDELL, Geldschuld und Geldwert [1974] 372). Diese drei Mechanismen können auch in einer Klausel auf unterschiedliche Weise miteinander kombiniert werden.

d) Bedeutung des Preisklauselgesetzes

C200 Die im Preisklauselgesetz (vgl die Einzelkommentierung der §§ 1 ff PrKG) enthaltene **Legaldefinition** der Preisklausel ist nicht deckungsgleich mit dem allgemeinen geldprivatrechtlichen Begriff der Wertsicherungsvereinbarung. Das Preisklauselgesetz verfügt als Spezialkodifikation über eine **eigenständige Teleologie**, die mit einer darauf ausgerichteten Terminologie einhergeht. Auch aus dem sachlichen Anwendungsbereich des Preisklauselgesetzes ausgenommene Abreden (vgl § 1 Abs 2 PrKG) stellen Wertsicherungsvereinbarungen dar. Gleiches gilt für Vertragsklauseln, die über die Legalausnahmen in §§ 2 bis 7 PrKG währungsrechtlich zugelassen werden (iE ebenso Kirchhoff, Wertsicherungsklauseln für Euro-Verbindlichkeiten [2006] 116 zu § 2 PaPkG aF). Im Hinblick auf die Entstehungsgeschichte des Preisklauselgesetzes, in das Jahrzehnte der Verwaltungs- und Gerichtspraxis zu § 3 WährG aF Eingang gefunden haben, taugt es als „**Spiegelbild der empirischen Wertsicherungspraxis**" (Omlor, Geldprivatrecht [2014] 403). Der Begriff der Preisklausel in der kodifizierten Terminologie des Preisklauselgesetzes umfasst damit sowohl Wertsicherungsvereinbarungen im engeren als auch weiteren Sinn (s o Rn C198). Jedoch muss die Regelungstechnik der Wertsicherungsklausel einen Anpassungsautomatismus enthalten, um eine „unmittelbar[e] und selbständig[e]" (§ 1 Abs 1 PrKG) Bestimmung der Schuldhöhe zu bewirken.

2. Auslegung von Wertsicherungsvereinbarungen

a) Grundlagen

C201 Bei der Auslegung von Wertsicherungsvereinbarungen gelten die **allgemeinen Regeln für empfangsbedürftige Willenserklärungen** (vgl BGH 9. 12. 2010 – VII 189/08 Rn 17, NJW-RR 2011, 309; BGH 26. 9. 2014 – V ZR 58/14 Rn 8, NJW-RR 2015, 67). Dabei ist der typische Zweck einer Wertsicherungsvereinbarung, das subjektive Äquivalenzverhältnis von Leistung und Gegenleistung zu wahren, einzubeziehen (BGH 12. 10. 2007 – V ZR 283/06 Rn 17, NJW-RR 2008, 251). Vereinbaren die Parteien eines Kaufvertrags einen bestimmten Kaufpreis und dessen Zahlung in Raten, so bewirkt eine sich nach dem Wortlaut unmittelbar nur auf die Kaufpreisraten beziehende Wertsicherungsklausel zugleich mittelbar eine Anpassung des summierten Kaufpreises (BGH 9. 3. 1990 – V ZR 197/88, NJW-RR 1990, 780, 781). Eine Wertsicherungsvereinbarung, die an einer „**wesentlichen**" oder „**erheblichen**" **Veränderungen** der allgemeinen Lebenshaltungskosten oder eines entsprechenden Indizes anknüpft, wird im Zweifel bei einer Veränderung der Bezugsgröße von mindestens 10 % ausgelöst (vgl BGH 3. 2. 1995 – V ZR 222/93, NJW 1995, 1360, 1361). Die Abrede, Veränderungen seien „nur zu berücksichtigen, wenn es verlangt wird", führt dazu, dass rückwirkend keine Anpassung der Geldschuld erfolgen kann (BGH 26. 9. 2014 – V ZR 58/14 Rn 8, NJW-RR 2015, 67). Wird die **Bezugsgröße** nur unzureichend in der Klausel bestimmt, ist durch Auslegung zu klären, welche von mehreren möglichen Bezugsgrößen gewollt ist. Auch kann bei der Anbindung an die Entwicklung von Löhnen, Gehältern, Renten oder Ruhegehältern unklar sein, ob nur ein Ausgleich der Geldentwertung oder darüber hinaus auch die Verbesserung des Lebensstandards erfasst sein soll; bei Verträgen mit Versorgungscharakter entspricht regelmäßig eine beide Aspekte umfassende Anpassung dem Parteiwillen. Gleiches gilt, sofern die Entwicklung einer bestimmten Tarif- oder Besoldungsgruppe in Bezug genommen wird. Daher werden im Zweifel auch jährliche Sonderzuwendungen (zB 13. Monatsgehalt) einbezogen (BGH 8. 10. 1979 – II ZR 177/78, NJW 1980, 1741 f).

Die terminologischen Kategorien des **Preisklauselgesetzes** binden die Parteien nicht, **C202** wenn sie Wertsicherungsvereinbarungen abschließen. Zu beachten ist jedoch, dass das Preisklauselgesetz mit seinen Begrifflichkeiten die empirische Wertsicherungspraxis der vergangenen Jahrzehnte abbildet (s o Rn C200). Im Zweifel nehmen die Parteien daher den **Definitionskatalog aus § 1 Abs 2 PrKG** in Bezug, wenn sie sich der Begriffe „Leistungsvorbehalt", „Spannungsklausel" und „Kostenelementeklausel" bedienen. Dafür streitet auch das **„Gebot" der wirksamkeitsfreundlichen Auslegung**: Im Zweifel geht der Parteiwille dahin, eine preisrechtlich zulässige Wertsicherungsklausel zu vereinbaren. Angesichts der durch § 8 PrKG zeitlich eingeschränkten Nichtigkeitssanktion erscheint es jedoch nicht prinzipiell ausgeschlossen, dass die Vertragspartner im Einzelfall eine währungsrechtliche Unzulässigkeit bewusst in Kauf nehmen. Hierfür bedarf es aber hinreichend gewichtiger Anhaltspunkte.

b) Ergänzende Vertragsauslegung
aa) Verhältnis zum Wegfall der Geschäftsgrundlage
Eine Anwendung von § 313 BGB kommt erst als *ultima ratio* in Betracht, sofern auch **C203** eine ergänzende Vertragsauslegung nicht weiterhilft (BGH 11. 10. 2005 – XI ZR 395/04, BGHZ 164, 286, 292; BGH 21. 7. 2006 – V ZR 252/05 Rn 9 ff, NJW 2007, 509; BGH 18. 11. 2011 – V ZR 31/11 Rn 19, BGHZ 191, 336 = NJW 2012, 526; anders noch BGH 17. 12. 1973 – II ZR 48/71, NJW 1974, 273, 274). Die **Subsidiarität des § 313 BGB** besteht sowohl gegenüber der Aufwertung von Geldsummenschulden nach der sog Geschäftsgrundlagenlösung (s o Rn C111 ff) als auch gegenüber einer Grundlagenstörung in Bezug auf die Wertsicherungsklausel selbst (zur Differenzierung vgl STAUDINGER/K SCHMIDT [1997] Vorbem D177 ff zu §§ 244 ff). Grundsätzlich sperrt eine Wertsicherungsklausel eine Vertragsanpassung bzw -aufhebung nach § 313 BGB, da der **vertraglichen Risikoverteilung** ein **Vorrang** zukommt (s o Rn C131 ff). Durch die Wahl einer bestimmten Bezugsgröße entscheiden sich die Parteien typischerweise aus Vereinfachungsgründen für eine gewisse Pauschalierung und Ungenauigkeit der Anpassung. Das Wissen um die Unsicherheiten jeglicher zukünftigen Entwicklungen wird ein Teil der Geschäftsgrundlage nicht nur des Vertrages insgesamt, sondern auch spezifisch der Wertsicherungsvereinbarung. Die tatbestandlichen Voraussetzungen des § 313 BGB begründen daher eine vergleichsweise hohe Hürde, sofern eine – aus welchen Gründen auch immer – gescheiterte Wertsicherungsabrede vorliegt.

bb) Fehlen der Bezugsgröße
Fällt die vereinbarte Bezugsgröße (zB ein bestimmter Preisindex) **nachträglich** weg, **C204** ist die entstandene Vertragslücke im Wege der ergänzenden Vertragsauslegung zu schließen (BGH 7. 11. 2012 – XII ZR 41/11 Rn 10, NZM 2013, 148). Als Ersatzindex ist ein solcher zu wählen, der dem ursprünglichen Index inhaltlich am nächsten kommt und dem Willen der Vertragsparteien damit am ehesten entspricht (BGH 2. 3. 2012 – V ZR 159/11 Rn 10, NJW-RR 2012, 1223). Wurde etwa als Bezugsgröße der „Lebenshaltungskostenindex eines Vier-Personen-Arbeitnehmerhaushaltes der mittleren Einkommensgruppe in der Bundesrepublik Deutschland" vorgesehen, der zum 31. 12. 2002 weggefallen ist, entspricht es dem hypothetischen Parteiwillen, auf den neuen allgemeinen Verbraucherpreisindex abzustellen (BGH 31. 10. 2008 – V ZR 71/08 Rn 8, NJW 2009, 679; BGH 2. 3. 2012 – V ZR 159/11 Rn 10, NJW-RR 2012, 1223). Auch wenn der Lebenshaltungskostenindex noch bis Ende 2002 fortgeführt wurde, ist regelmäßig schon ab dem 1. 1. 2000 auf den Verbraucherpreisindex abzustellen (BGH 7. 11. 2012 – XII ZR 41/11 Rn 17 ff, NZM 2013, 148; **aA** noch BGH 12. 10. 2007 – V ZR 283/06 Rn 24, NJW-RR 2008, 251).

Existierte die verwendete Bezugsgröße schon **im Zeitpunkt der Vereinbarung** der Wertsicherungsklausel nicht, ist ebenfalls eine ergänzende Vertragsauslegung zur Lückenschließung geboten (**aA** BGH 9. 12. 2010 – VII ZR 189/08, NJW-RR 2011, 309, 310 f: Auslegung der fehlerhaften Bezeichnung der Bezugsgröße).

cc) Untauglichkeit der Bezugsgröße

C205 Erweist sich der gewählte Anpassungsmechanismus im Nachhinein als ungeeignet, steht vorrangig eine ergänzende Vertragsauslegung offen (BGH 8. 11. 1972 – VIII ZR 123/71, WM 1972, 1442; BGH 3. 2. 1984 – V ZR 191/82, WM 1984, 406, 407; BGH 21. 12. 1984 – V ZR 52/84, WM 1985, 417, 418; BGH 3. 7. 1981 – V ZR 100/80, BGHZ 81, 135, 141). Auszugehen ist von dem **Sicherungszweck der Parteien** (vgl auch BAG 13. 11. 2007 – 3 AZR 636/06 Rn 23 ff, NZA-RR 2008, 457). Nur danach lässt sich subjektiv-individuell bestimmen, ob ein Fehlschlag hinsichtlich des gewählten Anpassungsmechanismus eingetreten ist. Bei Verträgen mit Versorgungscharakter, deren Wertsicherungsvereinbarung als Bezugsgröße die Einzel- oder Gesamtentwicklung von Löhnen, Gehältern, Renten oder Ruhegehältern enthält, intendieren die Parteien typischerweise nicht nur einen Inflationsausgleich, sondern eine Anpassung an den jeweiligen Lebensstandard, der mit der Bezugsgröße verbunden ist (vgl BGH 19. 10. 1978 – II ZR 42/77, WM 1979, 250, 251). Demgegenüber spricht die Wahl eines Indizes, der die allgemeine Entwicklung der Verbraucherpreise abbildet, grundsätzlich für eine schlichte Inflationsorientierung (vgl BGH 3. 2. 2012 – V ZR 23/11, Rn 17). Einschränkend ist zudem zu berücksichtigen, dass es den Parteien kaum gelingen wird, vorausschauend für jegliche zukünftige Entwicklung einen optimalen Wertmesser zu installieren, der ihren Vorstellungen bei Vertragsschluss uneingeschränkt gerecht wird. Mit der Wahl einer bestimmten Bezugsgröße geht notwendig eine gewisse **Pauschalierung zum Zwecke der Vereinfachung** der Vertragsabwicklung einher (s o Rn C203).

C206 Bleibt die durch die gewählte Wertsicherungsvereinbarung bewirkte Anpassung hinter dem von den Parteien intendierten Maß zurück, resultiert daraus nicht notwendig eine Vertragslücke, die durch eine ergänzende Vertragsauslegung zu schließen wäre (vgl BGH 12. 1. 1981 – VIII ZR 132/80, ZIP 1981, 283, 284). Eine objektiv **unzureichende Wertsicherung** kann auch darauf zurückzuführen sein, dass es einer Vertragspartei nicht gelang, konsensual ihr Interesse an einer umfassenderen Anpassung durchzusetzen. Entscheidend kommt es darauf an, ob die Wertsicherung aus Sicht beider Parteien im Zeitpunkt des Vertragsschlusses (dh subjektiv) unzureichend ist. Eine nachträgliche Vernünftigkeitskontrolle nach objektiven Maßstäben, die eine unzulässige Korrektur der Parteivereinbarung bewirkte, findet nicht statt. Scheitert demnach eine Wertsicherungsvereinbarung nach den insofern maßgeblichen Parteivorstellungen im Nachhinein wegen unvorhergesehener Mängel der Bezugsgröße, hat **vorrangig eine ergänzende Vertragsauslegung** zu erfolgen. Eine solche Konstellation kann vorliegen, wenn die Wertsicherungsvereinbarung eine Obergrenze für die Erhöhung enthält, welche einem effektiven Ausgleich des allgemeinen Kaufkraftschwundes entgegensteht (BGH 3. 2. 2012 – V ZR 23/11 Rn 14). Auch **nachträgliche Gesetzesänderungen**, welche zu einer unzureichenden Wertsicherung führen (zB Einführung von § 9a ErbbauRG), können eine ergänzende Vertragsauslegung rechtfertigen (BGH 6. 10. 2006 – V ZR 20/06 Rn 9, NJW 2007, 509). Erst wenn sich ein hypothetischer Parteiwille nicht feststellen lässt, bedarf es eines **Rückgriffs auf § 313 BGB**.

Führt die vereinbarte Wertsicherungsklausel zu einer **übermäßigen Anpassung** der **C207**
Geldschuld, bedarf es wiederum zunächst eines Abgleichs mit den konsensualen Intentionen der Parteien bei Vertragsschluss (BGH 20. 12. 1974 – V ZR 72/73, WM 1975, 445). Namentlich bei Verträgen mit Versorgungscharakter, die eine Lohn- bzw Gehaltsklausel enthalten, streben die Parteien typischerweise eine Anpassung an die Erhöhung des Lebensstandards und nicht lediglich einen Ausgleich für den eingetretenen Kaufkraftschwund an. In einem Abweichen von der Inflationsentwicklung liegt in diesen Fällen keine übermäßige Wertsicherung, die eine Vertragslücke darstellte oder eine Störung der Geschäftsgrundlage begründete. In welchem Umfang eine Abweichung folgenlos für den Wertsicherungsmechanismus bleibt, hängt von der vertraglichen Risikoverteilung ab. Erst eine in diesem Sinne unzumutbare Anpassung kann eine Anpassung nach § 313 BGB rechtfertigen (BGH 17. 12. 1973 – II ZR 48/71, NJW 1974, 273, 274). Vorrangig bleibt jedoch eine ergänzende Vertragsauslegung.

§ 244
Fremdwährungsschuld

(1) Ist eine in einer anderen Währung als Euro ausgedrückte Geldschuld im Inland zu zahlen, so kann die Zahlung in Euro erfolgen, es sei denn, dass Zahlung in der anderen Währung ausdrücklich vereinbart ist.

(2) Die Umrechnung erfolgt nach dem Kurswert, der zur Zeit der Zahlung für den Zahlungsort maßgebend ist.

Materialien: E I § 215; II § 208; III § 238; Mot II 12; Prot I 289.

Schrifttum

ALBERTS, Einfluss von Währungsschwankungen auf Zahlungsansprüche nach deutschem und englischem Recht (1986)
ders, Schadensersatz und Fremdwährungsrisiko, NJW 1989, 609
AREND, Die insolvenzrechtliche Behandlung des Zahlungsanspruchs in fremder Währung, ZIP 1988, 69
ders, Zahlungsverbindlichkeiten in fremder Währung (1989)
BACHMANN, Fremdwährungsschulden in der Zwangsvollstreckung (1994)
BAUMANN, Die Anerkennung und Vollstreckung ausländischer Entscheidungen in Unterhaltssachen (1989)
BEITZKE, Unterhaltszahlungen von West nach Ost, NJW 1950, 928
BERGER, Der Aufrechnungsvertrag (1996)

BIRK, Aufrechnung bei Fremdwährungsforderungen und internationales Privatrecht, RIW 1969, 12
BÖTTICHER, Die „Selbstexekution" im Wege der Aufrechnung und die Sicherungsfunktion des Aufrechnungsrechts, in: FS Hans Schima (1969) 95
BRAUN, Vertragliche Geldwertsicherung im grenzüberschreitenden Wirtschaftsverkehr (1982)
BÜLOW, Wechselgesetz, Scheckgesetz (5. Aufl 2013)
BUNTE/ZAHRTE, AGB-Banken, AGB-Sparkassen, Sonderbedingungen (5. Aufl 2019)
vCAEMMERER, Zahlungsort, in: FS F A Mann (1977) 3
CANARIS, Handelsrecht (24. Aufl 2006)

Dose/Wendl (Hrsg), Das Unterhaltsrecht in der familienrichterlichen Praxis (10. Aufl 2019)
Ebke, Internationales Devisenrecht (1990)
Eckstein, Geldschuld und Geldwert im materiellen und internationalen Privatrecht (1932)
Feldmann, Die Aufrechnung – ein Überblick, JuS 1983, 357
Ferrari/Kieninger/Mankowski/Otte/Saenger/Schulze/Staudinger (Hrsg), Internationales Vertragsrecht (3. Aufl 2018)
ders, Das Verhältnis zwischen den Unidroit-Grundsätzen und den allgemeinen Grundsätzen internationaler Einheitsprivatrechtskonventionen, JZ 1998, 9
Flume, Der Wegfall der Bereicherung in der Entwicklung vom römischen zum geltenden Recht, in: FS Hans Niedermeyer (1953) 103
ders, Die ungerechtfertigte Bereicherung eine Rechtsfigur der Bereicherung, in: Canaris/Heldrich/Hopt/Roxin, et al (Hrsg), 50 Jahre Bundesgerichtshof (2000) 525
Fögen, Geld- und Währungsrecht (1969)
Gerber, Geld und Staat (1926)
Grabitz/Hilf/Nettesheim (Hrsg), Das Recht der Europäischen Union (71. EL August 2020)
Grothe, Bindung an die Parteianträge und „Forderungsverrechnung" bei Fremdwährungsklagen, IPRax 1994, 346
ders, Fremdwährungsverbindlichkeiten (1999)
ders, Das währungsverschiedene Substitutionsrecht in Euro, ZBB 2002, 1
Gruber, Die Aufrechnung von Fremdwährungsforderungen, MDR 1992, 121
ders, Die kollisionsrechtliche Anknüpfung der Verzugszinsen, MDR 1994, 759
Haase, Wer trägt das Repatierungsrisiko?, JW 1924, 664
Häde, Geldzeichen in Zwangsvollstreckung und Konkurs, KTS 1991, 365
Hahn, Aufwertung und Abwertung im Internationalen Recht, BerDGesVölkR 20 (1979) 1
Hahnenfeld, Ost-West-Unterhaltsansprüche, NJW 1955, 528
Hanisch, Fremdwährungsforderung, Mahnbescheid und Verjährung, IPRax 1989, 276
Haussmann, Die rechtliche Tragweite der Pfund- und Dollarentwertung im In- und Ausland, Bank-Archiv 1933/1934, 26 und 43
Heermann, Geld und Geldgeschäfte (2003)

Henn, Aufrechnung gegen Fremdwährungsforderungen, MDR 1956, 584
Himmen, Die Lückenfüllung anhand allgemeiner Grundsätze im UN-Kaufrecht (2007)
Hirschberg, Das interzonale Währungs- und Devisenrecht der Unterhaltsverbindlichkeiten (1968)
Hoffmann, Aufrechnung und Zurückbehaltungsrecht bei Fremdwährungsforderungen, IPRax 1981, 155
ders, Deliktischer Schadensersatz im internationalen Währungsrecht, in: FS Karl Firsching (1985) 125
Horn, Das Recht der internationalen Anleihen (1932)
ders, Der Einfluß monetärer Risiken auf den internationalen Handel und Kapitalverkehr und die Möglichkeit rechtlicher und wirtschaftlicher Risikokontrollen, in: ders (Hrsg), Monetäre Probleme im internationalen Handel und Kapitalverkehr (1976) 13
W Hösel, Die Geldschuld als Wertschuld (1949)
Joswig, Die Geschichte der Kapitalverkehrskontrollen im IWF-Übereinkommen (2012)
Kirchhoff, Wertsicherungsklauseln für Euro-Verbindlichkeiten (2006)
Kraemer, Aufwertung inländischer Forderungen in ausländischer Währung?, JW 1933, 2558
Kratzmann, Über die Staatlichkeit (Hoheitlichkeit) des Geldwesens, ZfgK 2013, 301
Kundler, Wer trägt das Repartierungsrisiko?, JW 1924, 155
Lange, Ausgangspunkte, Wege und Mittel zur Berücksichtigung der Geschäftsgrundlage, in: FS Paul Gieseke (1958) 21
Larenz/Canaris, Lehrbuch des Schuldrechts (13. Aufl 1994)
Lögering, Der richtige Umgang mit unechten Fremdwährungsschulden, RIW 2009, 625
Lüders, Das Währungsstatut interzonaler Geldverbindlichkeiten, MDR 1948, 384
Magnus, Währungsfragen im Einheitlichen Kaufrecht, RabelsZ 53 (1989) 116
Maier-Reimer, Fremdwährungsverbindlichkeiten, NJW 1985, 2049
Mann, Das Recht des Geldes (1960)
ders, Zahlungsprobleme bei Fremdwährungsschulden, JbSchweizR 1970, 93

Marquordt, Unterhaltsansprüche und Währungstrennung, MDR 1950, 8

vMaydell, Geldschuld und Geldwert (1974)

Mayer, Die Valutaschuld nach deutschem Recht (1934)

Meder, Führt die Kreditkartennutzung im Ausland zu einer Fremdwährungsschuld gemäß § 244 BGB?, WM 1996, 2085

Melchior, Die Grundlagen des deutschen internationalen Privatrechts (1932)

Mezger, Umrechnung einer Verurteilung in ausländischer Währung zum Zwecke der Vollstreckung nach dem EuGVÜ im Inland, IPRax 1986, 142

Mössle, Internationale Forderungspfändung (1991)

Nagel, Der Umrechnungszeitpunkt bei Vollstreckung eines französischen Urteils, IPRax 1985, 83

Nussbaum, Einwand der Unerschwinglichkeit gegenüber Valutaforderungen?, JW 1923, 20

ders, Das Geld in Theorie und Praxis des deutschen und ausländischen Rechts (1925)

Omlor, Geldprivatrecht. Entmaterialisierung, Europäisierung, Entwertung (2014)

ders, Geld und Währung als Digitalisate, JZ 2017, 754

ders, Die Anpassung von Fremdwährungsverbindlichkeiten an geänderte devisenrechtliche Rahmenbedingungen nach BGB und CISG, ZfPW 2017, 154

ders, Verbraucherschutz bei Fremdwährungskrediten, BKR 2018, 195

ders, Kryptowährungen im Geldrecht, ZHR 183 (2019) 294

Reichel, Rückwirkung der Aufrechnung gegen Fremdwährungsforderungen, AcP 126 (1926) 313

ders, Aufwertung auslandsrechtlicher Markforderungen, in: Festgabe hanseatischer Juristen für den 24. deutschen Anwaltstag (1929) 441

Remien, Die Währung von Schaden und Schadenersatz, RabelsZ 53 (1989) 245

D Reuter/Martinek, Ungerechtfertigte Bereicherung (1983)

dies, Ungerechtfertigte Bereicherung, Teilband 2 (2. Aufl 2016)

U Reuter, Fremdwährung und Rechnungseinheiten im Grundbuch (1992)

Rüssmann, Auslandskredite, Transferverbote und Bürgschaftssicherung, WM 1983, 1126

Sandrock, Der Euro und sein Einfluß auf nationale und internationale privatrechtliche Verträge, RIW 1997, Beilage Nr 1

Schimansky/Bunte/Lwowski (Hrsg), Bankrechts-Handbuch (5. Aufl 2017)

K Schmidt, Fremdwährungsschuld und Fremdwährungsklage, ZZP 98 (1985) 32

ders, Mahnverfahren für Fremdwährungsforderungen?, NJW 1989, 65

ders, Fremdwährungsforderungen im Konkurs, in: FS Franz Merz (1992) 533

ders, Gleichartigkeit und Rückwirkung bei der Aufrechnung von Geldschulden, in: FS Walter Odersky (1996) 685

Schlechtriem/Schwenzer/Schroeter (Hrsg), Kommentar zum UN-Kaufrecht (CISG) (7. Aufl 2019)

Schwenzer, Force Majeure and Hardship in International Sales Contracts, VUWRL 39 (2008) 709

dies, Die clausula und das CISG, in: FS Eugen Bucher (2009) 723

Seydel, Ost-West-Unterhalt, NJW 1958, 736

Smoschewer, Aufrechnung von Valutaforderungen, JW 1921, 1446 Steenken, Fremdwährungsschulden im deutschen und englischen Recht (1992)

Stehle, Bezahlung einer DM-Ost-Unterhaltsschuld in westdeutscher Währung, NJW 1959, 1714

Teichert, Lückenfüllung im CISG mittels UNIDROIT-Prinzipien (2007)

Vorpeil, Aufrechnung bei währungsverschiedenen Forderungen, RIW 1993, 529

vWestphalen, Rechtsprobleme der Exportfinanzierung (3. Aufl 1987)

ders, Die neuen Sparkassen-AGB unter der Lupe des AGB-Gesetzes, BB 1993, 8

ders/Thüsing (Hrsg), Vertragsrecht und AGB-Klauselwerke (45. EL März 2020)

Wiesner, Aufwertung inländischer Geldschulden in ausländischer Währung?, JW 1934, 142

Winden, Die Einwirkung der Devisenbewirtschaftung auf die Erfüllung von Stillhalteschulden, Der Betrieb 1953, 548.

Systematische Übersicht

I.	**Systematische und teleologische Verortung**		b)	Gegenleistungspflichten im Besonderen Schuldrecht	55
1.	Einführung	1	c)	Heim- und Fremdwährungskonten	59
2.	Rechtliche Qualifikation von § 244	2	d)	Enteignungsentschädigung und Aufopferungsansprüche	63
3.	Vereinbarkeit mit höherrangigem Recht	6	e)	Aufwendungsersatz	64
4.	Anwendungsbereich	9	f)	Bereicherungsrecht	70
a)	Überblick	9	g)	Familienrecht	76
b)	Vertraglich und gesetzlich begründete Geldschulden	10	h)	Scheck- und Wechselrecht	81
c)	Zahlungsorte im Währungsinland und -ausland	11	**IV.**	**Nachträgliche Änderung der Schuldwährung**	
aa)	Begriff des Zahlungsorts	11	1.	Konsensuale Änderung	87
bb)	Inländische und ausländische Zahlungsorte	14	2.	Einseitige Änderung	89
d)	CISG-Geldschulden	16	a)	Meinungsstand und Kritik	90
e)	Zahlungs-Token	16a	b)	Geschäftsgrundlagenlösung	93
			aa)	Abgrenzung zu den Alternativmodellen	93
II.	**Terminologische und dogmatische Grundlagen**		bb)	Tatbestand	94
1.	Begriffstrias	17	cc)	Rechtsfolgen	99
2.	Typen von Fremdwährungsschulden	18	dd)	Sonderfälle	100
a)	Einfache versus effektive Fremdwährungsschuld	18	**V.**	**Die Fremdwährungsschuld im BGB**	
b)	Kriterium der Fremdheit	20	1.	Anwendbarkeit des Allgemeinen Geldschuldrechts	101
c)	Abgrenzung zur Valutawertschuld	21	2.	Besonderheiten der Fremdwährungsschuld	102
3.	Die Fremdwährungsverbindlichkeit als Geldschuld	22	a)	Fremdwährungsschuld und Geldwert	102
a)	Inhalt und Wesen der Geldschuld	22	aa)	Geldschuldrechtlicher Nominalismus und Valorismus	102
b)	Abgrenzung zur Valutasachschuld	23	bb)	Wertsicherungsvereinbarungen	105
c)	Abgrenzung zu Kryptowährungen	24a	cc)	Individuelle Aufwertung von Fremdwährungsverbindlichkeiten	107
4.	Fremdwährungsrisiken	25	dd)	Ersatzfähigkeit von Geldentwertungsschäden	109
a)	Geldwertrisiko	25	b)	Unmöglichkeit	111
b)	Währungsraumrisiko	29	c)	Schuldnerverzug	114
c)	Repartierungsrisiko	32	d)	Erfüllung	118
			aa)	Zahlung von Bar- oder Buchgeld	118
III.	**Entstehung von Fremdwährungsschulden**		bb)	Aufrechnung	121
1.	Abgrenzungskriterien	34	(1)	Gleichartigkeit von Fremdwährungsschulden	121
a)	Rechtsgeschäftlich begründete Geldschulden	34	(2)	Eintritt der Aufrechnungslage und Umrechnungskurs	126
b)	Gesetzlich begründete Geldschulden	42	e)	Sicherungsrechte	129
2.	Katalogisierung von Geldschulden	48	aa)	Personal- und Mobiliarsicherheiten	129
a)	Allgemeines Schuldrecht	48	bb)	Grundpfandrechte	131
aa)	Schadensrecht	48			
bb)	Rückabwicklungsschuldverhältnisse	54			

VI. Zivilprozess-, vollstreckungs-, insolvenz- und kollisionsrechtliche Spezifika
1. Erkenntnisverfahren ____ 133
2. Zwangsvollstreckung ____ 137
3. Insolvenzverfahren ____ 141
4. Internationales Privatrecht ____ 142

Alphabetische Übersicht

Änderung der Schuldwährung	87 ff
– einseitig	89 ff
– konsensual	87 f
Anwendungsbereich	9 ff
Aufopferungsanspruch	63
Aufrechnung	121 ff
Aufwendungsersatz	64 ff
Aufwertung	107
Außenwertrisiko	26
Außereuropäischer Zahlungsort	15
Berechnungswährung	17
Bereicherungsrecht	70 ff
Bringschuld s modifizierte Bringschuld	
Bürgschaft	129
CISG-Geldschulden	16
Echte (effektive) Fremdwährungsschulden	18
Effektive (echte) Fremdwährungsschulden	18
Effektivklausel	82
Einfache (unechte) Fremdwährungsschulden	18
Eingriffskondiktion	71, 74
Enteignungsentschädigung	63
Entgangener Gewinn	51
Entreicherung	75
Entstehung	34 ff
Erfüllung	118 ff
Erfüllungsort	11, 39
Ersetzungsbefugnis	16, 31, 116, 119
Euro-Grundschuld	131
Europäische Union	5 ff
Familienrecht	76 ff
Fremdwährungskonto	59 ff
Garantie	129
Gegenleistungspflicht	55 ff
Geldsummenschulden	102
Geldwertrisiko	25 ff, 109 f
Geldwertschulden	46 f, 102
Geschäftsbedingungen der Banken	66
Geschäftsführung ohne Auftrag	69
Grundschuld	131
Heimwährungskonto	59 ff
Heimwährungsschuld	20
Holschuld	12, 30, 38
Hypothek	132
Immaterieller Schaden	52
Insolvenz	141
Internationales Privatrecht	142 f
Kapitalverkehrskontrollen	29
Kaufvertrag	24
Klage	133 f
Klageänderung	134
Kollisionsrecht	142 f
Kreditkarte	67
Leistungskondiktion	73
Mahnung	115
Mahnverfahren	136
Mietzahlung	56
Mobiliarpfandrecht	130
Modifizierte Bringschuld	11, 30, 38, 101
Nominalismus	102
Preisklauselgesetz	104
Repartierungsrisiko	32 f
Rückabwicklungsschuldverhältnisse	54
Sachlicher Anwendungsbereich	10
Schadensrecht	48 ff
Scheckrecht	81 ff
Schickschuld	13, 30, 38
Schmerzensgeldrente	52
Schuldbeitritt	129
Schuldnerverzug	114 ff

Schuldwährung	17	Valutawertschuld	21
Sparkassen	84 ff	Vergütung	57
Statut	9, 37, 43, 103, 142 f		
Störung der Geschäftsgrundlage	93, 113	Währungsklauseln	106
– gesetzlich begründete Fremdwährungsverbindlichkeiten	100	Währungsoptionsklauseln	106
		Währungsraumrisiko	29 f, 60 ff
– Rechtsfolgen	99	Währungswahlklausel	19
– Tatbestand	94 ff	Wechselkursanordnungen	29
Streitgegenstand	134	Wechselkursrisiko	25
		Wechselrecht	81 ff
Tauschvertrag	24	Wegfall der Geschäftsgrundlage s Störung	
Teleologie	3	Wertersatz	70
Umrechnung	119 f, 126 ff	Wertsicherungsklausel	28, 105 f
Unechte (einfache) Fremdwährungsschulden	18	Zahlungsmethode	41
		Zahlungsort	11 ff, 45
UN-Kaufrecht	58	Zahlungswährung	17
Unmöglichkeit	91, 101, 111 ff	– gesetzliche Begründung	42 ff
Unterhalt	76 ff	– rechtsgeschäftliche Begründung	34 ff
– devisenrechtliche Beschränkungen	78	Zivilprozess	133 ff
– Hyperinflation	79	Zwangshypothek	140
– Naturalunterhalt	77	Zwangsvollstreckung	137 f
– Vertragliche Regelungen	80		
– Wahlrecht des Berechtigten	76		
Valorismus	102		
Valutasachschuld	23		

I. Systematische und teleologische Verortung

1. Einführung

1 Bei § 244 BGB handelt es sich – entgegen der weitgreifenden amtlichen Überschrift – **nicht um eine abschließende Vollregelung des Rechts der Fremdwährungsverbindlichkeiten**. Aufgrund ihrer Einordnung als Geldschulden unterliegen sie grundsätzlich dem allgemeinen Geldschuldrecht (s u Rn 101), das ebenfalls nur fragmentarisch und verstreut im BGB eine Kodifikation gefunden hat (im Einzelnen vgl Vorbem B20 ff zu §§ 244–248). Vielmehr ordnet § 244 Abs 1 BGB lediglich den Grundsatz an, dass sich der Schuldner einer in fremder Währung bestehender Geldschuld einseitig durch die Zahlung mit der am Zahlungsort geltenden Währung befreien kann. Den Umrechnungskurs zwischen Fremd- und Heimwährung legt § 244 Abs 2 BGB fest. Systematisch besteht daher eine Nähe zum Recht der Erfüllung nach §§ 362 ff BGB. Dabei nimmt § 244 BGB die Perspektive des Geldschuldners ein und gewährt nicht zugleich dem Geldgläubiger das korrespondierende Forderungsrecht, anstelle der Zahlung in Fremdwährung die jeweilige Inlandswährung zu erhalten. Die Parteien eines Geldschuldverhältnisses können die **Anwendbarkeit des § 244 BGB ausschließen**, indem sie eine sog effektive Fremdwährungsschuld vereinbaren (s u Rn 18).

2. Rechtliche Qualifikation von § 244

§ 244 Abs 1 BGB lässt es zu, dass einfache Fremdwährungsschulden, die im Euroraum zu zahlen sind, auch durch die Leistung in Euro erfüllt werden können. Auf diese Weise wird faktisch die Nutzung des Euro für Zahlungsvorgänge gefördert. Daraus leitet sich der Streit um die dogmatische Einordnung des § 244 Abs 1 BGB ab: Verbreitet wird eine **währungsrechtliche Ausrichtung** der Vorschrift angenommen (GROTHE, Fremdwährungsverbindlichkeiten [1999] 478 ff). Keinesfalls gehe es lediglich um die Vermeidung von Nachteilen für den Gläubiger, der eine währungsraumfremde Währung beschaffen müsse; dies sei eine *petitio principii* (GROTHE, Fremdwährungsverbindlichkeiten [1999] 479 f). Vielmehr sei eine möglicherweise ursprünglich rein geldschuldrechtliche Teleologie einer (zumindest auch) währungsrechtlichen Zielsetzung gewichen. Dafür streite das inzwischen durch die Verbreitung des bargeldlosen Zahlungsverkehrs verminderte Schutzbedürfnis des Geldschuldners, der sich ausländische Währungen – zumindest die Haupthandelswährungen – leicht beschaffen könne. Zudem solle der inländische Geldumlauf in inländischer Währung gefördert werden; damit habe zugleich § 3 S 1 WährG aF im Zusammenhang gestanden.

2

Nach vorzugswürdiger Ansicht verfügt § 244 Abs 1 BGB hingegen über eine **in erster Linie geldprivatrechtliche**, genauer: eine geldschuldrechtliche, **Teleologie** (weiter STAUDINGER/K SCHMIDT [1997] Rn 2; SOERGEL/ARNOLD [13. Aufl] Rn 47: doppelte Privilegierungsfunktion; enger HOFFMANN, in: FS Karl Firsching [1985] 125, 140; BeckOGK/FREITAG [15. 3. 2021] Rn 5; MünchKomm/GRUNDMANN[8] §§ 244, 245 Rn 92: ausschließlich geldschuldrechtliche Schuldnerschutznorm). Die Einordnung als primär geldschuldrechtliche Regelung führt dazu, dass § 244 Abs 1 BGB als eine **Schuldnerschutzvorschrift** einzuordnen ist. Damit steht im Einklang, dass § 244 BGB der Gedanke der Gleichwertigkeit des nach § 244 Abs 2 BGB berechneten Inlandswährungsbetrags mit dem Auslandswährungsbetrag innewohnt (vgl RG 24. 1. 1921 – II 13/20, RGZ 101, 312, 313; BGH 22. 5. 1958 – II ZR 281/56, NJW 1958, 1390, 1391). Die währungsrechtlichen Auswirkungen der Vorschrift erscheinen spätestens seit dem Eintritt in die dritte Stufe der Währungsunion als nachrangig und stellen lediglich eine **reflexartige Begleiterscheinung** dar. In der Tat hat sich das Normverständnis seit dem Inkrafttreten des BGB grundlegend gewandelt. Als einschneidendes Ereignis tritt die Einführung des Euro hervor. In dessen Kontext wurde der Genehmigungsvorbehalt aus **§ 3 S 1 WährG aF** mit Wirkung zum 1. 1. 1999 **ersatzlos gestrichen**. Geldschulden in einer anderen Währung als Euro bedürfen nicht mehr einer behördlichen Genehmigung. Das Währungsrecht selbst gibt damit den Schutz der inländischen Währung auf, insofern die Vereinbarung von Fremdwährungsverbindlichkeiten exklusiv der Privatautonomie der Parteien unterstellt wird. Der deutsche Gesetzgeber war der Ansicht, die unter dem Eindruck der Währungsturbulenzen während und nach dem Zweiten Weltkrieg erlassene Regelung sei mittlerweile „nicht mehr notwendig" (BT-Drucks 13/9347, 55). Diesem gewandelten währungsrechtlichen Umfeld vermag sich auch § 244 Abs 1 BGB nicht zu verschließen. Kodifikatorisch entfällt die Grundlage für eine systematische Auslegung des § 244 Abs 1 BGB, welche bis zum 31. 12. 1998 noch § 3 S 1 WährG aF einbeziehen konnte.

3

Für ein geldschuldrechtliches Verständnis des § 244 Abs 1 BGB spricht weiterhin seine Stellung im zweiten Buch des BGB „Recht der Schuldverhältnisse" und dort im ersten Abschnitt, der sich dem „Inhalt der Schuldverhältnisse" zuwendet. Der profan erscheinende Rückgriff auf eine **systematische Auslegung** von § 244 Abs 1 BGB weist

4

den Weg zu dessen privatrechtlichem Regelungskern. Geldprivatrecht und Währungsrecht stehen zwar in einer funktionsnotwendigen Wechselbeziehung zueinander (STAUDINGER/K SCHMIDT [1997] Vorbem A48 zu §§ 244 ff; KRATZMANN ZfgK 2013, 301, 305). Dennoch handelt es sich jeweils um strukturell unterschiedliche Rechtsgebiete mit eigenständigen Grundlagen und Zielsetzungen. Während namentlich das Geldprivatrecht durch die Privatautonomie der Beteiligten geprägt ist, kennt das Währungsrecht als Teil des öffentlichen Rechts eine solche Gestaltungsfreiheit nicht. Je stärker ein währungsrechtliches Element in § 244 Abs 1 BGB verortet wird, umso begründungsbedürftiger wird die – allgemein anerkannte – Disponibilität der Vorschrift; sie stünde in einer latenten Spannungsbeziehung zu einem währungsrechtlichen Charakter des § 244 Abs 1 BGB.

5 Nicht durchzugreifen vermag hingegen der Einwand, mit der Einführung des Euro als Gemeinschaftswährung sei die Gesetzgebungskompetenz für das Währungsrecht ausschließlich auf die supranationale Ebene verlagert worden, sodass eine währungsrechtliche Zielsetzung des BGB Abs 1 schon aus Gründen der fehlenden Verbandskompetenz ausscheiden müsse (BeckOGK/FREITAG [15. 3. 2021] Rn 106; MünchKomm/GRUNDMANN[8] §§ 244, 245 Rn 92). Der Europäischen Union steht **keine abschließende Universalkompetenz „Währungsrecht"** zu (im Einzelnen OMLOR, Geldprivatrecht [2014] 414 f). Insofern taugt Art 3 Abs 1 lit c AEUV, der sich auf die Währungs*politik* beschränkt, nicht als Kompetenzgrundlage. Gleiches gilt für die schlichte Festschreibung in Art 3 Abs 4 EUV und Art 119 Abs 2 AEUV, wonach die Union eine Wirtschafts- und Währungsunion mit dem Euro als gemeinsamer Währung errichtet; den Anforderungen aus Art 4 Abs 1, Art 5 EUV an eine hinreichende Ermächtigung zum Erlass des gesamten Währungsrechts erfüllen beide Primärrechtsnormen nicht (ähnlich SANDROCK RIW 1997, Beilage Nr 1, S 6 ff; **aA** KIRCHHOFF, Wertsicherungsklauseln für Euro-Verbindlichkeiten [2006] 79 f).

3. Vereinbarkeit mit höherrangigem Recht

6 Die Annahme einer (zumindest auch) währungsrechtlichen Einordnung des § 244 Abs 1 BGB verschärft die Frage nach dessen Vereinbarkeit mit höherrangigem Recht. Zwar fehlte Deutschland als EU-Mitgliedstaat und Teil des Euroraums nicht prinzipiell die Gesetzgebungskompetenz, da der Europäischen Union keine universelle Zuständigkeit für das gesamte Währungsrecht zusteht (s o Rn 5). Jedoch ist zumindest erläuterungsbedürftig, ob durch § 244 BGB nicht eine **Beschränkung des freien Zahlungsverkehrs** (Art 63 Abs 2 AEUV) oder eine **mittelbare Ausländerdiskriminierung** (Art 18 AEUV) bewirkt wird (dazu GROTHE, Fremdwährungsverbindlichkeiten [1999] 283 ff, 484 f). Letztlich fehlt es an einem Verstoß gegen Art 18 oder Art 63 Abs 2 AEUV, da § 244 BGB als Teil des Geldprivatrechts zur Disposition der Parteien steht, die eine effektive Fremdwährungsverbindlichkeit vorsehen können (vgl § 244 Abs 1 BGB aE). Überdies stellt die Umrechnungsvorgabe aus § 244 Abs 2 BGB sicher, dass der Wert der Forderung nicht angetastet wird. Selbst wenn ein Eingriff in die Zahlungsverkehrsfreiheit oder das allgemeine Diskriminierungsverbot angenommen werden könnte, wäre er quantitativ wie qualitativ gering und damit als verhältnismäßig zu rechtfertigen.

7 Noch eindeutiger lässt sich die Verbandskompetenz der Bundesrepublik auf dem Boden der vorzugswürdigen geldschuldrechtlichen Einordnung des § 244 BGB (s o Rn 2)

bejahen. Der Europäischen Union kommt **keine umfassende Zuständigkeit auf dem Gebiet des Privatrechts** zu; punktuelle Einzelzuständigkeiten folgen vor allem aus Art 50, 114 AEUV in Ergänzung durch Art 352 AEUV. Auch eine Annexkompetenz zu Art 3 Abs 1 lit c AEUV (Währungspolitik) umfasst nicht das Geldschuldrecht in seiner Gesamtheit, insbesondere auch nicht das Privatrecht der Fremdwährungsverbindlichkeiten. Die Wahrnehmung der währungsrechtlichen Unionskompetenzen, die durch die Aufgabenkataloge des Europäischen Systems der Zentralbanken (Art 127 ff AEUV) und die Sondervorschriften für den Euroraum (Art 136 ff AEUV) konturiert werden, erfordert es nicht zwingend, dass zugleich für den gesamten Euroraum ein einheitliches Schuldrecht der Fremdwährungsverbindlichkeiten erschaffen wird. Im Lichte sowohl des Subsidiaritätsgedankens (Art 5 Abs 3 EUV) als auch des Prinzips der begrenzten Einzelermächtigung müsste eine solche Unionskompetenz mit einer **ausdrücklichen Grundlage im Primärrecht** versehen werden.

An einem Verstoß fehlt es auch in Bezug auf die völkerrechtlichen Verpflichtungen der Bundesrepublik aus **Art VIII Abschnitt 2 lit a IWF-Abkommen** idF von 1976 (Agreement of the International Monetary Fund = Abkommen über den Internationalen Währungsfonds [BGBl 1978 II 13]). Die Vorschrift lautet in der rechtsverbindlichen Sprachfassung: 8

> „Subject to the provisions of Article VII, Section 3(b) and Article XIV, Section 2, no member shall, without the approval of the Fund, impose restrictions on the making of payments and transfers for current international transactions."

Diese „Magna Charta" (EBKE, Internationales Devisenrecht [1990] 55) des Rechts der Konvertibilität im IWF-Abkommen gilt zwar sowohl gegenüber Gebietsansässigen als auch gegenüber Gebietsfremden (EBKE, Internationales Devisenrecht [1990] 59) und verfügt damit über einen weiten Anwendungsbereich in persönlicher Hinsicht. Jedoch unterfällt § 244 BGB nicht dem sachlichen Geltungsbereich von Art VIII Abschnitt 2 lit a IWF-Abkommen (GROTHE, Fremdwährungsverbindlichkeiten [1999] 485 f). Einer Zustimmung des IWF vorbehalten sind lediglich Maßnahmen seiner Mitglieder, welche die Erfüllung bestimmter Verbindlichkeiten in ausländischer Währung behindern. Ganz im Gegenteil dazu betrifft § 244 BGB nicht die Devisenbeschaffung selbst und erweitert überdies die Rechtsstellung des Geldschuldners, dem ein Ausweichen auf die Inlandswährung eröffnet wird.

4. Anwendungsbereich

a) Überblick

Die Anwendbarkeit von § 244 BGB setzt zunächst aus kollisionsrechtlicher Perspektive voraus, dass das **deutsche Schuldstatut** gilt (MAIER-REIMER NJW 1985, 2049, 2050 f; MAYER, Die Valutaschuld nach deutschem Recht [1934] 101 ff; GRUBER MDR 1994, 759, 122; GROTHE, Fremdwährungsverbindlichkeiten [1999] 133 ff; wohl auch OLG München IPRax 19. 9. 1987 – 24 W 117/87, 1988, 291, 292; aA BERGER, Der Aufrechnungsvertrag [1996] 250 [einseitige Kollisionsnorm]; SOERGEL/ARNOLD [13. Aufl 2014] Rn 65). Da es sich bei § 244 BGB um keine Eingriffsnorm iSv Art 9 Abs 1 Rom I–VO handelt, genügt es nicht bereits, wenn im Inland eine Fremdwährungsschuld in ausländischer Währung zu erfüllen ist. Eine Ersetzungsbefugnis nach § 244 BGB scheidet überdies aus, sofern eine vorrangige Parteiabrede zur Zahlungswährung vorliegt (s u Rn 18). Weiterhin setzt § 244 BGB in 9 sachlicher Hinsicht das Vorliegen einer Geldschuld voraus; eine solche liegt bei Fremdwährungsschulden stets vor (s u Rn 22). Es muss sich um eine echte bzw einfache Fremdwährungsschuld handeln, wohingegen unechte bzw effektive Fremdwährungsschulden nicht unter § 244 BGB fallen (s u Rn 18). Schließlich besteht das Erfordernis eines inländischen Zahlungsorts, das allerdings im Wege der Analogiebildung abgemildert wird (s u Rn 11).

b) Vertraglich und gesetzlich begründete Geldschulden

10 Nach **traditioneller Ansicht** (RG 4. 6. 1919 – I 31/19, RGZ 96, 121, 123; RG 11. 10. 1924 – I 2/24, RGZ 109, 61, 62; BGH 10. 7. 1954 – VI ZR 102/53, BGHZ 14, 212, 218) soll sich der sachliche Anwendungsbereich von § 244 BGB auf vertraglich begründete Geldschulden beschränken. Vorgebracht wird, dass eine Geldschuld nur mittels einer vertraglichen Einigung „ausgedrückt" werden könne; „Schadensersatz ist selbstverständlich niemals vertragsmäßig in Auslandswährung ‚ausgedrückt' gewesen" (RG 11. 10. 1924 – I 2/24, RGZ 109, 61, 62). Damit hängt die fehlsame (s u Rn 47) These von der währungsrechtlichen Neutralität von Geldwertschulden zusammen. Die Rechtsprechung ordnet namentlich bei Schadensersatz- und Unterhaltspflichten die ausländische Währung als bloße Berechnungswährung (zum Begriff s u Rn 17) ein und will als Schuldwährung bevorzugt bzw ausschließlich die Inlandswährung anerkennen (RG 4. 6. 1919 – I 31/19, RGZ 96, 121, 123; BGH 10. 7. 1954 – VI ZR 102/53, BGHZ 14, 212, 217). Nach **vorzugswürdiger Auffassung** findet § 244 BGB jedoch **sowohl auf vertraglich als auch gesetzlich begründete Geldschulden Anwendung** (Nussbaum, Das Geld in Theorie und Praxis des deutschen und ausländischen Rechts [1925] 245; Staudinger/K Schmidt [1997] Rn 76; Soergel/Arnold [13. Aufl 2014] Rn 47); einer Analogie bedarf es nicht (offen Grothe, Fremdwährungsverbindlichkeiten [1999] 301). Der **Wortlaut** von § 244 Abs 1 BGB ist hinreichend weit gefasst, um auch gesetzlich begründete Geldschulden darunter subsumieren zu können. Das Gesetz verwendet das Verb „ausdrücken" in einer passivischen Form („ausgedrückt") und neutralisiert somit die Notwendigkeit etwaiger Akteure, die sich privatautonom für eine bestimmte Währung entscheiden und dieser Entscheidung Ausdruck verleihen müssten. Vor allem aber streitet die *ratio legis* von § 244 BGB für dessen Unabhängigkeit vom Schuldgrund der Fremdwährungsverbindlichkeit. § 244 BGB ist in erster Linie geldschuldrechtlicher Natur und dient dem Schutz des Geldschuldners (s o Rn 3); insofern bleibt aus Sicht des Geldschuldners ohne Relevanz, aus welchem Rechtsgrund die Fremdwährungsschuld besteht.

c) Zahlungsorte im Währungsinland und -ausland
aa) Begriff des Zahlungsorts

11 Der Zahlungsort iSd § 244 Abs 1 BGB definiert sich in Parallele zu §§ 269, 270 Abs 4 BGB als der **Erfüllungsort** der Geldschuld (RG 10. 12. 1919 – V 229/19, RGZ 97, 270, 272; OLG Koblenz 17. 9. 1993 – 2 U 1230/91, RIW 1993, 934, 936; Maier-Reimer NJW 1985, 2049, 2050; Soergel/Arnold [13. Aufl 2014] Rn 55; vgl auch BGH 22. 6. 1989 – IX ZR 164/88, BGHZ 108, 123, 128 f; **aA** BGB-RGRK/Alff [12. Aufl 1982] Rn 20; vCaemmerer, in: FS F A Mann [1977] 3, 17 f). Entscheidend ist dabei nicht, wo der Erfolg tatsächlich eintritt, sondern wo er rechtlich eintreten soll (Staudinger/K Schmidt [1997] Rn 76; **aA** BGB-RGRK/Alff [12. Aufl 1982] Rn 20). Die Maßgeblichkeit des Erfüllungsorts erklärt sich nicht nur aus einer systematischen Auslegung mit der zu § 244 Abs 2 BGB wortlautidentischen Regelung aus § 270 BGB; dort ist allgemein anerkannt, dass unter dem Zahlungsort der Erfüllungsort zu verstehen ist (stellvertretend BGH 2. 10. 2002 – VIII ZR 163/01, NJW-RR 2003, 192, 193). Vor allem basiert sie auf der *ratio legis* von § 244 Abs 1 BGB, der eine

Schuldnerprivilegierung enthält. Handelt es sich bei der Geldschuld – wie nach deutschem Schuldrecht regelmäßig (vgl Vorbem B20 zu § 244–248) – um eine (modifizierte) **Bringschuld**, so befinden sich Leistungs- und Erfolgsort am Wohn- bzw Geschäftssitz des Geldgläubigers (stets für den Wohn- bzw Geschäftssitz des Geldgläubigers als Zahlungsort HOFFMANN, in: FS Karl Firsching [1985] 125, 137 f). Die Beschaffung von Geldmitteln in einer am Zahlungsort nicht leicht verfügbaren Währung soll dem Geldschuldner erspart werden. Als Inland gilt demnach der Währungsraum, in welchem sich der Erfolgsort befindet. Dessen Währung ist für den Geldschuldner im betroffenen Währungsraum regelmäßig problemlos erhältlich.

Vereinbaren die Parteien eine **Holschuld**, wie dies bei einer Lastschriftabrede der 12 Fall ist (vgl Vorbem B28 zu §§ 244–248), liegen sowohl der Leistungs- als auch der Erfolgsort am Wohn- bzw Geschäftssitz des Geldschuldners. Nach § 244 Abs 1 BGB darf der Geldschuldner ersatzweise in der Währung leisten, in deren Währungsraum sich sein Wohn- bzw Geschäftssitz befindet. Für den Geldgläubiger folgt daraus ein praktischer Nachteil, sofern sein Wohn- bzw Geschäftssitz in einem anderen Währungsraum liegt oder er die erlangte Kaufkraft in einem anderen Währungsraum einsetzen möchte. Durch die Vereinbarung einer Holschuld hat sich der Geldgläubiger allerdings zugleich auf die mit einem Geldtransport und -umtausch verbundenen Risiken eingelassen (BeckOGK/FREITAG [15. 3. 2021] Rn 102 f).

Auf die Währung am Erfolgsort kommt es ebenfalls an, sofern Leistungs- und Er- 13 folgsort auseinanderfallen, wie dies bei einer (qualifizierten) **Schickschuld** der Fall ist. Dabei bleibt unerheblich, ob sich Leistungs- und Erfolgsort in unterschiedlichen Währungsräumen befinden oder nicht (BeckOGK/FREITAG [15. 3. 2021] Rn 105). Das Beschaffungsproblem tritt für den Geldschuldner an seinem Wohn- bzw Geschäftssitz auf. Dort hat er die Leistung in einer ausländischen Währung zu erbringen. Die ihm durch § 244 Abs 1 BGB gewährte Privilegierung wird damit deutlich eingeschränkt. Ähnlich wie bei einer Holschuld hat sich jedoch auch bei der Schickschuld die betroffene Partei – bei der Holschuld der Geldgläubiger, bei der Schickschuld der Geldschuldner – auf diese Risikoverteilung eingelassen, indem sie einer Abweichung vom Regelfall der Bringschuld zugestimmt hat.

bb) Inländische und ausländische Zahlungsorte
Unter dem Inland iSd § 244 Abs 1 BGB ist der **gesamte Euroraum** zu verstehen 14 (GROTHE, ZBB 2002, 1, 4 ff; BeckOGK/FREITAG [15. 3. 2021] Rn 114; SOERGEL/ARNOLD [13. Aufl 2014] Rn 55; **aA** vor Euro-Einführung OLG Koblenz 17. 9. 1993 – 2 U1230/91, RIW 1993, 934, 936). Das Inland in diesem Sinne ist nicht auf das Staatsgebiet der Bundesrepublik Deutschland beschränkt. In Bezug genommen ist vielmehr das **Währungsinland**, dh das Gebiet mit einer einheitlichen Währung. Ein solches Gebiet muss nicht mit dem Hoheitsgebiet eines Staates deckungsgleich sein, sondern kann nur Teile davon erfassen oder sich auch auf das Hoheitsgebiet mehrerer Staaten erstrecken. Diese währungsbezogene Auslegung des Inlandsbegriffs leitet sich aus der Teleologie der Vorschrift ab, die als Schuldnerschutzvorschrift Beschaffungshürden in Bezug auf – aus der Sicht des Zahlungsortes – ausländische Währungen abbauen will. Eine solche Konstellation setzt ein Auseinanderfallen von Schuldwährung und lokaler Währung am Zahlungsort voraus. Gleichgültig ist es jedoch, in welchem Mitgliedstaat des Euroraums der Zahlungsort liegt. Danach greift § 244 Abs 1 BGB beispielsweise ein, wenn eine nicht effektive USD-Geldschuld mit einem Zahlungsort in Deutschland,

Frankreich, Spanien, Italien oder einem anderen Mitgliedstaat des Euroraums versehen ist. Im gesetzlichen Regelfall der Bringschuld kommt es danach darauf an, ob der Geldgläubiger seinen Wohn- bzw Geschäftssitz im Euroraum hat.

15 Auf **Zahlungsorte außerhalb des Euroraums** findet § 244 BGB **analoge Anwendung** (BeckOGK/Freitag [15. 3. 2021] Rn 114). Die Analogiebildung in fremde Währungsräume hinein wird dadurch erleichtert, dass es sich bei § 244 BGB in erster Linie um eine geldschuldrechtliche Vorschrift handelt, deren währungspolitische wie -rechtliche Bedeutung sich lediglich auf einen schlichten Rechtsreflex beschränkt (s o Rn 3). Es handelt sich nicht um eine Spezialregelung für den jeweiligen Währungsraum, dem die Bundesrepublik Deutschland angehört. Die geldschuldrechtliche *ratio legis* streitet vielmehr für eine den Euroraum übergreifende Geltung. Die Schutzwürdigkeit des Geldschuldners hängt nicht davon ab, ob der Zahlungsort für die Fremdwährungsverbindlichkeit in Deutschland, der Schweiz oder Großbritannien liegt. Entscheidend ist, dass eine unechte Fremdwährungsschuld über eine Schuldwährung verfügt, welche von der lokalen Währung am Zahlungsort abweicht. Damit besteht ein Wahlrecht des Geldschuldners beispielsweise auch dann, wenn eine nicht effektive CHF-Geldschuld an einen Gläubiger in London zu zahlen ist; erforderlich ist lediglich die Geltung des deutschen Schuldstatuts.

d) CISG-Geldschulden

16 Geldschulden, die auf der Grundlage des UN-Kaufrechts begründet werden, unterliegen nicht dem Anwendungsbereich von § 244 BGB. Dabei kommt es nicht darauf an, ob subsidiär über Art 7 Abs 2 CISG deutsches Schuldrecht Anwendung findet. Die Frage einer Ersetzungsbefugnis beantwortet sich **ausschließlich nach dem Einheitsrecht** und ohne Rückgriff auf das kollisionsrechtlich bestimmte nationale Recht (OGH München 26. 1. 2005 – 3Ob221/04b, IHR 2005, 198, 203; OLG Koblenz 17. 9. 1993 – 2 U 1230/91, RIW 1993, 934, 936; Staudinger/Magnus [2018] Art 53 CISG Rn 26 mwNw; aA Soergel/Lüderitz/Budzikiewicz [13. Aufl 2014] Art 53 CISG Rn 3). Für CISG-Geldschulden existiert zudem keine generelle Ersetzungsbefugnis zugunsten des Schuldners, wonach wie bei § 244 Abs 1 BGB auch die Währung am Zahlungsort als Zahlungswährung gilt (**aA** Soergel/Budzikiewicz [14. Aufl 2021] Art 53 CISG Rn 3). Vielmehr besteht eine solche **Ersetzungsbefugnis** nach der vorzugswürdigen sog engeren einheitsrechtlichen Lösung nur, sofern eine entsprechende **Vereinbarung** (auch nachträglich) geschlossen wurde **oder Treu und Glauben** (Art 7 Abs 1 CISG) einen entsprechenden Schuldnerschutz gebieten (OGH München 26. 1. 2005 – 3 Ob 221/04b, IHR 2005, 198, 203). Treuwidrig könnte eine Ablehnung einer Zahlung in einer anderen Währung als der Schuldwährung beispielsweise sein, wenn dem Geldschuldner eine Zahlung in der Schuldwährung aus devisenrechtlichen Gründen unmöglich ist (Magnus RabelsZ 53 [1989] 116, 133). Vorzugswürdig dürfte es jedoch sein, bei devisenrechtlichen Beschränkungen auf der Grundlage von Art 7 Abs 1 CISG ähnliche Grundsätze anzuwenden, wie sie aus § 313 BGB und § 242 BGB im deutschen Privatrecht folgen (Omlor ZfPW 2017, 154, 170 ff; s u Rn 87 ff).

e) Zahlungs-Token

16a Die *ratio legis* des § 244 BGB als Schuldnerschutzvorschrift lässt eine **analoge Anwendung** auf Verbindlichkeiten zur Leistung von Zahlungs-Token bzw Kryptowährungen (zum Begriff vgl Vorbem B19a zu §§ 244-248) zu. Zwar handelt es sich häufig nicht um Geldschulden und damit auch nicht um Fremdwährungsschulden. Private Zahlungs-

Token kennen zudem kein Währungsinland oder -ausland, da sie nicht hoheitlichen Ursprungs sind. Dennoch kann der Schuldner von Zahlungs-Token in vergleichbarer Weise wie ein Fremdwährungsschuldner des Schutzes bedürfen, wenn am Zahlungsort die geschuldeten Zahlungs-Token nicht verfügbar sind. Solche Verfügbarkeitsprobleme können technische oder rechtliche Hintergründe aufweisen.

II. Terminologische und dogmatische Grundlagen

1. Begriffstrias

Der Inhalt einer Geldschuld als Wertverschaffungsschuld (vgl Vorbem B2 zu §§ 244–248) **17** richtet sich maßgeblich danach, von welcher Währung (zum Begriff vgl Vorbem A193 zu §§ 244–248) die jeweilige Zahl an Rechnungseinheiten zu erbringen ist. Die Währung, in welcher der Gläubiger die Zahlung verlangen und der Schuldner die Zahlung erbringen (vgl §§ 362 ff BGB) kann (vgl BGH 29. 5. 1980 – II ZR 99/79, NJW 1980, 2017), lässt sich als **Schuldwährung** bezeichnen. Ihre Bedeutung ist rein qualitativ, nicht aber quantitativ (Grothe, Fremdwährungsverbindlichkeiten [1999] 6). Die Wertmaßfunktion des Geldes nimmt hingegen die **Berechnungswährung** wahr. Über sie bestimmt sich die Anzahl der Währungseinheiten der Schuldwährung, die im relevanten Zeitpunkt zu erbringen ist. Die Zahlung selbst erfolgt in keinem Fall durch Leistung von Einheiten der Berechnungswährung. Bei ihr handelt es sich lediglich um eine mathematische Rechengröße für die Bestimmung des jeweiligen Schuldumfangs. Schuld- und Berechnungswährung decken sich regelmäßig, sofern nicht eine Wertsicherung mit Hilfe einer Anbindung an den Kurs einer anderen Währung (der Berechnungswährung) vereinbart wird. Aus Sicht des Geldschuldners wird schließlich als **Zahlungswährung** diejenige Währung definiert, deren Verwendung bei der Leistung von Geld zur Erfüllung der Geldschuld führt (Hoffmann, in: FS Karl Firsching [1985] 125, 127; Staudinger/Magnus [2016] Art 12 Rom I–VO Rn 104; Soergel/Arnold [13. Aufl 2014] Rn 46). Alternativ ließe sich daher auch von der Solutions- oder Erfüllungswährung sprechen. Für die Zwecke des § 244 BGB besitzen allein die Schuld- und die Zahlungswährung Bedeutung, denn beide fallen auseinander, sofern der Geldschuldner bei einer unechten Fremdwährungsverbindlichkeit sich von seiner Schuld durch die Leistung einer anderen Währung zu befreien vermag.

2. Typen von Fremdwährungsschulden

a) Einfache versus effektive Fremdwährungsschuld

Bei einer **einfachen (unechten) Fremdwährungsschuld** (zum Begriff Staudinger/K Schmidt **18** [1997] Rn 6 f; dem folgend BGH 13. 7. 1987 – II ZR 280/86, BGHZ 101, 296, 302; BGH 8. 11. 1989 – VIII ZR 1/89, NJW-RR 1990, 182, 184; BAG 26. 7. 1995 – 5 AZR 216/94, NJW 1996, 741, 742) sind die Schuld- und die Zahlungswährung nicht identisch. Dem Geldschuldner steht nach § 244 Abs 1 BGB eine Ersetzungsbefugnis zu, jedoch vermag der Geldgläubiger keine Leistung in einer anderen als der Schuldwährung zu verlangen. Eine Zahlung in Inlandswährung wird nicht geschuldet (BGH 22. 5. 1958 – II ZR 281/56, NJW 1958, 1390, 1391). Die Erweiterung um die Inlandswährung am Zahlungsort begünstigt ausschließlich den Geldschuldner, der auf eine weitere Zahlungswährung zuzugreifen vermag. Die Schuldwährung bleibt jedoch auch dann unverändert, wenn der Geldschuldner von seiner Ersetzungsbefugnis aus § 244 Abs 1 BGB Gebrauch macht; unverändert liegt eine Fremdwährungsverbindlichkeit vor (BGH 22. 5. 1958 – II ZR 281/56,

NJW 1958, 1390, 1391; Heermann, Geld und Geldgeschäfte [2003] § 3 Rn 39). Demgegenüber zeichnet sich die **effektive (echte) Fremdwährungsschuld** durch eine Identität von Schuld- und Zahlungswährung aus. Bei ihr ist, wie es in § 244 Abs 1 BGB aE heißt, „Zahlung in der anderen Währung ausdrücklich vereinbart". Die Ersetzungsbefugnis aus § 244 Abs 1 BGB steht dem Geldschuldner daher bei effektiven Fremdwährungsschulden nicht zu (OLG Frankfurt 11. 3. 2020 – 17 U 168/19, WM 2020, 934, 935). Für die Vereinbarung einer effektiven Fremdwährungsschuld bedarf es einer „unzweideutige[n] Offenbarung des auf Zahlung in ausländischer Währung gerichteten Willens" (RG 2. 10. 1925 – II 543/24, RGZ 111, 316, 317; RG 11. 10. 1932 – II 58/32, RGZ 138, 52, 54; BGB-RGRK/Alff [12. Aufl 1982] Rn 13). Eine solche liegt namentlich in der Beifügung des Zusatzes „effektiv" (RG 16. 3. 1936 – IV 293/35, RGZ 151, 35, 36), kann aber auch in sonstigen Worten oder Verhalten zu sehen sein, sofern dadurch nur die **hinreichende Eindeutigkeit** gewahrt bleibt (RG 6. 7. 1923 – III 596/22, RGZ 107, 110, 111; RG 11. 10. 1932 – II 58/32, RGZ 138, 52, 54). **Im Zweifel** ist von der Vereinbarung einer einfachen Fremdwährungsverbindlichkeit auszugehen (RG 20. 12. 1922 – I 18/22, RGZ 106, 99, 100 [Effektivabrede als „besondere Vereinbarung"]; BGH 13. 7. 1987 – II ZR 280/86, BGHZ 101, 296, 302 [„in der Regel"]; Lögering RIW 2009, 625).

19 Von der einfachen und der effektiven Fremdwährungsverbindlichkeit abzugrenzen ist die **Fremdwährungsschuld mit Währungswahlklausel**. Ihr Kennzeichen ist es, dass die Parteien keine einzelne Schuldwährung festlegen, sondern mehrere Schuldwährungen zur Auswahl stehen (Schefold, in: Schimansky/Bunte/Lwowski [Hrsg], Bankrechts-Handbuch [5. Aufl 2017] § 116 Rn 408). Durch § 244 BGB wird gerade keine Wahlschuld begründet (RG 24. 1. 1921 – II 13/20, RGZ 101, 312, 313; BGH 22. 5. 1958 – II ZR 281/56, NJW 1958, 1390, 1391; Lögering RIW 2009, 625, 626). Durch Auslegung ist zu ermitteln, ob es sich um eine **Ersetzungsbefugnis** oder eine **Wahlschuld** handelt. Im Zweifel soll von einer Wahlschuld auszugehen sein (Staudinger/K Schmidt [1997] Rn 9), sodass nach § 263 Abs 2 BGB die gewählte als die von Anfang an geschuldete Währung gilt. Auf eine Ersetzungsbefugnis findet § 263 BGB keine Anwendung (RG 17. 3. 1932 – IV 391/31, RGZ 136, 127, 130). Rechtsfolge der Ausübung des Wahlrechts ist das Entstehen einer effektiven Fremdwährungsschuld. Nunmehr vermag der Schuldner nicht mehr auf eine andere Zahlungswährung zurückzugreifen. Im Zweifel steht das Wahlrecht nach § 262 BGB dem Schuldner zu (aA Staudinger/K Schmidt [1997] Rn 9). Das Wahlrecht kann entgegen § 262 BGB dem Gläubiger zukommen, sofern hierfür der von den Parteien mit der Einfügung einer Währungswahlklausel verfolgte Zweck spricht; dies ist insbesondere der Fall, sofern die Gläubigerforderung auf diese Weise mit einer erhöhten Sicherheit versehen werden sollte (RG 15. 10. 1942 – V 97/41, RGZ 168, 240, 247). Währungswahlklauseln spielen insbesondere bei internationalen Anleihen eine herausgehobene Rolle (vgl dazu Horn, Das Recht der internationalen Anleihen [1972] 267).

b) Kriterium der Fremdheit

20 Der Fremdwährungsschuld steht die **Heimwährungsschuld** gegenüber. Die Heimwährungsschuld zeichnet sich durch eine **inländische Schuldwährung** aus (Nussbaum, Das Geld in Theorie und Praxis des deutschen und ausländischen Rechts [1925] 187). Ob die Schuldwährung fremd ist, kann aus einer Vielzahl von Blickwinkeln beleuchtet werden (dazu Grothe, Fremdwährungsverbindlichkeiten [1999] 67 f mwNw). Allgemein bestimmt sich die Fremdheit aus der **Perspektive der lex causae**. Um Fremdwährungsverbindlichkeiten handelt es sich daher bei der Anwendbarkeit des deutschen Schuldstatuts, wenn die Schuldwährung eine andere als Euro ist. Daneben tritt jedoch ein teilweise abweichendes **normspezifisches Begriffsverständnis**. Die Fremdheit der Schuldwährung bei § 244 BGB, Art 41 Abs 1 S 1 WG und Art 36 Abs 1 S 1 ScheckG richtet sich nach einem Vergleich der Schuldwährung mit der Währung, die am Zahlungsort gilt; handelt es sich nicht um dieselbe Währung, so ist die Fremdheit der Geldschuld zu bejahen.

c) Abgrenzung zur Valutawertschuld

Valutawertschulden zeichnen sich durch einen Wertsicherungsmechanismus aus, der sich auf eine **Anbindung an eine von der Schuldwährung abweichende Berechnungswährung** gründet. Sofern Zahlungs- und Schuldwährung übereinstimmen, findet § 244 BGB auf Valutawertschulden keine Anwendung. Keinesfalls muss es sich jedoch stets um Heimwährungsschulden handeln, für welche § 244 BGB keine Regelung enthält (aA Staudinger/K Schmidt [1997] Rn 5). Auch bei Valutawertschulden können Schuld- und Zahlungswährung auseinanderfallen, sodass eine Fremdwährungsverbindlichkeit iSv § 244 BGB vorliegt. Als Beispiel taugt eine auf USD lautende (Schuldwährung), in der Schweiz zu erfüllende (Zahlungswährung nach § 244 Abs 1 BGB = CHF) und an den Wert des Euro (Berechnungswährung) gekoppelte Geldschuld. Seit der Aufhebung von § 3 S 1 WährG aF im Zuge der Euro-Einführung bestehen **keine gesetzlichen Genehmigungserfordernisse** mehr für Valutawertschulden (Soergel/Arnold [13. Aufl 2014] Rn 25).

21

3. Die Fremdwährungsverbindlichkeit als Geldschuld

a) Inhalt und Wesen der Geldschuld

Fremdwährungsschulden sind Geldschulden (Nussbaum, Das Geld in Theorie und Praxis des deutschen und ausländischen Rechts [1925] 188; Nussbaum JW 1923, 20, 21; Mann, Das Recht des Geldes [1960] 144; Maier-Reimer NJW 1985, 2049; Arend, Zahlungsverbindlichkeiten in fremder Währung [1989] 44 f; K Schmidt, in: FS Franz Merz [1992] 533, 535; Grothe, Fremdwährungsverbindlichkeiten [1999] 24; Heermann, Geld und Geldgeschäfte [2003] § 3 Rn 30; Soergel/Arnold [13. Aufl 2014] Rn 46), genauer: Valutageldschulden. Der Leistungsgegenstand der Geldschuld besteht in der Verschaffung von unkörperlicher Vermögensmacht im Sinne des abstrakten Geldbegriffs (vgl Vorbem B2 zu §§ 244–248). Die **Anbindung an das abstrakte Geldverständnis** führt dazu, dass die Grenzen eines Währungsraums für Bestimmung der Geldeigenschaft des Schuldgegenstands an Bedeutung verlieren. Mit dem Grenzübertritt verlieren Geldzeichen nicht ihre Geldeigenschaft (Omlor, Geldprivatrecht [2014] 102). Die allgemeine Anerkennung als Tauschmittel nimmt ausländisches Geld auf seiner Reise durch andere Währungsräume mit. Mit der Einordnung der Fremdwährungsschuld als Geldschuld ist zugleich die Ablehnung der früheren Ansicht (RG 25. 9. 1919 – VI 109/19, RGZ 96, 262, 266; Gerber, Geld und Staat [1926] 75 ff; BGB-RGRK/Alff [12. Aufl 1982] Rn 18) verbunden, wonach ausländisches Geld im Inland (und umgekehrt) eine Ware und nicht Geld im Rechtssinne darstelle. Das Reichsgericht war noch davon ausgegangen, dass „das inländische Geld im Ausland seine Eigenschaft als Wertmesser verliert und die der Ware mit der Preisbildung einer Ware erhält" (RG 25. 9. 1919 – VI 109/19, RGZ 96, 262, 266).

22

b) Abgrenzung zur Valutasachschuld

Anders als die Valutageldschuld (Fremdwährungsschuld) richtet sich die Valutasachschuld ihrem Leistungsgegenstand nach auf die **Verschaffung bestimmter Geldzeichen als Sachen** (Hösel, Die Geldschuld als Wertschuld [1949] 3). Es liegt keine Geld-, sondern

23

eine Sachschuld vor. Die Geldschuld ist keine Sachschuld (vgl Vorbem B5 zu §§ 244–248). Der Rechtsrahmen der Valutageldschuld richtet sich nicht nach den geldschuldrechtlichen Vorschriften. Auch ihre Durchsetzung im Wege der Zwangsvollstreckung unterliegt anderen Regeln. Während Geldschulden nach §§ 803 ff ZPO vollstreckt werden, sind für Sachschulden die §§ 883 ff ZPO einschlägig (vgl LG Frankfurt aM 3. 5. 1955 – 9 T 1069/54, NJW 1956, 65, 66). Als Geldforderung iSd §§ 883 ff ZPO sieht § 67 Abs 1 S 1 GVGA dementsprechend „jeder Forderung, die auf die Leistung einer bestimmten Wertgröße in Geld gerichtet ist", an. Die Abgrenzung zwischen Valutageld- und Valutasachschulden vollzieht sich nach den gleichen Kriterien, wie sie allgemein zur Grenzziehung zwischen Geld- und Sachschulden verwendet werden (Grothe, Fremdwährungsverbindlichkeiten [1999] 27 ff). Durch Auslegung ist zu ermitteln, ob der Schuldner zur Wert- oder Sachverschaffung verpflichtet sein soll.

24 Relevant wird die Abgrenzung zwischen Valutageld- und Valutasachschulden bei **Umtauschvorgängen**, die verschiedene Währungen betreffen. Die Rechtsnatur von solchen Umtauschvorgängen ist umstritten (im Einzelnen Grothe, Fremdwährungsverbindlichkeiten [1999] 33 ff mwNw). Überwiegend wird eine **kaufvertragliche Gestaltung** (Valutakauf) angenommen, wonach die Übertragung von Einheiten inländischer Währung die Kaufpreiszahlung und die Verschaffung von Geldzeichen ausländischer Währung die charakteristische Verkäuferleistung darstellt (RG 28. 5. 1924 – I 432/23, RGZ 108, 279, 280 f; OLG Köln 22. 5. 1991 – 13 U 32/91, NJW-RR 1991, 1266; Maier-Reimer NJW 1985, 2049, 2050; K Schmidt, in: FS Franz Merz [1992] 533, 535; Schefold, in: Schimansky/Bunte/Lwowski [Hrsg], Bankrechts-Handbuch [5. Aufl 2017] § 116 Rn 376; aA Arend, Zahlungsverbindlichkeiten in fremder Währung [1989] 46; Grothe, Fremdwährungsverbindlichkeiten [1999] 40 [Tausch]). Der Einwand, auch die als Gegenleistung erlangten ausländischen Geldzeichen würden als Geld und um ihrer Geldeigenschaft willen erworben (Arend, Zahlungsverbindlichkeiten in fremder Währung [1989] 46), ändert an der kaufrechtlichen Einordnung nichts. Die Nutzung als universelles Tauschmittel und damit als Geld ist nicht unmittelbarer Gegenstand des Umtauschgeschäfts, sondern lediglich mittelbarer Verwendungszweck. Handelt es bei den zur Verfügung gestellten ausländischen Geldzeichen um Falschgeld, liegt keine Nichtleistung, sondern eine Schlechtleistung vor, für die das **Gewährleistungsregime des § 437 BGB** gilt. Ebenfalls um einen Kaufvertrag handelt es sich beim Erwerb von Gedenkmünzen und demonetisierten Geldzeichen. Das Wechseln von Geldzeichen derselben Währung stellt einen **Tauschakt** iSd § 480 BGB dar (Staudinger/Beckmann [2014] § 433 Rn 10; Schefold, in: Schimansky/Bunte/Lwowski [Hrsg], Bankrechts-Handbuch [5. Aufl 2017] § 116 Rn 378). Als Rechtskauf (§ 453 Abs 1 Alt 1 BGB) ist schließlich der Erwerb oder die Veräußerung von Fremdwährungsforderungen einzuordnen.

c) Abgrenzung zu Kryptowährungen

24a Verbindlichkeiten in Blockchain-basierten Zahlungsmitteln wie **Bitcoins** und Ether stellen derzeit keine Geldschulden dar (vgl Vorbem B3 ff zu §§ 244–248). Daher handelt es sich auch **nicht** um **Fremdwährungsschulden**, so dass sie daher nicht dem unmittelbaren Anwendungsbereich von § 244 BGB unterfallen (Omlor JZ 2017, 754, 761 f; ders ZHR 183 [2019] 294, 325). Allerdings ist **§ 244 BGB analog** auf Verbindlichkeiten in Blockchain-basierten Zahlungsmitteln anwendbar (Omlor JZ 2017, 754, 761 f; ders ZHR 183 [2019] 294, 325). Die vergleichbare Interessenlage ergibt sich aus dem schuldnerschützenden Charakter von § 244 BGB (s o Rn 3). Wegen währungsrechtlicher Restriktionen kann die Verfügbarkeit bestimmter Kryptowährungen am Zahlungsort eingeschränkt sein, so dass dem Schuldner analog § 244 Abs 1 BGB ein Ausweichen auf die lokale Währung eröffnet werden kann.

4. Fremdwährungsrisiken

a) Geldwertrisiko

Zwischen den an einem Geldschuldverhältnis beteiligten Personen wird das Risiko einer Geldentwertung aufgeteilt. Der Wert des Geldes unterliegt ständigen Schwankungen. Von geldschuldrechtlicher Relevanz ist nur der Zeitraum zwischen der Begründung und der finalen Erfüllung der Geldschuld (vgl Vorbem B55 zu §§ 244–248). Bei Heimwährungsschulden beschränkt sich das Geldwertrisiko auf Veränderungen des Binnenwerts des Geldes (vgl Vorbem C9 zu §§ 244–248). Mit gesteigerter Komplexität sind insofern die Fremdwährungsschulden versehen. Bei ihnen tritt spezifisch das **Wechselkursrisiko** hinzu, das aus den Schwankungen des **Außenwerts** einer Währung resultiert. Der Außenwert des Geldes misst das **Wertverhältnis zwischen der Inlands- und einer Auslandswährung** (vgl Vorbem C9 zu §§ 244–248). Außenwertänderungen setzen damit wesensgemäß die Existenz von mindestens zwei Währungsräumen voraus. 25

Das Außenwertrisiko weist lediglich für diejenige Partei eine Relevanz auf, welche als Schuldnerin eine Fremdwährung erbringen oder als Gläubigerin eine Fremdwährung als Erfüllung annehmen muss (GROTHE, Fremdwährungsverbindlichkeiten [1999] 90 f). Je nach Ausgestaltung des Geldschuldverhältnisses ist **nur eine Partei oder** sind **beide bzw sämtliche Parteien** davon **betroffen**. Das Wechselkursrisiko beschränkt sich auf lediglich eine Partei, sofern die Schuld- und Zahlungswährung für Gläubiger oder Schuldner keine Fremd-, sondern Heimwährung ist. Verpflichtet sich ein Schuldner aus Deutschland zur Zahlung von Schweizer Franken an einen Gläubiger aus der Schweiz, trägt der Gläubiger kein Wechselkursrisiko. Ihn trifft lediglich das geldschuldinhärente Risiko von Veränderungen des Binnenwerts des Geldes. Die Vor- und Nachteile aus einer Veränderung des Außenwerts des Euro gegenüber dem Schweizer Franken fallen ausschließlich dem Geldschuldner zu. Hingegen übernimmt ein Gläubiger aus der Schweiz, an den eine Euro-Verbindlichkeit zu leisten ist, das Wechselkursrisiko, sofern er – wie regelmäßig – nach der Zahlung in Euro einen Wechsel in Schweizer Franken vornehmen muss. Beide Parteien trifft schließlich ein Wechselkursrisiko, sofern die Schuld- und Zahlungswährung für beide Parteien eine ausländische Drittwährung ist. Dabei sind die jeweils zu tragenden Wechselkursrisiken typischerweise nicht identisch. Schuldet eine Partei aus Deutschland einem Gläubiger aus der Schweiz die Zahlung von US-Dollar, bezieht sich das Wechselkursrisiko des Schuldners auf den Außenwert des Euro gegenüber dem US-Dollar, das Wechselkursrisiko des Gläubigers hingegen auf den Außenwert des Schweizer Franken gegenüber dem US-Dollar. 26

Die **gesetzliche Risikoverteilung** in Bezug auf den Außenwert des Geldes richtet sich ebenso wie beim Binnenwert des Geldes nach den Grundkategorien von Geldsummen- und Geldwertschulden. Das Wechselkursrisiko trägt daher bei **Geldsummenschulden** grundsätzlich **bis zur finalen Erfüllung der Gläubiger** (BGH 13. 7. 1987 – II ZR 280/86, BGHZ 101, 296, 306 f; STAUDINGER/K SCHMIDT [1997] Rn 57), während es bei **Geldwertschulden** dem **Schuldner** zugewiesen ist. Insofern besteht im Grundsatz ein Gleichlauf zwischen der Zuweisung von Binnen- und Außenwertrisiko. 27

28 Den Parteien steht es frei, durch vertragliche Vereinbarungen (**Wertsicherungsklauseln**) eine abweichende Risikoverteilung vorzusehen. Seit der ersatzlosen Aufhebung von § 3 S 1 WährG aF zum 1. 1. 1999 existieren **keine währungsrechtlichen Beschränkungen** mehr für die wertmäßige Anbindung einer Geldschuld an den Außenwert einer – aus Sicht des Euroraums – fremden Währung. Seither ist es in den allgemeinen Grenzen insbesondere der §§ 138, 305 ff BGB möglich, als Berechnungswährung (s o Rn 17) für eine Euro-Geldschuld eine Nicht-Euro-Währung heranzuziehen. Alternativ lässt sich die gesetzliche Risikoverteilung dadurch modifizieren, dass eine Währungswahlklausel (s o Rn 19) vereinbart wird, auf deren Grundlage die risikobelastete Partei auf eine andere Schuld- oder Zahlungswährung auszuweichen vermag. Für die Auslegung von Wertsicherungsklauseln, die das Wechselkursrisiko betreffen, gelten die allgemeinen Grundsätze zu Wertsicherungsklauseln (dazu vgl Vorbem C201 zu §§ 244–248). Ohne hinreichende Anhaltspunkte darf den Parteien nicht unterstellt werden, sie hätten eine Risikoverlagerung oder -aufteilung stillschweigend vereinbart (RG 28. 6. 1934 – VI 68/34, RGZ 145, 51, 54).

b) Währungsraumrisiko

29 Das Bedürfnis von Gläubigern oder Schuldnern einer Fremdwährungsverbindlichkeit, ausländische Valuta zu erlangen (Konvertierungsrisiko) und zur anderen Partei zu transportieren (Transferrisiko), berührt ein typisches Fremdwährungsrisiko. Dabei handelt es sich insgesamt um ein Währungsraumrisiko, das mit den währungsrechtlichen Regelungen der von der Fremdwährungsschuld betroffenen Währungsräume untrennbar verbunden ist. Anders als das Geldwertrisiko unterliegt das Währungsraumrisiko nicht primär dem Marktgeschehen, sondern dem hoheitlichen Handeln der währungsrechtlichen Akteure. Durch staatliche **Eingriffe in den Zahlungs- oder Kapitalverkehr** können Hürden oder Hindernisse für die Beschaffung von Geldmitteln einer bestimmten Währung entstehen. Solche Beschränkungen sind typische Begleiterscheinungen von (Währungs-)Krisen. Konkret können **Kapitalverkehrskontrollen** verhängt werden, die nach Ansicht der deutschen Rechtsprechung (BGH 22. 2. 1994 – XI ZR 16/93, NJW 1994, 1868 f) nicht gegen Art VIII Abschnitt 2(b) S 1 IWF-Abkommen verstoßen (zum Meinungsstand EBKE, Internationales Devisenrecht [1990] 256 ff mwNw; vgl weiterführend JOSWIG, Die Geschichte der Kapitalverkehrskontrollen im IWF-Übereinkommen [2012] 7 ff). Auch innerhalb der Europäischen Union schließen die Kapital- und Zahlungsverkehrsfreiheit (Art 63 ff AEUV) Kapitalverkehrskontrollen nicht prinzipiell aus, sondern unterwerfen sie lediglich einer strengen Rechtfertigungsprüfung. Als Rechtfertigungsgründe haben im Zuge der Zypern- und Griechenland-Krisen namentlich die Funktionsfähigkeit des Kapitalmarkts, die Stabilität der Finanzmärkte und des Finanzsystems eines Mitgliedstaats Anerkennung gefunden (RESS/UKROW, in: GRABITZ/HILF/NETTESHEIM [Hrsg], Das Recht der Europäischen Union [71. EL August 2020] Art 63 AEUV Rn 250). Das Währungsraumrisiko verwirklicht sich weiterhin, sofern **Wechselkursanordnungen** durch staatliche Stellen getroffen werden, die eine marktorientierte Wechselkursfestsetzung torpedieren bzw ausschließen (HORN, in: ders [Hrsg], Monetäre Probleme im internationalen Handel und Kapitalverkehr [1976] 13, 26).

30 Die **konkrete Zuweisung des Währungsraumrisikos** hängt von der jeweiligen Ausgestaltung des Geldschuldverhältnisses ab. Das Transferrisiko richtet sich grundsätzlich danach, welche Pflichten den Geldschuldner in Bezug auf die Geldzahlung treffen. Liegt der gesetzliche Regelfall einer (modifizierten) **Bringschuld** vor (dazu vgl Vorbem B23 zu §§ 244–248), trifft das **Transferrisiko** den **Geldschuldner**; gleiches gilt für die (qualifizierte) Schickschuld. Bei einer Holschuld (zB bei einer Lastschriftabrede im Valutaverhältnis) ist das Transferrisiko dem Geldgläubiger zugewiesen. Entscheidend kommt es darauf an, an welchem Ort der geschuldete Erfolg eintritt. Liegt der Erfolgsort am Wohn- bzw Geschäftssitz des Geldgläubigers, sind die Risiken infolge von staatlichen Beschränkungen des Zahlungs- oder Kapitalverkehrs dem Geldschuldner zugewiesen. Kommt es jedoch am Wohn- bzw Geschäftssitz des Geldschuldners zur Erfüllung, wird das Transferrisiko dem Geldgläubiger zugewiesen.

Demgegenüber ist das **Konvertierungsrisiko grundsätzlich dem Geldschuldner zugewiesen**. Dabei bedarf es keiner Differenzierung nach dem Bring-, Schick- oder Holschuldcharakter der Geldzahlungsverpflichtung. Diese gesetzliche Risikoverteilung gründet sich auf der Rechtsnatur der Geldschuld, die auch im Falle der Fremdwährungsschuld eine Wertverschaffung zum Inhalt hat. Eine Modifizierung dieser Risikotragung durch den Geldschuldner kann durch vertragliche Vereinbarung erreicht werden. Hierzu zählt die Konstellation, dass dem Geldschuldner eine **Ersetzungsbefugnis** eingeräumt wird, wonach er die Geldschuld auch in seiner Heimwährung zu tilgen vermag. Eine solche Ersetzungsbefugnis bedarf nicht notwendig einer gesonderten Parteivereinbarung, sondern kann sich auch auf Gesetz (zB § 244 Abs 1 BGB) stützen. Das Konvertierungsrisiko verlagert sich zudem auf den Geldgläubiger, sofern dem Geldschuldner ein **Wahlrecht** iSd §§ 262 ff BGB zwischen der Schuld- und seiner Heimatwährung als Zahlungswährung vertraglich zusteht. **31**

c) Repartierungsrisiko

Macht der Geldschuldner von einer ihm kraft Gesetzes (zB § 244 Abs 1 BGB) oder Vertrages zustehende Ersetzungsbefugnis Gebrauch, wonach er die Fremdwährungsschuld mit einer Zahlungswährung erfüllen kann, welche von der Schuldwährung abweicht, so kann sich in der Folge das Repartierungsrisiko verwirklichen. Je nach devisen- und währungsrechtlicher sowie wirtschaftlicher Lage sieht sich der Geldgläubiger nunmehr vor der Herausforderung, die erlangten **ausländischen Geldmittel in seine Heimwährung umzutauschen**. Nach der Zahlung (vgl § 244 Abs 2 BGB) eintretende Änderungen des Wechselkurses können sich daher zu seinem Nachteil auswirken; damit trägt der Geldgläubiger für diesen Zeitraum das Geldwertrisiko. Dabei handelt es sich um eine faktisch-untechnische Verteilung des Geldwertrisikos, da die maßgebliche Zäsur in geldschuldrechtlicher Hinsicht bereits durch den finalen Erfüllungsakt gezogen wurde (allgemein vgl Vorbem B55 zu §§ 244–248). Nicht nur der Außenwert der Heimwährung kann sich gegenüber der Zahlungswährung nach der Zahlung ändern, überdies sind Beschränkungen der Konvertierbarkeit der Zahlungs- in die Heimwährung möglich. Beide Aspekte, dh das spezifische Geldwert- und Konvertierungsrisiko infolge der Tilgung einer Fremdwährungsschuld durch eine von der Schuldwährung abweichende Zahlungswährung, konstituieren das Repartierungsrisiko (Grothe, Fremdwährungsverbindlichkeiten [1999] 93). Der Begriff der Repartierung (Zu-/Verteilung) rührt aus den 1920er Jahren, als die Reichsbank die unzureichend vorhandenen Auslandsdevisen den Nachfragern nach Quoten zugewiesen hatte (vgl RG 2. 10. 1925 – II 543/24, RGZ 111, 316, 318). Über seine zu enge ursprüngliche Wortbedeutung hinaus erfasst das Repartierungsrisiko bei Fremdwährungsverbindlichkeiten auch das nach der Zahlung den Geldgläubiger treffende Geldwertrisiko. **32**

Das Repartierungsrisiko trägt **grundsätzlich** der **Geldgläubiger** (RG 2. 10. 1925 – II 543/24, RGZ 111, 316, 319; Arend, Zahlungsverbindlichkeiten in fremder Währung [1989] 51 f; Haase JW **33**

1924, 664; **aA** KUNDLER JW 1924, 155 f). § 244 Abs 2 BGB kennt keine Einschränkungen für besondere Schwierigkeiten in Bezug auf die Konvertierung oder einen für den Geldgläubiger wirtschaftlich ungünstigen Wechselkurs. Auch bei Schadensersatzansprüchen zwingt der Restitutionsgedanke nicht zu einer teleologischen Reduktion des § 244 Abs 2 BGB, sodass das Repartierungsrisiko ausnahmsweise – nämlich bei Fehlen einer tatsächlichen Konvertierungsmöglichkeit – durch den Geldschuldner zu tragen wäre (AREND, Zahlungsverbindlichkeiten in fremder Währung [1989]; **aA** ALBERTS, Einfluss von Währungsschwankungen auf Zahlungsansprüche nach deutschem und englischem Recht [1986] 55). Die grundsätzliche Einordnung von Schadensersatzansprüchen als **Geldwertschulden** (vgl Vorbem C79 zu §§ 244–248) privilegiert den Geldgläubiger lediglich bis zum Erfüllungszeitpunkt, nicht aber darüber hinaus. Daran ändert auch der Restitutionsgedanke nichts, der nicht als übergreifendes und vorrangiges Prinzip des gesamten Schuldrechts fungiert, sondern nur in dem Rahmen Geltung beansprucht, wie er in den §§ 249 ff BGB einen gesetzlichen Niederschlag gefunden hat. Für einen Vorrang von schadensersatzrechtlichen Wertungen vor den speziellen Vorschriften für Fremdwährungsschulden fehlt es jedoch an zureichenden Anhaltspunkten. Den Parteien steht es offen, eine abweichende Verteilung des Repartierungsrisikos zu vereinbaren (**Repartierungsklausel**).

III. Entstehung von Fremdwährungsschulden

1. Abgrenzungskriterien

a) Rechtsgeschäftlich begründete Geldschulden

34 Bei Geldschulden, die durch Rechtsgeschäft begründet worden sind, bestimmt sich die Schuldwährung in erster Linie durch **Auslegung der Parteiabrede** nach §§ 133, 157 BGB (GROTHE, Fremdwährungsverbindlichkeiten [1999] 238). Die Suche nach der einschlägigen Schuldwährung stellt sich dabei als für die Geldschuld wesensnotwendig dar, denn ihr Inhalt lässt sich ohne einen Währungszusatz nicht festlegen. Nach der Abkehr vom Primitiv- und Naturalgeld (vgl Vorbem A12 zu §§ 244–248) besteht die Bezugnahme auf die schuldgegenständliche Form des Geldes in einer **Anbindung an eine bestimmte hoheitliche Währungsverfassung**. Ohne eine solche existiert Geld nicht als tauglicher Schuldgegenstand. Erst die Verknüpfung mit einer spezifischen Währung lässt die Berechnung des Wertes zu, den der Geldschuldner zu verschaffen hat. Für die Auslegung der Währungsabrede gelten die allgemeinen Regeln der Rechtsgeschäftslehre. Dazu zählt auch der Grundsatz, dass eine übereinstimmend abweichend verstandene **Falschbezeichnung** unerheblich ist *(falsa demonstratio non nocet,* vgl OLG Köln 31. 5. 1996 – 19 U 243/95, NJW-RR 1997, 940 f). Davon abgesehen ist vom Wortlaut des Vertrages auszugehen. Schweigt dieser zur Schuldwährung, so kann eine **ergänzende Vertragsauslegung** geboten sein.

35 Das Primat des Parteiwillens wird nicht durch verschiedene Auslegungsregeln durchbrochen, die sich für den Fall einer Unklarheit über die Schuldwährung herausgebildet haben. Regelmäßig handelt es sich dabei **nicht um Dispositivnormen**, sondern um **materiale Auslegungsregeln** (GROTHE, Fremdwährungsverbindlichkeiten [1999] 240 f). Haben die Parteien eine Vereinbarung über die Schuldwährung unterlassen und lässt sich auch im Wege der ergänzenden Vertragsauslegung kein eindeutiges Ergebnis erzielen, so greifen die allgemeinen Regeln zur Lückenhaftigkeit von Verträgen ein. Handelt es sich – wie regelmäßig (zB Kaufvertrag) – bei dem Inhalt der Geldschuld um ein *essentialium negotii*, ist der Vertrag insgesamt nichtig. Eine **Ausnahme** erscheint lediglich dann geboten, wenn die Geldschuld zumindest in Teilen mit Hilfe gesetzlicher Regelungen zum Entstehen gebracht wird (GROTHE, Fremdwährungsverbindlichkeiten [1999] 242 f). Solche Fälle liegen namentlich bei der Lückenfüllung im Dienst- und Werkvertragsrecht (§§ 612 Abs 1, 632 Abs 1 BGB) und bei dispositiven Anordnungen einer Geldschuld im Kontext eines Vertrages (zB §§ 448, 667, 670 BGB) vor.

Bei **reinen Inlandsgeschäften** ist **im Zweifel** von der Vereinbarung der **Inlandswährung** 36 als Schuldwährung auszugehen (GROTHE, Fremdwährungsverbindlichkeiten [1999] 243). Ein solches Inlandsgeschäft zeichnet sich durch das Fehlen jeglicher Bezüge zu einem weiteren Währungsraum aus. Dazu gehört, dass Schuldner und Gläubiger ihren Wohn- bzw Geschäftssitz im Währungsinland haben und dort auch der Erfüllungsort belegen ist. Allerdings existiert **darüber hinaus keine Auslegungsregel**, wonach jegliche Geschäfte, die in einem bestimmten Währungsraum geschlossen werden, im Zweifel dessen Währung als Schuldwährung aufweisen (**aA** MELCHIOR, Die Grundlagen des deutschen internationalen Privatrechts [1932] 290 ff). Das Geldschuldrecht ist dem Währungsrecht eines Staates nicht untergeordnet, sondern steht mit diesem lediglich in einer funktionsnotwendigen Wechselbeziehung. Die Unterwerfung sämtlicher Geldschulden mit unklarer Währung unter die Währung (und damit auch das Währungsrecht) des betroffenen Staatsgebiets stünde in unüberwindbarem Widerspruch zu Autonomie des Geldschuldrechts und der Privatrechtssubjekte. Entscheidend kann allein der Wille der Parteien sein, welchen Inhalt sie dem Geldschuldverhältnis zuerkennen wollen. In einer globalisierten Welt lässt sich den Parteien nicht pauschal unterstellen, im Zweifel wollten sie stets die Inlandswährung als Schuldwährung wählen.

Auch besteht keine notwendige oder auch nur typische Verbindung zwischen dem 37 **Schuldstatut** und der Währung des jeweiligen Normgebers (GROTHE, Fremdwährungsverbindlichkeiten [1999] 250 f). Erstens können die Parteien das Geldschuldverhältnis einem **transnationalen Rechtsrahmen** unterwerfen, sodass eine korrespondierende Währungsverfassung von vornherein fehlt. Eine solche Konstellation wäre beispielsweise bei einer Anwendung der *Unidroit Principles of International Commercial Contracts* gegeben. Überdies zeugt die Wahl von transnationalem Einheitsrecht wie dem CISG von einer Loslösung des Geldschuldverhältnisses von nationalstaatlichen Grenzen, sodass auch ein Rückgriff auf die Währungsverfassung des Normgebers des subsidiär anwendbaren Geldschuldrechts (Art 7 Abs 2 CISG) nicht dem typischen Parteiwillen entspricht. Zweitens führte die **Anknüpfung an die vertragscharakteristische Leistung** in Art 4 Abs 1 (lit a, b, d, e, f) und 2 Rom I–VO dazu, dass im Zweifel die Währung am gewöhnlichen Aufenthaltsort des Geldgläubigers als Schuldwährung zu gelten hätte. Damit ließen sich durchaus wertungsgerechte Ergebnisse erzielen. Aus der gesetzlichen Wertung des § 244 Abs 1 BGB im Zusammenspiel mit der Einordnung der Geldschuld als Bringschuld folgt nämlich eine herausgehobene Bedeutung des Erfüllungsorts (zum Begriff s o Rn 11) für die Bestimmung der Schuldwährung; der Erfüllungsort befindet sich bei der Bringschuld am Wohn- bzw Geschäftssitz des Geldgläubigers. Allerdings sind die Motive für die objektive kollisionsrechtliche Anknüpfung (dazu STAUDINGER/MAGNUS [2016] Art 4 Rom I–VO Rn 106 ff mwNw) andere, als sie die Parteien bei der Wahl der Schuldwährung aufweisen müssen. Schließlich bedarf es drittens einer **Differenzierung zwischen Schuldstatut und Schuldwährung**, als die Parteien typischerweise jeweils **unterschiedliche Zielsetzungen** verfolgen. Die Wahl des Schuldstatuts kann unter anderem auf der von der betroffenen Rechtsordnung gebotenen Rechtssicherheit und -klarheit, der Qualität und Geschwindigkeit der Gerichtsverfahren sowie der Sprache der Normtexte wie vor Gericht beruhen. Demgegenüber ist es keinesfalls notwendiger- oder typischerweise gewährleistet, dass über das betroffene Schuldstatut zu einer Währung geleitet wird, welche die spezifisch währungsbezogenen Vorstellungen von Parteien erfüllt; in Betracht kommen etwa die Stabilität des Binnen- und Außenwerts sowie die leichte Konvertibilität.

38 Verbreitet wird davon ausgegangen, dass die Parteien im Zweifel die am **Wohn- bzw Geschäftssitz des Geldschuldners** geltende Währung als maßgebliche Schuldwährung angesehen haben (NUSSBAUM, Das Geld in Theorie und Praxis des deutschen und ausländischen Rechts [1925] 242; STAUDINGER/SCHMIDT [1997] Rn 16; GROTHE, Fremdwährungsverbindlichkeiten [1999] 251 f). Auf der Grundlage der Einordnung der Geldschuld als (modifizierte) Bringschuld (vgl Vorbem B23 zu §§ 244–248) lässt sich diese Auslegungsregel jedoch **nicht halten**. Aus der § 244 Abs 1 BGB zugrundeliegenden gesetzlichen Wertung ergibt sich eine Bevorzugung der am Erfüllungsort, dh bei der Bringschuld am Wohn- bzw Geschäftssitz des Geldgläubigers, geltenden Währung. Dagegen spricht auch nicht, dass § 244 BGB lediglich die Zahlungs-, nicht aber die Schuldwährung betrifft. Der Vorschrift wird lediglich entnommen, dass der Schuldnerschutz nicht weitergehen kann, als sich der Schuldner bei einer **Bring-, Schick- oder Holschuld** bereits verpflichtet hat. Vereinbart der Geldschuldner somit – wie im gesetzlichen Regelfall – eine Bringschuld, bringt er damit einen hinreichenden Verpflichtungswillen bezüglich der beim Gläubiger geltenden Währung zum Ausdruck. Die Charakterisierung als Bringschuld basiert im Übrigen nicht allein auf Gesetz (so aber GROTHE, Fremdwährungsverbindlichkeiten [1999] 252), sondern entspricht zugleich einer redlichen Risikoverteilung zwischen Schuldner und Gläubiger (OMLOR, Geldprivatrecht [2014] 323 f). Schließlich harmoniert diese Auslegung des Parteiwillens auch mit der Zweifelsregel in § 361 HGB, der keinesfalls eine spezifisch handelsrechtliche, sondern eine allgemein-bürgerlich-rechtliche *ratio legis* zugrunde liegt (s u Rn 39). Im Ergebnis führen **§ 361 HGB analog und der Rechtsgedanke aus § 244 BGB** dazu, dass der **Wohn- bzw Geschäftssitz des Geldgläubigers** im Zweifel für die Schuldwährung entscheidend ist. Wurde hingegen eine Holschuld vereinbart (zB bei einer Lastschrift), dreht sich die Zweifelsregelung zugunsten des Geldschuldners um.

39 Die **Maßgeblichkeit des Erfüllungsorts** ordnet auch die Auslegungsregel des **§ 361 HGB** an. Danach ist bei Handelsgeschäften im Zweifel von einer Vereinbarung der Währung am Erfüllungsort als Schuldwährung auszugehen. Trotz der systematischen Stellung im Sonderprivatrecht der Kaufleute und hinter dem definitorischen Nadelöhr der §§ 343 f HGB steht die Vorschrift einer Ausdehnung *per analogiam* auf sämtliche Geldschulden offen (CANARIS, Handelsrecht [24. Aufl 2006] § 21 Rn 1; für eine Analogie nur zur Lückenfüllung bei ausländischem Schuldstatut EBJS/ECKERT [4. Aufl 2020] § 361 HGB Rn 9). Insofern ist bei Bringschulden als Regelfall der Geldschuld im Zweifel von der Vereinbarung der Gläubigerwährung als Schuldwährung auszugehen. Die allgemeine Geltung des § 361 HGB über das Handelsrecht hinaus steht im Einklang mit der Privilegierung der Währung am Erfüllungsort durch § 244 BGB.

40 Lediglich **nachrangig** bei der Auslegung der Parteierklärungen einzubeziehen ist die **Belegenheit des Schuldnervermögens** (weitergehend hingegen GROTHE, Fremdwährungsverbindlichkeiten [1999] 252). Zweifelsohne entspricht es typischerweise dem Interesse des Geldschuldners, die Geldschuld in der Währung zu begründen, die am Belegenheits-

Titel 1
Verpflichtung zur Leistung § 244

ort seines Vermögens oder eines Teils davon Geltung hat. Allerdings darf dem Geldgläubiger nicht ohne konkrete Anhaltspunkte unterstellt werden, er stimme einer solchen Privilegierung seines Schuldners zu. Zumindest bei Vereinbarung einer Bringschuld, wie sie im Regelfall anzunehmen ist, richten die Parteien ihren Willen auf eine Zuordnung des Leistungs- und Erfüllungsorts am Wohn- bzw Geschäftssitz des Geldgläubigers. Von welchem Ort aus der Geldschuldner das erfüllungsnotwendige Vermögen zum Geldgläubiger transportiert und welche Währung an jenem Ausgangsort verfügbar ist, bleibt grundsätzlich ohne Belang. Eine abweichende Abrede kann sich aus der Interessenlage der Parteien ergeben, jedoch muss eine solche **Abweichung übereinstimmend gewollt** sein und auf konkreten Anhaltspunkten beruhen. Eine solche Konstellation liegt nahe, wenn dem Geldgläubiger bekannt ist, dass der Geldschuldner seine Verbindlichkeit über ein Girokonto erfüllen möchte, das in einer bestimmten Währung geführt wird.

Die allgemeinen Abgrenzungskriterien zur Bestimmung der **Schuldwährung** gelten **41** **unabhängig von der gewählten Zahlungsmethode**. Sowohl bei bargeldloser als auch bei bargeldhafter Zahlung bedarf es in erster Linie einer Auslegung der Parteiabreden (s o Rn 34). Zweifelsregelungen lassen sich jedoch aufstellen, soweit die **Zahlungswährung bei bargeldlosen Zahlungsvorgängen** betroffen ist (dazu im Einzelnen BeckOGK/Freitag [15. 3. 2021] Rn 96 f). Voraussetzung ist hierfür, dass die Parteien eine gesonderte Erfüllungsabrede getroffen haben; konstitutiv für die Zulässigkeit einer bargeldlosen Zahlung ist eine solche nicht (vgl Vorbem B89 zu §§ 244–248). Haben sich die Parteien für eine **Überweisung** über ein konkretes Zielkonto verständigt, kann dessen Kontowährung zugleich als konkludent vereinbarte Zahlungswährung angesehen werden. Mangels abweichender Anhaltspunkte, die auf ein Fremdwährungskonto hinweisen, gilt als Kontowährung die am Belegenheitsort der kontoführenden Stelle geltende Währung (BeckOGK/Freitag [15. 3. 2021] Rn 98). Bei Verwendung einer IBAN lässt sich anhand des zweistelligen Ländercodes gem ISO 3166 effizient und rechtssicher eine geographische Zuordnung des Empfängerkontos vornehmen. Fehlt es an einer Abrede über ein konkretes Empfängerkonto, entsprechen sich Schuld- und Zahlungswährung, sofern nicht § 244 BGB eingreift. Bei einer **Lastschriftzahlung** als rückläufiger Überweisung (BGH 28. 2. 1977 – II ZR 52/75, BGHZ 69, 82, 84; Staudinger/Omlor [2020] § 675f Rn 52 mwNw) gelten die gleichen Grundsätze wie bei der Überweisung. Da bei der SEPA-Lastschrift regelmäßig die Erteilung des SEPA-Mandats (dazu Staudinger/Omlor [2020] § 675f Rn 59) mit der Lastschriftabrede faktisch zusammenfällt, ist Zahler und Empfänger die IBAN des Schuldnerkontos typischerweise bekannt. Anders als bei einer Überweisung und Lastschrift verfügt der Geldgläubiger bei der Verwendung einer **Zahlungskarte** (zB Debit- oder Kreditkarte) nicht über die Kontodaten des Geldschuldners. Der Werbeaufdruck des kontoführenden Zahlungsdienstleisters taugt nicht als sichere Informationsquelle. Gleiches gilt für auf Internettransaktionen ausgerichtete Zahlungsverfahren (zB **Paypal, Amazon Pay**). Daher fehlt es an einem Anknüpfungspunkt für eine auch nur konkludente Vereinbarung einer von der Schuldwährung abweichenden Zahlungswährung; offen bleibt ein Rückgriff auf § 244 BGB.

Fremdwährungsschulden lassen sich auch unter Verwendung von Allgemeinen Geschäftsbedingungen vereinbaren. Allerdings beschränkt sich die Überprüfbarkeit von **Fremdwährungsklauseln** nach § 307 Abs 3 BGB auf eine **Transparenzkontrolle** (EuGH 20. 9. 2017 – C-186/16 [*Andriciuc/Banca Românească*], EU:C:2017:703, Rn 24 ff; Omlor **41a**

BKR 2018, 195, 197 f). Dabei kommt es nicht darauf an, ob nur die Berechnungs- oder auch die Schuldwährung durch die Klausel bestimmt werden (OMLOR BKR 2018, 195, 197; zu weitgehend EuGH 30. 4. 2014 – C-26/13 [*Kásler/OTP Jelzágbank*], EU:C:2014:282, Rn 36 ff). In beiden Fällen ist eine **Hauptleistungspflicht des Vertrages** iSv Art 4 Abs 2 Klauselrichtlinie (Richtlinie 93/13/EWG über mißbräuchliche Klauseln in Verbraucherverträgen v 5. 4. 1993 [ABl EWG Nr L 95 S 29 v 21. 4. 1993]) betroffen. Die Transparenzanforderungen aus der Klauselrichtlinie werden inzwischen teilweise durch **speziellere Regelungen** aus der Verbraucherkreditrichtlinie (Richtlinie 2008/48/EG über Verbraucherkreditverträge v 24. 4. 2008 [ABl EU Nr L 133 S 66 v 22. 5. 2008]) und der Wohnimmobilienkreditrichtlinie (Richtlinie über Wohnimmobilienkreditverträge für Verbraucher v 4. 2. 2014 [ABl EU Nr L 60 S 34 v 28. 2. 2014]) verdrängt (dazu OMLOR BKR 2018, 195, 198 ff).

b) Gesetzlich begründete Geldschulden

42 Die Einordnung von gesetzlichen Geldschulden als Heim- oder Fremdwährungsschuld und damit die Bestimmung der Schuldwährung ergibt sich durch **Auslegung der den Anspruch konstituierenden Norm**. Zumeist bieten weder Wortlaut noch Systematik zureichende Anhaltspunkte für die währungsbezogene Auslegung, sodass **in erster Linie eine teleologische Betrachtung** angezeigt erscheint. Dabei entziehen sich die gesetzlich begründeten Geldschulden einer pauschalisierenden Gruppenbildung nach spezifisch geldrechtsdogmatischen Kategorien. Vielmehr ist eine normspezifische Auslegung geboten, die den Sinn und Zweck der jeweiligen Anspruchsgrundlage in den Fokus nimmt.

43 Es existiert **keine Regel**, wonach sich bei gesetzlichen Geldschulden die Schuldwährung grundsätzlich nach dem **Schuldstatut** richtet, dh das deutsche Schuldstatut einen Automatismus zugunsten des Euro als Schuldwährung auslöst (GROTHE, Fremdwährungsverbindlichkeiten [1999] 294 ff; **aA** OLG Hamburg 21. 11. 2003 – 1 U 90/01; FÖGEN, Geld- und Währungsrecht [1969] 122; AREND, Zahlungsverbindlichkeiten in fremder Währung [1989] 103 ff). Gezogen werden von der Gegenauffassung im Kern drei Argumentationslinien: Die grundsätzliche Geltung der deutschen Währung leite sich aus den Motiven zum BGB ab; der Staat habe die inländische Währung vor einem Vordringen ausländischer Währungen zu schützen; angesichts der auf vertraglich begründete Geldschulden beschränkten Regelung in § 244 BGB fehle eine eindeutige gesetzliche Vorgabe. Sämtliche Punkte sind entweder durch die spätere Rechtsentwicklung überholt oder beruhen auf unzutreffenden geldschuldrechtlichen Prämissen. Die Zurückhaltung des BGB-Gesetzgebers in Bezug auf Sonderregelungen zum Geldrecht lässt sich **erstens** keinesfalls derart umdeuten, dass er von einer Anbindung von gesetzlichen BGB-Geldschulden an die deutsche Währungsverfassung ausgegangen wäre. Die **Motive** sind insofern **unergiebig**. Wenn es dort heißt, die Geldschuld weise „auf dem Boden des durch die Reichsmünzgesetzgebung eingeführten gesetzlichen Währungssystems nur in sehr beschränktem Maße Raum und Bedürfniß" (MUGDAN II 7) für besondere Vorschriften auf, so deutet dieses Zitat nicht auf eine pauschale Unterwerfung jeglicher gesetzlicher Geldschulden unter die deutsche Währung als Schuldwährung hin. Auch in den nachfolgenden Sätzen spiegelt sich lediglich der gesetzliche Annahmezwang wider, der aber erst eine Folgefrage zur Festlegung der Schuldwährung ist. Erst wenn feststeht, welche Schuldwährung gilt, kann ein in der betroffenen Währungsverfassung angeordneter Annahmezwang zur Geltung gelangen. Überdies beruht diese Einschätzung der Gesetzesverfasser auf einer fehlsamen

Titel 1
Verpflichtung zur Leistung § 244

Unterordnung des Geldprivatrechts unter das Währungsrecht. Beide Rechtsgebiete stehen in einer funktionsnotwendigen Wechselbeziehung, aber ansonsten emanzipiert und gleichberechtigt zueinander.

Zweitens existiert in der deutschen Rechtsordnung kein normübergreifender und ge- **44** setzeshierarchisch vorrangiger Grundsatz, wonach der Staat seine Währung dergestalt zu schützen habe, dass gesetzliche BGB-Geldschulden grundsätzlich in Euro zu erfüllen wären. Zwar hat die Bundesrepublik Deutschland mit dem Eintritt in die dritte Phase der Währungsunion zum 1. 1. 1999 nicht jegliche währungsrechtliche Kompetenzen verloren (vgl Vorbem A 206 zu §§ 244–248). Allerdings beschränkt sich der **Schutz** der eigenen Währung auf Maßnahmen gegen die **Fälschung von Euro-Geldzeichen** (vgl §§ 35 Abs 1, 36 Abs 4 und 4a BBankG, §§ 11 f MünzG, §§ 146–152 StGB, Art 2 VO [EG] Nr 2182/2004, Art 3, 12 Abs 2 VO [EU] Nr 1210/2010). Durch die Verordnung (EG) Nr 1338/2001 (zur Festlegung von zum Schutz des Euro gegen Geldfälschung erforderlichen Maßnahmen v 28. 6. 2001 [ABl EG Nr L 181, 6 v 4. 7. 2001]) und die Verordnung (EU) Nr 1210/2010 (zur Echtheitsprüfung von Euro-Münzen und zur Behandlung von nicht für den Umlauf geeigneten Euro-Münzen v 15. 10. 2010 [ABl EU Nr L 339, 1 v 22. 12. 2010]) wurden sekundärrechtlich lediglich für den gesamten Euroraum einheitliche Kontrollmechanismen installiert. Hinzu tritt der Umstand, dass § 3 S 1 WährG aF, der eine Genehmigungspflicht für Fremdwährungsverbindlichkeiten vorsah, zum 1. 1. 1999 **ersatzlos aufgehoben** wurde. Spätestens damit hat der deutsche Gesetzgeber zum Ausdruck gebracht, die unter dem Eindruck der Währungsturbulenzen in den 1920er bis 1940er Jahren in der unmittelbaren Nachkriegszeit angenommene Schutzbedürftigkeit der deutschen Währung bestehe nach Jahrzehnten weitgehender Krisenfreiheit nicht mehr. Eine Bevorzugung der Inlandsgegenüber jeglichen Auslandswährungen auch mit Wirkung für das Geldschuldrecht lässt sich der *lex lata* hingegen nicht entnehmen.

Schließlich lässt sich **drittens** auch § 244 BGB nicht für eine geldschuldrechtliche Pri- **45** vilegierung der deutschen Währung fruchtbar machen. Die Vorschrift bezieht sich nur auf die **Zahlungswährung** und lässt die Schuldwährung unverändert. Zudem muss der Zahlungsort (s o Rn 11) nicht notwendig im Währungsinland liegen, sodass der Euro als Zahlungswährung bestimmt würde; beim Regelfall der Geldschuld als Bringschuld richtet sich die Zahlungswährung bei einfachen Fremdwährungsschulden nach dem Wohn- bzw Geschäftssitz des Geldgläubigers, der sich auch im Währungsausland befinden kann. Auch führt § 244 BGB nicht automatisch zum Euro als Zahlungswährung. Sofern der **Zahlungsort im Währungsausland** liegt, wird die dortige Währung zur Zahlungswährung erklärt (s o Rn 14). Schließlich umfasst der sachliche Anwendungsbereich von § 244 BGB auch gesetzlich begründete Geldschulden (s o Rn 10). Daraus folgt, dass die Vorschrift davon ausgeht, dass gesetzliche Geldschulden in ausländischer Schuldwährung existieren können und sich die Privilegierung des Schuldners auf eine Solutionsbefugnis in inländischer Währung beschränkt.

Die geldprivatrechtlichen **Kategorien von Geldwert- und Geldsummenschulden** (vgl Vor- **46** bem C 46 zu §§ 244–248) eigenen sich nicht, um Rückschlüsse für die Schuldwährung von gesetzlichen BGB-Geldschulden zu ziehen. Nach einer verbreiteten Meinungsgruppe in Rechtsprechung (RG 4. 6. 1919 – I 31/19, RGZ 96, 121, 123; RG 11. 10. 1924 – I 2/24, RGZ 109, 61, 62; BGH 10. 7. 1954 – VI ZR 102/53, BGHZ 14, 212, 216 f; BGH 9. 2. 1977 – VIII ZR 149/75, WM 1977, 478, 479; BGH 18. 10. 1988 – VI ZR 223/87, NJW-RR 1989, 670, 672 f; BGH 20. 11. 1990 –

VI ZR 6/90, NJW 1991, 634, 637; BGH 29. 4. 1992 – XII ZR 40/91, NJW-RR 1993, 5, 6 f; BGH 26. 6. 2013 – XII ZR 133/11 Rn 96, NJW 2013, 2662) und Literatur (Hirschberg, Das interzonale Währungs- und Devisenrecht der Unterhaltsverbindlichkeiten [1968] 34 ff; BGB-RGRK/Alff [12. Aufl 1982] Rn 17; Baumann, Die Anerkennung und Vollstreckung ausländischer Entscheidungen in Unterhaltssachen [1989] 36; Gruber MDR 1994, 759, 760; **aA** Hoffmann, in: FS Karl Firsching [1985] 125, 130 ff; Staudinger/K Schmidt [1997] Rn 25 f; Grothe, Fremdwährungsverbindlichkeiten [1999] 299 ff) sollen **Geldwertschulden** zunächst **währungsrechtlich neutral** sein und von vornherein auf keine bestimmte Währung lauten. Diese These von der währungsrechtlichen Neutralität wird vor allem für Geldwertschulden in Gestalt von **Schadensersatz- und Unterhaltsverpflichtungen** angenommen. Zwar lasse sich der Schadensbetrag in ausländischer Währung berechnen, jedoch fungiere dieser Betrag lediglich als Rechnungsfaktor für die in inländischer Währung bestehende Schuld (zB BGH 10. 7. 1954 – VI ZR 102/53, BGHZ 14, 212, 217; BGH 20. 11. 1990 – VI ZR 6/90, NJW 1991, 634, 637; OLG Köln 5. 2. 1971 – 3 U 165/70, VersR 1971, 1166; OLG Köln 18. 12. 1986 – 14 U 16/86, NJW-RR 1988, 30). In gewissem Umfang stellt die Rechtsprechung die Schuldwährung jedoch zur Disposition der Parteien. Sofern der Kläger eine Zahlung in ausländischer Währung begehrt und der Beklagte dieser Währungswahl nicht entgegentrete, könne darin eine konkludente Währungswahl liegen (BGH 20. 11. 1990 – VI ZR 6/90, NJW 1991, 634, 637). Bei Unterhaltsschulden, bei denen es sich zumeist ebenfalls um Geldwertschulden handelt (vgl Vorbem C92 zu §§ 244–248), soll es dem Unterhaltsberechtigten grundsätzlich freistehen, die Zahlung in der Währung seines gewöhnlichen Aufenthaltsorts oder des Aufenthaltsorts des Unterhaltsschuldners zu begehren (BGH 29. 4. 1992 – XII ZR 40/91, NJW-RR 1993, 5, 7; Baumann, Die Anerkennung und Vollstreckung ausländischer Entscheidungen in Unterhaltssachen [1989] 36 f).

47 Der von der ständigen höchstrichterlichen Rechtsprechung und Teilen der Literatur vertretenen **Neutralitätsthese** kann **nicht gefolgt** werden. Geldwertschulden grenzen sich gegenüber Geldsummenschulden lediglich dadurch ab, dass ihr Schuldumfang im Zeitpunkt ihrer Entstehung noch nicht final feststeht. Ihre valoristische Prägung sorgt dafür, dass Änderungen des Geldwerts bis zum Zeitpunkt der Erfüllung noch berücksichtigt werden müssen. Demgegenüber handelt es sich bei Geldsummenschulden um Ausprägungen des geldschuldrechtlichen Nominalprinzips (vgl Vorbem C46 zu §§ 244–248); ihr Inhalt steht mit ihrem erstmaligen Entstehen endgültig fest. Zwar ist es zutreffend, dass eine Geldschuld ihrem Leistungsgegenstand nach nur unter Einbeziehung einer Währungsbezeichnung bestimmt werden kann. Allerdings darf diese Ergänzungsbedürftigkeit nicht dazu führen, die temporäre Schwankungsoffenheit der Geldwertschuld hinsichtlich des Umfangs zugleich als eine gegenständliche Offenheit hinsichtlich der Schuldwährung zu interpretieren. Der valoristische Charakter führt lediglich dazu, dass die **Anzahl der geschuldeten Währungseinheiten** noch nicht feststeht, nicht aber die Währung, in welcher die Geldzahlung gefordert und erbracht werden kann. Über welche Schuldwährung eine gesetzliche Geldwertschuld verfügt, richtet sich **nach der einschlägigen Anspruchsgrundlage und deren Teleologie** (Grothe, Fremdwährungsverbindlichkeiten [1999] 300). Keinesfalls verfügen gesetzliche Geldwertschulden über eine inhärente Währungswahlklausel, die es dem Geldgläubiger nach Maßgabe der §§ 262 ff BGB erlaubte, unter einem – wie auch immer zu ziehenden – Kreis von alternativen Schuldwährungen nach Belieben die gewünschte zu wählen. Spätestens bei der Erfüllung nach §§ 362 ff BGB oder durch Erfüllungssurrogat (Aufrechnung nach §§ 387 ff BGB) könnte eine währungsrechtliche Neutralität nicht mehr aufrechterhalten werden, da hierfür der Schuldinhalt konkretisiert sein muss (Staudinger/K Schmidt [1997] Rn 25). Weiterhin bestehen auch keine prozessualen oder zwangsvollstreckungsrechtlichen Gründe für die Neutralitätsthese und die damit in der Praxis verbundene Ausrichtung auf die Inlandswährung. Fremdwährungsverbindlichkeiten können nach deutschem Zivilprozessrecht sowohl eingeklagt und tituliert (s u Rn 133) als auch vollstreckt (s u Rn 137) werden. Schließlich bedarf es der Ausrichtung von Geldwertschulden auf die Inlandswährung auch nicht aus Gründen des Schuldnerschutzes. Durch die Anwendbarkeit von § 244 BGB auch auf gesetzlich begründete Geldschulden (s o Rn 10) wird die Belastung des Geldschuldners mit den Fremdwährungsrisiken (s o Rn 3) teilweise entschärft.

2. **Katalogisierung von Geldschulden**

a) **Allgemeines Schuldrecht**
aa) **Schadensrecht**

Die Schuldwährung von Schadensersatzansprüchen ist die **Schadenswährung** (Alberts NJW 1989, 609, 612; Grothe, Fremdwährungsverbindlichkeiten [1999] 317 ff). Dabei handelt es sich keinesfalls notwendig um den Euro als Inlandswährung, sofern sich der Schadensersatzanspruch nach deutschem Schuldstatut bestimmt (Remien RabelsZ 53 [1989] 245, 248; s o Rn 34). Auch scheidet eine Orientierung an der Währung des angerufenen Gerichts *(moneta fori)* aus (Remien RabelsZ 53 [1989] 245, 253 ff); darauf läuft auch die These von der Fremdwährung als bloßer Rechnungsfaktor für eine Heimwährungsschuld hinaus (so zB OLG Köln 18. 12. 1986 – 14 U 16/86, NJW-RR 1988, 30). Die Schadenswährung bestimmt sich bei gesetzlichen Schadensersatzansprüchen nach dem **Sinn und Zweck der Anspruchsgrundlage** im engen Zusammenspiel mit den schadensrechtlichen Vorschriften (§§ 249 ff BGB), die einer teleologischen Auslegung zu unterziehen sind (ähnlich Alberts NJW 1989, 609, 612: Währung, „in der sich der Schaden am treffendsten ausdrücken läßt"; Maier-Reimer NJW 1985, 2049, 2054 f: Ableitung aus dem Schadensbegriff; Soergel/Arnold [13 Aufl 2014] Rn 50, 53: Währung, „in der [auch] der Schaden entstanden ist"; s o Rn 42). Auch bei vertraglichen Schadensersatzansprüchen ist regelmäßig die – sich nach der Teleologie der §§ 249 ff BGB ausrichtende – Schadenswährung maßgeblich, die nur bei besonderen Anhaltspunkten mit der Vertragswährung identisch ist (s u Rn 34). Entgegen der in der Rechtsprechung vorherrschenden und in Teilen der Literatur vertretenen Ansicht handelt es sich bei gesetzlichen Schadensersatzansprüchen **nicht stets** um **Heimwährungsschulden**, für die eine Fremdwährung lediglich als Berechnungswährung dient (s o Rn 42). **48**

Aus der teleologischen Auslegung der schadensrechtlichen Bestimmungen in den §§ 249 ff BGB folgt, dass die Schuldwährung bei Schadensersatzansprüchen **regelmäßig** die **Währung des Geldgläubigers** ist (Hoffmann, in: FS Karl Firsching [1985] 125, 132 f). Das Schadensrecht bezweckt, dem Geschädigten einen adäquaten Ersatz für die ihm zugefügten Einbußen zu gewähren. Als prägend erweist sich der Grundsatz der Totalreparation, der einen Zustand hypothetischer Schadensfreiheit anstrebt (vgl § 249 Abs 1 BGB). Aus dieser Fokussierung des Gläubigervermögens unter Einbeziehung bzw Ausblendung des schädigenden Ereignisses nach der Differenzhypothese resultiert, dass im Grundfall Schadensersatz in der Währung des Geschädigten geschuldet ist (**aA** KG 21. 3. 1985 – 12 U 1564/83). Auszugehen ist von dem Erfahrungssatz, dass Aufwendungen durch den Geschädigten typischerweise in seiner Heimatwährung beglichen werden und auch Gewinneinbußen in dieser Währung anfallen. Diese Grundregel darf aber nicht den Blick darauf verstellen, dass der Erfahrungssatz im **49**

Einzelfall widerlegt sein kann und zudem **je nach betroffenem Schadensposten eine differenzierende Einzelfallbetrachtung** vorzunehmen ist (eine Grundregel zugunsten der Gläubigerwährung gänzlich ablehnend ALBERTS NJW 1989, 609, 612). Internationale Akteure, die in verschiedenen Währungsräumen aktiv sind, können beispielsweise Konten in der jeweiligen Landeswährung unterhalten, um Wechselkursrisiken zu vermeiden. Werden die Schadensaufwendungen (zB § 249 Abs 2 BGB) in einer für den Geldgläubiger fremden Währung über ein solches Konto abgewickelt, ist die Schadenswährung nicht die Gläubigerwährung (HOFFMANN, in: FS Karl Firsching [1985] 125, 136). Entscheidend dabei ist, ob die Zahlung zur Erfüllung der durch den Geschädigten eingegangenen Geldschuld ausschließlich von dem Fremdwährungskonto geleistet wurde, ohne dass zuvor ein anlassbezogener Währungstausch vollzogen werden musste. Nur unter dieser Voraussetzung erfolgte der Abfluss aus dem Gläubigervermögen auch im Ergebnis in der geleisteten Zahlungswährung.

50 Hinsichtlich der **einzelnen Schadensposten und -typen** bedarf es einer Einzelbetrachtung, die zwar von der Grundregel – Schuldwährung = Schadenswährung – ausgeht, aber davon Ausnahmen zulässt. Innerhalb eines Schadensersatzanspruchs kann eine Differenzierung nach einzelnen Schadensposten und jeweils abweichenden Schadenswährungen geboten sein. **Aufwendungen**, die der Geschädigte nach **§ 249 Abs 1 oder 2 BGB** zur Schadensbeseitigung tätigt, sind in derjenigen Währung zu ersetzen, in welcher sie erfüllt wurde (MAIER-REIMER NJW 1985, 2049, 2049 f). Allerdings kommt es nicht entscheidend darauf an, in welcher Währung unmittelbar-tatsächlich gezahlt wurde, sondern **in welcher Währung** sie **aus dem Gläubigervermögen** letztlich **abgeflossen** sind (HOFFMANN, in: FS Karl Firsching [1985] 125, 134 f). Die für die Zahlung gegenüber dem Dritten verwendete Währung fungiert insofern lediglich als Berechnungswährung (vgl GROTHE, Fremdwährungsverbindlichkeiten [1999] 321). Hat der Geschädigte also Geldmittel in seiner Heimwährung in eine Fremdwährung umgewechselt, um sodann die Fremdwährung zur Tätigung der Aufwendungen einzusetzen, liegt letztlich ein Vermögensabfluss in Heimwährung vor. Die Schadenswährung ist die Heimwährung des Geschädigten. In die Schadensberechnung sind dabei auch die **Kosten für den Geldumtausch** einzubeziehen. Entscheidend ist der Kurs beim Geldgläubiger, da er diesen auch für die Beschaffung der Valuta aufzuwenden hat (Schiffahrtsobergericht Karlsruhe 15. 2. 1996 – U 6/95 BSch). Soweit sich der Schaden in fremder Währung ausgewirkt hat, aber in Heimwährung entstanden ist, ist der Umrechnungskurs des Entstehungszeitpunkts maßgeblich (OLG Zweibrücken 28. 3. 1980 – 1 U 151/79).

51 Aus dem Prinzip der Totalreparation leitet sich weiterhin ab, in welcher Schadenswährung **entgangener Gewinn** (§ 252 BGB) zu leisten ist. Die dogmatische Anbindung von § 252 S 1 BGB an § 249 Abs 1 BGB (zur deklaratorischen Bedeutung von § 252 S 1 vgl BGH 9. 7. 1986 – GSZ 1/86, BGHZ 98, 212, 219) deutet darauf hin, dass es wie beim Aufwendungsersatz nach § 249 Abs 1 oder 2 BGB darauf ankommt, in welcher Währung ein **Vermögenszu- bzw -abfluss beim Geschädigten** eingetreten wäre bzw ist. Wäre der Gewinn im Gläubigervermögen endgültig in einer bestimmten Fremdwährung verblieben, schuldet der Schädiger auch Schadensersatz in dieser Fremdwährung. Hätte der Geschädigte hingegen einen Umtausch des entgangenen Gewinns in eine andere Währung (zB seine Heimwährung) vorgenommen, ist der Schadensersatz in dieser Schuldwährung zu erbringen (HOFFMANN, in: FS Karl Firsching [1985] 125, 135; REMIEN RabelsZ 53 [1989] 245, 270; GROTHE, Fremdwährungsverbindlichkeiten [1999] 322).

An die Stelle der Restitution tritt die **Kompensation**, sofern eine Restitution nicht 52
möglich oder nicht zumutbar (§ 251 Abs 1 BGB) oder nur mit unverhältnismäßigen
Kosten durchführbar (§ 251 Abs 2 BGB) ist. Geschützt wird das **Wertinteresse** des
Geschädigten (BGH 8. 7. 1999 – III ZR 159/97, BGHZ 142, 172, 183 f mwNw). In der Folge
berechnet sich der Kompensationsanspruch nach der Differenz „zwischen dem Wert
des Vermögens, wie es sich ohne schädigendes Ereignis darstellen würde, und dem
durch das schädigende Ereignis verminderten Wert" (OLG Saarbrücken 26. 9. 2006 – 4 U
525/05, NJW-RR 2006, 1528, 1529). Maßgeblich für die Schadenswährung ist der **Belegenheitsort des betroffenen Vermögensbestandteils**. Dabei handelt es sich zumeist um die
Heimwährung des Geldgläubigers, sofern der Wertverlust am Vermögen an dessen
Wohn- bzw Geschäftssitz eingetreten ist (Hoffmann, in: FS Karl Firsching [1985] 125, 135).
Tritt hingegen der Wertverlust an einem abgrenzbaren Vermögensbestandteil ein,
der sich im Währungsausland befindet (zB Auslandsimmobilie), entspricht die Schadenswährung der vor Ort geltenden Währung. Einen **Ersatz immateriellen Schadens**
(§ 253 BGB) schuldet der Schädiger in der Währung, die am Wohn- bzw Geschäftssitz des Geschädigten gilt (Grothe, Fremdwährungsverbindlichkeiten [1999] 323). Getragen
wird diese Gläubigerorientierung der Schadenswährung sowohl von der Ausgleichs-
als auch Genugtuungsfunktion des Schmerzensgeldes (zur Bifunktionalität vgl grundlegend BGH 6. 7. 1955 – GSZ 1/55, BGHZ 18, 149, 154 ff; bestätigt in BGH 15. 11. 1994 – VI ZR 56/
94, BGHZ 128, 1, 15; BGH 29. 11. 1994 – VI ZR 93/94, BGHZ 128, 117, 120). Auch **Schmerzensgeldrenten** weisen als Schadenswährung die Gläubigerwährung auf.

Bei der Bestimmung der Schadenswährung bleibt im Ausgangspunkt **unberücksich-** 53
tigt, worin der **Schuldgrund** liegt. Einer Differenzierung zwischen **vertraglichen und
gesetzlichen Schadensersatzansprüchen** bedarf es im Regelfall nicht (Nussbaum, Das
Geld in Theorie und Praxis des deutschen und ausländischen Rechts [1925] 245; Remien RabelsZ
53 [1989] 245, 280; Grothe, Fremdwährungsverbindlichkeiten [1999] 323 ff; ähnlich zum englischen
Recht das *House of Lords* in *Services Europe Atlantique Sud* [SEAS] v *Stockholms Rederiaktiebolag
SVEA* [1979] 1 All ER 421; **aA** Staudinger/K Schmidt [1997] Rn 17, 28). Die Schadenswährung richtet sich nach den schadensrechtlichen Spezifika, also der Teleologie der anspruchsausfüllenden §§ 249 ff BGB. Die Schadenswährung ist damit nicht notwendig identisch mit der Vertragswährung (aA RG 8. 4. 1921 – II 497/20, RGZ 102, 60, 62).
Daraus entsteht zumeist auch kein Widerspruch zum tatsächlichen oder hypothetischen Parteiwillen. Typische Vertragsparteien bezwecken mit einem Schadensersatzanspruch wegen der Verletzung vertraglicher Pflichten (§§ 280 ff BGB) den vollständigen Ausgleich der Vermögensnachteile, die dem geschädigten Vertragsteil
entstanden sind. Dabei entsprechen die gesetzlichen Regelungen der §§ 249 ff BGB
weitgehend dem typischen Willen redlicher Parteien. Allerdings kann es ausnahmsweise dem Parteiwillen entsprechen, die **Vertragswährung** zur exklusiven Schadenswährung zu erheben. Eine solche **Vereinbarung** kann ausdrücklich oder konkludent
getroffen werden. Jedoch sind **konkrete Anhaltspunkte** für eine solche – auch ergänzende – Auslegung des Vertrages (§§ 133, 157, 242 BGB) zu fordern (Grothe, Fremdwährungsverbindlichkeiten [1999] 326). Bei der ergänzenden Vertragsauslegung müssen
die beiderseitigen Interessen angemessen berücksichtigt werden. Hierzu zählt namentlich das **Effizienzinteresse**, sich für die gesamte Vertragsbeziehung nur einer
einzigen Währung zu bedienen (vgl zur Interessenlage auch Remien RabelsZ 53 [1989] 245,
279 f).

bb) Rückabwicklungsschuldverhältnisse

54 Rechtsfolge der wirksamen Ausübung eines vertraglichen oder gesetzlichen Rücktrittsrechts ist die Entstehung eines Rückgewährschuldverhältnisses nach Maßgabe der §§ 346 ff BGB. Primär trifft die Parteien die Pflicht, die erlangten Leistungen *in natura* herauszugeben und Zug-um-Zug (§§ 348, 320 BGB) auszutauschen. Auch die **Rückgewähr von Geld** richtet sich nach § 346 Abs 1 BGB, wobei eine Geldsummenschuld vorliegt, die jedoch nicht gegenständlich (zB in Gestalt der konkret übergebenen Geldzeichen) erfüllt werden muss (Omlor, Geldprivatrecht [2014] 291 f). Die Rückgewähr von Geld nach § 346 Abs 1 BGB hat in der Währung zu erfolgen, in welcher die **ursprüngliche Zahlung an den Rückgewährschuldner** erfolgte. An die Stelle des Rückgewähranspruchs tritt ein subsidiärer **Wertersatzanspruch**, sofern die Voraussetzungen aus § 346 Abs 2 BGB vorliegen und kein Ausschlussgrund nach § 346 Abs 3 S 1 BGB eingreift. Die Schuldwährung eines solchen Wertersatzanspruchs richtet sich grundsätzlich nach der **Vertragswährung**, in welcher der Wertersatzschuldner möglicherweise selbst eine Zahlung seines Vertragspartners erhalten hat. Dieser währungsrechtliche Gleichlauf zwischen den ursprünglichen Leistungen und ihrer Rückabwicklung entspricht der Zielsetzung der §§ 346 ff BGB, den Zustand vor Vollzug des Leistungsaustauschs wiederherzustellen (dazu BGH 28. 11. 2007 – VIII ZR 16/07 Rn 10, BGHZ 174, 290). Ebenso ist bei der Rückabwicklung infolge eines **Widerrufs** nach § 357 Abs 1 BGB zu verfahren. Durch Auslegung des Vertrages (§§ 133, 157, 242 BGB) kann sich aber ergeben, dass nicht die Vertragswährung für den Wertersatzanspruch gelten soll, sondern die Währung am Belegenheitsort, an welchem die Unmöglichkeit eingetreten (Nr 1) oder der Eingriff im Sinne eines Verbrauchs etc erfolgt ist (Nr 2 und 3).

b) Gegenleistungspflichten im Besonderen Schuldrecht

55 Geldschulden finden sich im Besonderen Teil des Schuldrechts insbesondere in Gestalt des Kaufpreiszahlungsanspruchs des Verkäufers (§ 433 Abs 2 BGB), des Mietzahlungsanspruchs des Vermieters (§ 535 Abs 2 BGB), des Darlehensrückzahlungsanspruchs des Darlehensgebers (§ 488 Abs 1 S 2 BGB), des Vergütungsanspruchs des zur Dienstleistung Verpflichteten (§§ 611 Abs 1, 612 BGB) sowie des Werklohnanspruchs des Unternehmers (§§ 631 Abs 1, 632 Abs 1 und 2 BGB). Für die Bestimmung der Schuldwährung ist grundsätzlich auf die **allgemeinen Abgrenzungskriterien** für rechtsgeschäftlich begründete Geldschulden zurückzugreifen (s o Rn 34). Danach bestimmt sich im gesetzlichen Regelfall der (modifizierten) Bringschuld die Schuldwährung **im Zweifel** nach dem **Wohn- bzw Geschäftssitz des Geldgläubigers**.

56 Abweichungen ergeben sich jedoch aus den Besonderheiten einzelner Schuldverhältnisse. Die **Rückzahlung eines Darlehens** erfolgt in Ermangelung einer gegenteiligen Vereinbarung in der Währung der Darlehensgewährung (RG 22. 2. 1937 – IV 270/36, RGZ 153, 384, 385 f; BGH 25. 1. 1954 – IV ZR 94/53, BB 1954, 209; Soergel/Arnold [13. Aufl 2014] Rn 49; bei unzweifelhafter Geltung des deutschen Rechts für einen auf US-Dollar lautenden Darlehensvertrag besteht eine Fremdwährungsverbindlichkeit: BGH 7. 4. 1992 – X ZR 119/90, WM 1993, 2011). Nach § 488 Abs 1 S 2 BGB trifft den Darlehensnehmer die Pflicht, „das zur Verfügung gestellte Darlehen zurückzuzahlen". Die Gesetzesfassung macht die Spiegelbildlichkeit von Darlehensgewährung und -rückzahlung deutlich. Ein Ausgleich für Geldwertrisiken ist vor allem durch eine entsprechende Zinsvereinbarung zu suchen. Auf den Meinungsstreit, ob der Rückzahlungsanspruch vertraglichen oder gesetzlichen Ursprungs ist (dazu Staudinger/Freitag [2015] § 488 Rn 165 mwNw), kommt es diesbezüglich nicht an. Bei **Mietzahlungen** gelten ebenfalls grundsätzlich die allgemeinen Regeln, sodass im Zweifel als Schuldwährung die Währung am Wohn- bzw Geschäftssitz des Vermieters gilt. Besonderheiten können sich jedoch bei Immobilien ergeben, sofern das Mietobjekt in einem anderen Währungsraum als der Wohn- bzw Geschäftssitz des Vermieters belegen ist. In einer solchen Konstellation spricht die immobilientypische Ortsbezogenheit dafür, konkludent als Schuldwährung die am Belegenheitsort des Mietobjekts geltende Währung anzusehen.

Als **unergiebig** für die Festlegung der Schuldwährung erweisen sich die lückenfüllen- 57 den Sonderregeln aus §§ **612 Abs 2, 632 Abs 2 BGB**. Sowohl § 612 Abs 2 BGB (STAUDINGER/RICHARDI/FISCHINGER [2020] § 612 Rn 40) als auch § 632 Abs 2 BGB stellen Auslegungsregeln für die Höhe der Vergütung auf. In Ermangelung einer entsprechenden Parteivereinbarung erfolgt eine Heranziehung einer Taxe oder der üblichen Vergütung. Üblich ist eine Vergütung, die „zur Zeit des Vertragsschlusses nach allgemeiner Auffassung der beteiligten Kreise am Ort der Werkleistung für eine Werkleistung dieser Art zu gewährt werden pflegt" (STAUDINGER/PETERS [2020] § 632 Rn 49). Der Regelungsgegenstand von §§ 612 Abs 2, 632 Abs 2 BGB liegt daher nicht in der Bestimmung der Schuldwährung, sondern in der **Angabe einer Wertgröße**. Sofern die übliche Vergütung in Geldmitteln der am Ort der Dienst- oder Werkleistung geltenden Währung besteht, fungiert diese Währung lediglich als **Berechnungswährung**. Die Schuldwährung hingegen richtet sich nach den allgemeinen Grundsätzen zu vertraglichen Schuldverhältnissen, sodass im Zweifel von der Gläubigerwährung auszugehen ist.

Kaufverträge im Anwendungsbereich des **UN-Kaufrechts** weisen vielfach Bezüge zu 58 mehreren Währungsräumen auf. Auch wenn mehrere CISG-Vertragsstaaten – und damit zugleich die Parteien eines CISG-Kaufvertrags – demselben Währungsraum (zB dem Euroraum) angehören können, erübrigt sich damit keinesfalls die geldschuldrechtliche Problematik zur Klärung der Schuldwährung. Vorrangig ist auf eine **Vereinbarung der Parteien** abzustellen (Tribunal Cantonal du Valais 27. 4. 2007 – C1 06 95). Fehlt eine solche, so ist umstritten, ob sich die Schuldwährung aus dem CISG selbst (KG 24. 1. 1994 – 2 U 7418/92, RIW 1994, 683; Fovárosi Biróság Budapest 24. 3. 1994 – 12.G.41471/1991/21, SZIER 1995, 279; MOHS, in: SCHLECHTRIEM/SCHWENZER/SCHROETER, CISG [7. Aufl 2019] Art 53 Rn 5; STAUDINGER/MAGNUS [2018] Art 53 CISG Rn 20 mwNw) oder über Art 7 Abs 2 CISG aus dem anwendbaren nationalen Geldschuldrecht (Tribunal Cantonal du Valais 27. 4. 2007 – C1 06 95) ergibt. Vorzugswürdig ist die einheitsrechtliche Lösung, welche im Zweifel auf die **Währung am Ort der Niederlassung des Verkäufers** abstellt (Fovárosi Biróság Budapest 24. 3. 1994 – 12.G.41471/1991/21, SZIER 1995, 279; FERRARI, in: ders/KIENINGER/MANKOWSKI/OTTE et al [Hrsg], Internationales Vertragsrecht [3. Aufl 2018] Art 54 CISG Rn 22 mwNw). Der Übergabeort iSd Art 57 Abs 1 lit b CISG ist für die Währungsfrage von nachrangiger Relevanz, da typischerweise der Verkäufer als Geldgläubiger über den empfangenen Betrag eher am Ort seiner Niederlassung als am Ort des tatsächlichen Leistungsaustausches verfügen will (**aA** OLG Koblenz 17. 9. 1993 – 2 U 1230/91, RIW 1993, 934, 936). Damit besteht im Ergebnis ein weitgehender **Gleichlauf zwischen einer CISG-Kaufpreisschuld und einer BGB-Kaufpreisschuld** in Bezug auf die Schuldwährung. Auf die CISG-Geldschuld findet jedoch § 244 BGB keine Anwendung (s o Rn 16).

c) **Heim- und Fremdwährungskonten**

Fremdwährungskonten unterliegen einem besonderen (formular-)vertraglichen Re- 59 gelungsregime, das sich aus Nr 10 AGB-Banken und Nr 12–15 AGB-Sparkassen zusammensetzt. Danach dienen Fremdwährungskonten ausschließlich dem bargeldlosen Zahlungsverkehr in ausländischer Währung (Nr 10 Abs 1 S 1 AGB-Banken, Nr 12 AGB-Sparkassen); **Barabhebungen** sind **ausgeschlossen**. Individualvertraglich können jedoch auch Fremdwährungskonten für Barabhebungen geöffnet werden. Gutschriften auf dem Fremdwährungskonto dürfen nicht unter Rückgriff auf § 244 BGB in Inlandswährung erfolgen (Nr 10 Abs 2 AGB-Banken, Nr 14 AGB-Sparkassen), da eine **effektive Fremdwährungsschuld** vereinbart wurde (Bunte, in: Schimansky/Bunte/Lwowski [Hrsg], Bankrechts-Handbuch [5. Aufl 2017] § 15 Rn 9). Zahlungseingänge auf Heimwährungskonten werden hingegen ausschließlich in der Heimwährung verbucht. Insofern ist etwas anderes vereinbart iSv Nr 10 Abs 2 AGB-Banken aE und greift Nr 14 HS 1 AGB-Sparkassen ein.

60 **Währungsraumrisiken** (s o Rn 29 ff) weisen Nr 10 Abs 3 S 1 AGB-Banken und Nr 13 S 1 AGB-Sparkassen dem Kontoinhaber zu (Fandrich, in: Westphalen/Thüsing [Hrsg] Vertragsrecht und AGB-Klauselwerke [45. EL März 2020] Klauselwerke – Banken- und Sparkassen-AGB Rn 43). Soweit und solange bestimmte Währungsraumrisiken der Ausführung einer Transaktion entgegenstehen, bleibt die betroffene Pflicht des Zahlungsdienstleisters ausgesetzt. Rechtstechnisch liegt eine temporäre Leistungsbefreiung iSv § 275 Abs 1 BGB vor (vWestphalen BB 1993, 8, 10 f zur früheren Fassung).

61 Im Volltext lautet Nr 10 AGB-Banken (Kommentierung bei Bunte, in: Schimansky/Bunte/Lwowski [Hrsg], Bankrechts-Handbuch [5. Aufl 2017] § 15):

„**Fremdwährungsgeschäfte und Risiken bei Fremdwährungskonten**

(1) Auftragsausführung bei Fremdwährungskonten
Fremdwährungskonten des Kunden dienen dazu, Zahlungen an den Kunden und Verfügungen des Kunden in fremder Währung bargeldlos abzuwickeln. Verfügungen über Guthaben auf Fremdwährungskonten (zum Beispiel durch Überweisungen zu Lasten des Fremdwährungsguthabens) werden unter Einschaltung von Banken im Heimatland der Währung abgewickelt, wenn sie die Bank nicht vollständig innerhalb des eigenen Hauses ausführt.

(2) Gutschriften bei Fremdwährungsgeschäften mit dem Kunden
Schließt die Bank mit dem Kunden ein Geschäft (zum Beispiel ein Devisentermingeschäft) ab, aus dem sie die Verschaffung eines Betrages in fremder Währung schuldet, wird sie ihre Fremdwährungsverbindlichkeit durch Gutschrift auf dem Konto des Kunden in dieser Währung erfüllen, sofern nicht etwas anderes vereinbart ist.

(3) Vorübergehende Beschränkung der Leistung durch die Bank
Die Verpflichtung der Bank zur Ausführung einer Verfügung zu Lasten eines Fremdwährungsguthabens (Absatz 1) oder zur Erfüllung einer Fremdwährungsverbindlichkeit (Absatz 2) ist in dem Umfang und solange ausgesetzt, wie die Bank in der Währung, auf die das Fremdwährungsguthaben oder die Verbindlichkeit lautet, wegen politisch bedingter Maßnahmen oder Ereignisse im Lande dieser Währung nicht oder nur eingeschränkt verfügen kann. In dem Umfang und solange diese Maßnahmen oder Ereignisse andauern, ist die Bank auch nicht zu einer Erfüllung an einem anderen Ort außerhalb des Landes der Währung, in einer anderen Währung (auch nicht in Euro) oder durch Anschaffung von Bargeld verpflichtet. Die Verpflichtung der Bank zur Ausführung einer Verfügung zu Lasten eines Fremdwährungsguthabens ist dagegen nicht ausgesetzt, wenn sie die Bank vollständig im eigenen Haus ausführen

kann. Das Recht des Kunden und der Bank, fällige gegenseitige Forderungen in derselben Währung miteinander zu verrechnen, bleibt von den vorstehenden Regelungen unberührt.

(4) Wechselkurs
Die Bestimmung des Wechselkurses bei Fremdwährungsgeschäften ergibt sich aus dem ‚Preis- und Leistungsverzeichnis'. Bei Zahlungsdiensten gilt ergänzend der Zahlungsdiensterahmenvertrag."

Nr 12–15 AGB-Sparkassen haben folgenden Wortlaut: 62

„**Nr. 12 Konten in ausländischer Währung**
Konten in ausländischer Währung dienen ausschließlich zur bargeldlosen Abwicklung von Zahlungen an den Kunden und von Verfügungen des Kunden in ausländischer Währung.

Nr. 13 Leistungsbefreiung bei Geschäften in ausländischer Währung
Die Verpflichtung der Sparkasse zur Ausführung einer Verfügung zulasten eines Guthabens in ausländischer Währung oder zur Erfüllung einer Verbindlichkeit in ausländischer Währung ist in dem Umfang und solange ausgesetzt, wie die Sparkasse in der Währung, auf die das Guthaben oder die Verbindlichkeit lautet, wegen politisch bedingter Maßnahmen oder Ereignisse im Lande dieser Währung nicht oder nur eingeschränkt verfügen kann. In dem Umfang und solange diese Maßnahmen oder Ereignisse andauern, ist die Sparkasse auch nicht zu einer Erfüllung an einem anderen Ort außerhalb des Landes der Währung, in einer anderen Währung (auch nicht in Euro) oder durch Anschaffung von Bargeld verpflichtet. Die Verpflichtung der Sparkasse zur Ausführung einer Verfügung zulasten eines Guthabens in ausländischer Währung ist dagegen nicht ausgesetzt, wenn die Sparkasse diese vollständig im eigenen Haus ausführen kann. Das Recht des Kunden und der Sparkasse, fällige gegenseitige Forderungen in derselben Währung miteinander zu verrechnen, bleibt von den vorstehenden Regelungen unberührt.

Nr. 14 Geldeingang in ausländischer Währung
Geldbeträge in ausländischer Währung darf die Sparkasse mangels ausdrücklicher gegenteiliger Weisung des Kunden in Euro gutschreiben, sofern sie nicht für den Kunden ein Konto in der betreffenden Währung führt.

Nr. 15 Wechselkurs
Die Bestimmung des Wechselkurses bei Geschäften in ausländischer Währung ergibt sich aus dem Preis- und Leistungsverzeichnis. Bei Zahlungsdiensten gilt ergänzend der Zahlungsdiensterahmenvertrag."

d) Enteignungsentschädigung und Aufopferungsansprüche
Mit der Zahlung einer Enteignungsentschädigung iSv Art 14 Abs 3 S 2 GG wird ein 63 Ausgleich des eingetretenen Vermögensverlusts bezweckt (BGH 30. 11. 1959 – III ZR 122/59, BGHZ 31, 244, 252; BGH 30. 11. 1959 – III ZR 122/59, BGHZ 39, 198, 199 f). Allerdings handelt es sich nicht um eine Form von Schadensersatz, da die Enteignung *per definitionem* rechtmäßig ist. Inhalt und Umfang der Entschädigung richten sich nicht nach der hypothetischen Vermögensentwicklung im Sinne der Differenzhypothese (BGH 20. 12. 1971 – III ZR 79/69, BGHZ 57, 359, 368). Dennoch orientiert sich die Schuldwährung der Enteignungsentschädigung an der Schadenswährung von Schadensersatzansprüchen. Unter dem Blickwinkel der Schuldwährung genügt als gemeinsamer Anknüp-

fungspunkt, dass auch die Enteignungsentschädigung dem Geldgläubiger die **Beschaffung eines gleichwertigen Ersatzobjekts** ermöglichen soll (vgl BGH 16. 11. 1953 – GSZ 5/53, BGHZ 11, 156, 162; BGH 24. 2. 1958 – III ZR 181/56, BGHZ 26, 373, 374; BGH 22. 1. 1959 – III ZR 186/57, BGHZ 29, 217, 221). Dieser *ratio legis* entsprechend ist die Schuldwährung in der Gestalt der **Entschädigungswährung** zu bestimmen. Die Entschädigungswährung muss nicht zwangsläufig die Inlandswährung sein. Allein die Anordnung des Anspruchs durch die deutsche Verfassung schließt es nicht aus, dass sich der Anspruchsinhalt auf die Verschaffung von Geldmitteln in ausländischer Währung bezieht. Die Entschädigung ist in der Währung geschuldet, in welcher der Geldgläubiger die Ersatzbeschaffung durchzuführen hätte. Typischerweise handelt es sich damit bei der Entschädigungswährung um die **Gläubigerwährung**. Da sich die bürgerlich-rechtlichen Aufopferungsansprüche aus § 906 Abs 2 S 2 BGB (analog) sowie die Ausgleichsansprüche nach §§ 907, 909, 910 BGB nach den Grundsätzen der Enteignungsentschädigung berechnen (BGH 23. 2. 2001 – V ZR 389/99, BGHZ 147, 45, 53; BGH 25. 10. 2013 – V ZR 230/12 Rn 24, BGHZ 198, 327mwNw), lässt sich auch für die Schuldwährung eine **Parallele zur eigentumsrechtlichen Enteignungsentschädigung** ziehen.

e) Aufwendungsersatz

64 Die Schuldwährung von Aufwendungsersatzansprüchen aus vertraglichen Schuldverhältnissen richtet sich nach den ausdrücklichen oder konkludenten **Vereinbarungen der Parteien; hilfsweise** ist eine **ergänzende Vertragsauslegung** vorzunehmen. Eine Anbindung der Schuldwährung des Aufwendungsersatzanspruchs an die Vertragswährung besteht nicht (**aA** tendenziell STAUDINGER/K SCHMIDT [1997] Rn 17). Der Aufwendungsersatzanspruch aus § 670 BGB soll den unentgeltlich handelnden Auftragnehmer vor Vermögensverlusten schützen, die ihm ansonsten infolge seiner fremdnützigen Tätigkeit für den Auftraggeber drohten (STAUDINGER/MARTINEK/OMLOR [2017] § 670 Rn 1 f). Der Auftraggeber schuldet daher den Aufwendungsersatz in der **Währung**, in welcher Geldmittel **aus dem Vermögen des Auftragnehmers tatsächlich abgeflossen** sind (NUSSBAUM, Das Geld in Theorie und Praxis des deutschen und ausländischen Rechts [1925] 251; GROTHE, Fremdwährungsverbindlichkeiten [1999] 311 f). Der Auftragnehmer wird auf diese Weise vor dem Wechselkursrisiko, nicht aber vor Änderungen des Binnenwerts des Geldes geschützt. Da es sich beim Aufwendungsersatzanspruch aus § 670 BGB um eine Geldsummenschuld handelt (vgl Vorbem C57 zu §§ 244–248), besteht ein Inflationsschutz zugunsten des Auftragnehmers erst ab dem Zeitpunktpunkt des Verzugseintritts über §§ 280 Abs 1 und 2, 286 BGB. Die tatsächlich eingesetzte Fremdwährung lediglich als Berechnungswährung einzuordnen und für die Schuldwährung nach allgemeinen Regeln auf den Erfüllungsort der Geldschuld abzustellen, befreite zwar den Auftragnehmer ebenfalls vom Wechselkursrisiko. Jedoch würde ihm insofern ein Währungsraumrisiko auferlegt, als ihm überlassen sein sollte, welche Geldmittel (in Fremd- oder Heimwährung) er aus seinem Vermögen aktiviert.

65 Die **Gegenauffassung** (RG 22. 10. 1924 – I 481/23, RGZ 109, 85, 88; RG 27. 1. 1928 – II 331/27, RGZ 120, 76, 81 f; STAUDINGER/K SCHMIDT [1997] Rn 17; MünchKomm/SCHÄFER[8] § 670 Rn 30) stellt auf die Währung als Schuldwährung ab, in welcher die Aufwendungen tatsächlich getätigt worden sind. Erwirbt der Auftragnehmer einen Gegenstand mit Schweizer Franken, soll Zahlung in dieser Fremdwährung auch geschuldet sein, wenn er zuvor die Geldmittel in Schweizer Franken erst durch einen Umtausch von Euro-Geldvermögen erlangt hat. Das **Reichsgericht** (RG 27. 1. 1928 – II 331/27, RGZ 120, 76, 81 f) zieht einen Vergleich mit der Konstellation, in welcher der Auftragnehmer zur

Auftragsdurchführung Waren oder andere Sachwerte veräußert und hierfür Aufwendungsersatz begehrt. Es könne nicht darauf ankommen, in welcher Währung die eingesetzten Waren ursprünglich erlangt worden seien. Dabei verkennt das Reichsgericht bereits, dass bei einem Umtausch von Heim- in Fremdwährung Geld als universelles Tauschmittel und nicht als Ware zum Einsatz kommt. Zudem bemisst sich der Aufwendungsersatzanspruch auch bei der Aufwendung von Nicht-Geld (dazu Staudinger/Martinek/Omlor [2017] § 670 Rn 8) aus der Perspektive des Vermögens des Auftragnehmers. Die Auftragsdurchführung soll sich für den Auftragnehmer vermögensmäßig neutral auswirken. Auch bei einem Einsatz von Sachwerten aus dem eigenen Vermögen hat ein Ausgleich zu erfolgen, der die eingetretene Vermögenslücke schließt; der Wert der mittelbar damit erlangten Leistung bleibt hingegen irrelevant.

Grundsätzlich gelten die Grundsätze zu § 670 BGB auch für die Aufwendungsersatz- **66** ansprüche aus dem allgemeinen (§ 675 Abs 1 BGB) wie besonderen (§ 675c Abs 1 BGB) **Geschäftsbesorgungsrecht**. Die Gegenauffassung geht in Parallele zum Auftragsrecht erneut (fehlsam) davon aus, dass Aufwendungsersatz stets in derjenigen Währung geschuldet ist, in welcher die Aufwendungen unmittelbar getätigt wurden (RG 22. 10. 1924 – I 481/23, RGZ 109, 85, 88; RG 27. 1. 1928 – II 331/27, RGZ 120, 76, 81 f; OLG Hamburg 15. 5. 1996 – 5 U 246/95, NJW 1996, 1902, 1903). Auch im Geschäftsbesorgungsrecht bildet die Währung, in welcher Geldmittel aus dem Vermögen des Geldgläubigers abgeflossen sind, regelmäßig die maßgebliche Schuldwährung. Wurde im Interbankenverhältnis eine Zahlung durch eine Bank im Euroraum auf ein Konto bei einer Bank in den USA in USD vorgenommen, besteht – bei Anwendbarkeit deutschen Rechts – der Aufwendungsersatzanspruch (§§ 675 Abs 1, 670 BGB) dann in USD, wenn die ausführende Bank die Deckung für die USD-Zahlung allein über ihre Niederlassung in den USA erhielt (OLG Köln 4. 9. 2013 – 13 U 188/12). Zu berücksichtigen bleibt jedoch, dass sich **aus dem besonderen Charakter des jeweiligen Geschäftsbesorgungsvertrags** im Ausnahmefall eine **konkludente abweichende Parteivereinbarung** ergeben kann. Ein solcher Fall ist namentlich bei einer mittelbaren Stellvertretung denkbar, wie sie beim Kommissionsgeschäft vorliegt (vgl RG 15. 12. 1920 – I 270/20, RGZ 101, 122, 124 f unter Einbeziehung der beginnenden Hyperinflation). Gleiches kann bei Vorliegen eines entsprechenden Handelsbrauchs anzunehmen sein (Nussbaum, Das Geld in Theorie und Praxis des deutschen und ausländischen Rechts [1925] 251 zum Speditionsgewerbe).

Beim Einsatz von **Kreditkarten im Währungsausland** entsteht der Aufwendungsersatz- **67** anspruch im Emissionsvertragsverhältnis gegen den Karteninhaber in derjenigen Währung, in welcher die aufgewendeten Geldmittel dem Kreditkartenunternehmen aus seinem Vermögen abgeflossen sind (Grothe, Fremdwährungsverbindlichkeiten [1999] 313 f; **aA** OLG Hamburg 15. 5. 1996 – 5 U 246/95, NJW 1996, 1902, 1903; unklar OLG Frankfurt WM 1994, 942 f). Selbst bei einem Abstellen auf die Währung der tatsächlichen Aufwendungen wäre regelmäßig ein **Aufwendungsersatz in inländischer Währung** geschuldet (Martinek/Omlor, in: Schimansky/Bunte/Lwowski [Hrsg], Bankrechts-Handbuch [5. Aufl 2017] § 67 Rn 27). Die Kartenemittenten rechnen üblicherweise mit den internationalen Clearingstellen in der jeweiligen Heimwährung der Kartenemittenten ab (Meder WM 1996, 2085, 2087 f). Mit einer Fremdwährung kommen die aufwendungsersatzberechtigten Kartenemittenten damit nicht in Berührung. Diese Regeln gelten entsprechend für den Einsatz von sonstigen Zahlungskarten (zB Debitkarten) im Währungsausland.

68 Auch bei der **vertraglichen Vereinbarung von Aufwendungsersatzansprüchen** jenseits von Auftrags- oder Geschäftsbesorgungsverhältnissen greifen grundsätzlich die zu § 670 BGB entwickelten Maßstäbe ein. Wird durch den Arbeitgeber die Übernahme von **Umzugskosten des Arbeitnehmers** zugesagt, die in ausländischer Währung anfallen, schuldet der Arbeitgeber den Kostenersatz nur dann in dieser Fremdwährung, wenn der Vermögensabfluss beim Arbeitnehmer auch final in dieser Währung erfolgte (tatbestandlich unklar BAG 26. 7. 1995 – 5 AZR 216/94, NJW 1996, 741 f). Den Parteien steht es jedoch frei, abweichende Vereinbarungen – auch konkludent – zu treffen.

69 Die Schuldwährung von Aufwendungsersatzansprüchen aus **gesetzlichen Schuldverhältnissen** richtet sich nach der Teleologie der jeweiligen Anspruchsgrundlage. Bei dem Aufwendungsersatzanspruch des auftragslosen Geschäftsführers aus **§§ 683 S 1, 670 BGB** tritt wie beim Auftragsrecht der Gedanke der vermögensmäßigen Neutralität der Geschäftsführung für den Auftragnehmer/Geschäftsführer in den Vordergrund. Erwirbt ein in Polen lebender Geschäftsführer einen Gegenstand, den er zur auftragslosen berechtigten Geschäftsführung benötigt, durch Zahlung polnischer Zloty (PLN), ist sein Ersatzanspruch – die Anwendbarkeit deutschen Rechts unterstellt (vgl Art 11 Rom II-VO) – auf die Zahlung von PLN gerichtet. Hat der Geschäftsführer hingegen seinen Lebensmittelpunkt im Euroraum und wechselte zunächst Euro-Geldmittel in PLN-Geldmittel, steht ihm ein Aufwendungsersatzanspruch in Euro zu. Diese Fokussierung des Gläubigervermögens steht im Einklang mit den unterschiedlichen Einordnungsversuchen für die echte Geschäftsführung ohne Auftrag (im Einzelnen STAUDINGER/BERGMANN [2020] Vorbem 9 ff zu §§ 677 ff mwNw).

f) Bereicherungsrecht

70 Bereicherungsansprüche, die auf **Wertersatz (§ 818 Abs 2 BGB)** für nicht in Geld bestehende Bereicherungsgegenstände gerichtet sind, weisen als die Schuldwährung die Währung am Belegenheitsort des Vermögens bzw Vermögensbestandteils auf, bei dem ein Zuwachs infolge des Bereicherungsvorgangs eingetreten ist (ähnlich SOERGEL/ARNOLD [13. Aufl 2014] Rn 51). Dabei handelt es sich regelmäßig um den **Wohn- bzw Geschäftssitz des Bereicherungsschuldners** (ähnlich GROTHE, Fremdwährungsverbindlichkeiten [1999] 347 ff; aA STAUDINGER/K SCHMIDT [1997] Rn 30). Dieser Annahme liegt die Grundkonzeption des gesamten Bereicherungsrechts zugrunde, anders als das Schadensrecht den Blick nicht auf das unrechtmäßige Vermögensminus beim Gläubiger, sondern auf das **unrechtmäßige Vermögensplus beim Schuldner** zu lenken (REUTER/MARTINEK, Ungerechtfertigte Bereicherung, Teilband 2 [2. Aufl 2016] 186). Dem Bereicherungsgläubiger soll nicht ein Vermögensnachteil ausgeglichen werden, sondern der Bereicherungsschuldner soll die unberechtigt erlangten Vermögensvorteile wieder herausgeben. Daraus folgt, dass sich auch die Währung nicht nach dem Wohn- bzw Geschäftssitz des Gläubigers, sondern nur des Schuldners und der Belegenheit seines Vermögens ausrichten kann. Für eine Parallele zum Schadensersatzrecht spricht schließlich nicht, dass es sich jeweils um Geldwertansprüche handelte (so STAUDINGER/K SCHMIDT [1997] Rn 30). Zum einen weisen Bereicherungsansprüche zumeist einen nominalistischen Charakter auf (vgl Vorbem C58 zu §§ 244–248), zum anderen änderte eine valoristische Ausrichtung nichts an den Strukturunterschieden zwischen Schadensersatz- und Bereicherungsrecht.

71 Keine Besonderheiten greifen in Bezug auf die einzelnen Kondiktionsarten. Der allgemeinen **Eingriffskondiktion** aus § 812 Abs 1 S 1 Alt 2 BGB wohnt zwar eine funktionale Deliktsähnlichkeit inne. Dennoch rechtfertigt sich daraus keine Anlehnung an das Schadensersatzrecht mit seiner Ausrichtung auf die Gläubigerwährung (Grothe, Fremdwährungsverbindlichkeiten [1999] 349 f). Als Rechtsfortwirkungsanspruch knüpft die Eingriffskondiktion an dem Umstand an, dass der „eingetretene Erwerb im Widerspruch zu der den ursprünglichen Herrschaftszustand materiell sichernden Güterzuweisung" (Reuter/Martinek, Ungerechtfertigte Bereicherung [1983] 236) steht. Zudem folgt aus dem Usurpationsgedanken, dass der Bereicherungsanspruch den gesamten Eingriffserwerb umfasst. Auch die Eingriffskondiktion fokussiert damit als bereicherungsrechtlicher Anspruch das Schuldnervermögen und bricht damit nicht mit der Regel, dass die Schuldwährung aus der Perspektive des Schuldners und des Belegenheitsorts seines Vermögens zu bestimmen ist.

Weiterhin zeitigt das **faktische Synallagma** zwischen fehlgeschlagenen Austauschleistungen **keine Auswirkungen auf die Schuldwährung der condictio indebiti** (Grothe, Fremdwährungsverbindlichkeiten [1999] 350 f; **aA** Staudinger/K Schmidt [1997] Rn 17; Soergel/Arnold [13. Aufl] Rn 51: Vertragswährung). Die Saldotheorie betrifft insofern lediglich die Frage nach den Auswirkungen, welche die Unmöglichkeit der Herausgabe des selbst Erlangten auf den eigenen gegenläufigen Bereicherungsanspruch hat (Reuter/Martinek, Ungerechtfertigte Bereicherung, Teilband 2 [2. Aufl 2016] 372). Darin liegt die in den Bereicherungsausgleich fortwirkende Verknüpfung von Leistung und Gegenleistung (vgl BGH 14. 10. 1971 – VII ZR 313/69, BGHZ 57, 137, 150; BGH 26. 10. 1978 – VII ZR 202/76, BGHZ 72, 252, 256; BGH 9. 10. 1980 – VII ZR 332/79, BGHZ 78, 216, 223). Aus dieser faktischen Einheit folgt jedoch nicht, dass sich die Wertberechnung iSv § 818 Abs 2 BGB nach dem Wert der Gegenleistung statt dem Wert des Erlangten richtete. Überdies rechtfertigt es die Funktion der *condictio indebiti* zur Rückabwicklung fehlgeschlagener Vertragsbeziehungen nicht, auf ihr basierende Geldschulden der Vertragswährung zu unterstellen. Erneut tritt die Grundkonzeption des Bereicherungsrechts in den Vordergrund, die dem Bereicherungsschuldner den unrechtmäßig erlangten Vermögenszuwachs entziehen will, ohne dass es auf einen äquivalenten Vermögensabfluss zulasten des Bereicherungsgläubigers ankäme. 72

Anders stellt sich die Rechtslage dar, sofern **bereits ursprünglich „Geld" erlangt** wurde, das nunmehr bereicherungsrechtlich herauszugeben ist. Ob in der Folge überhaupt eine Geldschuld vorliegt und welche Schuldwährung ihr innewohnt, hängt eng mit dem überaus umstrittenen originären Gegenstand des Bereicherungsanspruchs zusammen. Zu **differenzieren** ist dabei **nach den jeweiligen Kondiktionsarten** (Reuter/Martinek, Ungerechtfertigte Bereicherung, Teilband 2 [2. Aufl 2016] 204 ff; **aA** BGH 7. 10. 1994 – V ZR 4/94, NJW 1995, 53, 55; Larenz/Canaris, Lehrbuch des Schuldrechts [13. Aufl 1994] § 67 IV 2 [Gegenstandsorientierung]; Flume, in: Canaris/Heldrich/Hopt/Roxin et al [Hrsg], 50 Jahre Bundesgerichtshof [2000] 525, 528 ff [Vermögensorientierung]). Bei der **gegenstandsorientierten Leistungskondiktion** richtet sich der Bereicherungsanspruch primär auf die Herausgabe des erlangten Gegenstands (BGH 7. 10. 1994 – V ZR 4/94, NJW 1995, 53, 55; BGH 14. 1. 2002 – II ZR 354/99, NJW 2002, 1340, 1341; Staudinger/Lorenz [2007] § 818 Rn 3). Gegenstand einer Bereicherung ist jedoch nicht „Geld" oder eine bestimmte Geldsumme; vielmehr bedarf es einer Differenzierung nach den einzelnen Erscheinungsformen des Geldes (Omlor, Geldprivatrecht [2014] 301 ff; **aA** vMaydell, Geldschuld und Geldwert [1974] 347; Arend, Zahlungsverbindlichkeiten in fremder Währung [1989] 124 f). Liegt eine schlichte Geldherausgabeschuld vor, weil Eigentum und Besitz an konkreten Geldzeichen erlangt wurde, stellt sich die geldschuldrechtliche Währungsfrage nicht; geschuldet ist 73 die Rückgabe und -übereignung der betroffenen Geldzeichen in ihrer jeweiligen Währung. Eine Geldschuld entsteht erst nach § 818 Abs 2 BGB, sofern die konkreten Geldzeichen nicht mehr herausgegeben werden können oder wegen seiner Kontokorrentbindung nicht abtretbares Buchgeld erlangt wurde (vgl Vorbem B18 zu §§ 244–248). Die Schuldwährung ist identisch mit der **Währung der originär erlangten Geldmittel** (iE ebenso AREND, Zahlungsverbindlichkeiten in fremder Währung [1989] 119; GROTHE, Fremdwährungsverbindlichkeiten [1999] 356). Darin liegt die Konsequenz aus der Gegenstandsorientierung der Leistungskondiktion. Zugleich besteht insofern eine Parallele zum Herausgabeanspruch aus § 667 BGB, der ebenfalls durch eine Spiegelung der erlangten auf die herauszugebende Währung gekennzeichnet ist (zu einem Ausnahmefall OLG Düsseldorf 29. 1. 2002 – 23 U 78/01, OLGR 2003, 18, 20). Ebenso wie bei anderen gesetzlich begründeten Fremdwährungsschulden existiert keine Regel, wonach ihre Schuldwährung stets oder zumindest im Zweifel die Währung des Normgebers sei, dh Geldschulden nach deutschem Bereicherungsrecht notwendig in Euro als Inlandswährung entstünden (**aA** noch REUTER/MARTINEK, Ungerechtfertigte Bereicherung [1983] 564; vgl nunmehr dies, Ungerechtfertigte Bereicherung, Teilband 2 [2. Aufl 2016] 320). Der Risikoausgleich zugunsten des Bereicherungsschuldners wird bereicherungsrechtsintern durch § 818 Abs 3 BGB und allgemein-geldschuldrechtlich über § 244 BGB hergestellt.

74 Bei der **Eingriffskondiktion** als Rechtsfortwirkungsanspruch besteht eine grundsätzliche Vermögensorientierung des Anspruchs, die jedoch von einer gegenstandsorientierten Mindestbereicherung flankiert wird (REUTER/MARTINEK, Ungerechtfertigte Bereicherung, Teilband 2 [2. Aufl 2016] 245 f). Wurde originär Geld im Sinne des abstrakten Geldbegriffs (vgl Vorbem A66 ff zu §§ 244–248) erlangt, bestimmt sich die Schuldwährung aus der Sicht des Schuldners und des Belegenheitsorts seines Vermögens. Insofern schlägt die Vermögensorientierung durch. Die gegenstandsorientierte Mindestbereicherung kommt lediglich wertmäßig zum Tragen, indem bei einem Auseinanderfallen von erlangter und herauszugebender Währung die erlangte Währung als Berechnungswährung fungiert. Ebenso bestimmt sich die Schuldwährung bei dem Kompensationsanspruch nach §§ 951 Abs 1, 812 Abs 1 S 1 Alt 2 BGB. Letztlich ist der Surrogationsgedanke, der diesem Bereicherungsanspruch zugrunde liegt (LARENZ/CANARIS, Lehrbuch des Schuldrechts [13. Aufl 1994] § 69 I 1 b), für die Schuldwährung nicht ausschlaggebend. Anders stellt sich die Rechtslage hingegen bei der besonderen Eingriffskondiktion aus § 816 Abs 1 S 1 BGB dar. Bei dieser hat der Bereicherungsschuldner originär den Geldbetrag in der tatsächlich erlangten Währung herauszugeben.

75 Wechselt der Bereicherungsschuldner, der die Herausgabe in der erlangten Währung schuldet, diese Geldmittel in eine andere Währung um und erleidet in der Folge **Kursverluste**, kann sich daraus ein **Entreicherungseinwand** iSd § 818 Abs 3 BGB ergeben (STAUDINGER/K SCHMIDT [1997] Rn 30). Dabei ist entgegen FLUME (in: FS Hans Niedermeyer [1953] 103, 154 f) eine differenzierende Auslegung des § 818 Abs 3 BGB geboten. Bei § 818 Abs 3 BGB handelt es sich insofern um eine „offene Norm", die im Lichte der Rechtsordnung und des jeweiligen Konditionstyps auszulegen ist (REUTER/MARTINEK, Ungerechtfertigte Bereicherung, Teilband 2 [2. Aufl 2016] 358 f). Im Fall der **Leistungskondiktion** als Rückabwicklungsschuldverhältnis tritt Entreicherung ein, soweit der Bereicherungsschuldner im hypothetischen Fall der Wirksamkeit des Grundverhältnisses nicht zur Rückgewähr verpflichtet gewesen wäre (REUTER/MARTINEK, Ungerechtfertigte Bereicherung, Teilband 2 [2. Aufl 2016] 360). Darin spiegelt sich der Gedanke eines **abstrakten Vertrauensschutzes** in Anlehnung an §§ 989, 990, 993 Abs 1 S 2 BGB wider. Bei einem Geldwechsel zählt dazu auch der Außenwertverlust der Geldmittel in der erzielten Währung. Das FLUME-Kriterium eines engen sachlichen wie zeitlichen Zusammenhangs mit der *causa* des Erwerbs erscheint demgegenüber bereits zu unbestimmt (**aA** GROTHE, Fremdwährungsverbindlichkeiten [1999] 360, der im Einzelfall den Entreicherungseinwand als *venire contra factum proprium* ansieht). Im Fall der **Eingriffskondiktion** schlägt sich deren eingeschränkte **Vermögensorientierung** auch in § 818 Abs 3 BGB nieder, sodass ein Außenwertverlust sich als teilweiser Verlust des Erlangten darstellt und damit einen Entreicherungseinwand konstituiert.

g) Familienrecht

76 Nach der höchstrichterlichen **Rechtsprechung** (BGH 9. 5. 1990 – XII ZB 133/88, NJW 1990, 2197, 2198; bestätigt in BGH 29. 4. 1992 – XII ZR 40/91, NJW-RR 1993, 5, 6 f) und der **überwiegenden Ansicht in der Literatur** (HAHNENFELD NJW 1955, 528, 530; BAUMANN, Die Anerkennung und Vollstreckung ausländischer Entscheidungen in Unterhaltssachen [1989] 36 f; BeckOK BGB/REINKEN [1. 2. 2021] § 1612 Rn 4; ERMAN/HAMMERMANN[16] § 1612 Rn 42a; BeckOGK/GERLACH [1. 2. 2021] § 1612 Rn 21; DOSE, in: ders/WENDL [Hrsg], Das Unterhaltsrecht in der familienrichterlichen Praxis [10. Aufl 2019] § 9 Rn 94; für ein Wahlrecht des Gläubigers auch SOERGEL/ARNOLD [13. Aufl 2014] Rn 52) verfügen gesetzliche Unterhaltsschulden über eine währungsrechtliche Neutralität. Dem Unterhaltsberechtigten stehe es daher grundsätzlich frei, die Unterhaltszahlung entweder in der Währung seines Aufenthaltsorts oder des Aufenthaltsorts des Unterhaltspflichtigen zu verlangen. Dieses **Wahlrecht des Unterhaltsberechtigten** finde in Anlehnung an § 1612 Abs 1 S 2 BGB lediglich dort eine Grenze, wo ein besonderes Interesse des Unterhaltsverpflichteten an einer Zahlung in der Währung am Aufenthaltsort des Unterhaltsberechtigten bestehe (BGH 26. 6. 2013 – XII ZR 133/11 Rn 96, NJW 2013, 2662); ein solches Interesse könne sich namentlich aus der Belegenheit von Schuldnervermögen im Währungsraum, in welchem der Gläubiger seinen Aufenthalt hat, ergeben. Eine automatische Anbindung an die **Währung der** *lex causae* wurde hingegen vor allem in der Nachkriegszeit angenommen (OLG Braunschweig 9.12.49 – 1 W 129/49, JZ 1951, 81, 82; OLG Düsseldorf 22. 2. 1950 – 7 U 178/49, MDR 1950, 296; OLG Schleswig 6. 2. 1950 – 4 W 49/50, MDR 1950, 235; LG Göttingen 2. 8. 1949 – 1 S 412/49, MDR 1949, 757; LG Bayreuth 18. 8. 1950 – 1b O 58/50, NJW 1950, 953, 954; LG Dortmund 23. 12. 1949 – 1 S 855/49, MDR 1950, 552 f; MARQUORDT MDR 1950, 8, 9); diese kollisionsrechtliche Auffassung vermochte sich jedoch nicht durchzusetzen (zur Ablehnung LG Bochum 2. 2. 1951 – 8 S 27/51, NJW 1951, 239; BEITZKE NJW 1950, 928 f; SEYDEL NJW 1958, 736 f; AREND, Zahlungsverbindlichkeiten in fremder Währung [1989] 130 f). Praktische Relevanz hatte die Problematik vor allem für Unterhaltsleistungen in die damalige **DDR** (vgl dazu BEITZKE NJW 1950, 928; HAHNENFELD NJW 1955, 528; SEYDEL NJW 1958, 736; STEHLE NJW 1959, 1714).

77 Der überwiegenden Ansicht ist **nicht zu folgen**. Die These von der währungsrechtlichen Neutralität von Geldwertschulden wurde bereits abgelehnt (s o Rn 47). Auch ein familienrechtlich begründetes Wahlrecht lässt sich der *lex lata* nicht entnehmen. Nach § 1612 Abs 1 S 1 BGB wird Unterhalt durch die Entrichtung einer Geldrente gewährt. Bei Vorliegen besonderer Gründe kann dem Unterhaltspflichtigen die Erbringung des **Unterhalts „in anderer Art"** erlaubt werden (§ 1612 Abs 1 S 2 BGB). Damit nimmt der zweite Satz Bezug auf die Art des Unterhalts aus dem ersten Satz, dh auf die Leistung einer Geldrente. Mit einer anderen Art im Vergleich zu einer regelmäßigen Geldzahlung ist der **Naturalunterhalt** als Leistung von Nicht-Geld erfasst (MünchKomm/LANGEHEINE[8] § 1612 Rn 20 ff; vgl zudem BGH 25. 11. 1987 – IVb ZR 109/86,

NJW-RR 1988, 582). Geldmittel in ausländischer Währung stellen auch im Währungsinland Geld im Rechtssinne und keine Ware dar; sie verlieren ihre Geldeigenschaft nicht durch den Grenzübertritt (vgl Vorbem A88 zu §§ 244–248). Unterhaltszahlungen in fremder Währung können daher nicht von anderer Art iSd § 1612 Abs 1 S 2 BGB sein, sondern unterfallen stets dem Begriff der Geldrente in § 1612 Abs 1 S 1 BGB. Vor allem aber ist entscheidend auf **Sinn und Zweck** der durch § 1612 BGB angeordneten Unterhaltszahlungen abzustellen. Nach § 1610 BGB richtet sich der Umfang der Unterhaltsleistungen nach der Lebensstellung des Bedürftigen und umfasst den gesamten Lebensbedarf. Lebt der Unterhaltsberechtigte im Ausland, bestimmt sich die Höhe des Unterhaltsanspruchs danach, welche Geldmittel am Aufenthaltsort zur Aufrechterhaltung des Lebensstandards notwendig sind (BGH 1. 4. 1987 – IVb ZR 41/86, NJW-RR 1987, 1474, 1475). Vor diesem Hintergrund fokussiert das Unterhaltsrecht die Gläubigerbedürfnisse an dessen Aufenthaltsort, sodass folglich die dort geltende **Gläubigerwährung** als Schuldwährung von Unterhaltsansprüchen zu gelten hat (LG Lüneburg 21. 9. 1951 – 5 S 98/50, MDR 1951, 746 f; LG Bochum 13. 11. 1951 – 8 S 226/51, NJW 1952, 471; LG Oldenburg 15. 4. 1953 – 4 S 312/52, NJW 1953, 1183; Hahnenfeld NJW 1955, 528, 529; Seydel NJW 1958, 736, 736; Staudinger/K Schmidt [1997] Rn 34; Grothe, Fremdwährungsverbindlichkeiten [1999] 332 f; Soergel/Arnold [13. Aufl 2014] Rn 52). Dagegen vermag nicht zu überzeugen, die Gläubigerwährung lediglich als Berechnungswährung heranzuziehen, als Schuldwährung jedoch die Währung am Aufenthaltsort des Unterhaltspflichtigen bzw generell den Euro als Inlandswährung zu belassen (so iE Arend, Zahlungsverbindlichkeiten in fremder Währung [1989] 134 ff, 139). Die Aufwendungen zur Sicherstellung des Lebensunterhalts fallen typischerweise in der Gläubigerwährung an. Zielt der Unterhalt ausweislich von § 1610 BGB gerade auf die Deckung dieses Bedarfs, kann dem Unterhaltsberechtigten nach der gesetzlichen Wertung ein Devisentransfer regelmäßig nicht zugemutet werden.

78 Besonderheiten können sich aus **devisenrechtlichen Beschränkungen** ergeben. Virulent wurden deren Auswirkungen auf die Unterhaltswährung namentlich bei Unterhaltszahlungen in die Länder des ehemaligen Ostblocks (vgl BGH 26. 11. 1986 – IVb ZR 90/85, NJW 1987, 1146, 1147 f). Aufgeworfen war die Frage, ob der Unterhaltspflichtige sich durch die Zahlung in Inlandswährung auf ein Sperrkonto befreien konnte, sofern aus devisenrechtlichen Gründen eine Zahlung in Gläubigerwährung ausgeschlossen war. Teilweise wird die Gläubigerwährung weiterhin als Schuldwährung eingestuft, dem Unterhaltsgläubiger jedoch die Befugnis eingeräumt, alternativ Erfüllung in Inlandswährung zu verlangen (OLG Frankfurt 16. 6. 1986 – 3 WF 125/86, FamRZ 1987, 623; ähnlich Staudinger/K Schmidt [1997] Rn 35, 65). Andere räumen dem Unterhaltsschuldner eine Ersetzungsbefugnis ein und sehen die Schuldnerwährung als Zahlungswährung an (LG Göttingen 10. 11. 1949 – 1 T 488/49, NJW 1950, 602, 603 f; Seydel NJW 1958, 736, 737; **aA** Beitzke NJW 1950, 928, 930); modifizierend wird dem Unterhaltsschuldner auch eine Pflicht zur Geltendmachung der Ersetzungsbefugnis aus § 244 BGB nach Treu und Glauben auferlegt (Beitzke NJW 1950, 928, 929; Hahnenfeld NJW 1955, 528, 529 f). Eine dritte Auffassung nimmt eine zeitweise Überführung der Unterhaltswährung in die Schuldnerwährung an, die durch einen geänderten Unterhaltszweck bedingt werde (Grothe, Fremdwährungsverbindlichkeiten [1999] 341 ff). Keine dieser Auffassungen vermag in Gänze zu überzeugen; vorzugswürdig erscheint vielmehr eine **temporäre Änderung der Unterhaltswährung in diejenige Währung, mit welcher der Unterhaltszweck typisiert am besten erfüllt werden kann**. Zwar bleibt die Eigenständigkeit des Geldprivatrechts gegenüber dem Währungs- und Devisenrecht zu bewahren;

folglich bestimmt sich der Inhalt von Geldschulden auch originär nach dem Privatrecht. Dennoch vermag das Geldprivatrecht die devisenrechtlichen Fakten nicht auszublenden. Die temporäre Änderung der Unterhaltswährung stellt sich überdies nur mittelbar als devisenrechtlich bedingt dar und basiert unmittelbar auf familienrechtlichen Bestimmungen des Unterhaltsrechts. Der Grund für die Festlegung der Unterhaltswährung nach dem Aufenthaltsort des Unterhaltsberechtigten liegt im Sinn und Zweck des Unterhalts und der ihn ausgestaltenden familienrechtlichen Regelungen. Die Unterhaltswährung ist **keine statische Größe**, wie sich bereits an dem Umstand offenbart, dass der Unterhaltsgläubiger jederzeit seinen Aufenthaltsort in einen anderen Währungsraum verlegen kann. Diese deutliche teleologische Aufladung der Unterhaltswährung gebietet es, als solche diejenige Währung einzuordnen, die **im maßgeblichen Zeitraum typisiert die Deckung des Lebensbedarfs des Unterhaltsempfängers am besten ermöglicht**. Dabei muss es sich nicht notwendig um die Schuldnerwährung handeln (**aA** GROTHE, Fremdwährungsverbindlichkeiten [1999] 342). Zwar erscheint die Schuldnerwährung in der Tat sachnäher als die Gerichtswährung. Aber die Einbeziehung der Vermögenslage des Schuldners durch § 1603 BGB ändert nichts daran, dass sich der Inhalt des Unterhaltsanspruchs nach dem objektiven Bedarf des Unterhaltsberechtigten richtet (vgl MünchKomm/LANGEHEINE[8] § 1610 Rn 6 f). Entscheidend bleibt für den Gegenstand der Geldschuld die Perspektive des Unterhaltsberechtigten. Danach kann die Unterhaltswährung im Fall des devisenrechtlichen oder faktischen Ausschlusses einer Zahlung in Gläubigerwährung im Einzelfall durchaus die Schuldnerwährung sein; eine diesbezügliche Regel existiert jedoch nicht.

Ebenfalls über eine teleologische Auslegung des gesetzlichen Unterhaltsrechts lässt sich die Situation einer **Hyperinflation** (zum Begriff vgl Vorbem C15 zu §§ 244–248) **im Währungsraum des Unterhaltsgläubigers** lösen. Infolge einer Hyperinflation verlieren die Geldmittel in der betroffenen Währung ihre Geldfunktion. Der Unterhaltsberechtigte vermag es daher am Ort seines Aufenthalts nicht (mehr), mit hyperinflationär entwertetem Geld seinen Lebensunterhalt (§ 1610 BGB) zu bestreiten. Unter diesen Voraussetzungen erscheint es gerechtfertigt, dem Unterhaltsverpflichteten die Leistung von Naturalien nach § 1612 Abs 1 S 2 BGB zu gestatten. Eine Geldrente bleibt jedoch weiterhin leistbar, wenn auch **in einer anderen Schuldwährung**. Für ein Wahlrecht des Unterhaltsberechtigten (befürwortend GROTHE, Fremdwährungsverbindlichkeiten [1999] 337) fehlt es an einer gesetzlichen Grundlage. Solange die Hyperinflation andauert, ändert sich vielmehr die Schuldwährung. Die Geldrente ist – ebenso wie im Falle devisenrechtlicher Beschränkungen (s o Rn 78) – in derjenigen Währung geschuldet, welche die Erreichung des Unterhaltszwecks (vgl § 1610 BGB) am ehesten sicherstellt. Unterhalb der Grenze der Hyperinflation bleibt die Schuldwährung unangetastet, da die Geldmittel in Gläubigerwährung ihre Geldfunktion als allgemein anerkanntes Tauschmittel nicht verlieren. **79**

Bei **vertraglichen Unterhaltsregelungen** ist konstruktiv danach zu differenzieren, ob sie – wie im Grundsatz (vgl RG 14. 5. 1941 – IV 40/41, RGZ 166, 378, 381; BGH 28. 6. 1984 – IX ZR 143/83, NJW 1984, 2350, 2351; BGH 21. 9. 2011 – XII ZR 173/09 Rn 19, NJW 2012, 1356 mwNw) – das gesetzliche Unterhaltsrecht lediglich ausgestalten oder eine eigenständige vertragliche Unterhaltspflicht begründen sollen. Im ersteren Fall gelten die Grundsätze zur Schuldwährung von gesetzlichen Unterhaltsschulden entsprechend, sofern nicht gerade diesbezüglich eine abweichende Regelung getroffen wurde. Unerheblich ist, ob es sich um eine Geldsummen- oder Geldwertschuld handelt. Bildet die Parteiver- **80** einbarung hingegen selbst die Grundlage der Unterhaltspflicht, ermittelt sich die Schuldwährung durch deren Auslegung nach §§ 133, 157 BGB (s o Rn 34). Im Zweifel spricht aber die typische Interessenlage der Parteien dafür, ebenfalls wie bei den gesetzlichen Unterhaltspflichten die Währung am Aufenthaltsort des Unterhaltsberechtigten als Schuldwährung anzusehen.

h) Scheck- und Wechselrecht

81 Für Fremdwährungswechsel und Fremdwährungsschecks gelten die **Sonderregeln** aus Art 41 WG und Art 36 ScheckG. Anwendungsvoraussetzung für beide Vorschriften ist, dass der Wechsel bzw Scheck deutschem Recht unterliegt (Bülow, Wechselgesetz, Scheckgesetz [5. Aufl 2013] Art 41 WG Rn 1; Schefold, in: Schimansky/Bunte/Lwowski [Hrsg], Bankrechts-Handbuch [5. Aufl 2017] § 116 Rn 462). Zudem ist grundsätzlich ein inländischer Zahlungsort für den Wechsel erforderlich, wie sich aus Art 93 Abs 1 WG (BGH 29. 5. 1980 – II ZR 99/79, NJW 1980, 2017) ergibt. Eine Ausnahme besteht hingegen, wenn der Zahlungsort zwar nicht im Inland liegt, aber dennoch das deutsche Wechselstatut anwendbar ist (Bülow, Wechselgesetz, Scheckgesetz [5. Aufl 2013] Art 41 WG Rn 1; zweifelnd Schefold, in: Schimansky/Bunte/Lwowski [Hrsg], Bankrechts-Handbuch [5. Aufl 2017] § 116 Rn 462), wie es beispielsweise bei einem auf Euro lautenden Wechsel mit Zahlungsort in Zürich der Fall sein kann. Weiterhin muss der Wechsel bzw Scheck auf eine aus der Sicht des Zahlungsorts fremde Währung ausgestellt sein, also einen währungsraumübergreifenden Bezug aufweisen; die Währung hat eindeutig bezeichnet zu sein (OLG München 22. 9. 1999 – 7 U 3422/99, RIW 2000, 228, 229). Dabei differenzieren Art 41 Abs 1–3 WG und Art 36 Abs 1–3 ScheckG ebenso wie § 244 Abs 1 BGB zwischen **einfachen und effektiven Fremdwährungsschulden**. Eine effektive Fremdwährungsschuld, die nur in der bestimmten Währung erfüllt werden kann (s o Rn 18), entsteht bei einem Wechsel bzw Scheck nur dann, wenn sich die Parteien über eine Effektivklausel geeinigt haben. Praktisch tritt eine solche Bestimmung durch Zusätze wie „effektiv", „in natura", „wirklich", „in der angegebenen Währung" oder vergleichbare Formulierungen ein (Schefold, in: Schimansky/Bunte/Lwowski [Hrsg], Bankrechts-Handbuch [5. Aufl 2017] § 116 Rn 469; Bülow, Wechselgesetz, Scheckgesetz [5. Aufl 2013] Art 41 WG Rn 5). Um wechsel- bzw scheckrechtlich wirksam zu sein, muss sich der **Effektivvermerk** auf dem Wechsel bzw Scheck befinden (RG 8. 9. 1922 – V 273/22, RGZ 105, 141, 142 f); allerdings bleibt eine Vereinbarung außerhalb des Wechsels bzw Schecks nicht wirkungslos, sondern beschränkt sich lediglich auf das Rechtsverhältnis der Parteien (Schefold, in: Schimansky/Bunte/Lwowski [Hrsg], Bankrechts-Handbuch [5. Aufl 2017] § 116 Rn 471).

82 **Fehlt** es an einer **Effektivklausel** iSv Art 41 Abs 3 WG bzw Art 36 Abs 3 ScheckG, greift die Ersetzungsbefugnis aus Art 41 Abs 1 WG bzw Art 36 Abs 1 ScheckG ein; es liegt eine einfache Fremdwährungsverbindlichkeit vor. Ebenso wie bei § 244 Abs 1 BGB entsteht keine Wahlschuld, sondern eine **facultas alternativa zugunsten des Schuldners** (Bülow, Wechselgesetz, Scheckgesetz [5. Aufl 2013] Art 41 WG Rn 2). Der Gläubiger hingegen vermag nicht die Zahlung in der Währung des Zahlungsorts zu verlangen (BGH 29. 5. 1980 – II ZR 99/79, NJW 1980, 2017), da es sich insofern nur um die Zahlungs-, nicht aber um die Schuldwährung handelt. Für den Fall einer Zahlungsverzögerung durch den Schuldner gewähren Art 41 Abs 1 S 2 WG und Art 36 Abs 1 S 2 ScheckG dem Inhaber ein Wahlrecht in Bezug auf den Wechselkurs, das ihn vor Nachteilen infolge von Kursschwankungen bewahren soll (OLG Frankfurt 2. 7. 1970 – 15 W 278/70, NJW 1970, 2172). Erleiden beide Währungen Wertverluste, lässt sich dieses

Risiko nicht über Art 41 Abs 1 S 2 WG bzw Art 36 Abs 1 S 2 ScheckG abdecken; eine Aufwertung kann nur nach der zu Heimwährungsschulden entwickelten Geschäftsgrundlagenlösung (s u Rn 93 ff) und nicht durch Heranziehung einer wertstabilen Drittwährung (**aA** RG 1. 7. 1924 – II 790/23, RGZ 108, 337, 338 f) erfolgen. Das Wahlrecht des Inhabers besteht jedoch nur, sofern der Schuldner seinerseits von der Ersetzungsbefugnis aus Art 41 Abs 1 S 1 WG bzw Art 36 Abs 1 S 1 ScheckG tatsächlich Gebrauch macht (OLG Frankfurt 2. 7. 1970 – 15 W 278/70, NJW 1970, 2172).

Ähnlich wie § 361 HGB enthalten Art 41 Abs 4 WG und Art 36 Abs 4 ScheckG eine Privilegierung der am Zahlungsort geltenden Währung. Weisen die Währungseinheiten verschiedener Staaten denselben Namenskern auf, ohne dass eine Präzisierung vorgenommen wurde, greift eine **Rechtsvermutung** zugunsten der Währung am Zahlungsort. Als Namenskern taugen insbesondere die Währungsbezeichnungen Pfund (zB Großbritannien, Gibraltar, Südsudan, Libanon), Kronen (zB Tschechien, Schweden, Dänemark) und Dollar (zB USA, Australien, Kanada, Bahamas). Am Zahlungsort muss allerdings eine Währung mit einem solchen Namenskern das hoheitliche Zahlungsmittel sein. Ansonsten ist zwar ein Rückgriff auf Art 41 Abs 4 WG und Art 36 Abs 4 WG versperrt (Bülow, Wechselgesetz, Scheckgesetz [5. Aufl 2013] Art 41 WG Rn 10). Dennoch hat in die nunmehr vorzunehmende Auslegung nach allgemeinen wechselrechtlichen Grundsätzen der universelle **Rechtsgedanke des § 361 HGB** einzufließen, der im Zweifel zur am Erfüllungsort geltenden Währung führt (aA Staudinger/K Schmidt [1997] Rn 99). Überdies schadet eine **übereinstimmende Falschbezeichnung** nicht (*falsa demonstratio non nocet,* OLG Köln 31. 5. 1996 – 19 U 243/95, NJW-RR 1997, 940, 941 = EWiR 1997, 559 zum Scheckrecht). 83

In den **Geschäftsbedingungen der Banken und Sparkassen** existieren überwiegend keine Sonderbestimmungen für Fremdwährungsschecks. Schecks werden in den AGB-Banken an verschiedenen Stellen allgemein mitgeregelt (zB Nr 9, Nr 15 Abs 1 und 2, Nr 18 f AGB-Banken). Wird im Zusammenhang mit der Begebung des Fremdwährungsschecks ein Fremdwährungskonto geführt, greift daneben Nr 10 AGB-Banken ein. Im Übrigen richtet sich die Nutzung von Fremdwährungsschecks nach Individualvereinbarungen (Bunte/Zahrte, AGB-Banken, AGB-Sparkassen, Sonderbedingungen [5. Aufl 2019] SchB Rn 75). Eine kurze Sonderanordnung speziell für Fremdwährungsschecks enthält hingegen Nr 6 der „Bedingungen für den Scheckverkehr" der Sparkassen. Danach richtet sich der Umrechnungskurs nach dem jeweiligen „Preis- und Leistungsverzeichnis". 84

Art 41 WG lautet im Volltext: 85

> „(1) Lautet der Wechsel auf eine Währung, die am Zahlungsort nicht gilt, so kann die Wechselsumme in der Landeswährung nach dem Wert gezahlt werden, den sie am Verfalltag besitzt. Wenn der Schuldner die Zahlung verzögert, so kann der Inhaber wählen, ob die Wechselsumme nach dem Kurs des Verfalltags oder nach dem Kurs des Zahlungstags in die Landeswährung umgerechnet werden soll.
>
> (2) Der Wert der fremden Währung bestimmt sich nach den Handelsgebräuchen des Zahlungsorts. Der Aussteller kann jedoch im Wechsel für die zu zahlende Summe einen Umrechnungskurs bestimmen.

"(3) Die Vorschriften der beiden ersten Absätze finden keine Anwendung, wenn der Aussteller die Zahlung in einer bestimmten Währung vorgeschrieben hat (Effektivvermerk).

(4) Lautet der Wechsel auf eine Geldsorte, die im Land der Ausstellung dieselbe Bezeichnung, aber einen anderen Wert hat als in dem der Zahlung, so wird vermutet, daß die Geldsorte des Zahlungsorts gemeint ist."

86 **Art 36 ScheckG** hat folgenden Wortlaut:

„(1) Lautet der Scheck auf eine Währung, die am Zahlungsort nicht gilt, so kann die Schecksumme in der Landeswährung nach dem Wert gezahlt werden, den sie am Tag der Vorlegung besitzt. Wenn die Zahlung bei Vorlegung nicht erfolgt ist, so kann der Inhaber wählen, ob die Schecksumme nach dem Kurs des Vorlegungstags oder nach dem Kurs des Zahlungstags in die Landeswährung umgerechnet werden soll.

(2) Der Wert der fremden Währung bestimmt sich nach den Handelsgebräuchen des Zahlungsorts. Der Aussteller kann jedoch im Scheck für die zu zahlende Summe einen Umrechnungskurs bestimmen.

(3) Die Vorschriften der beiden ersten Absätze finden keine Anwendung, wenn der Aussteller die Zahlung in einer bestimmten Währung vorgeschrieben hat (Effektivvermerk).

(4) Lautet der Scheck auf eine Geldsorte, die im Land der Ausstellung dieselbe Bezeichnung, aber einen anderen Wert hat als in dem der Zahlung, so wird vermutet, daß die Geldsorte des Zahlungsorts gemeint ist."

IV. Nachträgliche Änderung der Schuldwährung

1. Konsensuale Änderung

87 Die Parteien eines Geldschuldverhältnisses können sich auf die Änderung der Schuldwährung vertraglich einigen und auf diese Weise eine Fremdwährungsschuld in eine Heimwährungsschuld (und umgekehrt) umwandeln (BGH 13. 7. 1987 – II ZR 280/86, BGHZ 101, 296, 307). Technisch liegt ein **Verfügungsvertrag** vor, der unmittelbar auf den Inhalt der Geldschuld einwirkt. Das Vorliegen einer solchen konsensualen Änderung der Schuldwährung darf namentlich im **Prozess** nicht vorschnell bejaht werden. Allein das Einklagen einer Fremdwährungsverbindlichkeit vor deutschen Gerichten durch einen Klageantrag, der auf Zahlung in Euro gerichtet, beinhaltet nicht automatisch ein konkludentes Angebot, den Euro als neue Schuldwährung zu installieren (vgl BGH 13. 7. 1987 – II ZR 280/86, BGHZ 101, 296, 307; OLG München 9. 12. 1987 – 7 U 3274/87, NJW-RR 1988, 1019). Statt einer „subsidiären" Maßgeblichkeit der Heimwährung ist eine eindeutige Ermittlung der Schuldwährung gesetzlich vorgeschrieben (MAYER, Die Valutaschuld nach deutschem Recht [1934] 18 f). Auch verfügt die Überlegung, dem angerufenen Gericht werde die häufig rechtlich schwierige Prüfung erspart, welche Schuldwährung vorliege (STAUDINGER/K SCHMIDT [1997] Rn 67, 105), zwar über den Reiz des Pragmatischen, vermag aber dogmatisch nicht zu überzeugen. Für die Annahme eines konkludenten Verfügungsvertrags bedarf es **konkreter Anhaltspunkte**, die über das schlichte Einklagen einer Euro-Zahlung und die fehlende Verteidigung spezifisch gegen die Euro-Denomination des Anspruchs hinausreichen

(ähnlich OLG München 9. 12. 1987 – 7 U 3274/87, NJW-RR 1988, 1019; Mayer, Die Valutaschuld nach deutschem Recht [1934] 18). Hierzu zählen gesonderte Ausführungen zur Schuldwährung in den Schriftsätzen, Nachfragen des Gerichts oder Erörterungen im Rahmen der mündlichen Verhandlung. Im geltenden Geldprivatrecht fehlt es an einer Grundlage für die These, der Gläubiger einer Fremdwährungsverbindlichkeit könne bereits „dann Zahlung in deutscher Währung verlangen, wenn … der Schuldner keine Einwendungen erhebt" (BGH 9. 2. 1977 – VIII ZR 149/75, WM 1977, 478, 479). Materiell-rechtlich zeitigt ein solches Prozessverhalten keine Auswirkungen.

Auch das Rechtsinstitut des **Verbots widersprüchlichen Verhaltens** darf nicht dazu eingesetzt werden, um auf anderem rechtstechnischem Weg eine rechtsgeschäftlich nicht begründbare Umwandlung der Fremdwährungs- in eine Heimwährungsschuld im Ergebnis zu erreichen. Dabei bedarf das Vorliegen eines hinreichenden Vertrauenstatbestands einer genauen Prüfung im Einzelfall (dazu Staudinger/Olzen/Looschelders [2019] § 242 Rn 290 ff mwNw). Die Heranziehung der Grundsätze unzulässiger Rechtsausübung hat **mit Zurückhaltung** zu erfolgen (BGH 27. 4. 1977 – IV ZR 143/76, BGHZ 68, 299, 304; Staudinger/Olzen/Looschelders [2019] § 242 Rn 219 mwNw). Der isolierte Umstand, dass eine Fremdwährungsschuld in der Heimatwährung außergerichtlich oder gerichtlich geltend gemacht wird, genügt als Vertrauensgrundlage grundsätzlich noch nicht. Als ergänzende Anhaltspunkte taugen insbesondere die Häufigkeit und Dauer der Geltendmachung der Fremdwährungsforderung in Heimatwährung. **88**

2. Einseitige Änderung

Fremdwährungsverbindlichkeiten unterliegen einer Umwandlung in eine Heimwährungsschuld, dh einer Umstellung der Schuldwährung auf Euro, nicht nur mittels eines rechtsgeschäftlichen Konsensualakts, sondern auch in Durchsetzung eines einseitigen Anspruchs auf Vertragsanpassung nach § 313 Abs 1 BGB. Betroffen ist die Frage nach der **Anpassung von Fremdwährungsverbindlichkeiten an geänderte devisen- oder außenwirtschaftsrechtliche Rahmenbedingungen**. Hierzu werden in Rechtsprechung und Literatur verschiedene Lösungsmodelle vertreten (s u Rn 90). Als vorzugswürdig erweist sich für rechtsgeschäftlich begründete Fremdwährungsverbindlichkeiten eine Anwendung der in § 313 BGB kodifizierten Grundsätze über die Störung bzw den Wegfall der Geschäftsgrundlage (s u Rn 93 ff); für gesetzlich begründete Fremdwährungsverbindlichkeiten können diese Regeln unter Berücksichtigung der Besonderheiten des betroffenen Rechtsgebiets auf der Grundlage von § 242 BGB dem Grunde nach ebenfalls herangezogen werden (s u Rn 100). **89**

a) Meinungsstand und Kritik

Ist der Schuldner einer Fremdwährungsverbindlichkeit etwa auf Grund devisenrechtlicher Bestimmungen daran gehindert, eine Zahlung in der fremden Währung zu bewirken, nimmt die **traditionelle Meinungsgruppe** (RG 16. 3. 1936 – IV 293/35, RGZ 151, 35, 38; RG 22. 2. 1937 – IV 270/36, RGZ 153, 384, 386 f; RG 16. 3. 1936 – IV 293/36, JW 1936, 1284 f; BGH 25. 1. 1954 – IV ZR 94/53, LM Nr 5 zu § 275 BGB; BGB-RGRK/Alff [12. Aufl 1982] Rn 23; für eine entsprechende Anwendung des § 275 Rüssmann WM 1983, 1126, 1128 f) eine **vorübergehende Unmöglichkeit** an. Es liege keine objektive, sondern eine subjektive Unmöglichkeit (Unvermögen) iSd § 275 Abs 1 Alt 1 BGB vor, sofern der Geldschuldner nicht über Geldmittel der geschuldeten Währung verfüge (BGH 25. 1. 1954 – IV ZR 94/ **90**

53, LM Nr 5 zu § 275 BGB). Aus devisenrechtlichen Beschränkungen, die eine Leistung in einer bestimmten Fremdwährung verbieten, folge, dass eine rechtliche Unmöglichkeit vorliege; diese bestehe nur vorübergehend und nicht auf Dauer (RG 16. 3. 1936 – IV 293/35, RGZ 151, 35, 38; RG 22. 2. 1937 – IV 270/36, RGZ 153, 384, 386 f). Dementsprechend sollten auf die devisenrechtlich gesperrte Währung gerichtete Klagen als „derzeit unbegründet" abgewiesen werden. Eine endgültige Schuldbefreiung könne der Geldschuldner nur mittels einer „freundschaftlichen Verständigung mit dem Gläubiger" (RG 16. 3. 1936 – IV 293/35, RGZ 151, 35, 42; ebenso RG 23. 5. 1936 – IV 263/35, RGZ 151, 116, 119; RG 22. 2. 1937 – IV 270/36, RGZ 153, 384, 387) erlangen. In der älteren Instanzrechtsprechung wurde zudem teilweise angenommen, § 245 BGB lasse sich entsprechend auf eine solche Unmöglichkeitskonstellation anwenden (so die Vorinstanz zu RG 16. 3. 1936 – IV 293/35, RGZ 151, 35, 36 f). Verbreitet war jedoch die Annahme, infolge der Unmöglichkeit **wandele sich die Fremdwährungsschuld ipso iure in eine Heimwährungsschuld um** (RG 22. 2. 1937 – IV 270/36, RGZ 153, 348, 387 f; Winden Der Betrieb 1953, 548, 549). Wirtschaftlich zum gleichen Ergebnis führt die Annahme, § 244 BGB enthalte nicht nur eine Ersetzungsbefugnis, sondern in den Unmöglichkeitsfällen auch eine **Ersetzungspflicht des Geldschuldners** (RG 22. 1. 1935 – II 248/34, WarnR 1935 Nr 32; Mayer, Die Valutaschuld nach deutschem Recht [1934] 97 [zur einfachen Fremdwährungsschuld]; Staudinger/Löwisch12 § 279 Rn 3). In jüngerer Zeit verlagerten sich die Lösungsmodelle verstärkt zunächst auf § 242 BGB (Staudinger/K Schmidt [1997] Rn 61 ff) und danach schlicht auf eine **interessenadäquate Anpassung der Geldschuld** (Grothe, Fremdwährungsverbindlichkeiten [1999] 610 ff).

91 Keiner der bislang in Rechtsprechung wie Literatur vertretenen Ansätze vermag vollends zu überzeugen. Zunächst taugt das Unmöglichkeitsrecht nicht zu einer Lösung von devisenrechtlich bedingten Erfüllungsproblemen. **Geldschulden** können ihrer Natur nach **nicht unmöglich** werden (vgl Vorbem B57 ff zu §§ 244–248). Gleiches gilt für Fremdwährungsverbindlichkeiten (Nussbaum JW 1923, 20, 21). Der Sonderfall eines dauerhaften Währungsuntergangs kommt wegen des regelmäßig eingreifenden rekurrenten Anschlusses einer Nachfolgewährung praktisch kaum vor (ebenso Grothe, Fremdwährungsverbindlichkeiten [1999] 599 f; Soergel/Arnold [13. Aufl 2014] Rn 59). Weiterhin ist ein **Rückgriff auf § 245 BGB ausgeschlossen**, da die Vorschrift auch nicht analog auf die Konstellation devisenrechtlicher Verbote anzuwenden ist (RG 16. 3. 1936 – IV 293/35, RGZ 151, 35, 37; Mayer, Die Valutaschuld nach deutschem Recht [1934] 97; BGB-RGRK/Alff [12. Aufl 1982] § 245 Rn 5; Omlor ZfPW 2017, 154, 160). § 245 BGB liegt eine abweichende Zielsetzung vor Augen, die sich ausschließlich innerhalb eines einzelnen Währungssystems auswirkt und keine Einbeziehung eines zweiten vorsieht (Grothe, Fremdwährungsverbindlichkeiten [1999] 610 f). Auch **§ 244 BGB** lässt sich nicht fruchtbar machen, um eine Änderung der Schuldwährung zu bewirken. Die Vorschrift bezieht sich lediglich auf die Zahlungswährung und privilegiert vor allem nur den Geldschuldner, nicht aber den Geldgläubiger (s o Rn 3). Eine Umdeutung des § 244 BGB in eine Ersetzungspflicht zugunsten des Geldgläubigers lässt sich weder mit ihrem Wortlaut noch ihrer *ratio legis* vereinbaren. Für eine Analogie fehlt es daher an einer vergleichbaren Interessenlage (Omlor ZfPW 2017, 154, 160).

92 Schon in der reichsgerichtlichen Judikatur deutete sich eine Heranziehung des allgemeinen Prinzips von **Treu und Glauben** zur Lösung devisenrechtlicher Erfüllungshindernisse für Fremdwährungsschulden an. In RGZ 151, 35, 39 heißt es unter Zusammenfassung und Fortführung früherer Rechtsprechung, der Schuldner müsse nach § 242 BGB die „durch die Devisengesetzgebung ... erforderlich werdenden Änderungen in der Art der geschuldeten Leistung auf sich nehmen ..., sofern er dadurch nicht beschwert wird". Gefordert werden besondere Gründe, wonach unter Abwägung der beiderseitigen Belange dem Gläubiger eine Annahme der Heimwährung anstelle der Fremdwährung zugemutet werden könne (RG 22. 2. 1937 – IV 270/36, RGZ 153, 184, 387). Auch der Große Senat des Reichsgerichts (RG 23. 5. 1936 – IV 263/35, RGZ 151, 116, 119) hat die Annahme bestätigt, wonach der Gläubiger in Ausnahmefällen nach Treu und Glauben zur Annahme einer Zahlung auf ein **Sperrkonto** als Leistung an Erfüllungs statt sein kann. Diese Erwägungen hat KARSTEN SCHMIDT aufgegriffen und aus § 242 BGB eine einzelfallbezogene Anpassung der Fremdwährungsschuld gefolgert, sofern die devisenrechtlichen Beschränkungen sowohl die Verwertbarkeit für den Gläubiger als auch die Beschaffbarkeit für den Gläubiger erschweren (STAUDINGER/K SCHMIDT [1997] Rn 63). HELMUT GROTHE hingegen zeigt sich für verschiedene dogmatisch-konstruktive Wege (zB ergänzende Vertragsauslegung, § 242 BGB, Wegfall der Geschäftsgrundlage) offen, solange damit nur eine interessenadäquate Anpassung der Fremdwährungsschuld an die veränderten devisenrechtlichen Gegebenheiten einhergeht (GROTHE, Fremdwährungsverbindlichkeiten [1999] 612 ff).

b) Geschäftsgrundlagenlösung
aa) Abgrenzung zu den Alternativmodellen

Vorzugswürdig erscheint es, auf das seit der Schuldrechtsreform kodifizierte und aus § 242 BGB entwickelte Institut der Störung bzw des **Wegfalls der Geschäftsgrundlage** zurückzugreifen (SOERGEL/ARNOLD [13. Aufl 2014] Rn 59; OMLOR ZfPW 2017, 154, 164 ff). Zunächst kann die dogmatische Grundlage für die inhaltliche Änderung eines Schuldverhältnisses nicht offenbleiben (**aA** GROTHE, Fremdwährungsverbindlichkeiten [1999] 612 f). **Rechtssicherheit und -klarheit** gebieten es, dass die Kriterien einer Anpassung erkennbar und subsumtionsfähig konkretisiert sind. Weiterhin ist die Durchführung einer ergänzenden Vertragsauslegung letztlich ausgeschlossen. Der Grund liegt darin, dass sich ebenso wie in den Fällen einer individuellen Aufwertung (vgl Vorbem C97 ff zu §§ 244–248) ein hypothetischer Parteiwille nicht mit hinreichender Sicherheit feststellen lässt. In einem solchen Fall erscheint es als Gebot der **Methodenehrlichkeit**, keinen hypothetischen Parteiwillen zu fingieren, sondern auf § 313 BGB zurückzugreifen, der trotz einer weitgehenden Berücksichtigung der vertraglichen Risikoverteilung und Interessenlage dennoch in letzter Instanz einen externen Eingriff in das Vertragsgefüge legitimiert. Schließlich eröffnet § 313 BGB die Möglichkeit, durch den Vorrang der Anpassung vor der Auflösung (§ 313 Abs 3 S 1 BGB) die Fremdwährungsverbindlichkeit **nur im erforderlichen Umfang anzutasten**. Über die normativen Wertungskriterien im Tatbestand wird den Parteiinteressen und -abreden weitestmöglich Rechnung getragen. Insgesamt stellt sich § 313 BGB als idealtypisch geeignet zur Bewältigung der Situation von gewandelten devisenrechtlichen Rahmenbedingungen dar. **93**

bb) Tatbestand

Der Vereinbarung einer (einfachen wie effektiven) Fremdwährungsverbindlichkeit liegt die **Geschäftsgrundlage** zugrunde, dass die **Verkehrsfähigkeit der vereinbarten Schuldwährung nicht in erheblichem Umfang eingeschränkt** ist (§ 313 Abs 2 BGB) bzw wird (§ 313 Abs 1 BGB, OMLOR ZfPW 2017, 154, 165). Die Bezugnahme auf eine bestimmte Währung ist essentiell für die Bestimmung des Schuldinhalts. Die Parteien gehen regelmäßig davon aus, dass der Schuldner Geldmittel in der geschuldeten **94**

Währung ohne nennenswerte devisenrechtliche Beschränkungen beschaffen und der Gläubiger solche Geldmittel mit ihrem Außenwert als Tauschmittel gegen Geldmittel in anderer Währung einsetzen kann. Darin zeigt sich ein **Teilaspekt des Äquivalenzprinzips**, das auch als Leitmotiv der Geschäftsgrundlagenlösung zur individuellen Aufwertung von Geldschulden dient (vgl Vorbem C97 ff zu §§ 244–248). Mit der Wahl einer bestimmten Währung verknüpfen die Parteien die Erwartung, dass die auf diese Weise erbrachte Gegenleistung ein subjektives Äquivalent zur Leistung der anderen Partei darstellt. Um nach dem Parteiwillen ein vollwertiges Äquivalent bilden zu können, müssen die geschuldeten Geldmittel ohne erhebliche devisenrechtliche Einschränkungen transferierbar sein (Omlor ZfPW 2017, 154, 165). Der Gläubiger erhält kein hinreichendes Äquivalent, wenn er die erlangten Geldmittel nur lagern oder im Währungsinland einsetzen kann. Umgekehrt wird der Schuldner zu überobligatorischen Anstrengungen verpflichtet, wenn er trotz erheblicher devisenrechtlicher Hürden bei konstanter Gegenleistung seine Leistung in der fremden Schuldwährung erbringen muss.

95 Ob eine **schwerwiegende Veränderung der Umstände** nach Vertragsschluss vorliegt, bestimmt sich in einer wertenden Betrachtung, für die § 313 Abs 1 BGB keine starre Grenze aufstellt. Die Eingriffe in die devisenrechtlichen Rahmenbedingungen müssen derart einschneidend sein, dass die Parteien hypothetisch die Geldschuld nicht oder mit anderem Inhalt vereinbart hätten. Devisenrechtliche Schwierigkeiten genügen hierfür regelmäßig nicht (vgl auch RG 27. 6. 1923 – I 215/22, WarnR 1923/1924 Nr 62). Grundsätzlich greift § 313 BGB nicht ein, sofern dem Schuldner eine legale Möglichkeit verbleibt, die vereinbarten Geldmittel in der Schuldwährung zu erbringen (iE auch Grothe, Fremdwährungsverbindlichkeiten [1999] 601 f). Eine rechtserhebliche Veränderung der Umstände resultiert hingegen aus einem **devisenrechtlichen Zahlungsverbot** (Omlor ZfPW 2017, 154, 166). Allgemein ist sie anzunehmen, sofern alle legalen Wege zur Erfüllung in der Schuldwährung versperrt sind. Hierzu zählt auch der wegen des rekurrenten Anschlusses einer Nachfolgewährung praktisch selten eintretende Fall eines dauerhaften Untergangs einer Währung.

96 § 313 Abs 1 BGB knüpft den Anspruch auf Vertragsanpassung an die Voraussetzung, dass einem Teil das Festhalten am unveränderten Vertrag unter Berücksichtigung insbesondere der vertraglichen wie gesetzlichen Risikoverteilung nicht zugemutet werden kann. Von den verschiedenen Fremdwährungsrisiken (s o Rn 25) ist bei devisen- oder außenwirtschaftsrechtlichen Beschränkungen das Währungsraumrisiko betroffen. **Sowohl** das **Transfer- als auch** das **Konvertierungsrisiko** als die beiden Bestandteile des Währungsraumrisikos sind **grundsätzlich dem Geldschuldner zugewiesen** (s o Rn 25 ff). **Abweichungen** können sich jedoch aus vertraglichen Vereinbarungen der Parteien ergeben. Das Transferrisiko wird auf den Geldgläubiger verlagert, sofern eine Holschuld (zB bei einer Lastschrift) vorgesehen ist. Das Konvertierungsrisiko geht in Teilen auf den Geldgläubiger über, sofern dem Geldschuldner eine Ersetzungsbefugnis zusteht. In der Folge ist er befugt, zur Erfüllung auf eine andere Zahlungswährung auszuweichen. Eine solche teilweise Risikoverlagerung kann sich auch aus Gesetz (zB § 244 Abs 1 BGB) ergeben. Demgegenüber spricht die Aufnahme einer Effektivklausel für eine – deklaratorische oder konstitutive – vertragliche Zuweisung des Konvertierungsrisikos an den Geldschuldner. Das Konvertierungsrisiko trägt ebenfalls in Teilen der Geldgläubiger, sofern die Parteien dem Geldschuldner hinsichtlich der Schuldwährung ein Wahlrecht iSd §§ 262 ff BGB eingeräumt haben.

Schließlich kann sich aus der **Vorhersehbarkeit** eines devisenrechtlichen Eingriffs eine konkludente Risikoübernahme ergeben (BGH 27. 3. 1981 – V ZR 19/80, NJW 1981, 1668). Insofern ist bei der gebotenen normativen Betrachtung (BGH 19. 4. 1978 – VIII ZR 182/76, NJW 1978, 2390, 2391) einzubeziehen, ob sich in der jüngeren Vergangenheit Währungsraumrisiken in Bezug auf die Schuldwährung verwirklicht hatten oder nicht.

Eine Vertragsanpassung scheidet jedoch nicht notwendig aus, wenn nach der gesetzlichen Grundregel der Geldschuldner das Währungsraumrisiko trägt (dazu Omlor ZfPW 2017, 154, 166 f). Allein der gesetzliche Bringschuldcharakter einer Fremdwährungsverbindlichkeit genügt nicht, um ein unvorhersehbares Konvertierungs- oder Transferhindernis ausschließlich in den Risikobereich des Geldschuldners zu verweisen. Namentlich das Konvertierungsrisiko fällt dem Geldschuldner lediglich als Folge der Einordnung der Geldschuld als **Wertverschaffungsschuld** zu. In dieser geldschuldrechtlichen Dogmatik liegen Grund und Grenze der Risikotragung des Geldschuldners. Die Währungsangabe ist zwar für die Bestimmung des Leistungsgegenstands einer Geldschuld unabdingbar. Allerdings lässt sich über das Außenwertverhältnis einer Währung zu einem festgelegten Zeitpunkt der Umfang der Wertverschaffungspflicht auch in einer anderen Währung ausdrücken. Damit soll keine Relativierung oder Nivellierung der Währungsangabe postuliert werden. Jedoch liegt ein solcher Gleichwertigkeitsgedanke für verschiedene Währungen auch § 244 BGB zugrunde (so Rn 2). Konkretisierend folgt daraus, dass das Risiko eines unvorhersehbaren Transfer- oder Konvertierungshindernisses für eine **einfache Fremdwährungsverbindlichkeit**, deren Bringschuldcharakter auf der gesetzlichen Regelanordnung beruht, im Zweifel nicht mehr allein dem Geldschuldner zugewiesen ist. Bei **effektiven Fremdwährungsverbindlichkeiten** liegen die Hürden für eine Vertragsanpassung hingegen typischerweise höher, da die Parteien ausdrücklich eine Exklusivität der Schuld- und Zahlungswährung vereinbart haben (vgl auch RG 16. 3. 1936 – IV 293/35, RGZ 151, 35, 37 ff). **97**

Das Erfordernis der **Unzumutbarkeit** einer unveränderten Vertragsdurchführung stellt ein normatives Tatbestandsmerkmal des § 313 Abs 1 BGB dar. Der Auslöser der Grundlagenstörung, dh die Verwirklichung des Währungsraumrisikos, fließt dabei in die Unzumutbarkeitsprüfung mit ein und präzisiert diese zugleich. Sowohl Individual- als auch Allgemeininteressen finden dabei Berücksichtigung, wobei die Allgemeininteressen lediglich die äußerste Grenze setzen und vorrangig die Individualinteressen zu würdigen sind (vgl Vorbem C157 zu §§ 244–248). Bei der Anpassung von Fremdwährungsverbindlichkeiten an geänderte devisenrechtliche Rahmenbedingungen spielen insbesondere folgende Aspekte eine Rolle: die **voraussichtliche Dauer der Transfer- oder Konvertierungshindernisse, die Professionalität der Parteien sowie der Vertragszweck** (Omlor ZfPW 2017, 154, 168 f). Bei einem langfristigen Vertragsverhältnis lässt sich ein temporäres Erfüllungshindernis eher als bei einem singulären Austauschakt hinnehmen. Das Zeitmoment hatte auch in der reichsgerichtlichen Judikatur (RG 16. 3. 1936 – IV 293/35, RGZ 151, 35, 38 f) einen Niederschlag gefunden, wenn auch im dogmatisch fehlsamen Gewand einer vorübergehenden Unmöglichkeit. Professionelle Marktteilnehmer vermögen eher durch die Nutzung von Fremdwährungskonten im betroffenen Währungsraum Vorsorge zu treffen. Ein Vertrag kann mit einem währungsspekulativen Charakter versehen sein und daher in höherem Umfang als typischerweise üblich Währungsraumrisiken inkorporieren. **98**

cc) Rechtsfolgen

99 Auf Rechtsfolgenseite ordnet § 313 Abs 3 S 1 BGB einen Vorrang der Vertragsanpassung vor der Vertragsaufhebung an. Die teleologische Grundlage dieser Subsidiaritätsanordnung liegt in der Annahme, dass eine Vertragsanpassung typisiert weniger stark als eine Vertragsbeendigung in das Vertragsgefüge eingreift (BGH 30. 9. 2011 – V ZR 17/11 Rn 27, BGHZ 191, 139; OLG Hamburg 30. 5. 1990 – 4 U 196/89, OGHZ 1990, 65, 69; aA LANGE, in: FS Paul Gieseke [1958] 21, 48 f). Bei einer devisen- oder außenwirtschaftsrechtlichen Störung der Geschäftsgrundlage eines Fremdwährungsschuldverhältnisses kommt daher **regelmäßig nur eine Vertragsanpassung** in Betracht (OMLOR ZfPW 2017, 154, 169; iE ebenso STAUDINGER/K SCHMIDT [1997] Rn 63). Eng begrenzte Ausnahmefälle können sich allenfalls bei effektiven Fremdwährungsverbindlichkeiten aus einem über das übliche Maß auf die Leistung der vereinbarten Schuldwährung ausgerichteten Vertragszweck ergeben. In Betracht zu ziehen ist dabei die **Verlagerung des Erfüllungsorts** (RG 19. 3. 1924 – V 427/22, JW 1924, 1357, 1358; zustimmend GROTHE, Fremdwährungsverbindlichkeiten [1999] 614), sofern auf diese Weise ein legaler Weg zur Verschaffung von Geldmitteln in der Schuld- oder Zahlungswährung eröffnet wird. Auch lässt sich über § 313 Abs 1 BGB die Fremdwährungsschuld um eine **zusätzliche Zahlungswährung** erweitern, die dem Schuldner eine Erfüllung der Geldschuld ermöglicht. Auch eine Pflicht zur Annahme einer **Zahlung auf ein Sperrkonto** als Leistung an Erfüllungs statt kann als Vertragsanpassung geschuldet sein; eines Rückgriffs auf § 242 BGB (so noch RG 23. 5. 1936 – IV 263/35, RGZ 151, 116, 119) bedarf es hierzu nicht. Auch eine **Änderung der Schuldwährung** und damit im Einzelfall eine **Umwandlung der Fremdwährungs- in eine Heimwährungsschuld** taugen als Mittel der Vertragsanpassung (vgl BGH 30. 9. 1969 – VII ZR 110/66, WM 1969, 26, 27; NUSSBAUM, Das Geld in Theorie und Praxis des deutschen und ausländischen Rechts [1925] 209; MAYER, Die Valutaschuld nach deutschem Recht [1934] 99; SOERGEL/ARNOLD [13. Aufl 2014] Rn 59). Wegen des Verhältnismäßigkeitsprinzips erscheint eine solche Umwandlung jedoch zumeist als *ultima ratio* (anders wohl SOERGEL/ARNOLD [13. Aufl 2014] Rn 59), sofern damit nicht beiden Parteien nach dem Vertragszweck gleichermaßen gedient ist. Als alternative Schuld- oder Zahlungswährungen kommt im Zweifel die Währung am Erfüllungsort in Betracht; hierfür spricht bei einfachen Fremdwährungsverbindlichkeiten zugleich die Wertung des § 244 Abs 1 BGB, auch wenn sie sich originär auf die Zahlungswährung beschränkt. Erst nachrangig stehen die Heimwährungen von Schuldner oder Gläubiger zur Verfügung.

dd) Sonderfälle

100 Auf **gesetzliche begründete Fremdwährungsverbindlichkeiten** findet § 313 BGB keine Anwendung (allgemein MünchKomm/FINKENAUER[8] § 313 Rn 47). Deren Anpassung an geänderte devisen- oder außenwirtschaftsrechtliche Rahmenbedingungen unterliegt dennoch **im Grundsatz** den **gleichen Regeln**. Einschränkungen können aus den Besonderheiten der jeweiligen Regelungsmaterie folgen (zum Unterhaltsrecht s o Rn 76 ff). Mangels einer vertraglichen Risikoverteilung ist die *ratio legis* der jeweiligen Anspruchsgrundlage fruchtbar zu machen. Als **Rechtsgrundlage** ist **§ 242 BGB** heranzuziehen (OMLOR ZfPW 2017, 154, 170; ebenso GROTHE, Fremdwährungsverbindlichkeiten [1999] 621), der auch § 313 BGB entstehungsgeschichtlich zugrunde liegt.

100a Auf **CISG-Geldschulden** findet § 313 BGB ebenfalls keine Anwendung, da die Konvention selbst eine insofern abschließende Regelung enthält (OLG Brandenburg 18. 11. 2008 – 6 U 53/07, IHR 2009, 105, 114; LG Aachen 14. 5. 1993 – 43 O 136/92, RIW 1993, 760 f; STAUDINGER/MAGNUS [2018] Art 4 CISG Rn 59 mwNw). Stattdessen kann sich aus **Art 7 Abs 1**

CISG ein Anspruch auf **Vertragsanpassung** ableiten, sofern eine erhebliche Änderung der äußeren Umstände eingetreten ist (OLG Brandenburg 18. 11. 2008 – 6 U 53/07, IHR 2009, 105, 114; BRUNNER, CISG-AC Opinion No 7, Comment 40; STAUDINGER/MAGNUS [2018] Art 79 CISG Rn 24; ähnlich Federal District Court New York (Hilaturas Miel, SL v Republic of Iraq) 20. 8. 2008 – 06 CIV. 12; IHR 2009, 206, 208 f; OMLOR ZfPW 2017, 154, 173; **aA** konstruktiv wohl SCHWENZER VUWRL 39 [2008] 709, 724 f; dies, in: FS Eugen Bucher [2009] 723, 738 ff). Insofern wirkt auch das gerichtliche Vertragsanpassungsrecht aus Art 6.2.3 Unidroit Principles 2016 als „persuasive authority" (allgemein FERRARI JZ 1998, 9, 16; zustimmend HIMMEN, Die Lückenfüllung anhand allgemeiner Grundsätze im UN-Kaufrecht [2007] 113) bzw als „Rechtsgewinnungsquelle" (TEICHERT, Lückenfüllung im CISG mittels UNIDROIT-Prinzipien [2007] 112 ff). Trotz dieser abweichenden Grundlage und der autonomen Auslegung des CISG besteht **im Ergebnis** eine **weitreichende Parallele zur Geschäftsgrundlagenlösung** nach § 313 BGB (OMLOR ZfPW 2017, 154, 173). Angesichts der Internationalität der Vertragsbeziehungen und der Professionalität der Beteiligten (vgl Art 2 lit a CISG) sind dennoch die Hürden für einen Vertragseingriff tendenziell erhöht.

V. Die Fremdwährungsschuld im BGB

1. Anwendbarkeit des Allgemeinen Geldschuldrechts

Als Geldschulden unterliegen Fremdwährungsverbindlichkeiten den Regelungen **101** des Allgemeinen Geldschuldrechts. Daher handelt es bei Fremdwährungsverbindlichkeiten im gesetzlichen Regelfall um **modifizierte Bringschulden** (vgl Vorbem B23 zu §§ 244–248). Die Geldmittel in fremder Währung „reisen" grundsätzlich auf Gefahr und Kosten des Geldschuldners (vgl Vorbem B30 zu §§ 244–248). Ebenfalls dem Geldschuldner zugewiesen ist das **Geldentwertungsrisiko** auf dem Transportweg zum Gläubiger (vgl Vorbem B55 zu §§ 244–248). Eine **Unmöglichkeit iSd § 275 BGB** ist ausgeschlossen (vgl Vorbem B57 zu §§ 244–248), wobei im Fall eines vollständigen Untergangs einer Währung ohne rekurrenten Anschluss Besonderheiten zu beachten sind (s u Rn 112). Auch Fremdwährungsschulden können grundsätzlich mit beiden Erscheinungsformen des Geldes (**Bargeld und Buchgeld**) erfüllt werden, ohne dass es hierzu besonderer Parteiabreden bedürfte (vgl Vorbem B89 zu §§ 244–248). Ungeachtet dieser Parallelen zwischen Heimwährungs- und Fremdwährungsschulden weisen letztere Spezifika auf, die sich auch auf ihr geldschuldrechtliches Rechtsgewand auswirken.

2. Besonderheiten der Fremdwährungsschuld

a) Fremdwährungsschuld und Geldwert
aa) Geldschuldrechtlicher Nominalismus und Valorismus

Fremdwährungsschulden unterteilen sich ebenso wie Heimwährungsschulden in **102** **Geldsummen- und Geldwertschulden** (zur Unterteilung vgl Vorbem C46 zu §§ 244–248). Auch Fremdwährungsverbindlichkeiten unterliegen entweder dem geldschuldrechtlichen Valorismus oder Nominalismus (zu den Erscheinungsformen des Nominalprinzips vgl Vorbem C19 ff zu §§ 244–248). Die Einordnung als Geldsummen- oder Geldwertanspruch richtet sich **nach den gleichen Kriterien wie bei Heimwährungsschulden** (GROTHE, Fremdwährungsverbindlichkeiten [1999] 363). Im Regelfall liegt eine Geldsummenschuld vor, deren Inhalt sich nach einem nominal fixierten Geldbetrag richtet, auf den Geldwertänderungen keinen Einfluss haben. Ausnahmsweise kann sich aus dem Zweck der Fremdwährungsschuld deren valoristische Ausrichtung ergeben, sodass sich der Umfang der

Zahlungspflicht erst in Abhängigkeit von der Entwicklung des Geldwerts bestimmen lässt (zum Katalog von Geldsummen- und Geldwertschulden vgl Vorbem C 46 ff zu §§ 244–248).

103 Das geldschuldrechtliche Nominalprinzip beansprucht auch für Fremdwährungsverbindlichkeiten Geltung, da es nicht auf dem Währungsrecht des Euro, sondern auf **Gewohnheitsrecht** beruht (zum Geltungsgrund vgl Vorbem C 40 zu §§ 244–248). Im geldschuldrechtlichen Nominalprinzip spiegelt sich zudem der geldtheoretische Nominalismus, der zwar Niederschlag in zahlreichen kodifizierten Rechtsnormen gefunden hat (vgl Vorbem C 25 ff zu §§ 244–248), aber teleologisch auf den übergreifenden Zielen von Rechtssicherheit und -klarheit sowie der technischen Vereinfachung des Zahlungsverkehrs beruht. Überdies richtet sich kollisionsrechtlich nicht nur die individuelle Aufwertung von Geldschulden nach Maßgabe von § 313 BGB nach dem anwendbaren Schuldstatut (s u Rn 143), sondern auch die mit dem Schuldstatut verbundene Geltung des geldschuldrechtlichen Nominalismus oder Valorismus. Der gewohnheitsrechtlich anerkannte geldschuldrechtliche Nominalismus ist **Teil des deutschen Schuldstatuts**.

104 Ungeachtet dieser gewohnheitsrechtlichen und nicht währungsrechtlichen Fundierung bestätigt das Währungsrecht die Geltung des geldschuldrechtlichen Nominalprinzips für Fremdwährungsverbindlichkeiten. Das **Preisklauselgesetz** (PrKG) beruht auf der Anerkennung des geldschuldrechtlichen Nominalismus (vgl Vorbem C 39 zu §§ 244–248). Das grundsätzliche Wertsicherungsverbot aus § 1 Abs 1 PrKG erlangt nur einen Sinn, wenn und soweit die korrelierende Schuldrechtsordnung vom Nominalprinzip beherrscht ist. Anders als die frühere Regelung aus § 3 WährG aF erfasst § 1 Abs 1 PrKG sowohl Heim- als auch Fremdwährungsverbindlichkeiten; die Schuldwährung ist ohne Belang für die Anwendbarkeit des Preisklauselgesetzes (vgl § 1 PrKG Rn 3). Teleologisch ist damit weniger die Aufnahme von Individualbelangen in die Zielsetzungen des Preisklauselgesetzes (vgl § 1 PrKG Rn 1) verbunden; vielmehr wird das Ziel der Preisstabilität auch auf Geldschulden in fremder Währung erstreckt. Die Erweiterung des sachlichen Anwendungsbereichs des Geldwertsicherungsrechts harmoniert daher mit der Reichweite des geldschuldrechtlichen Nominalprinzips.

bb) Wertsicherungsvereinbarungen

105 Hinsichtlich der privatautonom-präventiven Sicherung von Geldschulden gegen Wertverluste mittels Wertsicherungsklauseln bedarf es einer Differenzierung nach der Ausprägung des Geldwerts, dessen Veränderungen die Parteien erfassen wollen. Soll der **Außenwert** des Geldes in den Blick genommen werden, bietet sich eine Verknüpfung mit einer von der Schuldwährung abweichenden Berechnungswährung an. Nach § 3 S 2 WährG aF bestand ein Genehmigungsvorbehalt, sofern der Betrag einer auf Inlandswährung lauten Geldschuld „durch den Kurs einer … anderen Währung … bestimmt werden soll". Infolge der Aufhebung von § 3 WährG mit Wirkung zum 1. 1. 1999 ist diese **Beschränkung ersatzlos entfallen**. Deutschem Schuldstatut unterliegende Geldschulden können daher privatautonom in beliebiger Art und Weise gegen Außenwertverluste geschützt werden. Dabei kann sowohl eine Euro-Geldschuld als auch eine Nicht-Euro-Geldschuld an den jeweiligen Außenwert einer anderen Währung angebunden werden. Für Absicherungen gegen **Binnenwertverluste** gilt hingegen das grundsätzliche Verbot aus § 1 Abs 1 PrKG, das von der Schuldwährung unabhängig ist (zu den Einzelheiten vgl § 1 PrKG Rn 3).

Im Hinblick auf Geldwertklauseln zum Schutz vor Änderungen des Außenwerts der **106** Schuldwährung lassen sich verschiedene Typen von Währungsklauseln unterscheiden (im Einzelnen dazu Braun, Vertragliche Geldwertsicherung im grenzüberschreitenden Wirtschaftsverkehr [1982] 60 ff mwNw). Bei den **einfachen Währungsklauseln** erfolgt nur eine überaus unvollkommene Absicherung zumindest einer Partei, da sie die Beteiligten auf eine einzige Schuldwährung und deren Außenwertstabilität beschränken. Die **kombinierte Währungsklausel** hingegen streut das Risiko, indem der Wert der geschuldeten Geldleistung nach im Einzelnen festgelegten Anteilen von mindestens zwei Währungen berechnet wird. Als Wahlschuld iSd §§ 262 ff BGB stellt sich die Vereinbarung einer **Währungsoptionsklausel** dar, bei welcher der Berechtigte zwischen mindestens zwei Schuldwährungen auswählen darf. Schließlich existieren auch Mischformen dieser drei Grundtypen, die eine Anpassung an die individuellen Bedürfnisse der Parteien zulassen. Alternativ zu diesen Währungsklauseln steht es den Parteien auch offen, eine Rechnungseinheit wie die **Sonderziehungsrechte des Internationalen Währungsfonds** als Wertmaßstab zu nutzen; über den dahinterstehenden Währungskorb kann ebenfalls eine Risikostreuung vorgenommen werden.

cc) Individuelle Aufwertung von Fremdwährungsverbindlichkeiten

Die gesetzlich-reaktive Aufwertung von Geldsummenschulden, deren Schuldwäh- **107** rung nicht Euro ist, erfolgt ebenso wie bei Heimwährungsschulden nach Maßgabe der **Geschäftsgrundlagenlösung**. Die Anwendbarkeit des deutschen Schuldstatuts bringt automatisch die Regelungen des deutschen Geldschuldrechts zur individuellen Aufwertung mit sich („**schuldrechtliche Theorie**", RG 27. 1. 1928 – VII 465/27, RGZ 120, 70, 76; RG 28. 6. 1934 – VI 68/34, RGZ 145, 51, 55; RG 20. 4. 1940 – II 156/39, RGZ 163, 324, 333 ff; RG 6. 4. 1925 – IV 643/24, JW 1925, 1986 f; RG 6. 5. 1933 – I 18/33 WarnR 1933 Nr 112; RG 28. 5. 1936 – IV 272/35, JW 1936, 2058, 2060 f; BGH 24. 3. 1960 – VII ZR 44/59, WM 1960, 940, 942; BGH 18. 2. 1965 – VII ZR 240/63, BGHZ 43, 162, 168; Reichel, in: Festgabe hanseatischer Juristen für den 24. deutschen Anwaltstag [1929] 441, 444 ff; Haussmann Bank-Archiv 1933/1934, 43 ff [mit rechtsvergleichender Analyse]; Mayer, Die Valutaschuld nach deutschem Recht [1934] 58 ff; Mann, Das Recht des Geldes [1960] 230 ff; Staudinger/K Schmidt [1997] Rn 45; Grothe, Fremdwährungsverbindlichkeiten [1999] 174 ff, 199 ff [unter Befürwortung einer materiell-rechtlichen Alternativanknüpfung nach dem Günstigkeitsprinzip, 202 ff]; aA KG 25. 9. 1928 – 20 U 6494/27, JW 1929, 446; Nussbaum, Das Geld in Theorie und Praxis des deutschen und ausländischen Rechts [1925] 143 f [für eine sinngemäße Anwendung des Aufwertungsgedankens trotz anders lautendem Schuldstatut]; Eckstein, Geldschuld und Geldwert im materiellen und internationalen Privatrecht [1932] 120 f; Kraemer JW 1933, 2558, 2562 f [mit Darstellung der Entwicklung der reichsgerichtlichen Judikatur, 2560 ff]; Fögen, Geld- und Währungsrecht [1969] 116; vWestphalen, Rechtsprobleme der Exportfinanzierung [3. Aufl 1987] 132 f; für die gesetzliche Aufwertung auch RG 5. 3. 1928 – IV 504/27, RGZ 120, 277, 279; RG 2. 2. 1931 – IV 243/30, RGZ 131, 250, 260: „**währungsrechtliche Theorie**"). Entscheidende Bedeutung für die Entscheidung zwischen dem Schuld- und dem Währungsstatut kommt der teleologischen wie dogmatischen Grundlage der individuellen Aufwertung zu. Austariert wird über § 313 BGB als Bestandteil des deutschen Schuldstatuts das subjektive Äquivalenzverhältnis von Leistung und Gegenleistung. Auch das Prinzip von Treu und Glauben (§ 242 BGB), das für die praktisch wenig relevante Aufwertung von gesetzlich begründeten Geldschulden heranzuziehen ist, stellt ein spezifisch privatrechtliches Instrumentarium zur Verfügung. Bestimmt wird über die individuelle Aufwertung der **Inhalt einer Geldschuld**, deren Entstehungsgrund im Privatrecht liegt und die sich **nach den Regeln des Geldprivatrechts** ausrichtet. Der Leistungsgegenstand einer Geldschuld nimmt nur insofern Bezug auf das

Währungsrecht, als er die einzelne Währungseinheit als Wertmaß inkorporiert. Die Anzahl der Währungseinheiten, die der private Gläubiger verlangen und der private Schuldner zur Erfüllung (§§ 362 ff BGB) verschaffen muss, unterliegt nicht dem jeweiligen Währungsstatut (Hahn BerDGesVölkR 20 [1979] 1, 23 f).

108 Aus dieser geldprivatrechtlichen Verortung der individuellen Aufwertung leitet sich zudem ab, dass sich die **materiell-rechtlichen Maßstäbe** für die individuelle Aufwertung von **Heim- und Fremdwährungsschulden nicht unterscheiden** (ausführlich Grothe, Fremdwährungsverbindlichkeiten [1999] 364 ff mwNw). Die Rechtsgrundlage ist mit § 313 BGB jeweils identisch (**aA** Wiesner JW 1934, 142: Auslegung nach §§ 133, 157; zur Ablehnung vgl Vorbem C114 zu §§ 244–248). Auch die Leitmotive der individuellen Aufwertung variieren nicht je nach betroffener Schuldwährung. Tatbestandlicher wie teleologischer Ausgangspunkt einer individuellen Aufwertung bilden die **Äquivalenz- bzw Zweckstörung**. Beide Fallgruppen knüpfen nicht an ein bestimmtes Währungssystem an, sondern zeichnen sich durch eine **Währungsneutralität** aus. Die subjektive Äquivalenz der ausgetauschten Leistungen wird in gleicher Weise gestört, wenn die in Euro, USD, CHF oder JPY geschuldete Geldleistung eine Entwertung erfährt. Bei der individuellen Aufwertung nach § 313 BGB handelt es sich nicht um eine währungsrechtliche, sondern um eine geldprivatrechtliche Fragestellung. Für eine Gleichbehandlung von Heim- und Fremdwährungsschulden streitet schließlich auch, dass Fremdwährungsverbindlichkeiten – anders als nach dem ersatzlos aufgehobenen § 3 WährG aF – nach § 1 Abs 1 PrKG den gleichen preisrechtlichen Schranken für eine privatautonome Valorisierung unterliegen.

dd) Ersatzfähigkeit von Geldentwertungsschäden

109 Einen Ausgleich von Geldwertverlusten vermag auch der Schadensersatzanspruch aus §§ 280 Abs 1 und 2, 286 BGB zu gewähren. Dogmatisch bedarf es jedoch einer strikten **Abgrenzung zur Aufwertung von Geldschulden**. Während die Einbeziehung von Wertsicherungsabreden und die individuelle Aufwertung nach § 313 BGB im Ergebnis dazu führen, dass sich der Inhalt der Geldschuld bereits bei Eintritt der Fälligkeit in bestimmten Umfang der Geldentwertung anpasst, greift der Schadensersatzanspruch wegen Schuldnerverzugs erst eine logische Sekunde später ein. In den Schuldinhalt wird durch den Schadensersatzanspruch gar nicht eingegriffen. Der Ersatz des Geldentwertungsschadens setzt sachnotwendig voraus, dass nach Fälligkeit eine Geldentwertung zulasten des Geldgläubigers eintritt, ohne dass ein automatischer Ausgleich durch eine Anpassung der Schuldhöhe erfolgt. Zu **differenzieren** bei der Ersatzfähigkeit von Geldentwertungsschäden ist **zwischen Binnen- und Außenwertverlusten**. Sowohl bei Heim- als auch Fremdwährungsschulden können Binnen- wie Außenwertverluste auftreten, die zu einem korrespondierenden Schadensersatzanspruch aus §§ 280 Abs 1 und 2, 286 BGB führen können (vgl Vorbem B73 zu §§ 244–248).

110 Durch die Bezugnahme des Wechselkurses in § 244 Abs 2 BGB auf den Zeitpunkt der tatsächlichen Zahlung (s o Rn 1) ist ein Kursverlustschaden bei einfachen Fremdwährungsverbindlichkeiten nicht *per se* ausgeschlossen, sofern der Schuldner von seiner Ersetzungsbefugnis Gebrauch macht (Grothe, Fremdwährungsverbindlichkeiten [1999] 643; **aA** Staudinger/K Schmidt [1997] Rn 58). Zwar wird das Wechselkursrisiko als Teil des Fremdwährungsrisikos (s o Rn 25) durch das Abstellen auf den Zeitpunkt der Zahlung statt der Fälligkeit für diesen Zeitraum auf den Geldschuldner verlagert, insoweit das Verhältnis von Schuld- und Zahlungswährung betroffen ist. Diese Risikoentlastung des Geldgläubigers bleibt jedoch lückenhaft, sofern letzterer einen Umtausch in eine Drittwährung vornimmt. Daher können Kurswertverluste sowohl **bei einfachen als auch bei effektiven Fremdwährungsverbindlichkeiten** entstehen und nach den allgemeinen Regeln für sämtliche Geldschulden nach §§ 280 Abs 1 und 2, 286 BGB liquidiert werden.

b) Unmöglichkeit

Fremdwährungsschulden können ebenso wie Heimwährungsschulden (vgl Vorbem B57 zu §§ 244–248) **nicht unmöglich iSd § 275** BGB werden (NUSSBAUM JW 1923, 20, 21; GROTHE, Fremdwährungsverbindlichkeiten [1999] 604 ff; unklar STAUDINGER/K SCHMIDT [1997] Rn 44, 63 in Bezug auf einen ersatzlosen Untergang der Schuldwährung). Dies entscheidet sich nach dem jeweils geltenden Schuldstatut (MANN JbSchweizR 1970, 93, 105). In beiden Fällen handelt es sich um Geldschulden, die ihrer Natur nach Wertverschaffungsschulden sind. Die **Verschaffung eines bestimmten Volumens an neutralen Tauschmitteln** kann objektiv nicht unmöglich werden. Die Anwendbarkeit des Tatbestands der subjektiven Unmöglichkeit wird durch die vorrangigen Regelungen des Insolvenz- und Zwangsvollstreckungsrechts gesperrt. Besonderheiten ergeben sich bei Fremdwährungsschulden auch nicht aus dem Umstand, dass Geldschulden ihrem Leistungsgegenstand nach notwendig mit einer konkreten Schuldwährung verbunden sind und daher ihre Erfüllbarkeit an die Verfügbarkeit und Existenz dieser Schuldwährung geknüpft sei. Hinsichtlich der Anbindung an eine bestimmte Schuldwährung unterscheiden sich Heim- und Fremdwährungsschulden nicht. Die Abgrenzung von Heim- und Fremdwährungen basiert lediglich auf der Einnahme der Perspektive eines einzelnen Währungsraums. Davon losgelöst betrachtet stellen sowohl Heim- als auch Fremdwährungsverbindlichkeiten jeweils Wertverschaffungsschulden dar, deren Inhalt sich über eine festgelegte Anzahl von Währungseinheiten definiert. **111**

Sowohl bei Heim- als auch Fremdwährungsschulden können **devisen- oder außenwirtschaftsrechtliche Bestimmungen** die legale Verschaffung von Geldmitteln in der Schuldwährung durch den Schuldner an den Gläubiger zeitweise – oder in seltenen Ausnahmefällen eines Währungsuntergangs ohne rekurrenten Anschluss auch dauerhaft – ausschließen. Daraus folgt jedoch keine Unmöglichkeit iSd § 275 BGB, die bei einer Wertverschaffungsschulden *eo ipso* nicht eintreten kann. Vielmehr kann dem Geldschuldner ein Anspruch auf **Vertragsanpassung aus § 313 Abs 1** BGB zustehen, der letztlich auch zu einer gänzlichen Auswechslung der Schuldwährung führen kann (s o Rn 99). **112**

Die **Geschäftsgrundlagenlösung** ist auch bei Leistungserschwerungen infolge von **Änderungen des Außenwerts der Schuldwährung** heranzuziehen. Der Unmöglichkeitseinwand aus § 275 Abs 1 BGB scheidet schon deshalb aus, weil Geldmittel in der Schuldwährung objektiv weiterhin legal erhältlich sind, nur zu einem für den Geldschuldner ungünstigeren Wechselkurs. Zudem entlastet ihn sein Unvermögen nicht, weil die insolvenz- und zwangsvollstreckungsrechtlichen Regelungen insofern Vorrang beanspruchen. Aber auch eine wirtschaftliche Unmöglichkeit iSd § 275 Abs 2 BGB tritt nicht ein, denn das Leistungsinteresse des Gläubigers ist mit dem Aufwand des Schuldners in gleichem Maße gestiegen (vgl dazu allgemein STAUDINGER/CASPERS [2019] § 275 Rn 92 ff). Die Vorzugswürdigkeit des Weges über § 313 BGB (ausführlich vgl Vorbem C111 ff zu §§ 244–248) liegt darin, dass das Vertragsgefüge nur insoweit angetastet wird, als es die Grundlagenstörung erfordert. Auf Rechtsfolgenseite bietet § 313 **113**

BGB ein flexibles Instrumentarium, das den Besonderheiten des betroffenen Geldschuldverhältnisses Rechnung trägt. Auch finden die vertragliche wie gesetzliche Risikoverteilung schon auf Tatbestandsseite Berücksichtigung, sodass die Geldschuld lediglich an die geänderten Rahmenkonditionen angepasst und fortgeschrieben wird. Hinsichtlich der Voraussetzungen und Rechtsfolgen einer individuellen Aufwertung von Fremdwährungsschulden wegen Außenwertverlusten gelten die **gleichen Grundsätze wie bei der Aufwertung infolge von Binnenwertverlusten** (zu Einzelheiten vgl Vorbem B56 u C111 ff zu §§ 244–248).

c) Schuldnerverzug

114 Im Grundsatz bestehen hinsichtlich des Schuldnerverzugs **keine Unterschiede zwischen Heim- und Fremdwährungsschulden**. Besonderheiten sind lediglich in Bezug auf die Voraussetzungen einer rechtswirksamen Mahnung iSd § 286 Abs 1 S 1 BGB zu beachten. Aufgeworfen ist die Frage, ob eine **Mahnung in einer „falschen" Währung**, dh einer anderen als der Schuldwährung, die Verzugsfolgen nach sich ziehen kann. In der Rechtsprechung (RG 11. 10. 1924 – I 2/24, RGZ 109, 61, 63 f zur Mahnung nach § 286 BGB; BGH 5. 5. 1988 – VII ZR 119/87, BGHZ 104, 268, 272 zum Mahnverfahren nach §§ 688 ff ZPO) wird verbreitet davon ausgegangen, es komme auf eine Identität zwischen Mahn- und Schuldwährung nicht an. Die Literatur (NUSSBAUM, Das Geld in Theorie und Praxis des deutschen und ausländischen Rechts [1925] 189; MünchKomm/ERNST[8] § 286 Rn 53; STAUDINGER/FELDMANN [2019] § 286 Rn 36) folgt verbreitet dieser Auffassung. Das **Reichsgericht** führt an, sowohl angemahnt als auch geschuldet werde die Zahlung von Geld. Die Geltendmachung der Schuldwährung zu verlangen sei „formalistisch", zumal im entschiedenen Fall § 244 Abs 1 BGB dem Schuldner eine Ersetzungsbefugnis zugunsten der Mahnwährung eingeräumt hatte. Nur scheinbar eine ähnliche *ratio decidendi* lag BGH 5. 5. 1988 – VII ZR 119/87, BGHZ 104, 268 zugrunde, insofern es dort um die verjährungshemmende Wirkung (früher: verjährungsunterbrechende Wirkung nach § 209 Abs 2 Nr 1 BGB aF, nunmehr aber bloße Hemmung nach § 204 Abs 1 Nr 3 BGB) der Zustellung eines Mahnbescheids in einer anderen als der Schuldwährung ging. Ohne eingehende Begründung weist der erkennende Senat lediglich darauf hin, dass sowohl die in „falscher" Währung im Mahnbescheid als auch später in der Schuldwährung gerichtlich geltend gemachte Forderung aus demselben Rechtsgrund abgeleitet wurde. Vordergründig könnte eine Parallelentscheidung zu RG 11. 10. 1924 – I 2/24, RGZ 109, 61 vorliegen. Vorauszuschicken ist allerdings, dass sich inzwischen auch Geldforderungen in ausländischer Währung im Wege des Mahnverfahrens einfordern lassen (§ 32 Abs 1 S 2 AVAG). Vor allem aber decken sich die Bestimmtheitsanforderungen, die § 690 Abs 1 Nr 3 ZPO an die Angabe der verlangten Leistung im Mahnantrag stellt, inhaltlich wie teleologisch nicht mit den materiell-rechtlichen Verzugserfordernissen aus § 286 Abs 1 BGB. Die **Individualisierung des geltend gemachten Anspruchs**, welche die Rechtsprechung fordert (BGH 17. 11. 2010 – VIII ZR 211/09, NJW 2011, 613 Rn 11 ff mwNw), weist eine doppelte Zielsetzung auf: Zum einen soll dem Antragsgegner eine Prüfung ermöglicht werden, ob und in welchem Umfang er sich gegen die erhobene Forderung zur Wehr setzen soll. Zum anderen aber muss verfahrensrechtlich sichergestellt werden, dass ein späterer Vollstreckungsbescheid der materiellen Rechtskraft zugänglich ist. Anders als bei der materiell-rechtlichen Mahnung des § 286 Abs 1 BGB steht nicht die Zahlungsaufforderung an den Schuldner im Vordergrund, sondern sind allein die prozessualen Erwägungen einer effektiven Verteidigung des Antragsgegners und der Rechtskraft von Vollstreckungstiteln maßgebend.

115 Ob die Mahnung in einer anderen als der Schuldwährung, dh in einer „falschen" Währung, die Verzugsfolgen des § 286 Abs 1 BGB auszulösen vermag, richtet sich nach dem materiellen Recht und nicht nach Prozessrecht. Im Kern geht es um den Begriff der Mahnung und um die Auslegung der Erklärung des Geldgläubigers. Unter einer Mahnung iSd § 286 Abs 1 S 1 BGB ist die Aufforderung des Gläubigers an den Schuldner zur Erbringung der geschuldeten Leistung zu verstehen (STAUDINGER/ FELDMANN [2019] § 286 Rn 28). Das Fordern einer nicht geschuldeten Leistung stellt keine wirksame Mahnung dar (STAUDINGER/FELDMANN [2019] § 286 Rn 35; eine Zuvielforderung schadet aber nicht, wenn anzunehmen ist, dass auch bei Nennung der richtigen Summe nicht gezahlt worden wäre, vgl RG 19. 3. 1924 – V 427/22, JW 1924, 1137). Die Mahnung muss den **Inhalt und Umfang der geforderten Leistung zumindest erkennen lassen.** Ihrer Rechtsnatur nach handelt es sich bei der Mahnung um eine geschäftsähnliche Handlung (statt aller BGH 17. 4. 1967 – II ZR 228/64, BGHZ 47, 352, 257), die einer **Auslegung analog §§ 133, 157** BGB zugänglich ist (BGH 14. 10. 1994 – V ZR 196/93, NJW 1995, 45, 46). Eine besondere Bedeutung kommt insofern der für den gemahnten Anspruch beigefügten Begründung zu, aus welcher sich Inhalt und Umfang der geforderten Geldleistung ergeben können. Folgt auf dem weiteren Inhalt des Mahnschreibens, dass es sich um eine irrtümliche Falschbezeichnung handelt, kann auf die Grundsätze zur *falsa demonstratio* zurückgegriffen werden (GROTHE, Fremdwährungsverbindlichkeiten [1999] 622).

116 Angesichts des Kriteriums der Erkennbarkeit für den Geldschuldner **verbietet sich** ein auch nur rechtsgedanklicher **Rückgriff auf** die Ersetzungsbefugnis des **§ 244 Abs 1** BGB (GROTHE, Fremdwährungsverbindlichkeiten [1999] 625; aA RG 11. 10. 1924 – I 2/24, RGZ 109, 61, 64). Schon deren schuldnerschützende Funktion spricht dagegen, aus ihr eine Erweiterung der Rechtsstellung des mahnenden Gläubigers abzuleiten. Vor allem aber ändert sich die Schuldwährung durch § 244 Abs 1 BGB nicht. Die Leistung vermag der Geldgläubiger nur in der Schuld-, nicht aber in einer davon abweichenden Zahlungswährung zu verlangen; dementsprechend hat sich die **Mahnung** auch **auf die Schuldwährung auszurichten.** Auch die Unterscheidung zwischen einfachen und effektiven Fremdwährungsverbindlichkeiten hat dementsprechend keine Bedeutung für die Wirksamkeit einer Mahnung in der Zahlungs- statt der Schuldwährung. Auch bei einer einfachen Fremdwährungsverbindlichkeit vermag der Gläubiger nur die Zahlung in der Schuldwährung zu verlangen. Daraus folgt hingegen nicht, dass eine **Mahnung in der Inlandswährung iSd § 244 Abs 1** BGB notwendig **rechtsfolgenlos** bleiben müsse. Ergeben sich aus dem weiteren Inhalt der Mahnung hinreichend eindeutig die Höhe der Forderung in der Schuldwährung und deren Einforderung durch den Gläubiger, schadet die zusätzliche Benennung einer Zahlungswährung nicht.

117 Eine pauschale **Differenzierung nach dem Rechtsgrund** für die Geldschuld ist **nicht geboten** (GROTHE, Fremdwährungsverbindlichkeiten [1999] 624 f; aA AREND, Zahlungsverbindlichkeiten in fremder Währung [1989] 72 ff). Zwar ist AREND zuzugestehen, dass ein typischer Schuldner bei gesetzlichen Geldschulden tendenziell eher als bei von ihm zuvor vertraglich vereinbarten Geldschulden mit Zweifeln hinsichtlich der maßgeblichen Schuldwährung ausgestattet sein kann. Den verzugsbegründenden Wirkungen der **Mahnung fehlt** es jedoch an jeglichem **Verschuldensmoment**, als es nicht darauf ankommt, ob der Gläubiger fahrlässig den zutreffenden Inhalt der von ihm zu mahnenden Leistung zu erkennen vermag. Lediglich die unverschuldete Nichtleistung des Schuldners exkulpiert (§ 286 Abs 4 BGB). Vielmehr entscheidet über den Inhalt der Mahnung allein die allgemeine Rechtsgeschäftslehre in ihrer entsprechenden Anwendung auf geschäftsähnliche Handlungen. Nicht die Erkennbarkeit der Schuldwährung für den Gläubiger, sondern die Erkennbarkeit der geforderten Leistung für den Schuldner ist entscheidend. Bei einer auf zu hoch berechneter fremder Währung lautenden Mahnung ist für ihre Wirksamkeit entscheidend, ob der Gläubiger die Zahlung der richtigen Summe in der maßgeblichen Währung als Teilzahlung zurückgewiesen hätte (RG 19. 3. 1924 – V 427/22, JW 1924, 1137, 1137 f).

d) Erfüllung
aa) Zahlung von Bar- oder Buchgeld

118 Fremdwährungsverbindlichkeiten werden **nach den Regeln des Allgemeinen Geldschuldrechts** erfüllt (vgl Vorbem B80 ff zu §§ 244–248). Grundsätzlich vermag der Geldschuldner sich sowohl durch die Übergabe und Übereignung von gesetzlichen Zahlungsmitteln der Schuldwährung als auch durch die Verschaffung von Buchgeld in Schuldwährung zu befreien. Ausländische Geldzeichen verlieren nicht durch den Grenzübertritt ihren Geldcharakter (vgl Vorbem A88 zu §§ 244–248), sondern taugen weiterhin als Solutionsmittel für entsprechende Fremdwährungsverbindlichkeiten. Zur Entgegennahme von Buchgeld in Fremdwährung steht es dem Geldgläubiger offen, ob er ein Fremdwährungskonto führt oder sich die transferierten Geldmittel durch seinen Zahlungsdienstleister automatisch in die Kontowährung umrechnen lässt. Die Einfluss- und Risikosphäre des Zahlers endet, sobald der Geldbetrag auf dem Sammelkonto des empfangenden Zahlungsdienstleisters eingeht. Nachgeschaltete Umrechnungsvorgänge auf der Grundlage von Vereinbarungen im Inkassoverhältnis berühren den Eintritt der Erfüllung im Valutaverhältnis nicht.

119 Macht der Geldschuldner bei einer einfachen Fremdwährungsverbindlichkeit von seiner Ersetzungsbefugnis aus § 244 Abs 1 BGB Gebrauch, richtet sich der Umfang der Erfüllung entscheidend nach dem durch **§ 244 Abs 2** BGB festgelegten **Umrechnungsverhältnis**. Nach § 244 Abs 2 BGB kommt es auf den Kurswert am Zahlungsort (s o Rn 11) zur Zeit der Zahlung an (OLG Köln 4. 9. 2015 – 6 U 61/15, GRUR-RR 2016, 156, 158). Der Kurswert nimmt auf den Außenwert des Geldes im Verhältnis zu einer anderen Währung Bezug. In erster Linie ist auf eine vorrangige Parteivereinbarung abzustellen, aus welcher sich der Kurswert ergibt (MANN, Das Recht des Geldes [1960] 262; für eine Dispositivität des § 244 Abs 2 auch RG 24. 1. 1921 – II 13/20, RGZ 101, 312, 315). Normativ subsidiär, praktisch aber vorherrschend fehlt es an einer solchen Abrede, sodass auf die gesetzliche Regelung des § 244 Abs 2 BGB zurückzugreifen ist. Der Kurswert bestimmt sich nach dem amtlich ermittelten, hilfsweise nach jedem anderen legalen Wechselkurs (OLG Hamm 17. 1. 1953 – 14 W 189/52, NJW 1953, 750). Entscheidend ist dabei, zu welchen Konditionen sich der Geldgläubiger mit Geldmittel in der Schuldwährung eindecken kann (GROTHE, Fremdwährungsverbindlichkeiten [1999] 524; vgl auch RG 24. 1. 1921 – II 13/20, RGZ 101, 312, 315). Ist der Geldgläubiger darauf angewiesen, sich im Währungsraum der Zahlungswährung Geldmittel in der Schuldwährung zu beschaffen, stellt § 244 Abs 2 BGB daher auf den sog **Briefkurs** ab (BGH 7. 4. 1992 – X ZR 119/90, WM 1993, 2011, 2011; OLG Karlsruhe 14. 8. 1978 – 15 U 136/77, DB 1978, 2017 f; OLG Hamburg 15. 5. 1996 – 5 U 246/95, NJW 1996, 1902, 1904). Im Währungsraum der Schuldwährung ist demgegenüber auf den sog Geldkurs abzustellen (GROTHE, Fremdwährungsverbindlichkeiten [1999] 524).

120 Der Kurswert richtet sich nach der **Zeit der tatsächlichen Zahlung**, nicht des Eintritts der Fälligkeit (grundlegend RG 24. 1. 1921 – II 13/20, RGZ 101, 312, 315; ebenso BGH 22. 5.

1958 – II ZR 281/56, NJW 1958, 1390, 1391; OLG Köln 22. 3. 1991 – 19 U 65/90, NJW-RR 1992, 237, 239; Nussbaum, Das Geld in Theorie und Praxis des deutschen und ausländischen Rechts [1925] 211 f; Arend, Zahlungsverbindlichkeiten in fremder Währung [1989] 57; Steenken, Fremdwährungsschulden im deutschen und englischen Recht [1992] 64; vgl zum französischen Recht BGH 3. 6. 1986 – VI ZR 102/85, WM 1986, 1369 sowie Nagel IPRax 1985, 83 f und Mezger IPRax 1986, 142 zu Ansätzen *de lege ferenda* vgl Grothe, Fremdwährungsverbindlichkeiten [1999] 529 ff mwNw). Diese Anbindung an die faktische Bewirkung der Zahlung hängt mit der Grundannahme des § 244 BGB zusammen, wonach eine **Gleichwertigkeit zwischen dem Schuldwährungs- und dem Zahlungswährungsbetrag** besteht (RG 24. 1. 1921 – II 13/20, RGZ 101, 312, 313; BGH 22. 5. 1958 – II ZR 281/56, NJW 1958, 1390, 1391). Eine solche Gleichwertigkeit lässt sich angesichts der Schwankungen des Außenwerts nur herstellen, sofern sich die Anzahl der geschuldeten Einheiten der Zahlungswährung daran orientiert, wie viele davon der Geldgläubiger nach Erhalt der Zahlung benötigt, um wertmäßig identische Geldmittel der Schuldwährung zu erlangen. Sonstigen Nachteilen vermag der Geldgläubiger dadurch zu begegnen, dass er möglichst mit oder zeitnah nach Fälligkeit des Anspruchs die Voraussetzungen für einen Anspruch aus §§ 280 Abs 1 und 2, 286 BGB auf Ersatz des Geldentwertungsschadens (s o Rn 109) herstellt.

bb) Aufrechnung
(1) Gleichartigkeit von Fremdwährungsschulden

Die einseitige Aufrechnung im Verhältnis zwischen Forderungen mit unterschiedlichen Schuldwährungen hängt in ihrer Zulässigkeit und Reichweite von den Anforderungen an die **Gleichartigkeit** iSd § 387 BGB ab. Weitgehend konsentiert erscheint die Annahme, dass eine Gleichartigkeit zumindest in **drei Konstellationen** besteht: Die **Schuldwährungen** beider Forderungen sind **identisch** (Henn MDR 1956, 584, 585 – allgemeine Ansicht); dem Aufrechnenden steht die **Befugnis** (zB aus § 244 Abs 1 BGB) zu, seine Schuld **in der Schuldwährung seiner eigenen Forderung zu erfüllen** (RG 20. 12. 1922 – I 18/22, RGZ 106, 99, 100; RG 16. 5. 1941 – VII 1/41, RGZ 167, 60, 63; BGH 7. 4. 1992 – X ZR 119/90, WM 1993, 2011, 2011; OLG Frankfurt 27. 10. 1966 – 11 U 42/66, NJW 1967, 501, 503; Smoschewer JW 1921, 1446, 1447; Nussbaum, Das Geld in Theorie und Praxis des deutschen und ausländischen Rechts [1925] 225; Henn MDR 1956, 584, 585; Arend, Zahlungsverbindlichkeiten in fremder Währung [1989] 54; Gruber MDR 1992, 121, 122; Feldmann JuS 1983, 357, 359; Grothe, Fremdwährungsverbindlichkeiten [1999] 570 ff; **aA** Birk RIW 1969, 12, 15; Berger, Der Aufrechnungsvertrag [1996] 260 f [jeweils in Bezug auf die Anwendbarkeit von § 244]); der Aufrechnende vermag durch eine **Währungsklausel** (s o Rn 106) eine Identität der Schuldwährungen herzustellen. Diese überwiegende Ansicht geht davon aus, dass es Geldschulden mit unterschiedlicher Schuldwährung an einer Gleichartigkeit des Schuldinhalts iSd § 387 BGB fehlt (OLG Frankfurt 27. 10. 1966 – 11 U 42/66, NJW 1967, 501, 503; KG 6. 3. 2003 – 2 U 198/01, BKR 2003, 997, 998; Henn MDR 1956, 584, 585; Staudinger/Gursky [2016] § 387 Rn 79 mwNw; **aA** Birk RIW 1969, 12, 15 f; Hoffmann IPRax 1981, 155, 156) und daher grundsätzlich eine Aufrechnung ausscheiden muss. Nur über das Vehikel der Ersetzungsbefugnis aus § 244 Abs 1 BGB, der in diesem Fall eine positive Wirkung zukommt, lässt sich danach eine Aufrechnungslage auch bei divergierenden Schuldwährungen herstellen. Diese **vorzugswürdige Ansicht** trägt dem Umstand Rechnung, dass der Inhalt einer Geldschuld erst durch die Bezugnahme auf ein Währungssystem bestimmt wird; abstrakte Vermögensmacht lässt sich nur in einer Währung konkretisiert ausdrücken und transferieren.

122 Zwei die Aufrechnungsmöglichkeiten erweiternde **Gegenansichten** haben sich in der zweiten Hälfte des vergangenen Jahrhunderts herausgebildet. Eine Meinungsgruppe (OLG Koblenz 3. 5. 1991 – 2 U 1645/87, RIW 1992, 59, 61; Birk RIW 1969, 12, 15; Alberts, Einfluss von Währungsschwankungen auf Zahlungsansprüche nach deutschem und englischem Recht [1986] 65; Steenken, Fremdwährungsschulden im deutschen und englischen Recht [1992] 73; Berger, Der Aufrechnungsvertrag [1996] 257 f) nimmt an, für eine Aufrechnung von Geldschulden mit unterschiedlicher Schuldwährung genüge eine **funktionale Gleichartigkeit**. Die Ungleichartigkeit bestehe lediglich bei formaler Betrachtung. Entscheidend müsse jedoch sein, dass sich jeweils Geldforderungen gegenüberstünden. Das Geld als neutraler Wertmesser lasse sich problemlos in unterschiedlichen Währungseinheiten darstellen. Geld verliere seinen Geldcharakter nicht, sofern es die Grenzen des jeweiligen Währungsraums überschreite. Voraussetzung sei lediglich eine freie Konvertibilität der betroffenen Währungen (Berger, Der Aufrechnungsvertrag [1996] 258, 262 ff). Die funktionale Betrachtungsweise vermag jedoch **nicht zu überzeugen** (ebenso Grothe, Fremdwährungsverbindlichkeiten [1999] 576 ff). Das Kriterium der Gleichartigkeit wird zwar im Geldprivatrecht nach überwiegender und zutreffender Ansicht (vgl Vorbem B14 zu §§ 244–248) insofern gelockert, als gegen den Vindikationsanspruch auf Herausgabe von Geldzeichen die Aufrechnung mit einem Geldzahlungsanspruch zulässig ist. Ausschlaggebend ist die Einordnung des Gleichwertigkeitserfordernisses als normatives Tatbestandsmerkmal, das auf die Vermeidung eines ineffizienten Hin- und Herschiebens von Leistungen gerichtet ist. Allerdings beschränkt sich die Aufrechenbarkeit mit dem Geldzeichenvindikationsanspruch auf Geld derselben Währung. Die zugrundeliegende Betonung der Geldfunktionen führt lediglich dazu, dass Bar- und Buchgeld als unterschiedliche Aggregatzustände des Geldes einzuordnen sind, welche der Aufrechenbarkeit nicht entgegenstehen. Die **Schuldwährung** hingegen ist **essentiell für die Bestimmung des Leistungsgegenstands einer Geldschuld**. Abstrakte Vermögensmacht existiert nicht losgelöst von einer Währung (Grothe, Fremdwährungsverbindlichkeiten [1999] 578). Weder kann es Geld ohne Währung noch Währung ohne Geld geben. Bei Geldschulden steht sich als nicht auf beiden Seiten Geld gegenüber, sondern jeweils mittels einer bestimmten Schuldwährung ausgedrücktes Geld. Eine Aufrechnung soll nach § 387 BGB aber nur möglich sein, sofern sich Forderung und Gegenforderung allenfalls in ihrer Quantität unterscheiden (Nussbaum, Das Geld in Theorie und Praxis des deutschen und ausländischen Rechts [1925] 225).

123 Eine zweite Meinungsgruppe leitet aus der **Vollstreckungsfunktion** der Aufrechnung ab, dem Fremdwährungsgläubiger müsse regelmäßig die Befugnis zur Aufrechnung mit einer Euro-Geldforderung zustehen (Bötticher, in: FS Hans Schima [1969] 95; Hoffmann IPRax 1981, 155, 156; Maier-Reimer NJW 1985, 2049, 2051; Arend, Zahlungsverbindlichkeiten in fremder Währung [1989] 55; Staudinger/K Schmidt [1997] Rn 47 ff). Der Fremdwährungsgläubiger könne durch die Aufrechnung als Form der „privaten Zwangsvollstreckung" (Maier-Reimer NJW 1985, 2049, 2051) nicht anders gestellt werden, als er bei einer gerichtlichen Durchsetzung seines Anspruchs stünde. Auch im Wege der (hoheitlichen) Zwangsvollstreckung nach deutschem Vollstreckungsrecht könne der Fremdwährungsgläubiger nur Geldmittel in Euro erlangen. Das Vergleichsszenario bestehe darin, dass der Fremdwährungsgläubiger die Euro-Forderung gegen ihn pfänden und sich an Zahlungs statt überweisen lassen könne (Bötticher, in: FS Hans Schima [1969] 95, 96 f); ein solches Vorgehen wäre vollstreckungsrechtlich zulässig (vgl Staudinger/Gursky [2016] § 393 Rn 2 mwNw). Verbreitet nimmt auch die vollstreckungsrechtliche Auffassung an, eine Gleichartigkeit bestehe **nur bei einer freien Konvertibilität der be-**

troffenen **Währungen am Erfüllungsort** (Hoffmann IPRax 1981, 155, 156; Staudinger/ K Schmidt [1997] Rn 47, 49). Auch die Vollstreckungsfunktion der Aufrechnung vermag allerdings **keine Erweiterung des Gleichartigkeitsbegriffs aus § 387 BGB zu rechtfertigen** (KG 29. 6. 1988 – 24 U 6446/87, NJW 1988, 2181; OLG Hamm 9. 10. 1998 – 33 U 7/98, NJW-RR 1999, 1736). Die Gegenauffassung beruht auf einer **Überhöhung der Vollstreckungs- gegenüber der Tilgungsfunktion**, die keine Grundlage in der *lex lata* findet. Beide Funktionen werden der Aufrechnung in ihrer Kombination zugewiesen (zum Streitstand im Einzelnen Staudinger/Gursky [2016] Vorbem 7 zu §§ 387 ff mwNw). Weder die Vollstreckungs- noch die Tilgungsfunktion üben eine Dominanz über die jeweilige Komplementärfunktion aus. Das Zusammenspiel zeigt sich kodifikatorisch anschaulich zum einen in den auf die Tilgungsfunktion ausgerichteten §§ 387-396 BGB und zum anderen in den die Vollstreckungsfunktion betonenden §§ 94 ff InsO. Zwar eröffnet § 95 Abs 2 S 1 InsO eine Aufrechnung auch bei Geldforderungen mit unterschiedlichen Schuldwährungen, sofern nur eine freie Konvertibilität am Zahlungsort besteht. Jedoch handelt es sich dabei um eine Sonderregelung, die sich spezifisch auf den Eintritt der Aufrechnungslage nach Eröffnung des Insolvenzverfahrens bezieht. Der Gesetzgeber hat in Kenntnis des § 387 BGB davon abgesehen, eine entsprechende Regelung in das BGB aufzunehmen. Daher kann § 387 BGB auch nicht unter dem Gesichtspunkt einer Einheit der Rechtsordnung nach Maßgabe des § 95 Abs 2 S 1 InsO interpretiert werden (aA Berger, Der Aufrechnungsvertrag [1996] 263 f). Auch Art 6.1.9 (1) (a) UNIDROIT Principles 2016 lässt sich nicht als Argumentationshilfe heranziehen (vgl aber Berger, Der Aufrechnungsvertrag [1996] 264). Das dort angesprochene Erfordernis der Konvertibilität bezieht sich gerade nicht auf die generelle Aufrechenbarkeit von Geldforderungen mit unterschiedlicher Schuldwährung, sondern lehnt sich konstruktiv wie inhaltlich an die Ersetzungsbefugnis aus § 244 Abs 1 BGB an. Damit streitet Art 6.1.9 (1) (a) UNIDROIT Principles 2016 nicht für, sondern gegen eine Ausweitung der Aufrechenbarkeit und flankiert somit den Standpunkt der herrschenden Meinung.

Auf der Grundlage der vorzugswürdigen Ansicht gilt, dass **effektive Fremdwährungsschulden** nur mit Geldschulden einseitig aufgerechnet werden können, die über eine identische Schuldwährung verfügen (Reichel AcP 126 [1926] 313, 322; Feldmann JuS 1983, 357, 359); eine solche Übereinstimmung in der Schuldwährung kann auch über eine Währungswahlklausel hergestellt werden. Alternativ steht es den Parteien offen, über einen konsensualen **Aufrechnungsvertrag** auch effektive Fremdwährungsverbindlichkeiten mit Heimwährungsforderungen zu verrechnen (OLG Frankfurt 11. 3. 2020 – 17 U 168/19, WM 2020, 934, 935). Im Ergebnis ist es unerheblich, ob hierfür eine Dispositivität des Gleichartigkeitserfordernisses angenommen oder auf den Umstand abgestellt wird, dass eine privatautonome Umwandlung einer Fremd- in einer Heimwährungsschuld zulässig ist (vgl Reichel AcP 126 [1926] 313, 322; Vorpeil RIW 1993, 529, 534; Berger, Der Aufrechnungsvertrag [1996] 254 f mwNw). Dabei ist es irrelevant, ob die Aufrechnung durch den Fremd- oder Heimwährungsgläubiger erfolgt (Reichel AcP 126 [1926] 313, 323 ff; aA Arend, Zahlungsverbindlichkeiten in fremder Währung [1989] 54 ff; Staudinger/K Schmidt [1997] Rn 48). Es ist nicht eine Frage der subjektbezogenen Perspektive von Gläubiger oder Schuldner, sondern ausweislich des objektbezogen gefassten § 387 BGB der Leistungsgegenstände der betroffenen Forderungen. Angesichts der unterschiedlichen Schuldwährungen kommt es letztlich nicht mehr darauf an, ob in der Effektivklausel zugleich die Vereinbarung eines Aufrechnungsverbots (dazu Berger, Der Aufrechnungsvertrag [1996] 267 f mwNw) zu sehen ist.

125 **Einfache Fremdwährungsschulden** unterliegen demgegenüber erleichterten Aufrechnungserfordernissen, soweit § 244 Abs 1 BGB anwendbar ist oder aus anderem Grund eine Ersetzungsbefugnis des Fremdwährungsschuldners besteht. Die Währungsidentität lässt sich zugunsten des durch § 244 Abs 1 BGB privilegierten Schuldners auch herstellen, sofern damit die Zahlungswährung mit der Schuldwährung der Gegenforderung übereinstimmt. Die Gleichartigkeit und damit auch die Aufrechnungslage tritt dabei erst in dem Zeitpunkt ein, in welchem die Aufrechnung wirksam erklärt wird (RG 16. 5. 1941 – VII 1/41, RGZ 167, 60, 63). Ohne Auswirkungen bleibt § 244 Abs 1 BGB hingegen auf die Aufrechnungsbefugnisse des Fremdwährungsgläubigers (und Heimwährungsschuldners), dem die Ersetzungsbefugnis nicht zusteht. Könnte auch er unter Rückgriff auf § 244 Abs 1 BGB die Aufrechnung erklären, wäre er in der Lage, dem Fremdwährungsschuldner den Rückgriff auf seine Ersetzungsbefugnis aufzuzwingen (ähnlich KG 29. 6. 1988 – 24 U 6446/87, NJW 1988, 2181). Eine solche Pflicht besteht jedoch nicht (s o Rn 18).

(2) Eintritt der Aufrechnungslage und Umrechnungskurs

126 Fehlt es an einer originären Identität der beiden Schuldwährungen, ist damit zunächst die Frage aufgeworfen, wann die **Aufrechnungslage** iSd § 389 BGB eintritt. Nach überwiegend vertretener Auffassung soll es im Fall des § 244 Abs 1 BGB oder eines Währungswahlrechts erst im Zeitpunkt des **Zugangs der Aufrechnungserklärung** zum Eintritt der Aufrechnungslage kommen (RG 16. 5. 1941 – VII 1/41, RGZ 167, 60, 63; Smoschewer JW 1921, 1446, 1447; Gruber MDR 1992, 121, 122; Vorpeil RIW 1993, 529, 534; Staudinger/Gursky [2016] § 387 Rn 81; aA Reichel AcP 126 [1926] 313, 326). Die Gleichartigkeit der Forderungen werde erst durch die in der Aufrechnungserklärung liegende Ausübung des Ersetzungs- bzw Wahlrechts hergestellt. Daraus wird abgeleitet, dass dieser Zeitpunkt auch für den Umrechnungskurs maßgeblich sein soll (RG 20. 12. 1922 – I 18/22, RGZ 106, 99, 100; BGH 7. 4. 1992 – X ZR 119/90, WM 1993, 2011, 2012; Maier-Reimer NJW 1985, 2049, 2051; Feldmann JuS 1983, 357, 359). Dagegen wird vorgebracht, die Aufrechnungslage entstehe bereits, sobald der **Schuldner erstmalig von dem Ersetzungs- bzw Wahlrecht Gebrauch machen könne**; nach § 271 Abs 1 BGB sei dies regelmäßig sofort der Fall (Grothe, Fremdwährungsverbindlichkeiten [1999] 589). Auf die nachfolgende tatsächliche Ausübung des Ersetzungs- bzw Wahlrechts komme es insofern nicht an. Allerdings stimmt diese Minderheitsauffassung hinsichtlich des für den Umrechnungskurs entscheidenden Zeitpunkts mit der überwiegenden Ansicht überein, indem in Analogie zu § 244 Abs 2 BGB auf den Zeitpunkt der tatsächlichen Zahlung, dh des Zugangs der Aufrechnungserklärung, abgestellt wird (Grothe, Fremdwährungsverbindlichkeiten [1999] 590 ff).

127 Konstruktiv bedarf es einer Unterscheidung zwischen dem Zeitpunkt des Eintritts, der Aufrechnungslage und der Bestimmung des Umrechnungskurses. Das Abstellen auf die Ausübbarkeit des Ersetzungs- bzw Wahlrechts führt dazu, dass die Aufrechnungslage einseitig nur zugunsten des über das Ersetzungs- bzw Wahlrecht verfügenden Schuldners bestünde („hinkende Aufrechnungslage"). Eine solche Konstruktion stünde in einem gewissen Spannungsverhältnis zum Wortlaut des § 389 BGB, wonach sich die Forderungen mit Bestehen der Aufrechnungslage „zur Aufrechnung geeignet einander gegenübergetreten sind". Darin liegt eine **Doppelseitigkeit der Aufrechenbarkeit**, die sich auf beide Forderungen erstreckt. Vor allem aber erscheint der **Schuldner nicht schutzbedürftig**, schon unmittelbar mit der Ausübbarkeit seiner Ersetzungsbefugnis in den Genuss der rechtlichen Begünstigungen zu gelangen, welche die Aufrechnungslage nach sich zieht (dazu Staudinger/Gursky [2016] Vorbem 19 zu §§ 387 ff). Sein Gläubiger kann nicht absehen, ob es jemals zum Einsatz des Ersetzungs- bzw Wahlrechts und damit zur Gleichartigkeit der gegenseitigen Forderungen kommt. Allein die privatautonome Willkür des Schuldners entscheidet darüber. Zwar besteht eine solche Unsicherheit bereits infolge der Ausübung der Aufrechnungsbefugnis durch Gestaltungserklärung, jedoch träte eine Verdoppelung der Unsicherheiten über die in § 388 BGB enthaltene gesetzliche Risikoverteilung hinaus ein. Damit **verdient die überwiegende Auffassung Zustimmung**, sodass die Aufrechnungslage erst mit dem Zugang der Aufrechnungserklärung eintritt.

Auch der **Umrechnungskurs** bestimmt sich nach dem Zeitpunkt des Zugangs der Aufrechnungserklärung. Allerdings besteht damit lediglich im Ergebnis, nicht aber in der Begründung ein Gleichlauf mit dem Eintritt der Aufrechnungslage. § 389 BGB ist für den Zeitpunkt, nach welchem sich der Umrechnungskurs berechnet, irrelevant (K Schmidt, in: FS Walter Odersky [1996] 685, 700 f). Stattdessen bedarf es einer **Analogie zu § 244 Abs 2 BGB** (Grothe, Fremdwährungsverbindlichkeiten [1999] 590 ff; ähnlich Berger, Der Aufrechnungsvertrag [1996] 278). Die Zahlung iSd § 244 Abs 2 BGB analog tritt ein, sobald die Aufrechnung als Erfüllungssurrogat wirksam wird, dh mit dem Zugang (§ 130 BGB) der Aufrechnungserklärung (§ 388 BGB). **128**

e) Sicherungsrechte
aa) Personal- und Mobiliarsicherheiten

Keine Einschränkungen in Bezug auf die Schuldwährung der gesicherten Hauptforderung bestehen bei Personalsicherheiten. Die Grundlage hierfür bildet letztlich die Vertragsfreiheit. Da die Hauptforderung bei Bürgschaft (Staudinger/Störner [2020] Vorbem 2 zu §§ 765–778), Schuldbeitritt und Garantie nicht einmal den Charakter einer Geldschuld haben muss (vgl RG 3. 4. 1933 – VI 380/32, RGZ 140, 216, 218 f am Beispiel einer Bürgschaft für den Lieferanspruch des Grundstückskäufers), bestehen keine Bedenken, jegliche Geldschulden unabhängig von der Schuldwährung als taugliche Hauptforderungen zuzulassen. Die Akzessorietät der Bürgschaft führt über §§ 765 Abs 1, 767 Abs 1 S 1 BGB grundsätzlich dazu, dass sich die Einordnung der Hauptforderung als einfache oder effektive Fremdwährungsverbindlichkeit **spiegelbildlich** auch auf die Bürgschaftsforderung überträgt (Staudinger/K Schmidt [1997] Rn 52; aA Arend, Zahlungsverbindlichkeiten in fremder Währung [1989] 141). Daneben bleibt es jedoch bei einer uneingeschränkten Anwendbarkeit des § 244 BGB auf die Bürgschaftsforderung in **isolierter Betrachtung**, ohne dass es hierfür auf das Bestehen einer Ersetzungsbefugnis des Hauptschuldners ankommt (Grothe, Fremdwährungsverbindlichkeiten [1999] 511 f). Diese Privilegierung des Bürgen beruht zum einen auf dem Gedanken der Akzessorietät, zum anderen auf dem Charakter der Bürgschaftsverbindlichkeit als Geldschuld. Abweichungen von dieser gesetzlichen Regelung können sich ausnahmsweise aus dem Bürgschaftsvertrag (§§ 133, 157 BGB) ergeben (Grothe, Fremdwährungsverbindlichkeiten [1999] 508). **129**

Das **Mobiliarpfandrecht** dient – *argumentum e* § 1228 Abs 2 S 2 BGB – der Absicherung von vermögensrechtlichen Ansprüchen, die auf Geld gerichtet sind oder zumindest in einen Geldanspruch übergehen können (Mot III 797 f; Staudinger/Wiegand [2019] § 1204 Rn 12). Insofern erweist es sich währungstechnisch als neutral und offen sowohl für Fremd- als auch Heimwährungsforderungen. Die Verschaffung von Sicherungseigentum setzt schon nicht voraus, dass damit eine Geldschuld abgesichert wird; **130** daher lässt es die Vertragsfreiheit zu, dass die schuldrechtliche **Sicherungsabrede** Geldschulden mit beliebiger Schuldwährung erfasst.

bb) Grundpfandrechte

131 Die Bestellung von Grundpfandrechten in fremder Währung unterliegt *de lege lata* deutlich engeren Grenzen als bei Personal- und Mobiliarsicherheiten. Zwar stünde das BGB einer Grundpfandrechtsbestellung in beliebiger Währung nicht entgegen (vgl Vorbem A88 zu §§ 244–248). Der Geldbegriff der §§ 1113 Abs 1, 1191 Abs 1, 1199 Abs 1 BGB ist ein abstrakter und währungsoffener. Der Grund für die Restriktionen liegt im Grundbuch- und Verfahrensrecht. Nach § 28 S 2 HS 1 GBO dürfen Grundschulden grundsätzlich nur in inländischer Währung in das Grundbuch eingetragen werden. Durch die auf der Grundlage von § 28 S 2 HS 2 GBO erlassene **Verordnung über Grundpfandrechte** in ausländischer Währung und in Euro vom 30. 10. 1997 (GrPfREuroV [BGBl I 2683]) wurde die Bandbreite der erlaubten Währungen über den Euro hinaus auf die Währungen der EU-Mitgliedsstaaten außerhalb des Euroraums, den Schweizer Franken (CHF) und den US-Dollar (USD) erweitert. Damit bleiben bedeutende Transaktionswährungen wie der japanische Yen (JPY) und der chinesische Renminbi (CNY) außen vor. *De lege ferenda* erscheint es erwägenswert, den Katalog aus § 1 GrPfREuroV um diese Währungen zu erweitern. Diesem praktischen Bedürfnis steht nicht entgegen, dass unter Verstoß gegen die Ordnungsvorschrift des § 28 S 2 GBO (BGH 24. 4. 1987 – V ZR 228/85, NJW 1988, 415, 417; OLG Frankfurt NZG 27. 12. 2011 – 20 W 308/11, 2013, 143, 144) eingetragene Grundpfandrechte materiellrechtlich uneingeschränkt wirksam sind (BayObLG 6. 8. 1987 – BReg. 2 Z 124/86, NJW-RR 1988, 330, 331; OLG Naumburg 6. 11. 2013 – 12 Wx 26/13, FGPrax 2014, 56, 57). Als Ausweg bietet es sich an, eine **Fremdwährungsverbindlichkeit über eine Euro-Grundschuld abzusichern** und eine wertmäßige Anbindung der dinglichen Haftsumme an den Inhalt der gesicherten Hauptforderung über die Sicherungsabrede vorzunehmen (Reuter, Fremdwährung und Rechnungseinheiten im Grundbuch [1992] 184). Auch die Änderung der GrPfREuroV nach der erfolgten Grundbucheintragung führt nicht dazu, dass nachträglich das Fremdwährungsgrundpfandrecht unwirksam und das Grundbuch korrekturbedürftig würde (Grothe, Fremdwährungsverbindlichkeiten [1999] 451 f). Dafür spricht nicht nur der Charakter von § 28 S 2 GBO als Verfahrensvorschrift mit schlichter Ordnungsfunktion, sondern auch der Gesichtspunkt des Vertrauensschutzes. Seit der **Aufhebung von § 3 S 1 WährG aF** zum 1. 11. 1999 bestehen zudem keine währungsrechtlichen Beschränkungen mehr für die Begründung von Fremdwährungsgrundpfandrechten.

132 Die EU-Mitgliedstaaten sind nicht frei in ihrer Entscheidung, ob sie Fremdwährungsgrundpfandrechte zulassen oder nicht. Aus der **Kapitalverkehrsfreiheit** (Art 63 AEUV) leitet der **EuGH** (EuGH 16. 3. 1999 – Rs C-222/97 *[Trummer und Mayer]*, ECLI:EU:C:1999:143, Rn 25 ff, 34; EuGH 11. 1. 2001 – Rs C-464/98 *[Westdeutsche Landesbank] Girozentrale*, ECLI:EU:C:2001:9, Rn 18 f) ab, dass EU-Mitgliedstaaten nicht vorsehen dürfen, eine Hypothek zur Absicherung einer Hauptschuld in der Währung eines anderen EU-Mitgliedstaats müsse in inländischer Währung eingetragen werden. Eine Beschränkung der Kapitalverkehrsfreiheit folge daraus, dass die erzwungene Abkopplung einer Hypothek in inländischer Währung von der gesicherten Hauptforderung in ausländischer Währung zu einem Attraktivitätsverlust für die Begründung von Fremdwährungsverbindlichkeiten führe. Forderungen in ausländischer Währung ließen sich nur unter Inkaufnahme von zusätzlichen Risiken und Kosten durch eine Hypothek absichern. Auch die Vorhersehbarkeit und Transparenz des Grundpfandrechtssystems seien nicht gefährdet. Umgekehrt steigert die Zulässigkeit von Fremdwährungsgrundpfandrechten die Aussagekraft des Grundbuchs, indem bei akzessorischen Grundpfandrechten eine eindeutige Verbindung zwischen dem Umfang der persönlichen Schuld und der Grundpfandrechtssicherung hergestellt wird. Schwankungen ihres Außenwerts unterliegt jede Währung.

VI. Zivilprozess-, vollstreckungs-, insolvenz- und kollisionsrechtliche Spezifika

1. Erkenntnisverfahren

Fremdwährungsforderungen sind nach deutschem Zivilprozessrecht **als solche, dh in** **133** **fremder Währung, einzuklagen** (allgemeine Ansicht: BGH 7. 4. 1992 – X ZR 119/90, WM 1993, 2011, 2011; Nussbaum, Das Geld in Theorie und Praxis des deutschen und ausländischen Rechts [1925] 194; Grothe IPRax 1994, 346; Maier-Reimer NJW 1985, 2049, 2053; Arend, Zahlungsverbindlichkeiten in fremder Währung [1989] 146 f; Steenken, Fremdwährungsschulden im deutschen und englischen Recht [1992] 85; Schefold, in: Schimansky/Bunte/Lwowski [Hrsg], Bankrechts-Handbuch [5. Aufl 2017] § 115 Rn 334, 336; vgl implizit auch BGH 5. 5. 1988 – VII ZR 119/87, BGHZ 104, 268, 272 ff). Für sie gelten die gleichen Verfahrensregeln wie für sonstige Geldschulden auch. Dem Verfahrensrecht kommt insofern eine dienende Funktion gegenüber dem materiellen Geldschuldrecht zu, die auf die Durchsetzung der nach dem kollisionsrechtlich einschlägigen Recht bestehenden materiell-rechtlichen Ansprüche gerichtet ist (vgl Mann, Das Recht des Geldes [1960] 295). Der Kläger hat dabei von der Schuldwährung auszugehen, denn der Rückgriff auf eine abweichende Zahlungswährung (zB auf der Grundlage von § 244 BGB) unterliegt dem Belieben des beklagten Schuldners (Nussbaum, Das Geld in Theorie und Praxis des deutschen und ausländischen Rechts [1925] 211). Das angerufene Gericht ist an den Zahlungsantrag des Klägers gebunden (vgl § 308 Abs 1 S 1 ZPO). Eine Verurteilung in inländischer Währung ist bei ausländischer Klagewährung unzulässig (BGH 7. 4. 1992 – X ZR 119/90, WM 1993, 2011, 2011; Bachmann, Fremdwährungsschulden in der Zwangsvollstreckung [1994] 27; **aA** noch RG 29. 9. 1919 – VI 130/19, RGZ 96, 270, 273 [Verurteilung zur Zahlung von österreichischen Kronen statt deutscher Mark]), sofern sich dem klägerischen Begehren nicht ein entsprechender Hilfsantrag entnehmen lässt (K Schmidt ZZP 98 [1985] 32, 44 f; Bachmann, Fremdwährungsschulden in der Zwangsvollstreckung [1994] 28) oder im Laufe des Prozesses eine entsprechende Klageänderung vorgenommen wird.

Auch der **Streitgegenstand** wird von der eingeklagten Währung mitbestimmt **134** (K Schmidt ZZP 98 [1985] 32, 44). Dem liegt der zweigliedrige Streitgegenstandsbegriff zugrunde, der auf dem Klageantrag und dem zugrundeliegenden Lebenssachverhalt aufbaut (vgl dazu BGH 19. 12. 1991 – IX ZR 96/91, BGHZ 117, 1, 5; BGH 10. 12. 2002 – X ARZ 208/02, NJW 2003, 828, 829; BGH 9. 10. 2003 – I ZR 17/01, NJW-RR 2004, 495, 496). Daher beinhaltet der Austausch der eingeklagten Währung eine **Klageänderung** (BGH 29. 5. 1980 – II ZR 99/79, NJW 1980, 2017, 2018; K Schmidt NJW 1989, 65, 67), deren Zulässigkeit sich nach den allgemeinen Vorschriften (§§ 263 ff ZPO) richtet. Da die Inlandswährung kein *minus*, sondern ein *aliud* zur Auslandswährung darstellt (Grothe IPRax 1994, 346, 347), ist die Ausnahmevorschrift des § 264 Nr 2 ZPO nicht einschlägig. Regelmäßig dürften hingegen die Voraussetzungen der Sachdienlichkeit iSd § 263 Alt 2 ZPO (allgemein BGH 17. 1. 1951 – II ZR 16/50, BGHZ 1, 65, 71; BGH 30. 11. 1999 – VI ZR 219/98, BGHZ 143, 189, 198) gegeben sein, da der sachliche Streitstoff zumeist weiterhin Verwendung finden kann (K Schmidt NJW 1989, 65, 67; im Ergebnis ähnlich Nussbaum, Das Geld in Theorie und Praxis des deutschen und ausländischen Rechts [1925] 194). Klagt der Geldgläubiger die Zahlung in einer anderen als der Schuldwährung ein, ist eine **Hinweispflicht des Gerichts** nach § 139 Abs 1 ZPO auf eine zulässige Klageänderung aus prozessökonomischen Gründen regelmäßig anzunehmen (Grothe, Fremdwährungsverbindlichkeiten [1999] 713 f). Für die materielle **Rechtskraft** eines Urteils, das eine Zahlungsklage in einer bestimmten Währung abweist, kommt es darauf an, ob die Klage wegen des Abweichens der Klage- von der Schuldwährung („falsche Währung") oder infolge der fehlenden Klageforderung unbegründet war (Staudinger/K Schmidt [1997] Rn 109). Die rechtskräftig erfolglose Klageerhebung in einer bestimmten Währung sperrt eine erneute Klage in der Schuldwährung nicht. Ein abweisendes Urteil lässt sich jedoch vermeiden, wenn aufgrund konkreter Anhaltspunkte im Prozess eine nachträgliche einvernehmliche Änderung der Schuldwährung von den Parteien vereinbart wird (s o Rn 87).

135 Die Differenzierung zwischen **einfachen und effektiven Fremdwährungsschulden** (s o Rn 18) bleibt nicht ohne Auswirkungen auf den Zahlungsprozess. Effektive Fremdwährungsverbindlichkeiten lassen sich nur in ihrer Schuldwährung einklagen und tenorieren. Eine **Klärung** der Frage, ob eine effektive oder einfache Fremdwährungsschuld eingeklagt wird, ist **grundsätzlich entbehrlich** (K Schmidt ZZP 98 [1985] 32, 41; Grothe, Fremdwährungsverbindlichkeiten [1999] 690 ff mwNw). Ausnahmen bestehen, sofern der Kläger eine Tenorierung mit dem Zusatz „effektiv" begehrt (K Schmidt ZZP 98 [1985] 32, 44), der Kläger in seinem Klageantrag dem Beklagten eine Leistung in einer anderen Zahlungswährung offengestellt hat oder der Beklagte neben der Klageabweisung hilfsweise seine Verurteilung in einer anderen Währung beantragt (Nussbaum, Das Geld in Theorie und Praxis des deutschen und ausländischen Rechts [1925] 211).

136 Anders als das Klageverfahren hat der Gesetzgeber das **Mahnverfahren** nicht vollständig für die Durchsetzung von Fremdwährungsverbindlichkeiten geöffnet. Nach § 688 Abs 1 ZPO kann lediglich „Zahlung einer bestimmten Geldsumme in Euro" begehrt werden. Die Wortlautfassung der Vorschrift darf jedoch nicht dahin verstanden werden, dass auch die geltend gemachte Forderung mit dem Euro als Schuldwährung ausgestattet sein müsste. Lediglich auf technischen Erwägungen beruht die Beschränkung auf den Euro als Inlandswährung, sodass eine **teleologische Reduktion** des zu weit geratenen Wortlauts geboten erscheint (Grothe, Fremdwährungsverbindlichkeiten [1999] 684 ff; iE für einfache Fremdwährungsverbindlichkeiten ebenso Schefold, in: Schimansky/Bunte/Lwowski [Hrsg], Bankrechts-Handbuch [5. Aufl 2017] § 115 Rn 359). Damit steht im Einklang, dass das Mahnverfahren ohne eine Schlüssigkeitsprüfung auskommt und daher Bestehen und Inhalt des geltend gemachten Anspruchs irrelevant sein müssen (K Schmidt NJW 1989, 65, 66). Wird eine Fremdwährungsforderung damit zunächst in eine Euro-Forderung für das Mahnverfahren umgerechnet, muss sie im Wege einer regelmäßig sachdienlichen **Klageänderung nach der Überleitung in das Streitverfahren** (§§ 697 f ZPO) auf die Schuldwährung umgestellt werden. Durch eine solche Vorgehensweise ist zudem sichergestellt, dass der Zustellung des Mahnbescheids, der zur Zahlung von Euro auffordert, eine **verjährungshemmende Wirkung** für die Fremdwährungsschuld nach § 204 Abs 1 Nr 3 BGB zukommt (BGH 5. 5. 1988 – VII ZR 119/87, BGHZ 104, 268, 273 ff zu § 209 aF); dabei bleibt unerheblich, ob es sich um eine einfache oder effektive Fremdwährungsverbindlichkeit handelt (Hanisch IPRax 1989, 276, 279; **aA** Schefold, in: Schimansky/Bunte/Lwowski [Hrsg], Bankrechts-Handbuch

[5. Aufl 2017] § 115 Rn 360). Ausnahmsweise ist eine Durchführung bereits des Mahnverfahrens in ausländischer Währung zulässig, wenn ein Auslandssachverhalt iSv **§ 32 Abs 1 AVAG** vorliegt.

2. Zwangsvollstreckung

Fremdwährungsschulden sind Geldschulden (s o Rn 22) und werden auch als solche **137** vollstreckt. Daher finden die **§§ 803 ff ZPO** Anwendung (grundlegend RG 16. 12. 1922 – V 3/22, RGZ 106, 74, 77 f; ebenso BGH 5. 5. 1988 – VII ZR 119/87, BGHZ 104, 268, 274; OLG Düsseldorf 26. 2. 1988 – 19 W 17/87, NJW 1988, 2185; Fögen, Geld- und Währungsrecht [1969] 124; Maier-Reimer NJW 1985, 2049, 2053; Arend, Zahlungsverbindlichkeiten in fremder Währung [1989] 171 ff; Schefold, in: Schimansky/Bunte/Lwowski [Hrsg], Bankrechts-Handbuch [5. Aufl 2017] § 115 Rn 377; **aA** Nussbaum, Das Geld in Theorie und Praxis des deutschen und ausländischen Rechts [1925] 196 f). Werden inländische **Geldzeichen gepfändet**, hat sie der Gerichtsvollzieher dem Zwangsvollstreckungsgläubiger nach § 815 Abs 1 ZPO (für eine Analogie Arend, Zahlungsverbindlichkeiten in fremder Währung [1989] 175) abzuliefern (vgl OLG Düsseldorf 26. 2. 1988 – 19 W 17/87, NJW 1988, 2185). Eine solche Ablieferung ist jedoch bei Geldzeichen in fremder Währung ausgeschlossen, sofern es sich nicht um die titulierte Währung handelt (Grothe, Fremdwährungsverbindlichkeiten [1999] 742). Stattdessen hat der Gerichtsvollzieher einen Umtausch in Euro vorzunehmen (§ 821 ZPO analog) und sodann den Erlös nach § 815 Abs 1 ZPO auszukehren (Omlor, Geldprivatrecht [2014] 82). Ein Umtausch in Euro ist jedoch entbehrlich, wenn es sich bei den gepfändeten ausländischen Geldzeichen um solche der titulierten Währung handelt (KG 27. 1. 1923 – 8 W 300/23, JW 1923, 188; Nussbaum, Das Geld in Theorie und Praxis des deutschen und ausländischen Rechts [1925] 196; Maier-Reimer NJW 1985, 2049, 2053; Steenken, Fremdwährungsschulden im deutschen und englischen Recht [1992] 100; Grothe, Fremdwährungsverbindlichkeiten [1999] 742; **aA** Häde KTS 1991, 365, 367; MünchKommZPO/Gruber[6] § 815 Rn 3 mwNw zur Gegenauffassung; zu weitgehend noch Omlor, Geldprivatrecht [2014] 82). Die ausländischen Geldzeichen verlieren ihre Geldeigenschaft nicht durch den Grenzübertritt. Auch ist ein direkterer Zugriff auf das Vollstreckungssubstrat als die Pfändung von Geldmitteln in der titulierten Währung nicht möglich. Dass die ausländischen Geldzeichen im Währungsinland keine gesetzlichen Zahlungsmittel sind, ist unerheblich; auf inländische gesetzliche Zahlungsmittel erstreckt sich auch nicht der titulierte Anspruch des Zwangsvollstreckungsgläubigers.

Der Gerichtsvollzieher ist **grundsätzlich nicht zur Entgegennahme von Geldmitteln in** **138** **inländischer Währung nach § 754 ZPO befugt**, sofern ausschließlich die Zahlung in einer ausländischen Währung tituliert ist (K Schmidt ZZP 98 [1985] 32, 48; Grothe, Fremdwährungsverbindlichkeiten [1999] 746 f; zur Bestimmung der deutschen internationalen Zuständigkeit zum Erlass eines Forderungspfändungsbeschlusses vgl Mössle, Internationale Forderungspfändung [1991] 93 ff). Ob die freiwillige Leistung des Schuldners an den Gerichtsvollzieher die Solutionsfolgen des § 754 Abs 1 ZPO hervorruft, richtet sich nach dem titulierten Anspruch (RG 3. 11. 1925 – III 551/24, RGZ 112, 61, 62). Sieht der Vollstreckungstitel keine Zahlung in Euro vor und ist dem Zwangsvollstreckungsschuldner im Titel keine Ersetzungsbefugnis vorbehalten, so darf der Gerichtsvollzieher nur dann eine Euro-Zahlung entgegennehmen, sofern er hierzu vom Zwangsvollstreckungsgläubiger gesondert ermächtigt wurde (vgl § 106 Abs 2 GVGA). Eine solche Ermächtigung wird nicht konkludent mit jedem im Währungsinland erteilten Vollstreckungsauftrag eingeräumt (Arend, Zahlungsverbindlichkeiten in fremder Währung [1989]

180), sondern muss ausdrücklich aufgenommen werden (GROTHE, Fremdwährungsverbindlichkeiten [1999] 748).

139 Eine vollstreckungsrechtliche Betrachtung ist bei der Frage geboten, ob der Gerichtsvollzieher zwischen **einfachen und effektiven Fremdwährungsverbindlichkeiten** differenzieren darf oder muss. Schon die Reichweite der Annahmebefugnisse aus § 754 ZPO zeigt, dass es maßgeblich auf den **Inhalt des Vollstreckungstitels** und nicht auf die materiell-rechtliche Würdigung des zugrundeliegenden Anspruchs durch den Gerichtsvollzieher ankommt. Zu einer solchen ist der Gerichtsvollzieher nicht befugt und auch kaum in der Lage. Wurde im Erkenntnisverfahren bereits über das Bestehen einer Ersetzungsbefugnis rechtskräftig entschieden, indem etwa eine „effektive" Zahlung in einer bestimmten Währung tituliert wurde, ist für eine erneute Prüfung im Vollstreckungsverfahren von vornherein kein Raum. Hat sich das Erkenntnisverfahren mit der Abgrenzung zwischen einfachen und effektiven Fremdwährungsschulden hingegen nicht befasst, ist eine Überprüfung im Rahmen der vollstreckungsrechtlichen Rechtsbehelfe eröffnet (BGH 29. 9. 1961 – IV ZR 59/61, BGHZ 36, 11, 16 f; STAUDINGER/K SCHMIDT [1997] Rn 115).

140 Besonderheiten gegenüber der Vollstreckung von Heimwährungsschulden bestehen in Bezug auf die Eintragung von **Zwangshypotheken** nach §§ 866 ff ZPO (zum Rechtsvergleich mit Frankreich und England vgl BACHMANN, Fremdwährungsschulden in der Zwangsvollstreckung [1994] 132 ff). Auch bei der Vollstreckung von Fremdwährungsverbindlichkeiten steht dem Zwangsvollstreckungsgläubiger der Rückgriff auf eine Zwangshypothek offen (RG 16. 12. 1922 – V 3/22, RGZ 106, 74, 78; SCHEFOLD, in: SCHIMANSKY/BUNTE/LWOWSKI [Hrsg], Bankrechts-Handbuch [5. Aufl 2017] § 115 Rn 384). Grundpfandrechte zur Sicherung von Fremdwährungsverbindlichkeiten unterliegen aber den grundbuchrechtlichen **Beschränkungen aus § 28 S 2 HS 1 GBO**. Die Vorschrift erstreckt sich in ihrem Anwendungsbereich sowohl auf rechtsgeschäftlich begründete Grundpfandrechte als auch auf im Vollstreckungsverfahren beantragte Sicherungshypotheken (REUTER, Fremdwährung und Rechnungseinheiten im Grundbuch [1992] 219; aA BACHMANN, Fremdwährungsschulden in der Zwangsvollstreckung [1994] 125). Daher sind Zwangshypotheken nur in Euro sowie den in § 1 GrPfREuroV genannten Währungen zulässig. Ist eine Zahlungspflicht in einer danach nicht eintragungsfähigen Währung tituliert, steht lediglich eine Zwangshypothek in einer Währung aus dem Katalog des § 1 GrPfREuroV zur Wahl. Hierzu bedarf es einer Umrechnung in eine eintragungsfähige Währung nach dem Tageskurs bei Stellung des Eintragungsantrags (RG 16. 12. 1922 – V 3/22, RGZ 106, 74, 81; aA AREND, Zahlungsverbindlichkeiten in fremder Währung [1989] 186 f). In einem solchen Fall muss sich der Zwangsvollstreckungsgläubiger nicht auf eine Zwangshypothek in Euro beschränken, sondern ihm stehen auch die übrigen Währungen nach § 1 GrPfREuroV zur Wahl (offen RG 16. 12. 1922 – V 3/22, RGZ 106, 74, 80). Nach überwiegender Ansicht (RG 16. 12. 1922 – V 3/22, RGZ 106, 74, 79; STEENKEN, Fremdwährungsschulden im deutschen und englischen Recht [1992] 103 f; MünchKommZPO/DÖRNDORFER[6] § 867 Rn 42; SCHEFOLD, in: SCHIMANSKY/BUNTE/LWOWSKI [Hrsg], Bankrechts-Handbuch [5. Aufl 2017] § 115 Rn 384) kann in diesem Fall nur eine **Höchstbetragshypothek** eingetragen werden, da die nach § 244 Abs 2 BGB maßgebliche Umrechnung erst bei Zahlung erfolgt und damit für einen unabsehbaren Zeitraum die Schuldhöhe in der eintragungsfähigen Währung schwankt. Die Gegenansicht (GROTHE, Fremdwährungsverbindlichkeiten [1999] 759 f) will namentlich das Problem der Miterfassung der Zinsen durch den Höchstbetrag nach § 1190 Abs 2 BGB und die dadurch entstehende Gefahr einer Untersicherung des Zwangsvollstreckungsgläubigers dadurch lösen, dass sie eine „Sicherungshypothek mit genuinem Höchstbetragscharakter" annimmt, auf die § 1190 BGB nicht anzuwenden ist. Dieser Minderheitsauffassung ist zuzugeben, dass die fehlende Eintragungsfähigkeit des Fremdwährungsbetrags nicht an dessen Unbestimmtheit, sondern lediglich an grundbuchrechtlichen Hindernissen scheitert. Insofern ist die Feststellung der Forderung gerade nicht vorbehalten (dazu STAUDINGER/WOLFSTEINER [2019] § 1190 Rn 2, 22, 30), wie es § 1190 Abs 1 S 1 BGB voraussetzt.

3. Insolvenzverfahren

141 Um die einzelnen Forderungen, die in die Insolvenzmasse fallen, miteinander vergleichen und daraus auch den Umfang der Teilhabe am Schuldnervermögen (vgl §§ 195 f InsO) und der Mitwirkung an der Willensbildung der Gläubiger (vgl § 76 Abs 2 InsO) bemessen zu können, müssen alle Forderungen auf einen inländischen Geldbetrag lauten oder umgerechnet werden (ebenso schon zu § 69 KO aF AREND ZIP 1988, 69, 70). Nach § 45 S 2 InsO werden daher Fremdwährungsverbindlichkeiten – sowohl einfache als auch effektive (MünchKommInsO/BITTER[4] § 45 Rn 17; SCHEFOLD, in: SCHIMANSKY/BUNTE/LWOWSKI [Hrsg], Bankrechts-Handbuch [5. Aufl 2017] § 115 Rn 411) – **in Euro-Geldschulden umgerechnet**. Damit ist keine Inhaltsänderung der betroffenen Forderung verbunden (BGH 22. 6. 1989 – IX ZR 164/88, BGHZ 108, 123, 129; AREND ZIP 1988, 69, 72 zu § 69 KO aF). Die Fremdwährungs- wird nicht in eine Heimwährungsschuld umgewandelt. Im Einklang mit der bereits zur Vorgängernorm des § 69 KO aF bestehenden überwiegenden Ansicht (RG 12. 1. 1943 – V 90/42, RGZ 170, 276, 280; BGH 19. 10. 1977 – VIII ZR 224/76, BGHZ 69, 369, 371; BGH 22. 6. 1989 – IX ZR 164/88, BGHZ 108, 123, 128; K SCHMIDT, in: FS Franz Merz [1992] 533, 539 ff mwNw) legt § 45 S 2 InsO die **Eröffnung des Insolvenzverfahrens als maßgeblichen Zeitpunkt** für den Umrechnungskurs fest. Ein Konflikt mit § 244 Abs 2 BGB entsteht damit nicht, da beide Vorschriften unterschiedliche Normzwecke verfolgen (K SCHMIDT, in: FS Franz Merz [1992] 533, 540; **aA** AREND ZIP 1988, 69, 74 zu § 69 KO aF). Unter dem Zahlungsort iSd § 45 S 2 InsO ist in Parallele zu §§ 244 Abs 2, 270 BGB der **Erfüllungsort der Geldschuld**, nicht aber der Ort der Insolvenzverwaltung zu verstehen (GROTHE, Fremdwährungsverbindlichkeiten [1999] 775; MünchKommInsO/BITTER[4] § 45 Rn 20; **aA** zu § 69 KO aF noch BGH 22. 6. 1989 – IX ZR 164/88, BGHZ 108, 123, 128 f). Hierfür streitet die Wortlautparallele zwischen den drei Vorschriften, die vom Gesetzgeber intendiert war (BT-Drucks 12/7302, 160 zu § 52 des Regierungsentwurfs).

4. Internationales Privatrecht

142 Fremdwährungsverbindlichkeiten wohnt naturgemäß ein grenzüberschreitender Bezug inne, indem sich die Fremdheit der Währung allgemein aus dem Blickwinkel der *lex causae* bestimmt (s o Rn 20). Insofern stellen sich Rechtsanwendungsfragen in besonderer Weise. Aus **§ 244 BGB** lassen sich jedoch **keine kollisionsrechtlichen Rückschlüsse** ziehen, da seine Anwendbarkeit bereits voraussetzt, dass das deutsche Schuldstatut gilt (s o Rn 9). Zudem verfügt § 244 BGB über eine primär geldschuldrechtliche und nicht währungsrechtliche Teleologie (s o Rn 3 f). Zwar dürfte die Anwendung der Ersetzungsbefugnis häufig sach- und interessengerecht erscheinen, aber allein daraus rechtfertigt sich noch keine Anwendung des § 244 BGB mittels einer Analogie zu Art 12 Abs 2 Rom I–VO (**aA** STAUDINGER/MAGNUS [2016] Art 12 Rom I–VO Rn 117).

143 Welche **Schuldwährung** im konkreten Fall gilt, richtet sich nach dem jeweiligen **Schuldstatut** (Maier-Reimer NJW 1985, 2049, 2055; Eckstein, Geldschuld und Geldwert im materiellen und internationalen Privatrecht [1932] 104; Staudinger/Magnus [2016] Art 12 Rom I–VO Rn 109; MünchKomm/Martiny⁸ Art 9 Rom I–VO Anh I Rn 9; Schefold, in: Schimansky/Bunte/Lwowski [Hrsg], Bankrechts-Handbuch [5. Aufl 2017] § 115 Rn 449, jeweils mwNw). Bei Geldschulden, die auf vertraglicher Basis bestehen, greifen daher die Art 3 ff Rom I–VO ein. Auch die **Zahlungswährung** bestimmt sich grundsätzlich nach den Regeln der *lex causae* (Grothe, Fremdwährungsverbindlichkeiten [1999] 133 ff, 148 ff mit einzelnen Ausnahmen). Demgegenüber zieht die Entscheidung für eine bestimmte Schuld- oder Zahlungswährung automatisch die Geltung des jeweiligen Währungsrechts nach sich (Lüders MDR 1948, 384, 385; MünchKomm/Martiny⁸ Art 9 Rom I–VO Anh I Rn 5). Das **Währungsstatut** *(lex monetae)* umfasst die währungsbezogenen Rechtsregeln eines Währungsraums, wozu namentlich die Monetisierung und Demonetisierung von Geldzeichen, die Auf- und Abwertung der Währungseinheiten sowie der Währungswechsel gehören. Demgegenüber entscheidet wiederum das Vertragsstatut über die Zulässigkeit und den Umfang einer individuellen Aufwertung (Staudinger/Magnus [2016] Art 12 Rom I–VO Rn 116).

§ 245
Geldsortenschuld

Ist eine Geldschuld in einer bestimmten Münzsorte zu zahlen, die sich zur Zeit der Zahlung nicht mehr im Umlauf befindet, so ist die Zahlung so zu leisten, wie wenn die Münzsorte nicht bestimmt wäre.

Materialien: E I § 216; II § 209; III § 239;
Mot II 15; Prot I 290.

Schrifttum

S die Angaben zu § 244.

Systematische Übersicht

I.	**Systematische und teleologische Verortung**		2.	Erfüllung	15
			3.	Unmöglichkeit	18
1.	Überblick	1	**IV.**	**Die echte Geldsortenschuld im BGB**	
2.	Geldprivatrechtliche Bedeutung	2	1.	Schuldinhalt	22
3.	Praktische Bedeutung	3	2.	Erfüllung	23
II.	**Anwendungsbereich von § 245**		**V.**	**Zivilprozess-, vollstreckungs- und insolvenzrechtliche Spezifika**	
1.	Unechte Geldsortenschuld	4			
2.	Deutsches (Geld-)Schuldstatut	9	1.	Erkenntnisverfahren	24
3.	Kein Ausschluss	10	2.	Zwangsvollstreckung und Insolvenz	25
III.	**Die unechte Geldsortenschuld im BGB**				
1.	Grundsatz	14			

Alphabetische Übersicht

Ausschluss	10 ff	Nominalismus	2, 9
Aufrechnung	17, 23		
		Rechtsfolge	19
Buchgeld	15		
		Sammlermünzen	5
Dispositivität	11 ff	Schuldstatut	9
Echte Geldsortenschuld	2, 5	Umwandlung	19 ff
Erkenntnisverfahren	24	Unechte Geldsortenschuld	4, 14 ff
Ersetzungsbefugnis	16	– unecht-einfache	12
		– unecht-effektive	12
Insolvenz	25	Unmöglichkeit	18, 22
Papiergeld	7	Zwangsvollstreckung	25
Parteivereinbarung	11, 13		

I. Systematische und teleologische Verortung

1. Überblick

§ 245 BGB stellt eine **punktuelle geldschuldrechtliche Sonderregelung** für die **unechte** 1 **Geldsortenschuld** (zum Begriff s u Rn 4 ff) dar. Der an sich auf eine bestimmte Geldsorte beschränkte Leistungsinhalt erweitert sich im Fall ihrer Nichtverfügbarkeit auf sämtliche Erscheinungsformen des Bar- und Buchgeldes und wandelt sich somit kraft Gesetzes in eine reguläre Geldschuld um (s u Rn 19). Insofern weist § 245 BGB eine **unmöglichkeitsrechtliche Dimension** auf. Angesichts der Besonderheiten der Geldschuld, die ihrem Leistungsgegenstand nach nicht unmöglich werden kann, kommt § 245 BGB jedoch eine primär klarstellende Bedeutung zu (s u Rn 6). Die Bedeutung der Vorschrift liegt darin sicherzustellen, dass auch für die unechte Geldsortenschuld als Spezialfall der Geldschuld das Unmöglichkeitsrecht (insbesondere § 275 BGB) keine Anwendung findet, wenn die vereinbarte Geldsorte nicht verfügbar ist. Für die **echte Geldsortenschuld**, die Sach- und nicht Geldschuld ist (zur Abgrenzung s u Rn 5), gilt § 245 BGB hingegen nicht (zum Regelungsrahmen s u Rn 4 ff).

2. Geldprivatrechtliche Bedeutung

In seiner Entstehung handelt es sich bei § 245 BGB um eine geldschuldrechtliche 2 **Auswirkung des geld- und währungsrechtlichen Metallismus,** wonach sich der Wert des Geldes unter Rückgriff auf den Substanzwert der Geldzeichen bestimmte. Seit der Abkehr vom Metallismus, der prägend mit der Staatlichen Theorie des Geldes von GEORG FRIEDRICH KNAPP verbunden ist, und der Nutzung von Geldzeichen mit zumeist überaus geringem Substanzwert ist anerkannt, dass der rechtlich maßgebliche Wert des Geldes in keiner Relation zum Materialwert der Geldzeichen steht (vgl Vorbem A16 zu §§ 244–248). Daher hat § 245 BGB einen Teil seiner Existenzberechtigung verloren. Allerdings übt § 245 BGB weiterhin **zwei dogmatische Funktionen** aus. Zum einen basiert er auf dem geldschuldrechtlichen Nominalismus (STAUDINGER/K SCHMIDT

[1997] Rn 2, 4), ohne ihn jedoch zu kodifizieren (vgl Vorbem C35 zu §§ 244–248). Zum anderen fügt er die unechte Geldsortenschuld (zum Begriff s u Rn 4 ff) in das System des Geldprivatrechts ein. Damit stattet sie nicht nur die unechte Geldsortenschuld mit eigenen Sonderregeln aus, sondern lässt zugleich Rückschlüsse auf das Allgemeine Geldschuldrecht zu.

3. Praktische Bedeutung

3 Unechte Geldsortenschulden haben im gegenwärtigen Geld- und Währungssystem einen Seltenheitswert. Nur bei einer entsprechenden Parteivereinbarung gelangen unechte Geldsortenschulden zur Entstehung (s u Rn 4). In einem anti-metallistischen Geld- und Währungssystem besteht regelmäßig kein Bedürfnis für die Wirtschaftsteilnehmer, eine unechte Geldsortenschuld vorzusehen. Daher ist die praktische Bedeutung von § 245 BGB **gering**.

II. Anwendungsbereich von § 245

1. Unechte Geldsortenschuld

4 § 245 BGB ist ausschließlich auf die unechte Geldsortenschuld zugeschnitten (SOERGEL/ARNOLD[13] Rn 1). Ihre Besonderheit besteht darin, dass die Parteien des Geldschuldverhältnisses vereinbart haben, eine Erfüllung sei nur mit einer bestimmten Geldsorte möglich. Unter einer Geldsorte in diesem normspezifischen Sinn ist nicht pauschal eine bestimmte Währung, sondern ein konkreter **Typus eines Geldzeichens** in einer solchen Währung (zB 5 Euro-Scheine, 50 USD-Scheine, 1 Euro-Münzen) zu verstehen (vgl NUSSBAUM, Das Geld in Theorie und Praxis des deutschen und ausländischen Rechts [1925] 81). Dabei kann sowohl eine **einzelne Geldsorte** als auch eine festgelegte **Gruppe von Geldsorten** als Schuldinhalt vereinbart werden, sodass sich die Erfüllung beispielsweise auf die Zahlung mit Euro-Münzen oder Euro-Scheinen beschränkt.

5 Die **Abgrenzung** zur **echten Geldsortenschuld** erfolgt nicht über die Ein- oder Vielzahl der parteidispositiv ausgewählten Geldsorten, sondern über den **von den Parteien gewollten Charakter der Schuld** (STAUDINGER/K SCHMIDT [1997] Rn 9): Bezwecken die Parteien die Verschaffung eines bestimmten Maßes abstrakter Vermögensmacht an den Gläubiger mit der Modifikation, dass nur eine bestimmte Geldsorte bei der Zahlung verwendet werden darf, liegt eine unechte Geldsortenschuld vor. Zielt der Parteiwille hingegen auf die Leistung bestimmter Geldzeichen, die primär als Sachgegenstände und nicht wegen ihres Geldcharakters adressiert werden, ist eine echte Geldsortenschuld anzunehmen. Solche echte Geldsortenschulden kommen insbesondere zum Einsatz bei dem Erwerb von **Sammlermünzen**, die zu Geldanlagezwecken oder aus Liebhaberei erworben werden (OMLOR, Geldprivatrecht [2014] 260 f). Dabei bleibt unberücksichtigt, ob die Sammlermünzen noch monetisiert sind, dh als gesetzliche Zahlungsmittel verwendet werden können (im Ergebnis ebenso BeckOGK/FREITAG [15. 3. 2021] Rn 9 unter Verweis auf Art 5 Abs 5 VO [EU] 651/2012). Maßgeblich ist allein, ob die Parteien die Sammlermünzen primär wegen ihrer Eigenschaft als Zahlungsmittel und abstrakte Wertträger zum Schuldgegenstand erhoben haben.

6 Echte Geldsortenschulden stellen keine Geldschulden dar (vgl Vorbem B8 zu §§ 244–248). Auf sie ist das Geldschuldrecht einschließlich § 245 BGB nicht anwendbar.

Demgegenüber handelt es sich bei unechten Geldsortenschulden um **Geldschulden** (vgl Vorbem B8 zu §§ 244–248). Daraus zieht § 245 BGB die Konsequenz, dass die Unmöglichkeitsregelungen nicht durch den fehlenden Umlauf der geschuldeten Geldsorte ausgelöst werden. § 245 BGB weist aus der Sicht des Allgemeinen Geldschuldrechts insofern **primär eine klarstellende Funktion** auf. Geldschulden als Wertverschaffungsschulden unterliegen nicht dem Unmöglichkeitsrecht, denn abstrakte Vermögensmacht lässt sich objektiv stets erlangen (vgl Vorbem B57 zu §§ 244–248). Auch bei Fremdwährungsverbindlichkeiten gelten keine Ausnahmen von der „Unmöglichkeit der Unmöglichkeit" (vgl § 244 Rn 111).

Auch wenn der Wortlaut von § 245 BGB nur von Münzsorten spricht, ist die Vorschrift *per analogiam* auf **Papiergeld** zu erstrecken. Der ursprünglich auf Münzen eingeschränkte Anwendungsbereich von § 245 BGB basiert auf einem inzwischen überwundenen metallistischen Geldverständnis. Eine vom Substanzwert abgeleitete Geldwertbestimmung war naturgemäß auf Münzen aus Edelmetallen beschränkt und bei nahezu substanzwertfreiem Papiergeld ausgeschlossen. In einer anti-metallistischen Geld- und Währungsordnung bestehen solche Unterschiede zwischen Münz- und Papiergeld nicht mehr. Daher ist gegenüber dem ursprünglichen Regelungsprogramm des Gesetzgebers eine Lücke entstanden, die durch Analogiebildung zu schließen ist. 7

Für die Anwendbarkeit des § 245 BGB ist es **irrelevant**, auf welchem **Rechtsgrund** die betroffene Geldsortenschuld beruht. Allerdings existieren *de lege lata* keine gesetzlich begründeten unechten Geldsortenschulden (BeckOGK/Freitag [15.3.2021] Rn 4). Unechte Geldsortenschulden beruhen daher stets auf einer entsprechenden Parteivereinbarung. Der zu § 244 BGB ausgefochtene Streit, ob die Norm auch gesetzliche Schuldverhältnisse erfasst (vgl § 244 Rn 42 ff), lässt sich daher nicht auf § 245 BGB übertragen. 8

2. Deutsches (Geld-)Schuldstatut

Als Teil des deutschen Geldschuldrechts setzt § 245 BGB die Anwendbarkeit des deutschen Schuldstatuts voraus (BeckOGK/Freitag [15.3.2021] Rn 1). Es reicht nicht aus, dass eine Geldschuld in Deutschland oder im restlichen Währungsinland zu erfüllen ist oder dass die Inlands- als Schuldwährung vereinbart wurde. Die betroffene Währung – ob Heim- oder Fremdwährung – ist letztlich ohne Relevanz (vgl LG Frankfurt aM 3.5.1955 – 9 T 1069/54, NJW 1956, 65, 66). Zudem **fehlt** es § 245 BGB an einem **währungsrechtlichen Einschlag** (vgl auch Nussbaum, Das Geld in Theorie und Praxis des deutschen und ausländischen Rechts [1925] 82). Hierfür streitet nicht nur seine systematische Stellung im Allgemeinen Teil des Schuldrechts, sondern vor allem seine teleologische Einbettung in die geldprivatrechtliche Dogmatik. Daran ändert der Umstand nichts, dass § 245 BGB „nominalistisch gedacht" (Staudinger/K Schmidt [1997] Rn 4) ist. Das geldschuldrechtliche Nominalprinzip gründet sich nicht im Währungsrecht, sondern hat eine gewohnheitsrechtliche Anerkennung gefunden (vgl Vorbem C40 zu §§ 244–248). Auch der geldtheoretische Nominalismus wurzelt kodifikatorisch in einer Vielzahl von Einzelbestimmungen, die jenseits des Währungs- und vielfach im Privatrecht zu verorten sind (vgl Vorbem C25 zu §§ 244–248). 9

3. Kein Ausschluss

10 Im Zuge mit der Demonetisierung einer Geldsorte mittels einer sachbezogenen Allgemeinverfügung nach § 35 S 2 Var 2 VwVfG (vgl Vorbem A135 zu §§ 244–248) können zugleich Regelungen erlassen werde, welche die geldprivatrechtlichen Rechtsfolgen des Untergangs dieser Geldsorte regeln. Insofern handelt es sich um *leges speciales*, welche die Anwendbarkeit von § 245 BGB ausschließen können. Die Reichweite der Ausschlusswirkung hängt nach allgemeinen Grundsätzen davon ab, in welchem Umfang das Spezialgesetz eine abschließende Regelung enthält. Davon abzugrenzen sind währungsrechtliche Vorschriften, die neben § 245 BGB treten und selbst eine Umwandlung von unechten Geldsortenschulden in reguläre Geldschulden anordnen (s u Rn 19).

11 § 245 BGB lässt sich nicht nur durch eine vorrangige Gesetzesregelung, sondern auch durch eine **abweichende Parteivereinbarung** ausschließen (Soergel/Arnold [13. Aufl 2014] Rn 3; BeckOGK/Freitag [15. 3. 2021] Rn 7). Im Zweifel ist von einer unechten Geldsortenschuld unter Einbeziehung von § 245 BGB auszugehen (MünchKomm/Grundmann[8] Rn 100). Diese Dispositivität beruht auf der schuldrechtlichen Teleologie der Vorschrift, welche einen Risiko- und Interessenausgleich zwischen den am Geldschuldverhältnis beteiligten Parteien bezweckt. Daher steht es den Beteiligten offen, das Rechtsverhältnis zwischen ihnen einer abweichenden Regelung zuzuführen. Währungsrechtliche und damit überindividuelle Bezüge bestehen nicht.

12 Aus § 245 BGB könnte sich angesichts seiner Dispositivität ableiten, dass es zwei Arten von unechten Geldsortenschulden gäbe. In Anlehnung an die Terminologie bei § 244 BGB (vgl § 244 Rn 18) ließe sich von **unecht-einfachen** und **unecht-effektiven** Geldsortenschulden sprechen. Bei den unecht-einfachen Geldsortenschulden bliebe der Untergang der an sich geschuldeten Geldsorte ohne Auswirkungen auf den Fortbestand der Geldschuld als solcher, indem § 245 BGB eine Umwandlung in eine reguläre Geldschuld anordnete. Demgegenüber hätten die Parteien bei einer unecht-effektiven Geldsortenschuld die Anwendbarkeit von § 245 BGB und damit eine Umwandlung in eine reguläre Geldschuld ausgeschlossen. Die Annahme eines auf eine unecht-effektive Geldsortenschuld gerichteten Parteiwillens ist in einer anti-metallistischen Geld- und Währungsordnung kaum begründbar. Die Differenzierung zwischen unecht-einfachen und unecht-effektiven Geldsortenschulden wirkte **konstruiert und artifiziell**. Regelmäßig ist **bei einer Abbedingung des § 245 BGB eine echte Geldsortenschuld** anzunehmen, auf welche die allgemeinen Unmöglichkeitsregeln für Sachschulden anzuwenden sind.

13 Die Parteien können von § 245 BGB auch auf die Weise abweichen, dass sie dessen Rechtsfolge unabhängig vom Vorliegen seiner tatbestandlichen Voraussetzungen eingreifen lassen (Staudinger/K Schmidt [1997] Rn 12). Eine solche inhaltliche **Erstreckung auf sonstige Fälle jenseits der Unmöglichkeit** räumt dem privilegierten Geldgläubiger eine Ersetzungsbefugnis ein. In der Folge hat zwar der Geldschuldner die vereinbarte Geldsorte zu leisten, der Geldgläubiger vermag aber auch Zahlung in der Schuldwährung unabhängig von einer bestimmten Geldsorte zu verlangen. In einem solchen Fall wird die Geldsortenschuld zu einer regulären Geldschuld.

III. Die unechte Geldsortenschuld im BGB

1. Grundsatz

Auf unechte Geldsortenschulden ist – mit Ausnahme des von § 245 BGB adressierten Sonderfalls der Unmöglichkeit einer Leistung in der vereinbarten Geldsorte und der Modifikationen im Erfüllungsrecht – das **Allgemeine Geldschuldrecht** anzuwenden. Auch unechte Geldsortenschulden stellen daher regelmäßig modifizierte Bringschulden dar (vgl Vorbem B23 ff zu §§ 244–248). Für die **Zinszahlung** gilt die Geldsortenabrede der Parteien im Zweifel nicht. Eine Differenzierung zwischen vertraglichen und gesetzlichen Zinszahlungspflichten ist nicht geboten (aA Nussbaum, Das Geld in Theorie und Praxis des deutschen und ausländischen Rechts [1925] 83). Auch vertraglich vereinbarte Zinszahlungen führen im Zweifel nicht zu einer unechten Geldsortenschuld. Nur bei hinreichenden Anhaltspunkten für einen entsprechenden Parteiwillen lässt sich eine solche Ausstrahlungswirkung der originären Geldsortenabrede annehmen.

14

2. Erfüllung

Auch die Erfüllung von unechten Geldsortenschulden richtet sich grundsätzlich nach den **allgemeinen geldschuldrechtlichen Regeln**. Besonderheiten bestehen jedoch beim **Leistungsgegenstand**. Dem Geldschuldner ist anders als bei einer regulären Geldschuld nicht freigestellt, welche Erscheinungsform des Geldes zu Erfüllungszwecken zum Einsatz kommt. **Buchgeld** scheidet kraft der getroffenen Vereinbarung aus. Auch der währungsrechtliche Annahmezwang für jegliche gesetzliche Zahlungsmittel wird teilweise außer Kraft gesetzt. Nicht sämtliche gesetzliche Zahlungsmittel der Schuldwährung können mit Erfüllungswirkung geleistet werden, sondern nur eine festgelegte Sorte oder eine Gruppe davon. Zahlt der Schuldner dennoch in einer anderen als der vereinbarten Geldsorte, so tritt keine Erfüllung nach §§ 362 ff BGB ein, sofern der Geldgläubiger nicht damit einverstanden ist und daher eine **Annahme an Erfüllungs statt** (§ 364 Abs 1 BGB) vorliegt. Alternativ können sich die Parteien auch vor dem Erfüllungsstadium über eine gewillkürte Umwandlung der unechten Geldsortenschuld in eine reguläre Geldschuld einigen.

15

Hingegen steht es dem **Gläubiger** einer unechten Geldsortenschuld typischerweise offen, in Ausübung einer einseitigen **Ersetzungsbefugnis** statt der vereinbarten Geldsorte andere Geldmittel derselben Währung und desselben Betrags zu fordern (Nussbaum, Das Geld in Theorie und Praxis des deutschen und ausländischen Rechts [1925] 82). Diese Ausweichmöglichkeit auf eine reguläre Geldschuld gründet zum einen auf der regelmäßig gläubigerprivilegierenden Intention der Parteien, zum anderen auf der dogmatischen Einordnung der unechten Geldsortenschuld als Geldschuld. Durch die Beifügung der Geldsortenabrede wird das Geldschuldverhältnisses nicht in seinen Grundlagen verändert, sondern lediglich ergänzt (Mot II 14).

16

Aus ihrem eingeschränkten Leistungsgegenstand folgen Restriktionen für die **Aufrechnungstauglichkeit der unechten Geldsortenschuld**. Als unproblematisch erweist sich der Fall, dass sich **zwei unechte Geldsortenschulden** gegenüberstehen, die auf die Leistung der gleichen Geldsorte gerichtet sind. Beide Geldschulden unterscheiden sich daher allenfalls in der Anzahl der geschuldeten Währungseinheiten und sind daher gleichartig iSd § 387 BGB. An der erforderlichen Gleichartigkeit fehlt es hin-

17

gegen, wenn sich unechte Geldsortenschulden gegenüberstehen, die zur Leistung von unterschiedlichen Geldsorten verpflichten. Auch wenn es sich jeweils um Geldschulden handelt, dürfen die Geldsortenabreden nicht ignoriert werden. Die Parteien würden ansonsten um das ihnen zustehende Leistungssubstrat gebracht. Eine Aufrechnung setzt in diesem Fall einen Konsens der Parteien in Gestalt eines Aufrechnungsvertrags voraus. Eine Differenzierung ist hingegen in den **Mischkonstellationen** angebracht, in denen eine unechte Geldsortenschuld gegen eine reguläre Geldschuld aufgerechnet werden soll. Wegen des im Regelfall gläubigerschützenden Charakters der Geldsortenabrede steht es nur dem Geldsortengläubiger und nicht dem Geldsummengläubiger offen, einseitig die Aufrechnung zu erklären (im Ergebnis ebenso NUSSBAUM, Das Geld in Theorie und Praxis des deutschen und ausländischen Rechts [1925] 83). Zwar ändert die intendierte Begünstigung des Gläubigers an sich nichts daran, dass es der unechten Geldsortenschuld an der Gleichartigkeit mit der regulären Geldschuld mangelt. Jedoch liegt in der Geldsortenabrede typischerweise zugleich das antizipierte und unwiderrufliche Angebot des Geldschuldners an den Geldgläubiger auf Abschluss eines Aufrechnungsvertrags.

3. Unmöglichkeit

18 Geldschulden können nicht unmöglich werden (vgl Vorbem B57 zu §§ 244–248). Ihrem Leistungsgegenstand nach sind sie auf Wertverschaffung ausgerichtet (vgl Vorbem B2 zu §§ 244–248); abstrakte Vermögensmacht ist stets verfügbar. Auch auf unechte Geldsortenschulden findet **§ 275 BGB keine Anwendung** (RG 24. 5. 1924 – V B 1/24, RGZ 108, 176, 181; NUSSBAUM, Das Geld in Theorie und Praxis des deutschen und ausländischen Rechts [1925] 85 f; SOERGEL/ARNOLD [13. Aufl 2014] Rn 3), da sie ebenfalls Geldschulden sind. Gegenteilig stellt sich die Rechtslage für echte Geldsortenschulden als Sachschulden dar, für welche neben § 275 BGB auch die sonstigen Unmöglichkeitsvorschriften gelten (s u Rn 22).

19 Die **Rechtsfolge des § 245 BGB** besteht in einer **Umwandlung** der unechten Geldsortenschuld in eine reguläre Geldschuld. Dabei bedarf es **keiner Umrechnung** nach einem bestimmten Kurs (NUSSBAUM, Das Geld in Theorie und Praxis des deutschen und ausländischen Rechts [1925] 86), da die Währung unverändert bleibt und sich lediglich die erfüllungstauglichen Erscheinungsformen des Geldes erweitern. Die nominalistische Verankerung des § 245 BGB verbietet es, unter Bezugnahme auf den Substanzwert der Geldzeichen aus der ursprünglich geschuldeten Geldsorte eine valoristische Neubewertung des Leistungsinhalts vorzunehmen. In der Folge ihrer Umwandlung unterliegt die umgewandelte unechte Geldsortenschuld uneingeschränkt dem Allgemeinen Geldschuldrecht (vgl Vorbem B8 zu §§ 244–248). Insbesondere steht nunmehr grundsätzlich auch Buchgeld als Solutionsmittel zur Verfügung (vgl Vorbem B85 zu §§ 244–248).

20 Auslöser der Umwandlung ist nach dem Gesetzeswortlaut der Umstand, dass sich die geschuldete Geldsorte „zur Zeit der Zahlung nicht mehr im Umlauf befindet". Der Wortlaut bedarf einer extensiven Auslegung. Es kommt nicht darauf an, ob die fehlende Verfügbarkeit auf **tatsächlichen oder (währungs-)rechtlichen Gründen** beruht (RG 1. 3. 1924 – V 129/23, RGZ 107, 370, 371; enger Mot II 14). Tatbestandlich erfordert § 245 BGB **die objektive Unmöglichkeit, die vereinbarte Geldsorte zu leisten** (STAUDINGER/K SCHMIDT [1997] Rn 15). Als Gründe hierfür taugen insbesondere die gesetzliche Außerkurssetzung sowie die Beschaffbarkeit zu unverhältnismäßigen Kosten, da die betroffene Geldsorte aus dem Verkehr verschwunden ist (RG 1. 3. 1924 – V 129/23, RGZ 107, 370, 371; SOERGEL/ARNOLD [13. Aufl 2014] Rn 2). Unerheblich ist weiterhin, ob es sich um eine **anfängliche oder nachträgliche Unmöglichkeit** handelt (BeckOGK/FREITAG [15. 3. 2021] Rn 5). Der Wortlaut „nicht mehr" nimmt nicht die Begründung des Geldschuldverhältnisses in Bezug, sondern die ursprüngliche Verfügbarkeit der vereinbarten Geldsorte. Nach den Vorstellungen der Parteien bei Abschluss der Geldsortenabrede muss die Geldsorte (vermeintlich) noch im Umlauf sein. Gehen die Parteien zutreffend von einer anfänglichen Unmöglichkeit aus, liegt keine unechte, sondern eine echte Geldsortenschuld vor (STAUDINGER/K SCHMIDT [1997] Rn 8, 15).

Als Zeitpunkt für die Umwandlung benennt § 245 BGB die Zeit der Zahlung. Dabei handelt es sich nicht um den Soll-Zeitpunkt der Zahlung, dh deren Fälligkeit, sondern – ebenso wie bei § 244 Abs 2 BGB (vgl § 244 Rn 120) – auf den **Zeitpunkt der tatsächlichen Zahlung** (RG 24. 1. 1921 – II 13/20, RGZ 101, 312, 316; BeckOGK/FREITAG [15. 3. 2021] Rn 5). Auf diese Weise sollen etwaige Wertverluste, die durch den nominalistisch geprägten § 245 BGB nicht ausgeglichen werden, möglichst vermieden werden; in einem anti-metallistischen Geld- und Währungssystem treten solche Risiken hingegen kaum auf. 21

IV. Die echte Geldsortenschuld im BGB

1. Schuldinhalt

Die echte Geldsortenschuld unterliegt den allgemeinen Regeln der **Sachschuld** (SOERGEL/ARNOLD [13. Aufl 2014] Rn 3). Da es sich nicht um eine Wertverschaffungsschuld handelt, kann sie **unmöglich** iSd § 275 Abs 1 BGB werden (BeckOGK/FREITAG [15. 3. 2021] Rn 8). Echte Geldsortenschulden sind stets **Gattungs- und niemals Stückschulden** (offener SOERGEL/ARNOLD [13. Aufl 2014] Rn 3 [meist Gattungsschuld]; allgemein zur Abgrenzung STAUDINGER/SCHIEMANN [2019] § 243 Rn 6 ff). Richtet sich das Schuldverhältnis auf die Verschaffung individualisierter Stücke, liegt eine Geldstückschuld vor. Bei ihr handelt es sich ebenfalls um eine Sach- und nicht um eine Geldschuld (vgl Vorbem B6 zu §§ 244–248). 22

2. Erfüllung

Bei der Erfüllung kann nicht auf Buchgeld zurückgegriffen werden, da keine Geldschuld vorliegt. Ob eine **Aufrechnung** zwischen einer Geldschuld und einer echten Geldsortenschuld möglich ist, hängt zunächst von der Auslegung des **Gleichartigkeitserfordernisses** in § 387 BGB ab. Bei der gebotenen normativen Auslegung unter Einbeziehung der Verkehrsanschauung zeigt sich, dass der Herausgabeanspruch aus § 985 BGB und ein Zahlungsanspruch aus einer Geldschuld grundsätzlich gleichartig sind (vgl Vorbem B14, 101 f zu §§ 244–248). Eine Ausnahme besteht jedoch, sofern der Gläubiger ein schutzwürdiges Interesse gerade an der Erlangung der geschuldeten Stücke vorweisen kann. Namentlich beim Erwerb vom Sammlermünzen wird dieser Ausnahmefall häufig vorliegen, sodass eine Aufrechnung ausscheidet. 23

V. Zivilprozess-, vollstreckungs- und insolvenzrechtliche Spezifika

1. Erkenntnisverfahren

24 Bei der Formulierung des Klageantrags ist dem besonderen Leistungsgegenstand der unechten Geldsortenschuld Rechnung zu tragen. Da der Geldsortengläubiger nur einen Anspruch auf Verschaffung von Geldzeichen einer bestimmten Sorte hat, muss auch der **Klageantrag auf die Geldzahlung unter Verwendung dieser Sorte** lauten (STAUDINGER/K SCHMIDT [1997] Rn 26). Steht dem Geldgläubiger jedoch – wie regelmäßig (s o Rn 16) – eine Ersetzungsbefugnis zu, so liegt in der Klageerhebung auf Zahlung einer Geldsumme ohne Begrenzung auf eine bestimmte Geldsorte eine konkludente Ausübung der *facultas alternativa*. Nur unter dieser Voraussetzung vermag der Geldgläubiger seinen Anspruch im **Mahnverfahren** durchzusetzen (NUSSBAUM, Das Geld in Theorie und Praxis des deutschen und ausländischen Rechts [1925] 82).

2. Zwangsvollstreckung und Insolvenz

25 Die Vollstreckung von echten Geldsortenschulden richtet sich nach §§ 883 ff ZPO (OLG Düsseldorf 26. 2. 1988 – 19 W 17/87, NJW 1988, 2185; MünchKommZPO/GRUBER[6] § 803 Rn 3). Demgegenüber werden unechte Geldsortenschulden **wie Geldschulden vollstreckt**; die Vorschriften über die Zwangsvollstreckung wegen Geldforderungen (§§ 802a ff ZPO) sind heranzuziehen (WIECZOREK/SCHÜTZE/LÜKE, ZPO [4. Aufl 2015] § 803 Rn 4; aA NUSSBAUM, Das Geld in Theorie und Praxis des deutschen und ausländischen Rechts [1925] 82). Weiterhin kann die Sortenklausel in eine **vollstreckbare Urkunde** iSd § 794 Abs 1 Nr 5 ZPO aufgenommen werden (NUSSBAUM, Das Geld in Theorie und Praxis des deutschen und ausländischen Rechts [1925] 82). Da es sich bei der unechten Geldsortenschuld um eine Geldschuld handelt, bedarf es in der Insolvenz – im Gegensatz zur echten Geldsortenschuld – **keiner Umrechnung nach § 45 S 1 InsO** (STAUDINGER/K SCHMIDT [1997] Rn 29; aA NUSSBAUM, Das Geld in Theorie und Praxis des deutschen und ausländischen Rechts [1925] 82 zu § 69 KO aF).

§ 246
Gesetzlicher Zinssatz

Ist eine Schuld nach Gesetz oder Rechtsgeschäft zu verzinsen, so sind vier vom Hundert für das Jahr zu entrichten, sofern nicht ein anderes bestimmt ist.

Materialien: E I § 217; II § 210; Mot II 15 ff;
Prot I 290 D 41.

Schrifttum

ACHTERT, Kündigungsrechte und Tarifwahl bei bonitätsabhängigen Zinsänderungsklauseln, BKR 2008, 318
BARNERT, Kreditkartengeschäft und AGB-Kontrolle, WM 2003, 1153

BASEDOW, Die Aufgabe der Verzugszinsen in Recht und Wirtschaft, ZHR 143 (1979) 317
BAUMS, Zinsberechnungsklauseln in Darlehensverträgen, WM 1987, Sonderbeilage Nr 2, S 3
BECKER, „Negativzinsen" als Folge von Zins-

gleitklauseln bei Inhaberschuldverschreibungen?, WM 2013, 1736

BECKER-EBERHARD, Zur Möglichkeit der Anpassung rechtskräftig titulierter Verzugsschadenszinsen aus § 286 Abs 1 BGB an ein verändertes Zinsniveau, DZWir 1993, 183

BELKE, Die Strafzinsen im Kreditgewerbe – ihre Begrenzung aus dem Zinseszinsverbot und ihr Verhältnis zu den gesetzlichen Verzugsfolgen, BB 1968, 1219

BERGER, Der Zinsanspruch im Internationalen Wirtschaftsrecht, RabelsZ 61 (1997) 313

BEZZENBERGER, Das Verbot des Zinseszins, WM 2002, 1617

BOCKHOLT, Bedeutung des Zinsverrechnungstermins für die Ermittlung des Erstattungsanspruchs, BB 1989, 940

BRAUN, Zinstitel und Abänderungsklage, ZZP 108 (1995) 319

BRODMANN, Die Zinsschuld, in: EHRENBERG (Hrsg), Handbuch des gesamten Handelsrechts, Band 4/2 (1918) 233

BRUCHNER/METZ, Variable Zinsklauseln (2001)

BURKICZAK, Zur Frage der Zulässigkeit uneingeschränkter Zinsänderungsklauseln in AGB bei kurzfristigen Sparprodukten, BKR 2007, 190

CANARIS, Der Zinsbegriff und seine rechtliche Bedeutung, NJW 1978, 1891

ders, Noch einmal: Zinsberechnungsklauseln beim Annuitätendarlehen, NJW 1987, 2407

ders, Zinsberechnungs- und Tilgungsverrechnungsklauseln beim Annuitätendarlehen, NJW 1987, 609

CHALIOULIAS, Der swap im System aleatorischer Verträge (2007)

DEICHFUSS, Die sogenannten Zukunftszinsen, MDR 1992, 334

ERNE, Die Swapgeschäfte der Banken (1992)

ders, Modernes Zinsmanagement durch Einsatz von Zinssatzswaps – viele Chancen, kaum Risiken, DB 1994, 1809

ERNST, Negativzinsen aus zivilrechtlicher Sicht, ZfPW 2015, 250

FERRARI/LÜTTRINGHAUS, Rome I Regulation (2015)

FRÜHAUF, Zinsprognose und zivilrichterliche Verantwortung, NJW 1999, 1217

GRUBER, Die kollisionsrechtliche Anknüpfung der Verzugszinsen, MDR 1994, 759

GRUNSKY, Anwendbares Recht und gesetzlicher Zinssatz, in: FS Franz Merz (1992) 147

HABERSACK, Zinsänderungsklauseln im Lichte des AGBG und des VerbrKrG, WM 2001, 753

HINGST/NEUMANN, Negative Zinsen – Die zivilrechtliche Einordnung eines nur scheinbar neuen geldpolitischen Problems, BKR 2016, 95

HOFAUER, Bankentgelte – Was dürfen Banken berechnen und was nicht?, BKR 2015, 397

HORN, Zinsforderung und Zinsverbot im kanonischen, islamischen und deutschen Recht, in: FS Hermann Lange (1992) 99

KINDLER, Zur Anhebung des gesetzlichen Zinssatzes in Italien, RIW 1991, 304

ders, Gesetzliche Zinsansprüche im Zivil- und Handelsrecht (1996)

KÖNDGEN, Zur Praxis der sog. nachträglichen Tilgungsverrechnung beim Hypothekenkredit, NJW 1987, 160

ders, Grund und Grenzen des Transparenzgebots im AGB-Recht, NJW 1989, 943

KREFT/SCHMITT-HOMANN, Die steuerliche Behandlung des Zins-Swaps, BB 2009, 2404

KREPOLD/HERRLE, Negative Zinsen – rechtliches Neuland, BKR 2018, 89

KRÖLL/MISTELIS/VISCASILLAS (Eds), UN Convention on Contracts for the International Sale of Goods, CISG (2. Aufl 2018)

KROPF, Sichteinlagen auf Girokonten: Vom (zinslosen) Darlehen zur entgeltpflichtigen Kapitalverwahrung, WM 2017, 1185

LANGENBUCHER, Vereinbarungen über den Zinssatz, BKR 2005, 134

LANGNER/MÜLLER, Negativzinsen im Passivgeschäft auf dem Prüfstand, WM 2015, 1979

LITZENBURGER, Das neue Schuldrecht und der Bauträgervertrag, RNotZ 2002, 23

MAIROSE, Verbraucherkreditrecht in der notariellen Praxis, RNotZ 2012, 467

MAIWALD, Das Zinsverbot des Islams und die islamischen Banken, RIW 1984, 521

MEDICUS, Vorschläge zur Überarbeitung des Schuldrechts: Das allgemeine Recht der Leistungsstörungen, NJW 1992, 2384

METZ, Variable Zinsvereinbarungen bei Krediten und Geldanlagen, BKR 2001, 21

MÜLBERT, Das verzinsliche Darlehen, AcP 192 (1992) 447

ders, Bonitätsgestufte Zinsabreden in Festzins-

kraten als eine Antwort auf Basel II, WM 2004, 1205
Müller-Eising/Bode, Zivilrechtliche Probleme bei der Emission „ewiger Anleihen", BKR 2006, 480
Nassall, Vertraglicher Zins und Verzugsschaden, WM 1989, 705
Niebling, Die Inhaltskontrolle von Zinsberechnungsklauseln, ZIP 1987, 1433
Ohletz, Bonitätsorientierte Zinsänderungsklauseln in Verträgen mit Verbrauchern und Unternehmern, BKR 2007, 129
Omlor, Geldprivatrecht. Entmaterialisierung, Europäisierung, Entwertung (2014)
ders, Negativzinsen, in: Bankrechtstag 2017 (2018) 41
ders, Negativzinsen im Einlagengeschäft, BKR 2018, 109
ders, Lückenfüllung bei unwirksamen Zinsanpassungsklauseln, ZBB 2020, 355
Ostendorf/Laer, Die Bestimmung der Verjährungsfristen für die Geltendmachung von Verzugsschäden, NJW 2013, 1479
Peters, Der Zinssatz des § 288 I 1 BGB, ZRP 1980, 90
Piltz, Neue Entwicklungen im UN-Kaufrecht, NJW 1994, 1101
Pohlhausen/Beck, Der Zinsbegriff im islamischen Finanzrecht und deutschen Steuerrecht, IStR 2010, 225
Prass, Zeitanteilige Rückzahlung des Disagios (Agios) bei vorzeitiger Kündigung eines langfristigen Darlehens, BB 1981, 1058
Radke, Negative Nominalzinsen im Zins- und Bankvertragsrecht (2019)
Reifner, Zinsfiktion und AGB-Gesetz, NJW 1989, 952
ders, Die Anpassung variabler Zinssätze im Kreditverhältnis, JZ 1995, 866
Ricken, Die Verjährung titulierter Zinsansprüche, NJW 1999, 1146
Roll, Die Höhe der Verzugszinsen, DRiZ 1973, 339
Rösler/Lang, Zinsklauseln im Kredit- und Spargeschäft der Kreditinstitute: Probleme mit Transparenz, billigem Ermessen und Basel II, ZIP 2006, 214
Schebesta, Zinsklauseln im Spiegel der aktuellen Rechtsprechung, BKR 2005, 217
Schimansky, Zinsanpassungsklauseln in AGB, WM 2001, 1169
ders/Bunte/Lwowski (Hrsg), Bankrechts-Handbuch (5. Aufl 2017)
Schlechtriem/Schwenzer/Schroeter (Hrsg), Kommentar zum Einheitlichen UN-Kaufrecht (CISG) (7. Aufl 2019)
Schopp, Verzugszinsen und Verzugsschaden (§ 288 BGB) bei Zession, MDR 1990, 11
Schulze, Zur Höhe der Verzugszinsen nach der mündlichen Verhandlung, MDR 1989, 510
Seckelmann, „Pacta sunt servanda" – Nicht bei Zinssätzen?, BB 1996, 965
ders, „Zins" und „Zinssatz" im Sinne der Sache, BB 1998, 57
Serick, Eigentumsvorbehalt und Sicherungsübertragung I (1963)
ders, Eigentumsvorbehalt und Sicherungsübertragung II (1965)
Söbbing/v Bodungen, Negative Zinsen bei Darlehensverträgen?, ZBB 2016, 39
Spickhoff, Die Produkthaftung im Europäischen Kollisions- und Zivilverfahrensrecht, in: FS Jan Kropholler (2008) 671
Steiner, Dürfen Banken Überziehungszinsen verlangen?, WM 1992, 425
Strömer/Le Fevre, Gesetzliche Zinsen in Frankreich, EuZW 1992, 210
Strube/Fandel, Unzulässige Bearbeitungsentgelte bei Darlehensverträgen – Streitfragen und Praxishinweise, BKR 2014, 133
Stupp/Mucke, Die Auswirkungen kreativer „Zins"-Vereinbarungen auf die ordentlichen Kündigungsmöglichkeiten des Darlehensnehmers, BKR 2005, 20
Taupitz, Zinsberechnungsklauseln – dritter Akt, NJW 1989, 2242
Terpitz, Kündigungsklauseln in den Hypothekarkreditverträgen der Kreditinstitute, in: FS Bärmann (1975) 953
Tröger, Vertragsrechtliche Fragen negativer Zinsen auf Einlagen, NJW 2015, 657
Ulmer/Ihrig, Ein neuer Anleihetyp: Zero-Bonds, ZIP 1985, 1169
Vehslage, Zinsberechnungsmethoden – Richtige Umrechnung von Jahreszinsen für Tageszeiträume, MDR 2001, 673
vWestphalen/Thüsing (Hrsg), Vertragsrecht und AGB-Klauselwerke (46. EL März 2021)

Vogel, Negativzinsen im Einlagengeschäft der Kreditinstitute, BKR 2018, 45
Vogeler, Die freie Rechtswahl im Kollisionsrecht der außervertraglichen Schuldverhältnisse (2013)
Zellweger-Gutknecht, Negativzins: Vergütung für die Übernahme des Geldwertrisikos durch den Kapitalnehmer, ZfPW 2015, 350

Zimmermann, Der Zins im Zivilprozeß (Teil 1), JuS 1991, 229
ders, Der Zins im Zivilprozeß (Teil 2), JuS 1991, 583
ders, Der Zins im Zivilprozeß (Teil 3), JuS 1991, 674
ders, Der Zins im Zivilprozeß (Teil 4), JuS 1991, 758.

Systematische Übersicht

I.	**Systematische und teleologische Verortung**	
1.	Überblick	1
2.	Normzwecke	3
3.	Anwendungsfälle	6
a)	Negativer Anwendungsbereich	6
aa)	Vorrangige gesetzliche Regelungen	7
bb)	Urteilszinsen	11
b)	Positiver Anwendungsbereich	12
aa)	Gesetzliche Zinsschulden	12
bb)	Rechtsgeschäftliche Zinsschulden	18
II.	**Zinsschuldrecht**	20
1.	Begriff des Zinses	21
a)	Methodik	21
b)	Nominaldefinition	23
aa)	Hauptschuld als Kapitalschuld	24
bb)	Abhängigkeit von Zins- und Hauptschuld	26
cc)	Zeitabhängigkeit	31
dd)	Entgelt für Möglichkeit der Kapitalnutzung	36
ee)	Gleichartigkeit von Kapital- und Zinsschuld?	43
c)	Abgrenzungen und Sonderfälle	45
aa)	Effektiver Jahreszins	45
bb)	Referenzzinssatz	48
2.	Vertragliche Zinsabreden	49
a)	Prinzip der Zinsfreiheit	49
b)	Arten von Zinsklauseln	50
c)	Wirksamkeit von Zinsanpassungsklauseln	55
aa)	Preisrechtliche Grenzen	56
bb)	Vertragstypologische Grenzen	57a
(1)	Hauptleistungspflichten und Interessenlage	57b
(2)	Besonderheiten bei Verbraucherdarlehensverträgen	57d
(3)	Besonderheiten bei Spareinlagen	57e
(4)	Reichweite von Zinsanpassungsklauseln	57f
cc)	Klauselkontrolle	58
dd)	Lückenfüllung bei unwirksamen Zinsanpassungsklauseln	63
ee)	Sonderregeln für Verbraucherdarlehensverträge	68
d)	Wirksamkeit von Zinsbestimmungsklauseln	70
3.	Gesetzlicher Zinssatz des § 246	74
4.	Beginn und Ende der Verzinslichkeit	77
a)	Beginn der Verzinslichkeit und Berechnungsmodus	77
b)	Beendigung der Verzinslichkeit	80
aa)	Zäsurwirkung der Erfüllung	80
bb)	Abweichende Vereinbarungen	82
(1)	Grundlagen	82
(2)	Formularvertragliche Abreden	83
5.	Zinsschuld im BGB	87
a)	Rechtsnatur und Inhalt	87
b)	Sittenwidrigkeit	88
c)	Erfüllung	89
d)	Verjährung	94
e)	Kreditsicherheiten	99
aa)	Personalsicherheiten	100
bb)	Grundpfandrechte	102
cc)	Mobiliarsicherheiten	105
III.	**Zivilprozess-, insolvenz-, kollisions- und einheitsrechtliche Spezifika**	
1.	Zinsschuld im Zivilprozess	108
2.	Zinsschuld in der Insolvenz	111
3.	Zinsschuld im Internationalen Privatrecht	113
4.	Zinsschuld im CISG	116

Alphabetische Übersicht

Auftragsrecht	15
Bearbeitungsgebühren	33
Beendigung der Verzinslichkeit	80 ff
Beginn der Verzinslichkeit	77
Beiderseitiges Handelsgeschäft	8 f
Bereitstellungszinsen	27, 32
Bürgschaft	101
CISG	116 f
Definition	23
Disagio	34 f
Effektiver Jahreszins	45 ff
Eigentumsvorbehalt	106
Erbbauzins	25
Erfüllung	29, 80 ff, 89 f
Entgangener Gewinn	76
Entstehungsakt	27
Fremdwährungsverbindlichkeit	24
Frucht	44
Garantie	100
Gewinnbeteiligung	39
Grundschuld	103
Hypothek	102
Insolvenz	17, 91, 111 f
Internationales Privatrecht	113
Kreditsicherheit	99 ff
Kündigungsklauseln	53
Negativzinsen	42, 62
Nichtabnahmeentschädigung	38
Nominaldefinition	23
Pfandrecht	105
Provisionszahlung	33, 37
Prozesszins	110
Restschuldversicherung	37
Sachdarlehen	24
Sicherungsübereignung	107
Sittenwidrigkeit	88
Streitwertberechnung	109
Subsidiarität	6 ff, 19
Statut	113 ff
Teilzahlungsgeschäft	13
Überziehungszinsen	33
Urteilszinsen	11
Verbraucherdarlehensvertrag	13, 68 ff, 93
Verjährung	29, 94 ff
Vorfälligkeitsentschädigung	38
Werklohn	14
Wertersatz	16
Zahlungskarte	81
Zeitabhängigkeit	31 ff
Zinsfreiheit	49
Zinsklauseln	50 ff
Zinsanpassungsklauseln	50 ff
– AGB-Kontrolle	58 ff
– einseitige	52, 57 ff
– ergänzende Vertragsauslegung	63
– Transparenzgedanke	61
– Wirksamkeit	55 ff
– Zinsgleitklauseln	51, 56 ff
Zinsbestimmungsklauseln	50 ff
– AGB-Kontrolle	71 ff
– Wirksamkeit	70 ff
Zins-Swap	41
Zivilprozess	108 ff

I. Systematische und teleologische Verortung

1. Überblick

§ 246 BGB bildet einen Auffangtatbestand, der subsidiär (zu vorrangigen gesetzlichen Regelungen s u Rn 7 ff) für gesetzlich ebenso wie für rechtsgeschäftlich begründete Zinsschulden die **Höhe des Zinssatzes** festlegt. Die Vorschrift verharrt dabei auf einer **gesetzgebungs- bzw vertragstechnischen Ebene**, ohne eine normative Aussage zu einem „gerechten" Zinssatz aufzustellen (s u Rn 4). Eine Anspruchsgrundlage für Zinszahlungen enthält § 246 BGB ebenfalls nicht. Durch die Einführung des Basiszinssatzes (§ 247 BGB), an den insbesondere die Verzugszinsen (§ 288 Abs 1 S 2 BGB) angebunden sind, hat der gesetzliche Zinssatz erheblich an praktischer Bedeutung verloren; sein **Anwendungsbereich** ist vergleichsweise **gering** (im Einzelnen s u Rn 12 ff). **1**

Systematisch handelt es sich um die **Eingangsvorschrift des BGB-Zinsrechts**, das in den §§ 246 bis 248 BGB niedergelegt ist. Diese drei zinsrechtlichen Normen beinhalten jedoch **kein in sich geschlossenes Regelungsprogramm** für Zinsen und Zinsschulden, sondern lediglich fragmentarische Einzelregelungen zur Höhe bestimmter gesetzlicher Zinssätze (§§ 246, 247 BGB) sowie zum grundsätzlichen Verbot von Zinseszinsen (§ 248 BGB). Grundlegend für das Privatrecht von Zins und Zinsschuld ist eine **Nominaldefinition des Zinses** (s u Rn 23). Der Rechtsrahmen für Zinsschulden ergibt sich sodann aus einer Vielzahl von Einzelvorschriften, die überwiegend dem Recht der Geldschuld entstammen (s u Rn 87 ff). Vorrangig zu berücksichtigen sind jedoch vertragliche Abreden, die auf der Grundlage des Prinzips der **Zinsfreiheit** (s u Rn 49) getroffen wurden. Solche Zinsanpassungs- und Zinsbestimmungsklauseln unterliegen ungeachtet dieser privatautonomen Gestaltungsspielräume verschiedenen Wirksamkeitsschranken, die sich vor allem aus dem AGB-Recht, aber auch aus dem Währungsrecht ergeben (s u Rn 55 ff). **2**

2. Normzwecke

Die normative Bedeutung des gesetzlichen Zinssatzes liegt vor allem in einer **gesetzgebungstechnischen Vereinfachung**. Existenz und Höhe des gesetzlichen Zinssatzes werden **„vor die Klammer"** gezogen, sodass in den verschiedenen Einzelregelungen, welche den gesetzlichen Zinssatz inkorporieren (s u Rn 12 ff), eine gleichförmige Sonderregelung unterbleiben konnte. Systematisch ist § 246 BGB insofern dem Allgemeinen Teil des BGB zuzuordnen, als es sich nicht nur um eine allgemeine schuldrechtliche Vorschrift des zweiten Buches (Recht der Schuldverhältnisse) handelt, sondern ihr Anwendungsbereich auch das Familienrecht und damit das vierte Buch des BGB erfasst. Die Zuordnung zum Allgemeinen Teil des Schuldrechts erklärt sich durch die Erwägung, dass das Konvolut der §§ 246 bis 248 BGB als zusammenhängende Teilregelung des BGB-Zinsrechts fungiert und damit den Inhalt einer Zins*schuld* mitbestimmt. Nicht nur legislativ, sondern auch **vertragstechnisch** kommt § 246 BGB eine Vereinfachungs- und **Lückenfüllungsfunktion** zu. Einigen sich die Parteien eines Zinsschuldverhältnisses nur dem Grunde nach über die Verzinsung, nicht über deren Höhe, greift grundsätzlich der gesetzliche Zinssatz des § 246 BGB ein (s u Rn 18). **3**

Ungeachtet seines Einsatzes als subsidiärer Auffangzinssatz für unvollständige Gesetze und Verträge sowie seiner eine normative Universalität suggerierenden Be- **4** zeichnung als *gesetzlicher* Zinssatz wohnt diesem **keine materielle Aussagekraft für Fragen der Vertragsgerechtigkeit** inne (BeckOGK/Coen [1. 3. 2021] Rn 8). Keinesfalls taugt § 246 BGB als normativer Anhaltspunkt für einen „gerechten" oder angemessenen Vertragszins (**aA** OLG München 8. 2. 2010 – 17 U 2893/09, WM 2010, 836, 843). Daher lässt sich der starre gesetzliche Zinssatz von 4 % pa auch nicht bei der Sittenwidrigkeitskontrolle nach § 138 BGB fruchtbar machen. Schon die bewusste Blindheit gegenüber den allfälligen Änderungen des Marktzinses stünde einer Einstufung als überzeitlicher normativer Soll-Zinssatz entgegen. Insofern hat § 246 BGB die **Begrenzungen überwunden**, die von der Mitte des 17. Jahrhunderts an **gemeinrechtlich** festgelegt waren (dazu Roll DRiZ 1973, 339, 341). Nachdem noch im Hochmittelalter das Verlangen von Zinsen mit der Exkommunikation belegt war, erlaubte das gemeine Recht durch § 174 des Jüngsten Reichsabschieds von 1654 Zinsen bis zur Höchstgrenze von 5 Prozent (zu weiteren Ausnahmen vgl Seckelmann BB 1998, 57, 58). Damit sollte der ethisch wie rechtlich zulässige Zinssatz festgelegt werden.

5 Zu der klassischen Aufgabe der Lückenfüllung ist im Zuge der aufkommenden Verbraucherschutzgesetzgebung eine **Schutzfunktion** hinzugetreten. Bei Verstößen gegen die Pflicht zur Angabe bestimmter Konditionsangaben zu Verbraucherdarlehensverträgen, namentlich des effektiven Jahreszinssatzes, ordnet § 494 Abs 2 S 2 BGB eine Begrenzung des Vertragszinses auf die Höhe des gesetzlichen Zinssatzes an; gleiches gilt nach § 507 Abs 2 S 3 BGB für Teilzahlungsgeschäfte. Zwar zeigt sich darin ebenfalls die gesetzgebungstechnische Komponente des gesetzlichen Zinssatzes, als in den verbraucherdarlehensrechtlichen Regelungen durch den Verweis eine Konkretisierung des Zinssatzes entbehrlich war. Zugleich dient aber die feste Höhe des gesetzlichen Zinssatzes als Schutzinstrument für den Verbraucher und als Anreiz für den Unternehmer, die gesetzlichen Informationspflichten einzuhalten.

3. Anwendungsfälle

a) Negativer Anwendungsbereich

6 Die **Subsidiarität des § 246 BGB** kommt bereits in seinem letzten Halbsatz zum Ausdruck. Sowohl in Gesetz als auch Vertrag kann „ein anderes bestimmt" sein, sodass der Auffangzinssatz von vier Prozent pro Jahr nicht heranzuziehen ist. In einer rechtsgeschäftlichen Zinsabrede bedarf es keiner expliziten Derogation des § 246 BGB. Durch die Einigung über einen davon abweichenden Zinssatz in Gestalt einer **Zinsbestimmungsklausel** (zu den Arten von Zinsklauseln s u Rn 50) entfällt *eo ipso* das Bedürfnis für eine Lückenfüllung durch den gesetzlichen Zinssatz. Auch in den verdrängenden gesetzlichen Sonderbestimmungen inner- und außerhalb des BGB erfolgt ein Ausschluss des § 246 BGB allein durch eine positive Regelung eines abweichenden Zinssatzes.

aa) Vorrangige gesetzliche Regelungen

7 Der gesetzliche Zinssatz des § 246 BGB kann sowohl bei gesetzlichen als auch vertraglichen Zinsschulden Anwendung finden (jurisPK-BGB/Toussaint [9. Aufl 2020] Rn 31, 33; BeckOGK/Coen [1. 3. 2021] Rn 10 ff, 14 ff). Der praktisch bedeutsamste Fall einer gesetzlichen Verzinsungspflicht – die Verzinsung im **Verzug** – wird dabei durch § 288 Abs 1 S 2 BGB nicht dem gesetzlichen Zinssatz unterworfen, sondern an den Basiszinssatz des § 247 BGB angebunden. Gleiches gilt für die Prozesszinsen wegen des Verweises in § 291 S 2 BGB. Der frühere starre Verzugszinssatz von vier Prozent war als verfassungswidrig und funktionell defizitär kritisiert worden (BASEDOW ZHR 143 [1979] 317, 324 ff, 331 ff; PETERS ZRP 1980, 90, 92 f; MEDICUS NJW 1992, 2384, 2386: „anerkanntermaßen anachronistisch"; zum Rückgriff auf den vereinbarten Zins als Verzugszinssatz NASSALL WM 1989, 705 f). Die Höhe der Verzugszinsen für **CISG-Geldschulden** wird nicht durch Art 78 CISG, sondern durch das subsidiär anwendbare nationale Recht (Art 7 Abs 2 Alt 2 CISG) bestimmt (STAUDINGER/MAGNUS [2018] Art 78 CISG Rn 12; ausführlich zum Streitstand und der korrespondierenden Judikatur UNCITRAL Digest, Art 78 Rn 10, 12). Ist deutsches Schuldrecht anwendbar, greift folglich § 288 Abs 1 S 2 BGB ein.

Eine weitere Einschränkung in seinem Geltungsbereich erfährt der gesetzliche Zinssatz des § 246 durch die verdrängende Sonderregel aus **§ 352 HGB**. Dort wird für **beiderseitige Handelsgeschäfte** (§§ 343 f HGB) ein gesetzlicher Zinssatz vorgesehen, der zwar in seiner Höhe vom bürgerlich-rechtlichen abweicht (5 % statt 4 % pa), jedoch ansonsten die gleichen Funktionen (s o Rn 3 ff) aufweist. Die Wortlautfassung des § 352 HGB bringt diesen Normzweck noch deutlicher als der knapp gefasste § 246 BGB zum Vorschein, wenn in Abs 2 ausdrücklich die gesetzgebungstechnische Vereinfachungsfunktion für das HGB benannt und rechtsgeschäftlich begründete Zinsschulden in § 352 Abs 1 S 2 HGB gesondert adressiert werden. Ebenso wie § 246 BGB stellt § 352 HGB daher keine Anspruchsgrundlage dar (ZIMMERMANN JuS 1991, 229, 233). Wegen § 352 Abs 2 HGB gilt der gesetzliche Zinssatz des § 352 Abs 1 S 1 HGB insbesondere für die Verzinsungsanordnungen aus § 110 Abs 2 (Aufwendungsersatzanspruch des OHG-Gesellschafters), § 111 Abs 1 (Einzahlungs-/Ablieferungsanspruch der OHG gegen Gesellschafter), § 353 (Fälligkeitszinsen), § 354 Abs 2 (Verwendungsersatzanspruch eines Kaufmanns) und § 355 Abs 1 (Kontokorrent) HGB. Bei einseitigen Handelsgeschäften greift § 352 HGB nicht ein. **8**

Entgegen der bislang überwiegenden Auffassung (RG 23. 5. 1919 – II 376/18, RGZ 96, 53, 56 ff; BGH 2. 12. 1982 – III ZR 90/81, NJW 1983, 1420, 1423; BGH 10. 7. 1986 – I ZR 102/84, NJW-RR 1987, 181, 183; BGH 27. 2. 2018 – VI ZR 121/17 Rn 16 ff, BGHZ 217, 374 [für unerlaubte Handlungen], jeweils mwNw) ist § 352 HGB seinem Sinn und Zweck nach, dem typischerweise gegenüber dem allgemeinen Rechtsverkehr erhöhten Bedürfnis des Handelsverkehrs nach sofortiger Verfügbarkeit von Kapital Rechnung zu tragen (OETKER/PAMP, HGB [7. Aufl 2021] § 352 Rn 2), auf **alle im Zusammenhang mit einem beiderseitigen Handelsgeschäft entstehenden Zahlungsansprüche** anzuwenden (STAUB/CANARIS, HGB [4. Aufl 2004] § 352 Rn 6; MünchKommHGB/K SCHMIDT[4] § 352 HGB Rn 7a). Hierzu zählen insbesondere Bereicherungs- und Schadensersatzansprüche. Der Wortlaut des § 352 Abs 1 S 1 HGB, der von Zinsen „bei beiderseitigen Handelsgeschäften" spricht, deckt diese weite Auslegung. **9**

Eine aktienrechtliche Sonderregel sowohl im Verhältnis zu § 246 BGB als auch zu § 352 HGB enthält § 63 Abs 2 S 1 AktG. Danach sind **rückständige Einlagen der Aktionäre** ab Fälligkeit mit einem Zinssatz von 5 % pro Jahr zu verzinsen. Demgegenüber fehlt es an einer eigenständigen Festschreibung der Zinshöhe in § 20 GmbHG hinsichtlich der rückständigen Einlagen eines **GmbH-Gesellschafters**; insofern greift die Vorschrift auf § 246 BGB zurück. **10**

bb) Urteilszinsen
Durch § 246 BGB wird **keine automatisch eingreifende gesetzliche Verzinsung von titulierten Zahlungsansprüchen** bewirkt (RG JW 1908, 656; STAUDINGER/BLASCHCZOK [1997] **11**

Rn 204; BeckOK BGB/Grothe [1. 3. 2021] Rn 10). Fehlt im Titel die Angabe der Verzinsung dem Grunde nach oder der Zinshöhe, kann nicht zur Lückenfüllung auf § 246 BGB zurückgegriffen werden. Im Lichte der Dispositionsmaxime des Zivilprozesses obliegt es den Parteien, durch ihre Antragsstellung den Streitstoff selbst zu bestimmen (vgl beispielhaft BGH 10. 12. 2001 – II ZR 139/00, NJW-RR 2002, 540, 541). Daher darf das Gericht nur Zinsen in dem Umfang zusprechen, wie sie beantragt worden sind (§ 308 Abs 1 ZPO). Die explizite Erwähnung der Zinsen als Nebenforderung in § 308 Abs 1 S 2 ZPO unterstreicht, dass für Urteilszinsen **keine Sonderregeln** gelten, sondern es sich vielmehr um titulierte Zinsansprüche handelt, die auf einer gesetzlich oder vertraglich begründeten Zinsschuld beruhen (s u Rn 108).

b) Positiver Anwendungsbereich
aa) Gesetzliche Zinsschulden

12 Angesichts der Lückenfüllungsfunktion des § 246 BGB wird dessen Anwendungsbereich bei gesetzlichen Zinsschulden von bewusst lückenhaften Verzinsungsvorschriften dominiert, die verstreut in verschiedenen Büchern des BGB anzutreffen sind (im Einzelnen s u Rn 13 ff). Dabei handelt es sich um Fälle einer **gesetzlichen Anordnung der Anwendbarkeit**. Zulässig wäre es jedoch grundsätzlich auch, bei gesetzlich begründeten Zinsschulden, deren Zinssatz an sich nicht durch § 246 BGB festgelegt wird, die Geltung des gesetzlichen Zinssatzes **rechtsgeschäftlich zu vereinbaren**. Eine solche Vereinbarung lässt sich sowohl ausdrücklich als auch konkludent abschließen. Voraussetzung ist lediglich die Dispositivität der Vorschrift in Bezug auf die Zinshöhe. Beispielsweise darf die verbraucherschützende Begrenzung nach § 492 Abs 2 S 2 BGB nicht zum Nachteil des Verbrauchers abbedungen werden (§ 512 S 1 BGB). Demgegenüber unterliegt die Zinshöhe in § 668 der Disposition der Parteien.

13 Die Bandbreite der gesetzlich begründeten Zinsschulden, die auf § 246 zurückgreifen, erweist sich als überschaubar. **Aufwendungsersatzansprüche** unterliegen einer Verzinsungspflicht nach § 256 S 1 BGB, um einen Ausgleich für die nicht bestehende Nutzungsmöglichkeit des Ersatzberechtigten zu schaffen (Staudinger/Bittner/Kolbe [2019] § 256 Rn 1). Auch insofern greift § 352 HGB verdrängend ein, sofern die Aufwendungsersatzansprüche bei einem beiderseitigen Handelsgeschäft entstanden sind (Staudinger/Bittner/Kolbe [2019] § 256 Rn 12). Eine Begrenzung auf den gesetzlichen Zinssatz nimmt § 494 Abs 2 S 2 BGB für **Verbraucherdarlehensverträge** vor, bei denen unter Verstoß gegen § 492 Abs 2 BGB iVm Art 247 § 6 Abs 1 Nr 1, § 3 Abs 1 Nr 3, 5 oder 8 EGBGB der effektive Jahreszins, der Sollzinssatz oder der Gesamtbetrag nicht angegeben waren. Gleiches sieht § 507 Abs 2 S 3 für **Teilzahlungsgeschäfte** vor, bei denen die Angabe des Gesamtbetrags oder des effektiven Jahreszinses entgegen §§ 506 Abs 1, 492 Abs 2 BGB iVm Art 247 § 6 Abs 1 Nr 1, § 3 Abs 1 Nr 3 oder 8 EGBGB fehlte. Im Fall der Privilegierung des § 507 Abs 3 BGB ist der gesetzliche Zinssatz zudem bei der Berechnung der Kostenermäßigung nach § 501 BGB zugrunde zu legen.

14 Unabhängig von den Verzugsvoraussetzungen aus § 286 BGB ordnet § 547 Abs 1 S 1 BGB eine Verzinsung von **im Voraus gezahlter Miete** an, die für einen Zeitraum nach Beendigung des Mietverhältnisses entrichtet wurde. Bis zum Eintritt des Verzugs ergibt sich der Zinssatz aus § 246 BGB, danach greift § 288 Abs 1 S 2 BGB ein (Staudinger/Rolfs [2021] § 547 Rn 29). Ebenso ist der auf Geldzahlung gerichtete **Werklohn** nach § 641 Abs 4 bereits ab Abnahme des Werks zu verzinsen, sofern die Fälligkeit

des Anspruchs nicht infolge Stundung hinausgeschoben wurde. Ebenso wie bei § 547 Abs 1 S 1 BGB greift auch beim Werklohnanspruch der – regelmäßig, aber nicht notwendigerweise höhere – gesetzliche Verzugszinssatz ab Eintritt des Verzugs ein.

Im **Auftragsrecht** sieht § 668 BGB eine Verzinsungspflicht vor, die in engem Zusammenhang mit dem Herausgabeanspruch aus § 667 BGB steht und ihre Rechtfertigung in dem fiduziarischen Charakter des dem Auftraggeber zugeordneten Geldes hat (STAUDINGER/MARTINEK/OMLOR [2017] § 668 Rn 1, 4). Diese *ratio legis* trägt auch die entsprechende Anwendung der Vorschrift im **Geschäftsbesorgungsrecht** (§ 675 Abs 1 BGB) und im Recht der **Geschäftsführung ohne Auftrag** (§ 681 S 1 BGB). Auch im Familien- und Erbrecht bestehen Verweisungen auf den gesetzlichen Zinssatz. Eine Ähnlichkeit zu § 668 BGB besteht wegen der Fremdnützigkeit der Tätigkeiten bei der Verzinsungspflicht des Vormunds hinsichtlich von Geldmitteln des Mündels, welche der Vormund für sich verwendet. Aus § 1834 BGB folgt eine schadens- und verschuldensunabhängige (STAUDINGER/VEIT [2020] § 1834 Rn 10 f) Verzinsungspflicht bereits ab dem Zeitpunkt der eigennützigen Verwendung. Weiterhin ist ein Anspruch auf Gewährung von **Zugewinnausgleich**, der vom Familiengericht gestundet wurde, nach § 1382 Abs 2 BGB zu verzinsen. Allerdings soll es dem Familiengericht offenstehen, vom gesetzlichen Zinssatz abzuweichen und sich stattdessen an der erzielbaren Rendite zu orientieren (ERMAN/BUDZIKIEWICZ[16] § 1382 Rn 13 mwNw). Die zinsrechtliche Besonderheit des § 1382 Abs 2 BGB liegt darin, dass einer Verzinsung ohne Fälligkeit der Hauptschuld erfolgt.

15

Kein Anwendungsfall des § 246 BGB liegt in der Verzinsungspflicht hinsichtlich eines **Wertersatzanspruchs** für einen im Verzug untergegangenen oder verschlechterten Gegenstand. Ein solcher Anspruch aus §§ 280 Abs 1 und 2, 286 f BGB ist nach **§ 290 BGB** unabhängig von den allgemeinen Verzugsvoraussetzungen zu verzinsen. Der darauf anzuwendende Zinssatz ergibt sich nicht aus § 246 BGB, obwohl in § 290 BGB eine gesonderte Festsetzung unterbleibt und damit die Lückenfüllungsfunktion des gesetzlichen Zinssatzes eingreifen könnte (STAUDINGER/FELDMANN [2019] § 290 Rn 4; aA BeckOGK/COEN [1. 3. 2021] Rn 83). Vielmehr handelt es sich um einen gesetzlichen Mindestschaden, wie ihn § 288 BGB anordnet (ERMAN/J HAGER[16] § 288 Rn 5). Einem Rückgriff auf den subsidiären § 246 BGB steht der enge systematische wie teleologische Zusammenhang mit dem Verzugsrecht und § 288 entgegen.

16

Der gesetzliche Zinssatz kommt weiterhin in einem Sonderfall zum Einsatz, wenn in Ausnahme vom grundsätzlichen Verbot von Zwischenzinsen aus § 272 BGB ein **Abzug von Zwischenzinsen bei unverzinslichen Forderungen** gesetzlich angeordnet wird. Solche Konstellationen finden sich bei der vorzeitigen Befriedigung des Gläubigers einer Hypothek aus dem Grundstück (§ 1133 S 3 BGB) und des Mobiliarpfandgläubigers aus dem Pfand (§ 1217 Abs 2 S 2 BGB). Auch in der **Insolvenz** ordnet § 41 Abs 2 S 2 InsO eine Abzinsung von unverzinslichen Forderungen mit dem gesetzlichen Zinssatz an, deren Fälligkeit nach § 41 Abs 1 InsO fingiert wird.

17

bb) Rechtsgeschäftliche Zinsschulden

Legen die Parteien in Ausübung ihrer Privatautonomie selbst die Verzinsung einer Kapitalschuld sowohl dem Grunde als auch der Höhe nach fest, kann der gesetzliche Zinssatz dennoch zur Anwendung gelangen. Die Parteien können sich **ausdrücklich** auf eine Verzinsung in Höhe des gesetzlichen Zinssatzes einigen. Dabei nehmen sie

18

mangels abweichender Anhaltspunkte nicht den jeweiligen gesetzlichen Zinssatz in Bezug, sondern den im Zeitpunkt der Einigung geltenden. Zwar unterliegt der gesetzliche Zinssatz im Gegensatz zum Basiszinssatz seiner Struktur nach keiner Anpassung in regelmäßigen Zeitintervallen; jedoch steht es dem BGB-Gesetzgeber offen, durch eine Änderung des § 246 BGB den maßgeblichen Zinssatz zu modifizieren. Zudem kommt dem gesetzlichen Zinssatz bei rechtsgeschäftlich begründeten Zinsschulden eine ähnliche Funktion wie solchen auf gesetzlicher Grundlage zu. **Fehlt** es hingegen an einer **Abrede zur Zinshöhe**, füllt § 246 BGB diese Lücke. Ähnlich wie bei §§ 612 Abs 2, 632 Abs 2, 653 Abs 2 BGB trifft denjenigen die Darlegungs- und Beweislast, welcher der von der anderen Partei aufgestellten Behauptung einer Abrede zur Zinshöhe unter Verweis auf § 246 entgegentritt (jurisPK-BGB/Toussaint [9. Aufl 2020] Rn 33). Vorrangig ist jedoch zu klären, ob die Parteien nicht konkludent einen anderen Zinssatz gewählt haben (zB den Basiszinssatz nach § 247 BGB, vgl § 247 Rn 14).

19 Eine Heranziehung des § 246 BGB als Instrument zur Lückenschließung in Verträgen ist ausgeschlossen, wenn eine **ergänzende Vertragsauslegung** ergibt, dass § 246 BGB nicht zur Anwendung gelangen soll (BeckOGK/Coen [1. 3. 2021] Rn 18). Bei einer ergänzenden Vertragsauslegung ist an die Regelungen und Wertungen des Vertrages anzuknüpfen (BGH 3. 7. 1981 – V ZR 100/80, BGHZ 81, 135, 141; BGH 31. 10. 2008 – V ZR 71/08 Rn 7, NJW 2009, 679; BGH 12. 10. 2012 – V ZR 222/11 Rn 12, NJW-RR 2013, 494). Von ihnen ist auszugehen, sie sind zu Ende zu denken. Zwar ist grundsätzlich für eine ergänzende Vertragsauslegung kein Raum, wenn lückenfüllende Normen des dispositiven Rechts existieren (BGH 10. 7. 1963 – VIII ZR 204/61, BGHZ 40, 91, 103; BGH 12. 3. 2015 – VII ZR 336/13 Rn 21, NJW 2015, 1754 mwNw), wie es beispielhaft bei § 246 BGB der Fall ist. Diese Regel bleibt jedoch nicht ohne Ausnahme. Die grundsätzliche Sperrwirkung des dispositiven Rechts ergibt sich nämlich daraus, dass die Parteien typischerweise mit dessen Geltung einverstanden wären (Staudinger/Roth [2020] § 157 Rn 15). Angesichts der festen Höhe des gesetzlichen Zinssatzes, der auf Veränderungen des Marktumfelds nicht reagiert, erscheint ein gegenläufiger hypothetischer Parteiwille im Einzelfall nicht fernliegend. Fehlen jedoch hinreichende Anhaltspunkte im betroffenen Vertrag, die gegen die Heranziehung des gesetzlichen Zinssatzes sprechen, ist er dennoch im Zweifel zur Lückenfüllung heranzuziehen.

II. Zinsschuldrecht

20 Für das Privatrecht der Zinsschuld existiert **kein kodifikatorisch in sich geschlossenes Konglomerat von Regelungen**. Schon für den Begriff des Zinses im Rechtssinne fehlt es an einer Legaldefinition. Herausgebildet hat sich vielmehr im Laufe der Jahrzehnte eine in Rechtswissenschaft und Rechtsprechung in ihren Grundstrukturen konsentierte Nominaldefinition des Zinses (s u Rn 23). Das BGB-Zinsrecht der §§ 246 bis 248 BGB beschränkt sich auf fragmentarische Regelungen zur Höhe bestimmter Zinssätze (§§ 246, 247 BGB) und zum grundsätzlichen Verbot von Zinseszinsen (§ 248 BGB). Einzubeziehen sind daher insbesondere Grund und Grenzen von vertraglichen Zinsabreden (s u Rn 49 ff), die Bedeutung des gesetzlichen Zinssatzes aus § 246 BGB (s u Rn 74 ff), Beginn und Ende der Verzinslichkeit (s u Rn 77 ff) sowie der allgemeine Regelungsrahmen für Zinsschulden im BGB (s u Rn 87 ff).

Titel 1
Verpflichtung zur Leistung § 246

1. Begriff des Zinses

a) Methodik

Das BGB kennt keine Legaldefinition des Zinses (RG 29. 1. 1942 – II 118/41, RGZ 168, **21** 284, 285; BERGER RabelsZ 61 [1997] 313, 316; ERNST ZfPW 2015, 250). Vielmehr taucht der Zinsbegriff in zahlreichen Vorschriften auf (ua in §§ 101 Nr 2, 212 Abs 1 Nr 1, 216 Abs 3, 246–248, 256, 288–291, 301, 358 Abs 4 S 4, 367, 379 Abs 2, 396 Abs 2, 488, 489 Abs 2, 494 Abs 2–5, 497 Abs 2–3, 501, 502 Abs 1, 505 Abs 3, 507 Abs 3, 551 Abs 3 S 1, 559a Abs 2, 675g Abs 3, 675t Abs 1 S 2, 675y Abs 4, 675z S 2 BGB). Insofern besteht aus kodifikatorischer Sicht eine **konstruktiv-methodische Parallele zum Begriff des Geldes** (vgl Vorbem A65 u A91 ff zu §§ 244–248). Weder das BGB noch ein anderer deutscher Gesetzestext nimmt eine Bestimmung des Geldbegriffs vor, obwohl Geld die regelmäßige Gegenleistung nahezu sämtlicher vertraglicher Schuldverhältnisse darstellt und wie kein anderer Leistungsgegenstand unsere Wirtschafts- und Rechtsordnung prägt. Ebenso wie im Fall des Geldes besteht auch bei Zinsen eine Vorprägung durch **außerrechtliche Faktoren**. Das Phänomen des Geldes ist entwicklungsgeschichtlich durch das BGB-Geldprivatrecht als Faktum vorgefunden und sodann einer rechtlichen Regelung unterworfen worden. Zinsforderungen weisen auch eine **rechtsethische Komponente** auf (zum kanonischen und islamischen Recht vgl HORN, in: FS Hermann Lange [1992] 99, 100 ff; zum islamischen Bankwesen vgl MAIWALD RIW 1984, 521, 522 ff; POHLHAUSEN/BECK IStR 2010, 225, 226 ff). Zugleich haben die **Wirtschaftswissenschaften** einen eigenen Zugang zum Geldbegriff entwickelt (vgl im Einzelnen Vorbem A51 ff zu §§ 244–248), der maßgeblich von den ökonomischen Geldfunktionen geprägt ist. Der juristische Begriff des Geldes erweist sich jedoch konstruktiv als von wirtschaftswissenschaftlichen und tatsächlichen Einflüssen unabhängig. Für die Bedürfnisse des Geldrechts, genauer: des Geldprivatrechts, bedarf es einer eigenständigen Nominaldefinition des Geldes (vgl Vorbem A64 zu §§ 244–248). Deren Aufgabe ist es, eine systematisierende Klammer für die unterschiedlichen Vorschriften des Geldprivatrechts zu finden. Insofern handelt es sich zugleich um einen normativen Geldbegriff.

Die rechtswissenschaftliche Suche nach dem Zinsbegriff muss ebenfalls auf eine **No- 22 minaldefinition** ausgerichtet sein. Ihr Ziel ist eine Systematisierung des privaten Zinsrechts, ohne normspezifische Besonderheiten zu übergehen. Ein einheitlicher Begriff des Zinses ignoriert keinesfalls die durch unterschiedliche Zielsetzungen hervorgerufenen **Facetten des Zinsbegriffs**, wie er sich in unterschiedlichen Einzelvorschriften wiederfindet. Dennoch lässt sich eine Zinsdefinition dogmatisch wie praktisch fruchtbar machen, die sich über Jahrzehnte in Rechtsprechung und Literatur herausgebildet hat. Dabei handelt es sich um einen normativen Zinsbegriff, der zwar nicht resistent ist gegen Veränderungen der wirtschaftlichen, gesellschaftlichen und auch rechtlichen Rahmenbedingungen; allerdings unterliegt er auch nicht einer Akzessorietät zu den wirtschaftswissenschaftlichen Theorien oder dem tatsächlichen Gebrauch des Zinsbegriffs im Wirtschaftsleben.

b) Nominaldefinition

Zins im Rechtssinne ist das **für die Möglichkeit des Gebrauchs von zeitweilig überlas- 23 senem Kapital zu leistende Entgelt, das zeitabhängig, aber zugleich gewinn- und umsatzunabhängig berechnet wird** (BGH 13. 5. 2014 – XI ZR 405/12, BGHZ 201, 168 = NJW 2014, 2420 Rn 43; CANARIS NJW 1978, 1891, 1892; BEZZENBERGER WM 2002, 1617 f; KREPOLD, in: SCHIMANSKY/BUNTE/LWOWSKI [Hrsg], Bankrechts-Handbuch [5. Aufl 2017], § 78 Rn 1; ebenso der Sache nach

Staudinger/Blaschczok [1997] Rn 7 ff; ähnlich Berger RabelsZ 61 [1997] 313, 316). **Negativzinsen** stellen keine Zinsen im Rechtssinne dar (s u Rn 42). Auf die Bezeichnung durch die Parteien als Zins kommt es nicht entscheidend an, sondern auf den materiellen Gehalt (Brodmann, in: Ehrenberg [Hrsg], Handbuch des gesamten Handelsrechts, Band 4/2 [1918] 233, 23; Zellweger-Gutknecht ZfPW 2015, 350, 367). Die ältere Formulierung in der reichsgerichtlichen Rechtsprechung (RG 7. 5. 1915 – II 36/15, RGZ 86, 399, 400 f), wonach der Zins notwendig in Bruchteilen des überlassenen Kapitals zu leisten sei, hat sich zu Recht nicht durchzusetzen vermocht. Zinsen müssen sich nicht stofflich mit dem zu verzinsenden Kapital decken, sondern können auch in anderen Kapitalleistungen bestehen (s u Rn 87). Auch die zeitweise anzutreffende Einschränkung, Zinsen seien stets in Geld zu erbringen (BGH 29. 6. 1979 – III ZR 156/77, NJW 1979, 2089, 2090; Brodmann, in: Ehrenberg [Hrsg], Handbuch des gesamten Handelsrechts, Band 4/2 [1918] 233), wird vom BGH inzwischen zutreffend nicht mehr vorgenommen (BGH 13. 5. 2014 – XI ZR 405/12, BGHZ 201, 168 = NJW 2014, 2420 Rn 43). Auch die Ungenauigkeit, von einer Vergütung „für den Kapitalgebrauch" (RG 7. 5. 1915 – II 36/15, RGZ 160, 71, 81; RG 29. 1. 1942 – II 118/41, RGZ 168, 284, 285) – anstelle der schlichten Möglichkeit hierfür – zu sprechen, ist aus der Zinsdefinition zu entfernen. Daraus folgt aber nicht zugleich, dass der Zinsbegriff aus der Sicht des Kapitalüberlassenden zu formulieren wäre (aA Staudinger/Blaschczok [1997] Rn 7). Auch beim Kaufvertrag zahlt der Käufer den Kaufpreis nicht für die Entbehrung der Kaufsache durch den Verkäufer, sondern für dessen Überlassung an ihn. Gleiches gilt bei den anderen Austauschverhältnissen wie dem Miet-, Dienst- oder Werkvertrag. Die entscheidende Motivation für die Zinszahlung ebenso wie für die Erbringung der Gegenleistung bei synallagmatischen Verträgen resultiert aus dem vermögenswerten Zuwachs auf Seiten des Erwerbers (Mieters, Dienstberechtigten/Arbeitgebers, Bestellers), nicht aus dem Verlust auf Seiten des die charakteristische Leistung Erbringenden.

23a Diese Nominaldefinition steht in ihrer Verfestigung und Anerkennung über einen Zeitraum von mehr als einem Jahrhundert **materiell Gewohnheitsrecht nahe** (Omlor, Bankrechtstag 2017 [2018] 41, 47; zustimmend Radke, Negative Nominalzinsen im Zins- und Bankvertragsrecht [2019] 35). Zudem hat der tradierte Zinsbegriff eine normative Verankerung im Erfüllungs- und Insolvenzrecht erfahren (s u Rn 42a). Selbst wenn einer gewohnheitsrechtlichen Anerkennung letztlich Zweifel wegen eines unzureichenden Konsenses in sämtlichen Details entgegenstünde, so stehen zumindest Gründe des **Vertrauensschutzes** einer *ad hoc* erfolgenden Rechtsprechungsänderung hinsichtlich des Definitionskerns entgegen. Generell werden an die Änderung einer feststehenden höchstrichterlichen Rechtsprechung von Verfassungs wegen hohe Anforderungen gestellt; es bedarf einer hinreichenden Begründung und Voraussehbarkeit (BVerfG 15. 1. 2009 – 2 BvR 2044/07, BVerfGE 122, 248, 277; zurückhaltend hingegen BGH 29. 2. 1996 – IX ZR 153/95, BGHZ 132, 119, 130; BGH 7. 3. 2007 – VIII ZR 125/06 Rn 28 ff, NJW 2007, 2987). Relevant werden diese Begrenzungen namentlich bei der Einordnung von **Negativzinsen** (s u Rn 42). Eine – sich bislang nicht andeutende – Änderung der höchstrichterlichen Rechtsprechung zu einer Miterfassung von Negativzinsen durch den Rechtsbegriff des Zinses müsste vertrauensschützend auf eine *ex nunc*-Wirkung begrenzt werden (Omlor, Bankrechtstag 2017 [2018] 41, 47).

aa) Hauptschuld als Kapitalschuld

24 Zinsen beziehen sich begriffsnotwendigerweise auf eine Kapitalüberlassung auf Zeit, welche eine Kapitalschuld des Zinsschuldners gegenüber dem mit dem Kapitalgläubiger nicht notwendig personenidentischen (RG 19. 11. 1918 – II 189/18, RGZ 94, 137, 138) Zinsgläubiger begründet. In Abgrenzung zu den Veräußerungsverträgen wie Kauf und Tausch findet keine dauerhafte Vermögensübertragung statt. Dadurch unterscheidet sich der Zins namentlich vom Kaufpreis; Zinsen stellen kein Entgelt für die „Verschaffung oder die Hingabe und Überlassung des Kapitals" (BGH 9. 11. 1978 – III ZR 21/77, NJW 1979, 805, 806) dar. Das zu verzinsende Kapital besteht aus **Geld oder vertretbaren Sachen** (STAUDINGER/BLASCHCZOK [1997] Rn 9; SOERGEL/ARNOLD [13. Aufl 2014] Rn 4; BeckOGK/COEN [1. 3. 2021] Rn 50 f; RADKE, Negative Nominalzinsen im Zins- und Bankvertragsrecht [2019] 32), auch wenn der realtypische Fall die Verzinsung einer Geldschuld darstellen dürfte. Unerheblich ist dabei, ob die Kapitalüberlassung mittels **Sach- oder Buchgeld** erfolgte, da es sich in beiden Fällen um Geld im Rechtssinne handelt (vgl Vorbem A73 ff zu §§ 244–248). Auch **Fremdwährungsverbindlichkeiten** taugen wegen ihrer Eigenschaft als Geldschulden (vgl § 244 Rn 101) in gleichem Maße als Hauptschulden wie Heimwährungsverbindlichkeiten. Wegen der Miterfassung der vertretbaren Sachen iSd § 91 BGB werden Zinsen im Rechtssinne nicht nur bei einem Geld-, sondern auch bei einem **Sachdarlehen** geschuldet (STAUDINGER/BLASCHCZOK [1997] Rn 9; MünchKomm/GRUNDMANN^8 Rn 4; **aA** MünchKomm/BERGER^8 § 607 Rn 32). Bei dem in § 607 Abs 1 S 2 Alt 1 BGB genannten Darlehensentgelt handelt es sich bei materieller Betrachtung um einen Zins, da das Sachdarlehen nach § 607 Abs 1 S 1 BGB stets auf vertretbare Sachen gerichtet ist (zu den Darlehensgegenständen STAUDINGER/FREITAG [2015] § 607 Rn 8 ff).

Die Gesetzesterminologie ist im Hinblick auf den Zinsbegriff uneinheitlich. Während § 607 Abs 1 S 2 Alt 1 BGB Zinsen im technischen Sinne erfasst, aber nicht so benennt, legaldefiniert § 9 Abs 1 S 1 ErbbauRG das Entgelt für die Bestellung des Erbbaurechts als **Erbbauzins**, obwohl es sich nicht um einen Zins im Rechtssinne handelt (BGH 15. 10. 1969 – I ZR 3/68, NJW 1970, 243; BRINGEZU NJW 1971, 1168 f; KREPOLD, in: SCHIMANSKY/BUNTE/LWOWSKI [Hrsg], Bankrechts-Handbuch [5. Aufl 2017] § 78 Rn 3; BeckOGK/ COEN [1. 3. 2021] Rn 52). Der Erbbauzins bildet die Gegenleistung für die Bestellung des Erbbaurechts, nicht aber eine Vergütung für die Möglichkeit einer Kapitalnutzung (BGH 24. 1. 1992 – V ZR 267/90, NJW-RR 1992, 591, 592). Weiterhin stellen Grundstücke mit dem sich auf sie beziehenden Erbbaurecht (vgl § 1 Abs 1 ErbbauRG) keine vertretbaren Sachen (BGH 2. 12. 1994 – V ZR 193/93, NJW 1995, 587, 588) und damit kein taugliches Kapital iSd Zinsdefinition dar. 25

bb) Abhängigkeit von Zins- und Hauptschuld
Zinsen im Rechtssinne können nur in Abhängigkeit von einer zu verzinsenden Hauptschuld zur Entstehung gelangen (BRODMANN, in: EHRENBERG [Hrsg], Handbuch des gesamten Handelsrechts Band 4/2 [1918] 233, 234; BERGER RabelsZ 61 [1997] 313, 317; SOERGEL/ ARNOLD [13. Aufl 2014] Rn 7; RADKE, Negative Nominalzinsen im Zins- und Bankvertragsrecht [2019] 32; **aA** MÜLBERT AcP 192 [1992] 447, 507). Eine Zinsschuld ist wesensnotwenig darauf angewiesen, dass zumindest **bei ihrer erstmaligen Begründung** eine korrelierende Hauptschuld bestand. Zinsen nehmen stets Bezug auf eine Hauptschuld, sodass sich die Zinsschuld als deren **Nebenschuld** (BGH 21. 10. 1954 – IV ZR 171/52, BGHZ 15, 87, 89; kritisch zur Begrifflichkeit SOERGEL/ARNOLD [13. Aufl 2014] Rn 7), Nebenrecht (BERGER RabelsZ 61 [1997] 313, 317), Zubehör (RG 29. 1. 1881 – I 301/80, RGZ 5, 254, 256; BeckOGK/COEN [1. 12. 2020] Rn 32) oder „Produkt" (RG 29. 1. 1881 – I 301/80, RGZ 5, 254, 256) erfassen lässt. Dementsprechend kann von einer „zeugenden Kraft des Kapitals" (RG 29. 1. 1881 – I 301/80, RGZ 5, 254, 256; ähnlich BRODMANN, in: EHRENBERG [Hrsg], Handbuch des gesamten Han- 26

delsrechts, Band 4/2 [1918] 233) gesprochen werden. Mit der Einordnung als in ihrem Entstehungsmoment an die Hauptschuld angebundene Nebenschuld ist aber keine vollständige Akzessorietät im technischen Sinne verbunden. Weder verändert sich die Zinsschuld notwendig im gleichen Maß wie die Hauptschuld (anders etwa §§ 767 Abs 1 S 1, 1210 Abs 1 S 1 BGB), noch geht die Zinsschuld unter, sobald die Hauptschuld nicht mehr besteht (abweichend etwa § 1252 BGB). Allenfalls ließe sich von einer **partiellen Akzessorietät** sprechen, die auf den Entstehungsakt beschränkt ist (ähnlich SOERGEL/ARNOLD [13. Aufl 2014] Rn 7; ungenau hingegen MünchKomm/GRUNDMANN[8] Rn 10; BeckOGK/COEN [1. 3. 2021] Rn 32 ff). Eine umfassende Akzessorietät zwischen Zins- und Hauptschuld gründet sich auch nicht auf dem Umstand, dass verschiedene Pfandrechte die Zinsschuld in ihrem jeweiligen Bestand ebenfalls absichern (**aA** MünchKomm/GRUNDMANN[8] Rn 10; BeckOGK/COEN [1. 3. 2021] Rn 33). Die Miterfassung der Zinsen bei Hypothek (§§ 1118 f BGB), Grundschuld (§ 1192 Abs 2 BGB mit der Besonderheit der grundschuldtypischen Abstraktion, dazu STAUDINGER/WOLFSTEINER [2019] § 1192 Rn 28 mwNw), Mobiliarpfandrecht (§ 1210 Abs 1 S 1 BGB) und dem Pfandrecht an Rechten (§ 1289 S 1 BGB) bleibt ohne Aussage über den Inhalt der abgesicherten Zinsschuld. Im Falle von Hypothek, Mobiliarpfandrecht und dem Pfandrecht an Rechten erweist sich die Erstreckung auf die Zinsen als konsequenter Ausdruck der Akzessorietät des Sicherungsmittels, nicht als einer Akzessorietät der Zinsschuld. Die zitierten Vorschriften befassen sich sämtlichst mit dem jeweiligen Sicherungsrecht, nicht aber mit dem Zinsanspruch.

27 Der Entstehungsakt der Zinsschuld **aktualisiert sich ständig von Neuem**. Die Zinsschuld ist daher in ihrem „Entstehen und Weiterentstehen" (BGH 21. 10. 1954 – IV ZR 171/52, BGHZ 15, 87, 89) von der Hauptschuld abhängig. Geht die Hauptschuld – beispielsweise durch Erfüllung (§§ 362 ff BGB) – unter, schlägt dieses Ereignis nur insofern auf die Zinsschuld als Nebenschuld durch, als eine Anhäufung weiterer Zinsen und damit eine Erhöhung der Zinsschuld *ex nunc* ausgeschlossen ist (STAUDINGER/ BLASCHCZOK [1997] Rn 13). Besteht noch keine Hauptschuld, harrt auch die Zinsschuld ihrer Entstehung. Aus diesem Grund lassen sich die sog **Bereitstellungszinsen** nicht als Zinsen im rechtlichen Sinne einordnen (BGH 16. 3. 1978 – III ZR 112/76, WM 1978, 422, 423; BELKE BB 1968, 1219, 1224; CANARIS NJW 1978, 1891, 1893 f; **aA** MÜLBERT AcP 192 [1992] 447, 507; MünchKomm/GRUNDMANN [8. Aufl 2019] Rn 31). Vielmehr liegt eine **pauschalisierende Schadensberechnung** vor, durch welche die Vorhalte- und Finanzierungskosten des Darlehensgebers bis zur Valutierung ausgeglichen werden sollen. Zinsen fallen erst an, sobald das Darlehen ausgezahlt ist und somit in Gestalt des Rückzahlungsanspruchs (§ 488 Abs 1 S 2 Alt 2 BGB) eine taugliche Hauptschuld besteht. In die privatautonome Gestaltungsfreiheit der Parteien wird durch die Verneinung des Zinscharakters von Bereitstellungszinsen nur unerheblich eingegriffen (**aA** BeckOGK/ WEBER [1. 3. 2021] § 488 Rn 238 ff), da eine Vereinbarung dieses Kostenpostens zulässig bleibt.

28 Ohne eine korrespondierende Hauptschuld kann lediglich eine **Rente** vereinbart werden (vgl BGH 21. 10. 1954 – IV ZR 171/52, BGHZ 15, 87, 89). Wird die Leistungspflicht isoliert begründet, ohne dass es auch in ihrer Entstehung oder Weiterentstehung auf die Existenz einer Hauptschuld ankäme, so liegt kein Zins im rechtlichen Sinne vor. Um eine Rente handelt es sich nicht nur in dem Fall, dass zu keinem Zeitpunkt eine verzinsbare Hauptschuld bestand. Auch wenn zunächst eine Zinszahlung mit angebundener Hauptschuld vereinbart wurde, dann aber auch nach dem **Untergang der**

Hauptschuld weiterhin „Zinsen" anfallen sollen, so tritt eine Zäsur ein: Ab dem Zeitpunkt des Untergangs der Hauptschuld beruhen neu hinzutretende „Zinsen" auf einer Rentenschuld (Staudinger/Blaschczok [1997] Rn 10, 14). Die bis dahin entstandene Zinsschuld besteht hingegen als solche fort, auch wenn mangels Hauptschuld keine weiteren Zinsen mehr angesammelt werden können.

Das Fortbestehen einer entstandenen Zinsschuld über den Zeitpunkt des Untergangs der verzinsten Hauptschuld hinaus deutet bereits darauf hin, dass sich die Zinsschuld zugleich durch eine **Eigenständigkeit** gegenüber der Hauptschuld auszeichnet. Zwischen Haupt- und Nebenschuld besteht nämlich keine vollständige, sondern nur eine partielle, auf den Entstehungs- und Weiterentstehungsakt begrenzte Akzessorietät. Daraus folgt ein im Einzelnen ausdifferenziertes Verhältnis von Abhängigkeit und Eigenständigkeit. Letztere zeigt sich vor allem darin, dass die Zinsschuld **selbständig abgetreten** (RG 19. 11. 1918 – II 189/18, RGZ 94, 137, 138; Schopp MDR 1990, 11), **gepfändet** (RG 29. 6. 1910 – V 429/09, RGZ 74, 78, 80 f) und **eingeklagt** werden kann. Ein auf § 401 BGB gestützter Automatismus hinsichtlich der Miterfassung des Zinsanspruchs bei Abtretung der zu verzinsenden Hauptforderung besteht nicht (Schopp MDR 1990, 11; BeckOGK/Coen [1. 3. 2021] Rn 37). Auch die **Verjährung** der Zinsschuld unterliegt einer isolierten Betrachtung (Brodmann, in: Ehrenberg [Hrsg], Handbuch des gesamten Handelsrechts Band 4/2 [1918] 233, 234). In den Worten des § 217 BGB greift für Zinsschulden eine „besondere Verjährung" (zu Einzelheiten s u Rn 95). Schließlich erfasst die **Erfüllung** der Hauptforderung nicht notwendig zugleich die Zinsforderung. Für beide Verbindlichkeiten ist nach den allgemeinen Regeln der §§ 362 ff BGB zu prüfen, ob und in welchem Umfang es zu einem Erlöschen des Schuldverhältnisses durch Erfüllung gekommen ist (zur Zinsschuld im Einzelnen s u Rn 89 ff).

Die Eigenständigkeit der Zinsschuld zeigt sich auch daran, dass **Kapital- und Zinsgläubiger nicht personenidentisch** sein müssen (RG 19. 11. 1918 – II 189/18, RGZ 94, 137, 138). Zum einen handelt es sich bei diesem Auseinanderfallen in den Personen der Gläubiger um die notwendige Folge einer Abtretung der Zinsforderung an einen Dritten, der nicht Gläubiger der verzinsten Kapitalforderung ist. Zum anderen lässt es die Privatautonomie der Parteien aber auch darüber hinaus zu, dass die Zinsforderung von Anfang an einem Dritten zuerkannt wird, wie es beispielsweise bei einem **Vertrag zugunsten Dritter** nach § 328 Abs 1 BGB der Fall ist (Staudinger/Blaschczok [1997] Rn 12). Grundsätzlich kann eine Zinsschuld im technischen Sinne auch auf einem **abstrakten Schuldversprechen** gegenüber einem Dritten beruhen (BeckOGK/Coen [1. 3. 2021] Rn 45). Allerdings führt diese Aufspaltung der Gläubigerpositionen für Haupt- und Zinsschuld nicht dazu, dass der Zinscharakter einer Schuld vom Bestehen bzw Fortbestehen einer Hauptschuld losgelöst werden könnte. Geht die Hauptschuld unter, endet damit zugleich die Einordnung des abstrakten Schuldversprechens als Zinsschuld.

cc) Zeitabhängigkeit

Zinsen im Rechtssinne stehen stets in einem **festgelegten Verhältnis zu einem bestimmten Zeitraum der Möglichkeit zur Kapitalnutzung** (BGH 9. 11. 1978 – III ZR 21/77, NJW 1979, 805, 806; BGH 29. 6. 1979 – III ZR 156/77, NJW 1979, 2089, 2090; BGH 13. 5. 2014 – XI ZR 405/12, BGHZ 201, 168 = NJW 2014, 2420 Rn 43 ff; MünchKomm/Grundmann[8] Rn 4; Krepold, in: Schimansky/Bunte/Lwowski [Hrsg], Bankrechts-Handbuch [5. Aufl 2017] § 78 Rn 3). Dieser Zeitbezug ist essentiell für den Zinsbegriff, da er eine Abgrenzung zu zeitunabhängigen Einmalzahlungen erlaubt, die dem Zinsrecht nicht unterfallen. Auch bei **„ewigen Anleihen"** (dazu Müller-Eising/Bode BKR 2006, 480 ff mwNw) werden Zinsen im Rechtssinne gezahlt, sofern sich die jeweils fällige Zinszahlung auf einen bestimmten Zeitraum der unbefristeten Laufzeit bezieht. Der Rückzahlungsüberschuss bei **Zero-Bonds** (Nullkuponanleihe) wird ebenfalls laufzeitabhängig gewährt; dabei ist unerheblich, ob es sich um einen Aufzinsungstypus (Rückzahlungsbetrag = Nennwert + Zinsen + Zinseszinsen) oder um einen klassischen Abzinsungstypus (Ausgabepreis = Nennwert – [Zinsen + Zinseszinsen]) handelt (Ulmer/Ihrig ZIP 1985, 1169, 1172).

32 Die Zeitabhängigkeit des Zinses weist innerhalb der Zinsdefinition eine enge Anbindung an das Kriterium an, wonach Zinsen einen Ausgleich für die Möglichkeit der Kapitalnutzung darstellen. Daraus folgt jedoch nicht, dass Zinsen ihrer Höhe nach notwendig in Gestalt eines Prozentsatzes beschrieben werden müssten. Auch ein **absoluter Betrag** kann vereinbart werden, solange er sich nur auf einen bestimmten Zeitraum bezieht (RG 6. 12. 1935 – II 86/35, JW 1936, 921; Soergel/Arnold [13. Aufl 2014] Rn 9). Auch muss die Zinszahlung nicht fortlaufend erfolgen, sondern kann aus einer einzigen Summe bestehen (Belke BB 1968, 1219, 1220 f; Canaris NJW 1978, 1891 und 1893: zB als „Kreditkostenpauschale"; Zellweger-Gutknecht ZfPW 2015, 350, 367). Aus diesen Daten lässt sich bei Bedarf ein Zinssatz berechnen (BeckOGK/Coen [1. 3. 2021] Rn 61). Allein die Zeitabhängigkeit der Höhe einer Leistungspflicht genügt jedoch nicht für deren Charakterisierung als Zinsschuld, sofern es sich nicht um einen Ausgleich für die Möglichkeit der Kapitalnutzung handelt. Dies zeigt sich namentlich bei den **Bereitstellungszinsen**, die zwar typischerweise zeitabhängig berechnet werden, aber ihrem Gegenstand den Darlehensgeber für ihm entstehende Vorhalte- und Finanzierungskosten entschädigen sollen (s o Rn 27).

33 Einmalige Zahlungen ohne Zeitkomponente stellen keine Zinsen dar. Hierzu zählen insbesondere **Provisionszahlungen** für Vermittler, die am Zustandekommen der Hauptschuld beteiligt waren (BGH 9. 11. 1978 – III ZR 21/77, NJW 1979, 805, 806; BGH 29. 6. 1979 – III ZR 156/77, NJW 1979, 2089, 2090; BGH 12. 3. 1981 – III ZR 92/79, BGHZ 80, 153, 166; Canaris NJW 1978, 1891, 1894; Soergel/Arnold [13. Aufl 2014] Rn 17). Durch solche Vermittlungsgebühren wird zudem nicht die Möglichkeit der Kapitalnutzung vergütet, sondern die Verschaffung und Überlassung des Kapitals (BGH 29. 6. 1979 – III ZR 156/77, NJW 1979, 2089, 2090; BGH 12. 3. 1981 – III ZR 92/79, BGHZ 80, 153, 166). Auch **Bearbeitungsgebühren** (besser: -entgelte), die vom Darlehensgeber bei Vertragsschluss einmalig berechnet werden, gehören nicht zu den Zinsen im Rechtssinne (BGH 13. 5. 2014 – XI ZR 405/12, BGHZ 201, 168 = NJW 2014, 2420 Rn 43; Canaris NJW 1978, 1891, 1893 f; Strube/Fandel BKR 2014, 133, 136 ff; Fandrich, in: vWestphalen/Thüsing [Hrsg], Vertragsrecht und AGB-Klauselwerke [46. EL März 2021] Klauselwerke – Darlehensvertrag Rn 48; Krepold, in: Schimansky/Bunte/Lwowski [Hrsg], Bankrechts-Handbuch [5. Aufl 2017] § 78 Rn 3; **aA** noch Belke BB 1968, 1219, 1222 [Vorauszinsen]). Diese Bankentgelte sollen pauschal den mit der Bearbeitung des Darlehensantrags verbundenen bankinternen Aufwand abgelten (Fandrich, in: vWestphalen/Thüsing [Hrsg], Vertragsrecht und AGB-Klauselwerke [46. EL März 2021] Klauselwerke – Darlehensvertrag Rn 48). **Überziehungszinsen**, die für eine eingeräumte (§ 504 BGB) oder geduldete (§ 505 BGB) Überziehung eines Kontokorrentkontos anfallen, erfüllen sämtliche Merkmale des Zinsbegriffes, sofern sie – wie regelmäßig – zeitabhängig berechnet werden (Belke BB 1968, 1219, 1220; BeckOGK/Coen [1. 3. 2021] Rn 69; zur Differenzierung zwischen beiden Formen der Überziehung vgl Steiner WM 1992, 425, 426 ff).

Regelmäßig handelt es sich bei einem **Disagio** (Damnum) um einen **Zins** im Rechts- 34
sinne (BGH 29. 5. 1990 – XI ZR 231/89, BGHZ 111, 287, 289 f; BGH 8. 10. 1996 – XI ZR 283/95, BGHZ 133, 355, 358 f; BGH 11. 7. 1995 – XI ZR 28/95, NJW 1995, 2778; BGH 4. 4. 2000 – XI ZR 200/99, NJW 2000, 2816 f mwNw; OLG Karlsruhe 3. 5. 2011 – 17 U 192/10, WM 2011, 1366, 1370; VORTMANN EWiR 2000, 61; STRUBE/FANDEL BKR 2014, 133, 137; SOERGEL/ARNOLD [13. Aufl 2014] Rn 14; beschränkt auf den Einzelfall bereits BGH 1. 6. 1989 – III ZR 219/87, NJW-RR 1989, 947, 948; zurückhaltend noch BGH 12. 5. 1992 – XI ZR 258/91, NJW 1992, 2285, 2286 [nur im Zweifels-, nicht im Regelfall]; PRASS BB 1981, 1058, 1058). Unter dem Disagio ist die Differenz zwischen dem Ausgabekurs und dem Nominalbetrag eines Darlehens (BGH 1. 6. 1989 – III ZR 219/87, NJW-RR 1989, 947, 948) oder eines Wertpapiers zu verstehen. Maßgeblich für die Einordnung als Zins ist die Auslegung des betroffenen Vertrages im konkreten Einzelfall (BGH 2. 7. 1981 – III ZR 8/80, BGHZ 81, 124, 126 f). Dient das Disagio einer Abgeltung der einmaligen Bearbeitungs- und Darlehensbeschaffungskosten des Darlehensgebers, scheitert eine Charakterisierung als Zins an der Zeitunabhängigkeit. Das Interesse des Darlehensnehmers an einer solchen Konstruktion kann steuerliche Hintergründe aufweisen (BGH 2. 7. 1981 – III ZR 17/80, NJW 1981, 2181, 2182; relativierend BGH 29. 5. 1990 – XI ZR 231/89, BGHZ 111, 287, 290 unter Verweis auf BFH 6. 12. 1965 – GrS 2/64 S, BFHE 84, 399, 401 ff und BFH 25. 10. 1979 – VIII R 59/78, BFHE 129, 344, 245 f). Eine solche Parteiintention lässt sich allerdings nur in Ausnahmefällen annehmen; hierzu zählen subventionierte Darlehen mit für Darlehensgeber und -nehmer von einem Dritten vorgegebenen Konditionen (BGH 12. 5. 1992 – XI ZR 258/91, NJW 1992, 2285, 2286). Die Parteiinteressen zielen **regelmäßig** darauf ab, durch das Disagio vorausschauend die **zukünftige Möglichkeit zur Kapitalnutzung** zu vergüten. Der Grund hierfür liegt in der typischerweise bestehenden **Auswahlmöglichkeit des Darlehensnehmers**, sich bei identischem Nennbetrag entweder für ein höheres Disagio mit geringeren laufenden Zinsen oder ein geringeres Disagio mit höheren laufenden Zinsen zu entscheiden (BGH 29. 5. 1990 – XI ZR 231/89, BGHZ 111, 287, 289). Auch der Umstand, dass ein Teil des Disagios zur Deckung von einmaligen Kosten des Darlehensgebers bestimmt ist, beeinträchtigt die ungeteilte Einordnung als laufzeitabhängiger Zins nicht (BGH 29. 5. 1990 – XI ZR 231/89, BGHZ 111, 287, 292).

Die Folge einer solchen Laufzeitabhängigkeit ist, dass der Darlehensgeber **bei einer** 35
vorzeitigen Beendigung des Darlehensvertrages das Disagio **anteilig zurückzuerstatten** hat (BGH 29. 5. 1990 – XI ZR 231/89, BGHZ 111, 287, 290; BGH 8. 10. 1996 – XI ZR 283/95, BGHZ 133, 355, 358; HOFAUER BKR 2015, 397, 400); der Anspruch beruht auf der *condictio ob causam finitam* (§ 812 Abs 1 S 2 Alt 1 BGB). Eine formularvertragliche Abbedingung dieses Bereicherungsanspruches scheitert an § 307 BGB (BGH 29. 5. 1990 – XI ZR 231/89, BGHZ 111, 287, 291 f; HOFAUER BKR 2015, 397, 400); wegen des Erschwerungsverbots aus § 489 Abs 4 S 1 BGB ist auch eine individualvertragliche Abrede ausgeschlossen (BeckOGK/WEBER [1. 3. 2021] § 488 Rn 237). Der Umfang der Rückerstattung berechnet sich nicht *pro rata temporis*, da eine solche lineare Methode nicht berücksichtigte, dass bei einem Annuitätendarlehen angesichts der fortschreitenden Tilgung der jeweilige Zinsanteil im Laufe der Zeit abnimmt. Daher ist das **Verhältnis der bis zur Beendigung des Vertrags geschuldeten zu den infolge der Vertragsauflösung ersparten Zinsen** zu bilden und danach der erstattungspflichtige Anteil des Disagios als Zinsvorauszahlung zu ermitteln (BGH 27. 1. 1998 – XI ZR 158/97, NJW 1998, 1062, 1063 f).

dd) Entgelt für Möglichkeit der Kapitalnutzung

36 Die Zinszahlungspflicht dient ihrem **Zweck** nach dazu, die dem Zinsschuldner eingeräumte Möglichkeit der Nutzung des ihm zeitweise überlassenen Kapitals zu vergüten (Soergel/Arnold[13] Rn 6). Ob und in welchem Maße der Zinsschuldner tatsächlich von dieser Möglichkeit Gebrauch macht, ist für seine zinsrechtliche Verbindlichkeit unerheblich. Insofern wohnt dem Zins ein Element der **rechnerischen Pauschalisierung und Vereinfachung** inne. Zinsen sind ihrem Zweck nach blind für das Maß der tatsächlichen Nutzungsziehung. Auch wenn die reichsgerichtliche Judikatur in ihrer Zinsdefinition noch auf den Gebrauch des Kapitals und nicht die bloße Möglichkeit dazu abstellte (RG 7. 5. 1915 – II 36/15, RGZ 160, 71, 78, 80; RG 29. 1. 1942 – II 118/41, RGZ 168, 284, 285), so lag darin zumindest teilweise lediglich eine sprachliche Ungenauigkeit; denn Zinsen seien „für den Gebrauch des Kapitals schlechthin, unabhängig von seinem wirtschaftlichen Ergebnis, dh von dem Geschäftsergebnis, zu entrichten" (RG 29. 1. 1942 – II 118/41, RGZ 168, 284, 285).

37 Die Kosten einer **Restschuldversicherung**, welche die darlehenstypischen Risiken beider Parteien mindern soll (BGH 12. 3. 1981 – III ZR 92/79, BGHZ 80, 153, 168), unterfallen nicht dem Zinsbegriff (BGH 29. 6. 1979 – III ZR 156/77, NJW 1979, 2089, 2090; BGH 10. 7. 1980 – III ZR 177/78, NJW 1980, 2301; Soergel/Arnold[13] Rn 19); sie sind nicht Teil der Darlehenszinsen (BGH 29. 11. 2011 – XI ZR 220/10, NJW-RR 2012, 416 Rn 13; Canaris NJW 1978, 1891, 1894). Zwar berechnen sich die Versicherungsbeiträge regelmäßig nach der Länge der Darlehensgewährung und damit nach der Zeitdauer, in welcher die Möglichkeit zur Kapitalnutzung besteht. Allerdings vergüten die Beiträge für die Restschuldversicherung nicht die Möglichkeit zur Kapitalnutzung, sondern die Übernahme des Risikos durch die Versicherung, die bei Eintritt des Versicherungsfalls offene Restschuld ausgleichen zu müssen (vgl auch § 502 Abs 2 Nr 1 BGB: „Rückzahlung zu sichern"). Auch **Vermittlungsprovisionen** stellen keinen Zins eines Darlehens dar (Canaris NJW 1978, 1891, 1894).

38 Die **Vorfälligkeitsentschädigung** bei einer verfrühten Rückführung der Darlehensverbindlichkeit durch den Darlehensnehmer bildet keinen Zins im Rechtssinne (Canaris NJW 1978, 1891, 1896; Krepold, in: Schimansky/Bunte/Lwowski [Hrsg], Bankrechts-Handbuch [5. Aufl 2017] § 78 Rn 4). Durch die Legaldefinition in § 490 Abs 2 S 3 BGB ist klargestellt, dass es sich um einen Schadensersatzanspruch des Darlehensgebers handelt. Ebenso wie bei der Restschuldversicherung ist der Vorfälligkeitsentschädigung zwar ein gewisses Zeitelement inhärent, jedoch wird in beiden Fällen kein Ausgleich für die Möglichkeit der Kapitalnutzung bezweckt. Parallel zur Vorfälligkeitsentschädigung ist die **Nichtabnahmeentschädigung** einzuordnen (Staudinger/Blaschczok [1997] Rn 38). Ihrer Rechtsnatur nach stellt sie einen Schadensersatz wegen Nichterfüllung nach §§ 280 Abs 1 und 3, 281 BGB dar (Krepold, in: Schimansky/Bunte/Lwowski [Hrsg], Bankrechts-Handbuch [5. Aufl 2017] § 80 Rn 4).

39 Gewinn- und Umsatzbeteiligungen lassen sich nicht als Zinsen einordnen (RG 30. 9. 1927 – II 40/27, RGZ 118, 152, 155; BGH 27. 9. 1982 – II ZR 16/82, BGHZ 85, 61, 63; Soergel/Arnold[13] Rn 10). Ungeachtet ihrer Bezeichnung durch die Parteien gewähren sie ihrem Zweck nach keinen Ausgleich für die Möglichkeit der Kapitalnutzung, sondern eine Beteiligung am wirtschaftlichen Erfolg einer bestimmten Tätigkeit. Daher handelt es sich bei dem Anspruch des **stillen Gesellschafters** auf Gewinnbeteiligung (§ 232 HGB) nicht um eine Zinsschuld des Kaufmanns. Stets bedarf es allerdings einer Betrachtung der konkreten Vereinbarung. Ergibt sich aus ihr, dass der Anspruch des stillen Gesellschafters vom Geschäftserfolg des Kaufmanns unabhängig sein soll, kann es sich um Zinsen im Rechtssinne handeln (RG 29. 1. 1942 – II 118/41, RGZ 168, 284, 286). Maßgeblich für die Abgrenzung von Zinsen und Gewinnbeteiligungen ist die Abhängigkeit bzw **Unabhängigkeit von einem wirtschaftlichen Erfolg** der Kapitalnutzung (RG 7. 5. 1915 – II 36/15, RGZ 86, 399, 401).

Die **Tilgungsraten** des Darlehensnehmers an den Darlehensgeber sind von seinen Zinszahlungen zu trennen. Durch die Darlehenstilgung wird die ausgeschüttete Darlehensvaluta zurückgeführt und damit kein Entgelt für die Möglichkeit der Kapitalnutzung geleistet. Folgerichtig differenziert § 488 Abs 1 S 2 BGB zwischen der Zinszahlungs- und Darlehensrückzahlungspflicht; parallel ist § 607 Abs 1 S 2 BGB für das Sachdarlehen aufgebaut. An dieser rechtsdogmatischen Abgrenzung ändert der Umstand nichts, dass in der Praxis typischerweise Tilgung und Zins in einem einheitlichen Vorgang dem Schuldnerkonto belastet werden. Rechtlich leistet der Schuldner damit teilweise auf seine Zinszahlungs- (§ 488 Abs 1 S 2 Alt 1 BGB) und teilweise auf seine Rückzahlungspflicht (§ 488 Abs 1 S 2 Alt 2 BGB). **40**

Keine Zinsen im Rechtssinne werden grundsätzlich bei einem **Zins-Swap** gezahlt (BeckOGK/Coen [1. 3. 2021] Rn 41; **aA** aus steuerrechtlicher Sicht Kreft/Schmitt-Homann BB 2009, 2404, 2406 f). Bei einem Swapvertrag (engl *to swap* = tauschen) handelt es sich um einen atypischen gegenseitigen Vertrag (Erne DB 1994, 1809, 1810; Chalioulias, Der swap im System aleatorischer Verträge [2007] 102 ff). Anders als beim Darlehensvertrag erfolgt **keine Überlassung von Kapital** gegen Zahlung einer Nutzungs- und Risikoprämie (= Zins), sondern ein Austausch von „Geld gegen Geld" (Erne, Die Swapgeschäfte der Banken [1992] 44 ff). Auf einen bestimmten Nominalbetrag sollen die Parteien zu festgelegten Zeitpunkten Zahlungen zu im Vorhinein fixierten Zinssätzen leisten (Stupp/Mucke BKR 2005, 20, 25). Die Parteien begründen damit gegenseitig Geldschulden, für welche eine Kapitalschuld lediglich als rechentechnische Bezugsgröße dient. Mit Hilfe von Zins-Swaps vermag sich ein Darlehensnehmer, der einen variablen Zinssatz vereinbart hat, wirtschaftlich einen festen Zinssatz zu sichern (Stupp/Mucke BKR 2005, 20, 25; Kreft/Schmitt-Homann BB 2009, 2404 f). Die Parteien verpflichten sich zum Ausgleich von Zinsdifferenzen (Swapzahlungen). Mangels Überlassung von Kapital und damit der Option, ein Entgelt für die Möglichkeit zu deren Nutzung zu vereinbaren, ist die Nominaldefinition des Zinses im Grundsatz nicht erfüllt. Eine **Ausnahme** lässt sich lediglich aufstellen, sofern eine Personenidentität zwischen Kapitalgläubiger und Swap-Vertragspartner besteht und der Swapvertrag nach seinem Inhalt der Absicherung der Zinszahlungen für das überlassene Kapital dient (zu § 8 Nr 1 GewStG BFH 29. 3. 2007 – IV R 55/05, DStR 2007, 1253, 1254 f). In diesem Sonderfall erscheint es geboten, zinsdefinitorisch eine einheitliche Betrachtung der beiden Entgeltzahlungen vorzunehmen und die Swapzahlung derivativ an der Zinseigenschaft der originären Zinszahlung teilhaben zu lassen. **41**

Keine Zinsen im Rechtssinne stellen sog **Negativzinsen** dar (OLG Stuttgart 27. 3. 2019 – 4 U 184/18, WM 2019, 1110; Becker WM 2013, 1736, 1738; Ernst ZfPW 2015, 250, 251; BeckOGK/Weber [1. 3. 2021] § 488 Rn 226; Omlor, Bankrechtstag 2017 [2018] 41, 46 ff; ders, BKR 2018, 109, 110; Radke, Negative Nominalzinsen im Zins- und Bankvertragsrecht [2019] 35 ff; wohl auch LG Tübingen 26. 1. 2018 – 4 O 187/17, BKR 2018, 128, 131; **aA** Vogel BKR 2018, 45, 50; zum negativen Basiszinssatz vgl § 247 Rn 36 ff; zu den Entstehungsgründen Zellweger-Gutknecht ZfPW 2015, **42**

350, 351 ff). Definitionsgemäß handelt es sich bei einem Zins um die Vergütung für die Möglichkeit der Nutzung von Kapital; eine solche Vergütung kann begrifflich nicht in einem Leistungsanspruch des Nutzungs*berechtigten* bestehen. Diese Enge der geldprivatrechtlichen Zinsdefinition ändert allerdings nichts an der auf der Privatautonomie basierenden Freiheit der Privatrechtssubjekte, dem Nutzungsberechtigten ein Entgelt für die Erlangung der Nutzungsmöglichkeit zuzuerkennen. Materiell liegt darin kein Zins, sondern ein **Verwahrungsentgelt** (Ernst ZfPW 2015, 250, 252; vgl auch Tröger NJW 2015, 657, 658). Der Zins beträgt in einem solchen Fall 0 % (Becker WM 2013, 1736, 1742). Durch das Verwahrungsentgelt soll das Geldwertrisiko für den Kapitalnehmer abgegolten werden (Zellweger-Gutknecht ZfPW 2015, 350, 371). Der Rückzahlungsanspruch des Darlehensgebers bei einem Gelddarlehen stellt eine Geldsummenschuld des Darlehensnehmers dar (vgl Vorbem C53 zu §§ 244–248). In einer Phase der Deflation wird der Darlehensnehmer dafür entschädigt, dass er einen höheren Geldwert zurückgewähren muss, als er ihn zuvor vom Darlehensgeber erhalten hatte. Tritt keine Deflation ein, steht der „Negativzins" dennoch dem Darlehensnehmer zu; denn nach der Parteivereinbarung handelt es sich typischerweise um eine **Risikoprämie** für die Übernahme des Deflationsrisikos.

42a Zwar handelt es sich lediglich um eine Nominal- und nicht Legaldefinition des Zinses. Dennoch kommt der Definition bei einschränkungsloser Verwendung des Zinsbegriffs in einem Vertragstext eine **Bindungswirkung** zu, die nicht auf Gesetz, sondern auf der rechtsgeschäftlichen Einigung der Parteien beruht. Namentlich bei **Altverträgen**, die vor dem erstmaligen Auftreten von negativen Werten des verwendeten Referenzzinssatzes abgeschlossen wurden, gründeten die Parteien ihren Vertragskonsens auf der Vorstellung positiver Zinsen, die durch den Kapitalnutzungsberechtigten für die Entbehrung des Kapitals auf Zeit gewährt werden. Maßgeblich bei der Auslegung von Altverträgen ist der Erfahrungshorizont bei Vertragsschluss (allgemein dazu Staudinger/Singer [2017] § 133 Rn 50), nicht bei einem erstmaligen Auftreten von Negativzinsen. Den Parteien solcher Altverträge kommt ein **Vertrauensschutz** auch auf den Fortbestand einer ständigen höchstrichterlichen Judikatur zu, die mehr als ein Jahrhundert anhält und bislang keine Anzeichen für einen Umschwung erkennen ließ (Omlor, Bankrechtstag 2016 [2017] 41, 47).

42b Die Charakterisierung des Zinses im Rechtssinne durch einen Zahlungsstrom vom Kapitalnehmer zum Kapitalgeber liegt überdies verschiedenen erfüllungs- wie insolvenzrechtlichen Vorschriften zugrunde; sie ist auch im UN-Kaufrecht verwurzelt (zum Folgenden Omlor, Bankrechtstag 2017 [2018] 41, 48 ff). Auszugehen ist von der überwiegenden Ansicht, wonach Zinsen als **Zivilfrüchte iSv § 99 Abs 3 BGB** (BGH 3. 6. 1981 – IVa ZR 195/80, BGHZ 81, 8, 13; MünchKomm/Stresemann[8] § 99 Rn 6; BeckOGK/Mössner [1. 3. 2021] § 99 Rn 16.4; BeckOK/Fritzsche [1. 11. 2020] § 99 Rn 15; jurisPK-BGB/Vieweg/Lorz [9. Aufl 2020] § 99 Rn 12; **aA** Staudinger/Stieper [2017] § 99 Rn 17; Soergel/Marly[13] Rn 15) oder unmittelbare Früchte iSv § 99 Abs 2 BGB (Erman/J Schmidt[16] § 99 Rn 6) einzuordnen sind. Als ein solcher Ertrag, welcher eine Sache bzw ein Recht gewährt, lässt sich lediglich eine Vergütung an denjenigen erfassen, der die Sache bzw das Recht zur Verfügung stellt (Staudinger/Stieper [2017] § 99 Rn 18). Konkret wird eine Zivilfrucht als „Gegenleistung für die Überlassung ... an andere zur Nutzung" (BGH 24. 4. 2009 – BLw 21/08 Rn 12, BGHZ 180, 285) verstanden. Grundlegend kennzeichnet weiterhin **§ 488 Abs 1 S 2 BGB** den gesetzestypischen Darlehensvertrag durch eine Zinszahlung des Darlehnsnehmers an den Darlehensgeber. Eine Umkehrung der Entgeltpflicht lässt sich mit diesem Leitbild nicht vereinbaren. Bestätigt wird diese Sichtweise durch **§ 497 Abs 3 S 1 BGB**, wonach in Konkretisierung der Erfüllungsreihenfolge aus § 367 Abs 1 BGB „Zahlungen des Darlehensnehmers ... auf die Zinsen ... angerechnet" werden. Auch fasst der deutsche Gesetzgeber die Vorgaben aus der allgemeinen Verbraucherkreditrichtlinie (Art 2 Abs 2 lit f Richtlinie 2008/48/EG über Verbraucherkreditverträge v 23. 4. 2008 [ABl EU Nr L 133, 66 v 22. 5. 2008]) und der spezielleren Wohnimmobilienkreditrichtlinie (Art 3 Abs 2 lit c Richtlinie 2014/17/EU über Wohnimmobilienkreditverträge für Verbraucher v 4. 2. 2014 [ABl EU Nr L 60, 34 v 28. 2. 2014]) zur Nichterfassung „zinsloser" Darlehen in **§ 491 Abs 2 und 3 BGB** als „für den Verbraucher unentgeltlich" auf. Auch darin zeigt sich, wen das Gesetz als potentiellen Zinsschuldner einordnet. Auch die Insolvenzordnung geht davon aus, dass eine Zinszahlung als Ausgleich für die zeitweise Entbehrung eines Gegenstands anzusehen ist. Ungeachtet insolvenzrechtlicher Besonderheiten bringt § 169 S 1 InsO diesen Gedanken zum Ausdruck, indem dem Gläubiger, der zeitweise an der Verwertung des Aussonderungsguts gehindert ist, ein Ausgleichsanspruch in Form einer Zinszahlung zuspricht. Schließlich kennt auch das UN-Kaufrecht lediglich Zinszahlungen des Geldschuldners an den Geldgläubiger, wie sich in **Art 78 und 84 Abs 1 CISG** zeigt.

Die Ausgliederung von Negativzinsen aus dem rechtlichen Zinsbegriff führt nicht zu einer Verkürzung der **privatautonomen Gestaltungsfreiheit** (aA Vogel BKR 2018, 45, 50; Krepold/Herrle BKR 2018, 89, 90). Auf der Grundlage des normübergreifend entwickelten Zinsbegriffs liegt in der als solche zulässigen Vereinbarung eines Entgelts des Kapitalgebers an den Kapitalnehmer rechtlich kein Zins, sondern ein Verwahrungsentgelt. Der Zinsbegriff ist hingegen gegenteilig besetzt und normativ geprägt. Generell gilt, dass bei der Auslegung von Willenserklärungen, die sich rechtlich determinierter Fachbegriff wie Darlehensvertrag oder Zins bedienen, der in Wissenschaft und Praxis entwickelte Sprachgebrauch heranzuziehen ist (Staudinger/Singer [2017] § 133 Rn 46). Angesichts der an Gewohnheitsrecht grenzenden Anerkennung des tradierten Zinsbegriffs bedarf es daher **konkreter und gewichtiger Anhaltspunkte**, einer Parteivereinbarung zu Zinszahlungen einen hiervon **abweichenden Gehalt** im Sinne eines Verwahrungsentgelts zuzusprechen (iE ähnlich Vogel BKR 2018, 45, 50). 42c

Eine **einseitige Änderung von Darlehensverträgen**, die ursprünglich keine Negativzinsen umfassten, mit Ziel einer Einbeziehung von Negativzinsen ist bei Altverträgen regelmäßig **ausgeschlossen** (Tröger NJW 2015, 657, 658; BeckOGK/Binder [1. 3. 2021] § 488 Rn 24; Radke, Negative Nominalzinsen im Zins- und Bankvertragsrecht [2019] 87 ff; Omlor ZBB 2020, 355, 359 f; aA Staudinger/Freitag [2015] § 488 Rn 51a; Langner/Müller WM 2015, 1979, 1981; Hingst/Neumann BKR 2016, 95, 98). Vereinbaren die Parteien ein „Darlehen", ohne besondere Abreden zu Negativzinsen vorzunehmen, liegt ein gesetzestypischer Darlehensvertrag iSd §§ 488 ff BGB vor. Einem solchen sind jedoch Negativzinsen ausweislich von § 488 Abs 1 S 2 BGB und der tradierten Zinsdefinition fremd (Omlor, Bankrechtstag 2016 [2017] 41, 56 ff mwN). Auch **Zinsanpassungsklauseln** können allenfalls rechnerisch, nicht aber rechtlich zu Negativzinsen in Altverträgen führen (Omlor, Bankrechtstag 2016 [2017] 41, 59 ff; Radke, Negative Nominalzinsen im Zins- und Bankvertragsrecht [2019] 91 f). Ebenso wie bei einseitigen Leistungsbestimmungsrechten beinhalten sie keine Änderung des Vertragstyps. Bei **Sparverträgen** kommt verschärfend noch der besondere **Zweck der Vermögensbildung** hinzu, der auf eine auch nominale Vermögensmehrung ausgerichtet ist (Radke, Negative Nominalzinsen im Zins- 42d und Bankvertragsrecht [2019] 93; Omlor ZBB 2020, 355, 362 mwN). Wurde die Spareinlage bei einer Sparkasse erbracht, verstärken die Sparkassengesetze der Länder diese Zweckrichtung noch (zB § 6 Abs 1 S 3 SpkG BW, dazu Omlor ZBB 2020, 355, 361). Unerheblich ist wegen des Verweises in § 700 Abs 1 S 1 BGB insofern, ob eine Spareinlage als Darlehen (BGH 24. 4. 1975 – III ZR 147/72, BGHZ 64, 278, 284; Staudinger/Reuter [2015] § 700 Rn 3; Staudinger/Bieder [2020] § 700 Rn 7; Schürmann/Langner, in: Schimansky/Bunte/Lwowski [Hrsg], Bankrechts-Handbuch [5. Aufl 2017] § 70 Rn 19; MünchKomm/Habersack[8] § 808 Rn 22) oder unregelmäßige Verwahrung (BGH 14. 5. 2019 – XI ZR 345/18, BGHZ 222, 74 Rn 23 ff; OLG München 7. 7. 1983 – 24 U 133/83, WM 1983, 1295) eingeordnet wird. Demgegenüber werden bei **Zins-Swaps** keine Zinsen im Rechtssinne gezahlt (s o Rn 41), so dass grundsätzlich keine Zinsuntergrenze bei 0% eingreift (Radke, Negative Nominalzinsen im Zins- und Bankvertragsrecht [2019] 112 ff).

ee) Gleichartigkeit von Kapital- und Zinsschuld?

43 Die Zinsschuld muss **nicht auf den gleichen Leistungsgegenstand wie die Kapitalschuld gerichtet** sein (Staudinger/Blaschczok [1997] Rn 16; MünchKomm/Berger[8] § 488 Rn 155; BeckOGK/Weber [1. 3. 2021] § 488 Rn 225; **aA** RG 30. 9. 1927 – II 40/27, RGZ 118, 152, 155; RG 7. 5. 1915 – II 36/15, RGZ 160, 71, 78, 80; RG 19. 1. 1942 – V 59/41, RGZ 168, 264, 265; Belke BB 1968, 1219, 1222; Seckelmann BB 1998, 57; Ernst ZfPW 2015, 250 f; Zellweger-Gutknecht ZfPW 2015, 350, 367). Faktisch regelmäßig, begrifflich aber nicht notwendig sind Zinsen auf Bruchteile des zu verzinsenden Kapitals ausgerichtet. Geradezu plakativ zeigt sich diese Offenheit an §§ 607 Abs 1 S 2, 609 BGB, die für die Gewährung des **Sachdarlehens** als Gegenleistung die Zahlung eines **Darlehensentgelts** vorsehen. Dieses Darlehensentgelt besteht in einer Leistung von Geld. Nur scheinbar besteht zwischen § 488 Abs 1 S 2 Alt 1 BGB und **§ 607 Abs 1 S 2 BGB** ein inhaltlicher Unterschied, insofern beim Gelddarlehen von einem Zins und beim Sachdarlehen von einem Entgelt die Rede ist. Inhaltlich beziehen sich beide Vorschriften auf die allgemeine Zinsdefinition (s o Rn 23). Entstehungsgeschichtlich erklärt sich diese Begriffsverwirrung mit dem Bemühen des Gesetzgebers, sich bei der Neugestaltung der §§ 607 ff im Zuge der Schuldrechtsreform an den Vorgängervorschriften zu orientieren (BT-Drucks 14/6040, 259). Auch in § 609 BGB aF war bereits von einem Entgelt die Rede, welches die Hauptleistungspflicht des Darlehensnehmers darstellte. Darüber hinaus bestehen angesichts des bewusst rudimentären Regelungsansatzes im Sachdarlehensrecht enge Verbindungen zum Gelddarlehensrecht (Staudinger/Freitag [2015] § 488 Rn 16 und § 607 Rn 4), die eine inhaltliche *itio in partes* der jeweiligen Gegenleistungen als wenig überzeugend erscheinen lassen. Die Verwendung des Entgeltbegriffs in § 607 Abs 1 S 2 BGB zwingt aber nicht dazu, dass bei einem Sachdarlehen notwendigerweise die Gegenleistung des Darlehensnehmers in Geld bestehen müsste. Die Entgeltregelung in § 607 Abs 1 S 2 BGB ist vollständig dispositiv (Staudinger/Freitag [2015] § 607 Rn 7), sodass es den Parteien offen steht, auch eine in Nicht-Geld ausgedrückte Gegenleistung vorzusehen (zu eng daher Berger RabelsZ 61 [1997] 313, 316). Auch jenseits des Darlehensrechts ist eine Zinsschuld typischer-, aber nicht notwendigerweise auf eine Geldzahlung gerichtet (**aA** Horn, in: FS Hermann Lange [1992] 99; Seckelmann BB 1998, 57).

44 Die Unabhängigkeit der Zinsschuld vom Inhalt der zu verzinsenden Kapitalschuld grenzt den Zins von den Früchten iSd § 99 Abs 1 BGB ab. Zinsen stellen **keine Erzeugnisse** des zur Nutzung überlassenen Kapitals dar, welche dem Kapital als Muttersache organisch entstammen (zum Begriff des Erzeugnisses vgl Staudinger/Stieper [2017]

§ 99 Rn 6). Vielmehr bildet der Zinsanspruch eine **mittelbare Frucht iSd § 99 Abs 3 BGB** (BGH 24. 4. 2009 – BLw 21/08, BGHZ 81, 8, 13; MünchKomm/STRESEMANN[8] § 99 Rn 12; aA STAUDINGER/STIEPER [2017] § 99 Rn 17 [Rechtsfrucht]). Dabei kommt es nicht darauf an, ob es sich um Verzugszinsen oder um Zinsen auf sonstiger Rechtsgrundlage handelt (ebenso BGH 24. 4. 2009 – BLw 21/08, BGHZ 81, 8, 13: „Auch diejenigen Zinsen, die ... von Gesetzes wegen dem Gläubiger zustehen, ... sind Früchte im Sinne von § 99 Abs 3 BGB ..."). Gegen eine Einordnung als Rechtsfrucht iSd § 99 Abs 2 BGB spricht, dass Zinsen definitionsgemäß die Gegenleistung für die Möglichkeit zum Gebrauch von Kapital darstellen und daher präzise vom Wortlaut des § 99 Abs 3 BGB erfasst sind; denn Zinsen sind Erträge, die eine Sache (bei vertretbaren Sachen oder Bargeld) oder ein Recht (im Fall von Buchgeld) mittels eines Rechtsverhältnisses (zB eines Darlehens) gewährt. Eine Zuordnung zu § 99 Abs 2 BGB stellte die Kapitalforderung als fruchtbringendes Recht in den Vordergrund, obwohl Zinsen als Gegenleistung für die Nutzungsmöglichkeit am Kapital selbst – und nicht für die Begründung einer Kapitalschuld – zu erbringen sind.

c)   Abgrenzungen und Sonderfälle
aa)   Effektiver Jahreszins
Der effektive Jahreszins stellt keinen Zins im eigentlichen Sinne dar, sondern lediglich eine **Rechengröße** in Gestalt eines Zinssatzes (§ 6 Abs 2 S 2 PAngV; zum Begriff vgl SECKELMANN BB 1996, 965, 970), welcher die Konditionen eines bestehenden Vertrages auswertet (BGH 13. 5. 2014 – XI ZR 405/12 Rn 38, BGHZ 201, 168). Demnach zielt der effektive Jahreszins im verbraucherdarlehensrechtlichen Sinne, der in **§ 6 Abs 1 S 1 PAngV** im Einklang mit Art 19 Abs 2 UAbs 1 Verbraucherkreditrichtlinie (Richtlinie 2008/48/EG) als „Gesamtkosten als jährlicher Vomhundertsatz des Kredits" beschrieben wird, auf die Ermöglichung eines effektiven **Markt- und Konditionenvergleichs** ab (KREPOLD, in: SCHIMANSKY/BUNTE/LWOWSKI [Hrsg], Bankrechts-Handbuch [5. Aufl 2017] § 78 Rn 28). Die Abgrenzung zum Zins im eigentlichen Sinne liegt auch § 6 Abs 3 PAngV zugrunde, wenn dort die „zu entrichtenden Zinsen" den „sonstigen Kosten" als Bestandteile des effektiven Jahreszinses gegenübergestellt werden. Der Konditionenvergleich wird dadurch ermöglicht, dass die Gegenwartswerte sämtlicher Kreditverpflichtungen berechnet werden (Art 19 Abs 1 Richtlinie 2008/48/EG).

45

Die Wahl der richtigen Berechnungsmethode für den effektiven Jahreszins ist eine **Rechts- und keine Tatfrage** (STAUDINGER/BLASCHCZOK [1997] Rn 262, Darstellung der einzelnen Formeln in Rn 267 ff; REIFNER AcP 214, 695; RINK VuR 2011, 12). Die mathematische **Formel zur Berechnung** des effektiven Jahreszinses ergibt sich aus dem Anhang I zur Verbraucherkreditrichtlinie 2008/48/EG, der in der **Anlage zu § 6 PAngV** umgesetzt wurde; dort heißt es auszugsweise:

46

$$\sum_{k=1}^{m} C_k (1+X)^{-t_k} = \sum_{l=1}^{m'} D_l (1+X)^{-s_l}$$

„Hierbei ist

– X der effektive Jahreszins;

– m die laufende Nummer des letzten Kredit-Auszahlungsbetrags;

- k die laufende Nummer eines Kredit-Auszahlungsbetrags, wobei $1 \leq k \leq m$;

- C_k die Höhe des Kredit-Auszahlungsbetrags mit der Nummer k;

- t_k der in Jahren oder Jahresbruchteilen ausgedrückte Zeitraum zwischen der ersten Darlehensvergabe und dem Zeitpunkt der einzelnen nachfolgenden in Anspruch genommenen Kredit-Auszahlungsbeträge, wobei $t_1 = 0$;

- m' die laufende Nummer der letzten Tilgungs-, Zins- oder Kostenzahlung;

- l die laufende Nummer einer Tilgungs-, Zins- oder Kostenzahlung;

- D_l der Betrag einer Tilgungs-, Zins- oder Kostenzahlung;

- s_l der in Jahren oder Jahresbruchteilen ausgedrückte Zeitraum zwischen dem Zeitpunkt der Inanspruchnahme des ersten Kredit-Auszahlungsbetrags und dem Zeitpunkt jeder einzelnen Tilgungs-, Zins- oder Kostenzahlung."

47 Auf den nach § 6 PAngV zu berechnenden effektiven Jahreszins verweist das **Verbraucherdarlehensrecht** an verschiedenen Stellen. Der Darlehensgeber hat den Darlehensnehmer bei einem Verbraucherdarlehensvertrag sowohl **vorvertraglich** (§ 491a Abs 1 BGB iVm Art 247 § 3 Abs 1 Nr 3 EGBGB) als auch im finalen **Vertragstext** (§ 492 Abs 2 BGB iVm Art 247 § 6 Abs 1 Nr 1 EGBGB) über den effektiven Jahreszins zu unterrichten (Einzelheiten bei STAUDINGER/KESSAL-WULF [2012] § 492 Rn 55 ff). Über die Bezugnahme in Art 247 § 3 Abs 2 S 2 EGBGB wird § 6 PAngV einschließlich des korrespondierenden Anhangs für maßgeblich erklärt. Dabei handelt es sich um eine dynamische Verweisung, welche die jeweiligen Änderungen der PAngV automatisch inkorporiert.

bb) Referenzzinssatz

48 Zahlungsdienstleister können vereinbarungsgemäß für die Ausgestaltung ihrer **Zahlungsdiensterahmenverträge** auf von Dritten berechnete Zinssätze zurückgreifen, sofern sie öffentlich zugänglich sind oder aus einer für sämtliche Parteien zugänglichen Quelle stammen (§ 675g Abs 3 S 2 BGB). Solche Referenzzinssätze dienen der Vereinfachung der Rechtsbeziehungen im zahlungsdienstevertraglichen Verhältnis, indem ihre Änderung ohne Vorlaufzeit unmittelbar Rechtsverbindlichkeit erlangt (§ 675g Abs 3 S 1 BGB). Beispiele finden sich in den Zinsstatistiken der Deutschen Bundesbank und in der *Euro Interbank Offered Rate* (EURIBOR), welche das Interbankenverhältnis betrifft (STAUDINGER/OMLOR [2020] § 675g Rn 9). Den Zahlungsdienstleister trifft vorvertraglich eine **Informationspflicht** bezüglich des Referenzzinssatzes aus § 675d Abs 1 BGB iVm Art 248 § 4 Abs 1 Nr 3 lit b und c EGBGB.

2. Vertragliche Zinsabreden

a) Prinzip der Zinsfreiheit

49 Das Recht der Zinsschuld ist grundlegend vom Prinzip der Zinsfreiheit geprägt (MUGDAN II 107). Dabei handelt es sich um eine spezielle Ausprägung der **Vertragsfreiheit** und damit zugleich der Privatautonomie. Die Zinsfreiheit bezieht sich sowohl auf das „ob" als auch das „wie" einer Zinsvereinbarung. Soweit eine vertragliche Zinsabrede besteht, verdrängt sie die Auffangregelung des § 246 BGB (s o Rn 18). Der Umfang einer vertraglichen Zinsschuld wird von den Parteien grundsätzlich frei festgelegt. Neben den allgemeinen Bestimmungen der §§ 138, 305 ff BGB existiert lediglich für das **Pfandleihgewerbe** eine feste Obergrenze (§ 10 Abs 1 S 1 Nr 1 PfandlV). Auch eine Klauselkontrolle des anfänglich festgelegten Vertragszinses findet nicht statt (BGH 17. 2. 2004 – XI ZR 140/03, BGHZ 158, 149, 153 f; BGH 13. 4. 2010 – XI ZR 197/09 Rn 16, BGHZ 185, 166). Wirtschaftlich dienen Zinsen aus der Sicht des Kapitalgebers allgemein dazu, sowohl die Entbehrung des Kapitals als auch das Risiko einer nicht oder zumindest nicht wie geschuldet erfolgenden Rückzahlung abzudecken. Die Parteien können aber auch davon abweichende einzelfallspezifische Zwecke verfolgen, ohne dass der Zinscharakter notwendig verloren ginge. Den äußersten Rahmen für eine Zinsvereinbarung im rechtstechnischen Sinn bildet der allgemeine Zinsbegriff (s o Rn 23).

b) Arten von Zinsklauseln

Zu differenzieren ist konstruktiv zwischen Zinsbestimmungs- und Zinsanpassungs- **50** klauseln als Erscheinungsformen einer Zinsklausel. In einem einmaligen Akt legen reine **Zinsbestimmungsklauseln** starre Zinssätze fest, ohne dass zugleich Abreden über zukünftige Zinsänderungen einbezogen wären. Eine nachträgliche Veränderung bedarf daher grundsätzlich eines Konsenses der Beteiligten in Gestalt einer Vertragsänderung. Angesichts der stetigen und dem Grunde nach erwartbaren Änderungen des Marktumfelds besteht jedoch häufig ein praktisches Bedürfnis für eine vorausschauende vertragliche Regelung, welche sich zu den Modalitäten einer zukünftigen Änderung des Zinssatzes verhält. Eine solche **Zinsanpassungsklausel** weist insofern eine ähnliche Funktion wie Wertsicherungsklauseln (vgl Vorbem C195 zu §§ 244–248) auf, als sie den Parteien den zeit- und kostenintensiven Wiedereintritt in Vertragsverhandlungen erspart, sofern sich die wirtschaftlichen Rahmenbedingungen ihres Geschäfts nachträglich geändert haben. Angemessene Zinsanpassungsklauseln wirken **zugunsten beider Parteien**: Dem Verwender erlauben sie eine langfristige Kalkulation unter Absicherung seiner Gewinnspanne, während der andere Vertragspartner davor geschützt wird, dass ihm der Verwender schon bei Vertragsschluss pauschal einen Risikozuschlag für die Ungewissheiten der zukünftigen Entwicklungen berechnet (BGH 22. 11. 2007 – I ZR 74/05 Rn 14, BGHZ 174, 244; BGH 21. 4. 2009 – XI ZR 78/08 Rn 23, BGHZ 180, 257). Regelmäßig treten Zinsanpassungsklauseln in **Kombination** mit Zinsbestimmungsklauseln auf.

Zinsanpassungsklauseln treten – ähnlich wie Wertsicherungsklauseln (vgl Vorbem C199 **51** zu §§ 244–248) – in verschiedenen Ausgestaltungen auf (dazu bereits STAUDINGER/BLASCHCZOK [1997] Rn 146 ff). Abzugrenzen ist zwischen Zinsgleit-, einseitigen Zinsanpassungs- und Kündigungsklauseln. Eine automatische und selbsttätige Fortschreibung der Zinssätze, ohne dass es einer Willensbekundung einer Vertragspartei oder eines Dritten bedürfte, bewirken **Zinsgleitklauseln**. Sie bilden die rechtstechnische Grundlage von **variablen Zinssätzen**. Solche können sowohl individual- als auch formularvertraglich vereinbart werden (MünchKomm/GRUNDMANN[8] Rn 27). Die Parteien können variable Zinssätze auf der Grundlage ihrer Privatautonomie vereinbaren, ohne dass prinzipiell gesetzliche Vorschriften entgegenstünden (BGH 17. 2. 2004 – XI ZR 140/03, BGHZ 158, 149, 152). Die Vereinbarung eines variablen Zinssatzes unterliegt als solche auch keiner Klauselkontrolle, da sie dieser durch § 307 Abs 3 S 1 BGB als Preisregelung entzogen ist (BGH 13. 4. 2010 – XI ZR 197/09 Rn 16, BGHZ 185, 166; BGH 10. 6. 2008 – XI ZR 211/07, NJW 2008, 3422 Rn 16 f; BGH 21. 12. 2010 – XI ZR 52/08, NJW-RR 2011, 625 Rn 12; Langenbucher BKR 2005, 134, 138; Schebesta BKR 2005, 217 f). Das variable Element kann sich beispielsweise aus dem jeweiligen Basiszinssatz oder einem anderen Referenzzinssatz ergeben, der in Bezug genommen wird (Schebesta BKR 2005, 217 f mit Formulierungsvorschlag). Durch die Einbeziehung des regelmäßigen Anpassungen unterliegenden Basiszinssatzes (§ 247 BGB) werden feste und variable Bestandteile kombiniert. Die Höhe des Zuschlags auf den Basiszinssatz hängt von den Zwecken (zB Abschreckung vor Zahlungsverzug) ab, welche die Parteien mit der Zinsabrede verfolgen. Von Zinsgleitklauseln abzugrenzen sind Gestaltungen, wonach sich der Zinssatz in **im Voraus festgelegten Stufen** anpasst. Anders als die Verknüpfung mit einem variablen Zinssatz wohnt einer solchen Konstruktion der Nachteil inne, auf zukünftige Entwicklungen am Markt nicht reagieren zu können; andererseits erlauben sie durch den mit ihnen verbundenen Pauschalisierungseffekt eine rechtssichere Planbarkeit der Höhe der Zinsschuld. Die Ähnlichkeit zur Zinsgleitklausel ergibt sich aus ihren unmittelbaren und selbsttätigen Rechtswirkungen, die einen zukünftigen Willensakt der Parteien entbehrlich stellen.

52 Demgegenüber knüpfen verschiedenen Arten von Zinsanpassungsklauseln konstitutiv an die **Erklärung einer Vertragspartei** an, eine Änderung des Zinssatzes zu verlangen. Ein Automatismus greift anders als bei den Zinsgleitklauseln nicht ein. Der Unterschied zwischen den einzelnen Untertypen liegt in den Vorgaben für die Durchführung der Zinsänderung. Häufig stellen diese **einseitigen Zinsanpassungsklauseln** den Umfang der Anpassung in das Ermessen einer Partei oder eines Dritten. In solchen Fällen wird ein **Leistungsbestimmungsrecht iSd § 315 BGB** vereinbart (Reifner JZ 1995, 866, 867; Langenbucher BKR 2005, 134, 136). Im Zweifel steht das Leistungsbestimmungsrecht nach § 316 BGB dem Zinsgläubiger zu. Über das Vertragsverhältnis hinaus kann das Leistungsbestimmungsrecht auch einem Dritten (zB einem Schiedsgutachter) eingeräumt werden (§§ 317 ff BGB). Mit Wirksamwerden der Anpassungserklärung durch Zugang (§§ 315 Abs 2, 130 BGB) beim Vertragspartner tritt unmittelbar eine Änderung des Zinssatzes mit *ex nunc*-Wirkung ein (allgemein Staudinger/Rieble [2020] § 315 Rn 489). Den Parteien steht es überdies offen, in Abweichung von der dispositiven Zweifelsregelung aus § 315 Abs 1 BGB, welche dem Bestimmungsberechtigten ein billiges Ermessen zuerkennt, das Leistungsbestimmungsrecht enger oder weiter auszugestalten (MünchKomm/Würdinger[8] § 315 Rn 29). Sie können daher die Zinsanpassung an der **Bonität des Kapitalgläubigers** ausrichten (dazu Mülbert WM 2004, 1205 ff; Langenbucher BKR 2005, 134 ff; Ohletz BKR 2007, 129, 131 ff). Auch kann die Zinsanpassungsklausel einen Rahmen für die Änderungen des Zinssatzes vorgeben (verpflichtend für bonitätsorientierte Zinsanpassungsklauseln nach Ohletz BKR 2007, 129, 133). In Betracht kommt sowohl eine absolute (in Prozentpunkten) als auch eine relative (in Prozent) **Unter- oder Obergrenze für die Zinsanpassung**. Schließlich lässt sich auch eine schlichte **Neuverhandlungsklausel** vorsehen, wonach auf Verlangen eines Beteiligten nach Zinsanpassung im Konsens ein Anpassungsakt vorzunehmen ist. Auch insofern erscheint eine begriffliche Zuordnung zur Gruppe der einseitigen Zinsanpassungsklauseln angebracht, da der Einstieg in die Neuverhandlungen auf einem einseitigen Verlangen einer Vertragspartei beruht.

53 Sowohl Zinsgleit- als auch einseitige Zinsanpassungsklauseln zielen ausnahmslos auf eine Bewahrung des bestehenden Vertragsverhältnisses ab. Ihnen konzeptionell gegenüber steht die Gruppe der **Kündigungsklauseln** (abweichend HABERSACK WM 2001, 753, 754: beide Gruppen „verwandt"). Unter den in der Klausel genannten Voraussetzungen wird einer Vertragspartei die Befugnis eingeräumt, das Vertragsverhältnis im Wege der Kündigung zu beenden. Die Erklärung der Kündigung unter Rückgriff auf die Zinsklausel führt jedoch nicht notwendigerweise auch final zu einer Auflösung des Vertrages (vgl zum Verhältnis von Zinsgleitklauseln und Änderungskündigung TERPITZ, in: FS Bärmann [1975] 953, 958 ff). Da auch die Kündigung der allgemeinen Schranke aus Treu und Glauben (§ 242 BGB) unterliegt (vgl zur Kündigung im Arbeitsrecht STAUDINGER/LOOSCHELDERS/OLZEN [2019] § 242 Rn 811 ff mwNw), hat eine **Änderungskündigung regelmäßig Vorrang** vor einer Beendigungskündigung (STAUDINGER/BLASCHCZOK [1997] Rn 149; tendenziell auch BGH 28. 6. 1977 – III ZR 13/75, WM 1977, 834, 835). Grundsätzlich ist in der Änderungskündigung das mildere Mittel im Vergleich zur Beendigungskündigung zu sehen. Mit einer Änderungskündigung ist zugleich das Angebot verbunden, den Vertrag zu modifizierten Konditionen fortzuführen. Technisch wird die Kündigung trotz ihres Charakters als Gestaltungserklärung mit einer **Potestativbedingung** versehen (TERPITZ, in: FS Bärmann [1975] 953, 956; STAUDINGER/FREITAG [2015] § 488 Rn 326). Die Ausnahme vom Grundsatz, dass Gestaltungserklärungen bedingungsfeindlich sind (stellvertretend BGH 17. 12. 2014 – VIII ZR 88/13 Rn 34, NJW 2015, 934 mwNw), rechtfertigt sich dadurch, dass für den Kündigungsempfänger keine Ungewissheit über die Wirksamkeit der Kündigung besteht (vgl entsprechend zur Kündigung des Vermieters BGH 16. 2. 2005 – VIII ZR 6/04, NZM 2005, 334, 335); ob er das Änderungsangebot annimmt oder nicht, richtet sich nach seiner Willensentscheidung. Bei Kündigungen, die ihren Grund nicht in einem geänderten Zinsmarkt, sondern in der Person des Hauptschuldners haben, scheidet eine Beschränkung auf eine Änderungskündigung hingegen zumeist aus (STAUDINGER/FREITAG [2015] § 488 Rn 315).

Zinsklauseln gelangen namentlich im **Bankvertragsrecht** zum Einsatz. Sowohl die **54** AGB-Banken (Nr 12 Abs 1 und 2) als auch die AGB-Sparkassen (Nr 17 Abs 1 und 2) verweisen – vorbehaltlich abweichender Vereinbarungen im Einzelfall – auf die Zinssätze im jeweiligen **Preisaushang** (im Einzelnen BUNTE, in: SCHIMANSKY/BUNTE/LWOWSKI [Hrsg], Bankrechts-Handbuch [5. Aufl 2017] § 17 Rn 8 ff). § 246 BGB findet daher im Regelungsbereich dieser formularvertraglichen Zinsklauseln keine Anwendung. Über den Verweis auf den Preisaushang werden üblicherweise auch die Überziehungszinsen festgesetzt, wobei die Zinssätze für vereinbarte (§ 504 BGB) und geduldete (§ 505 BGB) Kontoüberziehungen divergieren können, aber nicht müssen. Eine Unterscheidung zwischen beiden Arten der Kontoüberziehung in Allgemeinen Geschäftsbedingungen verstößt als solche nicht gegen § 307 BGB (BGH 14. 4. 1992 – XI ZR 196/91, BGHZ 118, 126, 128 ff).

c) Wirksamkeit von Zinsanpassungsklauseln
Beide Erscheinungsformen der Zinsklausel unterliegen den allgemeinen **Wirksam- 55 keitsschranken** der §§ 134, 138 BGB, den preisrechtlichen Grenzen der §§ 1 ff PrKG (vgl dazu Einzelkommentierung der §§ 1 ff PrKG) sowie der AGB-Kontrolle nach §§ 305 ff BGB. In Sonderfällen können sich auch Grenzen aus dem Darlehensrecht ergeben (vgl zu bonitätsabhängigen Zinsanpassungsklauseln ACHTERT BKR 2008, 318 ff mwNw).

aa) Preisrechtliche Grenzen
Zinsgleitklauseln bewirken eine unmittelbare und selbsttätige Anpassung der Zins- **56** schuld iSd § 1 Abs 1 **PrKG**. Sofern Sie jedoch ausschließlich an die Refinanzierungs-

kosten des Darlehensgebers angebunden sind, handelt es sich um stets zulässige **Kostenelementeklauseln** iSd § 1 Abs 2 Nr 3 PrKG (aA Schebesta BKR 2005, 217: Leistungsvorbehalt nach § 1 Nr 1 PrKV aF). Zinsgleitklauseln, die nicht bereits durch § 1 Abs 2 Nr 3 PrKG privilegiert werden, können überdies von der **Bereichsausnahme** des **§ 5 PrKG** für den Geld- und Kapitalverkehr profitieren. Hierzu zählen nicht nur jegliche Finanzinstrumente iSd § 1 Abs 11 KWG, sondern auch Darlehensverträge mit Unternehmern wie Verbrauchern. Auch Zinsgleitklauseln in Verbraucherdarlehensverträgen unterliegen demnach keinen preisrechtlichen Bedenken. Anders als bei den übrigen Anwendungsfällen des § 5 PrKG müssen bei Verbraucherdarlehensverträgen jedoch die besonderen Anforderungen an die Bestimmtheit und Angemessenheit der Zinsgleitklausel aus § 2 Abs 1 S 2 Nr 2 PrKG beachtet werden (vgl dazu § 2 PrKG Rn 5 ff).

57 **Einseitige Zinsanpassungsklauseln** erscheinen aus preisrechtlicher Sicht weniger problematisch als Zinsgleitklauseln. Fehlt es an dem von § 1 Abs 1 PrKG vorausgesetzten Automatismus der Anpassung, unterliegen sie als **Leistungsvorbehalte** der Legalausnahme des § 1 Abs 2 Nr 1 PrKG, sofern der Umfang der Zinsanpassung durch eine billigkeitsorientierte Ermessensentscheidung festgesetzt wird (dazu allgemein § 1 PrKG Rn 14 ff). Es handelt sich um einseitige Leistungsbestimmungsrechte nach §§ 315 ff BGB. Auch ohne ein Ermessen bei der Zinsanpassung sind einseitige Zinsanpassungsklauseln preisrechtlich zulässig, sofern sie auf einen Zinsanpassungsautomatismus verzichten. Die Aufzählung in § 1 Abs 2 PrKG ist nicht abschließend, sondern erläutert lediglich beispielhaft die Reichweite des zentralen Verbotstatbestands aus § 1 Abs 1 PrKG (BT-Drucks 16/4391, 27). Lassen Zinsanpassungsklauseln nur eine **Verringerung der Zinsschuld** zu, greift zudem der Ausnahmetatbestand aus § 1 Abs 2 Nr 4 PrKG.

bb) Vertragstypologische Grenzen

57a Vor allem über Zinsgleit- und Zinsanpassungsklausel besteht rechnerisch die Möglichkeit, dass bei einem Darlehensvertrag Negativzinsen anfallen. Im Kreditgeschäft der Banken könnte eine Entgeltzahlungspflicht der Bank zugunsten des Darlehensnehmers entstehen. Negativzinsen stellen jedoch keine Zinsen im Rechtssinne dar (s o Rn 42). Bereits aus der Typologie des Darlehensvertrags unter Einbeziehung des rechtlichen Zinsbegriffs folgen daher Einschränkungen für den Inhalt von Zinsanpassungsklauseln.

(1) Hauptleistungspflichten und Interessenlage

57b Die Hauptleistungspflichten des Darlehensvertrags sind auf eine **Entgeltzahlungspflicht ausschließlich des Darlehensnehmers** ausgerichtet (Tröger NJW 2015, 657, 658; BeckOGK/Binder [1. 3. 2021] § 488 Rn 167; Omlor, Bankrechtstag 2017 [2018] 41, 56 ff; Radke, Negative Nominalzinsen im Zins- und Bankvertragsrecht [2019] 90 ff; wohl auch Vogel BKR 2018, 45, 50; ebenso zum österreichischen Privatrecht OGH 21. 3. 2017 – 10 Ob 13/17k Rn 1.5.8 f, ÖBA 2017, 338, 341) und stehen damit im Einklang mit der tradierten Zinsdefinition. Nach § 488 Abs 1 S 2 BGB hat der Darlehnsnehmer den geschuldeten Zins zu zahlen. Gleiches ergibt sich aus den Kündigungsregelungen in §§ 488 Abs 3 S 2, 489 Abs 2 BGB. Zudem deckt die typische Interessenlage der Parteien eines Darlehensvertrags keine Umkehr der Zahlungsströme, wie sie bei Negativzinsen vorläge, ab. Bei einer Miterfassung von negativen Zinsen verkehrte sich der **Vertrag zur Kapitalbeschaffung in einen Vertrag zur Kapitalverwahrung** um (insofern zutreffend Kropf WM 2017, 1185, 1188;

allgemein zur Abgrenzung von Darlehen und unregelmäßiger Verwahrung STAUDINGER/FREITAG [2015] § 488 Rn 51 mwNw). Die **Gegenauffassung**, wonach eine Entgeltzahlung des Darlehensgebers mit §§ 488 ff BGB vereinbar sei (STAUDINGER/FREITAG [2015] § 488 Rn 51a; LANGNER/MÜLLER WM 2015, 1979, 1981; HINGST/NEUMANN BKR 2016, 95, 98; SCHÜRMANN/LANGNER, in: SCHIMANSKY/BUNTE/LWOWSKI [Hrsg], Bankrechts-Handbuch [5. Aufl 2017] § 70 Rn 25a), **überdehnt** unzulässig die **Dispositivität des BGB-Darlehensrechts** (OMLOR, Bankrechtstag 2017 [2018] 41, 57). Zweifelsohne steht es den Parteien im Lichte der verfassungsrechtlich geschützten Privatautonomie (Art 12 Abs 1 GG, subsidiär Art 2 Abs 1 GG) frei, einen Konsens in Modifikation oder weitgehender Abweichung zu §§ 488 ff BGB zu finden. Grenzen ergeben sich insofern lediglich aus §§ 134, 138, 305 ff BGB. Allerdings handelt es sich in der Folge zumindest nicht mehr um einen gesetzestypischen Darlehensvertrag iSd § 488 BGB; je nach Art und Umfang der Abweichung wird das Darlehensrecht gänzlich verlassen. Bei der Auslegung von Verträgen mit negativen Zinsen und damit der Bestimmung der Grenzen von Zinsanpassungsklauseln kommt es entscheidend darauf an, welchen Vertragstyp mit welchem Regelungsgehalt die Parteien im Zweifel wählen, wenn sie ihren Vertrag als „Darlehensvertrag" bezeichnen. Gerade bei Altverträgen vor dem erstmaligen Aufkommen von Negativzinsen im betroffenen Währungsraum fehlt es regelmäßig an hinreichend eindeutigen Abreden, die gestützt auf die Dispositivität der §§ 488 ff BGB eine Abweichung vom gesetzlichen Leitbild begründeten. Der österreichische OGH pointierte entsprechend: „In keinem Fall rechnet der Kreditnehmer – gemessen am Maßstab eines redlichen Erklärungsempfängers – bei Vertragsabschluss damit, zu irgendeinem Zeitpunkt während der Kreditlaufzeit Zahlungen vom Kreditgeber zu erhalten. ... Es besteht insofern beim Kreditvertrag allgemein ein übereinstimmender Parteiwille über Vertragsgegenstand und Vertragsinhalt, der eine – irreführend als ‚Negativzinsen' bezeichnete ... – Zahlungsverpflichtung der kreditgebenden Bank an den Kreditnehmer ausschließt" (OGH 21. 3. 2017 – 10 Ob 13/17k Rn 1.5.8, ÖBA 2017, 338, 341).

Sollen die Zahlungsströme einen Richtungswechsel vornehmen können, so dass **57c** „positive" wie „negative" Zinsen vertraglich vereinbart werden, liegt ein **Typenkombinationsvertrag aus Gelddarlehen und unregelmäßiger Verwahrung** vor (OMLOR, Bankrechtstag 2017 [2018] 41, 58). Konkret handelt es sich um einen Vertrag mit mehrfachtypischer Gegenleistung. Ist der Zinssatz positiv und werden damit Zinsen im Rechtssinne geschuldet, findet das BGB-Darlehensrecht der §§ 488 ff BGB unmittelbare Anwendung. Dreht der Zinssatz hingegen in den Negativbereich und stellt rechtlich ein Verwahrungsentgelt dar, ist das BGB-Darlehensrecht über den Verweis in § 700 Abs 1 BGB entsprechend anwendbar. Die Reichweite der juristischen Methodik verkennt, wer einen solchen Vertragstyp als „rechtsmethodologisch fragwürdig" (SÖBBING/VBODUNGEN ZBB 2016, 39, 41) oder „unnötig kompliziert" (LANGNER/MÜLLER WM 2015, 1979, 1981) brandmarkt.

(2) Besonderheiten bei Verbraucherdarlehensverträgen
Bei Verbraucherdarlehensverträgen bestehen gegenüber sonstigen Darlehensverträ- **57d** gen im Kern zwei Besonderheiten, die einer Umgestaltung zum Verwahrungs- oder Typenkombinationsvertrag regelmäßig entgegenstehen: Erstens ist bei der Auslegung nach §§ 133, 157 BGB eine **geringere Geschäftserfahrung und Professionalität von Verbrauchern** einzubeziehen. Ihnen stehen in geringerem Umfang als professionellen Marktteilnehmern Wege zur Absicherung von Zinsrisiken durch Sicherungsgeschäfte offen. Zudem umfasst ihr Erfahrungshorizont typisiert in geringerem Um-

fang das Auftreten von Negativzinsen und deren zukünftige Möglich- wie Wahrscheinlichkeit. Zweitens schreiben **§§ 491 Abs 3 S 1, 497 Abs 3 S 1 BGB** zweifelsfrei vor, dass ein Zins nur durch den Darlehensnehmer gezahlt werden kann. Hintergrund sind entsprechende Einschränkungen im Anwendungsbereich der Verbraucher- und der Wohnimmobilienkreditrichtlinie (Omlor, Bankrechtstag 2017 [2018] 41, 61 f). Dennoch greift das Verbraucherdarlehensrecht auch dann ein, wenn ausnahmsweise ein Typenkombinationsvertrag zwischen einem Verbraucher als Kapitalnutzer und einem Unternehmer als Kapitalgeber geschlossen wird. Die für das Verbraucherdarlehensrecht erforderliche Entgeltlichkeit besteht bereits mit jeglichem darlehensvertraglichen Element unabhängig von dessen Bedeutung für den Gesamtvertrag (Omlor, Bankrechtstag 2017 [2018] 41, 62). Eine damit verbundene Abweichung von den gesetzlichen Vorgaben zum Verbraucherdarlehensvertrag wäre nach § 512 BGB zulässig, da eine Entgeltpflicht des Kapitalgebers den Verbraucher begünstigt. Entscheidend ist jedoch, dass ein entsprechender Parteiwille hinreichend klar und konkret geäußert wurde. Im Hinblick auf das gesetzliche Leitbild sind hieran hohe Anforderungen zu stellen.

(3) Besonderheiten bei Spareinlagen

57e Ungeachtet regulatorischer Liberalisierungen grenzt der Vertragszweck bei Spareinlagen den Spielraum der Vertragsauslegung erheblich ein. Der einlegende Kunde bezweckt für die Bank erkennbar eine **Vermögensbildung**, die in diametralem Gegensatz zu einer Entgeltzahlungspflicht zugunsten der Bank steht (Radke, Negative Nominalzinsen im Zins- und Bankvertragsrecht [2019] 93). Der österreichische OGH argumentiert deutlich strikter und will bereits eine Zweckverfehlung bei einer Nullverzinsung annehmen (OGH 13. 10. 2009 – 5 Ob 138/09v Rn 2.6, ÖBA 2010, 452, 456). Die Konstruktion basiert auf dem Nominalprinzip (vgl Vorbem C20 zu §§ 244–248) und spiegelt die währungsgeschichtliche Erfahrung wider, dass Deflation allenfalls in seltenen Ausnahmeszenarien auftritt. Die Hürde für eine Entgeltzahlungspflicht des Einlegers liegt hoch; es bedarf **konkreter Anhaltspunkte** für eine Umgestaltung einer bisherigen Spareinlage (Omlor, Bankrechtstag 2017 [2018] 41, 66).

(4) Reichweite von Zinsanpassungsklauseln

57f Bei der Auslegung von Zinsanpassungsklauseln in Kreditverträgen ist zwischen Alt- und Neuverträgen zu differenzieren (Omlor, Bankrechtstag 2017 [2018] 41, 59 f; Radke, Negative Nominalzinsen im Zins- und Bankvertragsrecht [2019] 92 f). Dieser Abgrenzung liegt eine **typisierte Betrachtung des Erfahrungs- und Erwartungshorizonts der Parteien** zugrunde. Maßgeblich hierfür ist vor allem, zu welchem Zeitpunkt der gewählte **Bezugszinssatz erstmals in den negativen Bereich** eingetreten ist (Omlor, Bankrechtstag 2017 [2018] 41, 59 f; Radke, Negative Nominalzinsen im Zins- und Bankvertragsrecht [2019] 92). Bis zu diesem Zeitpunkt bezogen Vertragsparteien typischerweise kein Negativzinsszenario in ihre Überlegungen mit ein, da es sich insofern währungsgeschichtlich um zeitlich wie örtlich begrenzte Ausnahmekonstellationen handelte. Nach dieser zeitlichen Zäsur hingegen zählen Negativzinsen zumindest normativ (§ 157 BGB) zum Erklärungs- und Verständnishorizont von typischen Vertragsparteien. Diese Typisierung lässt **Abweichungen im Einzelfall** zu, setzt hierfür aber konkrete und hinreichend klare Anhaltspunkte im Parteikonsens voraus. Nicht nur im Zweifel, sondern im Regelfall folgt daher die Auslegung von Zinsanpassungsklauseln der zeitlich anknüpfenden Kategorienbildung.

Altverträge, die vor dem erstmaligen Auftreten von negativen Werten des Bezugs- 57g
zinssatzes abgeschlossen wurde, beinhalten regelmäßig eine konkludent vereinbarte
Zinsuntergrenze (Zinsfloor) von 0% (Omlor, Bankrechtstag 2017 [2018] 41, 59). Hierfür
streitet die Auslegung der betroffenen Zinsanpassungsklauseln nach §§ 133, 157
BGB. Ihr Ausgangspunkt bildet der Wortlaut der Vertragserklärung (vgl statt aller
BGH 7. 2. 2002 – I ZR 304/99, BGHZ 150, 32, 37; Staudinger/Singer [2017] § 133 Rn 45 mwN).
Bei **juristischen Fachausdrücken** ist auf den in Wissenschaft und Praxis etablierten
Sprachgebrauch abzustellen (Staudinger/Singer [2017] § 133 Rn 46). Taucht daher der
Begriff des Zinses bzw einer Zinsanpassung in einer Willenserklärung auf, ist damit
im Grundsatz der tradierte Rechtsbegriff des Zinses (s o Rn 23) in Bezug genommen.
Damit sind Negativzinsen gerade nicht inkludiert (s o Rn 42). Gleiches gilt für die **Bezeichnung als Darlehensvertrag**, womit im Grundsatz ebenfalls auf den gesetzlichen
Strukturtypus des Darlehens nach §§ 488 ff BGB verwiesen wird, dem Negativzinsen
ebenfalls fremd sind (s o Rn 57c f). Natürlich können die Parteien von diesem Regelfall abweichend kontrahieren, jedoch bedarf es hierfür **konkreter Anhaltspunkte im
Vertragstext**. Allein die Vereinbarung einer Zinsanpassungsklausel, die rechnerisch
zu einer Umkehrung des Zinszahlungsstroms führen kann, genügt dafür nicht. An
dieser regelmäßigen Resistenz von Altverträgen gegenüber Negativzinsszenarien
vermag auch ein **einseitiges Leistungsbestimmungsrecht nach § 315 BGB** nichts zu ändern (Tröger NJW 2015, 657, 659; Omlor, Bankrechtstag 2017 [2018] 41, 60 f).

Demgegenüber kommen **Neuverträge**, die nach dem erstmaligen Absinken des Be- 57h
zugszinssatzes unter die Nullgrenze abgeschlossen wurden, **im Grundsatz ohne einen
konkludenten Zinsfloor** aus (Omlor, Bankrechtstag 2017 [2018] 41, 60). Die Parteien haben
mit der Wahl eines bestimmten Bezugszinssatzes zum Ausdruck gebracht, dass dieser
die Risikoverteilung und Vertragstypologie mitbestimmt. Anders als bei Altverträgen müssen sie ihrem Erklärungs- und Empfangshorizont normativ zurechnen lassen, dass die gewählte Bezugsgröße historisch auch Negativwerte aufgewiesen hat.
Kann eine Zinsanpassungsklausel in einem solchen Neuvertrag rechnerisch zu einem
negativen Zinssatz führen, kann danach grundsätzlich auch eine Entgeltzahlungspflicht des Kapitalgebers entstehen. Typologisch liegt ein **Typenkombinationsvertrag
aus Darlehen und unregelmäßiger Verwahrung** vor. Ausnahmsweise kann sich jedoch
ein Zinsfloor von 0% ergeben, wofür es im Vertragstext oder -zweck hinreichender
Anhaltspunkte bedarf. Ein solcher **Ausnahmefall** liegt regelmäßig bei Spareinlagen
wegen des besonderen Zwecks der Vermögensbildung vor (s o Rn 57e).

cc) Klauselkontrolle

Im Hinblick auf die **AGB-Kontrolle** nach §§ 305 ff BGB bestehen gegen **Zinsgleitklau-** 58
seln keine Bedenken, sofern sie einen variablen Zinssatz in Anpassung an den jeweiligen Basiszinssatz vorsehen; es liegt eine nach § 307 Abs 3 S 1 BGB kontrollfreie
Preisabrede vor (s o Rn 51). Der Anwendungsbereich der §§ 307 ff BGB ist hingegen
eröffnet, sofern die Zinsanpassung mittels eines Leistungsbestimmungsrechts iSd
§§ 315 ff BGB erfolgen soll (zum Umfang der Leistungsbestimmung vgl Bruchner/Metz, Variable Zinsklauseln [2001] 15); die Vereinbarung einer solchen Befugnis unterliegt der
Klauselkontrolle (BGH 7. 10. 1981 – VIII ZR 229/80, BGHZ 82, 21, 23; BGH 6. 3. 1986 – III ZR
195/84, BGHZ 97, 212, 215; BGH 14. 4. 1992 – XI ZR 196/91, BGHZ 118, 126, 130 f; Langenbucher
BKR 2005, 134, 137). Der Anpassungsmechanismus bei **einseitigen Zinsanpassungsklauseln** ist daher einer AGB-Kontrolle zu unterziehen. Der Prüfungsmaßstab ergibt sich
aus **§ 308 Nr 4 BGB** (BGH 17. 2. 2004 – XI ZR 140/03, BGHZ 158, 149, 154; BGH 21. 12. 2010 –

IX 52/08 Rn 12, NJW-RR 2011, 625; Burkiczak BKR 2007, 190, 191). Im Gegensatz zum anfänglichen Zinssatz, der unter dem Schutz der Zinsfreiheit (s o Rn 49) steht, darf das einseitige Anpassungsrecht nicht unzumutbar ausgestaltet sein. Dem Klauselverwender erlegt § 308 Nr 4 BGB eine **Rechtfertigungslast** auf, wonach im Zweifel von einer Unzumutbarkeit auszugehen ist, sofern der Klauselverwender nicht die Zumutbarkeit der Anpassungsklausel darzulegen vermag (BGH 17. 2. 2004 – XI ZR 140/03, BGHZ 158, 149, 154; BGH 15. 11. 2007 – III ZR 247/06 Rn 21, NJW 2008, 360; Burkiczak BKR 2007, 190, 191). In die Zumutbarkeitsprüfung sind die beiderseitigen Interessen einzubeziehen, die beim Klauselverwender auf eine Änderung des Zinssatzes und bei seinem Vertragspartner auf dessen Festschreibung gerichtet sind. Die Änderungsklausel besteht die Zumutbarkeitsprüfung nach § 308 Nr 4 BGB, sofern die Interessen des Verwenders die typischerweise bei dem betroffenen Geschäftstyp bestehenden Interessen des anderen Teils überwiegen oder zumindest eine Gleichwertigkeit der Interessen besteht (BGH 15. 11. 2007 – III ZR 247/06 Rn 21, NJW 2008, 360). Namentlich bei den einseitigen Zinsanpassungsklauseln stellt die Rechtsprechung entscheidend darauf ab, ob die **Reichweite des Änderungsvorbehalts** mit **hinreichender Klarheit** aus der Klauselfassung hervorgeht (BGH 11. 3. 2003 – XI ZR 403/01, BGHZ 154, 149, 154 f; OLG Köln 18. 6. 2014 – 13 U 27/06; kritisch zur Fokussierung allein des Transparenzgedankens Schimansky WM 2001, 1169, 1171 ff). Legt die Klausel weder die Voraussetzungen noch den Umfang der Zinsanpassungsbefugnis fest, ist sie dem Vertragspartner des Verwenders nicht zumutbar (BGH 10. 6. 2008 – XI ZR 211/07 Rn 12, NJW 2008, 3422 Rn 12; hierzu auch Habersack WM 2001, 753, 758).

59 Ungeachtet von § 310 Abs 1 BGB gelten diese anhand von § 308 Nr 4 BGB entwickelten Grundsätze auch im **unternehmerischen Verkehr** (OLG Stuttgart 21. 5. 2014 – 9 U 75/11). Entsprechend ist die Klausel „Außerhalb des Privatkundengeschäfts bestimmt die Bank, wenn keine andere Vereinbarung getroffen ist, die Höhe von Zinsen und Entgelten nach billigem Ermessen (§ 315 BGB)." unwirksam (OLG Stuttgart 21. 5. 2014 – 9 U 75/11), da sie eine unangemessene Benachteiligung des anderen Teils iSv §§ 307 Abs 1, 310 Abs 1 S 2 BGB hervorruft. Auch ein Unternehmer muss absehen können, unter welchen Voraussetzungen und in welchem Umfang sein Vertragspartner durch die Klausel ermächtigt wird, den Zinssatz nachträglich anzupassen. Im Vordergrund steht dabei das Transparenzgebot aus § 307 Abs 1 S 2 BGB, das bei den Zinsanpassungsklauseln sowohl auf den Gedanken der Abschluss- als auch der Abwicklungstransparenz (dazu Staudinger/Wendland [2019] § 307 Rn 175 ff mwNw) gestützt werden kann.

60 Die aus dem AGB-Recht und insbesondere aus § 308 Nr 4 BGB folgenden Anforderungen an die Abfassung von einseitigen Zinsanpassungsklauseln beanspruchen grundsätzlich sowohl für das **Aktiv- als auch das Passivgeschäft** von Banken Geltung. Jedoch ist den jeweiligen Besonderheiten Rechnung zu tragen. Hierzu zählt vor allem der Umstand, dass sich die außerordentliche Bandbreite der Verwendungsmöglichkeiten, die der Bank hinsichtlich des ihr anvertrauten Kapitals offenstehen, eine unmittelbare Zuordnung zu einzelnen Aktivgeschäften und deren Verzinsung ausschließt (Schebesta BKR 2005, 217, 224). Dadurch ändert sich aber im Ergebnis nichts daran, dass Zinsanpassungsklauseln bei **langfristigen Sparverträgen** den Zumutbarkeits- und Klarheitsanforderungen des § 308 Nr 4 BGB genügen müssen (BGH 17. 2. 2004 – XI ZR 140/03, BGHZ, 158, 149, 153 ff). Umgekehrt gelten sie ebenso bei **Darlehens- und Kontokorrentkreditverträgen** (OLG Stuttgart 21. 5. 2014 – 9 U 75/11).

Nach der **früheren BGH-Judikatur** (BGH 6. 3. 1986 – III ZR 195/84, BGHZ 97, 212, 217; **61**
BGH 4. 12. 1990 – XI ZR 340/89, WM 1991, 179, 181; BGH 14. 4. 1992 – XI ZR 196/91, BGHZ 118, 126, 130 f; BGH 12. 10. 1993 – XI ZR 11/93, WM 1993, 2003, 2005; BGH 6. 4. 2000 – IX ZR 2/98, WM 2000, 1141, 1142 f) ließen sich inhaltsoffene Zinsklauseln in Darlehensverträgen, die sich nicht hinreichend zum Umfang der Anpassungsbefugnis äußern, **einschränkend** – und damit wirksamkeitsfreundlich – dahingehend ergänzend **auslegen**, dass der Darlehensgeber eine Zinsanpassung nur nach Maßgabe seiner **kapitalmarktabhängigen Refinanzierungskosten** vornehmen durfte. In BGHZ 158, 149, 155 f hatte der BGH noch ausdrücklich offen gelassen, ob er an dieser ständigen Rechtsprechung festhalten oder der **Kritik in der Literatur** (Reifner JZ 1995, 866, 873; Bruchner/Metz, Variable Zinsklauseln [2001] Rn 305 ff; Metz BKR 2001, 21, 22 ff; Habersack WM 2001, 753, 755 ff; Schimansky WM 2001, 1169, 1172; Schebesta BKR 2005, 217, 219 f) folgend höhere Anforderungen an die Detaildichte der Zinsanpassungsklauseln stellen will. In der Tat überzeugte es nicht, wenn der BGH im Ergebnis eine – ansonsten strikt abgelehnte (BGH 11. 10. 2011 – VI ZR 46/10 Rn 20, BGHZ 191, 150; BGH 7. 11. 2013 – VII ZR 167/11 Rn 25, BGHZ 199, 19) – geltungserhaltende Reduktion vornahm, ohne sie offen als solche zu benennen. Die Klausel, die nach ihrem unbeschränkten Wortlaut unwirksam wäre, wurde mit einem noch zulässigen Inhalt aufrechterhalten. Auch eine Aufteilung in einen zulässigen und einen unzulässigen Teil (dazu BGH 12. 2. 2009 – VII ZR 39/08 Rn 15, BGHZ 179, 374) ist bei inhaltlich unbeschränkten Anpassungsklauseln nicht möglich; das Leistungsbestimmungsrecht iSd §§ 315 ff BGB lässt sich nicht aufspalten. Vielmehr streitet der **Transparenzgedanke** (vgl zur systematischen Bedeutung von § 307 Abs 1 S 2 Staudinger/Wendland [2019] § 307 Rn 171) dafür, dass dem Vertragspartner des Verwenders vor Augen geführt werden muss, auf welches Risiko er sich einlässt. Auch vermag der Darlehensgeber die Faktoren für seine Refinanzierungskosten auf eine Weise darzulegen, dass es keines streitanfälligen Ermessensspielraums mehr bedarf (Formulierungsvorschläge bei Schebesta BKR 2005, 217, 221 f). Unter Verweis auf § 305c Abs 2 BGB hat der BGH seine **frühere Rechtsprechung** inzwischen **aufgegeben** und folgt nunmehr der Linie der herrschenden Literaturansicht (BGH 21. 4. 2009 – XI ZR 78/08 Rn 31, BGHZ 180, 257; vgl auch BGH 28. 10. 2009 – VIII ZR 320/07 Rn 10, ZNER 2010, 65).

Die Zinsanpassungsklausel ist auf die **Wahrung des ursprünglichen (subjektiven) Äqui- 62 valenzverhältnisses** auszurichten (BGH 21. 4. 2009 – XI ZR 78/08 Rn 32, 37, BGHZ 180, 257; Langenbucher BKR 2005, 134, 140; Schimansky WM 2001, 1169, 1173). Der Klausel muss sich hinreichend deutlich entnehmen lassen, dass verbleibende Ermessensspielräume im Sinne dieses Leitmotivs auszuüben sind. Nach Ansicht des **OLG Stuttgart** (21. 5. 2014 – 9 U 75/11) war dies bei folgender Klausel nicht der Fall:

> „Die Bank überprüft den Zinssatz spätestens zum Ende eines jeden Monats. Erhöht sich der letzte veröffentlichte Monatsdurchschnitt für den EURIBOR-Dreimonatsgeld gegenüber dem im Vormonat ermittelten Monatsdurchschnitt bei Vertragsschluss bzw bei der letzten Konditionenanpassung um mindestens 0,25 Prozentpunkte, so kann die Bank den Zinssatz unter Berücksichtigung ihrer Refinanzierungsmittel nach billigem Ermessen (§ 315 BGB) anheben; die Bank wird den Zinssatz entsprechend senken, wenn sich der Monatsdurchschnitt für EURIBOR-Dreimonatsgeld um mindestens 0,25 Prozentpunkte ermäßigt hat. Bei der Leistungsbestimmung wird sich die Bank an der Zinsgestaltung orientieren, die bei Vertragsabschluss bestanden hat."

In der Tat verhält sich die Klausel detailreich zur Voraussetzungsseite einer Zinsanpassung, lässt der Verwenderin aber einen weiten Ermessensspielraum hinsichtlich des **Umfangs der Anpassung**. Unklar bleibt, welche „Refinanzierungsmittel" in Bezug genommen werden und auf welche Weise sie bei der Ermessensausübung einzubeziehen sind. Auch die schlichte „Orientierung" an der Zinsgestaltung bei Vertragsschluss, wie sie im letzten Satz der Klausel vorgesehen ist, belässt der Verwenderin einen Spielraum bei der Umsetzung. Die Klausel verleiht damit ihrem Wortlaut nach dem Ermessen iSd § 315 Abs 1 BGB bei der Durchführung der Anpassung nur vage Konturen. Nicht zum Ermessen nach § 315 Abs 1 BGB gehört die Einführung von **Negativzinsen**, da dies mit der vertragstypologischen Einordnung der jeweilgen Austauschverträge nicht vereinbar wäre (Tröger NJW 2015, 657, 659).

dd) Lückenfüllung bei unwirksamen Zinsanpassungsklauseln

63 Führt die Klauselkontrolle zu einer Unwirksamkeit der Zuerkennung eines einseitigen Leistungsbestimmungsrechts, ist damit jedoch nicht zugleich auch die Vereinbarung eines variablen Zinssatzes hinfällig (BGH 13. 4. 2010 – XI ZR 197/09 Rn 16, BGHZ 185, 166; BGH 21. 12. 2010 – IX 52/08 Rn 12, NJW-RR 2011, 625). Beide **Klauselbestandteile** lassen sich **voneinander trennen** (dazu BGH 12. 2. 2009 – VII ZR 39/08 Rn 15, BGHZ 179, 374), sodass die Abrede zum variablen Zinssatz wirksam bestehen bleibt. Die Lücke, welche durch die Unwirksamkeit des Leistungsbestimmungsrechts entstanden ist, kann durch **ergänzende Vertragsauslegung** geschlossen werden (BGH 10. 6. 2008 – XI ZR 211/07 Rn 18, NJW 2008, 3422; BGH 13. 4. 2010 – XI ZR 197/09 Rn 18, BGHZ 185, 166; BGH 21. 12. 2010 – IX 52/08 Rn 16, NJW-RR 2011, 625; OLG Düsseldorf 5. 5. 2014 – 9 U 64/13; OLG Köln 18. 6. 2014 – 13 U 27/06; Habersack WM 2001, 753, 760; wohl auch Reifner JZ 1995, 866, 873 [„verkehrsübliche Anpassung"]). Dabei lässt sich nach zutreffender Ansicht (BGH 13. 4. 2010 – XI ZR 197/09 Rn 19, BGHZ 185, 166; Schimansky WM 2001, 1169, 1175; Burkiczak BKR 2007, 190, 193; **aA** Habersack WM 2001, 753, 760) das Leistungsbestimmungsrecht des Verwenders nicht im Wege ergänzender Vertragsauslegung aufrecht erhalten. Stattdessen steht beiden Parteien ein Anspruch zu, dass der Vertragspartner in eine Zinsanpassung einwilligt (Schimansky WM 2001, 1169, 1175).

64 Für die ergänzende Vertragsauslegung hat die höchstrichterliche Rechtsprechung (im Einzelnen BGH 13. 4. 2010 – XI ZR 197/09 Rn 20, BGHZ 185, 166 ff mwNw) einen **Kanon von Parametern** entwickelt, mit deren Hilfe die entstandene Vertragslücke zu schließen ist und sich sowohl Voraussetzungen als auch Umfang einer Zinsanpassung bestimmen lassen. **Leitmotivisch** vorangestellt ist das **subjektive Äquivalenzprinzip** (BGH 13. 4. 2010 – XI ZR 197/09 Rn 26, BGHZ 185, 166). Das Verhältnis von Leistung und Gegenleistung, so wie es die Parteien im Vertrag festgelegt haben, soll fortgeschrieben werden. Diese Subjektivierung führt dazu, dass es nicht darauf ankommt, wie die vereinbarten Konditionen im Marktvergleich zu bewerten sind. Die ergänzende Vertragsauslegung darf nicht zur Folge haben, dass das ursprüngliche Austauschverhältnis zugunsten einer Partei nachträglich verschoben wird. Die Fortschreibung des subjektiven Austauschverhältnisses erfolgt dadurch, dass der betroffene Vertrag in Relation zu vergleichbaren Konkurrenzprodukten gesetzt und parallel zu diesen auf der Zeitachse verschoben wird.

65 Die Anbindung an das subjektive Äquivalenzverhältnis zieht es nach sich, dass die Zinsanpassung **sowohl zugunsten als auch zulasten des Zinsschuldners** ausfallen kann. Entscheidend ist nicht die isolierte Betrachtung der Marktlage im Anpassungszeitpunkt, sondern die Entwicklung des Referenzzinssatzes seit dem Zeitpunkt des Vertragsschlusses. Diese Fortführung der subjektiven Gleichwertigkeit von Leistung und Gegenleistung kennt daher keine Begrenzung durch die üblichen Konditionen, die der Zinsgläubiger beim Neuabschluss vergleichbarer Geschäfte zum Anpassungszeitpunkt gewährt (BGH 13. 4. 2010 – XI ZR 197/09 Rn 28, BGHZ 185, 166). Genauso wenig könnte sich der Zinsschuldner darauf berufen, schon bei Vertragsschluss hätten andere Vertragspartner des Zinsgläubiger günstigere Konditionen erhalten. Eine Berücksichtigung des **Neukundengeschäfts** hätte einen unzulässigen richterlichen Eingriff in die Privatautonomie der Parteien zur Folge. Disparitäten in der Verhandlungsmacht dürfen lediglich ultimativ über § 138 BGB oder spezifische Verbraucherschutzvorschriften ausgeglichen werden.

Als **zentraler Parameter** erweist sich der zu ermittelnde **Referenzzinssatz** (BGH 13. 4. **66** 2010 – XI ZR 197/09 Rn 21, BGHZ 185, 166). In Anlehnung an die zahlungsdiensterechtliche Legaldefinition aus § 675g Abs 3 S 2 BGB lässt sich der Referenzzinssatz als der **Zinssatz** umschreiben, **welcher für die Zinsberechnung maßgeblich sein soll, aus einer öffentlichen, für alle Beteiligten zugänglichen Quelle stammt und keinen Beteiligten einseitig bevorzugt** (vgl § 675g Abs 4 BGB, dazu STAUDINGER/OMLOR [2020] § 675g Rn 10). Der Referenzzinssatz muss geeignet sein, eine Fortschreibung des subjektiven Äquivalenzverhältnisses zu bewirken. Hierzu hat der Referenzzinssatz, der sich auch aus einer Kombination verschiedener Referenzzinssätze ergeben kann, möglichst präzise **die Charakteristika des betroffenen Vertrags widerzuspiegeln**. Eine entscheidende Rolle kommt dabei der Verteilung von Chancen und Risiken aus den Veränderungen des Marktumfelds zwischen den Parteien zu. Als Abgrenzungskriterien bieten sich insbesondere die Laufzeit eines Vertrages, seine Kündigungsfristen sowie Prämien bei Einhaltung einer bestimmten Mindestvertragslaufzeit an. Daraus leitet sich ab, dass bei einem Sparvertrag über eine Laufzeit von 20 Jahren, bei dem eine Sonderprämie zugunsten des Kunden erst nach Ablauf der vollen Laufzeit zu zahlen ist, nicht auf einen Referenzzinssatz für kurzfristige Spareinlagen abgestellt werden kann (BGH 13. 4. 2010 – XI ZR 197/09 Rn 22, BGHZ 185, 166). Vielmehr ist in einem Prozess notfalls durch **Sachverständigengutachten** zu ermitteln, welcher Referenzzinssatz oder welche Kombination von Referenzzinssätzen dem betroffenen Produkt am besten vergleichbar ist. Je nach Ausgestaltung des Produkts kann auch eine Mischung von verschiedenen Referenzzinssätzen mit unterschiedlichen Lang- und Kurzfristkomponenten geboten sein (OMLOR ZBB 2020, 355, 363). Das Mischverhältnis bestimmt sich nach den Charakteristika des Hauptvertrags (zB Maximallaufzeit, Kündigungsmöglichkeiten, Zeitpunkte und Umfang der Einlagezahlungen). Zinsanpassungsklauseln mit einer Anbindung an einen Referenzzinssatz sind möglichst ohne Restermessen der Bank auszugestalten, da die drohenden Belastungen für den Bankkunden sonst kaum abschätzbar sind (RÖSLER/LANG ZIP 2006, 214, 218).

Nachgeordnet zu bestimmen sind die **Anpassungsschwelle**, ab deren Überschreiten **67** eine Zinsanpassung erfolgen soll, sowie die **zeitlichen Intervalle**, innerhalb derer jeweils eine Anpassung zu prüfen ist. Ob und in welchem Maß eine Mindestveränderung des Referenzzinssatzes verlangt werden kann, bevor eine Anpassung des Vertragszinses zulässig ist, ergibt sich aus der **Risikoverteilung** der Parteien in Bezug auf Änderungen des Zinsmarktes. Zu klären ist im konkreten Einzelfall, ob und in welchem Umfang die Parteien bewusst eine gewisse Blindheit gegenüber quantitativ verhältnismäßig geringen Änderungen in Kauf genommen haben, um das Abrechnungsverfahren zu vereinfachen, oder ob die Zinsanpassungsklausel wirtschaftlich einer Zinsgleitklausel angenähert sein sollte. Lässt sich nicht aufklären, welche Konstruktion konsentiert war (zB bei einer Vereinbarung, der „jeweils gültige Zinssatz" sei geschuldet), ist im Wege der ergänzenden Vertragsauslegung auch ein völliger **Verzicht auf eine Anpassungsschwelle** in Betracht zu ziehen; technische Umsetzungsprobleme bestehen bei der Zinsberechnung angesichts der üblichen elektronischen Datenverarbeitung typischerweise nicht (BGH 13. 4. 2010 – XI ZR 197/09 Rn 24 f, BGHZ 185, 166). Hinsichtlich der Anpassungsintervalle liegt es regelmäßig nahe, sich an denjenigen des Referenzzinssatzes zu orientieren. Im Einzelfall kann aber auch eine geringe Anpassungsschwelle der Verfahrensvereinfachung dienen, die im beiderseitigen Interesse liegen kann (Omlor ZBB 2020, 355, 364).

67a Eine **zeitliche Grenze** für die ergänzende Vertragsauslegung zur Lückenfüllung kann sich unabhängig vom Vorliegen einer Verwirkung ergeben, sofern und solange der Zinsgläubiger der Zinszahlungspraxis des Zinsschuldners nicht widersprochen hat. In **Anlehnung an die BGH-Rechtsprechung zu Energieversorgungsverträgen** (BGH 14. 3. 2012 – VIII ZR 113/11 Rn 25 ff, BGHZ 192, 372; bestätigt in BGH 14. 3. 2012 – VIII ZR 93/11 Rn 30 f, ZMR 2012, 611; BGH 23. 1. 2013 – VIII ZR 52/12 Rn 21, EnWZ 2013, 225; BGH 23. 1. 2013 – VIII ZR 80/12 Rn 23, NJW 2013, 991; BGH 24. 9. 2014 – VIII ZR 350/13 Rn 26, NJW 2014, 3639; BGH 3. 12. 2014 – VIII ZR 370/13 Rn 29, NJW 2015, 1167; BGH 15. 4. 2015 – VIII ZR 59/14 Rn 37, BGHZ 205, 43; BGH 28. 10. 2015 – VIII ZR 158/11 Rn 86, BGHZ 207, 209) kann eine ergänzende Vertragsauslegung nach **drei Jahren** ausgeschlossen sein (im Einzelnen Omlor ZBB 2020, 355, 369 ff). Diese Zeitgrenze ergibt sich aus der ergänzenden Vertragsauslegung selbst, nicht aus dem Institut der Verwirkung oder § 242 BGB. Der unbeanstandeten Vertragspraxis der Parteien wird auf diese Weise eine befriedende Wirkung zugesprochen. Ähnlich wird in anderen Rechtsordnungen verfahren, wenn für die Lückenfüllung auf den sich in der späteren Vertragspraxis zeigenden Parteiwillen abgestellt wird (vgl zum englischen Recht *Re Marquis of Anglesey* [1901] 2 Ch 548; *In Re W W Duncan & Co* [1905] 1 Ch. 307; zum US-Bundesstaat New York *Matter of Bank of NY Mellon*, 129 NYS 3d. 628 [2020]).

67b **Drei Kriterien** sind im Rahmen der ergänzenden Vertragsauslegung heranzuziehen, um über das Eingreifen der zeitlichen Rückwirkungsgrenze zu befinden: die **Langfristigkeit** des Vertragsverhältnisses mit **Massencharakter**, das Ziel der **Versorgungssicherheit** und das Bestreben im betroffenen Rechtsgebiet nach **Rechtssicherheit durch Ausschlussfristen** (zum Energiewirtschaftsrecht BGH 14. 3. 2012 – VIII ZR 113/11 Rn 28, 31 ff, BGHZ 192, 372). Bei langfristigen Darlehens- und Sparverträgen im Massengeschäft der Banken und Sparkasse ist das erste Kriterium regelmäßig erfüllt (Omlor ZBB 2020, 355, 370). Das zweite Erfordernis der Versorgungssicherheit liegt bei Banken und Sparkassen ebenfalls im Regelfall vor. Allgemein lässt sich auf das Ziel der **Finanzstabilität** verweisen, das durch unionale (Erwägungsgrund 11 und Art 1 Abs 5 S 1, Art 2 Abs 1 Verordnung [EU] Nr 1093/2010) wie nationale Rechtsakte (§§ 1, 2 FinStabG) verfolgt wird. Speziell bei Sparkassen treten noch die Aufgabenkataloge aus den Sparkassengesetzen der Länder hinzu, wonach die Versorgungssicherheit vor Ort mit geld- und kreditwirtschaftlichen Dienstleistungen zu gewährleisten ist (zB § 2 SpkG Hessen, dazu Omlor ZBB 2020, 355, 371). Für das dritte Kriterium ist im Bankrecht auf den Ausschlusstatbestand des § 676b Abs 2-5 BGB und die **Genehmigungsfiktionen** in Nr 7 Abs 2 AGB-Banken/Nr 7 Abs 3 AGB-Sparkassen zu verweisen (Omlor ZBB 2020, 355, 371). Erfüllt ein Vertrag diese Anforderungen, beschränkt sich die ergänzende Vertragsauslegung nebst Rückabwicklung von (nicht) geleisteten Zinszahlungen auf die drei Jahre ab dem erstmaligen Widerspruch des Zinsgläubigers.

ee) Sonderregeln für Verbraucherdarlehensverträge

Besonderheiten gelten bei Verbraucherdarlehensverträgen. Nach § 491a Abs 1 BGB iVm Art 247 § 3 Abs 4 S 1 EGBGB besteht eine vorvertragliche **Informationspflicht** des Darlehensgebers über die **Art und Weise der Anpassung des Sollzinssatzes**. Bei einer Anbindung des Sollzinssatzes an einen Index oder Referenzzinssatz ist dieser zu benennen (Art 247 § 3 Abs 4 S 2 EGBGB). Die gleichen Informationen muss auch der Darlehensvertrag enthalten (§ 492 Abs 2 BGB iVm Art 247 § 6 Abs 1 Nr 1 EGBGB). Werden die Voraussetzungen einer Zinsanpassung „nicht angegeben", so ordnet § 494 Abs 4 S 2 BGB das gänzliche Entfallen der Anpassungsbefugnis des Darlehensgebers an, soweit sie zum Nachteil des Darlehensnehmers gereicht. Unerheblich ist, ob die Angaben inhaltlich fehlerhaft sind (BGH 14. 10. 2003 – XI ZR 134/02, WM 2003, 2328, 2330; BGH 18. 11. 2003 – XI ZR 322/01, WM 2004, 172, 176; BGH 9. 5. 2006 – XI ZR 119/05 – WM 2006, 1243, 1246 zu § 6 VerbrKrG aF; zweifelnd SCHEBESTA BKR 2005, 217, 220 f); entscheidend kommt es nach dem insofern eindeutig auf die Angabe bzw Nichtangabe abstellenden Gesetzeswortlaut darauf an, dass sie in formgerechter Weise erfolgt sind. Inhaltlich lässt sich die Art und Weise der Zinsanpassung nicht darlegen, sofern dem Darlehensgeber ein Ermessensspielraum eingeräumt wird, in welchem Umfang er sich von dem anzugebenden Referenzzinssatz leiten lässt. In Verbraucherdarlehensverträgen dürfen daher **keine einseitigen Zinsanpassungsklauseln mit Ermessen**, sondern nur solche ohne Ermessen und Zinsgleitklauseln Verwendung finden. Für den einzelnen Akt der Zinsanpassung stellt schließlich § 493 Abs 3 BGB iVm Art 247 § 15 Vorgaben auf, die auf eine angemessene Information des Verbrauchers gerichtet sind. Zumindest in regelmäßigen Zeitabständen muss der Darlehensgeber über den angepassten Sollzinssatz und die angepasste Höhe der Teilzahlungen unterrichten (Art 247 § 15 Abs 2 S 2 EGBGB).

68

Die verbraucherdarlehensrechtlichen Vorgaben aus Art 247 § 3 Abs 4, § 6 Abs 1 Nr 1 EGBGB wirken sich **normativ** nicht auf **sonstige Darlehensverträge** oder andere Vertragsbeziehungen mit Zinsanpassungsklauseln aus. Insbesondere gehören sie nicht zum nach § 307 Abs 2 Nr 1 BGB maßgeblichen Leitbild für die Klauselkontrolle. Vielmehr handelt es sich um bereichsspezifische Sondervorschriften des Verbraucherschutzrechts. Damit ist jedoch nicht ausgeschlossen, dass über nicht verbraucherspezifischen Vorschriften ähnliche Ergebnisse erzielt werden. So ist dem Klauselverwender eine Informationspflicht über Anpassungen des Zinssatzes aufzuerlegen, um die Angemessenheit iSd § 307 Abs 1 BGB zu gewährleisten (BURKICZAK BKR 2007, 190, 192 f). Darin liegt allerdings kein auch nur mittelbarer Rückgriff auf Art 247 § 15 Abs 2 EGBGB. **Praktisch** kann es hingegen aus geschäftspolitischen Gründen geboten sein, dass die Zinsanpassungsklauseln für Verbraucher und Unternehmer parallel ausgestaltet werden (SCHEBESTA BKR 2005, 217, 220).

69

d) Wirksamkeit von Zinsbestimmungsklauseln

Zinsbestimmungsklauseln unterliegen im Lichte des Prinzips der Zinsfreiheit **grundsätzlich keinen rechtlichen Bedenken**. Preisrechtliche Schranken nach den §§ 1 ff PrKG bestehen typischerweise nicht, da Zinsbestimmungsklauseln lediglich zu einer originären und einmaligen Festlegung der Zinshöhe führen, ohne sich eines externen Maßstabs iSd § 1 Abs 1 PrKG zu bedienen. Der **Kontrollschwerpunkt** liegt vielmehr

70

bei § 138 BGB und §§ 305 ff BGB. Die Problematik resultiert dabei vor allem aus der Pauschalisierung der Zinsberechnung. Die vor der Schuldrechtsmodernisierung geführte Diskussion um eine abstrakte Schadensberechnung (grundlegend BGH 28. 4. 1988 – III ZR 57/87, BGHZ 104, 337, 344 ff mwNw; eingehend dazu STAUDINGER/BLASCHCZOK [1997] Rn 160 ff) ist inzwischen weitgehend obsolet (OLG Schleswig 20. 6. 2002 – 5 U 86/01, NJW-RR 2003, 180 f). Mit der **Neufassung des gesetzlichen Verzugszinses** zum 1. 1. 2002 in § 288 BGB ist diesbezüglich das vertragliche Regelungsbedürfnis jedoch weitgehend entfallen (LITZENBURGER RNotZ 2002, 23, 30). Für **Verbraucherdarlehensverträge** greift die Sondervorschrift des § 497 BGB ein, die ebenfalls im Ausgangspunkt auf § 288 Abs 1 BGB verweist.

71 Werden Verzugszinsen auf der Grundlage von §§ 280 Abs 1 und 2, 286 BGB mit einem pauschalen Zinssatz berechnet, greift als Kontrollmaßstab das Klauselverbot ohne Wertungsmöglichkeit des **§ 309 Nr 5 BGB** ein. Danach setzt die Wirksamkeit einer formularvertraglichen Pauschalabrede voraus, dass der bei gewöhnlichem Verlauf der Dinge zu erwartende Schaden nicht überstiegen wird (lit a) und dem Zinsschuldner ausdrücklich die Befugnis zum Nachweis eingeräumt wird, dass kein oder ein wesentlich geringerer Schaden entstanden sei (lit b). Danach ist die Klausel

> „Sollte der Kaufpreis und/oder alle weiteren Kaufpreisanteile nicht fristgemäß auf das genannte Konto des Verkäufers eingegangen sein, ist der jeweils ausstehende Teil bis zum Eingang mit 12 % pa zu verzinsen."

unwirksam, da sie entgegen § 309 Nr 5 lit b BGB nicht ausdrücklich den Nachweis eines geringeren Schadens offenlässt (BGH 19. 6. 1996 – VIII ZR 189/95, MittRhNotK 1997, 21, 23). Über den Betrag des gewöhnlichen Schadens wird regelmäßig hinausgegangen, sofern die Zinsberechnung nicht präzise nach dem tatsächlichen Verzugszeitraum, sondern nach aufgerundeten Zeitintervallen (zB Woche, Monat, Jahr) erfolgen soll (OLG Hamburg 12. 7. 1985 – 14 U 114/84, NJW-RR 1986, 47). Demgegenüber verstößt eine Klausel, wonach bereits vor Verzugseintritt unter **Entbehrlichkeit der Mahnung** Verzugszinsen zu zahlen sind, gegen **§ 309 Nr 4**. Gegenüber Unternehmern besteht jedoch wegen § 310 Abs 1 BGB ein weiterer Gestaltungsspielraum als gegenüber Verbrauchern. Auf das Erfordernis einer Mahnung kann unter Unternehmern verzichtet werden, ohne dass ein Verstoß gegen §§ 310 Abs 1 S 2, 307 BGB anzunehmen wäre (BGH 7. 3. 1991 – I ZR 157/89, NJW-RR 1991, 995, 997 mwNw). Der Katalog der Ausnahmetatbestände aus § 286 Abs 2 ist damit gegenüber Unternehmern nicht abschließend und auch formularvertraglich erweiterbar.

72 Abzugrenzen von den Fällen einer Pauschalierung des Verzugsschadens, die insbesondere § 309 Nr 5 BGB unterfallen, sind Klauseln mit **Vertragsstrafeversprechen**. Für sie hat der Gesetzgeber die Sonderregel des **§ 309 Nr 6 BGB** geschaffen. Die nicht immer eindeutige Abgrenzung erfolgt nach Sinn und Zweck der Klausel. Vertragsstrafen wohnt eine doppelte Zielrichtung inne (Mot II 275; RG 28. 10. 1921 – III 107/21, RGZ 103, 99; BGH 23. 6. 1988 – VII ZR 117/87, BGHZ 105, 24, 27): Zum einen soll der Schuldner zur Einhaltung seiner Verpflichtungen angehalten werden (**Druckfunktion**), zum anderen sichert sie einen effizienten und vereinfachten Nachteilsausgleich (**Kompensationsfunktion**). Demgegenüber fokussiert die Schadenspauschalierung vor allem die Erleichterung der Schadensberechnung. Der durch die Inaussichtstellung von Ersatzzahlungen ausgeübte Druck ist dem Schadensersatz ebenfalls inhärent (BGH

27. 11. 1974 – VIII ZR 9/73, BGHZ 63, 256, 259), wodurch die Grenzziehung im Einzelfall erschwert wird. Entscheidend dürfte es demnach darauf ankommen, ob die Höhe des festgesetzten Betrags sich an dem gewöhnlichen Schadensumfang orientiert oder davon völlig losgelöst berechnet wird (MünchKomm/Wurmnest[8] § 309 Nr 5 Rn 6).

Mit der Einführung des gesetzlichen Verzugszinses in §§ 286, 288 BGB wurde ein **73** **Leitbild iSd § 307 Abs 2 Nr 1 BGB** geschaffen, das über §§ 308 f hinaus enge Grenzen für Verzugszinsklauseln setzt (Staudinger/Coester-Waltjen [2019] § 309 Nr 5 Rn 28). Zum Leitbild gehört nicht nur der Umfang des Verzugszinses (§§ 288 Abs 1 S 2, 247 BGB), sondern auch der Tatbestand des § 286 als Entstehungsgrundlage (zu den verzugsrechtlichen Einzelheiten vgl umfassend Staudinger/Feldmann [2019] § 286 Rn 5 ff). Bei **Verbraucherdarlehensverträgen** wird das gesetzliche Leitbild durch § 497 BGB in einigen Punkten modifiziert. In seinem Anwendungsbereich verdrängt § 497 BGB, der sowohl für Individual- als auch Formularvereinbarungen gilt, als *lex specialis* den allgemeinen § 309 Nr 5 BGB (Mairose RNotZ 2012, 467, 486). Insbesondere soll durch die Bildung eines getrennten Zinskontos nach § 497 Abs 2 BGB sichergestellt werden, dass der durch die verzögerte Zahlung der Verzugszinsen entstandene weitere Schaden (§§ 289 S 2, 288 Abs 4 BGB) nicht höher als der gesetzliche Zinssatz ist.

3. Gesetzlicher Zinssatz des § 246

Die Anwendbarkeit von § 246 BGB setzt zunächst das Bestehen einer prinzipiell **74** verzinslichen (Haupt-)Schuld voraus. **Nicht notwendig** muss es sich dabei um **Geldschulden** handeln (jurisPK-BGB/Toussaint [9. Aufl 2020] Rn 6; PWW/Kramme [16. Aufl 2021] Rn 3; Palandt/Grüneberg[80] Rn 2; aA Staudinger/Blaschczok [1997] Rn 190; Jauernig/Berger[18] Rn 6). Die Vorschrift spricht ausdrücklich nur von einer „Schuld", nicht von einer Geldschuld. Damit grenzt sie sich von §§ 244, 245 BGB ab, die eine solche begriffliche Eingrenzung vornehmen. Das Geldschuldrecht des BGB erfährt damit in § 246 BGB eine normative Durchbrechung und Erweiterung, als diese Bestimmung auch auf Schuldverhältnisse Anwendung finden kann, welche keine Geldleistung zum Gegenstand haben. Vielmehr liegt § 246 BGB der **allgemeine Zinsbegriff** zugrunde, wonach als Hauptschuld jegliche Kapitalschuld in Betracht kommt (s o Rn 24). Allerdings kommt *de lege lata* die Funktion des § 246 BGB, aus gesetzgebungstechnischen Effizienzerwägungen heraus einen Auffangzinssatz „vor die Klammer" zu ziehen, nur bei Geldschulden zum Tragen (jurisPK-BGB/Toussaint [9. Aufl 2020] Rn 5). Dieser Teil des Anwendungsbereichs von § 246 BGB (s o Rn 6 ff) ist auf Geldschulden beschränkt. Im Übrigen gilt der gesetzliche Zinssatz jedoch auch für sonstige Kapitalschulden jenseits der Geldschuld.

Weiterhin erfordert § 246 BGB eine **gesonderte Anspruchsgrundlage für die Zinsschuld** **75** (Einzelfälle s o Rn 12 ff). Dabei kann es sich sowohl um eine gesetzlich als auch vertraglich begründete Zinsschuld handeln. Das deutsche Privatrecht kennt **keine** allgemeine Regel, dass Kapitalschulden ab Eintritt ihrer Fälligkeit zu verzinsen wären (BeckOGK/Coen [1. 3. 2021] Rn 80). Ob eine solche **allgemeine Verzinsungspflicht** im Ergebnis zu einer generellen Indexierung von Schulden führen würde (so BeckOGK/Coen [1. 3. 2021] Rn 80), erscheint zwar nicht zwingend. Insofern käme es darauf an, ob die Zinshöhe einen vollständigen Inflationsausgleich und damit eine Valorisierung der Geldschuld bewirkte. Soweit Geldschulden betroffen sind, wäre jedoch zumindest eine

Einschränkung des Nominalprinzips anzunehmen; eine solche wäre rechtspolitisch nicht wünschenswert (vgl Vorbem C41 ff zu §§ 244–248).

76 Der gesetzliche Zinssatz **taugt nicht zur Lückenfüllung bei** der Beweiserleichterung des **§ 252 S 2 Alt 1 BGB**, welche auf den „nach dem gewöhnlichen Lauf der Dinge" erwartbaren Gewinn abstellt. Das OLG Jena (11. 3. 2008 – 5 U 551/07, ZIP 2008, 1887, 1888) ging davon aus, dass für Geldbeträge, „die aufgrund ihrer Höhe erfahrungsgemäß nicht ungenutzt geblieben, sondern anderweitig angelegt worden wären", nach § 252 S 2 BGB regelmäßig entgangene Zinsen in Höhe des gesetzlichen Zinssatzes verlangt werden können. Darin liegt jedoch sowohl eine Fehlinterpretation der *ratio legis* von § 246 BGB als auch eine unzutreffende Einschätzung der gewöhnlichen Zinserträge. Ein empirischer Erfahrungssatz, wonach Geld üblicherweise eine Verzinsung von 4 % pro Jahr gewähre, existiert nicht (BGH 24. 4. 2012 – XI ZR 360/11 Rn 18, NJW 2012, 2266 Rn 18). Überdies wird § 246 BGB auch nicht von dem Bemühen getragen, einen faktischen Durchschnittszinssatz zu spiegeln und normativ festzuschreiben. Ebenso wohnt dem gesetzlichen Zinssatz kein eigenständiger Gerechtigkeitsgehalt inne, der es legitimieren könnte, im Zweifel entgangene Zinsen in dieser Höhe zuzusprechen (s o Rn 4).

4. Beginn und Ende der Verzinslichkeit

a) Beginn der Verzinslichkeit und Berechnungsmodus

77 Der **früheste Beginn** der Verzinslichkeit folgt aus dem Begriff des Zinses. Zinsen im Rechtssinne stellen ein Entgelt für die Möglichkeit zum Gebrauch von zeitweilig überlassenem Kapital dar (s o Rn 23). Erst wenn diese Möglichkeit besteht, können *per definitionem* Zinsen geschuldet sein. **Kapital** ist erst dann mit der Möglichkeit zum Gebrauch überlassen, wenn es der Kapitalgläubiger **empfangen** hat und in der Folge **tatsächlich wie rechtlich** in der Lage ist, auf das Kapital **zum Gebrauch zuzugreifen**. Unerheblich ist, ob es tatsächlich zu einem solchen Zugriff des Zinsschuldners kommt (s o Rn 36). Zinsen können daher nicht bereits ab dem Zeitpunkt einer Absendung des Kapitals geschuldet sein, sondern frühestens ab der Erlangung durch den Kapitalgläubiger. So greift die Verzinsungspflicht aus Art 84 Abs 1 CISG erst ein, sobald der Verkäufer den Kaufpreis tatsächlich erhalten hat (s u Rn 117). Bei einer Barzahlung bedarf es regelmäßig einer **Übergabe und Übereignung von Geldzeichen mit dem geschuldeten Nominalbetrag**, während bei einer Überweisung oder Lastschrift die **Gutschrift auf dem Konto des Empfängers** erforderlich ist; das Entstehen des vorgelagerten Anspruchs auf Zurverfügungstellung (§ 675t Abs 1 und 2 BGB) genügt nicht, um eine Gebrauchs- und Zugriffsmöglichkeit des Empfängers zu begründen (vgl parallel zum Erfüllungsrecht der Geldschuld Vorbem B95 zu §§ 244–248).

78 Die im Anwendungsbereich des § 246 BGB geschuldeten Zinsen berechnen sich grundsätzlich taggenau unter Rückgriff auf die einfache Zinsrechnung (BeckOGK/Coen [1. 3. 2021] Rn 93). Danach finden nach dem **Grundsatz der Zivilkomputation** entsprechend §§ 187 f BGB grundsätzlich nur ganze Tage Berücksichtigung, nicht hingegen solche, deren zeitliche Gesamtheit von 24 Stunden nicht vollständig abgelaufen ist (BGH 6. 5. 1997 – XI ZR 208/96, BGHZ 135, 316, 318 f; jurisPK-BGB/Toussaint [9. Aufl 2020] Rn 36). Die Verzinsungspflicht beginnt daher erst mit dem **Beginn des Folgetages** (0 Uhr) Eine Ausnahme besteht lediglich beim Ende der Zinszahlungspflicht. Nach dem Rechtsgedanken aus §§ 187 Abs 1, 188 Abs 1 BGB sind Zinsen auch noch vollständig für den letzten Tag zu zahlen, in dessen Verlauf das die Verzinsungspflicht beendende Ereignis fällt (BGH 6. 5. 1997 – XI ZR 208/96, BGHZ 135, 316, 318 f). Erfolgt also beispielsweise die Erfüllung einer Geldschuld am Vormittag, so besteht die Verzinslichkeit dennoch bis zum Ende dieses Tages um 24 Uhr fort.

Die **taggenaue Berechnung** („act/act"), die präzise die tatsächlich (engl *actual*) betroffenen Tage zugrunde legt, steht unter anderem der im deutschsprachigen Raum verbreiteten **kaufmännischen Zinsrechnung** („30/360") gegenüber. Zur Vereinfachung geht sie von einem Zinsjahr mit 360 Tagen und von Zinsmonaten mit stets 30 Tagen aus (OLG Düsseldorf 17. 1. 2013 – 6 U 64/12; VEHSLAGE MDR 2001, 673). Im Grundsatz berechnen sich Zinsen im Anwendungsbereich des deutschen Schuldstatuts (s u Rn 113) taggenau (VEHSLAGE MDR 2001, 673, 674; jurisPK-BGB/TOUSSAINT [9. Aufl 2020] Rn 37; BeckOGK/COEN [1. 3. 2021] Rn 93; **aA** LG Darmstadt 23. 1. 1997 – 6 S 388/96, NJW 1997, 2689). Hierfür spricht die Fortentwicklung der Technik zur effizienten wie automatisierten Zinsberechnung, die eine Vereinfachung aus verfahrenstechnischen Gründen obsolet werden lässt. Ausnahmen zugunsten der kaufmännischen Zinsrechnung oder anderer regional Zinsberechnungsmethoden (zB „act/360" in Frankreich, „act/365" im anglo-amerikanischen Raum, dazu jurisPK-BGB/TOUSSAINT [9. Aufl 2020] Rn 37) bedürfen einer abweichenden **Parteivereinbarung**, eines entsprechenden **Handelsbrauchs** (LG Arnsberg 16. 5. 2003 – 2 O 612/02) oder einer gesetzlichen Sonderregelung. Einen Rückgriff auf die kaufmännische Zinsrechnung kann im Einzelfall das Parteiinteresse gebieten, in jedem unterjährigen Abrechnungszeitraum (Monat, Quartal) eine identische Zinsbelastung vorzuweisen (BeckOGK/COEN [1. 3. 2021] Rn 93.2). **79**

b) Beendigung der Verzinslichkeit
aa) Zäsurwirkung der Erfüllung
Spätestens die **Tilgung der Hauptschuld** stellt das die Verzinslichkeit beendende Ereignis dar. Der Erfüllungszeitpunkt divergiert bei Geldschulden je nach Art und Weise der Zahlung (im Einzelnen und mit Nachweisen vgl Vorbem C80 ff und C95 zu §§ 244–248). Im Fall einer **Barzahlung** erlischt die Geldschuld nach § 362 Abs 1 BGB mit Übergabe und Übereignung von Geldzeichen in der Schuld- bzw Zahlungswährung (zum Begriff vgl § 244 Rn 17) mit dem im Erfüllungszeitpunkt geschuldeten Nennbetrag (zum geldschuldrechtlichen Nominalismus vgl Vorbem C31 zu §§ 244–248). Bei der Überweisung tritt die Erfüllung nach § 362 Abs 1 BGB mit der Gutschrift auf dem Konto des Empfängers ein. Zahlt der Schuldner per **Lastschrift**, kommt es im Ausgangspunkt ebenfalls auf die Gutschrift auf dem Empfängerkonto an. Während bei der SEPA-Firmenlastschrift die Erfüllung endgültig bereits nach Ablauf einer zweitägigen Nachdispositionsfrist eintritt, ist die Erfüllung bei der SEPA-Basislastschrift wegen des Erstattungsanspruchs aus § 675x Abs 2 BGB zunächst auflösend bedingt durch eine Rückbuchung. Die Verzinslichkeit entfällt daher auch bei der SEPA-Basislastschrift bereits mit der Gutschrift auf dem Empfängerkonto; lediglich im Fall der erfolgreichen Geltendmachung des Erstattungsanspruchs durch den Zahler leben die Schuld im Valutaverhältnis und damit die Verzinslichkeit mit Rückwirkung (§ 159 BGB) wieder auf. **80**

Bei Zahlung mit einer **Zahlungskarte** (Kredit-, Debit- oder Geldkarte) kommt es analog § 364 Abs 2 BGB mit dem Karteneinsatz erst zu einer Leistung erfüllungshalber, während die endgültige Erfüllung erst mit der Leistung an den Zahlungsempfänger im Akquisitionsverhältnis eintritt. Die **Verzinslichkeit endet mit der Hingabe der Karte** **81** erfüllungshalber nicht notwendigerweise, denn das Schuldverhältnis zwischen Zahler und Empfänger erlischt damit zunächst noch nicht (BGH 30. 10. 1985 – VIII ZR 251/84, BGHZ 96, 182, 183 f). Allerdings entspricht es mangels abweichender Anhaltspunkte regelmäßig dem Parteiwillen, die Verzinsung mit dem Karteneinsatz und dem korrelierenden Entstehen eines abstrakten Schuldversprechens im Akquisitionsverhältnis zu beenden. Die Zahlung mit Kreditkarte (BGH 16. 4. 2002 – XI ZR 375/00, BGHZ 150, 286, 291 f; BGH 23. 10. 2014 – IX ZR 290/13 Rn 13, NJW-RR 2015, 178; BARNERT WM 2003, 1153, 1154; MARTINEK/OMLOR, in: SCHIMANSKY/BUNTE/LWOWSKI [Hrsg], Bankrechts-Handbuch [5. Aufl 2017] § 67 Rn 65), mit Debitkarte im POS-Verfahren (STAUDINGER/OMLOR [2020] § 675f Rn 120 ff; vgl auch OLG Karlsruhe 26. 11. 2013 – 17 U 20/13) und mit Geldkarte (STAUDINGER/ OMLOR [2020] § 675i Rn 22 ff) verfügt über eine ausgeprägte **Bargeldersatzfunktion**. Mit dieser der Parteiabrede im Valutaverhältnis zugrundeliegenden Zielsetzung vertrüge es sich nicht, wenn der Zahler in Abweichung zum Barzahlungsfall noch bis zur finalen Abrechnung im Akquisitionsverhältnis Zinsen zu entrichten hätte. Auch der Verzug endet bereits mit dem ordnungsgemäßen Einsatz der Zahlungskarte (OMLOR, Geldprivatrecht [2014] 329 f mwNw), da hierin im Hinblick auf die Bargeldersatzfunktion eine konkludente Stundung der Hauptschuld (dazu BGH 11. 12. 1991 – VIII ZR 31/91, BGHZ 116, 278, 282; BGH 11. 1. 2007 – IX ZR 31/05, BGHZ 170, 276, 279; STAUDINGER/OLZEN [2016] § 364 Rn 26 f mwNw) zu sehen ist.

bb) Abweichende Vereinbarungen
(1) Grundlagen

82 Den Parteien steht es allerdings in den allgemeinen Grenzen der §§ 134, 138, 307 ff BGB frei, **privatautonom** einen **früheren Zeitpunkt** zu bestimmen oder an ein chronologisch vorgelagertes Ereignis anzuknüpfen. In Betracht kommt beispielsweise der Zeitpunkt, in welchem die geschuldete Leistung endgültig auf den Weg zum Gläubiger gebracht wird. Insofern läge eine Modifikation der Rechtsfolgen vor, die mit der Einordnung der Geldschuld als modifizierte Bringschuld verbunden sind. Eine solche partielle privatautonome Rückkehr zum früheren Schickschuldmodell für Geldschulden bedarf allerdings einer **ausdrücklichen Abrede** der Parteien und darf nicht ohne besondere Anhaltspunkte als konkludente Parteivereinbarung angenommen werden. Bei **Überweisungen** ließe sich demzufolge ein Verzugsende bereits mit Erteilung des Zahlungsauftrags, der nach § 675p Abs 1 BGB nach dem Zugang beim sendenden Zahlungsdienstleister nicht mehr widerrufbar ist, vertraglich vorsehen; naheliegend wäre es, zusätzlich eine hinreichende Deckung des belasteten Kontos des Zahlers durch ein entsprechendes Guthaben oder eine Überziehungsmöglichkeit zu verlangen. Die Vereinbarung eines **späteren Zeitpunkts**, wonach der (ursprüngliche) Schuldner auch nach vollständigem Erfüllungseintritt noch zur Zahlung eines zeitbezogenen Entgelts an den (ursprünglichen) Gläubiger verpflichtet sein soll, begründet **keine Zinsschuld im Rechtssinne**. Ohne eine fortbestehende Hauptschuld kann kein weiterer Zins geschuldet sein (s o Rn 26).

(2) Formularvertragliche Abreden

83 Eine formularvertragliche Modifikation des Zeitpunkts der Beendigung der Verzinslichkeit beinhalten Zinsberechnungs- und Tilgungsverrechnungsklauseln. Bei einer **Zinsberechnungsklausel** handelt es sich um eine Nebenabrede (zB zu einem Darlehensvertrag), wonach sich die für die Zinsberechnung maßgebliche Hauptschuld nicht nach deren jeweiligem Stand, sondern ohne Einbeziehung der zwischenzeitlichen Tilgungsleistungen nach einem für den Zinsgläubiger günstigeren früheren

Zeitpunkt (zB Ende des Vorjahres) berechnet (BAUMS WM 1987, Sonderbeilage Nr 2, S 3, 7; KREPOLD, in: SCHIMANSKY/BUNTE/LWOWSKI [Hrsg], Bankrechts-Handbuch [5. Aufl 2017] § 78 Rn 98). Ausgegangen wird insofern von einer **fiktiven Hauptschuld** für die Zinsberechnung. Anders als bei einem Bereitstellungsentgelt (s o Rn 27) und einer Vorfälligkeitsentschädigung (s o Rn 38) handelt es sich trotz dieser partiellen Abkopplung von der Hauptschuld um einen **Zins im Rechtssinne**. Die Zinsberechnungsklausel führt nicht dazu, dass auch für einen Zeitraum nach der Tilgung weitere Zinsen auf die nicht mehr bestehende Hauptschuld zu entrichten sind; vielmehr erhöht sich der effektive Zinssatz für den Zeitraum der tatsächlichen Kapitalüberlassung entsprechend (BGH 24. 11. 1988 – III ZR 188/87, BGHZ 106, 42, 46). **Tilgungsverrechnungsklauseln** kommt wirtschaftlich betrachtet eine ähnliche Wirkung wie Zinsberechnungsklauseln zu. Zahlungen auf die Hauptschuld wird in Abweichung von § 362 Abs 1 BGB die **unmittelbare Erfüllungswirkung versagt** (BGH 11. 2. 1992 – XI ZR 151/91, NJW 1992, 1097, 1098 f; CANARIS NJW 1987, 609, 610; BAUMS WM 1987, Sonderbeilage Nr 2, S 3, 7). Stattdessen werden regelmäßige (zB jährliche) **Sammeltermine** für die Erfüllung vorgesehen. Auf diese Weise verringert sich die verzinsliche Hauptschuld nur verzögert (Berechnungsbeispiele bei BOCKHOLT BB 1989, 940 f). Technisch gesehen weisen Tilgungsverrechnungsklauseln anders als Zinsberechnungsklauseln lediglich eine erfüllungs- und nicht zinsrechtliche Dimension auf. An der Einordnung als Zins im Rechtssinne ändern daher Tilgungsverrechnungsklauseln nichts. Gegen eine **individualvertragliche Vereinbarung** von Tilgungsverrechnungsklauseln bestehen im Lichte der Privatautonomie keine Bedenken; von § 362 Abs 1 BGB darf abgewichen werden, die Abhängigkeit des Zinses von der verzinslichen Kapitalschuld wird lediglich modifiziert (BAUMS WM 1987, Sonderbeilage Nr 2, S 3, 7 ff).

Die **Kontrollfähigkeit** von Zinsberechnungs- und Tilgungsverrechnungsklauseln nach **84** § 307 Abs 1 und 2, 308 f BGB war vor allem in den 1980er Jahren lebhaft umstritten (vgl stellvertretend BAUMS WM 1987, Sonderbeilage Nr 2, S 3, 9 ff; CANARIS NJW 1987, 609 ff; ders NJW 1987, 2407 ff; NIEBLING ZIP 1987, 1433 ff; TAUPITZ NJW 1989, 2242 ff). Für die Praxis hat die höchstrichterlicher Rechtsprechung durch verschiedene Grundsatzentscheidungen (zu Zinsberechnungsklauseln: BGH 24. 11. 1988 – III ZR 188/87, BGHZ 106, 42, 45 ff; BGH 10. 7. 1990 – XI ZR 275/89, BGHZ 112, 115, 116 ff; BGH 30. 4. 1991 – XI ZR 223/90, NJW 1991, 1889; BGH 9. 7. 1991 – XI ZR 72/90, NJW 1991, 2559, 2560; BGH 15. 10. 1991 – XI ZR 192/90, BGHZ 116, 1, 2 ff; BGH NJW 1992, 1108, 1109; zu Tilgungsverrechnungsklauseln: BGH 10. 12. 1991 – IX ZR 119/91, NJW 1992, 1097, 1098 f; **ablehnend** REIFNER NJW 1989, 952, 958 ff) Orientierung geschaffen. Nach Auffassung des BGH sollen solche Klauseln der Inhaltskontrolle unterliegen, obwohl sie die Höhe der vertraglichen Gegenleistung bei Darlehensverträgen bestimmen. Nach dem **Schutzzweck von § 307 Abs 3 S 1 BGB** (§ 8 AGBGB aF) sei eine Inhaltskontrolle geboten, da der Vorschrift der Gedanke zugrunde liege, der Durchschnittskunde achte mehr auf die Regelungen zu Hauptleistungen als zu Nebenpunkten (BGH 24. 11. 1988 – III ZR 188/87, BGHZ 106, 42, 46; BGH 10. 7. 1990 – XI ZR 275/89, BGHZ 112, 115, 117). Zinsberechnungs- und Tilgungsverrechnungsklauseln riefen aber die Gefahr hervor, dass der Blick des Zinsschuldners auf seine Hauptleistung zu einer Fehlinformation führe, da sich die effektive Hauptleistung erst unter Hinzunahme dieser zusätzlichen Bestimmung ergäbe. In der Folge unterwirft die Judikatur beide Klauseltypen vor allem einer **Transparenzkontrolle** am Maßstab des § 307 Abs 1 S 2 BGB. Das Transparenzgebot werde bei kundenbenachteiligenden Zinsberechnungsklauseln regelmäßig verletzt, „wenn es Aufgabe des Kunden bleibt, zwischen der Zinsberechnung und der Tilgungsverrechnung einen inneren Zusammenhang herzustellen und die unausgesprochene Konsequenz zu erkennen, daß bereits getilgte Schuldbeträge bis zum Quartalsende noch weiter zu verzinsen sind" (BGH 4. 2. 1997 – XI ZR 149/96, NJW 1997, 1068 mwNw).

85 Die höchstrichterliche Rechtsprechung zur Kontrollfähigkeit von Zinsberechnungs- und Tilgungsverrechnungsklauseln muss sich zwar den Vorwurf gefallen lassen, argumentativ zu einer dogmatischen **Konturenlosigkeit** von § 307 Abs 3 S 1 BGB beizutragen. Unklar bleibt, wie abstrakt zwischen den Regelungen zur Hauptleistung und zu „Nebenpunkten" zu differenzieren sein soll; diese „Nebenpunkte" determinieren nämlich gerade den Umfang der Hauptleistungspflicht des Vertragspartners, die bei Zinsberechnungs- und Tilgungsverrechnungsklauseln in der Zinsschuld besteht. Auf welche Regelungsbestandteile der behauptete Durchschnittskunde typischerweise achtet und auf welche nicht, lässt sich nur schwerlich rechtssicher differenzieren. Auch die Zinsberechnungs- und Tilgungsverrechnungsklauseln bestimmen unmittelbar den Preis der vertraglichen Hauptleistung, sodass eine Inhaltskontrolle ausgeschlossen ist (allgemein BGH 7. 12. 2010 – XI ZR 3/10 Rn 26, BGHZ 187, 360 mwNw). Selbst bei Annahme eines Grundsatzes, wonach Zinsen nach dem jeweiligen Darlehensstand zu berechnen seien, als Teil des dispositiven und nicht kodifizierten Darlehensrechts (BGH 24. 11. 1988 – III ZR 188/87, BGHZ 106, 42, 45), zählte dieser nicht zu den wesentlichen Grundgedanken iSd § 307 Abs 2 Nr 1 BGB (BGH 24. 11. 1988 – III ZR 188/87, BGHZ 106, 42, 47; BGH 15. 10. 1991 – XI ZR 192/90, BGHZ 116, 1, 2) und würde von einem solchen zumindest nicht unangemessen abgewichen (Köndgen NJW 1987, 160, 162 f). Dennoch erscheint der Ansatz des Bundesgerichtshofs **im Ergebnis zutreffend**, die streitigen Klauseln zwar keiner Angemessenheitskontrolle (§§ 307 Abs 1 S 1, Abs 2, 308 f BGB), aber einer Transparenzkontrolle (§ 307 Abs 1 S 2 BGB) zu unterwerfen. Die Beschränkung auf eine Transparenzkontrolle führt nicht zu einer unzulässigen und mangels Kontrollkriterium auch nicht durchführbaren Preiskontrolle. Das AGB-Recht verfolgt unter anderem das Ziel, durch Klarheit über Angebot und Nachfrage die Funktionsfähigkeit des Marktes zu sichern (Köndgen NJW 1987, 160, 164; ders NJW 1989, 943, 948, 951 f; Staudinger/Wendland [2019] § 307 Rn 315 mwNw). Das Anliegen, eine **wettbewerbliche Selbstregulierung des Marktes** und damit auch der – einer Inhaltskontrolle nicht unterliegenden – Preise zu ermöglichen, erfordert eine hinreichend verständliche und erkennbare Offenlegung des Preises und der darauf bezogenen Berechnungsverfahren. Schon zum Zeitpunkt des Vertragsschlusses muss dem Vertragspartner daher das von ihm zu leistende Entgelt vor Augen geführt werden (BGH 7. 12. 2010 – XI ZR 3/10 Rn 27, BGHZ 187, 360). Trotz ihres formalen Charakters als Nebenabreden legen Zinsberechnungs- und Tilgungsverrechnungsklauseln den Umfang der Entgeltzahlungspflicht des Zinsschuldners fest; sie werden daher nach Sinn und Zweck vom Transparenzerfordernis aus § 307 Abs 1 S 2 BGB miterfasst.

86 Die Unwirksamkeit von Zinsberechnungs- und Tilgungsverrechnungsklauseln führt nach den allgemeinen Regeln zu einer **Lückenfüllung durch das dispositive Gesetzesrecht** bei Fortbestand der übrigen Vertragsbestimmungen (§ 306 Abs 1 und 2 BGB). Damit kommt der Erfüllung wieder eine Beendigungswirkung für die Verzinslichkeit zu (so Rn 80 f). Der effektiv vom Schuldner zu zahlende Zinssatz bleibt während der Vertragslaufzeit konstant, da Tilgung und Verrechnung in einem Verhältnis des Gleichlaufs zueinander stehen (vgl BGH 24. 11. 1988 – III ZR 188/87, BGHZ 106, 42, 43 und 52; BGH 10. 7. 1990 – XI ZR 275/89, BGHZ 112, 115, 116). Die Tilgung der Hauptschuld tritt unmittelbar (taggenau) ein und bewirkt ohne Verzögerung, dass sich auch die Berechnungsgrundlage für die laufenden Zinsen entsprechend ändert. Wurden auf Grundlage der unwirksamen Klausel zu hohe Zinsen berechnet, hat der Zinsgläubiger eine **rückwirkende Neuberechnung** vorzunehmen (BGH 24. 11. 1988 – III ZR 188/87, BGHZ 106, 42, 52); die **überzahlten Zinsen** sind nach § 812 Abs 1 S 1 Alt 1 BGB an den Zinsschuldner zu **erstatten**.

5. Zinsschuld im BGB

a) Rechtsnatur und Inhalt

Zinsen im Rechtssinne setzen bei ihrer erstmaligen Begründung die Existenz einer **87** verzinslichen Hauptschuld voraus; insofern kann von einer auf den Entstehungsakt bezogenen **partiellen Akzessorietät** gesprochen werden (s o Rn 26). Im nachfolgenden Zeitraum tritt jedoch die **formelle Eigenständigkeit** der Zinsschuld in den Vordergrund (s o Rn 29). In den praktisch überwiegenden Fällen richtet sich die Zinsschuld auf die Zahlung von Geld. Im Gegensatz zu anderen Leistungsgegenständen zeichnet sich Geld funktionsgemäß (zu den Geldfunktionen vgl Vorbem A32 ff zu §§ 244–248) durch ein besonderes Maß an Unterteilbarkeit auf und eignet sich daher in herausgehobener Weise für die exakte und zugleich praktikable Zinsberechnung. In der Folge ordnet sich die Zinsschuld als **Geldschuld** ein, die den allgemeinen geldschuldrechtlichen Vorschriften unterliegt (vgl Vorbem B20 ff zu §§ 244–248). Zinsen müssen jedoch definitionsgemäß nicht notwendig mit der Hauptschuld gleichartig sein (s o Rn 24), sodass für eine Geldschuld auch Zinsen, die nicht in der Zahlung von Geld bestehen, vereinbart werden können. Umgekehrt kann das Kapital der Hauptschuld nicht aus Geldmitteln, sondern (anderen) vertretbaren Sachen bestehen (s o Rn 24). Auch für eine solche Hauptschuld lässt sich eine nicht in Geld bestehende Zinsleistung vorsehen. Zinsschulden sind daher lediglich typischer-, nicht aber notwendigerweise Geldschulden.

b) Sittenwidrigkeit

Verträge, welche eine verzinsliche Kapitalschuld begründen sollen, können durch die **88** Höhe des vereinbarten Zinssatzes dem Verdikt der Sittenwidrigkeit nach § 138 BGB unterliegen (ausführlich STAUDINGER/BLASCHCZOK [1997] Rn 102 ff; STAUDINGER/SACK/FISCHINGER [2017] § 138 Rn 215 ff, 221 ff; STAUDINGER/FREITAG [2015] § 488 Rn 132 ff, jeweils mwNw). Vorgenommen wird ein Vergleich zwischen dem **effektiven Vertragszins** und dem **marktüblichen Effektivzins** (BGH 24. 3. 1988 – III ZR 30/87, BGHZ 104, 102, 104; BGH 24. 3. 1988 – III ZR 24/87, WM 1988, 647; BGH 13. 3. 1990 – XI ZR 252/89, BGHZ 110, 336, 338). Als Vergleichszinssatz wird seit 2003 der jeweilige Effektivzinssatz aus der **EWU-Zinsstatistik** herangezogen, der von der Deutschen Bundesbank veröffentlicht wird (LG Bonn 10. 5. 2007 – 3 O 396/05, BKR 2008, 78, 81). Dort finden sich die Zinssätze von monetären Finanzinstituten *(Monetary Financial Institutions – MIFs)* für Kredite an private Haushalte, wobei zwischen Konsumentenkrediten, Wohnungsbaukrediten und sonstigen Krediten sowie nach dem Zeitraum der anfänglichen Zinsbindung unterschieden wird. Die höchstrichterliche Rechtsprechung differenziert zwischen Konsumentenkrediten mit Kreditinstituten und sonstigen Kreditverträgen. Bei Konsumentenkrediten mit Kreditinstituten wird ein auffälliges Missverhältnis angenommen, sofern der effektive Vertragszins den marktüblichen Effektivzins **relativ um 100 %** (BGH 24. 3. 1988 – III ZR 30/87, BGHZ 104, 102, 105; BGH 24. 3. 1988 – III ZR 24/87, WM 1988, 647, 649) **oder absolut um 12 Prozentpunkte** (BGH 13. 3. 1990 – XI ZR 252/89, BGHZ 110, 336, 340) übersteigt. Auf diese Weise soll Hoch- und Niedrigzinsphasen angemessen Rechnung getragen werden (BGH 11. 1. 1995 – VIII ZR 82/94, BGHZ 128, 255, 266). Im Fall von sonstigen Krediten, dh insbesondere von Krediten an Gewerbetreibende, gelten diese Orientierungswerte regelmäßig ebenfalls (BGH 19. 2. 1991 – XI ZR 319/89, NJW 1991, 1810; BGH 11. 1. 1995 – VIII ZR 82/94, BGHZ 128, 255, 266 f). Unterschiede ergeben sich in subjektiver Hinsicht: Während bei einem Konsumentenkredit eines Kreditinstituts eine **tatsächliche Vermutung** für das Vorliegen des subjektiven Tatbestands von § 138 Abs 2 BGB im Fall eines objektiven auffälligen Missverhältnisses eingreifen soll (BGH 10. 7. 1986 – III ZR 133/85, BGHZ 98, 174, 178; BGH 11. 1. 1995 – VIII ZR 82/94, BGHZ 128, 255, 267), wird eine solche Vermutung bei gewerbetreibenden Kreditnehmern abgelehnt (BGH 2. 12. 1982 – III 90/81, WM 1983, 115, 117; BGH 11. 1. 1995 – VIII ZR 82/94, BGHZ 128, 255, 268; BGH 13. 7. 1989 – III ZR 201/88, WM 1989, 1461).

c) Erfüllung

89 Aufgrund ihrer formellen Eigenständigkeit nach Abschluss des originären Entstehungsakts (s o Rn 29) unterliegt die Zinsschuld grundsätzlich einem gegenüber der Hauptschuld eigenständigen Erfüllungsregime. Diese **erfüllungsrechtliche Autarkie** zeigt sich augenscheinlich in den Konstellationen, in welchen die Hauptschuld bereits erloschen ist und nur noch die Zinsschuld fortbesteht. Im Grundsatz entscheidet daher die **Tilgungs- und Zweckbestimmung** des Schuldners darüber, ob und in welchem Maße die Haupt- oder die Zinsschuld durch seine Leistung getilgt werden soll.

90 Modifikationen ordnet jedoch **§ 367 BGB** für **Teilleistungen** an. Besteht – mangels Abtretung der Zinsschuld – eine Personenidentität zwischen Kapital- und Zinsschuldner, so sieht § 367 Abs 1 BGB bei Teilleistungen eine vorrangige Tilgung der Zinsen und erst nachrangig der verzinslichen Hauptschuld vor. Damit geht eine Privilegierung des Zinsgläubigers einher, da sich die verzinsliche Kapitalschuld nur verzögert reduziert; zugleich wird ein Anreiz für den Schuldner gesetzt, fällige Verbindlichkeiten möglichst vollständig zu erfüllen. Umstritten ist, ob der **Schuldner einseitig** von der in § 367 BGB aufgeführten Reihenfolge **abweichen** darf. Vorzugswürdig erscheint es, dem Schuldner die Befugnis einzuräumen, durch eine abweichende Tilgungs- und Zweckbestimmung eine vorrangige Tilgung der Hauptschuld zu bewirken (Staudinger/Olzen [2016] § 367 Rn 1; MünchKomm/Fetzer[8] § 367 Rn 1 und 3; aA Erman/Buck-Heeb[16] § 367 Rn 1; jurisPK-BGB/Kerwer [9. Aufl 2020] § 367 Rn 1). Aus § 367 Abs 2 BGB leitet sich kein absoluter Schutz des Gläubigers vor einseitigen Handlungen des Schuldners ab (jurisPK-BGB/Kerwer [9. Aufl 2020] § 367 Rn 1 Fn 1). Die Bestimmung setzt lediglich den Rechtswirkungen einer einseitigen Anrechnungsbestimmung Grenzen (MünchKomm/Fetzer[8] § 367 Rn 3). Ganz im Gegenteil leitet sich gerade aus dem Wortlaut des § 367 Abs 2 BGB („Bestimmt der Schuldner eine andere Anrechnung …") ab, dass eine einseitige Abweichung des Schuldners grundsätzlich zulässig ist. Eine einseitige Anrechnungsbestimmung durch den Schuldner lässt sich vollständig, dh über die Begrenzungen aus § 367 Abs 2 BGB hinaus, nur über eine entsprechende Vereinbarung der Parteien ausschließen. Umgekehrt können die Parteien auch konsensual die Anwendung des § 367 BGB abbedingen und abweichende Anrechnungsmodalitäten vorsehen (BGH 5. 4. 1984 – III ZR 2/83, BGHZ 91, 55, 58; BGH 17. 2. 2011 – IX ZR 83/10 Rn 14, NJW-RR 2011, 688).

91 Die Anrechnungsregelung aus § 367 Abs 1 BGB gilt auch für die ab der Eröffnung des **Insolvenzverfahrens** laufenden Zinsen im Fall einer Verwertung von Absonderungsrechten (BGH 17. 2. 2011 – IX ZR 83/10 Rn 7 ff, NJW-RR 2011, 688). Bei der anteilsmäßigen Befriedigung der Insolvenzgläubiger berechnet sich der Ausfall iSv § 52 S 2 InsO nach Maßgabe der Tilgungsreihenfolge aus § 367 Abs 1 BGB und nicht in Analogie zu § 50 Abs 1 InsO (OLG Köln 27. 6. 2007 – 2 U 137/06, ZIP 2007, 1614, 1615; aA DAHL NJW 2008, 3066, 3067 mwNw zur Gegenansicht). § 367 Abs 1 BGB führt auch zu einer vorrangigen Anrechnung von Teilleistungen auf **verjährte Zinsansprüche**, sofern die Einrede der Verjährung nicht erhoben wurde (STAUDINGER/OLZEN [2016] § 367 Rn 14; aA OLG Hamm 20. 5. 1981 – 12 U 125/80, MDR 1981, 844 f; ERMAN/BUCK-HEEB[16] § 367 Rn 3 mwNw). Hat der Zinsschuldner hingegen die Einrede der Verjährung nach § 214 Abs 1 erhoben, scheidet eine Anwendung von § 367 BGB aus (KG DR 1943, 803).

Nicht anwendbar ist § 367 BGB hingegen auf **Ratenzahlungsverträge**, solange die Ratenzahlungsvereinbarung fortbesteht (BGH 5. 4. 1984 – III ZR 2/83, BGHZ 91, 55, 59). Von § 367 BGB wird nur die jeweils fällige Rate erfasst, sodass es sich bei einer vollständigen Leistung der jeweiligen Raten nicht um eine „zur Tilgung der ganzen Schuld nicht ausreichende Leistung" handelt (KG KGR 2008, 365). Hat ein Darlehensgeber zunächst eine Abrechnung erstellt und diese dem Darlehensnehmer zugeleitet, so kann der Darlehensgeber nach **§ 242 BGB** *(venire contra factum proprium)* daran gehindert sein, sich danach in Abweichung von der ursprünglichen Abrechnung auf § 367 BGB zu berufen (OLG Brandenburg 10. 5. 2006 – 4 U 217/05). 92

Besonderheiten gelten bei **Verbraucherdarlehensverträgen** (§ 491 Abs 1 bis 3 BGB). In Abweichung von § 367 Abs 1 BGB werden Teilleistungen des Darlehensnehmers erst an letzter Stelle auf die Zinsen angerechnet (**§ 497 Abs 3 S 1 BGB**). Damit wird die Reihenfolge des § 367 Abs 1 BGB – Kosten, Zinsen, Hauptschuld – partiell geändert und lautet nun: **Kosten, Hauptschuld, Zinsen**. Der Begriff der Kosten in beiden Vorschriften ist inhaltlich deckungsgleich (ERMAN/NIETSCH16 § 497 Rn 39). Eine Abweichung zum Nachteil des Darlehensnehmers ist unzulässig (§ 512 S 1 BGB). Allerdings steht es dem Darlehensnehmer offen, einseitig eine abweichende Anrechnung durch seine Tilgungs- und Zweckbestimmung vorzunehmen (ERMAN/ NIETSCH16 § 497 Rn 43; aA MünchKomm/SCHÜRNBRAND/WEBER[8] § 497 Rn 31, jeweils mwNw). § 512 S 1 BGB soll den Verbraucher vor einer Benachteiligung durch seinen Vertragspartner, aber nicht vor sich selbst schützen. Seine Privatautonomie darf nur in dem Umfang beschnitten werden, wie es zur Verfolgung dieses Gesetzeszwecks erforderlich ist. 93

d) Verjährung

Im Grundsatz unterliegen die verzinsliche Kapitalschuld und die Zinsschuld einer **eigenständigen Verjährung** (BGH 7. 11. 2014 – V ZR 309/12 Rn 10, NJW 2015, 1007; OSTENDORF/ LAER NJW 2013, 1479). Darin zeigt sich die formelle Eigenständigkeit der Zins- von der Hauptschuld (s o Rn 29). Sowohl in Bezug auf Beginn (OLG Köln 26. 4. 1994 – 9 U 226/93, NJW 1994, 2160), Dauer, Hemmung als auch Neubeginn der Verjährung ist die Zinsschuld gesondert zu betrachten (LAG Berlin-Brandenburg 15. 6. 2012 – 10 Sa 587/12; OLG Bamberg 22. 11. 2012 – 2 UF 177/12). Zinsansprüche verjähren grundsätzlich in der **regelmäßigen Verjährungsfrist** der §§ 195, 199 BGB (BGH 7. 11. 2014 – V ZR 309/12 Rn 10, NJW 2015, 1007). Dabei kommt es nicht darauf an, ob sie zu diesem Zeitpunkt bereits präzise beziffert werden können (BGH 19. 12. 2006 – XI ZR 113/06 Rn 15, ZIP 2007, 570; OLG Köln 26. 4. 1994 – 9 U 226/93, NJW 1994, 2160). **Titulierte Zinsforderungen**, die nicht auf die Zahlung einer einmaligen Summe (zB am Ende der Darlehenslaufzeit, so RICKEN NJW 1999, 1146, 1147), sondern auf regelmäßig wiederkehrende Leistungen gerichtet sind, unterliegen nach § 197 Abs 2 BGB ebenfalls der regelmäßigen Verjährungsfrist. 94

95 Der Charakter der Zinsschuld als Nebenforderung zeigt sich in der **Höchstdauer** der Verjährung, die sich aus der Verjährungsfrist der verzinslichen Hauptschuld ergibt. Eine solche **partielle verjährungsrechtliche Akzessorietät** ordnet § 217 BGB an. Durch § 217 soll entsprechend dem Sinn und Zweck der Verjährung vermieden werden, dass sich der Schuldner zur Abwehr von Zinsansprüchen auf den verjährten Hauptanspruch einlassen muss (OLG Köln 26. 4. 1994 – 9 U 226/93, NJW 1994, 2160). Die Vorschrift verhindert jedoch nicht, dass der Zinsanspruch bis zum Eintritt der Verjährung des Hauptanspruchs einem eigenständigen Verjährungsregime unterliegt. Ein Zinsanspruch kann daher ungeachtet von § 217 BGB früher als der korrelierende Hauptanspruch verjähren (LAG Berlin-Brandenburg 15. 6. 2012 – 10 Sa 587/12). Eine solche Konstellation kann sich vor allem – aber nicht nur – ergeben, wenn für den Hauptanspruch eine längere als die regelmäßige Verjährungsfrist gilt (zB § 197 Abs 1 BGB). Ebenso kann eine Hemmung der Verjährung nur in Bezug auf die Hauptschuld, nicht aber auf die Zinsschuld eingetreten sein. Zu den Zinsen im spezifischen Sinne des § 217 BGB zählt auch der **Verzugsschaden**, der nach §§ 280 Abs 1 und 2, 286 BGB zu ersetzen ist (RG 12. 11. 1937 – VII 22/37, RGZ 156, 113, 121; BGH 23. 11. 1994 – XII ZR 150/93, BGHZ 128, 74, 77). Über die Höchstfrist aus § 217 BGB wirken sich vor allem die kurzen Verjährungsfristen aus dem kaufrechtlichen (§ 438 Abs 1 Nr 3, Abs 2 BGB) und werkvertraglichen (§ 634a Abs 1 Nr 1, Abs 2 BGB) Gewährleistungsrecht sowie aus dem Mietrecht (§ 548 BGB) auf die Verjährung der Zinsschuld aus.

96 Die Höchstgrenze des § 217 BGB greift nur ein, wenn **gegen den Hauptanspruch die Einrede der Verjährung erhoben** ist (STAUDINGER/PETERS/JACOBY [2019] § 217 Rn 2). Eine Parallele zum Ausschluss des Verzugs durch Verjährung (dazu BGH 24. 1. 1961 – VIII ZR 98/59, BGHZ 34, 191, 197; bestätigt in BGH 12. 7. 1967 – VIII ZR 180/65, BGHZ 48, 249, 250) besteht nicht. Maßgeblich ist die spezifische *ratio legis* des § 217 BGB, die für Haupt- wie Zinsanspruch zu einem einheitlichen Schlusszeitpunkt für Rechtsfrieden und Rechtssicherheit durch Verjährung sorgen will. Durch das Erfordernis, die Einrede der Verjährung zu erheben, unterwirft das Gesetz die Ziele der Rechtssicherheit und des Rechtsfriedens einem **Dispositionsvorbehalt zugunsten des Schuldners**. Ein absoluter Schutz unabhängig vom Willen des Schuldners findet gerade nicht statt. Die durch § 217 BGB vorgesehene partielle Anbindung der Zins- an die Hauptschuld kann nicht so weit gehen, dass der Hauptanspruch mangels Erhebung der Einrede aus § 214 Abs 1 BGB noch durchsetzbar ist, der angebundene Zinsanspruch jedoch nicht mehr – mit anderen Worten: Das Spiegelbild kann nicht über das Original hinausreichen. Im Regelfall der Personenidentität von Haupt- und Zinsschuldner wird letzterer durch dieses Erfordernis nicht übermäßig beeinträchtigt. Sollte es in einem Ausnahmefall an einer solchen Identität fehlen und dem Zinsschuldner die Verjährungseinrede verwehrt bleiben, da der Hauptschuldner diese hinsichtlich der Hauptforderung nicht erhebt, so liegt darin ein von § 217 BGB in Kauf genommenes Risiko zulasten des Zinsschuldners. Diese Auslegung nach Sinn und Zweck harmoniert auch mit der Textfassung des § 217 BGB. In den Wortlaut des § 217 BGB, der unmittelbar keine Erhebung der Einrede erfordert („Mit dem Hauptanspruch verjährt …"), ist systematisch § 214 Abs 1 BGB zu integrieren. Weder für den Haupt- noch den Zinsanspruch wird auf die rechtstechnische Ausgestaltung als Einrede eingegangen.

97 Die Spiegelung des Verjährungseintritts der Haupt- auf die Zinsforderung geht jedoch nicht so weit, dass eine Anwendung des § 217 BGB ausgeschlossen ist, sofern die **Hauptforderung** noch **in unverjährter Zeit** (zB durch Erfüllung) **untergeht** (OLG Köln 26. 4. 1994 – 9 U 226/93, NJW 1994, 2160; BeckOGK/Bach [1. 11. 2020] § 217 Rn 28 f; **aA** MünchKomm/Grothe[8] § 217 Rn 3). In einem solchen Fall stellt § 217 BGB auf einen **hypothetischen Verlauf der Verjährung** ab. Zwar lässt sich anführen, im Wortsinne des § 217 BGB könne ein Hauptanspruch nicht mehr verjähren, sofern er zu diesem Zeitpunkt bereits nicht mehr bestehe (so Staudinger/Peters/Jacoby [2019] § 217 Rn 8). Allerdings verharrt eine solche Argumentation auf einer formal-technischen Ebene und bezieht den Gesetzeszweck nicht hinreichend mit ein. Zinsschuldner und -gläubiger sollen ab der Verjährung der Hauptschuld nicht mehr gehalten sein, sich zur Klärung des Bestehens der Zinsforderung mit materiellen Fragen der Hauptforderung befassen zu müssen. Das Nichteingreifen des § 217 BGB bei einem unverjährten Untergang der Hauptschuld hätte hingegen zur Konsequenz, dass sich die Parteien des Zinsschuldverhältnisses auf eine inhaltliche Auseinandersetzung über die verzinsliche Hauptschuld einlassen müssen, obwohl zweifelsfrei deren Verjährung eingetreten ist. Augenscheinlich wird diese intentionswidrige Folge, wenn sich der Streit um die Frage dreht, ob die Hauptschuld wirklich zwischenzeitlich erloschen ist oder nicht.

Nach § 216 Abs 1 und 2 BGB wird der Gläubiger einer Forderung, für die ihm eine **98** bestimmte Sicherheit bestellt worden ist, nicht durch die Verjährung der gesicherten Forderung am **Zugriff auf die Sicherheit** gehindert. Diese Privilegierung des gesicherten Gläubigers umfasst aber nach **§ 216 Abs 3 BGB** nicht die auf die Hauptforderung anfallenden Zinsen. Hinsichtlich der Zinsen besteht demnach kein erleichtertes Zugriffsrecht auf die Sicherheiten. Nicht von § 216 Abs 3 BGB erfasst werden Tilgungszahlungen auf eine Darlehensschuld; dabei handelt es sich auch nicht um wiederkehrende Leistungen im Sinne der Vorschrift (OLG Frankfurt 13. 2. 2014 – 3 U 275/12). § 216 Abs 3 BGB zeigt, dass die Anbindung der Verjährung der Zinsforderung an diejenige der Hauptforderung durch § 217 BGB nur eine partielle ist. Ist die Zinsforderung verjährt und besteht die Hauptforderung nicht mehr, kann der Sicherungsgeber in der Folge eine Herausgabe der gewährten Sicherheit geltend machen. Als Anspruchsgrundlage dient bei nicht-akzessorischen Sicherungsrechten die Sicherungsabrede (vgl BGH 5. 10. 1993 – XI ZR 180/92, NJW 1993, 3318, 3320).

e) Kreditsicherheiten

Ob für die verzinsliche Hauptschuld bestellte Sicherheiten auch die korrelierende **99** Zinsforderung erfassen und absichern, hängt in erster Linie von der Art der Sicherheit ab. Keinesfalls lässt sich eine pauschale Grenzziehung zwischen akzessorischen und nicht-akzessorischen Sicherheiten vornehmen. Auch hinsichtlich von Personal- und Sachsicherheiten scheidet inhaltlich hinsichtlich der Miterfassung der Zinsen eine vereinfachende Gruppenbildung aus.

aa) Personalsicherheiten

Personalsicherheiten eint jedoch der Grundsatz, dass über die Absicherung der kor- **100** respondierenden Zinsforderung der Vertrag zwischen Sicherungsgeber und -nehmer entscheidet. Die Reichweite einer **Garantie** richtet sich nach der Vereinbarung der Parteien (vgl BGH 26. 10. 2005 – VIII ZR 48/05 Rn 28 f, BGHZ 165, 12). Angesichts ihres nicht-akzessorischen Charakters lässt sich keine Zweifelsregelung zugunsten der Miterfassung der Zinsen aufstellen. Lediglich im Fall der **Interzessionsgarantie** für eine Hauptschuld, deren Verzinslichkeit dem Sicherungsgeber bekannt war, kann im

Zweifel davon ausgegangen werden, dass der Sicherungsgeber auch für die Erfüllung der Zinsforderung einstehen wollte. Wird allerdings eine Interzessionsgarantie formularvertraglich gewährt, müssen Art und Umfang der übernommenen Haftung hinreichend präzise bezeichnet werden, um § 307 Abs 1 S 2 BGB zu genügen (BGH 26. 10. 2005 – VIII ZR 48/05 Rn 27 ff, BGHZ 165, 12).

101 Im Ausgangspunkt ebenso stellt sich die Rechtslage bei der **Bürgschaft** dar. Maßgeblich ist die Auslegung des Bürgschaftsvertrags im Einzelfall (STAUDINGER/STÜRNER [2020] § 765 Rn 39 mwNw). Nach § 767 Abs 1 S 2 BGB haftet der Bürge, sofern davon vertraglich nicht abgewichen wird, auch für die Verzugszinsen, welche neben der Hauptschuld entstehen. Kennt der Bürge die Verzinslichkeit der Hauptschuld, so erstreckt sich im Zweifel sein Wille auch auf die Absicherung der entstehenden Zinsforderung (OLG Braunschweig 28. 3. 1911, OLGE 23, 53 f; OLG Colmar 28.2.16 – III U 62/15, Das Recht 1916 Nr 1107). Bei einer **Höchstbetragsbürgschaft** kann hingegen nicht ohne eine ausdrückliche individualvertragliche Abrede davon ausgegangen werden, dass der Bürge über den vereinbarten Höchstbetrag hinaus für die Zinsen einstehen will; gegenteilige AGB-Klauseln sind wegen Verstoßes gegen § 307 Abs 1 S 1, Abs 2 Nr 2 BGB unwirksam (BGH 18. 7. 2002 – IX ZR 294/00, BGHZ 151, 374, 180 ff; OLG Celle 15. 11. 1995 – 3 U 252/94, WiB 1996, 358; OLG Stuttgart 24. 7. 1996 – 9 U 40/96, ZIP 1996, 1508, 1510; STAUDINGER/STÜRNER [2020] § 765 Rn 40; **aA** BGH 11. 6. 1980 – VIII ZR 164/79, BGHZ 77, 256, 258 f; BGH 26. 10. 1977 – VIII ZR 197/75, WM 1978, 10, 11; BGH 6. 12. 1983 – IX ZR 73/82, WM 1984, 198, 199; STAUDINGER/BLASCHCZOK [1997] Rn 225). Nicht erfasst sind hingegen in Ermangelung einer ausdrücklichen Abrede Bereitstellungszinsen (zum Begriff s o Rn 27) und Vorfälligkeitsentschädigungen (**aA** OLG Frankfurt 18. 10. 2001 – 16 U 49/00, WM 2002, 1387, 1388). Ob formularvertragliche **Zinsanpassungsklauseln** in Bürgschaftsverträgen einer Inhaltskontrolle standhalten, ergibt sich nicht zwangsläufig aus dem Umstand, dass sie zwischen Zinsschuldner und -gläubiger als angemessen iSd § 307 Abs 1 BGB wirksam vereinbart werden konnten (**aA** BGH 6. 4. 2000 – IX ZR 2/98, NJW 2000, 2580, 2582). Die Angemessenheitskontrolle hat, wie sich deutlich aus § 310 BGB ergibt, unter Einbeziehung der Besonderheiten der jeweiligen Vertragsparteien und des Vertragstyps zu erfolgen. Eine klauselrechtliche Unbedenklichkeit im Hauptschuldverhältnis mit automatischer Drittwirkung auf den Bürgschaftsvertrag verträgt sich damit nicht. Vielmehr unterliegen Zinsanpassungsklauseln einer eigenständigen Angemessenheitskontrolle innerhalb der bürgschaftsvertraglichen Rechtsbeziehung.

bb) Grundpfandrechte

102 Durch eine **Hypothek** haftet das belastete Grundstück nach § **1118 BGB** auch für die **gesetzlichen Zinsen** (zum Begriff s o Rn 12 ff) der gesicherten Forderung. Insofern geht der Umfang der dinglichen Haftung nicht aus dem Grundbuch, sondern aus dem Gesetz hervor. Umstritten ist, ob auch Verzugszinsen von § 1118 BGB umfasst sind. Teilweise wird vorgebracht, die unterschiedliche Höhe der gesetzlichen Verzugszinsen in §§ 288 Abs 1 und 2, 503 Abs 2 BGB habe die ursprüngliche Annahme des Gesetzgebers (Mot III 649) entfallen lassen, der maßgebliche Zinssatz sei den interessierten Kreisen bekannt (MünchKomm/EICKMANN[6] § 1118 Rn 3; **aA** MünchKomm/LIEDER[8] § 1118 Rn 4). Dem wird zutreffend entgegengehalten, letztlich sei das gesetzgeberische Anliegen, das Grundbuch von der Eintragung gesetzlicher Zinsen freizuhalten, vorrangig (BGH 26. 1. 2006 – V ZB 143/05 Rn 14, NJW 2006, 1341). Auch die systematische Auslegung im Hinblick auf § 1146 BGB spricht gegen eine Verengung des § 1118 BGB.

Vertraglich vereinbarte Zinsen bedürfen anders als gesetzliche einer Grundbucheintragung nach **§ 1115 Abs 1 HS 1 BGB**. Einzutragen ist allein der Zinssatz (OLG Zweibrücken 14. 6. 1976 – 3W28/76, MittBayNot 1976, 139 [Leitsatz]), während die zeitliche Reichweite der Verzinslichkeit sich auch allein aus der Eintragungsbewilligung ergeben kann (OLG Saarbrücken 8. 6. 1979 – 5 W 46/79, MDR 1979, 846). Auch **variable Zinssätze** sind zulässig und eintragungsfähig, sofern der grundbuchrechtliche **Bestimmtheitsgrundsatz** gewahrt bleibt und der Umfang der Haftung hinreichend deutlich aus dem Grundbuch hervorgeht (BGH 7. 4. 1961 – V ZB 2/61, BGHZ 35, 22, 24; BGH 26. 1. 2006 – V ZB 143/05 Rn 12 ff, NJW 2006, 1341 Rn 12 ff). Hierzu müssen der Höchst- und der Mindestzinssatz sowie die Voraussetzungen für eine Zinssatzerhöhung angegeben werden (BGH 7. 4. 1961 – V ZB 2/61, BGHZ 35, 22, 24). Höchstzinssätze, die zwischen den Parteien vereinbart sind, sind grundsätzlich eintragungsbedürftig; Ausnahmen gelten bei gesetzlich normierten variablen Zinssätzen wie dem Basiszinssatz (BGH 26. 1. 2006 – V ZB 143/05 Rn 13 f, NJW 2006, 1341). Unzulässig wäre es hingegen, nur einen Höchstzinssatz zur Bestimmung eines variablen Zinssatzes einzutragen und dessen konkrete Festlegung dem Willen des Zinsgläubigers zu überlassen (BGH 31. 10. 1962 – V ZR 231/60, WM 1963, 29, 30). Ein Verstoß gegen das Eintragungserfordernis und den Bestimmtheitsgrundsatz für vertragliche Zinsklauseln führt zu deren Nichtigkeit (BGH 2. 5. 1975 – V ZR 131/73, NJW 1975, 1314, 1315), sodass das belastete Grundstück nur noch für die gesetzlichen Zinsen haftet. **103**

Trotz ihrer fehlenden Akzessorietät zu einer gesicherten Forderung finden §§ 1115, 1118 BGB auch auf die **Grundschuld** Anwendung; eine entsprechende Anordnung enthält **§ 1192 Abs 2 BGB**. Zu den gesetzlichen Zinsen iSd §§ 1192 Abs 2, 1118 BGB zählen auch die **Verzugszinsen** (s o Rn 102), wobei es mangels akzessorischer Forderung auf den Verzug des Eigentümers mit den Leistungen auf die Grundschuld ankommt (STAUDINGER/WOLFSTEINER [2019] § 1118 Rn 18, § 1192 Rn 28). Ebenso wie bei Hypotheken können auch bei Grundschulden vertragliche variable Zinsen vorgesehen werden, sofern der Bestimmtheitsgrundsatz gewahrt bleibt (BGH 26. 1. 2006 – V ZB 143/05 Rn 12 ff, NJW 2006, 1341). Eine Abweichung vom Allgemeinen Geldschuldrecht, dem auf Geldleistung gerichtete Zinsschulden unterliegen, enthält § 1194 für den **Zahlungsort**. Ebenso wie in § 270 BGB (vgl Vorbem B30 zu §§ 244–248) bedeutet Zahlungsort nicht Ort der Vornahme der Leistungshandlung, sondern des Eintritts des Leistungserfolgs. In Ermangelung einer abweichenden Vereinbarung (§ 873 BGB) legt § 1194 BGB den Zahlungsort auf den Ort, an dem das Grundbuchamt seinen Sitz hat, fest. Insofern wird die allgemeine Bestimmung des § 270 derogiert. Auch die eine Geldzahlung beinhaltende Zinsschuld iSd §§ 1192 Abs 2, 1194 BGB stellt eine **modifizierte Bringschuld** dar (allgemein vgl Vorbem B23 ff zu §§ 244–248), sodass es für die Rechtzeitigkeit der Leistung auf den Eingang am Ort des Sitzes des Grundbuchamts ankommt. **104**

cc) Mobiliarsicherheiten

Als akzessorisches Sicherungsrecht erfasst das **Mobiliarpfandrecht** nach § 1210 Abs 1 S 1 BGB auch die Zinsen der gesicherten Forderung. Gleiches gilt nach §§ 1273 Abs 2 S 1, 1289 S 1 BGB für die Verpfändung einer Forderung und nach § 1257 BGB für gesetzliche Pfandrechte. Den Parteien steht es frei, von § 1210 Abs 1 S 1 BGB abzuweichen und die Akzessorietät damit einzuschränken (Mot III 803; RG LZ 1927, 606, 608). Eine **nachträgliche rechtsgeschäftliche Erhöhung des Zinssatzes** der gesicherten Forderung bedarf, um auch Wirkungen für den Haftungsumfang des Pfand- **105** rechts zu begründen, bei einer Verpfändung für fremde Schuld einer Mitwirkung des Sicherungsgebers (§ 1210 Abs 1 S 2 BGB). Demgegenüber unterliegt eine Verringerung des Zinssatzes der Grundregel des § 1210 Abs 1 S 1 BGB, da sich das Haftungsrisiko des Sicherungsgebers auf diese Weise nicht – wie von S 2 gefordert – erweitert. Keine von § 1210 Abs 1 S 2 BGB erfasste Erhöhung liegt hingegen vor, wenn von Anfang an eine variable Verzinsung vorgesehen ist (zB durch Rückgriff auf den Basiszinssatz) und in der Folge dieser Zinssatz steigt.

106 Der **Eigentumsvorbehalt** des Verkäufers erstreckt sich im Zweifel auch auf die Zinsen (SERICK, Eigentumsvorbehalt und Sicherungsübertragung I [1963] § 15 III 1 a; STAUDINGER/BECKMANN [2013] § 449 Rn 41; MünchKomm/WESTERMANN[8] § 449 Rn 22; aA ERMAN/GRUNEWALD[16] § 449 Rn 38). Dagegen lässt sich nicht der ausschließlich auf den Kaufpreis abstellende Wortlaut des § 449 Abs 1 BGB anführen (so ERMAN/GRUNEWALD[16] § 449 Rn 38), da es sich nur um eine Zweifels- und Auslegungsregel handelt (ERMAN/GRUNEWALD[16] § 449 Rn 8), vorrangig jedoch der Parteiwille (§§ 133, 157 BGB) zu beachten ist. Zinsen, namentlich gesetzliche Verzugszinsen, sind ihrem Wesen entsprechend eng mit der Kaufpreisschuld als Kapitalschuld verbunden (s o Rn 24). Dementsprechend erfasst das Sicherungsbedürfnis des Verkäufers typischerweise auch die zum Kaufpreis anfallenden Zinsen. Angesichts der Abhängigkeit der Zins- von der Hauptschuld erscheint es zudem naheliegend, den **Begriff des Kaufpreises iSd § 449 Abs 1 BGB teleologisch zu extendieren** und auch die an der Kaufpreisschuld anknüpfenden Zinsen darunter zu fassen.

107 Vergleichbar zum Eigentumsvorbehalt und zum Mobiliarpfandrecht gestaltet sich auch das Sicherungsinteresse bei einer **Sicherungsübereignung**. Treffen die Parteien keine abweichende Vereinbarung, so darf der Sicherungseigentümer auf das Sicherungsgut im Zweifel auch hinsichtlich der auf die gesicherte Forderung anfallenden Zinsen zurückgreifen (SERICK, Eigentumsvorbehalt und Sicherungsübertragung II [1965] § 18 I 4). Die Grundlage hierfür bilden eine sach- und interessengerechte Auslegung des Sicherungsvertrags zwischen Sicherungsgeber und -nehmer sowie eine rechtsgedankliche Anlehnung an §§ 767 Abs 1, 1210 Abs 1 S 1 BGB (vgl zu Rückgriffen auf das Bürgschafts- und Mobiliarpfandrecht MünchKomm/OECHSLER[8] Anhang zu §§ 929–936 Rn 26, 29).

III. Zivilprozess-, insolvenz-, kollisions- und einheitsrechtliche Spezifika

1. Zinsschuld im Zivilprozess

108 Aus der Dispositionsmaxime leitet sich im Zivilprozess die **Bindung an die Parteianträge** ab, die in § 308 Abs 1 ZPO kodifiziert ist (BAG 13. 6. 1989 – 1 ABR 4/88, BAGE 62, 100, 104; BAG 28. 2. 2006 – 1 AZR 460/04, BAGE 117 137 Rn 10; BAG 20. 2. 2014 – 2 AZR 864/12 Rn 16, NZA 2015, 124). Davon wird nicht nur die geltend gemachte Hauptforderung erfasst, sondern nach **§ 308 Abs 1 S 2 ZPO** unterliegen dem Antragserfordernis „insbesondere" auch die Nebenforderungen. Die formale Eigenständigkeit der entstandenen Zinsschuld schlägt sich damit auch auf prozessualer Ebene nieder. Zinsen für vergangene Zeiträume dürfen in einem einheitlichen Betrag zusammengefasst werden (ZIMMERMANN JuS 1991, 583). Hinsichtlich der Bezugspunkte der Darlegungs- und Beweislast für den Zinsanspruch ist zwischen gesetzlichen und vertraglichen Zinsen zu unterscheiden. Der Zinsgläubiger hat im Grundsatz darzulegen und zu beweisen, dass eine **vertragliche Zinsvereinbarung** vorliegt, deren Voraussetzungen erfüllt sind

und welcher Zinssatz konsentiert wurde (BeckOGK/Coen [1. 3. 2021] Rn 99). Im Fall von **gesetzlichen Zinsen** obliegt dem Kläger die Darlegungs- und Beweislast für die tatbestandlichen Voraussetzungen der Anspruchsgrundlage, die Verzinslichkeit folgt sodann aus dieser Norm und die Höhe des Zinssatzes aus § 246 BGB. Sowohl bei gesetzlichen als auch vertraglichen Zinsen greift die **Lückenfüllungsfunktion des § 246 BGB** (s o Rn 3) ein.

Wird die Zinsschuld als Nebenforderung geltend gemacht, bleibt sie nach § 4 Abs 1 HS 2 ZPO bei der **Streitwertberechnung** unberücksichtigt. Sinn und Zweck der Vorschrift ist die Beschleunigung der Feststellung der sachlichen Zuständigkeit, welche durch die teilweise komplexe Wertermittlung für Nebenforderungen nicht verzögert werden soll (RG 29. 10. 1938 – VI A 268/38, RGZ 158, 350, 351; BGH 12. 12. 1957 – VII ZR 135/57, BGHZ 26, 174, 176; BGH 27. 6. 2013 – III ZR 143/12 Rn 8, NJW 2013, 3100). § 4 Abs 1 HS 2 ZPO findet sowohl auf vertragliche als auch gesetzliche Zinsen Anwendung (BGH 25. 3. 1998 – VIII 298/97, NJW 1998, 2060, 2061). Eine **Nebenforderung** zeichnet sich dadurch aus, dass sie nicht automatisch in der Hauptforderung enthalten ist, sondern über einen eigenen Entstehungsgrund verfügt (BGH 25. 3. 1998 – VIII 298/97, NJW 1998, 2060, 2061; BGH 15. 2. 2000 – XI ZR 273/99, NJW-RR 2000, 1015); dennoch besteht eine materiellrechtliche Abhängigkeit zur Hauptforderung, die im gleichen Rechtsstreit geltend gemacht wird (Heinrich, in: Musielak/Voit [Hrsg], ZPO [17. Aufl 2020] § 4 Rn 10). Zinsen können auch als Hauptforderung geltend gemacht werden; der Charakter als Nebenforderung besteht demnach nicht, soweit der Rechtsstreit nicht (mehr) über die Hauptforderung, von der Zinsen begehrt werden, geführt wird (BGH 22. 2. 1994 – XI ZR 16/93, NJW 1994, 1869, 1870). Umstritten ist, ob es einer Einordnung als Hauptforderung entgegensteht, wenn Zinsen für einen nicht im Streit stehenden Teil der Hauptforderung prozessual begehrt werden, jedoch ein anderer Teil der Hauptforderung noch anhängig ist (verneinend BGH 24. 1. 1958 – IV ZR 234/57, BGHZ 26, 274, 276; BGH 4. 12. 2007 – VI ZB /3/06 Rn 7, NJW 2008, 999 mwNw auch zur Gegenauffassung). Die Rechtsprechung (BGH 25. 3. 1998 – VIII 298/97, NJW 1998, 2060, 2061) wendet den **allgemeinen Zinsbegriff** (s o Rn 23) im Rahmen von § 4 Abs 1 HS 2 ZPO an. Bearbeitungsentgelte für Darlehensverträge stellen daher auch keine Zinsen iSd § 4 Abs 1 HS 2 ZPO dar (MünchKommZPO/Wöstmann[6] § 4 Rn 20).

109

Prozesszinsen (§ 291 BGB) sowie die **Verzinsung der festgesetzten Prozesskosten** (§ 104 Abs 1 S 2 ZPO) betreffen weniger die Zinsschuld *im* Zivilprozess, sondern vielmehr die Zinsschuld *aus* dem Zivilprozess. Zudem ist in beiden Fällen nicht der gesetzliche Zinssatz des § 246 BGB betroffen. Sowohl die verzugsunabhängigen Prozesszinsen als auch die Verzinsung der festgesetzten Kosten berechnet sich unter Bezugnahme auf den Basiszinssatz des § 247 BGB. Kommt bei einer Verurteilung zu Zinsen über den Zeitpunkt des Urteilserlasses hinaus („**Zukunftszinsen**") danach zu einer Änderung der Zinslage, kann eine **Abänderungsklage nach § 323 ZPO** offenstehen (BGH 6. 3. 1987 – V ZR 19/86, BGHZ 100, 211, 213 f; OLG Karlsruhe 24. 5. 1989 – 6 U 2/89, NJW 1990, 1738; im Einzelnen dazu Zimmermann JuS 1991, 758, 760; Becker-Eberhard DZWir 1993, 183, 185 ff; Braun ZZP 108 [1995] 319, 321 ff; **aA** Schulze MDR 1989, 510, 511; für die Statthaftigkeit einer Vollstreckungsgegenklage bei Absinken des Zinssatzes Deichfuss MDR 1992, 334, 337; für eine bedingte Titulierung Frühauf NJW 1999, 1217, 1221 ff). Eine entwicklungsoffene Tenorierung von Zukunftszinsen, die eine Abänderungsklage entbehrlich machen kann, wird dadurch beschränkt, dass der Titel für die Zwangsvollstreckung eine hinreichende Bestimmtheit aufweisen muss (Zimmermann JuS 1991, 674, 676).

110

2. Zinsschuld in der Insolvenz

111 **Zinsen auf Insolvenzforderungen** (§ 38 InsO), die ab der Eröffnung des Insolvenzverfahrens angefallen sind, werden gemäß § 39 Abs 1 Nr 1 InsO **nachrangig** behandelt. Erfasst werden sowohl gesetzliche als auch vertragliche Zinsen (UHLENBRUCK/HIRTE [15. Aufl 2019], InsO § 39 Rn 9 mwNw). Anzuwenden im Rahmen des § 39 Abs 1 Nr 1 InsO ist grundsätzlich der allgemeine Zinsbegriff (s o Rn 23). Um eine Umgehung der Vorschrift zu vermeiden, wird allerdings auch der **Zinsverlustschaden**, der keinen Zins im Rechtssinne darstellt, als Zins im normspezifischen Sinn eingeordnet (UHLENBRUCK/HIRTE [15. Aufl 2019], InsO § 39 Rn 10 mwNw). Sofern die Zinsen vor Eröffnung des Insolvenzverfahrens auf die Insolvenzforderungen angefallen sind, besteht keine Nachrangigkeit, sondern eine Gleichrangigkeit mit der Hauptforderung.

112 Für den Zeitraum, in dem der Insolvenzverwalter von einem Verwertungsrecht nach § 166 InsO keinen Gebrauch macht, stehen dem Gläubiger vom Berichtstermin (vgl § 159 InsO) an die geschuldeten Zinsen zu (**§ 169 InsO**). Ziel der Vorschrift ist es ausweislich ihrer amtlichen Überschrift, den Gläubiger dafür zu entschädigen, dass er sein Einziehungsrecht nach § 166 InsO verloren hat und nicht selten einen nennenswerten Zeitraum auf den ihm zustehenden Veräußerungserlös warten muss (BGH 16. 2. 2006 – IX ZR 26/05, BGHZ 166, 215, 218). Fehlt es an einer Vereinbarung über die Zinshöhe, greift nach Ansicht der Rechtsprechung der gesetzliche Zinssatz des § 246 BGB als Mindestverzinsung (BGH 16. 2. 2006 – IX ZR 26/05, BGHZ 166, 215, 227; UHLENBRUCK/BRINKMANN [15. Aufl 2019], InsO § 169 Rn 5) ein; der Gegenansicht zufolge (MünchKommInsO/TETZLAFF[4] § 169 Rn 37) ist ein Rückgriff auf die – regelmäßig höheren – gesetzlichen Verzugszinsen vorzugswürdig.

3. Zinsschuld im Internationalen Privatrecht

113 Die Zinsschuld unterliegt dem Recht des Staates, das auch auf die verzinsliche Hauptschuld anzuwenden ist, dh dem **Schuldstatut** (BGH 9. 7. 1964 – VII ZR 113/63, MDR 1964, 840; BGH 2. 6. 1979 – IV ZR 162/74, WM 1976, 811, 813; STAUDINGER/BLASCHCZOK [1997] Rn 256; GRUBER MDR 1994, 759, 760; KINDLER, Gesetzliche Zinsansprüche im Zivil- und Handelsrecht [1996] 112 f, 338 f; STAUDINGER/MAGNUS [2016] Art 12 Rom I-VO Rn 57; ERMAN/STÜRNER[16] Art 12 Rom I-VO Rn 12). Die Anbindung an das Schuldstatut der Hauptschuld gilt nicht nur für Verzugs-, sondern auch für Prozesszinsen (**aA** LG Frankfurt aM 12. 1. 1993 – 3/8 O 208/91, RIW 1994, 778, 780: *lex fori*) und jegliche sonstige Zinsen im Rechtssinne. Demgegenüber will eine Minderheitsauffassung am **Währungsstatut** anknüpfen (GRUNSKY, in: FS Franz Merz [1992] 147, 152 ff; BERGER RabelsZ 61 [1997] 313, 326 ff). Hierfür wird vorgebracht, Zinsen dienten dem Ausgleich von Geldwertverlusten durch Inflation. Das Ausmaß eines solchen Ausgleichs richte sich nach der Inflationsanfälligkeit der Schuldwährung (BERGER RabelsZ 61 [1997] 313, 323). In einer „Weichwährungsrechtsordnung" (GRUNSKY, in: FS Franz Merz [1992] 147, 148) gelte ein höherer gesetzlicher Zinssatz als in einer Rechtsordnung mit einer preisstabilen Währung; zu verweisen sei exemplarisch auf den Ende 1990 erhöhten gesetzlichen Zinssatz in Italien von 10 Prozent (dazu KINDLER RIW 1991, 304 f; vgl zum gesetzlichen Zinssatz in Frankreich STRÖMER/LE FEVRE EuZW 1992, 210, 211). Zugleich brächten die Parteien mit der Wahl einer bestimmten Währung zum Ausdruck, deren Stabilitätsrisiken übernehmen zu wollen; hierzu zählen auch der die Instrumente, die im Zusammenhang mit der Stabilität der gewählten Währung stehen (GRUNSKY, in: FS Franz Merz [1992] 147, 153). Bei einer Anbindung an das Schuldstatut lasse sich dieser Korrelation zwischen Zinssatz und Stabilität der Schuldwährung nicht Rechnung tragen.

Die auf das Recht der Schuldwährung rekurrierende Gegenansicht verkennt jedoch **114** bereits, dass nicht notwendig eine räumliche Deckungsgleichheit von Währung und Schuldrechtsordnung besteht. Paradebeispiel ist der **Euroraum**: Dessen Mitgliedstaaten kennen **kein einheitliches Recht der Zinsschuld** und keine einheitlichen Verzugszinsen. Die Harmonisierung zu einem Europäischen Privatrecht der Zinsschuld hat zwar durch die Zahlungsverzugsrichtlinie (Richtlinie 2011/7/EU zur Bekämpfung von Zahlungsverzug im Geschäftsverkehr v 16. 2. 2011 [ABl EU Nr L48 S 1 v 23. 2. 2011]) einen erheblichen Fortschritt erzielt. Allerdings erfasst die Zahlungsverzugsrichtlinie nur den Geschäftsverkehr zwischen Unternehmen sowie zwischen Unternehmen und öffentlichen Stellen, nicht aber Rechtsverhältnisse mit Verbraucherbeteiligung (Art 1 Abs 1, Art 2 Nr 1 sowie Erwägungsgründe 3, 5, 8 der Richtlinie 2011/7/EU). Daher existiert kein einheitliches Zinsrecht des Euroraums, sondern für dieselbe Währung eine Vielzahl von mitgliedstaatlichen Schuldstatuten. Zudem setzt sich die Minderheitsauffassung in Widerspruch zum **Wesen des Zinses**, der sich gerade durch eine Abhängigkeit von einer verzinslichen Hauptschuld auszeichnet (s o Rn 26). Schließlich ist die Gegenansicht nicht mit **Art 12 Abs 1 lit b und c Rom I–VO** vereinbar. Der Bestimmung liegt das **Prinzip eines einheitlichen Vertragsstatuts** zugrunde (STAUDINGER/MAGNUS [2016] Art 12 Rom I–VO Rn 2), das durch die Abhängigkeit des Zinses von der Hauptschuld materiell-rechtlich noch unterstrichen wird. Verzugszinsen gehören zu den „Folgen der vollständigen oder teilweisen Nichterfüllung" der durch einen Vertrag begründeten Verpflichtungen, wie sie ausdrücklich in Art 12 Abs 1 lit c Rom I–VO benannt sind. Auch Prozesszinsen unterfallen diesem Tatbestand, auch wenn sie nach § 291 Abs 1 BGB unabhängig von den Verzugsvoraussetzungen geschuldet sind. Art 12 Abs 1 lit c Rom I–VO, der zudem nur eine beispielhafte und nicht abschließende Aufzählung von mit einem Vertrag zusammenhängenden Regelungsbereichen enthält (vgl den Wortlaut: „insbesondere"; FERRARI/LÜTTRINGHAUS, Rome I Regulation [2015] Art 12 para 3), erwähnt den Verzug als Spezialfall einer Nichterfüllung nicht, sondern geht in seinem Anwendungsbereich darüber hinaus. Im Lichte dieser Vorschrift knüpfen sowohl Verzugs- als auch Prozesszinsen an der Nichterfüllung vertraglicher Pflichten an. Handelt es sich bei einer Zinszahlung – wie etwa im Darlehensrecht nach § 488 Abs 1 S 2 BGB – um eine vertragliche Hauptleistungspflicht, ist demgegenüber Art 12 Abs 1 lit b Rom I–VO einschlägig. Basiert die verzinsliche Hauptschuld auf einem **außervertraglichen Schuldverhältnis**, folgt die Anwendbarkeit des Schuldstatuts aus der Qualifikationsnorm des **Art 15 Rom II-VO** (LG Saarbrücken 9. 3. 2012 – 13 S 51/11, NJW-RR 2012, 885, 887; LG Saarbrücken 11. 5. 2015 – 13 S 21/15, NJW 2015, 2823, 2825; iE auch AG Frankenthal 15. 10. 2014 – 3a C 158/13, NJW-RR 2015, 544, 546). Ebenso wie der Parallelvorschrift des Art 12 Rom I–VO liegt Art 15 Rom II-VO das Prinzip der einheitlichen Anknüpfung zugrunde, das der Rechtssicherheit im Internationalen Privatrecht dient (MünchKomm/ JUNKER[8] Art 15 Rom II-VO Rn 5).

Im von Art 3 Rom I–VO und Art 14 Rom II-VO gesetzten Rahmen steht es den Par- **115** teien frei, eine **abweichende Rechtswahl** für die Zinsschuld zu treffen. Dabei steht auch eine **konkludente** Rechtswahl offen, sofern sie sich nur **hinreichend eindeutig** aus den vertraglichen Regelungen bzw den Umständen des Einzelfalls ergibt (Art 3 Abs 1 S 2 Rom I–VO, Art 14 Abs 2 S 2 Rom II-VO). Durch dieses Erfordernis soll, wie nicht zuletzt aus Erwägungsgrund 31 S 3 Rom II-VO folgt, sichergestellt werden, dass nicht auf den hypothetischen, sondern den tatsächlichen Parteiwillen abgestellt wird (Spickhoff, in: FS Jan Kropholler [2008] 671, 683; Vogeler, Die freie Rechtswahl im Kollisionsrecht der außervertraglichen Schuldverhältnisse [2013] 189 ff). Solche Anhaltspunkte können sich im Einzelfall aus der Intention der Parteien ergeben, eine nominale Geldschuld durch **adäquate Fälligkeits- und Verzugszinsen** vor einer übermäßigen Entwertung durch **Inflation** zu schützen. Daraus kann sich eine Präferenz zugunsten einer Rechtsordnung ableiten, die ein für die Schuldwährung angemessenes Zinsregime aufstellt; damit kann eine Anbindung an die Schuldwährung verbunden sein. Allerdings darf eine solche Zielsetzung den Parteien nicht vorschnell unterstellt werden. Zum einen haben sie sich für eine nominale Geldschuld entschieden, die sie durch eine Wertsicherungsvereinbarung (vgl ausführlich Vorbem C195 ff zu §§ 244–248) hätten – auch teilweise – valorisieren können. Zum anderen erscheint eine pauschale Verknüpfung einer instabilen Währung mit angepasst hohen Verzugs-/Fälligkeitszinsen empirisch nicht belegt; vielmehr bedürfte es einer Einzelfallbetrachtung.

4. Zinsschuld im CISG

116 **Art 78 CISG** ordnet eine Pflicht des säumigen Geldschuldners zur Zahlung von Zinsen an. Anders als bei §§ 286 Abs 4, 288 BGB vermag sich der Zinsschuldner bei Art 78 CISG nicht zu exkulpieren (Staudinger/Magnus [2018] Art 78 CISG Rn 11 mwNw). Die Vorschrift setzt lediglich die Säumnis des Geldschuldners, dh die Nichterbringung einer fälligen Geldleistung, voraus. Es bedarf weder einer Mahnung noch eines Schadensnachweises (Tribunale Civile e Penale Forli 6. 3. 2012, IHR 2013, 197, 201). Nicht geregelt in der Konvention ist die **Höhe des Zinssatzes** (Tribunale di Pavia 29. 12. 1999 = http://www.unilex.info/cisg/case/734); sie bestimmt sich nach dem kollisionsrechtlich bestimmten nationalen Recht, das als **Vertragsstatut** dient (OLG Frankfurt 13. 6. 1991 – 5 U 261/90, NJW 1991, 3102; OLG Frankfurt 18. 1. 1994 – 5 U 15/93, NJW 1994, 1013, 1014; OLG München 2. 3. 1994 – 7 U 4419/93, NJW-RR 1994, 1075, 1076; Handelsgericht Aargau 5. 11. 2002 – OR. 2001. 00029, IHR 2003, 178, 181; Handelsgericht Zürich 25. 6. 2007 – HG050430/U/ei, IHR 2008, 31, 33; Piltz NJW 1994, 1101, 1105; Staudinger/Magnus [2018] Art 78 CISG Rn 12 mwNw; ausführlich zur Rechtsprechung vgl UNCITRAL Digest Art 78 Rn 10, 12; **aA** Berger RabelsZ 61 [1997] 313, 336 ff mwNw). Ist deutsches Vertragsrecht anwendbar, richtet sich der Zinssatz nach §§ 288 Abs 1 S 2, 247 BGB (LG München II 15. 3. 2012 – 4 HK O 3633/11, BeckRS 2013, 13726). Die zahlreichen Minderheitsauffassungen (im Einzelnen dazu UNCITRAL Digest Art 78 Rn 7 ff), welche unter anderem an der Vertragswährung (Arbitration Court of the Chamber of Commerce and Industry of Budapest, 5. 12. 1995 – Vb 94131 = http://www.unilex.info/cisg/case/181) oder der *lex fori* (Tribunal Cantonal Vaud, 11. 3. 1996 – 01 93 1061 = http://www.unilex.info/cisg/case/302) anknüpfen, verkennen den Regelungsgehalt von Art 7 Abs 2 Alt 2 CISG. *De lege lata* fehlt es an einer autonomen und einheitlichen Regelung in der Konvention. Diese Lücke lässt sich durch vorausschauende Parteien am besten mittels einer **vertraglichen Regelung** füllen, die einem Rückgriff auf nationales Recht vorgeht. Eine kollisionsrechtliche Anbindung an die *lex monetae* scheitert schon in der Umsetzung daran, dass nicht jeder Währungsraum über eine einheitliche (Privat-)Rechtsordnung verfügt, die sich zur Höhe von Zinssätzen bei Säumnis des Geldschuldners äußert (s o Rn 114).

117 Eine Sonderregelung im Verhältnis zum allgemeinen Art 78 CISG stellt **Art 84 Abs 1 CISG** für die Konstellation auf, in welcher der Verkäufer den **Kaufpreis zurückzuzah-**

len hat. Ebenso wie Art 78 CISG schweigt Art 84 Abs 1 CISG zur **Höhe des Zinssatzes**, sodass es über Art 7 Abs 2 Alt 2 CISG eines Rückgriffs auf das kollisionsrechtlich bestimmte **Vertragsstatut** bedarf (Bezirksgericht der Saane 20. 2. 1997 – T 171/95 = http://www.unilex.info/cisg/case/403; Schiedsgericht der Hamburger freundschaftlichen Arbitrage 29. 12. 1998 – RKS E 5 a Nr 19, IHR 2001, 35, 37; STAUDINGER/MAGNUS [2018] Art 84 CISG Rn 9 mwNw; offen OLG Düsseldorf 28. 5. 2004 – I 17 U 20/02, IHR 2004, 203, 215; **aA** beispielsweise BRIDGE, in: KRÖLL/MISTELIS/VISCASILLAS (Eds), CISG [2. Aufl 2018] Art 84 Rn 11 [Zins am Sitz des Verkäufers]; ausführlich zum Meinungsstand in der Rechtsprechung vgl UNCITRAL Digest Art 84 Rn 3). Auch steht dem Verkäufer keine Exkulpationsmöglichkeit, wie sie § 286 Abs 4 BGB kennt, offen; Art 79 CISG gilt ebenfalls nicht. In Abweichung zu Art 78 CISG greift die Verzinsungspflicht des Art 84 Abs 1 CISG bereits „from the date on which the price was paid". Darunter wird überwiegend der Zeitpunkt verstanden, zu welchem die **Zahlung bei dem Verkäufer eingegangen** ist, sodass nicht schon das Absenden des Geldbetrags durch den Käufer genügt (BRIDGE, in: KRÖLL/MISTELIS/VISCASILLAS (Eds), CISG [2. Aufl 2018] Art 84 Rn 10; FOUNTOULAKIS, in: SCHLECHTRIEM/SCHWENZER/SCHROETER, CISG [7. Aufl 2019] Art 84 Rn 12 mwNw; **aA** MünchKommHGB/MANKOWSKI[4] CISG Art 84 Rn 6). Erst ab dem Moment des Empfangs besteht tatsächlich die Möglichkeit zur Kapitalnutzung, für welche der Zins einen Ausgleich gewährt (s o Rn 36).

§ 247
Basiszinssatz

(1) Der Basiszinssatz beträgt 3,62 Prozent. Er verändert sich zum 1. Januar und 1. Juli eines jeden Jahres um die Prozentpunkte, um welche die Bezugsgröße seit der letzten Veränderung des Basiszinssatzes gestiegen oder gefallen ist. Bezugsgröße ist der Zinssatz für die jüngste Hauptrefinanzierungsoperation der Europäischen Zentralbank vor dem ersten Kalendertag des betreffenden Halbjahrs.

(2) Die Deutsche Bundesbank gibt den geltenden Basiszinssatz unverzüglich nach den in Absatz 1 Satz 2 genannten Zeitpunkten im Bundesanzeiger bekannt.

Materialien: BGBl I 1998, 1242; BGBl I 1999, 139; BT-Drucks 14/6040, 126.

Schrifttum

ASPÖCK, Der Kommissionsvorschlag zur Reform der Zahlungsverzugsrichtlinie und allfälliger Umsetzungsbedarf in Deutschland und Österreich, GPR 2009, 270
BECKER, „Negativzinsen" als Folge von Zinsgleitklauseln bei Inhaberschuldverschreibungen?, WM 2013, 1736
COEN, Der negative Basiszinssatz nach § 247 BGB, NJW 2012, 3329
DNotI, Berechnung von Verzugszinsen bei negativem Basiszinssatz gem § 247 BGB, DNotI-Report 2013, 21
FREUND/RACH, Die Geltendmachung von Zinsansprüchen nach § 49a VwVfG, DVP 2004, 231
FÜHR, Aus der Praxis: Prozent oder Prozentpunkte – Ein gar nicht so kleiner und feiner Unterschied?!, JuS 2005, 1095
GÖSSL, Die Vollstreckung von dynamischen Zinssätzen unter der neuen EuGVVO, NJW 2014, 3479

HARTMANN, Prozente und Prozentpunkte beim Klageantrag auf Verzugszinsen, NJW 2004, 1358
KESSELER, Die Eintragungsfähigkeit variabler Grundschuldzinsen, MittBayNot 2006, 468
KLOSE, Der gesetzliche Verzugszins und der negative Basiszinssatz, NJ 2014, 13
KÖRNER/LEITHERER/MUTSCHLER/ROLFS (Hrsg), Kasseler Kommentar Sozialversicherungsrecht (112 EL 2020)
KRÜGER/RAUSCHER (Hrsg), Münchener Kommentar zur ZPO (6. Aufl 2020)
LUTTER/HOMMELHOFF/TEICHMANN (Hrsg), Societas Europaea-Kommentar (2. Aufl 2015)
LÜTTRINGHAUS, Die Verzinsung von Gerichtskosten zwischen BGB und ZPO, NJW 2014, 3745
OELSNER, Die Neufassung der Zahlungsverzugsrichtlinie, EuZW 2011, 940
ders, Zwingendes Recht im Geschäftsverkehr durch die Reform der Zahlungsverzugsrichtlinie, GPR 2013, 182
OMLOR, Negativzinsen, Bankrechtstag 2017 (2018) 41
OTTO/REICH, Zinsanspruch auf Notarkosten, JurBüro 2006, 4
PETERSHAGEN, Der neue Basiszinssatz des BGB – eine kleine Lösung in der großen Schuldrechtsreform?, NJW 2002, 1455
SAENGER/UPHOFF, Die Geltendmachung von Zinsansprüchen für verauslagte Gerichts- und Anwaltskosten, MDR 2014, 192
SCHIMANSKY/BUNTE/LWOWSKI (Hrsg), Bankrechts-Handbuch (5. Aufl 2017)
SCHNEKENBURGER, Zinsverlust? Zur Neuregelung der Zinsbezugsgrößen auf öffentlich-rechtliche Erstattungsansprüche, NVwZ 2003, 36
SCHREIBER, Der Vollzug des SGB II als Problem der Principal-Agent-Beziehung zwischen Bund und Leistungskommunen, VSSR 2013, 279
TIMM-WAGNER, SE-Ausführungsgesetz (2012)
WEIDLICH, Prozente und Prozentpunkte beim Anspruch auf Verzugszinsen, DNotZ 2004, 820
ZIMMER, Variabler Zinssatz ohne Angabe des Höchstzinssatzes, NJW 2006, 1325.

Systematische Übersicht

I.	**Systematische und teleologische Verortung**	
1.	Überblick	1
2.	Entstehungsgeschichte und zeitlicher Anwendungsbereich	2
a)	Funktionsdefizite starrer Zinssätze	2
b)	Basiszinssätze nach DÜG und BGB	3
c)	Europäisches Privatrecht	7
d)	Schuldrechtsreform	9
3.	Sekundärrechtliche Grundlagen	10
II.	**Sachlicher Anwendungsbereich**	
1.	Abgrenzung zum gesetzlichen Zinssatz	13
2.	Rechtsgeschäftliche Anwendungsfälle	14
3.	Gesetzliche Anwendungsfälle	15
a)	Verzugszinsen	16
b)	Aktien- und Umwandlungsrecht	17
c)	Scheck- und Wechselrecht	18
d)	Wasserversorgungs- und Energierecht	19
e)	Kostenrecht	20
f)	Verwaltungsrecht	21
aa)	Allgemeines Verwaltungsrecht	21
bb)	Besonderes Verwaltungsrecht	22
III.	**Begriff und Berechnung des Basiszinssatzes**	
1.	Rechtsnatur und Funktion	24
2.	Bedeutung des kodifizierten Zinssatzes von 3,62 Prozent	25
3.	Anpassungskonzeption	26
a)	Methodik	26
b)	Hauptrefinanzierungsoperation	28
aa)	Begriffliche Inkohärenzen	28
bb)	Arten von Hauptrefinanzierungsgeschäften	29
cc)	Bestimmung des Bezugszinssatzes im konkreten Einzelfall	33
c)	Bekanntgabe im Bundesanzeiger	35
4.	Rechtsfragen des negativen Basiszinssatzes	36
a)	Grundfragen der Zinsdogmatik	36
b)	Negativzinsen als reine Rechengröße	37

aa)	Basiszinssatz mit additiver Zinsspanne	37	5. Historische Basiszinssätze nach § 247	45
bb)	Verzugszinsen	38		
cc)	Zulässigkeit des Mahnverfahrens für Darlehensschulden	40	**IV. Zivilprozess-, zwangsvollstreckungs- und grundbuchrechtliche Spezifika**	
c)	Negativzinsen als Berechnungsergebnis	41	1. Basiszinssatz im Zivilprozess	46
aa)	Gesetzliche Verzinsungsvorschriften	41	2. Basiszinssatz in der Zwangsvollstreckung	50
bb)	Vertragliche Verzinsungsvereinbarungen	42	3. Basiszinssatz im Grundbuch	51

Alphabetische Übersicht

Aktienrecht	17	Offenmarktgeschäfte	29
Anpassungsmethodik	26	Öffentlich-rechtlicher Erstattungsanspruch	23
Bundesanzeiger	35	Rechtsnatur des Basiszinssatzes	24
Energierecht	19	Scheckrecht	18
Entstehungsgeschichte	2	Tenderverfahren	31
Funktion	13, 24	Umwandlungsrecht	17
Grundbuch	51	Verwaltungsrecht	21 f
Grundschuldzinsen	51	Verzugszinsen	16, 38 f
Hauptrefinanzierungsoperation	28 ff	Wasserversorgungsrecht	19
Historische Basiszinssätze		Wechselrecht	18
– § 247	45	Zahlungsverzugsrichtlinie	1
– DÜG	6	– Erste	7 f
Hypothekenzinsen	51	– Zweite	10 ff
Kostenrecht	20	Zinstender	32
Mahnverfahren	40	Zivilprozess	46 ff
Mengentender	31	Zwangsvollstreckung	50
Negativer Basiszinssatz	36 ff, 41 ff		

I. Systematische und teleologische Verortung

1. Überblick

Zusammen mit dem gesetzlichen Zinssatz des § 246 BGB und dem Zinseszinsverbot **1** des § 248 BGB bildet § 247 BGB eine fragmentarische Regelungseinheit zum BGB-Zinsrecht (zum Zinsbegriff vgl § 246 Rn 21 ff; zur Zinsschuld im BGB vgl § 246 Rn 87). Ebenso wie § 246 BGB enthält § 247 BGB jedoch **keine Anspruchsgrundlage für Zinsforderungen**, sondern setzt eine solche voraus. Anders als der gesetzliche Zinssatz des § 246

BGB ist der Basiszinssatz des § 247 BGB **variabel ausgestaltet** und unterliegt einem halbjährlichen Änderungsmodus (im Einzelnen s u Rn 26 ff). Die gesetzlich angeordneten Anwendungsfälle folgen ganz überwiegend dem Muster, dass zum jeweiligen Basiszinssatz eine **Zinsspanne** von zumeist zwei bis neun Prozentpunkten addiert wird (s u Rn 15 ff). Nach dem Berechnungsmodus des § 247 Abs 1 BGB sind auch **negative Basiszinssätze** möglich; solche wurden erstmals am 1. 1. 2013 festgestellt (zur Entwicklung der Basiszinssätze seit 2002 s u Rn 45) und ziehen einige Sonderprobleme nach sich (s u Rn 36 ff). In Verbindung mit § 288 Abs 2 BGB dient § 247 BGB zugleich der Umsetzung der Zahlungsverzugsrichtlinie (s u Rn 7 und 10). Entstehungsgeschichtlich handelt es sich beim Basiszinssatz des § 247 BGB um den Nachfolger des früheren Diskontsatzes der Deutschen Bundesbank und des Basiszinssatzes nach § 1 DÜG (im Einzelnen s u Rn 2 ff).

2. Entstehungsgeschichte und zeitlicher Anwendungsbereich

a) Funktionsdefizite starrer Zinssätze

2 Der Basiszinssatz des § 247 BGB versteht sich als **legislativer Gegenentwurf zum gesetzlichen Zinssatz des § 246 BGB**. Der starre gesetzliche Zinssatz, der bis zum 30. 4. 2000 nach § 288 Abs 1 S 1 BGB aF auch als Verzugszinssatz heranzuziehen war, begegnete vor allem ab Ende der 1970er Jahre einer immer deutlicheren rechtspolitischen und verfassungsrechtlichen Kritik (vgl § 246 Rn 6). In der Tat stellt ein **starrer Verzugszinssatz** je nach aktuellem Stand des Zinsmarkts **keinen effektiven Anreiz** dar, um den Schuldner zu einer fristgemäßen Leistung zu bewegen. Liegen die Marktzinsen für eine Darlehensaufnahme des Geldschuldners über dem Verzugszinssatz, kann es für diesen günstiger sein, sich durch eine verzögerte Zahlung Liquidität auf Kosten des Geldgläubigers zu verschaffen. Vermag der Geldgläubiger keinen höheren Verzugsschaden – beispielsweise in Gestalt eigener Refinanzierungskosten (§ 288 Abs 4 BGB, dazu STAUDINGER/FELDMANN [2019] § 288 Rn 35 ff mwNw) – nachzuweisen, hat sich der Geldschuldner einen nicht ausgleichsfähigen Vorteil verschafft. Auch die abstrakte Schadensberechnung hilft in solchen Konstellationen nur eingeschränkt weiter, da erstens für Gläubiger und Schuldner unterschiedliche Finanzierungskonditionen bestehen können und zweitens der Gläubiger während des gesamten Verzugs Darlehen in entsprechender Höhe in Anspruch genommen haben muss (BGH 27. 2. 1991 – XII ZR 39/90, NJW-RR 1991, 1406 f).

b) Basiszinssätze nach DÜG und BGB

3 Vor dem Hintergrund der Funktionsdefizite des starren gesetzlichen Zinssatzes (zu den Motiven im Einzelnen BT-Drucks 14/1246, 5) hatte der deutsche Gesetzgeber das **Gesetz zur Beschleunigung fälliger Zahlungen** v 30. 3. 2000 (BGBl I 330) beschlossen. Durch dessen Art 1 Nr 2 wurde § 288 Abs 1 S 1 BGB geändert und ein Verzugszinssatz von fünf Prozentpunkten über dem Basiszinssatz nach § 1 des **Diskont-Überleitungs-Gesetzes** (DÜG) v 9. 6. 1998 (BGBl I 1242) eingeführt. Dieser Basiszinssatz bestimmte sich nach § 1 Abs 1 DÜG:

> „Soweit der Diskontzinssatz der Deutschen Bundesbank als Bezugsgröße für Zinsen und andere Leistungen verwendet wird, tritt bis zum Ablauf des 31. Dezember 2001 an seine Stelle der jeweilige Basiszinssatz. Basiszinssatz ist der am 31. Dezember 1998 geltende Diskontzinssatz der Deutschen Bundesbank. Er verändert sich mit Beginn des 1. Januar, 1. Mai und 1. September jedes Jahres, erstmals mit Beginn des 1. Mai 1999 um die Prozentpunkte, um wel-

che die gemäß Absatz 2 zu bestimmende Bezugsgröße seit der letzten Veränderung des Basiszinssatzes gestiegen oder gefallen ist. Für die erste Veränderung ist die Veränderung der Bezugsgröße seit der Ersetzung des Diskontsatzes maßgeblich. Sätze 3 und 4 gelten nicht, wenn sich die Bezugsgröße um weniger als 0,5 Prozentpunkte verändert hat. Die Deutsche Bundesbank gibt den Basiszinssatz im Bundesanzeiger bekannt."

Als **Bezugsgröße** wurde durch § 1 Abs 2 DÜG iVm § 1 Basiszinssatz-Bezugsgrößen-Verordnung (BazBV) v 10. 2. 1999 (BGBl I S 139) der Zinssatz für längerfristige Refinanzierungsgeschäfte der Europäischen Zentralbank (LRG-Satz) festgelegt. Der **frühere Diskontsatz der Deutschen Bundesbank** wurde ab dem 1. 1. 1999 nicht mehr festgesetzt, da mit der dritten Stufe der Währungsunion (vgl dazu Vorbem A202 zu §§ 244–248) die entsprechenden geldpolitischen Befugnisse auf das Europäische System der Zentralbanken übergegangen waren; durch § 1 Abs 1 S 1 DÜG wurde ein Nachfolger für den Diskontsatz bestimmt. Der **Zinssatz nach § 1 Abs 1 DÜG** galt **vom 1. 1. 1999 bis zum 31. 12. 2001** auf dem Gebiet des Bürgerlichen Rechts und des Verfahrensrechts der Gerichte als der maßgebliche Basiszinssatz, auf den in Rechtsvorschriften des Bundes, in bestimmten landesrechtlichen Vorschriften und in Verträgen auf der Grundlage solcher Vorschriften verwiesen wurde (STAUDINGER/OMLOR [2016] Art 229 § 7 EGBGB Rn 5). **Ab dem 1. 1. 2002** trat an die Stelle des Basiszinssatzes iSv § 1 DÜG nach Art 229 § 7 Abs 1 S 1 Nr 1 EGBGB der **Basiszinssatz iSv § 247 BGB**, soweit das Gebiet des Bürgerlichen Rechts und des Verfahrensrechts der Gerichte betroffen war (im Einzelnen STAUDINGER/OMLOR [2016] Art 229 § 7 EGBGB Rn 3 f mwNw). 4

Auf dem Gebiet des **Öffentlichen Rechts** kam es hingegen zu einer verlängerten Geltungszeit des Basiszinssatzes nach § 1 DÜG. Dieser beanspruchte jenseits des Bürgerlichen Rechts und des Verfahrensrechts der Gerichte, dh insbesondere im Öffentlichen Recht, vom 1. 1. 1999 bis zum 3. 4. 2002 Geltung, da die Übergangsvorschrift des Art 229 § 7 EGBGB insofern nicht anwendbar ist (PETERSHAGEN NJW 2002, 1455, 1456; STAUDINGER/OMLOR [2016] Art 229 § 7 EGBGB Rn 8 ff). **Seit dem 4. 4. 2002** ist das DÜG mit *ex nunc*-Wirkung (aA SCHNEKENBURGER NVwZ 2003, 36, 37) aufgehoben, sodass dessen Basiszinssatz auch jenseits des Anwendungsbereichs von Art 229 § 7 EGBGB nicht mehr gilt. In der Folge existierten für den **Übergangszeitraum** vom 1. 1. bis 3. 4. 2002 **parallel zwei unterschiedliche Basiszinssätze** in Deutschland. 5

Die **historischen Basiszinssätze** nach § 1 DÜG wiesen folgende Werte auf: 6

1. 1. 2002   2,71 %
1. 9. 2001   3,62 %
1. 5. 2001   4,26 %
1. 1. 2001   4,26 %
1. 9. 2000   4,26 %
1. 5. 2000   3,42 %
1. 1. 2000   2,68 %
1. 9. 1999   1,95 %
1. 5. 1999   1,95 %
1. 1. 1999   2,50 %

c) Europäisches Privatrecht

7 Zu den funktionalen Unzulänglichkeiten des festen Verzugszinses waren supranationale Vorgaben des europäischen Sekundärrechts getreten. Die **erste Zahlungsverzugsrichtlinie** (Richtlinie 2000/35/EG zur Bekämpfung von Zahlungsverzug im Geschäftsverkehr v 29. 6. 2000 [ABl EU Nr L 200, 35 v 8. 8. 2000]) zielte darauf ab, die finanziellen Vorteile aus einem Zahlungsverzug durch niedrige Verzugszinsen und langsame Beitreibungsverfahren, wie sie in den meisten Mitgliedstaaten bestanden, zu minimieren bzw gänzlich auszuschließen (Erwägungsgrund 16 der Richtlinie 2000/35/EG). Für Zahlungsverpflichtungen im Geschäftsverkehr zwischen Unternehmen oder zwischen Unternehmen und öffentlichen Stellen (zum Begriff vgl Art 2 Nr 1 der Richtlinie 2000/35/EG) wurde ein **variabler Mindestzinssatz** festgelegt. Nach Art 3 Abs 1 lit d der ersten Zahlungsverzugsrichtlinie 2000/35/EG berechnete sich der Zinssatz aus dem variablen Bezugszinssatz und einem festen Zuschlag von sieben Prozentpunkten, der vertraglich noch weiter erhöht werden durfte. Der Bezugszinssatz ergab sich im Euroraum aus der jüngsten Hauptrefinanzierungsoperation der Europäischen Zentralbank (vgl die Legaldefinition in Art 2 Nr 4 der Richtlinie 2000/35/EG).

8 Zumindest für ihren Anwendungsbereich **erzwang** die erste Zahlungsverzugsrichtlinie 2000/35/EG eine **Änderung des Basiszinssatzes**, der nach § 1 DÜG berechnet wurde (BT-Drucks 14/6040, 126). Während der Basiszinssatz nach DÜG als Bezugsgröße den LRG-Satz heranzog, gelangte nach der ersten Zahlungsverzugsrichtlinie 2000/35/EG der Zinssatz der jüngsten Hauptrefinanzierungsoperation der Europäischen Zentralbank zur Anwendung. Unterschiede ergaben sich auch aus dem Modus der Neuberechnung: Art 3 Abs 1 lit d der ersten Zahlungsverzugsrichtlinie 2000/35/EG griff für den Bezugszinssatz auf den „ersten Kalendertag des betreffenden Halbjahres" zurück, während § 1 Abs 1 S 3 und 5 DÜG drei Aktualisierungszeitpunkte pro Jahr und eine Erheblichkeitsschwelle von 0,5 Prozentpunkten vorsah.

d) Schuldrechtsreform

9 Die Umsetzung der ersten Zahlungsverzugsrichtlinie 2000/35/EG hatte vor dem 8. 8. 2002 zu erfolgen (Art 6 Abs 1 S 1 der Richtlinie 2000/35/EG). Daher konnte im Zuge der Reform des Schuldrechts ein **legislativer Neuanfang hinsichtlich des Basiszinssatzes** vollzogen werden. Über **Art 229 § 7 Abs 1 Nr 1 bis 3 EGBGB** kam es zu einer Ersetzung des Basiszinssatzes nach dem DÜG, des Diskontsatzes der Deutschen Bundesbank und des Zinssatzes für Kassenkredite des Bundes durch den neuen Basiszinssatz nach § 247 BGB. Durch die **Integration** des Basiszinssatzes **in das BGB** sollte dessen Übersichtlichkeit und Anwendungsfreundlichkeit erhöht werden (BT-Drucks 14/6040, 126). Diese gesetzgebungstechnische Entscheidung erscheint **sachgerecht**. Auch wenn das BGB-Zinsrecht in den §§ 246 bis 248 BGB weiterhin nur eine fragmentarische Regelung erfährt (vgl § 246 Rn 87), so spricht insbesondere der Kontext mit § 246 BGB für diesen Regelungsort. Beim gesetzlichen Zinssatz des § 246 BGB und dem Basiszinssatz des § 247 BGB handelt es sich um die beiden zentralen Zinssätze, auf die aus dem gesamten Bürgerlichen Recht – und darüber hinaus (vgl § 246 Rn 12) – zurückgegriffen wird. Die beiden konkurrierenden Grundmodelle eines starren und eines variablen Zinssatzes stehen sich unmittelbar gegenüber. Zudem knüpfen §§ 246 bis 248 BGB an die Kodifizierungstradition des BGB an, übergreifende Vorschriften in einem Allgemeinen Teil „vor die Klammer" zu ziehen. Seit dem 1. 1. 2002 gilt daher auf dem Gebiet des Bürgerlichen Rechts und des Verfahrensrechts der Gerichte ausschließlich der Basiszinssatz des § 247 BGB (s o Rn 3 ff).

3. Sekundärrechtliche Grundlagen

Die erste Zahlungsverzugsrichtlinie 2000/35/EG (s o Rn 7), deren Umsetzung § 247 **10** BGB ursprünglich diente, wurde mit Wirkung zum 16. 3. 2013 aufgehoben und durch die **zweite Zahlungsverzugsrichtlinie** (Richtlinie 2011/7/EU zur Bekämpfung von Zahlungsverzug im Geschäftsverkehr v 16. 2. 2011 [ABl EU Nr L 48, 1 v 23. 2. 2011]) ersetzt. Mit dieser Neufassung gingen Änderungen in wesentlichen Bereichen der Richtlinie einher (dazu Aspöck GPR 2009, 270 ff; Oelsner EuZW 2011, 940 ff; ders GPR 2013, 182 ff). Unter anderem wurde die statische Zinsspanne für Rechtsgeschäfte ohne Verbraucherbeteiligung in § 288 Abs 2 BGB um einen Prozentpunkt erweitert (Art 1 Nr 3 lit b des Gesetzes zur Bekämpfung von Zahlungsverzug im Geschäftsverkehr und zur Änderung des Erneuerbare-Energien-Gesetzes v 22. 7. 2014 [BGBl I 1218]). **Unverändert** blieb jedoch der **Bezugszinssatz**, der als Grundlage des gesetzlichen Verzugszinssatzes dient. Nach Art 2 Nr 7 lit a der zweiten Zahlungsverzugsrichtlinie 2011/7/EU bezeichnet der Bezugszinssatz im Euroraum entweder

> „i) den von der Europäischen Zentralbank auf ihre jüngsten Hauptrefinanzierungsoptionen angewendeten Zinssatz oder
>
> ii) den marginalen Zinssatz, der sich aus Tenderverfahren mit variablem Zinssatz für die jüngsten Hauptrefinanzierungsoptionen der Europäischen Zentralbank ergibt".

In § 247 Abs 1 S 3 BGB wird der Bezugszinssatz unter Rückgriff auf Art 2 Nr 7 lit a **11** (i) der zweiten Zahlungsverzugsrichtlinie 2011/7/EU bestimmt. Die Mitgliedstaaten haben nach Art 8 Abs 1 HS 2 der zweiten Zahlungsverzugsrichtlinie 2011/7/EU die **Veröffentlichung** des anwendbaren gesetzlichen Verzugszinssatzes zu gewährleisten. Dazu dient die Veröffentlichung des Basiszinssatzes durch die Deutsche Bundesbank im Bundesanzeiger nach § 247 Abs 2 BGB (Einzelheiten s u Rn 35).

Die Vorgaben der zweiten Zahlungsverzugsrichtlinie 2011/7/EU setzen einer Än- **12** derung des § 247 BGB durch den deutschen Gesetzgeber innerhalb ihres Anwendungsbereichs Grenzen. Den **Mitgliedstaaten** steht es nach Art 12 Abs 3 der zweiten Zahlungsverzugsrichtlinie 2011/7/EU lediglich offen, einen **stärkeren Gläubigerschutz** – etwa durch einen höheren Verzugszinssatz – vorzusehen. Eine Nutzung der Ermächtigungsgrundlage in Art 229 § 7 Abs 4 Nr 1 EGBGB, um durch Rechtsverordnung die **Bezugsgröße des Basiszinssatzes zu verändern**, wäre daher aus unionsrechtlicher Sicht **nicht umsetzbar** (Coen NJW 2012, 3329, 3333). Lediglich außerhalb des Geschäftsverkehrs iSv Art 2 Nr 1 der zweiten Zahlungsverzugsrichtlinie 2011/7/EU und generell jenseits der Verzugszinssätze dürfte der deutsche Gesetzgeber einen abweichenden (zweiten) Basiszinssatz vorsehen. Unionsrechtlich zulässig wäre es hingegen, den Basiszinssatz von dem festen Abschlag von 0,88 Prozentpunkten (s u Rn 27) zu befreien und unmittelbar auf die Bezugsgröße aus § 247 Abs 1 S 2 BGB zurückzugreifen (befürwortend *de lege ferenda* BeckOGK/Coen [1. 3. 2021] Rn 55).

II. Sachlicher Anwendungsbereich

1. Abgrenzung zum gesetzlichen Zinssatz

13 Anders als § 246 BGB (vgl § 246 Rn 3) verfügt § 247 BGB über **keine Lückenfüllungs-, sondern nur über eine Vereinfachungsfunktion**. Der Basiszinssatz gelangt nicht bereits dann subsidiär und automatisch zur Anwendung, wenn eine gesetzliche Vorschrift oder eine vertragliche Regelung hinsichtlich des Zinssatzes unvollständig ist und der Ausfüllung bedarf. Vielmehr greift der Basiszinssatz nur dann ein, wenn er **gesondert in Bezug genommen** wird. Eine solche Bezugnahme findet sich in zahlreichen gesetzlichen Bestimmungen, die sich – anders als die systematische Stellung des § 247 BGB im Allgemeinen Teil des Schuldrechts vermuten ließe – nur zu einem sehr geringen Teil im BGB selbst verorten lassen (s u Rn 15 ff); sie kann aber auch in vertraglichen Vereinbarungen enthalten sein (s u Rn 14).

2. Rechtsgeschäftliche Anwendungsfälle

14 Für eine dem Grunde nach bestehende Zinsschuld können sich die Parteien nach allgemeinen Grundsätzen (§§ 133, 157 BGB) auf den Basiszinssatz als Bezugsgröße – auch zuzüglich einer zu bestimmenden Zinsspanne – für den geschuldeten Zins einigen. In Abgrenzung zum gesetzlichen Zinssatz des § 246 BGB (vgl § 246 Rn 18) bedarf es dafür allerdings einer Grundlage im Parteiwillen, da dem Basiszinssatz keine Lückenfüllungsfunktion zukommt. Eine solche Einbeziehung ist **sowohl ausdrücklich als auch konkludent** möglich. Auch einer **formularvertraglichen** Abrede stehen keine prinzipiellen Bedenken gegenüber. Soll von einer gesetzlichen Verzinsungsregelung (zu Beispielsfällen vgl § 246 Rn 12 ff) abgewichen werden, bleibt insbesondere § 307 Abs 2 Nr 1 BGB zu beachten. Auch bestehen verschiedene Vorschriften namentlich des Verbraucherschutzrechts, durch welche die Privatautonomie auch hinsichtlich der Zinshöhe beschränkt wird (zB §§ 492 Abs 2, 512 S 1 BGB). Der Basiszinssatz des § 247 BGB kann schließlich auch im Wege der **ergänzenden Vertragsauslegung** anzuwenden sein. Es existiert keine Sperrwirkung des lückenfüllenden § 246 BGB als Teil des dispositiven Rechts dergestalt, dass bei einer Lücke im Vertrag in Bezug auf die Zinshöhe stets der gesetzliche Zinssatz heranzuziehen wäre (vgl § 246 Rn 18).

3. Gesetzliche Anwendungsfälle

15 Wird in gesetzlichen Bestimmungen auf den Basiszinssatz verwiesen, so handelt es sich um **dynamische Verweisungen** auf den jeweiligen Basiszinssatz (Erman/Martens[16] Rn 10). Unabhängig von seiner deklaratorischen Bekanntgabe im Bundesanzeiger (s u Rn 35) gilt jeweils automatisch der halbjährlich nach Maßgabe von § 247 Abs 1 S 2 und 3 BGB aktualisierte Basiszinssatz. Überwiegend tritt zum Basiszinssatz noch eine feste Zinsspanne hinzu, die sich zumeist zwischen zwei und neun Prozentpunkten bewegt.

a) Verzugszinsen

16 Die höchste Praxisbedeutung dürfte der Basiszinssatz durch seine Rolle als Bezugszinssatz für die **Verzugszinsen** nach § 288 Abs 1 S 2, Abs 2 BGB erlangen, welche sich durch den Verweis in § 291 S 2 BGB für die **Prozesszinsen** noch verstärkt. Für Immobiliar-Verbraucherdarlehensverträgen iSd § 491 Abs 3 BGB gilt ein geringerer Verzugszinssatz, der jedoch ebenfalls auf den Basiszinssatz als Bezugszinssatz zurückgreift (§ 497 Abs 4 BGB). Einen darlehensrechtlichen Bezug weist zudem der Ausschlusstatbestand des § 688 Abs 2 Nr 1 ZPO auf, der ein **Mahnverfahren** für Forderungen eines Unternehmers aus einem Verbraucherdarlehensvertrag und verwandten Verträgen (§ 506 BGB) ausschließt, sofern der effektive Jahreszins den Basiszinssatz bei Vertragsschluss um mehr als 12 Prozentpunkte übersteigt (zur Anwendung bei negativen Basiszinsen s u Rn 40).

b) Aktien- und Umwandlungsrecht
Barabfindungen an Aktionäre sind mit fünf Prozentpunkten über dem Basiszinssatz **17** zu verzinsen; betroffen sind Ausgleichszahlungen an die außenstehenden Aktionäre bei Gewinnabführungsverträgen (§ 305 Abs 3 S 3 HS 1 AktG), die Barabfindung zugunsten ausgeschiedener Aktionäre einer eingegliederten Gesellschaft (§ 320b Abs 1 S 6 HS 1 AktG) sowie zugunsten von durch ein *Squeeze-out* ausgeschlossener Minderheitsaktionäre (§ 327b Abs 2 HS 1 AktG). Barabfindungen an Minderheitsaktionäre im Zuge der **Gründung einer Societas Europaea (SE)** durch Verschmelzung unterliegen einer gesetzlichen Verzinsung in Höhe von fünf Prozentpunkten über dem jeweiligen Basiszinssatz (§§ 6 Abs 3 S 1, 7 Abs 2 S 2 SEAG). Als Vorbild für § 6 Abs 3 SEAG diente § 15 Abs 2 UmwG (Timm-Wagner, SE-Ausführungsgesetz [2012] § 6 Rn 5; Bayer, in: Lutter/Hommelhoff/Teichmann [Hrsg], SE-Kommentar [2. Aufl 2015] Art 24 SE-VO Rn 37). Nach dieser Vorschrift ist bei einer **Verschmelzung** die bare Zuzahlung an Aktionäre aufgrund eines Spruchverfahrens in Höhe von fünf Prozentpunkten über dem jeweiligen Basiszinssatz zu verzinsen. Ein Bieter für einen **Erwerb iSd § 1 WpÜG**, der ein **Pflichtangebot** (§ 35 WpÜG) abzugeben hat, ist zur Verzinsung der ihn treffenden Gegenleistung unter den Voraussetzungen des § 38 WpÜG verpflichtet; als Zinssatz ist der Basiszinssatz zuzüglich einer Zinsspanne von fünf Prozentpunkten festgelegt.

c) Scheck- und Wechselrecht
Kommt es im **Scheckverkehr** zu einem **Rückgriff des Inhabers** mangels Zahlung, kann **18** er unabhängig von einem Verzug des Scheckschuldners (Nobbe, in: Schimansky/Bunte/Lwowski [Hrsg], Bankrechts-Handbuch [5. Aufl 2017] § 62 Rn 135) eine Verzinsung der Schecksumme, soweit der Scheck nicht eingelöst wurde, in Höhe von zwei Prozentpunkten über dem jeweiligen Basiszinssatz verlangen; dabei beträgt der Mindestzinssatz sechs Prozent und der Scheck muss im Inland ausgestellt und zahlbar sein (Art 45 Nr 2 ScheckG). Bei einem **Ersatzrückgriff des einlösenden Rückgriffsschuldners** besteht eine Verzinsungspflicht mit identischem Zinssatz (Art 46 Nr 2 ScheckG). Parallele Regelungen existieren im **Wechselrecht** für den Rückgriff des Inhabers (Art 48 Abs 1 Nr 2 WG) und den Ersatzrückgriff des zahlenden Rückgriffsschuldners (Art 49 Nr 2 WG). Die Formulierung in den scheck- und wechselrechtlichen Vorschriften, wonach der Zinssatz „zwei vom Hundert über dem jeweiligen Basiszinssatz" betrage, ist ungenau (s u Rn 48) und korrigierend dahingehend auszulegen, dass eine Zinsspanne von zwei Prozent*punkten* über dem Basiszinssatz angeordnet ist.

d) Wasserversorgungs- und Energierecht
Ohne eine zusätzliche Zinsspanne kommen die wortlautidentischen § 29 Abs 2 **19** **AVBFernwärmeV** und § 29 Abs 2 **AVBWasserV** aus. Danach hat das Fernwärme- bzw Wasserversorgungsunternehmen eine ihm vom Kunden oder Anschlussnehmer ge-

währte **Barsicherheit** in Höhe des jeweiligen Basiszinssatzes zu verzinsen. Dieser Zinssatz weist eine Untergrenze bei 0 Prozent pro Jahr auf, auch wenn ein negativer Basiszinssatz vorliegt (s u Rn 41).

e) Kostenrecht

20 Das (Zivil-)Gericht des ersten Rechtszugs spricht auf Antrag eine Verzinsungspflicht für die **festgesetzten Prozesskosten** aus, die sich auf einen Zinssatz von fünf Prozentpunkten über dem jeweiligen Basiszinssatz bezieht (§ 104 Abs 1 S 2 ZPO). Über § 173 S 1 VwGO gilt diese Vorschrift auch für den Verwaltungsprozess (vgl VG Köln 22. 11. 2002 – 1 L 1717/98; zweifelnd in Bezug auf das Widerspruchsverfahren VG Hamburg 24. 8. 2006 – 2 K 4000/04). § 104 Abs 1 S 2 ZPO enthält jedoch keine abschließende Regelung für die Verzinsung von Kostenschulden, soweit ein darüber hinausreichender materiell-rechtlicher Erstattungsanspruch mit eigener Verzinslichkeit – etwa nach § 288 BGB – besteht (Lüttringhaus NJW 2014, 3745, 3746 f; Saenger/Uphoff MDR 2014, 192, 195 f [unter Ablehnung einer Verzinsung nach § 288 und Verweis auf einen konkreten Schadensnachweis]; **aA** OLG Brandenburg 4. 7. 2012 – 7 U 204/11). Der Kostenschuldner ist nach § 88 GNotKG verpflichtet, die **Kostenforderung des Notars** nach Zustellung einer vollstreckbaren Ausfertigung der Kostenberechnung und Hinweis auf den Umfang der Verzinsungspflicht in Höhe von fünf Prozentpunkten über dem jeweiligen Basiszinssatz zu verzinsen (zum Absehen des Notars von einer Verzinsung vgl Otto/Reich JurBüro 2006, 4 f [zu § 154a KostO aF]). Umgekehrt trifft den Notar eine Zinszahlungspflicht mit identischem Zinssatz, sofern er einen **zu viel empfangenen Kostenbetrag** an den Kostenschuldner zurückzahlen muss (§ 90 Abs 1 S 3 HS 1 GNotKG).

f) Verwaltungsrecht
aa) Allgemeines Verwaltungsrecht

21 Bei einer **Erstattung von erbrachten Leistungen**, deren zugrundeliegender Verwaltungsakt rückwirkend entfallen ist (Rücknahme mit Wirkung für die Vergangenheit, Widerruf, Eintritt einer auflösenden Bedingung), besteht grundsätzlich eine Verzinsungspflicht in Höhe von fünf Prozentpunkten über dem Basiszinssatz (§ 49a Abs 3 S 1 VwVfG; zur Geltendmachung des Zinsanspruchs vgl Freund/Rach DVP 2004, 231 ff). Die Zinsen fallen ab dem Zeitpunkt der Unwirksamkeit des Verwaltungsakts an (BVerwG 21. 10. 2010 – 3 C 4/10, NVwZ 2011, 949 Rn 40 ff). Der gleiche Zinssatz gilt, falls eine Leistung nach Auszahlung **nicht „alsbald"** für den bestimmten Zweck eingesetzt wird (§ 49a Abs 4 S 1 VwVfG).

bb) Besonderes Verwaltungsrecht

22 Auch verschiedene Geldleistungen auf der Grundlage des BauGB sind mit einer gesetzlichen Verzinsungspflicht unter Rückgriff auf den Basiszinssatz des § 247 BGB als Bezugszinssatz versehen. Für Entschädigungen in Geld nach dem **Planungsschadensrecht** der §§ 39 ff BauGB ordnet § 44 Abs 3 S 3 BauGB einen Fälligkeitszinssatz in Höhe von zwei Prozentpunkten über dem Basiszinssatz an. In gleicher Höhe sind bei einer **Umlegung** nach §§ 45 ff BauGB im Umlegungsplan (§ 66 BauGB) vorgesehene Geldleistungen ab Fälligkeit zu verzinsen (§ 64 Abs 2 S 3 BauGB). Auch die baurechtliche **Enteignungsentschädigung** nach §§ 93 ff BauGB (vgl zum Geldbegriff Vorbem A115 zu §§ 244–248) unterliegt, sofern sie in einem einmaligen Geldbetrag zu erbringen ist, einer Verzinsung mit einer Zinsspanne von zwei Prozentpunkten über dem Basiszinssatz (§ 99 Abs 3 S 1 BauGB). Schließlich gilt dieser Zinssatz auch im **Erschließungsbeitragsrecht**: Sowohl erstattungspflichtige Vorauszahlungen des Bei-

tragspflichtigen (§ 133 Abs 3 S 4 BauGB) als auch der im Fall einer Verrentung des Erschließungsbeitrags jeweils verbleibende Restbetrag (§ 135 Abs 3 S 3 BauGB) sind entsprechend zu verzinsen.

Einen besonderen Verzugszinssatz legt § 6b Abs 5 S 3 SGB II für den Erstattungsanspruch des **Bundesministeriums** für Arbeit und Soziales gegen einen zugelassenen **kommunalen Träger** für zu Lasten des Bundes ohne Rechtsgrund erlangte Mittel fest (vgl zum Kooperationsmodell Schreiber VSSR 2013, 279 ff). Ebenfalls um spezifizierte Verzugszinsen handelt es sich beim sozialversicherungsrechtlichen § 28r Abs 2 SGB IV, bei der nicht rechtzeitigen Weiterleitung von Beiträgen, Zinsen auf Beiträge und Säumniszuschlägen. In Parallele zu § 49a Abs 3 S 1 VwVfG ordnet § 50 Abs 2a S 1 SGB X eine Verzinsungspflicht für einen **Teilbereich des öffentlich-rechtlichen Erstattungsanspruchs** (KassKomm/Steinwedel [2020] § 50 SGB X Rn 2) bei zu Unrecht erbrachten Leistungen an. Darüber hinaus sind beispielhaft die Verzinsung der Entschädigung nach BBergG (§ 84 Abs 4 S 3 BBergG) und der Maut auf den Bundesfernstraßen (§ 4 Abs 2 S 1 Nr 1 BFStrMG) zu nennen. 23

III. Begriff und Berechnung des Basiszinssatzes

1. Rechtsnatur und Funktion

Dem Basiszinssatz des § 247 BGB **fehlt** – ebenso wie dem gesetzlichen Zinssatz des § 246 BGB (vgl § 246 Rn 4) – **jegliche normative Aussagekraft hinsichtlich des Gerechtigkeitsgehalts** von Zinsen allgemein ebenso wie eines konkreten Zinssatzes. Daher taugt der Basiszinssatz als solcher auch nicht als Maßstab für eine Angemessenheitskontrolle im Rahmen von § 138 BGB oder § 307 BGB. Der Basiszinssatz vermag auch nicht unmittelbar als Vergleichsgröße für einen marktüblichen Zins zu dienen. Vielmehr handelt es sich lediglich um eine **fiktive Rechengröße** (ähnlich Becker WM 2013, 1736, 1738 [„rein kalkulatorische Größe"]; BeckOGK/Coen [1. 3. 2021] Rn 21 [„bloßes rechtliches Konstrukt"]), die vom Gesetzgeber aus Vereinfachungsgründen im BGB-Zinsrecht der §§ 246 bis 248 BGB bestimmt wurde und sich durch ihre für Variabilität sorgende Berechnungsweise auszeichnet. 24

2. Bedeutung des kodifizierten Zinssatzes von 3,62 Prozent

Die dogmatische Einordnung als fiktive Rechengröße zeigt sich anschaulich an § 247 Abs 1 S 1 BGB. Der dort genannte **Zinssatz von 3,62 Prozent** (pro Jahr) konnte als Basiszinssatz iSd § 247 BGB **auf keine einzige Zinsschuld Anwendung finden**. Es handelt sich, anders als die Gesetzesmaterialien vorgeben (BT-Drucks 16/4060, 126), nicht um den Basiszinssatz, der *bei* Inkrafttreten des Schuldrechtsmodernisierungsgesetzes galt. Das Schuldrechtsmodernisierungsgesetz ist in den betroffenen Teilen am 1. 1. 2002 um 0 Uhr in Kraft getreten (Art 9 Abs 1 S 2 des Gesetzes zur Modernisierung des Schuldrechts v 26. 11. 2001 [BGBl I 3138]). Zum selben Zeitpunkt griff § 247 Abs 1 S 2 BGB ein, sodass unmittelbar ein angepasster Basiszinssatz galt (Art 229 § 7 Abs 3 EGBGB). Der in § 247 Abs 1 S 1 BGB kodifizierte Zinssatz von 3,62 Prozent fungierte lediglich für eine juristische Sekunde *vor* Inkrafttreten des Schuldrechtsmodernisierungsgesetzes als Basiszinssatz (MünchKomm/Grundmann[8] Rn 8). Der Zinssatz von 3,62 Prozent **ergab sich aus dem Basiszinssatz nach § 1 DÜG**, der unmittelbar 25 vor Inkrafttreten des Schuldrechtsmodernisierungsgesetzes, dh am 31. 12. 2001 um 24 Uhr, galt (Becker WM 2013, 1736, 1738).

3. Anpassungskonzeption

a) Methodik

26 Ausgehend von dem kodifizierten Zinssatz von 3,62 Prozent pro Jahr erfolgen halbjährliche Anpassungen, die sich am Zinssatz der jüngsten Hauptrefinanzierungsoperation der Europäischen Zentralbank (§ 247 Abs 1 S 2 und 3 BGB) ausrichten. Die erste Veränderung fand bereits zeitlich synchron mit dem Inkrafttreten des § 247 BGB am 1. 1. 2002 (0 Uhr) statt. Hierzu wurde die absolute Veränderung des Bezugszinssatzes zwischen der letztmaligen Berechnung des Basiszinssatzes nach § 1 DÜG am 1. 9. 2001 und dem Inkrafttreten des Basiszinssatzes nach § 247 BGB am 1. 1. 2002 von dem im Gesetz niedergeschriebenen Zinssatz von 3,62 Prozent in Abzug gebracht (MünchKomm/Grundmann[8] Rn 8). Da der Referenzzinssatz im Zeitraum vom 1. 9. 2011 bis 1. 1. 2002 um 1,05 Prozentpunkte gesunken war, galt ab 1. 1. 2002 (0 Uhr) der Basiszinssatz von 3,62 – 1,05 = 2,57 Prozent. Auch bei den nachfolgenden Anpassungen wird die **absolute Differenz** der Veränderung der Bezugsgröße **in Prozentpunkten** zum letzten berechneten Basiszinssatz **addiert oder** davon **subtrahiert**.

27 Der jeweils gültige Basiszinssatz lässt sich **alternativ im Einzelfall auch ohne einen historisch-chronologischen Rückgriff** auf den kodifizierten Zinssatz von 3,62 Prozent bestimmen. Hierzu ist einmalig die absolute Differenz zwischen dem maßgeblichen Hauptrefinanzierungszinssatz und dem Basiszinssatz im selben Zeitpunkt zu berechnen. Bei Inkrafttreten des § 247 BGB lagen der in Bezug genommene Hauptrefinanzierungszinssatz bei 3,45 Prozent und der erste anwendbare Basiszinssatz bei 2,57 Prozent. Der Basiszinssatz liegt daher stets 3,45 – 2,57 = **0,88 Prozentpunkte unter dem jeweiligen Hauptrefinanzierungszinssatz** (im Ergebnis ebenso Becker WM 2013, 1736, 1738; MünchKomm/Grundmann[8] Rn 8; BeckOGK/Coen [1. 3. 2021] Rn 30).

b) Hauptrefinanzierungsoperation
aa) Begriffliche Inkohärenzen

28 Zwischen den Begriffen der Hauptrefinanzierungs*operation* und des Hauptrefinanzierungs*geschäfts* besteht inhaltlich eine vollständige Übereinstimmung (BeckOGK/Coen [1. 3. 2021] Rn 26). Dieser Gleichlauf ergibt sich aus einem Vergleich der **unterschiedlichen Sprachfassungen** zum einen der zweiten Zahlungsverzugsrichtlinie 2011/7/EU und zum anderen der maßgeblichen geldpolitischen Leitlinie der Europäischen Zentralbank (Leitlinie [EU] 2015/510 über die Umsetzung des geldpolitischen Handlungsrahmens des Eurosystems v 19. 12. 2014 [ABl EU Nr L 91, 3 v 2. 4. 2015], zuletzt geändert durch Leitlinie [EU] 2020/1690 v 25. 9. 2020 [ABl EU Nr L 379, 77 v 13. 11. 2020]). Die Hauptrefinanzierungsoperationen des Art 2 Nr 7 lit a (ii) der zweiten Zahlungsverzugsrichtlinie 2011/7/EU werden übersetzt, unter anderem als *„main refinancing operations"* und *„opérations principales de refinancement"*. In Art 5 Abs 2 lit a der EZB-Leitlinie (EU) 2015/510 werden in den englischen, französischen und spanischen Fassungen dieselben Termini verwendet; nur die deutsche Sprachfassung weicht ab.

bb) Arten von Hauptrefinanzierungsgeschäften

Hauptrefinanzierungsgeschäfte gehören zu den Offenmarktgeschäften, die eine zentrale Säule der Geldpolitik im Europäischen System der Zentralbanken bilden (vgl im Einzelnen Vorbem A243 ff zu §§ 244–248). Der Zinssatz für die Hauptrefinanzierungsgeschäfte zählt zu den **Leitzinsen**, über deren Höhe der **EZB-Rat** als machtvollstes Beschlussorgan im Europäischen System der Zentralbanken (vgl im Einzelnen Vorbem A254 ff zu §§ 244–248) nach Art 3 Abs 1 1. Spiegelstrich, Art 12.1 UAbs 1, Art 18 Abs 1 1. Spiegelstrich ESZB-Satzung entscheidet. In Art 2 Nr 52 der entsprechenden Leitlinie der Europäischen Zentralbank (EU) 2015/510 sind Hauptrefinanzierungsgeschäfte wie folgt definiert: 29

> „‚Hauptrefinanzierungsgeschäfte' (main refinancing operations (MROs)) bezeichnen eine Gruppe von regelmäßigen Offenmarktgeschäften, die vom Eurosystem in Form von befristeten Transaktionen durchgeführt werden;"

Charakterisierend heißt es in Art 6 Abs 2 der EZB-Leitlinie (EU) 2015/510: 30

> „Hauptrefinanzierungsgeschäfte weisen folgende operationalen Merkmale auf:
>
> a) es handelt sich um liquiditätszuführende Operationen;
>
> b) sie werden in der Regel jede Woche nach dem unverbindlichen Kalender für die regulären Tenderoperationen des Eurosystems durchgeführt;
>
> c) sie haben in der Regel eine Laufzeit von einer Woche, wie im unverbindlichen Kalender für die regulären Tenderoperationen des Eurosystems ausgeführt, vorbehaltlich der in Absatz 3 vorgesehenen Ausnahme;
>
> d) sie werden dezentral von den NZBen durchgeführt;
>
> e) sie werden als Standardtender durchgeführt;
>
> f) sie unterliegen den in Teil 3 festgelegten Zulassungskriterien, die von allen Geschäftspartnern zu erfüllen sind, die Gebote für solche Geschäfte abgeben;
>
> g) Basis sind notenbankfähige Sicherheiten."

Als normaler Abschlusstag für Hauptrefinanzierungsgeschäfte dient der Dienstag einer jeden Woche (Art 28 Tabelle 7 der Leitlinie [EU] 2015/510). Verfahrenstechnisch ist bei Tendern zwischen Mengen- und Zinstendern zu unterscheiden. Welches Tenderverfahren zum Einsatz kommt, steht im **geldpolitischen Ermessen** der Europäischen Zentralbank. **Mengentender** zeichnen sich bei festem Zinssatz dadurch aus, dass bei einem Übersteigen des Gesamtzuteilungsbetrags durch den Gesamtgebotsbetrag alle Bieter grundsätzlich anteilig berücksichtigt werden; die Anteilsberechnung vollzieht sich nach folgender Formel (Anhang III Tabelle 1 der Leitlinie [EU] 2015/510): 31

> „Der Prozentsatz der Zuteilung errechnet sich wie folgt:

$$\text{all}\% = \frac{A}{\sum_{i=1}^{n} a_i}$$

Der dem i-ten Geschäftspartner zugeteilte Betrag beläuft sich auf:
$all_i = \text{all}\% \times (a_i)$

Es seien:
A = Gesamter zugeteilter Betrag
n = Gesamtzahl der Geschäftspartner
a_i = Gebotener Betrag des i-ten Geschäftspartners
all% = Prozentsatz der Zuteilung
all_i = Dem i-ten Geschäftspartner insgesamt zugeteilter Betrag".

32 Bei **Zinstendern** werden die Gebote nach der Reihenfolge der Zinsgebote geordnet und diejenigen mit den höchsten Zinssätzen grundsätzlich vorrangig berücksichtigt (Art 38 Nr 1 lit a der Leitlinie [EU] 2015/510). Zinstender zeichnen sich daher durch einen variablen Zinssatz aus, wobei die Europäische Zentralbank einen Mindestsatz veröffentlichen kann. Bei der Zuteilung existieren ein **holländisches und** ein **amerikanisches Verfahren** (Art 42 der Leitlinie [EU] 2015/510). Nach dem holländischen Zuteilungsverfahren erfolgt die Zuteilung zu einem einheitlichen Bietungssatz, nach dem amerikanischen hingegen zu den individuell gebotenen Zinssätzen. Der Bietungszinssatz des holländischen Verfahrens wird dergestalt bestimmt, dass der gesamte Zuteilungsbetrag ausgeschöpft werden kann (**marginaler Zinssatz**).

cc) Bestimmung des Bezugszinssatzes im konkreten Einzelfall

33 § 247 Abs 1 S 3 BGB enthält einen **pauschalen Verweis auf jegliche Ausführungsmodalitäten**, welche die Europäische Zentralbank währungsrechtlich für die Hauptrefinanzierungsgeschäfte einsetzen darf. Damit werden sowohl das Mengen- als auch das Zinstenderverfahren (in holländischer wie amerikanischer Ausprägung) in Bezug genommen. Wegen des Fehlens eines festen Zinssatzes im **Zinstenderverfahren** entscheidet sich die Auswahl zwischen den verschiedenen erfolgreichen Zinssätzen im Anwendungsbereich der zweiten Zahlungsverzugsrichtlinie 2011/7/EU im Wege der **richtlinienkonformen Auslegung** des § 247 Abs 1 S 3 BGB. Nach Art 2 Nr 7 lit a (ii) der zweiten Zahlungsverzugsrichtlinie 2011/7/EU ist auf den marginalen Zinssatz abzustellen; diese Vorgabe wollte der deutsche Gesetzgeber in § 247 Abs 1 S 3 BGB umsetzen (BT-Drucks 14/6040, 126). **Jenseits des Anwendungsbereichs der Richtlinie**, dh außerhalb des geschäftlichen Verkehrs sowie jenseits der Verweise aus § 288 Abs 1 S 2 und Abs 2 BGB, zwingt das Sekundärrecht nicht zu einem Rückgriff auf den marginalen Zinssatz bei Zinstendern (zu weitgehend daher BeckOGK/COEN [1. 3. 2021] Rn 28). Jedoch liegt § 247 BGB der **Gedanke eines einheitlichen Basiszinssatzes** zugrunde. Das Abstellen auf einen zweiten – uU abweichenden – Basiszinssatz jenseits des Anwendungsbereichs der zweiten Zahlungsverzugsrichtlinie 2011/7/EU ließe sich schon mit dem Wortlaut des § 247 BGB nicht vereinbaren, der in beiden Absätzen mehrfach vom Basiszinssatz im Singular spricht. Auch wären erhebliche praktische Komplexitäten zu befürchten, da die Deutsche Bundesbank – wenn auch nur deklaratorisch (s u Rn 35) – lediglich einen einzigen Basiszinssatz nach § 247 Abs 2 BGB veröffentlicht hat. Im Ergebnis ergibt sich der **Bezugszinssatz iSd § 247 Abs 1 S 3 BGB im Mengentenderverfahren nach dessen festen Zinssatz, im Zinstenderverfahren nach dem marginalen Zinssatz.**

Unerheblich ist bei der Bestimmung des maßgeblichen Hauptrefinanzierungs- 34
geschäfts, ob das chronologisch letzte vor dem jeweiligen **Stichtag** (1. 1. und 1. 7.) bereits im Wege der Liquiditätstransferierung durchgeführt wurde; aus Art 2 Nr 7 lit a
(i) der zweiten Zahlungsverzugsrichtlinie 2011/7/EU leitet sich ab, dass es lediglich
auf die **Anwendung im vorgelagerten Tenderverfahren** ankommt (BeckOGK/Coen [1. 3.
2021] Rn 29). Ein zeitliches Auseinanderfallen der Anwendung eines Zinssatzes im
Tenderverfahren und der nachfolgenden Ausführung der Hauptrefinanzierungsgeschäfte tritt deshalb auf, weil die Zuteilung durch die Europäische Zentralbank
dienstags und die dezentrale Ausführung durch die nationalen Notenbanken im Eurosystem **mittwochs** erfolgen (Coen NJW 2012, 3329).

c) Bekanntgabe im Bundesanzeiger
In Kontinuität zu § 1 Abs 1 S 6 DÜG verpflichtet § 247 Abs 2 BGB die Deutsche 35
Bundesbank, den jeweils angepassten Basiszinssatz im Bundesanzeiger zu veröffentlichen. Die Veröffentlichung weist einen lediglich **deklaratorischen** Charakter auf (Erman/Schaub[14] Rn 4; MünchKomm/Grundmann[8] Rn 12; jurisPK-BGB/Toussaint [9. Aufl 2019]
Rn 8). Die Änderung des Basiszinssatzes greift *ipso iure* zum 1. 1. bzw 1. 7. um 0 Uhr.
Einer Veröffentlichung bedarf es auch, wenn keine Veränderung erfolgt ist (MünchKomm/Grundmann[8] Rn 12).

4. Rechtsfragen des negativen Basiszinssatzes

a) Grundfragen der Zinsdogmatik
Die Berechnungsmethode des Basiszinssatzes, gemäß § 247 Abs 1 S 2 BGB die abso- 36
lute Veränderung der Bezugsgröße halbjährlich zu addieren bzw zu subtrahieren (s o
Rn 26), bringt die rechnerische Möglichkeit mit sich, dass der Basiszinssatz unter die
Marke von 0 Prozent fällt und damit negativ wird. Zum 1. 1. 2013 wurde erstmals ein
solcher negativer Basiszinssatz in Höhe von -0,13 Prozent festgestellt (s u Rn 45). Allerdings können **Zinsen im Rechtssinne nicht negativ** werden (vgl im Einzelnen § 246
Rn 42). Zinsrechtlich bestehen Negativzinsen aus zwei Komponenten: einem Zinssatz
von 0 Prozent und einem Verwahrungsentgelt. Beim Basiszinssatz iSv § 247 BGB bedarf es einer solchen Aufspaltung jedoch **grundsätzlich** nicht. Es handelt sich lediglich
um eine fiktive Rechengröße (s o Rn 24), die als Ausgangspunkt für die Ermittlung
des tatsächlichen Zinssatzes einer Zinsschuld dient. Die Möglichkeit negativer Basiszinsen erweist sich daher als **der Dogmatik des § 247 BGB immanent** (Omlor, Bankrechtstag 2016 [2017] 41, 53; im Ergebnis ebenso Coen NJW 2012, 3329, 3330; MünchKomm/Grundmann[8] Rn 8; wohl auch Becker WM 2013, 1736, 1738).

b) Negativzinsen als reine Rechengröße
aa) Basiszinssatz mit additiver Zinsspanne
In der Mehrzahl der gesetzlichen Anwendungsfälle des Basiszinssatzes errechnet 37
sich der final zu entrichtende Zinssatz unter Hinzunahme einer **Zinsspanne** von mindestens zwei Prozentpunkten (s o Rn 15 ff). Das Ergebnis dieser Rechenoperation ist
ein positiver Zinssatz und damit ein Zins im Rechtssinne, solange die Bezugsgröße
des Basiszinssatzes nicht negativ – genauer: nicht kleiner als 0,88 (feste Zinsdifferenz, s o Rn 27) – 2,00 (Zinsspanne) = -1,12 % – wird. Ein **negativer Zinssatz für die
Hauptrefinanzierungsgeschäfte** erscheint hingegen **wenig wahrscheinlich**, da die Europäische Zentralbank in diesem Fall den Kapitalgläubigern einen Aufpreis zahlen
müsste.

bb) Verzugszinsen

38 Damit bleibt insbesondere der gesetzliche Verzugszinssatz (§ 288 Abs 1 S 2, Abs 2 BGB) stets positiv und ein Zins im Rechtssinne. Weder die zweite Zahlungsverzugsrichtlinie 2011/7/EU noch der Sinn und Zweck des Verzugszinses stehen einer Absenkung des Verzugszinssatzes unter die in der Richtlinie genannte Mindestzinsspanne bzw die Zinsspannen aus § 288 Abs 1 S 2, Abs 2 BGB entgegen (Coen NJW 2012, 3329, 3331 f). Sowohl der supranationale als auch der deutsche Gesetzgeber haben durch das gewählte Berechnungsverfahren in Kauf genommen, dass die **Zinsspanne keinen Mindestverzugszinssatz** darstellt (DNotI, DNotI-Report 2013, 21, 22; Omlor, Bankrechtstag 2016 [2017] 41, 53). Da ein Absinken des Basiszinssatzes auf unter -0,88 % unwahrscheinlich ist, fördert der Verzugszinssatz weiterhin die gewünschte „Kultur der unverzüglichen Zahlung" (Erwägungsgrund 12 S 2 der Richtlinie 2011/7/EU). Die Wirksamkeit des Verzugszinssatzes richtet sich **nach dem jeweiligen Zinsmarktumfeld**, dessen Entwicklung der Basiszinssatz – wenn auch in grober und vereinfachter Form – widerspiegeln soll.

39 Den Parteien steht es nur in sehr eingeschränktem Umfang offen, durch formularvertragliche Gestaltungen einen **Mindestverzugszinssatz** – beispielsweise von 8 bzw 9 Prozent pro Jahr – zu vereinbaren. Mit § 288 Abs 1 S 2, Abs 2 BGB existiert zum einen ein **gesetzliches Leitbild** iSv § 307 Abs 2 Nr 1 BGB hinsichtlich der Höhe der Verzugszinsen (Staudinger/Coester-Waltjen [2019] § 309 Nr 5 Rn 28; DNotI, DNotI-Report 2013, 21, 23). Zum anderen unterliegen Vereinbarungen zu einem Mindestverzugszinssatz einer Kontrolle nach **§ 309 Nr 5 BGB** (BGH 28. 5. 1984 – III ZR 231/82, NJW 1984, 2941 f), sodass nicht nur der bei gewöhnlichem Lauf der Dinge zu erwartende Schaden nicht überstiegen werden darf (lit a), sondern zugleich dem Zinsschuldner ausdrücklich der Nachweis eines Ausbleibens oder wesentlich geringeren Umfangs des Verzugsschadens gestattet werden muss (lit b). Bei der Inhaltskontrolle gilt es einzubeziehen, dass der gesetzliche Verzugszinssatz mit hoher Wahrscheinlichkeit um nicht mehr als 0,88 Prozentpunkte unter den Wert von 8 (§ 288 Abs 1 S 2 BGB) bzw 9 Prozent (§ 288 Abs 2 BGB) fallen wird (s o Rn 38). Zudem lässt sich den Erwägungsgründen (insbesondere Nr 3, 5, 12) sowie der Öffnungsklausel in Art 12 Abs 3 der zweiten Zahlungsverzugsrichtlinie 2011/7/EU entnehmen, dass eine Verschärfung zugunsten des Geldgläubigers unionsrechtlich tendenziell gefördert wird. Daher erscheint es im **unternehmerischen Verkehr regelmäßig** als angemessen und **wirksam**, die **gesetzliche Zinsspanne aus § 288 Abs 2 BGB** als Mindestverzugszinssatz vorzusehen (DNotI, DNotI-Report 2013, 21, 23). Eine feste Untergrenze für das Unterschreiten des gesetzlichen Verzugszinssatzes, ab welcher der Mindestverzugszinssatz nicht mehr eingreift, bedarf es hingegen nicht (aA DNotI, DNotI-Report 2013, 21, 23); ein Abstand von mehr als 0,88 Prozentpunkten ist bei gewöhnlichem Verlauf der Dinge iSd § 309 Nr 5 lit a BGB aus derzeitiger Sicht nicht zu erwarten. Demgegenüber lässt sich im Anwendungsbereich von § 288 Abs 1 S 2 BGB nicht auf die *ratio legis* der zweiten Zahlungsverzugsrichtlinie 2011/7/EU zurückgreifen. Insofern ist regelmäßig **gegenüber Verbrauchern** als Zinsschuldnern von einer **Unwirksamkeit** von Mindestverzugszinsklauseln auszugehen (MünchKomm/Wurmnest[8] § 309 Nr 5 Rn 18).

cc) Zulässigkeit des Mahnverfahrens für Darlehensschulden

40 Auch bei **§ 688 Abs 2 Nr 1 ZPO** bedarf es keines begrenzenden Eingriffs in den gesetzlichen Mechanismus, sofern der Basiszinssatz in den Negativbereich fällt (**aA** Coen NJW 2012, 3329, 3333). Zwar soll die Vorschrift verhindern, dass im Mahnverfahren sittenwidrige Ansprüche tituliert werden (BT-Drucks 11/5462, 31). Auch fehlte es dem historischen Gesetzgeber, der ursprünglich den früheren Diskontsatz der Deutschen Bundesbank in Bezug nahm, an historischen Erfahrungswerten für negative Bezugszinssätze. Allerdings darf wie im Fall der Verzugszinsen auch bei § 688 Abs 2 Nr 1 ZPO die kodifizierte Entscheidung des Gesetzgebers nicht übergangen werden, der ein Berechnungsmodell gewählt hat, das voraussehbar über negative Basiszinsen zu einem Referenzzinssatz von unter 12,0 Prozent pro Jahr führt. Einer teleologischen Reduktion, die zu einer absoluten Untergrenze von 12,0 Prozent führte, bedarf es nicht. Mit der Anbindung an den jeweiligen Basiszinssatz sollte sichergestellt werden, dass die Zulässigkeitsgrenze für Mahnverfahren die „Schwankungen des Marktzinses ... vergröbert nachvollzieht" (BT-Drucks 11/5462, 31). Exakt diese Wirkung wird erreicht, wenn über einen negativen Basiszinssatz das **Mahnverfahren auch bei effektiven Zinssätzen von unter 12,0 Prozent pro Jahr ausgeschlossen** wird. Im Übrigen stellt auch die höchstrichterliche Rechtsprechung (grundlegend BGH 24. 3. 1988 – III ZR 30/87, BGHZ 104, 102, 105; BGH 13. 3. 1990 – XI ZR 252/89, BGHZ 110, 336, 340) bei der Sittenwidrigkeitsprüfung auf einen Vergleich mit dem Marktzins ab, wodurch in einer Niedrigzinsperiode auch Grenzwerte von unter 12,0 Prozent pro Jahr auftreten können.

c) Negativzinsen als Berechnungsergebnis
aa) Gesetzliche Verzinsungsvorschriften
Ausnahmsweise führt ein negativer Basiszinssatz jedoch zu einer **Aufspaltung in einen Zinssatz von 0 Prozent und ein Verwahrungsentgelt**, wenn der auf Grundlage des Basiszinssatzes errechnete Schuldzins ebenfalls negativ wird. Ob eine solche Konstellation eintritt, ergibt sich im gesetzlichen Anwendungsbereich des § 247 BGB durch **Auslegung der Vorschrift**, die den Basiszinssatz in Bezug nimmt (zur Auslegung von § 288 Abs 1 S 2 vgl KLOSE NJ 2014, 13, 14 ff). Im rechtsgeschäftlichen Anwendungsbereich entscheidet darüber die **Auslegung des Vertrages** nach §§ 133, 157 BGB (DNotI, DNotI-Report 2013, 21, 24). Bundesrechtlich enthalten § 29 Abs 2 **AVBFernwärmeV** und § 29 Abs 2 **AVBWasserV** einen Verweis auf den „reinen" Basiszinssatz ohne zusätzliche Zinsspanne für die Verzinsung von gewährten Sicherheitsleistungen. Der dort genannte Zinssatz kann nach Sinn und Zweck nicht unter den Wert von 0 Prozent fallen (COEN NJW 2012, 3329, 3332), da die Grenze für die Höhe der Sicherheitsleistung durch das Angemessenheitskriterium in § 29 Abs 1 AVBFernwärmeV und § 29 Abs 1 AVBWasserV abschließend bestimmt wird. Eine ausnahmslose Regel, wonach gesetzliche Verzinsungsvorschriften niemals einen negativen Zinssatz und damit eine Leistungspflicht des Zins*gläubigers* enthalten könnten, existiert hingegen nicht (aA jurisPK-BGB/TOUSSAINT [9. Aufl 2019] Rn 14). Vor allem bei gesetzlichen Regelungen, die **nach** dem erstmaligen Auftreten eines negativen Basiszinssatzes am **1. 1. 2013 beschlossen** wurden, ist eine **Einzelfallprüfung** geboten. War das Gesetzgebungsverfahren hingegen **vor diesem Zeitpunkt** bereits abgeschlossen, liegt es bei Fehlen gegenteiliger Anhaltspunkte **im Zweifel** nahe, eine **Untergrenze bei 0 Prozent** pro Jahr zu ziehen.

bb) Vertragliche Verzinsungsvereinbarungen
Die Auslegung einer vertraglichen Abrede über die Zinshöhe, welche ohne ergänzende Zinsspanne den Basiszinssatz in Bezug nimmt, richtet sich vor allem nach dem Erfahrungshorizont der Parteien bei Abschluss der Vereinbarung sowie dem Zweck der verzinslichen Kapitalschuld. Hinsichtlich des Erfahrungshorizonts ist am **1. 1. 2013** eine **Zäsur** eingetreten (zu pauschal daher COEN NJW 2012, 3329, 3331 [einschränkend je-

doch der Verweis auf die „bisherigen Maßstäbe"]; BeckOGK/COEN [1. 3. 2021] Rn 41; unberücksichtigt auch bei ERMAN/MARTENS[16] Rn 2; jurisPK-BGB/TOUSSAINT [9. Aufl 2019] Rn 14; BECKER WM 2013, 1736, 1740 f; SOERGEL/ARNOLD [13. Aufl 2014] Rn 1): **Vorher** kann regelmäßig davon ausgegangen werden, dass die Parteien negative Basiszinsen nicht in ihre Überlegungen einbezogen haben. Daher hat eine **ergänzende Vertragsauslegung** zu erfolgen, wie sie auch bei unwirksamen Zinsanpassungsklauseln zur Lückenfüllung herangezogen wird (vgl § 246 Rn 63). Im **Grundsatz** greift der Gedanke ein, dass die Parteien mit einer Zinsabrede ein Entgelt für die Möglichkeit der Kapitalnutzung (zum Zinsbegriff vgl § 246 Rn 23 ff) vorsehen wollten (insofern zutreffend BECKER WM 2013, 1736, 1740; jurisPK-BGB/TOUSSAINT [9. Aufl 2019] Rn 14); ein solches kann definitionsgemäß **nicht geringer als 0 %** sein (vgl § 246 Rn 42). Ausnahmen können sich aus einem besonderen Zweck der Kapitalüberlassung ergeben, sodass ein Negativzins in Gestalt eines Verwahrungsentgelts gerechtfertigt erscheint.

43 Bei Zinsvereinbarungen, die **nach dem 1. 1. 2013** geschlossen wurden, fehlt es an einer Vertragslücke, die im Wege der ergänzenden Auslegung zu schließen wäre. Vielmehr ist die vertragliche Übereinkunft **nach §§ 133, 157 BGB auszulegen**. Maßgeblich ist, dass der – tatsächliche oder zumindest normative (vgl allgemein STAUDINGER/SINGER [2017] § 133 Rn 18) – Erfahrungshorizont der Parteien die Existenz negativer Basiszinsen mit einbezieht. Verzichten sie dennoch auf einen Mindestzinssatz oder eine additive Zinsspanne, sind sie regelmäßig gewillt, dass **bei einem negativen Basiszinssatz ein Verwahrungsentgelt zu entrichten** ist. Für einen abweichenden Parteiwillen bedarf es konkreter Anhaltspunkte, die sich namentlich aus einem besonderen Zweck der zu verzinsenden Kapitalüberlassung ergeben können. Keinesfalls darf den Parteien vorschnell unterstellt werden, stillschweigend einen Mindestzinssatz vorgesehen zu haben (vgl aber COEN NJW 2012, 3329, 3331).

44 Wird der **Basiszinssatz in Kombination mit einer additiven Zinsspanne** vertraglich als Bezugsgröße vorgesehen, bleibt diese Konstruktion grundsätzlich auch dann bestehen, wenn der Basiszinssatz negativ wird (**aA** BECKER WM 2013, 1736, 1740 f zu Inhaberschuldverschreibungen). Die Parteien haben durch die Einbeziehung einer ergänzenden Zinsspanne, die eine gewisse abfedernde Wirkung bei negativen Basiszinssätzen aufweist, zu erkennen gegeben, den **Basiszinssatz in seiner Grundfunktion als fiktive Rechengröße** (s o Rn 24) einsetzen zu wollen. Durch Auslegung ist zu ermitteln, ob ausnahmsweise die Höhe der Zinsspanne als Mindestzinssatz gelten sollte (jurisPK-BGB/ TOUSSAINT [9. Aufl 2019] Rn 13). Zumindest bei Zinsvereinbarungen, die nach dem 1. 1. 2013 getroffen wurden, bedarf es hierfür besonderer Anhaltspunkte; im Zweifel kann nicht von einer konkludenten Mindestverzinsung ausgegangen werden (ebenso für die Schweiz Berufungsgericht Genf, Arrêt du 17. 9. 2018 – ACJC/1258/2018; offen BGer., Arrêt du 7. 5. 2019 – 4A_596/2018). Führt der negative Basiszinssatz auch im Ergebnis zu einem negativen Zinssatz, dh einer Pflicht des Zinsgläubigers zur Zahlung eines Verwahrungsentgelts, greift ebenfalls die Zäsurwirkung des 1. 1. 2013 ein; es gelten die gleichen Auslegungsregeln wie bei Zinsvereinbarungen ohne additive Zinsspanne (s o Rn 42).

5. Historische Basiszinssätze nach § 247

45 Die historischen Basiszinssätze beliefen sich auf folgende Werte (vgl zu den aktuellen Zinssätzen http://www.bundesbank.de):

Datum	Zinssatz
1. 1. 2021	–0,88 %
1. 7. 2020	–0,88 %
1. 1. 2020	–0,88 %
1. 7. 2019	–0,88 %
1. 1. 2019	–0,88 %
1. 7. 2018	–0,88 %
1. 1. 2018	–0,88 %
1. 7. 2017	–0,88 %
1. 1. 2017	–0,88 %
1. 7. 2016	–0,88 %
1. 1. 2016	–0,83 %
1. 7. 2015	–0,83 %
1. 1. 2015	–0,83 %
1. 7. 2014	–0,73 %
1. 1. 2014	–0,63 %
1. 7. 2013	–0,38 %
1. 1. 2013	–0,13 %
1. 7. 2012	0,12 %
1. 1. 2012	0,12 %
1. 7. 2011	0,37 %
1. 1. 2011	0,12 %
1. 7. 2010	0,12 %
1. 1. 2010	0,12 %
1. 7. 2009	0,12 %
1. 1. 2009	1,62 %
1. 7. 2008	3,19 %
1. 1. 2008	3,32 %
1. 7. 2007	3,19 %
1. 1. 2007	2,70 %
1. 7. 2006	1,95 %
1. 1. 2006	1,37 %
1. 7. 2005	1,17 %
1. 1. 2005	1,21 %
1. 7. 2004	1,13 %
1. 1. 2004	1,14 %
1. 7. 2003	1,22 %
1. 1. 2003	1,97 %
1. 7. 2002	2,47 %
1. 1. 2002	2,57 %

IV. Zivilprozess-, zwangsvollstreckungs- und grundbuchrechtliche Spezifika

1. Basiszinssatz im Zivilprozess

Zinsen dürfen im Zivilprozess als Nebenforderung gemäß § **308 Abs 1 S 2 ZPO** nur **46** dann zuerkannt werden, soweit ein entsprechender Antrag gestellt wurde (vgl § 246 Rn 108 ff). Soll ein Zinsanspruch eingeklagt werden, der sich – wie regelmäßig – der Höhe nach aus dem Basiszinssatz zuzüglicher einer in Prozentpunkten bestimmten Zinsspanne berechnet, so ist der Antrag auf eine Verurteilung zur Zahlung der

Hauptschuld nebst **Zinsen in Höhe von x Prozentpunkten über dem jeweiligen Basiszinssatz** zu richten. Werden demgegenüber Zinsen in Höhe von x Prozent über dem jeweiligen Basiszinssatz begehrt, liegt darin rechnerisch zumeist, dh bei einem Basiszinssatz von unter 100 Prozent (Hartmann NJW 2004, 1358, 1359), die Beantragung einer geringeren Verzinsung. Exemplifiziert anhand der praxisbedeutsamen Verzugszinsen: Zinsen in Höhe von „8 Prozentpunkten über dem jeweiligen Basiszinssatz" bedeuteten im ersten Halbjahr 2012 im Ergebnis einen Zinssatz von (8,00 + 0,12 =) 8,12 Prozent, während Zinsen in Höhe von „8 Prozent über dem jeweiligen Basiszinssatz" zu einem Zinssatz von (0,12 + 0,0096 =) 0,1296 Prozent führen.

47 **Umstritten** ist, ob ein Antrag, der sich – rechnerisch unzutreffend – auf x Prozent statt x Prozent*punkte* über dem Basiszinssatz bezieht, **korrigierend ausgelegt** werden darf, sodass § 308 Abs 1 S 2 ZPO genügt wird (bejahend BGH 7. 2. 2013 – VII ZB 2/12 Rn 12, NJW-RR 2013, 511 [für das Vollstreckungsverfahren]; BGH 29. 4. 2014 – XI ZR 126/13; Weidlich DNotZ 2004, 820, 823; Soergel/Arnold [13. Aufl 2014] Rn 5; ablehnend LAG Nürnberg 10. 5. 2005 – 7 Sa 622/04, NZA-RR 2005, 492, 495 [bei anwaltlich vertretenen Parteien]; Hartmann NJW 2004, 1358, 1360 [Hinweispflicht des Gerichts bei anwaltlich nicht vertretenen Parteien]; offen BAG 2. 3. 2004 – 1 AZR 271/03, NZA 2004, 852, 858). **Vorzugswürdig** erscheint eine **differenzierende Behandlung**. Der Antrag auf Verurteilung zur Zinszahlung ist als Prozesshandlung **auslegungsfähig** (BGH 17. 5. 2000 – VIII ZR 210/99, NJW 2000, 3216, 3217). Dabei darf nicht allein der buchstäbliche Sinn der Antragsformulierung betrachtet werden; vielmehr ist der erklärte Wille maßgebend, für dessen Ergründung auch die Klagebegründung heranzuziehen ist (BGH 16. 9. 2008 – VI ZR 244/07 Rn 11, NJW 2009, 751). Im Zweifel bezweckt eine Partei mit ihrem Antrag dasjenige, „was nach den Maßstäben der Rechtsordnung vernünftig ist und ihrer recht verstandenen Interessenlage entspricht" (BGH 10. 11. 2009 – XI XI ZB 15/09 Rn 9, NJW-RR 2010, 275). Als Auslegungsgrenze gilt jedoch das objektiv Erklärte (BGH 15. 3. 2006 – IV ZB 38/05 Rn 13, NJW-RR 2006, 862). Eine kläger- und zinsgläubigerfreundliche Auslegung von Zinszahlungsanträgen, die sich in der **Klagebegründung** auf (vertragliche oder gesetzliche) Anspruchsgrundlagen des Modells „Basiszinssatz zuzüglich Zinsspanne in Prozentpunkten" (Beispiele s o Rn 15 ff) stützen, ist nach allgemeinen Auslegungsmaßstäben daher möglich. Namentlich bei den **gesetzlichen Verzugszinsen** wird dies regelmäßig der Fall sein (vgl OLG Hamm 5. 4. 2005 – 21 U 149/04, NJW 2005, 2238, 2239; Führ JuS 2005, 1095, 1096). Lässt sich der Antrag hingegen keiner korrelierenden Anspruchsgrundlage in der Klagebegründung eindeutig zuordnen und in dieser Zusammenschau interpretieren, liegt regelmäßig ein mehrdeutiger Antrag vor. In einem solchen Fall besteht eine Hinweispflicht des Gerichts aus § 139 Abs 1 S 2 ZPO (s u Rn 49).

48 Eine solche Mehrdeutigkeit wird auch nicht dadurch beseitigt, dass auch der Gesetzgeber verschiedentlich bei der Gesetzesformulierung die gebotene Präzision vermissen lässt. Die **ungenaue Formulierung in einzelnen älteren handels- wie baurechtlichen Gesetzestexten** (Art 48 Abs 1 Nr 2, Art 49 Nr 2 WG, Art 45 Nr 2, Art 46 Nr 2 ScheckG: „zwei vom Hundert über dem jeweiligen Basiszinssatz"; § 133 Abs 3 S 4, § 135 Abs 3 S 3 BauGB: „2 vom Hundert über dem Basiszinssatz") bewirkt nicht, dass generell eine Gleichsetzung von Prozenten und Prozentpunkten in Klageanträgen geboten wäre (aA Weidlich DNotZ 2004, 820, 823). Erstens fehlt es – insbesondere bei gesetzlichen Verzugszinsen nach § 288 BGB – an jeglichem Bezug zu diesen Spezialregelungen, wenn nicht gerade auf deren Grundlage Zinsansprüche geltend gemacht werden. Zweitens würde ein etwaiger normübergreifender Erklärungswert

(„Basiszinssatz zuzüglich x Prozent" ≙ „Basiszinssatz zuzüglich x Prozentpunkte") durch Gesetzesfassungen jüngeren Datums überlagert; im Zusammenhang mit dem Basiszinssatz sprechen §§ 247 Abs 1 S 2, 288 Abs 1 S 2, Abs 2, 503 Abs 2 BGB präzise von Prozentpunkten.

Allerdings besteht **unabhängig von einer anwaltlichen Vertretung** der Partei bei mehrdeutigen Zinszahlungsanträgen (s o Rn 47) regelmäßig eine **Hinweispflicht des Gerichts aus § 139 Abs 1 S 2 ZPO** (vgl BGH 27. 5. 2009 – 2 StR 168/09, NStZ-RR 2009, 319). Das Gericht hat auf eine Korrektur von unklaren oder unbestimmten Klageanträgen hinzuwirken (MünchKommZPO/Fritsche⁶ § 139 Rn 21 f). Einer solchen Aufklärung im Rahmen der Prozessleitung kommt ein **Vorrang vor einer selbständigen** – und für die Parteien uU überraschenden – **Auslegung durch das Gericht** zu (Musielak. in: Musielak/Voit [Hrsg], ZPO [17. Aufl 2020] § 308 Rn 3 mwNw). Der auf Geldzahlung „zuzüglich Zinsen in Höhe von x Prozent über dem Basiszinssatz" ist regelmäßig schon deshalb mehrdeutig, weil er **keine klaren Vorgaben für die Zinsberechnung bei negativen Basiszinssätzen** enthält. Es entspricht weder dem Wortlaut des Antrags („Geldzahlung zuzüglich Zinsen") noch dem typischen Parteiwillen, im Ergebnis zu einem negativen Zinssatz und damit einem Verwahrungsentgelt („Geldzahlung abzüglich Nebenforderung") zu gelangen. Daher könnte ein Antrag, der auf Prozente statt Prozentpunkte über dem jeweiligen Basiszinssatz abstellt, erstens dahingehend gedeutet werden, dass er bei einem negativen Basiszinssatz zu einer Verzinsung mit 0 Prozent führt. Zweitens steht die Auslegung daneben, wonach die Formulierung „Prozente über dem Basiszinssatz" eigentlich auf „Prozentpunkte über dem Basiszinssatz" zielt. Welche Auslegungsalternative maßgeblich sein soll, hat das Gericht nach richterlichem Hinweis zu ermitteln.

49

2. Basiszinssatz in der Zwangsvollstreckung

Urteile, die eine Geldzahlung nebst Zinsen in Höhe von „x Prozent über dem Basiszinssatz" titulieren, lassen sich regelmäßig durch das Vollstreckungsorgan dahingehend auslegen, dass Zinsen in Höhe von x Prozentpunkten über dem Basiszinssatz zu leisten sind (BGH 7. 2. 2013 – VII ZB 2/12 Rn 12, NJW-RR 2013, 511; Erman/Martens¹⁶ Rn 11). Für eine Auslegung von unklaren Titeln durch das Vollstreckungsorgan muss der **Titel** aber **aus sich heraus hinreichend bestimmt** sein (BGH 11. 9. 2007 – XII ZB 177/04, NJW 2008, 153, 155; vgl zum Sonderfall ausländischer Titel unter Geltung der EuGVVO [Brüssel Ia-VO] Gössl NJW 2014, 3479 ff). Ähnlich wie bei der Auslegung von unklaren Zinszahlungsanträgen (s o Rn 47) ist dies nur dann der Fall, wenn eine eindeutige Zuordnung der Zinszahlungspflicht zu einer im Titel genannten Anspruchsgrundlage möglich ist. **Bei gesetzlichen Verzugszinsen** und einem Verweis auf § 288 Abs 1 S 2 oder Abs 2 BGB in den Urteilsgründen ist dies **regelmäßig anzunehmen** (im Ergebnis ebenso Führ JuS 2005, 1095, 1096). An einer hinreichenden Bestimmtheit und damit einer Vollstreckungseignung fehlt es jedoch, wenn sich eine solche Zusammenschau der unklaren Tenorierung mit dem übrigen Titelinhalt nicht eindeutig vollziehen lässt.

50

3. Basiszinssatz im Grundbuch

Grundschuld- und Hypothekenzinsen, die hinsichtlich der Höhe des Zinssatzes auf den Basiszinssatz abstellen, können **ohne Angabe eines Höchstzinssatzes** in das Grundbuch eingetragen werden (BGH 26. 1. 2006 – V ZB 143/05 Rn 12 ff, NJW 2006, 1341; OLG München

51

16. 5. 2011 – 34 Wx 71/11, NJW-RR 2011, 1462, 1463; Kessler MittBayNot 2006, 468 ff; Zimmer NJW 2006, 1325 f; **aA** allgemein zu variablen Zinssätzen BGH 7. 4. 1961 – V ZB 2/61, BGHZ 35, 22, 24). Wegen der gesetzlichen Regelung in § 247 BGB scheitert eine solche Eintragung nicht an grundbuchrechtlichen Bestimmtheitsgrundsatz. Das Gesetz nimmt ausweislich von §§ 1118, 1192 Abs 2 BGB und §§ 1146, 1192 Abs 2 BGB – jeweils iVm §§ 288 Abs 1 S 2, Abs 2, 247 BGB – in Kauf, dass der nachrangige Gläubiger keine Haftungsklarheit dergestalt erhält, dass er auch zukunftsgerichtet eine maximale Haftungssumme berechnen könnte. Auch ist durch die Zulässigkeit von Fremdwährungs-Grundpfandrechten (§ 28 S 2 HS 2 GBO iVm § 1 GrPfREuroV) eine gewisse Aufweichung des Bestimmtheitserfordernisses eingetreten.

§ 248
Zinseszinsen

(1) Eine im Voraus getroffene Vereinbarung, dass fällige Zinsen wieder Zinsen tragen sollen, ist nichtig.

(2) Sparkassen, Kreditanstalten und Inhaber von Bankgeschäften können im Voraus vereinbaren, dass nicht erhobene Zinsen von Einlagen als neue verzinsliche Einlagen gelten sollen. Kreditanstalten, die berechtigt sind, für den Betrag der von ihnen gewährten Darlehen verzinsliche Schuldverschreibungen auf den Inhaber auszugeben, können sich bei solchen Darlehen die Verzinsung rückständiger Zinsen im Voraus versprechen lassen.

Materialien: E I § 358 Abs 2; II § 12; III § 242; Mot II 196; Prot I 475.

Schrifttum

Baldus, Gut meinen, gut verstehen?, in: ders/Theisen/Vogel (Hrsg), „Gesetzgeber" und Rechtsanwendung (2013) 5
Belke, Die Strafzinsen im Kreditgewerbe – ihre Begrenzung aus dem Zinseszinsverbot und ihr Verhältnis zu den gesetzlichen Verzugsfolgen, BB 1968, 1219
Bezzenberger, Das Verbot des Zinseszins, WM 2002, 1617
Bringezu, Erbbauzins und Zinseszinsverbot, NJW 1971, 1168
Brödermann/Bremer, Zinseszinsen, Kontokorrent und Altkredite, ZBB 1997, 63
Brodmann, Die Zinsschuld, in: Ehrenberg (Hrsg), Handbuch des gesamten Handelsrechts, Band 4/2 (1918) 233
Canaris, Funktionen und Rechtsnatur des Kontokorrents, in: FS Hermann Hämmerle (1972) 55
ders, Der Zinsbegriff und seine rechtliche Bedeutung, NJW 1978, 1891
vGierke, Handelsrecht und Schiffahrtsrecht (8. Aufl 1958)
Raisch, Geschichtliche Voraussetzungen, dogmatische Grundlagen und Sinnwandlung des Handelsrechts (1965)
Reifner, Das Zinseszinsverbot im Verbraucherkredit, NJW 1992, 337
ders, Zinseszinspraktiken im Lichte der §§ 248, 289 BGB, VuR 1992, 133
K Schmidt, Kontokorrent und Zinseszinsverbot, JZ 1981, 126
ders, Das „Zinseszinsverbot", JZ 1982, 829
ders, Kontokorrentkredit, Zinseszins und Verbraucherschutz, in: FS Carsten Peter Claussen (1997) 483
Schmitz, Zinsrecht (1994)

SCHOLTEN, Die Kreditgebühren der Teilzahlungsbanken und das Zinseszinsverbot, NJW 1968, 385
TOBIAS, Der Konsumentenratenkredit im Kontokorrentverhältnis (1990)
ULMER/IHRIG, Ein neuer Anleihetyp: Zero-Bonds, ZIP 1985, 1169
VOLKHOLZ, PIK-Darlehen und Zinseszinsverbot, in: FS Dieter Reuter (2010) 413.

Systematische Übersicht

I. **Systematische und teleologische Verortung**
1. Überblick _____ 1
2. Normzweck _____ 2

II. **Positiver Anwendungsbereich**
1. Vereinbarung _____ 4
2. Zeitpunkt der Vereinbarung _____ 6
3. Zinsen und Zinseszinsen iSd § 248 _____ 10

III. **Negativer Anwendungsbereich**
1. Kreditwirtschaftliche Ausnahmen (§ 248 Abs 2) _____ 14
2. Kontokorrentverhältnisse (§ 355 Abs 1 HGB) _____ 18
   a) Gesetzeszweck und -wirkungen _____ 18
   b) Normspezifischer Begriff des Kontokorrents _____ 20
   c) Persönlicher Anwendungsbereich _____ 21

IV. **Rechtsfolgen** _____ 22

Alphabetische Übersicht

Abstraktes Schuldanerkenntnis _____ 8
Anwendungsbereich _____ 4 ff, 14 ff
Ausländische Kreditinstitute _____ 15
Ausnahmen _____ 1, 14 ff

Bearbeitungsgebühren _____ 8

Disagio _____ 9

Erbbauzinsen _____ 11

Kreditgebühren _____ 8
Kreditinstitute _____ 14 ff
Kontoführungsgebühren _____ 12
Kontokorrentverhältnisse (§ 355 Abs 1 HGB) _____ 18 ff
– Begriff _____ 20
– persönlicher Anwendungsbereich _____ 21
– Rechtswirkungen _____ 19
– Vermutungswirkung _____ 19
– Ziel _____ 18

Negativer Anwendungsbereich _____ 14 ff
Normzweck _____ 2

Pfandbriefbanken _____ 17
Positiver Anwendungsbereich _____ 4 ff
Räumlicher Geltungsbereich _____ 15
Reallast _____ 11
Rechtsfolgen _____ 22
Regelungstechnik _____ 3
Rentenzahlungen _____ 12
Schadensersatzvereinbarungen _____ 13
Teleologische Reduktion _____ 7
Vereinbarung _____ 4 ff
Vereinbarungszeitpunkt _____ 6 f
Zero-Bonds _____ 9
Zinsbegriff _____ 10
Zinsscheine _____ 8

I. Systematische und teleologische Verortung

1. Überblick

1 Im fragmentarischen BGB-Zinsrecht der §§ 246–248 BGB stellt das Zinseszinsverbot (**Verbot des Anatozismus**) – genauer: Verbot von Zinseszins*vereinbarungen* (s u Rn 4) – einen eigenständigen Sondertatbestand dar. Durch §§ 289 S 1, 291 S 2 BGB erfährt er für gesetzliche Verzugs- und Prozesszinsen eine Erweiterung (dazu STAUDINGER/FELDMANN [2019] § 289 Rn 1 ff). In § 248 BGB findet sich ein **gesetzliches Verbot** (s u Rn 22), dessen Kodifizierung in der *lex lata* sich von den historischen Wurzeln des Zinseszinsverbots (dazu K SCHMIDT JZ 1982, 829 f; BEZZENBERGER WM 2002, 1617 Fn 4 f) gelöst hat und auf gewandelter teleologischer Basis steht (s u Rn 2). Durch die **Ausnahmetatbestände** in § 248 Abs 2 BGB (s u Rn 14 ff) und § 355 Abs 1 HGB (s u Rn 18 ff) ist die praktische Bedeutung des Zinseszinsverbots spürbar eingeschränkt.

2. Normzweck

2 Das Zinseszinsverbot des § 248 BGB zielt **ausschließlich** auf die **Vorhersehbarkeit** der Höhe der Zinszahlungen ab (K SCHMIDT JZ 1981, 126, 130; ders JZ 1982, 829, 831; ders, in: FS Carsten Peter Claussen [1997] 483, 484; dem folgend OLG Köln 12. 2. 1992 – 11 U 196/91, NJW-RR 1992, 682 f; ULMER/IHRIG ZIP 1985, 1169, 1173; VOLKHOLZ, in: FS Dieter Reuter [2010] 413, 416; MünchKommHGB/LANGENBUCHER[4] § 355 Rn 106; MünchKomm/GRUNDMANN[8] Rn 1; **aA** BEZZENBERGER WM 2002, 1617, 1621 f; SOERGEL/ARNOLD [13. Aufl 2014] Rn 1). Nur im Hinblick auf die **Transparenz** der Zinsbelastung dient § 248 BGB dem Schuldnerschutz. Ein weitergehender Gehalt als Überschuldungsschutz mit sozialstaatlichem Flair wohnt der Vorschrift nicht inne (**aA** REIFNER NJW 1992, 337, 339). Der Schutz des Zinsschuldners vor **überhöhten Zinssätzen** wird **über § 138 BGB** sichergestellt (vgl § 246 Rn 88). Bei der Auslegung des § 248 BGB vermag sich eine gesetzgeberische Intention nur insoweit Geltung zu verschaffen, als sie sich in der Gesetzesfassung niedergeschlagen hat (BALDUS, in: ders/THEISEN/VOGEL [Hrsg], „Gesetzgeber" und Rechtsanwendung [2013] 5, 19). Die grundsätzliche Nichtigkeit von Zinseszinsvereinbarungen, die § 248 Abs 1 BGB anordnet, wäre für einen Schutz des Schuldners vor hohen Zinslasten weitgehend ungeeignet, da sie keine Begrenzung für die Höhe des primären Zinssatzes enthält. Das Zinseszinsverbot ließe – isoliert betrachtet – jegliche Zinshöhe zu, solange nur keine Zinseszinsen verlangt würden. Überkommen erscheinen auch Begründungsansätze, wonach die Zinsschuld sich selbst bereits aus der Hauptschuld ableite und daher eine „geringere eigene Produktionsfähigkeit" (RG 29. 1. 1881 – I 301/80, RGZ 5, 254, 256) aufweise. Die Zinsschuld zeichnet sich durch eine auf den Entstehungsakt beschränkte partielle Akzessorietät zur Hauptschuld aus (vgl § 246 Rn 26), stellt aber danach eine formell eigenständige Verbindlichkeit dar (vgl § 246 Rn 29). Handelt es sich – wie regelmäßig – um eine Kapitalschuld (vgl § 246 Rn 43 f), kann sie wie jede andere Kapitalschuld selbständig Zinsen tragen.

3 Systematisch wird das Transparenzziel des § 248 BGB für den Sonderbereich des Verbraucherdarlehensrechts durch die Informationspflichten bezüglich des **effektiven Jahreszinses** (§§ 491a Abs 1, 492 Abs 2, 506 Abs 1 BGB iVm Art 247 §§ 3 Abs 1 Nr 3, § 6 Abs 1 Nr 1, § 10 Abs 1 Nr 1 lit a, Nr 2 lit a, § 11 Abs 1 Nr 1 lit a, Nr 2 lit a EGBGB) **flankiert und partiell überlagert**. Nicht nur die Anwendungsbereiche des allgemeinen § 248 BGB und der verbraucherrechtlichen Spezialvorschriften divergieren, sondern auch die **Regelungstechniken**: Das Zinseszinsverbot des § 248 BGB stellt ein gesetzliches Verbot dar, das zur Nichtigkeit einer entgegenstehenden Abrede führt. Im Verbraucherdarlehensrecht sind Zinseszinsabreden nicht *per se* untersagt, sondern die entstehenden Zinskosten unterliegen einer Offenlegungspflicht; ein Verstoß führt nicht zur Nichtigkeit der Zinseszinsabrede, sondern zu einer Herabsetzung der Zinshöhe (§ 494 Abs 2 S 2 BGB). Im Hinblick auf den von § 248 BGB intendierten Schutz gegen Ungewissheit über die Höhe der Zinsschuld reicht die Nichtigkeitswirkung über das erforderliche Maß hinaus. Transparenz lässt sich, wie die Privatrechtsordnung in den Informationsvorschriften zum effektiven Jahreszins zeigt, auch auf mildere und gleich effektive Weise herstellen. Daher erscheint § 248 BGB als regelungstechnischer **Anachronismus**, der durch die verbraucherdarlehensrechtlichen Bestimmungen teilweise überholt ist (in diese Richtung bereits STAUDINGER/K SCHMIDT [1997] Rn 2). Im Hinblick auf den transparenzzentrierten Telos unterliegt die Vorschrift in ihrem positiven Anwendungsbereich einer **restriktiven Auslegung**, wohingegen ihr negativer Anwendungsbereich extensiv zu handhaben ist (ERMAN/MARTENS[16] Rn 1; MünchKomm/GRUNDMANN[8] Rn 1). Mit dieser Zurückhaltung harmoniert, dass das Zinseszinsverbot keinen Eingang in den deutschen *ordre public* gefunden hat (OLG Hamburg 26. 1. 1989 – 6 U 71/88, RIW 1991, 152, 154 zu § 289).

II. Positiver Anwendungsbereich

1. Vereinbarung

Das Zinseszinsverbot des § 248 BGB gilt unmittelbar **nur für Zinsschulden auf rechts-** **4** **geschäftlicher, nicht aber auf gesetzlicher Grundlage** (BRODMANN, in: EHRENBERG [Hrsg], Handbuch des gesamten Handelsrechts, Band 4/2 [1918] 233, 241; K SCHMIDT, in: FS Carsten Peter Claussen [1997] 483, 484; jurisPK-BGB/TOUSSAINT [9. Aufl 2019] Rn 6; MünchKomm/GRUNDMANN[8] Rn 2). Einigen sich die Parteien bei einer gesetzlichen Zinsschuld auf eine abweichende Höhe des Zinssatzes oder Zinseszinsen, liegt darin eine Vereinbarung iSd § 248 Abs 1 BGB (STAUDINGER/K SCHMIDT [1997] Rn 3). Das Zinseszinsverbot findet insofern lediglich vermittelt über diese konstitutive Zinsabrede bei (nicht: auf) gesetzlichen Zinsschulden Anwendung (jurisPK-BGB/TOUSSAINT [9. Aufl 2019] Rn 13). Die deutsche *lex lata* kennt keine Zinseszinsanordnungen für gesetzliche Zinsschulden des Privatrechts (K SCHMIDT JZ 1981, 126, 127), sodass ein korrelierendes Verbot zudem überflüssig wäre.

Über die Verweisungsvorschrift des § 62 S 2 VwVfG gilt das Zinseszinsverbot ent- **5** sprechend auch für **öffentlich-rechtliche Verträge** (STAUDINGER/K SCHMIDT [1997] Rn 5). Grundsätzlich sind sämtliche allgemeinen schuldrechtlichen Bestimmungen der §§ 241 ff BGB einschließlich der Verzinsungsregelungen von dem Verweis erfasst (BONK/NEUMANN/SIEGEL, in: STELKENS/BONK/SACHS [Hrsg], VwVfG [9. Aufl 2018] § 62 Rn 41 f, 50). Auch insofern bedarf es einer Vereinbarung, dh einer Einigung der Parteien iSv § 62 S 2 VwVfG iVm §§ 145 ff BGB.

2. Zeitpunkt der Vereinbarung

Eine „im Voraus" iSv § 248 Abs 1 BGB getroffene Vereinbarung liegt vor, wenn die **6** Zinsschuld **weder fällig noch durch summenmäßige Bezifferung in die verzinsliche Hauptschuld integriert** ist (K SCHMIDT JZ 1982, 829, 831; MünchKomm/GRUNDMANN[8] Rn 4; ER-

MAN/MARTENS[16] Rn 3; **aA** BEZZENBERGER WM 2002, 1617, 1621 f; VOLKHOLZ, in: FS Dieter Reuter [2010] 413, 419 f; jurisPK-BGB/TOUSSAINT [9. Aufl 2019] Rn 8). Hierzu bedarf es keiner teleologischen Extension des Begriffs der Fälligkeit, sondern lediglich einer Auslegung des Tatbestandsmerkmals „im Voraus" nach Sinn und Zweck der Vorschrift. Um das Ziel einer Zinstransparenz zu erreichen (s o Rn 2), müssen nicht alle vor Fälligkeit getroffenen Zinseszinsvereinbarungen der Nichtigkeitssanktion unterliegen. Eine Voraussehbarkeit der Zinsbelastung besteht nämlich nicht erst bei Fälligkeit im technischen Sinn, sondern bereits bei einer konkreten Angabe des zu verzinsenden (Zins-)Betrags. Der Normzweck des § 248 BGB gebietet eine entsprechend einschränkende Auslegung.

7 Für eine **weitergehende teleologische Reduktion** des § 248 Abs 1 BGB in allen Fällen, in denen die konkrete Zinsbelastung dem „durchschnittlich gebildeten Vertragspartner … begreiflich gemacht" (MünchKomm/GRUNDMANN[8] Rn 15) werden kann, besteht *de lege lata* **kein Anlass**. Allenfalls rechtspolitisch erscheint eine solche Orientierung an der **Dogmatik der** supranationalen **Grundfreiheiten** im Binnenmarkt (grundlegend zum Gedanken eines Vorrangs der Information vor einem Verbot EuGH 20. 2. 1979 – 120/78 *[Cassis de Dijon]*, ECLI:EU:C:1979:42, Rn 13) erwägenswert, wobei es einer rechtssicher handhabbaren Kodifizierung bedürfte. Zu unklar wäre ansonsten die Abgrenzung zwischen verständlichen und nicht mehr verständlichen Zinseszinsabreden. Auch unterliegt eine Zinseszinsvereinbarung zwischen Privaten nicht dem öffentlich-rechtlichem Verhältnismäßigkeitsgrundsatz und ist als solche zudem nicht notwendig binnenmarktrelevant.

8 **Zinsscheine** iSd § 803 BGB unterliegen nicht dem Zinseszinsverbot des § 248 BGB (K SCHMIDT JZ 1982, 829, 833; STAUDINGER/MARBURGER [2015] § 803 Rn 4; **aA** RG 29. 1. 1881 – I 301/80, RGZ 5, 254, 258 ff; MünchKomm/HABERSACK[8] § 803 Rn 2). Dem Transparenzerfordernis genügen Zinsscheine, in denen eine summenmäßig bestimmte Zinsforderung verbrieft wird (zur Rechtsnatur vgl STAUDINGER/MARBURGER [2015] § 803 Rn 1 f mwNw). Auch aus einem **abstrakten Schuldanerkenntnis**, das aus einer Kapitalschuld und Zinsen errechnet wird, lassen sich Zinsen kraft Vereinbarung ziehen (SCHOLTEN NJW 1968, 385, 386; K SCHMIDT JZ 1981, 126, 127). Für Zinsen auf **Bearbeitungsgebühren** greift ebenfalls das Zinseszinsverbot des § 248 BGB nicht ein, da es sich zum einen nicht um Zinsen im Rechtssinne handelt (zum Zinsbegriff vgl § 246 Rn 33), zum anderen ihre Höhe der Summe nach feststeht oder aus dem Kapitalbetrag berechnet werden kann (BGH 7. 11. 1985 – III ZR 128/84, NJW-RR 1986, 205, 207; STAUDINGER/K SCHMIDT [1997] Rn 20; MünchKomm/GRUNDMANN[8] Rn 5). Auch auf regelmäßig anfallende **Kreditgebühren** findet § 248 BGB keine Anwendung, sofern sie summenmäßig beziffert oder bezifferbar sind (K SCHMIDT JZ 1982, 829, 833; MünchKomm/GRUNDMANN[8] Rn 5; wohl auch SCHOLTEN NJW 1968, 385, 386; **aA** BGH 2. 12. 1982 – III ZR 90/81, NJW 1983, 1420, 1421; OLG Köln 23. 9. 1966 – 4 U 254/65, NJW 1966, 2217; BELKE BB 1968, 1219, 1224; SOERGEL/ARNOLD [13. Aufl 2014] Rn 5).

9 Das **Disagio** stellt zwar regelmäßig einen Zins im Rechtssinne dar (vgl § 246 Rn 34), aber unterliegt dennoch nicht dem Zinseszinsverbot des § 248 BGB (BGH 9. 11. 1999 – IX ZR 311/98, NJW 2000, 352; OLG Köln 12. 2. 1992 – 11 U 196/91, NJW-RR 1992, 682, 683; K SCHMIDT JZ 1982, 829, 832; VORTMANN EWiR 2000, 61, 62; BEZZENBERGER WM 2002, 1617, 1624 [Gewohnheitsrecht]; VOLKHOLZ, in: FS Dieter Reuter [2010] 413, 417; SOERGEL/ARNOLD [13. Aufl 2019] Rn 8; BeckOGK/COEN [1. 3. 2021] Rn 15; **aA** noch BGH 1. 6. 1989 – III ZR 219/87, NJW-RR 1989, 947, 949). Als Differenz zwischen dem Ausgabekurs und dem Nominalbetrag eines Darlehens

oder Wertpapiers steht es von vornherein summenmäßig fest. Vom Normzweck des § 248 BGB (s o Rn 2) wird daher das Disagio nicht erfasst (zutreffend K Schmidt, in: FS Carsten Peter Claussen [1997] 483, 484 f; BeckOGK/Coen [1. 3. 2021] Rn 16). Gleiches gilt für den **Rückzahlungsüberschuss** bei **Zero-Bonds** (Ulmer/Ihrig ZIP 1985, 1169, 1172 f; K Schmidt, in: FS Carsten Peter Claussen [1997] 483, 485; Volkholz, in: FS Dieter Reuter [2010] 413, 417; Soergel/Arnold [13. Aufl 2014] Rn 8; **aA** Bezzenberger WM 2002, 1617, 1622 f).

3. Zinsen und Zinseszinsen iSd § 248

Das Zinseszinsverbot greift nur bei **Zinsen im Rechtssinne** (vgl § 246 Rn 23) ein (BGH **10** 20. 11. 1970 – V ZR 71/68 WM 1971, 42, 43; BGH 14. 11. 1963 – III ZR 141/62, NJW 1983, 1420, 1421; Bezzenberger WM 2002, 1617, 1618; Soergel/Arnold [13. Aufl 2014] Rn 3; BeckOGK/ Coen [1. 3. 2021] Rn 11; vgl auch BGH 14. 11. 1963 – III ZR 141/62, NJW 1964, 294 zur Enteignungsentschädigung). Ob es sich um Zinsen handelt, richtet sich nicht nach der Bezeichnung der Parteien, sondern nach einer materiellen Würdigung (BGH 20. 11. 1970 – V ZR 71/68, WM 1971, 42, 43; Soergel/Arnold [13. Aufl 2014] Rn 3; **aA** teilweise Scholten NJW 1968, 385, 386). § 248 BGB liegt **kein normspezifischer Zinsbegriff** zugrunde, der von der allgemeinen Nominaldefinition abwiche (**aA** Staudinger/K Schmidt [1997] Rn 10). Die Berücksichtigung des einschränkenden Normzwecks (s o Rn 2) erfolgt im Rahmen des Tatbestandsmerkmals „im Voraus" (s o Rn 6). Bereits daraus folgt, dass bei einem Disagio (s o Rn 9) und bei Kreditgebühren (s o Rn 8) die Vereinbarung von Zinseszinsen zulässig ist. Der Zinsbegriff greift bei § 248 BGB insofern **zweifach** ein, als ihm sowohl die verzinsliche Zinsschuld als auch die darauf bezogene Nebenleistung entsprechen müssen; erforderlich sind **Zinsen im Rechtssinne von Zinsen im Rechtssinne**.

Erbbauzinsen stellen keine Zinsen im Rechtssinne dar (vgl § 246 Rn 25), sodass auf sie **11** § 248 BGB nicht anzuwenden ist (Merkel NJW 1955, 1114; Bringezu NJW 1971, 1168 f; K Schmidt JZ 1982, 829, 832; MünchKomm/Grundmann[8] Rn 7; Soergel/Arnold [13. Aufl 2014] Rn 9; tendenziell auch BeckOGK/Coen [1. 3. 2021] Rn 14; **aA** zu § 289 BGH 15. 10. 1969 – I ZR 3/ 68, NJW 1970, 243; BGH 2010.1972 – V ZR 196/71, WM 1973, 42, 44; BGH 13. 1. 1978 – V ZR 72/75, NJW 1978, 1261; BGH NJW-RR 1992, 591, 592). Daran ändert der Verweis in § 9 Abs 1 S 1 ErbbauRG auf § 1107 BGB und damit das Recht der Hypothekenzinsen nichts (Soergel/Arnold [13. Aufl 2014] Rn 9; **aA** BGH 24. 1. 1992 – V ZR 267/90, NJW-RR 1992, 591, 592). Das Zinseszinsverbot der §§ 248, 289 S 1 BGB gilt auch nicht für die **einzelnen Leistungen einer Reallast** (**aA** BGH 1. 6. 1990 – V ZR 84/89, BGHZ 111, 324, 328; Staudinger/ Reymann [2017] § 1107 Rn 16), da es sich nicht um Zinsen im Rechtssinne handelt. § 1107 BGB enthält keinen Rechtsfolgenverweis, der das Erfordernis eines Zinses iSv §§ 248, 289 S 1 BGB entbehrlich stellten könnte. Vielmehr zielt § 1107 BGB allein darauf ab, eine Haftung des Grundstücks für Erbbauzinsen und Einzelleistungen einer Reallast sicherzustellen. Die Anlehnung an die Hypothekenzinsen reicht jedoch nicht soweit, dass die zinstechnischen Regelungen auch auf Nicht-Zinsen anzuwenden wären.

Keine Zinsen stellen **Rentenzahlungen** dar, sodass in der Folge das Zinseszinsverbot **12** nicht eingreift (BGH 20. 11. 1970 – V ZR 71/68, WM 1971, 42, 43 [zur verrenteten Kaufpreisschuld]; K Schmidt JZ 1982, 829, 832; Schmitz, Zinsrecht [1994] 48). In der Abrede, dass bei einer nicht fristgemäßen Zahlung der Zinssatz erhöht wird, ist keine Zinseszinsvereinbarung zu erblicken (RG 15. 4. 1896 – V 319/95, RGZ 37, 274, 275; Belke BB 1968, 1219,

1220; K Schmidt JZ 1982, 829, 832). Auch **Gewinnanteile** eines Gesellschafters (zB Gewinnbeteiligung der Gesellschafter einer OHG/KG nach §§ 121 Abs 1, 161 Abs 2 HGB sowie die Dividenden der Aktionäre) stellen keine Zinsen dar und können daher kraft Vereinbarung einer Verzinsung unterworfen werden (Canaris NJW 1978, 1891 f). Kein Gewinnanteil eines Gesellschafters liegt hingegen bei einem **partiarischen Darlehen** vor, auch wenn die Höhe der Vergütung des Darlehensgebers von einem Gewinn oder unternehmerischen Erfolg abhängig ist (Staudinger/K Schmidt [1997] Rn 14; zur Abgrenzung von der stillen Gesellschaft vgl BGH 10. 2. 1978 – III 115/76, NJW 1978, 1280); es handelt sich um Zinsen (vgl auch BFH 13. 9. 2000 – I R 61/99, NJW 2001, 3071 f), deren Höhe einer besonderen Berechnungsweise unterliegt. **Kontoführungsgebühren**, deren Höhe von der Darlehenshöhe unabhängig ist, fehlt hingegen der Zinscharakter, sodass von ihnen Zinsen verlangt werden können (Volkholz, in: FS Dieter Reuter [2010] 413, 416).

13 Für **Schadensersatzvereinbarungen** vermag § 248 BGB allenfalls analoge Geltung zu beanspruchen (K Schmidt JZ 1982, 829, 833). Eine Umgehung durch eine abstrakte Schadensberechnung (vgl OLG Stuttgart 7. 8. 1984 – 6 U 51/84, WM 1985, 349, 357) oder eine pauschalierte Schadensersatzvereinbarung (K Schmidt JZ 1982, 829, 833) droht nur dann, wenn der Schaden ein **funktionelles Äquivalent zu Zinsen** darstellt. § 248 BGB liegt kein vom allgemeinen Begriffsverständnis abweichender Zinsbegriff zugrunde; Transparenz schreibt die Vorschrift nur für den Sonderbereich von Zinsen im Rechtssinne vor (s o Rn 2). Durch die Sondervorschriften zur Offenlegung des effektiven Jahreszinses (s o Rn 2) hat der Gesetzgeber zum Ausdruck gebracht, dass Erweiterungen und Konkretisierungen des Transparenzgedankens aus § 248 BGB regelmäßig nur in den gesetzlich angeordneten Grenzen zulässig sind. Eine planwidrige Regelungslücke zur Rechtfertigung einer Analogie ist daher nur **in sehr engen Grenzen** anzunehmen. Damit soll auch dem berechtigten Einwand entgegengetreten werden, dass eine rechtssichere Abgrenzung zwischen Schadensersatzvereinbarungen mit und ohne Zinscharakter häufig nur schwer durchzuführen ist.

III. Negativer Anwendungsbereich

1. Kreditwirtschaftliche Ausnahmen (§ 248 Abs 2 BGB)

14 Der persönliche Anwendungsbereich der Ausnahmevorschriften des § 248 Abs 2 BGB zielt einheitlich auf **Kreditinstitute iSd § 1 Abs 1 KWG** (Staudinger/K Schmidt [1997] Rn 26; Volkholz, in: FS Dieter Reuter [2010] 413, 418; Soergel/Arnold [13. Aufl 2014] Rn 11; MünchKomm/Grundmann[8] Rn 11). Erfasst sind sowohl Banken als auch Sparkassen. Lediglich in begrifflicher Hinsicht lässt sich insofern ein Rückgriff auf §§ 39, 40 KWG vollziehen (Volkholz, in: FS Dieter Reuter [2010] 413, 418). Anders als in § 39 Abs 1 Nr 1, § 40 Abs 1 Nr 1 KWG vorausgesetzt, kommt es für die zinsschuldrechtlichen Zwecke des § 248 BGB nicht auf das Bestehen einer formellen Erlaubnis nach § 32 KWG an (MünchKomm/Grundmann[8] Rn 11). Die **praktische Bedeutung** von § 248 Abs 2 BGB ist **gering**, da weite Teile der erfassten Geschäftsbeziehungen durch Kontokorrentabreden geprägt und damit von der Ausnahmevorschrift des § 355 Abs 1 HGB erfasst sind (K Schmidt JZ 1982, 829, 834).

15 Unerheblich ist, ob das betroffene Kreditinstitut seinen Sitz im In- oder Ausland hat. Auch **ausländische Kreditinstitute** können die Privilegierung des § 248 Abs 2 S 2 BGB

in Anspruch nehmen (LG Berlin 7. 10. 1912 – X 340/12, KGJ 44 A Nr 58). Eine Einschränkung auf Kreditinstitute mit Sitz innerhalb der Europäischen Union ist nicht geboten, da es insofern nicht auf den räumlichen Geltungsbereich der Grundfreiheiten ankommt (aA Volkholz, in: FS Dieter Reuter [2010] 413, 418 zu § 248 Abs 2 S 2). § 248 Abs 2 BGB stellt in seinem Wortlaut auf eine bestimmte geschäftliche Tätigkeit ab und kennt keine geographische Einschränkung; eine solche vertrüge sich auch nicht mit dem Schutzzweck der Norm. Vorausgesetzt wird lediglich allgemein die kollisionsrechtliche Anwendbarkeit des § 248 BGB.

Die weite Ausnahmebestimmung des § 248 Abs 2 S 1 BGB für das **Passivgeschäft** der 16
Kreditinstitute erklärt sich mit deren fehlender Schutzbedürftigkeit als professionelle Marktteilnehmer. Der historische Gesetzgeber hatte auf die Verkehrsüblichkeit von Zinseszinsvereinbarungen in diesem Geschäftsbereich abgestellt (Mugdan II 629).

Der engere Ausnahmetatbestand des § 248 Abs 2 S 2 BGB, der das **Aktivgeschäft** der 17
Kreditinstitute adressiert, fokussiert zwar den Spezialbereich der Bodenkredite (Mugdan II 629; Brodmann, in: Ehrenberg [Hrsg], Handbuch des gesamten Handelsrechts, Band 4/2 [1918] 233, 242; Volkholz, in: FS Dieter Reuter [2010] 413, 418), beschränkt sich darauf aber nicht und gilt daher beispielsweise auch für Schiffsfinanzierungen (K Schmidt JZ 1982, 829, 834). Dennoch bilden die **Pfandbriefbanken** iSv § 1 Abs 1 S 2 Nr 1a KWG, § 1 Abs 1 PfandBG den normativen Kernbestand der Kreditinstitute im persönlichen Anwendungsbereich des § 248 Abs 2 S 2 BGB. Die Zielsetzung des § 248 Abs 2 S 2 BGB besteht darin, den betroffenen Kreditinstituten einen kongruenten Ausgleich zwischen von ihnen ausgegebenen verzinslichen Schuldverschreibungen und den privilegierten Darlehen zu ermöglichen (Brodmann, in: Ehrenberg [Hrsg]), Handbuch des gesamten Handelsrechts, Band 4/2 [1918] 233, 242; Soergel/Arnold [13. Aufl 2014] Rn 12; MünchKomm/Grundmann[8] Rn 11). Daher bedarf der zu weite Gesetzeswortlaut, der nur auf die Berechtigung zur Ausgabe von Schuldverschreibungen abstellt, einer teleologischen Reduktion; nur soweit es tatsächlich zur Ausgabe von verzinslichen Inhaberschuldverschreibungen gekommen ist, dürfen Zinseszinsvereinbarungen bei den korrespondierenden Darlehen auch im Voraus getroffen werden (K Schmidt JZ 1982, 829, 834; aA unter Verweis auf den Wortlaut Brodmann, in: Ehrenberg [Hrsg], Handbuch des gesamten Handelsrechts, Band 4/2 [1918] 233, 242).

2. Kontokorrentverhältnisse (§ 355 Abs 1 HGB)

a) Gesetzeszweck und -wirkungen
Die Ausnahmebestimmung für Kontokorrentverhältnisse führt entstehungsge- 18
schichtlich auf Teil II Titel 8 § 697 des Allgemeinen Landrechts für die Preußischen Staaten von 1794 und Art 291 ADHGB zurück (dazu K Schmidt JZ 1981, 126, 127 f; ders, in: FS Carsten Peter Claussen [1997] 483, 486 ff mit Verweis auf ROHGE 11, 140, 143 f). Der Gesetzgeber des HGB fand danach die damalige Rechtslage vor, wonach das Zinseszinsverbot nicht für das Kontokorrent als Schuldverhältnis galt; dieser rechtliche *status quo* sollte in § 355 Abs 1 HGB festgeschrieben werden (K Schmidt JZ 1981, 126, 128; ders, in: FS Carsten Peter Claussen [1997] 483, 490). § 355 Abs 1 HGB zielt darauf ab, in **Rücksichtnahme auf kaufmännische Gepflogenheiten** (so ausdrücklich die Motive zum Entwurf eines Handelsgesetzbuchs für die Preußischen Staaten, Zweiter Theil [1857] 112) die **Praktikabilität des Kontokorrents abzusichern**. Die Funktion des Kontokorrents, durch eine Vielzahl von wechselseitigen Forderungen geprägte Geschäftsbeziehungen unter an-

derem hinsichtlich der Verzinsung zu vereinfachen (allgemein dazu CANARIS, in: FS Hermann Hämmerle [1972] 55 ff), wird hinsichtlich von Zinsen und Zinseszinsen gefördert (ebenso BRÖDERMANN/BREMER ZBB 1997, 63, 66 zum DDR-Recht). Die Führung eines zusätzlichen unverzinslichen Zinskontos sollte entbehrlich gestellt werden (K SCHMIDT, in: FS Carsten Peter Claussen [1997] 483, 487).

19 Die Rechtswirkungen des § 355 Abs 1 HGB beschränken sich auf die **Befreiung des Saldos** (BRODMANN, in: EHRENBERG [Hrsg], Handbuch des gesamten Handelsrechts, Band 4/2 [1918] 233, 242) **von dem Verbotstatbestand des § 248 Abs 1 BGB**. Zinseszinsen fallen jedoch auch in einem zinsrechtlich solchermaßen privilegierten Kontokorrent an sich nur an, sofern sie von den Parteien vereinbart worden sind (jurisPK-BGB/TOUSSAINT [9. Aufl 2019] Rn 11; OETKER/MAULTZSCH, HGB [7. Aufl 2021] § 355 Rn 64 mwNw). Aus § 355 Abs 1 HGB folgt jedoch über die Verbotsausnahme hinaus eine **Vermutung zugunsten einer Verzinsungsvereinbarung**, sofern zumindest ein vertraglicher Einzelposten verzinsungspflichtig war (OETKER/MAULTZSCH, HGB [7. Aufl 2021] § 355 Rn 64; STAUB/CANARIS, HGB [4. Aufl 2004] § 355 Rn 207; weitergehend GIERKE, Handelsrecht und Schiffahrtsrecht [8. Aufl 1958] § 63 IV 4 c). Die Befreiungswirkung des § 355 Abs 1 HGB in Bezug auf das Zinseszinsverbot entfällt *ex nunc*, sobald das Kontokorrentverhältnis endet (BGH 13. 11. 1990 – XI ZR 217/89, NJW 1991, 1286, 1288).

b) Normspezifischer Begriff des Kontokorrents

20 Der Begriff des Kontokorrents aus § 355 Abs 1 HGB in seiner Bedeutung als Ausnahmebestimmung zu § 248 Abs 1 BGB ist **vom allgemeinen Verständnis des Kontokorrents als vertraglichem Rechtsverhältnis zu trennen** (STAUDINGER/K SCHMIDT [1997] Rn 32). Entscheidend kommt es auf die *ratio legis* des § 355 Abs 1 HGB an, der die Vereinfachungsfunktion des Kontokorrents für die Zinsforderungen bewahren möchte (s o Rn 2). Daher ordnet § 355 Abs 1 HGB eine Ausnahme zum Zinseszinsverbot **sowohl für das Perioden- als auch das Staffelkontokorrent** an (K SCHMIDT JZ 1981, 126, 130; MünchKommHGB/LANGENBUCHER[4] § 355 Rn 107). Nicht erforderlich ist für die Befreiung vom Zinseszinsverbot, dass aus der Geschäftsbeziehung, die dem Kontokorrent zugrunde liegt, tatsächlich wechselseitige Ansprüche resultieren (K SCHMIDT, in: FS Carsten Peter Claussen [1997] 483, 490 ff; **aA** aus Gründen des Verbraucherschutzes TOBIAS, Der Konsumentenratenkredit im Kontokorrentverhältnis [1990] 169 ff; REIFNER NJW 1992, 337, 340 f). Eine „**Flucht ins Kontokorrent**", nur um das Zinseszinsverbot des § 248 Abs 1 BGB zu umgehen, sodass in der Folge eine Berufung auf § 355 Abs 1 HGB ausgeschlossen werden müsste, erscheint angesichts der teleologisch bedingten einschränkenden Auslegung des § 248 Abs 1 BGB (s o Rn 2) und der Ausnahmebestimmung in § 248 Abs 2 BGB als unwahrscheinlich. Eine teleologisch bedingte Einschränkung des § 355 Abs 1 HGB lässt sich allenfalls bei einem schlichten Ratenkredit annehmen (REIFNER VuR 1992, 133, 136), nicht aber bei Kreditverhältnissen mit schwankendem Umfang (K SCHMIDT, in: FS Carsten Peter Claussen [1997] 483, 493).

c) Persönlicher Anwendungsbereich

21 Auch in persönlicher Hinsicht prägen Sinn und Zweck des § 355 Abs 1 HGB als Ausnahmevorschrift zu § 248 Abs 1 BGB seinen diesbezüglichen Anwendungsbereich. Einer Absicherung der Praktikabilität des Kontokorrents bedarf es nicht nur, wenn beide Beteiligten der Kontokorrentabrede die Kaufmannseigenschaft aufweisen oder – wie es der Wortlaut im Zusammenspiel mit § 345 HGB nahelegt – nur **ein Beteiligter Kaufmann** ist. Auch vollständig jenseits des kaufmännischen Bereichs trüge der Gesetzeszweck eine Ausnahme vom Zinseszinsverbot des § 248 Abs 1 BGB. Hinzu tritt der Umstand, dass das Kontokorrent seinem Wesen nach nicht handels-, sondern bürgerlichrechtlicher Natur ist (grundlegend Raisch, Geschichtliche Voraussetzungen, dogmatische Grundlagen und Sinnwandlung des Handelsrechts [1965] 230 ff). Jedoch setzt der ein einseitiges Kaufmannserfordernis enthaltende Wortlaut, getragen von der Entstehungsgeschichte der Gesetzesauslegung, insofern Grenzen. Eine teleologische Reduktion, in deren Folge die Ausnahme des § 355 Abs 1 HGB auch **ohne Kaufmannsbeteiligung** im sog „uneigentlichen" Kontokorrent anzuwenden wäre (im Ergebnis MünchKomm/Grundmann[8] Rn 13; für eine Analogie Soergel/Arnold [13. Aufl 2014] Rn 13), ist *de lege lata* **nicht zulässig** (BeckOGK/Coen [1. 3. 2021] Rn 22). *De lege ferenda* hingegen erscheint es geboten, diesen Wertungswiderspruch durch eine Anpassung des § 355 Abs 1 HGB oder dessen Überführung in das BGB durch Anfügung eines dritten Absatzes in § 248 BGB aufzulösen. Eine Erweiterung des persönlichen Anwendungsbereichs über den Gesetzeswortlaut hinaus ist lediglich durch eine **Miterfassung von Freiberuflern und nicht kaufmännischen Gewerbetreibenden** in Analogie zu § 355 Abs 1 HGB möglich (K Schmidt JZ 1981, 126, 129). Diese Personengruppen haben auch an den kaufmännischen Gepflogenheiten teil, die in § 355 Abs 1 HGB kodifiziert werden sollten.

IV. Rechtsfolgen

Eine gegen § 248 Abs 1 BGB verstoßende Vereinbarung ist **nichtig**. Auch wenn es sich bei § 248 Abs 1 BGB um ein **gesetzliches Verbot** handelt, ergibt sich die Nichtigkeitsfolge bereits aus der Vorschrift selbst; es bedarf keines Rückgriffs auf § 134 BGB (K Schmidt JZ 1981, 126, 127). Werden nicht geschuldete Zinseszinsen gezahlt, kommt eine Rückforderung über die *condictio indebiti* des § 812 Abs 1 S 1 Alt 1 BGB in Betracht. Der **Vertrag und die Zinsabrede im Übrigen** bleiben hingegen entgegen der Grundregel des § 139 BGB grundsätzlich **wirksam** (Soergel/Arnold [13. Aufl 2014] Rn 2).

22

Gesetz über das Verbot der Verwendung von Preisklauseln bei der Bestimmung von Geldschulden (Preisklauselgesetz – PrKG)

vom 7. 9. 2007 (BGBl I 2246, 2247), geändert durch Gesetz vom 29. 7. 2009 (BGBl I 2355).

Einleitung zum Preisklauselgesetz

Schrifttum

Bohndorf, Wertsicherungsklauseln. Theorie und Rechtsvergleichung (1966)
Bräutigam, Die währungsrechtliche Zulässigkeit von Wertsicherungsklauseln (1984)
Calliess/Ruffert (Hrsg), EUV/AEUV, Das Verfassungsrecht der Europäischen Union mit Europäischer Grundrechtecharta (5. Aufl 2016)
Dostojewski, Aufzeichnungen aus einem Totenhaus (Übersetzung von Pommerenke, 1994)
Duden, Empfehlen sich unter Berücksichtigung der rechtlichen Regeln in anderen europäischen Staaten gesetzliche Bestimmungen über die Wertsicherung? Soll unter diesem Gesichtspunkt § 3 des Währungsgesetzes aufgehoben oder geändert werden? Gutachten für den 40. Deutschen Juristentag (1953)
Dürkes, Wertsicherungsklauseln (10. Aufl 1992)
Ertl, Inflation, Privatrecht und Wertsicherung (1980)
Fögen, Geld- und Währungsrecht (1969)
Gramlich, Bundesbankgesetz, Währungsgesetz, Münzgesetz (1988)
Grothe, Fremdwährungsverbindlichkeiten (1999)
Gruber, Geldwertschwankungen und handelsrechtliche Verträge in Deutschland und Frankreich (2002)
Häde, Das Wertsicherungsverbot nach dem Preisklauselgesetz, DVBl 2008, 1465
Heermann, Geld und Geldgeschäfte (2003)
Herrmann, Währungshoheit, Währungsverfassung und subjektive Rechte (2010)
Heynitz, Zur Euroeinführung – Ein neues deutsches Sonderrecht für Wertsicherungsvereinbarungen, MittBayNot 1998, 398
Höfling, Vertragsfreiheit (1991)
Kirchhoff, Wertsicherungsklauseln für Euro-Verbindlichkeiten (2006)
Kluge, Wertsicherungsklauseln in der notariellen Praxis, MittRhNotK 2000, 409
Kollhosser, Wertsicherungsklauseln im Spannungsfeld zwischen Vertragsfreiheit, Sozialpolitik und Währungspolitik (1985)
Lubasch, Die volkswirtschaftlichen Wirkungen von Geldwertsicherungsklauseln (1964)
Mittelbach, Wertsicherungsklauseln in Zivil- und Steuerrecht (4. Aufl 1980)
Grabitz/Hilf/Nettesheim (Hrsg), Das Recht der Europäischen Union (71. EL August 2020)
Ohler, Die hoheitlichen Grundlagen der Geldordnung, JZ 2008, 317
Omlor, Geldprivatrecht. Entmaterialisierung, Europäisierung, Entwertung (2014)
ders, in: Aichberger-Beig/Aspöck/Leupold/Oelkers, et al (Hrsg), Vertrauen und Kontrolle im Privatrecht (2011) 303
Papier, Rechtsprobleme der Inflation, JuS 1974, 477
Ruffert, Vorrang der Verfassung und Eigenständigkeit des Privatrechts (2001)
Sandrock, Der Euro und sein Einfluß auf nationale und internationale privatrechtliche Verträge, RIW 1997, Beilage Nr 1, S 6 ff
Schmalz, Die Stabilität des Geldwertes als Problem des Privatrechts (1986)
Schmidt-Räntsch, Wertsicherungsklauseln nach dem Euro-Einführungsgesetz, NJW 1998, 3166
Schüller, Freiheit als Prinzip der Geldwertsicherung – Ordnungsökonomische Überlegungen zum Wandel und zu den Perspektiven von Wertsicherungsklauseln in Deutschland und im Euro-Raum, in: FS Egon Görgens (2006) 365
Schultz, Stolperstein Wertsicherung, NZM 2008, 425

SIEBER, Lösung des Inflationsproblems durch Indexierung?, Wirtschaft und Recht 1966, 137
SIMITIS, in: KÖTZ/REICHERT-FACILIDES (Hrsg), Inflationsbewältigung im Zivil- und Arbeitsrecht (1976) 49
STEINER, Wertsicherungsklauseln (2003)
STÜTZEL, Das Mark-gleich-Mark-Prinzip und unsere Wirtschaftsordnung (1979)
VOGLER, Indexierungsverbot nach § 2 Preisangaben- und Preisklauselgesetz, NJW 1999, 1236
vMAYDELL, Geldschuld und Geldwert (1974)
WESTERMANN, Zivilrechtliche Folgen der Einführung des Euro, in: HADDING/HOPT/SCHIMANSKY (Hrsg), Einführung des Euro in der Bank- und Unternehmenspraxis, Bankdienstleistungen im Internet (1998) 3
ZIEHM, Die Wertsicherungsklausel im deutschen Recht (1966).

Systematische Übersicht

I. **Entstehungsgeschichte**
1. Hyperinflation der 1920er Jahre ____ 1
2. Währungsgesetzgebung aus der Nachkriegszeit ____ 2
3. Kodifikationsfortschritt mit Euro-Einführung ____ 6
4. Übergang zum System der Legalausnahmen ____ 9

II. **Rechtfertigung**
1. Freiheit zur Geldwertsicherung ____ 10
2. Grundrechtskonformität ____ 13
3. Verbandskompetenz der Bundesrepublik ____ 16
4. Rechtspolitik ____ 18

Alphabetische Übersicht

AEUV	17
Art 14 Abs 1 GG	12 f
Berufsausübungsfreiheit	13
Bestimmtheitsgrundsatz	4 f, 14
Deutsche Bundesbank	8
Deutsche Mark	2
Eigentum	11 ff
EMRK	10 f
Euro-Einführung	6 ff
Europäisches Indexierungsverbot	6
Genehmigungsverfahren	8 f
Gesetzgebungsverfahren	7
Grundgesetz	12 ff
Grundrechts-Charta	10 f
Grundrechtsträger	10
Hyperinflation	1
Inflation	1, 18
Inhalts- und Schrankenbestimmung	13
Mark-gleich-Mark-Gesetz	2
Nachkriegszeit	2
Ölflecktheorie	19
Partielles Indexierungsverbot	19 f
Preisstabilität	19
Rechtsstaatsprinzip	14
Schwungradtheorie	19
Transaktionskosten	20
Verbandskompetenz	16 f
Verbraucherschutz	19
Verfassungsrechtliche Kontrolle	5
Verfassungsverstoß	4 f
Vertragsfreiheit	18, 20
Verwaltungsbehördliche Genehmigung	8
Währungsgesetz aF	2, 6 ff, 18
Wesentlichkeitsgrundsatz	4 f, 14

I. Entstehungsgeschichte

1. Hyperinflation der 1920er Jahre

1 Die jüngere Entwicklungsgeschichte der vertraglichen Wertsicherung von Geldschulden beginnt nicht erst mit der Gründung der Bundesrepublik und der Währungsreform von 1948, sondern erhielt ihre Aktivierungsenergie vielmehr bereits aus den einschneidenden **Inflationserfahrungen** der deutschen Bevölkerung zu Beginn der 1920er Jahre (zur Geschichte der Wertsicherung von 1918 bis 1948 vgl DUDEN, Empfehlen sich unter Berücksichtigung der rechtlichen Regeln in anderen europäischen Staaten gesetzliche Bestimmungen über die Wertsicherung? Soll unter diesem Gesichtspunkt § 3 des Währungsgesetzes aufgehoben oder geändert werden? [1953] 8 ff; STEINER, Wertsicherungsklauseln [2003] 30 ff; SCHÜLLER, in: FS Egon Görgens [2006] 365, 377 ff). Die „große Inflation" der Weimarer Zeit brachte zwar unmittelbar vor allem die Gestaltungskraft der reichsgerichtlichen Rechtsprechung zur Blüte, als mit der individuellen Aufwertung von Geldschulden ein Reaktionsmechanismus für eine galoppierende Geldentwertung konstruiert wurde (vgl dazu Vorbem C15 zu §§ 244–248). Mittelbar schuf die Weimarer Hyperinflation zugleich das **Bewusstsein für eine präventive Absicherung** solcher Risiken namentlich bei langfristigen Verträgen.

2. Währungsgesetzgebung aus der Nachkriegszeit

2 Die Bestrebungen der Wirtschaftsteilnehmer, sich durch Wertsicherungsvereinbarungen gegen zukünftige Inflationsszenarien abzusichern, erhielten im Zuge der Währungsreform von 1948 eine gesetzgeberische Begrenzung. Als Ersatz des sog **„Mark-gleich-Mark"-Gesetzes** von 1947, wonach auf DM lautende Geldschulden ungeachtet etwaiger Wertsicherungsklauseln mit dem Nominalbetrag erfüllt werden konnten (dazu ZIEHM, Die Wertsicherungsklausel im deutschen Recht [1966] 32 ff; STEINER, Wertsicherungsklauseln [2003] 46 ff; KIRCHHOFF, Wertsicherungsklauseln für Euro-Verbindlichkeiten [2006] 53 ff), sah die Währungsreform von 1948 eine einzelfallbezogene Regelung vor. **§ 3 WährG aF** enthielt ein Fremdwährungs- und ein Indexierungsverbot:

> „Geldschulden dürfen nur mit Genehmigung der für die Erteilung von Devisengenehmigungen zuständigen Stelle in einer anderen Währung als in Deutscher Mark eingegangen werden. Das Gleiche gilt für Geldschulden, deren Betrag in Deutscher Mark durch den Kurs einer solchen anderen Währung oder durch den Preis oder eine Menge von Feingold oder von anderen Gütern oder Leistungen bestimmt werden soll."

3 Durch das Fremdwährungsverbot in § 3 S 1 WährG aF sollte die Akzeptanz der neuen Währung erhöht werden, indem der Ausweg über die Vereinbarung einer Fremdwährungsschuld – namentlich in US-Dollar – durch das Genehmigungserfordernis erschwert wurde (KOLLHOSSER, Wertsicherungsklauseln im Spannungsfeld zwischen Vertragsfreiheit, Sozialpolitik und Währungspolitik [1985] 18 ff; SCHMIDT-RÄNTSCH NJW 1998, 3166). Vorrangiges **Ziel** des Indexierungsverbots aus § 3 S 2 WährG aF war es demgegenüber, **Inflationsspiralen** infolge einer ungehinderten Nutzung von Wertsicherungsklauseln **zu vermeiden** (OMLOR, Geldprivatrecht [2014] 408). Die inhaltliche Offenheit der Vorschrift in Bezug auf die Voraussetzungen einer Genehmigung wurde erst im Laufe der Zeit durch die Genehmigungspraxis der Deutschen Bundesbank (vgl dazu Mitteilung Nr 1015/

78 der Deutschen Bundesbank v 9. 6. 1978, BAnz Nr 109, kommentiert bei Dürkes, Wertsicherungsklauseln [10. Aufl 1992] 81 ff) ausgefüllt.

Aus mehreren Gründen sah sich § 3 S 2 WährG aF jahrzehntelang **verfassungsrechtlichen Bedenken** ausgesetzt (vgl im Einzelnen Bohndorf, Wertsicherungsklauseln [1966] 77 ff; vMaydell, Geldschuld und Geldwert [1974] 398 ff; Grothe, Fremdwährungsverbindlichkeiten [1999] 281 ff; Gruber, Geldwertschwankungen und handelsrechtliche Verträge in Deutschland und Frankreich [2002] 205 ff; Kirchhoff, Wertsicherungsklauseln für Euro-Verbindlichkeiten [2006] 147 ff; Herrmann, Währungshoheit, Währungsverfassung und subjektive Rechte [2010] 355 ff). Diese resultierten auf der einen Seite aus der minimalistischen Textfassung der Vorschrift, die sich eine Detailregelung enthielt und der Deutschen Bundesbank als zuständiger Genehmigungsbehörde keine kodifizierten Vorgaben für die Einzelfallentscheidung zur Verfügung stellte. In Zweifel ließ sich damit die Vereinbarkeit mit dem **Bestimmtheits-** (ablehnend Papier JuS 1974, 477, 481) **und** dem **Wesentlichkeitsgrundsatz** (vMaydell, Geldschuld und Geldwert [1974] 401 f; Gramlich, Bundesbankgesetz, Währungsgesetz, Münzgesetz [1988] § 3 WährG Rn 21; rechtspolitisch kritisch Duden, Empfehlen sich unter Berücksichtigung der rechtlichen Regeln in anderen europäischen Staaten gesetzliche Bestimmungen über die Wertsicherung? Soll unter diesem Gesichtspunkt § 3 des Währungsgesetzes aufgehoben oder geändert werden? [1953] 52) ziehen, die aus dem Rechtsstaatsprinzip (Art 20 Abs 3 GG) folgen. Hinzu traten auf der anderen Seite grundrechtliche Angriffspunkte im Lichte der Eigentumsgarantie (Papier JuS 1974, 477 f) und der unter anderem durch Art 2 Abs 1 GG geschützten allgemeinen Vertragsfreiheit (Bohndorf, Wertsicherungsklauseln [1966] 79; Ziehm, Die Wertsicherungsklausel im deutschen Recht [1966] 90; Fögen, Geld- und Währungsrecht [1969] 150). 4

Ganz überwiegend wurde jedoch zumindest im Ergebnis ein **Verfassungsverstoß verneint** (BVerwG 3. 10. 1972 – I C 36/68, BVerwGE 41, 1, 4 ff; Ziehm, Die Wertsicherungsklausel im deutschen Recht [1966] 90 ff; vMaydell, Geldschuld und Geldwert [1974] 402; Bräutigam, Die währungsrechtliche Zulässigkeit von Wertsicherungsklauseln [1984] 33 ff; Grothe, Fremdwährungsverbindlichkeiten [1999] 282; Kirchhoff, Wertsicherungsklauseln für Euro-Verbindlichkeiten [2006] 147 ff; Häde DVBl 2008, 1465, 1469; Herrmann, Währungshoheit, Währungsverfassung und subjektive Rechte [2010] 356 f; offen BGH 8. 6. 2006 – VII ZR 13/05 Rn 12, BGHZ 168, 96; Kollhosser, Wertsicherungsklauseln im Spannungsfeld zwischen Vertragsfreiheit, Sozialpolitik und Währungspolitik [1985] 34 f). Das Währungsgesetz sei als **Besatzungsrecht** einer verfassungsrechtlichen Kontrolle entzogen (BVerwG 3. 10. 1972 – I C 36/68, BVerwGE 41, 1, 4; Bohndorf, Wertsicherungsklauseln [1966] 86 f; für eine gesetzgeberische Kontroll- und Anpassungspflicht Kollhosser, Wertsicherungsklauseln im Spannungsfeld zwischen Vertragsfreiheit, Sozialpolitik und Währungspolitik [1985] 27 ff; Gramlich, Bundesbankgesetz, Währungsgesetz, Münzgesetz [1988] § 3 WährG Rn 24). Überdies war dem Bestimmtheits- und dem Wesentlichkeitsgrundsatz insofern Genüge getan, als sich der Regelungsinhalt der Vorschrift aus seiner stabilitätsfördernden Teleologie (BVerwG 3. 10. 1972 – I C 36/68, BVerwGE 41, 1, 5; Ziehm, Die Wertsicherungsklausel im deutschen Recht [1966] 97) und seiner **gefestigten Auslegung durch die Rechtsprechung** (Omlor, Geldprivatrecht [2014] 413) ergab. Die durch § 3 S 2 WährG aF bewirkten Grundrechtseingriffe waren durch das legitime Ziel, die Geldwertstabilität zu schützen, gerechtfertigt. Der Gesetzgeber hatte in vertretbarer Weise von seinem Einschätzungsspielraum Gebrauch gemacht (Grothe, Fremdwährungsverbindlichkeiten [1999] 282 f; Gruber, Geldwertschwankungen und handelsrechtliche Verträge in Deutschland und Frankreich [2002] 206; Kirchhoff, Wertsicherungsklauseln für Euro-Verbindlichkeiten [2006] 150). 5

3. Kodifikationsfortschritt mit Euro-Einführung

6 Mehr als ein halbes Jahrhundert währte die gesetzgeberische Beschränkung auf die minimalistische Fassung von § 3 S 2 WährG aF. Anlässlich der Euro-Einführung geriet das grundsätzliche Indexierungsverbot jedoch rechtspolitisch in die Kritik, da Deutschland in der Währungsunion damit eine Sonderstellung einnimmt (SCHMIDT-RÄNTSCH NJW 1998, 3166 auf der Grundlage einer internen Studie des Bundesjustizministeriums v 30. 7. 1997; SCHÜLLER, in: FS Egon Görgens [2006] 365, 384). Der **Entwurf des Euro-Einführungsgesetzes** (BT-Drucks 13/9347, 55) hegte vor diesem Hintergrund deutliche Sympathien zugunsten einer vollständigen Indexierungsfreiheit. Die Stabilität der neuen Währung werde bereits hinreichend durch die Europäische Zentralbank gewährleistet. Eines **deutschen Sonderwegs** bei der vertraglichen Wertsicherung bedürfe es daher nicht. Ein gesetzliches Indexierungsverbot sei bereits ungeeignet zum Schutz der Gemeinschaftswährung. Zugleich wurden in der Literatur (WESTERMANN, in: HADDING/HOPT/SCHIMANSKY [Hrsg], Einführung des Euro in der Bank- und Unternehmenspraxis, Bankdienstleistungen im Internet [1998] 3, 14) Forderungen nach einem **europäischen Indexierungsverbot** erhoben.

7 Im Gesetzgebungsverfahren zum Euro-Einführungsgesetz setzte sich jedoch letztlich die Auffassung durch, an den **Beschränkungen der Indexierungsfreiheit** sei **festzuhalten.** **Ersatzlos gestrichen** wurde lediglich das **Fremdwährungsverbot** aus § 3 S 1 WährG aF (HEYNITZ MittBayNot 1998, 398, 399; SCHMIDT-RÄNTSCH NJW 1998, 3166, 3170). Zu § 3 S 2 WährG aF wurde hingegen eine weitgehende Kontinuität angestrebt (OLG Rostock 10. 1. 2005 – 3 U 61/04, NZM 2005, 506; HEYNITZ MittBayNot 1998, 398; VOGLER NJW 1999, 1236, 1237; KLUGE MittRhNotK 2000, 409, 410). Rechtspolitisch führt die Gesetzesbegründung (BT-Drucks 13/10334, 40 f) einen vielgestaltigen Begründungsansatz an. Das Indexierungsverbot diene nicht nur dem geldpolitischen Schutz der Währung. Vor allem weise es eine **wirtschaftspolitische Bedeutung** auf, da die Wahrung der Preisstabilität ein gewichtiger Wettbewerbsfaktor für die deutsche Wirtschaft im europäischen Binnenmarkt sei. Ergänzend wird auf verbraucher-, arbeits- und sozialpolitische Motive verwiesen. Einem gesetzlichen Indexierungsverbot komme für die Wirtschaftsteilnehmer eine „Signalwirkung" (BT-Drucks 13/10334, 41) zu.

8 Regelungstechnisch beschritt der deutsche Gesetzgeber einen neuen Weg, indem er den textlich offenen § 3 S 2 WährG aF durch eine detailreiche Neuregelung ersetzte. In § 2 Abs 1 S 1 **Preisangaben- und Preisklauselgesetz (PaPKG)** aF fand sich das grundsätzliche Indexierungsverbot wieder, worin eine unmittelbare Parallele zu § 3 S 2 WährG aF in der restriktiven Anwendung durch die höchstrichterliche Rechtsprechung (BGH 17. 9. 1954 – V ZR 79/53, BGHZ 14, 306, 308; BGH 12. 1. 1968 – V ZR 187/64, NJW 1969, 91, 92) zu sehen war (VOGLER NJW 1999, 1236, 1237; HERRMANN, Währungshoheit, Währungsverfassung und subjektive Rechte [2010] 358). Die frühere Genehmigungspraxis der Deutschen Bundesbank hatte ihren Niederschlag in der **Preisklauselverordnung (PrKV)** aF gefunden (KLUGE MittRhNotK 2000, 409, 410; HERRMANN, Währungshoheit, Währungsverfassung und subjektive Rechte [2010] 358). Die einzelnen Ausnahmetatbestände für eine verwaltungsbehördliche Genehmigung durch das Bundesamt für Wirtschaft und Ausfuhrkontrolle (§ 7 PrKV aF) waren dort aufgeführt.

4. Übergang zum System der Legalausnahmen

Die gesetzgeberische Tätigkeit im Wertsicherungsrecht setzte sich mit einem einschneidenden **Systemwechsel im Jahr 2007** fort. Durch das zweite Gesetz zum Abbau bürokratischer Hemmnisse insbesondere in der mittelständischen Wirtschaft vom 7. 9. 2007 (BGBl I 2246) wurden mit Wirkung zum 13. 9. 2007 das Preisangaben- und Preisklauselgesetz sowie die Preisklauselverordnung aufgehoben. An ihre Stelle ist das Gesetz über das Verbot der Verwendung von Preisklauseln bei der Bestimmung von Geldschulden (**Preisklauselgesetz – PrKG**) getreten. Durch den **Verzicht auf ein Genehmigungsverfahren** sollten Verfahrens- und Kostenerleichterungen für die betroffenen Wirtschaftsakteure erreicht werden (BT-Drucks 16/4391, 26). Der Genehmigungskatalog der Preisklauselverordnung wurde in ein System der Legalausnahmen überführt. Inhaltlich galt – mit Ausnahme von § 3 Abs 5 und § 5 PrKV aF – das Ziel einer Kontinuität zu § 3 S 2 WährG aF und PaPkG/PrKV aF.

II. Rechtfertigung

1. Freiheit zur Geldwertsicherung

Die Vereinbarung von Wertsicherungsklauseln unterliegt sowohl auf der Ebene des deutschen Verfassungs- als auch des europäischen Primärrechts einem mehrschichtigen Grundrechtsschutz. Diese grundrechtliche Aufladung des Wertsicherungsrechts erlangt ihre praktische Relevanz namentlich durch die Lückenhaftigkeit des Rechtsschutzsystems in Bezug auf die Sicherung des Geldwerts (ähnlich HERRMANN, Währungshoheit, Währungsverfassung und subjektive Rechte [2010] 353; zurückhaltend SIMITIS, in: KÖTZ/REICHERT-FACILIDES [Hrsg], Inflationsbewältigung im Zivil- und Arbeitsrecht [1976] 49, 106). Die Hürden für eine prozessuale Durchsetzung des supranationalen Leitmotivs der Preisstabilität liegen hoch (vgl Vorbem A212 zu §§ 244–248). Grundrechtsträger der Freiheit zur Geldwertsicherung ist das aktive, seine Geldforderungen gestaltende, nicht jedoch das passive, sich auf das bloße Halten beschränkende Privatrechtssubjekt (OMLOR, Geldprivatrecht [2014] 405 f).

Auf der europäischen Ebene gründet sich der grundrechtliche Schutz der Freiheit zur Geldwertsicherung auf der Charta der Grundrechte sowie der EMRK. Die Grundrechtsverbürgungen der EMRK haben seit dem Inkrafttreten des Vertrags von Lissabon den Status als allgemeine Grundsätze des Unionsrechts (Art 6 Abs 3 EUV). Zugleich hat die Charta der Grundrechte ihre Rechtsverbindlichkeit erlangt (Art 6 Abs 1 EUV). Die Freiheit zur privatautonomen Wertsicherung bildet einen **Bestandteil der Vertragsfreiheit**, die auf unterschiedliche Weise durch die supranationalen Grundrechte abgesichert wird. Dem weiten Eigentumsbegriff aus **Art 17 der Charta der Grundrechte** unterfällt nicht nur das Sacheigentum, sondern auch ein privates Forderungsrecht als unkörperlicher Gegenstand (CALLIESS, in: ders/RUFFERT, EUV/AEUV [5. Aufl 2016] Art 17 EU-GRCharta Rn 6). Gehört auch der Geldwert zu den Schutzgegenständen des Eigentumsbegriffs aus **Art 1 EMRK 1. Zusatzprotokoll** (HERRMANN, Währungshoheit, Währungsverfassung und subjektive Rechte [2010] 345) und wurde Art 17 der Charta nach diesem Vorbild erschaffen (OMLOR, in: AICHBERGER-BEIG/ASPÖCK/LEUPOLD/OELKERS, et al [Hrsg], Vertrauen und Kontrolle im Privatrecht [2011] 303, 321), so müssen die Eigentumsgewährleistungen der Charta und der EMRK die Befugnis zur Nutzung präventiver Schutzmechanismen vor inflationsbedingten Nachteilen umfassen. Lässt sich die wertgesicherte Geldschuld dem unternehmerischen Bereich zuordnen, ist zudem der Schutzbereich von **Art 16 der Charta der Grundrechte** eröffnet. Lediglich subsidiär greift Art 6 der Charta der Grundrechte ein, der die Vertragsfreiheit als Teil der allgemeinen Handlungsfreiheit (dazu Calliess, in: ders/Ruffert, EUV/AEUV [5. Aufl 2016] Art 6 EU-GRCharta Rn 12 mwNw) gewährleistet. Einschränkend gilt es jedoch zu beachten, dass die supranationalen Grundrechte die Mitgliedstaaten nur insoweit binden, als sie Unionsrecht durchführen (Art 51 Abs 1 S 1 Charta der Grundrechte; ebenso bereits EuGH 27. 6. 2006 – Rs C-540/03 *[Parlament/Rat]*, ECLI:EU:C:2006:429, Rn 105).

12 Angesichts des gegenüber den Mitgliedstaaten eingeschränkten Wirkungsbereichs der unionalen Grundrechte treten die mitgliedstaatlichen Verfassungsordnungen in den Vordergrund, solange es im Euroraum keine Harmonisierung des Wertsicherungsrechts gibt. Die Freiheit zur Wertsicherung findet sich auch in der deutschen Verfassung. Ebenso wie im Unionsrecht sind die verschiedenen Tatbestände zum Schutz der Vertragsfreiheit (zu den einzelnen Freiheitsgrundrechten vgl BVerfG 12. 12. 2006 – 1 BvR 2576/04, BVerfGE 117, 163, 181; Höfling, Vertragsfreiheit [1991] 11 ff; Ruffert, Vorrang der Verfassung und Eigenständigkeit des Privatrechts [2001] 288 ff mwNw) *sedes materiae*. Die Eigentumsgarantie aus **Art 14 Abs 1 GG** sichert dem Grundrechtsträger einen „Freiheitsraum im vermögensrechtlichen Bereich" (BVerfG 26. 6. 2002 – 1 BvR 558/91, BVerfGE 105, 252, 277) zu. Auch wenn wegen der vielfältigen außerstaatlichen Einflüsse keine grundrechtliche Garantie des Geldwerts folgen sollte (BVerfG 31. 3. 1998 – 2 BvR 1877/97, 2 BvR 50/98, BVerfGE 97, 350, 371), so gilt dieser Ausschlussgrund jedenfalls nicht für die privatrechtlichen Wertsicherungsvereinbarungen. Der Staat vermag lediglich in einer Marktwirtschaft das Preisniveau und damit den Geldwert nicht allein und unmittelbar zu kontrollieren; dieses Unvermögen des Staates bleibt jedoch ohne Auswirkungen auf die Möglichkeit der Individuen untereinander, eigene Schutzmaßnahmen zu ergreifen. Art 14 Abs 1 GG verleiht einem solchen Handeln Grundrechtsschutz (Omlor, Geldprivatrecht [2014] 406). Der Grundrechtsträger bewahrt eine Eigentumsposition vor einer wirtschaftlichen Aushöhlung. Wegen des eröffneten Schutzbereichs von Art 14 Abs 1 GG tritt die allgemeine Handlungsfreiheit aus Art 2 Abs 1 GG (dazu Schüller, in: FS Egon Görgens [2006] 365, 390) dahinter zurück. Gehört die Wertsicherung von Geldschulden zu den prägenden Merkmalen eines bestimmten Berufsbildes oder ist sie zumindest für eine solche berufliche Tätigkeit erforderlich, tritt zur Eigentumsgarantie noch die Berufsausübungsfreiheit aus **Art 12 Abs 1 GG** hinzu.

2. Grundrechtskonformität

13 Die Freiheit zur Geldwertsicherung ist nicht uneingeschränkt gewährleistet. Die Bestimmungen des Preisklauselgesetzes stellen **Inhalts- und Schrankenbestimmungen iSv Art 14 Abs 1 GG** dar, die einer Verhältnismäßigkeitskontrolle standhalten müssen. Dem Gesetzgeber kommt dabei ein umso weiterer Gestaltungsspielraum zu, je stärker der soziale Bezug des Eigentumsobjekts ausgeprägt ist (BVerfG 2. 3. 1999 – 1 BvL 7/91, BVerfGE 100, 226, 241 mwNw). Geld ist nicht nur „geprägte Freiheit" (Dostojewski, Aufzeichnungen aus einem Totenhaus [Übersetzung von Pommerenke, 1994] 25), sondern zugleich Tauschmittel und Recheneinheit einer Volkswirtschaft (vgl Vorbem A43 ff zu §§ 244–248). Mit dem grundsätzlichen Indexierungsverbot des Preisklauselgesetzes verfolgt der Gesetzgeber stabilitätspolitische Zielsetzungen (s o Rn 2 f) und orientiert sich damit am supranationalen Leitmotiv der Preisstabilität, das sich auch an die Mitgliedstaaten richtet (Art 119 Abs 3 AEUV). Durch die Einschränkungen des Anwendungsbereichs in § 1 Abs 2 PrKG und die Legalausnahmen in §§ 2 bis 7 PrKG wird ein hinreichend klares und abgewogenes Schutzkonzept aufgestellt. Insgesamt handelt es sich damit bei den Bestimmungen des Preisklauselgesetzes um verhältnismäßige und damit wirksame Inhalts- und Schrankenbestimmungen. Auch der Eingriff in Art 12 Abs 1 GG ist verfassungsrechtlich gerechtfertigt. Die **Berufsausübungsfreiheit** darf wegen der geringeren Eingriffsintensität bereits dann beschränkt werden, wenn damit vernünftige Zwecke des Gemeinwohls verfolgt werden und keine unangemessene Belastung des Berufstätigen eintritt (BVerfG 11. 6. 1958 – 1 BvR 596/56, BVerfGE 7, 377, 405 f; BVerfG 19. 11. 1985 – 1 BvR 38/78, BVerfGE 71, 183, 196 f; BVerfG 15. 12. 1987 – 1 BvR 563/85, 1 BvR 582/85, 1 BvR 974/86, 1 BvL 3/86, BVerfGE 77, 308, 332; BVerfG 9. 6. 2004 – 1 BvR 636/02, BVerfGE 111, 10, 32; BVerfG 30. 7. 2008 – 1 BvR 3262/07, 1 BvR 402/08, 1 BvR 906/08, BVerfGE 121, 317, 346). Dabei steht dem Gesetzgeber eine Entscheidungsprärogative zu, wie er dabei seine wirtschafts-, arbeitsmarkt- und sozialpolitischen Ziele gewichtet und gegeneinander abwägt (BVerfG 14. 1. 2015 – 1 BvR 931/12, NVwZ 2015, 582, 586). Schon aus Art 119 Abs 3 AEUV folgt, dass in der Förderung der Geldwertstabilität ein legitimes Anliegen zu sehen ist; dieses verfolgt der Gesetzgeber des Preisklauselgesetzes zudem auf verhältnismäßige Weise.

Das Preisklauselgesetz selbst verstößt nicht gegen das **Rechtsstaatsprinzip** (Art 20 **14** Abs 3 GG) in seiner **Ausprägung als Bestimmtheits- und als Wesentlichkeitsprinzip**. In Abkehr vom früheren Modell des Verbots mit Genehmigungsvorbehalt beinhaltet das Preisklauselgesetz ein System der Legalausnahmen. Eine Delegation von Entscheidungsmacht auf die Exekutive findet nicht mehr statt. Gegenüber § 3 S 2 WährG aF (s o Rn 8) hebt sich das Preisklauselgesetz zudem durch eine Detailregelung ab, die keine Zweifel an einer unzureichenden Bestimmtheit aufkommen lässt.

Durch die Inkraftsetzung des Preisklauselgesetzes hat der deutsche Gesetzgeber **15** nicht in **supranationale Grundrechte** eingegriffen (OMLOR, Geldprivatrecht [2014] 416). Die Mitgliedstaaten unterliegen den Unionsgrundrechten nur bei einer Durchführung von Unionsrecht (Art 51 Abs 1 S 1 Charta der Grundrechte; ebenso bereits EuGH 27. 6. 2006 – Rs C-540/03 *[Parlament/Rat]*, ECLI:EU:C:2006:429, Rn 105). Der Union steht allerdings **keine währungsrechtliche Exklusivkompetenz** zu (vgl Rn 17); zudem hätte sie in Bezug auf das Wertsicherungsrecht davon keinen Gebrauch gemacht. Das Preisklauselgesetz fällt daher nicht in den Geltungsbereich des Unionsrechts mit der Folge einer Unanwendbarkeit der Unionsgrundrechte (vgl allgemein EuGH 18. 5. 2000 – Rs C-107/97 *[Rombi und Arkopharma]*, ECLI:EU:C:2000:253, Rn 65). Jedoch auch eine Bindung an die Unionsgrundrechte unterstellt, wäre eine Rechtfertigung des Eingriffs sowohl in die Eigentumsgarantie (Art 17 Charta der Grundrechte, Art 1 EMRK 1. Zusatzprotokoll iVm Art 6 Abs 3 AEUV) als auch die unternehmerische Freiheit (Art 16 Charta der Grundrechte) im Lichte von Art 119 Abs 3, 127 Abs 1 S 1 AEUV anzunehmen. Auch in Bezug auf die von den Beschränkungen der Unionsgrundrechte unabhängige Bindung der Bundesrepublik als EMRK-Vertragsstaat an Art 1 EMRK 1. ZP gilt, dass ein Eingriff in das Eigentumsrecht durch die stabilitäts- und wirtschaftspolitischen Zielsetzungen des Preisklauselgesetzes gerechtfertigt ist.

3. Verbandskompetenz der Bundesrepublik

Der Bundesrepublik steht auch nach der Euro-Einführung die Verbandskompetenz **16** zum Erlass eines Indexierungsverbots zu (OLG Brandenburg 17. 10. 2012 – 3 U 75/11, ZMR

2013, 184, 185; Vogler NJW 1999, 1236, 1237; Schüller, in: FS Egon Görgens [2006] 365, 386; Häde DVBl 2008, 1465, 1470 ff; Herrmann, Währungshoheit, Währungsverfassung und subjektive Rechte [2010] 360; Omlor, Geldprivatrecht [2014] 413 ff; Soergel/Arnold [13. Aufl 2014] § 244 Rn 21; aA Grothe, Fremdwährungsverbindlichkeiten [1999] 24; Gruber, Geldwertschwankungen und handelsrechtliche Verträge in Deutschland und Frankreich [2002] 336 ff; Steiner, Wertsicherungsklauseln [2003] 133 ff; Heermann, Geld und Geldgeschäfte [2003] § 3 Rn 112; Ohler JZ 2008, 317, 321; Schultz NZM 2008, 425, 426; offen BGH 13. 11. 2013 – XII ZR 142/12 Rn 31, NJW 2014, 52). **Erstens** handelt es sich bei Wertsicherungsvereinbarungen um privatrechtliche Abreden, die den Inhalt von Geldschulden betreffen. Das Preisklauselgesetz stellt daher währungsrechtliche Vorgaben für einen **originär privatrechtlichen Regelungsgegenstand** auf. Trotz der währungsrechtlichen Bezüge bilden Wertsicherungsklauseln einen Teil des Geldprivatrechts. Der Union steht allerdings keine allgemeine Zuständigkeit für das Privatrecht zu. Von der Befugnis zur Regelungsabrundung, wie sie Art 133 AEUV oder Art 352 AEUV zulassen, hat die Union in Bezug auf die private Geldwertsicherung keinen Gebrauch gemacht; dabei begegnete zudem die Erforderlichkeit von unionalen Maßnahmen durchgreifenden Zweifeln.

17 **Zweitens** verfügt die Europäische Union auch nach dem Eintritt in die dritte Stufe der Währungsunion (vgl Vorbem A202 ff zu §§ 244–248) **nicht** über eine **abschließende Universalkompetenz zum Währungsrecht**. Eine solche haben die Mitgliedstaaten nicht nach dem Prinzip der begrenzten Einzelermächtigung (Art 4 Abs 1, Art 5 EUV) auf die Union übertragen. Zwar errichtet die Union nach Art 3 Abs 4 EUV eine Währungsunion mit dem Euro als einheitliche Währung. Aber die Mitwirkung der Mitgliedstaaten erfolgt „nach Maßgabe der Verträge" (Art 119 Abs 2 AEUV), dh unter anderem nach den Vorgaben des Prinzips der begrenzten Einzelermächtigung. Die währungsbezogene Kompetenzübertragung auf die Unionsebene erfolgte isoliert und nicht pauschal. Allein aus der Existenz einer europäischen Währungsunion leitet sich noch keine umfassende währungsrechtliche Unionszuständigkeit ab (Omlor, Geldprivatrecht [2014] 414; ähnlich Sandrock RIW 1997, Beilage Nr 1, S 6 ff; **aA** Kirchhoff, Wertsicherungsklauseln für Euro-Verbindlichkeiten [2006] 79 f). *Sedes materiae* der Unionskompetenz zur Euro-Einführung bildet vielmehr Art 3 Abs 1 lit c AEUV. Danach besteht eine **ausschließliche Zuständigkeit der Union für die Währungspolitik** der Mitgliedstaaten im Euroraum, nicht aber deren Währungs*recht*. Zu einer solchen Währungspolitik zählen die Aufgaben des Europäischen Systems der Zentralbanken nach Art 127 ff AEUV und die besonderen Bestimmungen für die Euro-Teilnehmerländer (Nettesheim, in: Grabitz/Hilf/Nettesheim [Hrsg], Das Recht der Europäischen Union [71. EL August 2020] Art 3 AEUV Rn 16 f). Bei Wertsicherungsklauseln handelt es sich um privatrechtliche Vereinbarungen mit währungsrechtlichen Bezügen. Entsprechend gehört das sie reglementierende Preisklauselgesetz zum Währungsrecht und stellt keine währungspolitische Maßnahme der Bundesrepublik dar. Vielmehr kommt die Bundesrepublik mit dem Erlass des Preisklauselgesetzes ihrer supranationalen Pflicht aus Art 4 Abs 3 UAbs 3 EUV und Art 131 AEUV nach, die am Leitmotiv der Preisstabilität ausgerichtete Währungspolitik der Union währungsrechtlich zu unterstützen (Kirchhoff, Wertsicherungsklauseln für Euro-Verbindlichkeiten [2006] 163 f).

4. Rechtspolitik

18 Die Debatte um die grundrechtliche und kompetenzielle Zulässigkeit des früheren § 3 S 2 WährG aF bzw des heutigen Preisklauselgesetzes sieht sich nicht selten überlagert oder zumindest infiltriert durch die rechtspolitische Frage nach dem Sinn eines grundsätzlichen Indexierungsverbots. Dieser in die Gründungsjahre der Bundesrepublik zurückreichende Streit harrt weiterhin eines konsentierten Schlusspunktes (Überblick bei Lubasch, Die volkswirtschaftlichen Wirkungen von Geldwertsicherungsklauseln [1964] 19 ff; Bräutigam, Die währungsrechtliche Zulässigkeit von Wertsicherungsklauseln [1984] 42 ff; Schmalz, Die Stabilität des Geldwertes als Problem des Privatrechts [1986] 257 ff; aus österreichischer Sicht Ertl, Inflation, Privatrecht und Wertsicherung [1980] 56 ff). Infolge der regen gesetzgeberischen Tätigkeiten im ersten Jahrzehnt nach der Euro-Einführung (s o Rn 6 ff) hat sich der Streitstand von der Grundrechts- auf die Kompetenzebene verlagert und zugleich abgekühlt. Seine Blütezeit ist unweigerlich mit dem Gutachten von Konrad Duden (Empfehlen sich unter Berücksichtigung der rechtlichen Regeln in anderen europäischen Staaten gesetzliche Bestimmungen über die Wertsicherung? Soll unter diesem Gesichtspunkt § 3 des Währungsgesetzes aufgehoben oder geändert werden? [1953] 46 ff) und dem Referat von Ernst vCaemmerer (Verhandlungen des vierzigsten Deutschen Juristentages II [1954] D 27) für den **40. Deutschen Juristentag** im Jahr 1953 verbunden, die beide eine Abschaffung von § 3 WährG aF empfahlen. Die **Kritiker** eines Indexierungsverbots führen zunächst die Legitimität eines Selbstschutzes gegen Geldentwertung gestützt auf eine unangetastete **Vertragsfreiheit** an (Duden, Empfehlen sich unter Berücksichtigung der rechtlichen Regeln in anderen europäischen Staaten gesetzliche Bestimmungen über die Wertsicherung? Soll unter diesem Gesichtspunkt § 3 des Währungsgesetzes aufgehoben oder geändert werden? [1953] 52). Das Nominalprinzip werde durch eine schrankenlose Zulassung von Wertsicherungsvereinbarungen lediglich gelockert, nicht aber aufgehoben (Duden, Empfehlen sich unter Berücksichtigung der rechtlichen Regeln in anderen europäischen Staaten gesetzliche Bestimmungen über die Wertsicherung? Soll unter diesem Gesichtspunkt § 3 des Währungsgesetzes aufgehoben oder geändert werden? [1953] 48 ff; Schmalz, Die Stabilität des Geldwertes als Problem des Privatrechts [1986] 254). Zudem habe ein auch nur teilweises Indexierungsverbot **kontraindikative Wirkungen**. Ein erzwungener Verzicht auf eine Wertsicherung führe dazu, dass die Geldentwertung pauschalisiert und mit einem Sicherheitspuffer in die Preise einfließe; dadurch verstärke sich die Inflationsneigung wiederum (Mittelbach, Wertsicherungsklauseln in Zivil- und Steuerrecht [4. Aufl 1980] 20 f; Schmalz, Die Stabilität des Geldwertes als Problem des Privatrechts [1986] 258 f).

Die ein partielles Indexierungsverbot **befürwortende Gegenauffassung** beruft sich vor allem auf die Sicherung der **Preisstabilität** (Grothe WM 2002, 22, 27), das psychologische Moment des **Vertrauens in die eigene Währung** (BGH 13. 11. 2013 – XII ZR 142/12, WM 1962, 820, 821; BGH 1. 10. 1975 – VIII ZR 108/74, NJW 1976, 142; BVerwG 3. 10. 1972 – I C 36/68, BVerwGE 41, 1, 8; BFH 27. 7. 1967 – IV 300/64, BFHE 89, 422, 436) sowie neuerdings auch auf das Ziel des **Verbraucherschutzes** (BT-Drucks 16/4391, 27). Eine schrankenlose Zulassung von Wertsicherungsvereinbarungen gehe mit einer inflationsbeschleunigenden Wirkung einher; sie fungiere als Katalysator des allgemeinen Preisanstiegs (Häde DVBl 2008, 1465; aA Sieber Wirtschaft und Recht 1966, 137, 148 ff; Mittelbach, Wertsicherungsklauseln in Zivil- und Steuerrecht [4. Aufl 1980] 20 f). Bildlich wird auf die sog **„Ölflecktheorie"** verbunden mit der sog **„Schwungradtheorie"** verwiesen (vgl Stützel, Das Markgleich-Mark-Prinzip und unsere Wirtschaftsordnung [1979] 63 f), die sich auch in einer Stellungnahme der Europäischen Zentralbank wiederfinden: **19**

„If the economy were hit by a persistent inflationary shock, in case of widespread indexation, it would be very difficult to reduce the use of indexation clauses once inflation rates have passed a certain threshold." (Nr 5 der Stellungnahme CON/2004/20 v 3. 6. 2004)

Bei einem Entfallen des partiellen Indexierungsverbots käme es zu einer ölfleckartigen Ausbreitung von Wertsicherungsklauseln. Deren Folge wiederum sei eine schwungradartige Beschleunigung der Geldentwertung.

20 Der **Gesetzgeber sollte an dem partiellen Indexierungsverbot des Preisklauselgesetzes festhalten** (OMLOR, Geldprivatrecht [2014] 418 f). Zwar ist der Jurist mit der Herausforderung konfrontiert, für die rechtspolitische Bewertung auf ökonomisch-empirische Befunde zurückgreifen zu müssen. Die zentrale Frage, welche Auswirkungen Wertsicherungsklauseln tatsächlich auf die Entwicklung der Inflation haben, erscheint jedoch weithin ungeklärt. Daraus folgt die **Gefahr eines Dammbruchs** zugunsten des geldschuldrechtlichen Valorismus (STAUDINGER/K SCHMIDT [1997] Vorbem D204 zu §§ 244 ff). Zugleich erweisen sich die Einschränkungen der Vertragsfreiheit als hinnehmbar, da das Preisklauselgesetz **umfangreiche und sachgebietsspezifische Ausnahmekataloge** (§ 1 Abs 2, §§ 2 bis 7 PrKG) enthält. Zudem erstreckt sich der sachliche Anwendungsbereich nur auf Wertsicherungsvereinbarungen im engeren Sinn des § 1 Abs 1 PrKG (dazu § 1 PrKG Rn 3 f). Durch den Übergang zum System der Legalausnahmen im Preisklauselgesetz in Abkehr zu den früheren Genehmigungsvorbehalten (so Rn 9) wurde der Rechtsverkehr zudem **von Transaktionskosten entlastet**. Den Rechtsunsicherheiten bei der Subsumtion unter die Bestimmungen des Preisklauselgesetzes trägt § 8 PrKG Rechnung.

§ 1 PrKG
Preisklauselverbot

(1) Der Betrag von Geldschulden darf nicht unmittelbar und selbsttätig durch den Preis oder Wert von anderen Gütern oder Leistungen bestimmt werden, die mit den vereinbarten Gütern oder Leistungen nicht vergleichbar sind.

(2) Das Verbot nach Absatz 1 gilt nicht für Klauseln,

1. **die hinsichtlich des Ausmaßes der Änderung des geschuldeten Betrages einen Ermessensspielraum lassen, der es ermöglicht, die neue Höhe der Geldschuld nach Billigkeitsgrundsätzen zu bestimmen (Leistungsvorbehaltsklauseln),**

2. **bei denen die in ein Verhältnis zueinander gesetzten Güter oder Leistungen im Wesentlichen gleichartig oder zumindest vergleichbar sind (Spannungsklauseln),**

3. **nach denen der geschuldete Betrag insoweit von der Entwicklung der Preise oder Werte für Güter oder Leistungen abhängig gemacht wird, als diese die Selbstkosten des Gläubigers bei der Erbringung der Gegenleistung unmittelbar beeinflussen (Kostenelementeklauseln),**

4. **die lediglich zu einer Ermäßigung der Geldschuld führen können.**

(3) Die Vorschriften über die Indexmiete nach § 557b des Bürgerlichen Gesetzbuches und über die Zulässigkeit von Preisklauseln in Wärmelieferungsverträgen nach

der Verordnung über Allgemeine Bedingungen für die Versorgung mit Fernwärme bleiben unberührt.

Materialien: BGBl I 2007, 2246, 2247; BT-Drucks 16/4391, 5; BT-Drucks 16/5522, 7; BT-Drucks 16/8305, 13.

Schrifttum

BERNDT, Die Wertsicherung in der Unternehmung unter besonderer Berücksichtigung der Währungsgesetzgebung (1960)
BRAUN, Vertragliche Geldwertsicherung im grenzüberschreitenden Wirtschaftsverkehr (1982)
DÜRKES, Wertsicherungsklauseln (10. Aufl 1992)
BÜDENBENDER/GROMM, Wirksamkeit von Preisanpassungsklauseln in Fernwärmelieferungsverträgen – Konsequenzen der BGH-Urteile 2011, BB 2011, 2883
FÖGEN, Anwendungsbereich und Handhabung des § 3 des Währungsgesetzes, NJW 1953, 1321
ders, Geld- und Währungsrecht (1969)
IMMENGA/MESTMÄCKER (Hrsg), Wettbewerbsrecht (6. Aufl 2020)
GROTHE, Überproportional wirkene Indexmieten und § 557b BGB, NZM 2002, 54
GRUBER, Geldwertschwankungen und handelsrechtliche Verträge in Deutschland und Frankreich (2002)
HEYNITZ, Zur Euroeinführung – Ein neues deutsches Sonderrecht für Wertsicherungsvereinbarungen, MittBayNot 1998, 398
HORN, Das Recht der internationalen Anleihen (1972)
ders (Hrsg), Monetäre Probleme im internationalen Handel und Kapitalverkehr (1976)
KIRCHHOFF, Das Verbot von Wertsicherungsklauseln im neuen Preisklauselgesetz, DNotZ 2007, 913
ders, Wertsicherungsklauseln für Euro-Verbindlichkeiten (2006)

KLUGE, Wertsicherungsklauseln in der notariellen Praxis, MittRhNotK 2000, 409
KLÜHS, Preisanpassungsklauseln in Bauträgerverträgen, ZfIR 2012, 850
MANN, Das Recht des Geldes (1960)
MITTELBACH, Wertsicherungsklauseln in Zivil- und Steuerrecht (4. Aufl 1980)
OMLOR, Geldprivatrecht. Entmaterialisierung, Europäisierung, Entwertung (2014)
OSTERMEIER, Die Wertsicherung des Erbbauzinses (1965)
PIKART, Die Rechtsprechung des Bundesgerichtshofs zur Wertsicherungsklausel, WM 1969, 1062
G REINICKE/D REINICKE, Wertsicherungsklauseln, MDR 1953, 387
REUL, Aufhebung der Genehmigungspflicht bei Wertsicherungsklauseln – Das neue Preisklauselgesetz (PreisklauselG), MittBayNot 2007, 445
SCHMIDT-RÄNTSCH, Wertsicherungsklauseln nach dem Euro-Einführungsgesetz, NJW 1998, 3166
WEITEMEYER, Das Mieterhöhungsverfahren nach künftigem Recht, NZM 2001, 563
vWESTPHALEN, Rechtsprobleme der Exportfinanzierung (3. Aufl 1987)
WOLLSCHLÄGER/BEERMANN, Preisanpassung bei der Versorgung mit Wärme, CuR 2010, 62
ZIEHM, Die Wertsicherungsklausel im deutschen Recht (1966).

Systematische Übersicht

I.	Teleologische und systematische Verortung	1
II.	Positiver Anwendungsbereich (Abs 1)	2
1.	Geldschuld	3

a)	Grundlagen	3	(3)	Beispiele für fehlende Gleichartigkeit	27
b)	Sonderfall: Verfügungen von Todes wegen	6	(4)	Unmittelbarer Vergleich von Gütern	28
2.	Gleitklausel	8	c)	Kostenelementeklauseln (Abs 2 Nr 3)	32
III.	**Negativer Anwendungsbereich (Abs 2 und 3)**		aa)	Grundlagen	32
1.	Verhältnis zum ersten Absatz	11	bb)	Ausrichtung auf die Selbstkosten	35
2.	Einzelne Ausnahmetatbestände	13	cc)	Einzelfälle	36
a)	Leistungsvorbehaltsklauseln (Abs 2 Nr 1)	14	d)	Ermäßigungsklauseln (Abs 2 Nr 4)	37
aa)	Abgrenzung zu Preisgleitklauseln	14	e)	Indexmiete (Abs 3 Alt 1)	39
bb)	Ermessen	15	f)	Wärmelieferungsverträge über Fernwärme (Abs 3 Alt 2)	41
cc)	Einzelfälle	18			
b)	Spannungsklauseln (Abs 2 Nr 2)	19	**IV.**	**Internationales Preisklauselrecht**	44
aa)	Abgrenzung zu Preisgleitklauseln	19	**V.**	**Verhältnis zur allgemeinen Klauselkontrolle**	
bb)	Teleologie des Ausnahmetatbestands	20	1.	Grundlagen	45
cc)	Gleichartigkeit der Leistungen und Güter	22	2.	Prüfungsmaßstab im AGB-Recht	46
(1)	Grundlagen	22	a)	Kontrolle von Preisnebenabreden	46
(2)	Beispiele für Gleichartigkeit	26	b)	Versorgungsverträge	49

Alphabetische Übersicht

AGB-Kontrolle	46		Kostenelementklauseln	32 ff
Anwendungsbereich	2, 11 f			
Ausnahmetatbestände	13 ff		Leistungsvorbehaltklauseln	14 ff
Auswirkungsprinzip	45			
			Miete	18
Belieferungsverträge	34			
			Neuverhandlungspflicht	24
Echte Geldsortenschuld	3		Nichtigkeit nach § 134 BGB	44
Energieversorgungsverträge	49 f			
Erbbauzins	18, 24		Pacht	18
Ermäßigungsklauseln	38 f			
			Spannungsklauseln	19 ff
Fehlende Gleichartigkeit	28 ff		Statut	45
Fernwärme	42 ff		Subjektive Äquivalenz	33
Geldstückschuld	3		Testament	6 f
Geldsummenschuld	4			
Geldwertschuld	4		Verbraucherpreisindex	24 f
Gleichartigkeit	27		Verfügungen von Todes wegen	6 f
Gleitklausel	8		Versorgungsverträge	25 f, 49 f
			Vorprodukte	34
Indexmiete	40 f			
			Wahlschuld	3
Klauselkontrolle	46			

I. Teleologische und systematische Verortung

Die Eingangsvorschrift des § 1 PrKG legt den **sachlichen Anwendungsbereich** des Preisklauselgesetzes fest. Das positive Erfordernis einer Gleitklausel aus Abs 1 wird durch den Negativkatalog aus Absatz 2 sowie die Abgrenzungsbestimmung aus Absatz 3 flankiert. Bereichsbezogene Ausnahmen vom grundsätzlichen Verbot nach § 1 Abs 1 PrKG ordnen §§ 2 bis 7 PrKG an. Das sich daraus ergebende partielle Indexierungsverbot verfolgt in erster Linie das Ziel, die **Preisstabilität** zu sichern (BGH 24. 3. 2010 – VIII ZR 178/08 Rn 24, BGHZ 185, 96; vgl Einl 18 zum PrKG). Diese Priorisierung des überindividuellen Stabilitätsziels zeigt sich anschaulich am Ausnahmetatbestand für reine Ermäßigungsklauseln aus § 1 Abs 2 Nr 4 PrKG. Weiterhin sollen das Vertrauen in die eigene Währung und der Verbraucherschutz gefördert werden. Ein **Individualschutz** bezweckt das Preisklauselgesetz je nach betroffener Vorschrift **lediglich nachrangig oder reflexartig** (zurückhaltend auch BGH 14. 5. 2014 – VIII ZR 114/13 Rn 57, BGHZ 201, 230). Die Vorschriften des Preisklauselgesetzes weisen ihrem Sinn und Zweck nach einen **zwingenden Charakter** auf. Die Privatautonomie in ihrer Ausprägung als Freiheit zur Geldwertsicherung (vgl Vorbem C201 f zu §§ 244–248) erfährt eine – verfassungsrechtlich gerechtfertigte (vgl Einl 13 zum PrKG) – Einschränkung. Die Rechtsfolgen eines Verstoßes ergeben sich aus § 134 BGB iVm § 1 Abs 1 PrKG mit den zeitlichen Besonderheiten des § 8 PrKG (vgl § 8 PrKG Rn 3 ff).

II. Positiver Anwendungsbereich (Abs 1)

Das Eingangstor zum Preisklauselgesetz bildet § 1 Abs 1 PrKG. Nur Wertsicherungsvereinbarungen (zum Begriff vgl Vorbem C195 zu §§ 244–248) im dort definierten Sinne unterliegen einem grundsätzlichen Verbot: Sie müssen als Gleitklauseln ausgestaltet sein und sich auf Geldschulden beziehen.

1. Geldschuld

a) Grundlagen

Die Geldschuld als Wertverschaffungsschuld ist auf die Übertragung von abstrakter und unkörperlicher Vermögensmacht gerichtet (vgl Vorbem B2 zu §§ 244–248). Bei Vereinbarung einer **Wahlschuld** liegt prinzipiell keine Geldschuld vor (G Reinicke/D Reinicke MDR 1953, 387, 388; Mittelbach, Wertsicherungsklauseln in Zivil- und Steuerrecht [4. Aufl 1980] 31 ff, 35 ff [jeweils zu § 3 S 2 WährG aF]; Kirchhoff, Wertsicherungsklauseln für Euro-Verbindlichkeiten [2006] 173). Gleiches gilt, sofern die Schuld in Sachwerten besteht (Mann, Das Recht des Geldes [1960] 100), wie es beispielsweise bei der **Geldstück-** (vgl Vorbem B6 zu §§ 244–248) und der **echten Geldsortenschuld** (vgl Vorbem B8 zu §§ 244–248) der Fall ist. Anders als die frühere Regelung in § 3 WährG aF erfasst § 1 Abs 1 PrKG sowohl Heim- als auch Fremdwährungsschulden (Kirchhoff DNotZ 2007, 913, 915).

Geldschulden iSv § 1 Abs 1 PrKG sind zum einen **Geldsummenschulden** (zum Begriff vgl Vorbem C46 zu §§ 244–248), die durch die einbezogene Wertsicherungsvereinbarung zu Geldwertschulden umgestaltet werden. Ob zum anderen auch **Geldwertschulden** durch das Preisklauselgesetz miterfasst werden, hängt von den Wirkungen der konkreten Wertsicherungsvereinbarung ab (iE ähnlich jurisPK-BGB/Toussaint [9. Aufl 2020] § 1 PrKG Rn 21). Wiederholt sie lediglich deklaratorisch, dass und in welchem Umfang sich die Geldwertschuld an der (allgemeinen oder sektoriellen) Preisentwicklung orientiert, greift das Preisklauselgesetz nicht ein (OMLOR, Geldprivatrecht [2014] 419 f). Gegenteilig gestaltet sich die Rechtslage hingegen, sofern die Wertsicherungsvereinbarung konstitutiv auf die Geldwertschuld einwirkt, indem vom originären Schuldinhalt abgewichen wird (KIRCHHOFF DNotZ 2007, 913, 915 f; insofern eine Ausnahme anerkennend SOERGEL/ARNOLD [13. Aufl 2012] § 244 BGB Rn 23; **aA** BGH 12. 2. 1953 – IV ZR 109/52, BGHZ 9, 56, 63; BGH 9. 7. 1956 – II 279/54, NJW 1957, 342, 343). Dieser originäre Schuldinhalt ergibt sich dabei aus den dispositiven gesetzlichen Vorschriften.

5   Der sachliche Anwendungsbereich des Preisklauselgesetzes beschränkt sich nicht auf die vertragliche Wertsicherung, sondern bezieht auch **einseitige Rechtsgeschäfte** mit ein. Der Schuldgrund ist für die Anwendbarkeit von § 1 Abs 1 PrKG unerheblich. Dafür streitet zum einen der offene Wortlaut von § 1 Abs 1 PrKG, der im Gegensatz zu den amtlichen Überschriften einzelner Bereichsausnahmen (§§ 3 f, 6 f PrKG) ein Vertragserfordernis nicht erwähnt. Zum anderen trägt die *ratio legis,* die Stabilität der Währung und das Vertrauen in sie zu schützen (s o Rn 1), auch die Beschränkung der außervertraglichen Wertsicherung. Damit können auch Wertsicherungsklauseln in Testamenten in den sachlichen Anwendungsbereich des Preisklauselgesetzes fallen (im Einzelnen s u Rn 6).

5a **Nicht** erfasst sind hingegen **künftige Geldschulden** (REUL MittBayNot 2007, 445, 452; DNotI DNotI-Report 2008, 17, 18; DNotI DNotI-Report 2015, 145, 146; jurisPK-BGB/TOUSSAINT [9. Aufl 2020] § 1 PrKG Rn 22; BeckOGK/LEIDNER [1. 2. 2021] § 1 PrKG Rn 57; offen OLG München 18. 7. 2019 – 29 U 2041/18 Rn 237, EnWZ 2020, 21). Grund hierfür ist eine teleologische Auslegung von § 1 Abs 1 PrKG; das Schutzgut der Preisstabilität ist bei (noch) nicht existenten Geldschuld nicht gefährdet. Die Geldschuld muss daher bereits bestehen oder zumindest zeitgleich mit der Preisklausel begründet werden. Unterliegt die Geldschuld einer **aufschiebenden Bedingung oder Befristung**, ist der sachliche Anwendungsbereich von § 1 Abs 1 PrKG nicht eröffnet (jurisPK-BGB/TOUSSAINT [9. Aufl 2020] § 1 PrKG Rn 22). Irrelevant ist hingegen, wann die **Fälligkeit** der Geldforderung eintritt.

b)   Sonderfall: Verfügungen von Todes wegen

6   Nicht jede Anordnung in einer Verfügung von Todes wegen, die wertsichernden Charakter hat, unterfällt dem sachlichen Anwendungsbereich des Preisklauselgesetzes. Bereits keine Geldschuld wird begründet, sofern sich der Erbteil nicht durch eine Prozentangabe, sondern durch geldwertorientierte Festsetzungen errechnet (iE ebenso zur früheren Rechtslage BERNDT, Die Wertsicherung in der Unternehmung unter besonderer Berücksichtigung der Währungsgesetzgebung [1960] 67; DÜRKES, Wertsicherungsklauseln [10. Aufl 1992] Rn D649 f; KLUGE MittRhNotK 2000, 409, 418). Entsteht jedoch zumindest mit dem Zeitpunkt des Erbfalls (vgl § 1922 Abs 1 BGB) eine Geldschuld, so entscheidet über die Anwendbarkeit des Preisklauselgesetzes, ob eine **Wertsicherung für den Zeitraum vor oder nach dem Erbfall** intendiert ist (BERNDT, Die Wertsicherung in der Unternehmung unter besonderer Berücksichtigung der Währungsgesetzgebung [1960] 67 f; DÜRKES, Wertsicherungsklauseln [10. Aufl 1992] Rn D653 ff; STAUDINGER/K SCHMIDT [1997] Vorbem D305 zu §§ 244 ff; OMLOR, Geldprivatrecht [2014] 440 f). Der Anwendungsbereich ist nach § 1 Abs 1 PrKG nicht eröffnet, sofern eine erst mit dem Erbfall entstehende Geldschuld lediglich für den vorherigen Zeitraum wertgesichert wird und die Berechnung der Schuldhöhe zeitgleich mit der Entstehung der Geldschuld abgeschlossen ist. Vor Eintritt des Erbfalls fehlte es an einer Geldschuld, eine „juristische Sekunde" danach greift die Wert-

sicherung nicht mehr ein. Betroffen sind jegliche Erbfallschulden (vgl § 1967 Abs 2 Alt 2 BGB), insbesondere solche aus Vermächtnissen und Auflagen. Deren Höhe kann vom Erblasser unbehelligt von § 1 Abs 1 PrKG beispielsweise an die allgemeine Entwicklung der Verbraucherpreise angebunden werden, sofern damit nur die erstmalige Berechnung im Zeitpunkt des Erbfalls geregelt wird.

Beabsichtigt der Testierende hingegen, eine Wertsicherung für den Zeitraum nach Eintritt des Erbfalls vorzunehmen, unterliegt er den Beschränkungen des Preisklauselgesetzes. Ein erster Ausweg eröffnet sich, sofern keine Preisgleitklausel iSd § 1 Abs 1 PrKG gewählt, sondern auf eine automatische Anpassung verzichtet wird. Auch vermag der Testierende auf eine der in § 1 Abs 2 PrKG genannten Klauseltypen zurückzugreifen. Am ehesten dürfte sich bei Verfügungen von Todes wegen eine **Leistungsvorbehaltsklausel** eignen. Das hierfür erforderliche Ermessen muss nicht der Erblasser selbst ausüben, sondern kann von ihm einem Dritten, etwa dem Testamentsvollstrecker, übertragen werden. Auch bietet sich eine solche Gestaltung an, wenn ein Vermächtnis an einen Minderjährigen zur Sicherstellung seines Lebensunterhalts ausgesetzt werden soll. In diesem Fall kann die Entscheidung über die Anpassung der Vermächtnishöhe den Eltern, insbesondere wenn sie zugleich Testamentsvollstrecker sind, zugewiesen werden (OMLOR, Geldprivatrecht [2014] 441). Eine **Spannungsklausel** kommt jedoch bei Verfügungen von Todes wegen nicht in Betracht, da erbrechtlichen Zuwendungen ein tauglicher Rechtsgrund (s o Rn 6) fehlt, der eine Prüfung der Gleichheit bzw Vergleichbarkeit von Leistungen zuließe. Wählt der Erblasser hingegen eine Preisklausel, die nach § 1 PrKG in den sachlichen Anwendungsbereich des Preisklauselgesetzes fällt, dann stehen ihm insbesondere die Bereichsausnahmen aus § 3 Abs 1 und 2 PrKG offen. Voraussetzung hierfür ist jedoch, dass es sich um eine vertraglich begründete Geldschuld handelt. Um die Privilegierung einer Bereichsausnahme für langfristige Verträge zu erlangen, muss der Erblasser die Geldzuwendung auf eine vertragliche Verfügung in einem Erbvertrag stützen; insbesondere testamentarische Anordnungen unterfallen wegen ihrer Einseitigkeit nicht § 3 PrKG (vgl § 3 PrKG Rn 14).

2. Gleitklausel

Die Anpassung an Geldwertänderungen hat „unmittelbar und selbsttätig" (§ 1 Abs 1 PrKG) zu erfolgen, wodurch sich eine Wertsicherungsvereinbarung in Gestalt einer Gleitklausel auszeichnet. Der Eingriff in den Inhalt der Geldschuld unterliegt einem **Automatismus**. Eine vorgeschaltete Verhandlung zwischen Gläubiger und Schuldner findet nicht statt (BGH 24. 6. 1968 – II ZR 88/67, WM 1968, 1143 f; ähnlich SCHMIDT-RÄNTSCH NJW 1998, 3166, 3167; vgl auch BGH 23. 10. 1974 – VIII ZR 143/73, NJW 1975, 44, 45 [insoweit in BGHZ 63, 132 nicht abgedruckt]). Damit korrespondiert, dass sich der präzise **Umfang der Anpassung** notwendigerweise bereits **aus der Klausel selbst ergeben** muss (OLG Köln 16. 12. 1971 – 10 U 65/71, NJW 1972, 1375; PIKART WM 1969, 1062, 1065 f). Erfordert die Klausel hingegen inhaltsoffen eine „wesentliche Veränderung" der Verhältnisse, um sodann eine „angemessene" Anpassung der Geldschuld vorzusehen (vgl BGH 30. 9. 1970 – V ZR 39/70, NJW 1970, 2103), fehlt es sowohl am notwendigen Automatismus als auch an der eindeutigen Festlegung der Berechnungsmodalitäten.

Diese Fassung von § 1 Abs 1 PrKG greift die **frühere höchstrichterliche Judikatur zu § 3 S 2 WährG aF** (BGH 10. 2. 1960 – V ZR 113/58, NJW 1960, 818; BGH 4. 6. 1962 – VII ZR 24/

61, WM 1962, 772; BGH 6. 10. 1967 – V ZR 141/64, WM 1967, 1248, 1249; BGH 8. 12. 1978 – VIII ZR 282/77, NJW 1979, 2250; BGH 30. 10. 1985 – IVa ZR 26/84, NJW 1986, 932, 933; ebenso MITTELBACH, Wertsicherungsklauseln in Zivil- und Steuerrecht [4. Aufl 1980] 66 ff; zum Streitstand vgl ZIEHM, Die Wertsicherungsklausel im deutschen Recht [1966] 170 ff) auf, welche Leistungsvorbehaltsklauseln nicht dem Genehmigungserfordernis unterwarf. Inzwischen existiert mit § 1 Abs 2 Nr 1 PrKG eine inhaltsgleiche Kodifizierung dieser ständigen Rechtsprechung, die bei der Auslegung von § 1 Abs 1 PrKG als erläuternder Gegenentwurf (BT-Drucks 16/4391, 27) einzubeziehen ist. Wegen dieser dogmatischen Anbindung von § 1 Abs 1 und 2 PrKG an § 3 S 2 WährG aF steht auch ein Rückgriff auf die Rechtsprechung und Literatur zur Vorgängervorschrift offen. Eine Gleitklausel kann danach angenommen werden, wenn „die Höhe der geschuldeten Geldleistung unmittelbar von einer Änderung der vorgesehenen Bezugsgröße abhängt und eine Änderung dieser Bezugsgröße zugleich und unbedingt (automatisch), ohne daß es für die Anpassung der Leistungen einer zusätzlichen Tätigkeit der Vertragsteile bedarf, auch zu einer entsprechenden Änderung der Geldleistung führen muß" (BGH 12. 1. 1968 – V ZR 187/64, NJW 1969, 91, 92).

10 Eine detailreiche Gleitklausel lag **beispielsweise** dem in BGHZ 201, 230 (BGH 14. 5. 2014 – VIII ZR 114/13, NJW 2014, 2708) veröffentlichten Urteil zugrunde. In einem **Erdgassondervertrag** wurde der Arbeitspreis für die Lieferung von Gas an die Entwicklung des Preises von Heizöl gekoppelt. Damit stellte sie eine Preisklausel iSd § 1 Abs 1 PrKG dar, die nicht als Spannungsklausel nach § 1 Abs 2 Nr 2 PrKG vom Indexierungsverbot ausgenommen war (offen BGH 14. 5. 2014 – VIII ZR 114/13, NJW 2014, 2708 Rn 53; s u Rn 30 f). Die Anforderungen an eine Gleitklausel erfüllt auch folgende Abrede zu einer **ehevertraglichen Unterhaltsvereinbarung**, die dem Sachverhalt der Entscheidung aus BGH NJW 2007, 2851 (BGH 28. 3. 2007 – XII ZR 130/04) entstammt:

> „Sollte sich der vom statistischen Bundesamt in Wiesbaden amtlich festgestellte Preisindex für die Lebenshaltung eines Vier-Personen-Arbeitnehmerhaushalts mit mittlerem Einkommen für den Zeitpunkt des Abschlusses des vorstehenden Ehevertrags auf einer Basis von 1980 gleich 100 künftig um mindestens 10 % nach oben oder nach unten verändern, verändert sich jeweils auch die jährlich zu zahlende Unterhaltsabfindung in dem gleichen prozentualen Verhältnis, und zwar vom Beginn des nächsten Kalendermonats an.
>
> Wenn auf Grund der vorstehenden Wertsicherungsklausel eine Anpassung der Zahlung durchgeführt worden ist, wird die Klausel gemäß den Bestimmungen des vorangehenden Absatzes jeweils erneut anwendbar und ist die zuletzt bezahlte Abfindung demgemäß erneut anzupassen, sobald sich der Index-Jahresdurchschnitt jeweils erneut gegenüber seinem Stand im Zeitpunkt der vorangegangenen Anpassung um mindestens 10 % nach oben oder nach unten verändert hat."

III. Negativer Anwendungsbereich (Abs 2 und 3)

1. Verhältnis zum ersten Absatz

11 Gegenüber § 1 Abs 1 PrKG nimmt der Ausnahmenkatalog aus § 1 Abs 2 PrKG im Schwerpunkt eine **erläuternde Rolle** ein (BT-Drucks 16/4391, 27; OMLOR, Geldprivatrecht [2014] 423). Prüfungstechnisch ist von § 1 Abs 1 PrKG auszugehen. Nur Preisklauseln, die den Anforderungen des ersten Absatzes genügen (dh Kostenelemente- und Ermäßigungsklauseln), müssen anschließend konstitutiv an den einzelnen Ausnahmetatbeständen des zweiten Absatzes gemessen werden. Damit ist zugleich verbunden, dass § 1 Abs 2 PrKG **keine abschließende Aufzählung** der nicht dem Preisklauselgesetz unterfallenden Wertsicherungsvereinbarungen enthält. Drei Gruppen von Wertsicherungsvereinbarungen lassen sich danach abgrenzen:

– Wertsicherungsvereinbarungen, die keine Gleitklauseln iSd § 1 Abs 1 PrKG darstellen;

– Wertsicherungsvereinbarungen, die Gleitklauseln iSd § 1 Abs 1 PrKG darstellen, ohne einen Ausnahmetatbestand aus § 1 Abs 2 PrKG zu erfüllen;

– Wertsicherungsvereinbarungen, die Gleitklauseln iSd § 1 Abs 1 PrKG darstellen, jedoch einen Ausnahmetatbestand aus § 1 Abs 2 PrKG erfüllen.

Das Preisklauselgesetz bezieht lediglich die zweite Gruppe in seinen Anwendungsbereich ein. Systematisch beinhaltet § 1 Abs 2 PrKG **nur teilweise konstitutive Rückausnahmen** zum Grundsatz aus § 1 Abs 1 PrKG. Leistungsvorbehaltsklauseln erfüllen mangels Anpassungsautomatismus bereits nicht die Definitionsanforderungen aus § 1 Abs 1 PrKG. Auch die Legaldefinition der Spannungsklausel formuliert das Merkmal der (fehlenden) Vergleichbarkeit von Gütern oder Leistungen aus § 1 Abs 1 PrKG lediglich aus. Leistungsvorbehalts- und Spannungsklauseln gehören damit zugleich der ersten und der dritten Gruppe an. Echte Rückausnahmen ordnet § 1 Abs 2 PrKG hingegen je nach Ausgestaltung für die Kostenelementeklauseln und in allen Fällen für die reinen Ermäßigungsklauseln an (zumindest teilweise aA jurisPK-BGB/Toussaint [9. Aufl 2020] § 1 PrKG Rn 32); sie zählen damit überwiegend zur dritten Gruppe der Preisklauseln (zu den Ausnahmen s u Rn 33).

Die beiden Ausnahmetatbestände aus § 1 Abs 3 PrKG weisen im Wesentlichen eine **klarstellende Funktion** auf. Anders als § 1 Abs 2 PrKG baut § 1 Abs 3 PrKG nicht auf dem Grundtatbestand aus § 1 Abs 1 PrKG auf. Stattdessen befasst sich der dritte Absatz mit dem Verhältnis des Preisklauselgesetzes zu anderen gesetzlichen Vorgaben für Wertsicherungsvereinbarungen. Die Vorschriften zur Indexmiete (§ 557b BGB) und zu Preisänderungsklauseln in Wärmelieferungsverträgen (§ 24 Abs 4 AVBFernwärmeV) gehen als *leges speciales* dem Preisklauselgesetz vor. 12

2. Einzelne Ausnahmetatbestände

Nicht vom Verbot des § 1 Abs 1 PrKG erfasst sind insbesondere Leistungsvorbehaltsklauseln (Abs 2 Nr 1), Spannungsklauseln (Abs 2 Nr 2), Kostenelementeklauseln (Abs 2 Nr 3), reine Ermäßigungsklauseln (Abs 2 Nr 4) sowie Preisklauseln im Anwendungsbereich von § 557b BGB (Abs 3 Alt 1) und der AVBFernwärmeV (Abs 3 Alt 2). 13

a) Leistungsvorbehaltsklauseln (Abs 2 Nr 1)
aa) Abgrenzung zu Preisgleitklauseln
Fehlt einer Wertsicherungsvereinbarung der Anpassungsautomatismus, scheidet sie nach § 1 Abs 1 PrKG aus dem Anwendungsbereich des Preisklauselgesetzes aus. Das grundsätzliche Indexierungsverbot gilt für sie nicht. Der Ausnahmetatbestand 14

aus § 1 Abs 2 Nr 1 PrKG, der zugleich eine Legaldefinition der Leistungsvorbehaltsklausel enthält, **bestätigt lediglich das Subsumtionsergebnis aus § 1 Abs 1 PrKG** für einen praktisch bedeutsamen Fall. Leistungsvorbehaltsklauseln **fehlt** der für Gleitklauseln erforderliche **automatische Anpassungsmechanismus**. Über die neue Höhe der Geldschuld entscheidet eine Person unter Ausübung eines ihr eingeräumten Ermessens. Die deklaratorische und erläuternde Aufnahme von Leistungsvorbehaltsklauseln in den Ausnahmenkatalog des § 1 Abs 2 PrKG bezieht sich auf die frühere Rechtsprechung des Bundesgerichtshofs und die Genehmigungspraxis der Deutschen Bundesbank zu § 3 S 2 WährG aF. In der Tat fördert die gesonderte Regelung der Leistungsvorbehaltsklauseln die Rechtsklarheit für die betroffenen Kreise. Mit dem Aspekt der Rechtssicherheit ist auch verbunden, dass sich zum Verständnis der Vorschrift weiterhin die **bisherige Rechtsprechung zu § 3 S 2 WährG aF** fruchtbar machen lässt. Als charakteristisch für eine Leistungsvorbehaltsklausel ist danach anzusehen, dass sich „eine Änderung der Bezugsgröße (…) nur mittelbar auf die Geldschuld auswirkt, indem sie nur den Anlaß oder die Voraussetzung für die Änderung der Leistung bildet, deren Höhe alsdann auf Grund von Vereinbarungen der Entwicklung der Bezugsgröße angepaßt werden muß" (BGH 12. 1. 1968 – V ZR 187/64, NJW 1969, 91, 92; ebenso BayObLG 27. 11. 1973 – BReg 3 Z 141/72, BayOBLGZ 325, 326; KG 27. 2. 1976 – 1 W 1126 – 1128/75, OLGZ 1976, 276, 278; OLG Hamm 28. 4. 1995 – 15 W 374/94, NJW-RR 1996, 268, 269; KIRCHHOFF, Wertsicherungsklauseln für Euro-Verbindlichkeiten [2006] 183).

bb) Ermessen

15 Gegenüber den Gleitklauseln iSv § 1 Abs 1 PrKG und zugleich aus dem Kreis sämtlicher Wertsicherungsvereinbarungen heben sich Leistungsvorbehaltsklauseln durch zwei miteinander verbundene Merkmale ab. Die Anpassung der Geldschuld tritt nicht „unmittelbar und selbständig" ein; vielmehr wird einer Person ein Ermessensspielraum eingeräumt, den sie nach Billigkeitsgrundsätzen einzusetzen hat. Auch wenn sich der Wortlaut von § 1 Abs 2 Nr 1 PrKG nicht explizit zum notwendigen Umfang des Ermessens äußert (vgl zur Auslegung von § 3 S 2 WährG aF BGH 21. 1. 1976 – VIII ZR 113/74, WM 1976, 385 f; MITTELBACH, Wertsicherungsklauseln in Zivil- und Steuerrecht [4. Aufl 1980] 70 ff mwNw), so ergibt sich auch aus einer Gegenüberstellung mit § 1 Abs 1 PrKG, dass bereits ein **minimales Restermessen** die Wertsicherungsklausel aus dem Anwendungsbereich des Preisklauselgesetzes ausnimmt (OMLOR, Geldprivatrecht [2014] 422). Die Ausübung des Ermessens ist bei einer Leistungsvorbehaltsklausel iSv § 1 Abs 2 Nr 1 PrKG an die **Billigkeitsgrenzen aus §§ 315 ff BGB** gebunden. Entweder steht einem der Vertragspartner – nach § 316 BGB im Zweifel dem Geldgläubiger (MITTELBACH, Wertsicherungsklauseln in Zivil- und Steuerrecht [4. Aufl 1980] 73) – ein einseitiges Leistungsbestimmungsrecht gemäß § 315 BGB zu (BGH 9. 5. 2012 – XII ZR 79/10, NJW 2012, 2187 Rn 19; KLÜHS ZfIR 2012, 850, 853), oder ein Dritter nimmt diese Befugnis nach § 317 BGB wahr (ebenso bereits zu § 3 S 2 WährG aF BGH 26. 10. 1967 – VII ZR 86/65, WM 1968, 617 f; BGH 28. 6. 1968 – V ZR 195/64, WM 1968, 985, 986 f; OLG Hamm 28. 4. 1995 – 15 W 374/94, NJW-RR 1996, 268, 269). Als Dritte kommen unter anderem Schiedsgutachter oder Sachverständige in Betracht (OLG Hamm 28. 4. 1995 – 15 W 374/94, NJW-RR 1996, 268, 269).

16 Das Preisklauselgesetz kennt **keine Leistungsvorbehaltsklauseln ohne Ermessen** (OMLOR, Geldprivatrecht [2014] 422 f; offen REUL MittBayNot 2007, 445, 446 f; vgl auch BGH 9. 5. 2012 – XII ZR 79/10 Rn 19, NJW 2012, 2187). Wertsicherungsvereinbarungen, die für die Anpassung der Geldschuld einen Zwischenschritt (zB ihre Geltendmachung durch eine Partei) vorsehen, werden **bereits durch § 1 Abs 1 PrKG** aus dem Anwendungsbereich

ausgeschlossen. Ein – im Übrigen nur bestätigender – Rückgriff auf § 1 Abs 2 Nr 1 PrKG ist in solchen Fällen versperrt. Mit dem Inkrafttreten des Preisklauselgesetzes haben damit Zweifel auf Grundlage der früheren Gesetzeslage, ob die auf ein Ermessen abstellende Fassung des § 1 Abs 1 PrKV aF von der Ermächtigungsgrundlage in § 2 Abs 2 PaPkG aF gedeckt sei (bejahend Kluge MittRhNotK 2000, 409, 412 f; offen Heynitz MittBayNot 1998, 398, 400), seine Bedeutung verloren. Auf diese Weise wird zum einen der gesetzgeberischen Intention (BT-Drucks 13/10334, 41; BT-Drucks 16/4391, 26 f), eine Kontinuität zur Auslegung des § 3 S 2 WährG aF durch die höchstrichterliche Rechtsprechung (vgl zur Betonung des Kriteriums der automatischen Anpassung BGH 24. 6. 1968 – II ZR 88/67, WM 1968, 1143 f; BGH 28. 6. 1968 – V ZR 195/64, WM 1968, 985, 986; BGH 12. 1. 1968 – V ZR 187/64, NJW 1969, 91, 92) zu gewährleisten, entsprochen und zum anderen unterliegt § 1 Abs 1 PrKG einer restriktiven Auslegung (ebenso zu § 3 S 2 WährG aF BGH 17. 9. 1954 – V ZR 79/53, BGHZ 14, 306, 308; BVerwG 3. 10. 1972 – I C 36/68, BVerwGE 41, 1, 6; BAG 10. 4. 1970 – 3 AZR 152/69, WM 1970, 1066, 1068).

Einer Einordnung als Leistungsvorbehaltsklausel iSd § 1 Abs 2 Nr 1 PrKG steht **17** nicht entgegen, wenn der Abrede **ermessenslenkende Vorgaben** beigefügt sind. Bei der Ermessensausübung nach § 315 BGB darf der Vertrag nicht nach den subjektiven Vorstellungen des Bestimmungsberechtigten umgestaltet, sondern muss vielmehr von ihm fortgedacht und respektiert werden (Staudinger/Rieble [2020] § 315 Rn 398 ff). Den Parteien steht es frei, allgemeine Leitlinien für die Ermessensausübung vorzugeben. Konkret bedeutet diese Unterwerfung des Entscheiders unter den im Vertrag zum Ausdruck kommenden Parteiwillen, dass die Leistungsvorbehaltsklauseln beispielsweise einen **Maßstab für die Anpassung** der Geldschuld vorgeben können (BGH 10. 2. 1960 – V ZR 113/58, WM 1960, 437, 440 zu § 3 S 2 WährG aF). Ein solcher kann in einem Verbraucherpreisindex, in der Entwicklung sektorieller Preise (zB Wohn-/Geschäftsraummieten) oder sonstiger Leistungen (zB Löhne/Gehälter/Pensionen/Renten) liegen.

cc) Einzelfälle
Anwendungsbeispiele für Leistungsvorbehaltsklauseln finden sich zahlreich in der **18** Rechtsprechung zum Wertsicherungs- und AGB-Recht (Überblick bei Pikart WM 1969, 1062, 1064). Als Leistungsvorbehaltsklauseln wurden eingestuft:

- Befugnis des Grundstückseigentümers, in bestimmten Zeitabständen bei der zuständigen Mietpreisbindungsstelle eine **Neufestsetzung des Erbbauzinses** verlangen zu können (BGH 18. 10. 1968 – V ZR 63/65, WM 1969, 62);

- **Neufestlegung der Pacht** im Falle einer „erheblichen" Änderung eines Preisindizes (BGH 15. 2. 1967 – VIII ZR 222/64, WM 1967, 515, 516; unzutreffend OLG Brandenburg 26. 1. 2012 – 5 W 10/11, FGPrax 2012, 281: Spannungsklausel);

- Befugnis von Mieter oder Vermieter, bei einer bestimmten Änderung eines Lebenshaltungskostenindizes einseitig eine **Anpassung der Miete** verlangen zu können (OLG Jena 13. 3. 2008 – 1 U 130/07, NZM 2008, 572, 575);

- Anpassungsrecht des Vermieters nach billigem Ermessen hinsichtlich der Miethöhe, sofern diese nicht mehr „ortsüblich oder sonst angemessen" ist (BGH 9. 5. 2012 – XII ZR 79/10 Rn 19, NJW 2012, 2187);

– **"Bittklausel"**, wonach eine Erhöhung der WEG-Verwaltergebühren bei „höherem Arbeitsaufwand" oder „unvermeidlicher Kostensteigerung" erbeten werden kann (AG Reutlingen 20. 7. 2012 – 9 C 1006/11 WEG, NZM 2013, 127, 128).

b) Spannungsklauseln (Abs 2 Nr 2)
aa) Abgrenzung zu Preisgleitklauseln

19 Sowohl Nr 1 als auch Nr 2 im Katalog des § 1 Abs 2 PrKG heben **deklaratorisch** hervor, was sich bereits aus dem Grundtatbestand des § 1 Abs 1 PrKG ergibt: Das Preisklauselgesetz regelt nur Gleitklauseln, die eine Anbindung an den Preis oder Wert von Gütern oder Leistungen bewirken, ohne dass diese mit den vereinbarten Gütern oder Leistungen vergleichbar sind. Das Kriterium der Vergleichbarkeit erfährt in § 1 Abs 2 Nr 2 PrKG eine besondere Konturierung und Präzisierung. Zugleich wird eine Gruppe von Wertsicherungsvereinbarungen erstmals legaldefiniert, die sich bereits über Jahrzehnte in der Genehmigungspraxis der Deutschen Bundesbank und der ständigen Rechtsprechung zu § 3 S 2 WährG aF (vgl zur Entwicklung BERNDT, Die Wertsicherung in der Unternehmung unter besonderer Berücksichtigung der Währungsgesetzgebung [1960] 51 ff mwNw) herausgebildet hatte: die Spannungsklauseln. Auch wenn es sich bei Spannungsklauseln um **Sonderfälle von Gleitklauseln** handelt (MITTELBACH, Wertsicherungsklauseln in Zivil- und Steuerrecht [4. Aufl 1980] 62), unterfallen sie dennoch nicht dem Tatbestand von § 1 Abs 1 PrKG. Durch den Kodifizierungsakt haben sich auch anfängliche Zweifel an der Sinnhaftigkeit der Begrifflichkeit (G. und D. REINICKE DNotZ 1952, 122 f; ZIEHM, Die Wertsicherungsklausel im deutschen Recht [1966] 135; vgl dazu BGH 17. 9. 1954 – V ZR 79/53, BGHZ 14, 306, 310) *de lege lata* erübrigt.

bb) Teleologie des Ausnahmetatbestands

20 Vom Genehmigungserfordernis nach § 3 S 2 WährG aF hatte die Rechtsprechung solche Wertsicherungsvereinbarungen freigestellt, bei denen „der zum Maßstab der Geldschuld genommene Wertmesser mit der Gegenleistung, für die die [Geldschuld, im Original unrichtig: Gesamtschuld] zu entrichten ist, gleichartig, zumindest aber vergleichbar ist" (BGH 26. 11. 1975 – VIII ZR 267/73, NJW 1976, 422; ebenso BGH 24. 11. 1951 – II ZR 51/51, BB 1952, 88; BGH 17. 9. 1954 – V ZR 79/53, BGHZ 14, 306, 310; BGH 17. 12. 1973 – II ZR 48/71, NJW 1974, 273; BGH 23. 2. 1979 – V ZR 106/76, NJW 1979, 1545, 1546; BGH 2. 2. 1983 – VIII ZR 13/82, NJW 1983, 1909, 1910; BGH 8. 6. 2006 – VII ZR 13/05 Rn 14, BGHZ 168, 96; OLG Dresden 14. 6. 2006 – 6 U 2321/05, BauR 2007, 400, 401; OLG Bamberg 13. 2. 2012 – 7 UF 151/11, FamRZ 2012, 1397, 1399). Ziel einer solchen Vereinbarung ist die **Wahrung stabiler Vertragsverhältnisse**, indem eine Einigung über die Anpassung an sich ändernde Marktverhältnisse zeitlich vorgezogen wird und damit Neuverhandlungen oder eine Kündigung entbehrlich werden (BGH 24. 3. 2010 – VIII ZR 178/08 Rn 30, BGHZ 185, 96). Die *ratio legis* der Privilegierung von Spannungsklauseln liegt in der Einschätzung, dass mit ihnen **geringere Inflationsrisiken** einhergehen, da sie sich auf einen Markt mit vergleichbaren Gütern und Leistungen beschränken (GRUBER, Geldwertschwankungen und handelsrechtliche Verträge in Deutschland und Frankreich [2002] 217).

21 Nach der Regelungskonzeption des Preisklauselgesetzes fallen Spannungsklauseln gänzlich aus dessen Anwendungsbereich heraus. Daher sind sie auch **nicht an** den Wirksamkeitsanforderungen aus **§ 2 PrKG zu messen**. In einer Spannungsklausel darf daher entgegen § 2 Abs 3 Nr 1 PrKG auch ein nominaler Mindestbetrag vorgesehen werden, sodass eine Anpassung lediglich zugunsten des Geldgläubiger möglich ist (zur früheren Rechtslage bereits ZIEHM, Die Wertsicherungsklausel im deutschen Recht [1966] 145 mwNw). Eine Inhaltskontrolle erfolgt ausschließlich nach Maßgabe der §§ 305 ff BGB, sofern es sich um eine Allgemeine Geschäftsbedingung handelt.

cc) Gleichartigkeit der Leistungen und Güter
(1) Grundlagen

Spannungsklauseln grenzen sich gegenüber Gleitklauseln iSd § 1 Abs 1 PrKG durch **22** die Gleichartigkeit oder zumindest Vergleichbarkeit der in Relation gesetzten Leistungen oder Güter ab. Dieses Merkmal entscheidet damit zugleich über die Erfassung oder Nichterfassung durch das Preisklauselgesetz. Dem Wortlaut von § 1 Abs 2 Nr 2 PrKG lassen sich – mit Ausnahme eines Erheblichkeitsvorbehalts („im Wesentlichen gleichartig oder zumindest vergleichbar") – weiterführende Anhaltspunkte nicht entnehmen. Es zeigt sich, dass es sich bei der Prüfung der Gleichartigkeit bzw Vergleichbarkeit um einen **wertenden Vorgang** handelt. Eine mathematisch präzise Grenzziehung ist nicht zuletzt angesichts der Vielfalt der relevanten Güter und Leistungen ausgeschlossen. Um dennoch der Rechtssicherheit und -klarheit, die angesichts des Systems der Legalausnahmen in ihrer Bedeutung für die Auslegung des Preisklauselgesetzes noch gewachsen sind, Rechnung zu tragen, hat sich für die Vergleichbarkeit von Leistungen ein dogmatisch wie praktisch taugliches Hilfskriterium herausgebildet: Die wertgesicherte Leistung und die als Wertmesser in Bezug genommene Leistung sind gleichartig bzw vergleichbar, sofern beide Leistungen auf dem gleichen **Rechtsgrund** beruhen. Unter einem solchen Rechtsgrund ist nicht der technisch-bereicherungsrechtliche aus § 812 Abs 1 BGB, sondern ein **untechnisch-tatsächlicher** zu verstehen: Den Rechtsgrund einer Leistung bildet der tatsächliche **Umstand, auf dem sie beruht** (OMLOR, Geldprivatrecht [2014] 425).

Bei einer Anbindung der Höhe des **Erbbauzinses** an die Entwicklung eines **Verbrau-** **23** **cherpreisindizes** werden nicht gleichartige Leistungen miteinander verknüpft (**aA** OLG Celle 20. 12. 2007 – 4 W 220/07, NJW-RR 2008, 896, 897). Vielmehr liegt bei einer Laufzeit von mindestens zehn Jahren ein langfristiger Vertrag iSd § 3 Abs 1 Nr 1 lit d PrKG vor; im Fall einer Laufzeit von über 30 Jahren ist § 4 PrKG einschlägig. Zwar wäre nach allen Ansichten die Wertsicherungsvereinbarung im Ergebnis zulässig, jedoch führte die fehlsame Annahme einer Spannungsklausel zu einer Umgehung von § 2 PrKG. Bei der Gestaltungsvariante, die für den Erbbauzins eine **Neuverhandlungspflicht** im Fall der Steigerung eines Verbrauchpreisindizes um einen bestimmten Prozentsatz vorsieht, liegt keine Spannungsklausel, sondern ein Leistungsvorbehalt vor (**aA** OLG Karlsruhe 14. 8. 2006 – 2 UF 139/06, NJW-RR 2006, 1593).

Als Leistungen bzw Güter iSd § 1 Abs 2 Nr 2 PrKG sind nicht nur isoliert genannte **24** Einzelwerte, sondern auch **Gruppen von Leistungen bzw Gütern** zu erfassen. Daraus folgt, dass als Vergleichsmaßstab für Spannungsklauseln auch **Preisindizes** herangezogen werden können, die sich nach einem Warenkorb berechnen (jurisPK-BGB/TOUSSAINT [9. Aufl 2020] § 1 PrKG Rn 24; insofern zutreffend OLG Karlsruhe 14. 8. 2006 – 2 UF 139/06, NJW-RR 2006, 1593; OLG Celle 20. 12. 2007 – 4 W 220/07, NJW-RR 2008, 896, 897). Einer intensiven Prüfung im Einzelfall bedarf sodann die Gleichartigkeit bzw Vergleichbarkeit der Leistungen oder Güter (vgl OLG München 20. 8. 2014 – 9 U 1184/14 Bau). Durch die breite Berechnungsbasis des Preisindizes droht die hinreichende inhaltliche Verbindung zur wertgesicherten Leistung verloren zu gehen. Eine Vergleichbarkeit lässt sich jedoch regelmäßig in einer praktisch bedeutsamen Konstellation bejahen: **Verträge mit Versorgungscharakter** können nach § 1 Abs 2 Nr 2 PrKG zulässigerweise durch eine Anbindung an einen allgemeinen **Verbraucherpreisindex** wertgesichert werden.

25 Bei **Verträgen mit Versorgungscharakter**, die auf die Zahlung von Unterhalt, einer Pension, von Gehalt oder Lohn gerichtet sind, werden häufig bestimmte **beamtenrechtliche Besoldungsgruppen** als Vergleichsmaßstab herangezogen. Fehlt es an einer besonderen Vereinbarung, so sind in die Berechnung auch Sonderzahlungen wie Weihnachtszuwendungen einzubeziehen (BGH 21. 1. 1971 – II ZR 153/68, NJW 1971, 835 f; BAG 27. 11. 1980 – 3 AZR 1050/78, BAG AP BGB § 242 Ruhegehalt-Beamtenversorgung Nr 3). Für die Vergleichbarkeit der Leistungen kommt es nicht darauf an, ob der Empfänger selbst als Beamter oder in einer zur Besoldungsgruppe vergleichbaren beruflichen Position beschäftigt war oder ist (OMLOR, Geldprivatrecht [2014] 425; **aA** OSTERMEIER, Die Wertsicherung des Erbbauzinses [1965] 61). Auch ist irrelevant, ob es eine Korrelation zwischen der allgemeinen Geldwertentwicklung und der Erhöhung der in Bezug genommenen Löhne oder Gehälter gibt (BGH 17. 5. 1968 – V ZR 1/65, NJW 1968, 830, 831; BGH 21. 1. 1971 – II ZR 153/68, NJW 1971, 835). Die Wahl einer Lohn- oder Besoldungsgruppe durch die Parteien beinhaltet die bewusste Inkaufnahme eines Auseinanderfallens der allgemeinen Geldwert- und der spezifischen Einkommensentwicklung, ohne auf einen eindeutigen Anpassungsmaßstab verzichten zu müssen.

(2) Beispiele für Gleichartigkeit

26 Als **gleichartig bzw vergleichbar** sind beispielhaft folgende Leistungen anzusehen:

– Versorgungsrente und bestimmtes Tarifgehalt (BGH 17. 9. 1954 – V ZR 79/53, BGHZ 14, 306, 311);

– Darlehensrückzahlung und Kurswert bestimmter Aktien, sofern Darlehensvaluta vereinbarungsgemäß aus Verkaufserlös solcher Aktien erlangt wurde (BGH 31. 1. 1963 – VII ZR 266/61, WM 1963, 315, 317);

– Erbbauzins und vom Erbbauberechtigten erzielter Erbbauzins (BGH 26. 11. 1975 – VIII ZR 267/73, NJW 1976, 422);

– Erbbauzins und vom Erbbauberechtigten erzielte Miete (OLG München 14. 10. 1993 – 29 U 1663/93, NJW-RR 1994, 469);

– WEG-Verwaltervergütung und bestimmte Beamtenbesoldung (OLG Köln 18. 3. 1994 – 19 U 215/93, BB 1994, 2310);

– Unterhaltszahlungen und bestimmte Beamtenbesoldung (OLG Bamberg 13. 2. 2012 – 7 UF 151/11, FamRZ 2012, 1397, 1399).

(3) Beispiele für fehlende Gleichartigkeit

27 Bei folgenden Leistungen ist die **Gleichartigkeit bzw Vergleichbarkeit zu verneinen**:

– Erbbauzins und bestimmte Beamtenbesoldung (BGH 17. 9. 1954 – V ZR 79/53, BGHZ 14, 306, 311 f; OSTERMEIER, Die Wertsicherung des Erbbauzinses [1965] 61);

- Miete und bestimmte Beamtenbesoldung (BGH 2. 2. 1983 – VIII ZR 13/82, NJW 1983, 1909, 1910);

- Pauschalisierter Werklohn und zeitabhängiger Arbeitslohn einer bestimmten Lohngruppe (BGH 8. 6. 2006 – VII ZR 13/05 Rn 14, BGHZ 168, 96; OLG Köln 14. 4. 2000 – 11 U 3/98, OLGR 2000, 481, 482; OLG Dresden 14. 6. 2006 – 6 U 2321/05, BauR 2007, 400, 402; OLG Schleswig 27. 4. 2007 – 14 U 113/06, BauR 2009, 503, 504; **aA** OLG München 23. 5. 2000 – 13 U 5932/99, NZBau 2000, 515 f; offen noch Omlor, Geldprivatrecht [2014] 426);

- Bauträgervergütung und allgemeiner Häuserpreisindex (Klühs ZfIR 2012, 850, 852).

Keine Spannungsklausel ist in einer Abrede zu sehen, die als Vergleichsmaßstab den **Eigenwert** der zu erbringenden Leistung bzw des zu verschaffenden Gutes heranzieht (Kluge MittRhNotK 2000, 409, 409; **aA** jurisPK-BGB/Toussaint [9. Aufl 2020] § 1 PrKG Rn 42). Auf die Gleichartigkeit bzw Vergleichbarkeit iSd § 1 Abs 2 Nr 2 PrKG kommt es nicht an, denn es fehlt schon an den „anderen Gütern oder Leistungen" iSd § 1 Abs 1 PrKG. Solche Vereinbarungen unterliegen daher von vornherein nicht den Regelungen des Preisklauselgesetzes.

(4) Unmittelbarer Vergleich von Gütern

Das Hilfskriterium des gleichen Rechtsgrundes versagt, wenn nicht Leistungen, sondern unmittelbar **Güter miteinander zu vergleichen** sind. Um die Gleichartigkeit bzw Vergleichbarkeit von Gütern festzustellen, ist auf deren **objektiv-funktionale Austauschbarkeit** abzustellen. Dieses Kriterium nimmt in Teilen Anleihen an der kartellrechtlichen Marktabgrenzung anhand des **Bedarfsmarktkonzepts**. Danach kommt es für die Bestimmung des sachlich relevanten Marktes auf die funktionelle Austauschbarkeit der betroffenen Güter aus Sicht der potenziellen Abnehmer an (stellvertretend EuGH 9. 11. 1983 – C-322/81 [*Michelin/Kommission*], ECLI:EU:C:1983:313, Rn 37; BGH 16. 1. 2007 KVR 12/06, NJW 2007, 1823 Rn 18 mwNw). Eine Zugehörigkeit zum selben Markt besteht, sofern die Produkte nach Eigenschaft, Verwendungszweck und Preislage aus Sicht der Nachfrager austauschbar sind (BGH 5. 10. 2004 – KVR 14/03, BGHZ 160, 321, 326). Die teilweise Übertragbarkeit beruht auf der Teleologie des § 1 Abs 2 Nr 2 PrKG, wonach Spannungsklauseln sich auf einen einheitlichen Markt (!) mit gleichartigen oder vergleichbaren Gütern beziehen und daher mit geringeren Inflationsgefahren verbunden sind (s o Rn 20). Die kartellrechtliche Dogmatik darf jedoch **nicht schematisch** und uneingeschränkt in das Wertsicherungsrecht transplantiert werden; stets sind die besonderen Zwecke und Wertungen des Preisklauselgesetzes zu berücksichtigen. Vor diesem Hintergrund kann dem Preis der jeweiligen Güter im Kontext des § 1 Abs 2 Nr 2 PrKG allenfalls eine nachgeordnete Rolle zukommen. Im Vordergrund stehen die **Eigenschaften und der Verwendungszweck** des betroffenen Gutes. Auch fließt in die Auslegung von § 1 Abs 2 Nr 2 PrKG die grundrechtlich geschützte Freiheit zur Wertsicherung (vgl Einl 10 ff zum PrKG) ein, die für ein extensives Verständnis und damit einen weiten Marktbegriff streitet. Anzustellen ist daher eine **Marktabgrenzung im preisrechtlichen**, aus Sicht des Kartellrechts damit **untechnischen Sinn**. In diese Marktabgrenzung fließen auch Aspekte ein, die aus kartellrechtlicher Sicht erst nachgelagert relevant werden (zB die Wettbewerbsintensität zwischen den Anbietern verschiedener Güter, vgl dazu BGH 13. 6. 2007 – VIII ZR 36/06, NJW 2007, 2540 Rn 34; BGH 23. 6. 2009 – KZR 21/08 Rn 7, NJW-RR 2010, 618). Auch ist die Sicht der Abnehmergruppe noch deutlicher als im Kartellrecht zu normativieren und von subjektiven

Einschlägen zu befreien (vgl demgegenüber Fuchs, in: Immenga/Mestmäcker [Hrsg], Wettbewerbsrecht [6. Aufl 2020] § 18 GWB Rn 38 mwNw).

29 Eine auf einen unmittelbaren Vergleich von Gütern ausgerichtete Vertragsgestaltung war bei Verträgen zur Versorgung mit Erdgas marktüblich. Der verbrauchsabhängige Arbeitspreis berechnete sich nach dem jeweiligen Marktpreis einer bestimmten Sorte Heizöls. Im Sachverhalt zu BGH 14. 5. 2014 – VIII ZR 114/13, BGHZ 201, 230 findet sich exemplarisch folgende Klausel aus einem **Erdgassondervertrag**:

> „4. Der Jahresgrundpreis gilt als fester und der Arbeitspreis als veränderlicher Preisanteil. Der veränderliche Anteil ist bezogen auf den Preis für leichtes Heizöl.
>
> Der Preis für leichtes Heizöl richtet sich nach den Verbraucherpreisen bei Abnahme von 40 bis 50 hl pro Auftrag einschließlich Verbrauchssteuer, wie sie monatlich für die Rheinschiene in der ‚Fachserie 17; Preise und Preisindizes für gewerbliche Produkte (Erzeugerpreise) Reihe 2; 2. Tabellenteil' des Statistischen Bundesamtes in Euro je hl veröffentlicht werden.
>
> Aus den monatlichen Werten ist ein Mittel für jedes Quartal eines Kalenderjahres zu bilden.
>
> Werden diese Preise nicht mehr veröffentlicht, so sind den wirtschaftlichen Grundgedanken dieser Regelung möglichst nahe kommende andere Vereinbarungen zu treffen.
>
> 5. Basis für den Erdgaspreis gemäß Abschnitt 2 ist der Preis für leichtes Heizöl von 20,- Euro je hl ohne Umsatzsteuer.
>
> 6. Ändert sich der Preis für leichtes Heizöl gemäß Abschnitt 4 gegenüber Abschnitt 5, so ändert sich der Arbeitspreis im gleichen Verhältnis. Der neue Arbeitspreis beträgt
>
> $$Pa = 1{,}60 \times \frac{P}{20 \text{ Euro / hl}} \quad \text{Cent kWh Hs}$$
>
> wobei für P der Preis für leichtes Heizöl gemäß Abschnitt 4 in Euro je hl einzusetzen ist. Der Arbeitspreis wird auf drei Dezimalstellen errechnet und auf zwei Dezimalen gerundet, wobei die 5 als dritte Dezimale eine Aufrundung bewirkt.
>
> 7. Eine Preisänderung wird jeweils am 1. Januar, 1. April, 1. Juli und 1. Oktober eines jeden Jahres wirksam. Für die Ermittlung des neuen Arbeitspreises wird für P der Durchschnittspreis des vorletzten Quartals eingesetzt.
>
> Der jeweils bis zum 31. Dezember, 31. März, 30. Juni und 30. September gültig gewesene Arbeitspreis gilt solange als vorläufiger Preis weiter, bis der neue Arbeitspreis gemäß vorstehender Regelung ermittelt ist und für die ab dem 1. des Folgemonats abgenommene Erdgasmenge berechnet wird."

30 Die höchstrichterliche Rechtsprechung hat die Klausel allein unter dem Gesichtspunkt der AGB-Kontrolle gewürdigt und gegenüber Verbrauchern als unangemessen (BGH 24. 3. 2010 – VIII ZR 178/08, BGHZ 185, 96 = NJW 2010, 2789 Rn 25, 32, 36 ff), gegenüber Unternehmern hingegen als angemessen iSd § 307 BGB (BGH 14. 5. 2014 – VIII ZR 114/13, BGHZ 201, 230 = NJW 2014, 2708 Rn 32 ff) eingeordnet. Aus der Perspektive des Wertsicherungsrechts lautet demgegenüber die entscheidende Fallfrage, ob Erdgas und leichtes Heizöl gleichartige oder zumindest vergleichbare Güter darstellen. Der Bundesgerichtshof (BGH 14. 5. 2014 – VIII ZR 114/13, BGHZ 201, 230 = NJW 2014, 2708 Rn 53) hat offengelassen, ob es sich um eine Spannungsklausel im technischen Sinne des § 1 Abs 2 Nr 2 PrKG handelt (lediglich AGB-rechtliche „untechnische" Bezeichnung als „Spannungsklausel" bei BGH 24. 3. 2010 – VIII ZR 178/08, BGHZ 185, 96 = NJW 2010, 2789 Rn 28 f; BGH 14. 5. 2014 – VIII ZR 114/13, BGHZ 201, 230 = NJW 2014, 2708 Rn 38).

Angewendet auf die Anbindung des Gaspreises für Endkunden an den Marktpreis **31** für leichtes Heizöl folgt aus dem Austauschbarkeitskriterium, dass es sich bei einer solchen Vereinbarung um eine **Spannungsklausel iSd § 1 Abs 2 Nr 2 PrKG** handelt. Der entsprechenden kartellrechtlichen Marktabgrenzung kann allenfalls eine Indizfunktion zuerkannt werden. Ob es kartellrechtlich einen einheitlichen Wärmemarkt aller konkurrierender Heizenergieträger wie Erdgas, Heizöl, Kohle, Fernwärme und Strom gibt (ablehnend BGH 9. 7. 2002 – KZR 30/00, BGHZ 151, 274, 282 = NJW 2002, 3779; BGH 13. 6. 2007 – VIII ZR 36/06, BGHZ 172, 315 = NJW 2007, 2540 Rn 34; BGH 19. 11. 2008 – VIII ZR 138/07, BGHZ 178, 362 = NJW 2009, 502 Rn 18; BGH 10. 12. 2008 – KVR 2/08 Rn 12, NJW 2009, 1212; bejahend OLG Düsseldorf 23. 2. 2005 – VI U (Kart) 19/04, NJOZ 2005, 2184, 2189; OLG München 19. 10. 2006 – U (K) 3090, OLGR 2007, 23, 24 f), determiniert damit nicht die preisrechtliche Prüfung der Vergleichbarkeit der Energieträger. Vorzunehmen ist eine **spezifisch preisrechtliche Marktabgrenzung** (s o Rn 28). Einzubeziehen ist dabei der Aspekt, dass die Anbieter der einzelnen Energieträger für Heizwärme durchaus einem **Substitutionswettbewerb** unterliegen (BGH 13. 6. 2007 – VIII ZR 36/06, BGHZ 172, 315 = NJW 2007, 2540 Rn 34). Dabei profitieren die Bestandskunden auch von einem Wettbewerb um die Neukunden, denen noch die freie Wahl zwischen den einzelnen Energieträgern offensteht. Maßgeblich ist vor allem aber die objektive Sicht eines normativierten Abnehmers (s o Rn 28). Für ihn spielt der Umstellungsaufwand für die Heizungstechnik keine Rolle, da **sowohl Erdgas als auch Heizöl** potenziell als **Energieträger für die Erzeugung von Heizwärme** in Betracht kommen. Im Ergebnis lässt sich somit eine Vergleichbarkeit von Erdgas und Heizöl iSd § 1 Abs 2 Nr 2 PrKG konstatieren.

c) Kostenelementeklauseln (Abs 2 Nr 3)
aa) Grundlagen

Vor allem, aber nicht nur bei Austauschverträgen mit langer Laufzeit trägt der Er- **32** bringer der vertragscharakteristischen Leistung (dh der Geldgläubiger) ein gegenüber auf einen einmaligen Tauschakt beschränkten Verträgen erhöhtes Kalkulationsrisiko. Ändern sich im Laufe der Zeit die Selbstkosten des Geldgläubigers, droht das vertraglich austarierte Äquivalenzverhältnis – die **subjektive Äquivalenz** – **gestört** zu werden. Die Parteien können auf ein solches Szenario insbesondere durch einen Rückgriff auf das Institut der Störung der Geschäftsgrundlage (§ 313 BGB) reagieren. Dabei riskieren sie, dass ein gerichtlicher Eingriff in das Vertragsgefüge erfolgt, der angesichts der Fülle von Einzelfallwertungen trotz jahrzehntelanger Konkretisierungen durch die Rechtsprechung zumindest nicht in allen Facetten vorhersehbar ist. Stattdessen vermögen die Parteien vorausschauend eine Vertragsgestaltung zu wählen, die abschließend über die Einflüsse von Änderungen der Selbstkosten des Geldgläubigers befindet.

33 Ordnet eine Vertragsklausel an, dass sich die Höhe einer Geldschuld **automatisch an den Selbstkosten des Geldgläubigers** für seine vertragliche Gegenleistung **ausrichtet**, kann eine solche Gestaltung an sich als **Gleitklausel** dem Verbotsgrundsatz aus § 1 Abs 1 PrKG unterfallen (**aA** jurisPK-BGB/Toussaint [9. Aufl 2020] § 1 PrKG Rn 43). Die Selbstkosten des Geldgläubigers setzen sich nicht notwendig ausschließlich aus den Kosten für gleichartige oder vergleichbare Güter und Leistungen zusammen. Dies ist lediglich bei Klauseln der Fall, die auf den Eigenwert des Guts bzw der Leistung abstellen. Hierzu zählen namentlich schlichte **Belieferungsverträge**. Richtet sich die Höhe der Geldforderung des Lieferanten von Flüssiggas nach seinen eigenen Erwerbskosten für das geschuldete Gut (vgl BGH 13. 12. 2006 – VIII ZR 25/06 Rn 5 und 20, NJW 2007, 1054), so fällt diese Wertsicherungsvereinbarung schon nach § 1 Abs 1 PrKG nicht in den Anwendungsbereich des Preisklauselgesetzes. In diesen Fällen verfügt § 1 Abs 2 Nr 3 PrKG lediglich über eine **deklaratorische** und erläuternde Bedeutung (s o Rn 11). Anders ist die Rechtslage, wenn der Geldgläubiger lediglich **Vorprodukte** bezieht und ein daraus erschaffenes Endprodukt schuldet. Vorprodukt und Endprodukt sind regelmäßig nicht gleichartig oder vergleichbar iSd § 1 Abs 1 PrKG. Koppelt der Anbieter von **Abonnementverträgen für Bezahlfernsehen** das Nutzungsentgelt an seine Kosten für die Bereitstellung des Programms (vgl BGH 15. 11. 2007 – III ZR 247/06 Rn 2 und 10, NJW 2008, 360, wobei die konkrete Klausel bereits keine automatische Anpassung vorsah und daher bereits nicht unter § 1 Abs 1 PrKG fiel), so liegen auf der Selbstkostenseite andere Güter und Leistungen iSd § 1 Abs 1 PrKG vor. Die einzelnen Kostenposten für Personal, Lizenzen, Büroräume etc sind mit der Komplettleistung „Bezahlfernsehen" nicht vergleichbar. Gleiches gilt für den Vergleich der Leistung „Miete einer Telefonanlage" mit den Personal- und Sachkosten des Vermieters (vgl OLG Frankfurt 26. 2. 2010 – 2 U 178/09, BKR 2011, 154 ff). In diesen Fällen erlangt § 1 Abs 2 Nr 3 PrKG eine **konstitutive** Wirkung als echte Rückausnahme zu § 1 Abs 1 PrKG.

34 Kostenelementeklauseln unterfielen bereits unter Geltung von § 3 S 2 WährG aF keiner Genehmigungspflicht (Fögen NJW 1953, 1321, 1323 ff; Berndt, Die Wertsicherung in der Unternehmung unter besonderer Berücksichtigung der Währungsgesetzgebung [1960] 54 ff; Ziehm, Die Wertsicherungsklausel im deutschen Recht [1966] 146 ff; Mittelbach, Wertsicherungsklauseln in Zivil- und Steuerrecht [4. Aufl 1980] 58 ff, jeweils mwNw). Diese einschränkende Auslegung von § 3 S 2 WährG aF hat in § 1 Abs 2 Nr 3 PrKG eine ausdrückliche Kodifizierung erfahren. Ihre Legitimation erlangen Kostenelementeklauseln zum einen aus einem **vertragsinternen Aspekt**, dh als „geeignetes und anerkanntes Instrument zur Bewahrung des Gleichgewichts von Preis und Leistung bei langfristigen Lieferverträgen" (BGH 29. 4. 2008 – KZR 2/07 Rn 14, BGHZ 176, 244; BGH 15. 11. 2007 – III ZR 247/06 Rn 10, NJW 2008, 360; BGH 21. 4. 2009 – XI ZR 78/08 Rn 23, BGHZ 180, 257). Zum anderen verhindern sie einen latenten Preisanstieg durch die Entbehrlichkeit pauschaler Risikozuschläge (Ziehm, Die Wertsicherungsklausel im deutschen Recht [1966] 151) und dienen damit dem **überindividuellen Stabilitätsziel des Preisklauselgesetzes**.

bb) Ausrichtung auf die Selbstkosten

35 Wertsicherungsklauseln gelangen nur dann in den Genuss einer Privilegierung nach § 1 Abs 2 Nr 3 PrKG, sofern sie eine Anpassung der Geldschuld ausschließlich an Änderungen der Selbstkosten des Geldgläubigers anbinden (vgl § 1 Abs 2 Nr 3 PrKG: „insoweit"). Mit diesem **quantitativen Tatbestandsmerkmal** wird der zulässige Umfang der Anpassung des Geldbetrags festgelegt. Hinzu tritt ein **qualitatives Erfordernis**. Zu den berücksichtigungsfähigen Selbstkosten des Geldgläubigers gehören nur solche, welche die Kosten seiner Gegenleistung unmittelbar beeinflussen. Zu den mittelbaren Selbstkosten zählen transaktionsunabhängige Vorhaltekosten (zB Büromiete, Vorhaltung eines Fuhrparks). Unmittelbare Selbstkosten fallen erst infolge der Erbringung der vertraglichen Leistung des Geldgläubigers an; letztere ist *conditio sine qua non* für die Entstehung der relevanten Selbstkosten. Mit anderen Worten dürfen nur die „effektiv entstehenden Kostenveränderungen" (BGH 8. 6. 2006 – VII ZR 13/05, BGHZ 168, 96 = NJW 2006, 2978 Rn 15; BGH 9. 12. 2010 – VII ZR 189/08 Rn 25, NJW-RR 2011, 309) einbezogen werden. Der enge Wortlaut des § 1 Abs 2 Nr 3 PrKG verbietet es, auch die **Gewinnspanne** des Geldgläubigers zu berücksichtigen. Insofern überlagert das überindividuelle Stabilitätsziel der Vorschrift ihre auf die Bewahrung des vertraglichen Äquivalenzverhältnisses ausgerichtete Zwecksetzung. Auch eine nur abgestufte Miterfassung der Gewinnspanne, die sich proportional nach dem Umfang der Erhöhung der Selbstkosten richtet, entzieht die Klausel dem Ausnahmetatbestand des § 1 Abs 2 Nr 3 PrKG.

cc) Einzelfälle
Verwendung finden Kostenelementeklauseln bevorzugt in langfristigen Liefer- und Versorgungsverträgen, Bau- und Projektverträgen sowie Miet- und Wartungsverträgen. In einen Werkvertrag zur Errichtung eines Kreuzungsbauwerks für eine Autobahn kann eine **Lohngleitklausel** einbezogen werden, wonach Mehr- oder Minderaufwendungen des Werkunternehmers für Löhne sich nach Maßgabe einer bestimmten Lohngruppe auf die Höhe des Werklohns auswirken (BGH 9. 12. 2010 – VII ZR 189/08 Rn 14 ff, NJW-RR 2011, 309). Ein **Liefervertrag über Flüssiggas** lässt sich mit der wertsichernden Vereinbarung versehen, dass sich der Abnahmepreis nach den Erwerbskosten des Geldgläubigers richtet (zur AGB-Kontrolle vgl BGH 21. 9. 2005 – VIII ZR 38/05, NJW-RR 2005, 1717 Rn 3 ff, 16 ff; BGH 13. 12. 2006 – VIII ZR 25/06 Rn 3, 5 und 18 ff, NJW 2007, 1054). Die Höhe der **Miete für eine Fernsprechnebenstellenanlage** kann an die Erhöhung der Selbstkosten des Vermieters angebunden werden (zur AGB-Kontrolle vgl OLG Celle 21. 7. 1999 – 2 U 216/98, MDR 2000, 19, 20). 36

d) Ermäßigungsklauseln (Abs 2 Nr 4)
Wertsicherungsvereinbarungen, die nicht zu einer Erhöhung der Geldschuld führen können, weisen **keine inflationsfördernde Wirkung** auf (BT-Drucks 16/4391, 27). Nach Sinn und Zweck unterfallen sie nicht dem Preisklauselgesetz. In der Folge nimmt § 1 Abs 2 Nr 4 PrKG reine Ermäßigungsklauseln explizit aus dem Anwendungsbereich des Preisklauselgesetzes aus. Gäbe es diesen Ausnahmetatbestand nicht, hätte § 1 Abs 1 PrKG entsprechend teleologisch reduziert werden müssen (Omlor, Geldprivatrecht [2014] 427). Von seinem insofern offenen Wortlaut wären Ermäßigungsklauseln ansonsten erfasst (jurisPK-BGB/Toussaint [9. Aufl 2020] § 1 PrKG Rn 45). Aus dem Blickwinkel der *ratio legis* des Preisklauselgesetzes kommt § 1 Abs 2 Nr 4 PrKG eine klarstellende Funktion zu; unter Berücksichtigung der weiten Wortlautfassung von § 1 Abs 1 PrKG muss der Sondervorschrift jedoch eine **konstitutive Wirkung** für die Nichterfassung von reinen Ermäßigungsklauseln zugesprochen werden. 37

Über seinen unmittelbaren Anwendungsbereich hinaus liegt die dogmatische Bedeutung von § 1 Abs 2 Nr 4 PrKG in einer **Verdeutlichung der Teleologie des gesamten Preisklauselgesetzes** (s o Rn 1). Zwar zielt es auch darauf ab, Individualinteressen wie der Sicherung des vertraglichen Äquivalenzverhältnisses zu dienen. Das vorrangige Ziel liegt jedoch in der Wahrung und Förderung von Preisstabilität. Durch eine reine 38

Ermäßigungsklausel kann nämlich durchaus die Äquivalenz von Leistung und Gegenleistung gefährdet werden, da sie einseitig den Geldschuldner bevorzugt. Diesen Aspekt blendet § 1 Abs 2 Nr 4 PrKG im Gegensatz zur Angemessenheitskontrolle nach §§ 307 ff BGB vollständig aus. Das fehlende Inflationsrisiko genügt, um eine preisrechtliche Bedenkenlosigkeit zu rechtfertigen.

e) Indexmiete (Abs 3 Alt 1)

39 Innerhalb seines Anwendungsbereichs fungiert **§ 557b BGB als** *lex specialis* gegenüber den Bestimmungen des Preisklauselgesetzes. Wertsicherungsvereinbarungen für Mietverhältnisse über Wohnraum (§ 549 Abs 1 BGB) mit Ausnahme der in § 549 Abs 2 und 3 BGB genannten Fälle richten sich ausschließlich nach § 557b BGB und nicht nach dem Preisklauselgesetz. Dem Preisklauselgesetz unterliegt hingegen die Wertsicherung in Mietverträgen über Grundstücke, nicht dem Wohnen dienende Räume (zB Geschäftsräume) und bewegliche Sachen (vgl dazu § 3 PrKG Rn 23). § 1 Abs 3 Alt 1 PrKG nimmt damit den Anwendungsbereich des Preisklauselgesetzes in Teilen zurück. Anders als bei den Ausnahmetatbeständen in § 1 Abs 2 Nr 1 und 2 PrKG verfügt § 1 Abs 3 Alt 1 PrKG über eine **konstitutive Wirkung**. Ohne diese Sondervorschrift bestünde eine Rechtsunsicherheit, in welchem Maße § 557b BGB eine preisrechtliche Prägung aufweist und damit als speziellere Vorschrift das Preisklauselgesetz verdrängen könnte. § 1 Abs 3 Alt 1 PrKG stellt insofern klar, dass es sich bei § 557b BGB im Kern um eine preis-, nicht um eine mietrechtliche Regelung handelt (iE ebenso GROTHE NZM 2002, 54, 56 f).

40 Die **Verdrängungswirkung des § 557b BGB** betrifft nicht nur den Verbotstatbestand von § 1 Abs 1 PrKG, sondern auch sämtliche – deklaratorische wie konstitutive – Ausnahmetatbestände aus § 1 Abs 2 und §§ 3 bis 7 PrKG. **Unzulässig** in Verträgen über Wohnraummietverhältnisse (§ 549 BGB) sind daher insbesondere **Leistungsvorbehalts-, Spannungs- und Kostenelementeklauseln** (STAUDINGER/J EMMERICH [2021] § 557b Rn 17 ff). Andererseits eröffnet § 557b BGB eine Indexierung auch unterhalb der zeitlichen Schwellen für langfristige Verträge aus § 3 Abs 1 PrKG. Insofern weicht § 557b BGB von der Vorgängerregelung in § 10a Abs 1 S 3 MHRG aF ab, die als Voraussetzung für eine Indexmiete alternativ einen einseitigen Verzicht des Vermieters auf das ordentliche Kündigungsrecht für mindestens zehn Jahre oder eine auf die Lebenszeit eines Vertragspartners ausgerichtete Vertragsdauer erforderte (vgl WEITEMEYER NZM 2001, 563, 567). Jedoch darf der Vermieter als Maßstab für die Anpassung der Miete nur den Lebenshaltungskostenindex des Statistischen Bundesamtes heranziehen, nicht jedoch Indizes, die eine sektorielle Preisentwicklung (zB Wohnungsmieten) abbilden. Verhindert werden soll damit eine sich selbst verstärkende Dynamisierung der Wohnungsmieten. *De lege ferenda* bestehen Bedenken gegen die namentlich im Vergleich zu § 3 Abs 1 PrKG erhebliche Begünstigung von Indexmieten (OMLOR, Geldprivatrecht [2014] 428; **aA** WEITEMEYER NZM 2001, 563, 567).

f) Wärmelieferungsverträge über Fernwärme (Abs 3 Alt 2)

41 Das Preisklauselgesetz gilt nicht im Anwendungsbereich der Verordnung über Allgemeine Bedingungen für die Versorgung mit Fernwärme vom 20. 6. 1980 (**AVBFernwärmeV** [BGBl I 742]). Die AVBFernwärmeV enthält ein **Sonderrecht für Formularverträge über die Endkundenversorgung mit Fernwärme**. Andere Energieträger (zB Erdgas, Kohle, Strom) sind hingegen nicht erfasst, sodass entsprechende Versorgungsverträge mit ihren Wertsicherungsvereinbarungen an den Bestimmungen des

Preisklauselgesetzes zu messen sind. Anders als das Preisklauselgesetz verdrängt die AVBFernwärmeV die allgemeine AGB-Kontrolle nach §§ 305 ff BGB (BGH 6. 4. 2011 – VIII ZR 273/09 Rn 24, BGHZ 189, 131; BGH 6. 7. 2011 – VIII ZR 37/10 Rn 28, NJW 2011, 3219; BGH 13. 7. 2011 – VIII ZR 339/10 Rn 19, NJW 2011, 3222; WOLLSCHLÄGER/BEERMANN CuR 2010, 62, 66; BÜDENBENDER/GROMM BB 2011, 2883 f, jeweils mwNw; vgl zu den Ausnahmen § 1 Abs 2 und 3 AVBFernwärmeV). Daher erschien dem Gesetzgeber eine systematische Verortung außerhalb des Preisklauselgesetzes geboten (BT-Drucks 16/4391, 27). Wertsicherungsklauseln in Versorgungsverträgen, die der AVBFernwärmeV unterfallen, sind ausschließlich anhand von § 24 Abs 4 AVBFernwärmeV zu überprüfen. Dort heißt es im Einzelnen:

> „Preisänderungsklauseln dürfen nur so ausgestaltet sein, daß sie sowohl die Kostenentwicklung bei Erzeugung und Bereitstellung der Fernwärme durch das Unternehmen als auch die jeweiligen Verhältnisse auf dem Wärmemarkt angemessen berücksichtigen. Sie müssen die maßgeblichen Berechnungsfaktoren vollständig und in allgemein verständlicher Form ausweisen. Bei Anwendung der Preisänderungsklauseln ist der prozentuale Anteil des die Brennstoffkosten abdeckenden Preisfaktors an der jeweiligen Preisänderung gesondert auszuweisen."

42 § 24 Abs 4 AVBFernwärmeV legt den Lieferanten nicht auf einen bestimmten Typus von Wertsicherungsklauseln fest. Preisänderungsklauseln im normspezifischen Sinne können automatisch wirkende **Gleitklauseln** (BGH 25. 6. 2014 – VIII ZR 344/13 Rn 1, 18, BGHZ 201, 363) oder ein Ermessen enthaltende **Leistungsvorbehaltsklauseln** (BGH 11. 10. 2006 – VIII ZR 270/05, NJW 2007, 210 Rn 19) sein. Wegen der vorgeschriebenen Orientierung an den tatsächlichen Kosten des Versorgers (BGH 6. 4. 2011 – VIII ZR 273/09 Rn 33, BGHZ 189, 131; BÜDENBENDER/GROMM BB 2011, 2883, 2885) handelt es sich jedoch in allen Fällen um erweiterte Kostenelementeklauseln (OMLOR, Geldprivatrecht [2014] 429 f). Das erste Element der formularvertraglichen Preisänderung besteht daher in der Einbeziehung der Kosten des Unternehmens für die Erzeugung und Bereitstellung der Fernwärme. **Kostenorientierung** bedeutet dabei nicht Kostenechtheit (BGH 25. 6. 2014 – VIII ZR 344/13 Rn 24, BGHZ 201, 363). Jedoch muss der eingesetzte Indikator sich innerhalb einer gewissen Bandbreite in der gleichen Weise entwickeln wie die tatsächlichen Erzeugungskosten des Versorgers. Das Kostenelement wird um ein zweites Element der Preisberechnung erweitert: die **Verhältnisse auf dem Wärmemarkt**. Mit diesem Kriterium soll den wirtschaftlichen Bedürfnissen des Versorgers Rechnung getragen werden (BGH 13. 7. 2011 – VIII ZR 339/10 Rn 20, NJW 2011, 3222; BGH 25. 6. 2014 – VIII ZR 344/13 Rn 21, BGHZ 201, 363). Der relevante Wärmemarkt beschränkt sich dabei nicht auf den Energieträger Fernwärme und auch nicht notwendig auf die durch das betroffene Unternehmen versorgte Gebiet (BGH 13. 7. 2011 – VIII ZR 339/10 Rn 21, NJW 2011, 3222).

43 Für die **Auslegung** von Preisänderungsklauseln im Anwendungsbereich der AVBFernwärmeV gelten die gleichen Grundsätze wie für Allgemeine Geschäftsbedingungen nach §§ 305 ff BGB, auch wenn die Vorschriften unmittelbar nicht anwendbar sind (BGH 6. 7. 2011 – VIII ZR 37/10 Rn 29, NJW 2011, 3219 mwNw). Verstöße gegen die Vorgaben aus § 24 Abs 4 AVBFernwärmeV führen zu einer **Nichtigkeit** der Wertsicherungsklausel **nach § 134 BGB** (BGH 6. 4. 2011 – VIII ZR 273/09 Rn 48, BGHZ 189, 131; BGH 6. 7. 2011 – VIII ZR 37/10 Rn 39, NJW 2011, 3219 zur Vorgängerregelung; OLG Düsseldorf 6. 11. 2013 – I-3 U 51/12, CuR 2013, 168, 170). Für die Beurteilung, ob ein Verstoß gegen § 24 Abs 4 AVBFernwärmeV vorliegt, ist grundsätzlich der **Zeitpunkt des Vertragsschlusses** maßgeblich (BGH 25. 6. 2014 – VIII ZR 344/13 Rn 32 ff, BGHZ 201, 363).

IV. Internationales Preisklauselrecht

44 Weder das Preisklauselgesetz noch die Rom I–VO äußern sich explizit zum internationalen Anwendungsbereich des deutschen Wertsicherungsrechts. Als unstreitig kann lediglich festgestellt werden, dass sich die **Auslegung von Preisklauseln** (vgl Art 12 Abs 1 lit a Rom I–VO) ebenso wie die Frage ihrer **Wirksamkeit** nach dem **Schuldstatut** richten (MünchKomm/MARTINY[8] Art 9 Rom I–VO Anh I Rn 41 mwNw; ebenso noch zum EGBGB vWESTPHALEN, Rechtsprobleme der Exportfinanzierung [3. Aufl 1987] 134). Die Bestimmungen des Preisklauselgesetzes sind zudem als **Eingriffsnormen** iSd Art 9 Rom I–VO einzuordnen (STAUDINGER/MAGNUS [2016] Art 12 Rom I–VO Rn 112 mwNw). Die vorwiegend währungsrechtlichen Zielsetzungen des Preisklauselgesetzes haben teilweise zu der Annahme geführt, diesbezüglich sei an das Währungsstatut (FÖGEN, Geld- und Währungsrecht [1969] 150 Fn 238; vWESTPHALEN, Rechtsprobleme der Exportfinanzierung [3. Aufl 1987] 133) oder an ein besonderes „Wirtschaftskollisionsrecht" (HORN, Das Recht der internationalen Anleihen [1972] 269 ff; ders, in: ders [Hrsg], Monetäre Probleme im internationalen Handel und Kapitalverkehr [1976] 13, 30) anzuknüpfen. Andernorts wird gefordert, auch insofern das Schuldstatut zur Geltung zu bringen (MANN, Das Recht des Geldes [1960] 251). **Vorzugswürdig** erscheint es, nach dem **Auswirkungsprinzip** auf das Preisklauselrecht des Staates abzustellen, dessen Hoheitsgebiet von möglichen inflationsfördernden Wirkungen betroffen wäre (BRAUN, Vertragliche Geldwertsicherung im grenzüberschreitenden Wirtschaftsverkehr [1982] 154 ff; MünchKomm/MARTINY[8] Art 9 Rom I–VO Anh I Rn 42). Damit wird der Zielsetzung des deutschen Preisklauselgesetzes und vergleichbarer nationalstaatlicher Regelungen in anderen Staaten Rechnung getragen, den Geldwert innerhalb des jeweiligen Hoheitsgebiets zu sichern. Auch die Preisindizes zur Bemessung von Geldwertänderungen (vgl Vorbem C11 f zu §§ 244–248) beziehen ihre Berechnungsgrundlage nicht aus einer Betrachtung sämtlicher Preise in einer bestimmten Währung, sondern beschränken sich auf ein festgelegtes Territorium. Inflation als Verlust des Binnenwerts des Geldes findet stets in den (auch) geographischen Grenzen eines Währungsraums statt. Zugleich trägt das Auswirkungsprinzip der völkerrechtlichen Souveränität der Staaten Rechnung, die grundsätzlich einem legislativen Übergriff in das Hoheitsgebiet eines anderen Staates entgegensteht. Welchen Staat diese Auswirkungen einer Wertsicherungsklausel treffen, bestimmt sich nach einer **wertenden Gesamtschau**. Einzubeziehen ist neben der **Schuldwährung** auch der **Ort der Erbringung der vertragscharakteristischen Leistung**, lediglich nachrangig kann es auf den (Wohn-)Sitz der Parteien ankommen.

V. Verhältnis zur allgemeinen Klauselkontrolle

1. Grundlagen

45 Die Bestimmungen des Preisklauselgesetzes und der AGB-Kontrolle nach §§ 305 ff BGB stehen **eigenständig nebeneinander**, ohne dass ein Vor- oder Nachrangverhältnis bestünde. Ein Verstoß gegen das Preisklauselgesetz indiziert daher nicht eine Unwirksamkeit nach §§ 305 ff BGB (BGH 14. 5. 2014 – VIII ZR 114/13, BGHZ 201, 230 = NJW 2014, 2708 Rn 55 ff) und umgekehrt lassen sich aus einer AGB-rechtlichen Unbedenklichkeit keine preisrechtlichen Schlüsse ziehen (BGH 24. 3. 2010 – VIII ZR 178/08 Rn 24,

BGHZ 185, 96 mwNw). Der Grund hierfür liegt in der **unterschiedlichen Teleologie beider Regelungsgebiete**. Während das Preisklauselgesetz sich primär dem überindividuellen Ziel stabiler Preise verschrieben hat (vgl Einl 19 zum PrKG), dient das AGB-Recht dem Schutz des Vertragspartners und der auf einer effektiven Privatautonomie beruhenden freiheitlichen Marktregulierung (STAUDINGER/WENDLAND [2019] § 307 Rn 2a mwNw). Dieser Grundsatz hat durch § 2 Abs 1 PrKV aF und nunmehr § 2 PrKG eine **teilweise Durchbrechung** erfahren. Deutlichstes Zeichen ist die Angemessenheitskontrolle aus § 2 Abs 1 S 2, Abs 3 PrKG, deren Hauptzweck im Schutz des Geldschuldners und nicht des Geldwerts liegt (OMLOR, Geldprivatrecht [2014] 430). In der Folge kann das Merkmal der unangemessenen Benachteiligung aus § 2 Abs 1 S 2, Abs 3 PrKG in vorsichtiger Anlehnung an § 307 Abs 1 S 1 BGB ausgelegt werden (OMLOR, Geldprivatrecht [2014] 433). Diese partielle Annäherung der Prüfungsmaßstäbe ändert strukturell nichts daran, dass die Wirksamkeit einer Wertsicherungsvereinbarung jeweils getrennt nach dem Preisklauselgesetz und den §§ 305 ff BGB zu untersuchen ist. Zu deutlich bleiben die Unterschiede in Bezug auf **Anwendungsbereich, Prüfungsdichte und Rechtsfolgen** zwischen dem Preisklauselgesetz und den §§ 305 ff BGB bestehen. Erstens sind die sachlichen Anwendungsbereiche des Preisklauselgesetzes und der §§ 305 ff BGB nicht deckungsgleich. Preisklauseln dürften zwar in der Praxis regelmäßig auch Allgemeine Geschäftsbedingungen iSd § 305 Abs 1 BGB darstellen; jedoch können sie dogmatisch unproblematisch auch Gegenstand von Individualvereinbarungen sein. Umgekehrt erfüllt nicht jede formularvertragliche Preisklausel die Anforderungen aus § 1 PrKG an eine währungsrechtlich bedeutsame Gleitklausel. In Bezug auf die Prüfungsdichte differenziert § 2 Abs 1 S 2 Nr 1 PrKG zweitens nicht zwischen Geldschuldnern mit Verbraucher- oder Unternehmereigenschaft. Besonderheiten im unternehmerischen Rechtsverkehr (vgl § 310 Abs 1 S 2 HS 2 BGB) finden demnach keine Berücksichtigung. Drittens tritt die Rechtsfolge der Unwirksamkeit nach §§ 306 Abs 1, 307 ff BGB automatisch und von Anfang an ein, ohne dass es einer gerichtlichen Geltendmachung bedürfte. Ein Verstoß gegen § 2 Abs 1 S 2 PrKG nimmt der betroffenen Preisklausel die Wirksamkeit grundsätzlich erst ab dem Zeitpunkt einer entsprechenden gerichtlichen Feststellung (§ 8 PrKG).

2. Prüfungsmaßstab im AGB-Recht

a) Kontrolle von Preisnebenabreden

Als **Preisnebenabreden** unterliegen Wertsicherungsvereinbarungen einer Klauselkontrolle (BGH 17. 12. 2008 – VIII ZR 274/06 Rn 13, BGHZ 179, 186 mwNw). Wertsicherungsklauseln wohnt als solchen wegen ihrer Funktion zur **Sicherung der Vertragskontinuität und des subjektiven Äquivalenzverhältnisses** keine naturgemäße Tendenz zur unangemessenen Benachteiligung einer Partei inne. Die höchstrichterliche Rechtsprechung sieht in ihnen vielmehr zu Recht ein „anerkanntes Instrument" (BGH 29. 4. 2008 – KZR 2/07 Rn 14, BGHZ 176, 244; BGH 15. 11. 2007 – III ZR 247/06 Rn 10, NJW 2008, 360; BGH 21. 4. 2009 – XI ZR 78/08 Rn 23, BGHZ 180, 257) zur Gestaltung langfristiger Vertragsbeziehungen. Der Geldschuldner wird davor geschützt, bereits bei Vertragsschluss mit einem pauschalen Zuschlag zu seinen Verpflichtungen überzogen zu werden. Auch besteht im Massengeschäft (zB bei der Energieversorgung oder bei Bankdienstleistungen) ein legitimes **Rationalisierungsinteresse** des Verwenders, nicht mit allen Kunden einzeln in Vertragsverhandlungen einsteigen zu müssen (vgl allgemein STAUDINGER/WENDLAND [2019] § 307 Rn 156 ff mwNw). Anderseits bildet das vertraglich festgelegte Äquivalenzverhältnis nicht nur Grund, sondern auch Grenze eines an-

46

gemessenen Preisanpassungsrechts. Bei der Einzelkontrolle von Preisanpassungsklauseln sind die Art des betroffenen Vertrags, die typischen Interessen der Parteien und die begleitenden Regelungen zu berücksichtigen (BGH 14. 5. 2014 – VIII ZR 114/13 Rn 33, BGHZ 201, 230).

47 Die Unangemessenheit iSd § 307 Abs 1 S 1 BGB kann sich danach bei Wertsicherungsvereinbarungen insbesondere aus zwei alternativen Merkmalen ergeben. Erstens ist regelmäßig von einer unangemessenen Benachteiligung des Geldschuldners auszugehen, wenn die Klausel dem Geldgläubiger nicht nur ermöglicht, eine Gewinnschmälerung zu verhindern, sondern seine **Gewinnspanne zu erweitern** (BGH 29. 4. 2008 – KZR 2/07 Rn 18, BGHZ 176, 244; BGH 19. 11. 2008 – VIII ZR 138/07 Rn 25, BGHZ 178, 362 [zur Ermessensausübung nach § 315]; BGH 21. 4. 2009 – XI ZR 78/08 Rn 25, BGHZ 180, 257). Damit sprengte der Verwender die vertragliche Äquivalenz von Leistung und Gegenleistung. Ein Ausgleich durch ein Recht des Geldschuldners zur Kündigung ist grundsätzlich ausgeschlossen (BGH 28. 10. 2009 – VIII ZR 320/07 Rn 33, NJW 2010, 993 mwNw). Im Gegensatz zur Kostenelementeklausel iSd § 1 Abs 2 Nr 3 PrKG (so Rn 32 f) hindert eine Miterfassung der Gewinnspanne damit die AGB-rechtliche Wirksamkeit grundsätzlich nicht. Zweitens resultiert in der Regel aus einer Vereinbarung, die eine **Preisanpassung ausschließlich zu Lasten des Geldschuldners** eröffnet, eine Benachteiligung entgegen Treu und Glauben (BGH 29. 4. 2008 – KZR 2/07 Rn 17, BGHZ 176, 244; BGH 21. 4. 2009 – XI ZR 78/08 Rn 25, BGHZ 180, 257 mwNw).

48 Eine unangemessene Benachteiligung des Geldschuldners folgt auch aus einem Verstoß gegen das **Transparenzgebot** aus § 307 Abs 1 S 2 BGB. Bei Kostenelementeklauseln (im weiteren klauselrechtlichen, nicht notwendig im technischen Sinn des § 1 Abs 2 Nr 3 PrKG) verlangt das Transparenzgebot, dass der Geldschuldner das **Erhöhungsverlangen im Einzelnen nachprüfen** kann und hierzu auch die Gewichtung der einzelnen Kostenelemente offengelegt wird (BGH 13. 12. 2006 – VIII ZR 25/06 Rn 23, NJW 2007, 1054). Der Verwender hat seine **Kostenstruktur** insoweit vollständig in der Klausel darzulegen, als sie für die Berechnung der Geldschuldhöhe benötigt wird (ähnlich jurisPK-BGB/Toussaint [9. Aufl 2020] § 1 PrKG Rn 56).

b) Versorgungsverträge

49 **Spannungsklauseln** iwS, die in **Energieversorgungsverträgen** enthalten sind, unterwirft die höchstrichterliche Rechtsprechung einer nach der Schutzbedürftigkeit des Geldschuldners differenzierenden Wirksamkeitsprüfung. Während eine **Anbindung des Gas- an den Heizölpreis** gegenüber Verbrauchern als Verstoß gegen § 307 Abs 1 S 1 BGB angesehen wurde (BGH 24. 3. 2010 – VIII ZR 178/08 Rn 25 ff, BGHZ 185, 96), bejahte der Bundesgerichtshof hingegen gegenüber Unternehmern die Wirksamkeit einer solchen Klausel (BGH 14. 5. 2014 – VIII ZR 114/13 Rn 32 ff, BGHZ 201, 230). Im Verhältnis **Energieversorger-Verbraucher** argumentiert der Bundesgerichtshof, ein legitimes Ziel von Spannungsklauseln – die Entbehrlichkeit von Neuverhandlungen zur Anpassung an Änderungen des Marktpreises – könne bei der Lieferung von leitungsgebundenem Gas *a priori* nicht erreicht werden. Für die Belieferung von Endkunden existiere in Deutschland kein wettbewerbliches Marktgeschehen und damit kein Marktpreis, den es abzubilden gälte (BGH 24. 3. 2010 – VIII ZR 178/08 Rn 30 f, BGHZ 185, 96). Damit lasse sich die Klausel nur rechtfertigen, sofern sie ausschließlich der Weitergabe von Selbstkosten diene (BGH 24. 3. 2010 – VIII ZR 178/08 Rn 34 ff, BGHZ 185, 96; vgl auch BGH 15. 7. 2009 – VIII ZR 56/08, BGHZ 182, 41 = NJW 2009, 2667 Rn 24; BGH 15. 7. 2009 – VIII

ZR 225/07, BGHZ 182, 59 = NJW 2009, 2662 Rn 22 f mwNw). Dieses Kriterium wird bereits dann nicht als erfüllt angesehen, wenn eine Preiserhöhung bei einem Anstieg von einzelnen Kostenvariablen zugelassen wird, ohne dass es – zB wegen fallender Kosten in anderen Bereichen – insgesamt zu einer Kostensteigerung für den Energieversorger gekommen wäre. Damit kommt es auf die genaue Ausgestaltung einer solchen Klausel im Einzelfall an. Das subjektive Äquivalenzverhältnis darf nicht durch die Eröffnung von versteckten Gewinnsteigerungen verschoben werden.

Eine geringere Prüfungsintensität postuliert der Bundesgerichtshof demgegenüber 50 für das Vertragsverhältnis **Energieversorger-Unternehmer**. Als normativer Ausgangspunkt dient die Vorschrift des § 310 Abs 1 S 2 HS 2 BGB. Zu den dort genannten Gewohnheiten und Gebräuchen im Handelsverkehr zählt der Bundesgerichtshof auch die gängige Praxis, den Arbeitspreis für Erdgas über eine ölpreisindexierte Preisgleitklausel zu bestimmen. Positivrechtlich untermauern lässt sich diese These für Versorgungsverträge in der Tat durch die Ausnahmetatbestände in § 1 Abs 2 AVBFernwärmeV, § 1 Abs 2 GasGVV, § 1 Abs 2 StromGVV und § 1 Abs 2 AVBWasserV. Zwar scheitere auch im unternehmerischen Verkehr eine Klauselgestaltung an § 307 Abs 1 S 1 BGB, welche eine Gewinnsteigerung „durch die Hintertür" zuließe (BGH 14. 5. 2014 – VIII ZR 114/13, BGHZ 201, 230 = NJW 2014, 2708 Rn 49 mwNw). Anders als bei Verbraucherverträgen akzeptiert die höchstrichterliche Rechtsprechung jedoch die vollständige Loslösung der Preisanpassung von der tatsächlichen Kostenentwicklung auf Versorgerseite.

§ 2 PrKG
Ausnahmen vom Verbot

(1) Von dem Verbot nach § 1 Abs. 1 ausgenommen sind die in den §§ 3 bis 7 genannten zulässigen Preisklauseln. Satz 1 gilt im Fall

1. **der in § 3 genannten Preisklauseln,**

2. **von in Verbraucherkreditverträgen im Sinne der §§ 491 und 506 des Bürgerlichen Gesetzbuches verwendeten Preisklauseln (§ 5) nur, wenn die Preisklausel im Einzelfall hinreichend bestimmt ist und keine Vertragspartei unangemessen benachteiligt.**

(2) Eine Preisklausel ist nicht hinreichend bestimmt, wenn ein geschuldeter Betrag allgemein von der künftigen Preisentwicklung oder von einem anderen Maßstab abhängen soll, der nicht erkennen lässt, welche Preise oder Werte bestimmend sein sollen.

(3) Eine unangemessene Benachteiligung liegt insbesondere vor, wenn

1. **einseitig ein Preis- oder Wertanstieg eine Erhöhung, nicht aber umgekehrt ein Preis- oder Wertrückgang eine entsprechende Ermäßigung des Zahlungsanspruchs bewirkt,**

2. **nur eine Vertragspartei das Recht hat, eine Anpassung zu verlangen, oder**

3. der geschuldete Betrag sich gegenüber der Entwicklung der Bezugsgröße unverhältnismäßig ändern kann.

Materialien: BGBl I 2007, 2246, 2247; BT-Drucks 16/4391, 5; BT-Drucks 16/5522, 7; BT-Drucks 16/8305, 13.

Schrifttum

Dürkes, Wertsicherungsklauseln (10. Aufl 1992)
Hellner/Rousseau, Preisklauseln in der Legal Due Diligence, NZM 2009, 301
Mittelbach, Wertsicherungsklauseln in Zivil- und Steuerrecht (4. Aufl 1980)
Omlor, Geldprivatrecht. Entmaterialisierung, Europäisierung, Entwertung (2014).

Systematische Übersicht

I.	Teleologische und systematische Verortung	1
II.	Verhältnis zur allgemeinen AGB-Kontrolle	3
III.	Bestimmtheit	
1.	Einzelfallbezug	4
2.	Inhaltliche Anforderungen	5
IV.	Verbot einer unangemessenen Benachteiligung	7

Alphabetische Übersicht

AGB-Kontrolle	3
Auslegung	4
Berechnung	5
Bestimmtheit	4 ff
Einseitigkeitsklausel	8
Inhaltliche Anforderungen	5 f
Mindestklausel	8
Transparenzgebot	6
Unangemessene Benachteiligung	7 f

I. Teleologische und systematische Verortung

1 § 2 PrKG enthält einen knappen „**Allgemeinen Teil**" für die einzelnen Klauseltypen nach § 3 PrKG und § 5 PrKG, sofern letztere in Verbraucherkreditverträgen (§§ 491, 506 BGB) enthalten sind (Omlor, Geldprivatrecht [2014] 430). Prüfungstechnisch schließt sich § 2 PrKG seiner systematischen Stellung entsprechend an die Eingangsvorschrift des § 1 PrKG an. Nur Preisklauseln, die als Gleitklauseln iSd § 1 Abs 1 PrKG ausgestaltet und nicht bereits nach § 1 Abs 2 und 3 PrKG aus dem Anwendungsbereich ausgenommen sind, können einer Kontrolle nach § 2 PrKG unterzogen werden. Die Anordnung aus § 2 Abs 1 S 1 PrKG, wonach Gleitklauseln, welche die Anforderungen aus §§ 3 bis 7 PrKG erfüllen, vom grundsätzlichen Verbot des § 1 Abs 1 PrKG ausgenommen sind, verfügt dabei lediglich über eine **klarstellende Bedeutung**. Ihre Zulässigkeit ergibt sich bereits aus dem eindeutigen Wortlaut der Einzelvorschriften. Der eigentliche **Regelungskern** ist **in § 2 Abs 1 S 2 PrKG** zu verorten, welcher inhaltlich durch die beiden Folgeabsätze ausgestaltet wird. An die Preisklauseln aus §§ 3 und 5 PrKG werden die beiden zusätzliche Wirksamkeitskriterien der Bestimmtheit (§ 2 Abs 2 PrKG) und inhaltlichen Angemessenheit (§ 2 Abs 3 PrKG) angelegt.

Teleologisch bildet § 2 Abs 1 S 2 PrKG in Teilen einen **Fremdkörper im Preisklauselgesetz**. Seine währungsrechtlichen und stabilitätsfördernden Ziele werden durch das Bestimmtheits- und Angemessenheitserfordernis nur mittelbar verfolgt. Ihr **Hauptzweck** liegt in einem **Schutz des Geldschuldners, nicht des Geldwerts** (Omlor, Geldprivatrecht [2014] 430). Den Gesetzesverfassern war diese Erweiterung der Teleologie bewusst, findet sich in den Materialien doch der Verweis auf den Schutz des Verbrauchers als typisiert schwächerer Vertragspartei (BT-Drucks 16/4391, 27). Ihren Niederschlag haben diese Erwägungen in § 2 Abs 1 S 2 Nr 2 PrKG gefunden, der lediglich Geldschuldner mit Verbrauchereigenschaft erfasst. Trotz dieser modernistischen Rhetorik stellt § 2 Abs 1 S 2 PrKG keine grundlegende Neuausrichtung des Preisklauselrechts im Vergleich zur Rechtslage unter Geltung von § 3 S 2 WährG aF dar. Sowohl das Bestimmtheits- als auch das Angemessenheitserfordernis lassen sich dem Grunde nach auf die frühere Genehmigungspraxis der Deutschen Bundesbank zurückführen (s u Rn 7). 2

II. Verhältnis zur allgemeinen AGB-Kontrolle

Das Verhältnis von § 2 Abs 1 S 2 PrKG zur allgemeinen AGB-Kontrolle ist durch eine **Eigenständigkeit im Grundsatz** geprägt, die jedoch einer wechselseitigen inhaltlichen Beeinflussung nicht konzeptionell entgegensteht. Preisklauselgesetz und AGB-Recht grenzen sich namentlich in Bezug auf ihren Anwendungsbereich, ihre Zielsetzungen, die jeweilige Prüfungsdichte und die Rechtsfolgen von Verstößen voneinander ab (vgl § 1 PrKG Rn 45). Aus dieser Abgrenzung folgt jedoch nicht, dass bei der Auslegung von § 2 Abs 1 S 2, Abs 2 und 3 PrKG keine Anleihen bei § 307 Abs 1 BGB genommen werden dürften. Dabei sind zwar die spezifischen Zielsetzungen und Definitionen des Preisklauselgesetzes einzubeziehen. Aber die gesetzgeberische Anknüpfung an den **Gedanken des Verbraucherschutzes** (BT-Drucks 16/4391, 27) bildet die **methodische Brücke zum allgemeinen AGB-Recht**. Diese Brücke lässt sich jedoch in beide Richtungen beschreiten. Auch die Anwendung von § 307 Abs 1 BGB auf dem Preisklauselgesetz unterfallenden Klauseln ist offen für die Einbeziehung von dessen Wertungen aus § 2 Abs 1 S 2, Abs 2 und 3 PrKG, soweit sie nicht ausschließlich währungsrechtlichen Ursprungs sind. 3

III. Bestimmtheit

1. Einzelfallbezug

Preisklauseln in langfristigen Verträgen iSv § 3 PrKG, in Verbraucherkreditverträgen iSv §§ 491, 506 Abs 1 BGB und bei entgeltlichen Finanzierungshilfen iSv § 506 Abs 2 BGB müssen „im Einzelfall hinreichend bestimmt" (§ 2 Abs 1 S 2 PrKG) sein. Inwiefern es sich bei § 2 Abs 1 S 2 PrKG um einzelfallbezogene und in Abgrenzung dazu bei §§ 3, 5 PrKG um Wirksamkeitsvoraussetzungen „allgemeiner Natur" handeln soll (jurisPK-BGB/Toussaint [9. Aufl 2020] § 2 PrKG Rn 1), erschließt sich nicht. Auch § 2 Abs 1 S 2 PrKG ist insofern einzelfallblind, als die konkrete Schutzbedürftigkeit eines bestimmten Geldschuldners unerheblich ist. In beiden Fällen handelt es sich um subsumtionsbedürftige abstrakt-generelle Vorgaben. Der auf den Einzelfall hin- 4 weisende Wortlaut bedarf einer **restriktiven Auslegung**. Hierfür spricht bereits der Wille des historischen Gesetzgebers. § 2 PrKG wird als inhaltsgleiche Fortführung von § 2 PrKV aF eingeordnet (BT-Drucks 16/4391, 27), der ohne eine Bezugnahme auf den „Einzelfall" auskam. Da es in den Materialien zudem an jeglichen Hinweisen auf eine materielle Bedeutung der textlichen Ergänzung fehlt, liegt es nahe, darin lediglich eine **ausschmückende Formulierung** zu erblicken. Klargestellt werden soll lediglich, dass jede betroffene Klausel für sich genommen und aus sich heraus eine eindeutige Berechnung der jeweiligen Höhe der Geldschuld zulassen soll. Schließlich ist nach der Satzkonstruktion zumindest unklar, ob sich der Zusatz ausschließlich auf das Bestimmtheitserfordernis oder auch auf die Angemessenheitskontrolle bezieht (**aA** wohl jurisPK-BGB/TOUSSAINT [9. Aufl 2020] § 2 PrKG Rn 1).

2. Inhaltliche Anforderungen

5 Eine Preisklausel ist hinreichend bestimmt iSd § 2 Abs 1 S 2 Alt 1 PrKG, sofern sie **keine unangemessenen Beurteilungsspielräume** eröffnet und es dem Geldschuldner erlaubt, den Umfang seiner Geldzahlungsverpflichtung **eindeutig berechnen** zu können (OMLOR, Geldprivatrecht [2014] 432). Dem steht nicht entgegen, wenn der Geldschuldner Informationen aus allgemein zugänglichen Quellen einbeziehen muss, wie es beispielsweise bei amtlichen Preisindizes der Fall ist. Insofern können sachnotwendig nicht alle für die Rechenoperation im Einzelfall notwendigen Daten bereits in der Klausel konkret enthalten sein. Lediglich die für die Rechenschritte benötigten Variablen sind in ihrem Verhältnis zueinander anzugeben. Schon aus dem systematischen Zusammenhang mit § 3 PrKG ergibt sich, dass der Verweis auf die dort angegebenen Bezugsgrößen als solcher nicht zu einer Unbestimmtheit führen kann. Herangezogen werden können daher **insbesondere Preisindizes** des Statistischen Amts der Europäischen Union, des Statistischen Bundesamts oder eines Statistischen Landesamts. Aus Sicht des preisrechtlichen Bestimmtheitsgrundsatzes bestehen zudem keine Bedenken gegen die Verwendung von Preisindizes **ausländischer Statistikbehörden**, sofern ihr Berechnungsmodus und ihre Veränderungen allgemein zugänglich veröffentlicht werden.

6 Den systematischen Ausgangspunkt für die Interpretation des Bestimmtheitskriteriums bildet § 2 Abs 1 S 2 Alt 1 PrKG. Die positive Formulierung in § 2 Abs 1 S 2 Alt 2 PrKG geht auf die Vorgängerregelung aus § 2 Abs 1 S 1 PrKV aF zurück, verfügt aber über keine Entsprechung in den früheren Genehmigungsleitlinien der Deutschen Bundesbank zu § 3 S 2 WährG aF (vgl Mitteilung Nr 1015/78 der Deutschen Bundesbank v 9. 6. 1978, BAnz Nr 109, kommentiert bei DÜRKES, Wertsicherungsklauseln [10. Aufl 1992] 81 ff). Lediglich § 2 Abs 2 PrKG und § 2 Abs 1 S 2 PrKV aF lassen sich auf Nr 2 lit c der Genehmigungsleitlinien zurückführen (vgl dazu MITTELBACH, Wertsicherungsklauseln in Zivil- und Steuerrecht [4. Aufl 1980] 92). Im Verhältnis zu § 2 Abs 1 S 2 PrKG fällt Abs 2 lediglich eine konkretisierende Aufgabe zu. Mit anderen Worten legt **§ 2 Abs 2 PrKG nicht abschließend** fest, in welchen Fällen die Unbestimmtheit einer Preisklausel anzunehmen ist. Vielmehr enthält die Vorschrift den Mindestanwendungsbereich des Bestimmtheitserfordernisses mit zwei Kernkriterien, die den praktischen Hauptanwendungsbereich weitgehend abdecken. Eine Anbindung an einen unbestimmten Maßstab iSd § 2 Abs 2 Alt 2 PrKG liegt beispielsweise vor, wenn die Vergütung eines Verwalters von Wohnungseigentum sich an eine „Verwaltungskostenentwicklung" anpassen soll (vgl OLG Düsseldorf 25. 1. 2005 – I 3 Wx 326/04, NZM 2005, 628 zu § 307 Abs 1 S 2

BGB). Gleiches gilt für die Erhöhung der Miete für eine Telefonanlage nach Maßgabe der „Personal- und sonstigen Kostenänderungen" (vgl OLG Frankfurt 26. 2. 2010 – 2 U 178/09, BKR 2011, 154, 157 zu § 307 Abs 1 S 2 BGB). Zu unbestimmt ist auch die Bestimmung in einem Gewerberaummietvertrag „Mieterhöhung alle vier Jahre, wenn Index 4 % übersteigt" (vgl OLG München 19. 11. 2010 – 27 U 624/10). Soweit sich aus § 2 Abs 2 PrKG keine Konkretisierung des preisrechtlichen Bestimmtheitsgebots entnehmen lässt und die in Teilen abweichende Teleologie des § 2 PrKG nicht entgegensteht, steht ein **Rückgriff auf das Transparenzgebot des § 307 Abs 1 S 2 BGB** offen (OMLOR, Geldprivatrecht [2014], 431 f; ähnlich jurisPK-BGB/TOUSSAINT [9. Aufl 2020] § 2 PrKG Rn 7).

IV. Verbot einer unangemessenen Benachteiligung

In Fortschreibung von Nr 2 lit a und d der früheren Genehmigungsleitlinien der Deutschen Bundesbank zu § 3 S 2 WährG aF (vgl Mitteilung Nr 1015/78 der Deutschen Bundesbank v 9. 6. 1978, BAnz Nr 109, kommentiert bei DÜRKES, Wertsicherungsklauseln [10. Aufl 1992] 91 ff) sowie von § 2 Abs PrKV aF sind auch eine unangemessene Benachteiligung einer Vertragspartei begründende Preisklauseln verboten. Wegen der Anreicherung der Teleologie von § 2 PrKG mit individualschützenden Motiven lässt sich eine **partielle Auslegungsparallele zu § 307 Abs 1 S 1 BGB** ziehen (OMLOR, Geldprivatrecht [2014] 433; weitergehend jurisPK-BGB/TOUSSAINT [9. Aufl 2020] § 2 PrKG Rn 8; ohne Stellungnahme ebenso OLG Hamm 11. 10. 13 – 12 U 15/13 juris-Rn 91 ff [insofern in MDR 2014, 75 nicht abgedruckt]). Ebenso wie beim preisrechtlichen Bestimmtheitsprinzip (s o Rn 4 f) setzen jedoch die überindividuellen währungsrechtlichen Zielsetzungen und die gesetzlichen Konkretisierungen (§ 2 Abs 3 PrKG) Grenzen. **7**

Im Verhältnis zum allgemeinen Verbot aus § 2 Abs 1 S 2 Alt 2 PrKG **enthält § 2 Abs 3 PrKG einzelne konkretisierende Beispieltatbestände**, die stets zu einer unangemessenen Benachteiligung führen. In ihrer Schutzrichtung sind die drei Beispielsfälle inhomogen und nehmen in unterschiedlicher Intensität eine Zwitterstellung zwischen Geldwert- und Individualschutz ein (im Einzelnen OMLOR, Geldprivatrecht [2014] 432 f). Eine verbotene Benachteiligung beinhaltet eine Klausel, die lediglich eine Erhöhung des Schuldbetrags, nicht aber eine Verringerung bewirken kann (**Mindestklausel**, § 2 Abs 3 Nr 1 PrKG). Damit wird sowohl das überindividuelle Ziel verfolgt, den allgemeinen Preisanstieg zu bremsen, als auch dem betroffenen Schuldner die Chance einer Verminderung seiner Leistungspflicht zu bewahren. Zweifelhaft erscheint insofern die Annahme, die schlichte Anordnung einer „Preisgleitung in Höhe der Inflationsrate … (Statistisches Bundesamt Deutschland, Preisindex für die Lebenshaltung aller privaten Haushalte, Basis: 1. 1. 2005 = 100)" umfasse auch ein Szenario der Geldwertsteigerung (OLG Hamm 11. 10. 13 – 12 U 15/13 juris Rn 93 [insofern in MDR 2014, 75 nicht abgedruckt]). Die Unzulässigkeit von Preisklauseln, die nur einer Vertragspartei ein Anpassungsrecht einräumen (**Einseitigkeitsklausel**, § 2 Abs 3 Nr 2 PrKG), dient vorrangig dem Individualschutz; eine stabilitätsfördernde Wirkung lässt sich nur nachrangig konstatieren. Auch eine **überproportionale Änderung** der Geldschuldhöhe im Vergleich zur Bezugsgröße begründet eine unangemessene Benachteiligung (§ 2 Abs 3 Nr 3 PrKG). Dabei kommt es ausweislich des offenen Wortlauts nicht darauf an, ob sich diese Verstärkung der Anpassung zugunsten oder zulasten des Geldschuldners auswirkt. Zu den danach verbotenen Klauseln zählen insbesondere solche, welche die Indexpunkte der Bezugsgröße mit der prozentualen Änderung der Geldschuld gleichsetzen (HELLNER/ROUSSEAU NZM 2009, 301, 305 mit Berechnungsbeispiel). **8**

Solche sog „Punkte = Prozent-Regelungen" waren bereits nach Nr 2 lit c der früheren Genehmigungsleitlinien der Deutschen Bundesbank zu § 3 S 2 WährG aF nicht genehmigungsfähig.

§ 3 PrKG
Langfristige Verträge

(1) Preisklauseln in Verträgen

    1. über wiederkehrende Zahlungen, die zu erbringen sind

      a) auf Lebenszeit des Gläubigers, Schuldners oder eines Beteiligten,

      b) bis zum Erreichen der Erwerbsfähigkeit oder eines bestimmten Ausbildungszieles des Empfängers,

      c) bis zum Beginn der Altersversorgung des Empfängers,

      d) für die Dauer von mindestens zehn Jahren, gerechnet vom Vertragsabschluss bis zur Fälligkeit der letzten Zahlung, oder

      e) auf Grund von Verträgen, bei denen der Gläubiger auf die Dauer von mindestens zehn Jahren auf das Recht zur ordentlichen Kündigung verzichtet oder der Schuldner das Recht hat, die Vertragsdauer auf mindestens zehn Jahre zu verlängern,

    2. über Zahlungen, die zu erbringen sind

      a) auf Grund einer Verbindlichkeit aus der Auseinandersetzung zwischen Miterben, Ehegatten, Eltern und Kindern, auf Grund einer Verfügung von Todes wegen oder

      b) von dem Übernehmer eines Betriebes oder eines sonstigen Sachvermögens zur Abfindung eines Dritten,

sind zulässig, wenn der geschuldete Betrag durch die Änderung eines von dem Statistischen Bundesamt oder einem Statistischen Landesamt ermittelten Preisindexes für die Gesamtlebenshaltung oder eines vom Statistischen Amt der Europäischen Gemeinschaft ermittelten Verbraucherpreisindexes bestimmt werden soll und in den Fällen der Nummer 2 zwischen der Begründung der Verbindlichkeit und der Endfälligkeit ein Zeitraum von mindestens zehn Jahren liegt oder die Zahlungen nach dem Tode des Beteiligten zu erfolgen haben.

(2) Preisklauseln in Verträgen über wiederkehrende Zahlungen, die für die Lebenszeit, bis zum Erreichen der Erwerbsfähigkeit oder eines bestimmten Ausbildungszieles oder bis zum Beginn der Altersversorgung des Empfängers zu erbringen sind, sind zulässig, wenn der geschuldete Betrag von der künftigen Einzel- oder Durchschnittsentwicklung von Löhnen, Gehältern, Ruhegehältern oder Renten abhängig sein soll.

(3) Preisklauseln in Verträgen über wiederkehrende Zahlungen, die zu erbringen sind

1. für die Dauer von mindestens zehn Jahren, gerechnet vom Vertragsabschluss bis zur Fälligkeit der letzten Zahlung, oder

2. auf Grund von Verträgen, bei denen der Gläubiger für die Dauer von mindestens zehn Jahren auf das Recht zur ordentlichen Kündigung verzichtet, oder der Schuldner das Recht hat, die Vertragsdauer auf mindestens zehn Jahre zu verlängern,

sind zulässig, wenn der geschuldete Betrag von der künftigen Einzel- oder Durchschnittsentwicklung von Preisen oder Werten für Güter oder Leistungen abhängig gemacht wird, die der Schuldner in seinem Betrieb erzeugt, veräußert oder erbringt, oder wenn der geschuldete Betrag von der künftigen Einzel- oder Durchschnittsentwicklung von Preisen oder Werten von Grundstücken abhängig sein soll und das Schuldverhältnis auf die land- oder forstwirtschaftliche Nutzung beschränkt ist.

Materialien: BGBl I 2007, 2246, 2247; BT-Drucks 16/4391, 5; BT-Drucks 16/5522, 7; BT-Drucks 16/8305, 13.

Schrifttum

AUFDERHAAR/JAEGER, Reform des Rechts der Preisklauseln in der immobilienrechtlichen Praxis, NZM 2009, 564
DÜRKES, Wertsicherungsklauseln (10. Aufl 1992)
KIRCHHOFF, Das Verbot von Wertsicherungsklauseln im neuen Preisklauselgesetz, DNotZ 2007, 913
KLUGE, Wertsicherungsklauseln in der notariellen Praxis, MittRhNotK 2000, 409
NEUHAUS, Indexklauseln in gewerblichen Mietverträgen – Kernprobleme des neuen Preisklauselgesetzes, MDR 2010, 848
OMLOR, Geldprivatrecht. Entmaterialisierung, Europäisierung, Entwertung (2014)
REUL, Aufhebung der Genehmigungspflicht bei Wertsicherungsklauseln – Das neue Preisklauselgesetz (PreisklauselG), MittBayNot 2007, 445
USINGER, Zulässige und unzulässige Wertsicherungsklauseln in Gewerbemietverträgen, NZM 2009, 297.

Systematische Übersicht

I.	Teleologische und systematische Verortung	1	1.	Preisindizes zur Erfassung der allgemeinen Lebenshaltungskosten (Abs 1)	5
			a)	Taugliche Preisindizes	5
II.	Typenbildung nach der Art des Zeitmessers	3	b)	Wiederkehrende Zahlungen (Nr 1)	6
			aa)	Begriff	6
III.	Typenbildung nach der zulässigen Bezugsgröße	4	bb)	Wiederkehrende Zahlungen mit relativen Zeitmessern (lit a bis c)	7

cc)	Wiederkehrende Zahlungen mit absoluten Zeitmessern (lit d und e)	12	IV. **Einzelne Vertragstypen**	
			1. Kaufvertrag	21
c)	Einmalige Zahlungen (Nr 2)	13	2. Mietvertrag	23
2.	Einkommens- und Rentenentwicklung als Bezugsgröße (Abs 2)	16	a) Grundlagen	23
			b) Zulässige Klauselgestaltungen	24
3.	Sektorielle Bezugsgrößen (Abs 3)	19		

Alphabetische Übersicht

Altersversorgung	11	Landesindex der Konsumentenpreise	5
Analoge Anwendung	1	Langfristige Lieferverträge	21
Art des Zeitmessers	3	Listenpreis	21
Ausbildungsziele	10		
		Marktmietklausel	23
Beteiligte	7	Miete	12, 23 ff
		Miterbengemeinschaft	14
Dauerschuldverhältnisse	12, 22		
		Pacht	12
Ehegatten	14	Personal Consumption Expenditures (PCE)	5
Einkommensentwicklung	16 ff	Preisindizes	5, 20
Einmalige Zahlungen	13 ff		
Einzelentwicklung	18	Ratenzahlung	22
Eltern	14	Rente	11
Empfänger	8	Rentenentwicklung	16 ff
Erbvertrag	14		
Erwerbsfähigkeit	9	Sachvermögen	14
		Staffelmiete	23
Gesamtentwicklung	18		
		Tagespreis	21
Harmonisierter Verbraucherpreisindex für Deutschland (HVPI)	5	Tod eines Beteiligten	15
Harmonisierter Verbraucherpreisindex für den Euroraum	5	Verbraucherpreisindex (VPI)	5
		Vertrag zugunsten Dritter	8
Juristische Person	7	Wärmelieferungsvertrag	21
		Werklieferungsvertrag	21
Kaufvertrag	21 f	Wiederkehrende Zahlungen	6 ff
Kinder	14		

I. Teleologische und systematische Verortung

1 Das Preisklauselgesetz verfolgt das Ziel, einen gerechten **Ausgleich zwischen** dem **Individualinteresse** an einer effektiven Wertsicherung und dem **Allgemeininteresse** an Preisstabilität zu gewährleisten (BT-Drucks 16/4391, 27). Für die in § 3 PrKG im Einzelnen umrissene Fallgruppe der langfristigen Verträge existieren generell-abstrakte Abwägungsentscheidungen des Gesetzgebers, die rechtssicher und vorhersehbar für Einzelfallgerechtigkeit sorgen sollen. Eine **analoge Anwendung** von § 3 PrKG ist regelmäßig mangels planwidriger Regelungslücke **ausgeschlossen**, da der Gesetzgeber (BT-Drucks 16/4391, 28) von einer abschließenden Auflistung ausging. Daran ändert auch das Grundrecht auf Wertsicherung nichts, da die gegenläufigen Interessen, getragen von einer Einschätzungsprärogative des Gesetzgebers, in den Vorschriften des Preisklauselgesetzes einen verhältnismäßigen Ausgleich gefunden haben. Aus dem Blickwinkel der Gesamtsystematik des Preisklauselgesetzes erklärt sich § 3 PrKG als Bereichsausnahme, die dann zur Anwendung gelangt, wenn eine nach § 1 PrKG in den Anwendungsbereich des Gesetzes fallende Preisklausel der Bestimmtheits- und Angemessenheitsprüfung des § 2 Abs 1 S 2 PrKG standgehalten hat. § 3 PrKG lehnt sich in nennenswerten Teilen an Nr 3 lit a bis c der früheren Genehmigungsleitlinie der Deutschen Bundesbank zu § 3 WährG aF (Mitteilung Nr 1015/78 der Deutschen Bundesbank v 9. 6. 1978, BAnz Nr 109, kommentiert bei DÜRKES, Wertsicherungsklauseln [10. Aufl 1992] 81 ff) an.

Die verschiedenen Tatbestände, die in § 3 PrKG unter dem Oberbegriff der langfristigen Verträge zusammengefasst sind, werden teleologisch durch zwei sich ergänzende Rechtfertigungsstränge miteinander verbunden (dazu OMLOR, Geldprivatrecht [2014] 434). Erstens gehen mit einer vergleichsweise langen Vertragslaufzeit und damit verbundenen Geldzahlungspflichten in näherer wie fernerer Zukunft typisiert **erhöhte Risiken für eine Störung des subjektiven Äquivalenzverhältnisses** einher. Je weiter die Geldzahlung in der Zukunft liegt, umso ungewisser ist der Geldwert im Erfüllungszeitpunkt. Der Geldgläubiger läuft Gefahr, über einen erheblichen Zeitraum hinweg seine vollwertige Leistung erbringen zu müssen, ohne eine äquivalente Gegenleistung in Geld zu erlangen. Zweitens sind im Katalog des § 3 PrKG überproportional viele **Verträge mit Versorgungscharakter** vertreten. Ihrem Zweck nach sollen sie die wirtschaftliche Existenz des Geldgläubigers absichern. Nicht zuletzt unter dem verfassungsrechtlichen Einfluss des Sozialstaatsprinzips erkennt das Preisklauselgesetz in diesem Anliegen der individuellen Bedarfsdeckung einen legitimen Zweck, hinter den das überindividuelle Ziel der Preisstabilität in Teilen zurückzutreten hat. **2**

II. Typenbildung nach der Art des Zeitmessers

Die Langfristigkeit von Verträgen prüft § 3 PrKG anhand von zwei alternativen Kriterien. Zum einen kann sich der langfristige Charakter aus einer Laufzeit von mindestens 10 Jahren ohne vorheriges Kündigungsrecht des Geldgläubigers ergeben (**absoluter Zeitmesser**). Die Laufzeit des Vertrages kann sich zum anderen auch nach einem tatsächlichen Ereignis richten (**relativer Zeitmesser**). Zwischen beiden Arten von Zeitmessern und Typen von langfristigen Verträgen differenziert das Preisklauselgesetz nicht weitergehend bei der Abwägung von Individual- und Allgemeininteressen. Unterschiede ergeben sich lediglich hinsichtlich der zulässigen Bezugsgrößen für die Wertsicherung. Relative Zeitmesser kommen bevorzugt bei Verträgen mit Versorgungscharakter zum Einsatz. Absolute Zeitmesser beinhalten langfristige Verträge iSv § 3 Abs 1 Nr 1 lit d und e, Abs 1 Nr 2, Abs 3 PrKG. Demgegenüber knüpfen die übrigen langfristigen Verträge an einem relativen Zeitmesser an, wonach Auswirkungen auf die Geldschuld aus tatsächlichen Ergebnissen wie dem Tod einer bestimmten Person (§ 3 Abs 1 Nr 1 lit a, Abs 1 Nr 2, Abs 2 PrKG), dem Erreichen der Erwerbsfähigkeit oder eines bestimmten Ausbildungsabschnitts einer bestimmten Person (§ 3 Abs 1 Nr 1 lit b, Abs 2 PrKG) und dem Beginn der Altersversorgung des Empfängers (§ 3 Abs 1 Nr 1 lit c, Abs 2 PrKG) resultieren. **3**

III. Typenbildung nach der zulässigen Bezugsgröße

4 Die von § 3 PrKG erfassten langfristigen Verträge lassen sich nicht nur nach dem verwendeten Zeitmesser (s o Rn 3), sondern auch im Hinblick auf die preisrechtlich zugelassene Bezugsgröße zur Anpassung der Geldschuld in Gruppen aufteilen. Als Bezugsgrößen werden Preisindizes zur Abbildung der allgemeinen Lebenshaltungskosten (§ 3 Abs 1 PrKG), die Veränderungen von Einkommen oder Renten (§ 3 Abs 2 PrKG) sowie die Entwicklung sektorieller Preise und Werte (zB Immobilienpreise, § 3 Abs 3 PrKG) zugelassen.

1. Preisindizes zur Erfassung der allgemeinen Lebenshaltungskosten (Abs 1)

a) Taugliche Preisindizes

5 Für die Abbildung der Entwicklung der allgemeinen Lebenshaltungskosten formuliert § 3 Abs 1 PrKG einen *numerus clausus* von zulässigen Preisindizes. Von vornherein greift die Bereichsausnahme des § 3 Abs 1 PrKG nicht ein, sofern der gewählte Preisindex nicht die allgemeinen Lebenshaltungskosten, sondern spezielle Bereiche wie die Bauleistungspreise reflektiert. Gewählt werden dürfen zudem nur Indizes, die von hoheitlichen Stellen der Länder, des Bundes oder der Europäischen Union verantwortet werden. Genauer schränkt § 3 Abs 1 PrKG den Kreis der tauglichen Bezugsgrößen auf Preisindizes ein, die von einem Statistischen Landesamt oder dem Statistischen Bundesamt für die Gesamtlebenshaltung oder vom Statistischen Amt der Europäischen Union – als Rechtsnachfolgerin der im veralteten Gesetzestext genannten Europäischen Gemeinschaft (vgl Art 1 Abs 3 S 3 EUV) – für die Verbraucherpreise ermittelt werden. Davon erfasst sind vor allem der Verbraucherpreisindex (VPI) und der **Harmonisierte Verbraucherpreisindex** (HVPI) **für Deutschland** des Statistischen Bundesamtes sowie der Harmonisierte Verbraucherpreisindex **für den Euroraum** des Statistischen Amtes der Europäischen Union. Preisindizes, den hoheitliche Stellen von anderen Mitgliedstaaten im Euroraum berechnen, scheiden aus. Gleiches gilt für den vom schweizerischen Bundesamt für Statistik errechneten Landesindex der Konsumentenpreise (vgl http://www.lik.bfs.admin.ch) und die Indexierung der *personal consumption expenditures* (PCE) durch das *US Department of Commerce – Bureau of Economic Analysis* (vgl http://bea.gov). Wegen des eingeschränkten internationalen Anwendungsbereichs des Preisklauselgesetzes (vgl § 1 PrKG Rn 44) und der daraus folgenden Fokussierung auf das deutsche Staatsgebiet erscheint diese Beschränkung der grundrechtlichen Freiheit zur Wertsicherung – auch im Lichte der gesetzgeberischen Einschätzungsprärogative – als zumindest vertretbar.

b) Wiederkehrende Zahlungen (Nr 1)
aa) Begriff

6 Die erste Gruppe der langfristigen Verträge im Sinne von § 3 Abs 1 PrKG stellen solche dar, die zu einer wiederkehrenden Zahlung verpflichten. Der Begriff der wiederkehrenden Zahlung lässt sich in **Anlehnung an die zivilprozessuale Terminologie** auslegen (jurisPK-BGB/Toussaint [9. Aufl 2020] § 3 PrKG Rn 3). Als wiederkehrende Leistungen erfasst § 258 ZPO „Verpflichtungen, die sich in ihrer Gesamtheit als Folge eines und desselben Rechtsverhältnisses ergeben, so daß die einzelne Leistung nur noch vom Zeitablauf abhängig ist, ohne daß aber der Umfang der Schuld von vornherein feststeht" (BGH 10. 7. 1986 – IX ZR 138/85, NJW 1986, 3142). Im Gegensatz zu § 258

ZPO erfasst § 3 Abs 1 PrKG nur vertragliche, nicht aber gesetzliche Rechtsverhältnisse und beschränkt sich auf Geldschulden.

bb) Wiederkehrende Zahlungen mit relativen Zeitmessern (lit a bis c)
Die langfristigen Verträge mit wiederkehrenden Zahlungen im Sinne von § 3 Abs 1 Nr 1 lit a bis c PrKG sind mit einem relativen Zeitmesser ausgestattet. Das Fortbestehen der Zahlungspflichten kann an die Lebenszeit des Geldgläubigers, Geldschuldners oder eines sonstigen Beteiligten geknüpft sein (§ 3 Abs 1 Nr 1 lit a PrKG). In Erweiterung zur Vorgängernorm des § 3 Abs 1 S 2 lit a PrKV aF lässt sich auch der Tod jeder anderen Person als Endzeitpunkt vorsehen. Zu den potenziellen **Beteiligten** im Sinne der Vorschrift zählt jeder Dritte, der nicht bereits Gläubiger oder Schuldner ist (BT-Drucks 16/4391, 28; REUL MittBayNot 2007, 445, 448). Die Beteiligteneigenschaft resultiert ausschließlich aus dem Umstand, dass die Dauer der Zahlungsverpflichtungen mit seinem Tod endet (OMLOR, Geldprivatrecht [2014] 435). Aus dem Wortlaut von § 3 Abs 1 Nr 1 lit a PrKG, der auf die „Lebenszeit" von Schuldner, Gläubiger oder eines Beteiligten abstellt, sowie aus seiner systematischen Stellung zwischen auf einzelne Lebensabschnitte bezogenen Vorschriften (lit b und c) folgt schließlich, dass **nur natürliche und nicht juristische Personen** erfasst sind.

Die Geldzahlungspflicht des privilegierten langfristigen Vertrags kann weiterhin mit dem Erreichen der Erwerbsfähigkeit oder eines bestimmten Ausbildungsziels des Empfängers enden (§ 3 Abs 1 Nr 1 lit b PrKG). Als **Empfänger** von Geldzahlungen kommt nicht nur der Geldgläubiger in Betracht. Auch der begünstigte Dritte bei **unechten oder ermächtigenden Verträgen zugunsten Dritter** gehört zum Kreis der tauglichen Empfänger. Anders als einem Geldgläubiger steht einem solchen Dritten unter Abbedingung von § 328 Abs 1 BGB kein eigenständiger Anspruch gegen den Versprechenden zu (STAUDINGER/KLUMPP [2020] Vorbem 9 ff zu §§ 328 ff mwNw).

Da das Preisklauselgesetz keinen eigenständigen Begriff der **Erwerbsfähigkeit** kennt und die Teleologie der Vorschrift auf Verträge mit Versorgungscharakter ausgerichtet ist, stehen einer Einbeziehung der sozialrechtlichen Terminologie keine Hindernisse im Wege (im Einzelnen OMLOR, Geldprivatrecht [2014] 436). Aus der Gegenüberstellung der Erwerbsfähigkeit und einem *bestimmten* Ausbildungsziel folgt, dass es sich bei der Erwerbsfähigkeit ganz allgemein und grundlegend um die physische und psychische Tauglichkeit zum Eintritt in den ersten Arbeitsmarkt handelt. Mit Einschränkungen kann auf die **Legaldefinition in § 8 Abs 1 SGB II** zurückgegriffen werden. Danach ist erwerbsunfähig, „wer nicht wegen Krankheit oder Behinderung auf absehbare Zeit außerstande ist, unter den üblichen Bedingungen des allgemeinen Arbeitsmarktes mindestens drei Stunden täglich erwerbstätig zu sein". Ob die konkrete Preisklausel auch die Sonderregelung für Ausländerinnen und Ausländer aus § 8 Abs 2 SGB II einbezieht, ist eine Frage ihrer Auslegung; das Preisklauselgesetz stellt insofern keine Vorgaben auf. Auch im Übrigen begeben sich die Parteien nicht automatisch der Privilegierung durch die Bereichsausnahme, sofern sie die sozialrechtliche Definition nicht vollständig übernehmen. § 3 Abs 1 Nr 1 lit b PrKG eröffnet innerhalb seines Wortlauts und seiner auf Verträge mit Versorgungscharakter ausgerichteten Teleologie einen gewissen Ausgestaltungsspielraum.

Eine nach § 3 Abs 1 Nr 1 lit b Alt 2 PrKG zulässige Preisklausel muss ein konkretes Ausbildungsziel des Empfängers der Geldleistungen benennen. Dabei reicht es auch aus, wenn die Geldzahlung enden soll, sobald eines von mehreren alternativen Ausbildungszielen erreicht wird. Unzureichend wäre es hingegen, inhaltsoffen den Abschluss „einer (Berufs-)Ausbildung" als relativen Zeitmesser vorzusehen. Eine derartige Klausel hielte bereits der Bestimmtheitsprüfung nach § 2 Abs 1 S 2 PrKG nicht stand. Als **Ausbildungsziele** können Preisklauseln insbesondere bestimmte Schulabschlüsse (zB mittlere Reife, Abitur), handwerkliche Berufsqualifikationen (zB Gesellen- oder Meisterprüfung) sowie Hochschulprüfungen und akademische Grade (zB Bachelor, Master, Diplom, Staatsexamen, Promotion) vorsehen.

11 Als Beginn der **Altersversorgung** des Empfängers können die Parteien dem Grunde nach verschiedene Zeitpunkte in Bezug nehmen. Zum einen existiert keine starre Jahresgrenze, ab welcher von einer *Alters*versorgung des Empfängers gesprochen werden kann. Abzustellen ist auf den Sinn und Zweck der konkreten Versorgungsleistungen, einen Beitrag zum Lebensunterhalt des Begünstigten ab dem Erreichen eines bestimmten Lebensalter zu gewähren, ohne dass eine zeitgleiche Gegenleistung erforderlich wäre. Zum anderen ist es preisrechtlich unerheblich, worin die Grundlage einer solchen Altersversorgung liegt. Daher kann es sich insbesondere um Leistungen aus einer privaten Rentenversicherung, einer staatlich geförderten privaten Rente (zB „Riester-Rente"), einer betrieblichen Altersversorgung oder um gesetzliche Renten- bzw Pensionsleistungen handeln. Aus dem Bestimmtheitsgebot (§ 2 Abs 1 S 2 PrKG) folgt jedoch, dass sich der Zeitpunkt eindeutig aus der Preisklausel ergeben muss. Verfügt der betroffene Empfänger über verschiedene Quellen für seine Altersversorgung, hat die Preisklausel die für die abgesicherte Geldschuld maßgebliche zu benennen.

cc) Wiederkehrende Zahlungen mit absoluten Zeitmessern (lit d und e)

12 Nicht auf Verträge mit Versorgungscharakter ausgerichtet, sondern offen für alle Vertragszwecke sind die Bereicherungsausnahmen aus § 3 Abs 1 Nr 1 lit d und e PrKG, die einen absoluten Zeitmesser verwenden. In diesen Fällen beträgt der **Zahlungszeitraum mindestens zehn Jahre**, sofern der Geldschuldner das Vertragsverhältnis nicht – wie im Fall von lit e – zuvor beendet. Als Frist im Sinne von § 186 BGB (zum Begriff vgl BGH 12. 8. 2009 – VIII ZR 254/08 Rn 10, NJW 2009, 3153) berechnet sich der Zeitraum nach den allgemeinen Bestimmungen der §§ 187 Abs 1, 188 Abs 2 HS 1 BGB. Die Abgrenzung zwischen den beiden Tatbeständen vollzieht sich danach, dass lit e nur auf **Dauerschuldverhältnisse** anwendbar ist, bei denen sich Leistung und Gegenleistung stets neu aktualisieren und nicht in einem punktuellen Austauschakt erschöpfen. Die praktische Bedeutung der Bereichsausnahme in § 3 Abs 1 Nr 1 lit e PrKG liegt daher vor allem im Bereich der **Vermietung und Verpachtung**, sofern nicht Wohnraum (§ 549 BGB) betroffen ist; im letzteren Fall steht lediglich die Vereinbarung einer Indexmiete nach § 557b BGB offen (vgl § 1 PrKG Rn 39 f). Bei sonstigen Mietverhältnissen (zB über Gewerbe-/Büroräume oder bewegliche Sachen) unterfällt eine Preisklausel nur dann der Bereichsausnahme, sofern die vorausgesetzte Bindung des Geldgläubigers rechtswirksam begründet wurde. Führt ein **Schriftformverstoß** (§ 550 BGB) dazu, dass ein langfristiger Miet- oder Pachtvertrag vorzeitig ordentlich gekündigt werden kann, ist der Bereichsausnahme aus § 3 Abs 1 Nr 1 lit e PrKG die Grundlagen entzogen (BGH 13. 11. 2013 – XII ZR 142/12 Rn 22, NJW 2014, 52 [zu § 4 Abs 1 Nr 2 PrKV aF]; OLG Brandenburg 17. 10. 2012 – 3 U 75/11, ZMR 2013, 184, 186).

c) Einmalige Zahlungen (Nr 2)

In Abgrenzung zu den Fällen wiederkehrender Zahlungen nach § 3 Abs 1 Nr 1 **13** PrKG bezieht sich die zu sichernde Geldschuld in den Fällen von § 3 Abs 1 Nr 2 PrKG auf eine Einmalzahlung. Die Wortlautfassung verschleiert, dass es sich der Sache nach nicht um zwei, sondern um **drei eigenständige Ausnahmetatbestände** handelt. Unter Nr 1 sind lediglich zwei erbrechtliche Tatbestände zusammengefasst. Eine vom Verbot des § 1 Abs 1 PrKG ausgenommene Preisklausel in langfristen Verträgen, die eine einmalige Geldzahlung vorsehen, kann danach in folgende Konstellationen vorliegen: erstens der Auseinandersetzung einer Erben- oder Gütergemeinschaft (jurisPK-BGB/Toussaint [9. Aufl 2020] § 3 PrKG Rn 6), zweitens auf Grund einer Verfügung von Todes wegen und drittens bei einem Abfindungsanspruch eines Dritten im Zusammenhang mit der Übernahme eines Sachvermögens.

Zu der ersten Gruppe von Geldschulden im Sinne von § 3 Abs 1 Nr 2 lit a Alt 1 **14** PrKG zählen die Ansprüche aus **§§ 2042 ff BGB zwischen den Miterben** und nach **§§ 1471 ff, 1498 ff BGB zwischen Eltern, Ehegatten und Kindern**. Der Hintergrund dieser Fallgruppe ist, dass das Gesetz einen Aufschub der Auseinandersetzung zulässt (vgl §§ 1472, 1497 Abs 2 BGB, §§ 2033 ff BGB) und für diesen Übergangszeitraum eine Wertsicherung eröffnen will. In der zweiten Gruppe von Geldschulden nach § 3 Abs 1 Nr 2 lit a Alt 2 PrKG basiert die Zahlung auf einer Verfügung von Todes wegen; dazu gehören trotz des weiten Wortlauts (vgl § 1937 BGB) **vertragliche Verfügungen in Erbverträgen**, nicht aber testamentarische Anordnungen (Kirchhoff DNotZ 2007, 913, 920; jurisPK-BGB/Toussaint [9. Aufl 2020] § 3 PrKG Rn 7; weitergehend Reul MittBayNot 2007, 445, 448). Zwar begründet auch eine testamentarische Zuwendung ab dem Zeitpunkt des Erbfalls eine Geldschuld, die in den sachlichen Anwendungsbereich des Preisklauselgesetzes fallen kann (Omlor, Geldprivatrecht [2014] 440; aA Kirchhoff DNotZ 2007, 913, 918). Jedoch behandelt § 3 PrKG bereits ausweislich seiner amtlichen Überschrift lediglich Preisklauseln in Verträgen, nicht aber in einseitigen Rechtsgeschäften. Schließlich lässt sich als dritte Gruppe von Geldschulden gemäß § 3 Abs 1 Nr 2 lit b PrKG der Abfindungsanspruch eines Dritten gegen den Übernehmer eines Betriebs oder eines sonstigen Sachvermögens durch eine Preisklausel absichern. Der Begriff des **Sachvermögens**, der gegenüber dem gesetzlichen Beispielsfall des Betriebs als Oberbegriff fungiert, ist ungeachtet der divergierenden Gesetzeszwecke in Anlehnung an die Terminologie des Bewertungsgesetzes (BewG) auszulegen (Omlor, Geldprivatrecht [2014] 438). Zum Sachvermögen zählen §§ 31 f BewG das land- und fortwirtschaftliche Vermögen (§ 33 BewG), das Grundvermögen (§ 68 BewG) sowie das Betriebsvermögen (§ 95 BewG). Ausgeschlossen sind Zahlungsmittel, Geldforderungen, Wertpapiere und Geldschulden (vgl § 31 Abs 2 S 2 BewG). Letztlich dient das Bewertungsgesetz lediglich als Auslegungshilfe, die sich im Einzelfall den abweichenden Zielsetzungen des Preisklauselgesetzes unterzuordnen hat.

Wahlweise kann ein absoluter Zeitmesser (zehn Jahre zwischen Begründung und **15** Fälligkeit) oder ein relativer Zeitmesser (Tod des Beteiligten) zum Einsatz gelangen. Zwar ließe es der offene Wortlaut zu, dass der absolute Zeitmesser auch bei Zahlungen auf Grund einer Verfügung von Todes wegen Verwendung fände. Nahe liegt jedoch eine Kombination mit dem relativen Zeitmesser. Ein solcher ist nicht bereits sachnotwendig bei jeder Auseinandersetzung auf Grund einer Verfügung von Todes wegen enthalten. Abzustellen ist auf den **Tod eines Beteiligten**, der mit dem Erblasser personenverschieden sein muss (ebenso Kluge MittRhNotK 2000, 409, 419 zu § 3 Abs 1

PrKV aF). Zu beachten ist jedoch, dass eine **Wertsicherung für den Zeitraum vor Eintritt des Erbfalls** dem grundsätzlichen Verbot aus § 1 Abs 1 PrKG *per se* nicht unterfällt (vgl § 1 PrKG Rn 6). Die Frist von mindestens zehn Jahren berechnet sich nach §§ 187 Abs 1, 188 Abs 2 HS 1 BGB. Für die preis- und währungsrechtlichen Zwecke des Preisklauselgesetzes bleibt es unberücksichtigt, durch welche rechtstechnische Art und Weise die Zahlung auf einen Zeitpunkt nach dem Tod des Beteiligten verlagert wird (Omlor, Geldprivatrecht [2014] 437). Namentlich kommen sowohl ein **Aufschieben der Fälligkeit** als auch eine **aufschiebende Bedingung** im schuldrechtlichen Grundgeschäft, wie bei **Schenkungsversprechen von Todes wegen** (§ 2301 BGB), in Betracht (zur Abgrenzung vgl BGH 12. 11. 1952 – IV ZB 93/52, BGHZ 8, 23, 31).

2. Einkommens- und Rentenentwicklung als Bezugsgröße (Abs 2)

16 Mit leichten Modifizierungen erweitert § 3 Abs 2 PrKG die Zulässigkeit von Preisklauseln in Verträgen mit wiederkehrenden Leistungen im Sinne von § 3 Abs 1 Nr 1 lit a bis c PrKG. Übernommen werden die dortigen **relativen Zeitmesser**, wobei als Bezugsperson ausschließlich der Empfänger der Geldleistungen vorgesehen werden darf. Auf dessen Lebenszeit, Erwerbsfähigkeit, Ausbildungsstand bzw Altersversorgung kommt es ausschließlich an. Regelmäßig weisen diese langfristigen Verträge einen **Versorgungscharakter** auf; darin liegt jedoch kein eigenständiges Tatbestandserfordernis. In Parallele zu § 3 Abs 1 Nr 1 lit a bis c PrKG sind einmalige Zahlungen nicht erfasst.

17 Teleologisch besteht eine Verwandtschaft mit einer **Spannungsklausel**, die bereits nach § 1 Abs 2 Nr 2 PrKG nicht in den sachlichen Anwendungsbereich des Preisklauselgesetzes fällt. Diese Ausnahmebestimmung ist systematisch vorrangig zu prüfen, zumal Spannungsklauseln auch nicht den Wirksamkeitsanforderungen aus § 2 PrKG unterliegen. Ist die Geldleistung in Gestalt einer Rentenzahlung auf eine Arbeitsleistung zurückzuführen, so liegt eine Gleichartigkeit nach § 1 Abs 2 Nr 2 PrKG vor (vgl BGH 17. 9. 1954 – V ZR 79/53, BGHZ 14, 306, 311). Auf eine Prüfung von § 3 Abs 2 PrKG kommt es in der Folge nicht mehr an. Gleiches gilt im Übrigen in Bezug auf die weiteren Ausnahmetatbestände in § 1 Abs 2 PrKG, wozu auch der **Leistungsvorbehalt** zählt. Ein solcher ist in folgender Klausel zu sehen:

> „Wenn sich die Verhältnisse während der Vertragsdauer derart ändern, daß die Rentenbeträge nicht mehr angemessen erscheinen, so sind sie neu festzusetzen. Hierbei ist tunlichst davon auszugehen, daß der monatliche Rentenbetrag dem Stundenlohn für 125 Arbeitsstunden eines gelernten Maurers mindestens entspricht." (BGH 12. 1. 1968 – V ZR 187/64, NJW 1969, 91)

18 Als zulässige Bezugsgröße sieht § 3 Abs 2 PrKG die Entwicklung von Löhnen und Gehältern sowie von Ruhegehältern und Renten an. Angeknüpft werden darf sowohl konkret an spezifische Lohn- oder Gehaltsgruppen (**Einzelentwicklung**) oder an statistische Mittelwerte (**Gesamtentwicklung**). Beispielsweise kann eine bestimmte beamtenrechtliche Besoldungsgruppe in Bezug genommen werden. Alternativ stehen zahlreiche Verdienstindizes des Statistischen Bundesamtes zur Verfügung, um die Gesamtentwicklung in einzelnen Branchen oder auch gesamtvolkswirtschaftlich abdecken zu können; unter anderem werden der Reallohnindex, der Nominallohnindex und der Tarifindex berechnet.

3. Sektorielle Bezugsgrößen (Abs 3)

Während § 3 Abs 2 PrKG eine **Ergänzung** von § 3 Abs 1 Nr 1 lit a bis c PrKG darstellt, ist § 3 Abs 3 PrKG an die beiden verbleibenden Tatbestände (lit d und e) aus **§ 3 Abs 1 Nr 1 PrKG** angebunden. Die eingesetzten relativen Zeitmesser werden gespiegelt und vollständig übernommen. Auch sind lediglich wiederkehrende, nicht aber einmalige Zahlungen erfasst (s o Rn 13). Fortgeführt wird damit Nr 3 lit c und e der früheren Genehmigungsleitlinien der Deutschen Bundesbank zu § 3 WährG aF (Mitteilung Nr 1015/78 der Deutschen Bundesbank v 9. 6. 1978, BAnz Nr 109, kommentiert bei DÜRKES, Wertsicherungsklauseln [10. Aufl 1992] 81 ff). Zwei alternative Bezugsgrößen stellt § 3 Abs 3 PrKG zur Auswahl: Erstens die Einzel- oder Durchschnittsentwicklung von Preisen oder Werten von Gütern oder Leistungen mit Bezug zum Betrieb des Geldschuldners, zweitens die Einzel- oder Durchschnittsentwicklung von Grundstückspreisen und -werten bei auf die forst- oder landwirtschaftliche Nutzung beschränkten Schuldverhältnissen. 19

Eine Preisklausel, welche die erste der beiden Bezugsgrößen aus § 3 Abs 3 PrKG verwendet, weist eine inhaltliche **Nähe zu Kostenelementeklauseln** (§ 1 Abs 2 Nr 3 PrKG) auf (OMLOR, Geldprivatrecht [2014] 439). Jedoch bedarf es bei § 3 Abs 3 PrKG keiner unmittelbaren Beeinflussung der Kosten der vertraglichen Gegenleistung. Ausgeglichen wird der Verzicht auf diese Voraussetzung durch das Erfordernis der Langfristigkeit. Einer Ausrichtung auf eine forst- oder landwirtschaftliche Nutzung bedarf es nur bei Verwendung der zweiten Bezugsgröße, dh der Grundstückspreise oder -werte, nicht jedoch bei Einsatz der ersten (jurisPK-BGB/TOUSSAINT [9. Aufl 2020] § 3 PrKG Rn 17). Hinsichtlich der Grundstückspreise bzw -werte kann ein konkretes Grundstück in Bezug genommen werden. Ebenso lassen sich die verschiedenen **Preisindizes des Statistischen Bundesamtes** zu den Kaufwerten für Grundstücke, die unter anderem nach Nutzungs- und Baulandarten sowie Lage differenzieren, fruchtbar machen. 20

IV. Einzelne Vertragstypen

1. Kaufvertrag

Ein Bedürfnis für Verkäufer, sich vor einer Entwertung ihres Geldzahlungsanspruchs gegen den Käufer zu schützen, besteht vor allem bei langfristigen Lieferverträgen und allgemein umso stärker, je weiter der Leistungsaustausch vom Zeitpunkt des Vertragsschlusses an in die Zukunft verschoben ist. Je nach Konstellation und Interessenlage bieten sich unterschiedliche Klauseltypen zur Wertsicherung an. Zunächst steht es den Parteien offen, sich für eine bereits nicht unter die Eingangsdefinition des § 1 Abs 1 PrKG fallende Wertsicherungsabrede zu entscheiden. Hierzu zählt namentlich die Vereinbarung, als Kaufpreis gelte der jeweilige **Tages- bzw Listenpreis** bei Übergabe (STAUDINGER/K SCHMIDT [1997] Vorbem D271 zu §§ 244 ff). In diesem Fall wird die Höhe der Geldschuld an den Wert des Kaufgegenstandes selbst und damit nicht eines anderen Gutes iSd § 1 Abs 1 PrKG gebunden (vgl BGH 30. 4. 1965 – V ZR 182/62, WM 1965, 846, 848). Als Leistungsvorbehaltsklausel stets zulässig ist die Ankoppelung des Kaufpreises an beliebige Bezugsgrößen, sofern nur ein hinreichender Ermessensspielraum vorgesehen ist. Nicht selten dürfte es sich anbieten, das Leistungsbestimmungsrecht iSd § 315 BGB einer neutralen sachkundigen Person (zB Sachverständi- 21 ger, Schiedsgutachter) einzuräumen. Bei Immobilienkäufen darf sich der Kaufpreis nach dem **Ertragswert der betroffenen Immobilie** richten (BGH 18. 5. 1979 – V ZR 205/77, NJW 1979, 1888, 1889: Spannungsklausel). Keine Spannungsklausel iSd § 1 Abs 2 Nr 2 PrKG liegt hingegen vor, wenn sich die Höhe des Kaufpreises nach der Entwicklung einer festgelegten Lohn- bzw Gehaltsgruppe richten soll (vgl BGH 17. 9. 1954 – V ZR 79/53, BGHZ 14, 306, 311). Stattdessen steht ein Rückgriff auf die Bereichsausnahme des § 3 Abs 2 PrKG offen. Namentlich bei langfristigen Lieferverträgen (zB Energieliefer- oder Bierbezugsverträge) eignen sich **Kostenelementeklauseln** iSd § 1 Abs 2 Nr 3 PrKG (vgl § 1 PrKG Rn 32 f), um Änderungen der Selbstkosten des Verkäufers auffangen zu können. Nicht nur in mehrgliedrigen Lieferketten können entsprechende Klauseln eingesetzt werden. Auch bei **Werklieferungsverträgen**, auf die nach § 650 S 1 BGB Kaufrecht Anwendung findet, besteht typischerweise eine herausgehobene Abhängigkeit des Verkäufers von Kosten für den Bezug von Zulieferteilen. Für **Wärmelieferungsverträge** besteht eine abschließende Sonderregelung in § 24 Abs 4 AVBFernwärmeV (vgl § 1 PrKG Rn 41).

22 Ist der sachliche Anwendungsbereich des Preisklauselgesetzes eröffnet, lässt sich die Zulässigkeit einer Wertsicherungsvereinbarung nur noch unter Rückgriff auf eine Bereichsausnahme begründen. Bei Kaufverträgen kommen neben dem Sonderfall der militärischen Beschaffungsgeschäfte (§ 7 PrKG) vor allem die Ausnahmetatbestände zu langfristigen Verträgen (§ 3 PrKG) und mit Auslandsbezug (§ 6 PrKG) in Betracht. Soll die **Versorgung des Verkäufers** durch fortlaufende Zahlungen des Käufers **sichergestellt** werden, so bieten sich die Gestaltungsvarianten aus § 3 Abs 1 Nr 1 lit a bis c, Abs 2 PrKG an. Zulässig ist danach eine Anbindung an die Entwicklung entweder der allgemeinen Lebenshaltungskosten oder der Einkommen und Ruhestandsbezüge. Wird die letzte Kaufpreisrate erst zehn Jahre oder später nach Abschluss des Kaufvertrags fällig, kann zudem § 3 Abs 1 Nr 1 lit d, Abs 3 lit a PrKG eingreifen. Dabei ist jedoch zu beachten, dass der Gesamtumfang der Kaufpreisschuld und damit die Gesamtzahl der Raten nicht von Anfang an feststehen darf; ansonsten handelt es sich nicht um wiederkehrende Zahlungen in diesem Sinne (s o Rn 6). Auf eine **Ratenzahlung**, bei welcher die Fälligkeit des Kaufpreises nach Zeitabschnitten aufgeteilt ist, findet die Vorschrift daher keine Anwendung. Nur für Kaufverträge, die sich als **Dauerschuldverhältnisse** einordnen lassen (vgl zur Abgrenzung STAUDINGER/BECKMANN [2014] Vorbem 207 ff zu §§ 433 ff mwNw), steht hingegen § 3 Abs 1 Nr 1 lit e, Abs 3 lit b PrKG offen (s o Rn 21). Lediglich im Kontext eines Kaufvertrags steht die Bereichsausnahme aus § 3 Abs 1 Nr 2 lit b PrKG, da der Dritte weder die Rolle des Käufers noch Verkäufers einnimmt. Jedoch kann vereinbart werden, dass ein Teil des Kaufpreises unmittelbar an den Dritten fließt und diesem ein eigenes Forderungsrecht (vgl § 328 Abs 2 BGB) zukommt. Für **grenzüberschreitende Kaufverträge** von inländischen Unternehmern ist zudem § 6 PrKG zu beachten.

2. Mietvertrag

a) Grundlagen

23 Ungeachtet der zahlreichen Bereichsausnahmen, die auf Mietverträge als klassische Dauerschuldschuldverhältnisse mit einem typisiert hohen Wertsicherungsbedürfnis der Parteien zugeschnitten sind, ist systematisch vorrangig der sachliche Anwendungsbereich des Preisklauselgesetzes zu beleuchten. Eine zentrale Weichenstellung enthält § 1 Abs 3 Alt 1 PrKG, wonach in Bezug auf **Wohnraummietverhältnisse** (§ 549

BGB) eine **Sperrwirkung des § 557b BGB** besteht (vgl § 1 PrKG Rn 39 f). Der praktische Hauptanwendungsbereich des Preisklauselgesetzes im Fall von Vermietungen liegt bei **Gewerberaummietverhältnissen**. Nicht betroffen von den Beschränkungen des Preisklauselgesetzes ist die Abrede über eine reine **Staffelmiete** (AUFDERHAAR/JAEGER NZM 2009, 564, 570; NEUHAUS MDR 2010, 848 f; OMLOR, Geldprivatrecht [2014] 443); es fehlt an dem von § 1 Abs 1 PrKG geforderten Automatismus einer Anpassung an bei Vertragsschluss noch ungewisse zukünftige Entwicklungen. Eine Preisgleitklausel iSv § 1 Abs 1 PrKG liegt hingegen bei einer indexierten Staffelmiete vor, bei der sich die einzelnen Erhöhungsschritte nach Maßgabe eines Preisindizes bemessen (USINGER NZM 2009, 297, 298 f). Hierzu bedarf es jedoch keiner Einbeziehung der Bereichsausnahmen aus § 3 PrKG (**aA** USINGER NZM 2009, 297, 298 f), sondern lediglich einer Anwendung von § 1 PrKG; die Besonderheit der indexierten Staffelmiete besteht lediglich darin, dass für die automatische Erhöhung feste Stichtage festgelegt sind (vgl zu diesem Regelungsmechanismus auch die Klausel in BGH 28. 3. 2007 – XII ZR 130/04, NJW 2007, 2851, 2852). Weiterhin erfüllt eine sog **Marktmietklausel**, wonach nach bestimmten Zeitabständen eine Anpassung der Miete an die Entwicklung von einer Vertragspartei verlangt werden kann, bereits nicht die Anforderungen aus § 1 Abs 1 PrKG; da es am Automatismus der Anpassung fehlt, bedarf es keines Rückgriffs auf § 1 Abs 2 Nr 2 PrKG (**aA** AUFDERHAAR/JAEGER NZM 2009, 564, 570 f; USINGER NZM 2009, 297, 299 unter fehlerhaftem Verweis auf REUL MittBayNot 2007, 445, 447).

b) Zulässige Klauselgestaltungen

Die Mietvertragsparteien vermögen sich dem Anwendungsbereich des Preisklauselgesetzes überdies zu entziehen, wenn sie eine Leistungsvorbehalts- (§ 1 Abs 2 Nr 1 PrKG) oder Spannungsklausel (§ 1 Abs 2 Nr 2 PrKG) zum Einsatz bringen. Dem Vermieter oder einem Dritten muss ein hinreichender Ermessensspielraum bei der Anpassung der Miethöhe eingeräumt werden, um die Voraussetzungen eines **Leistungsvorbehalts** zu erfüllen (vgl BGH 27. 2. 1963 – VIII ZR 181/61, WM 1963, 568, 569; BGH 27. 6. 1973 – VIII ZR 98/72, NJW 1973, 1498, 1499 f). Die für eine **Spannungsklausel** erforderliche Vergleichbarkeit besteht, sofern die Entwicklung der Mieten für bestimmte Mietobjekte gleicher Art und Lage (BGH 2. 2. 1983 – VIII ZR 13/82, NJW 1983, 1909, 1910) oder der Ertrag des vermieteten Objekts (REUL MittBayNot 2007, 445, 447) in Bezug genommen wird. Dagegen fehlt sie gegenüber der Einzel- oder Gesamtentwicklung der Immobilienpreise (DÜRKES, Wertsicherungsklauseln [10. Aufl 1992] Rn D554), wofür zudem die Existenz der Bereichsausnahme in § 3 Abs 3 PrKG spricht. Ebenfalls keine Spannungsklausel liegt vor, wenn sich die Miete nach Maßgabe eines allgemeinen Mietindizes verändern soll (DÜRKES, Wertsicherungsklauseln [10. Aufl 1992] Rn D544).

Aus dem Katalog der Bereichsausnahmen bieten sich für Mietverhältnisse insbesondere die Tatbestände der §§ 3 und 6 PrKG an. Schließt ein inländischer Unternehmer einen Mietvertrag mit einer **gebietsfremden Person**, so bestehen nach § 6 PrKG keine preisrechtlichen Beschränkungen für Wertsicherungsvereinbarungen. Fehlt ein solcher grenzüberschreitender Bezug, steht die Bereichsausnahme für **langfristige Verträge** offen, welche jedoch anders als diejenige aus § 6 PrKG zugleich an die allgemeinen Anforderungen aus § 2 PrKG gebunden ist. Relevanz für Mietverträge weist vor allem § 3 Abs 1 Nr 1 lit a, d und e PrKG, daneben auch § 3 Abs 2 PrKG auf. Mietverträge zeichnen sich eher selten durch einen vordringlichen Versorgungscharakter aus. Dennoch kann im Einzelfall § 3 Abs 1 Nr 1 lit a PrKG eingreifen, sofern der Mietvertrag auf die Lebenszeit von Mieter, Vermieter oder einer sonstigen

Person (zB Angehörige des Mieters) abgeschlossen wird. Sofern sich die Dauer des Mietvertrags nach der Lebenszeit des Vermieters richtet und damit dessen Versorgung dient, darf alternativ auch die Bezugsgröße aus § 3 Abs 2 PrKG in die Preisklausel integriert werden.

26 Langfristige Mietverhältnisse erfahren weiterhin eine Privilegierung, sofern sie eine der beiden Ausgestaltungen des **Mindestzeitraums von zehn Jahren** aus § 3 Abs 1 Nr 1 lit d und e PrKG erfüllen. Um die Anforderungen an eine solche vertragliche Mindestbindung zu erfüllen, müssen die entsprechenden Abreden wirksam vereinbart sein, wozu insbesondere die Einhaltung der notwendigen **Form** (§§ 578, 550 BGB) zählt (OLG Rostock 10. 1. 2005 – 3 U 61/04, NZM 2005, 506; AUFDERHAAR/JAEGER NZM 2009, 564, 568; NEUHAUS MDR 2010, 848, 849 und 852; OMLOR, Geldprivatrecht [2014] 444). Zwar führt ein Formverstoß nicht zur Nichtigkeit entsprechender Abreden nach § 125 S 1 BGB, aber der Vertrag wird nach § 550 BGB unter den allgemeinen Voraussetzungen ordentlich kündbar, sodass die Bindungswirkung entfällt. Eine nunmehr entgegen der Erwartungen der Parteien nicht unter die Bereichsausnahme für langfristige Verträge fallende Preisklausel lässt sich jedoch im Wege der ergänzenden Vertragsauslegung durch eine Leistungsvorbehaltsklausel ersetzen (AUFDERHAAR/JAEGER NZM 2009, 564, 568). Ob aus einer **Schriftformheilungsklausel**, wonach sich die Parteien zu einer nachträglichen Erfüllung der Formerfordernisse und zu einem zeitweiligen Verzicht auf die ordentliche Kündigung verpflichten, über § 242 BGB eine faktische Heilung des Formverstoßes folgt (bejahend OLG Düsseldorf 11. 5. 2004 – 24 U 264/03, NZM 2005, 147; OLG Celle 22. 7. 2004 – 13 U 71/04, NZM 2005, 219; OLG Köln 23. 9. 2005 – 1 U 43/04, OLGR 2005, 697; KG 13. 11. 2006 – 8 U 51/06, NJW-RR 2007, 805; verneinend OLG Rostock 10. 7. 2008 – 3 U 108/07, NJW 2009, 445, 447 ff mwNw), ist keine originär preisrechtliche Fragestellung. Aus der Perspektive des § 3 Abs 1 Nr 1 lit e PrKG kommt es allein auf das Ergebnis einer schuldrechtlichen Bindung an; ob sich eine solche ausschließlich auf die mietvertragliche Abrede der Parteien oder unter ergänzendem Rückgriff auf § 242 BGB stützt, bleibt insofern ohne Relevanz.

27 Die Berechnung des Mindestzeitraums richtet sich nach §§ 187 Abs 1, 188 Abs 2 HS 1 BGB. Das **fristauslösende** Ereignis liegt im **Abschluss des Mietvertrags**, nicht im Beginn des Mietzeitraums oder der tatsächlichen Nutzung durch den Mieter (OMLOR, Geldprivatrecht [2014] 444; aA USINGER NZM 2009, 297, 298; AUFDERHAAR/JAEGER NZM 2009, 564, 567; NEUHAUS MDR 2010, 848, 850). Der Wortlaut des Gesetzes ist eindeutig: Abgestellt wird entweder ausdrücklich auf den Vertragsschluss (§ 3 Abs 1 Nr 1 lit d PrKG) oder dieser wird über die Orientierung an der Vertragsdauer (§ 3 Abs 1 Nr 1 lit e PrKG) mittelbar in Bezug genommen. Die empirisch unbelegte Annahme, der Zeitpunkt des Mietbeginns werde „gemeinhin" als Beginn der Vertragsdauer eines Mietvertrags verstanden (AUFDERHAAR/JAEGER NZM 2009, 564, 567), bleibt ohne Auswirkungen auf das normspezifische und rechtstechnische Begriffsverständnis. Gegenteilig spricht vielmehr § 535 Abs 1 BGB für den Zeitraum der mietvertraglichen Gebrauchsüberlassung spezifisch von der „Mietzeit". Die Maßgeblichkeit des Vertragsschlusses erklärt sich teleologisch einerseits daraus, dass es sich hierbei um ein klares und leicht handhabbares Kriterium handelt. Andererseits besteht das Wertsicherungsbedürfnis der Parteien gerade ab dem rechtsverbindlichen Abschluss des Vertrages, weil ab diesem Zeitpunkt ansonsten auf spätere Geldwertschwankungen nur noch konsensual und im Einzelfall reagiert werden könnte.

§ 4 PrKG
Erbbaurechtsverträge

Zulässig sind Preisklauseln in Erbbaurechtsbestellungsverträgen und Erbbauzinsreallasten mit einer Laufzeit von mindestens 30 Jahren. § 9a der Verordnung über das Erbbaurecht, § 46 des Sachenrechtsbereinigungsgesetzes und § 4 des Erholungsnutzungsrechtsgesetzes bleiben unberührt.

Materialien: BGBl I 2007, 2246, 2247; BT-Drucks 16/4391, 5; BT-Drucks 16/5522, 7; BT-Drucks 16/8305, 13.

Schrifttum

DÜRKES, Wertsicherungsklauseln (10. Aufl 1992)
EICKMANN, Die Sachenrechtsbereinigung – Grundzüge einer anspruchsvollen Kodifikation, DNotZ 1996, 139
KIRCHHOFF, Wertsicherungsklauseln in Verträgen juristischer Personen des öffentlichen Rechts, NVwZ 2011, 138
KLUGE, Wertsicherungsklauseln in der notariellen Praxis, MittRhNotK 2000, 409
OEFELE, Änderung der Erbbaurechtsverordnung durch das Sachenrechtsänderungsgesetz, DNotZ 1995, 643
ders/WINKLER/SCHLÖGEL, Handbuch des Erbbaurechts (6. Aufl 2016)
OMLOR, Geldprivatrecht. Entmaterialisierung, Europäisierung, Entwertung (2014)
OSTERMEIER, Die Wertsicherung des Erbbauzinses (1965)
K SCHMIDT, Grundfragen der vertraglichen Wertsicherung, ZIP 1983, 639
SCHMIDT-RÄNTSCH, Wertsicherungsklauseln nach dem Euro-Einführungsgesetz, NJW 1998, 3166
WINKLER, Das Erbbaurecht, NJW 1992, 2514.

Systematische Übersicht

		Rn
I.	Teleologische und systematische Verortung	1
II.	Sachlicher Anwendungsbereich	2
1.	Spannungsklauseln	3
2.	Leistungsvorbehaltsklauseln	4
III.	Anforderungen an privilegierte Erbbaurechtsverträge (§ 4 S 1 PrKG)	
1.	Grundlagen zum Erbbaurecht	5
2.	Schrankentrias	6
3.	Mindestlaufzeit von 30 Jahren	7
IV.	Verhältnis zu Sonderregelungen (§ 4 S 2 PrKG)	9

Alphabetische Übersicht

	Rn
Anpassungsanspruch	4, 6
Anwendungsbereich	2 ff
Beamtenrechtliche Besoldungsgruppe	3
Erhöhungsanspruch	6
Mindestlaufzeit	7 f
Nachträgliche Vereinbarung	8
Nutzungsentschädigung	3
Rechtskauf	5
Restlaufzeit	8
Sachenrechtsänderungsgesetz	6
Schrankentrias	6

Schuldrechtlicher Anpassungsanspruch	4, 6	Vormerkung	6
Verbraucherpreisindex	3	Währungsrecht	6

I. Teleologische und systematische Verortung

1 Im Anschluss an § 1 Nr 4 PrKV aF (BT-Drucks 16/4391, 29) enthält § 4 PrKG eine Sonderregelung für Wertsicherungsklauseln in Erbbaurechtsbestellungsverträgen und Erbbauzinsreallasten. Systematisch handelt es sich um eine **besondere Fallgruppe von langfristigen Verträgen**, die sich über einen absoluten Zeitmesser definieren. Wie die übrigen Bereichsausnahmen gilt auch diejenige für Erbbaurechtsverträge nur für solche Preisklauseln, die nach § 1 Abs 1 und 2 PrKG überhaupt dem sachlichen Anwendungsbereich des Preisklauselgesetzes unterfallen. Im Verhältnis zu § 3 PrKG besteht eine Gleichrangigkeit (OLG Celle 20. 12. 2007 – 4 W 220/07, NJW-RR 2008, 896, 897; Kirchhoff NVwZ 2011, 138, 141; Oefele/Winkler/Schlögel, Handbuch des Erbbaurechts [6. Aufl 2016] § 6 Rn 151e; jurisPK-BGB/Toussaint [9. Aufl 2020] § 4 PrKG Rn 7; Omlor, Geldprivatrecht [2014] 445). § 4 PrKG verdrängt keinesfalls als *lex specialis* § 3 PrKG. Für Erbbaurechtsverträge bleiben daher insbesondere die **Bereichsausnahmen aus § 3 Abs 1 Nr 1, Abs 2 PrKG anwendbar**. Im Unterschied zu § 4 PrKG ist eine Zulässigkeit nach § 3 PrKG an die weiteren Voraussetzungen aus § 2 PrKG gebunden. Davon wird eine Preisklausel nur befreit, sofern die tatbestandlichen Erfordernisse aus § 4 PrKG erfüllt sind.

II. Sachlicher Anwendungsbereich

2 § 4 PrKG setzt voraus, dass die betroffene Preisklausel **nicht bereits nach § 1 Abs 2 PrKG** aus dem sachlichen Anwendungsbereich des Preisklauselgesetzes **ausscheidet**. Für die Kautelarpraxis bieten sich vor allem Spannungsklauseln an. Leistungsvorbehaltsklauseln weisen den Nachteil auf, dass sie aus Gründen ihrer unzureichenden sachenrechtlichen Bestimmtheit weder zum Inhalt einer Erbbauzinsreallast noch eines durch Vormerkung abgesicherten schuldrechtlichen Anpassungsanspruchs gemacht werden können (s o Rn 1).

1. Spannungsklauseln

3 Im Gegensatz zu Leistungsvorbehaltsklauseln können Spannungsklauseln iSd § 1 Abs 2 Nr 2 PrKG als Mittel für eine dingliche Wertsicherung des Erbbauzinses herangezogen werden. Ist insbesondere die Bezugsgröße hinreichend bestimmt (vgl ähnlich § 2 Abs 2 PrKG), können sie zum Inhalt einer Erbbauzinsreallast erhoben werden (Oefele/Winkler/Schlögel, Handbuch des Erbbaurechts [6. Aufl 2016] § 6 Rn 156). An der für eine Spannungsklausel erforderlichen Gleichartigkeit bzw Vergleichbarkeit fehlt es zwischen **Erbbauzins und Grundstückswert**, da sich dabei Nutzungsentschädigung und Bestandswert gegenüberstehen (BGH 23. 2. 1979 – V ZR 106/76, NJW 1979, 1545, 1546; vgl auch BGH 19. 12. 2014 – V ZR 81/14, Rn 18; **aA** Hartmann NJW 1976, 403, 405). Ebenfalls am Erfordernis der Vergleichbarkeit scheitert eine Anbindung des Erbbauzinses an eine bestimmte **beamtenrechtliche Besoldungsgruppe** (BGH 17. 9. 1954 – V ZR 79/53, BGHZ 14, 306, 311 f; Ostermeier, Die Wertsicherung des Erbbauzinses [1965] 61) sowie allgemein an die Entwicklung von Löhnen, Gehältern, Renten oder Ruhegehältern. Gleiches gilt für eine Verknüpfung mit einem **Verbraucherpreisindex** (aA OLG Celle 20. 12. 2007 – 4 W 220/07, NJW-RR 2008, 896, 897). Demgegenüber handelt es sich um eine zulässige Spannungsklausel, sofern die Höhe des Erbbauzinses an die vom Erbbauberechtigten seinerseits **erlangte Nutzungsentschädigung** – beispielsweise in Gestalt von Erbbauzins (BGH 26. 11. 1975 – VIII ZR 267/73, NJW 1976, 422), Miete (OLG München 14. 10. 1993 – 29 U 1663/93, NJW-RR 1994, 469) oder Pacht – gebunden wird. Ein Marktvergleich lässt sich über eine Spannungsklausel nur dann vornehmen, wenn als Bezugsgröße der Erbbauzins für ein konkretes vergleichbares Grundstück gewählt wird (Omlor, Geldprivatrecht [2014] 446).

2. Leistungsvorbehaltsklauseln

Leistungsvorbehalte beziehen sich aus sachenrechtlichen Gründen ausschließlich auf einen **schuldrechtlichen Anpassungsanspruch**. Inhaltlich verfügen die Parteien über einen gewissen Ausgestaltungsspielraum, sofern sie das charakteristische Ermessenselement einfügen. Dieses zeigt sich beispielsweise in der Verpflichtung der Parteien zur Neufestsetzung des Erbbauzinses, falls ein bestimmter Preisindex eine Abweichung von 10 % aufweist (Omlor, Geldprivatrecht [2014] 447; **aA** OLG Karlsruhe 14. 8. 2006 – 2 UF 139/06, NJW-RR 2006, 1593: Spannungsklausel). Auch die Pflicht, an einer konsensualen Abänderung des Erbbauzinses bei einer „wesentlichen Änderung der allgemeinen wirtschaftlichen Verhältnisse" mitzuwirken, kann Gegenstand eines Leistungsvorbehalts sein (vgl OLG Hamm 28. 4. 1995 – 15 W 374/94, NJW-RR 1996, 268, 269).

III. Anforderungen an privilegierte Erbbaurechtsverträge (§ 4 S 1 PrKG)

1. Grundlagen zum Erbbaurecht

Von § 4 PrKG werden sowohl schuldrechtliche **Erbbaurechtsbestellungsverträge** als auch Erbbauzinsreallasten als dingliche Rechte am Grundstück erfasst. Der Erbbaurechtsbestellungsvertrag (vgl § 11 Abs 2 ErbbauRG) verpflichtet zur Bestellung eines Erbbaurechts mit einem bestimmten Inhalt und bildet hierfür zugleich den bereicherungsrechtlichen Rechtsgrund. Seinem Gegenstand nach stellt der Erbbaurechtsbestellungsvertrag einen **Rechtskauf** dar, der auf ein zukünftiges Recht gerichtet ist (BGH 20. 10. 2005 – IX ZR 145/04 Rn 10, NJW-RR 2006, 188). Erst mit dem Erfüllungsakt gelangt das geschuldete Recht zur Entstehung. Nicht Inhalt des Erbbaurechtsbestellungsvertrags und damit nicht in dessen Synallagma einbezogen ist daher der dingliche Erbbauzinsanspruch. Die Grundlage des dinglichen Erbbauzinsanspruchs bildet die Erbbauzinsreallast. Bei ihr handelt es sich um ein beschränkt dingliches Recht, mit dem ein Grundstück belastet werden kann (vgl § 1 ErbbauRG). Der dingliche Erbbauzinsanspruch richtet sich nicht auf Geldzahlung, sondern auf die Duldung der Befriedigung aus einem Grundstück (§ 9 Abs 1 S 1 ErbbauRG iVm §§ 1105, 1107, 1147 BGB). Daneben besteht grundsätzlich eine persönliche Haftung des Erbbauberechtigten für die Zinsen, die während der Dauer seines Erbbaurechts fällig werden (§ 9 Abs 1 S 1 ErbbauRG iVm §§ 1105, 1108 BGB).

2. Schrankentrias

Der Erbbauzins iSd § 9 Abs 1 S 1 ErbbauRG lässt sich mit unmittelbarer dinglicher Wirkung gegen eine Geldentwertung absichern. Dabei folgen gesetzliche Begrenzungen aus einer Schrankentrias (so schon zur Rechtslage unter Geltung von § 3 S 2 WährG aF K Schmidt ZIP 1983, 639, 646; dem folgend Dürkes, Wertsicherungsklauseln [10. Aufl 1992] Rn D371; Omlor, Geldprivatrecht [2014] 445; ähnlich Ostermeier, Die Wertsicherung des Erbbauzinses [1965] 8 ff, 55 ff): dem **Währungsrecht** (§§ 1 ff PrKG) und dem **Sachenrecht** (§ 9 ErbbauRG) mit besonderen Anforderungen an den **Erhöhungsanspruch** im Fall von Bauwerken zu Wohnzwecken (§ 9a ErbbauRG iVm § 4 S 2 PrKG). Aus § 9a ErbbauRG folgt dabei über seinen beschränkten Anwendungsbereich hinaus kein allgemeiner Kontrollmaßstab für Erbbauzinsanpassungen (BGH 19. 12. 2014 – V ZR 81/14, Rn 16). Eine sachenrechtliche Flexibilisierung erfolgte mit dem Inkrafttreten des **Sachenrechtsänderungsgesetzes** (Gesetz zur Änderung sachenrechtlicher Bestimmungen v 21. 9. 1994 [BGBl I 2457]) zum 1. 10. 1994. Seither genügt die schlichte Bestimmbarkeit der Höhe des Erbbauzinses (BayObLG 18. 7. 1996 – 2Z BR 73/96, NJW 1997, 468, 469 f; Oefele DNotZ 1995, 643, 649; vgl zur vorherigen Rechtslage Winkler NJW 1992, 2514, 2517), sodass auch automatisch wirkende Preisgleitklauseln gemäß § 9 Abs 1 S 1 ErbbauRG iVm § 1105 Abs 1 S 1 BGB dinglich vereinbart werden können. Den sachenrechtlichen Anforderungen an die Bestimmbarkeit werden hingegen Leistungsvorbehaltsklauseln nicht gerecht, auch wenn sie währungsrechtlich zulässig sind (Staudinger/Rapp [2017] § 9 ErbbauRG Rn 26). Für Leistungsvorbehaltsklauseln und auch in anderen Fällen steht den Parteien die Alternative offen, keine dinglich wirkende Anpassung, sondern lediglich einen **schuldrechtlichen Anpassungsanspruch** zu vereinbaren; wie nicht zuletzt § 9a Abs 3 ErbbauRG zeigt, lässt sich dieser Anspruch grundsätzlich durch eine **Vormerkung** absichern. Für die Vormerkungsfähigkeit des Anspruchs gelten jedoch wiederum die allgemeinen Bestimmtheitsanforderungen, sodass Leistungsvorbehalte lediglich ohne jegliche dingliche Absicherung vereinbart werden können (Staudinger/Rapp [2017] § 9 ErbbauRG Rn 25).

3. Mindestlaufzeit von 30 Jahren

7 Eine nach § 4 PrKG privilegierte Preisklausel benötigt eine Mindestlaufzeit von 30 Jahren, die sich nach §§ 187 Abs 1, 188 Abs 2 HS 1 BGB berechnet. Das fristauslösende Ereignis findet sich in der wirksamen Begründung der Wertsicherung. Maßgeblich ist, dass die Preisklausel ihre **Wirkungen für mindestens drei Jahrzehnte** entfalten kann (OLG Celle 20. 12. 2007 – 4 W 220/07, NJW-RR 2008, 896). Damit kommt es für die Erbbauzinsreallast auf die dingliche Einigung und ihre Eintragung im Grundbuch an (§ 11 Abs 1 S 1 ErbbauRG iVm § 873 BGB). Bei Erbbaurechtsbestellungsverträgen und den korrespondierenden schuldrechtlichen Vereinbarungen ist auf den Zeitpunkt der formwirksamen (§ 11 Abs 2 ErbbauRG iVm § 311b Abs 1 BGB) Einigung abzustellen.

8 Im Fall einer **nachträglichen Vereinbarung** von Wertsicherungsmechanismen ist für die Fristberechnung nach § 4 PrKG nicht auf die Gesamtlaufzeit des Erbbaurechts, sondern auf seine **Restlaufzeit** abzustellen (Kirchhoff DNotZ 2007, 913, 921). Auch Änderungen der Laufzeit des Erbbaurechts sind möglich und wirken sich unter Umständen auf die Zulässigkeit von Preisklauseln aus. Eine Verlängerung der Laufzeit über den Mindestzeitraum von 30 Jahren hinaus kann nachträglich zu einem Eingreifen von § 4 PrKG führen, während andererseits eine Verkürzung der relevanten Laufzeit auf weniger als 30 Jahre die Voraussetzungen des § 4 PrKG entfallen lässt (jurisPK-BGB/Toussaint [9. Aufl 2020] § 4 PrKG Rn 7). Im letzteren Fall kann jedoch eine Bereichsausnahme aus § 3 Abs 1 Nr 1 PrKG eingreifen.

IV. Verhältnis zu Sonderregelungen (§ 4 S 2 PrKG)

Neben § 4 PrKG uneingeschränkt anwendbar bleibt § 9a ErbbauRG, der zur Schrankentrias für den wertgesicherten Erbbauzins gehört (s o Rn 6). **Vorrangige Spezialregelungen** stellen demgegenüber **§ 46 SachenRBerG** (Gesetz zur Sachenrechtsbereinigung im Beitrittsgebiet v 21. 9. 1994 [BGBl I 2457]; vgl dazu EICKMANN DNotZ 1996, 139, 153) und **§ 4 ErholNutzG** (Gesetz zur Bereinigung der im Beitrittsgebiet zu Erholungszwecken verliehenen Nutzungsrechte v 21. 9. 1994 [BGBl I 2538, 2548]) dar (so zu § 1 Nr 4 PrKV aF SCHMIDT-RÄNTSCH NJW 1998, 3166, 3169; KLUGE MittRhNotK 2000, 409, 412 mwNw). Nach § 46 SachenRBerG, auf den § 4 S 2 ErholNutzG verweist, sind die Parteien eines in den jeweiligen Anwendungsbereich fallenden Erbbaurechtsvertrags zu einer Wertsicherung nach den dort festgelegten Vorgaben verpflichtet.

§ 46 SachenRBerG lautet im Volltext:

„§ 46 Zinsanpassung an veränderte Verhältnisse

(1) Nutzer und Grundstückseigentümer sind verpflichtet, in den Erbbaurechtsvertrag eine Bestimmung aufzunehmen, die eine Anpassung des Erbbauzinses an veränderte Verhältnisse vorsieht. Die Anpassung kann erstmals nach Ablauf von zehn Jahren seit Bestellung des Erbbaurechts verlangt werden. Bei einer zu Wohnzwecken dienenden Nutzung bestimmt sich die Anpassung nach dem in § 9a des Erbbaurechtsgesetzes bestimmten Maßstab. Bei anderen Nutzungen ist die Anpassung nach

1. den Erzeugerpreisen für gewerbliche Güter bei gewerblicher oder industrieller Nutzung des Grundstücks,

2. den Erzeugerpreisen für landwirtschaftliche Produkte bei land- und forstwirtschaftlicher Bewirtschaftung des Grundstücks oder

3. den Preisen für die allgemeine Lebenshaltung in allen übrigen Fällen vorzunehmen. Weitere Anpassungen des Erbbauzinses können frühestens nach Ablauf von drei Jahren seit der jeweils letzten Anpassung des Erbbauzinses geltend gemacht werden.

(2) Die Anpassung nach Absatz 1 Satz 3 und 4 ist auf den Betrag zu begrenzen, der sich aus der Entwicklung der Grundstückspreise ergibt. Die Begrenzung ist auf der Grundlage der Bodenrichtwerte nach § 196 des Baugesetzbuchs, soweit diese vorliegen, andernfalls in folgender Reihenfolge nach der allgemeinen Entwicklung der Grundstückspreise in dem Land, in dem das Grundstück ganz oder zum größten Teil belegen ist, dem in § 1 bezeichneten Gebiet oder im gesamten Bundesgebiet zu bestimmen. Abweichende Vereinbarungen und Zinsanpassungen sind gegenüber den Inhabern dinglicher Rechte am Erbbaurecht, die einen Anspruch auf Zahlung oder Befriedigung gewähren, unwirksam, es sei denn, daß der Erbbauzins nur als schuldrechtliche Verpflichtung zwischen dem Grundstückseigentümer und dem Nutzer vereinbart wird."

In § 4 ErholNutzG heißt es:

„Nutzer und Grundstückseigentümer sind verpflichtet, in den Erbbaurechtsvertrag eine Bestimmung aufzunehmen, die eine Anpassung des Erbbauzinses an veränderte Verhältnisse vorsieht. § 46 des Sachenrechtsbereinigungsgesetzes ist entsprechend anzuwenden."

§ 5 PrKG
Geld- und Kapitalverkehr

Zulässig sind Preisklauseln im Geld- und Kapitalverkehr, einschließlich der Finanzinstrumente im Sinne des § 1 Abs. 11 des Kreditwesengesetzes sowie die hierauf bezogenen Pensions- und Darlehensgeschäfte.

Materialien: BGBl I 2007, 2246, 2247; BT-Drucks 16/4391, 5; BT-Drucks 16/5522, 7; BT-Drucks 16/8305, 13.

Schrifttum

GERKE, Gleitklauseln im Geld- und Kapitalverkehr (1980)
GRUBER, Geldwertschwankungen und handelsrechtliche Verträge in Deutschland und Frankreich (2002)
HEERMANN, Geld und Geldgeschäfte (2003)
HENNRICHS/KLEINDIEK/WATRIN (Hrsg), Münchener Kommentar zum Bilanzrecht, Band 2 (2013)
HEYNITZ, Zur Euroeinführung – Ein neues deutsches Sonderrecht für Wertsicherungsvereinbarungen, MittBayNot 1998, 398
KIRCHHOFF, Wertsicherungsklauseln für Euro-Verbindlichkeiten (2006)
ders, Das Verbot von Wertsicherungsklauseln im neuen Preisklauselgesetz, DNotZ 2007, 913
ders, Wertsicherungsklauseln in Verträgen juristischer Personen des öffentlichen Rechts, NVwZ 2011, 138
KLUGE, Wertsicherungsklauseln in der notariellen Praxis, MittRhNotK 2000, 409
OMLOR, Geldprivatrecht. Entmaterialisierung, Europäisierung, Entwertung (2014)
SCHMIDT-RÄNTSCH, Wertsicherungsklauseln nach dem Euro-Einführungsgesetz, NJW 1998, 3166
STEINER, Wertsicherungsklauseln (2003).

Systematische Übersicht

I.	Teleologische und systematische Verortung	1
II.	Anwendungsbereich	2
1.	Geld- und Kapitalverkehr	2
2.	Gesetzliche Beispielsfälle	3
3.	Verbraucherdarlehensverträge	5

Alphabetische Übersicht

Anlagezweck	2
Bereichsausnahmen	1
Darlehensgeschäfte	4
Geldverkehr	2
Investitionszweck	2
Kapitalverkehr	2
Pensionsgeschäfte	4
Verbraucherdarlehensverträge	5
Verbraucherschutz	5

I. Teleologische und systematische Verortung

Unter Geltung von § 3 S 2 WährG aF und Nr 1 lit a der korrespondierenden Genehmigungsleitlinien der Deutschen Bundesbank (vgl Mitteilung Nr 1015/78 der Deutschen Bundesbank v 9. 6. 1978, BAnz Nr 109) waren Wertsicherungsklauseln im Bank- und Kapitalverkehr grundsätzlich nicht genehmigungsfähig (STAUDINGER/K SCHMIDT [1997] Vorbem D274 zu §§ 244 ff mwNw; kritisch *de lege ferenda* GERKE, Gleitklauseln im Geld- und Kapitalverkehr [1980] insbesondere 177 ff). Der einzige Ausweg bestand in der Verwendung genehmigungsfreier Klauseln. Bei der Aufhebung von § 3 WährG aF im Zuge der Euro-Einführung wurde in § 2 Abs 1 S 3 PaPkG aF eine ausdrückliche Ausnahme vom grundsätzlichen Indexierungsverbot für den Geld- und Kapitalverkehr angeordnet. Dieser Richtungswechsel zielte darauf ab, die **Wettbewerbsfähigkeit des deutschen Finanzmarkts und der deutschen Kreditwirtschaft** gegenüber Konkurrenten aus Ländern zu schützen, die über keine Restriktionen für die Geldwertsicherung verfügen (BT-Drucks 13/10334, 41; GRUBER, Geldwertschwankungen und handelsrechtliche Verträge in Deutschland und Frankreich [2002] 317; STEINER, Wertsicherungsklauseln [2003] 118; HEERMANN, Geld und Geldgeschäfte [2003] § 3 Rn 114). § 5 PrKG führt die Regelung aus § 2 Abs 1 S 3 PaPkG aF fort (BT-Drucks 16/4391, 29). Wegen des Verzichts auf begrenzende tatbestandliche Voraussetzungen in § 5 PrKG über die Zugehörigkeit zum Geld- und Kapitalverkehr hinaus bedarf es regelmäßig keines Rückgriffs auf die **weiteren Bereichsausnahmen des Preisklauselgesetzes**, die **parallel anwendbar** bleiben.

II. Anwendungsbereich

1. Geld- und Kapitalverkehr

Gegenüber dem zentralen Tatbestandsmerkmal des Geld- und Kapitalverkehrs fungieren die im Gesetzestext genannten Finanzinstrumente und die hierauf bezogenen Pensions- und Darlehensgeschäfte lediglich als praktisch bedeutende Beispielsfälle. In einem solchen weit zu verstehenden Geld- und Kapitalverkehr werden Geld oder Kapital „vergeben, bewegt, veräußert und übertragen" (HEYNITZ MittBayNot 1998, 398, 402). Erfasst sind damit sowohl der erstmalige Begründungs- als auch der sekundäre Veräußerungsakt (KIRCHHOFF, Wertsicherungsklauseln für Euro-Verbindlichkeiten [2006] 209; OMLOR, Geldprivatrecht [2014] 448). Es kommt nicht darauf an, ob die Transaktionen an einer Börse oder einem anderen regulierten Handelsplatz durchgeführt werden (HEYNITZ MittBayNot 1998, 398, 402). Zum **Geldverkehr** gehören jegliche **Transaktionen, die Geld im abstrakten Sinn** (vgl Vorbem A66 ff zu §§ 244–248) und nicht Waren oder Dienstleistungen **zum Gegenstand haben** (ähnlich jurisPK-BGB/TOUSSAINT [9. Aufl 2020] § 5 PrKG Rn 3). Dazu gehören insbesondere Gelddarlehen jeglicher Art Der **Kapitalverkehr** grenzt sich gegenüber dem Geldverkehr durch einen **Anlage- oder Investitionszweck** ab (vgl zur unionsrechtlichen Kapitalverkehrsfreiheit ähnlich EuGH 31. 1. 1984 – 286/82 und 26/83 [*Luisi und Carbone*], ECLI:EU:C:1984:35, Rn 21), die im Geldverkehr nicht gegeben ist. Zum Kapitalverkehr zählen namentlich die Veräußerung von Unternehmensbeteiligungen (KLUGE MittRhNotK 2000, 409, 411) und die Begründung von Schuldverschreibungen (KIRCHHOFF DNotZ 2007, 913, 921). Die Abgrenzung zwischen beiden Begriffen bleibt letztlich ohne Bedeutung, da die Rechtsfolgen identisch sind.

2. Gesetzliche Beispielsfälle

3 Zum Geld- und Kapitalverkehr zählen kraft gesetzlicher Anordnung jegliche Finanzinstrumente iSv § 1 Abs 11 KWG; im Einzelnen sind dies:

„[…] 1. Aktien und andere Anteile an in- oder ausländischen juristischen Personen, Personengesellschaften und sonstigen Unternehmen, soweit sie Aktien vergleichbar sind, sowie Hinterlegungsscheine, die Aktien oder Aktien vergleichbare Anteile vertreten,

2. Vermögensanlagen im Sinne des § 1 Absatz 2 des Vermögensanlagengesetzes mit Ausnahme von Anteilen an einer Genossenschaft im Sinne des § 1 des Genossenschaftsgesetzes,

3. Schuldtitel, insbesondere Genussscheine, Inhaberschuldverschreibungen, Orderschuldverschreibungen und diesen Schuldtiteln vergleichbare Rechte, die ihrer Art nach auf den Kapitalmärkten handelbar sind, mit Ausnahme von Zahlungsinstrumenten, sowie Hinterlegungsscheine, die diese Schuldtitel vertreten,

4. sonstige Rechte, die zum Erwerb oder zur Veräußerung von Rechten nach den Nummern 1 und 3 berechtigen oder zu einer Barzahlung führen, die in Abhängigkeit von solchen Rechten, von Währungen, Zinssätzen oder anderen Erträgen, von Waren, Indices oder Messgrößen bestimmt wird,

5. Anteile an Investmentvermögen im Sinne des § 1 Absatz 1 des Kapitalanlagegesetzbuchs,

6. Geldmarktinstrumente,

7. Devisen oder Rechnungseinheiten,

8. Derivate,

9. Berechtigungen nach § 3 Nummer 3 des Treibhausgas-Emissionshandelsgesetzes, Emissionsreduktionseinheiten nach § 2 Nummer 20 des Projekt-Mechanismen-Gesetzes und zertifizierte Emissionsreduktionen nach § 2 Nummer 21 des Projekt-Mechanismen-Gesetzes, soweit diese jeweils im Emissionshandelsregister gehalten werden dürfen (Emissionszertifikate) sowie

10. Kryptowerte.

[2]Hinterlegungsscheine im Sinne dieses Gesetzes sind Wertpapiere, die auf dem Kapitalmarkt handelbar sind, ein Eigentumsrecht an Wertpapieren von Emittenten mit Sitz im Ausland verbriefen, zum Handel auf einem organisierten Markt zugelassen sind und unabhängig von den Wertpapieren des jeweiligen gebietsfremden Emittenten gehandelt werden können. [3]Geldmarktinstrumente sind Instrumente im Sinne des Artikels 11 der Delegierten Verordnung (EU) 565/2017 mit Ausnahme von Zahlungsinstrumenten. [4]Kryptowerte im Sinne dieses Gesetzes sind digitale Darstellungen eines Wertes, der von keiner Zentralbank oder öffentlichen Stelle emittiert wurde oder garantiert wird und nicht den gesetzlichen Status einer Währung oder von Geld besitzt, aber von natürlichen oder juristischen Personen aufgrund einer Vereinbarung oder tatsächlichen Übung als Tausch- oder Zahlungsmittel akzeptiert wird oder Anlagezwecken dient und der auf elektronischem Wege übertragen, gespeichert und gehandelt werden kann.

⁵Keine Kryptowerte im Sinne dieses Gesetzes sind

1. E-Geld im Sinne des § 1 Absatz 2 Satz 3 des Zahlungsdiensteaufsichtsgesetzes oder

2. ein monetärer Wert, der die Anforderungen des § 2 Absatz 1 Nummer 10 des Zahlungsdiensteaufsichtsgesetzes erfüllt oder nur für Zahlungsvorgänge nach § 2 Absatz 1 Nummer 11 des Zahlungsdiensteaufsichtsgesetzes eingesetzt wird.

⁶Derivate sind

1. als Kauf, Tausch oder anderweitig ausgestaltete Festgeschäfte oder Optionsgeschäfte, die zeitlich verzögert zu erfüllen sind und deren Wert sich unmittelbar oder mittelbar vom Preis oder Maß eines Basiswertes ableitet (Termingeschäfte) mit Bezug auf die folgenden Basiswerte:

    a) Wertpapiere oder Geldmarktinstrumente,

    b) Devisen, soweit das Geschäft nicht die Voraussetzungen des Artikels 10 der Delegierten Verordnung (EU) 565/2017 erfüllt, oder Rechnungseinheiten,

    c) Zinssätze oder andere Erträge,

    d) Indices der Basiswerte des Buchstaben a, b, c oder f andere Finanzindices oder Finanzmessgrößen,

    e) Derivate oder

    f) Emissionszertifikate;

2. Termingeschäfte mit Bezug auf Waren, Frachtsätze, Klima- oder andere physikalische Variablen, Inflationsraten oder andere volkswirtschaftliche Variablen oder sonstige Vermögenswerte, Indices oder Messwerte als Basiswerte, sofern sie

    a) durch Barausgleich zu erfüllen sind oder einer Vertragspartei das Recht geben, einen Barausgleich zu verlangen, ohne dass dieses Recht durch Ausfall oder ein anderes Beendigungsereignis begründet ist,

    b) auf einem organisierten Markt oder in einem multilateralen oder organisierten Handelssystem geschlossen werden, soweit es sich nicht um über ein organisiertes Handelssystem gehandelte Energiegroßhandelsprodukte handelt, die effektiv geliefert werden müssen, oder

    c) die Merkmale anderer Derivatekontrakte im Sinne des Artikels 7 der Delegierten Verordnung (EU) 565/2017 aufweisen und nichtkommerziellen Zwecken dienen,

    und sofern sie keine Kassageschäfte im Sinne des Artikels 7 der Delegierten Verordnung (EU) 565/2017 sind;

3. finanzielle Differenzgeschäfte;

4. als Kauf, Tausch oder anderweitig ausgestaltete Festgeschäfte oder Optionsgeschäfte, die zeitlich verzögert zu erfüllen sind und dem Transfer von Kreditrisiken dienen (Kreditderivate);

5. Termingeschäfte mit Bezug auf die in Artikel 8 der Delegierten Verordnung (EU) 565/2017 genannten Basiswerte, sofern sie die Bedingungen der Nummer 2 erfüllen."

4 Auf Finanzinstrumente bezogene **Pensions- und Darlehensgeschäfte** dienen der **Refinanzierung** (BT-Drucks 13/10334, 41). Bei einem Pensionsgeschäft überträgt der Pensionsgeber einen bestimmten Vermögensgegenstand gegen Entgelt für einen begrenzten Zeitraum auf einen Pensionsnehmer, dh gibt ihn „in Pension" (MünchKommBilanzrecht/Hennrichs [2013] § 246 HGB Rn 186 ff mwNw). Aus der Sicht des Preisklauselgesetzes ist es unerheblich, ob es sich um echte oder unechte Pensionsgeschäfte handelt (zur Differenzierung MünchKommBilanzrecht/Hennrichs [2013] § 246 HGB Rn 188 f).

3. Verbraucherdarlehensverträge

5 Aus § 2 Abs 1 S 2 Nr 2 PrKG leitet sich ab, dass auch Verbraucherdarlehensverträge (§ 491 Abs 1 bis 3 BGB) in den sachlichen Anwendungsbereich von § 5 PrKG fallen (Kirchhoff NVwZ 2011, 138, 141; Omlor, Geldprivatrecht [2014] 449). Solche Preisklauseln unterliegen dem preisrechtlichen Bestimmtheits- und Angemessenheitserfordernis (vgl § 2 PrKG Rn 4 ff). Der **Verbraucherschutz** wird in diesen Fällen nicht nur allgemein durch die §§ 492 ff BGB, sondern **zusätzlich durch § 2 PrKG** gewährleistet. Da die währungsrechtlichen Zielsetzungen das Preisklauselgesetz dominieren (vgl Einl 19 zum PrKG), liegt in dieser Miterfassung von Verbraucherdarlehensverträgen kein gesetzesimmanenter Wertungswiderspruch (iE ebenso Schmidt-Räntsch NJW 1998, 3166, 3168; **aA** Steiner, Wertsicherungsklauseln [2003] 119).

§ 6 PrKG
Verträge mit Gebietsfremden

Zulässig sind Preisklauseln in Verträgen von gebietsansässigen Unternehmern (§ 14 des Bürgerlichen Gesetzbuches) mit Gebietsfremden.

Materialien: BGBl I 2007, 2246, 2247; BT-Drucks 16/4391, 5; BT-Drucks 16/5522, 7; BT-Drucks 16/8305, 13.

Schrifttum

Gruber, Geldwertschwankungen und handelsrechtliche Verträge in Deutschland und Frankreich (2002)
Heynitz, Zur Euroeinführung – Ein neues deutsches Sonderrecht für Wertsicherungsvereinbarungen, MittBayNot 1998, 398

Omlor, Geldprivatrecht. Entmaterialisierung, Europäisierung, Entwertung (2014)
Schmidt-Räntsch, Wertsicherungsklauseln nach dem Euro-Einführungsgesetz, NJW 1998, 3166
Steiner, Wertsicherungsklauseln (2003).

Systematische Übersicht

I. Teleologische und systematische Verortung _____ 1	2. Persönlicher Anwendungsbereich __ 3
	a) Gebietsansässige Partei _____ 4
	b) Gebietsfremde Partei _____ 7
II. Anwendungsbereich _____ 2	
1. Sachlicher Anwendungsbereic __ 2	

Alphabetische Übersicht

Ausländische Gesellschaften _____	5	Inländerstatus _____	5
AWG _____	6		
		Juristische Personen _____	5
Existenzgründer _____	4		
		Personengesellschaften _____	5
Gebietsfremde Partei _____	7		
Gesetz zur Modernisierung des Außenwirtschaftsrechts _____	6	Unternehmerbegriff _____	4, 7

I. Teleologische und systematische Verortung

In teleologischer Verwandtschaft mit § 5 PrKG dient auch die Bereichsausnahme des **1** § 6 PrKG der **Sicherung der Wettbewerbsfähigkeit** deutscher Marktteilnehmer. Anders als bei § 5 PrKG privilegiert § 6 PrKG nicht die Akteure auf dem deutschen Finanzmarkt, sondern die **deutsche Exportwirtschaft**. Nachteile gegenüber ausländischen Konkurrenten, die keinen Einschränkungen bei der vertraglichen Wertsicherung unterliegen, sollen abgewendet werden (Schmidt-Räntsch NJW 1998, 3166, 3168; Gruber, Geldwertschwankungen und handelsrechtliche Verträge in Deutschland und Frankreich [2002] 317; Omlor, Geldprivatrecht [2014] 450). In der Systematik des Preisklauselgesetzes handelt es sich bei § 6 PrKG um eine **personengebundene Bereichsausnahme**, die Preisklauseln vom ansonsten eingreifenden Verbot des § 1 Abs 1 PrKG befreit. Auf bereits von § 1 Abs 2 PrKG erfasste Klauseln ist § 6 PrKG nicht anwendbar.

II. Anwendungsbereich

1. Sachlicher Anwendungsbereich

Im Gegensatz zum grundsätzlichen Verbotstatbestand des § 1 Abs 1 PrKG (vgl § 1 **2** PrKG Rn 6) findet die Bereichsausnahme des § 6 PrKG **nur** auf **Preisklauseln in Verträgen** Anwendung. § 6 PrKG folgt insofern einer Art „subjektivem System", als es auf den Inhalt oder die Art des Vertrages als objektivem Kriterium nicht ankommt. Entscheidend sind vielmehr die Eigenschaften und Zielsetzungen der Parteien des Vertrages.

2. Persönlicher Anwendungsbereich

Mindestens eine Vertragspartei muss gebietsansässig und mindestens eine weitere **3** gebietsfremd sein. Bei Verträgen mit mehr als zwei Vertragspartnern können daher auch mehrere gebietsansässige bzw gebietsfremde Personen beteiligt sein. Bei Verträgen ausschließlich zwischen gebietsfremden Personen greift § 6 PrKG nicht ein. Zu prüfen bleibt jedoch, ob der internationale Anwendungsbereich des Preisklauselgesetzes berührt ist (vgl § 1 PrKG Rn 44).

a) Gebietsansässige Partei

4 Die Anforderungen an die gebietsansässige Partei unterteilen sich in ein geographisches und ein transaktionsbezogenes Kriterium. In Abweichung von der Vorgängerregelung aus § 2 Abs 1 S 4 PaPkG aF (ungenau BT-Drucks 16/4391, 29) unterliegt die gebietsansässige Partei nicht mehr dem kaufmännischen Anforderungsprofil aus §§ 1 bis 7 HGB, sondern dem verbraucherrechtlichen des **Unternehmerbegriffs aus § 14 BGB**. Maßgeblich ist danach der für das konkrete Geschäft verfolgte Zweck (Einzelheiten bei STAUDINGER/FRITZSCHE [2018] § 14 Rn 45, § 13 Rn 41 ff mwNw). Nicht anwendbar auf § 6 PrKG ist die bereichsspezifische Erweiterung des Verbraucherbegriffs aus § 513 BGB auf Existenzgründer. Auch **Existenzgründer** handeln bereits mit einer unternehmerischen Zielsetzung (BGH 24. 2. 2005 – III ZB 36/04, BGHZ 162, 253, 256; BGH 15. 11. 2007 – III ZR 295/06 Rn 6, NJW 2008, 435) und erfüllen daher die Anforderungen aus § 6 PrKG iVm § 14 BGB. Schon zu § 2 Abs 1 S 4 PaPkG aF war eine Erweiterung ihres Anwendungsbereichs auf sämtliche gewerblich tätigen Personen angenommen worden (HEYNITZ MittBayNot 1998, 398, 403; SCHMIDT-RÄNTSCH NJW 1998, 3166, 3168; GRUBER, Geldwertschwankungen und handelsrechtliche Verträge in Deutschland und Frankreich [2002] 318; STEINER, Wertsicherungsklauseln [2003] 121 f).

5 In geographischer Hinsicht verweist § 6 PrKG auf die Definition des **Inländers in § 2 Abs 15 AWG** (jurisPK-BGB/TOUSSAINT [9. Aufl 2020] § 6 PrKG Rn 6). Inländer sind danach erstens natürliche Personen mit Wohnsitz oder gewöhnlichem Aufenthalt im Inland. Der Wohnsitz bestimmt sich nach §§ 7 bis 11 BGB, der gewöhnliche Aufenthalt in Anlehnung an Art 5 Abs 2 EGBGB (vgl dazu STAUDINGER/BAUSBACK [2013] Art 5 EGBGB Rn 43 ff mwNw). Zweitens entscheidet bei juristischen Personen oder Personengesellschaften ihr Sitz oder der Ort ihrer Leitung über ihre Inländereigenschaft. Sitz iSd § 2 Abs 15 Nr 2 AWG ist der statutarische Sitz der Gesellschaft, während der Ort der Leitung auf den tatsächlichen Verwaltungssitz Bezug nimmt. Um Inländer zu sein, genügt es, wenn entweder der Satzungs- oder Verwaltungssitz im Inland liegt. Zweigniederlassungen und Betriebsstätten ausländischer Gesellschaften erlangen ebenfalls den Inländerstatus, sofern ihre Leitung bzw Verwaltung im Inland angesiedelt ist (vgl im Einzelnen § 2 Abs 15 Nr 3 und 4 AWG).

6 Der Wortlaut des § 6 PrKG reflektiert noch die bis zum 31. 8. 2013 geltende Fassung des AWG und wurde im Zuge der vollständigen Neufassung des AWG durch das Gesetz zur **Modernisierung des Außenwirtschaftsrechts** vom 6. 6. 2013 (BGBl I 1482) nicht angepasst. Zuvor differenzierte § 4 Abs 1 Nr 5 und 7 AWG aF noch zwischen Gebietsansässigen und Gebietsfremden. Diese Abgrenzung ist durch das Gegensatzpaar Inländer – Ausländer in § 2 Abs 15 AWG abgelöst worden.

b) Gebietsfremde Partei

7 Als gebietsfremd gilt eine Vertragspartei, wenn sie nicht Inländer iSd § 2 Abs 15 AWG ist. Ihre Unternehmereigenschaft nach § 14 ist unerheblich. Inländische Unternehmer sollen auch im Wettbewerb um ausländische Verbraucher vor den Beschränkungen des Preisklauselgesetzes geschützt werden.

§ 7 PrKG
Verträge zur Deckung des Bedarfs der Streitkräfte

Zulässig sind Preisklauseln bei Verträgen, die der Deckung des Bedarfs der Streitkräfte dienen, wenn der geschuldete Betrag durch die Änderung eines von dem Statistischen Bundesamt, einem Statistischen Landesamt oder dem Statistischen Amt der Europäischen Gemeinschaften ermittelten Preisindex bestimmt wird.

Materialien: BGBl I 2007, 2246, 2247; BT-Drucks 16/4391, 5; BT-Drucks 16/5522, 7; BT-Drucks 16/8305, 13.

Schrifttum

BALDUS, in: ders/THEISEN/VOGEL (Hrsg), „Gesetzgeber" und Rechtsanwendung (2013) 5
HILBER, Preisanpassungsklauseln im unternehmerischen Verkehr – Rechtliche Grenzen und Möglichkeiten, BB 2011, 2691
OMLOR, Geldprivatrecht. Entmaterialisierung, Europäisierung, Entwertung (2014).

Systematische Übersicht

I. Teleologische und systematische Verortung	1
II. Anwendungsbereich	2

Alphabetische Übersicht

Anwendungsbereich	2	ratio legis	1
		Rechtfertigung	1
Beschaffungsverträge	1	Rüstungsindustrie	1
Dienstleistungen	2	Staatliche Beteiligung	2
Güter	2	Teleologische Reduktion	2
Langfristige Beschaffungsverträge	1	Vertragspartner	2
Privilegierung	1		

I. Teleologische und systematische Verortung

1 Ohne Vorbild im früheren Preisangaben- und Preisklauselgesetz und der darauf basierenden Preisklauselverordnung ist die Bereichsausnahme in § 7 PrKG, die damit eine **Neuschöpfung des Preisklauselgesetzes** darstellt. Der Haushaltsausschuss des Deutschen Bundestages forderte im Gesetzgebungsverfahren die **Berücksichtigung**

von **Produktivitätsfortschritten** in langfristigen Beschaffungsverträgen der Bundeswehr (BT-Drucks 16/4391, 29). Risiken für die Geldwertstabilität infolge von Wertsicherungsklauseln in Beschaffungsverträgen der Bundeswehr wurden verneint. Schon wegen der notwendigen Beteiligung des Staates als Vertragspartner sei eine inflationshemmende Vertragsgestaltung gewährleistet. Zudem würden Beschaffungsverträge im Verteidigungsbereich häufig zu **Selbstkostenpreisen** geschlossen. Schließlich sei durch die Beschränkung der Bezugsgrößen auf bestimmte Indizes gewährleistet, dass keine Partei übervorteilt und der gesamtwirtschaftliche Produktivitätsfortschritt berücksichtigt werde. Diese Begründung vermag nicht in allen Punkten zu überzeugen. Vor allem ist nicht ersichtlich, warum gerade bei Wehrtechnik der Produktionsfortschritt eine Privilegierung rechtfertigen soll, nicht aber bei anderen Wirtschaftsgütern (jurisPK-BGB/Toussaint [9. Aufl 2020] § 7 PrKG Rn 3). Auch erscheint das Maß an altruistischem Handeln („Verträge zu Selbstkostenpreisen", BT-Drucks 16/4391, 29) in der Rüstungsindustrie zumindest als nicht hinreichend belegt, um es als Rechtfertigung für die Bereichsausnahme von § 7 PrKG fruchtbar machen zu können; zudem stünde hierfür bereits die Kostenelementeklausel (§ 1 Abs 2 Nr 3 PrKG) zur Verfügung. Daher taugt als *ratio legis* des § 7 PrKG letztlich allein die sich in Art 87a GG widerspiegelnde **Staatsaufgabe zur Selbstverteidigung** (Omlor, Geldprivatrecht [2014] 451).

II. Anwendungsbereich

2 Preisklauseln, die nach § 1 Abs 1 und 2 PrKG dem sachlichen Anwendungsbereich des Preisklauselgesetzes unterfallen, können durch die Bereichsausnahme des § 7 PrKG vom grundsätzlichen Verbot ausgenommen werden (§ 2 Abs 1 S 1 PrKG). Typischer-, aber **nicht notwendigerweise** ist der **Staat unmittelbar Vertragspartner** eines solchen Beschaffungsvertrags (offen Hilber BB 2011, 2691, 2692; **aA** jurisPK-BGB/Toussaint [9. Aufl 2020] § 7 PrKG Rn 5). Während die Gesetzesbegründung (BT-Drucks 16/4391, 29) davon ausgeht, dass stets eine staatliche Beteiligung vorliege, hat sich diese Restriktion im Gesetzeswortlaut nicht niedergeschlagen. Dort wird lediglich zweckbezogen auf die Bedarfsdeckung der Streitkräfte abgestellt. Einer teleologischen Reduktion bedarf es dennoch nicht. Die objektive Teleologie der Vorschrift, die sich auf die Staatsaufgabe zur Selbstverteidigung stützt und den gesamten Beschaffungsprozess in den Blick nimmt, stünde einer solchen entgegen (vgl Baldus, in: ders/Theisen/Vogel [Hrsg], „Gesetzgeber" und Rechtsanwendung [2013] 5, 17 ff). Daher unterfallen auch **Zulieferverträge** der Bereichsausnahme des § 7 PrKG (Omlor, Geldprivatrecht [2014] 451). Zum Bedarf der Streitkräfte können sowohl **Güter als auch Dienstleistungen** gehören.

§ 8 PrKG
Unwirksamkeit der Preisklausel

Die Unwirksamkeit der Preisklausel tritt zum Zeitpunkt des rechtskräftig festgestellten Verstoßes gegen dieses Gesetz ein, soweit nicht eine frühere Unwirksamkeit vereinbart ist. Die Rechtswirkungen der Preisklausel bleiben bis zum Zeitpunkt der Unwirksamkeit unberührt.

Materialien: BGBl I 2007, 2246, 2247;
BT-Drucks 16/4391, 5; BT-Drucks 16/5522, 7;
BT-Drucks 16/8305, 13.

Schrifttum

AUFDERHAAR/JAEGER, Reform des Rechts der Preisklauseln in der immobilienrechtlichen Praxis, ZfIR 2008, 121
GERBER, Überraschende Regelungen im neuen Preisklauselgesetz, NZM 2008, 152
HARTMANN, Wertsicherung von Erbbauzins, NJW 1976, 428
HORN, Neuverhandlungspflicht, AcP 181 (1981) 255
KIRCHHOFF, Das Verbot von Wertsicherungsklauseln im neuen Preisklauselgesetz, DNotZ 2007, 913
ders, Wertsicherungsklauseln in Verträgen juristischer Personen des öffentlichen Rechts, NVwZ 2011, 138
MITTELBACH, Wertsicherungsklauseln in Zivil- und Steuerrecht (4. Aufl 1980)
NEUHAUS, Wertsicherungsklauseln – Zeitpunkt der gerichtlichen Feststellung einer Unwirksamkeit nach dem Preisklauselgesetz, IMR 2011, 270
OMLOR, Geldprivatrecht. Entmaterialisierung, Europäisierung, Entwertung (2014).

Systematische Übersicht

I. Teleologische und systematische Verortung	1
II. Eintritt der Nichtigkeitsfolgen	
1. Rechtsgrundlagen	3
2. Zeitraum bis zur gerichtlichen Feststellung	4
3. Zeitpunkt der Nichtigkeitswirkung	5
III. Mechanismen zur Lückenschließung	7
1. Ergänzende Vertragsauslegung	8
2. Teil- oder Gesamtnichtigkeit	9
3. Abweichende Vereinbarungen	10

Alphabetische Übersicht

Abweichende Vereinbarung	10
AGB	7
Disponibilität	10
Endurteil	6
Ergänzende Vertragsauslegung	8
Feststellungsklage	5
Formelle Rechtskraft	6
Gesamtnichtigkeit	9
Gesetzliches Verbot iSd § 134 BGB	1, 3
Kondiktion	4
Prozessvergleich	6
Rechtsgrund iSd § 812 Abs 1	4
Schiedsspruch	6
Schwebende Wirksamkeit	4
Teilnichtigkeit	9
Treuwidrigkeit	4
Widerklage	5
Zeitpunkt der Nichtigkeitswirkung	1, 5 f
Zwischenfeststellungsklage	5

I. Teleologische und systematische Verortung

1 Mit dem Inkrafttreten des Preisklauselgesetzes hat das deutsche Wertsicherungsrecht den regelungstechnischen Übergang vom Verbot mit Genehmigungsvorbehalt zum System der Legalausnahmen vollzogen. Als Folge dieser Entbürokratisierung trägt der Normunterworfene das **Risiko einer Fehleinschätzung** der wahren Rechtslage, wenn er das Preisklauselgesetz unzutreffend bzw abweichend zur Auffassung des final entscheidenden Gerichts auslegt (vgl BT-Drucks 16/4764, 16). Ein Teil dieser Unwägbarkeiten soll den Wirtschaftsteilnehmern abgenommen werden, indem die Rechtsfolgen eines Verstoßes gegen das Preisklauselgesetz in zeitlicher Hinsicht beschränkt werden: Bis zu deren rechtskräftiger Feststellung führt eine Unvereinbarkeit mit dem Preisklauselgesetz nicht zur Unwirksamkeit einer Preisklausel. Die Folgen einer preisrechtlichen Unzulässigkeit nach § 1 Abs 1 PrKG treten erst mit ihrer rechtskräftigen Feststellung ein. Zwar handelt es sich bei § 1 Abs 1 PrKG um ein **gesetzliches Verbot iSd § 134 BGB**, aber aus § 8 PrKG ergibt sich eine partiell abweichende Regelung, dh „ein anderes" iSd § 134 BGB, hinsichtlich des **Zeitpunkts der Nichtigkeitswirkungen** (jurisPK-BGB/Toussaint [9. Aufl 2020] § 8 PrKG Rn 1).

2 Diese Beschränkung der Sanktionswirkungen war im Gesetzgebungsverfahren auf **Kritik** des Bundesrates gestoßen (BR-Drucks 68/07 [B] 5). Ein Verstoß gegen das Preisklauselgesetz drohe wirtschaftlich folgenlos zu bleiben. Daher bestehe die Gefahr, dass sich die verhandlungsstärkere Partei bewusst über die preisrechtlichen Vorgaben hinwegsetze. Auf dieser Linie liegt auch die Einschätzung, das Preisklauselgesetz sei durch seinen § 8 praktisch weitgehend bedeutungslos geworden und in die Nähe einer „lex imperfecta" zu setzen (jurisPK-BGB/Toussaint [9. Aufl 2020] § 8 Rn 2 f). In der Tat beraubt die zeitlich eingeschränkte Nichtigkeitsfolge dem Preisklauselgesetz einen Teil des normativen wie wirtschaftlichen Anreizes, ausschließlich zulässige Preisklauseln zu verwenden und sich damit den währungspolitischen Zielsetzungen des Gesetzes zu unterwerfen. Dennoch erweist sich diese gesetzgeberische Entscheidung, die überdies als Teil der *lex lata* hinzunehmen ist (Gerber NZM 2008, 152, 154), als **sachgerecht** (Omlor, Geldprivatrecht [2014] 452). Zunächst darf nicht unberücksichtigt bleiben, dass jede Partei **zu jedem beliebigen Zeitpunkt eine gerichtliche Entscheidung** anzustrengen vermag (BT-Drucks 16/4764, 16). Damit lässt § 8 PrKG permanent ein materiell-rechtliches Damoklesschwert in prozessualem Gewand über den Parteien schweben. Zudem trägt § 8 PrKG, wenn auch auf eine andere regelungstechnische Art und Weise, dem schon zu § 3 S 2 WährG aF anerkannten Prinzip einer engen und einschränkenden Auslegung des Verbots (statt aller BGH 17. 9. 1954 – V ZR 79/53, BGHZ 14, 306, 308; BGH 4. 6. 1962 – VIII ZR 24/61, NJW 1962, 1393; BVerwG 3. 10. 1972 – I C 36/68, BVerwGE 41, 1, 6) Rechnung. Gleiches folgt aus der grundrechtlich geschützten **Freiheit zur Wertsicherung** (vgl Einl 10 zum PrKG). Schließlich besteht das Bedürfnis für eine Wertsicherung vor allem bei langfristigen Vertragsverhältnissen. Die abschreckende Wirkung des Indexierungsverbots aus § 1 Abs 1 PrKG folgt in diesen praktisch dominierenden Fällen aus dem Umstand, dass auch nach dem für § 8 PrKG maßgeblichen Zeitpunkt noch eine **erhebliche Vertragslaufzeit** bevorstehen mag. Die Parteien sind dann auf das in den Einzelheiten ungewisse Eingreifen von Instrumenten zur Lückenschließung, vor allem die ergänzende Vertragsauslegung (s u Rn 8), angewiesen.

II. Eintritt der Nichtigkeitsfolgen

1. Rechtsgrundlagen

Der Grundtatbestand aus § 1 Abs 1 PrKG stellt ein Verbotsgesetz iSd § 134 BGB **3** dar. Die Nichtigkeitssanktion folgt nicht aus § 8 PrKG, sondern **unmittelbar aus § 134 BGB iVm § 1 Abs 1 PrKG** (vgl zum Streit um die dogmatische Bedeutung des § 134 BGB STAUDINGER/SACK/SEIBL [2017] § 134 Rn 57 ff mwNw). Aus § 8 PrKG leitet sich vielmehr eine Einschränkung der Rechtsfolgen des § 134 BGB in zeitlicher Hinsicht ab. Eine solche Abweichung lässt § 134 BGB ausdrücklich zu („wenn sich nicht aus dem Gesetz ein anderes ergibt"). Auf § 2 Abs 1 S 2 PrKG kommt es hingegen für die Nichtigkeitssanktion nicht an, da dort lediglich die Nichtanwendbarkeit einer Bereichsausnahme zu § 1 Abs 1 PrKG angeordnet wird. Der Charakter als **Verbotsgesetz** (vgl allgemein STAUDINGER/SACK/SEIBL [2017] § 134 Rn 30 ff mwNw) **basiert auf der Teleologie des Preisklauselgesetzes**, die Preisstabilität zu sichern, das Vertrauen in die eigene Währung und den Verbraucherschutz zu fördern (vgl Einl 19 zum PrKG u § 1 PrKG Rn 1). Angesichts der Gefahr, dass sich ansonsten durch eine weitgehende Verwendung von automatisch wirkenden Wertsicherungsklauseln inflationäre Tendenzen „schwungradartig" ausbreiten und verstärken (vgl Einl 19 zum PrKG), bedarf es der Nichtigkeitssanktion. Reaktive Maßnahmen wie beispielsweise Bußgelder wirkten demgegenüber zu spät und wären nicht in der Lage, die befürchtete Inflationsspirale aufzuhalten.

2. Zeitraum bis zur gerichtlichen Feststellung

Bis zur rechtskräftigen Feststellung des Verstoßes gegen § 1 Abs 1 PrKG ist die be- **4** troffene Preisklausel **schwebend wirksam**, sofern ihr nicht anderweitige Mängel anhaften (zB §§ 104 ff, 138, 307 ff BGB). Die Rechtsfolgen aus § 134 BGB iVm § 1 Abs 1 PrKG treten erst *ex nunc* im nach § 8 S 1 PrKG maßgeblichen Zeitpunkt ein. Daher kann der Geldgläubiger in diesem Zeitraum die Erfüllung der Geldschuld in der Höhe verlangen, wie sie sich unter Einbeziehung der – an sich unzulässigen – Preisklausel ergibt (§ 8 S 2 PrKG). Da der Geldschuldner jederzeit im Klagewege die Nichtigkeitsfolge herbeizuführen und angesichts der gesetzgeberischen Entscheidung bis zu diesem Zeitpunkt keinen Nutzen aus dem Verbot in § 1 Abs 1 PrKG zu ziehen vermag, handelt der Geldgläubiger regelmäßig auch **nicht treuwidrig**, wenn er sich für sein Zahlungsbegehren auf die unzulässige Preisklausel stützt. Umgekehrt ist es dem Geldgläubiger nach einer erfolgten Zahlung verwehrt, auf der Grundlage der *condictio indebiti* (§ 812 Abs 1 S 1 Alt 1 BGB) eine teilweise Rückerstattung zu verlangen (KIRCHHOFF DNotZ 2007, 913, 923; ders NVwZ 2011, 138, 142). Der Vertrag in seiner Ausgestaltung durch die Preisklausel bildet den **Rechtsgrund iSd § 812 Abs 1 BGB** für den Gesamtbetrag der Zahlung (vgl BGH 14. 5. 2014 – VIII ZR 114/13, BGHZ 201, 230 = NJW 2014, 2708 Rn 54).

3. Zeitpunkt der Nichtigkeitswirkung

Die Nichtigkeitsfolge aus § 134 BGB iVm § 1 Abs 1 PrKG tritt mit der Rechtskraft **5** einer den Verstoß gegen das Preisklauselgesetz feststellenden Entscheidung ein. Die Rechtskraft muss sich hierzu gerade auf die Unzulässigkeit nach § 1 Abs 1 PrKG beziehen. Bei einer Leistungsklage, die sich auf die Zahlung der Geldschuld unter Einbeziehung der betroffenen Preisklausel richtet, ist dies nicht der Fall (GERBER NZM 2008, 152, 154; SCHULTZ NZM 2008, 425, 427). Vorfragen und präjudizielle Rechtsverhältnisse nehmen insofern als bloße Urteilselemente nicht an der Rechtskraft teil (BGH 17. 3. 1964 – Ia ZR 193/63, BGHZ 42, 340, 350; BGH 7. 7. 1993 – VIII ZR 103/92, BGHZ 123, 137, 140). Erforderlich ist daher eine **Feststellungsklage**, die in einem Zahlungsprozess auch im Wege einer **Widerklage** erhoben werden kann (GERBER NZM 2008, 152, 154). Ob eine **Zwischenfeststellungsklage** nach § 256 Abs 2 ZPO zulässig wäre (bejahend AUFDERHAAR/JAEGER ZfIR 2008, 121, 125; ablehnend jurisPK-BGB/TOUSSAINT [9. Aufl 2020] § 8 PrKG Rn 9), hängt davon ab, welche Anforderungen an die Vorgreiflichkeit des Rechtsverhältnisses für die Hauptentscheidung gestellt werden. Genügt die schlichte Möglichkeit, dass „das streitige Rechtsverhältnis zwischen den Parteien über den gegenwärtigen Streitstand hinaus Bedeutung gewinnen kann" (BGH 23. 3. 1982 – KZR 5/81, BGHZ 83, 251, 255 mwNw; ebenso BGH 9. 3. 1994 – VIII ZR 165/93, BGHZ 125, 251, 256; BGH 5. 5. 2011 – VII ZR 179/10 Rn 21, NJW 2011, 2195; enger BGH 17. 5. 1977 – VI ZR 174/74, BGHZ 69, 37, 42: nur „inzidenter ohnehin zu klärende[s] Rechtsverhältnis"), so stehen einer Zwischenfeststellungsklage keine Zulässigkeitsbedenken entgegen. Zwar kann das Gericht die Vorfrage, ob die verwendete Preisklausel gegen § 1 Abs 1 PrKG verstößt, in einem auf die Nichtzahlung in der Vergangenheit ausgerichteten Zahlungsprozess wegen § 8 PrKG typischerweise unberücksichtigt lassen. Jedoch hilft eine zulässige Zwischenfeststellungsklage, weitere Rechtsstreitigkeiten in Zukunft zu verhindern (vgl BGH 17. 5. 1977 – VI ZR 174/74, BGHZ 69, 37, 42), und rechtfertigt daher unter dem Gesichtspunkt der Prozessökonomie ein prozessübergreifendes Verständnis der Vorgreiflichkeit.

6 Erforderlich für § 8 PrKG ist eine der Rechtskraft fähige Entscheidung (im Einzelnen MünchKommZPO/GOTTWALD[6] § 322 Rn 26 ff mwNw). In Betracht kommen neben **Endurteilen** auch **Schiedssprüche** (§ 1055 ZPO). Keine rechtskräftige Feststellung kann hingegen aus einem **Prozessvergleich** abgeleitet werden (**aA** NEUHAUS IMR 2011, 270 f), denn ein solcher bewirkt keine materielle Rechtskraft (BGH 22. 12. 1982 – V ZR 89/80, BGHZ 86, 184, 186; vgl auch BGH 4. 10. 1982 – GSZ 1/82, BGHZ 85, 64 ff). In zeitlicher Hinsicht kommt es entscheidend auf den Eintritt der **formellen Rechtskraft** an, sodass nach § 705 S 1 ZPO die Frist für das zulässige Rechtsmittel bzw den zulässigen Einspruch abgelaufen sein muss. Es eröffnet sich somit für den von einer unzulässigen Preisklausel Begünstigten die Möglichkeit, durch Einlegung des Rechtsmittels eine Hemmung der Rechtskraftwirkungen nach § 705 S 2 ZPO zu bewirken. Aus dem eindeutigen Wortlaut des § 8 PrKG leitet sich ab, dass allein die Anhängig- oder Rechtshängigkeit eines Feststellungsbegehrens noch keine Auswirkungen auf die Wirksamkeit der Preisklausel hat. Auch während des Instanzenzugs bleibt eine unzulässige Preisklausel schwebend wirksam.

III. Mechanismen zur Lückenschließung

7 Wertsicherungsvereinbarungen können insbesondere an den gesetzlichen Vorgaben des Preisklauselgesetzes und des AGB-Rechts scheitern. Beide Regelungssysteme stehen eigenständig nebeneinander, sodass namentlich ein Verstoß gegen § 1 Abs 1 PrKG nicht zur Unwirksamkeit nach § 307 Abs 1 S 1 BGB führt (vgl § 1 PrKG Rn 45). Die Nichtigkeit einer Preisklausel nach § 134 BGB iVm § 1 Abs 1 PrKG reißt eine Lücke in das Vertragsgefüge, die es zu schließen gilt. Ein vergleichbares Problem kann entstehen, wenn eine Wertsicherungsabrede die von den Parteien intendierten

Wirkungen nicht erzielt (vgl Vorbem C201 ff zu §§ 244–248). Die verschiedenen Mechanismen zur Lückenschließung sind sämtlich nicht im Preisklauselgesetz zu verorten.

1. Ergänzende Vertragsauslegung

Zur Lückenschließung infolge eines Verstoßes gegen § 1 Abs 1 PrKG ist **vorrangig** **8** eine **ergänzende Vertragsauslegung** durchzuführen (BGH 15. 5. 1963 – VIII ZR 20/62, WM 1963, 763, 764 f; BGH 25. 1. 1967 – VIII ZR 206/64, NJW 1967, 830, 831; BGH 30. 10. 1974 – VIII ZR 69/73, BGHZ 63, 132, 135; BGH 21. 1. 1976 – VIII ZR 113/74, NJW 1976, 892 [Leitsatz] = MDR 1976, 571; BGH 8. 12. 1978 – VIII ZR 282/77, NJW 1979, 2250; BGH 2. 2. 1983 – VIII ZR 13/82, NJW 1983, 1909, 1910; BGH 1. 2. 1984 – VIII ZR 54/83, BGHZ 90, 69, 75; BGH 18. 11. 2011 – V ZR 31/11, BGHZ 191, 336 = NJW 2012, 526 Rn 13; OLG Brandenburg 17. 10. 2012 – 3 U 75/11, NZM 2013, 184, 188; Omlor, Geldprivatrecht [2014] 453). Danach sind die Regelungen und Wertungen des Vertrages zu ermitteln, um an ihnen anknüpfend den Vertrag zu Ende zu denken (BGH 3. 7. 1981 – V ZR 100/80, BGHZ 81, 135, 141; BGH 31. 10. 2008 – V ZR 71/08 Rn 7, NJW 2009, 679; BGH 12. 10. 2012 – V ZR 222/11 Rn 12, NJW-RR 2013, 494). Die Vertragslücke ist dergestalt zu füllen, wie es redliche Parteien unter angemessener Würdigung der beiderseitigen Interessen getan hätten, sofern sie die Unwirksamkeit der Wertsicherungsklausel bedacht hätten (vgl BGH 6. 10. 2006 – V ZR 20/06, BGHZ 169, 215 = NJW 2007, 509 Rn 11). Selbst die Kenntnis der Parteien von der preisrechtlichen Unzulässigkeit einer Wertsicherungsklausel steht einer ergänzenden Vertragsauslegung nicht notwendig entgegen (BGH 6. 12. 1978 – VIII ZR 282/77, NJW 1979, 2250). Typischerweise leitet sich aus der Existenz einer – wenn auch letztlich unwirksamen – Preisklausel ein zwischen den Parteien konsentiertes Wertsicherungsbedürfnis ab, das sich mit einem nichtigkeitsbedingten Verzicht auf eine vertraglich-präventive Wertsicherung nicht vertrüge. Daher deutet der hypothetische Parteiwille regelmäßig auf eine **Ersetzung der unzulässigen Preisklausel durch eine zulässige Alternativgestaltung** (BGH 30. 10. 1974 – VIII ZR 69/73, BGHZ 63, 132, 135 f; BGH 18. 5. 1979 – V ZR 70/78, NJW 1979, 2150; OLG Brandenburg 17. 10. 2012 – 3 U 75/11, NZM 2013, 184, 188; Hartmann NJW 1976, 428; Horn AcP 181 [1981] 255, 270; kritisch Mittelbach, Wertsicherungsklauseln in Zivil- und Steuerrecht [4. Aufl 1980] 107) hin. Konkret steht insbesondere der Ausnahmenkatalog aus § 1 Abs 2 PrKG offen. Vergleichsweise geringe gestalterische Bemühungen verlangt der Übergang von einer preisrechtlich regulierten Preisgleitklausel zu einer stets zulässigen Leistungsvorbehalts- oder Spannungsklausel ab (vgl BGH 21. 1. 1976 – VIII ZR 113/74, WM 1976, 385; BGH 6. 12. 1978 – VIII ZR 282/77, NJW 1979, 2250 f). Alternativ kann auch auf den Anpassungsautomatismus an die fortlaufende Geldentwertung verzichtet werden, wie es unter anderem bei einer reinen Staffelmiete der Fall ist (Aufderhaar/Jaeger NZM 2009, 564, 565). Erst wenn sich ein hypothetischer Parteiwille nicht hinreichend eindeutig feststellen lässt, bedarf es eines Rückgriffs auf das Institut des Wegfalls der Geschäftsgrundlage (so schon zu § 3 WährG aF Staudinger/K Schmidt [1997] Vorbem D333 zu §§ 244 ff).

2. Teil- oder Gesamtnichtigkeit

Welche Auswirkungen die Nichtigkeit der Preisklausel auf den restlichen Vertrag **9** hat, richtet sich allgemein nach **§ 139 BGB**. Lässt sich die Vertragslücke im Wege einer ergänzenden Vertragsauslegung schließen, so verbietet sich *per se* eine Anwendung des § 139 BGB mit der Folge der Gesamtnichtigkeit des Vertrages (BGH 30. 10. 1974 – VIII ZR 69/73, BGHZ 63, 132, 136). Ansonsten richtet sich nach dem hypothetischen Parteiwillen, ob es bei der Zweifelsregelung des § 139 BGB bleibt oder nur eine Teilnichtigkeit eintritt. Ob darüber hinaus ein Ausschluss des § 139 BGB und damit eine stets auf die betroffene Preisklausel isolierte Nichtigkeitsfolge bereits aus dem Sinn und Zweck des Preisklauselgesetzes folgt (so OLG Celle 3. 11. 1981 – 4 U 99/81, OLGZ 1982, 219, 221 zu § 10 MHRG aF), erscheint zweifelhaft. Vielmehr spricht der **typische Parteiwille regelmäßig gegen eine Gesamtnichtigkeit** (BGH 18. 9. 1974 – VIII ZR 63/73, NJW 1974, 2233, 2235 [zu Verträgen mit kürzerer Laufzeit]; vgl auch BGH 2. 2. 1983 – VIII ZR 13/82, NJW 1983, 1909, 1910).

3. Abweichende Vereinbarungen

10 Die zeitliche Reichweite des gesetzlichen Verbots aus § 1 Abs 1 PrKG unterliegt teilweise der Disposition der Parteien (§ 8 S 1 HS 2 PrKG). Zulässig ist eine **Vorverlagerung der Nichtigkeitswirkungen bis zur ex nunc-Nichtigkeit**. Die Vereinbarung ist bis zum Zeitpunkt der Rechtskraft der die Nichtigkeit feststellenden Entscheidung möglich. Die Nichtigkeitssanktion selbst kann nicht abbedungen oder modifiziert werden. Ob auch mittelbare Versuche, die Rechtsfolge aus § 134 BGB iVm § 1 Abs 1 PrKG zu umgehen, wirkungslos bleiben, hängt von der jeweiligen Ausgestaltung ab. Ein *pactum de non petendo* (vgl allgemein zu Rechtsnatur und Inhalt STAUDINGER/PETERS/JACOBY [2019] § 205 Rn 14 ff), die Unwirksamkeit der Preisklausel nicht geltend zu machen, ist nicht von vornherein zu missbilligen (zu pauschal daher KIRCHHOFF DNotZ 2007, 913, 923). Das Gesetz nimmt es durch die Regelung in § 8 PrKG augenscheinlich hin, dass die Unwirksamkeit nur eintritt, sofern sie eine Partei gerichtlich geltend macht. Insofern besteht nach § 8 PrKG eine **doppelte Disponibilität**: in Bezug auf die Geltendmachung der Nichtigkeit („ob") und eingeschränkt in Bezug auf ihre zeitliche Wirkung („wann"). Eine unzulässige Umgehung der Nichtigkeitsanordnung (vgl STAUDINGER/SACK/SEIBL [2017] § 134 Rn 145, 149 mwNw) läge erst dann vor, wenn nach einer rechtskräftigen Feststellung ein *pactum de non petendo* geschlossen würde; vorherigen Vereinbarungen hingegen steht § 8 PrKG nicht entgegen. Eine solche Abrede bleibt dennoch an die allgemeinen Wirksamkeitshindernisse der §§ 138, 307 ff BGB (vgl zum arbeitsrechtlichen Sonderfall der Kündigungsschutzklage BAG 25. 9. 2014 – 2 AZR 788/13 Rn 18 ff, NJW 2015, 1038) gebunden.

§ 9 PrKG
Übergangsvorschrift

(1) Nach § 2 des Preisangaben- und Preisklauselgesetzes in der bis zum 13. September 2007 geltenden Fassung erteilte Genehmigungen gelten fort.

(2) Auf Preisklauseln, die bis zum 13. September 2007 vereinbart worden sind und deren Genehmigung bis dahin beim Bundesamt für Wirtschaft und Ausfuhrkontrolle beantragt worden ist, sind die bislang geltenden Vorschriften weiter anzuwenden.

Materialien: BGBl I 2007, 2246, 2247; BT-Drucks 16/4391, 5; BT-Drucks 16/5522, 7; BT-Drucks 16/8305, 13.

Schrifttum

KIRCHHOFF, Das Verbot von Wertsicherungsklauseln im neuen Preisklauselgesetz, DNotZ 2007, 913
SCHULTZ, Stolperstein Wertsicherung, NZM 2008, 425.

Systematische Übersicht

I. Teleologische und systematische Verortung ... 1	IV. Fallgruppen von Altklauseln
II. Zeitlicher Anwendungsbereich des Preisklauselgesetzes ... 2	1. Altklausel mit abgeschlossenem Genehmigungsverfahren (Abs 1) ... 5
III. Regelungsbereich von § 9 PrKG ... 3	2. Altklauseln mit bis zum 13. 9. 2007 eingeleitetem Genehmigungsverfahren (Abs 2) ... 6
	3. Altklauseln ohne eingeleitetes oder abgeschlossenes Genehmigungsverfahren ... 7

Alphabetische Übersicht

Ablehnung einer Genehmigung	2	Regelungsbedürfnis	1
Altklauseln	5 ff	Schwebende Unwirksamkeit	6
Anwendungsbereich	2	Währungsgesetz aF	3
Endgültig abgeschlossener Sachverhalt	7	Wirksamkeit der Preisklausel	2
Genehmigungsverfahren	2, 5 ff		
Nachträgliche Rücknahme des Genehmigungsantrags	7		

I. Teleologische und systematische Verortung

§ 9 PrKG regelt den zeitlichen Anwendungsbereich des Preisklauselgesetzes in Abgrenzung zu seinen Vorgängerregelungen. Das Regelungsbedürfnis ergibt sich allgemein aus der Aufhebung von § 2 PaPkG aF (vgl Art 11 des Zweiten Gesetzes zum Abbau bürokratischer Hemmnisse insbesondere in der mittelständischen Wirtschaft v 7. 9. 2007 [BGBl I 2246]), zugleich aber auch durch den Übergang vom früheren Genehmigungsverfahren zum System der Legalausnahmen. Während § 9 Abs 1 PrKG Bestandsschutz für vor dem Inkrafttreten des Preisklauselgesetzes erteilte Genehmigungen nach § 2 PaPkG aF anordnet, sieht § 9 Abs 2 PrKG eine partielle Weitergeltung von § 2 PaPkG aF über diesen Zeitpunkt hinaus vor. Der Regelungsgehalt von § 9 Abs 1 PrKG bezieht sich nicht auf eine deklaratorische Feststellung der verwaltungsrechtlichen Bestandskraft eines Verwaltungsakts, sondern ordnet die **Fortgeltung von dessen privatrechtlicher Gestaltungswirkung** an. Demgegenüber dient § 9 Abs 2 PrKG auch der Verfahrensvereinfachung, indem für die Genehmigungsbe-

1

hörde ein eindeutig und rechtssicher feststellbarer Stichtag zur Verfügung gestellt wird.

II. Zeitlicher Anwendungsbereich des Preisklauselgesetzes

2 Das Preisklauselgesetz findet **erstens** auf Preisklauseln Anwendung, die ab seinem Inkrafttreten (vgl Art 30 Abs 1 S 1 des Zweiten Gesetzes zum Abbau bürokratischer Hemmnisse insbesondere in der mittelständischen Wirtschaft v 7. 9. 2007 [BGBl I 2246]) am **14. 9. 2007 (0 Uhr)** vereinbart worden sind. Entscheidend ist hierfür, wann – unter Ausblendung der preisrechtlichen Vorgaben – die volle Wirksamkeit der Preisklausel, dh regelmäßig die Willenseinigung der Parteien, vorgelegen hat. **Zweitens** unterliegen seit dem Zeitpunkt des Inkrafttretens auch zuvor vereinbarte Preisklauseln dem Preisklauselgesetz, sofern über sie nicht bereits abschließend im Genehmigungsverfahren entschieden oder zumindest ein entsprechender Antrag gestellt wurde (BGH 13. 11. 2013 – XII ZR 142/12 Rn 24, NJW 2014, 52; OLG Celle 20. 12. 2007 – 4 W 220/07, NJW-RR 2008, 896, 897; OLG Brandenburg 19. 8. 2009 – 3 U 135/08, NJW 2010, 876, 877; OLG Rostock 17. 9. 2012 – 3 W 48/12, DWW 2013, 185; OLG Brandenburg 17. 10. 2012 – 3 U 75/11, ZMR 2013, 184, 186; vgl aber einschränkend zu vor dem 1. 1. 1999 abgeschlossenen Sachverhalten Rn 7). Zwar regelt § 9 Abs 1 PrKG ausdrücklich nur den positiven Fall einer erteilten Genehmigung. Jedoch wird nach dem endgültigen Abschluss des Genehmigungsverfahrens durch die **Ablehnung einer Genehmigung** nicht eine erneute Zulässigkeitsprüfung auf der geänderten gesetzlichen Grundlage eröffnet. Preisklauseln, denen bestandskräftig die Genehmigung versagt wurde, unterliegen daher nicht den Regelungen des Preisklauselgesetzes und bleiben daher auch nach dessen Inkrafttreten nichtig (jurisPK-BGB/Toussaint [9. Aufl 2020] § 9 PrKG Rn 11).

III. Regelungsbereich von § 9 PrKG

3 Die von der Übergangsvorschrift des § 9 PrKG erfassten Preisklauseln müssen **vor dem Inkrafttreten des Preisklauselgesetzes wirksam zustande gekommen** sein, wobei ein Verstoß gegen preisrechtliche Vorgaben für diese Wirksamkeitsprüfung unbeachtlich ist (Altklauseln). Die zeitliche Grenze bildet der 13. 9. 2007 (24 Uhr). Für danach vereinbarte Preisklauseln gilt ausschließlich das Preisklauselgesetz. Für das **Verhältnis zu § 3 S 2 WährG aF** trifft § 9 PrKG unmittelbar keine Aussage. Durch Art 9 § 1 des Euro-Einführungsgesetzes (Gesetz zur Einführung des Euro v 9. 6. 1998 [BGBl I 1242]) war § 3 WährG aF mit Wirkung zum 1. 1. 1999 (0 Uhr) aufgehoben worden. Für das Indexierungsverbot aus § 2 PaPkG aF ordnete § 8 PrKV aF folgende Übergangsregelung an:

> „Bereits nach § 3 des Währungsgesetzes erteilte Genehmigungen gelten fort. Genehmigungsanträge nach § 3 des Währungsgesetzes, die am 31. Dezember 1998 noch nicht erledigt sind, werden auf das Bundesamt für Wirtschaft und Ausfuhrkontrolle (BAFA) übergeleitet. Über Genehmigungsanträge, die nach dem 31. Dezember 1998 gestellt werden, ist, auch wenn sie sich auf früher geschlossene Verträge beziehen, nach dieser Verordnung zu entscheiden."

4 § 9 Abs 1 PrKG führt die Vorgängerregelung aus § 8 S 1 PrKV aF fort und betrifft insofern mittelbar auch Genehmigungen zur Altklauseln, die noch auf Grundlage von § 3 S 2 WährG aF erteilt worden waren. Auch ihnen wird Bestandsschutz eingeräumt (s u Rn 5).

IV. Fallgruppen von Altklauseln

1. Altklausel mit abgeschlossenem Genehmigungsverfahren (Abs 1)

Die in den Regelungsbereich von § 9 PrKG fallenden Altklauseln (s o Rn 2), die bereits vollständig ein Genehmigungsverfahren durchlaufen haben, unterliegen nicht dem Preisklauselgesetz. Namentlich die privatrechtliche Gestaltungswirkung, die mit der Bestandskraft der Entscheidung in Form eines Verwaltungsakts eingetreten ist, besteht unverändert fort. Dies gilt sowohl für den positiven als auch negativen Abschluss des Genehmigungsverfahrens (s o Rn 2). Unerheblich ist, auf welcher rechtlichen Grundlage das Genehmigungsverfahren durchgeführt wurde; zu nennen sind insbesondere § 2 PaPkG aF und § 3 S 2 WährG aF (KIRCHHOFF DNotZ 2007, 913, 924).

2. Altklauseln mit bis zum 13. 9. 2007 eingeleitetem Genehmigungsverfahren (Abs 2)

Die Beantragung des Genehmigungsverfahrens vor dem Inkrafttreten des Preisklauselgesetzes, dh bis zum 13. 9. 2007 (24 Uhr), verhindert ein Eingreifen des Preisklauselgesetzes. Stattdessen bleibt es sowohl bei der Zulässigkeit des Genehmigungsverfahrens als auch bei der **Anwendbarkeit der materiellen Vorgängerregelungen**. Entscheidend ist der Eingang des Genehmigungsantrags bei der zuständigen Stelle. Bis zur Entscheidung über die Erteilung oder Versagung der Genehmigung bleibt die **Klausel schwebend unwirksam**. Damit weicht § 9 Abs 2 PrKG von dem allgemeinen Grundsatz (BGH 20. 6. 1962 – V ZR 219/60, BGHZ 37, 233, 236; BGH 9. 11. 1994 – VIII ZR 41/94, BGHZ 127, 368, 375) ab, dass ein mangels Genehmigung schwebend unwirksames Rechtsgeschäft dann wirksam wird, wenn infolge einer Gesetzesänderung das Genehmigungserfordernis später entfällt. Das Regelungsregime aus § 2 PaPkG aF und §§ 1 ff PrKV aF gilt auch für Altklauseln, die **vor dem 1. 1. 1999 vereinbart** wurden, sofern nur der Genehmigungsantrag zwischen dem 1. 1. 1999 und dem 13. 9. 2007 gestellt wurde. Infolge der Rücknahme eines Genehmigungsantrags gilt dieser als von Anfang an nicht gestellt (SCHULTZ NZM 2008, 425, 427), sodass § 9 Abs 2 PrKG keine Anwendung findet.

3. Altklauseln ohne eingeleitetes oder abgeschlossenes Genehmigungsverfahren

Wurde bei einer **vor dem 1. 1. 1999** vereinbarten Klausel kein Genehmigungsantrag gestellt, gelangt weiterhin **§ 3 S 2 WährG aF** zur Anwendung, sofern ein **endgültig abgeschlossener Sachverhalt** vorliegt (BGH 8. 6. 2006 – VII ZR 13/05, BGHZ 168, 96 = NJW 2006, 2978 Rn 12; BGH 9. 12. 2010 – VII ZR 189/08 Rn 13, NJW-RR 2011, 309). Eine solche Abgeschlossenheit setzt voraus, dass der betroffene Vertrag einschließlich der Wertsicherungsklausel vor dem 1. 1. 1999 nicht nur abgeschlossen, sondern auch abgewickelt und erfüllt wurde. Damit steht ein Rückgriff auf die Genehmigungsleitlinien der Deutschen Bundesbank (vgl Mitteilung Nr 1015/78 der Deutschen Bundesbank v 9. 6. 1978, BAnz Nr 109) ebenso offen wie auf die präzisierende Auslegung durch die höchstrichterliche Rechtsprechung (im Einzelnen dazu STAUDINGER/K SCHMIDT [1997] Vorbem D191 ff zu §§ 244 ff mit umfangreichen Nachweisen). Fehlt es hingegen sowohl an der Abgeschlossenheit des Sachverhalts während des Geltungszeitraums von § 3 S 2 WährG aF als auch an der Einleitung eines Genehmigungsverfahrens, ist das Preisklauselgesetz auch auf vor dem 1. 1. 1999 vereinbarte Wertsicherungsklauseln anwendbar (BGH 13. 11. 2013 –

XII ZR 142/12 Rn 29, NJW 2014, 52). Altklauseln, die **zwischen dem 1. 1. 1999 und dem 13. 9. 2007** vereinbart wurden, für aber bis 13. 9. 2007 (24 Uhr) noch kein Genehmigungsantrag gestellt wurde, unterliegen ebenfalls dem **Preisklauselgesetz**. Gleiches gilt, wenn ein zunächst gestellter Genehmigungsantrag nachträglich wieder zurückgenommen wurde (Schultz NZM 2008, 425, 427).

Sachregister

Die fetten Zahlen beziehen sich auf die Paragraphen, die mageren Zahlen auf die Randnummern.

Abänderungsklage **246** 110
Abbauverträge
  Aufwertung **Vorbem 244 ff** C185 f
Abdingbarkeit 8 PrKG 10; **244** 1, 6; **245** 11, 13; **246** 12
Abfindungsansprüche von Gesellschaftern Vorbem 244 ff C76
Abkommen über den Internationalen Währungsfonds 244 8
Ablehnung einer Genehmigung 9 PrKG 2
Abonnementverträge für Bezahlfernsehen 1 PrKG 33
Absolute Inflation Vorbem 244 ff C18
Abstrakter Geldbegriff Vorbem 244 ff A66 ff, A92 ff, A149 ff
Abstraktes Schuldversprechen
  s Schuldversprechen, abstraktes
AGB
  s Allgemeine Geschäftsbedingungen
AGB-Banken 244 60 f, 84
AGB-Sparkassen 244 60, 62, 84
Agio Vorbem 244 ff C75
Akkreditiv Vorbem 244 ff B98
Aktienbanken Vorbem 244 ff A23
Aktiengesellschaft Vorbem 244 ff A103 ff
Aktienrecht Vorbem 244 ff C75
  Basiszinssatz **247** 17
  Gesetzlicher Zinssatz **246** 10
Alimentationsprinzip
  Beamtenrecht **Vorbem 244 ff** C130
Allgemeine Geschäftsbedingungen
  Ausschluss der Barzahlung
    Vorbem 244 ff B84
  Fremdwährungsverbindlichkeiten
    244 41a
  Leistungsort **Vorbem 244 ff** B33
  Preisklauseln **1 PrKG** 46 ff; **2 PrKG** 3
  Transportkosten **Vorbem 244 ff** B48
  Zinsanpassungsklausel **246** 58 ff
  Zinsbestimmungsklausel **246** 71 ff
Allgemeine Lebenshaltungskosten Vorbem 244 ff C11
Allgemeiner Teil des Geldschuldrechts Vorbem 244 ff B1 ff
Allgemeinverfügung
  Demonetisierung **Vorbem 244 ff** A135, A138, A139
  Monetisierung **Vorbem 244 ff** A132, A134
Altersruhebezüge Vorbem 244 ff C184
Altersversorgung 3 PrKG 11
Altklauseln 9 PrKG 5 ff
Altverträge 246 42d, 42a, 57b, 57g

Amazon Pay 244 41; **Vorbem 244 ff** B99 ff, A152
Analoge Anwendung 3 PrKG 1; **244** 16a
Änderungskündigung 246 53
Anfechtung
  Geldwertänderungen **Vorbem 244 ff** C112
Ankaufsrecht
  Geldwertänderungen **Vorbem 244 ff** C113
Anlagemünzen Vorbem 244 ff A119
Anlagenhaftung bei Umwelteinwirkungen Vorbem 244 ff C29
Anlagezweck 5 PrKG 2
Annahme an Erfüllungs statt
  Geldsortenschuld **245** 15
Annahmeverhinderung, vorübergehende Vorbem 244 ff B61
Annahmezwang Vorbem 244 ff B3 f, C39, A45, A66, A81, B81, A124, A125, A127, A130, A192
  ausländische Geldzeichen
    Vorbem 244 ff A88
  Disponibilität **Vorbem 244 ff** B81
  kraft Parteivereinbarung
    Vorbem 244 ff B89
Anpassungsanspruch 4 PrKG 4, 6
Anpassungsklausel Vorbem 244 ff C133
Anspruchsgrundlage 246 1; **247** 1
Anti-Metallismus 245 2; **Vorbem 244 ff** C5, C22, A48, A54, A167
Anwendungsbereich 1 PrKG 1 ff; **4 PrKG** 2 ff; **6 PrKG** 2 ff; **7 PrKG** 2; **9 PrKG** 2; **244** 9 ff; **245** 4 ff; **246** 1, 6 ff; **247** 13 ff; **248** 4 ff
Äquivalenzprinzip
  Aufwertung **244** 108; **Vorbem 244 ff** C120 f, C138, C147, C156, C165, C191 ff
  Schuldwährung, nachträgliche Änderung
    244 94
Arbeitsteilung Vorbem 244 ff A4 ff
Arbeitsvertrag Vorbem 244 ff C54 f
Arzneimittelgesetz Vorbem 244 ff C29
Assignaten Vorbem 244 ff A17
Aufopferungsansprüche, bürgerlich-rechtliche
  244 63; **Vorbem 244 ff** C90
Aufrechnung Vorbem 244 ff B101 ff, A191
  Aufrechnungsvertrag **244** 124
Auftragsrecht Vorbem 244 ff B14
  Bankbürgschaft, Stellung einer
    Vorbem 244 ff B108
  Befreiung von einer Verbindlichkeit
    Vorbem 244 ff B108
Bitcoin Vorbem 244 ff B107
Euro-Einführung Vorbem 244 ff A209

Aufrechnung (Forts)
   Fremdwährungsverbindlichkeiten
      244 121 ff; **Vorbem 244 ff** B106
     Aufrechnungslage 244 126 ff
     Gleichartigkeit von Fremdwährungsverbindlichkeiten 244 121 ff
     hinkende Aufrechnungslage 244 127
   Geldherausgabeansprüche
     Vorbem 244 ff B102
   Geldsortenschuld
     echte 245 23
     unechte 245 17
   Geldsummenschuld **Vorbem 244 ff** B105
   Geldwertschuld **Vorbem 244 ff** B103, B105
   Mietkaution **Vorbem 244 ff** B107
   sachenrechtliche Ansprüche
     Vorbem 244 ff B104
   Urlaubsabgeltungsanspruch
     Vorbem 244 ff B107
   Wertpapiere, Herausgabe
     Vorbem 244 ff B103
Aufschiebende Bedingung 1 PrKG 5a; **3 PrKG** 15
Aufsichtsklage
   Europäische Zentralbank
     Vorbem 244 ff A280
Auftragsrecht Vorbem 244 ff B11 ff, A88, A99
   Aufrechnung **Vorbem 244 ff** B14, B102
   Verzinsungspflicht 246 15;
     Vorbem 244 ff A99
   Verzugszinsen **Vorbem 244 ff** B15
Aufwendungsersatz 244 50, 64 ff;
   Vorbem 244 ff C57
   gesetzliche Schuldverhältnisse 244 69
   Reichsgericht-Rspr 244 65
   Schuldwährung 244 64 ff
   Umzugskosten des Arbeitnehmers 244 68
   vertragliche Vereinbarung 244 68
   Verzinsungspflicht 246 13
Aufwertung Vorbem 244 ff C31, C97 ff
   Abbauverträge **Vorbem 244 ff** C185 f
   Äquivalenzprinzip 244 108;
     Vorbem 244 ff C120 f, C138, C147, C156, C165, C191 ff
   Arbeitsentgelt **Vorbem 244 ff** C134
   Aufwertungsrechtsprechung
     Vorbem 244 ff C101
   Ausschluss **Vorbem 244 ff** C136 f
   Austauschverträge **Vorbem 244 ff** C139
   Beamtenbezüge **Vorbem 244 ff** C130
   Bereicherungsrecht **Vorbem 244 ff** C142
   Betriebsrenten **Vorbem 244 ff** C127 f, C182
   CISG-Geldschulden **Vorbem 244 ff** C107 ff
   Darlehensrecht **Vorbem 244 ff** C193 f
   Erbbauzins **Vorbem 244 ff** C189 ff
   Erbrecht **Vorbem 244 ff** C141
   freie Aufwertung **Vorbem 244 ff** C97 ff
   Fremdwährungsverbindlichkeiten 244 107 f
   Gelddarlehen **Vorbem 244 ff** C193 f

Aufwertung (Forts)
   Geldsummenschuld **Vorbem 244 ff** C97 ff
   generelle Aufwertung **Vorbem 244 ff** C97, C107
   Geschäftsgrundlagenlösung
     Vorbem 244 ff C111 ff
   Gesellschaftsrecht **Vorbem 244 ff** C140
   gesetzliche Aufwertung **Vorbem 244 ff** C97
   Gewaltenteilung **Vorbem 244 ff** C100
   individuelle Aufwertung
     Vorbem 244 ff C97 ff
   Fremdwährungsverbindlichkeiten 244 107 f
   Nominalprinzip, Einschränkung
     Vorbem 244 ff C104 ff
   Vereinbarkeit mit Verfassungsrecht
     Vorbem 244 ff C99 ff
   Kaufrecht **Vorbem 244 ff** C139
   Kreditsicherheiten, Folgen für
     Vorbem 244 ff C171 ff
   Leitlinien **Vorbem 244 ff** C119 ff
   Lieferverträge, langfristige
     Vorbem 244 ff C154, C187 f
   Mechanismen **Vorbem 244 ff** C97
   Mietrecht **Vorbem 244 ff** C139, C192
   Professionalität des Geldgläubigers
     Vorbem 244 ff C124
   Projektverträge **Vorbem 244 ff** C154
   Rechtsfolgen **Vorbem 244 ff** C160 ff
   Reichsgericht-Rspr **Vorbem 244 ff** C99, C104
   Rentenversicherung, gesetzliche
     Vorbem 244 ff C129
   richterliche Rechtsfortbildung
     Vorbem 244 ff C99
   Risikoverteilung **Vorbem 244 ff** C152 ff
     gesetzliche **Vorbem 244 ff** C152
     vertragliche **Vorbem 244 ff** C122, C153 ff
   Rücktrittsrecht **Vorbem 244 ff** C143
   Schadensersatzrente **Vorbem 244 ff** C184
   Schmerzensgeldrente **Vorbem 244 ff** C184
   schwerwiegende Veränderung der Umstände **Vorbem 244 ff** C145 ff
   Sukzessivlieferungsverträge
     Vorbem 244 ff C187
   Umfang der Aufwertung
     Vorbem 244 ff C165 f
   Unzumutbarkeit einer unveränderten Fortführung **Vorbem 244 ff** C156 ff
   Versicherungsrecht **Vorbem 244 ff** C135
   Verträge mit Versorgungscharakter
     Vorbem 244 ff C121, C144, C148, C182 ff
   Vertragsanpassung **Vorbem 244 ff** C160 ff
   Vertragsfreiheit **Vorbem 244 ff** C102 f
   Verwirkung **Vorbem 244 ff** C136
   Verzicht **Vorbem 244 ff** C137
   Wertsicherungsvereinbarungen
     Vorbem 244 ff C97

Aufwertung (Forts)
s a dort
Widerrufsfolgenrecht **Vorbem 244 ff** C143
zeitliche Reichweite **Vorbem 244 ff** C167 ff
Zweckstörung **244** 108; **Vorbem 244 ff** C121, C144, C147, C156
Ausbildungsziele 3 PrKG 10
Auseinandersetzung einer Erbengemeinschaft Vorbem 244 ff C73
Auseinandersetzungsguthaben Vorbem 244 ff C77
Ausführungsfristen Vorbem 244 ff B22, A76
Ausländerdiskriminierung, mittelbare 244 6
Ausländische Geldzeichen Vorbem 244 ff B9, A88, A107
Ausländische Gesellschaften 6 PrKG 5
Außengeld Vorbem 244 ff A35
Außenwert 244 25 ff, 105, 109, 112, 120; **Vorbem 244 ff** C9
Außenwirtschaftsgesetz 6 PrKG 5 f
Außereuropäischer Zahlungsort 244 15
Aussonderung Vorbem 244 ff B35 f
Austauschverträge
Aufwertung **Vorbem 244 ff** C139
Auszahlung von Zahlungskonto Vorbem 244 ff A181

Bank deutscher Länder Vorbem 244 ff A246, A264
Bank of England Vorbem 244 ff A18
Bankenaufsicht Vorbem 244 ff A260 ff, A271
Bankgesetz von 1875 Vorbem 244 ff A22
Banknoten Vorbem 244 ff A124, A128 ff
Bankvertragsrecht 246 54
Barabfindungen an Aktionäre 247 17
Bargeld Vorbem 244 ff A3, B4, A123 ff
Ausschluss der Barzahlung
Vorbem 244 ff B82 ff
ausdrücklicher **Vorbem 244 ff** B82
Auslegung der Parteiabreden
Vorbem 244 ff B82
Höhe der Geldschuld
Vorbem 244 ff B83
Klauselkontrolle **Vorbem 244 ff** B84
konkludenter **Vorbem 244 ff** B82
stillschweigender **Vorbem 244 ff** B83
Bargeldabhebung **Vorbem 244 ff** A156, A164, A181
Erfüllung **Vorbem 244 ff** B80 ff
Fälschungsrisiko **Vorbem 244 ff** A83
Fremdwährungsverbindlichkeiten **244** 101
Gefahrübergang **Vorbem 244 ff** B37
Herausgabeanspruch **Vorbem 244 ff** B12
Insolvenzrisiko **Vorbem 244 ff** B51
Wechseln von Bargeld
Vorbem 244 ff A182 ff
Bargeldloser Zahlungsverkehr
Vorbem 244 ff A24 ff, A69 ff, B85 ff
s a Buchgeld

Bargeldloser Zahlungsverkehr (Forts)
Fremdwährungsverbindlichkeiten **244** 41
internationaler Zahlungsverkehr
Vorbem 244 ff A27
Mittel bargeldloser Zahlungen
Vorbem 244 ff A24 f
Statistik **Vorbem 244 ff** A26
Barkasse, Ein-/Auszahlungen
Vorbem 244 ff A174 ff
Basiszinssatz 246 1; **247** 1 ff
Aktienrecht **247** 17
Anpassungsmethodik **247** 26
Anwendungsbereich **247** 13 ff
gesetzliche Anwendungsfälle **247** 15 ff
rechtsgeschäftliche Anwendungsfälle **247** 14
Bezugszinssatz **247** 10 ff
Bundesanzeiger **247** 35
Energierecht **247** 19
Entstehungsgeschichte **247** 2 ff
Europäisches Privatrecht **247** 7 ff
Funktion **247** 24
Grundbuchrecht **247** 51
Hauptrefinanzierungsoperation **247** 28 ff
historische Basiszinssätze **247** 45
Kostenrecht **247** 20
Mengentender **247** 31
negativer **247** 1, 36 ff, 41 ff
Prozessrecht **247** 46 ff
Rechtsnatur **247** 24
Scheckrecht **247** 18
Schuldrechtsreform **247** 9, 25
Tenderverfahren **247** 31, 34
Umwandlungsrecht **247** 17
Vereinfachungsfunktion **247** 13
Verwaltungsrecht **247** 21 ff
Allgemeines Verwaltungsrecht **247** 21
Enteignungsentschädigung **247** 22
Erschließungsbeitragsrecht **247** 22
öffentlich-rechtlicher Erstattungsanspruch **247** 23
Planungsschadensrecht **247** 22
Umlegung nach §§ 45 BauGB **247** 22
Verzugszinsen **247** 16, 38, 47
Wasserversorgungsrecht **247** 19
Wechselrecht **247** 18
Zahlungsverzugsrichtlinie
Erste **247** 7 f
Zweite **247** 10 ff
Zinsspanne **247** 1, 14
Zinstender **247** 32 f
Zwangsvollstreckung **247** 50
Baurecht Vorbem 244 ff A115
Bayerisches Hinterlegungsgesetz
Vorbem 244 ff A94
Beamtenbezüge 1 PrKG 25 f; **4 PrKG** 3
Aufwertung **Vorbem 244 ff** C130
Bearbeitungsgebühren 246 33; **248** 8
Bedarfsmarktkonzept 1 PrKG 28

Bedingung 1 PrKG 5a; 3 PrKG 15
Befreiung von einer Verbindlichkeit
    Vorbem 244 ff B108
Befristete Transaktionen Vorbem 244 ff A249
Befristung 1 PrKG 5a
Begriff
    des Geldes
        s Geldbegriff
    des Zinses
        s Zinsbegriff
Beiderseitiges Handelsgeschäft 246 8 f
Belegenheit des Schuldnervermögens 244 40
Belieferungsverträge 1 PrKG 33
Berechnungswährung 244 17, 57
Berechtigungsscheine Vorbem 244 ff C17
Bereicherungsrecht 244 70 ff;
    Vorbem 244 ff B16 ff, B31, C58 ff, C91,
    C125, C142, A189
    Aufwertung Vorbem 244 ff C142
    Durchgriffsansprüche Vorbem 244 ff C61
    Eingriffskondiktionen 244 71, 74, 74 f;
        Vorbem 244 ff C60 f
    Entreicherungseinwand 244 75
    Leistungskondiktionen 244 73, 75;
        Vorbem 244 ff B18, C58
    Nichtleistungskondiktionen
        Vorbem 244 ff B17, C125, C127
    Saldotheorie Vorbem 244 ff C142
    Schuldwährung 244 70 ff
    verschärfte Haftung Vorbem 244 ff B31,
        C59 f
    Wertersatz 244 70
    Zwangsvollstreckung Vorbem 244 ff B19
Bereitstellungszinsen 246 32
Bergrecht 247 23
Berufsfreiheit Einl PrKG 12 f
Besatzungsrecht Einl PrKG 5
Beschaffungsrisiko Vorbem 244 ff B58, B70
Beschränkte Geschäftsfähigkeit
    Vorbem 244 ff A183
Besitzvorschriften Vorbem 244 ff A168
Bestimmtheitsgrundsatz Vorbem 244 ff A170,
    A177, A188
Betragsvindikation Vorbem 244 ff A169
Betreiber einer gentechnischen Anlage
    Gefährdungshaftung Vorbem 244 ff C29
Betriebsrenten 3 PrKG 11
    Aufwertung Vorbem 244 ff C127 f, C182
Bevorrechtigter Zugang zu Finanzinstituten,
    Verbot Vorbem 244 ff A232 f
Bewertungsgesetz 3 PrKG 14
BIC Vorbem 244 ff A27, A30, A76
Binnengeld Vorbem 244 ff A35
Binnenwert 244 105, 109, 112;
    Vorbem 244 ff C9, C11
Bitcoin 244 24a; Vorbem 244 ff A31 a f, B59 a,
    A83c, B100b, B107, C125a, A152 f, A165d,
    A165b, A165f, A170a, A194a
Bittklausel 1 PrKG 18

Blockchain-basierter Zahlungsverkehr
    s Kryptowährungen, Token, Bitcoin
Bretton Woods-Vereinbarung
    Vorbem 244 ff A197
brevi manu Vorbem 244 ff A190
Brief mit Bareinzahlung Vorbem 244 ff A22
Briefkasten
    Einwerfen von Bargeld in
        Vorbem 244 ff B37
Briefkurs 244 119
Briefmarken Vorbem 244 ff A90, A120
    Euro-Einführung Vorbem 244 ff B126
Bringschuld 244 11, 30; 246 104;
    Vorbem 244 ff B61
Buchgeld Vorbem 244 ff B4, A9, A20 ff, A58,
    A69 ff, A87, A114, A149 ff
    als Geld im abstrakten Sinne
        Vorbem 244 ff A69 ff
    Annahmezwang, kein gesetzlicher
        Vorbem 244 ff A81
    Annahmezwang kraft Parteivereinbarung
        Vorbem 244 ff B89
    Bargeldersatzfunktion Vorbem 244 ff A79 f
    Begriff Vorbem 244 ff A149 ff
    Buchgeldschöpfung Vorbem 244 ff A153 f
    Eintausch gegen Bargeld
        Vorbem 244 ff A156
    Entwicklungsgeschichte
        Vorbem 244 ff A69
    Erfolgsort Vorbem 244 ff B46
    Erfüllung Vorbem 244 ff B85 ff
        s a dort
    Fremdwährungsverbindlichkeiten 244 101
    Geldforderung Vorbem 244 ff A149
    Geldsortenschuld 245 15
    Guthaben Vorbem 244 ff A149, A151
    Herausgabeanspruch Vorbem 244 ff B12
    Insolvenzrisiko Vorbem 244 ff B52 ff
    Leistung an Erfüllungs statt
        Vorbem 244 ff A190
    Missbrauchsrisiko Vorbem 244 ff A83
    Neutralität Vorbem 244 ff A157
        gegenüber Valutaverhältnis
            Vorbem 244 ff A80
    Privatautonomie Vorbem 244 ff A155
    Strafrecht Vorbem 244 ff A163 ff
    Transfer von Buchgeld
        Vorbem 244 ff A157 ff
    Transportkosten Vorbem 244 ff B46 f
    Umwandlung von Sachgeld in
        Vorbem 244 ff A100, A180
    Universaltauschmittel Vorbem 244 ff A151
    Untergang von Buchgeld
        Vorbem 244 ff A155 f
Bundesanleihen
    Euro-Einführung Vorbem 244 ff B125
Bundesanzeiger
    Basiszinssatz 247 35
Bundesbankgesetz Vorbem 244 ff A143, A145

Bundesberggesetz 247 23
Bundesfernstraßenmautgesetz 247 23
Bundesobligationen
  Euro-Einführung **Vorbem 244 ff** B125
Bundesschatzbriefe
  Euro-Einführung **Vorbem 244 ff** B125
Bürgerlich-rechtliche Aufopferungsansprüche
  Vorbem 244 ff C90
Burgerlijk Wetboek Vorbem 244 ff C35
Bürgschaft 244 129; 246 101;
  Vorbem 244 ff C174

Central Bank Digital Currency
  Vorbem 244 ff A31c
Charta der Grundrechte der Europäischen Union Einl PrKG 11; **Vorbem 244 ff** B81, B112 f
CISG-Geldschulden 244 16, 37, 100a;
  Vorbem 244 ff B10 ff, B25
  Aufwertung **Vorbem 244 ff** C107 ff
  Ersetzungsbefugnis 244 16
  Schuldwährung 244 58
  Vertragsanpassung 244 100a
  Verzugszinsen 246 7
  Zinsschuldrecht 246 116 f
Clearingverfahren Vorbem 244 ff A83
CMR Vorbem 244 ff C27
Code civil Vorbem 244 ff C35
Computerbetrug Vorbem 244 ff A109, A164
condictio indebiti 244 72; 248 22;
  Vorbem 244 ff C125, C142
currency tokens Vorbem 244 ff A170a f

Darlehensrecht 246 57b, 60, 69;
  Vorbem 244 ff A88, A98, C193 f
Darlehensrückzahlungsanspruch 244 56;
  Vorbem 244 ff C53
Dateneigentum Vorbem 244 ff A170b
Dauerschuldverhältnisse 3 PrKG 12, 22;
  Vorbem 244 ff C163
Debitkarte 246 81; **Vorbem 244 ff** A25 f, A79, A161 f, A188
  Bargeldersatzfunktion 246 81;
    Vorbem 244 ff B41, B53
  Entgeltverbot **Vorbem 244 ff** B48a
  Erfüllung **Vorbem 244 ff** B97
  Fremdwährungsverbindlichkeiten 244 41
  Gefahrübergang **Vorbem 244 ff** B41
  Gläubigerverzug **Vorbem 244 ff** B68
  Insolvenzrisiko **Vorbem 244 ff** B53
  modifizierte Bringschuld
    Vorbem 244 ff B41
  Schuldnerverzug **Vorbem 244 ff** B79
  Strafrecht **Vorbem 244 ff** A163 f
Definition
  des Geldes
    s Geldbegriff
  des Zinses 246 2, 23 f
Defizitverfahren Vorbem 244 ff A241

Defizitvermeidung
  Währungsunion, europäische
    Vorbem 244 ff A237 ff
Deflation Vorbem 244 ff C13, A201
Deliktsrecht Vorbem 244 ff C126
Delors-Bericht Vorbem 244 ff A205
Demokratieprinzip
  Zentralbankunabhängigkeit
    Vorbem 244 ff A217 ff, A262
Demonetisierung 245 10;
  Vorbem 244 ff A135 ff
  Allgemeinverfügung 245 10;
    Vorbem 244 ff A135, A138, A139
  Beschädigung/Vernichtung von Geldzeichen **Vorbem 244 ff** A142
  durch tatsächliche Vorgänge
    Vorbem 244 ff A142
  einzelner Geldsorten **Vorbem 244 ff** A138
  einzelner Geldzeichen
    Vorbem 244 ff A139 ff
  Gewohnheitsrecht **Vorbem 244 ff** A138
  Hoheitsakt **Vorbem 244 ff** A135
  Rechtsnatur **Vorbem 244 ff** A135
  Rückerwerb durch emittierende Zentralbank **Vorbem 244 ff** A139
  Währungswechsel **Vorbem 244 ff** A136 f
  Zuständigkeit **Vorbem 244 ff** A138
depositum irregulare Vorbem 244 ff A118
depositum regulare Vorbem 244 ff A117
Deutsche Bundesbank Vorbem 244 ff A126, A129, A140, A212, A249, A264 ff
  Ausgabe der Euro-Banknoten
    Vorbem 244 ff A270
  Bankenaufsicht **Vorbem 244 ff** A271
  bundesunmittelbare juristische Person
    Vorbem 244 ff A264
  Diskontsatz 247 4
  Einbindung in das ESZB
    Vorbem 244 ff A269 ff
  Emissionsrecht für Euro-Münzen
    Vorbem 244 ff A270
  Genehmigungsleitlinien **5 PrKG** 1
  oberste Bundesbehörde
    Vorbem 244 ff A264
  Organisationsverfassung
    Vorbem 244 ff A264 f
  Unabhängigkeit **Vorbem 244 ff** A266 ff
    institutionelle **Vorbem 244 ff** A267
    materielle **Vorbem 244 ff** A267
    persönliche **Vorbem 244 ff** A267
  Unterstützung der Wirtschaftspolitik
    Vorbem 244 ff A268
  Vorstand **Vorbem 244 ff** A265
  Währungsreserven **Vorbem 244 ff** A272
  Weisungsfreiheit **Vorbem 244 ff** A267
Deutsche Mark Vorbem 244 ff C24, A136 f
Devisengeschäfte Vorbem 244 ff B57, A250
  devisenrechtliche Beschränkungen 244 78, 112

Devisengeschäfte (Forts)
  Zahlungsverbot, devisenrechtliches **244** 95
Devisenswapgeschäfte Vorbem 244 ff A249
Diebstahl Vorbem 244 ff C49, B88, A143, A147, A165
Diem-Projekt Vorbem 244 ff A31b, A83c, A152a, A165d, A165b
Dienstleistungen 7 PrKG 2
Dienstvertrag Vorbem 244 ff C54 f
  Entgeltanspruch des Dienstleistenden **Vorbem 244 ff** C54
Differenzhypothese Vorbem 244 ff C79, A95
Digitales Falschgeld Vorbem 244 ff A165c
Digitales Zentralbankgeld Vorbem 244 ff A31c, A152a, A165c f, A193a
Dingliche Surrogation Vorbem 244 ff A175, A189
Direktorium der EZB Vorbem 244 ff A245, A256 ff
  Amtszeit **Vorbem 244 ff** A256
  Auswahl der Direktoren **Vorbem 244 ff** A256
  Exekutivorgan **Vorbem 244 ff** A258
  Mitglieder **Vorbem 244 ff** A256
Disagio 246 34 f; **248** 9; **Vorbem 244 ff** B97
Diskontsatz der Deutschen Bundesbank 247 4
Diskontüberleitungsgesetz 247 1, 3, 25
Disponibilität, doppelte 8 PrKG 10
Dispositives Recht 245 11 ff
Distanzgeschäfte Vorbem 244 ff B4, B30, B40, B82, B84
Draft Common Frame of Reference Vorbem 244 ff C109
Drei-Parteien-Kreditkartensysteme Vorbem 244 ff B48a

EC-Karte Vorbem 244 ff A25
Edelmetalle Vorbem 244 ff A117
Effektive Fremdwährungsschuld 244 1, 18, 59, 81, 97, 110, 124, 135, 139
Effektiver Jahreszins 246 45 ff; **248** 3
Effektivklausel 244 82
Effektivvermerk 244 81
E-Geld Vorbem 244 ff B12, B48a, B99 ff, A101, A152, A156
E-Geld-Richtlinie Vorbem 244 ff A113
Ehevertrag 1 PrKG 10
Eigenkapitalvorgaben Vorbem 244 ff A154
Eigentumserwerb Vorbem 244 ff A173 ff
  gesetzlich **Vorbem 244 ff** A173 ff
  rechtsgeschäftlich **Vorbem 244 ff** A177 ff
Eigentumsgarantie Einl PrKG 12, 15; **Vorbem 244 ff** A10, B111, B112 f, A114
Eigentumsschutz
  im Grundgesetz **Vorbem 244 ff** B111
  im Unionsrecht **Vorbem 244 ff** B112 f
Eigentumsvorbehalt 246 106
Einforderungs- und Beitreibungsanordnung Vorbem 244 ff A110

Einführung des Euro
  s Euro-Einführung
Eingriffskondiktionen 244 71, 74, 74 f;
  Vorbem 244 ff C60 f
Einheitliche Europäische Akte
  Vorbem 244 ff A205
Einheitlicher Aufsichtsmechanismus
  Vorbem 244 ff A154, A260
Einheitlicher Bankenabwicklungsmechanismus
  Vorbem 244 ff A263
Einheitlicher Euro-Zahlungsverkehrsraum
  Vorbem 244 ff A29 ff
Einkommensentwicklung 3 PrKG 15 ff
  Einzelentwicklung **3 PrKG** 18
  Gesamtentwicklung **3 PrKG** 18
Einkommenstheorie Vorbem 244 ff C3
Einlagefazilität Vorbem 244 ff A248
Einlagensicherung Vorbem 244 ff A82, B88
Einlagensicherungsrichtlinie
  Vorbem 244 ff A82
Einlagepflichten
  von Aktionären **Vorbem 244 ff** C75
  von Gesellschaftern **Vorbem 244 ff** C74
Einmalige Zahlungen 3 PrKG 13 ff
Einseitige Rechtsgeschäfte 1 PrKG 5
Einseitigkeitsklausel 2 PrKG 8
Einzahlung auf Zahlungskonto
  Vorbem 244 ff A180
Elektronisches Lastschriftverfahren (ELV)
  Vorbem 244 ff B47, B48a
Emissionsmonopol Vorbem 244 ff A144
EMRK
  s Europäische Menschenrechtskonvention
Endurteil 8 PrKG 6
Energierecht 247 19, 41
Energieversorgungsvertrag 1 PrKG 49 f; **246** 67a
Enteignungsentschädigung 244 63; **247** 22;
  Vorbem 244 ff C88 f, A115
Entgangener Gewinn 244 51;
  Vorbem 244 ff C81
Entgeltforderung Vorbem 244 ff B72
Entgeltverbot Vorbem 244 ff B48a
Entmaterialisierung Vorbem 244 ff B4, C5, A69, B84, A85, B86, A167 ff
Entreicherungseinwand 244 75
Entschädigungswährung 244 63
Entstehung des Geldes Vorbem 244 ff A3 ff
  s a Geldgeschichte
Entwicklungsgeschichte des Geldes
  Vorbem 244 ff A3 ff
  s a Geldgeschichte
Erbbaurecht 4 PrKG 1 ff
  Erbbaurechtsbestellungsvertrag **4 PrKG** 5
  Erbbauzins
    s dort
  Erbbauzinsreallasten **4 PrKG** 5
  Mindestlaufzeit **4 PrKG** 7 f
  Rechtskauf **4 PrKG** 5

Erbbaurecht (Forts)
Restlaufzeit **4 PrKG** 8
Erbbauzins 1 PrKG 23; **246** 25; **248** 11;
  Vorbem 244 ff C139, C189 ff
Anpassungsanspruch **4 PrKG** 4, 6
Aufwertung **Vorbem 244 ff** C189 ff
Erhöhungsanspruch **4 PrKG** 6
Leistungsvorbehaltsklausel **1 PrKG** 18;
  4 PrKG 4
Neuverhandlungspflicht **1 PrKG** 23
Schrankentrias **4 PrKG** 6
Spannungsklausel **4 PrKG** 4
Erbengemeinschaft
Auseinandersetzung **Vorbem 244 ff** C73
Erbrecht 246 15; **Vorbem 244 ff** C67 ff, C95, C141
Erbvertrag 3 PrKG 14
Erdgassondervertrag 1 PrKG 10, 29 ff
Erfolgsort Vorbem 244 ff B30 ff
Erfüllung Vorbem 244 ff A72, B80 ff
Aufrechnung **Vorbem 244 ff** B101 ff
  s a dort
Bargeld **Vorbem 244 ff** B80 ff
  Ausschluss der Barzahlung
    Vorbem 244 ff B82 ff
Buchgeld **Vorbem 244 ff** B85 ff
  Akkreditiv **Vorbem 244 ff** B98
  E-Geld **Vorbem 244 ff** B99 ff
  Gutschrift auf Empfängerkonto
    Vorbem 244 ff B93, B95 ff
  Lastschriftverfahren **Vorbem 244 ff** B90 ff
  Scheck **Vorbem 244 ff** B98
  Überweisung **Vorbem 244 ff** B90 ff
  Wechsel **Vorbem 244 ff** B98
  Zahlungskarten **Vorbem 244 ff** B97
Fremdwährungsverbindlichkeiten
  244 118 ff
Geldsortenschuld
  echte **245** 23
  unechte **245** 15 ff
Zinsschuldrecht **246** 89 ff
Erfüllungsort 244 11, 39, 141
Verlagerung **244** 99
Ergänzende Vertragsauslegung
  s Vertragsauslegung, ergänzende
Erhöhungsanspruch
Erbbaurecht **4 PrKG** 6
Erholungsnutzungsrechtsgesetz 4 PrKG 9, 11
Erkenntnisverfahren
Fremdwährungsverbindlichkeiten
  244 133 ff
Geldsortenschuld **245** 24
Ermäßigungsklausel 1 PrKG 1, 11
Ermessen
Leistungsvorbehaltsklausel **1 PrKG** 15 ff
Ersatzhehlerei Vorbem 244 ff A148
Erschließungsbeitragsrecht 247 22
Ersetzungsbefugnis
CISG-Geldschulden **244** 16

Ersetzungsbefugnis (Forts)
Fremdwährungsverbindlichkeiten **244** 31, 90
Geldsortenschuld **245** 16
Währungswahlklausel **244** 19
Ersetzungspflicht
Fremdwährungsverbindlichkeiten **244** 90
Erweiterter Rat der EZB Vorbem 244 ff A259
Informationsaustausch **Vorbem 244 ff** A259
transitorisches Organ **Vorbem 244 ff** A259
Erwerbsfähigkeit 3 PrKG 9
Ethereum 244 24a; **Vorbem 244 ff** A31b, A152, A170a, A194a
EuGH
  s Europäischer Gerichtshof
EuGVVO Vorbem 244 ff B25
Euro Interbank Offered Rate (EURIBOR)
  246 48
Euro-Banknoten Vorbem 244 ff A128 ff, A270
Individualanspruch auf Umtausch
  Vorbem 244 ff A141
Euro-Bargeld Vorbem 244 ff A125 ff
Eurocheque-Karte Vorbem 244 ff A24 f
Euro-Einführung Einl PrKG 6 ff;
  Vorbem 244 ff B116 ff, A199 f, A206, A207 ff
Fremdwährungsverbindlichkeiten **244** 3, 5, 21
Neutralitätsgebot **Vorbem 244 ff** B116 ff
Nominalismus **Vorbem 244 ff** C24
Prozessrecht **Vorbem 244 ff** B127 f
Rundung von Beträgen
  Vorbem 244 ff B119
Übergangszeitraum **Vorbem 244 ff** B127
Vertragskontinuität **Vorbem 244 ff** B120 ff
  Disponibilität **Vorbem 244 ff** B122
  ergänzende Vertragsauslegung
    Vorbem 244 ff B123
Wertpapiere, Umstellung von
  Vorbem 244 ff B124 ff
Zwangsvollstreckung **Vorbem 244 ff** B127 f
Zwischenbeträge **Vorbem 244 ff** B119
Euro-Einführungsgesetze Vorbem 244 ff B116, A140, A142
Euro-Einführungsverordnung
  Vorbem 244 ff B3, C39, B81, B116 ff, A125, A127, A200, A207 ff
Euro-Grundschuld 244 131
Euro-Münzen 245 4; **Vorbem 244 ff** A125 ff, A244, A270
Europäische Bankenaufsicht
  Vorbem 244 ff A260 f
Europäische Kommission Vorbem 244 ff B81
Europäische Menschenrechtskonvention
  Einl PrKG 11, 15; **Vorbem 244 ff** B112 f, A217
Europäische Union 244 5 ff
Europäische Währungsunion
  s Währungsunion, europäische

Europäische Zahlungsunion
 Vorbem 244 ff A28, A203
Europäische Zentralbank (EZB)
 Vorbem 244 ff A128, A133, A141, A245, A253 ff
 Anhörungs-/Beteiligungsrechte
  Vorbem 244 ff A245
 Aufgabenkatalog **Vorbem 244 ff** A260 ff
 Aufsichtsklage **Vorbem 244 ff** A280
 Direktorium der EZB **Vorbem 244 ff** A245, A256 ff
 Ermessensspielraum, geldpolitischer
  Vorbem 244 ff A278
 Erweiterter Rat der EZB
  Vorbem 244 ff A259
  s a dort
 Exekutivorgan **Vorbem 244 ff** A245
 Nichtigkeitsklage **Vorbem 244 ff** A276 ff, A280
 Organqualität **Vorbem 244 ff** A214
 Präsident der Europäischen Zentralbank
  Vorbem 244 ff A245
 Preisstabilität **Vorbem 244 ff** A220 ff
  s a dort
 Rat der EZB **Vorbem 244 ff** A244 f, A254 f
  s a dort
 Rechtsfähigkeit **Vorbem 244 ff** A245
 Rechtsschutz
  gegen die EZB **Vorbem 244 ff** A276 ff
  zugunsten der EZB **Vorbem 244 ff** A280
 Rotationssystem **Vorbem 244 ff** A255
 Unabhängigkeit **Vorbem 244 ff** A212 ff
  s a Zentralbankunabhängigkeit
 Untätigkeitsklage **Vorbem 244 ff** A279 f
 Weisungsrecht **Vorbem 244 ff** A245
Europäischer Binnenmarkt für Zahlungsdienste
 Vorbem 244 ff A28 ff
Europäischer Gerichtshof
 Vorbem 244 ff A225
Europäischer Stabilitätsmechanismus (ESM)
 Vorbem 244 ff A231, A236
Europäisches System der Zentralbanken (ESZB) 244 7; Vorbem 244 ff A128, A212, A243 ff
 Aufgabenkatalog **Vorbem 244 ff** A247 ff
 föderale Strukturelemente
  Vorbem 244 ff A243 f
 Rechtsfähigkeit **Vorbem 244 ff** A245
 zentralistische Strukturelemente
  Vorbem 244 ff A245 f
Europäisches Währungsabkommen
 Vorbem 244 ff A28, A203
Europäisches Währungssystem
 Vorbem 244 ff A28, A204
Europarecht Vorbem 244 ff A111 ff
 EU-Primärrecht **Vorbem 244 ff** A111 f
 EU-Sekundärrecht **Vorbem 244 ff** A113
 Mindestharmonisierung **Vorbem 244 ff** A111

European Currency Unit (ECU)
 Vorbem 244 ff A204
European Payments Council
 Vorbem 244 ff A31
Euro-Rettungsschirm Vorbem 244 ff A236
Euro-Scheck Vorbem 244 ff B124
Eurostat Vorbem 244 ff C12
Euro-Wechsel Vorbem 244 ff B124
EWU-Zinsstatistik 246 88
Exekutionsmittel, subsidiäres
 Vorbem 244 ff A42, A47
Existenzbedingungen des Geldes
 Vorbem 244 ff A3 ff
Existenzgründer 6 PrKG 4
EZB-Schuldverschreibungen
 Vorbem 244 ff A249

Fälligkeit der Geldforderung 1 PrKG 5a
Fälligkeitszinsen 246 115
falsa demonstratio non nocet 244 34, 83
Falschbezeichnung 244 34, 83
Falschgeld Vorbem 244 ff A133, A146
Fälschung von Euro-Geldzeichen 244 44
Fälschungsrisiko Vorbem 244 ff A83, B88
Fälschungsschutz, währungsrechtlicher
 Vorbem 244 ff A124
Familienrecht 244 76 ff; 246 15;
 Vorbem 244 ff C62 ff, C92 ff
Familienunterhalt Vorbem 244 ff C92
Federal Reserve Vorbem 244 ff A249
Fernabsatzvertrag Vorbem 244 ff B82
Fernsprechnebenstellenanlage 1 PrKG 36
Fernwärme 1 PrKG 12, 41 ff; 3 PrKG 21
Festpreisklausel Vorbem 244 ff C132
Feststellungsklage 8 PrKG 5
Filialüberweisung Vorbem 244 ff B52
Financial Stability Board (FSB)
 Vorbem 244 ff A273
Finanzierungsleasing Vorbem 244 ff C188
Finanzstabilitätsrat Vorbem 244 ff A273
Flüssiggas, Liefervertrag 1 PrKG 36
Forderungslegitimation, anonyme
 Vorbem 244 ff A53
Formelle Rechtskraft 8 PrKG 6
Freiheit zur Geldwertsicherung 1 PrKG 1;
 8 PrKG 2; Einl PrKG 10 ff
Fremdwährungsklausel 244 41a
Fremdwährungskonto 244 41, 59 ff, 118
Fremdwährungsrisiken 244 25 ff
Fremdwährungsverbindlichkeiten 244 1 ff;
 246 24; Vorbem 244 ff B56
 Allgemeine Geschäftsbedingungen 244 41a
 als Geldschuld 244 22
 Anwendbarkeit des Allgemeinen Geldschuldrechts 244 101
 Anwendungsbereich des § 244 244 9 ff
 Aufrechnung 244 121 ff; Vorbem 244 ff B106
 Aufrechnungslage 244 126 ff
 Aufrechnungsvertrag 244 124

Fremdwährungsverbindlichkeiten (Forts)
  Gleichartigkeit von Fremdwährungsverbindlichkeiten **244** 121 ff
    hinkende Aufrechnungslage **244** 127
  Aufwertung **244** 107 f
  Ausschluss des § 244 **244** 1, 6
  Bargeld **244** 101
  Buchgeld **244** 101
  CISG-Geldschulden **244** 16
  echte **244** 18; **Vorbem 244 ff** B106
  effektive **244** 1, 18, 59, 81, 97, 110, 124, 135, 139
  einfache **244** 18, 81, 97, 110, 125, 135, 139
  Entstehung **244** 34 ff
    gesetzlich begründete Geldschulden **244** 42 ff
    rechtsgeschäftlich begründete Geldschulden **244** 34 ff
  Erfüllung **244** 118 ff
  Erkenntnisverfahren **244** 133 ff
  Ersetzungsbefugnis **244** 90
  Ersetzungspflicht **244** 90
  Erwerb/Veräußerung **244** 24
  Euro-Einführung **244** 3, 5, 21
  Fremdwährungsklausel **244** 41a
  Fremdwährungskonto **244** 59 ff
  Fremdwährungsrisiken **244** 25 ff
  Geldentwertungsschäden, Ersatzfähigkeit **244** 109 f
  Geldsummenschuld **244** 102
  Geldwertschuld **244** 102
  gesetzlich begründete **244** 100
  Hinweispflicht des Gerichts **244** 134
  Insolvenzverfahren **244** 141
  Internationales Privatrecht **244** 142 f
  Klageänderung **244** 133 f, 136
  Kryptowährungen **244** 16a
  Mahnverfahren **244** 136
  Nominalismus **244** 102 ff
  Preisklauselgesetz **1 PrKG** 3
  Prozessrecht **244** 133 ff
  Rechtskraft **244** 134
  Schuldnerschutzvorschrift **244** 3
  Schuldnerverzug **244** 114 ff
  Sicherungsrechte **244** 129 ff
    Grundpfandrechte **244** 131 f
    Personal-/Mobiliarsicherheiten **244** 129 f
  Streitgegenstand **244** 134
  Typen von Verbindlichkeiten **244** 18 ff
  Umrechnungskurs **244** 1, 6
  Umtauschvorgänge **244** 24
  unechte **244** 18; **Vorbem 244 ff** B106
  Unmöglichkeit **244** 101, 111 ff
  Valorismus **244** 102 ff
  Währungsklausel **244** 106, 121
    einfache **244** 106
    kombinierte **244** 106
  Währungsoptionsklausel **244** 106
  Währungswahlklausel **244** 19, 28

Fremdwährungsverbindlichkeiten (Forts)
  Wertsicherungsvereinbarung **244** 28, 105 ff
  Zahlungsort **244** 11 ff
    ausländischer **244** 15
    Begriff **244** 11 ff
    inländischer **244** 14
  Zahlungs-Token **244** 16a
  Zwangsvollstreckung **244** 137 ff
Fremdwährungsverbot Einl PrKG 3, 7
Früchte
  Zinsen **246** 42b, 44
Funktionen des Geldes Vorbem 244 ff A32 ff
  abstrakte Funktion **Vorbem 244 ff** A40, C42
  Funktionsdualismus **Vorbem 244 ff** A34 f
  Funktionsmonismus **Vorbem 244 ff** A36, A37 f
  Funktionstrias **Vorbem 244 ff** A37 f
  konkrete Funktion **Vorbem 244 ff** A41
  Nebenfunktionen **Vorbem 244 ff** A34 f
  Recheneinheit **Vorbem 244 ff** A35, A37 ff
  Rechnungseinheit **Vorbem 244 ff** A33
  subsidiäres Exekutionsmittel **Vorbem 244 ff** A42
  Tauschmittelfunktion **Vorbem 244 ff** A36 f, A39, A41
  Wertaufbewahrungsmittel **Vorbem 244 ff** A33, A36, A38, A41
  Zahlungsmittel **Vorbem 244 ff** A33

Galoppierende Inflation Vorbem 244 ff C15, C122
Garantie 244 129; **246** 100; **Vorbem 244 ff** B70, C172
Gattungsschuld Vorbem 244 ff B7 f, B58
  Geldsortenschuld **245** 22
Gebäudeversicherung Vorbem 244 ff C135
Gebietsfremde Partei 3 PrKG 25; **6 PrKG** 1 ff
Gefährdungshaftung
  Anlagenhaftung bei Umwelteinwirkungen **Vorbem 244 ff** C29
  Betreiber einer gentechnischen Anlage **Vorbem 244 ff** C29
  StVG **Vorbem 244 ff** C28
Gefahrtragung Vorbem 244 ff B30 ff
Gefahrübergang Vorbem 244 ff B34 ff
  Barzahlung **Vorbem 244 ff** B37
  Überweisung **Vorbem 244 ff** B38
  Vorverlagerung durch Aussonderung **Vorbem 244 ff** B35 f
  Zahlungskarten **Vorbem 244 ff** B39 ff
Gegenleistungspflichten im Besonderen Schuldrecht 244 55 ff
Geldautomat Vorbem 244 ff A164, A181
Geldbegriff Vorbem 244 ff A32 ff
  abstrakter **Vorbem 244 ff** A66 ff, A92 ff, A149 ff
  dreigliedriger **Vorbem 244 ff** A61 f, A65, A86

Geldbegriff (Forts)
　funktionsdeterminierter
　　Vorbem 244 ff A55 ff
　gegenstandsbasierter **Vorbem 244 ff** A58 ff
　konkreter **Vorbem 244 ff** A84 ff, A116 ff, A123 ff
　mehrgliedriger **Vorbem 244 ff** A65
　ökonomischer **Vorbem 244 ff** A64
　recheneinheitszentrierter
　　Vorbem 244 ff A48 ff
　rechtlicher **Vorbem 244 ff** A62 ff
　relativer **Vorbem 244 ff** A61
　strafrechtlicher **Vorbem 244 ff** A89
　tauschmittelzentrierter
　　Vorbem 244 ff A44 ff
　volkswirtschaftlich orientierter
　　Vorbem 244 ff A51 ff
　zweigliedriger **Vorbem 244 ff** A65 ff, B85
Gelddarlehen 246 57c
　Aufwertung **Vorbem 244 ff** C193 f
Geldentwertungsrisiko 244 101;
　Vorbem 244 ff B36, B55 ff
Geldentwertungsschäden 244 109 f
Geldfälschung 244 44; **Vorbem 244 ff** A108, A121, A146
Geldforderung Vorbem 244 ff B5
Geldfund Vorbem 244 ff A173
Geldfunktionen Vorbem 244 ff A57, A63, A75, A177
　s Funktionen des Geldes
Geldgeschichte Vorbem 244 ff A3 ff
　Buchgeld **Vorbem 244 ff** A20 ff
　　s a dort
　Entwicklungsstufen **Vorbem 244 ff** A12 ff
　Münzgeld **Vorbem 244 ff** A13 ff
　　s a dort
　Papiergeld **Vorbem 244 ff** A17 ff
　Primitivgeld **Vorbem 244 ff** A12
　　s a dort
　Technikgeschichte **Vorbem 244 ff** A11
Geldkarte 246 81; **Vorbem 244 ff** A163, A188
　Bargeldersatzfunktion 246 81;
　　Vorbem 244 ff B42, B53
　Erfüllung **Vorbem 244 ff** B97
　Gefahrübergang **Vorbem 244 ff** B42
　Gläubigerverzug **Vorbem 244 ff** B68
　Insolvenzrisiko **Vorbem 244 ff** B53
　Schuldnerverzug **Vorbem 244 ff** B79
Geldmenge Vorbem 244 ff A199
Geldpolitik der Union Vorbem 244 ff A247 ff
Geldsachenrecht Vorbem 244 ff A85, A166 ff
Geldschuld Vorbem 244 ff B2 ff
　Abgrenzungen **Vorbem 244 ff** B5 ff
　aufschiebende Bedingung **1 PrKG** 5a
　Befristung **1 PrKG** 5a
　Erfolgsort **Vorbem 244 ff** B30 ff
　Erfüllung **Vorbem 244 ff** B80 ff
　　s a dort
　Gefahrtragung **Vorbem 244 ff** B30 ff

Geldschuld (Forts)
　Gefahrübergang **Vorbem 244 ff** B34 ff
　　s a dort
　gesetzliche begründete 244 42 ff
　Holschuld **Vorbem 244 ff** B28
　Inhalt **Vorbem 244 ff** B2 ff, C31
　Insolvenzrisiko **Vorbem 244 ff** B49 ff
　　s a dort
　Kostentragung **Vorbem 244 ff** B30 ff
　künftige **1 PrKG** 5a
　Leistungsort **Vorbem 244 ff** B30 ff
　modifizierte Bringschuld
　　Vorbem 244 ff B20, B23 ff, B29
　qualifizierte Schickschuld
　　Vorbem 244 ff B21 f
　rechtsgeschäftlich begründete 244 34 ff
　Rechtzeitigkeit der Leistung
　　Vorbem 244 ff B20 ff
　vertragliche Sonderabreden
　　Vorbem 244 ff B28 f
　Risikotragung **Vorbem 244 ff** B30 ff
　Teilleistungen **Vorbem 244 ff** B80
　Transportkosten **Vorbem 244 ff** B45 ff
　　s a dort
　Unmöglichkeit **Vorbem 244 ff** B57 ff
　vertragliche Sonderabreden
　　Vorbem 244 ff B28 f
　Verzug **Vorbem 244 ff** B60 ff
　　s a dort
　Wertverschaffungsschuld **1 PrKG** 3;
　　Vorbem 244 ff B2, B57, B59
　Wesen der Geldschuld 244 22
Geldschuldrecht Vorbem 244 ff A2, A72
　Allgemeiner Teil **Vorbem 244 ff** B1 ff
　Besonderer Teil **Vorbem 244 ff** C1 ff
Geldsortenschuld 245 1 ff; **Vorbem 244 ff** B8
　echte **1 PrKG** 3; 245 1, 5, 22 f;
　　Vorbem 244 ff B8
　　Aufrechnung 245 23
　　Erfüllung 245 23
　　Gattungsschuld 245 22
　　Schuldinhalt 245 22
　　Unmöglichkeit 245 22
　Insolvenzverfahren 245 25
　Prozessrecht 245 24
　unechte 245 1 ff; **Vorbem 244 ff** B8
　　Allgemeines Geldschuldrecht,
　　　Anwendung 245 14
　　Annahme an Erfüllungs statt 245 15
　　Aufrechnung 245 17
　　Erfüllung 245 15 ff
　　Ersetzungsbefugnis 245 16
　　Leistungsgegenstand 245 15
　　Umwandlung 245 19 ff
　　unecht-effektive 245 12
　　unecht-einfache 245 12
　　Unmöglichkeit 245 18
　　Zwangsvollstreckung 245 25
Geldspielautomat Vorbem 244 ff A120

Geldstrafe Vorbem 244 ff A97
　Strafrecht **Vorbem 244 ff** A110
Geldstückschuld 1 PrKG 3; **Vorbem 244 ff** B6, C50
Geldsummenschuld Vorbem 244 ff C31, C33, C46, C49 ff
　Allgemeines Schuldrecht
　　Vorbem 244 ff C49 ff
　Aufrechnung **Vorbem 244 ff** B105
　Aufwendungsersatz **Vorbem 244 ff** C57
　Aufwertung **Vorbem 244 ff** C97 ff
　　s a dort
　Bereicherungsrecht **Vorbem 244 ff** C58 ff
　Erbrecht **Vorbem 244 ff** C67 ff
　Familienrecht **Vorbem 244 ff** C62 ff
　Fremdwährungsverbindlichkeiten **244** 102
　Gegenleistungspflichten im Besonderen Schuldrecht **Vorbem 244 ff** C52 ff
　Gesellschaftsrecht **Vorbem 244 ff** C74 ff
　Preisklauselgesetz **1 PrKG** 3
　Schuldwährung, Bestimmung der **244** 46
　Versicherungsrecht **Vorbem 244 ff** C78
　Wechselkursrisiko **244** 27
Geldsummenvermächtnis Vorbem 244 ff C67
Geldtransferverordnung Vorbem 244 ff A113
Geldverkehr 5 PrKG 1 ff
Geldwäsche-Richtlinie, fünfte Vorbem 244 ff A194a
Geldwechselvorgänge Vorbem 244 ff A147 f, A174 ff, A182 ff
Geldwert Vorbem 244 ff C2 ff
　Außenwert **Vorbem 244 ff** C9
　Binnenwert **Vorbem 244 ff** C9
　Deflation **Vorbem 244 ff** C13
　Geldwertänderungen
　　s dort
　Grundrechtsschutz **Vorbem 244 ff** A114
　Inflation **Vorbem 244 ff** C13 ff
　　s a dort
　Nennwert **Vorbem 244 ff** C6
　objektiver **Vorbem 244 ff** C4
　objektiver Funktionswert
　　Vorbem 244 ff C7 f
　subjektiver **Vorbem 244 ff** C4
　wirtschaftswissenschaftliche Einflüsse
　　Vorbem 244 ff C2 f
Geldwertänderungen Vorbem 244 ff A1, C10 ff, C31, C34, C47, C112 ff, A201
　Anfechtung **Vorbem 244 ff** C112
　Ankaufsrecht **Vorbem 244 ff** C113
　Geschäftsgrundlagenlösung
　　Vorbem 244 ff C111 ff
　　s a dort
　Inhaltsirrtum **Vorbem 244 ff** C112
　Sittenwidrigkeit **Vorbem 244 ff** C113
　Statistik **Vorbem 244 ff** C11 f
　Unmöglichkeitsrecht **Vorbem 244 ff** C115 f
　Vorkaufsrecht **Vorbem 244 ff** C113
　Wiederkaufsrecht **Vorbem 244 ff** C113

Geldwertrisiko 244 25 ff
Geldwertschuld Vorbem 244 ff C19 f, C31, C33, C47, C79 ff
　Allgemeines Schuldrecht
　　Vorbem 244 ff C79 ff
　Aufrechnung **Vorbem 244 ff** B103, B105
　Bereicherungsrecht **Vorbem 244 ff** C91
　Enteignungsentschädigung
　　Vorbem 244 ff C88 f
　Erbrecht **Vorbem 244 ff** C95
　Familienrecht **Vorbem 244 ff** C92 ff
　Fremdwährungsverbindlichkeiten **244** 102
　Preisklauselgesetz **1 PrKG** 3
　Repartierungsrisiko **244** 33
　Schuldwährung, Bestimmung der **244** 46
　Versicherungsrecht **Vorbem 244 ff** C96
　Wechselkursrisiko **244** 27
Geldwertvindikation Vorbem 244 ff A186 ff
Geldwirtschaft Vorbem 244 ff A7
　reine Geldwirtschaft **Vorbem 244 ff** A7
　Waren-Geldwirtschaft **Vorbem 244 ff** A7
Geldzeichen Vorbem 244 ff B80, A124, A131 ff, A171
　Demonetisierung **Vorbem 244 ff** A135 ff
　　s a dort
　Geldzeichenvindikation **Vorbem 244 ff** B63, B104, A189 f
　Monetisierung **Vorbem 244 ff** A132 ff
　　s a dort
　Nennwert **Vorbem 244 ff** B80
　Strafrecht **Vorbem 244 ff** A143 ff
　unbefugte Ausgabe/Verwendung
　　Vorbem 244 ff A145
　Vermengung **Vorbem 244 ff** A173 ff
Genehmigungsverfahren 9 PrKG 2, 5 ff
Genossenschaftsbanken Vorbem 244 ff A23
Gentechnikgesetz Vorbem 244 ff C29
Gerichts- und Notarkostengesetz 247 20
Gesamtnichtigkeit 8 PrKG 9
Geschäftsbesorgungsrecht 244 66; **246** 15; **Vorbem 244 ff** B11, B49, A99, B102
Geschäftsführung ohne Auftrag 246 15; **Vorbem 244 ff** B11, A99, C126
Geschäftsgrundlagenlösung Vorbem 244 ff C111 ff
　Abgrenzung **Vorbem 244 ff** C112 ff
　Änderung des Außenwerts der Schuldwährung **244** 113
　Anwendbarkeit **Vorbem 244 ff** C125 ff
　Disposition der Parteien
　　Vorbem 244 ff C131 ff
　Einzelfallgerechtigkeit **Vorbem 244 ff** C118
　Fremdwährungsverbindlichkeiten **244** 107
　Geschäftsgrundlage **Vorbem 244 ff** C138 ff
　Leitlinien **Vorbem 244 ff** C119 f
　Rechtsfolgen **Vorbem 244 ff** C160 ff
　Rechtssicherheit **Vorbem 244 ff** C118
　Risikoverteilung **Vorbem 244 ff** C152 ff
　　gesetzliche **Vorbem 244 ff** C152

Geschäftsgrundlagenlösung (Forts)
   vertragliche **Vorbem 244 ff** C153 ff
   Schuldwährung, nachträgliche Änderung **244** 93 ff
   schwerwiegende Veränderung der Umstände **244** 95; **Vorbem 244 ff** C145 ff
   Unzumutbarkeit einer unveränderten Fortführung **244** 98; **Vorbem 244 ff** C156 ff
   Vertragsanpassung **244** 99; **Vorbem 244 ff** C160 ff
   Vertragsbeendigung **Vorbem 244 ff** C177 ff
   Vorteile **Vorbem 244 ff** C117 f
   Währungswechsel **Vorbem 244 ff** B121
Geschäftssitz
   des Geldgläubigers **244** 38
   des Geldschuldners **244** 38
Geschäftsunfähigkeit Vorbem 244 ff A183
Geschichte des Geldes Vorbem 244 ff A3 ff
   s a Geldgeschichte
Gesellschaftsrecht Vorbem 244 ff B11, C74 ff, C140
   Abfindungsansprüche von Gesellschaftern **Vorbem 244 ff** C76, C140
   Aufwertung **Vorbem 244 ff** C140
   Auszahlung des Auseinandersetzungsguthabens **Vorbem 244 ff** C77
   Einlagepflichten **Vorbem 244 ff** C74 f
   Gewinnausschüttung, Verzicht auf **Vorbem 244 ff** C139
   Leistungen causa societatis **Vorbem 244 ff** C139
   Treuepflicht von Gesellschaftern **Vorbem 244 ff** C75
Gesetz zur Beschleunigung fälliger Zahlungen 247 3
Gesetz zur Modernisierung des Außenwirtschaftsrechts 6 PrKG 6
Gesetzliche Rentenversicherung Vorbem 244 ff C129
Gesetzliche Unterhaltspflichten Vorbem 244 ff C92
Gesetzlicher Eigentumserwerb Vorbem 244 ff A177 ff
Gesetzlicher Zinssatz 246 1 ff, 74 ff
   Aktiengesetz **246** 10
   Anwendungsbereich **246** 6 ff
     negativer **246** 6 ff
   Erbrecht **246** 15
   Familienrecht **246** 15
   Handelsgeschäft, beiderseitiges **246** 8 f
   Lückenfüllungsfunktion **246** 3, 12
   Schutzfunktion **246** 5
   Subsidiarität **246** 6 ff
   Teilzahlungsgeschäft **246** 13
   Verbraucherdarlehen **246** 13
Gesetzliches Verbot 8 PrKG 1, 3
Gesetzliches Zahlungsmittel
   Vorbem 244 ff A42, A46, A58, A84, A87, A125, A130 ff, A193

Gewaltenteilung
   Aufwertung **Vorbem 244 ff** C100
Gewerbemiete 3 PrKG 12, 23
Gewinnanteile 248 12
Gewinnbeteiligung 246 39
Gewinnspanne 1 PrKG 35
Gewohnheitsrecht
   Demonetisierung **Vorbem 244 ff** A138
Girogeschäft Vorbem 244 ff A20
Gläubigerverzug Vorbem 244 ff B61 ff
   Barzahlung **Vorbem 244 ff** B64
   Lastschriftverfahren **Vorbem 244 ff** B66
   Überweisung **Vorbem 244 ff** B65
   Zahlungskarten **Vorbem 244 ff** B67 f
Gläubigerwährung 244 63, 77
Gleichwertigkeit von Bar- und Buchgeld Vorbem 244 ff B88, B90
Gleitklausel 1 PrKG 1, 8 ff, 11, 14, 33, 42
GmbH Vorbem 244 ff C74, A103 ff
   Mindestkapital **Vorbem 244 ff** C30, C126
Gold Vorbem 244 ff A90
Golddevisenwährung Vorbem 244 ff A197
Goldkernwährung Vorbem 244 ff A197
Goldstandard, internationaler Vorbem 244 ff A19, A179
Greshamsches Gesetz Vorbem 244 ff A15
Grundbuchrecht 247 51; **Vorbem 244 ff** A88
Grundgesetz Vorbem 244 ff A114
Grundpfandrechte 246 102 ff; **Vorbem 244 ff** C172 f
   Fremdwährungsverbindlichkeiten **244** 131 f, 140
Grundschuld 244 131 f; **246** 104; **Vorbem 244 ff** B33, A88, A102, C172 f
Grundschuldzinsen 247 51
Grundsicherung für Arbeitsuchende Vorbem 244 ff C129
Gutgläubiger Erwerb Vorbem 244 ff B80, A88
Guthaben Vorbem 244 ff A149, A151
Gutschrift auf Empfängerkonto
   Erfüllung **Vorbem 244 ff** B93, B95 ff

Haftpflichtversicherung Vorbem 244 ff C135
Haftungsausschluss
   Währungsunion, europäische **Vorbem 244 ff** A234 ff
Haftungsobergrenzen Vorbem 244 ff C27 ff, C86 f
Hamburgische Bank Vorbem 244 ff A21, A75
Handelsbrauch 244 66; **246** 79
Handelsgeschäft, beiderseitiges
   Gesetzlicher Zinssatz **246** 8 f
Harmonisierter Verbraucherpreisindex (HVPI) Vorbem 244 ff C12
   für den Euroraum **3 PrKG** 5
   für Deutschland **3 PrKG** 5
Hauptrefinanzierungsoperation 247 29
   Basiszinssatz **247** 28 ff

Hausbriefkasten
Einwerfen von Bargeld in
Vorbem 244 ff B37
Haushaltsdisziplin
Währungsunion, europäische
Vorbem 244 ff A229, A234, A237 ff
Haushaltsfinanzierung, monetäre
Währungsunion, europäische
Vorbem 244 ff A227 ff, A278
Hausüberweisung Vorbem 244 ff B52
Hehlerei Vorbem 244 ff A143, A147 f
Heimwährungskonto 244 59 ff
Heimwährungsschuld 1 PrKG 3; 244 20 f, 42, 48, 102, 107 f
Umwandlung einer Fremdwährungsschuld in 244 87 ff, 99
Heizöl 1 PrKG 29 ff
Herausgabeansprüche Vorbem 244 ff B32, B102
Auftragsrecht Vorbem 244 ff B11 ff, B102
Aufrechnung Vorbem 244 ff B14
Verzugszinsen Vorbem 244 ff B15
Bereicherungsrecht Vorbem 244 ff B16 ff
s a dort
Herrenlose Geldzeichen Vorbem 244 ff A173
Hinterlegungsrecht Vorbem 244 ff A93 f, A116
Hinweispflicht des Gerichts 244 134; 247 49
Höchstbetragsbürgschaft 246 101;
Vorbem 244 ff C174
Höchstbetragshypothek 244 140
Hoheitsakt
Demonetisierung Vorbem 244 ff A135
Holschuld 244 12, 30; Vorbem 244 ff B28, B33, B61
Lastschriftverfahren Vorbem 244 ff B66, B77
Hybridmodell zwischen Online-/Offline-Handel Vorbem 244 ff B82
Hyperinflation 244 79; Einl PrKG 1;
Vorbem 244 ff C15, C99, C101, C104, C114, C134, C137, C146, C169, C173
Hypothek 244 131 f; 246 102;
Vorbem 244 ff A88, A102, C173, C175
Hypothekenzinsen 247 51; 248 11

IBAN
244 41; Vorbem 244 ff A27, A30, A76
Immaterieller Schadensersatz 244 52
Immobiliarsachenrecht Vorbem 244 ff A102
Indexierungsverbot 1 PrKG 1 ff; Einl PrKG 13, 16, 18 ff
europäisches Einl PrKG 6
partielles 1 PrKG 1 ff; Einl PrKG 19 f
Rechtspolitik Einl PrKG 18 ff
Indexlohn Vorbem 244 ff C55
Indexmiete 1 PrKG 12, 39 f; 3 PrKG 12
Inflation 246 115; Vorbem 244 ff C13 ff, C43, C150, C155, A198, A201, A218, A224 ff
absolute Vorbem 244 ff C18

Inflation (Forts)
in den 1920er Jahren **Einl PrKG** 1
galoppierende Vorbem 244 ff C15, C122
Historie Vorbem 244 ff C14
Hyperinflation Vorbem 244 ff C15, C114
s a dort
offene Vorbem 244 ff C17
relative Vorbem 244 ff C18
schleichende Vorbem 244 ff C16, C114, C122, C147 ff
zurückgestaute Vorbem 244 ff C17
Inflationstheorie Vorbem 244 ff A1, C3
Inhaberpapiere Vorbem 244 ff A120
Inhaltsirrtum
Geldwertänderungen Vorbem 244 ff C112
Inländerstatus 6 PrKG 5
Insolvenzrisiko Vorbem 244 ff B49 ff, B88
Barzahlung Vorbem 244 ff B51
Buchgeldzahlung Vorbem 244 ff B52 ff
Insolvenzverfahren 244 141; 246 17, 91, 111 ff;
Vorbem 244 ff B59
Interdisziplinarität des Geldes
Vorbem 244 ff A1
Internationale Währungseinrichtungen
Vorbem 244 ff A273
Internationaler Goldstandard
Vorbem 244 ff A19
Internationaler Handelsbrauch
Vorbem 244 ff C109
Internationaler Währungsfonds 244 106
Internationaler Zahlungsverkehr
Vorbem 244 ff A27 ff
Internationales Abkommen zur Bekämpfung der Falschmünzerei Vorbem 244 ff A145 f
Internationales Privatrecht
Fremdwährungsverbindlichkeiten
244 142 f
Preisklauselrecht 1 PrKG 44
Internethandel Vorbem 244 ff B4, B40, B82
Interzessionsgarantie 246 100
Investitionszweck 5 PrKG 2
IWF-Abkommen 244 8

Juristische Personen 3 PrKG 7; 6 PrKG 5

Kahlpfändung, Verbot Vorbem 244 ff B59
Kapitaladäquanzrichtlinie Vorbem 244 ff A154
Kapitaladäquanzverordnung Vorbem 244 ff A154
Kapitalgesellschaftsrecht Vorbem 244 ff C30, A103 ff, C126
Kapitallebensversicherung Vorbem 244 ff C135
Kapitalverkehr 5 PrKG 1 ff
Kapitalverkehrsfreiheit 244 29, 132
Kapitalverkehrskontrollen 244 29
Kartenzahlungsabrede Vorbem 244 ff B79
Kasse, Ein-/Auszahlungen
Vorbem 244 ff A174 ff
Käuferschutzverfahren Vorbem 244 ff B100a

Kaufkraft des Geldes Vorbem 244 ff C8, C11, C22, C24
Kaufkrafttheorien Vorbem 244 ff C3
Kaufmännische Zinsrechnung 246 79
Kaufpreiszahlungsanspruch Vorbem 244 ff C52
Kaufvertrag 3 PrKG 21 f
 Aufwertung Vorbem 244 ff C139
 grenzüberschreitender 3 PrKG 22
Keylogging Vorbem 244 ff C49
Klageänderung
 Fremdwährungsverbindlichkeiten 244 133 f, 136
Klagebegründung 247 47
Klauselrichtlinie 244 41a
Kommanditgesellschaft auf Aktien Vorbem 244 ff C75
Kommissionsgeschäft 244 66
Kompensationsanspruch nach § 251 244 52; Vorbem 244 ff C82
Konkreter Geldbegriff Vorbem 244 ff A84 ff, A116 ff, A123 ff
Kontoführungsgebühren 248 12
Kontokorrentkreditvertrag 246 60
Kontokorrentverhältnisse
 Zinseszinsen 248 18 ff
Konvertierungsrisiko 244 31, 96
Kostbarkeiten Vorbem 244 ff A120
Kostenelementeklausel 1 PrKG 11, 32 ff; 3 PrKG 20, 21; 246 56
 Abonnementverträge für Bezahlfernsehen 1 PrKG 33
 Ausrichtung auf Selbstkosten 1 PrKG 35
 Belieferungsverträge 1 PrKG 33
 Einzelfälle 1 PrKG 36
 subjektive Äquivalenz 1 PrKG 32
 Vorprodukte 1 PrKG 33
Kostenrecht 247 20
Kostentragung Vorbem 244 ff B30 ff
Kreditgebühren 248 8
Kreditinstitute 248 14
 ausländische 248 15
Kreditkarte 246 81; Vorbem 244 ff A24 ff, A79, A161 f
 Bargeldersatzfunktion 246 81; Vorbem 244 ff B53
 Drei-Parteien-Kreditkartensysteme Vorbem 244 ff B48a
 Entgeltverbot Vorbem 244 ff B48a
 Erfüllung Vorbem 244 ff B97
 Fremdwährungsverbindlichkeiten 244 41
 Gefahrübergang Vorbem 244 ff B40
 Gläubigerverzug Vorbem 244 ff B68
 Insolvenzrisiko Vorbem 244 ff B53
 Missbrauch von Vorbem 244 ff A109
 modifizierte Bringschuld Vorbem 244 ff B40
 Schuldnerverzug Vorbem 244 ff B79
 Strafrecht Vorbem 244 ff A163 f
 Währungsausland, Einsatz im 244 67
Kreditmarkttheorie Vorbem 244 ff C3

Kreditsicherheiten 246 99 ff
 akzessorische Sicherheiten Vorbem 244 ff C174 ff
 Folgen einer Aufwertung Vorbem 244 ff C171 ff
 Grundpfandrechte 246 102 ff
 s a dort
 Mobiliarsicherheiten 246 105 ff
 nicht-akzessorische Sicherheiten Vorbem 244 ff C172 f
 Personalsicherheiten 246 100 f
Kreditwesengesetz 5 PrKG 3
Krügerrand-Münzen Vorbem 244 ff B6, A122
Kryptowährungen 244 16a, 24a; Vorbem 244 ff B19a, A31a ff, A83a ff, C125a, A165a ff, A170a f, A193a, A194a
Kundenbindungsprogramme Vorbem 244 ff A152
Kündigung
 Währungswechsel Vorbem 244 ff B121
Kündigungsklausel 246 53
Künftige Geldschulden 1 PrKG 5a
Kurantmünzen Vorbem 244 ff A127
Kurswertverluste 244 75, 110

Landesindex der Konsumentenpreise 3 PrKG 5
Langfristige Verträge 3 PrKG 1 ff
 Typenbildung
  nach Art des Zeitmessers 3 PrKG 3
  nach zulässiger Bezugsgröße 3 PrKG 4 ff
Lastschriftabrede 244 12, 30, 41; Vorbem 244 ff B28, B33, B43, B47, B79, B92
Lastschriftverfahren 244 41; 246 80; Vorbem 244 ff A74, A78 f, A160
 elektronisches Vorbem 244 ff B47
 Erfüllung Vorbem 244 ff B90 ff
 Gefahrübergang Vorbem 244 ff B43
 Gläubigerverzug Vorbem 244 ff B66
 Holschuld Vorbem 244 ff B66, B77
 Insolvenzrisiko Vorbem 244 ff B54
 Rechtsnatur Vorbem 244 ff B43
 Schuldnerverzug Vorbem 244 ff B77
 SEPA-Lastschrift
  s dort
Leasing Vorbem 244 ff C192
 Finanzierungsleasing Vorbem 244 ff C188
 Operating-Leasing Vorbem 244 ff C192
Lebenshaltungskosten, allgemeine
 s Allgemeine Lebenshaltungskosten
Lebenshaltungskostenindex Vorbem 244 ff C85, C204
Lebensversicherung, kapitalbildende Vorbem 244 ff C135
Lebzeitige Zuwendung Vorbem 244 ff C71
Lehre von der Geldwertvindikation Vorbem 244 ff A187 f
Leibrentenkauf Vorbem 244 ff C139
Leistungsbestimmungsrecht 246 52, 57g
Leistungsgefahr Vorbem 244 ff B62

Leistungskondiktionen 244 73, 75;
  Vorbem 244 ff B18, C58
Leistungsort Vorbem 244 ff B30 ff
Leistungsvorbehalt 246 57
Leistungsvorbehaltsklausel 1 PrKG 7, 14 ff, 42;
  3 PrKG 17
  Abgrenzung zu Preisgleitklausel 1 PrKG 14
  Bittklausel 1 PrKG 18
  Einzelfälle 1 PrKG 18
  Erbbauzins 1 PrKG 18; 4 PrKG 4
  Ermessen 1 PrKG 15 ff
  Mietanpassung 1 PrKG 18
  Mietrecht 3 PrKG 24
  Pacht, Neufestlegung 1 PrKG 18
Libra-Projekt Vorbem 244 ff A31b
Lieferverträge, langfristige
  Aufwertung Vorbem 244 ff C154, C187 f
Listenpreis 3 PrKG 21
Lohngleitklausel 1 PrKG 36
Luftverkehr Vorbem 244 ff C28
Lumen Vorbem 244 ff A152, A170a

Mahnverfahren
  Basiszinssatz 247 16, 40
  Fremdwährungsverbindlichkeiten 244 136
  Geldsortenschuld 245 24
Mandaten Vorbem 244 ff A17
Man-in-the-Middle-Angriff Vorbem 244 ff C49
Man-in-the-Mobile-Angriff Vorbem 244 ff C49
Mark Banco Vorbem 244 ff A21, A75
Mark-gleich-Mark-Gesetz Einl PrKG 2;
  Vorbem 244 ff C34
Marktmietklausel 3 PrKG 23
Marktüblicher Effektivzins 246 88
Mengentender
  Basiszinssatz 247 31
Metallwährungen Vorbem 244 ff A196 f
  Metalldevisenwährungen
    Vorbem 244 ff A196
  Metallkernwährungen Vorbem 244 ff B51,
    A196
  Metallumlaufwährungen
    Vorbem 244 ff A196
Mietkaution
  Aufrechnung Vorbem 244 ff B107
Mietrecht 3 PrKG 23 ff
  Aufwertung Vorbem 244 ff C139, C192
  gebietsfremde Person 3 PrKG 25
  Gewerbemiete 3 PrKG 23
  Indexmiete 1 PrKG 12, 39 f; 3 PrKG 12
  Leistungsvorbehaltsklausel 1 PrKG 18;
    3 PrKG 24
  Marktmietklausel 3 PrKG 23
  Mietzahlungen 244 56
    im Voraus 246 14
  Preisklauselgesetz, Bereichsausnahme
    3 PrKG 12
  Schriftformheilungsklausel 3 PrKG 26
  Spannungsklausel 3 PrKG 24

Mietrecht (Forts)
  Staffelmiete 3 PrKG 23
  Wohnraummiete 3 PrKG 23
MIF-Verordnung Vorbem 244 ff B48a, B89
Miles & More Vorbem 244 ff A152
Militärische Beschaffungsgeschäfte 3 PrKG 22;
  7 PrKG 1 ff
Minderjährige
  Mindestunterhalt Vorbem 244 ff C62
Mindestkapital
  GmbH Vorbem 244 ff C30, C126
Mindestklausel 2 PrKG 8
Mindestlaufzeit
  Erbbaurecht 4 PrKG 7 f
Mindestreserven Vorbem 244 ff A154, A248 f
Mindestunterhalt von Minderjährigen
  Vorbem 244 ff C62
Mindestverzugszinssatz 247 38 f
Missbrauch von Scheck- und Kreditkarten
  Vorbem 244 ff A109
Missbrauchsrisiko
  Buchgeld Vorbem 244 ff A83
Miterbengemeinschaft 3 PrKG 14
Mobiliarpfandrecht 244 130; 246 105
Mobiliarsachenrecht Vorbem 244 ff A119
Mobiliarsicherheiten 246 105 ff
Modifizierte Bringschuld 244 11, 30; 246 104;
  Vorbem 244 ff B20, B23 ff, B29, B61
Monetaristen Vorbem 244 ff A205
Monetary Financial Institutions (MIFs) 246 88
Monetisierung Vorbem 244 ff A132 ff
  Allgemeinverfügung Vorbem 244 ff A132,
    A134
  Befugnis zur Herstellung
    Vorbem 244 ff A133
  Inverkehrbringung Vorbem 244 ff A134
  Rechtsnatur Vorbem 244 ff A132
  Verwaltungsakt Vorbem 244 ff A132
  Widmung Vorbem 244 ff A132, A134
Münzgeld Vorbem 244 ff A7, A13 ff, A124 ff
  Abkehr vom Metallismus
    Vorbem 244 ff A16
  Greshamsches Gesetz Vorbem 244 ff A15
  Nachteile Vorbem 244 ff A15
  römisches Münzwesen Vorbem 244 ff A14
Münzgesetz 244 44; Vorbem 244 ff A126,
  A129, A133, A138, A140, A142, A143,
  A145, A270
Münzhoheit Vorbem 244 ff A126, A133
Muschelgeld Vorbem 244 ff A10, A12

Nachehelicher Unterhalt Vorbem 244 ff C92
Nachkriegszeit Einl PrKG 2 ff
Nationale Notenbanken Vorbem 244 ff A128,
  A133, A216, A243, A247
  Währungsreserven Vorbem 244 ff A251
  Weisungsrecht der EZB
    Vorbem 244 ff A245
Naturalrestitution Vorbem 244 ff C49

Naturaltausch **Vorbem 244 ff** C17
Naturalunterhalt **244** 77
Naturalwirtschaft **Vorbem 244 ff** A5 f
  Natural-Eigenwirtschaft **Vorbem 244 ff** A5
  Natural-Tauschwirtschaft
    Vorbem 244 ff A5 f
Negativer Basiszinssatz **247** 36 ff, 41 ff
Negativzinsen **246** 23 f, 42, 42d, 57a, 62
Nennbetragsaktien **Vorbem 244 ff** C75
Nennwert **Vorbem 244 ff** C6
Nettoeinkommensprinzip **Vorbem 244 ff** A110
Neue Währung **Vorbem 244 ff** A136 f
Neukundengeschäft **246** 65
Neuverhandlungsklausel **246** 52
Neuverhandlungspflicht
  Erbbauzins **1 PrKG** 23
Neuverträge **246** 57h
Nichtabnahmeentschädigung **246** 38
Nichtigkeitsklage
  Europäische Zentralbank
    Vorbem 244 ff A276 ff, A280
Nichtleistungskondiktionen **Vorbem 244 ff** B17, C125, C127
Nixon-Schock **Vorbem 244 ff** A197
Nominaldefinition
  des Geldes **Vorbem 244 ff** A43, A57, A62
  des Zinses **246** 2, 23 f
Nominalismus **245** 2, 9; **Vorbem 244 ff** C19 ff, C46, C104 ff, C152, C158, C165
  Fremdwährungsverbindlichkeiten
    244 102 ff
  funktionaler **Vorbem 244 ff** C41 ff
  geldschuldrechtlicher **Vorbem 244 ff** C31 ff
  geldtheoretischer **Vorbem 244 ff** C22 ff
  gewohnheitsrechtliche Anerkennung
    244 103; **Vorbem 244 ff** C35, C40
  rechtliche Grundlagen **Vorbem 244 ff** C25, C35 ff
  rechtspolitische Rechtfertigung
    Vorbem 244 ff C41
    geldrechtssystematische Rechtfertigung **Vorbem 244 ff** C42
    sozialstaatliche Rechtfertigung
      Vorbem 244 ff C45
    stabilitätspolitische Rechtfertigung
      Vorbem 244 ff C43
    volkswirtschaftliche Rechtfertigung
      Vorbem 244 ff C44
  strikter **Vorbem 244 ff** C34
Nominallohnindex **3 PrKG** 18
Nominalwert **Vorbem 244 ff** C22, C24
Normzweck **246** 3 ff; **248** 2 f
Notar **247** 20
Notenausgabemonopol **Vorbem 244 ff** A133, A144
Nutzungsentschädigung **4 PrKG** 3

Objektiver Funktionswert Vorbem 244 ff C7 f
Offene Inflation Vorbem 244 ff C17

Offenmarktgeschäfte **247** 29;
  Vorbem 244 ff A248 f
Öffentliches Recht **Vorbem 244 ff** A111 ff
Öffentlich-rechtlicher Erstattungsanspruch
  247 23
Öffentlich-rechtlicher Vertrag
  Zinseszinsen **248** 5
Offline-Vertrieb **Vorbem 244 ff** B82
Ökonomischer Wertbegriff **Vorbem 244 ff** C2 ff
Ökonomisten **Vorbem 244 ff** A205
Ölflecktheorie **Einl PrKG** 19
Online-Banking **Vorbem 244 ff** A26, A159, A164
Online-Vertrieb **Vorbem 244 ff** B82
Orderpapiere **Vorbem 244 ff** A120
ordre public
  Zinseszinsverbot **248** 3
Organisation for European Economic Cooperation (OEEC) **Vorbem 244 ff** A28, A203

Pacht 1 PrKG 18; **3 PrKG** 12
pactum de non petendo 8 PrKG 10
Papiergeld 245 7; **Vorbem 244 ff** A17 ff
Papierwährungen Vorbem 244 ff A198
Partiarisches Darlehen 248 12
PayPal 244 41; **Vorbem 244 ff** B48a, B99 ff, A101, A152
Pensionsgeschäfte 5 PrKG 4
Periodenkontokorrent 248 20
Personal Consumption Expenditures (PCE) 3 PrKG 5
Personalsicherheiten 246 100 f
Personengesellschaften 6 PrKG 5
Pfandbriefbanken 248 17
Pfandrecht 244 130; **246** 105;
  Vorbem 244 ff C176
Pfändungsfreigrenzen Vorbem 244 ff C26
Pflichtteilsanspruch Vorbem 244 ff C70
Pflichtteilsergänzungsanspruch
  Vorbem 244 ff C72
Pflichtteilsvermächtnis Vorbem 244 ff C68
Pharming Vorbem 244 ff C49
Phishing Vorbem 244 ff C49
PIN Vorbem 244 ff B40 f, B68
Planungsschadensrecht 247 22
Platzgeschäfte Vorbem 244 ff B30
Point-of-sale-System Vorbem 244 ff A25
Polizeirechtlicher Entschädigungsanspruch
  Vorbem 244 ff A115
Porzellangefäße Vorbem 244 ff A12
Post Vorbem 244 ff A22
POS-Verfahren 246 81; **Vorbem 244 ff** B41, B53, B68, A79, B79, B97, A164, A188
Potestativbedingung 246 53
Präsenzhandel Vorbem 244 ff B4, B40, B84
Präsident der Europäischen Zentralbank
  Vorbem 244 ff A245, A257
Präsidenten der nationalen Notenbanken
  Vorbem 244 ff A255

Preisangaben- und Preisklauselgesetz
  5 PrKG 1; 9 PrKG 1; Einl PrKG 8
Preisangabenverordnung 246 45 ff
Preisaushang 246 54
Preisindex 2 PrKG 5, 8; 3 PrKG 4 ff, 20
  zur Erfassung der allgemeinen Lebenshaltungskosten 3 PrKG 5 ff
Preisklauselgesetz 244 104; 246 56;
  Einl PrKG 9; Vorbem 244 ff C33, C39, C158,
  C195, C200, C202
  s a Wertsicherungsvereinbarung
  AGB-Kontrolle 1 PrKG 46 ff; 2 PrKG 3
  Allgemeininteresse 3 PrKG 1
  Altklauseln 9 PrKG 5 ff
  Anwendungsbereich 1 PrKG 1 ff
    negativer 1 PrKG 11 ff
    positiver 1 PrKG 2 ff
  Ausnahmetatbestände 1 PrKG 13 ff
  Bestimmtheit 2 PrKG 4 ff
  einmalige Zahlungen 3 PrKG 13 ff
  einseitige Rechtsgeschäfte 1 PrKG 5
  Einseitigkeitsklausel 2 PrKG 8
  Erbbaurecht 4 PrKG 1 ff
  Ermäßigungsklausel 1 PrKG 1, 11, 37 f
  Fernwärme 1 PrKG 41 ff; 3 PrKG 21
  gebietsfremde Partei 6 PrKG 1 ff
  Geldverkehr 5 PrKG 1 ff
  Genehmigungsverfahren 9 PrKG 2, 5 ff
  Gesamtnichtigkeit 8 PrKG 9
  gesetzliches Verbot 8 PrKG 1, 3
  Gleitklausel 1 PrKG 1, 8 ff, 11, 14
  Indexierungsverbot 1 PrKG 1 ff;
    Einl PrKG 13, 16
  Individualinteressen 3 PrKG 1
  Inhalts- und Schrankenbestimmungen iSv
    Art 14 Abs 1 GG Einl PrKG 13
  Internationales Preisklauselrecht
    1 PrKG 44
  Kapitalverkehr 5 PrKG 1 ff
  Kaufvertrag 3 PrKG 21 f
  Klauselkontrolle, allgemeine 1 PrKG 45 ff
  Kondiktion 8 PrKG 4
  Kostenelementeklausel 1 PrKG 11, 32 ff
    s a dort
  künftige Geldschulden 1 PrKG 5a
  langfristige Verträge 3 PrKG 1 ff
  Legalausnahmen Einl PrKG 9, 14, 20
  Leistungsvorbehaltsklausel 1 PrKG 7, 14 ff
    s a dort
  Mietrecht 3 PrKG 23 ff
    s a dort
  militärische Beschaffungsgeschäfte
    7 PrKG 1 ff
  Mindestklausel 2 PrKG 8
  schwebende Wirksamkeit 8 PrKG 4
  Spannungsklausel 1 PrKG 7, 19 ff
    s a dort
  System der Legalausnahmen Einl PrKG 9,
    14, 20

Preisklauselgesetz (Forts)
  Teilnichtigkeit 8 PrKG 9
  Treuwidrigkeit 8 PrKG 4
  Übergangsvorschrift 9 PrKG 1 ff
  unangemessene Benachteiligung 2 PrKG 7 f
  Unionsrecht Einl PrKG 15
  Unwirksamkeit der Preisklausel
    8 PrKG 1 ff
  Verbraucherdarlehen 2 PrKG 1, 4;
    5 PrKG 5
  Verfassungsmäßigkeit Einl PrKG 13 ff
  Verfügung von Todes wegen 1 PrKG 6 f
  Verträge mit Versorgungscharakter 3
    PrKG 2, 16
  Vertragsauslegung, ergänzende 8 PrKG 8
  Verzicht auf Genehmigungsverfahren
    Einl PrKG 9
  wiederkehrende Zahlungen 3 PrKG 6 ff
    s a dort
  zeitlicher Anwendungsbereich 9 PrKG 2
  Zeitpunkt der Nichtigkeitswirkung
    8 PrKG 1, 5 f
  zwingendes Recht 1 PrKG 1
Preisklauselverordnung Einl PrKG 8
Preisnebenabreden 1 PrKG 46 ff
Preisniveau Vorbem 244 ff C11
Preisobergrenzen, gesetzliche
  Vorbem 244 ff C17
Preisstabilität 1 PrKG 1; 3 PrKG 2;
  Einl PrKG 10, 13, 17, 19; Vorbem 244 ff C16,
  C150, A192, A198, A218, A220 ff, A237,
  A275, A278
Preußische Bankordnung Vorbem 244 ff A124
Primärmarktkäufe, Verbot
  Vorbem 244 ff A227
Primitivgeld Vorbem 244 ff A7, A12
Principles of European Contract Law
  Vorbem 244 ff C109
Privatautonomie 1 PrKG 1; 246 57b;
  Einl PrKG 10 ff
Private Rentenversicherung 3 PrKG 11
Privateigentum Vorbem 244 ff A8 ff
Privatversicherungsrecht Vorbem 244 ff C78,
  C96, C135
Projektverträge
  Aufwertung Vorbem 244 ff C154
Provisionszahlung 246 33
Prozesskosten 247 20
Prozessrecht
  Basiszinssatz 247 46 ff
  Fremdwährungsverbindlichkeiten
    244 133 ff
  Geldsortenschuld 245 24
  Obergrenzen Vorbem 244 ff C26
  Zinsschuldrecht 246 108 ff
Prozessvergleich 8 PrKG 6
Prozesszinsen 246 110; 247 16
Pull-Zahlung Vorbem 244 ff B77, A79, A160
Push-Zahlung Vorbem 244 ff B39, A160

Qualifizierte Schickschuld 244 13, 30;
  Vorbem 244 ff B21 f
Quantitätstheorie Vorbem 244 ff C3
Quotenvermächtnis Vorbem 244 ff C95

Rat der EZB 247 29; Vorbem 244 ff A244 f,
  A247, A254 f
  Auffangkompetenz Vorbem 244 ff A254
  Beschlussorgan Vorbem 244 ff A254
Ratenzahlung 3 PrKG 22
Ratenzahlungsvertrag 246 92
Reallast 248 11
Reallohnindex 3 PrKG 18
Real-time Gross settlements (RTGS)
  Vorbem 244 ff A252
Recheneinheit Einl PrKG 13;
  Vorbem 244 ff C22, A35, A37 ff, C42, A46,
  A48 ff, A97, A101 f
Rechnungseinheit Vorbem 244 ff A33
Rechtlicher Geldbegriff Vorbem 244 ff A62 ff
Rechtskauf
  Erbbaurecht 4 PrKG 5
Rechtskraft
  formelle 8 PrKG 6
  Fremdwährungsverbindlichkeiten 244 134
Rechtspolitik Einl PrKG 18
Rechtsschutz
  Währungsunion, europäische
    Vorbem 244 ff A275 ff
Rechtssicherheit 244 93; Vorbem 244 ff C4,
  C26, C42, C101, C118
Rechtsstaatsprinzip Einl PrKG 14
Rechtswahl 246 115
Rechtzeitigkeit der Leistung
  Vorbem 244 ff B20 ff
  vertragliche Sonderabreden
    Vorbem 244 ff B28 f
Referenzzinssatz 246 48, 66
Refinanzierung 5 PrKG 4
Refinanzierungskosten 246 61; 247 2
Regelbedarf Vorbem 244 ff C26
Reichsbank Vorbem 244 ff A22
Reichsgericht
  Aufwertungsrechtsprechung
    Vorbem 244 ff C99, C104
Reichskassenscheine Vorbem 244 ff A18
Reichsmark Vorbem 244 ff C24, A136
Rektapapiere Vorbem 244 ff A120
Rekurrenter Anschluss Vorbem 244 ff C24,
  C25, C47, B109 ff
  s a Währungswechsel
    des Euro Vorbem 244 ff B116 ff, A210 f
  s a Euro-Einführung
Relative Inflation Vorbem 244 ff C18
Relativer Geldbegriff Vorbem 244 ff A61
Rentenentwicklung 3 PrKG 15 ff
  Einzelentwicklung 3 PrKG 18
  Gesamtentwicklung 3 PrKG 18
Rentenschuld Vorbem 244 ff A88, A102

Rentenversicherung, gesetzliche 3 PrKG 11
  Aufwertung Vorbem 244 ff C129
Rentenzahlungen 248 12
Repartierungsklausel 244 33
Repartierungsrisiko 244 32 f
Restitutionsanspruch nach § 249 Abs 2 244 51;
  Vorbem 244 ff C80
Restlaufzeit
  Erbbaurecht 4 PrKG 8
Restschuldbefreiung Vorbem 244 ff B59 f
Restschuldversicherung 246 37
Richterliche Rechtsfortbildung
  Aufwertung Vorbem 244 ff C99
Riester-Rente 3 PrKG 11
Risikoprämie 246 42
Risikotragung Vorbem 244 ff B30 ff
Roggenklausel Vorbem 244 ff C114
Rom II-Verordnung 244 69; 246 114
Rom I-Verordnung 244 9, 37, 143; 246 114
Römische Verträge Vorbem 244 ff A203
Römisches Münzwesen Vorbem 244 ff A14
Rotationssystem
  Europäische Zentralbank
    Vorbem 244 ff A255
Rückabwicklung einer erfüllten Geldschuld
  Vorbem 244 ff C51
Rückabwicklungsschuldverhältnisse 244 54
Rückbuchung
  E-Geld Vorbem 244 ff B100
Rückgewähranspruch
  aus § 346 Vorbem 244 ff C50
  aus § 357 Vorbem 244 ff C50
Rücktrittsrecht
  Aufwertung Vorbem 244 ff C143
  Schuldwährung 244 54
  Währungswechsel Vorbem 244 ff B121
Rüstungsindustrie 7 PrKG 1

Sachdarlehen 246 24, 43; Vorbem 244 ff A98
Sacheigentum Vorbem 244 ff A8
Sachenrechtsänderungsgesetz 4 PrKG 6
Sachenrechtsbereinigungsgesetz 4 PrKG 9 f
Sachgeld 246 24; Vorbem 244 ff A9, A84, A100
  Eigentümerwechsel Vorbem 244 ff A173 ff
  gesetzlich Vorbem 244 ff A173 ff
  rechtsgeschäftlich Vorbem 244 ff A177 ff
  Umwandlung in Buchgeld
    Vorbem 244 ff A100, A180
Sachschuld Vorbem 244 ff B5
Sächsisches BGB Vorbem 244 ff C25
Sachvermögen 3 PrKG 14
Sachverständigengutachten 246 66
Saldotheorie Vorbem 244 ff C142
Sammeltermine 246 83
Sammlermünzen 245 5; Vorbem 244 ff C5, B6,
  A119, A120, A122, A184, A190
Sammlerwert Vorbem 244 ff C5
Schadensersatzpflichten 244 46
Schadensersatzrente Vorbem 244 ff C84

Schadensersatzrente (Forts)
  Aufwertung **Vorbem 244 ff** C184
Schadensersatzvereinbarung 248 13
Schadensrecht 244 48 ff; **Vorbem 244 ff** A95 f
Schadensversicherung Vorbem 244 ff C78, C96
Schadenswährung 244 48 ff
Schatz Vorbem 244 ff A173
Scheck 244 20, 81 ff; **247** 18;
  Vorbem 244 ff A26, B33, A100, A161
  Basiszinssatz **247** 18
  Effektivvermerk **244** 81
  Erfüllung **Vorbem 244 ff** B98
  Euro-Einführung **Vorbem 244 ff** B124
  falsa demonstratio non nocet **244** 83
  Fälschung von **Vorbem 244 ff** A163
  Fremdwährungsscheck **244** 81
  Schuldnerverzug **Vorbem 244 ff** B78
Scheckkarte Vorbem 244 ff A24
  Missbrauch von **Vorbem 244 ff** A109
Scheckzahlungsabrede Vorbem 244 ff B33
Scheidemünzen Vorbem 244 ff A127, A198
Schenkungsversprechen von Todes wegen 3 PrKG 15
Schickschuld 244 13, 30; **Vorbem 244 ff** B21 f, B61
Schiedsspruch 8 PrKG 6
Schleichende Inflation Vorbem 244 ff C16, C114, C122, C147 ff
Schmerzensgeld 244 52; **Vorbem 244 ff** C83
Schmerzensgeldrente Vorbem 244 ff C85
  Aufwertung **Vorbem 244 ff** C184
  Schadenswährung **244** 52
Schriftformheilungsklausel
  Mietrecht **3 PrKG** 26
Schuldanerkenntnis, abstraktes 248 8
Schuldbeitritt 244 129; **Vorbem 244 ff** C172
Schuldnerschutzvorschrift 244 3
Schuldnerverzug Vorbem 244 ff B69 ff
  Beendigung des Verzugs
    Vorbem 244 ff B74 ff
  Entgeltforderung **Vorbem 244 ff** B72
  Exkulpationsmöglichkeit
    Vorbem 244 ff B75
  Fremdwährungsverbindlichkeiten
    244 114 ff
  individuelle/überindividuelle Leistungshindernisse **Vorbem 244 ff** B69 f
  Lastschriftverfahren **Vorbem 244 ff** B77
  Mahnung **244** 114, 116 f
  Scheck **Vorbem 244 ff** B78
  Überweisung **Vorbem 244 ff** B76
  Verbraucherdarlehen **Vorbem 244 ff** B71
  Verzögerungsschaden **Vorbem 244 ff** B73
  Zahlungskarten **Vorbem 244 ff** B79
Schuldrechtliche Theorie 244 107
Schuldrechtlicher Anpassungsanspruch 4 PrKG 4, 6
Schuldrechtsreform 247 9, 25;
  Vorbem 244 ff B58, C101

Schuldstatut 1 PrKG 44; **244** 9, 15, 37, 43, 103, 107, 143; **245** 9; **246** 113
Schuldverschreibungen
  Euro-Einführung **Vorbem 244 ff** B125
Schuldversprechen, abstraktes 246 30
Schuldwährung 1 PrKG 44; **244** 17, 20 f, 34 ff, 42 ff, 121 f, 143
  inländische **244** 20
  nachträgliche Änderung **244** 87 ff
    einseitige Änderung **244** 89 ff
    Geschäftsgrundlagenlösung **244** 93 ff
    konsensuale Änderung **244** 87 f
    Treu und Glauben **244** 92
Schwarzmarkt Vorbem 244 ff C17
Schwebende Unwirksamkeit 9 PrKG 6
Schwebende Wirksamkeit 8 PrKG 4
Schwungradtheorie Einl PrKG 19
SEPA (Single Euro Payments Area)
  Vorbem 244 ff A29, B56, A76, B87
  SEPA-Kartenzahlungen **Vorbem 244 ff** A31
  SEPA-Lastschrift **244** 41;
    Vorbem 244 ff A25, A31, B47, B48a, A78 f, B96, B100
  SEPA-Mandat **244** 41
  SEPA-Überweisung **Vorbem 244 ff** A31, B48a
Sicherungsabrede 244 130 f
Sicherungsübereignung 246 107
Sichteinlage
  Umwandlung in Spar-/Terminguthaben
    Vorbem 244 ff A155
Single Resolution Mechanism (SRM)
  Vorbem 244 ff A263
Single Shared Plattform (SSP)
  Vorbem 244 ff A252
Single Supervisory Mechanism (SSM)
  Vorbem 244 ff A154, A260
Sittenwidrigkeit
  Geldwertänderungen **Vorbem 244 ff** C113
  Zinsschuldrecht **246** 88; **248** 2
Skimming-Methode Vorbem 244 ff A164
Skontoabrede Vorbem 244 ff B29
smart contracts Vorbem 244 ff A193a
Societas Europaea, Gründung 247 17
SOFORT-Überweisung Vorbem 244 ff B48a
Sondermünzen Vorbem 244 ff B6
Sozialprodukt, Beteiligung am
  Vorbem 244 ff A52
Sozialrecht
  Regelbedarf **Vorbem 244 ff** C26
Sozialstaatsprinzip 3 PrKG 2
Spannungsklausel 1 PrKG 7, 19 ff; **3 PrKG** 17
  Abgrenzung zu Preisgleitklausel
    1 PrKG 19
  Energieversorgungsvertrag **1 PrKG** 49
  Erbbauzins **4 PrKG** 4
  Gleichartigkeit **1 PrKG** 22 ff
    fehlende **1 PrKG** 27
  Mietrecht **3 PrKG** 24

Spannungsklausel (Forts)
  Teleologie **1 PrKG** 20
  unmittelbarer Vergleich von Gütern
    1 PrKG 28
Sparguthaben 246 57e; **Vorbem 244 ff** B94,
  A151, A155
Sparkassen Vorbem 244 ff A23
Sparvertrag 246 42d, 60
Sperrkonto 244 92, 99
Spezialitätsgrundsatz Vorbem 244 ff A170,
  A177
Spielautomat Vorbem 244 ff A120
Squeeze-out 247 17
SRM-Verordnung Vorbem 244 ff A263
SSM-Verordnung Vorbem 244 ff A260 ff
Staatliche Theorie des Geldes 245 2;
  Vorbem 244 ff C5, A49, B110, A167
Staatlicher Verleihungsakt Vorbem 244 ff A59
Staatsanleihen, Erwerb von
  Vorbem 244 ff A229
Stabilitäts- und Wachstumspakt
  Vorbem 244 ff A240 ff
Städtisches Bankwesen Vorbem 244 ff A21
Staffelkontokorrent 248 20
Staffelmiete 3 PrKG 23; **Vorbem 244 ff** C192
Ständige Fazilitäten Vorbem 244 ff A248 f
Statistisches Bundesamt 3 PrKG 20;
  Vorbem 244 ff C12
Steingeld Vorbem 244 ff A7, A12
Steuerschuld Vorbem 244 ff B33
Stille Gesellschaft 246 39; **Vorbem 244 ff** C76,
  C140
Störung der Geschäftsgrundlage
  Vorbem 244 ff B57, C97, C101, C111 ff
  s a Geschäftsgrundlagenlösung
Strafrecht Vorbem 244 ff A108 f, A121,
  A143 ff, A163 ff
Streitgegenstand
  Fremdwährungsverbindlichkeiten **244** 134
Streitkräfte
  Verträge zur Bedarfsdeckung **7 PrKG** 1 ff
Streitwertberechnung 246 109
Streitwertgrenze Vorbem 244 ff C26
Stückaktien Vorbem 244 ff C75
Stückvermächtnis Vorbem 244 ff C69
StVG
  Gefährdungshaftung **Vorbem 244 ff** C28
Subjektive Unmöglichkeit
  Vorbem 244 ff B58 f
Subsidiäres Exekutionsmittel
  Vorbem 244 ff A42, A47
Subsidiaritätsprinzip
  Europarecht **244** 7
Substanzerhaltungsquote Vorbem 244 ff A142
Sukzessivlieferungsverträge
  Aufwertung **Vorbem 244 ff** C187
Summenversicherung Vorbem 244 ff C78
Surrogationsprinzip Vorbem 244 ff A178
Swapgeschäfte 246 41, 42d

SWIFT (Society for Worldwide Interbank
  Telecommunicaton) Vorbem 244 ff A27
Systematische Auslegung 244 4

Tagespreis 3 PrKG 21
TARGET2 Vorbem 244 ff A252, A274
Tarifindex 3 PrKG 18
Tarifvertrag Vorbem 244 ff C55, C134
Tauschgeschäfte Vorbem 244 ff A4
Tauschmittelfunktion Einl PrKG 13;
  Vorbem 244 ff A4, A34, A36 f, A39, A41,
  A44 ff, A101, A107, A167
  Zahlungs-Token **Vorbem 244 ff** A83c
Technikgeschichte Vorbem 244 ff A159
Teilleistungen 246 90; **Vorbem 244 ff** B80
Teilnichtigkeit 8 PrKG 9
Teilzahlungsgeschäft 246 5, 13
Teleologische Reduktion 7 PrKG 2; **248** 7
Tenderverfahren
  Basiszinssatz **247** 31, 34
Termineinlagen Vorbem 244 ff A249
Terminguthaben Vorbem 244 ff B94, A151,
  A155
Terrorismusbekämpfung Vorbem 244 ff A112
Testament 1 PrKG 6 f
Testamentsauslegung, ergänzende
  Vorbem 244 ff C67 f, C141
Testamentsvollstrecker Vorbem 244 ff B11
Thesaurierungsgebot Vorbem 244 ff C30
Tiergesundheitsgesetz Vorbem 244 ff A115
Tilgungsraten 246 40
Tilgungsverrechnungsklausel 246 83 f
Tod eines Beteiligten 3 PrKG 15
Token 244 16a; **Vorbem 244 ff** B19a, A31b f,
  A83a, A83a ff, B100b, C125a, A152a,
  A165a ff, A170a f, A193a
  Anlage-Token **Vorbem 244 ff** A83a
  Erfolgsort **Vorbem 244 ff** B30
  Nutzungs-Token **Vorbem 244 ff** A83a
  Zahlungs-Token **Vorbem 244 ff** A83a ff
  s a dort
Totalreparation 244 51; **Vorbem 244 ff** C79,
  A95
Transaktionskosten Einl PrKG 20
Transaktionswährungen Vorbem 244 ff C107
Transferrisiko 244 30, 96
Transparenzgebot 1 PrKG 48; **2 PrKG** 6
Transparenzkontrolle 246 84
Transportdienstleister Vorbem 244 ff B45
Transportkosten Vorbem 244 ff B45 ff
  Allgemeine Geschäftsbedingungen
    Vorbem 244 ff B48
  Barzahlung **Vorbem 244 ff** B45
  Buchgeldzahlung **Vorbem 244 ff** B46 f
  vertragliche Abreden **Vorbem 244 ff** B48 f
Transportversicherung Vorbem 244 ff C86
Tresorscheine Vorbem 244 ff A18
Treuepflicht von Gesellschaftern
  Vorbem 244 ff C75

Treuepunktsysteme Vorbem 244 ff A152
Treuwidrigkeit 8 PrKG 4
Trinkgeld Vorbem 244 ff A120

Übereinkommen über den Beförderungsvertrag im internationalen Straßengüterverkehr Vorbem 244 ff C27
Übergangsvorschrift 9 PrKG 1 ff
Überschuldung Vorbem 244 ff B59
Überweisung 246 82; Vorbem 244 ff A20, A24, A26, A74, A157, A160
  Erfüllung Vorbem 244 ff B90 ff
  Filialüberweisung Vorbem 244 ff B52
  Fremdwährungsverbindlichkeiten 244 41
  Gefahrübergang Vorbem 244 ff B38
  Gläubigerverzug Vorbem 244 ff B65
  Hausüberweisung Vorbem 244 ff B52
  Insolvenzrisiko Vorbem 244 ff B52
  Schuldnerverzug Vorbem 244 ff B76
Überweisungsrichtlinie Vorbem 244 ff A30
Überziehungszinsen 246 33
Ultra-vires-Akte Vorbem 244 ff B112
Umlegung nach §§ 45 BauGB 247 22
Umrechnungskurs 244 119, 128
  Fremdwährungsverbindlichkeiten 244 1, 6
Umsatzbeteiligung 246 39
Umtauschpflicht für Euro-Banknoten Vorbem 244 ff A141 f
Umtauschvorgänge
  Fremdwährungsverbindlichkeiten 244 24
Umwandlung
  unechte Geldsortenschuld 245 19 ff
Umwandlungsrecht 247 17
Umzugskosten des Arbeitnehmers 244 68
Unangemessene Benachteiligung
  Preisklauselgesetz 2 PrKG 7 f
Unbefugte Ausgabe/Verwendung von Geldzeichen Vorbem 244 ff A145
Unidroit Principles 244 37; Vorbem 244 ff B25, C109
Universalkreditkarte Vorbem 244 ff A25, A163 f, A188
Universalsukzession, erbrechtliche Vorbem 244 ff A173
Universaltauschmittel Vorbem 244 ff C7, A151
Universalvermächtnis Vorbem 244 ff C69
UN-Kaufrecht
  s CISG-Geldschulden
Unmöglichkeit 244 90 f; 245 1;
  Vorbem 244 ff B57 ff, B120
  Fremdwährungsverbindlichkeiten 244 101, 111 ff
  Geldsortenschuld 245 1
    echte 245 22
    unechte 245 18 ff
  Geldwertänderungen Vorbem 244 ff C115 f
Untätigkeitsklage
  Europäische Zentralbank
    Vorbem 244 ff A279 f

Unterhaltspflichten 244 10, 46, 76 ff
  ehevertragliche 1 PrKG 10
  gesetzliche 244 76; Vorbem 244 ff C92
  vertragliche 244 80; Vorbem 244 ff C93 f, C184
  währungsrechtliche Neutralität 244 76 f
Unterkapitalisierung, materielle
  Vorbem 244 ff C30
Unternehmerbegriff 6 PrKG 4
Unterschlagung Vorbem 244 ff A143
Unwirksamkeit der Preisklausel 8 PrKG 1 ff
Urkundenfälschung Vorbem 244 ff A121
Urlaubsabgeltungsanspruch
  Aufrechnung Vorbem 244 ff B107
Urteilszinsen 246 11
US-Dollar Vorbem 244 ff A197

Valorismus 244 102 ff; Einl PrKG 20;
  Vorbem 244 ff C20, C47
Valutakauf Vorbem 244 ff B9
Valutasachschuld 244 23
Valutawertschuld 244 21
Verbot der Kahlpfändung Vorbem 244 ff B59
Verbot des Anatozismus
  s Zinsenzinsen
Verbot des bevorrechtigten Zugangs zu Finanzinstituten Vorbem 244 ff A232 f
Verbot monetärer Haushaltsfinanzierung
  Vorbem 244 ff A227 ff, A278
Verbot von Primärmarktkäufen
  Vorbem 244 ff A227
Verbot widersprüchlichen Verhaltens 244 88
Verbrauchbare Sache Vorbem 244 ff A171
Verbraucherdarlehen 5 PrKG 5; 246 5, 13, 47, 57d, 68 f, 70, 73, 93; 247 16, 39;
  Vorbem 244 ff B71
Verbraucherinsolvenz Vorbem 244 ff B59 f
Verbraucherkreditrichtlinie 244 41a; 246 42b, 45
Verbraucherpreisindex 1 PrKG 23 f;
  3 PrKG 5; 4 PrKG 3; Vorbem 244 ff C12, C204
Verbraucherschutz 5 PrKG 5; Einl PrKG 19
Vereinsvorstand Vorbem 244 ff B11
Verfahrensrecht
  s Prozessrecht
Verfassungsrecht Vorbem 244 ff A114
Verfügung von Todes wegen 1 PrKG 6 f;
  Vorbem 244 ff C141
Verjährung
  Zinsschuldrecht 246 29, 91, 94 ff
Verkehrsgeltung Vorbem 244 ff A45
Verleihungsakt, staatlicher Vorbem 244 ff A59
Vermächtnis Vorbem 244 ff C67 ff, C95
Vermengung von Geldzeichen
  Vorbem 244 ff A173 f
Vermittlungsprovision 246 37
Vermögensbildung 246 57e
Vermögensdelikte Vorbem 244 ff A147 f

Vermögensmacht, unkörperliche
  Vorbem 244 ff A54, A68
Verordnung über Grundpfandrechte in ausländischer Währung und in Euro 244 131, 140; 247 51
Verrechnungsabkommen, multilaterales
  Vorbem 244 ff A203
Verschiedene Währungen Vorbem 244 ff A185
Verschmelzung 247 17
Versicherungsrecht Vorbem 244 ff C78, C96, C135
Versicherungswert Vorbem 244 ff C96
Versorgungsverträge
  s Verträge mit Versorgungscharakter
Vertrag zugunsten Dritter 3 PrKG 8; 246 30
Verträge mit Versorgungscharakter
  1 PrKG 25 f, 49 f; 3 PrKG 2, 16
  Aufwertung Vorbem 244 ff C121, C144, C148, C182 ff
Vertragsanpassung 244 99; Vorbem 244 ff C55, C160 ff
Vertragsauslegung, ergänzende
  Ausschluss des § 246 246 19
  Wertsicherungsvereinbarung 8 PrKG 8; Vorbem 244 ff C203 ff
  Zinsanpassungsklausel 246 63
Vertragsbeendigung Vorbem 244 ff C177 ff
Vertragsfreiheit
  Aufwertung Vorbem 244 ff C102 f
Vertragsstatut 246 116 f
Vertragsstrafeversprechen 246 72
Vertragswährung 244 53 f
Vertretbare Sache 246 24; Vorbem 244 ff A60, A118, A171
Verwahrung 246 57c, 57h; Vorbem 244 ff A117 f
Verwahrungsentgelt 246 42
Verwaltungsakt
  Monetisierung Vorbem 244 ff A132
Verwaltungsrecht Vorbem 244 ff A115
  Basiszinssatz 247 21 ff
Verwandtenunterhalt Vorbem 244 ff C92
Verwirkung
  Aufwertung Vorbem 244 ff C136
Verzicht
  Aufwertung Vorbem 244 ff C137
Verzinslichkeit
  Beginn 246 77 ff
  Ende 246 80 ff
Verzinsungspflicht
  Auftragsrecht Vorbem 244 ff A99
Verzögerungsschaden Vorbem 244 ff B27, B73, C177
Verzug Vorbem 244 ff B60 ff
  Gläubigerverzug Vorbem 244 ff B61 ff
    s a dort
  Schuldnerverzug Vorbem 244 ff B69 ff
    s a dort
Verzugsschaden 246 95; 247 2

Verzugszinsen 246 1, 7, 70, 104, 115; 247 2; Vorbem 244 ff B15
  Basiszinssatz 247 16, 38, 47
  CISG-Geldschulden 246 7
Virtuelle Währungen
  s Kryptowährungen
Vollstreckbare Urkunde 245 25
Vollstreckung
  s Zwangsvollstreckung
Vollstreckungstitel 244 139
Vorempfänge von Miterben
  Ausgleichsanspruch Vorbem 244 ff C73
Vorfälligkeitsentschädigung 246 38
Vorkaufsrecht
  Geldwertänderungen Vorbem 244 ff C113
Vormerkung 4 PrKG 6
Vorprodukte 1 PrKG 33

Wahlschuld 1 PrKG 3; Vorbem 244 ff B5
Währungsbegriff Vorbem 244 ff A193 ff
Währungsgesetz 1 PrKG 9, 14; 5 PrKG 1; 9 PrKG 3, 7; Einl PrKG 2 ff, 18; Vorbem 244 ff C24, A136
Währungsklausel 244 106, 121
  einfache 244 106
  kombinierte 244 106
Währungsneutralität 244 108
Währungsoptionsklausel 244 106
Währungsraum Vorbem 244 ff A125, A193
Währungsraumrisiko 244 29 ff, 60
Währungsrecht 4 PrKG 6; 244 3 ff; Einl PrKG 17; Vorbem 244 ff B3 f, C33, C39, B81, B85, B110, A143, A192 ff
  sekundärrechtliches Vorbem 244 ff A144
Währungsrechtliche Theorie 244 107
Währungsreserven Vorbem 244 ff A251, A272
Währungsstatut 244 143; 246 113
Währungssysteme Vorbem 244 ff A195 ff
  Metallwährungen Vorbem 244 ff A196 f
  Papierwährungen Vorbem 244 ff A198
Währungsunion, europäische 244 5; Vorbem 244 ff B112, A202 ff
  Akteure Vorbem 244 ff A243 ff
  Entwicklungsgeschichte
    Vorbem 244 ff A202 ff
  Europäische Zentralbank (EZB)
    Vorbem 244 ff A253 ff
    s a dort
  Europäisches System der Zentralbanken (ESZB) Vorbem 244 ff A243 ff
    s a dort
  Haftungsausschluss Vorbem 244 ff A234 ff
  Haushaltsdisziplin Vorbem 244 ff A229, A234, A237 ff
  Preisstabilität Vorbem 244 ff A220 ff
    s a dort
  primärrechtliche Grundlagen
    Vorbem 244 ff A212 ff
  Rechtsschutz Vorbem 244 ff A275 ff

Währungsunion, europäische (Forts)
  rekurrenter Anschluss des Euro
    Vorbem 244 ff A210 f
  sekundärrechtliche Grundlagen
    Vorbem 244 ff A207 ff
  Verbot des bevorrechtigten Zugangs zu
    Finanzinstituten **Vorbem 244 ff** A232 f
  Verbot monetärer Haushaltsfinanzierung
    Vorbem 244 ff A227 ff
  Vermeidung übermäßiger Defizite
    Vorbem 244 ff A237 ff
Währungsvereinbarungen Vorbem 244 ff A193
Währungsverfassung 244 34; **Vorbem 244 ff** B4,
  A192 ff
Währungswahlklausel 244 19, 28
Währungswechsel Vorbem 244 ff C24, C47,
  B56, C82, B109 ff, A136 f, A199 ff
  Euro-Einführung **Vorbem 244 ff** B116 ff,
    A207 ff
    s a dort
  Kündigung **Vorbem 244 ff** B121
  Namensänderung **Vorbem 244 ff** A199
  offener **Vorbem 244 ff** A199
  rekurrentes Anschlussverhältnis
    Vorbem 244 ff A200
  Risikotragung **Vorbem 244 ff** B36
  Rücktritt **Vorbem 244 ff** B121
  verdeckter **Vorbem 244 ff** A199
  Wegfall der Geschäftsgrundlage
    Vorbem 244 ff B121
Warenautomat Vorbem 244 ff A179
Waren-Geldwirtschaft Vorbem 244 ff A7
Wärmelieferungsvertrag 1 PrKG 12, 41 ff;
  3 PrKG 21
Wasserversorgungsrecht 247 19, 41
Wechsel 244 20, 81 ff; **Vorbem 244 ff** A24, B33,
  A100
  Basiszinssatz **247** 18
  Effektivvermerk **244** 81
  Erfüllung **Vorbem 244 ff** B98
  Euro-Einführung **Vorbem 244 ff** B124
  falsa demonstratio non nocet **244** 83
  Fälschung von **Vorbem 244 ff** A163
  Fremdwährungswechsel **244** 81
Wechselkursanordnung 244 29
Wechselkursmechanismus II
  Vorbem 244 ff A259
Wechselkurspolitik Vorbem 244 ff A250
Wechselkursrisiko 244 25 ff, 49
Wechseln von Bargeld Vorbem 244 ff A182 ff
Wechselsystem Vorbem 244 ff A20
Wegfall der Geschäftsgrundlage 244 89, 93 ff;
  Vorbem 244 ff B57, C101, C111 ff
  s a Geschäftsgrundlagenlösung
Weihnachtsgeld 1 PrKG 25
Weimarer Republik Einl PrKG 1
Weltrechtsprinzip Vorbem 244 ff A145 f
Weltwährungssystem von Bretton Woods
  Vorbem 244 ff A197

Werklieferungsvertrag 3 PrKG 21
Werklohn 246 14; **Vorbem 244 ff** C56
Werner-Plan Vorbem 244 ff A204
Wertaufbewahrungsmittel Vorbem 244 ff A33,
  A36, A38, A41, A150
Wertersatzanspruch 246 16; **Vorbem 244 ff** C51
Wertpapiere Vorbem 244 ff A87, B103, A117,
  A120
  Euro-Einführung **Vorbem 244 ff** B124 ff
Wertpapiererwerbs- und Übernahmegesetz
  247 17
Wertsicherungsgeschäfte Vorbem 244 ff C124
Wertsicherungsvereinbarung Einl PrKG 10 ff;
  Vorbem 244 ff C33 f, C97, C107, C122, C153,
  C195 ff
  s a Preisklauselgesetz
  Auslegung **Vorbem 244 ff** C201 ff
  Freiheit zur Geldwertsicherung **8 PrKG** 2;
    Einl PrKG 10 ff
  Fremdwährungsverbindlichkeiten **244** 28
  im engeren Sinne **Vorbem 244 ff** C198
  im weiteren Sinne **Vorbem 244 ff** C198
  Nachkriegszeit **Einl PrKG** 2 f
  Technik der Wertsicherung
    Vorbem 244 ff C199
  Terminologie **Vorbem 244 ff** C196 ff
  Vertragsauslegung, ergänzende
    Vorbem 244 ff C203 f
Wertmesser Vorbem 244 ff C198
Wertsummentheorie Vorbem 244 ff A147 f
Wertverschaffungsschuld 1 PrKG 3; **244** 17, 97,
  112; **Vorbem 244 ff** B2, B57, B59, B85
Wertvindikation Vorbem 244 ff A169
Wertzeichen Vorbem 244 ff A117
Wertzeichenfälschung Vorbem 244 ff A108,
  A121
Wesen des Geldes Vorbem 244 ff C23
Whitepaper Vorbem 244 ff A165 f
Widerklage 8 PrKG 5
Widerrufsfolgenrecht
  Aufwertung **Vorbem 244 ff** C143
  Schuldwährung **244** 54
Widersprüchliches Verhalten 244 88
Widmung
  Monetisierung **Vorbem 244 ff** A132, A134
Wiederkaufsrecht
  Geldwertänderungen **Vorbem 244 ff** C113
Wiederkehrende Zahlungen 3 PrKG 6 ff
  Begriff **3 PrKG** 6
  mit absoluten Zeitmessern **3 PrKG** 12
  mit relativen Zeitmessern **3 PrKG** 7 ff
Wirtschaftsklausel Vorbem 244 ff C133
Wohnimmobilienkreditrichtlinie 244 41a;
  246 42b
Wohnraummiete 3 PrKG 23
Wohnsitz
  des Geldgläubigers **244** 38
  des Geldschuldners **244** 38

Zahlendienstrahmenvertrag 246 48
Zahlungsauslösedienstleister
　Vorbem 244 ff B48a
Zahlungsdiensteaufsichtsgesetz
　Vorbem 244 ff B50, A149, A152
Zahlungsdiensterecht Vorbem 244 ff B11, B22,
　B27, C28, B38, B48 f, B49 f, A100 f, A180 f
Zahlungsdiensterichtlinien
　Vorbem 244 ff A30 f, B48a, A76, B87, A113
Zahlungskarten 246 81; Vorbem 244 ff A24 ff,
　A74, A109, A161 f, A181
　Bargeldersatzfunktion Vorbem 244 ff B39
　Diebstahl Vorbem 244 ff A165
　Entgeltverbot Vorbem 244 ff B48a
　Erfüllung Vorbem 244 ff B97
　Fälschung von Vorbem 244 ff A163
　Fremdwährungsverbindlichkeiten 244 41
　Gefahrübergang Vorbem 244 ff B39 ff
　Gläubigerverzug Vorbem 244 ff B67 f
　Insolvenzrisiko Vorbem 244 ff B53
　Schuldnerverzug Vorbem 244 ff B79
Zahlungskonto
　Auszahlung von Vorbem 244 ff A181
　Einzahlung auf Vorbem 244 ff A180
Zahlungsmittel Vorbem 244 ff A33, A46, A49
Zahlungsort 246 104
　Fremdwährungsverbindlichkeiten 244 11 ff
　　ausländischer 244 15, 45
　　Begriff 244 11 ff
　　inländischer 244 14
Zahlungssicherungsrichtlinie
　Vorbem 244 ff A30
Zahlungs-Token Vorbem 244 ff B19a, A31b,
　A83a ff, A152a, A165a ff, A193a
　Aufwertung Vorbem 244 ff C125a
　Entstehung Vorbem 244 ff A165b f
　Erfolgsort Vorbem 244 ff B30
　Erfüllung Vorbem 244 ff B100b
　Fremdwährungsverbindlichkeiten 244 16a
　Leistung an Erfüllungs statt
　　Vorbem 244 ff B100b
　Schutz Vorbem 244 ff A165h
　Tauschmittelfunktion Vorbem 244 ff A83c
　Transaktionsverifikation
　　Vorbem 244 ff B100b
　Übertragung Vorbem 244 ff A165e ff
　Unmöglichkeit Vorbem 244 ff B59a
　Untergang Vorbem 244 ff A165d
　Verkörperung, fehlende
　　Vorbem 244 ff A83b
　Zahlungsmittel Vorbem 244 ff A83a
Zahlungsunfähigkeit Vorbem 244 ff B59
　drohende Vorbem 244 ff B59
Zahlungsverkehrsfreiheit 244 6, 29
Zahlungsverzugsrichtlinie 247 1;
　Vorbem 244 ff B15, B23, B27, B72, B74, B79
　Erste 247 7 f
　Zweite 247 10 ff
Zahlungsvorgang Vorbem 244 ff A158

Zahlungswährung 244 17, 41, 45, 49, 99, 120,
　143
Zeitabhängigkeit von Zinsen 246 31 ff
Zeitlicher Anwendungsbereich 9 PrKG 2
Zentralbankunabhängigkeit
　Vorbem 244 ff A212 ff, A262, A278
　Demokratieprinzip Vorbem 244 ff A217 ff,
　　A262
　finanzielle Unabhängigkeit
　　Vorbem 244 ff A216
　institutionelle Unabhängigkeit
　　Vorbem 244 ff A214
　materielle Unabhängigkeit
　　Vorbem 244 ff A213
　persönliche Unabhängigkeit der Mitglieder
　　der Beschlussorgane Vorbem 244 ff A215
　Weisungsfreiheit Vorbem 244 ff A213,
　　A215
Zero-Bonds 246 31; 248 9
Zinsabreden 246 49 ff
Zinsanpassungsklausel 246 2, 42d, 50 f, 55 ff,
　101
　AGB-Kontrolle 246 58 ff
　Altverträge 246 57b, 57g
　Äquivalenzprinzip 246 64
　einseitige 246 52, 57, 58, 68
　Lückenfüllung 246 63 ff
　Neuverträge 246 57h
　Reichweite 246 57f
　Sachverständigengutachten 246 66
　Transparenzgedanke 246 61
　Verbraucherdarlehen 246 57d, 68 f
　Vertragsauslegung, ergänzende 246 63
　vertragstypologische Grenzen 246 57a ff
　Wirksamkeit 246 55 ff
Zinsbegriff 246 21 ff, 57g, 74, 109; 248 10
Zinsberechnungsklausel 246 83 f
Zinsbestimmungsklausel 246 2, 6, 50, 70 ff
　AGB-Kontrolle 246 71 ff
　Druckfunktion 246 72
　Kompensationsfunktion 246 72
　Verbraucherdarlehen 246 70, 73
　Wirksamkeit 246 70 ff
Zinsbindung Vorbem 244 ff C194
Zinsen Vorbem 244 ff B63
Zinsenzinsen 248 1 ff
　Zinseszinsverbot 248 1 ff
Zinseszinsen
　Kontokorrentverhältnisse 248 18 ff
　kreditwirtschaftliche Ausnahmen 248 14 ff
　öffentlich-rechtlicher Vertrag 248 5
　rechtsgeschäftliche Vereinbarung 248 4 f
　Zeitpunkt 248 6 ff
　Schuldanerkenntnis, abstraktes 248 8
　Zinsscheine 248 8
Zinsfloor 246 57g
Zinsfreiheit 246 2, 49
Zinsgleitklausel 246 51, 56, 57a, 58
Zinsrückzahlungsanspruch Vorbem 244 ff C53

Zinssatz, gesetzlicher
s Gesetzlicher Zinssatz
Zinsscheine 248 8
Zinsschuldrecht 246 20 ff
  Abhängigkeit von Zins- und Hauptschuld **246** 26 ff, 87
  Abtretung der Zinsschuld **246** 29
  CISG-Geldschulden **246** 116 f
  Eigenständigkeit der Zinsschuld **246** 29 f
  Erfüllung **246** 89 ff
  Erfüllung der Hauptforderung **246** 29
  Hauptschuld als Kapitalschuld **246** 24 f
  Internationales Privatrecht **246** 113 ff
  Kreditsicherheiten **246** 99 ff
  partielle Akzessorietät von Zins- und Hauptschuld **246** 26, 87
  Prozessrecht **246** 108 ff
  selbständige Erwerbstätigkeit **246** 43 f
  Sittenwidrigkeit **246** 88
  Verjährung **246** 29, 94 ff
  Zeitabhängigkeit von Zinsen **246** 31 ff
Zins-Swap 246 41, 42d
Zinstender
  Basiszinssatz **247** 32 f
Zinsverlustschaden 246 111
Zivilfrüchte 246 42b

Zugewinnausgleich Vorbem 244 ff C63 ff
  indexbasierte Berechnungsmethode **Vorbem 244 ff** C64
  Verzinsungspflicht **246** 15
Zulieferverträge 7 PrKG 2
Zurückgestaute Inflation Vorbem 244 ff C17
Zwangsgeld Vorbem 244 ff A42
Zwangshypothek 244 140
Zwangsvollstreckung Vorbem 244 ff B5, B59, A107, A120
  Basiszinssatz **247** 50
  Bereicherungsrecht **Vorbem 244 ff** B19
  Euro-Einführung **Vorbem 244 ff** B127 f
  Fremdwährungsverbindlichkeiten **244** 137 ff
  Geldsortenschuld **245** 25
  Obergrenzen **Vorbem 244 ff** C26
Zweckstörung
  Aufwertung **244** 108; **Vorbem 244 ff** C121, C144, C147, C156
Zwingendes Recht
  Preisklauselgesetz **1 PrKG** 1
Zwischenfeststellungsklage 8 PrKG 5
Zwischentauschgut Vorbem 244 ff A7, A41
Zwischenzinsen 246 17

J. von Staudingers Kommentar zum Bürgerlichen Gesetzbuch mit Einführungsgesetz und Nebengesetzen

Übersicht vom 1. 7. 2021

Die Übersicht informiert über die Erscheinungsjahre der Kommentierungen in der 13. Bearbeitung und deren Neubearbeitungen (= Gesamtwerk STAUDINGER). *Kursiv* geschrieben sind die geplanten Erscheinungsjahre.

Die Übersicht ist für die 13. Bearbeitung und für deren Neubearbeitungen zugleich ein Vorschlag für das Aufstellen des „Gesamtwerk STAUDINGER" (insbesondere für solche Bände, die nur eine Sachbezeichnung haben). Es wird empfohlen, die Austauschbände chronologisch neben den überholten Bänden einzusortieren, um bei Querverweisungen auf diese schnell Zugriff zu haben. Bei Platzmangel sollten die ausgetauschten Bände an anderem Ort in gleicher Reihenfolge verwahrt werden.

		Neubearbeitungen			
Buch 1. Allgemeiner Teil					
Einl BGB; §§ 1–14; VerschG		2004	2013	2018	
§§ 21–79		2005	2019		
§§ 80–89		2011	2017		
§§ 90–124; 130–133			2012	2016	
§§ 125–129; BeurkG				2012	2017
§§ 134–138		2003	2011	2017	
§§ 139–163		2003	2010	2015	2020
§§ 164–240		2004	2009	2014	2019
Buch 2. Recht der Schuldverhältnisse					
§§ 241–243		2005	2009	2014	2019
§§ 244–248		2016	2021		
§§ 249–254		2005	2016		
§§ 255–304		2004	2009	2014	2019
§§ 305–310; UKlaG		2006	2013	2019	
Anh zu §§ 305–310				2019	
§§ 311, 311a–c		2013	2018		
§§ 311b, 311c		2012			
§§ 312, 312a–k		2013	2019		
§§ 313, 314		*2022*			
§§ 315–326		2001	2004	2009	2015	2020
§§ 328–345				2009	2015	2020
§§ 346–361				2012		
§§ 358–360					2016	
§§ 362–396		2000	2006	2011	2016	
§§ 397–432		2005	2012	2017		
§§ 433–480		2004	2013			
Wiener UN-Kaufrecht (CISG)		1999	2005	2013	2017	
§§ 488–490; 607–609		2011	2015			
§§ 491–512		2004	2012			
§§ 516–534		2005	2013	2021		
§§ 535–556g (Mietrecht 1)		2011	2014	2017	2021	
§§ 557–580a; Anh AGG (Mietrecht 2)		2011	2014	2017	2021	
Leasing		2004	2014	2018		
§§ 581–606		2005	2013	2018		
§§ 607–610 (siehe §§ 488–490; 607–609)		./.				
§§ 611–613		2005	2011	2015	2020	
§§ 613a–619a			2011	2016	2019	
§§ 616–630		2002				
§§ 620–630			2012	2016	2019	
§§ 631–651		2003	2008	2013		
§§ 631–650v					2019	
§§ 651a–651m		2003	2011	2015		
§§ 652–656		2003	2010			
§§ 652–661a				2015		
§§ 652–655; 656a–656d					2021	
§§ 655a–656; 657–661a					2020	
§§ 657–704		2006				
§§ 662–675b			2017			
§§ 675c–676c			2012	2020		
§§ 677–704			2015	2020		
§§ 741–764		2002	2008	2015		
§§ 765–778		2013		2020		
§§ 779–811		2002	2009	2015		
§§ 779–782					2020	
§§ 812–822		1999	2007			
§§ 823 A–D		2016				
§§ 823 E–I, 824, 825		2009				
§§ 826–829; ProdHaftG		2003	2009	2013	2018	
§§ 830–838		2002	2008	2012	2017	
§§ 839, 839a		2007	2013	2020		
§§ 840–853		2007	2015			
AGG		2017	2020			
UmweltHR		2002	2010	2017		
Buch 3. Sachenrecht					
§§ 854–882		2000	2007	2012	2018	
§§ 883–902		2002	2008	2013	2020	
§§ 889–902					2019	

§§ 903–924	2002	2009	2015	2020
§§ 925–984; Anh §§ 929 ff	2004	2011	2016	2020
§§ 985–1011	1999	2006	2013	2019
ErbbauRG; §§ 1018–1112	2002	2009	2016	
§§ 1113–1203	2002	2009	2014	2019
§§ 1204–1296; §§ 1–84 SchiffsRG	2002	2009	2018	
§§ 1–19 WEG	2017			
§§ 20–64 WEG	2017			

Buch 4. Familienrecht

§§ 1297–1352	2007	2012	2015	2018
LPartG		2010		
§§ 1353–1362	2007	2012	2018	
§§ 1363–1563	2000	2007		
§§ 1363–1407			2017	
§§ 1408–1563			2018	
§§ 1564–1568; §§ 1568 a+b	2004	2010	2018	
§§ 1569–1586b	2014			
§§ 1587–1588; VAHRG	2004			
§§ 1589–1600d	2000	2004	2011	
§§ 1601–1615n	2000	2018		
§§ 1616–1625	2007	2014	2020	
§§ 1626–1633; §§ 1–11 RKEG	2007	2015	2020	
§§ 1638–1683	2004	2009	2015	2020
§§ 1684–1717	2006	2013	2018	
§§ 1741–1772	2007	2019		
§§ 1773–1895	2004	2013	2020	
§§ 1896–1921	2006	2013	2017	

Buch 5. Erbrecht

§§ 1922–1966	2000	2008	2016	
§§ 1967–2063	2002	2010	2016	2020
§§ 2064–2196	2003	2013	2019	
§§ 2197–2228	2003	2012	2016	
§§ 2229–2264		2012	2017	
§§ 2265–2302	2006	2013	2018	
§§ 2303–2345		2014		
§§ 2339–2385	2004			
§§ 2346–2385		2010	2016	

EGBGB

Einl EGBGB; Art 1, 2, 50–218	2005	2013	2018
Art 219–245	2003		
Art 219–232		2015	
Art 233–248		2015	

EGBGB/Internationales Privatrecht

Einl IPR; Art 3–6	2003			
Einl IPR		2012	2018	
Art 3–6		2013		
Art 3–4			2019	
Art 7, 9–12, 47, 48	2007	2013	2018	
IntGesR	1998			
Art 13–17b	2003	2011		
Art 18; Vorbem A + B zu Art 19	2003			
Haager Unterhaltsprotokoll		2016		
Vorbem C–H zu Art 19	2009			
EU-VO u Übk z Schutz v Kindern		2018		
IntVerfREhe	2005			
IntVerfREhe 1		2014		
IntVerfREhe 2		2016		
Art 19–24	2002	2008	2014	2018
Art 25, 26	2000	2007		
Art 1–10 Rom I VO	2011	2016		
Art 11–29 Rom I–VO; Art 46b, c; IntVertrVerfR	2011	2016		
Art 38–42	2001			
IntWirtschR	2006	2010	2015	2019
Art 43–46	2014			

Eckpfeiler des Zivilrechts	2011	2012	2014	2018	2020

Demnächst erscheinen

§§ 134–138	2021
§§ 358–360	2021
§§ 741–764	2021
Rom I-VO Band 1	2021
Rom I-VO Band 2	2021

Otto Schmidt Verlagskontor / Walter de Gruyter Verlag OHG
Genthiner Str. 13, 10785 Berlin, Telefon (030) 2 60 05-0, Fax (030) 2 60 05-222